國家古籍整理出版專項經費資助項目
全國高等院校古籍整理研究工作委員會直接資助規劃重點項目

繆荃孫全集

繆荃孫 著

張廷銀 朱玉麒 主編

詩文 ①

藝風堂文集
藝風堂文續集
藝風堂文漫存

鳳凰出版社

圖書在版編目（CIP）數據

繆荃孫全集. 詩文 / 繆荃孫著 ; 張廷銀, 朱玉麒主編. -- 南京 : 鳳凰出版社, 2014.3
ISBN 978-7-5506-1940-1

Ⅰ. ①繆… Ⅱ. ①繆… ②張… ③朱… Ⅲ. ①繆荃孫（1844～1919）－全集 Ⅳ. ①C52

中國版本圖書館CIP數據核字(2014)第045273號

書　　名	繆荃孫全集·詩文
著　　者	繆荃孫 著　張廷銀　朱玉麒　主編
責任編輯	李相東
出版發行	鳳凰出版傳媒股份有限公司 鳳凰出版社(原江蘇古籍出版社) 發行部電話025-83223462
出版社地址	南京市中央路165號,郵編:210009
出版社網址	http://www.fhcbs.com
經　　銷	鳳凰出版傳媒股份有限公司
照　　排	南京凱建圖文製作有限公司
印　　刷	南京愛德印刷有限公司 南京市江寧區東善橋秣周中路99號,郵編:211153
開　　本	880×1230毫米　1/32
印　　張	43.375
字　　數	1166千字
版　　次	2014年3月第1版　2014年3月第1次印刷
標準書號	ISBN 978-7-5506-1940-1
定　　價	160.00圓(全二册)

(本書凡印裝錯誤可向承印廠調换,電話:025-57928003)

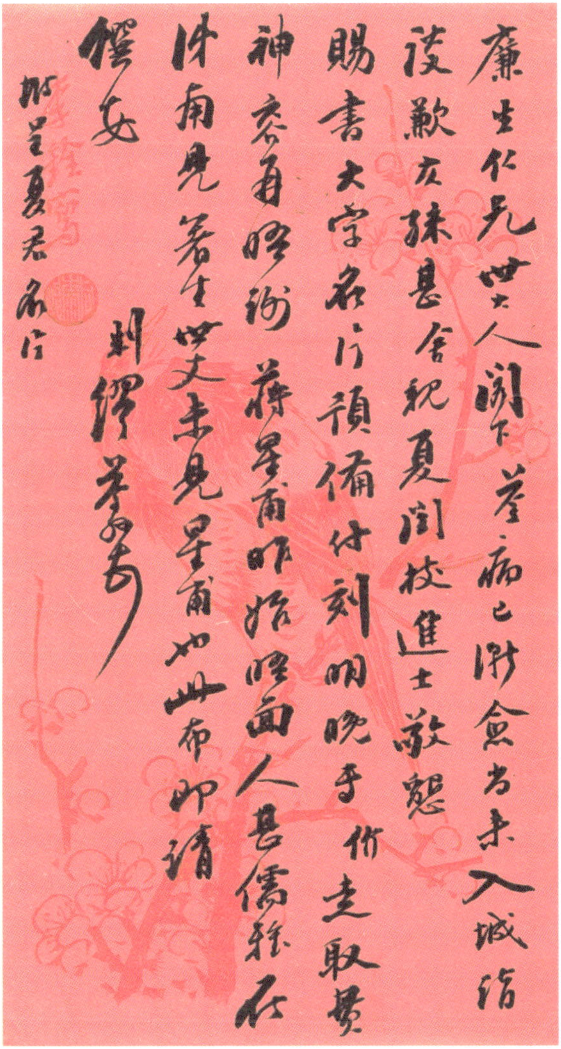
廉生仁兄世大人閣下：荃病已漸愈，尚未入城，諸
疏歉。友孫甚念。舍親夏閏枝進士敬懇
賜書大字名行，領備付刻，明晚專价走取。貴
神參翁照拂。蔣星甫昨始晤面，人甚儒雅。在
沐甫兄箸生世丈未見星甫，如此布，即請
鐙安
制繆荃孫頓首
附呈夏君名片

繆荃孫致王懿榮函

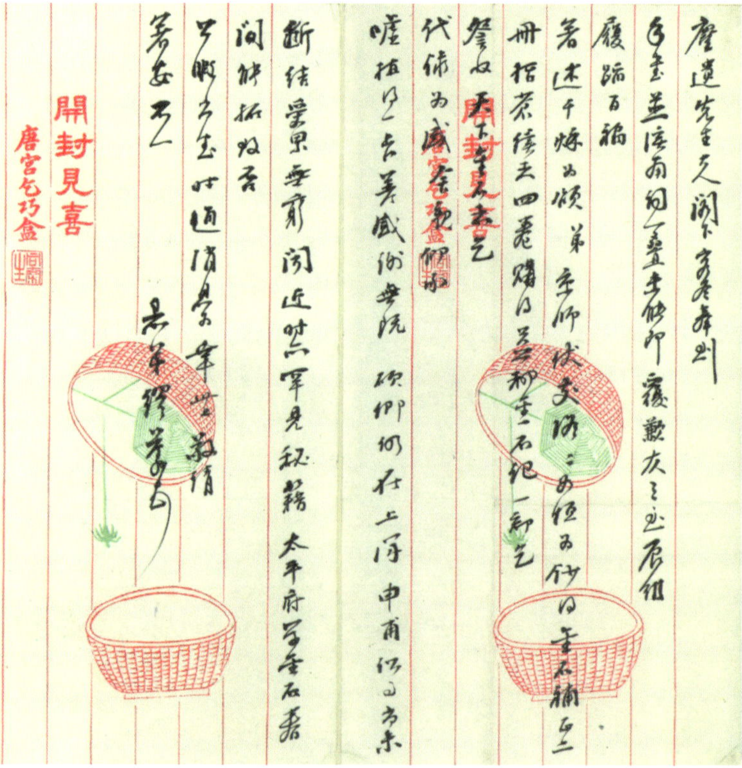

繆荃孫致凌霞函

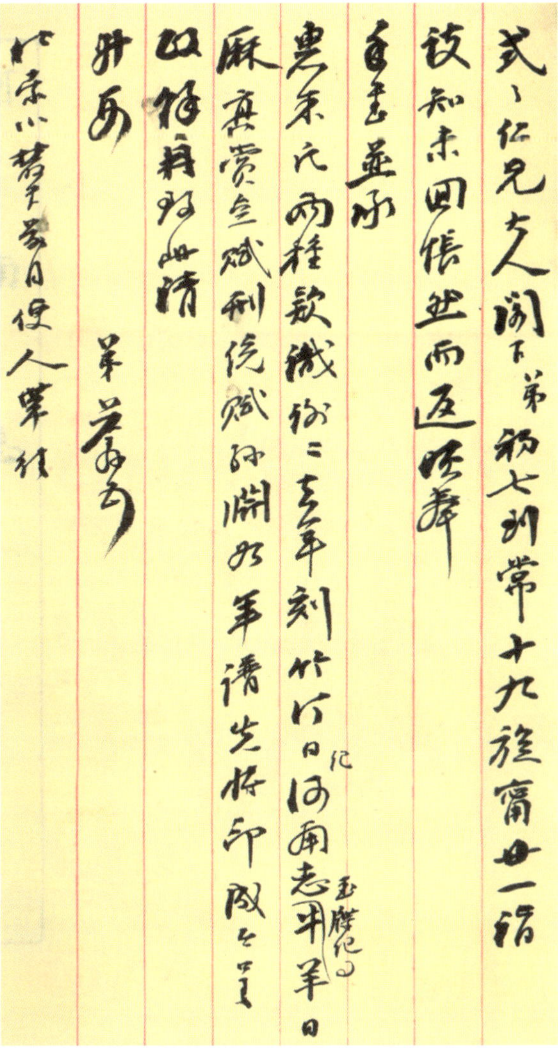

繆荃孫致章鈺函

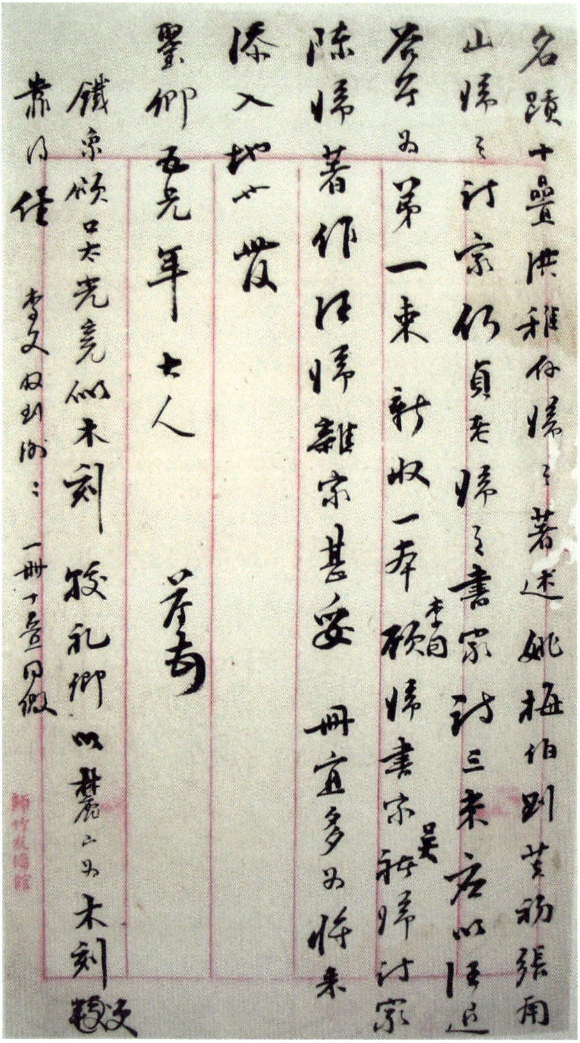

繆荃孫致劉世珩函

主　編:張廷銀　朱玉麒

參編者(以姓名拼音爲序):

郭桂坤　蔣小莉　李　陽　林宏磊　劉　波

劉心明　劉志佳　司艷華　王華禮　徐玉娟

楊洪升　楊　靖　楊向奎　張廷銀　朱玉麒

前　言

一

在晚清民國的文壇上，繆荃孫以其富於傳奇的經歷和卓有建樹的學術貢獻，成爲中國傳統文化的領軍人物。他不僅是一位在校勘學、目録學、歷史學、方志學、金石學等多個領域著作等身的學者，還是一位藏書家、教育家和政治活動家，是中國近代圖書館的創始者。整理和研究他的著述，對於深刻認識他的人生與學術，從而理清近代學術的脉絡，是非常有意義的。

繆荃孫（1844—1919），初字小珊，號楚薌，後改字炎之，號筱珊，晚年又號藝風。江蘇常州府江陰縣申港鎮人。幼承家學，六歲即入塾讀書。同治三年（1864），舉家遷居成都，六年，在四川鄉試中舉。光緒二年（1876），中進士第，以庶吉士用，入翰林院。三年四月，散館授編修，被彭祖賢延爲《順天府志》纂修。八年，繆荃孫充國史館修纂，次年三月，奏派國史，纂修儒林傳、文苑傳、循良傳、孝友傳、隱逸傳等。光緒十一年，繆荃孫被任命爲國史館總纂。因修儒林傳，和掌院徐桐發生齟齬。光緒二十年，御試翰詹，繆荃孫考卷爲徐桐抑爲三等一百二十四名，罰俸兩年[①]。

光緒二十一年，繆荃孫受張之洞之邀，赴武昌修《湖北通志》，

---

① 《藝風老人年譜》光緒十四年（1888）條和二十年（1894）條、《藝風老人日記》戊子年（1888）五月二十八日條、黄浚《花隨人聖庵摭憶》"繆藝風與徐桐之齟齬"條，均言該事甚詳，其中"繆藝風與徐桐之齟齬"載有繆荃孫致張之洞一札，記述該事，並有柳詒徵和黄浚的考證語，可證荃孫所説不虛。黄浚《花隨人聖盦摭憶》，上海書店出版社 1998 年版；《藝風老人日記》，北京大學出版社 1986 年版。

並兼湖北自强學堂商務科分校。光緒二十二年二月，繆氏再應张之洞之邀，主講南京鍾山書院至二十七年。光緒二十四年起，又兼領常州龍城書院。

光緒二十七年十一月，任江楚編譯局總纂。光緒二十八年七月，江寧開辦學堂，繆荃孫總領高等、中、小三堂事。十二月，奉張之洞之命，率團赴日本考察學務；光緒二十九年，繆荃孫在南京開辦中、小學堂；光緒三十年至三十三年間，繆荃孫兼任兩江師範學堂稽察。光緒三十三年七月，創辦江南圖書館（今南京圖書館），光緒三十四年至宣統三年，主持江南圖書館。宣統二年，主辦京師圖書館（今中國國家圖書館）。1911 年辛亥革命爆發，繆荃孫告假南返，全家避地上海。

民國成立後，繆荃孫參加並主持了《清史稿》的編纂，並親任儒林、文苑等傳的編寫。民國八年十一月初一日，胃潰瘍發作，在上海逝世[①]。

繆荃孫的一生，和整個中國近代史相始終，和近代文化、學術息息相關。他在學術上深受乾嘉學派的影響，是清代最後一代理董舊籍學者的典型代表，爲保護和弘揚傳統文獻付出了巨大努力。另一方面，他又積極參與近代文化事業，爲我國教育和文化的近代化做出了貢獻。

二

繆荃孫著作宏富，其自訂《年譜》稱："身歷十六省，著書二百卷。"[②]此《年譜》繆荃孫手訂於民國壬子歲（1912），距其辭世尚有七年之久，而其晚年依然筆耕不輟，實際不止此數。而且，所謂"著書二百卷"，大概還不包括編纂之作。

繆荃孫究竟有哪些著作？前人陸續做了部分清理工作。一是

① 《藝風老人日記》民國己未（1919）十月十五日云："想輯今在古書目，止明，亦一大題，未必成也，先試經部易類。"

② 《藝風老人年譜》卷首，民國二十五年（1936）北平文禄堂刻本。

《清史稿·藝文志》首先收録了繆荃孫《續碑傳集》。上世紀五十年代,武作成爲《清史稿·藝文志》查缺補漏,撰寫了《補編》,補收了《東都事略校勘記》、《國朝事略》、《蘭陵繆氏世譜》、《藝風老人年譜》、《昌平州志》、《藝風藏書記》、《藝風堂藏書續記》、《秦淮廣記》、《藝風堂文集》、《遼文存》、《舊德集》等十一種繆著[①]。九十年代,王紹曾主編《清史稿藝文志拾遺》,又搜得繆著五十種。而在《清史稿藝文志拾遺》出版之前,趙國璋主編的清理江蘇地方古今人著作的《江蘇藝文志》問世,其無錫卷網羅了繆著一百種[②]。前哲們也有論文專述繆氏撰著,1933年12月21日,繆文逵在天津《大公報·圖書副刊》發表了《繆藝風先生著述目》,收録了繆著五十四種[③]。次年五月五日,王紹曾感於該文所舉"但限於夏孫桐所撰《繆藝風先生行狀》"[④],遂撰寫了《〈繆藝風先生著述目〉補》,補充了《寰宇訪碑續録》殘稿等七種。另外,還有許廷長1998年編撰的《繆荃孫研究資料索引》,收録繆著八十九種[⑤]。今天看來,各家所載雖不斷突破前人,但限於條件,與繆氏實著仍有差距,難饜人意。又各家所載,多係傳鈔他人書目,没有經眼原書,間有訛誤。或誤收他人著作,如《拾遺》和《索引》所載《漢書引經異文録證》六卷,實爲繆荃孫叔伯兄弟繆祐孫之作;或誤將荃孫著作歸與他人,如《拾遺》載《琉璃廠書肆後記》,署爲"李文藻撰",此《後記》實爲繆荃孫撰,曾收入《藝風堂文漫存·乙丁稿》,後人將之别裁,與李氏《琉璃廠書肆記》合刊而已;或誤載版本,如《蘇志》載《遼文存》來青閣光緒十

① 武作成《清史稿藝文志補編》,中華書局1982年版。

② 《江蘇藝文志·無錫卷》,江蘇人民出版社1994年版。

③ 此處計算《繆藝風先生著述目》、《江蘇藝文志》、《繆荃孫研究資料索引》、《清史稿藝文志拾遺》各書所載繆荃孫著述,各目誤著者及繆氏所編刻叢書皆不計算在內。

④ 王紹曾《目録版本校勘學論集》,上海古籍出版社2005年版,第131頁。

⑤ 許廷長《繆荃孫研究資料索引》,金陵圖書館1998年排印本。

二年刻本,據《藝風老人年譜》,光緒十四年(1888)繆荃孫始編撰此書[①],何來十二年刻本?該書僅有光緒二十二年繆氏雲自在堪一刻,民國間來青閣據以影印而已。

關於繆荃孫各種著述的主要内容及寫作情況,詳見於各分册相關説明,此處從略。

三

整理繆荃孫的著述,存在兩方面的困難。一方面,他的著述太多,涉及面很廣,有些著述的部頭也很大,必須要有所選擇。另一方面,他的著述被輯編刻印的並不多,有許多論著散見於各處甚至永久地散佚了,需要做大量的搜集工作。此次整理時,我們一方面極力地搜輯散佚的文章,另一方面則做出了一個不得已的決定,即只收録繆荃孫著作的部分以及輯編的目録類著作,其他如方志、詩文彙鈔、辑佚以及为他人代撰者,則暫不收録。個别雖曾有著録記載,但至今仍無法獲睹者,也暫時付之闕如。根據這些原則,我們對繆荃孫現存著作予以彙集和標點,共分六類,15册。雖有所取捨,仍以"繆荃孫全集"名之。考慮到整理、校對及出版的時間和質量,根據出版社的建議,采取分類單獨出版的形式,即《繆荃孫全集》"詩文"、"目録"、"金石"、"筆記"、"日記"、"雜著"六大類。

此次整理繆荃孫全集,以輯編和標點爲主,一般不作勘對。遇有内容及文字存在明顯舛誤的,爲避免歧義,則適當予以説明或勘正。

整理中爲保存原貌,異體字一般保留原樣而不予統一,但某些非常僻異的文字如武則天所造之字等,則因爲排版原因,改爲通行字。

原缺之字用□標示,無法釋讀的則用○標示。

石刻中的録文,若屬據其他材料補充的,用圓括號標示。

---

① 《藝風老人年譜》光緒十四年(1888)云:"七月輯《全遼文》。"

四

這次整理工作從開始起步到實質性展開，都得到了許多機構和個人的大力支持：

全國高校古籍整理工作委員會爲繆荃孫全集整理專門立項，提供了資助，保證了整理工作的順利開展。鳳凰出版社領導的毅然决定和編輯的辛勤勞動，使我們有足夠的信心堅持完成整理工作。國家圖書館和新疆師範大學的相關部門則在資料利用和經費使用方面給予了很大的支持。天津圖書館李國慶，山東圖書館李勇慧、唐桂艷，山東大學李劍鋒、周洪才，山東齊魯師院楊峰，上海博物館柳向春，南京大學程章燦、徐雁平，華東師範大學丁小明，國家圖書館張燕嬰等，在使用和查找有關資料上，提供了很多的支持。特别需要聲明的是，當聽聞我們將比較系統地整理繆荃孫詩文時，山東大學文史哲研究院的劉心明先生，將當年王紹曾先生與他辛苦搜集的大量珍貴資料和已經完成的部分整理成果，毫無保留地提供給整理小組，極大地減少了我們的勞動和開支。在此特别感謝劉心明先生，並向已經故去的王紹曾先生致以崇高的敬意。

此次參加整理工作的除主編张廷銀、朱玉麒二人外，尚有楊洪升、楊向奎、楊靖、劉波等人，詳細名單見各書。雖然每一個人參與的程度和數量不同，但大家都兢兢業業，認真地完成了所承擔的工作。主編應當再次向參加的人員表示真摯的謝意。當然，由於繆荃孫著述涉及範圍較廣，分量較大，特别是我們的準備不足，缺乏有效的規劃和協調，致使整理的成果存在諸多訛誤和未盡人意之處，請廣大讀者諒解並嚴肅批評。

本類説明

詩文類收録繆荃孫的詩文作品。

繆荃孫現存詩文作品集計有十種，分别是：

藝風堂文集七卷外篇一卷。 該集光緒庚子(1900)藝風堂付刻，辛丑(1901)印行。半葉十一行，行二十三字，黑口，左右雙邊，上魚尾，版心上記“藝風堂文集幾”，下記葉數。刻手係湖北黄岡陶子麟，繆荃孫校字。今人張舜徽評之曰：“其《文集》中序跋之篇章，最爲精要，亦以是類文字，最多而可傳。其次考古之文，亦不徒作。”①

藝風堂文續集八卷外集一卷。 該集宣統庚戌(1910)藝風堂付刻，民國癸丑(1913)印行。行款同《文集》，南京姜文卿所刻，况周頤校字。該集收録繆荃孫庚子至庚戌十年間所撰寫之文，卷一、卷二收録碑、傳、墓志，卷三收史表，卷四收録考證之文，卷五收序文，卷六、七、八收録書跋，外集收録書札、序、論等十五篇。

藝風堂文漫存十二卷。 該集包括《辛壬稿》三卷、《癸甲稿》四卷、《乙丁稿》五卷。民國間藝風堂刻，行款同《文集》，南京姜文卿刻字。收録繆荃孫從民國辛亥年(1911)至丁巳年(1917)所作詩文。

藝風先生文一卷。 該集稿本藏北京大學圖書館，與《湖北通志藝文志稿》、《金石鈔》合訂，合稱“藝風堂雜著三種”。此書係繆荃孫著作底稿，文體不一，有題跋、序文、傳記、考證文等，且未加編排。各文多見諸文集和所刻書跋尾。中有爲盛宣懷《常州先哲遺書》所撰寫題跋二十餘篇，皆署盛氏之名，繆荃孫校改之迹粲然，爲繆氏代作之確證。

---

① 張舜徽《清人文集别録》，華中師範大學出版社 2004 年版，第535 頁。

繆筱珊先生家書不分卷。該書稿本今藏國家圖書館。收録繆荃孫致其子繆禄保書札十四通，另有繆荃孫之妻夏鏡涵致繆禄保之妻一通。内容多談家事，也涉及繆氏學術活動，頗見其晚年心境。

四川鄉試朱卷一卷。此爲繆荃孫同治丁卯(1867)考卷，國家圖書館藏同治間刻本。首有荃孫履歷，記出身及師友等，可藉以考查荃孫在蜀交遊。

會試朱卷一卷。該書有《清代朱卷集成》影印光緒間刻本。此爲繆荃孫光緒丙子會試考卷，首有荃孫履歷，記出身及師友等，可藉以考察荃孫家族世系及學術淵源。

藝風堂賦稿二卷。該集有繆九疇光緒間鈔本，藏南京圖書館。書衣有長沙李世典光緒辛丑秋七月題"藝風堂賦稿"一行，卷首鈐"思範室"朱文長方印。紅格，半葉十行，行二十字，邊欄右有"思範室鈔"四字。

藝風堂詩存四卷碧香詞一卷。該集民國間繆子受刻，民國二十八年(1939)燕京大學圖書館印行，一九八五年北京市中國書店以原版重刷。所收録詩係繆荃孫十二三歲至宣統辛亥間所作。

此外，繆荃孫散見的詩詞以及碑傳、序跋、書信還有不少，有很大的彙輯空間，分别輯編爲《藝風堂集外詩文》和《藝風堂書札》。

經過整理和彙輯，此次繆荃孫全集詩文部分收入十種：藝風堂文集；藝風堂文續集、外集；藝風堂文漫存；四川鄉試朱卷；會試朱卷；藝風堂詩存；碧香詞；藝風堂賦稿；藝風堂集外詩文；藝風堂書札。各著作的底本或資料來源詳見各書之標注。

本册總目

藝風堂文集

據光緒庚子（一九〇〇）藝風堂刻本

目　録

卷　一

盛京將軍兼奉天總督旗民地方軍務完顔文勤公神道碑

聖朝發祥東土，撫有天下，豐鎬舊都，最重留守。近年祠祀勞臣，得三人焉，曰：文忠文公、清慤都公、文勤崇公，顔之曰“三忠祠”。顧文公經營寰宇，功業不專在盛京。都公曾任將軍，而戰功卓著於三楚、兩江之境。惟文勤公綜核名實，奠定區宇，金湯千里，屹然如磐石之安，洵爲史册罕覯者也。

公諱崇實，字樸山，完顔氏，系出於金源。祖鏴，山東泰安府知府。父麟慶，己巳進士，官至南河河道總督。公，道光癸卯舉人，庚戌進士，改庶吉士，授編修。不一年，擢至侍講學士，通政使司通政使。軍務初興，屢上封事，受文宗皇帝特達之知，署户部左侍郎，奏罷當千當五百大錢，又奏止克勤郡王捐鑄。命查四川總督裕瑞命案，旋授工部右侍郎。因案降補太僕寺少卿，升内閣學士，充駐藏大臣。再查四川總督曾望顔參案。署四川總督時，川匪頗肆蹂躪，派提督蔣玉龍、知府唐炯剿防，人心稍安。朝命湖南巡撫駱文忠公秉章爲欽差大臣入川督師，期年始至，即授總督。簡公成都將軍，同辦軍務，剿平藍、李、周、郭各股，腹地肅清。又禽石達開於寧遠，蜀中大定。丙寅，文忠公患目疾，賞假。丁卯薨於位。公兩署總督並辦文武闈。時黔匪未清，沿邊千里，處處設防，而越嶲夷患亦甚，公派候補知府唐炯督軍進剿號匪，派貴州提督周達武督軍進剿夷匪。炯軍由遵義克荆竹園，過烏江，蕩平玉華山、尚大坪各老巢，生禽逆首劉義順。達武軍由越嶲破普雄、西昌、冕寧，各支夷目皆投誠納質。内地既平，黔邊亦靖，而滿營餉日絀，兵日弱，又以鈔票四六搭放，爲奏請給發實銀。邛州唐旺壩有老林，挑選旗丁五百名，開墾種地，爲裕旗民生計。歲辛未，召來京，補鑲白旗蒙古都統。壬申，署理熱河都統，委朝陽縣知縣陳本植、古北口馬隊營官左寶貴同擊馬賊，平之。甲戌特簡刑部尚書，充甲戌科會試總裁。

光緒乙亥，命赴奉天、吉林一帶，查辦事件，並署盛京將軍。調陳本植、左寶貴等文武各員隨行。盛京爲國家根本重地，左臨渤海，有營口、牛莊兩商口岸。右帶鴨渌，與朝鮮鄰。山川繚繞，原隰饒沃。若能籌餉練兵，俾爲重鎮，可以壯京師之拱衛，杜强鄰之窺伺。惟設官有將軍，有都統，有五部侍郎，有府尹，事權不屬，盜賊横行，而大東溝、大通溝兩處匪徒盤踞日久，擾及永陵，並陷興京。公飭陳本植、色楞額充文武翼長，練通省馬步各軍，副將左寶貴練八旗馬隊，總兵王佑臣查省城内外，知縣朱克揚等充發審委員。設營務處文案，清理糧餉，稽查軍火。旋飭陳本植、左寶貴剿大東溝匪徒，平之。因清查地畝，編連保甲，築城定税，委陳本植督辦。請以盛京將軍兼奉天總督旗民地方軍務，管兵、刑兩部事務，兼理糧餉。另請頒發總督關防，府尹加二品銜，行巡撫事，與將軍相助爲理。永禁旗營各衙門干預銀錢詞訟。復奏明不准地方重徵，以紓民困，奉旨允行。實授盛京將軍兼總督事。丙寅，左寶貴剿平大通溝賊，又平賓圖王旗、枯林地賊首周子玉，錦州賊首差總王勳。改昌圖廳爲府，添懷德、奉化、康平三縣，以綏良善。定厘税，鎮强暴，奉省乂安。九月，薨於位。年五十有八。遺疏上聞，天顔震悼。奉旨入城治喪。諭經過地方官，妥爲照料。御賜祭葬，予謚文勤，典至渥也。

公性開敏，多讀書，諳練故事。事上以敬，馭下以嚴。與僚屬共事，則推賢讓功，尤爲人所不及。軍興以來，統兵大帥，往往爲疆吏所牽掣，不得暢行其志。駱文忠督師入境，公籌餉運糧，先事籌畫，文忠大喜過望，不及一歲而大功告成。然在當時，聲望爲文忠所掩。及至奉天，肩重任，申事權，剿鉅寇，鼎新革故，因時制宜，出斯民於水火之中，而屹屹嚴疆，從容鎮定。數十年來，聲望之隆，與文忠之在四川相上下，方知才局幹濟，未可以軒輊也。公負知人鑒，而又折節下交。陽湖管才叔樂，元和顧幼耕復初，漢軍徐功可慮善，溧水濮青耜文暹，上元李仙根光節，均入幕中。荃孫幼年爲公激賞，佛龕燕集，久侍吟詠。丙子，改庶常，公子文恪公爲教習師，末學菲才，受知兩世。歲辛卯，公之孫志賢蔭生，屬荃孫撰次其事，立石於神道，於是公薨十有六年，而文恪公薨亦期年矣。公之德、善、功、烈，紀諸史册，無俟碑銘然後顯。乃讀公奏疏，竊恐史氏未載其詳，而深心偉略不盡傳於天下，不可以不銘也。銘曰：

天錫智勇，金源世胄。彈壓山川，發揮宇宙。文采常楊，勳名文富。鎖院掄才，巖疆禦寇。西南萬里，井絡天彭。撫綏嗷鴻，抵禦奔鯨。上德不德，至名無名。襄陽叔子，隴右營平。翼翼陪京，岐豐舊域。獨總大綱，以策群力。縫裾剌奸，解綬懲墨。混同安流，醫閭生色。性功默運，元氣潛斟。證菩提果，參薝蔔林。葆神悟道，斂陽育陰。神鐘警耳，明鏡澄心。公負長才，帝畀重鎮。胡不期頤，俾竭忠藎。匣剔幽隱，拂拭英俊。民氣既孚，國威斯振。昊天不弔，恒幹潛摧。山頹太岳，星坼中台。褒忠綸綍，入夢瓊瑰。茅檐茹痛，蒿里銜哀。昔預賓筵，敬窺萬一。今刊貞珉，謹陳行實。蔡愧韓諛，力鑒前失。偉烈豐功，百世有述。

布政使銜廣東按察使金公神道碑

光緒甲午，湖廣總督張公之洞、湖北巡撫譚公繼洵以前布政使銜廣東按察使江陰金公國琛戰功上於朝，請祔祀湖北胡文忠公林翼祠，且宣付史館立傳。詔允之。是時，金公卒十五年矣。

公將湘軍，從胡文忠公轉戰湖北，最賞功叙勳，久而益彰，典至渥也。其年八月，公之孫家幹持公行狀，求銘公神道之阡。

謹案狀，公名國琛，字逸亭。先世由徽州遷江陰。曾祖瑅，祖焕。父安世，道光壬辰恩科舉人，大挑江西知縣，俱贈榮禄大夫。妣，一品夫人。公幼隨父任，久居江西。咸豐癸丑，羅忠節公澤南帶湘勇援江西，公入其幕，委任營務。每督隊與賊戰，部伍嚴整，倉卒不亂，一軍皆服。後李忠武公續賓接統，公仍總理營務。連復武昌、漢陽、黄州府城並興國州、大冶、瑞昌等縣，並攻克九江府城，公功爲多。歷保知縣、同知、知府、道員，並賞戴花翎。忠武公覆軍三河，各軍皆敗，歸路斷，公力戰，得以所部突圍。赴黄州，招集舊部，就李勇毅公續宜，勇毅公仍以總理營務任之。公勞徠慰撫，重申紀律，爲陣亡將士請恤。不數月，軍勢復振。勇毅公請假回湘，命公代統其軍。己未夏，逆賊石達開圍攻寶慶，號百萬。援軍數十營，與賊壘環峙，相持不下。公星夜馳抵寶慶，大破石達開於賀家坳，斬僞元帥胡德孝等悍賊數百名，合諸軍追賊至粤西界，幾獲石逆，名益著。旋率援軍回鄂。冬，逆賊陳玉成以十萬衆圖解太湖之圍，進迫鮑忠壯公超於小池驛。官軍失利，皖鄂震動。胡文忠公檄公急援，公夜冒風雪，由高横嶺仰天庵直出賊背。質明，賊望見山頂旗幟，大驚，氣奪。公乘勢縱兵奮擊，一日夜破賊壘七十餘座，生禽悍賊酋藍承宣等四百餘名，立克太湖縣城。潛山之賊，亦相繼潰散。陳逆遁走，我軍東征攻皖之局始定。庚申四月，江陰陷於賊。公母吴太夫人在里，公乞假迎母，而悍賊四集，軍情甚迫，胡文忠、李勇毅固留之，俾遣人間道迎養至黄州，允公至黄省親。既而賊分股上竄鄂境，李勇毅移軍巴河，勢頗亟。趣公赴營，乃單騎至軍，定迎頭截擊之策。分兵南岸，疾馳武昌，迅即北渡，擊賊於楊店。連復孝感、雲夢二城，進攻德安府。逆賊馬融和率悍黨死鬥，卒以長圍克之。九月，特簡安襄鄖荆道，仍率湘軍防守襄、鄖。樊城財賦之區，商賈輻輳，公督弁勇建立土城，不煩民力，屹然重鎮，至今賴之。同治壬戌，捻匪圍攻河南之南陽，勢岌岌。公念南陽接壤襄、鄖，設有疏虞，則唇亡齒寒。乃越境往援，立解城圍，救出難民十餘萬。軍民感泣，聲振遠近。然功高招忌，謗亦自此起矣。未幾，巡撫嚴樹森以不遵調度奏劾，以同知降補。癸亥八月，曾文正公國藩奏調赴皖，防剿徽寧一帶。皖南肅清，開復原官。再簡甘肅鞏秦階道，以吴太夫人年高，請開缺終養。時江陰新復，躬送太夫人歸里。湘勇駐皖日久，餉糈不繼，每有聚衆索餉者。公離營未及三月，所部勇弁亦扇動。公聞，星夜馳至，軍容一肅。旋請遣撤，秋毫無擾。光緒乙亥，服闋，赴部引見，授廣東糧儲道，旋擢廣東按察使。未幾,卒於任,年五十有八。

公少時讀書,留心地理、兵事。補邑庠生,再試不售,遂棄去。將兵十餘年,噢咻拊循,同甘共苦,愛軍士如子弟,士卒奉之如父兄。堅苦踔厲,所向必捷。轉戰江西、湖北、湖南、河南、安徽五省,經大小一百八十餘戰,克復省、府、州、縣城二十有四。左腹、右臂、右額,均中矛傷,左股中鎗子傷。昔年軍中衣服猶存,穿孔歷歷可數也。身殁之後,子孫僅足糊口,以視身擁厚資、聞警即潰之統帥,何止天壤哉! 居鄉賙戚族,助友朋,創學舍以教鄉里子弟。豐功碩德,嘖嘖人口,至今不衰。荃孫生同里閈而流徙黔、蜀,迄未能晤,至以爲恨。得家干請,爰作銘曰:

聖清中興,群才弼輔。鍾靈衡岳,雲龍風虎。公以文士,而靖賊氛。公以吴人,而將湘軍。公心馭衆,如使手足。衆心向公,如捍頭目。夜半忽起,擐甲一呼。馬首欲東,萬衆争趨。孰云壘堅,孰云炮利。牙旗所指,雲散星碎。一戰寶慶,再戰太湖。南陽解圍,南郢就俘。功高衆忌,遂遭讒口。重起復官,遄歸將母。監司嶺嶠,進職提刑。試以吏事,猶有典型。帝眷方隆,恒斡旋委。魂氣何之,應依故壘。歲月雖久,勳業常新。史傳祠祀,褒以絲綸。海飆猶張,戰鼓未罷。公兮有知,悲聲叱咤。巍巍貞石,屹峙山阿。大書深刻,千載不磨。

廣東巡撫劉公神道碑

光緒十有八年三月戊辰,兵部侍郎、廣東巡撫劉公死於位。遺疏聞,天子震悼,賜祭葬如巡撫例,並命附祀淮軍昭忠祠。

蓋公安内攘外,名滿天下,生膺節鉞之寄,殁享俎豆之報,固已極儒生之榮遇,樹人臣之茂矩矣。粤三年,公子世瑋葬公於江寧之□□鄉,因吾友徐君乃昌以神道之碑來請銘。荃孫聞公名在庚辰、辛巳間,時公在上海道任二年矣。互市禁開,華夷雜處,飛鉗捭闔,搗虚抵隙,公於大局所關輒齗齗不少讓,聲名遂洋溢乎宇宙。上海通商之初,定議浦江以北爲洋商船步,浦江以南爲華商船步,而洋人無厭，又欲侵占浦南。公知之，創設水利局於東門外，使幹吏常駐局中，專司船步，無有佤邪離絶以違定章，洋人乃噤不敢言。英人赫德爲我總税司，請增中國土産雅片之税，總署命與公議之，公曰："是陽爲我計，陰爲彼計也。税增則價昂，人食洋煙無食土煙，是使我爲彼毆也。"執不可。洋人又以海口迂曲，請於吴淞口起所賫之貨，公曰："是欲漏我税也。貨不至關，税於何有？"執不可。洋人租界設立自來水火公司，至是又欲推行城内，公曰："是溷我也。此端一開，異時開馬路，設巡捕，必相緣而入矣。"執不可。公奉使在俄國也，俄人豔我黑龍江漠河金礦之利，願爲我開采，公曰："此非可空言拒也。"函告總署及北洋大臣，請先自我開采。我既舉行，俄不復請。其在英國也，英人欲以鋭師由印度入藏，藏人震驚。公力争於英外部，追還印度之師，人心大定。

公事理洞達，神志散朗，於天下大局，無日不思維持匡救。恫喝無所懼，鉤距無所得，以見易隱，以往察來，逆折其情，而復牖之以理，俾目駴心説，就範而不敢逞。事之小者不具論，即此落落數大端，業爲天下所倚重，而鞠躬盡瘁之忱，亦基於此。其他愛民勤政，折獄除暴，歷任名區，謳歌如一。在他人爲之，亦足以卓然自立，而非公大節之所在也。

始公之署兩淮運使也，則以振饑一事傳。時淮北大饑，民就食南來，麕聚維揚，公於城外築圩數十，使按籍而居之，生有糜粥之資，死有棺櫝葬埋之費，每三、八日親臨其所，宣講《聖諭廣訓》，以牖其良，以馴其悍。又駐一軍，晝夜巡察，防其爲亂，而亦以禁人之掠賣其子女者。自冬徂春，資之使歸，境内帖然無事。此在公當日但以實心行實政耳，然無公，則吴中必大驛騷矣。公之經濟及物，隨地而見也又如此。

公諱瑞芬，字芝田，安徽貴池人。曾祖駕夫，祖兆，考孝檍，三代並以公貴，贈光禄大夫，妣贈一品夫人。公由邑庠生、中書科中書，叙軍功累保至花翎道員，分發江蘇。光緒三年，簡蘇松太兵備道。八年，遷江西按察使。九年，再遷江西布政使，護理江西巡撫。十一年，詔以三品京堂充出使英、俄諸國大臣。旋補太常寺卿，轉大理寺卿。十三年,改充出使英、法、義、比四國大臣。十五年,授廣東巡撫。十八年,薨於位,年六十有六。娶姚氏,繼娶傅氏,皆封一品夫人。子五:世琪,兩淮吕四場大使,前卒;世瑋,光緒戊子舉人,候選知府;世琛,貢生,候選主事;世瑛,縣學生,候選員外郎;世珩,候選中書科中書;世瑗,幼。女子四,長適舉人候選知府南陵徐乃昌。孫三:貽讓、貽謙、貽訓。孫女九。銘曰:

齊山矗蓋,貴池渟玦。靈氣磅礴,篤生賢哲。劬書嗜學,投筆從軍。遭遇時變,感慨風雲。糧儲盈歉,惟公繼之。器甲刓削,惟公備之。轉戰萬里,供張十年。漢何唐晏,頡頏前賢。帝知其才,監司是擢。華夷萬舸,經營關榷。帝大其用,汝臬汝藩。萬里宣威,萬口銜恩。公善治內,尤善治外。折衝尊俎,盱衡冠帶。樓船旌節,周歷重洋。邦交克洽,國體無傷。五羊之城,公來開府。曾未幾時,星隕而雨。太常叙績,廟食攸崇。公與淮軍,實共始終。丹旐言旋,霜凋風肅。鬱鬱佳城,森森喬木。功名赫奕,無有愆尤。子孫繩繩,蒙國之庥。

山東曹州鎮總兵趙公神道碑

國朝科目,文武並重。顧中興以來,將帥大臣以折衝禦侮得名者,類皆出於行伍,遂疑挽强命中與殺敵致果判爲兩途,甚有欲廢武科而專重行伍者。亦知有人掌環衛,出膺節鉞,民懷其德,寇懾其威,如涉縣趙公者,亦可爲武科增重矣。

公諱鴻舉,字雪堂,河南涉縣人。道光乙巳一甲第三名進士,二等侍衛。俸滿,分發湖北,以游擊補用。咸豐二年,髮匪自粤竄入楚,疆吏不職,蔓延半天下,公轉戰湖南、湖北、安徽、河南四省。四年,克復沔陽州,大戰仙桃鎮長江埠,殺賊奪隘,均以奇謀制勝,是爲立功之始。嗣克漢川,克漢陽,進攻安徽,克英山、霍山兩縣、六安一州,歷保參將、副將總兵、提督,賞花翎。同治元年,督帶楚勇,駐歸德。時捻匪勢張,圩寨林立,長淮南北幾無一乾净土。公奉僧忠親王之命,解界溝集圍,克王廟各寨,又攻破閻家團水圩,而譚寨等四十餘處亦相繼就撫，軍勢稍振。陳大喜者，踞平輿爲老巢，而楊樓、張岡爲之羽翼，自咸豐十年起事至同治三年，無日不與官兵戰，寇則愈剿愈衆，圩則旋正旋反，在豫賊中最爲勁敵。公身先士卒，蕩決無前，旌旗所指，無不破滅，克楊樓、張岡並息縣水陸各圩，追斬賊首趙國良、簡世然，禽徐心田、王延蘭等，而陳大喜棄平輿竄死。四年，署南陽鎮總兵。適張總愚圍攻南陽，黑夜撲壕，城幾不守。公手然巨炮，斃悍匪二百餘人，賊始退。逐北七十餘里，南陽始安。公前後三署南陽鎮總兵，旋簡是缺。十餘年中，恩威並用，外剿内撫，悉合機宜。維時襄匪有程岱，唐、泌之間有花得春，皖、豫之交有李六，裕州有韓潰昌，淅川有王板貨，先後戡定。以憂去官。光緒八年，服闋，授山東曹州鎮總兵，統帶濟字馬步全軍，防河捕盗，能盡其職。十五年，鄆城、鉅野多盗，率兵往捕，途遇大雪，感寒，遂不起，年六十有八。没後四年，河南巡撫裕寬奏請南陽建立專祠，上允之。子壽彭，山東候補知縣。壽彭夙從余游，持公之事實來，請銘墓道之阡，乃作銘曰：

天狗墮地雲渾淪，磨牙吮血聲狺狺，長淮千里虚無人。手提雙桴鼓不死，刀輪爲風炮爲雨。羽林佽非真壯士，大星墮矣廟貌崇。綸音赫赫褒精忠，千秋長此欽英風。

湖北鹽法武昌道王文直公神道碑銘代

公諱東槐，字蔭之，山東滕縣人。曾祖恕，祖國淑，父增韻，三世以公貴，贈如其官，母黄氏封恭人。道光戊戌進士，改庶吉士，授檢討，補御史，轉給事中，晉内閣侍讀學士，簡湖南衡州府知府，升福建興泉永道，調湖北鹽法武昌道。殉粤逆難，賜恤如例。後以山東巡撫丁寶楨請，追謚文直。

公生於孤寒，讀書尚氣節，以澄清天下爲志，而行卒能踐其所言。在御史時，請停捐輸，以清吏治；禁礦廠，以杜利端；籌倉儲，以培元氣。雖有行有不行，而力籌全局，不爲無益之言，爲得古諫臣之誼也。在興泉永時，英吉利通商數違約，檄領事蘇理文遵舊章，無少讓。在武昌時,粤逆由岳州來犯,公輯內應,練防兵,籌餉糈,適聞母黄太恭人訃,以兵急不忍去,城陷,謂其弟曰:“母死未葬,抱恨九原。吾曾任監司,誓以身殉,弟可乘間逃出,爲我訴靈前,魂魄終歸事親也。”弟不忍,叱去之,遂與繼室蕭恭人均自縊,年僅五十有一。惜公者每言未竟其才,然言人之所不能言,行人之所不能行,生盡其職,死得其所,造物於公亦云厚矣,又何憾焉。公卒後二十八年,嗣子宜勛爲刊墓碑,而同年生德化萬青藜銘之曰:

桃山滶水,根柢鬱盤,琅邪之王。潛德彌綸,實孕我公,嶽嶽骫骫。娟學綺齡,瓜心火掌,名德日彰。名德維何?善容則徐,弦詩則匡。當春而華,鉱艷摫馨,中禁翱翔。讀三館書,上三禮賦,賜珍上方。帝曰汝嘉,實司彈奏,驄馬行行。貸山左右,探丸竊鈇,閭里譸張。帝乃震怒,怒兹疆吏,褫其冠裳。縲絏雪之,府庫發之,庶政綱綱。庶政綱綱,孰啓其倪?維公封章。海內知者,俯首咋舌,曰孤鳳皇。文宗御宇,詔求直諫,固兹苞桑。公泣雨下,焚香萬言,炳炳烺烺。曰停捐輸,曰禁礦廠,曰備積倉。帝爲動容,手疏姓名,置之座旁。厥惟衡州,地大物窳,在衡之陽。亦有興泉,商舶星流,在海之疆。弊法惟鹺,綰兹鍵籥,在鄂武昌。公既莅止,梳幽櫛滯,罔不庚庚。非惟言之,又能行之,既安既康。盛世銷兵,嶺嶠幺䴠,用敢陸梁。一星燎原,虒虒虎虎,燔燎湖湘。公躍然起,則攻其心,則斧其吭。陳雲墨矣,江濤赤矣,猰貐飛揚。嚴關宵虹,膏鋒飫鍔,血浴元黄。公乃怡然,雲車風馬,上叩九閶。願爲大厲,砰礑搏擊,殄滅凶狂。褒忠曠典,賜蔭賜謚,春烝秋嘗。越祀廿八,金甌息烽,玉弩韜芒。大書穹碑,褒功厲節,乾坤雷硠。後有式者,青琳翠琬,百世馨香。

前欽差大臣貴州提督兼署貴州巡撫田公祠版文

光緒二十二年正月,鎮筸田公子應全持其先德前欽差大臣貴州提督兼署巡撫事田公忠普事略來,泣而言曰:“先人戰功,彪炳寰宇,嗣因教案,遣戍西域。賜環未幾,告終家衖,應全甫二齡耳。幕府星散，無人撰述。前年走貴州，遇故部曲今貴州提督羅公孝連，爲撰事略。因先人未復官，不敢立碑墓道，乞吾子次爲文，庶事蹟得以傳播，或可少慰先人於地下。”

荃孫昔聞先君子談公遺事，有出於事略之外者，其敢以不文辭。公諱興恕，字忠普，湖南鎮筸廳人。祖宗然，父慶和，皆以公貴，贈建威將軍。妣皆一品夫人。公性果毅，驍勇絶人，挑入鎮筸鎮標。洪逆秀泉[①]圍長沙，公隸鄧忠武公紹良軍，救援省城。地雷發，鎮筸兵距之，不得入，公與有勞。賊退，屯湘江西岸，連營百數。巡撫駱文忠公秉章募人夜驚賊營，公應募，隻身挾一小舟而去。以竹筒注火藥其中，間三四營藴其一，以路之遠近，燃綫之長短，同時並發，賊營大擾。公跳歸，賊數百追之，公覆舟爲障，泅水而渡。文忠賞其勇，時年甫十六也。咸豐五年，委充哨官，隨湖南候補道王葆生克郴州。六年，獨統五百人，名虎威軍，隨前四川臬司蕭啓江援剿江西，克復萬載縣、袁州府城。七年，由上高進攻英岡嶺賊巢，石逆達開率匪三十餘萬圍公營，公部千二百人日夜鏖戰，左手受傷，戰馬亦死，徒步轉戰，奮不顧身。賊退十餘里，斃賊千數，以少擊衆，人服其豪。四月，進攻臨江府，城賊死守不出，公開掘地道，約諸軍會攻。地雷發，城裂數丈，公率親兵先登。城賊死拒，諸軍徘徊不進，公身受重傷，隨從兵勇戰殁百數，城遂未下。八月，城賊冒死撲營，公亦死戰，賊被殲，無一脱者，自此閉關不敢出。九月，逆黨合四十萬衆，連營數百座來援。蕭公畏其衆，約公暫退，公力主戰，慷慨言曰："兵在精不在多，賊雖多，易與耳。公力扼城賊，興恕願率所部爲先鋒，公命章武、平江兩軍援之，必能爲公破援賊。"翌日，出入成隊，公率壯士，捲旗直搗中堅，賊張兩翼圍之，迨章武、平江兩軍至，公旗已深入賊中，圍甚厚，見公旗麾東援西，賊不能遏，因亦夾擊，遂毁賊營數百座，餘賊遠竄，城賊亦潰，臨江復。八年，克崇仁、樂安、宜黄、南豐各城。四月，克撫州府，江西一律肅清。叙功洊升副將、總兵銜，並賞尚摯勇雙巴圖魯。貴州黎平府圍

① "泉"，宜作"全"。

久不解，駱文忠檄公援勦。八月，統軍抵黎平屬之潭溪司，理料軍事。次日，即攻破北門賊營，入城安撫。又次日，攻破南門賊營。又次日，攻破西門賊營。經年之圍，三日而解，闔城文武，同聲稱頌，謂自被賊以來，未見有用兵如是之神且速者。群慶更生，至今猶銜感不置。再克古州、永從等處。時石逆竄湖南，圍寶慶府。又檄公募足四千五百人回援。三月，進抵寶慶之九拱橋。時石逆圍城，號稱百萬，並分兵圍公營，自四月合圍，無日不戰。初挖濠築牆以自固，後牆倒濠填，與賊聲息相聞，互攻互拒，一夕數起，一餐累輟。至六月中，糧藥將罄，公另挑營中敢死士，號曰死勇，將決勝負於一戰。會前安徽巡撫李勇毅公續宜由鄂來，自外攻入，公率死勇由內應之，斃賊萬餘人，先毀附城賊營三座，東西南之壘亦連日攻下，勢如破竹，石逆退入廣西。改死勇名曰長勝軍，移駐靖州。旋命署貴州提督，督辦貴州軍務。十年，取道銅仁，分三路進，解印江、思南、石阡等城圍，並克貓貓山等賊巢。兩旬日內，復地數百里。四月，授貴州提督。十月，石逆猝陷荔波、獨山、定番、廣順，省城戒嚴。前巡撫劉源灝請保省城，公率所部馳抵省垣，布置城防，即親督大軍赴定番迎勦。石逆聞公臨陣，棄城南竄。當公未進省時，僅午未時開放南北兩門出入，迨公擊退石逆，各門如常，人心大定。十二月，授欽差大臣關防。十一年，兼署貴州巡撫，時年二十有四也。時上游猓狆各族，下游苗教各匪，府無完縣，縣無完堡，公分路援勦，屢挫賊鋒。招撫著名逆首唐天佑、賈幅保、陳大六、柳天成等，克復歸化、荔波、定番、廣順、獨山等城，疏通省道，聲威大振。同治元年，西人文乃爾傳教入黔，公惡其倔強，殺之。西人嘩於朝，命褫公職，交川督查辦。隨帶長勝軍一營出省，士庶焚香跪送，不絕於途者數十里，公悉慰去之。途次遵義屬之旺超，值前雲貴總督勞文毅公崇光爲賊所困，勢甚急。公聞之，驟馬衝入，大呼曰："田某在此，鼠輩敢爾！"賊驚潰。翼勞公出。四年，發往新疆效力。行至甘肅，前大學士恪靖伯左文襄公宗棠奏留防秦州，甘回不敢犯境。十二年，釋放回籍。鎮筸兵蠢動，公出彈壓，立靖。光緒三年十月十八日卒於家，年四十有一。

公將事以敬，待人以誠。未嘗讀書，用兵輒與古人暗合。生平戰績，江西、湖南爲多，而措施之難，心力之瘁，尤以黔中爲極。蓋黔中當承平時，常需各省協濟，嗣罹大亂，公私壁立，鄰疆同禍，呼籲無靈。公挫狂寇於初來，保危城於垂破，徵兵籌餉於萬難措手之中，布置秩如。又於前政寬弛之後，稍稍繩之以法，謗怨沸騰，卒不安其位而去。群惜其才，而悲其未竟也。公身爲疆臣，治軍十餘年，家貲不及鉅萬，偉矣哉。爰次其事，而繫之以銘曰：

巖巖鎮筸，五溪上游。土風慓悍，爲國好仇。公起疏賤，束髮授仗。渾瑊石峰，功立跳蕩。出援江西，突將無前。無捷不奇，無摧不堅。吕蒙刀盾，高昂旗鼓。陳如撒星，戰如驟雨。地險而瘠，莫如黔中。苗教狆猓，蚩蚩叢叢。詔畀我公，總軍開府。乂我人民，固我疆圉。公率萬衆，先奠會城。四門洞開，民心大寧。巨竹須解，濕薪須束。軍衛民生，民輸軍粟。方期傳箭，大可犂庭。盤江洗甲，黔靈勒銘。譸張袄教，猙獰彼族。無禮於君，鷹鸇同逐。公《卸提督謝恩疏》有云："各爲其主，常懷犬馬之誠；無禮於君，妄擬鷹鸇之逐。"天下傳誦之。朝旨詰責，伏地引愆。置封華陽，謫戍祈連。迨返田園，重安耕鑿。霖雨未施，大星遽落。聖主知公，始終保全。公績未竟，公名已傳。海水西流，景風東扇。世無壯士，誰堪一戰。公魄在原，公魂在天。再生申甫，圖像凌煙。

蒙城縣訓導金先生墓表

大江以南，閥閱相望。韋平之族，台鼎承家；郊祁之倫，大科接踵。而欲代通儒術，世傳詞藻，惠錢而外，實罕儔偶。况乎下邑，夙稱樸陋。若乃人人有集，續風雅於一門；濟濟群彦，扇芳馨於七葉。杜陵詩聖，膳部開其先；坡老文宗，斜川爲之繼。發揮前烈，騰蹈餘蹤，如一士先生者，有可述焉。

先生諱謂，字一士，江陰人，世居西鄉大岸。祖鑒，明通進士，乾隆丙辰薦舉博學鴻詞，官刑部主事。父捧閶，歲貢生，候選訓導。均名德自耀，位禄不副，聲華達於朝亡，著述重於藝林。先生衾扇嫻勞，齔鬌廣誦，述祖德於傳硯，飫庭誥以受經。年九齡，從父讀書唐氏故園。荷衣覓句，已翹異於常童；松寮弔古，輒流連夫勝地。老師宿學，咸相推許。弱冠受知山陰平寬夫學使，補縣學生。旋因家累，俾作客游。貧且依人，飢來驅我。春暉寸寸，敢辭負米之勞；金綫年年，不少擔簦之困。卸裝於皖公山下，弭楫於明聖湖邊。春江波緑，鷗夢同圓。秋驛塵黄，馬蹄欲碎。藉江山之勝概，寫羈旅之閒情。每當歲晚，言旋里閈。倚閭息望，穹窒紓歡。團欒燈火，誦征途得意之詩；投贈縞紵，紀益友獨行之傳。雙親顧而樂之，先生亦怡然自得焉。嘉慶己卯，捷順天鄉闈。三試禮部不第，大挑二等，委署嘉定縣教諭。先生以爲儒官雖卑，職在教士。束躬圭璧，潤色詩書。問字之酒，不論夫厚薄；束脩之羊，詎計其肥瘠。在官一載，輿論翕然。即補蒙城縣訓導，治之一如嘉定。復以爲骨肉之獄，感之以至性則易孚；薦舉之牘，得之於非分則可耻。上台寮屬，同聲引重。終以偏親暮齒，蒙邑長途，歸省則職守攸羈，迎養則險阻是懼，遂匄病去。諸生追送，有泣者。先生亦戀戀不忍别，賦詩有“我是迂儒今又去，諸君休要當官看”、“升沈聚散尋常事，此處才能見性真”之句。孝公教授，著録者三千人；疏傅去官，祖道者數百輩。今古一轍，識者榮之。遂客彭門，閒之梁苑。重逢舊雨，長聚德星。珠檠玉敦，聯藻盛乎襟裾；遲錦淹葩，獨秀壓乎壇坫。旅游最樂，篇積較多。迨夫息影舊廬，陶情暇日。斜陽老圃，尋童時釣游之所；新月清樽，聽野老桑麻之話。方謂雅抱，庶登大耋，昊天不弔，兵燹驟經。先生覯桑梓之禍，竄卑濕之地，百憂所萃，顑頷告終。歿於咸豐庚申九月十二日，得年七十有八，葬於某鄉某原。

生平富於詩，存三四千首，並文稿俱毁，亂後掇拾殘賸，刻於長沙，曰《篤慎堂燼餘稿》二卷，僅三百餘首，附文三篇而已。先生之孫武祥以先生體魄久掩，元石未立，敬述嘉行，遠征鄙文。荃孫竊觀邑中華族，品行之敦飭，文采之聯翩，未有如大岸金氏者。先生光前輝後，尤平昔所服膺者也。嗚呼！通德慕鄭公之里，清風在兹；遺碑式董相之陵，高山仰止。是爲表。

蒲江縣教諭鍾君墓志銘

君諱鴻塤，字樹庵。先世自粤東遷四川華陽，遂爲華陽人。曾祖某，祖某，父某，母某氏。君幼失恃，贈公督學綦嚴。每歲入館，至家人有不識之者。年二十六，補縣學附生，旋食餼。十試鄉闈被放，以恩貢授蒲江縣教諭。其讀書也日勤，其律己也日刻，而其育士也又日恕，涵育薰陶，循循善誘，故秉鐸十餘年，而士風日上也。家固貧，贈公以賈起家，後議析産，君獨讓諸昆弟。兩兄早卒，寡嫂、兩姊，均資給無使乏。妹適蕭氏，早寡，撫孤甥使成立。其克盡倫紀也如此。咸豐初間，同學生有匿産欺其叔者，以萬金田契假君名書券，許以重酬，君面斥之。有戚置産，與君之産相連，防他人争，亦請署君名，君令自書券，却其酬，且誨之曰："是事假名，非人必乾没矣。"戚且感且愧。館簡州時，州牧欲轉賣倉穀，商之君，君以爲不可，遂辭去。後牧以賣穀事褫職，共服君之先見。其持正不阿也又如此。子桐山，同治丁卯副榜，湖北候補知縣。光緒丁丑，迎養至江夏，已抱疾。十一月初八日，病殁。距生道光二年某月，得年五十六歲。戊寅歸葬於華陽某鄉之某原，禮也。葬有期矣，乞文爲銘。荃孫與桐山丁卯同歲生，且交久，謹叙次其大略，而銘之曰：

班固文辭，賈生禮樂。蔚然者華，惟君之學。却金景楊，題門法鄭。皎然者天，惟君之行。叔孫習儀，仲孫著效。穆然者風，惟君之教。君之壯歲，遇既迫之；君之暮年，病又厄之。誠格金石，壽謝期頤。吁嗟昊天，云胡不知！幽室永扃，貞珉生色。庶垂裕於後昆，乃報稱夫令德。

楊惠甫墓志銘

光緒丁丑，荃孫供職詞館，與楊户部調元訂交，洎乞假旋蜀，同寓成都，借書一瓻，時相過從。一日，出其兄惠甫狀，言於荃孫曰：

兄諱[redacted]，字惠甫，天性至孝，篤於昆弟。幼值父母小病，輒皇皇問於人，求所以愈親者。比長不衰。幼與調元同受學，寢食誦讀，頃刻必偕。自就外傅，以迄應試南北闈，往來未嘗不共，離數日，輒形夢寐，其篤摯如此。生平溺苦於學，家自先大父來，代有藏書，亂後頗有亡佚，兄在都復購得萬餘卷以歸。黔中亂，宗族物故十二三，兄因取宋范文正公義田法，及國朝方望溪所補，因地制宜，詳爲規畫，期異日行之。舉於鄉時，同歲生有不能計偕者，潛往遺之，而告以他姓名，竟不知爲誰所贈也。丁丑報罷，聞先大夫疾，馳歸。冒風熱，犯瘴癘，未嘗少解。九月廿二抵綿竹，廿九先大夫棄養，而兄亦後三日逝矣。蓋粹於孝而終以毁也。嗚呼，痛哉！君歿於光緒丁丑十月，得年三十一歲。同治癸酉舉人。子一，光祖，尚幼。荃孫在都時，與君亦時時晤面，言論丰采，至今猶想見之。謹次和甫之言，而繫之以銘。銘曰：

英英楊君生南天，皓玉出水光澄鮮，簡練汶長十五篇。段南桂北争後先，罡風一昔摧華年，干將莫邪閟重泉。有弟有弟年隨肩，完君之志窮雕鐫，振綺愛日美弗專。壽夭一理齊彭淵，惟君令名終古傳。

鄭君墓志銘

君諱作相，字仲巖，山東日照人，歲貢生。鄭氏自唐居日照，最爲舊族。曾祖帶，祖勖君，父僑。君五歲就學，言動異常童。二十一歲入邑庠，屢試秋闈不售。劬書力學，以前賢矩矱律身，以先儒語録設教。嗜《易》，闢象數，闡義理，萃衆説而折其衷，附以己意，著《易説揆方》十二卷。咸豐辛酉，捻匪掠日照，君暇與村農講武，約附近諸村修山寨，遷孥實其中，因險設隘以距寇，寇不敢犯。寇退山外，室廬燼焉。遂移居韓山，山陰有十泉，結廬第一泉側，因號一泉。山居幽僻，不輟吟誦。與人談時事，取言之有實用者，輯爲《第一山房叢説》。從學者日衆，量才授業，多所成就。修邑志，采訪節烈，皆君獨任之，名譽益盛。光緒十年正月二十一日卒，年六

十二。歿後五年,門弟子户部郎中丁麟年持狀索予銘。銘曰:

南宋變學,士氣始衰。褒衣博帶,無濟於時。偉哉鄭君,學爲人師。妖焰滔天,夜燭山眉。一蕢足障,男嗃女嬉。時清投戈,講藝書帷。試之以事,無微不治。書成滿家,名揚九逵。勒銘幽宫,庶無愧辭。

二品頂戴直隸清河道費公墓志銘

公諱學曾,姓費氏,字繩奩,别字幼亭,武進人。考庚吉,福建糧儲道,負盛名,著録弟子數百人,海内所稱耕亭先生也。先生卒於泉州軍次,公年十三,大母在堂,年八十。間關歸里,支持門户,無異成人。迨弱冠,以貧入資爲北河州判,改知縣,補懷來,攝宛平。叙勞,擢天津府知府,調保定,晉清河道。以城守功,錫花翎二品銜,署按察使事。歲庚午,引疾去官。居吴門,養親課子,三十年終不出。光緒廿四年四月十三日卒,年七十。公精力絶人,聞義必赴。長於折獄理財,居官行政,所至卓絶。其嘖嘖人口者,尤以通州議和爲最著。而公所最自愉快,則以横沙田八千頃舉以畀之南菁精舍爲生平弟一樂事。咸豐庚申,西人犯京師,顯廟幸木蘭,恭忠親王留守議和約,事將變,命公馳馬貫敵陣,邀其酋額羅金噶囉定約而歸,恭忠親王才之,故有越級之擢。南菁精舍者,瑞安黄侍郎創於江陰,長沙王祭酒繼之。鼓篋弦誦,廩給不敷,謀之公。公有田曰横沙,亘東南海中五六十里,川沙廳屬沃土也,歸之南菁爲恒産,又躬爲籌畫,分門延師,造就甚衆。其冲襟遠識,竊謂非今之人所有矣。荃孫侍公言論最久,又與公子念慈交最善。念慈告以十月葬公於虞山聯珠洞左,馳書請銘,不敢辭,謹書其大者,而繫之銘曰:

清有通儒,潛修治經。行爲國瑋,學作士型。公也繼起,誾誾侃侃。鋭如干將,應機立斷。我初上計,謁公保州。公時治軍,談笑戈矛。我歸故里,謁公吴郡。公時養痾,殷勤存問。雲溪邂逅,春日載陽,謂公七旬,盍舉壽觴。公顧而咍,巇砉淪暮。易賀爲弔,請銘余墓。闔坐驚詫，謂公戲言。曾未三月，訃書在門。生英死靈，前知不爽。拈花示寂，乘雲獨往。鄉里後進，頓失觀摩。念公知我，涕泗滂沱。公神愉愉，海禺之麓。窆石紀勳，辭無愧怍。

傅君商巖墓志銘

君諱羹梅，字商巖，浙江德清人。曾祖九鼎，祖廷琇。父同聲，邑庠生，力學厲俗，厚德盛施。時方建邑之龍山橋，而君適生。大木遠至，劉亮之橋遂成；陰德溥徧，定國之門必大。君生而穎異，長更峭直。正倫副秀才之實，少文好山水之游。遂辭吴趨，遠客蜀道。讀刑法之志，通律例之學。諳練人事，達者稱焉。道光乙巳，以府經歷候補雲南，權臨安、昭通兩府經歷。戊申，補恩安縣知縣。絲鞭鐵屑，續傳家之治譜；渠鑿石脉，通富人之水利。民情土習，鱗沓景從。在臨安時，溪處土司趙理誅，以旁支趙維藩襲職，理子平安扇舊部交訌，以蛩距之相依，作蠻觸之互鬥，迫廩君於丹穴，識監神以青縷。民人雷駭，羽檄星馳。君直入賊壘，招致渠魁，諭以天朝恩澤之深，詎貪土地；怵以疆吏兵威之盛，宜惜身家。掉臂徑赴，賢於十萬之衆；大義所動，銳於兵刃之接。堅壁既下，民心大安。以視虔陀狎蠻啓合羅之外叛，唐蒙矯詔致巴蜀之憧擾，古人有知，能無慚恧。尋解縣任，言旋里門，行抵四川之叙州府，而粤逆肆擾，道路梗塞。君既遠念枌榆，復悲深棠棣，百憂所萃，大化俄至，以咸豐乙卯十一月十五日終於行館，年五十有六。嗚呼哀哉！配張恭人，先君二十四年卒於家。繼配姚恭人，後君二十一年卒於四川江北廳。子四人，均姚恭人出。長雲龍，兵部郎中；雲萬，同治丁卯舉人，刑部主事，改官知縣；雲夔；雲昭。女二，長適費，張恭人出；次適吴，姚恭人出。雲萬官刑部時，遇覃恩，晉階中憲大夫。君先葬四川萬縣，今以光緒三年某月某日，遷葬於德清縣之尚博村，兩恭人祔焉。荃孫與萬同舉於鄉，忝屬齊年，飫聞懿德，景行有素，授簡奚辭。嗚呼！鶉觚遺澤，無慚通德之門；馬鬣新阡，幸附先人之隴。銘曰：

我食我衣，傅公富我。我婦我子，傅公父我。民謡如此，君政可知。後有循吏，百世師師。慨盛德之未彰，卜熾昌於後嗣。斲元石而銘幽，將以風兹叔季。

二品蔭生唐君墓志銘代况夔生

君姓唐氏，名運溥，字度周，廣西灌陽人。曾祖廷植，貢生。祖懋功，舉人。父景崧，臺灣布政使，署巡撫事。母余氏。君秀氣孤禀，馨逸夙成。當髫齔之年，罹疾疢之厄。屬逢里媪，有物憑身。長陵宛若，奉神語於帳中；丹陽涓子，得遺方於山下。藥裹遽投，痼疾若失。長益修飭，動無讁瑕。衛叔寶之神清，荀慈明之外朗。不慕紈綺，獨擁圖史。仲宣羸質，乃工於文；子淵如愚，偏溺於學。以監生兩應京兆試，不遇，得二品恩蔭，加光禄寺，署正銜。

君澹於仕進，急於孝養，依依愛日，若將終身。會當金甌動地之辰，棄之玉斧。畫河而外，狼燧掩日，鯨波滔天。君倉猝奉大母之粤，復之金陵，輾轉兵間，崎嶇海澨，百憂所萃，七尺遽偃，以光緒乙未閏五月廿三日卒於旅邸，年二十有五。娶於潘，無子，以弟之子家珍後之。存《謎學》一卷，詩數十篇。嗚呼！隱書十八，著中壘之别録；零句三五，搜長吉之奚囊。遐齡難希，剩馥無幾。傷已！周儀生同州郡，且符志趣，搤腕悲悼，尤倍恒情。爰志其事，復爲銘曰：

華轂雕奎，綺繻紈袴。游冶之場，跅弛置駕。君乃嗜學，抗顔揖謝。窺園拒春，然藜惜夜。曳裾公府，獻策階墀。名利之藪，角逐忘疲。君乃娱親，温凊追隨。紉芳玉矩，挹秀金規。夏緑霜凋，春紅雹碎。舍兆鵩來，庭虚鯉對。返骨南管，招魂東岱。恒幹可埋，幽光長在。

書漢陽洪仁夫先生墓銘陰

漢陽洪仁夫先生，以道德薰於鄉里，負雅望數十年。其事親以誠，交友以信，任事以勇，律身以儉，接物以和，一時賢士大夫稱道之弗衰。身殁之後，監利王子壽比部爲之銘，桐城方存之大令爲之傳，江寧汪梅村先生爲之表，其家世行事備矣。乙未九月，其長子彬復以狀匄言於荃孫，荃孫後進淺學，何足以傳先生，謹援昔賢銘陰之例，而繫之以辭曰：

全人粹行，得大獨完。芳馨播遠，托根孤寒。曰仁曰恕，忠信篤敬。生平志趣，仰止古聖。大科特薦，立辭鶴書。盛德不忝，盛名不居。鄰邑賢令，弔死紓難。焚券歸櫬，希風東漢。效忠有弟，襃贈哲昆。貽謀有子，克紹清門。至堅者金，至美者玉。君子之風，激揚末俗。

涿州知州劉君傳

君諱枝彦，字竹坡，武進人。始祖諱錫朋，明正德間避寧王宸濠之亂，自豐城徙武進，遂家焉。祖茹藻，廣西都康州吏目。父本清，雲南蒙自縣典史。皆累贈中議大夫。君沈毅有遠識，兒時附學鄉塾，群兒覷師出，嬉戲爲樂，而君獨端坐如故，吟誦無少間，咸以偉器目之。年十七，橐筆北上，留實録館效力，議叙從九品。旋揀發熱河差遣，署大名城州判，補葛沽巡檢。葛沽去大沽三十里，當海衝。值英法夷蓄異志，要求百端，時見飛艎翔集海際。上命僧忠親王駐防大沽口。自咸豐八年至十年，夷人勢愈猖獗。或有勸君去者，不應。問之，則曰："吾官斯土，知守吾土而已，去將何之?"同治三年，保升知縣。八年，補文安縣，未踰月，以憂去。十一年，服闋，補東安縣。下車後數月間，清積訟數百。或一車一騎巡行田野，問民疾苦。改廟田爲義學經費，創義學六所，曰興仁，曰崇德，曰正誼，曰廣業，曰宏文，曰彰化。舊學五，並是爲十一。光緒三年，調署薊州，時惠陵工未竟。五年三月，辦奉安差。州境爲鑾輿駐蹕之所，先事籌畫，儲偫無缺。吏部主事吴可讀殉節於薊之馬伸橋，付其子書曰："州主劉頌聲載道，恨我不及見之，爾諸凡求指示。"君聞信至其處，爲經紀其後事，遺折代申吏部，即於馬伸橋畔建立專祠，以所賻餘款置守墓之田四十畝，並恤其家屬。六年，調補寶坻。寶坻居九河之下，衆水所歸，迤北泃河，東北薊運河，西北鮑邱河，西南窩頭古渠河，其南袖鍼、青龍灣等河，又毗接武清之筐兒港河，皆邑河之尤著者也。河之兩岸，均恃堤防，民田反居其下流。河去歸海之處百餘里，年久未修，淤墊過甚，勢成倒漾，每於五六月間，陰雨連綿，山水盛至，則掃蕩衝決，民受滅頂之凶，由來久矣。君至，即懇請疏濬青龍灣，並添築袖針河游香澱堤工，以殺水勢，計袤延百餘里。秋，鄰境有偏災，而寶坻以河堤故得無恙。七年，調署大興。八年，還寶坻任。九年六月，大雨兼旬，諸河同時暴漲，堤岸盡没於水，通邑九百餘村，汪洋一片，儼成巨浸，爲數十年所未有。立請大府發帑急撫，自乘舟筏，周歷各村，擇其尤貧苦老弱者，先爲撫恤，躬自按查，不遺不濫。十年，調武清。十二年，升涿州。涿州距京師咫尺，爲一十三行省通衢，承平日久，雉堞圮毁。君以爲地處衝要，貢使絡繹，冠蓋、商販所必由之路，宵小易於潛匿，謀之紳庶，集貲修補。自此扃鑰維謹，數月之内，樓櫓一新。前後在涿州任五年，吏畏民懷，百廢俱舉。十五年四月，自昌平讞案歸，司閽者以牘進，舉筆欲下，忽風疾舉發，口不能言，手足偏重不舉。六月，雨十餘日不止，城北拒馬河挾山水暴至，聲如牛吼，平地陡深數丈，田禾廬舍，蕩無一存。君雖患病，强自起立，集紳耆商籌辦之法。仍扶疾病出城，體驗水勢，有以節勞言者，則怒曰："小民如此，豈吾惜力時哉！"因此病勢益甚。七月卸任，猶以書院膏火無多，交卸之前夕，命出二千緡交典庫生息，士子尤感之。潘文勤公祖蔭、高京兆萬鵬嘗以政平訟理，悃愊無華入告，上諭傳旨嘉獎，文勤語屬吏曰："州縣官如劉牧，可師可法。"又一日，偕查公光泰等進見，文勤歎曰："諸君皆屏翰才也，雖知之深，而未克竟其用，命也夫。"光緒十七年五月月卒，壽六十有一。配唐恭人，先君二年逝。子三，長景勳，江西縣丞；次景熙，北河候補縣丞；次景焯。孫三，薊源、兆星、兆熊。

論曰：縣令親民之官，自昔以爲難。至今日而言，縣令尤難之難者。蓋每省候缺者多至數百人，閑居數年，揭債鉅萬，始得一署縣事，中人以下，未有不爲利所摇奪者，亦勢迫之也。君爲京畿州縣先後二十餘年,大災大役,適際其艱,猶能毅然獨行己志,不撓於物。嗚呼!古之人與。

梁曦初先生傳

梁曦初先生名景先,陝西三原人。道光乙巳進士,以主事簽分工部,直軍機處,補浙江道御史,乞假歸省。同治改元,粵捻逆合竄入關,回匪乘之而起,關中大擾,陷三原西北關,先生家毁於火,弟維先、緝先禦賊死之,而縣城獨存。先生襄辦防守,籌兵食,皆有勞,加四品銜。兵事大定,大吏議興復水利。涇陽之龍洞渠,即秦漢之鄭白渠也,涇陽、三原諸縣均資港灌利,而涇陽居上流,專利抑閼,先生發其弊,大吏善諭之,兼籌資修補,而三原得灌浸如約,水利復興。陝俗遭喪,率置酒張樂延客,先生痛斥之,居喪一循典禮。先後主學古、宏道書院講席。宏道書院頽敝,先生修復之。復購隙地,雜蒔花竹,與友朋賦詩以爲樂。十二年入都,補河南道御史。光緒二年,充恩科會試同考官。四年,選福建興化府知府。署西偏有古冢,傳爲明殉倭寇難官屬,而莫知誰何。君據《戚少保年譜》,證之《明史》記傳,審爲延平同知權府事黄岡奚公世亮。又考《莆田縣志》載訓導盧公堯佐與奚公同時殉難,請上官聞於朝,祀昭忠祠,劖石紀事。興化義倉舊有存銀,先生以爲存銀不如存穀補糴以備凶歉。嚴束胥役,民以不擾,規畫井井。偶以疾乞假一月,署莆田縣鮑復康倚大府爲同鄉,遇事傾軋,先生憤懣,遽引疾謝事。踰年,卒於福州,年五十有八。荃孫丙子會試,出先生門下。丁丑旋蜀,迨自蜀歸,先生已將出都門矣,受教之日,前後無幾時。先生志行修潔,言語懇至,而遇事有守,不宜於俗。設施未竟,中道以殁,殊可悲也。後數年,同門陳侍御琇瑩奏參鮑復康,褫職,庶可慰先生於九原矣。

夏百初先生傳

夏百初先生諱子齡,號祝三,江蘇江陰人。七世祖維新,明舉人,鼎革,闔門殉難,惟一幼子以義僕翼之免。祖祖甸。父翼謀,道光乙酉舉人。先生幼慧,出應童子試,爲學使姚文僖公所識,拔取古學,入邑庠。道光甲午舉人,丙申會試第一,改主事,簽分禮部,在儀制司學習。遇事勇决,尤以氣節自負。一日散衙,户部片查庫丁非賤役,應否準其捐考。時庫丁張甚侵庫帑,當道皆可賄通。先生知事遲則有變,立作駁議,五鼓至朝房,呈堂上官,以庫丁實賤役,應不準捐考。而堂上官果有成見,游移不决,或議調停,准捐不准考,先生曰:"國家名器不可濫,既准捐,即可考,且若輩一入仕途,賄賂鑽營,何求不得,既阻寒士進身之階,又啓仕途苞苴之弊。"力争不可。議遂定,即時至署片覆。及退食,緩頰者絡繹至,已無及矣。在禮曹六年,以親老改外選直隸深澤縣,告近,改選河南汲縣。莅汲,汲治。文宗御極,巡撫潘忠毅公特疏明保,吏部調取引見,事畢回任。復遭母憂,服闋,坐選深澤。未一年,調饒陽,饒陽爲畿南大邑,土斥鹵,民强悍,素稱盗藪。時髮捻兵事方亟,畿輔比年旱蝗,盗劫蜂擾。先生目擊賊氛所至,郡邑防剿無資,以致糜爛半天下,慨然謂守土者不可無兵,不可不知戰,發憤治兵家言,子弟僕隸皆令習技擊,故治饒捕盗捕蝗,皆以兵法部勒之。擇胥役壯健者,教練技勇,製造槍炮,百人分十隊,每夜以一隊輪守倉庫。課演拳械,優者賞,漸增練至二百人。咸豐九年,英吉利犯天津,京師戒嚴。冀州王洛悦、河間劉四、賈瀊等各麕聚千餘人起事,先生勸諭村鎮團練鄉丁,各境分四正四隅,各置練董正副二人,號令聽之官。復親率城勇,分日赴鄉,點驗合操,聲勢連絡。劉四等攔入饒境,集鄉團千人,自率城勇爲之先,擊賊於小堤集西北。賊馬步二千餘人燃炮相拒。乃張兩翼,臥旗伏地而進,賊炮如雨越隊過。揣知槍可及賊,旗舉槍發,賊陣亂,我軍大呼衝擊,斬百餘人,擒五十餘人,劉四受創遁,餘衆大潰。是日,王洛悦分股擾冀州,聞風亦驚潰。劉四逃至青縣,被擒伏法。畿南平,道府以下優叙數十人,先生亦加運同銜,以其暇濬老澗河,洩滹沱水患,造橋五十丈,民呼曰夏公橋。旋擢宛平,再擢易州直隸州。易爲西陵重地,以泰寧鎮總兵官兼内務府大臣總其成,而祭祀牛羊芻豆及守陵員役俸餉,例由州牧於布政使庫領銀供給，自守陵各衙門及本署官吏，莫不以爲利藪，先生睹及積弊滋多，不得行其志，力求去任。調署保定府清軍同知。未逾月，長白衍秀公始莅泰寧鎮，堅請於大吏，飭回任，密與議定章程，奏請禁革，豆草不得折價，積弊一清。七年正月，西捻張總愚犯畿輔，勤王兵雲集，陳國瑞以二等侍衛統軍剿賊，夜至易城外，以令箭呼開城。拒而不納，曉乃縋城下，語以陵寢密邇，請嚴軍令，勿擾民。陳即日馳去。時守陵大臣已以易州被圍入告，詔發神機營兵七千赴援，匪徒乘機縱掠。先生率練勇巡防，遇掠者立斬以徇，不問所從來，合境安堵。是夏，捻匪肅清。叙功，以知府在任候補，賞戴花翎，加三品銜。米利堅人山家立潜至易，私購内許氏屋爲耶穌教堂。先生廉知之，乃責許氏退價，山家立堅不可，乃執條約與辨，以其未持游歷執照，買屋未知照地方官，且易州近陵寢，有關風水，不第易州境内不得立教堂，所屬淶水、廣昌及東陵附近之遵化等處，皆不得立。山家立辭窮，卒收價撤契以去。事上制府，曾文正公國藩深重之，總署文文忠公祥尤以爲賢。州署東偏隙地，舊有亭池，於其北築臺望西山，雜莳花木，名之曰憩園，遂以自號。暇則集賓僚觴詠其中，人咸以政簡刑清之樂，爲不可及。會曾文正公疏薦循良，稱先生通達政體，歷官所至，皆有循聲，詔特嘉之。以年逾六旬，宦情愈淡，乃請開缺，以知府候補去任。數月卒，年六十有五。易州士民籲請崇祀名宦祠。越數年，饒陽亦以崇祀申請。先後奏蒙諭旨報可。子三人，長詒鈺，直隸永年縣知縣；次詒綬，候選通判；次詒鎬，候補吏目。女一人，適宜興咸豐己未進士通政使司通政使周公家楣。荃孫鄉里後進，又娶先生之孫女爲繼室，耳熟懿行，爰類次之以爲傳。

論曰：吾邑首枕大江，山清而削，水漱而激，其人亦磊落英多，可以有爲於世，然剛果負氣，往往不獲乎上，豈地使之然耶！以先生之才之望，早遇有大力者拂拭而振拔之，其措施豈止於此。晚遇曾文正識之於庸衆之中，登之簡牘。迨以老病乞退，又慰留再三。是時文正所保賢員，如任道鎔、李文敏等，後皆仕至督撫，然先生則以老病矣。命也夫！

姚文山先生家傳

君姓姚氏，諱華國，字文山，宋統制旹之裔。十一世祖冕遷陽湖之豐北鄉，遂爲陽湖人。祖禹範。父志純。母氏劉。家世耕讀，好行陰德。君纘述而推廣之，生有至性，事親能先意承志，遇疾病，侍湯藥，憂懼禱祀。父殁，盡哀盡禮。弟妹幼弱，教養備至，婚嫁後猶友愛如初。幼好學，舍南開法寺有静室，讀書其中五年。同里李申耆先生名高天下，君鄉里後進，耳濡目染，於書無所不覽，遇善本即購藏之，積至五千餘卷，手自校勘，雖流離顛沛，未嘗須臾釋手，學者皆向慕之。後即李先生家課其子弟，而與先生考究中外輿地、天文、算學，虚心折衷，昕夕靡倦。其教人也，一藝之長，輒稱道不絶口，愛惜之，成全之，汲引裁成，無微不至。族人無力婚嫁者，有佽助，貧不能應試者，有資斧，每届歲暮，必加意任恤。嘗於除夕訪友，友遠出未歸，債主盈門坐索，其家窘甚，君即代償所逋，並爲籌措卒歲之費。有急事遠行，不名一錢，裹瘡走三十里來告者，即倒篋與之，不足，則典質以應。有長親家貧，屢貸至八百餘緡，並佃田十五畝，不取息而代償賦，卒以契據還之。舊有貨殖款三千餘緡，負者類多貧乏，即毁簿還券，絶口不言。其好施與類如此。道光庚辛之交，英人構兵，夷艇闌入大江，常郡戒嚴，官紳照會防堵。即督率鄉人，家出一丁，舉行團防，首清户口，均貧富，練膽識，習火器，簡約而嚴，人心大定，英人尋議和。君少喜擊劍，傳荆川鎗法，至是益究心武備方略，謂人心浮僞極矣，世變多端，禍亂之萌，未知所止，乃力籌救世之策，以濟時艱。嚴子弟吸鴉片之禁，並勸鄉黨並力拒絶。食者，合方藥與之戒除；業此者，給資本别爲生計。有書吏夤緣作奸，業户田産應完糧兩石者，以官印帖户發一張，令自繳帖報税，漏者重罰，不滿者差保查擠勒税之，閭閻譁然。君約二三紳耆，責該書貪婪盗印之罪，罰錢千緡，充書院膏獎，收印帖回，税即停止。又擇隙地種桑，雇蠶師伺養繅絲，俾得仿效。己酉大水，道殣相望。首先倡捐煮粥，所居之鄉，振款尤多，無凍餒者。中道光庚子副榜。親老家貧，應友人聘游西安，瀕行賦詩，有"可憐一紙關中聘，捧向高堂當檄看"之句，聞者憐之。著有《西行雜詠草》。後入國子監肄業，期滿，議叙候選訓導，而聞母嬰疾，星夜馳歸。母卒，君亦病不可爲矣。卒於咸豐元年四月十七日，年四十五。子六人，時熙、嶽望、嶽嵩、嶽恒、嶽度、嶽峙；女一，適同邑葉明善。

論曰：吾鄉自洪北江、李養一兩先生後，士皆負氣節，重然諾，有東漢節士風，况居李先生之鄉者耶。荃孫輩行較後，不獲見先生矣。近年與先生仲子彦嘉交，彦嘉亦急人所急，千金不吝。彦嘉如此，先生之德量可知。視世之以畏縮爲馴謹，以鹵莽爲果敢者，相去可以道里計哉！

三品銜安徽候補道張君傳

君名保慈，字敬堂，江蘇常熟人。幼孤，母王太恭人撫之成立。長負文名，由廩生納資爲通判。投效皖營，佐前安徽巡撫翁文勤公同書、英果敏公翰幕府，以明敏見長，日屬稿數十紙，悉中機要。嘗隨軍行泥淖中，水及馬腹，竟日不得食，夜則治軍書達旦。叙功補鳳陽府通判，駐正陽關，地當孔道，商舶雲集。市儈隸名官役，注籍至八百餘名，肥己凌人，闤闠側目。君下車，即曉諭歸業，留額設數十人以給用，民以無擾。講求捕務，有犯必獲，不惜重費，至有失主未及報而賊已就網者。河南饑，災民麕至，君募錢粟施振，不足，則自罄其資，稱貸度歲焉。光緒元年，以道員仍發安徽候補。兩署安廬滁和道，决疑獄，理洋務，措之裕如。十三年，河决鄭州，皖北正當下流，皖南亦大水，君綜理振捐事，設法勸募，工振兼籌，設當牛局，費省事理，災黎賴之。每歲杪，省城乏食貧民，多至萬餘口，力籌常年經費，購米以養之。平居遇僚友匱乏，即非素識者，亦竭力周恤，以故家無餘財，仕宦數十年，仍寒素也。光緒十五年三月七日，卒於安慶，年六十有三。前安徽巡撫陳彝奏請附祀英果敏公祠，奉旨允准。曾祖濬川，祖文域，父世昌，均以君貴，贈資政大夫。

論曰：先君子館常熟時，君及門受業，書法之美，文思之鋭，先君子時時稱之。同治壬戌,荃孫避地淮安,與君比鄰,過從莫逆,時學作駢體文,君每爲之指示派別,點定疵纇。癸亥,别君赴湖南。辛巳,又晤君於皖中。自此遂不復見。悲夫,以君之才與學,而不登上第,不獲真除,家無中資,年未上壽,雖循聲洋溢,祠報聿隆,亦未足以盡君也。悲夫!

顧倚山訓導傳

咸豐庚申春,荃孫應童子試,籍籍聞楊庫顧子田名,與昭文黄琴六、太倉季耘菘相埒。是年遭亂,棄家遠游,未及請益。光緒戊子,子田介邑子繆邁仁求爲尊人倚山先生傳,荃孫雖檮昧,不敢以不文辭。

謹按狀,先生諱師竹,字仲雅,世居邑東之楊庫鎮。曾祖汝躬,祖文静,父美,世有隱德。先生資穎異,讀書異常童,督學莫侍郎晉拔入邑庠。中嘉慶丁卯舉人,五試禮部不第。道光七年,大挑二等,選授安徽太平縣訓導。太平在萬山中,民風樸而厚,士習樸而蹇。先生嚴取與,謹步趨,以躬行感發。與諸生談藝,必舉經史,引之彬雅,數月丕變。邑自宋元以來,節烈貞婦,旌表闕如,因援例建總坊,旌表三千餘人。三年,乞疾歸,邑人延主講仙源書院。仙源本天都,即先生在任手葺者也。教諸生以安定胡氏法,立經義、治事兩齋,後有達官及能讀書者,邑人至今思之。院對黄山最高處,陰晴雪月,雲海風濤,變態萬狀,開窗眺望,盡收之襟袖間。李申耆先生贈以聯云:"開軒看黄海,掃石傾青尊。"其高致亦可想見。截取到班,吏部檄令赴選,不就。歸里後,以著述自娱。後卒於家,年六十九。先生在仙源,同邑季文敏公芝昌以侍郎督安徽學,校士嚴,録取者往往覆黜,且拘懲之,有自盡者。太平有項姓童被斥,迨文敏按他郡,經太邑,即館書院,項求緩頰,先生辭之。文敏適館見過,問項某曾肄業否,先生曰:"肄業久,文亦佳,唯略出入耳。"無他言。文敏即釋項,還襄校。夏君伯田,同里同歲生也,詣院歡晤,因陰諷文敏校士過嚴狀,文敏乃稍寬。後爲先生序課藝,盛稱教育之善與士感激之深，推服甚至。先生箸書，遭亂毁於火，子田常存隱痛。然孫曾林立，書香克紹，亦可慰先生於地下矣。

論曰：先生以飽學而未得美仕，以薄宦而能立名節，皆近今所罕見。至文敏之謙，先生之介，我邑古風，洵稱兩美。今有人依附煬竈，獵取高位，卑視里人，謂莫己若，世風不古，至於此極，聞文敏與先生，其亦可少愧矣乎！

高星五傳

勝國之季，王師南下，如震雷疾霆，砰磕欻忽，當之者碎，遇之者仆。吾邑地猶彈丸，獨鬥螳拒螳，守八十一日而後破，士民就義者數十萬人。聖朝雖憫其愚，未嘗不哀其志，疾風勁草，奕世猶生。乾隆間，高先生東川輯成《忠義録》一册，而後晦者顯，散者聚，並詳請建祠，歲時祀之，振一邑向義之心，完百世教忠之典，至鉅至賅也。咸豐庚申之亂，祠與書版俱燼，先生之孫星五復節衣縮食，稱貸典質，重刊是録，而建祠力有未逮，死猶引以爲己憾。嗚呼！此非星五一人之事，而獨亟亟爲之不替，上則續祖考之詒謀，下則彰士民之偉烈，其風可謂古矣。星五秉性樸，治學鈍，讀書數十年，困於小試。獨耐貧乏，不取意外之財，見飢寒者，百計周之。嘗誡其子曰："人何患貧，品非貧不立，學非貧不治。"又曰："怨我者謗我，求我者譽我，謗我而我懼，譽我而我益懼，懼而自修，則謗我譽我，皆益我也。"其襟懷之達，立志之誠又如此。古之所謂隱君子者，其在斯人乎，其在斯人乎！星五名沛，卒於光緒元年九月，年五十三。子四人，長丙彰、四午生均死庚申之難，皆附祀忠義祠。

繆荃孫曰：同治甲戌，余自京師旋里，星五以《忠義録》見貽，且述建祠未成事，語刺刺不休，鄉人多笑之。迨光緒丁丑，再返里門，則忠義祠落成，而星五已前歿，鄉人又有慨焉慕之者。嗚呼！笑者其人，慕者亦其人，三代直道之公，不絶於天壤，人亦何憚而不爲善也。近年以來，以輕薄爲精明，以畏葸爲謙退，輾轉揣摩，風氣頓易，若星五者，則已古矣。嗚呼！

節母唐太淑人傳

節母唐太淑人名韞貞,字佩蘅,武進人。姊妹五人,行居四,穎慧絶倫。父早殁,事母以孝聞。咸豐庚申,常州陷於賊,避兵江北,兵燹中,婉愉和順,承歡如平時。年廿四,歸同里贈公董君介貴爲繼室。逾年,生子康。前室子受祺甫數歲,保抱鞠育,視同己出。時舅觀城君舉家在任,贈公以慟弟得危疾,節母百計醫禱,欲以身代,衣不解帶者兩月,卒不起。節母哀毁成疾,恒中夜起,對鏡屢欲自經,而康生甫八月,受祺亦未成立,恐重傷舅姑意,不果殉。力疾營窀穸,祭葬如儀。次年,始謁舅姑於觀城,朝夕承歡,娣姒亦相雍睦。舅姑均曰:"吾失子得賢婦,於心慰矣。"督受祺兄弟讀書,自塾歸,必篝鐙讀至夜分始罷,嘗曰:"汝父績學早世,汝兄弟宜闡揚先志。虚度光陰,不可惜乎!"光緒丙子,觀城君卸任南歸,遂逝世,宦橐蕭然。有戚某陰唆娣姒分爨,節母謂和氣致祥,乖氣致戾,先人墓土未乾,不宜骨肉參商。而戚某唆益急,族中之不肖者從而附和之。節母不得已,乃收書籍,奉栗主移居古村,老屋兩椽,聊蔽風雨。時受祺從軍遼海,康年十七,且讀且訓蒙,饔飧不足,節母刺繡糊口,隆冬酷暑無稍懈。迄今寒飆乍起,兩手皴裂,亦可見昔年之勤苦也。戊子、己丑,康聯捷成進士,受祺亦以己丑恩榜捷於順天,節母始有喜色,繼而泣曰:"吾今庶不負舅姑重托矣。"蓋舅姑彌留時,執手欷歔,以舉家相屬,故不覺悲從中來也。康官刑部,迎養至京,受祺以内閣中書效力山左河工,薦保知府,加鹽運使銜。節母自居京師,猶理家事,嚴内外,戒逸豫,儉約如故,暇則手執一編,家無擔石,晏如也。嘗謂康曰:"昔祖父服官四十餘年,不名一錢,汝兄弟之得以科名進者,皆祖父留貽也,汝等亦宜思先人之賜,貽之後嗣,幸勿隳清白吏家聲。"康喜購書,往往竭俸所入,而懼節母訶責,匿不以聞。節母知之,叱曰:"能讀書乃佳事,苟世世子孫能若汝,方喜之不暇,何匿爲?"又諭康曰:"司員位輕責重,較州縣尤難。秋審繫人生死,招册未必無彌縫,汝當倍加詳慎,勿以要譽爲也。"

光緒癸巳八月二十六日遘疾,終於京邸,年五十有一。先是禮部以節請旌門,詔予旌如例。覃恩受太淑人封。自幼工長短句,有《雨窗詞》三卷及《秋瘦軒詞選》若干卷。

論曰:吾常世家,曰唐,曰楊,曰董,自前明至國朝,代有達人,稱爲詩禮望族。太淑人楊之自出,生於唐,歸於董,其謹守禮法,垂裕後昆也固宜。荃孫庚寅來京師,與壽京訂交,飫聞懿範,今壽京歸葬有日,屬次太淑人行誼爲之傳,以備史氏之采擇云。

龐沈二節婦傳

祁氏,河南淮寧人。年十三,鬻於予家爲婢。性勤敏,工針黹、烹飪,事無鉅細,均能預爲理董,先祖母最愛之。及祖父任甘肅,先祖母挈之行,配家僕龐興正,生二女,俱殤。興正卒,氏年二十餘,矢志守節,願事先祖母終身。興正母老,居江陰,氏歲寄貲以供甘旨,十數年如一日。及祖父罷官旋里,氏攜興正柩從,購地葬之。時興正母猶在也,氏奉之至孝。又數年,母始卒,氏一手殯葬,歲時祭祀無闕。興正有侄,性嗜酒,不治生業,氏愛如己子,常周給之。予生時,氏年五十餘矣,而愛予特甚,幼則提攜之,稍長則教督之,予一日廢學,氏則一日不説。迨庚申寇警,氏促吾母挈予渡江,而身留守宅,翌日寇即至,氏幸脱,隨予至淮安。期年,予侍母入黔,氏以老不能行,依吴炯堂表兄之皖。乙亥病卒,年七十五。道光二十四年,江蘇學政祁文端公奏請旌表如例。王氏,江寧人,隨予母來予家,事祁氏如母。余生,司保抱者數年。後嫁同縣人沈亮玉爲妻,年餘,生一子。亮玉暴卒,氏誓不嫁,耕半隴以自給,亦時來予家,聞予讀書則喜,祝予長成而得所依也。庚申之變,予北竄,後音耗隔絶。後聞里人云,氏于辛酉春匍匐來予家,見人逸屋毁,哀慟至絶。偕其子行乞,未幾餓死,其子亦死,不知其何年月日也。光緒丙子,予官翰林院庶吉士,爲具呈禮部奏請旌表如例。

徐星伯先生事輯

先生姓徐氏，名松，字星伯，行九。原籍浙江上虞，僑居大興，遂爲大興人，嘉慶乙丑進士，改庶吉士，散館授編修。官至陝西榆林府知府。卒於道光戊申，年六十八。先生學識閎通，撰著精博，負重望者三十年。所居在順治門大街，廳事前古樹一株，夭矯空際，顔之曰蔭緑軒，讀書處曰治樸學齋，朝野名流，相見恨晚，而身後遺書，散佚殆盡。荃孫修《順天府志》，采訪先生事實，求傳志不可得，《畿輔通志》所采較詳，而抵牾亦不免。謹詮次如右，以所著書目附焉。

乾隆四十六年辛丑，先生一歲。

五十四年己酉，九歲。

應童子試，學使者金士松取入邑庠。

五十九年甲寅，十三歲。

是年，夢至一地，境極清幽。後謫伊犁，住亦園，與夢境同。

嘉慶五年庚申，二十歲。

是年舉行恩科，中舉人。房考檢討張問陶，考官劉權之、英和、陳嗣龍。

七年壬戌，二十二歲。

充宗學教習。陳安人來歸。山東城武丞凱女。

十年乙丑，二十五歲。

會試中進士。房考■■■，考官朱珪、戴衢亨、恩普、英和。殿試二甲第一名，朝考一等一名，改庶吉士。

十三年戊辰，二十八歲。

授編修，入直南書房。

十四年己巳，二十九歲。

派入《全唐文》館。鈔《河南志》、《宋會要》、《中興禮書》。

十五年庚午,三十歲。

充文穎館總纂,成《唐兩京城坊考》五卷。簡湖南學政。按庚午係更换學政之年,《清秘述聞》、《續湖南通志》同。《畿輔通志·列傳》以爲十四年,誤。

十七年壬申,三十二歲。

爲御史趙慎畛所糾,謫戍伊犂。出嘉峪關,過鎮西府,手拓《裴岑紀功碑》。按此拓本今歸吾友章碩卿。

十八年癸酉,三十三歲。

到伊犂,寓城南宣闓門南墉第三舍,署曰老芙蓉庵戍館。撰《新疆賦》。

十九年甲戌,三十四歲。

冬,與同戍白泉觀察朱爾賡額射獵於二道河。

二十年乙亥,三十五歲。

將軍松文清公松筠於嘉慶七年莅任,十一年請修通志,未允。因派知縣汪廷楷編纂事實,是爲初稿。後又屬郎中祁韻士排纂,成書一十二卷,名曰《伊犂總統事略》。十四年卸事,十九年再任,命先生重修。因周歷南北二路,再加考訂。《畿輔通志》列傳云:"時奏修通志。"按松文清十一年請修通志未允,因輯《總統事略》,命先生續編,龍萬育《西域水道記序》尚云《總統事略》可證。書成繕進,宣宗賜曰《新疆識略》。並無修通志之事,傳誤。八月,塔什巴里克莊阿琿孜牙敦作亂,殺伊勒百楚卡倫侍衛,走出邊。將軍督官兵剿辦,先生攝幕府,旋禽孜牙敦於僞塔克山穴中,事平。冬,自伊犂赴喀什噶爾,於沙圖阿璊軍臺度歲。

二十一年丙子,三十六歲。

正月五日,度木素爾嶺,由阿克蘇、葉爾羌達喀什噶爾,假館參贊公所。秋,復還伊犂。先生攜開方小册,置指南針,記山川道里,下馬録之。至郵舍,則進僕夫、驛卒、臺弁、通事,一一與之講求。經年,風土備悉,撰《西域水道記》五卷,《漢書西域傳補注》二卷。

二十二年丁丑,三十七歲。

與成都龍燮堂萬育訂交。

二十四年己卯,三十九歲。

秋,隨晉齋將軍晉昌校獵北山。在戍六年期滿,蒙恩釋放回籍。

二十五年庚辰,四十歲。

二月,自伊犂歸,經庫舍圖嶺,手拓唐姜行本紀功碑。訪破城,見《唐金滿縣殘碑造像碣》。過焕采溝,得漢永和沙南侯獲碑。過莫高窟,得《周聖曆李君重修莫高窟佛龕碑》、《元至正造像記》。於睡佛洞外,得《唐大曆李府君修功德碑》,碑陰爲《唐乾寧李氏再修功德記》。

冬十二月,《總統事略》書成,繕進宣宗成皇帝垂覽,御製序文,賜名《新疆識略》,以其書付武英殿刊行。因召見,奏對西陲情形甚悉,賞内閣中書。

道光二年壬午,四十二歲。

跋《長春真人西游記》。

四年甲申,四十四歲。

刻《新疆賦》成,孫馨祖序,彭邦疇作後序。

五年乙酉,四十五歲。

陳安人卒。

九年己丑,四十九歲。

刻《漢書西域傳補注》成,張琦序。

十五年乙未,五十五歲。

泰興陳東之潮、烏程沈子敦垚客先生寓。東之病歿,醫藥棺槨,賙恤有加。子敦旋移館姚總憲元之寓,每出城詣先生,爲招平定張石洲穆,烹羊炊餅,置酒大嚼,劇談西北邊外地理,以爲笑樂。

十六年丙申,五十六歲。

選授禮部主事。作《夢游圖》,記十三齡夢事。

十八年戊戌,五十八歲。

升鑄印局員外郎。撰《唐登科記考》三十卷,自爲之序。重九,與龔定庵自珍、吴虹生葆晉游西山。

二十年庚子,六十歲。

子敦卒,賙恤如東之。

二十三年癸卯,六十三歲。

授江西道監察御史,轉掌江南道。

二十四年甲辰,六十四歲。

簡陝西榆林府知府。時李文恭公星沅巡撫陝西,與先生不合,因乞病旋京。

二十六年丙午,六十六歲。

病痊,坐補榆林府知府,有政聲,旋護延榆綏道,再署潼商道,未幾,致仕歸。《畿輔通志》列傳云:擢延榆綏兵備道,量移潼商。按先生赴陝到榆林府,曾護延榆綏道,復署潼商,即致仕歸,並未擢兵備道。傳誤。

二十八年戊申,六十八歲。

三月初一日先生卒。

所著書目:

《新疆識略》十卷殿本;廠肆覆刻本。

《新疆賦》二卷道光四年刻本;元尚居本;上海袖珍本。

《西域水道記》五卷道光三年刻本。《畿輔通志》列傳云一卷,誤。

《唐兩京城坊考》五卷連筠簃本;《畿輔叢書》本。

《唐登科記考》三十卷此書稿本爲荃孫所得,王一梧師刻入《南菁叢書》。《通志》列傳云一卷,誤。

《新斠注地理志集釋》十六卷此書稿本爲姚方伯覲元所得,章碩卿大令刻之。

《漢書西域傳補注》二卷道光九年刻本;指海本;式訓堂本;《通志》列傳云《後漢書西域傳補注》,誤。

《元史西北地理考》見沈垚《金山以東地理釋》。

《西夏地理考》見沈垚與先生書。

《宋三司條例考》一卷見《畿輔通志》列傳。按傳云，所著尚有《長春真人西游記考》。按《西游記》本二卷，先生有跋，非專書。

《明氏實録注》一卷會稽趙氏叢書本。

輯《大典》書：

《宋中興禮書》二十四册此書稿本歸瑞安孫太常衣言。

《宋會典》五百卷此書稿本歸荃孫，今歸廣雅書局。

《河南志》三卷此書稿本歸常熟師，荃孫録其副。

《宋元馬政考》一册此書稿本歸荃孫。

書楊爽泉大令逸事

貴築楊爽泉增丈，權四川夾江縣知縣。值咸豐己未、庚申之際，滇逆藍大順、李永和等，大小數十股，縱横猖獗。環夾江州縣，若丹棱，若青神，諸城皆相繼不守。夾江以彈丸地當賊衝，賊必欲得之。凡大股薄城者三，寇掠近村者五，游騎蹂踐者不可勝數。民習於承平，未知兵革，心怯甚。大令隨方守禦，遠間諜，清原野，偃旗鼓以示不測，間出奇直擣，往往斬其渠魁，賊大窘去。又嘗以重兵壓城東門，鼓譟逾時，大令帥衆於西門備之。未幾，果潛行而西，未至城數十武，城上炮石驟發，殪賊無算。賊技窮始遁。僞帥段啓賢、段啓智，驍將也。賊既屢却於我，忿甚，决意進取。令啓賢等以大衆來攻。大令一與戰，察其有降意，因單騎入其營，宣布朝廷德意，喻以利害，啓賢兄弟伏地請死，盡降其衆，賊益奪氣。頃之，令其黨方占奎等，以兵三千，冒官軍旗幟，聲言奉調，將入省，經數州縣，以抵夾江。大令察其僞，陽爲置具供張，而陰授段啓智方略，盡縛之。賓僚咸賀曰："大功也，即不肯盡誅，亦必馘六十，始合例得優賞。"大令惻然曰："此屬皆脅從也，吾甘不獲賞，忍戮無辜以自倖乎？"僅誅方占奎等四人，餘悉遣散。如降衆啓智，今積功至提督矣。啓賢尋卒。大令起自諸生，居家善讀書，居官善治民，即其用兵，亦豈尋常武人所可幾及哉！

卷　二

遼故城考

遼太宗會同元年，升幽州爲南京，《遼史》太宗紀。又曰燕京，《遼地理志》。聖宗開泰元年，改幽都府爲析津府，《遼聖宗紀》。城方三十六里，崇三丈，廣一丈五尺。敵樓戰櫓具。八門，東曰安東迎春。案，《乘軺録》云："幽州城，周二十五里。東南曰水窗門。"疑有誤。南曰開陽丹鳳。王曾《上契丹事》云："南有啓夏門。"西曰顯西清音。北曰通天拱辰。《遼地理志》。案遼之故城，即因唐藩鎮城之舊，其地在今城西偏，及郊外地。今琉璃廠，在正陽門外。而乾隆間，得李內貞墓志，稱其地爲燕京東門外之海王村。又，今黑窑廠，在永定門內慈悲庵。而今存遼壽昌慈智大師石幢，亦稱爲京東。《北盟彙編》：郭藥師襲遼，由固安渡瀘水，奪迎春門，陳於憫忠寺前。是遼東門在憫忠寺之東，慈悲庵之西。界址規模，略可想見。若後人所謂蕭太后城，即遼之故城，並非别有一城也。

金故城考

金太宗天會三年，宗望取燕山府。因遼人宫闕，於內外城築四城，每城各三里，前後各一門，樓櫓墉塹，悉如邊城。每城之內，立倉廒，甲仗庫，各穿復道與內城通。時陳王兀室及韓常笑其過計，忠獻王曰，百年間當以吾言爲信，《大金國志》二十二。及海陵立，有志都燕。而一時上書者，争言燕京形勝。梁漢臣曰："燕京自古霸國，虎視中原，爲萬世之基。"《日下舊聞考》四引《煬王江上録》。何卜年曰："燕京地廣土堅，人物蕃息，乃禮義之所。"《大金國志》十三。天德三年，始圖上燕城宫室制度。三月，命張養浩等，增廣燕城城門十三。《金圖經》作十二,少光泰一門。東曰施仁,曰宣曜,曰陽春。南曰景風,《金圖經》作景豐。曰豐宜,曰端禮。西曰麗澤,曰灝華,曰彰儀。北曰會城,曰通元,曰崇智,曰光泰。《金史》地理志。遂以燕爲中都。府曰大興。定京邑焉。都城之門,每一面分三門,一正兩偏。其正門旁,又皆設兩門,正門常不開,惟車駕出入,餘悉由旁兩門焉。《日下舊聞考》引《金圖經》。周圍二十七里,樓壁高四十尺,樓計九百一十座。地塹三重。許元宗《奉使行程録》。築城用涿州土,人置一筐,左右手排立定,自涿至燕傳遞,空筐出,實筐入。入止土一畚,不日成之。《日下舊聞考》三十七引《析津志》。正隆四年,二月丁未修。《金海陵紀》。至衛紹王時,蒙古軍至。乃命京城富室遷入東子城,百官入南子城。宗室保西城,戚里保北城。各分守兵二萬。大興尹烏陵用章,命京畿諸將,毁各橋梁,瓦石悉運入四城。往來以舟渡,運不及者投之於水。折近城民屋爲薪,納之城中。蒙古兵攻城,四城兵皆迭自城上擊之。蒙古兵凡比歲再攻,不能克。《大金國志》二十二。案,金之都城,因遼之舊,周二十七里。至天德三年,東、南二面,展築三里,與四子城相屬。外城包之,廣七十五里。在今都城南面,元代尚有遺址。當時多謂之南城,而指新都爲北城。今就前人志乘、文集、碑刻所記,准以現在地面,參稽互審,如憫忠寺、昊天寺,今在宣武門南,與廣寧門相近。而元人皆稱爲南城古迹。又,今城外白雲觀西南,有廣恩寺,即遼金奉福寺,距西便門尚遠。而金泰和中《曹謙碑記》謂寺在都城內。金天王寺,即今天寧寺,在廣寧門外稍北。而《元一統志》謂在舊城延慶坊內。《金圖經》載,都土地廟在舊城通元門內。通元乃金都城北門也。而都土地廟,在今宣武門外西南,土地廟斜街。由此考之,則金故都,當在今外城迆西,以至郊外之地。金蓋因遼舊城,展拓其東北隅,當與今都城西南隅相接。元王惲《中堂事記》云:"中統元年,赴開平,三月五日發燕京,宿通元北郭,六日午,憩海店,距京城二十里。"海店,即今海澱。許元宗《奉使行程録》云:"自良鄉,六十里至燕山府,燕山府八十里至潞縣。"以道里核計,則金之都城,較今城偏西南。案《蔡珪傳》有兩燕王及太子丹之墓,珪獨考其非是,乃漢劉建及劉嘉之墓也。大定九年,詔改葬於城外。《劉頍傳》南苑有唐碑,書貞元十年,御史大夫劉怦墓。世宗見之曰,苑中不宜有墓。劉頍家本怦後,詔賜怦錢二百貫,令頍改葬於城外。據此二傳,可見海陵築城時,於遼故城之東、南二面,皆大爲增廣。

故兩燕王及劉怦墓，舊時皆在城外者，悉圍入城中，至大定始爲遷出。《明太祖實録》云，太祖令指揮葉國珍，計度南城周圍，凡五千三百二十有八丈。南城，故金時舊基也。是金故城遺蹟，明初尚有存者。逮嘉靖時，築外羅城，而後遼金城址，遂茫昧不可復識矣。案《大金國志》、《金圖經》皆言京城門十二，《金史》獨於北面多光泰一門。考《北平圖經》，謂奉先坊在舊城通元門内，而《析津志》又謂在南城清怡門内，二名錯見，疑清怡即通元之别稱。《析津志》亦作十二門，至北曰會城、通元、崇智，改門曰清怡、曰光泰。明言清怡乃通元所改，光泰乃崇智所改也。《金史》修時，尤在《國志》、《圖經》之後，所言不足據。又案《國志》二十二有云："大軍至昌平，榜諭居民自爲計，城内外亂甚，老弱奔號。少尹張天和奏請京城一十八門，隨方便自門以出。"則是城有十八門，不止於各書所載十三門、十二門也。《國志》二十三又云："十月十八日，大軍至城下，一屯大安門，十一月初一日，攻順陽門、南順門、四會門。"此四門者，他書均不載，不知爲各門之别名歟？抑各門外另有此數門歟？至其子城有四，皆在大城内，如完顔律明請守大城，用章希古曰："大城汗漫，凡七十餘里，如何去守？設或不利，必皆走入小城。"所謂小城，即此四城也。觀於大軍攻内城，四城兵皆迭至，自城上擊之。則知此四城，原爲護内城之用，而金主亮復築外城以包之。今外城遺址已失，而四城地界、方位，更無從辨矣。

元故城考

元太祖十年克燕，初爲燕京路，總管大興府。《元史·地理志》。世祖中統二年，修燕京舊城。《元世祖紀》。至元元年，都中都。四年，始於中都之北，建今城而遷都。九年改大都。《元地理志》。城方六十里二百四十步。分十一門。陶宗儀《輟耕録》。正南曰麗正，南之右曰順承，南之左曰文明。北之東曰安貞，北之西曰健德。正東曰崇仁，東之右曰齊化，東之左曰光熙。正西曰和義，西之右曰肅清，西之左曰平則。《元地理志》。時詔舊城居民之遷京城者，以貲高及有官者爲先，仍定制以八畝爲一分，其或地過八畝，及力不能築室者，皆不得冒據，聽他人營築。《輟耕録》。築城已周，乃於文明門外，向東五里立葦場，收葦以蓑城。每歲收百萬，以葦排編，自下砌上，恐致摧塌。《日下舊聞考》引《析津志》。案,《析津志》所言,則元時都城乃用土築,蓋至明初改築時,始加以磚甓也。二十年修大都城。二十一年五月丙午,以侍衛親軍萬人,修大都城。二十九年七月,完大都城。《元世祖紀》。成宗元貞二年十月,修大都城。《元成宗紀》。英宗至治二年七月,修大都城。《元英宗紀》。順帝至正十九年冬十月庚申朔,詔京師十一門皆築甕城、造吊橋。《元順帝紀》。案,元之都城,視金之舊城拓而東北。至明初改築,乃縮其東、西迆北之半而小之。今德勝門外,有故土城闕,隆然墳起,隱隱曲抱,如環不絕。傳爲北城遺址。而《野獲編》謂今之鼓樓,正在城北,以爲即元之前朝門。夫元大内實在太液池左右,其前朝門不當在此。《日下舊聞考》云,元成京師,有司定基,正直慶壽寺海雲、可庵二師塔,敕命遠三十步許,環而築之。慶壽寺,今爲雙塔寺,二塔屹然尚存,在西長安街之北。而吳師道《城外紀游》詩,謂觀象臺、泡子河,俱在文明門外。則元時南面城根,去東西長安街不遠。考明洪武時,經理元故都,東西徑一千八百九十丈。至永樂時,拓南城二千七百餘丈。是由雙塔寺拓至宣武門,幾及二里,約四百丈有奇。重築南面一千八百丈,東西各四百丈,與二千七百餘丈適合。是可爲元城在雙塔寺之確證。《日下舊聞考》云,元張中丞養浩《歸田類稿》,有《登憫忠寺閣》詩,注:北三十里爲大内。與《析津志》、《北京志》及元李洧孫《大都賦》所紀皆不合。北三十里,當是三里之訛耳。據唐景福中《重藏舍利記》,燕城東南隅爲憫忠寺。又《北京志》,至元四年,始定鼎於中都之東北三里。夫中都,本唐舊城,遼、金展拓不過數里。見金蔡珪《大覺寺記》,當時憫忠寺之在城東南如故也。元都城周六十里,以圍三徑一衡之,城中南北相直應二十里,加以新舊都城相去三里,則憫忠寺距元之安貞門,不過二十三里。焉有大内遠隔三十里者乎!且元大内,在太液池東,爲金萬寧宫苑地,此外更無大内。李洧孫賦曰"揭五雲於春路,迓萬寶於秋方",則崇天門外東西坊也。曰"山萬歲之嶙峋,冠廣寒之峥嶸,池太液之浩蕩",則指瓊花島也。曰"麗正之所包羅,崇仁之所聯絡,和義之所綱維,安貞健德之所囊括",則指都城各門也。合城坊門圍以觀,則元大内即近液池益信。而揆以憫忠閣北三里,約略相符矣。

明故城考

洪武初,改大都路爲北平府。縮其城之北五里,廢東、西之北光熙、肅清二門，其九門俱仍舊。《日下舊聞考》引《寰宇通志》。大將軍徐達，命指揮華雲龍經理故元都，新築城垣。南北取徑直，東西長一千八百九十丈。又令指揮張焕，計度故元皇城周圍一千二百六丈。又令指揮葉國珍，計度南城周圍凡五千三百二十八丈。南城故金時舊基也。改元都安貞門爲安定門，健德門爲德勝門。《日下舊聞》引《明太祖實録》。舊土城周圍六十里，克復後，以城圍太廣，乃減其東、西迆北之半，創包磚甓，周圍四十里。其東、南、西三面，各高三丈有餘，上闊二丈。北面高四丈有奇，闊五丈。濠池各深闊不等，深至一丈有奇，闊至十八丈有奇。城爲門九。南三門，正南曰麗正，左曰文明，右曰順承。北二門，左曰安定，右曰德勝。東二門，東南曰齊化，東北曰崇仁。西二門，西南曰平則，西北曰和義。各門仍建月城。外門十座。《日下舊聞考》引洪武《北平圖經》。永樂元年正月，禮部尚書李至剛等言，自昔帝王，或起布衣平定天下，或由外藩入承大統，其於肇迹之地，皆有升崇。竊見北平布政司，實皇上承運興王之地，宜遵太祖高皇中都之制，立爲京都。制曰可。其以北平爲北京，府爲順天府。《日下舊聞》引《成祖實録》。四年閏七月，建北京宫殿，修城垣。《明史・地理志》。十七年十一月，拓北京南城，計二千七百餘丈。《日下舊聞考》引《成祖實録》。按元城京師，有司定基直慶壽寺，即今雙塔寺，在西長安街北，距宣武門幾及二里。每里通爲二百六十丈，約四百丈有奇。洪武經理元故都，新築城垣，南北取徑直，東西長一千八百九十丈。是明初南城，自東至西長一千八百九十丈者也。至永樂時，拓而南，幾及二里，不獨南面長一千八百九十丈之城固宜重築，而東、西並宜各加四百丈有奇。統而計之，適得二千七百餘丈。正統元年十月，命太監阮安，都督同知沈青，少保、工部尚書吴中，率軍夫數萬人，修建京師九門城樓。四年四月，修造京師門樓、城濠、橋閘。完正陽門正樓一。月城中、左、右樓各一。崇文、宣武、朝陽、阜成、東直、西直、安定、德勝，八門各正樓一。月城樓一。各門外立碑樓，城四隅立角樓。又深其濠，兩涯悉甃以磚石。九門舊有木橋，今悉撤之，易以石。兩橋之間各有水閘，濠水自城西北隅，環城而東，歷九橋九閘，從城東南隅，流出大通橋而去。自正統二年正月興工，至是始畢。《日下舊聞》引《英宗實録》。更名麗正爲正陽，文明爲崇文，順承爲宣武，齊化爲朝陽，平則爲阜成，餘四門仍舊。城南一面長二千二百九十五丈九尺三寸，北二千二百三十二丈四尺五寸，東一千七百八十六丈九尺三寸，西一千五百六十四丈五尺二寸。高三丈五尺五寸，垛口五尺八寸。基厚六丈二尺，頂收五丈《工部志》。嘉靖二十一年，掌都察院毛伯温等言，宜築外城。二十九年，命築正陽、崇文、宣武三關厢外城。既而停止。三十二年，給事中朱伯辰言，城外居民繁夥，不宜無以圍之。臣嘗履行四郊，咸有土城故址環繞如規，周可百二十餘里，若仍其舊貫，增卑、補薄、培缺、續斷，可事半而功倍。仍命相度興工。《明典彙》。閏月丙辰，兵部尚書聶豹等上言，臣等於本月六日，會同掌錦衣衛都督陸炳，總督京營戎政、平江伯陳圭，協理戎政、侍郎許論，督同欽天監監正楊緯等，相度京城外四面，宜築外城約七十餘里。自正陽門外東馬道口起，經天壇南牆外，及李興王金箔等園地，至蔭水庵牆東止，約計九里。轉北，經神木廠、獐鹿房、小窑口等處，斜接土城舊廣禧門基止，約計一十八里。自廣禧門起，轉北而西，至土城小西門舊基，約計一十九里。自小西門起，經三虎橋村東，馬家廟等處，接土城舊基，包過彰儀門至西南，直對新堡北牆止，約計一十五里。自西南舊土城轉東，由新堡及黑窑廠，經神祇壇南牆外，至正陽門外西馬道口止，約計九里。大約南一面計一十八里。東一面計一十七里。北一面勢如倚屏，計一十八里。西一面計一十七里。周圍共計七十餘里。內有舊址堪因者，約二十二里。無舊址，應新築者，約四十八里。其規制，臣等議得，外城牆基應厚二丈，收頂一丈二尺，高一丈八尺，上用磚爲腰。垛口五尺，共高二丈三尺。城外取土築城，因以爲濠。正陽等九門之外，如舊彰儀門、大通橋，各開門一座，共門十一座。每門各設門樓五間。四角設角樓四座。其通惠河兩岸，各量留便門，不設門樓。城外每面，應築敵臺四十四座，每座長二丈五尺，廣二丈，收頂一丈二尺。每臺上蓋鋪房一間，以便官軍棲止。四面共計敵臺一百七十六座，鋪一百七十六所。城內每面，應築上城馬道五路，四面共馬道二十路。西直門外及通惠河二處，系西湖、玉河水出入之處,應設大小關二座。八里河、黑窑廠等處,地勢低窪,潦水流聚,應設小水關六座。城門内兩傍,工完之日,擬各蓋造門房二所,共二十二所,以便守門人員居處。疏入,得旨允行。乙丑,建京師外城興工,遣成國公朱希忠告太廟。敕諭陳圭、陸炳、許論及工部左侍郎陶尚德、内官監右少監郭暉提督工程。錦衣衛都指揮使朱希孝、指揮僉事劉鯨監督工程。又命吏科左給事中秦梁、浙江道御史董威,巡視工程。四月,上又慮工費重大,成功不易,以問嵩等。嵩等乃自詣工所視之,還言,宜先築南面,俟財力裕時,再因地計度,以成四面之制。於是,嵩會圭等議覆,前此度地畫圖,原爲四周之制,所以南面横闊凡二十里。今既止築一面,第用十二三里便當收結,庶不虚費財力。今擬將見築正面一面城基,東折轉北,接城東南角,西折轉北,接城西南角,並力堅築,可以刻期完報。其東西北三面,候再計度以聞,報允。《日下舊聞考》引《世宗實録》。重城包京城,南一面轉抱東西角樓,止長二十八里,爲七門,南曰永定、左安、右安,東曰廣渠、東便,西曰廣寧、西便,城南一面,長二千四百五十四丈四尺七寸,東一千八十五丈一尺,西一千九十三丈二尺,各高二丈,垛口四尺,基厚二丈,頂收一丈四尺。四十二年,增修各門甕城。《工部志》。四十三年六月丁酉,京師重城成。《日下舊聞》引《世宗實録》。内外兩城,計垛口二萬零七百七十二,垛下炮眼共一萬二千六百有二。孫承澤《春明夢餘録》三。張四維《京師新建外城記》:"上臨御之三十二年,廷臣有請築京師外城者,參之僉論,靡有異同。天子乃命重臣,相視原隰,量度廣袤,計工定賦,較程刻日。於是京兆授徒,司徒計賦,司馬獻旅,司空鳩役。總以勳臣,察以台諫,與夫庶司百職,罔不祗嚴。乃遂畫地分工,授規作則。制緣舊址,土取沃壤。僚藩輸鏹以贊工,庶民子來而趨事。曾未越時而大功告成。崇庳有度,瘠厚有級,繚以深隍,覆以磚植。門垣矗立,樓櫓相望,巍乎,焕乎,帝居之壯觀也。夫《易》垂設險守國之文,《詩》有未雨桑土之訓,帝王城郭之制,豈以勞民,所以固圉宅師,以隆王者居重之威,以奠下民安土之業,以絶奸宄覬覦之念。此固乃聖人因時之效,不得不然者爾。"萬曆三十三年,重修京城外城。《明神宗紀》。孫承宗《重修都重二城碑記》:"維文皇奠鼎燕畿,以建都城。扼吭拊背,維萬世之安。我世宗肅皇帝,念生齒滋繁,比廬溢郭。重毖庚戌之役,詔從侍郎臣邦瑞,議築外郛於三門。凡以固圉宅師，尊宸極，消奸萌也。今皇上甲辰，夏恒雨，壞民廬舍無算，城有圮。於是，秋七月朔，工部尚書臣某，以災異上聞，若曰：天不忘根本，肆不輯於兩城而霿於雨，夫衆心爲城，外頹中陷，是且有土崩之象，將無彌縫其闕，而固吾圉也，其何變之能圖？蓋時報圮者方三百丈，未甚也。又旬日，雨溢渠，計圮都城且七百七十七丈有奇，重城亦三百三十丈有奇，而埤、垷、亭、舍，不與於是。臣某再以數上聞，若曰：災不可玩，備不可弛。玩災弛備，不可以寧。是時，皇上方以帑金十萬理民廬舍，疏入，不即問。乃臣某，再以修葺上聞，若曰：刻期我惟築無寧徇故常，而不慮事以授，豈其不秋防是虞。若猶是枕纂而不以聞也，則少不逞即剟户而逸者，四走無際庀其誰捍禦之，其若掌故何？定鼎來，是墉是壑，有基勿壞。方今千丈之瑕，秋防之候，即三旬而成，尚虞窺予。况其平版幹，稱畚築，非卒辦也。而繕司困憊，曾餱糧之不具，則登登之築，無寧泄泄也。於是，天子下其議，停一切小修。若曰，上天示儆，恒雨壞垣，尚亟修之，固我保障，無怠無荒。乃以繕部郎中臣某，同員外郎臣某，實專料理。而科臣某，台臣某，實專巡察。時以行築者飭其不勉者，蓋以八月趨事，明年某月告成功。日發丁男若干，金錢若干。天子重念勞人，升賞各有差。且詔臣某爲之記。臣以爲城以盛民也。我皇上，先民居而後兩城，其以鞏皇圖，綏蒸民，意深遠矣。然威靈遐鬯，夷裔率服。方且極覆爲城，極載爲池。豈其介在藩籬，是豐芑之謀，不籍爲大耳。不然百家之聚，尚勤藩垣，豈其根本天下，而不以備。然臣竊有警也，昔我肅皇帝，建永定外郛而難其守臣。謂守在城郭者危，守在四夷者安。守在民力者疏，守在民心者密。今天下浚膏實之而罷，力築之則民不堪，暵溢災之，而築鑿苦之。則天且若甚忍於民，夫民不堪，將生心，而天不忍或其未忘也。我皇上惕於生心，而幸是未忘，必且以禮宗之德澤，維法度，而上爲百姓守法，下且爲朝廷守國。頃所爲，慎重而不輕用民，意在斯乎。夫慎重而不輕用民，先王之所以爲天下也。臣謹稽首頓首而爲之言。銘曰：皇明御宇，奄有萬方。燕畿奠鼎，拊背扼吭。文經武緯，細大畢張。是憑是式，繫於苞桑。泰有茹彙，城有復隍。天子曰吁，其固我防。乃度廣袤，乃察相翔。司徒計賦，乃芻乃粻。司馬獻旅，乃穀乃揚。司空鳩役，乃飭乃獎。萬臿雷奮，萬雉雲長。説以忘勞，迄可大康。天子曰都，惟爾衆襄。詞臣載筆，俊績用章。小臣稽首，曰惟帝光。匪城不易，惟守未遑。過城則傾，恃城則亡。於鑠帝賚，比於金湯。惟帝念功，無怠無荒。億萬斯年，民説無疆。天啓元年十月，給事中魏大中報京城濬濠工竣。東便門迆北，員外郎何玉成監濬，一百四十丈。張時俊監濬，一百五十三丈。主事劉鱗長監濬，一百六十一丈。主事張杰監濬，一百五十五丈。主事張泰階監濬，一百四十五丈。朝陽門迆北，主事吴時亮監濬，五百九十四丈。東直門迆北轉西，主事陸之祺監濬，五百九十六丈。安定門，主事曾櫻監濬，門東四百三十丈，門西一百六十丈。安定門迆西，主事劉鱗長監濬，二百六十丈。主事韋國賢監濬，一百七十丈。員外郎陸光熙監濬，二百三十九丈。德勝門迆西，主事劉存慧監濬，六百十九丈。西北角樓迆南，員外郎趙贊化監濬，一百七十七丈。西直門迆南，主事張時俊監濬，一百九十三丈。主事楊師孔監濬，四百六丈八尺。阜成門迆南，主事張傑監濬，三百丈。主事張泰階監濬，二百八十丈。員外郎趙贊化監濬，二百五十三丈。西便門至正陽門，主事李養德監濬，一千一百二十丈八尺一寸。正陽門至崇文門，郎中吴叔度監濬，四百九十五丈。崇文門至東便門，郎中吴叔度監濬，四百九十二丈。重城，員外郎林宷監濬，五千一百五十丈。《藏密齋集》。崇禎己卯二月，内監曹化淳議，京城外開河以通漕糧，自是年三月十九日起，至辛巳六月，所開河自土城廣渠門起，至大通橋運糧河北岸，挑河長三千八百六十二丈。又東直門外關帝廟，挑月河長二百七十丈。鬥虎營至關帝廟大石橋，挑河長三千一百五十一丈。命内監于躍爲河工總理，而以兵部司官輪督班軍，共用班軍二十三萬二千餘名。五城兩縣，募夫二萬九百餘名。兵部侍郎吴甡視工，以爲勞費無益，且傷地脉，抗疏正之。《夢餘録》。案，唐之幽州，其址半在今城之西。金展其南，元拓其東北，明縮其北而復營其南。於是昊天、憫忠、延壽、竹林、仙露諸寺，向之限於城外者，今悉圍入城中。自梁園以東，至於神木廠，舊所稱爲郊外地者，今並郊壇而悉爲城内地矣。

遼故宫考

遼會同初，受石晉獻幽州，始至自南京。備法駕，入拱辰門，御元和殿，行入閤禮。又御昭慶殿，宴南京群臣。《遼史·太宗紀》。案，石晉纔以地獻，太宗駕至，即有元和、昭慶等名，則猶非遼所建之宫殿也。蓋幽州自安史叛亂已稱大燕，唐末劉仁恭復僭大號。當時創建，必久有宫殿名,遼特仍其舊耳。大内在西南隅,皇城内有景宗、聖宗御容殿,殿東曰宣和,南曰大内。内門曰宣教,外三門曰南端、左掖、右掖,門有樓閣。球場在其南,東爲永平館。皇城西門曰顯西,設而不開。北曰子北。西城巔有涼殿,東北隅有燕角樓。《遼地理志》。會同三年十二月丁巳,詔燕京皇城西南堞,建涼殿。《遼太宗紀》。統和二十四年,八月丙戌,改南京宫宣教門爲元和,左掖門爲萬春,右掖門爲千秋。《遼聖宗紀》。案《紀》云,外三門爲南端,亦似改名。檢《地理志》惟云,外三門曰南端、左掖、右掖,改左掖曰萬春,右掖爲千秋。是左掖、右掖與元和同改,惟南端仍舊耳。重熙五年壬戌,詔修南京宫闕、府署。《遼興宗紀》。大内壯麗,《遼史拾遺》十四。累代各有增飾,宫凡十,各有門户出兵馬。阿保機曰洪案,《兵衛志》作宏。義宫,德光曰永興宫,兀欲曰積慶宫,述律曰延昌宫,明記曰章敏宫,案,《禁扁》作彰愍。突欲曰長寧宫,燕燕曰崇德宫,隆緒曰興聖宫,隆慶曰敦睦宫,隆運曰文忠王府,《契丹國志》二十三。又有嘉寧殿、《遼道宗紀》,清寧五年十月朔,幸南京,祭興宗於嘉寧殿,仁政殿、《金世宗紀》:"世宗嘗謂宰臣曰:'宫殿制度苟務華飾,不必堅固。'今仁政殿,遼時所建,全無華飾。但見他處歲歲修完,惟此殿如舊。"洪武殿、《日下舊聞考》二十九。孫承澤云:"遼之正殿曰洪武,後之年號,先見於此。"大安殿、《日下舊聞考》二十九,朱昆田曰:"遼以大安名殿,而金以之紀年,亦兆之先見者。"清涼殿、王士點《禁扁》。長春宫,《遼聖宗紀》,統和十二年三月戊午,幸南京,壬申如長春宫。案,《北平古今記》云,遼有二京,壬申如長春宫,在長春州。十二年三月入長春宫,非南京之長春宫。考史,戊午幸南京,壬申如長春宫。戊午距壬申僅十五日,不應即至上京之長春宫,似應仍指南京而言。永昌宫、太和宫、《遼兵衛志》。延慶宫、延和宫、《禁扁》。五鳳樓、《遼景宗紀》:保寧五年春正月,御五鳳樓觀鐙。迎月樓、《遼天祚帝紀》:乾統四年冬十月,御迎月樓,賜貧民錢。五花樓、《禁扁》。天膳堂、乾文閣、鳳凰門、《禁扁》。果園。《遼聖宗紀》:開泰五年,駐蹕南京,幸内果園。若夫梳妝一台,世艷稱之,至指白塔寺爲其故址。案,《野獲編》云:大内北苑中,有廣寒殿者。舊聞爲耶律后梳妝樓。成祖命留之,爲後世鑒戒。宣宗曾爲之記。《西河詩話》云:遼后梳妝檯,址在太液池東小山上,一名瓊華島,即今白塔址是也。皆世俗傳聞,未可爲據也。

金故宫考

金太祖至燕京，入内，見大殿動摇。出，於城東紫村建寨，《遼史拾遺》十二。未嘗營立宫室也。熙宗時，始詔盧彦倫營造燕京宫室。《金史·盧彦倫傳》。海陵欲遷都於燕，乃先遣畫工寫汴京宫室制度，至於闊狹、修短，曲盡其數。《北盟會編》二百四十四引張棣《金虜圖經》。有司以圖上，爰以梁漢臣充修燕京大内正使，孔彦舟爲副使，按圖營之。運一木之費至二十萬，舉一車之力至五百人。《續通鑒綱目》。自天德四年起，至貞元元年畢工。凡役民八十萬，兵夫四十萬，作治數年，死者不可勝計。宫殿皆飾以黄金、五采，其屏扆、牕牖，亦皆由破汴都輦致於此，《攬轡録》："汴中宫匠，有名燕用者，製作精巧，凡所造，下刻其名。及用之於燕，而名以先兆。"恢麗閎侈，勞費以億萬計。貞元四年，金主亮率文武百官，駕始幸焉。其皇城周九里三十步，自龍津橋之北，《攬轡録》："過石玉橋，燕石色如玉。上分三道，皆以欄楯隔之，彫刻極工。中爲御路，亦闌以杈子。兩傍有小亭，中有碑曰龍津橋。"曰宣陽門。案，《大金國志》三十三云："宣陽門，内城之南門也。"門上金書兩頭，頭有小四角亭，即登門路也。門分爲三，中門爲御路，常闔，皆畫龍。兩傍門通行，皆畫鳳，用金釘釘之。《大金國志》三十三：上有重樓，制度宏大，三門並立。中門惟車駕出入乃開，兩偏，分雙、隻日開一門。過門有樓二，一曰文樓，一曰武樓。文樓轉而東，曰來寧館，武樓轉而西，曰會同館。《北盟會編》二百四十四云，館皆爲本朝使人設也。正北曰千步廊，廊東、西相對，各二百餘間，分爲三節，節爲一門，第一門通街市，第二門通球場，第三門通太廟。詳見下。將至宫城，東、西轉亦各有廊百許間。馳道兩傍植柳，廊脊覆碧瓦，宫闕殿門，皆覆以碧瓦。《金·地理志》。端門十一楹，曰應天之門，《攬轡録》，《金·地理志》：應天門，舊名通天門，大定五年更。内城之正南門也。門兩夾有樓，如左右昇龍之制。東西兩角樓，每樓次第攢三檐，與夾樓接，極工巧。《北盟會編》二百四十五。樓高八丈，四角皆垜，樓瓦皆琉璃。金釘朱户，五門列焉，常扃，惟大禮祫享則由之。東西相去一里許，又各設一門，左曰左掖，右曰右掖，各有武夫守衛。《大金國志》。門内有左、右翔龍門，及日華、月華門，前曰大安殿。《金·地理志》。案，大安殿，金受朝賀於此。趙秉文《甲子元日大安早朝詩》云："闕角蒼龍建斗杓，衣冠萬國大安朝。使臣未入分班立，殿陛先升按笏招。彩仗中間瞻北極，丹墀側畔聽簫韶。太初甲子天元朔，萬歲常瞻玉燭調。"《金臺集》：大安殿基，今爲酒家壽安樓。《日下舊聞考》引《析津志》：壽安樓，在燕京皇城内，東華門之西街東。左、右掖門内，殿東廊曰敷德門。《金·地理志》。《北盟會編》二百四十四：使人入左掖門，直北循大安殿東廊後壁行，入敷德門。正北列三門，中曰粹英，爲壽康宫，母后所居也。《金·地理志》。《金海陵紀》：貞元三年十月丙子，皇太后至中都，居壽康宫。西曰會通門，門北曰承明門，又北昭慶門。東曰集禧門，尚書省在其外，其東西門，左右嘉會門也。門有二樓。大安殿後門之後也。其北曰宣明門，則常朝後殿門也。《金·地理志》。《北轅録》：由會同門，承明門，入左嘉會門，趨而南至幕次，少頃鳴鐘，鐘罷，衛士山呼。百官裹見有曳玉帶者五人先出，後知爲東宫、親王、平章、令公也。頃之入宣明門，次仁政門，於隔門上面序立三節，自東入拜於大氈上，上有一品至七品黑漆黄字牌子，蓋其朝序也。一氈可容數百人，徧地製成龍鳳。殿九楹，前設露臺，柱以文繡。兩廊各三十間，中有鐘鼓樓。廊外垂金漆簾，額飾以繡。廊之西，馬有韉紅繡鞍者數匹，乃高麗所進。殿門外，衛士二三百人，分兩傍立，盡戴金花帽，錦袍。宣明門外，直至外廊外，甲士青縚甲居左，旗執黄龍。紅縚甲居右，旗執紅龍。外廓皆銀槍，左掖門入皆金槍，人依一柱以立。凡門屋下，皆青隊執弓矢，人數各有差。北曰仁政門，傍爲朵殿，朵殿上爲兩高樓，曰東、西上合門，内有仁政殿，常朝之所也。《金·地理志》。案，仁政殿，遼時所建，見《遼故宫考》。《金章宗紀》：明昌四年八月，國史進《世宗實録》，上朝服袍帶，御仁政殿，降座受之。《金·宣宗紀》云，至寧元年九月，御仁政殿視朝。内城之正東，門曰宣華。《大金國志》。《金·海陵紀》：正隆元年二月，御宣華門，觀迎佛。正西，門曰玉華。拱辰，乃内城之正北門也。《大金國志》。《金·衛紹王紀》：崇慶元年七月，有風自東來，吹帛一段，墜於拱辰門。後朝門，制度、守衛，一與宣華、玉華等。金碧翬飛，規模閎麗。《大金國志》。殿九重，凡三十有六，樓閣倍之。正中位曰皇帝正位，後曰皇后正位。位之東曰内省，西曰十六位，妃嬪居之。《大金國志》。《金圖經》:天德三年,張養浩等取真定府潭園材木,建宫室及凉位十六。又有常武殿,《金·熙宗紀》:貞元九月己未,常武殿擊鞠。貞元殿,《金·世宗紀》:大定元年十二月己未,御貞元殿,受群臣朝。《北平古今記》云:自此以後,即無貞元之稱。或以海陵年號爲嫌而改之也。泰和殿,《金·世宗紀》:大定二年正月辛未,御泰和殿,宴百官、宗戚、命婦。泰和二年,更名慶寧殿。紫極殿,《大金國志》十六:大定六年正月己酉,朔,大會群臣於紫極殿。垂拱殿,《金·世宗紀》:大定十四年四月乙亥,上御垂拱殿。神龍殿,《金·世宗紀》:大定二十八年三月丁酉,受群臣朝,復宴於神龍殿。福安殿,《金·世宗紀》:大定二十九年正月癸未,上崩於福安殿。慶和殿,《金·顯宗紀》:大定二十五年冬十月庚戌,朔,宰相以下,朝見於慶和殿。《金·章宗紀》:大定二十九年,十一月,詔立皇太孫,稱謝於慶和殿。樞光殿,《金·章宗紀》:明昌五年六月丙戌,以天壽節,宴樞光殿。紫宸殿,《金·章宗紀》:承安二年秋七月戊辰,天壽節,御紫宸殿,受朝。睿思殿,《金·章宗紀》:承安二年八月,詔對睿思殿。臨武殿,《金·章宗紀》:泰和元年,五月甲寅,擊球於臨武殿。泰和八年十一月癸卯,朔,御臨武殿,試護衛。魚藻殿,《金·章宗紀》:泰和三年五月壬申,以重五,拜天射柳,四品以上官,侍宴魚藻殿。廣仁殿,《金·章宗紀》:泰和七年正月壬午,詔百官同對於廣仁殿。薰風殿,《大金國志》:正隆三年五月,上坐薰風殿,命吏部尚書李通,翰林直學士蕭廉召對。集賢殿,《金·顯宗紀》:每三日一次,於集賢殿,受尚書省啓事。清輝殿,《金·太祖諸子傳》:世宗召皇太子、諸王侍食於清輝殿。慶春殿,《金史·完顔守道傳》:守道懇求致仕,時賜宴於慶春殿。天香殿,《金史·完顔匡傳》:完顔匡朝京師,賜宴於天香殿。絳霄殿,翠霄殿,《大金國志》二十五:崇慶元年十一月,大軍百計攻城不能克,獨柴薪乏,拆絳霄殿,翠霄殿,瓊華閣,分給四城。正隆殿,《北平古今記》:大安十六年,春正月,國主御正隆殿,受印寶。一曰"承天休,延萬億,永無極"。二曰"受命於天,既壽永昌"。三曰"天子之寶"。四曰"天子行寶"。五曰"大子信寶"。六曰"皇帝之寶"。七曰"天子神寶"。八曰"御書之寶"。九曰"皇帝恭膺天命之寶"。十曰"天下同文之寶"。置符寶郎,隸門下省。大朝會則陳之。瑶光殿,《金·章宗紀》:承安二年六月,詔罷瑶光殿工作。廣武殿,《金·地理志》有廣武殿,爲擊球、習射之所。崇慶殿,《金·地理志》又有崇慶殿。厚德殿,《金·五行志》:大定二年閏月,神龍殿十六位焚,延及泰和、厚德殿。元和殿,《金·禮志》:受尊號儀,帝服衮冕,御元和殿。案,此即遼之元和殿,非魚藻池之元和殿也。熙春殿,《金·顯宗紀》:顯宗殯於熙春殿。臨芳殿,安仁殿,隆德殿。《金·地理志》。景明宫。《金·章宗紀》:明昌五年,四月乙卯,幸景明宫。永安宫。《金·世宗紀》:大定二十六年,四月己未,幸永安宫。案,永安宫名,《禁扁》諸書未載。芳華閣。《大金國志》:妃嘗與主同輦,過御龍橋,見石如白雪,歸而愛之。白國主,於蘇山輦至,築巖洞於芳華閣。原廟建於天德四年,其宫曰衍慶,殿曰聖武,門曰崇聖。《金·禮志》。《日下舊聞考》引《金圖經注》:金本無宗廟,不修祭祀。自平遼後,所用執政大臣多漢人,往往説天子之孝在尊祖,尊祖在建宗廟。金主方開悟,遂築室於内之東南隅。廟貌雖具,制極簡略。迨亮徙燕,乃築巨闕於南城之南,千步廊之東。東曰太廟,標名曰衍慶之宫。西神御殿,《金·禮志》。《志》又云:大定十七年正月,詔於衍慶宫聖武殿西,建世祖神御殿。東建太宗、睿宗神御殿。丕承殿,天慶殿。《金·禮志》。《志》又云:大定十七年,導太宗御容於聖武殿。行禮畢,以次奉安於丕承殿。睿宗御容奉安於天慶殿。崇聖閣,燕昌閣。《金·禮志》。《志》又云:大定二十一年閏月,昭祖、景祖,奉安燕昌閣上。肅宗、穆宗、康宗,奉安閣下。明肅皇帝,奉安崇聖閣下。大安殿之北爲東宫。宫有承華殿。《金·世宗紀》:大定二十九年正月,名太后宫曰仁壽。二月更名隆慶。至章宗明昌五年,禮官言,直易隆慶宫爲東宫,慈訓殿爲承華殿。從之。西至玉華門,曰同樂園,瑶池、蓬瀛,柳莊、杏村,盡在於是。《大金國志》。師拓《同樂園詩》:"晴日明華構,繁英蕩緑波。蓬邱滄海近,春色上林多。流水時雖逝,遷鶯暖自歌。可憐歡樂地,鉦鼓散雲和。"瓊林苑有横翠殿。寧德宫,《金·地理志》有瑶光臺、瑶光樓。城北離宫有大寧宫。案,大寧宫,大定十九年建。後更爲壽寧宫,又更爲壽安宫,明昌二年,更爲萬寧宫。宫有瓊華島,《金·地理志》。高士奇《金鼇退食筆記》六:"瓊華島,或本宋艮岳之石,金人載此石自汴至燕,每石一,準糧若干,俗呼爲折糧石。上爲廣寒殿,《元遺山集》云:瓊島在太液池中,皆疊石爲之。其巔古殿結構,翔起周迴,綺牖,玉檻,重階而上,榜曰廣寒之殿。相傳遼太后梳妝臺。《金鼇退食筆記》云:今殘石壞礎,猶刻雲物,及廣寒殿字。妝臺在焉。案,葛邏禄迺賢《金臺集》有《妝臺詩》云:"廢苑鶯花盡,荒臺燕麥生。韶華如逝水,粉黛憶傾城。野菊金鈿小,秋潭玉鏡清。誰憐舊時月,曾向日邊明。”自注云:“妝臺,李妃所築,今在昭明觀後。妃嘗與章宗露坐,上曰:二人土上坐。妃應曰:一月日邊明。上大説。《堯山堂外紀》云:章宗爲李宸妃建梳妝臺於都城東北隅。今禁中瓊華島妝臺,本金故物也,目爲遼蕭后梳妝樓,誤。《析津志》云,妝臺在金故宫之西,壽安酒樓之北。蓬萊院,《大金國志》:承安三年春,國主幸蓬萊院,陳玉器及諸玩好,視其款識,多宣和物,惻然動色。宸妃進曰:作者未必用,用者未必作,宣和作此,以爲陛下用耳。香閣,《金·章宗紀》:承安四年三月,户部尚書孫鐸,郎中李仲略,國子監祭酒趙楓始轉對香閣。瑞雲樓,《金·楊伯雄傳》:海陵登瑞雲樓,命伯雄賦詩。瑞光樓,案,《中州集》:道陵中秋賞月瑞光樓,召趙渢文孺對賦詩,詩以清字爲韻,渢詩云:“秋氣平分月正明,蕊珠宫闕對蓬瀛。已驅急雨銷殘暑,不遣微雲點太清。簾外輕風飄桂子,夜深凉露滴金莖。聖朝不奏霓裳曲,四海歌謳即樂聲。”道陵讀至落句,大加賞異。手酌金鍾以賜,且字之曰“文孺”,以此鍾賜汝作酒直。士林榮之。宣和門,《金·禮志》:受尊號儀,恭謝祖廟還,御宣和門。寶昌門,《金·海陵紀》:貞元三年,登宣寶昌門,觀角觝。廣陽門,《金·衛紹王紀》:至寧元年八月,呼沙呼殺知大興府圖克坦南平,刑部侍郎圖克坦穆延於廣陽門西。西横門。《金·章宗紀》:承安二年閏月,出西横門觀稼。後園,《金·章宗紀》:明昌六年十二月,幸後園閲軍器。東園,《金·章宗紀》:泰和七年五月幸東園射柳。南園,《金·章宗紀》:顯宗殯於南園熙春殿。世宗至自上京,未入國門,先至熙春殿致奠。西園,《金·章宗紀》:承安二年三月,幸西園閲軍器。熙春園,《金·章宗紀》:明昌三年,幸熙春園。廣樂園,《金·世宗紀》:大定三年五月,以重五,幸廣樂園射柳。東明園。《大金國志》:承安三年,賞菊於東明園。見屏間畫宣和艮嶽,問内侍余琬,對曰:宣和帝運東南花石,築艮嶽以亡其國,先帝圖之以爲戒。宸妃怒曰:宣和之亡,不緣此石,乃用童貫、梁師成故爾。蓋譏琬也。宸妃,鄭氏,南宋華原郡王居中之曾孫。南苑,《金史·劉頍傳》:南苑有舊唐碑,書貞元十年,御史大夫劉怦墓。上見之曰:苑中不宜有墓。以劉頍家本怦後,詔賜頍錢二百貫改葬之。西苑,《金·章宗紀》:明昌元年三月,擊球於西苑。五月,拜天於西苑,射柳擊球。北苑,《金·章宗紀》:明昌五年四月,朔,幸北苑。芳苑。《金·章宗紀》:泰和二年正月,幸芳苑,觀燈。環秀亭。《金·章宗紀》:承安元年六月,幸環秀亭,觀稼。城南行宫,有建春宫。《金·地理志》。《金·章宗紀》:承安元年二月,幸南都行宫春水。三年正月,如城南春水,名行宫曰建春。《日下舊聞考》云:明昌五年正月,幸城南别宫。所謂别宫者,即承安時之建春宫也。明昌在承安改元之前,是時尚有建春之名,故或稱别宫,或稱行宫,無定名焉。燕京宫闕,雄麗爲古今冠。《大金國志》二十五。貞祐初,爲亂兵所焚,月餘不絶。《使蒙日録》。以地理揆之,金大内當在今廣寧右安門外云。《日下舊聞考》。案,《禁扁》所載名目,與汴京並稱,無所分别,故不備録。

元故宫考

至元十一年,始大城京師於大興故城之北。中爲天子之宫,宫城周回九里三十步,東西四百八十步,南北六百十五步,崇三十有五尺。《輟耕録》二十一。南臨麗正門,麗正門内曰千步廊,可七百步,建靈星門。門外蕭牆,周回可二十里許。《大都宫殿考》。蕭洵《元故宫遺録》:俗呼紅門闌馬牆。門内有河,河上建白石橋二座,名周橋。《大都宫殿考》。《析津志》:周橋,義或本於造舟爲梁,故曰周橋。皆琢龍鳳祥雲,明瑩如玉。橋下有四白石龍,擎戴水中。繞橋盡高柳,鬱鬱萬株,遠與内城西宫海子相望。度橋可二百步,爲崇天門。《故宫遺録》。《元·祭祀志》:車駕出宫,凡祭祀前一日,所司備儀,從内外仗、侍祠官,兩行序立於崇天門外。宋褧《崇天門唱名詩》云:"三月吉日當十三,紫霧氤氲閶闔南。天子龍飛坐霄漢,儒生鵠立耀冠簪。黄麾仗内清風細,丹鳳樓頭曉日酣。獨愛玉階階下草,解將袍色染成藍。"薩都拉《丁卯及第謝恩崇天門詩》云:"禁柳青青白玉橋,無端春色上宫袍。卿雲五色中天見,聖澤千年此日遥。虎榜姓名書敕旨,羽林冠帶豎旌旄。承恩朝罷頻回首,午漏花深紫殿高。"據此,元旦放榜謝恩,亦於崇天門外云。門分爲五,東西一百八十尺,深五十五尺,崇八十五尺。左右垛樓二,垛樓登門兩斜廡,十門闕上兩觀皆三垛樓。連垛樓東西廡,各五間。《輟耕録》。《故宫遺録》:門分爲五,總建闕樓。其上翼爲回廊,低連兩觀,榜出爲十字角樓,向下三級。兩旁各去午門百餘步,有掖門,皆崇高閣。内城廣可六七里,方布四隅,隅上皆建十字角樓,其十字角樓即垛樓也。西垛樓之西,有塗金銅幡竿。附宫城南面,有宿衛直廬。《輟耕録》。《元世祖紀》:至元二十八年二月,建宫城南面周廬，以居宿衛之士。凡諸宫門，皆朱户，丹楹藻繪，彤壁，琉璃瓦飾檐隙。崇天之左曰星拱，三間一門，東西五十五尺，深四十五尺，崇五十尺。崇天之右曰雲從，制如星拱。東曰東華，《輟耕録》。《元·世祖紀》：至元十九年，五月乙酉，宫城初建東、西華，左、右掖門。七間三門，東西一百十尺，深四十五尺，崇八十尺。西曰西華，制如東華。北曰厚載，五間一門，東西八十七尺，深、高如西華。角樓四，據宫城之西隅，皆三垜樓，琉璃瓦飾檐脊。星拱南，有御膳亭，亭東有拱辰堂，《輟耕録》。《元·順帝紀》：至正元年，賜文臣宴於拱辰堂，即此。蓋百官聚會之所。東南角樓東，池北有生料庫，庫東爲柴場夾垣，東北隅有羊圈。西南角樓南，紅門外，留守司在焉。《輟耕録》。案，留守司，在宫城西南角樓之南，專掌宫禁工役者。西華門南，有儀鸞局，《輟耕録》。《元·世祖紀》：至元十一年二月，初立儀鸞局，掌宫門管鑰、供帳、燈燭。西有鷹房。《輟耕録》。《元·武宗紀》：至大元年二月，立鷹坊爲仁虞院。《仁宗紀》：至大四年二月，罷仁虞院。改置鷹坊總管府。柯九思《宫詞》云："元戎承命獵郊坰，敕賜新羅白海青。得雋歸來如奏凱，天鵝馳道入宫庭。"蓋元制，冬春之交，天子或親幸近郊，縱鷹隼搏擊，以爲游豫之度，曰飛放。又設獵户，俾致鮮食以薦宗廟，供天庖，故置鷹坊以統之。所管有鷹人，蒙古語謂之錫寶齋。厚載門北，爲御苑，外周垣紅門十有五，内苑紅門五，御苑紅門四。此兩垣之内也。大明門在崇天門内，大明殿之正門也，七間三門，東西一百二十尺，深四十四尺，重檐。《輟耕録》。《元·禮樂志》：上尊號，受朝賀，前期二日，儀鸞司設大次於大明門外。傍建掖門，《大都宫殿考》。左曰日精，右曰月華，皆三間一門，《輟耕録》。《元禮樂志》：元正受朝，尚引引殿前班，皆公服，分左、右入日精、月華門，就起居位。繞爲長廡，中抱丹墀之半，右爲文武樓，與廡相連。中爲大明殿，《故宫遺録》。乃登極、正旦、壽節、會朝之正衙也。《輟耕録》。《元·世祖紀》：至元十八年二月，發侍衛軍四千，完正殿。二十一年正月，帝御大明殿，右丞相和爾果斯，率百官奉玉册、玉寶，上尊號。殿十一間，東西二百尺，深一百二十尺，高九十尺。柱廊七間，深二百四十尺，廣四十四尺，崇五十尺。寢室五間，東西夾六間，後連香閣三間，東西一百四十尺，深五十尺，崇七十尺。青石花礎，白玉石圓碣，文石甃地，上藉重茵，丹楹，金飾龍繞其上。四面朱瑣窗，藻井，間金繪飾。燕石重陛，朱闌塗金，銅飛雕冒。中設七寶雲龍御榻，白蓋金縷褥。《輟耕録》。《故宫遺録》：殿基高可十尺，前爲殿陛，納爲三級，繞直龍鳳白石闌，闌下每楯壓以鼇頭，虚出闌外，四繞於殿。殿楹四向，皆方柱，大可五六尺，飾以起花金龍雲。楹下皆白石龍雲，花頂，高可四尺。楹上分間，仰爲鹿頂，斗拱攢頂中，盤黄金雙龍。四面皆緣金紅瑣窗，間貼金鋪。中設山字玲瓏金紅屏臺，臺上置金龍牀，兩旁有二毛皮伏虎，機動如生。並設后位。《輟耕録》。案，朱彝尊云：前代未有帝后並臨朝者，惟元則然，故大明殿亦設后位焉。諸王、百僚、怯薛官，侍宴坐牀，重列左右。前置燈漏，貯水運機，小偶人當時刻捧牌而出。《輟耕録》。《元文類》：郭公守敬，於世祖朝進七寶燈漏。案，《元史志》：大明殿燈漏之制，高丈有七尺，架以金爲之。其曲梁之上，中設雲珠，左日，右月。雲珠之下，復懸一珠。梁之兩端，飾以龍首，張吻，轉目，可以審平水之緩急。中梁之上，有戲珠龍二，隨珠俯仰，又可察准水之均調。燈球雜以金寶爲之，内分四層，上環布四神，旋當日、月、參、辰之所在，左轉，日一周。次爲龍、虎、鳥、龜之象，各居其方，依刻跳躍，鐃鳴以應於内。又次，周分百刻，上列十二辰，各執時牌，至其時，四門通報，又一人當門内，常以手指其刻數。下四隅，鐘、鼓、鉦、鐃各一人，一刻鳴鐘，二刻鼓，三鉦，四鐃。初、正皆如是。其機發，隱於櫃中，以水激之。木質銀裹漆甕一，金雲龍蜿蜒繞之，高一丈七尺，貯酒可五十餘石。雕象酒桌一，長八尺，闊七尺二寸。玉甕一。玉編磬一。興隆笙一。《輟耕録》。案，興隆笙，在大明殿下，其制，植象管於柔革，以象大匏，土鼓二韋橐，按其管則簧鳴。簨首爲二孔雀，笙鳴、機動，則應而舞。凡燕會之日，此笙一鳴，衆樂皆作。笙止，樂亦止。前懸繡緣朱簾。至冬月，大殿則黄貓皮壁幛，黑貂褥。《輟耕録》。大明殿後，連爲柱廊十二楹，四周金紅瑣窗，連建後宫，廣三十步，深入半之。後有寢宫，俗呼爲拏頭殿，東西相向。至冬，則自殿外一周皆籠護皮帳，夏則黄油絹幕。内寢屏幛重複，帷幄而後，裹以銀鼠。席地皆編細簟，上加深厚紅氈，後露茸單。宫後連抱長廡，以通前門，以貯妃嬪，而每院間必建三楹，東西相向爲繡榻。廡後横亘道，以入延春宫，丹墀皆植青松，即萬年枝也。置金酒海。前後列紅蓮牀。其上爲延春閣。《大都宫殿考》。文思殿，在大明寢殿東，三間，前後軒，東西三十五尺。紫檀殿，在大明寢殿西，制如文思，《輟耕録》。《日下舊聞考》：文思、紫檀二殿，《輟耕録》謂在大明寢殿之東、西。《昭儉録》所載，與《輟耕録》同。惟蕭洵《故宫遺録》謂在延春閣後，與二書不合。考《禁扁》注，大明西曰紫檀，東曰文思，北曰寶雲，此四殿爲大内前位，則當以《輟耕録》爲是，《大都宫殿考》則沿《故宫遺録》之誤也。蓋《輟耕録》載延春門在寶雲殿後，爲延春閣之正門。寶雲殿南，即大明殿，東、西，即文思、紫檀二殿。四殿相去不遠，長廊、複道本自相通。《故宫遺録》以爲在延春宫後，與《輟耕録》所載，其詞雖殊，推其方位自合。皆以紫檀香木爲之。縷花龍涎香，間白玉飾壁，草色髹緑其皮爲地表。《輟耕録》。《元·世祖紀》：至元二十八年三月，發侍衛兵，營紫檀殿。《元·英宗紀》：至治二年閏月，作紫檀殿。寶雲殿，在寢殿後，五間，東西五十六尺，深六十三尺，崇三十尺。鳳儀門，在東廡中，三間一門，東西一百尺，深六十尺，高如之。門外有庖人室，稍南有酒人室。麟瑞門，在西廡中，制如鳳儀門，外有藏庫二十所。鐘樓，又名文樓。在鳳儀南。鼓樓，又名武樓。在麟瑞南。皆五間，崇七十五尺。嘉慶門，在後廡，寶雲殿東。景福門，在後廡，寶雲殿西。皆三間一門。周廡一百二十間，崇三十五尺，四隅角樓四間。凡諸宫周廡，並丹楹、彤壁、藻繪，琉璃瓦飾檐脊。延春門，在寶雲殿後，延春閣之正門也，五間三門，東西七十七尺，重檐。懿範門，在延春左。嘉則門，在延春右。皆三間一門。延春閣，《輟耕録》。《昭儉録》：在興聖宫後。九間，東西一百五十尺，深九十尺，崇一百尺，三檐重屋。柱廊七間，廣四十五尺，深一百四十尺，崇五十尺。《輟耕録》。《禁扁》：延春閣後曰咸寧，堂之扁曰芳潤，曰拱辰，亭之扁曰碧芳。寢殿七間，東西夾四間。《輟耕録》。《元·英宗紀》：延祐七年十二月，作延春閣後殿。《故宫遺録》：延春閣，梯級山東隅而升，長短凡三折而後登。雖至幽暗，闌、楯皆塗黄金龍雲，冒以丹青、絹素，上仰亦皆拱爲鹿頂，中盤金龍。四周皆繞金珠瑣窗，窗外繞護金紅闌干，憑望至爲雄傑。宫後仍爲主廊，后宫寢宫，大略如前。後香閣一間，東西一百四十尺，深七十五尺，高亦如之，重檐。文石甃地，藉花毳裀，檐帷咸備。白玉石重陛，朱闌銅冒楯，塗金雕翔其上。閣上御榻，二柱廊中設小山屏、牀，皆楠木爲之，而飾以金。寢殿楠木御榻。東夾紫檀御榻，壁皆張素，畫飛龍舞鳳。西夾事佛像。慈福殿，又名東暖殿，在寢殿東，三間，前後軒，東西三十五尺，深七十二尺。《輟耕録》。《元史·王結傳》：元統二年，王結召拜翰林學士。中宫僧、尼於慈福殿作佛事，已而殿災，結言僧、尼褻瀆，當坐罪。明仁殿，又名西暖殿，在寢殿東，制如慈福。《輟耕録》。《元·許有壬傳》：至正初，許有壬進講明仁殿。景耀門，在左廡中，三間一門，高三十尺。清灝門，在右廡中，制如景耀。鐘樓在景耀南，鼓樓在清灝南，各高七十五尺。周廡一百七十二間，四隅角樓四間。玉德殿，在清灝外，七間，東西一百尺，深四十九尺，崇四十尺，飾以白玉，甃以文石，中設佛像。《輟耕録》。《元·英宗紀》：延祐七年十二月，鑄銅爲佛像，置玉德殿。東香殿，在玉德殿東，西香殿，在玉德殿西，宸慶殿，在玉德殿後。《輟耕録》。《禁扁》：清灝門，西曰玉德，後曰宸慶。二殿大内後位也。九間，東西一百三十尺，深四十尺，高亦如之。中設御榻，簾、帷、裀、褥咸備。前列朱闌。左、右辟二紅門，後山字門，三間。東更衣殿，在宸慶殿東，五間，高三十尺。西更衣殿，在宸慶殿西，制如東殿。《輟耕録》延春宫，後有清寧宫。《輟耕録》。《元·順帝紀》：皇太子常坐清寧殿，分布長席，列坐西番、高麗諸僧。宫制略如前宫式，後引抱長廡，外護金紅闌檻，各植花卉、異石，皆以處嬖幸之屬。又，後爲厚載門，上建高閣，《故宫遺録》。《析津志》：厚載門，禁中之苑囿也，内有水碾，引水自元武池，灌溉種花木。自有熟地八頃，八頃内有小殿五所，上曾執耒、耜以耕，擬於籍田也。環以飛橋，舞臺於前，回闌引翼。每幸閣上，天魔歌舞於臺，繁吹導之，自飛橋西升，市人聞之，如在霄漢。臺東百步許，又有觀星臺，臺旁雪柳萬株，掩映左右。臺西爲内浴室，前有小殿，由浴室而出。内城臨海子，廣可五六里，駕飛橋於海中，西起瀛州圓殿，由瀛州殿後，北引長橋上萬歲山。《故宫遺録》。隆福殿，在大内之西，興聖宫前。《輟耕録》。《禁扁》：興聖宫，正曰興聖，西曰寶慈，東曰嘉德。隆福宫，正曰光天，東曰壽昌，西曰嘉禧，西位曰文德，東位曰睿安。《日下舊聞考》引《昭儉録》：儀天殿，西爲木橋，長百七十尺。通興聖宫之夾垣。亦名曰隆福宫。左、右、後三向，皆爲寢殿，殿東有沈香殿，長廡環抱。《大都宫殿考》。《元·成帝紀》：至元三十一年五月，改皇太后所居舊太子府爲隆福宫。前，南紅門三，東、西紅門宫各一，繚以磚垣。南紅門一，東紅門一，後紅門一。光天門，光天殿正門也。五間三門，崇三十二尺，重檐。崇華門，在光天門左。膺福門，在光天門右。各三間一門。光天殿，七間，東西九十八尺，深五十七尺，崇七十尺。《輟耕録》。《元·英宗紀》：延祐七年，十一月丁亥，作佛事於光天殿。柱廊七間，深九十八尺，崇五十尺。寢殿五間，兩夾四間，東西一百三十尺，崇五十八尺五寸，重檐。藻井，瑣窗，文石甃地，藉花毳裀，縣朱簾。重陛，朱闌、塗金雕冒楯。正殿，縷金雲龍，樟木御榻。從臣坐牀，重列前兩旁，寢殿亦設御榻，裀褥咸備。青陽門，在左廡中。明暉門，在右廡中，各三間一門。《輟耕録》。案，《楊仲宏集》謂：皇太后命改隆福宫，趙孟頫擬"光天"二字。似光天殿舊爲隆福宫。然考《禁扁》，隆福宫、光天等殿，皆在興聖之前。《輟耕録》亦曰，隆福殿在興聖前。則隆福宫之即爲隆福殿無疑。特宫殿皆可通稱耳。且《元史》言隆福宫爲皇太后所居，舊太子府所改，則隆福宫與光天殿，固一名也。今從《禁扁》、《輟耕録》、《元史》爲正。翥鳳樓，在青陽南，三間，崇四十五尺。驂龍樓，在明暉南，制如翥鳳。後有牧人宿衛之室。壽昌殿，亦曰東暖殿，在寢殿東，三間，前後軒，重檐。《輟耕録》。《元·泰定紀》：泰定元年，三月癸亥，修佛事於壽昌殿。嘉禧殿，亦名西暖殿，《輟耕録》。趙孟頫《宫詞》："殿西小殿號嘉禧，玉座中央静不移。讀罷經書香一炷，太平天子政無爲。"中位佛像傍設御榻。針綫殿，在寢殿後，周廡一百七十二間，四隅角樓四間，侍女直盧五所。在針綫殿後，又有侍女室七十二間，在直盧後及左右。浴室一區，在宫垣東北隅。文德殿，在明暉外，以楠木爲之，亦曰楠木殿，三間，前、後軒一間。《輟耕録》。《元·泰定紀》：泰定元年七月，作楠木殿。東爲睿安殿，與文德殿相對。盝頂，五間，在睿安殿西北，而光天殿西北，角樓西後，亦有盝頂小殿，《輟耕録》。案，《禁扁》注，光天殿西位爲文德，東位爲睿安。考諸書，祇詳文德，而睿安缺載。今據《禁扁》補録。案，盝頂之制三椽，其頂若笥之平，故名。蓋東西二盝頂也。《日下舊聞考》。《元·仁宗紀》：延祐五年二月，建盝頂殿於文德殿後。案《昭儉録》，光天殿之周廡，四隅皆有角樓四間，而其西廡，中爲明暉門，門外即文德殿。其所載，西北角樓西後，有盝頂小殿。蓋即延祐所建，其地正當西位文德殿之後，與東位睿安殿後五間相配也。香殿，在宫垣西北隅，三間，前軒一間，前寢殿三間，柱廊三間，後寢殿三間，東、西夾各二間。《輟耕録》。《元·武宗紀》：至大元年八月，李郝寧以建香殿賜金五十，銀四百九十兩。文宸庫，在宫垣西南隅。酒房，在宫垣東南隅。内庖，在酒房之北。興聖宫，在大内之西北，萬壽山之正西。《輟耕録》。《元·武宗紀》：至大元年二月，建興聖宫，爲皇太后所居。丹墀内多桃李。《析津志》。建小直殿，引邃河分流其下，甃以白石，翼爲仙橋，四起瑣窗而抱綵樓。樓後東、西日月殿。《大都宫殿考》。案，《禁扁》，興聖宫西曰寶慈，東曰嘉德。興聖殿後曰徽儀。其北曰延華。其東、西日月殿，或即寶慈、嘉德，而其後徽儀、延華二殿，《輟耕録》、《大都宫殿考》、《故宫遺録》皆不及載。後又有禮天臺，高跨殿上。稍東有流杯亭。宫四隅繚以周垣，南辟紅門三，東、西紅門各一，北紅門一。南紅門外，兩傍附垣有宿衛直盧，凡四十間，東西門外各三間。南門外夾垣内，有省、院、臺，百司官侍直板屋。北門外有窨花室五間。東夾垣外，有宦人之室十七間，淩室六間，酒房六間。南、北、西門外，棋置衛士之舍二十一所，所爲一間。外夾垣東紅門三，直儀天殿。吊橋西紅門一，達徽政院門内，池北有鹿頂房二，各二間。又北有屋二所，各三間。池南有庫一所，及屋三間。北紅門外，有臨行門一所，三間，此夾垣之北門也。興聖門，興聖殿之北門也，五間三門，重檐，東西七十四尺。明華門，在興聖門左。肅章門，在興聖門右。各三間一門。興聖殿，七間，東西一百尺，深九十七尺，柱廊六間，深九十四尺，寢殿五間，兩夾各三間，後香閣三間，深七十七尺。正殿，四面朱懸瑣窗，中設扆屏榻，張白蓋，簾帷皆錦繡爲之，其柱郎寢殿，亦各設御榻。白玉石重陛，朱闌，塗金冒楯，覆以白瓷瓦，碧琉璃飾其檐脊。《輟耕録》。案《禁扁》云：興聖宫，正曰興聖。則興聖殿，乃興聖宫之一殿也。宏慶門，在東廡中，宣則門，在西廡中，各三間一門。《輟耕録》。《禁扁》：宣則北門，曰奎章門之扁。凝暉樓，在宏慶樓北，五間，東西六十七尺。延顥樓，在宣則南，制如凝暉。嘉德殿，在寢殿東，三間，前、後軒各三間，重檐。寶慈殿，在寢殿西，制如嘉德。《輟耕録》。《元·文宗紀》：天曆元年十一月，命高昌僧作佛事於寶慈殿。山字門，在興聖宫後，延華閣之正門也，正一間，兩夾各一間,重檐,一門。置金寶瓶。又獨脚門二,周角以紅版垣。延華閣,五間,方七十九尺二寸,重阿十字脊,白琉璃瓦覆,青琉璃瓦飾其檐,脊立金寶瓶,單陛。御榻、從臣坐牀咸具。東、西殿,在延華閣西,左、右各五間,前軒一間。圓亭,在延華閣後。傍有芳碧亭,圓亭東,三間,重檐,十字脊,覆以青琉璃瓦,飾以緑琉璃瓦,脊置金寶瓶。徽青亭,在圓亭西,制如芳碧。《輟耕録》。案《日下舊聞考》云:徽清亭,據《禁扁》注,在延華閣。《昭儉録》:延華閣在興聖宫後,徽清亭在延華閣後,圓亭之東,與芳碧亭相對。《析津志》繡女房牆外,南牆内,是圓殿。一直板房前,即延華閣。西有婆羅樹,徽清亭。惟《輟耕録》作徽青,微異。塑佛像。《元·泰定紀》:至治三年十二月,塑瑪哈噶拉佛像,於延春閣之徽清亭。延春當作延華,《泰定紀》誤。浴室,在延華閣東南隅,東殿後。傍有鹿頂井亭二間,又有鹿頂房三間。畏吾兒殿,在延華閣右,六間,傍有窨花半屋八間。木香亭,在畏吾兒殿後。東鹿頂殿,在延華閣東版垣外,正殿五間,前軒三間,東西六十五尺,深九十九尺,柱廊二間,深二十六尺,寢殿三間,東西四十八尺。前宛轉置花朱闌八十五扇,殿之傍有鹿頂房三間,庖室二間,面陽鹿頂房三間,妃嬪庫房一間,縫紝女庫房三間,紅門一面。鹿頂殿,在延華閣西版垣之外,制同東殿。東殿之傍,有庖室三間。好事房二,各三間。獨脚門二,紅門一。妃嬪院四,二在東鹿頂殿後,二在西鹿頂殿後,各正室三間,東西夾四間,前軒三間,後有三椽半屋二間。侍女室,八十三間,半在東妃嬪院左,西向。半在西妃嬪院右,東向。室後各有三椽半屋二十五間。東鹿頂殿紅門外,有屋三間,鹿頂軒一間,後鹿頂房一間,庖室一間,在凝暉樓後,正室五間,前軒一間,後披屋三間,又有鹿頂房一間,鹿頂井亭一間,周以土垣,前辟紅門。酒房,在宫垣東南隅庖室南。正室五間,前鹿頂軒三間,南、北房各三間,西北隅鹿頂房三間,紅門一,土垣四周之。學士院,在奎章閣後,四鹿頂殿門外之西偏,三間。《輟耕録》。《昭儉録》:奎章閣,在興聖殿西廡,宣則門北。天曆初,建奎章閣於西宫,興聖殿之西廊,爲屋三間以藏物。中間,諸官入直所。北間,南向設御座,左、右列珍玩。命群玉内司掌之。閣官署銜,初名奎章閣,隸東宫屬官。後文宗重定，乃升爲奎章閣學士院。《輟耕録》。虞集《奎章閣記》："天曆二年三月，作奎章之閣，備閑燕之居。將以輯熙典學，乃置學士。俾頌祖宗之成訓，毋忘創業之艱難，而守成之不易也。又俾陳夫內聖、外王之道，興亡、得失之故，而以自儆焉。其爲閣也，因便殿之西廡，擇高明而有容。不加飾乎采斲，不重勞於土木。不過啓户牖以順涼燠，樹庋閣以棲圖書而已。至於器玩之陳非古制，作法度者不得在列。其爲處也，跬步户庭之間，而清嚴邃密。非有朝會、祀享、時巡之事，幾無一日而不御於斯，於是，宰輔有所奏請，宥密有所圖維，争臣有所繩糾，侍臣有所獻替，以次入對，從容密勿，蓋終日焉。而聲色狗馬，不軌不物者，無因而至前矣。"後改爲宣文閣。《大都宫殿考》。《元史·周伯琦傳》：至正元年，改奎章閣爲宣文閣。生料庫，在學士院南。又南爲鞍轡庫，又南爲軍器庫，又南爲庖人、牧人、宿衛之室。藏珍庫，在宫垣西南隅，制如酒室，惟多鹿頂半屋三間，庖室三間。《輟耕録》萬歲山，在大內西北，太液池之陽。金人名瓊華島，至元八年改今名。《輟耕録》。《元·世祖紀》：中統四年春，三月庚子，伊克德勒丹請修瓊華島，不從。至元元年，春二月壬子，修瓊華島。明王直《紀略》：山皆奇石疊成，相傳金人取宋艮岳石爲之，至元增飾加結構焉。瓊島春陰，爲燕京八景之一。其山皆疊玲瓏石爲之，峰巒隱映，松檜隆鬱，秀若天成。引金水河至其後，轉機運斞，汲水至山頂，出石龍口注方池，伏流至仁智殿後，有石刻蟠龍，昂首噴水仰出，然後由東、西流入於太液池。山前有白玉石橋，長二百餘尺，直儀天殿後。橋之北，有玲瓏石，擁木門五，門皆爲石色。內有隙地，對立日月石，西有石棋枰，《輟耕録》。《故宫遺録》：由三門分道，東西而升，下有金主圍棋石臺盤。又有石坐牀。左、右皆有登山之徑，縈行萬石中。洞府出入，宛轉相迷，至一殿一亭，各擅一景之妙。山之東有石橋，長七十六尺，闊四十一尺，半爲石渠以載金水，西流於山後，以汲於山頂也。又東爲靈囿，奇獸、珍禽在焉。又有廣寒殿，在山頂，七間，東西一百二十尺，深六十二尺，崇五十尺，《輟耕録》。《元·文宗紀》：天曆二年，冬十月戊申，作佛事於廣寒殿。又案元好問《遺山集》，瓊華島絶頂，有廣寒殿，近爲黄冠輩所毁。萬曆七年，廣寒殿傾頽，其脊多至元錢。是金末已毁，元時重建也。李賢賜《游西苑記》：其頂有殿，當中棟宇宏偉，檐楹翬飛，高插於層霄之上，殿內清虚，寒氣逼人，雖盛夏亭午，暑氣不到，殊覺曠蕩瀟爽，與人境異，曰廣寒。重阿藻井，文石甃地，四面瑣窗，板嵌其裏，徧綴紅雲，《輟耕録》。韓文《賜游西苑記》："廣寒殿，高廣明靚，四壁雕彩雲累萬，結砌而成。"而蟠龍矯蹇於丹楹之上。《輟耕録》。《故宫遺録》："廣寒殿，皆錢金朱瑣窗，綴以金鋪。内外有一十二盈，皆繞刻龍雲，塗以黄金。左、右、後三面，則用香木鑿金爲祥雲，數萬片擁結。於頂仍盤金龍。"中有小玉殿，《輟耕録》。《元·世祖紀》："至元四年，作玉殿於廣寒殿中。"内設金嵌玉龍御榻，《輟耕録》。《元·世祖紀》："至元三年四月，五山珍御榻成，置瓊華島廣寒殿。"左、右列從臣坐牀。前架黑玉酒甕一，玉有白章，隨其形刻爲魚、獸出没於波濤之狀。其大可貯酒三十餘石。《輟耕録》。《元·世祖紀》："至元二年十二月，瀆山大玉海成，敕置廣寒殿。"又有玉假山一峰，玉響鐵一懸。殿之後，有小石筍二，内出石龍首，以噀所引金水。西北，有厠堂一間。仁智殿，在山之半，三門，崇三十尺。《輟耕録》。《元·文宗紀》："至順元年夏四月，命西番僧作佛事於仁智殿。"金露亭，在廣寒殿東，其制圜頂，尖上置琉璃珠，崇二十四尺。亭後有銅幡竿一。《輟耕録》。《故宫遺録》："方壺殿，左爲吕公洞，右爲幽邃洞，上數十步，爲金露殿。"玉虹亭，在廣寒殿西，制度同金露。《輟耕録》。《故宫遺録》："金露殿，由東而上，爲玉虹殿。殿前有石巖如屋，每設宴，必温酒其中。更衣。"方壺亭，在荷葉殿後，崇三十尺，重屋八面。無梯，自金露前複道登焉。《輟耕録》。案《故宫遺録》云："山半有方壺殿，四通左、右之路，幽芳翠草紛紛，與松、檜、茂樹蔭映上下，隱然仙島。此作方壺亭，微異。"瀛州亭，在温石浴室後，制同方壺。玉虹亭前，仍有登重屋複道，亦曰綫珠亭。荷葉殿，在方壺亭前，仁智殿西北，三間，崇二十三尺，方頂。中置塗金寶瓶。圜亭，凡八面，又曰胭粉亭，在荷葉亭稍西。蓋后、妃添妝之所也。介福殿，在仁智東差北，東、西四十一尺，崇五十二尺。延和殿，在仁智西北，制如介福。湩室，在介福殿前。牧人之室，在延和殿前，三間。庖室，在馬湩前。東浴室，更衣殿，在山東，平地三間，兩夾。《輟耕録》。《元·世祖紀》："至元二十一年，七月壬申，造温石浴室及更衣殿。"案《故宫遺録》："山左數十步，萬柳中有浴室，前有小殿。由殿後左、右而入。爲室凡九，皆極明透。交爲窟穴，至迷所出路。中穴，有盤龍左底，仰首而吐吞一丸，於上注以温泉，九室交湧。香霧從龍口中出，奇巧莫辨。小殿，疑即更衣殿也。"太液池，在大内西，周回若干里，中植芙蓉。《輟耕録》。《元掖庭記》："己酉仲秋之夜，武宗與諸嬪妃，泛月於禁苑太液池中，月色射波，池光映天。緑荷含香，魚鳥群集。於是，畫鷁中流，蓮舟夾持，往來便捷。帝乃開宴張樂，令宫女披羅曳縠，前爲八展舞，歌賀新凉一曲。"池中有萬安宫。案《日下舊聞考》云：元世祖曾命邱處機居太液池之萬安宫。今據補。儀天殿，在池中圓坻上，當萬壽山，十一楹，崇三十五尺，圍七十尺，重檐、圓頂，臺址甃以文石，藉以花茵。中設御榻，周辟瑣窗。東西門衙一間，西北厠室一間。臺西向列甃磚龕，以居宿衛之士。東爲木橋，長一百二十尺，闊二十二尺，通大内之夾垣。西爲木吊橋，長四百七十尺，闊如東橋，中闕之，立柱、架梁於二舟，以當其空。至車駕行幸上都，留守官司則移舟、斷橋，以禁往來。是橋，通興聖宫前之夾垣，後有白石橋，乃萬壽山之道也。《輟耕録》。《析津志》："元儀天殿西木吊橋，在萬壽山之南，興聖宫之東，瓊華島之北。"犀山台，在儀天殿前水中，上植木杓藥。御苑，在隆福宫西，后妃多居焉。香殿，在石假山上。《輟耕録》。韓雍《賜游西苑記》："稱賽蓬萊。"三間，兩夾二間，柱廊三間，龜頭屋三間。丹楹瑣窗，間金藻繪，玉石礎，琉璃瓦。殿後有石臺，山後辟紅門。門外有侍女室二所，皆南向，並列。又後直紅門三，三門之外，有太子鄂爾多荷葉殿二，在香殿左右，各三間。圓殿，在山前，圓頂上置金寶瓶，重檐。後有流杯池，池東西流水圓亭二，《輟耕録》。《故宫遺録》："少東，有流杯亭，中有白石牀如玉。臨流小座，散列數多。刻石爲水獸，潛躍其旁，塗以黄金。又皆製水鳥浮杯，機動流轉而行，勸罰必盡歡洽，宛然尚在目中。"圓殿有廡以連之。歇山殿，在圓殿前，五間，柱廊二，各三間。東西殿二，在歇山後，左右十字脊，東西水心亭，在歇山殿池中，直東西亭之南，九柱、重檐。亭之後，各有侍女房三所，爲三間，東房西向，西房南向。前辟紅門三，内立石，以屏内外，外築四垣以周之，池引金水注焉。棕毛殿，在假山東偏三間後，《輟耕録》。《元·泰定帝紀》："泰定元年十二月，新作棕殿成。"鹿頂殿三間。前啓紅門，立垣以區分之。少西，出掖門，爲慈仁殿。《大都宫殿考》。《圭齋集》："至正二年，七月丁亥，帝御慈仁殿，拂菻國進天馬。"案《日下舊聞考》云：龍光殿，《輟耕録》

不載，見王氏《禁扁》。又有慈仁、慈德二殿。注云：三殿，並巴延鄂爾多。考《元史》：太祖后妃有四鄂爾多，四十餘人。世祖鄂爾多四。武宗鄂爾多一。蓋后妃分居之地也。又後苑中有金殿，四外盡植牡丹百餘本，高可五尺。《故宫遺録》。《輟耕録》："殿楹窗扇，皆裹以黄金。故以名之。"苑西有翠殿，又有花亭。球閣殿前，有野果名紅姑娘，外垂絳囊，中空，有桃子如丹珠，味甜酸可食，盈盈繞砌。苑外重繞長廡，廡後出内牆，外連海子，以接厚載門。《大都宫殿考》。如金脊殿，《元·泰定紀》："泰定元年，五月庚午，作中宫金脊殿。"水精殿，《元·泰定紀》："三年秋七月，皇后受雅滿達噶戒於水精殿。"欽明殿，《元·泰定紀》："四年八月庚辰，作欽明殿成。"宸德殿，《元·順帝紀》："至正八年四月，皇太子徙居宸德殿，命有司修葺之。"龍光殿，《續文獻通考》："至正八年，永寧禪師入覲，説法於龍光殿。"七寶殿，瑶光殿，通雲殿，凝翠殿，紅鸞殿，入霄殿，五華殿，德壽宫，翠華宫，擇勝宫，連天樓。又有迎凉之所，曰清林閣。旁上二亭，東曰松聲，西曰竹風。又有温室，曰春熙堂，曰九引臺者，七夕乞巧之所也。曰刺繡亭，緝衮堂者，冬至候日之所也。九龍墀，延香亭，春時宫女傳杯於此。拱璧亭，又名夜光亭。探芳徑旁爲逍遥市。又有集賢臺、集寶臺、眺遠閣、留連館、萬年宫，並在禁苑。《元掖庭記》。

明故宫考

明成祖初封於燕，其邸即元故宫。《夢餘録》六。其制，社稷、山川二壇，在王城門之右。王城四門，東曰體仁，西曰遵義，南曰端禮，北曰廣智。門樓、廊廡二百七十二間。中曰承運殿，十一間，後爲圓殿，次曰存心殿，各九間。承運殿之兩廡，爲左、右二殿。自存心、承運，周圍兩廡，至承運門，爲屋百三十八間。殿之後，爲前、中、後三宫，各九間。宫門、兩廂等室，九十九間。王城之外，周垣四門，其南曰靈星，餘三門，同王城門名。周垣之内，堂庫等室，一百三十八間。凡爲宫、殿、室、屋八百一十一間。《日下舊聞考》三十三引《明太祖實録》。太宗登極後，即故宫建奉天三殿，以備巡幸、受朝。永樂十五年，始改建皇城於東，去舊宫里許，悉如金陵之制。

《夢餘録》。《明鑒》:“永樂四年,閏七月,營北京宮殿。以泰寧侯陳珪董其役。有雜犯死罪以下,令輸作。《明史·太宗紀》:永樂四年,分遣大臣,采木於四川、江西、湖廣、浙江、山西。所遣往四川之尚書宋禮言,有數大木,一夕自浮大谷,達於江。天子以爲神,名其山曰神木山。遣官祠祭。《内閣書目》:“永樂十五年,鼎建北京宮殿,有瑞靄浮空。金水橋河冰,凝結浮圖諸象。”又:“慶雲呈采,團圞如日,正當御座中,宣現五色天花。於是大小臣工,咸爲歌頌。有《聖德瑞應詩》二十卷。”其皇城外圍牆,三千二百二十五丈九尺四寸。《夢餘録》。向南者曰大明門,與正陽門,永定門直對。《舊聞考》。《長安客話》:“凡國家有大典,則啓大明門出,不則常扃不開。《明倫大典》。聖母將至,禮部議由東安門入,再議由大明左門入。張璁曰:天子必有母也,焉可由旁門入乎?聖母至,由大明中門入。”稍北,過公生左門而向東者,曰長安左門,再東過玉河橋,自十王府西夾道,往北向東者,曰東安門。劉若愚《酌中志》。《舊聞考》引《成祖實録》:“東安門外建十王邸,通爲屋八千三百五十楹。”轉而過天師庵、草場,轉西向北,曰北安門,即俗稱厚載門是也。轉而過太平倉迆南,向西曰西安門。再南,過靈濟宮、灰廠,曰長安右門。《酌中志》。《長安客話》:“每日百官奏進,俱從二長安門入,守者常十數百人,皆禁軍也。”《翰林記》:“有外朝房,在長安右門外,以待漏。”此外圍之六門也。牆角環紅鋪七十二處,紅柵之内,門之北,則登聞鼓院在焉。其紫禁城外,向南第一重,曰承天門。《酌中志》。《長安客話》:“進大明門,次爲承天之門。天街,横亘承天門之前。”《明憲宗實録》:“成化元年三月,命工部尚書白圭,董造承天門。”《明宮史》:“每年霜降後,吏部等衙門,朝審刑部重囚,在門前中甬道之西,東西甬道之南。”門内,東太廟,西太社、太稷。二重曰端門。三重曰午門。《酌中志》。《翰林記》:“本院朝房在午門外,右第六區,每候朝,則殿閣大學士,本院學士,講讀官,皆在焉。詹事府朝房,在午門外,右第十八區。”魏闕西,分曰左掖門,曰右掖門。轉而向東曰東華門。《酌中志》。《湧幢小品》:“新宮既遷舊内東華門之外,逼近民居,喧囂之聲至徹禁籞。宣德七年,始加恢擴。移東華門於玉河之東,遷民居於灰廠西之隙地。”向西曰西華門。向北曰玄武門。《酌中志》此内圍之八門也。牆外,環紅鋪三十六處。《酌中志》。《明宮史》:“每晚有勳臣一員,在門左門内直宿。”每更,官軍提銅鈴巡之,而護城之河繞焉。午門之内曰皇極門。《夢餘録》。案,皇極門,舊名奉天門。《夢餘録》云:"嘉靖三十六年,奉天等殿門災。"《明史・輿服志》云:"帝以殿名奉天,非題扁所宜用。宜更定,以答天庥。明年,重建奉天門,更名曰大朝門。"《夢餘録》又云:四十一年,三殿成,改奉天殿曰皇極殿,門曰皇極門。據此,是奉天門曾經改爲大朝門,甫經一年,又改爲皇極門也。《明宫史》,俗所謂羅兒天銅壺滴漏在此。又,《日下舊聞考》引《慤書》云:皇極門外兩廡,四十八間。除曠八間,實四十間。東二十間,爲實録、玉牒、起居諸館及東閣會坐公揖在焉。西二十間,上十間爲諸王館,下十間則會典諸館也。左曰弘政門。《夢餘録》。《明宫史》:弘政門,即東角門也。嘉靖四十一年,改東角門曰弘政。考選通政司參議及鴻臚寺官在此。右曰宣治門。《夢餘録》。《明宫史》:"宣治門,即西角門也。嘉靖四十一年,改西角門爲宣治。"居西向東,曰歸極門。《夢餘録》。《明宫史》:即右順門。《夢餘録》:嘉靖四十一年,改右順門曰歸極。《明神宗實録》:萬曆二十五年,六月戊寅,歸極門火,延燒皇極等殿,文昭、武成二閣,迴廊皆燼。考天啓七年,修建極等殿成。蓋歸極門,當亦於此時竣工云。居東向西,曰會極門。《夢餘録》。《明宫史》:即左順門。《夢餘録》:嘉靖四十一年,改左順門曰會極門。案《玉光劍氣集》云:會極門,凡京官上下,接本,俱於此處。皇極門内,居中向南者,曰皇極殿。《燕史》。案,皇極殿,舊名奉天殿。《明典彙》:奉天殿,永樂十五年十一月建。《夢餘録》:嘉靖三十六年,奉天等殿災。四十一年,三殿成,改奉天殿曰皇極殿。《舊聞考》引《明神宗實録》:萬曆四十三年,八月庚戌,重建三殿。《熹宗實録》:天啓五年,八月戊戌,皇極殿竪金柱。九月甲寅,門工成。七年八月乙未,中極殿、建極殿,插劍懸牌。三殿開工,自天啓五年二月二十三日起,至七年八月初二日報竣。殿兩傍,左向西者曰文昭閣,《酌中志》。《明世宗實録》:嘉靖四十一年文樓更文昭閣。《三朝野史》:崇禎十五年八月,上御朝畢,登文昭閣。閣在皇極殿東。上步下閣,御德政殿,召五閣臣言,文昭閣兩傍可建直房,朕不時召對及講讀。有疑問,先生往來亦便。翼日,遂於閣左、右各設直房。右向東者曰武成閣。《酌中志》。《明世宗實録》:嘉靖四十一年,武樓更武成閣。南北連屬穿空,上有滲金圓頂者,曰中極殿。《酌中志》。《明世宗實録》:四十一年九月,三殿成。改華蓋殿爲中極。謹射殿爲建極。詔曰:人君建中、建極,乃叙疇錫福之基。臣民會極、歸極,實欽若從乂之道。特崇表正,用迪訓行。《野獲編》四:太祖初定,大朝會正殿,曰奉天殿。門名亦如之。其後,文皇營北京,遂仍其名。世宗更其名曰皇極。而華蓋殿,則曰中極。謹身殿,則曰建極。蓋取洪範之義。若皇極，建極，本屬一義。而中極，尤爲無出。殿之兩傍，東曰中左門。《酌中志》。《舊聞考》引《愍書》：中左門之左，有小廂房，有扁曰德政殿。崇禎十五年五月，召諸臣入對於此。西曰中右門。再北曰建極殿。殿居中，向後，高距三纏白玉石闌干三上者，雲臺門也。與乾清門相對。兩傍向後者，東曰後左門。西曰後右門。即雲臺左、右門，亦名平臺。《酌中志》。《明宫史》：凡召對閣臣等官，或於平臺，即後左門也。又《召對記》：崇禎丙子，八月十六日，上御平臺，召諸臣入對。又東曰景運門。西則隆宗門。門西向南者，曰仁德門。中則乾清門。門外左右金獅各一，門内丹陛數重。《酌中志》。《天啓宫詞》注：乾清宫丹陛下有老虎洞，洞中甃石成壁，可通往來。其居中南向者，爲乾清宫大殿。《夢餘録》。《明武宗實録》："正德九年正月，乾清宫火。至十一年十一月，乾清宫成。萬曆二十四年，乾清宫又災。至二十五年二月，又建。案，《明宫史》云，大扁曰敬天法祖，崇禎元年八月初四日懸掛，系司禮監掌印高太監時明筆。以正殿扁額，令宦侍書之，明之失紀，即此可見。殿左曰日精門，右曰月華門。左小門曰龍光，右小門曰鳳彩。殿之東、西有斜廊，廊之後，左曰昭仁殿，《酌中志》。《明史·輿服志》：明初，東爲弘德，西爲肅雝。至萬曆十一年，更名東暖閣曰昭仁，西暖閣曰弘德。右曰弘德殿。皆南向。又小殿二，左曰端凝殿，《酌中志》：端凝殿，尚冠等近侍，所司御服、衮冕、玉帶等。錢糧貯此。右曰懋勤殿。《酌中志》。《明典彙》：嘉靖十四年秋，乾清宫左、右小殿成。上命禮部尚書夏言擬額。殿東貯冕弁，西藏書史，言擬左曰端凝，右曰懋勤。上悦，曰："卿所擬，取端冕凝旒，懋學勤政，義甚善。"遣中使賜言金幣。殿東、西各有角門。宫後披檐，東曰思政軒，西曰養德齋。《酌中志》。《明宫殿額名》：思政軒、養德齋，崇禎五年四月添額。案《宙載》云：暖閣，在乾清宫之後，凡九間，有上有下，上下共置牀二十七張，天子隨時居寢。制度殊異。再北則穿堂，居中圓殿曰交泰殿。滲金圓頂，如中極殿制。再北曰坤寧宫，皇后所居也。有中門向後，閉而不開。《蕪史》。《明宫殿額名》：坤寧宫，嘉靖十四年七月添額。"宫左曰永祥門，宫右曰增瑞門。《夢餘録》。《明宫史》俱萬曆二十五年二月十一日添額。宫之東披檐，曰清暇居。北圍廊，曰游藝齋。《夢餘録》。《明宫殿額名》：俱崇禎五年十月添額。宫之後，左曰景和門,右曰龍福門。再北,右曰端則門,左曰基化門。正中爲坤寧門。《夢餘録》。《明宫史》:坤寧宫有門,原曰廣運門。嘉靖十四年七月,改曰坤寧門。乾清宫後,過日精門之東,曰崇仁門。原名迎祥門。稍南,曰内東裕庫,《酌中志》。《夢餘録》:崇仁門稍南,曰奉慈殿,萬曆中,改東裕庫。曰弘孝殿,《酌中志》。《明穆宗實録》:隆慶元年三月,更名景雲殿曰弘孝殿。曰神霄殿。《酌中志》。《夢餘録》:萬曆中,改崇光殿爲神霄殿。《明史·禮志》:明世宗孝烈后,隆慶時祀弘孝殿。穆宗母孝恪皇太后,隆慶初祀神霄殿。萬曆三年,俱遷祔奉先殿。二殿遂罷。由日精門而北,爲東一長街,曰順德左門。《夢餘録》。《明宫史》:日精門往北,向南曰景和門,今曰順德左門,係嘉靖十四年更額。再北,向西與龍光門斜對者,曰咸和左門,原名百福門。向南者曰景仁宫。《夢餘録》。《明宫殿額名》:景仁宫,初名長寧宫,有惟和、從善二亭。《夢餘録》:嘉靖十四年五月,更名景仁宫。其東,則東二長街,南首曰麟趾門,原名壽春門。北首曰千嬰門,原名慶安門。麟趾門之東,曰延祺宫,《酌中志》。《明宫殿額名》:延祺宫,初名長壽宫,有集瑞亭。曰怡神殿。《酌中志》。《夢餘録》:怡神殿,萬曆三十九年,四月十九日被燬。萬曆四十三年五月二日,拆西城清虚殿,添蓋連房。再東曰嘉德左門,又東曰蒼震門。《酌中志》。《明大内規制記略》:此門恒閉,遇掃雪、修造則開。咸和左門之北,向西與景和門相對者,曰廣和左門,向南者曰承乾宫。《夢餘録》。《明宫史》:承乾宫,東宫娘娘所居。《明宫殿額名》:永寧宫,崇禎五年八月,更承乾宫。東配殿曰貞順齋,西配殿曰明德堂。俱崇禎七年八月添額。東二長街之東,曰永和宫。《酌中志》。《明宫殿額名》:永和宫,初名永安宫。隆慶五年十一月,更前殿爲興龍殿,後殿爲聖哲殿。後有小院,名隆德齋。嘉靖十四年五月更名。廣和左門之北,向西與基北門相對者,曰大成左門,《酌中志》。《明宫殿額名》:嘉靖十四年,長慶門更大成左門。向南者曰鍾粹宫。《酌中志》。《夢餘録》:咸陽宫更鍾粹宫。《酌中志》又云:鍾粹宫,皇太子所居,更興龍宫。又,東二長街之東,曰景陽宫。《酌中志》。《明宫殿額名》:景陽宫更長陽宫。嘉靖十四年五月更名。孝靖皇后曾居此。千嬰門之北並列者,則乾東之房五所。《夢餘録》。《明宫史》:千嬰門之北並列者,則乾清宫東之五所房。其東後小門,每月初四、十四、二十四日打掃,凡有事則開。又,宫正司六尚局,《酌中志》。《蕪史》:六尚局,曰尚衣,曰尚食,曰尚功，曰尚服，曰尚寢，曰尚宫。皆在乾清宫以東。《酌中志》。乾清宫後，過月華門之西，曰膳厨門，即遵義門。向南者曰養心殿。前東配殿曰履仁齋，西配殿曰一德軒，後殿曰涵春室，東曰隆禧館，西曰臻祥館。殿門南，爲司禮監太監秉筆直房。其後有房數間，倚隆道閣後，爲宫中膳房。《酌中志》。《蕪史》：魏忠賢移膳房於怡神殿，將此房亦改爲秉筆直房。養心殿之西南，曰祥寧宫。宫前向北者，曰無梁殿。《酌中志》。《蕪史》：世廟烹煉丹藥之處，其制一木不有，皆磚石砌成者。月華門之西南，巍然者曰隆道閣。原名皇極閣，後更道心閣。至隆慶四年，更此名。《酌中志》。《明穆宗實録》：隆慶四年二月，命工部於道心閣、精一堂、臨保室舊址，重建閣曰隆道，堂曰仁德，室曰忠義。左曰仁蕩門，右曰義平門。《酌中志》。《夢餘録》：嘉靖四十一年，以會極門更仁蕩門。歸極門更義平門。閣之下曰仁德堂。《酌中志》。《明宫史》：舊名精一堂。隆慶四年春，更今名。前曰仁德門。《酌中志》。《明宫史》：萬曆二十四年，兩宫災，後開此門出入，至神廟晚年，移居乾清宫，始閉不恒開。閣之東曰忠義室。《酌中志》。《明宫史》：馮太監保、李太監壽、魏太監坤，曾以室中小屋爲直房。至李永貞，則據忠義室而居之。室三間，黄琉璃瓦，龜背腰牆，其藻井梭葉，皆龍鳳文。閣之西南，過義平門，則慈寧宫也。《酌中志》。《明世宗紀》：嘉靖十七年，七月癸巳，慈寧宫成。慈寧宫花園有亭曰咸若亭。又有橋，橋南有亭曰臨溪亭。《夢餘録》。由月華門而北，爲西一長街，曰順德右門。再北，向東與鳳彩門斜對者，曰咸和右門，原名廣安門。向南者曰毓德宫。《酌中志》。《明宫殿額名》：長樂宫，更名毓德宫。萬曆四十四年十一月，又更永壽宫。《明宫史》：神廟自兩宫災後，先移居於毓德宫。其西則西二長街，南首曰螽斯門，北首曰百子門，西曰啓祥宫。《酌中志》。《明宫史》：原名未央宫。世廟入繼大統，至十四年夏，特更名曰啓祥。《嘉隆聞見録》：嘉靖十四年五月，建啓祥宫。侍講學士廖道南作頌以獻。上優詔答之。宫爲獻皇帝誕降之地。《蕪史》：啓祥宫，神廟自兩宫災後，遂居於此。再西則嘉德右門，舊名景福門。南爲隆德殿。《夢餘録》。《明宫史》：其兩旛杆插雲，向南而建者，隆德殿也，舊名元極宫。隆慶元年夏，更曰隆德殿，供安元教三清上帝諸尊神。萬曆四十四年十一月初二日燬。天啓七年三月初二日重修。《崇禎遺録》：崇禎六年，乾清宫、隆德殿所供神佛像，盡移於朝天宫大隆善寺。左曰有容軒，右曰無逸齋。東配殿曰春仁，西配殿曰秋義。再西北曰英華殿，供安西番佛菩薩像。殿前有菩提樹二株，婆娑可愛，結子可作念珠。又有古松、翠竹，幽静猶山林焉。《酌中志》。《明宫殿額名》：英華殿，先名隆禧殿，隆慶元年更名，崇禎五年撤額。《天啓宫詞注》：英華殿前菩提樹兩株，爲李太后所植。太后上賓，神廟上尊號曰九蓮菩薩，祀慈容於樹北之别殿。自嘉德右門之西，向南曰二南門。門之北則八角井。《夢餘録》。案《明宫史》云：不堪汲，天啓六年亦曾修改，而味竟不堪。其廢井也。再北曰四德門。再西曰咸安宫。《夢餘録》。《明宫史》：天啓年間，客氏曾移住此。咸和門之北，向東與隆福門相對者，曰廣和右門。向南者曰翊坤宫。《酌中志》。《明宫殿額名》：嘉靖十四年五月，更萬安宫曰翊坤宫。西二長街之西，曰永寧宫。《酌中志》。《明宫殿額名》：嘉靖十四年五月，更長春宫曰永寧宫。萬曆四十三年六月，復更永寧宫曰長春宫。廣和右門之北，向東與端則門相對者，曰大成殿右門。向南者曰儲秀宫。《酌中志》。《明宫殿額名》：嘉靖十四年，更壽昌宫曰儲秀宫。又，西二長街之西，曰咸福宫。《酌中志》。《明宫殿額名》：嘉靖十四年，更壽安宫曰咸福宫。百子門之東並列者，則乾西之房五所，《夢餘録》。《明宫史》：其西後小門，凡有事則開，如東後小門。總乾清門官經管啓閉。東、西二小門之外，皆有惜薪司貯柴、炭，備宫中進取。皆在乾清宫以西。坤寧宫之後，則宫後苑也，欽安殿在焉，供安玄天上帝。《夢餘録》。《明宫史》：殿之東南，有足迹二，傳云世廟時，兩宫回禄之變，玄帝曾立此，默爲救火。崇禎五年秋，隆德、英華殿諸像，俱送朝天等宫、大隆善等寺安藏，惟此殿聖像獨存。有門曰天一之門，嘉靖十四年添額。又有門曰承光門，曰集福門，曰延和門。門以内爲御苑，苑内曰萬春亭，曰千秋亭，《酌中志》。案，二亭嘉靖十五年添額。曰對育軒，《酌中志》。案，嘉靖十四年更玉芳軒。曰清望閣，曰金香亭，曰玉翠亭，曰樂志齋，曰曲流館。皆萬曆十九年燬。曰四神祠，曰觀花殿。《酌中志》。《明宫殿額名》：四神祠有觀花殿，萬曆十一年毁之。殿毁，壘石爲山，山中作石門，扁曰堆秀。山上有亭，曰御景亭。東西魚池各一。池上有亭，東曰浮碧亭，西曰澄瑞亭。《酌中志》。案，俱萬曆十一年添建。東南曰瓊苑東門，西南曰瓊苑西門。即東一長街、西一長街之北首也。其南首則東、西夾牆也。後曰後貞門，此外則玄武門矣。《酌中志》。《蕪史》：欽安殿後曰順貞門，其宫牆外則玄武門，每夜更鼓在焉。乾清宫門，圍牆之内，左右廊房之向南半間者，曰東夾牆，曰西夾牆。自嘉德右門之西，曰太安門。其外向西，曰長庚門。《酌中志》。《志》又云：凡放夫匠淘溝及修造，或年老有勞宫人病故，皆奏開此門，以便出入。自玄武門迆西，可九間。自北而南，過長橋、御酒房後牆，曰長連，凡三十九間。再前層曰短連，凡三間。並玄武門東通計之，凡五十四間。總曰廊下家。《蕪史》。《明宫史》：廊下家，俱答應，長隨所住。各有佛堂，以供香火。所栽棗樹，其實甜脆異常。衆長隨，各以造麵、做酒、賃賣爲生，都人所謂廊下内酒是也。凡文書房並司禮監監官、典簿，各占過宿直房。皆在玄武門以内。其坤寧門宫牆外，近玄武門之東，有更鼓房在焉，則紫禁城之艮隅也。景運門南向西者，都知監直房。隆宗門外向東者，曰司禮監經廠直房。慈寧宫外，向東小門之南，曰北司房。《酌中志》。《志》又云：即文書房。再南曰司禮監管賞處。《酌中志》。《志》又云：即兩班四撥寫字所居。再南曰外膳房。再南曰南司房，即監官典簿直房。隆宗門外向西者，亦監官之直房也，有井存焉。再南爲寶寧門，門外迆西，有大殿曰仁智殿。《酌中志》。《明大内規制記略》：仁智殿，在武英殿後，俗所謂白虎殿是也。凡大行皇帝梓宫停於此。《四友齋叢説》：仁智殿以處畫士。《明良紀》：孝宗嘗至仁智殿，觀鍾欽禮作畫。其西南曰御酒房，西北曰馬監。《酌中志》。《志》又云：馬監，典簿奉旨問刑、拷打内犯之所。門外有二大椿，俗云裏馬房也。東南曰思善門。《酌中志》。門外弘文館，一名弘文閣。《舊聞考》。《明仁宗紀》：洪熙元年正月，建弘文閣。橋西有殿曰武英殿。《酌中志》。《夢餘録》：武英殿，在右順門之西，凡齋居，及召見大臣於其中。後以文華殿近慈寧宫，故歷朝多居之，而武英殿遂不復御。《明大内規制記略》：命婦朝賀中宫於此。再西曰太庖厨，曰尚膳監。《酌中志》。《志》又云：總管及管理僉書、掌司所居。武英殿之西南，曰御用裏監。《酌中志》。《志》又云：把總等官所居。再東曰南薰殿。《蕪史》。《明宫史》：凡遇徽號册封大典，閣臣率領中書官，篆寫金寶金册在此。其由殿徑直而東，則歸極門也。有逍遥城在六科廊後。《酌中志》。《志》又云：

此門西南殭礫之下，漢王高煦置銅缸中炙死於此。由歸極門裏向西，南入，曰六科廊。《酌中志》。《志》又云：東、南兩房掌司所居，精微科及章疏在焉。又，由會極門裏向東、南入，曰内閣。《酌中志》。《志》又云：輔臣票本，清禁處。出會極門，循東階下，有殿曰佑國殿。《酌中志》。《志》又云：殿供元帝聖像，簽最靈。佑國殿之東，則内承運庫。《蕪史》。《明宫史》：銀兩、表裏等錢糧藏貯之所。兩庫之間有槐一株，自徽音門南望，枝葉扶疏，茂翠可愛。有井甘洌可用。又，東過一小石橋，曰香庫。《蕪史》。《明宫史》：乃内府供用庫，答應錢糧之所。又稍北，有石碑，曰古今通集庫。《酌中志》。《蕪史》：以貯古今君臣畫像、符、典籍。歲六月六日曝之。再北南向，曰東華門。門内有橋，橋北有樹二，曰馬纓樹。再北，曰馬神廟。《蕪史》。《明宫史》：御馬監該班官，及良馬十餘匹在此。又會極門迆東，南向者曰文華殿。《夢餘録》。《水南翰記》：文華殿，在奉天之東，比諸殿制稍減，而特精雅，用緑色琉璃瓦。左、右爲兩春坊，上之便殿所常御者也。今用爲經筵之所。殿之側有九五齋、臨保室、精一堂、恭默室。《夢餘録》。夏言《恭默室頌》："維皇作室，九五之側。皇錫之名，是曰恭默。恭默伊何，曰惟思道。無臭無聲，至德之妙。河有龍馬，洛有神龜。鳳凰鳴矣，雝雝喈喈。案兹三圖，聖王之瑞。以開人文，以來帝賚。大哉聖心，惟恭惟默。與天同游，懋建皇極。"殿之後曰玉食館，曰端敬殿，《夢餘録》。《明神宗實録》：萬曆二十七年四月，建端敬殿。曰理辦房。過小門，西北曰省愆居。《蕪史》。《明宫史》：省愆居，其制度，用木爲通透之基，高三尺餘。下不令牆壁至地，四圍亦不與别處接連。凡遇天變、災眚，聖駕居此，以示修省之意。殿之東曰神厨，厨内有井。《蕪史》。《明宫史》：每祭司井之神，即於此井具儀祭之。殿之西曰崇本門。殿之後曰刻漏房。《夢餘録》。《明宫史》：銅壺滴漏在此。又，殿之東門向後者，曰聖濟殿。《夢餘録》。《明大内規制記略》：聖濟殿，供三皇，歷代名醫，御服藥餌之處。其前爲徽音門。左右爲關雎門。《酌中志》。《愍書》：以慈慶宫，爲皇考舊居。其後勖勤宫，即上舊居也。因以居東宫，奉遷懿安皇后於仁壽殿。前門徽音，改前星門。關雎左、右門，改爲麟祥、燕翼。再入一重爲麟趾門。又一重爲慈慶門。《蕪史》。《愍書》：第二門麟趾，改爲重暉。第三門慈慶，改爲端本。案《夢餘録》云：徽音門，亦曰麟趾門。據《舊聞考》所引《愍書》云，徽音改前星門，第二重門改麟趾爲重暉門，與《蕪史》合，今從之。左、右爲純禧門。《酌中志》。《愍書》:純禧左、右門,後改爲養正,體元。其内則慈慶宫。後改爲端本宫。《酌中志》。《愍書》:端本宫,在東華門内,即端敬殿之東,前庭甚曠,長數十丈。左爲東華門,右爲文華門,光宗皇帝青宫時所居也。天啓末,懿安張皇后移居於此,名慈慶宫。壬午八月,懿安移居仁壽殿,因改爲端本宫。宫中設皇太子座。畫屏金碧,座左、右二大鏡,屏高五尺餘。左、右各有連房七間。門上各堆紗,畫忠、孝、廉、節故事。左七間,即寢宫。内有二雕牀。右七間,有琱紅寶座及奥室。宫内有弘仁殿,規制曲折。《蕪史》。案《宦游録》云:宫制如常,但連房、曲室多耳。又後爲穿殿,兩廡翼然,有清、正二軒。又後則凝寧門。原名聚寧門。又後爲龍圃門。門内爲奉宸宫。又有迎禧宫。後有承華門,左爲勖勤宫,右爲昭儉宫。又後爲麗園門。麟趾門之東,爲掌印秉筆太監直房。《蕪史》。《明大内規制記略》:所謂黎園者此也。麟趾門之西,轉角西向者,曰元輝殿。再北,曰御馬監直房。《酌中志》。《明宫史》:每日伺候御乘良馬十餘匹在此。神廟時,有進到大黑牛二隻,無角,亦餵養於此。再北,曰御用等監庫。再北而向南者,曰寶善門。《蕪史》。《明宫史》:門之西,舊有核桃、棗樹數株,乃二百餘年所培植者,魏忠賢因天啓二年風變除去。門内迆東,即慈慶宫後門。門之外有井一,味極甘洌。《酌中志》。《明宫史》:神廟末年鑿。北曰奉先殿,即内太廟也。街東曰隆祀門。其内則外東裕庫。街西再北,即蒼震門。又街東、西並列二門,向西者曰履順,曰蹈和,則一號殿,仁壽宫之門。《夢餘録》。黄忠端《説略》:楊大洪首倡移宫,李選侍出居一號殿。又有噦鸞宫、喈鳳宫。《夢餘録》。《明宫史》:凡先朝有名封之妃嬪,無名封之宫眷,所居養老處。其居中之門,則蓮華門也。自寶善至連華門有巷,皆可通玄武門云。《蕪史》:俗名此巷爲狗兒灣。

紫禁城之外,自北安門裏,街東曰黄瓦東門,街南曰尚衣監。《夢餘録》。《明宫史》:掌造御用冠、冕、袍、服、履、舄、韈、靴之事。又名曰西直房。街北曰司設監。《夢餘録》。《明宫史》:所職掌者,鹵簿儀仗,圍幕、褥墊,各宫冬、夏簾,凉席,帳幔,雨袱子,雨頂子,大傘之類。再東曰酒醋麵局,曰内織染局,曰皮房、紙房,曰針工局,曰巾帽局,曰火藥局。《夢餘録》。《明宫史》:即兵仗局之軍器庫。再東稍南,曰供用庫,曰番經廠，曰司苑局，曰鐘鼓司。《夢餘録》。《明宫史》：掌管出朝鐘鼓。凡聖駕朝聖母回，及萬壽聖節，冬至年節，升殿、回宫，在駕前作樂、迎導，宫中升座，承應。凡每年九月登高，聖駕幸萬歲山。端午門龍舟，插柳，歲暮宫中驅儺，以及日、月蝕，救護打鼓，皆本司職掌。再南曰新房，曰都知監，曰司禮監，《夢餘録》。《明宫史》：每日奏文書，自御書親批數本外，皆衆太監分批，遵照閣中票來字樣。曰御馬監。南曰杆子房，曰北膳房，曰南膳房，曰暖閣廠，曰明器廠，曰混堂司，《夢餘録》。《明宫史》：職司沐浴堂子。曰尚膳監，曰百花房，曰印綬監，曰中書房，曰蹴圓亭，曰内承運庫。《夢餘録》。《舊聞考》：内承運庫，在東下馬門。其職掌庫藏在宫内者，謂之裏庫。其會極門，寶善門迆東一帶，及南城甆器等庫，謂之外庫。總名之曰東河邊。過東，上北門之東，曰彈子房，曰學醫讀書處，曰光禄寺。街南曰篦頭房。《夢餘録》。其東則東安門也。《酌中志》。自東，上南門之東，曰重華宫。制度如乾清宫。有中路，有兩長街。中路曰永昭門，曰昭祥門，曰端拱門，曰昭德門，曰重華門，曰廣愛門，曰咸熙門，曰肅雝門，曰康和門，曰麗春門，殿曰重華圓殿，曰清和閣，曰迎春館。東長街，曰廣順門，曰中和門，曰景華門，曰宣明門，曰景明門，曰洪慶門。殿曰洪慶殿。《夢餘録》。《明大内規制記略》：供番佛之所。西長街，曰興善門，曰麗京門，曰長春門，曰清華門，曰高明門，曰寧福宫，嘉福宫，明德宫，永春宫，永寧宫，延禧宫，延春宫，宜春宫。《夢餘録》。《明宫史》：凡妃嬪，皇子、皇女之喪，皆於此停靈。旁有膳房。又有門曰景和門。又東則内承運庫。自東上南門迆南，街東曰永泰門。門之内街北，則重華宫之前門也。其東有一小臺，臺上有小亭一。再東南，則崇質宫，俗云黑瓦殿是也。《酌中志》。《舊聞考》：明英宗北還，居崇質宫，謂之小南城。其南街之東，則皇史宬。《酌中志》。《夢餘録》：皇史宬在重華殿西，建於嘉靖十三年。門額以史爲叏，以成爲宬。案，宬與盛同義。《莊子》：以匡宬矢。《説文》曰：宬，屋所容受也。《明大内規制記略》云：史宬，珍藏太祖以來御筆、實録、典籍、石室、金匱史書。今考史宬之制，四周上下俱用石甃。舊藏《永樂大典》於此。有左、右二門，曰龘歷。《夢餘録》：以龍爲龘，皆世宗自製字而手書也。再東則追先閣，有明世宗紀祖德詩碑。又東爲欽天閣，有世宗御製欽天頌碑。再南則御前作也。《夢餘録》。

《舊聞考》:去菖蒲河牛郎橋不遠,臨河有地名大院子,應即御作也。由皇史宬之西,過觀心殿射箭處,稍南有門,曰蒼龍門。其南則昭明門,其西南則嘉樂館也。其北曰丹鳳門,門列金獅二。内有正殿曰龍德。《酌中志》。《明英宗實録》:初,上在南内,悦其幽静,既復位,因增置殿宇。其正殿曰龍德。吴伯與《内南城紀略》:自東華門,進至麗春門,凡里許,經弘慶廠,歷皇史宬門,至龍德殿,隙地皆種瓜蔬。注水負甕,宛若村舍。左殿曰崇仁,右殿曰廣智。正殿後爲飛虹橋。《夢餘録》。《明宫史》:橋以白石爲之,鑿獅、龍、黿、鼊、魚、蝦、海獸,水波洶湧,活躍如生。云是三寶太監鄭和自西洋得之,非中國石工所能制者。橋之南,右邊一塊缺損,云是中國補造,屢易屢泐。橋之南、北有飛虹、戴鼇兩坊。東、西有天光、雲影二亭。又北,壘石爲山,山下有洞,曰秀巖。山上有圓殿,曰乾運。《酌中志》。《燕都游覽志》:有洞嵌石壁,壁上刻秀巖二字。石磴數十級,有方邱焉。最上爲乾運殿,古松、大柏覆之。其左、右二亭,曰凌虚,曰御風。山後有佳麗門。又後爲永明殿。最後爲圓殿。引流水繞之,曰環碧。《夢餘録》。《眉公見聞録》:嘉靖辛卯,上游幸南城演馬,召諸輔臣,環碧殿賜宴。即此。再東曰玉芝宫。《夢餘録》。《明典彙》:嘉靖四十四年六月,作玉芝宫。《野獲編》:初世宗之建世廟也,先名世室,以奉皇考、獻皇之祀,既以"世"字礙後世稱宗,改建獻皇帝廟。至嘉靖四十四年,舊廟柱産芝,上大悦,更名玉芝宫。後殿曰大德殿。又有殿曰景神殿,曰永孝殿。外券門曰寶慶門。其前曰芝祥門。其東牆外,則觀心殿也。《夢餘録》。案《明英宗實録》所載,南城尚有静芳門,瑞光門,昭融門,他書未見。自皇史宬東南,有門通河。《夢餘録》。《明宫史》:是河從北安門外,文昌宫迪東,步糧橋入,徑皮房、内織染局、巾帽局、御馬監之東,東安門橋下,至長安左門外迪東之玉河橋出焉。河上有閣曰湧福閣。《酌中志》。《夢餘録》:澄輝閣,萬曆三十年,四月二十九日,更湧福閣。沿河稍北則吕梁洪東安橋。再北有亭居橋上,曰涵碧。《酌中志》。《舊聞考》:東安橋北又有橋,橋上遺石礎二,相傳有樓騎河。又北則回龍觀在焉。其殿曰崇德者是也。《酌中志》。《夢餘録》:崇德殿即回龍觀,萬曆二十八年六月拆去。蓋造觀心殿,修補乾運殿。《燕都游覽志》:回龍觀,多海棠,旁有六角亭,每歲花開時,上臨幸焉。《野獲編》:南城宫殿,初制亦有首門,二門,以及兩掖門。二門内,亦有前後兩殿。其他離宫,以及圓殿、石橋,皆復辟後所增飾。《湧幢小品》:其中翔鳳等石闌干,景帝方建隆福寺,内官悉取去。又伐四圍樹木,英皇甚不樂。既復辟,下内官陳謹等於獄。尋增置各殿。爲離宫者五,大門西向,中門及殿南向。每宫殿後一小池,跨以橋。池之前後爲石檀者四,植以栝、松。最後一殿,供佛甚奇古。左右回廊,與後殿相接。蓋仿大内爲之。《明英宗實録》:天順三年十一月工成。雜植四方所貢奇花異木於中,每春暖花開,命中貴陪内閣儒臣宴賞。皆在河以東。河東又有玩芳亭,有桂香館,有翠玉館,有浮金館,有擷秀館,有聚景亭,有含和殿,有秋香館,有左右漾金亭。蓋皆爲南城離宫云。《舊聞考》。北安門内,街東曰安樂堂。《酌中志》。《夢餘録》:内官有疾者移此。再南,黄瓦西門之裏,則内官監也。《夢餘録》。《明史·職官志》:掌木、石、瓦、土、塔材、東行、西行、油漆、婚禮、火藥十作及米鹽庫,營造庫,皇壇庫,凡國家營造宫室、陵墓,並銅、錫妝匳器用,暨冰窨諸事。過北中門迆西,則白石橋萬德寶殿。《明世宗實録》:嘉靖四十四年十二月,定新建萬德寶殿名。中曰壽憇,左曰福舍,右曰禄舍。《明宫殿額名》云:萬德寶殿,萬曆二十九年添蓋佛殿,三十年額曰祖師殿。案《酌中志》、《夢餘録》均作萬福殿。大高元殿。《夢餘録》。《野獲編》:西苑齋宫,獨大高元殿以有三清像,至今崇奉尊嚴。内官宫婢,習道教者,俱於其中演唱科儀。炅音陽。真閣,枂音陰。靈軒,象一宫,皆供奉釋、道處。又有始陽齋,無上閣。《舊聞考》。《桂洲集》:始陽齋,在無上閣左。象一宫在無上閣右。殿門前有二亭,制極巧,中官呼爲九梁十八柱。《舊聞考》。其殿之北,則裏冰窨也。過北中門之南,曰壽皇殿。左曰毓秀館,右曰育芳亭,後曰萬福閣,其上曰臻福堂,《明宫殿額名》作臻禄堂。曰永禧閣。《明宫殿額名》作康永閣。其下曰聚仙室,曰延寧閣,曰集仙室,均萬曆十三年建。曰北果園,《酌中志》。《西元集》:萬歲山下有亭,林木陰翳,周回多植奇果,名百果園。殿之西門内,有樹一株,挂鐵雲板。年久樹長,銜雲板於樹幹中,露十之三。殿東曰永壽殿,《酌中志》。《憝書》:永壽殿,在觀德東南,内多牡丹、芍藥,旁有石壁立,色甚古。曰觀花殿,《酌中志》。《夢餘録》:觀花殿,萬曆三十年閏二月添蓋。植牡丹、芍藥甚多。曰集芳亭,曰會景亭,曰玩春樓,《酌中志》。《夢餘録》:興慶閣,萬曆四十一年四月二十八日,更玩春樓。其下曰壽安堂,曰觀德殿。觀德殿,亦射箭處也。《酌中志》。《夢餘録》:觀德殿,萬曆二十八年五月添蓋。《憝書》:山左寬曠,爲射箭所,故名觀德。崇禎癸未九月,召對萬歲山觀德殿。出東華門,入東上北門,繞禁城行。夾道皆槐樹,十步一株。折而西，則萬歲山在望矣。復折而北，入山左裏門。上御觀德殿，皇太子侍立，諸臣趨過永壽殿，至觀德殿階下。上御坐張金字屏，書一小賦。門外張黄幔。對畢，賜茶、餅。有頃，駕輿入玄武門。諸臣仍出山。與御馬監西門相對，皆在萬福閣東。萬福閣西，曰永安亭，曰永安門，乾祐閣。下曰嘉禾館，曰乾祐門，興慶閣。下曰景明館。外爲山左裏門，山右裏門。《酌中志》。《明宫殿額名》：山左門，山右門。於萬曆十八年八月添牌。正中而巍然聳峙者，爲萬歲山。《酌中志》。《蕪史》：土渣堆築而成。人或指爲有煤，誤矣。《明宫殿額名》：崇禎七年九月，量萬歲山，自山頂至山根斜量二十一丈，折高一十四丈七尺。山上樹木鬱葱，鶴鹿成群。有亭五，曰毓秀亭，《夢餘録》。案《明宫殿額名》云：玩芳亭，萬曆二十八年更玩景亭，二十九年再更毓秀亭。據此則玩芳、玩景、毓秀，本爲一亭。《夢餘録》誤分爲二。合計此山有五亭。曰壽春亭，曰集芳亭，《酌中志》。《夢餘録》：壽春亭，集芳亭，萬曆三十一年二月添蓋。曰長春亭，曰會景亭。亭下有洞，曰壽明洞。山之前曰萬歲門。再南曰北上門。左曰北上東門，右曰北上西門。西可望乾明門，東可望御馬監也。再南，過北上門，則紫禁城之玄武門矣。

自西北上門，過西上南門、向東，曰御用監。《夢餘録》。《明宫史》：御用監，有象房、掌房等官。有母象九隻，各居一房。缺則奏，於外象房請補。又南向西，曰銀作局。再南過橋，曰靈臺。《酌中志》。《郭守敬行狀》：大德二年，起靈臺，水運渾天漏，大小機輪凡二十有五。《明宫史》：亦有觀象臺，銅鑄渾天儀，以測星度，觀靈氣焉。沿河西岸而南，曰寶鈔司。《酌中志》。《蕪史》：其署在臨河後。倚河有泡稻草池，池中石灰、爐渣，積成臥象形，因名曰象山。自西中門之西，曰尚寶監，曰鷹坊司。再西，出西苑門，池南、東向，曰灰池，曰樂成殿。有泉碓、水磨。《夢餘録》。《西元集》：樂成殿，左右楹各設龍牀，殿後小室亦設龍榻，皆宣皇游歷處。殿右有屋，設石磨二，石碓二，下激湍水自動。田穀成，於此舂治，故曰樂成。《明宫殿額名》：樂成殿，萬曆三十一年七月添扁。河之西，土坡之上，曰昭和殿。《酌中志》。《西元集》：從樂成殿渡橋，轉南一徑，過小紅亭二百餘步，林木深茂，内有殿曰昭和。皆黄屋，旁有水田、村屋，先朝嘗於此閲稼焉。李賢《賜游西苑記》：南臺，林木陰森，過橋而南，有殿面水，曰昭和。門外有亭臨岸，沙鷗水禽，如在鏡中。曰擁翠宫，《酌中志》。案擁翠宫，疑即擁翠亭。李賢《賜游西苑記》：亭臨水曰擁翠。又作湧翠。《燕都游覽志》：其北濱池，一亭額曰湧翠，則御駕登龍舟處。曰趯臺陂，《酌中志》。《金鼇退食筆記》：瀛臺，舊爲南臺，一曰趯臺陂。《燕都游覽志》：南臺，在太液池之南，踞地頗高，頫眺橋南一帶景物。其門外一亭，不止八角，柱栱攢合，極其精麗，北懸一額，直書"趯臺陂"三字。降臺而下，左、右廨宇各數十楹，不施窗牖。曰澄淵亭。《酌中志》。《明典禮志》："嘉靖十三年九月，西苑河東亭榭成。上親定額，昭和殿前曰澄淵亭。"又北曰紫光閣。《夢餘録》。《金鼇退食筆記》："紫光閣，由太液池西南堤，循池而北，舊有臺，高數丈。中作圓頂小殿，用黄瓦。左右各四楹，接棟稍下，瓦皆碧。南北垂接斜廊，懸級而升，面若城壁。下臨射苑，皆設門牖。有馳道可走馬。明武宗築以閱射者，名曰平臺。後廢台，改爲紫光閣。向北，門外即金鼇坊。明時，五日幸西苑，鬥龍舟。於紫光閣前，看御馬勇士，馳驟往來，走解躧柳。"再西曰萬壽宫，曰壽源宫。《夢餘録》。《野獲編》："上既遷西苑，號永壽宫。不復視朝，惟日夕事齋醮。辛酉永壽火，復暫徙玉熙殿，又徙元都殿，俱湫隘，不能容萬乘。時分宜首揆，請移駐南城。上以當時遜位受錮之所，意甚惡之。然是時，方興三殿大工，縣官匱乏，無暇他營。華亭爲次揆，即對云，今徵到建殿餘材尚多，頃刻可辦。且薦司空雷禮，材稍足任此役。上大悦，立命華亭子璠，以尚寶司丞，兼營繕主事，督其役。不三月工成。上大悦，即日徙居。賜名曰萬壽。後堂曰壽源宫。"《夢餘録》："萬壽宫，嘉靖四十二年九月，更恩壽宫。"曰五福殿，曰承祐殿，左祐祥殿，右祐寧殿，曰龍吉齋，《酌中志》。《夢餘録》："龍禧殿，嘉靖四十二年二月，更龍煌齋。四十四年，更龍吉齋。"曰鳳祥館，《酌中志》。《夢餘録》："鳳祺館，嘉靖四十二年二月，更鳳煒館。四十四年二月，更鳳祥館。"曰昭祥閣，《酌中志》。《夢餘録》："福祥閣，嘉靖四十二年二月，更昭祥閣。"曰朗瑞居，《酌中志》。《夢餘録》："禄康寓，更朗瑞居。"曰曜曦門，《酌中志》。《夢餘録》："曦福門，嘉靖四十四年三月，更曜曦門。"曰耀朗門，《酌中志》。《夢餘録》："朗禄門，嘉靖四十四年三月，更耀朗門。"曰含祥門，曰成瑞門，曰永和門，曰永順門，曰永綏門，曰永祉門，曰納康門，曰長寧門，曰凝一殿，其東曰萬春宫，曰含春殿，《酌中志》。案，《吉和稿》云："四十年，已建萬春宫，至是三宫，欽定萬和，萬華，萬寧，而不言含春殿。"曰萬和宫，曰萬寧宫，曰萬華宫，曰御饌庖，曰體仁門，曰履康門，曰啓泰門，曰納福門，曰安泰門。其西曰仙禧宫，《酌中志》。《夢餘録》："仙禧宫，更千秋宫。"曰仙樂宫，《酌中志》。《夢餘録》："仙樂宫，更千樂宫。"曰仙安宫,《酌中志》。《夢餘録》:"仙安宫,更千景宫。"曰仙明宫,《酌中志》。《夢餘録》:仙明宫,更千安宫。以上四宫,嘉靖四十二年九月更名。其朝東、南起,有十九門,曰常一作長。寧門;《酌中志》。《夢餘録》:衍慶門,嘉靖四十四年三月,更長寧門。曰常和門;曰常善門;曰常耀門;曰金寧門,即授衣;《酌中志》。《夢餘録》:嘉靖三十七年二月,授衣門,更金寧門。曰攸順門;曰攸利門;曰金静門;曰金瑞門;曰宣惠門;曰静安門;曰壽康門,即灌木;《酌中志》。《夢餘録》:嘉靖三十七年,灌木門更壽康門。曰常静門;《酌中志》。《夢餘録》:嘉靖三十七年二月,螽斯門更常静門。曰壽安門;《酌中志》。《夢餘録》:嘉靖三十三年,正月添造。曰廣成門;《酌中志》。《夢餘録》:嘉靖二十一年,八月添造。曰東和門。其南曰陽德門,曰永光門,曰嘉安門。其東曰柏木殿;曰旋坡臺,《蕪史》作旋磨臺。即兔兒山,顯揚殿也。《酌中志》。李默《游西内記》:緣堤稍南,樹益密。林端望見昭光殿,常侍曰:此兔兒山也。案昭光殿,《宫史》作顯揚殿,微異。《金鼇退食筆記》:兔兒山,在瀛臺之西,由大光明殿南行,疊石爲山,穴山爲洞,東、西分徑,紆折至頂。殿曰清虚,俯瞰都城,歷歷可見。砌下暗設銅瓮,灌水注池。池前玉盆内,作盤龍昂首而起,激水從盆底一竅轉出龍吻,分入小洞,復由殿側九曲注池中。喬松數株參立,古籐縈繞,懸蘿下垂。池邊多立奇石,一名小山子,又小蓬萊。其前爲曲流觀,甃石引水作九曲流觴,皆雕琢奇異,布置神巧。明嘉靖時,復葺鑒戒亭,取殷鑒之義。又南爲瑶景、翠林二亭。古木延翳,奇石錯立。架石梁,通東西兩池。南、北二梁之間,曰旋磨臺,螺盤而上其巔,有甃,皆陶埏雲龍之象。相傳世宗禮斗於此。臺下周以深塹。梁上玉石欄柱,御道鑿團龍,至今堅完如故。老監云,明時重九或幸萬歲山,或幸兔兒山清虚殿登高。宫眷、内臣,皆著重陽景,菊花補服,喫迎霜兔、菊花酒。《西河詩話》:曾見山東徐登瀛一詩,其頷句云:"結客暫回梁父轍,求仙不上埵兒山。"人不識埵兒所出。後余入都,相傳舊西内有大光明殿,前有假山巃嵸,名兔兒山,集良石,堆垛成洞壑,徧插峰嶂,頂構廠亭,而以重屋,即世宗焚籙瞻斗之地。則意兔兒者,埵兒之誤。山前有旋磨臺,如鞶帶圍繞,由庳而登,逐步漸登,恍履平地。舊時高盡處,猶蕉心中凸,聳以重臺。今亦亡矣。老宫監住此者云,客魏時,宫人忤意者,安置此地,死相枕藉洞中,骨發穢積。此又在《酌中志》之外者。第締構過整,洞必雙穿,峰不單峙。則宫殿規制,與外稍殊耳。臺上七層,有牌額,曰玉光,曰光華,曰華輝,曰輝真,曰真境,曰境仙,曰仙臺。有迎仙亭,《酌中志》。《夢餘録》:旋坡臺,萬曆九年七月,内添四柱方亭一座。萬曆四十年九月,添迎仙亭牌。牌坊二,南曰福巒,北曰禄渚;曰朝元館;《酌中志》。《明宫殿額名》:朝元館,嘉靖四十五年五月建。曰景德殿;《酌中志》。《夢餘録》:萬曆二十八年十月添造。曰大光明殿。《酌中志》。《金鼇退食筆記》:大光明殿,在西安門内,萬壽宫遺址之西。地極敞豁,門曰登豐。前爲圓殿,高數十尺,制如圜邱,題曰大光明殿。《西河詩話》:舊西内,有大光明殿,亦名圓殿,是明世宗煉真處。殿前門曰登豐,曰廣福,曰廣和,曰廣寧。二重門曰玉宫,曰昭祥,曰凝瑞。左曰太始殿,右曰太初殿。殿前有亭,曰宣恩亭,曰響社亭,曰一陽亭,曰萬仙亭。亭後有門,曰永吉門,曰左安門,曰右安門,曰太極殿,《酌中志》。《野獲編》:嘉靖四十四年,謝天賜丸藥於太極殿。曰統宗殿,曰總道殿,曰天元閣。《酌中志》。《金鼇退食筆記》:大光明殿,中爲太極殿,後有香閣九間,題曰天元閣。高深弘麗,半倍於圓殿,皆覆黄瓦,甃以青琉璃。下列文石花礎,作龍尾道。丹楹金飾,龍繞其上。四面瑣窗藻井,以金繪之。白石陛三重。中設七寶雲龍神牌位,以祀上帝。相傳,明世宗與陶真人講内丹於此。閣下曰闡元保祚。《酌中志》。《明宫殿額名》:其帝師堂、積德殿、壽聖居、福真憩、禄仙室五所,毁於萬曆三十年。東向外有二門,曰天平,曰豐和,曰無逸殿,《酌中志》。《野獲編》:嘉靖時,建無逸殿於西苑,翼以豳風亭。蓋取詩書義,以重農務。而時率大臣,游宴其中。又命閣臣李時、翟鑾輩,坐講《豳風·七月》之詩,賞賚加等。添設户部堂官,專領穡事。其後,日事玄修,即於其地營永壽宫。雖設官如故,而主上所創春祈、秋報大典,悉遣官代行。撰青詞諸臣,雖僕直於無逸殿之旁廬,而屬車則絶迹,不復至其殿。惟内直工匠寓居,彩畫神像,並裝潢、渲染諸猥事而已。至甲辰年,翟鑾坐二子中式被議,鑾辨疏以日直無逸爲辭。時上奉道已虔,惟稱上玄、高玄,及玄威、玄功。而鑾椎樸尚舉故事。上大怒,褫逐之。其後,並殿亭舊名,無齒及者矣。世宗上賓未期月,西苑宫殿悉毁。惟無逸至今存。至尊於西成時,間亦御幸,内臣各率其曹,作打稻之戲,凡播種、收穫以及野饁、農歌、徵糧諸事,無不入御覽,蓋較上耕耤田時尤詳云。今上甲申、乙酉間,無逸燼於火。輔臣申吴縣等奏,皇祖作此殿,欲後世知稼穡艱難,其慮甚遠,非他游觀比,宜以時修復。上深然之。今輪奂尚如新也。曰豳風亭,《酌中志》。《御對録》:豳風亭,正面用磚寫刻大字,題《豳風》詩一首。東西兩邊作沙壁,寫《七月》詩。《肅皇外史》:嘉靖二十一年上元,上御豳風亭,賜朱希忠等五臣宴,觀鐙。曰落成殿,《酌中志》。《明世廟聖政紀要》:

嘉靖十年八月，帝御無逸殿之東室，曰西苑舊宫，是朕文祖所御，近修葺告成，欲於殿中設皇祖位祭告之。祭畢，宜以宴落成之。落成之名，想取諸此。蓋是殿當即無逸殿之東室也。其在河之西岸，金石橋之北。向南曰玉熙宫。《酌中志》。《金鼇退食筆記》：玉熙宫，在西安門裏街北，金鼇玉蝀橋之西。明世宗嘉靖四十年十一月辛亥，萬壽宫災，暫御玉熙宫。神宗時，選近侍三百餘名，於玉熙宫學習官戲。歲時升座，則承應之。各有院本，如《盛世新聲》、《雍熙樂府》、《詞林摘豔》等詞。又有玉娥兒詞，京師人尚能歌之，名御製四景。他如過錦之戲，約有百回，每回十餘人不拘，濃淡相間，雅俗並陳。又如雜劇，古事之類，各有引旗一對，鼓吹送上。所扮備極世間騙局、俗態，並拙婦、騃男，及市井、商賈，刁賴詞訟，雜耍諸項。蓋欲深宫九重之中，廣識見，博聰明，順天時，恤民隱也。水嬉之製，用輕木雕成海外諸國，及先賢文、武，男、女之像，約高二尺，彩畫如生，有臀無足而底平。下安卯、榫，用竹板承之。設方木池，貯水令滿，取魚蝦萍藻實其中，隔以紗障。運機之人，皆在障內游移轉動。一人鳴金，宣白題目，代爲問答。惟暑天白晝作之，以銷長夏。明愍帝每宴玉熙殿，作過錦水嬉之戲。一日宴次，報至汴梁失守，親藩被害，遂大慟而罷。自是不復幸玉熙宫矣。"曰承華殿，即迎翠殿。《酌中志》。《明英宗實録》：天順四年九月，新作西苑殿宇、軒館成。苑中舊有太液池，池上有蓬萊山，上命即太液池東西作行殿二。池西向東，對蓬萊山者曰迎翠。有亭三，曰澄波亭，《酌中志》。《金鼇退食筆記》：迎翠殿，在池西，東向臨水，有亭曰澄波。嘉靖時，更建浮香、寶月二亭。東望萬歲山，倒蘸於太液波光之中。黛色嵐光，可掬可挹。今惟短垣而已。曰寶月亭，《酌中志》。《夢餘録》：寶月亭，嘉靖十一年三月建。曰芙蓉亭，《酌中志》。《夢餘録》：浮香亭，嘉靖十三年建。三十年六月，更名芙蓉亭。曰清馥殿。《酌中志》。《金鼇退食筆記》：清馥殿，度金鼇玉蝀橋，轉北，明世宗所建，常奉興獻太后來游。前有翠芬、錦芳二亭。荷花盛開，紅衣翠蓋，澄漪倒水，恍如蓬壺。殿外有門，曰仙芳門，曰丹馨門。《酌中志》。案《明宫史》作丹馨殿。據《野獲編》，凝道、雷軒，無迹可問，惟清複殿則整麗如故。外門曰仙芳，曰丹馨。內亭曰錦芳，曰翠芬。流泉，石梁，頗甚幽致。則丹馨，乃門名，非殿名也。有亭二，曰錦芳，曰翠芬。《酌中志》。《嘉隆聞見紀》：嘉靖十二年四月，上幸西苑，召張孚敬等同游。御清馥殿翠芬亭，賜茗酒。錦囊詩扇，紅藥花。製古樂府，五七言絶句各一章，命和。又有門，曰長春門，曰昭馨門。曰瑞芬門，曰馥景門，曰仙芳門，曰馥東門，曰馥西門。又有亭曰映輝亭，《酌中志》。《明宫殿額名》:映輝亭,嘉靖二十二年四月,更騰波亭。三十五年五月,更滋祥亭。萬曆三十年七月,更香津亭。曰澄碧亭。《酌中志》。《明宫殿額名》:澄碧亭,嘉靖二十三年六月,更飛靄亭。三十年五月,更湧福亭。據此,澄碧、飛靄,本自一亭,《明宫史》作二亭,誤。又有殿曰騰禧殿,即黑老婆殿。《酌中志》。《夢餘録》:天鵝殿,嘉靖二十五年七月折。蓋騰禧殿牌。《金鼇退食筆記》:騰禧殿,在旃檀寺西,覆以黑琉璃瓦。明武宗西幸宣府,説晉王樂妓劉良女,姿容婉麗,善謳。遂載以歸,居騰禧殿,俗呼爲黑老婆殿。傍有古井,曰王媽媽井。河之上游,有倒影入水,如城闕、龍宫者,曰乾德殿,即俗稱北臺是也。高出雲表,下瞰闤陌。建自萬曆年間,天啓時毁之,即其處爲嘉樂殿。《酌中志》。《明神宗實録》:萬曆二十九年六月,新築大内乾德殿。御史林道楠董其工,至三十年四月,道楠上言:三殿、兩宫高不過一十二丈,今臺高八丈一尺,加以殿宇,又復數丈,其勢反出宫殿之上,禁中豈宜有此?《閒史掇遺》:乾祐閣,宫中謂之北臺。高八丈餘,廣一十七丈,磴道三分三合而上。俯臨闤井,繁猥畢見。欽天監言,風水不利,議毁之。天啓元年十一月十三日,工部疏請,得旨。時高工部道素,初授虞衡司主事,於次日始督拆北臺。《明宫殿額名》:萬曆三十三年八月,更乾德殿爲乾德閣,天啓元年八月毁之。四年五月,添建嘉豫殿。案嘉豫殿,當即嘉樂殿也。其門爲延景門。牌坊二,南曰福渚,北曰壽嶽。又有殿曰壽源,即太素殿。《明宫史》。《明英宗實録》:天順四年,上命即太液池作行殿三。池西南向者,以草繕之,而飾以堊,曰太素。《明宫殿額名》:太素殿,嘉靖四十三年七月,更殿名爲壽源。前有溥恩門。又有門二,曰素左門,曰素右門。《明宫史》。《明宫殿額名》:二門,天啓六年塞之。旁有正心齋、持敬齋。後有歲寒亭。《明宫史》。《金鼇退食筆記》:五龍亭,舊爲太素殿,創於明天順年,在太液池西南。向後有草亭,畫松、竹、梅於上,曰歲寒亭。門左有軒,曰臨水軒。有亭曰會景亭。後改建亭五,中曰龍澤亭。左曰澄祥亭,曰滋香亭。右曰湧瑞亭,曰浮翠亭,即今河中之五龍亭也。《酌中志》。《金鼇退食筆記》:五龍亭,朱簾畫棟,照耀漣漪。從玉蝀行者,遥望水次,丹碧輝映,疑是仙山樓閣。又有洞三,上洞曰龍壽,中洞曰玉華,下洞曰游仙。以上俱萬曆三十年秋添建。再西則内教場也,曰振武殿,《酌中志》。《夢餘録》:振武殿,萬曆二十九年四月添造。曰恒裕倉,曰省斂亭。稍南,臨河有坊,曰引祥橋。《蕪史》作籴祥橋。籴,音引。其東,則北閘口也。《酌中志》。《金鼇退食筆記》:禁城内西海子,古燕京積水潭也。源出西山神山,一畝,馬眼諸泉。繞出甕山,匯爲七里濼。入都城,由北安門外,藥王廟西橋下,入皇城,自北閘口,延亘大内,出大通河。轉漕亦賴其利。閘口有亭,曰湧玉亭。《酌中志》。《明宫殿額名》:北閘口亭,嘉靖十三年更湧玉亭。有殿,曰洪應殿,《酌中志》。《明世宗實録》:嘉靖二十二年四月,新作雷霆洪應殿成。曰壇城,曰轟雷軒,曰嘯風室,曰嘘雪室,曰靈雨室,曰耀電室,曰清一齋,曰寶淵門,曰靈安堂,曰精馨堂,曰馭仙次,曰輔國堂,曰演妙堂,曰入聖居。自北閘口池南,東岸曰船屋,乃冬日藏龍舟之所,亦名藏舟浦。《酌中志》。《金鼇退食筆記》:藏舟浦,自瓊華島東麓,過石橋,由陟山門折而北,循岸數百步,有水殿二,共十六間。一藏龍舟,一藏鳳舸。舟首尾刻龍形,上結樓臺,以金塗之,備極華麗。又浦繫五六小舟,岸際有叢竹蔭屋,浦外一亭,今皆荒廢。《水部備考》:方船,制長十丈九尺,闊二丈九尺五寸,爲方形。嘉靖十七年,於禁苑成造,以備御用。置隖居之。龍、鳳船,肖龍鳳形,飾以五彩。置隖二處居之。采蓮船,繫司苑局,於采鮮所用者。有弘濟神祠。《酌中志》。《明典彙》:嘉靖十五年,建金海神祠於大内西苑湧泉亭,以祀宣靈弘濟之神,水府之神,司舟之神。二十二年,改名弘濟。橋之南,亦有船屋焉。再南,曰元熙殿,舊爲凝和殿。《酌中志》。《明英宗實録》:上命即太液池東、西,作行殿三。池東向西者曰凝和。《夢餘録》:凝和殿,嘉靖二十三年,更惠熙殿。四十三年三月,更元熙殿。有亭二,左曰擁翠亭,右曰飛香亭。《酌中志》。《夢餘録》:飛香亭,萬曆三十年,更元潤亭。再南,曰陟山門,通裏冰窨者也。又西馬頭,曰龍淵亭,《酌中志》。《明宫殿額名》:"嘉靖二十二年,更彙玉渚,西龍淵亭。"曰念善館。又有玄雷居,舊爲遠趣軒。《酌中志》。《夢餘録》:遠趣軒,更神應軒。又更玄雷居。又有亭,曰龍湫亭。又再南,巋然若山者,曰廣寒殿,即俗云蕭后梳妝臺也。《酌中志》。《野獲編》:大内北苑中,有廣寒殿者,舊聞爲耶律后梳妝樓。今上己卯歲,端午前一日,遺材盡倒,梁上得金錢百二十文。蓋厭勝之物。其文曰至元寶號,此號爲元世祖紀元,可見非契丹所建明甚。四隅各有亭,左曰玉虹,曰方壺。右曰金露,曰瀛洲。山半有三殿,中曰仁智,東曰介福,西曰延和。下臨大液池。《夢餘録》。韓雍《賜游西苑記》:又北行至圓殿,歷階而登,殿之基與睥睨平。古松數株,其高參天。其西以舟作浮橋,横亘池面。北則萬歲山在焉。北度石橋登山,山在池之中,壘石爲之。山之麓,以石爲門。門内稍高,有小殿,琴臺、棋局、石牀、翠屏,分布森列。峰有最奇者,名翠雲,上刻御製詩。沿西坡北上,有虎洞、吕公洞、仙人庵。又上有延和,有瀛洲,有金露,皆殿名。瀛洲之西、湯池之後,有萬丈井,深不可測。由金露折而東上,絶頂則廣寒殿也。下至玉虹,又下而南至方壺,至介福。皆與延和諸殿相對峙。而方壺瀛洲,則左右廣寒而奇特者也。"池有橋,曰太液橋。其牌坊曰堆雲,曰積翠。《蕪史》。《燕都游覽志》:太液池,在子城西,乾明門外。周遭凡數里,其源自玉泉山,合西北諸水,流入都城德勝門,匯爲積水潭,名海子。至北安門水關,流入西苑,人呼西海子。《金鼇退食筆記》:有亭八面,内外皆水,曰臨漪亭。其北别駕一梁,自承光殿,達瓊華島。制差小。南北亦峙華表,曰積翠,曰堆雲。又再南,曰圓殿,即承光殿也。磚砌如城牆,亦有雉堞,以磴道分上之。上有樓閣,古松。松乃數百年物,霜蓋虬枝,式如偃蓋,凡枝之垂者,皆以杉木撑拄之。《明宫史》。《金鼇退食筆記》:承光殿,在金鼇玉蝀之東,圍以圓城,設以睥睨。自西掖洞門而升,中搆金殿,穹窿如蓋。華榱綺牖,旋轉迴映,俗曰圓殿。外周以廊,向北,金鼇垂出垣堞間,甚麗。昔有古松三株,枝幹槎枒,形狀偃蹇,如龍奮爪拏空,突兀天表,金元舊物也。此乾明門之西也。其石梁如虹,直跨金海。通東西之往來者,曰玉河橋。有坊曰金鼇,曰玉蝀。《酌中志》。《金鼇退食筆記》:太液池,周凡數里,上跨石梁,約廣二尋,修數百步,兩崖穿甃出水中,鯨獸楯欄,皆白石鐫鏤如玉。中流駕木,貫鐵縴、丹檻,掣之可通巨舟。東西峙華表,東曰玉蝀,西曰金鼇。池西南又有一山,與萬歲山差埒,最高處爲鏡殿。皆金元時所造。再南曰五雷殿,即椒園也,亦名蕉園。《酌中志》。《甫田集》:芭蕉園,在太液池東。崇臺複殿,古木珍石,參錯其中。又有小山曲水。實録成,於此焚稿。松、檜交翳,中有一殿曰崇智殿。《酌中志》。《金鼇退食筆記》:芭蕉園,自太液池行半里許,蒲葦盈水,榆柳被岸,松檜蒼翠,果樹分羅,中崇闉廣砌,一殿穹窿。以黄金雙龍作頂,纓絡懸綴,雕櫳綺窗,朱楹玉檻,望而敞豁。舊曰崇智殿。殿後藥欄、花圃,有牡丹數十株。左曰迎祥館,右曰集瑞館。又有太玄亭,問法所。殿後迆西,有亭面水,曰臨漪亭。又一小石梁出水中,向西一亭在水際,曰水雲榭。再南,則至西苑門矣。由玉河橋,循玉熙宫而西,曰欞星門。迆北,曰羊房夾道,曰牲口房,曰虎城。《酌中志》。《燕都游覽志》:虎城西北隅,有豹房。《明武宗實録》:正德二年八月蓋造豹房公廨。上朝夕處此,不復入大内。曰内安樂堂。《酌中志》。《金鼇退食筆記》:内安樂堂,凡宫人有病及年老,或有罪,先發此處。待年久,再發外之浣衣局。又西苑東北隅,有蠶壇。東南爲親蠶殿。又有具服殿、齋宫及蠶室、繭館,皆近仁壽宫,明世宗所始建者也。《明宫史》。櫺星門迆西,曰西酒房,曰西花房,曰大藏經廠,《夢餘録》。《金鼇退食筆記》:大藏經廠,即司禮監之經廠也,貯經書典籍及釋藏諸經。曰太極殿。又西曰洗白廠,曰果園廠。《夢餘録》。《金鼇退食筆記》:果園廠,在櫺星門之西。明永樂年制漆器,以金、銀、錫、木爲胎,有剔紅,填漆二種。剔紅合有蔗段、蒸餅、河西、三撞、兩撞等式。蔗段、人物爲上。蒸餅、草花爲次。盤有圓、方、八角、綠環、四角、牡丹瓣等式。匣有長、方、二撞、三撞四式。其法,朱漆三十六次,鏤以細錦,底漆黑光,針刻大明永樂年製,比元時張成、楊茂、劉環香草之式,似爲過之。填漆,刻成花鳥,填彩,稠漆,磨平如畫,久而愈新。其合製貴小。深者,五色靈芝邊。淺者,回文戧金邊。價數倍於剔紅。二種皆廠製也。曰十庫,曰司鑰庫。《夢餘録》。《明史·職官志》:十庫,甲字掌貯銀朱、黄丹、烏梅、藤黄、水銀諸物。乙字掌貯奏本等紙,及各省所解胖襖。丙字掌貯絲綿布匹。丁字掌貯生漆、桐油等物。戊字掌貯弓箭、盔甲等物。承運掌貯黄白生絹。廣盈掌貯紗、羅諸帛匹。廣惠掌造貯巾帕、梳籠、刷抿、錢貫、鈔錠之類。贓罰掌没入官物。已上各掌庫一員,貼庫、簽書無定員。《明會典》:廣積庫,收焰硝、硫黄等物。案今西安門内,街北十庫前,有天王殿。殿前有修庫題名碑,所記十庫,與《蕪史》合,而冠以司鑰庫之名。其修廟碑記則云:禁城西北隅,有司鑰庫,而天財庫亦屬焉。是司鑰庫,乃十庫總理,天財庫其附焉者也。再考《明·職官志》所記,十庫止詳九庫職事,獨闕廣積一庫,今依《明會典》增入。又案贓罰庫,乃十庫之一。十庫周牆尚存,今旃檀寺西北胡同猶有贓罰庫之名,則贓罰庫在十庫極北。曰惜薪司,《夢餘録》。《明·職官志》:惜薪司,掌印太監一員,總理、簽書、掌道、掌司、寫字、監工及外廠、北廠、南廠、新南廠、新西廠各設簽書、監工,俱無定員,掌所用薪炭之事。曰鴿子庫。正西,則西安門也。《夢餘録》。案,明宫室紀載較多,惟吕毖《宫史》、劉若愚《酌中志》最詳,亦少有參差。蓋二人身處宫廷,皆所親歷,較外間傳聞者不同。今多據之。又《宫史》五卷,皆在《酌中志》之中,初疑毖竊若愚書,然取以相較,偶有異同,亦有毖是而若愚非者。疑此五卷,爲明内臣紀載之書,若愚竊取之。所以此五卷外,均紀萬曆、天啓時事,無關掌故矣。

卷　三

繆氏得姓考

繆氏，出自魯繆公之後，以謚爲氏。《史記》、《孟子》書穆通作繆。《謚法考》："布德執義曰穆，申情見貌曰穆。"音木，美謚也。今通書作繆。《謚法考》："名與實乖曰繆。"其行誼，與魯繆公未合。元戴彦肅題吾宗譜端，辨有云：秦穆公書録《秦誓》、《蒙毅傳》，不應罪其殺三良、棄百里奚；魯穆姜書於《春秋》、《列女傳》，不宜譏其性慧行亂，而皆改從繆戾之謚。秦、魯臣子，亦不應以惡謚加其所尊。謂宜於譜直書穆氏，爲合於古。然《姓纂》，宋穆公之後，以謚爲氏。胡三省云：楚子重、子辛，出於穆王，楚人謂之二穆，故楚有穆姓。《路史》云：穆，炎帝後。《魏・官氏志》云：後魏丘穆陵氏，改爲穆氏。若徑改還作穆，不與諸穆氏無别乎。有謂出自秦繆公者，林寶、鄧名世從之。然瑯琊、蘭陵、東海三望皆在於魯，其爲魯後無疑。張澍《姓氏尋源》早斥林説爲不確矣。

繆氏之著名舊史者，自《史》、《漢》儒林傳蘭陵繆生始，《楚元王交傳》作穆生。至魏，有尚書光禄勳襲，字熙伯，東海人。鄧名世云：繆生之後，襲父斐，以孝稱。見宋躬《孝子傳》。子悦，事晉，位光禄大夫。悦子，中書令播，散騎常侍、太僕胤，夾輔王室，爲國盡忠，見害東海，朝野憤惋。若秘書監徵，博士蔚，通《論語》者協，音《禮記》者炳、廖、彬，風雅輝映一時。自是厥後，吾宗衰矣。魏時有儼，與彭城劉氏才望略等。弟子襄、賁。子承先，承先子伏波將軍，羽林監彦植。恭慎長厚，爲時所稱。有唐一代，絶無聞人。惟師愈，以善書名，見歐陽修《集古録》、《寶刻類編》。浙江山陰，有《開成五年往生碑》，碑陰繆姓者五人，皆細民。嗣後北方不數數見，而南省漸有聞人。自北而南，其隋、唐之際，與閩書福安繆家埔山，有繆氏子，六歲能文，開元中以神童召試。有掘其山者，流出淡血，人遂不顯，並名字亦翳如。至宋，長溪一族，登進士者三人，特奏名七人。四明一族，鄉舉者二人。文子，承象山之傳，主一衍西山之緒，潛心著述，身隱名高。元時，信州一族，聚居上饒靈山之陽，謂之繆源。沿江，機宜君珤最有名。君珤族子若鳳，天台教授，得合黄巖、平陽、長溪之譜，以序其世次。由江南之近年，上溯戰國，以達於魯穆。戴表元爲序。明初，同簽樞密院事大亨，輔太祖定天下，有將才。左諭德昌期，孤忠亮節，起頑立懦。餘若浙江山陰、定海，福建福安、連江，江蘇溧陽、金壇、常熟、泰州，廣東，雲南，四方散居。至吾宗江陰譜系，始於元苔石公鑒。隱居不仕，以詩名家。明御史煜，殉建文之難。再上即無可考。爰取上自西漢，下至於明，搜得二百三十餘人，名之曰《繆氏考古録》，而敘得姓之繇，以冠其首云。

《漢書》穆生，《儒林傳》作繆生。又通作謬，薄謬忌，即繆忌。至作誘忌，則繆之訛也。繆彤，《姓氏書辨證》繆氏，作繆彤。謬字作謬彤。唐前諸人，均出蘭陵。惟宦者繆賢，出於趙。後漢繆彤，召陵人，皆别族，無可考。

戴剡源《繆氏譜序》附

中世，士大夫專尚譜牒，以爲宗法既廢，所賴以考訂昭、穆而知氏族之所自來，惟有此耳。然亦有不幸兵燬蕩析，漂寄荒遠，並遺故老不可物色者。其勢無如之何，則往往謹藏諸心，遇官學所歷，博問而精覈之，萬一或庶幾焉。信州之繆，爲儒已久。其族聚居上饒靈山之陽，謂之繆源，今猶及與沿江機宜諱君珤字振玉者交游。江東呼繆作穆，不聞其復爲他音者也。而信州之俗，承襲淺俚，乃猶以爲繆戾之繆。至是，機宜之族子若鳳，教授天台，又得合黄巖、平陽、長溪之譜。其世次，由江南之近年，上遡戰國，以達於魯穆。曰《史記》、《孟子》書"穆"通作"繆"。定其望曰瑯琊、蘭陵、東海，而三郡皆近於魯。吾家彦肅秘書，又題文譜端，辨秦穆公書録《秦誓》、《蒙毅傳》，不應罪其殺三良，棄百里奚。魯穆姜書於《春秋》、《列女傳》，不宜譏其性慧行亂，而皆改從繆戾之謚。秦，魯臣子，亦不應以惡謚加其所尊。謂宜於譜直書穆氏,爲合於古。辭嚴義備,可以一洗千古之惑,覽者其慎詳之。荃孫訪族譜於浙江山陰、揚州東臺、廣東香山、四川酉陽,以東臺譜爲最詳。江西上饒,福建長樂,未能往訪也。

爾雅有衍脱文考

《釋詁》

犯奢果毅　"毅"字衍文。案,注以陵犯釋"犯",誇奢釋"奢",果毅釋"果"。此以注文而誤衍。

阬阬　下"阬"字衍文。鄭樵云,"阬阬"重文,經典所無,疑衍一字。案,《廣韻》十二庚,"阬"字下引《爾雅》曰,虚也。郭璞云,阬塹也。客庚切。非重文。

鞠訩　"訩"字衍文。　阮云,"鞠"詁"盈","訩"詁"訟",不詁"盈"。此郭氏因引《詩》,"降此鞠訩"。正文遂衍"訩"字。

《釋天》

太歲在甲曰閼逢　太歲在寅曰攝提格　兩"太"字衍文。錢氏《養新録》云,古法太陰與太歲不同。《淮南·天文訓》"太陰在寅,歲名攝提格"云云,蓋閼逢以下十名攝提格云云。以下十名,皆由太陰得名,不關太歲。《史記·天官書》"索隱"引《爾雅》云:歲在甲,曰焉逢。寅,曰攝提格。無"太"字,當是古本。東漢術家不求太陰,誤認太陰爲太歲。故《漢書·天文志》有"太歲在寅曰攝提格"之文。《太史公書》但云攝提格,歲陰左行,在寅初,不云太歲也。然此兩"太"字,已是漢人所增矣。

《釋地》

郊外謂之牧　似衍文。案,《魯頌》毛傳:邑外謂郊,郊外謂野,野外謂林,林外謂坰。《説文》亦云:邑外謂之郊,效外謂之野,野外謂之林,林外謂之冂。俱據《爾雅》,無"郊外謂牧"之文。《小雅·出車》"於彼牧矣",毛云:出車就馬於牧地也。《周語》"國有郊牧",韋昭注:國外曰郊,牧,牧地也。而不云牧在郊外。此五字疑後人所加。

《釋草》

藒車芞輿 "車"字衍文。案,郝氏義疏:《説文》"藒,芞輿也。芞,芞輿也",並無"車"字。臧氏《經義雜記》云,"車"即"輿"字之駁文也。據《釋文》,知古本《爾雅》作"藒","芞輿"。郭注特因《離騷》謂之揭車,故援以證之。後人輒仿注義,增經字耳。

虉從水生 "生"字衍文。案,阮氏云:此"虉從水",與下"薇垂水"文一律。此注"生於水中",與下注"生於水邊",文亦一律。因經無"生"字,故注云"生於水中"。蓋因注誤衍,覺注爲贅矣。以上衍文八條。

《釋天》

赤奮若 下脱"歲陰"二字。案,《史記·曆書》,焉逢攝提格元年。索隱曰:《爾雅》釋天云,歲陽十干是也,歲陰十二支是也,歲陽在甲,云焉逢,謂歲干也。歲陰在寅,曰攝提格,謂歲支也。此唐司馬貞時,"歲陰"二字尚存,自《開成石經》始脱去。宜補。

《釋邱》

水出其左營邱 脱"前而"二字。 案,《詩正義》,水所營繞,故曰營邱。郭注:今齊之營邱,淄水過其南及東。是不惟郭氏所注之本,正作水出其前而左。且營邱之形勢,宛然如在目前,不可易也。乃邵氏正義,反據孫炎注,以駁郭氏,謂經文並無"而前"字。郭氏此注,殆欲使人易曉耳。其説殊爲武斷。

《釋魚》

鼀鱦蟾諸 上脱先字,下脱"鼁字。 《釋文》:鼀,音起據反。起據之音,蓋以鼀,從去也。羅願《爾雅翼》曰:鼀䵹詹諸。洪焱祖音釋曰:鼀。《爾雅》音先,讀如六。似是《爾雅》鼀本作鼀。《説文》亦云,先鼀詹諸,從黽,從先。先,七宿切,讀如促。是鼀,從先,不從去。則陸氏起據之音非矣。《釋文》,䵹,音秋。案《莊子》曰:鰌我亦勝我。鰌,本又作䲡。《荀子》曰:大燕鰌吾後。注,鰌,蹴也。《釋名》曰,蹙,遒也。遒,迫也。然則鰌、䲡、遒三字,從酋得聲,並讀如促。䵹字從酋,其音亦宜。然《説文》云:鼀,或從酋,作䵹,是䵷即鼀字,音促,不音秋。鼀、䵷即一字也。然《爾雅》何以作重文。考《説文》叙述之次,曰,先鼀詹諸也,䵷鼁詹諸也。若據《説文》,以訂正《爾雅》,則《爾雅》當曰"先鼀鼁䵷蟾諸"也。今但存"鼀、䵷"二字,重複爲文,莫可解説。疑傳寫者,上脱"先"字,下脱"鼁"字。"鼀"當作"鼀"。

《釋畜》

雞三尺爲鶤　下脱"六畜"二字。　案,《春秋》桓六年,正義云:《爾雅》釋畜,於馬牛羊豕狗雞之下,題曰六畜。又"昭二十五年"正義曰:釋畜之末,别釋馬牛羊豕犬雞六者之名,其下題曰六畜。然則唐初本《爾雅》有此題。今本脱。以上脱文四條。

《釋言》

遇,偶也　此文誤倒。案,《文選·讓宣城郡公表》"偶識量已",注引《爾雅》曰:偶,遇也。郭注:偶爾值也。《與山巨源絶交書》"偶與足下相知",注引《爾雅》曰:偶,遇也。《一切經音義》卷二"偶成"下引《字林》:偶,合也。引《爾雅》:偶,遇也。郭氏曰:偶爾相值者矣。卷九"偶得"下引《爾雅》:偶,遇也。郭氏曰:偶爾相值也。據此,知唐以前,《爾雅》作"偶遇也",郭注作"偶爾相值",值,即釋經之遇。今本經誤倒注,又衍遇字。

《釋宫》

閍謂之門　此文誤倒。案,《郊特牲》"祊之於東方",《正義》引《釋宫》云"門謂之祊"。孫炎云,謂廟門外,是。孫叔然注本作門謂之閍也。《郊特牲》"索祭祝於祊",注:廟門曰祊。《正義》曰:《爾雅·釋宫》文。又《禮器》"爲祊乎外",《正義》曰:以《釋宫》云,廟門謂之祊。皆閍字在下,可互證。鄭、孔俱言廟者,以義增加,非《爾雅》本文。以上倒文二條。

《釋草》

莯至藸,釋木莯莖著　郭氏《釋木》注:《釋草》已有此名,疑誤重。而王氏《經義述聞》則引《周禮》注杜子春云:"䵸,讀如莯,莖著之莯。"以爲莯有䵸音,與音味者師讀不同。郝氏《義疏》亦引之。又同引《齊民要術》所引之《皇覽》,以爲木中亦有五味,而力駁郭氏重出之説。不知杜氏相傳之師説,固在郭氏之前,但杜氏自注蘇字,與《爾雅》初不相謀。雖曰漢儒之讀若,即後人假借之例,不惟假其聲,並假其義。然其時尚無反切,未可一概論也。他若《齊民要術》、《唐本草》諸書,則皆在郭氏後,無庸深辨矣。

《釋蟲》

密肌繼英　《釋鳥》:密肌繫英。　郭氏《釋鳥》注,《釋蟲》已有此名,疑誤重。錢氏《潛研堂集》本之,僅解《釋蟲》,而《釋鳥》則從闕。郝氏《義疏》則引《玉篇》、《廣韻》之鳥名,以解《釋鳥》之繫英,而《釋蟲》之疏,則本錢氏之説而引申之。且謂今《釋蟲》、《釋鳥》,俱有鶾天雞,而郭氏未嘗以爲誤重。其説殊有理,但郭氏於《釋蟲》注,亦既以爲未詳,兹更以爲誤重。匪惟蓋闕之義,殆亦有所本焉。正不妨並存其説也。

《釋鳥》

桑扈竊脂　本篇重此句。以上重文三條。

鸍諸雉　此錯簡。"諸雉"二字,當在"鷺舂鉏"之下。黑爲鸍,白爲鷺也。"諸雉"二字,在下文"鷂雉"等之上。雉有數類,故以諸雉冠之。

《釋獸》

"豕子豬"一段　此錯簡。當在《釋畜》羊屬之後,並脱"彘屬"二字。不應在釋獸内。以上錯簡二條。

逸文附考

皇,大也　《尚書·洪範》"建用皇極",傳:皇,大。《正義》曰:皇,大。《釋詁》文。

案,今本《釋詁》"皇,爲君",訓大者卅九字,而皇、豐二字無之。

豐,大也　《詩·周頌》"豐年",傳:豐,大也。《正義》曰:豐,大。《釋詁》文,今本無。

良,善也　《詩·唐風》"良士瞿瞿",箋:良,善也。《正義》曰:良,善。《釋詁》文。

案,今本《釋詁》云:元良,首也。訓善者十六字,而無"良"字。

自,用也　《尚書》"立政",《正義》曰:《釋詁》云,自,用也。案,今本《釋詁》云“遹、遵、率、循、由、從，自也”。無用之一訓。

由，用也　《左・昭八年傳》“猶將復由”，注：由，用也。《正義》曰：由，用。《釋詁》文。案，今本《釋詁》“由，訓自”，無用之一訓。

壽，考也　《詩・魯頌[①]・閟宫》“三壽作朋”，傳：壽，考也。《正義》曰：壽，考。《釋詁》文。案，今本《釋詁》云“黄髮，齯齒，鮐背，耇老，壽也”，而無“考”字。

謐，眘也　古《玉篇》引《爾雅》曰“謐，眘也”。案，今本《釋詁》，“謐”訓“静”，無眘之一訓。

藝，静也　古《玉篇》引《爾雅》曰“藝，静也”。案，今本《釋詁》，訓“静”者十一字，而無“藝”字。

顯，明也　《禮記・祭法》“顯考廟”，注：顯，明也。《正義》曰：顯，明。《釋詁》文。案，今本《釋詁》“顯”訓“光”，又訓“代”。無明之一訓。

虔，敬也　《詩・殷武》“方斲是虔”，傳：敬也。《正義》曰：虔，敬。《釋詁》文。案，今本《釋詁》云：儼、恪、祗、翼、諲、恭、欽、寅、熯，敬也。而無“虔”字。以上《釋詁》。

忒，疑也　《詩・鳲鳩》“其儀不忒”，傳：忒，疑也。《正義》曰：《釋言》文。案，今本《釋言》，“爽”訓“忒”。無疑之一訓。

輯，合也　《尚書・舜典》“輯五瑞”，《正義》曰：《釋言》云“輯，合也”。案，今本《釋詁》輯訓和，又合之一訓有九字，而無“輯”字。《釋言篇》二字皆無之。

斯，盡也　《詩・皇矣》“王赫斯怒”，箋：斯，盡也。《正義》曰：斯，盡。《釋言》文。案，今本《釋詁》訓盡者十三字，而無斯字。

餁，孰也　《儀禮・士虞禮》“羹餁”，注：餁，孰也。疏曰：餁，孰。《釋言》文。今本無此文。

㝨，薄也　《説文》㫃部：㝨，事有不善，言㝨也。《爾雅》：㝨，薄也。今本無此文。

鋪，布也　敷，布也。《文選・西都賦》“桑麻鋪棻”，李善注引

---

① “頌”，原書在“閟宫”後。

《爾雅》曰:"鋪,布也。"《後漢·班固傳》作敷。章懷注引《爾雅》曰:敷,布也。又《尚書傳序》正義亦引《爾雅》"敷,布也"。今本無此文。

幾,冀也　《尚書傳序》正義引《爾雅》"幾,冀也"。案,今本《釋詁》幾,訓危。又《釋言》云"庶幾,尚也",無冀之一訓。

濬,通也　《史記·五帝紀》"索隱"引《爾雅》"濬,通也"。案,今本《釋言》"濬,幽深也",無通之一訓。

遂,生也　《後漢·杜篤傳》"粳稻陶遂",章懷注引《爾雅》曰:遂,生也。今本無此文。

蹤,迹也　慧琳《音義》一引《爾雅》曰"蹤,迹也"。今本無此文。《説文》無"蹤",古止從字。《詩·谷風》傳:"委委,行可委曲從迹也。"

摎,求也　《後漢·張衡傳》"摎天道其焉如",注引《爾雅》"摎,求也"。今本無此文。

與,許也　《論語·公冶長》"吾與汝弗如也",皇疏引《爾雅》"與,許也"。今本無此文。以上《釋言》。

棘,戟也　《文選·吴都賦》注、《過秦論》注、《辨亡論》注,均引《爾雅》曰"棘,戟也"。今本無此文。

半璧曰璜　《後漢書·張衡傳》注引《爾雅》"半璧曰璜"。今本無此文。

赤緣謂之禒　《儀禮·士喪禮》注"赤緣謂之禒",疏曰:《爾雅》文。今本無此文。以上《釋器》。

春爲忠,東方爲春　春,動也,是故鳥獸孕孳,草木華生,萬物成遂,忠之至也。夏爲樂,南方爲夏。夏,興也,南,任也,是故萬物莫不任興,蕃殖充盈,樂之至也。秋爲禮,西方爲秋。秋,肅也,萬物莫不肅敬,禮之至也。冬爲信,北方爲冬。冬,終也,北方伏方也,萬物至冬皆伏,貴賤若一,美惡不異,信之至也。《御覽》引《尸子》。案,《釋天》"穹蒼,蒼天也"一段題曰四時,而所釋止天之異名。各書所引《尸子》,當是《四時篇》。而今本無此文。

四時和,正光照,謂之玉燭　甘雨以降,萬物以嘉,高者不少,下者不多,此之謂醴泉。其風,春爲發生,夏爲長嬴,秋爲方盛,冬爲安静。四時和,爲通正,謂之永風。《爾雅》疏引《尸子》。案,此段全用《爾雅》,其説較今本完備,疑今本殘缺。

須女,謂之婺女　《史記·天官書》索隱引《爾雅》云"須女,謂之婺女"。今本無此文。

中央鎮星,東方歲星,南方熒惑,謂之大辰　《後漢書》注引《爾雅》云"中央鎮星,東方歲星,南方熒惑,謂之大辰"。今本無此文。

時雨曰澍雨,雨與雪雜下曰霰　《初學》二引《爾雅》。今本無此文。

正幅爲襂　《周禮·春官》注"正幅爲襂",疏曰:"正幅爲襂者,《爾雅》文。"今本無此文。

熊虎曰旗　《文選·西京賦》薛注引《爾雅》"熊虎爲旗"。今本無此文。以上釋天。

土之高者曰邱,高邱曰阜　《周禮·春官》疏:"《爾雅》云,土之高者曰邱,高邱曰阜。"今本無此文。

有齊營邱　《白帖》六引《爾雅》,今本無此文。有齊,當作齊有。

山足曰麓　《周禮·地官·序官》林衡注、《秋官》柞氏注"山足曰麓"。疏曰:"山足曰麓。《爾雅》文。"今本無此文。

山南曰陽,山北曰陰　《秋官》柞氏疏曰:"《爾雅》云,山南曰陽,山北曰陰。"今本無此文。

水别流曰派,風湧水面曰波,大波曰濤

朝夕而至曰潮。風行水成文曰漣。水波如錦文曰漪　《御覽》五十八引《爾雅》。今本無此文。以上《釋地》。

蜃,大蛤　《周禮·天官·醢人》注云:蠃、蜬、蝓、蜃、大蛤。蚳,蛾子。疏曰:皆《爾雅》文。今本無"蜃大蛤"三字。《釋魚》。

二歲曰駒,三歲曰駣　《周禮·夏官》注引鄭司農云:"二歲曰駒,三歲曰駣。"疏曰:《爾雅》文。今本無此文。《釋畜》。

《序篇》

《釋詁》、《釋言》,通古今之字。古與今異言也,釋訓言形貌也。

《毛詩正義》引《序篇》,《漢書·藝文志》:《爾雅》二十篇。今止十九。疑本有《序篇》,而今逸之。

蜀兩漢經師考

張寬,字叔文。成都人。太守文翁遣寬詣博士東受七經還,以教授作《春秋章句》十五萬言。《華陽國志》十。

《臣君子》二卷。蜀人。《漢·藝文志》道家。

胡安,臨邛人。講學白鶴山下,相如從之受經。《寰宇記》七十五。

司馬相如,字長卿。成都人。《漢書》列傳。作《凡將篇》,無複字。《漢·藝文志》。

洛下閎,字長公。巴郡人。武帝太初元年,詔公卿壺遂、司馬遷等,議造漢曆。方士唐都,洛下閎與焉。都分部天運,而閎運轉曆算。《輿地紀勝》。

趙賓,蜀人。好小數書,後爲易飾易文。《漢·儒林傳》。

郭舍人,《漢書·東方朔傳》。犍爲郡文學卒史,漢武帝待詔。作《爾雅注》三卷。《經典釋文·叙録》。

嚴遵,字君平。成都人。專精大《易》,耽於老莊。《華陽國志》十。

林閭,字公孺。臨邛人。善古學。《華陽國志》十。訓詁玄遠。《華陽國志》三。古者天子有輶車之使,自漢興以來,劉向之徒但聞其官,不詳其職。惟閭與嚴君平知之,曰:"此使,考八方之風雅,通九州之異同,主海內之音韻,使人主居高堂知天下風俗也。"《華陽國志》十。

李弘,字仲元。成都人。少讀五經,不爲章句。處陋巷,淬厲金石之志。《華陽國志》十。

楊雄,字子雲。成都人。以經莫大於《易》,故則而作《太玄》。傳莫大於《論語》,故作《法言》。史莫善於《蒼頡》,故作《訓纂》。《藝文志》:《訓纂》一篇,《蒼頡訓纂》一篇。典莫正於《爾雅》,故作《方言》。《華陽國志》十。

胥君安,巴郡人。成帝時,議立三傳。獨駁《左傳》不祖聖人。《寰宇記》。

何武,字君公。蜀郡郫縣人。治《易》。《漢書》列傳。

趙閎,字温柔。閬中人。凉州刺史。《華陽國志》十二。傳夏侯尚書。《益部耆舊傳》。

楊宣,字君緯。什邡人。少受學於楚國王子張天文圖緯於河内。平帝時,命持節,爲講學大夫。與劉歆共校書。《華陽國志》十。

任文公。閬中人。善天官風星秘要。益部語曰:任文公,智無雙。《輿地紀勝》。

譙玄,字君黄。巴郡閬中人。能説《易》、《春秋》。《范書・獨行傳》。

譙瑛,玄子。善説《易》。《范書・譙玄傳》。

李業,字巨游。廣漢梓橦人。習《魯詩》,師博士許晃。《華陽國志》十。

任永,字君業。僰道人。長曆數。《華陽國志》十。

楊仲續。新都人。統祖父。代修儒學,以夏侯尚書相傳。《范書》注引《益部耆舊傳》。

楊統,字仲通。司徒魯恭辟掾,與恭共定音律。成《内讖》二卷,解説家法章句。《華陽國志》十。

鄭伯山,通河洛書,及天文推步之術。《范書・楊厚傳》。

張霸,字伯饒。蜀郡成都人。通《春秋》。就長水校尉樊儵,受嚴氏公羊春秋。博覽五經。《范書・列傳》。

張楷,字公超。霸子。通嚴氏春秋,古文尚書。《范書・張霸傳》。

馮緄,字鴻卿。碑作皇卿。巴郡宕渠人。治《春秋》。《范書・列傳》。《謝承書》:緄學《公羊春秋》。

馮允,緄弟。能理《尚書》。善推步之術。《范書・馮緄傳》。

趙戒,字志伯。成都人。通經表。

趙典,字仲經。戒子。博學經書,弟子自遠方至。朝廷每有災異、疑議，輒咨問之，典據經正對。《范書》列傳。學孔子七經，河圖、洛書。内外藝術，靡不貫綜。《范書》注引《謝承書》。

楊終，字子山。成都人。著《春秋外傳》十二卷，章句十五萬言，《范書》列傳作改定《春秋章句》。皆傳於世。《華陽國志》十。

翟酺，字子超。廣漢雒人。四世傳《詩》，好《老子》，尤善圖緯，天文曆算。著《援神鈎命解詁》十二篇。《范書》列傳。

杜真，字孟宗。綿竹人。治《周易》，《春秋》。《益部耆舊傳》。

王渙，字稚子。廣漢郪人。敦儒學，習《尚書》，讀律令。《范書》列傳。

任安，字定祖。廣漢綿竹人。少游太學，受孟氏《易》，兼通數經。又從同郡楊厚學圖讖。時人稱曰：欲知仲桓問任安。又曰：居今行古任定祖。《范書·儒林傳》。

董扶，字茂安。綿竹人。《華陽國志》十。傳《易》、歐陽《尚書》。《傳經表》。

任末，字叔本。蜀郡繁人。少習齊詩。《范書·儒林傳》。

景鸞，字漢伯。梓橦人。少隨師學經，涉七州之地。能理《齊詩》，施氏《易》。兼受河、洛圖緯。作《易説》，及《詩解》，文句兼取河、洛，以類相從，名爲《交集》。又撰《禮》内外記，號曰《禮略》。又鈔風角雜書，列其占驗，作《興道》一篇。又作《月令章句》。凡著述五十餘萬言。《范書·儒林傳》。

杜撫，字叔和。資中人。《范書》作犍爲武陽人。少師事薛漢，治五經。定韓詩章句。撰《詩題約義通》。《華陽國志》十。

楊仁，字文義。巴郡閬中人。學韓詩。《范書·儒林傳》。

董鈞，字文伯。犍爲資中人。習慶氏《禮》。《范書·儒林傳》。永平初，議天地、宗廟、郊祀、儀禮，鈞與太常定其禮。又定諸侯喪禮，稱繼叔孫通。《華陽國志》十。

何英，字叔俊。郫人。學通經緯。《華陽國志》十。

楊由，字哀侯。成都人。少習《易》並七政元氣，風雲占候。《華陽國志》十。

張綱，字文紀。犍爲武陽人。少明經學。《范書·張晧傳》。

樊敏,字叔達。巴郡太守。總角好學,治《春秋》嚴氏經。碑不言何地人,然碑在今蘆山縣,當即漢嘉人。

李翊,字輔國。廣漢屬國候。通經綜緯,兼究古雅。《隸釋》。碑不載何地人,然李翊夫人碑在渠州,當即宕渠人。

丁魴,字叔河。廣漢屬國都尉。治《易》,韓詩。垂意《春秋》。《隸釋》。碑在巴州。碑云:鄉人嚴子循等六十餘人,因斯表勒,以效俊彦。當即巴郡人。

段翳,字元章。新都人。習《易經》,明風角。《范書·方伎傳》。

馮顥,字叔宰。郪人。作《易》章句。《華陽國志》十。

劉寵,字世信。綿竹人。明《公羊春秋》。《華陽國志》十。

楊充,字盛國。梓橦人。受古學於扶風馬季長,吕叔公,南陽朱明叔,潁川白仲職。精究七經。《華陽國志》十。

楊厚,字仲桓。統子。善圖讖學。《范書》列傳。

王祐,字平仲。郪人。撰《王子》五篇。東觀郎李勝作誄,方之顔子。《華陽國志》十。

譙岍,字榮始。西充國人。治《尚書》,兼通諸經,及圖緯。《一統志》。

張寧,廣漢人。傳《春秋》。《傳經表》。

段恭,字節英。雒人。明天文二卷。《華陽國志》十。

折象,字伯式。雒人。《華陽國志》十。通京氏《易》。《一統志》。

朱倉,字雲卿。什邡人。受業於同郡張寧。《華陽國志》十。著《河洛解》。補《後漢·藝文志》。時人諺曰:"折氏客誰?朱雲卿,段節英,中有佃子趙仲平,但說天文論五經。"《華陽國志》。

何宗,字彦若。郫人。事廣漢任安。通經緯、天官推步、圖讖。《華陽國志》十。

杜瓊,字伯瑜。成都人。少受學於任安。精究安術,著《韓詩章句》十萬言。《蜀志》列傳。

杜微,字國輔。梓橦涪人。《蜀志》列傳。任安弟子,傳孟氏《易》,夏侯《尚書》。《傳經表》。

張裔,字君嗣。成都人。治《公羊春秋》。《蜀志》列傳。

李仁，字德賢。涪人。受古學。《華陽國志》十。

尹默，字思潛。涪人。少與李仁，俱受學司馬徽，宋忠。博通五經，專精《左氏春秋》。自劉歆條例，鄭衆、賈逵父子、陳元方、服虔注説，略皆誦述，希復案本。《華陽國志》十。

李譔，字欽仲。仁子。著《古文周易注》、《尚書注》、《毛詩注》、《三禮注》、《左氏傳》、《太玄旨歸》。《華陽國志》十。

周舒，字叔布。閬中人。少學術於廣漢楊厚，名亞董扶、任安。《蜀志》列傳。傳歐陽《尚書》。《傳經表》。

鄭康成弟子考

鄭君爲東漢大儒，本傳稱其客耕東萊，學徒相隨，已數百千人。年六十時，弟子河内趙商等，自遠方至者數千。後袁紹鎮冀州，大會賓客，延康成升上坐。汝南應劭亦北面稱弟子。建安五年，康成卒，郡守以下，嘗受業者，縗絰赴會千餘人。范武子嘗以爲仲尼之門不能過也。嗚呼，經術至東漢，可謂極盛矣！考漢儒，生徒既多，學者不能俱親受業，每以入室弟子轉授之。親受業者爲弟子，轉授者爲門人，亦稱門徒，亦稱門生。師古曰：門生，同門後生是也。本傳稱：馬融門徒四百餘人，升堂進者五十餘生。康成在門下，三年不得見，乃使高足弟子傳授。是在門下爲門生，其升堂入室者，始得稱弟子也。本傳又稱：門人相與撰玄答諸弟子問五經，依《論語》作《鄭志》八篇。《孝經》正義曰：鄭君卒後，其弟子追論師所著述及應封，時人謂之《鄭志》。鄭之弟子更相問答，編録其語，謂之《鄭記》。是《鄭志》、《鄭記》中所載，皆鄭君與高業弟子問答之辭，門人記之以傳後世。又考，《漢泰山都尉孔宙碑》，惟陸暹、欒禹等十人稱宙弟子，其餘四十三人，皆稱門生。是門生與弟子，行詣高下，迥不侔矣。謹據本傳及《鄭志》作《康成弟子考》，並以他書附益之，詳其所受之業，志其爵里，無可稽者闕焉。

任嘏

本傳注:任嘏,字昭光。樂安人。魏黄門侍郎。　王昶《戒子書》:"樂安任昭先,淳粹履道,内敏外恕。"《昶傳》。荃孫案:本傳章懷注:嘏字昭光。《昶傳》及注皆作昭先。考嘏有祭先、祝嘏之義,則光字係先字之訛。當以《國志》爲正。　嘏别傳:樂安博昌人。誦五經,皆究其義。兼包群言,無不博綜。著書三十八篇,凡四萬餘言。裴注。

國淵

本傳注:國淵,字子尼。樂安人。魏司空掾,遷太僕。　《魏志》列傳,樂安,蓋人也,師事鄭玄。　《鄭君别傳》:淵始未知名,玄稱之曰:"國子尼,美才也。吾觀其人,必爲國器。"淵篤學好古,常講學於山巖。士人多推慕之,由此知名。裴注。

趙商

《康成自序》:趙商,字子聲。河内温人。博學有秀才,能講難而吃,不能劇談。《御覽》七百四十八。　弟子河内趙商等,自遠方至數千。《鄭玄傳》。　趙商作鄭先生碑銘。《孝經序》。　受《書》、《詩》、《三禮》、《春秋》。見《鄭志》。《趙子聲遺文書》曰:北海鄭玄,字康成。學之淵府。今與業共往,視之故輩,不暇顧命。《書鈔》九十七。　《趙子聲書詣鄭康成學》曰:《大學》之於人也,猶土地之山川也,珍寶於是乎出。猶樹木之有枝葉,本根於是庇也。《御覽》六百七引《抱朴子》。

張逸

《鄭玄别傳》:故尚書左丞,同縣張逸,年十三爲縣小史。玄謂之曰:"爾有贊道之質,玉雖美,須雕琢而成器。能爲書生,以成爾志否?"對曰:"願之。"乃遂拔於其輩,妻以女弟,《御覽》五百四十一。受《書》、《詩》、《周禮》、《春秋》。見《鄭志》。

崔 琰

《魏志》列傳:崔琰,字季珪。清河東武城人也。讀《論語》、韓詩。結公孫方等,就鄭玄受學。學未期,徐州賊黄巾攻破北海,玄與門人到不其山下避難。時穀糴縣乏,玄罷謝諸生。琰既受遣,而寇盜充斥,西道不通。於是周旅青、徐、兖、豫之郊,四年乃歸。《三齊略記》:鄭司農常居不其山城南山中,教授生徒,黄巾亂,乃謝遣生徒,崔琰、王經諸賢,於此揮涕而散。惠棟《後漢書補注》。　崔琰《遂初賦序》云:琰性頑,口訥,至二十九,粗閲書傳。聞北海有鄭徵君者,當世名儒,遂往造焉。津涉淄水,歷祀馬、祀都之津,登鐵山,以望高密。《寰宇記》。　《封氏聞見記》:漢末,崔琰於高密從鄭玄學,黄巾之亂而南。作《遂初賦》。

公孫方

公孫方,清河人。見《魏志·崔琰傳》。

王 經

《魏志·夏侯尚傳》:清河王經,冀州名士。　《世語》:經字彦偉。裴注。　《三齊略記》:王經,字承宗。從康成於不其山下。

郗 慮

本傳:山陽郗慮,仕至御史大夫。　《續漢書》:郗慮,字鴻豫。山陽高平人。少受業於鄭玄,建安初爲侍中。裴注。

王 基

《魏書》列傳:王基,字伯輿。東萊曲城人。官鎮南將軍,樂安鄉侯。王肅著《諸經傳解》及論定朝儀,改易鄭玄舊説。基據持玄義,常與抗衡。　《隋·經籍志》:魏司空王基,字伯輿。撰《毛詩駁》一卷。案,基駁王肅,申鄭義。《新唐書》作五卷。案,錢氏《考異》以康成卒時,基僅十一歲,不得在弟子之列。然言國淵、任嘏並皆童幼，則基或以幼年受業，亦未可定。

臨亦作林。碩

《范書・孔融傳》：臨碩，字孝存。北海人。《答臨孝存周禮難》凡百餘萬言。本傳。 林孝存以爲武帝知《周官》末世瀆亂不驗之書，故作十論、七難以排斥之。惟鄭玄徧覽群經，知《周禮》者，乃周公致太平之迹，故能答林碩之論難，使《周禮》義得條通。《周禮疏序》。 洪氏《傳經表》脱。

冷　剛

冷剛，受《易》，見《禮・月令》正義。又見《詩・桑扈》正義。

孫　皓

孫皓一作孫顥。受乾象曆及《詩》、《禮》。見《鄭志》。《月令》正義引作孫顥。案，《詩・七月》正義引作孫皓，《鄭志》作《吴志》。正義以吴孫皓當之，誤也。王伯厚云：康成不與吴孫皓同時，《吴志》亦無此語。後人因孫皓名氏相同，遂改《鄭志》爲《吴志》以實之，不知其時代不合也。

劉　掞

受《周禮》、《論語》。見《鄭志》。 洪氏《傳經表》脱。

劉　炎

見《周禮・閭師》正義，兩引劉炎問詩。《關雎》正義亦引之。或疑炎即掞，亦無確據。

炅　模一作靈模。

受《詩》、《禮》。見《鄭志》。《坊記》正義引作炅模。《禮記》正義引作靈模。《通志略》云：靈氏，子孫姓，宋大夫子靈之後也。或曰齊靈公之後。《左傳》有靈輒。 《廣韻》士十二霽"桂"下有炅姓。案,炅與靈各一姓,疑炅誤作灵,因改作靈也。《後漢太尉陳球碑陰》有城陽炅横。横與模形相似。城陽,今莒州,地亦相似,疑即其人。　洪氏《傳經表》有炅模,無靈模。

王　瓚一作贊。

受三禮、《爾雅》。見《鄭志》。《初學記》武部注引。惠氏《後漢書補注》作王贊。洪氏《傳經表》脱。

焦　氏

見《禮記·曲禮》正義,張逸答。　錢氏《考異》以焦氏、焦喬,爲二人。今從之。

焦一作譙。喬

受《小戴記》及《周禮》。見《鄭志》。　見《詩·生民》正義引鄭記。　又見《月令》正義引。

崇　精

受《小戴記》及《周禮》。見《鄭志》。　見《禮記·曲禮》、《月令》正義,焦氏答。　又見《詩·桑扈》正義引。

王　權

受《小戴記》及《詩》。見《鄭志》。　見《月令》正義,《御覽》禮儀部引焦喬答。

鮑　遺

受《小戴記》。見《鄭志》。　見《禮記·曾子問》正義引張逸答。

任　厥

受《周禮》。見《鄭志》。　見《周禮·天官》正義引氾閣答。

洪氏《傳經表》脱。

氾　閣一作閣。

受《三禮》。見《鄭志》。　見《周禮·天官》正義引答任厥。洪氏《傳經表》脱。　惠氏《後漢書補注》作沈閣。誤。

崇　翱

受《小戴記》及喪服。見《鄭志》。　見《郊特牲》正義引氾合答。　洪氏《傳經表》脱。

桓　翱

見《通典·禮》引氾閣答。案,崇翱、桓翱,疑一人。　惠氏《後漢書補注》有崇翱,無桓翱。洪氏崇翱、桓翱俱不載。

劉　德

受《儀禮·喪服》。見《鄭志》。　見《通典·禮》引田瓊答。案,洪氏《傳經表》有劉德,然爲盧植弟子,疑即此人,或先事植,後事康成也。

陳　鑠

受《小戴記》及《儀禮》喪服。見《鄭志》。　見《禮記·曲禮》正義兩引氾合答、趙商答。

陳　鏗

惠氏《後漢書補注》以陳鑠、陳鏗爲二人。今案,鑠、鏗二字形聲不類,當是兄弟二人,同師康成者。毛本作鑒,《傳經表》從之,誤。

宋　均

受《詩》、《禮》、《春秋》、《孝經》。見《孝經序》疏。　劉知幾《議宋均詩緯序》云:我先師,北海鄭司農。則均是北玄之傳業子弟也。

《唐會要》七。《隋·經籍志》有緯書八種，宋均注題曰：魏博士，或以爲即宋叔庠。叔庠歿於建初元年，何得爲鄭君弟子。

甄　巽

字子然，一作守然。北海人。見《孝經序》正義。　《後漢書·孔融傳》云：融爲北海相，郡人甄子然、臨孝存知名早卒，融命配食縣社。　劉知幾議稱《鄭志》目録記康成著有《答甄子然書》，則子然亦弟子也。《唐會要》七十七。

孫　炎

《魏志·王肅傳》：時樂安孫叔然，授學鄭玄之門，人稱東州大儒。徵爲秘書監，不就。肅集《聖證論》以譏玄短，叔然駮而釋之。臧氏《經義雜記》，以"人"字屬上讀，誤。

程　秉

《吴志》本傳，字德樞。汝南南頓人。逮事鄭玄後，與劉熙考論大義古今。

田　瓊

康成弟子。魏黄初間爲博士。《全三國文》小傳。　見《周禮·大宗伯》正義、《禮記·王制》正義引。

韓　益

案，《隋·經籍志》：魏大長秋，著《春秋三傳論》十卷。《舊唐志》：《尚書釋問》四卷，田瓊、韓益正，鄭玄注。《新唐志》：鄭玄《尚書注釋問》四卷，王粲問，田瓊、韓益正，則田瓊既爲康成弟子，韓益亦必同親炙於鄭門，同受《尚書》注義。故仲宣問注義於二子。此正字，謂正粲也。《鄭學録》以正爲名。誤。

孫乾

《蜀志》本傳:孫乾,字公祐。北海人。先主領荆州,辟爲從事。《鄭玄傳》云:玄薦乾於州。乾被辟命,玄所舉也。本傳注。

案,《范書》本傳無此文,疑非《范書》,或傳上脱别字。

巢民

見《通典》引《鄭志》《問張逸以三苗初竄西裔後分之南野》。今《鄭志》輯本佚此文。

孔融

《後漢書》本傳:字文舉。魯國人。漢北海相,青州刺史,遷太中大夫。 《鄭玄傳》:國相孔融,告高密縣,爲玄特立一鄉,曰鄭公鄉。 司馬彪《九州春秋》:融在北海,禮高密鄭玄,稱之鄭公,執子孫禮。《魏志》崔琰傳注。 案,鄭君於獻帝建安五年卒,據本傳稱,自郡守以下,嘗受業者,衰絰赴會千人。其時,袁譚領青州,鄭君爲譚所逼,未必赴葬。所云郡守,當即指孔融而言。 又案,鄭君子益恩,融在北海舉爲孝廉。及融爲黄巾所圍,益恩赴難殞身。以融傳考之,事在建安元年以前,而《鄭君傳》"建安元年,以書戒子益恩"。是二傳年月,必有一誤。鄭君父子,受融敬禮,益恩赴融之難,竟以身殉。鄭君之卒,融遠道赴葬,禮所當然。司馬彪稱,融於鄭君執子孫禮。疑執弟子禮之誤。融被誅,在建安十三年戊子,年五十六。鄭君之卒,在建安六年辛巳,年七十四。時孔融年四十九,少鄭君二十五歲,不得云執子孫禮也。 《殷芸小説》:鄭玄在徐,孔文舉欲其返郡,敦請懇惻,使人繼踵。及歸,文舉告僚屬曰:"周人尊師,謂之尚父,今可咸曰鄭君,不得稱名也。"案,融言明有尊師語,知融必執弟子禮者也。

劉熙

《隋經籍志》:字成國。北海人。漢末公車徵。注《孟子》七卷,又著《釋名》八卷。案,熙與鄭君同鄉里,傳鄭學。考詳下。

許 慈

《蜀志》列傳:字仁篤。南陽人。師事劉熙,善鄭氏學。治《易》、《尚書》、《三禮》、《毛詩》、《論語》。建安中,自交州入蜀。

薛 綜

《吴志》列傳:字敬文。沛郡竹邑人。從劉熙學。 《通典》引綜述鄭氏禮,定五圖。疑綜從劉熙,私淑康成,故守鄭家法也。案,許慈、薛綜,皆師劉熙,而其學則宗鄭氏。疑熙必及康成之門,爲高業弟子。故程秉逮事鄭君,其後亦從熙考論大義。許慈、薛綜,皆不及鄭門。但師劉熙,習鄭氏學,則於康成爲私淑弟子矣。

附

陶 謙

《范書》本傳,字恭祖。丹陽人。徐州牧。 玄本傳:會黄巾寇青部,避地徐州,徐州牧陶謙接以師友之禮。

蜀漢先主

《華陽國志》:諸葛亮曰:先帝周旋陳元方、鄭康成之間。案,興平元年,陶謙死,劉備代。康成本客謙,其與備周旋,當亦接以師友之禮。

應 劭

《范書》本傳:河南人。漢太山太守。 華嶠《漢書》云:劭,字仲遠。博學多識,撰《風俗通》等,凡百餘篇。 案,劭雖未及門,然服膺鄭君,自稱北面,固當在弟子之列。

馬　昭

惠氏《後漢書補注》云:見《鄭記》,新校本《鄭志》無馬昭。案,王肅著《聖證論》訾詆鄭學,孫炎駁而釋之,今皆不傳。惟馬昭難王申鄭,見《郊特牲》、《祭法》正義兩引,又康成《駁五經異義》"感天而生條"。王基、馬昭、孫毓皆從鄭説。疑孫毓亦康成弟子。然經史無確據,附志於此,以竢考定。

張　融

《舊唐書·元澹傳》:守鄭學者,有中郎馬昭,上書以爲肅謬。王學之輩,占答以聞。又云:王肅改鄭六十八條,博士張融核之,將定臧否。融稱玄注淵深廣博,兩漢四百餘年,未有偉於玄者,是張融亦玄弟子也。

案,《鄭學録》以張介侯録應劭、馬昭、張融三人爲誤,云應仲遠北面稱弟子,蓋一時戲言。而昭、融雖宗鄭學,年載相距既遠,皆非親受業於門下者。至"路粹"一條,張云見玄本傳。今《范書》無此文,《國志》注但云受業蔡邕,疑亦張氏誤録。

秦博士考

漢承秦後,設官多因秦制。《班書·百官公卿表》云:博士,秦官,掌通古今,秩比六百石,員多至數十人。應劭《漢官儀》云:博士,秦官也。博者通博古今,士者辨於然否。《儒林傳序》載:公孫弘奏請之,辭云:古者政教未洽,不備其禮,請因舊官而興焉。爲博士官置弟子五十人,復其身。太常擇民年十八以上,儀狀端正者,補博士弟子。是漢之博士,爲掌通古今及教育弟子之官,而實因乎秦之舊制也。考古無博士之名,《周禮》有師氏、保氏,《文王世子》有大司成,大、小樂正,及大胥籥師、籥師丞之屬,不聞有博士。有之,自《史記·秦始皇本紀》始。其建置年月雖不可知,然觀二十六年丞相綰等議尊號,始有"臣等與博士議曰"云云,而前此無聞,則設立此職,必未久遠。在秦前者,魯、魏二國有之。《史記·循吏傳》云:公儀休者,魯博士也,以高第爲魯相。《班書·賈山傳》云:山祖父祛,故魏王時博士弟子也。師古云:六國時魏也。蓋魯稱秉禮之國,魏文侯好學,曾師事子夏。二國之有博士,有由然也。漢初,博士無定額。《百官表》云:多至數十人,若秦博士,則似有定額。《始皇本紀》:三十四年,置酒咸陽宮,博士七十人,前爲壽。又侯生、盧生相與謀曰,博士雖七十人,特備員弗用。《封禪書》:始皇徵齊、魯儒生博士七十人,至泰山下議封禪。是七十人爲秦博士之定數。又案《百官表》云:掌通古今。此雖指漢制而言,而秦制略同。《始皇本紀》:浮江至湘山祠,逢大風,幾不得渡,上問博士曰:"湘君何神?"博士對曰:"聞之堯女、舜之妻而葬此。"是通古之證。三十六年,始皇不樂,使博士爲仙真人詩,及行所游天下,傳令樂人歌弦之。是通今之證。三十四年,李斯議曰:臣請史官,非秦紀皆燒之;非博士官所職,天下敢有藏詩、書、百家語者,悉詣守尉雜燒之。是博士又有典守秘書之責矣。又有博士僕射,《史記·李斯傳》:始皇三十四年,置酒咸陽宮,博士僕射周青臣等頌稱始皇威德云云。僕射者,博士之長。《百官表》云:僕射,秦官。古者重武,官有主射以督課之。應劭注云:僕,主也。此表叙漢制。又謂,自侍中、尚書、博士、郎、皆有,則以爲博士之加官。考《續漢·百官志》,於博士首云博士祭酒一人,六百石。本注云:本僕射,中興轉爲祭酒。劉注引胡廣云:官名祭酒,皆一位之元長者也。古禮,賓客得主人饌,則老者一人,舉酒以祭於地。廣,後漢人,作《漢官解詁》,必熟聞西朝之制,知前漢博士僕射,已止一人,而《史記》於僕射,但列青臣,亦止一人可知。《説苑·至公篇》:始皇召群臣議曰:古者五帝禪賢,三王繼世,孰者爲是?博士七十人未對。鮑白令之對。沈欽韓以鮑白爲博士之僕射。然無他證。又有待詔博士。案,漢制:朱買臣、東方朔皆待詔公車。王褒、賈捐之,皆待詔金馬門。《叔孫通傳》云:秦時,以文學徵待詔博士,後又拜爲博士。是博士定額以外,又有待詔博士,如今額外候補之例。又有占夢博士。三十五年,始皇夢與海神戰,如人狀,問占夢博士曰云云。博士又上屬之奉常。《百官公卿表》云：奉常，秦官，掌宗廟禮儀，博士及諸陵縣皆屬焉。又案，漢視博士頗尊重，故高祖拜叔孫通爲博士，即號爲稷嗣君。若秦則不然，侯、盧二生，所謂備員弗用者，已可概見。衛宏《古文官書序》云：秦既焚書，患苦天下不從所改更法，而諸生到者，拜爲郎，前後七百人。乃密令冬種瓜於驪山坑谷中温處，瓜實成，詔博士、諸生説之，人人不同。乃命就視之，爲伏機，諸生、賢儒皆至焉。方相難不决，因發機，從上填之以土，皆壓。終乃無聲。見《史記·儒林傳》索隱與《漢書·儒林傳》顏注。是並博士亦坑之，反不如陳涉，尚知以孔甲爲博士也。又始皇因盧生事，使御史案問，諸生傳相告引，至殺四百六十餘人。二世因陳勝起，召博士、諸生議，坐以非所宜言者，又數十人。則非特備員弗用，又斬刈之，草芥之不若。故博士無所表見，其姓氏亦遂無傳於世。至今可考者青臣、淳于越，見《始皇本紀》。叔孫通，見《史》、《漢》本傳。伏生，見《史記·晁錯傳》及《漢書·儒林傳》。正先以非刺趙高而死，見《漢書·京房傳》。盧敖，爲秦博士而遁於膠西，見《史[redacted]藝文志》，儒家《羊子》四篇注：百章，故秦博士，名家。《黄公》四篇本注：名疵，爲秦博士。桂貞，爲秦博士，遭秦坑儒，改姓香，見《桂氏族譜》。又考王氏《困學紀聞》云：伏生，浮邱伯經，不以秦而亡也。閻注云：伏生下，浮邱伯上，宜增高堂生。高堂生，亦秦之博士。案閻説，雖未知所本，然考《儒林傳》，申公與楚元王，俱事齊人浮邱伯受詩。又云，漢興，魯高堂生傳《士禮》十七篇。以時代稽之，二人當與伏生同時。閻氏既謂高堂生亦秦博士，則浮邱伯者，或亦秦博士之一乎。

好水川考

《宋史·仁宗紀》："慶曆元年二月，元昊寇渭州，環慶路馬步軍副總管任福敗於好水川。福及將佐、軍士死者六千餘人。"而各書不言好水川所在，以今輿圖考之，好水川是水名，非地名，即今甜水河也。《方輿紀要》：好水，在隆德縣東二里，源出固原州六盤山，西南流，合於莊浪之苦水川。苦水以苦得名，此水必勝於苦水，所以有好水之稱也。《水經注》謂之隴水。《一統志》：隴水二源，一爲甜水河，源出六盤山，又名六盤水，西南流過神林堡，入静寧州界，去州南一里，至州西南與苦水會。宋時謂之好水。案《宋史》，元昊寇渭州，今平涼府。逼懷遠城。今隆德縣南四十里。韓琦乃趨鎮戎軍，今鎮原縣。命環慶副總管任福，聚兵數萬，自懷遠趨得勝砦，今静寧州東南五十里，東去懷遠三十里。至羊牧隆城，今隆德縣。出敵之後。福趨捺龍川，今隆德縣東南，下流亦入苦水。敗夏人於張家堡。此夏國游兵。其副將屯籠絡川，隔山相距五里。賊兵屯川口，明日福至籠竿城，北距得勝七十里。始遇賊。此元昊自將兵。福循好水西行，出六盤山下，距羊牧隆城五里，伏發，敗歿。案《方輿紀要》，隆德縣在静寧州東九十里，東北至固原州五十里，本平涼縣地。宋天禧初，置羊牧隆城寨。慶曆中，改曰隆德砦。金改爲縣，今仍之。《武經總要》：隆德砦，天禧初築，屬渭州。地名邪汲籠川，蕃語訛爲羊牧隆城。然則福敗處，在今隆德縣東五里，甜水河右，東距六盤山十餘里，即是地矣。元昊犯渭州，偪懷遠兵自西而東，韓琦由環慶趨鎮戎，乃自東北而西南。遣任福趨得勝砦，至羊牧隆城，襲元昊後，自東而西。元昊乃自懷遠退，近羊牧隆城以待福，亦自東而西也。當日兩軍出入情形，大概如是。

元昭宗年號宣光考

《明史·太祖紀》：洪武三年庚戌，元帝殂於應昌，子愛猷識理臘達立，九年卒。案，乾隆三十六年，北方新屯土中掘得銅印，一爲太尉之印，其字爲蒙古篆，八叠文。首上有漢文一十七字，右署“太尉之印”，左署“宣光元年十一月日中書禮部造”。考爲順帝子昭宗所鑄。昭宗，即愛猷識理臘達廟號，宣光即其年號。《元史》成於戊申，在順帝未殂之前，故不及載，他書亦無所考，惟元色目人丁鶴年《自詠詩》云：“獨有遺民負悲憤，草間忍死待宣光。”又，元王逢《梧溪集》内《感秋詩》云：“本是宣光中興日，腐儒長夜泣遺編。”正與印合。此號蓋取少陵《北征》詩“周漢獲再興，宣光果明哲”二語，亦不忘再興之意。二詩非空言也。劉燕庭《海東金石存考》有《普濟尊者浮屠碑》,李穡撰,韓修古書並篆額,宣光八年立。昭宗立於洪武三年庚戌,此碑立於宣光八年,即洪武十年丁巳也。其見於中國書者,舊《雲南通志》寺觀類,姚州興寶寺,在州西十五里,元宣光年建。昭宗之立,梁王猶守雲南,至洪武十五年,雲南始平。西南徼外,使命潛通,故臣遺士,遥奉正朔,寺當建於是時。均可爲宣光年號得一確證。王蘭泉《萃編》乃謂元無此年號,其誤顯然,疏矣。至謂元宣光者,或是唐宣宗之訛,尤爲武斷。新《雲南通志》删去此語,想承蘭泉之誤。蛛絲馬迹,一綫僅存,並此去之,以後更無從考核矣。

卷　四

唐僑治蕃州表順天志稿未刻

唐自武德初元，招致藩部，助我兵威。太宗御宇，混一夷夏。役屬族帳，建置州縣。居温宿於醴泉，附龜兹於上郡。貢賦、版籍，不上户部，都督、刺史，授之渠帥。思欲漸異類爲赤子，扇左衽以華風。景雲開元，歸附日衆。氈裘之長，毳幕之倫，混迹城野，逼處阡陌。政令皆所素習，山川莫之間阻。然而狼習未靖，馬首是瞻。犖山一呼，萬騎突起。藩籬自撤，亭障空存。兩京因之不守，三鎮長此拒命。履霜堅冰，積漸已久。然則，辛有披髪之歎，江統徙戎之論。亦謀國者之良規，憂時者之寶鑒也。《太平寰宇記》：自燕州以下十七州，皆東北蕃降胡。散處幽州、營州界內。以州名羈縻之，無所役屬，安禄山之亂，一切驅之爲寇，遂擾中原。至德之後，入據河朔，其部落之名，無存焉者。考其割隸州縣，均無土地。分析部落，略具時日。新舊《唐志》及《寰宇記》，偶有不同，並列於右。作《唐僑治蕃州表》。

	大興 唐薊縣	良鄉 唐良鄉之廣陽城	東安 唐安次	通州 唐潞縣	昌平 唐昌平	懷柔	涿州 唐范陽及良鄉之都鄉城	房山 唐良鄉之東閭城，石窟堡
唐高祖武德六年	燕州總管府靺鞨州，以粟末部置。案，《隋書》作栗末。考粟末，水名。或作速末。栗字誤。今從《唐書》。							

續表

	大興 唐薊縣	良鄉 唐良鄉之廣陽城	東安 唐安次	通州 唐潞縣	昌平 唐昌平	懷柔	涿州 唐范陽及良鄉之都鄉城	房山 唐良鄉之東閭城,石窟堡
	自營州南遷,寄治幽州城內。 遼西懷遠							
七年	燕州都督府遼西懷遠							
太宗貞觀元年	燕州廢都督府。 遼西省懷遠。							
二十二年						彈汗州契丹州,以析紇便部置。 懷柔		
高宗總章中		歸義州奚州。以新羅户置,僑治古廣陽城。《新志》又云,後改歸德郡。《舊志》、《寰宇記》無。不知何年。 歸義後廢。案,同時有二歸義,一在今雄縣,一在今良鄉。						

續表

	大興 唐薊縣	良鄉 唐良鄉之廣陽城	東安 唐安次	通州 唐潞縣	昌平 唐昌平	懷柔	涿州 唐范陽及良鄉之都鄉城	房山 唐良鄉之東閭城，石窟堡
武后萬歲登封元年	順州突厥州。以部落置。自營州來，寄幽州城内。案，《寰宇記》作思順州。思字衍。 賓義							威州本遼州。 契丹州，以内稽部落置。自營州來，寄治石窟堡。 威化
中宗神龍二年		夷賓州靺鞨州，以愁思嶺部落置。自營州遷徐州，復自徐州來寄。治古廣陽城。 來蘇 瑞州本名威州。 突厥州，以烏突汗達于部落置。案《日下舊聞考》作烏突汗于，脱達字。自營州遷宋州，復自宋州來寄。治故廣陽城。 來遠案，《舊唐書》作來逮。	昌州契丹州，以松漠部落置。自營州遷青州，復自青州來寄。治古常道城。 龍山	鮮州奚州，析饒樂都督府置。自營州遷青州，復自青州來寄。治古潞城。 賓從 崇州奚州，析饒樂都督府之可汗部落置。營州陷，徙治潞之古潞城。案崇州徙潞，志無年月。惟《新唐志》云，復與鮮州同僑，治潞之古縣城。疑亦在神龍	帶州契丹州，以乙失革部落置。自營州遷青州，復自青州來寄。治清水店。 孤竹案朱竹垞云，《唐志》不録帶州。今新舊《地理志》皆有帶州，竹垞未之見，何也?		玄州契丹州，以辱紇主曲據部落置。案辱紇主曲，據《舊唐志》、《寰宇記》作李去閭。元遷徐宋州，復自徐宋州，寄治魯泊村。 靜蕃 慎州靺鞨州，以涑沫烏素固部落置。自營州移淄青州，復自淄青來，寄治故都鄉城。 逢龍 黎州析慎州置。案，《寰宇記》作浮渝靺鞨。誤。自營	師州契丹州，以室韋部落置。自營州遷青州，復自青州來，寄治故東閭城。 陽師案《日下舊聞考》引《唐志》，師州縣一。孤竹考：師州領縣陽師。《新舊志》、《寰宇記》悉同孤竹。本屬帶州，而考無帶州。疑鈔脱。

續 表

	大興 唐薊縣	良鄉 唐良鄉之廣陽城	東安 唐安次	通州 唐潞縣	昌平 唐昌平	懷柔	涿州 唐范陽及良鄉之都鄉城	房山 唐良鄉之東間城，石窟堡
				初。 昌黎			州遷宋州，復自宋州來，寄治都鄉城。 新黎 信州契丹州，以乙失活部落置。案《舊唐志》、《寰宇記》均落乙字。自營州遷青州，復自青州來，寄治。 黃龍	
睿宗景雲元年							青山州析玄州置。寄治水門村。 青山	
玄宗開元二年	沃州析昌州置。自營州來，寄治南迴城。案《新唐志》云，開元二年復置。《寰宇記》云，自營州遷薊。與舊志合。 濱海							

續 表

	大興 唐薊縣	良鄉 唐良鄉之廣陽城	東安 唐安次	通州 唐潞縣	昌平 唐昌平	懷柔	涿州 唐范陽及良鄉之都鄉城	房山 唐良鄉之東閭城，石窟堡
開元四年						歸順州更名懷柔。		
開元中		歸義州契丹州，以李詩部落置。						
開元二十五年	燕州，移治桃谷山。							
天寶元年	燕州，改歸德郡。順州，改歸義郡。案《舊唐志》作順漢義郡。漢字衍。					歸順州，改歸化郡。	瀼州降胡州，寄治縣界。	
肅宗乾元元年						歸化郡，復改歸順州。		
德宗建中二年	廢燕州。以其故廨置幽都縣。徙順州於桃谷山。							

江陰沿革考

江陰，古延陵邑。自吴季札避位而耕，封於延陵，遂爲季子所居。《史記集解》三十一引《皇覽》：延陵季子冢，在毗陵暨陽鄉。至今吏民皆祀事。楚考烈王封黄歇爲春申君，又爲春申君之采邑。《輿地紀勝》九引《江陰志》云：楚考烈王封黄歇爲春申君，請地於江東，於是城吴故墟，以爲郡邑。故今因春申爲號者居多，如申港、黄田港、君山、黄山之屬是也。秦屬會稽郡，以爲延陵鄉。漢置毗陵縣，又析置暨陽鄉。《元和郡縣志》：本漢毗陵縣之溉陽鄉。晉武帝太康二年，平吴，置暨陽縣。案《晉志》，毗陵郡，吴分會稽無錫已西爲屯田，置典農校尉。太康二年，省校尉，置毗陵郡。而沈約《宋志》亦云：太康二年，分無錫，毗陵立。《元和志》同。則是毗陵之置郡，與暨陽之置縣，同在太康二年。咸康七年，析暨陽，置南沙縣。案沈約《宋志》：南沙，本吴縣司鹽都尉署。吴時名沙中。吴平，立暨陽縣割屬之。咸康七年，罷鹽署，立爲南沙縣。屬晉陵郡。梁敬帝太平元年，置江陰郡，改暨陽爲江陰縣，徙治君山之陽。案《陳志》據《寰宇記》及《輿地廣記》云，梁分蘭陵，置江陰縣。與《元和志》及《通典》不同。考晉自太康二年，置暨陽縣之後，而晉、宋、齊三志，並有暨陽縣。自梁敬帝置江陰郡縣之文，而《隋志》弟有江陰，而無暨陽。是梁於暨陽置江陰郡，因改暨陽爲江陰耳。《隋志》、《元和志》及《通典》、《唐地理志》，初無割蘭陵縣立江陰縣之文，而《寰宇記》及《輿地廣記》乃追書割蘭陵爲江陰縣。自《祥符圖經》，始有此説。蓋蘭陵與江陰爲鄰，或一時割蘭陵以益江陰之地，亦未可知。但不可謂專割蘭陵爲江陰也。至云江陰本漢曲阿之地，亦因謂爲蘭陵所分，而致誤耳。又案《陳志》據沈文阿傳云：侯景平，文阿監江陰郡。以爲景平在承聖元年，置郡當在其前。不知文阿傳係累言之，不必監江陰郡定在平景之年也。割蘭陵之利城，並以舊城置梁豐以屬之。《陳志》梁改暨陽爲江陰。就縣置郡，而徙縣治於君山之陽。割蘭陵郡之利城，並置梁豐縣於暨陽之墟以屬之。案《寰宇記》，故利城，在懷仁縣西六十里，東晉，與僑郡俱立。《輿地紀勝》引《輿地志》云，晉元帝以海虞北境之土山，立利城縣。宋元嘉八年，遷於武進之利浦。《方輿紀要》：梁末置，屬江陰郡。此蓋至是始屬郡耳，非至是始置縣也。置字誤。梁豐，《方輿紀要》：梁末置，屬江陰郡。陳永定元年，奉梁敬帝爲江陰王。《趙志》云：以其地濱大江，故名江陰。以縣爲江陰國。《南史》：陳永定元年，以江陰郡奉梁主爲江陰王，行梁正朔。至德元年，徙治夏浦。《寰宇記》：艦浦池，在縣西十八里，古老云，陳至德元年，江陰郡守倪啓，徙江陰縣治。夏浦，即此城也。隋平陳，國除。開皇九年，廢郡及梁豐、利城二縣入江陰，仍屬毗陵郡。復徙治君山之陽。《隋·地理志》：江陰，梁置，及置江陰郡。開皇初，廢郡并梁豐、利城入焉。趙志云：其治仍居君山之陽。唐武德三年，置暨州，復置暨陽、利城二縣。按晉置利城於海虞北境，宋遷於武進之利浦，梁改屬江陰，隋即并入縣境。唐武德三年復置，九年仍省。《寰宇記》武德三年并入江陰縣。亦誤。九年州廢，省二縣，來入隸常州。《唐志》云：武德三年，以江陰縣置暨州，並析置暨陽、利城二縣。九年州廢，省去暨陽、利城，以江陰縣來屬常州。至會昌四年，升縣爲望。《咸淳毗陵志》云：常州五縣，至是四縣升爲望。按《唐·地理志》書爲緊。《九域志》書爲望，闕初升年月。南唐昇元中，始建爲江陰軍。《晏公類要》、《寰宇記》，均云在升元中，而歐史《職方考》不載。按《咸淳毗陵志》云，《續通典》江陰縣，後唐升元中，升爲軍。馬令《南唐書》建國譜書以江陰縣別置軍，闕年。二書皆曰南唐，惟《五朝史志》云僞吴。宋淳化元年，廢軍爲縣。三年復置軍。《蔡志》云：從縣人司諫張歡之請，復爲軍。熙寧四年再廢，建炎二年復爲軍。《蔡志》云：從父老胡崇等請，復縣爲軍。按，《建炎以來繫年要録》：虜犯泰州，岳飛以泰不可守，率衆屯江陰軍沙上。建炎四年，已復江陰軍矣。紹興二十七年復廢，三十一年又復。《擊年録》云：紹興二十七年二月，廢江陰軍爲縣，隸常州。以浙西安撫榮嶷言，自建縣爲軍，於朝廷初無所補，故有是命。仍屯兵三百八十人，以知縣兼軍使。紹興三十一年十一月，新知嚴州楊師中知江陰軍，填復置闕，江陰比廢爲縣，至是復之。仍賜師中銀二萬兩，爲軍費。德祐元年，元取之，以爲本軍，行安撫使事。據《陳志》。按《蔡志》云，元人改爲南興軍。元至元十三年，升爲江陰路總管府。張著《至元重修公署記》：至元十三年，江南初附，州軍例升爲總管府，領録事司，治江陰縣。二十八年，降路爲州，隸常管，尋以州爲上州，隸江浙行中書省。陸文圭《江陰改州記》：至元二十八年秋七月二十三日，江淮行中書省，參知政事臣公柟奏："暨陽，與毗陵郡壤相接，户不滿七萬，設立總府非是，請改州，隸毗陵管内，省並司、縣各一，減官吏奉數十，於事理便。"制曰："可。"是歲十二月，擢烏魯克錫布哈爲州長官,刻印之任。始至,問民疾苦,皆曰江鄉土狹民瘠,介在一隅,以故無大徵役。今以屬州,事統府,其情不吾察奈何。侯曰:"第安之,吾在毋恐。"既而符檄數下,調發無虚日。泝流供給,回遠百里,民疲於奔命。訊報淹留,囚多瘐死。兵廩不時,率有怨言。侯慨然曰,吾受命作牧,民痛即吾痛也。時廉訪使者適至,侯且言其不便,率州之士庶,請以州隸行省,事得直達,免旁郡牽制之虞,未報。會至尊新登寶位,勤恤民隱,宰執條具以聞,上可其奏。令下之日,士庶呼舞,恩若更生,侯亦喜曰,今而後,得專治吾民矣。治之期年,政平訟簡,州以無事,朝廷嘉之。秩滿,遷常州路,同知總管府事。先是,公嘗爲此郡治中,常民喜公之復來,而暨民惜其驟去也。於是,述置州顛末,謹刻諸石,俾來者有考,且以寄去思之情云。元貞二年六月壬子。明太祖於甲辰年,改連洋州,尋復爲江陰州。《明·太祖紀》:至正十七年六月,趙繼祖克江陰。《明·地理志》:太祖甲辰年,曰連洋州。尋復曰江陰州。按甲辰年,元順帝二十四年也。吴元年四月,降爲縣。《明·地理志》:吴元年四月,降爲縣。按吴元年,至正二十七年也。《蔡志》以爲洪武元年。誤。以揚州泰興縣之馬馱沙來屬,仍隸常州府。《陳志》:縣北,揚子江心,孤山卓立波濤中,四面潮泥日以附益,浸成平壤,東西七十里,南北二十里。宋、元半隸泰興,半隸江陰。明初乃全以來屬。成化十七年,析馬馱沙,置靖江縣。

國朝爲縣如故,仍屬常州府。

附表

年代	統部	國州郡軍	縣
禹貢	揚州		
殷	揚州	句吴	吴泰伯封域
春秋	揚州	吴	延陵季子之采邑
戰國		楚	春申君采邑
秦		會稽郡	延陵鄉
漢		會稽郡	毗陵縣,暨陽鄉。《元和郡縣志》作溉陽。
新莽		會稽郡	毗壇縣暨陽鄉

續　表

年　代	統　部	國州郡軍	縣
東漢		吴郡《晉志》:順帝分會稽立。	毗陵縣暨陽鄉
吴		典農校尉	毗陵縣暨陽鄉
晉武帝太康二年	揚州	毗陵郡《晉志》分吴郡建。	暨陽縣
東晉成帝咸康七年	揚州	晉陵郡《晉志》惠帝永興元年,封東海王世子毗,因改晉陵。	暨陽縣析縣境置南沙縣。
宋文帝元嘉八年	南徐州	晉陵郡	暨陽縣
齊	南徐州	晉陵郡	暨陽縣
梁敬帝太平二年	南徐州	江陰郡	江陰縣 利城縣 梁豐縣
陳武帝永定元年	南徐州	江陰國	江陰縣 利城縣 梁豐縣
隋高祖開皇九年		常州《隋志》平陳郡,郡废,常州初治常熟,後改常熟屬蘇州,移常州於晉陵。	江陰縣
煬帝大業三年		毗陵郡	江陰縣
唐高祖武德三年		暨州新置。	江陰縣 暨陽縣復置。 利城縣復置。
九年		常州廢暨州,以縣來屬。	江陰縣廢暨陽、利城,來入。
太宗貞觀元年	江南道	常州	江陰縣
元宗開元三十一年	江南東道	常州	江陰縣
天寶元年	江南東道	晉陵郡	江陰縣
肅宗至德二年	江東防御使	常州	江陰縣

續　表

年　代	統　部	國州郡軍	縣
乾元元年	浙江西道節度使	常州	江陰縣
代宗大曆十四年	浙江道都團練觀察使合東西爲一道。	常州	江陰縣
德宗建中元年	浙江西道團練觀察使	常州	江陰縣
二年	浙江西道節度使	常州	江陰縣
憲宗元和二年	鎮海軍節度使	常州	江陰縣
南唐太祖升元中		江陰軍	江陰縣
宋太宗淳化元年	江南道	常州	江陰縣廢軍。
三年	江南道	江陰軍復置。	江陰縣
四年	江南東道	江陰軍	江陰縣
至道三年	兩浙路	江陰軍	江陰縣
神宗熙寧四年	兩浙路	常州	江陰縣廢軍。
七年	兩浙西路	常州	江陰縣
高宗建炎四年	兩浙西路	江陰軍復置	江陰縣
紹興二十七年	兩浙西路	常州	江陰縣廢軍。
三十一年	兩浙西路	江陰軍復置	江陰縣
元世祖至元十二年，宋德祐元年		江陰軍入元，初改南興軍，未幾復故。行安撫使事。	江陰縣
十三年		江陰路總管府升	江陰縣
二十八年	江浙行中書省	常州路廢江陰路來隸。	江陰州上。降路爲州。
明太祖甲辰年元至正二十四年	江南行中書省	常州府	連洋州未幾，復故名。
吴元年至正二十七年	江南行中書省	常州府	江陰縣仍改州爲縣，以馬馱沙隸之。
洪武元年	直隸中書省	常州府	江陰縣

續 表

年 代	統 部	國州郡軍	縣
憲宗成化十七年	南京	常州府	江陰縣析馬馱沙，置靖江縣。
國朝順治元年	江南布政使	常州	江陰縣繁疲難。

許兀慎氏世系表

元博爾忽許兀慎氏，一作許慎氏，一作旭申氏，一作忽神氏，爲元初四傑之一。本傳寥寥數言。塔察兒，亦其子，誤以爲從孫。案，《元史·塔察兒列傳》云：伯祖父博爾忽。考孛述魯翀撰《襄愍公神道碑》云：高祖博魯温諾延，曾祖塔察兒。是博魯温諾延，即博爾忽，爲塔察兒父，非伯祖。張敏《八撒兒德政碑》云：始祖孛■温那延，曰塔察兒，曰■里虎歹，曰密里察兒，曰阿魯灰，曰亦乞里歹，世次秩如。又考孛术魯翀《河南淮北蒙古軍都萬户府增修公廨碑銘》云：旭申氏，自博魯温諾延、塔察兒、别里古台、密察兒、宋都台、阿魯輝、伯里闊不花、昔里伯吉，六世八襲。蓋自博魯温諾延，至昔里伯吉爲六世。宋都台，爲密察兒之弟。伯里闊不花，爲阿魯灰之弟。爲八襲。尤爲塙證。《元史》以爲從孫，其誤無疑。塔察兒子别里虎斛，孫密里察兒，均有軍功。傳脱去密里察兒一世，均叙於别里虎斛之下，至阿魯灰、伯里閣不花，更棄之如遺矣。《元史·氏族表》據元明善太師《淇陽忠武王碑》補脱歡一支世系，又據孛术魯翀《增修公廨碑銘》補塔察兒一支世系，《清河》、《菊潭》兩集均佚。元清河文見《元文類》。孛術魯公文見《中州名賢文表》。《名臣事略》所載淇陽王事，取裁不出《元文》。惜未見此碑，故不知伯里閣不花、昔里伯吉世次。《中州名賢文表》誤以昔里伯吉爲伯置伯吉。錢氏從之。不知昔里伯吉，尚有作昔禮伯吉者，訛字宜正。塔察兒子孫，家居聞喜，《襄愍公神道碑》在縣東鎮。今據此碑及《八撒兒德政碑》、《洞霞觀記》、《景福院記》訂正世表如後。

博爾忽一作孛羅渾，一作博爾渾，一作博魯温諾延。太祖時弟一千户，爲元初四傑之一。《元史》一百十九。 贈太師追封淇陽王。元明善《淇陽王忠武王碑》。	脱歡襲千户，贈太師。追封淇陽王。	失里門一作失烈門。贈太師，追封淇陽王。	木土各兒一作土木各兒。丞相，太子伴讀。姚燧《姚文獻公神道碑》。 月赤察兒太師。和林行省右丞相。封淇陽王。謚忠武。	塔剌海中書右丞相。太保，兼太子太師。追封淇陽王。謚輝武。 馬剌大宗正府，也可札魯忽赤，假左丞相。 呱頭一作歪頭，一作脱兒赤顔。太師，録軍國重事，遥授中書右丞相。嗣淇陽王。 迭秃兒也不干内供奉。 也先鐵木兒知樞密院事，中書右丞相。嗣淇陽王。 奴剌丁内供奉。 伯都	合八沙 鐵木兒也不干左都衛使。通政使。 完者帖木兒御史大夫，太傅。嗣淇陽王。 案馬思不花 阿塔火者	朵列不花
	塔察兒一名倴盞。行省兵馬都元帥。《元史》一百十九。孛術魯翀撰《襄懋公神道碑》。	别里虎斛斛一作歹，一作台。行省兵馬都元帥。領蒙古漢軍四萬户。	密里察而一作密察兒。襲蒙古軍萬户。追封平陽郡侯。 宋都斛斛，一作台。蒙古軍萬户。江東西大都督。	阿魯灰灰一作輝。江西道都元帥。 伯里閣不花一作别里哥不花。副都萬户。江西道元帥。追封平陽郡公。謚襄懋。《神道碑》。又《景福院記》。	亦乞里歹一作力台。蒙古軍萬户。 昔里伯吉里一作禮。昭武大將軍。副都萬户。《增修公廨碑》。又《洞霞觀記》。 昔里吉 嵩壽	八撒兒昭勇大將軍。蒙古軍萬户。張敏《八撒兒德政碑》。

宜興蔣氏世表

蔣氏，以東漢函亭侯澄爲鼻祖，居宜興。

蔣幼蟾胡宿撰《蔣公神道碑》。	宏謹	九皋贈尚書刑部侍郎。	堂字希魯。大中祥符五年進士。尚書禮部侍郎。上柱國，樂安縣開國侯。《宋史》二百九十八。《胡文恭集》三十九《神道碑》。 昺字希遠。蒲州司法參軍。《宜興志》。	群玉 長生 長源 器試秘書省校書郎。《胡文恭集》十九《制》。 之翰字文叔。熙寧中，以薦擢簽書鎮東軍節度判官。尋除提點京西北路公事。攝吏部。充湖北路都鈐轄。蔣之奇撰墓志。	續群玉子。以堂遺恩，簽書平江軍節度判官。		
				之奇字穎叔。嘉祐二年進士，又舉賢良方正。累官至知樞密院事。贈魏國公。謚文忠。《宋史》三百四十三，《咸淳毗陵志》。	瑎字夢錫。元祐三年進士。以明經，薦知興元府。《咸淳毗陵志》。	興祖以蔭調饒州録事。知陽武縣。戰殁，贈朝散大夫。謚忠湣。《宋史》忠義傳，《咸淳毗陵志》。 思祖登仕郎。	芾字子禮，紹興二十一年進士第二人。累官至右僕射，同中書門下平章事，兼樞密使。《宋史》四百八十四。
			滂江寧縣主簿。	之美字■■，熙寧六年進士。奉議郎。通判真州。	瑑字宜卿。累官至知平江府，進敷文閣待制，右大中大夫。孫覿《鴻慶集》三十七《墓志銘》。	及祖宣和二年進士。《宜興志》。 志祖右文林郎。監潭州南嶽廟。	蘧登仕郎。 蘭登仕郎。 蓋 蕭 范

江陰葛氏世表

葛氏，世籍廣陵。唐天祐中，避孫、楊之難，徙江陰。

葛濤《丹陽集》十五《清孝葛公行狀》。	鄘宋太宗時，以高年有德，賜爵公士。	祥	惟甫	宮字公雅。大中祥符五年進士。積官秘書監，太子賓客，轉工部侍郎。《宋史》三百三十三列傳。 密字子發。慶曆二年進士。太常寺博士。史附宮傳。	汝平字正叟。宮子。皇祐元年進士。屯田員外郎。《江陰志》。 書元密子。望江令。史附宮傳。 書思字進叔。密次子。熙寧六年進士。朝奉郎。特謚清孝。《史》附宮傳，《清孝行狀》。	次仲字亞卿。書思子。紹聖四年進士。中書舍人。大司成兼修《國史》，《丹陽集》十五《司成葛公行狀》。	立隆次仲子。國子監書庫官。《司成行狀》。 立悌次仲次子。字順之。宣和六年進士。太常寺奉禮郎。《行狀》。宗正丞。《江陰志》。 立廉次仲三子。承務郎。《司成行狀》。 立象字象之。次仲四子。紹興八年進士。《江陰志》。 立會次仲五子。承事郎。《司成行狀》。	邢舉進士。《清孝行狀》。 郇登仕郎。 郢登仕郎。 都習進士。 鄭習進士。 邸將仕郎。

續　表

							立民次仲六子。通事郎。 立經字權之。次仲子。宣和六年進士。直龍圖閣。《江陰志》。謹案,《文康行狀》,孫六人,有立會,無立經。《清孝行狀,有立經,無立會。而《江陰志》立經注,次仲子。疑即立會。 立教常州排岸。《清孝行狀》。 立柔從事郎。 立方字常之。勝仲子。紹興八年進士。秘書省編定書籍官,禮部侍郎。《中興館閣録》八,《繫年要録》一百五十四。 立中勝仲次子。右迪功郎。提舉河北鹽香司干辦公事。《文康行狀》 立器勝仲三子。 立卓勝仲四子。	郛立方子。右迪功郎。臨安府於潜縣主簿。《文康行狀》。 郯字謙問。立方次子。紹興二十四年進士。右承奉郎。溧水縣主簿。 郤字周克。立方三子。紹興十八年進士。右承事郎。太平州學教授。 鄰立方四子。右承奉郎。鹽官縣丞。 郊字楚輔。立方五子。隆興元年進士。少保,左丞相。謚文定。配饗光宗廟廷。《宋史》三百八十五列傳。

續表

					書舉字規叔。熙寧三年進士。長垣令。《江陰志》。	正仲字孝卿。書舉子。政和二年進士。軍器少監。《江陰志》。 師仲字範卿。秘書省校書郎。《江陰志》。 濟仲《文康行狀》。	立豫勝仲五子。 立参勝仲六子。	剛正字德鄰。《三續千字文》注云:郯之從孫應下二格。 郕字師古。嘉定元年進士。沅黄教授。《江陰志》。
			惟明《丹陽集》《葛公墓志銘》。	定	淳	權字執中。	開真	

謹案,葛氏世系行輩可考者如右。縣志尚有葛昭華,字文圭,淳化三年進士,大理寺丞。葛瑾,慶曆四年進士。葛敏求,字子明,嘉祐六年進士,司農寺丞。葛光,熙寧六年進士。葛師望,字興周,中奉大夫。葛豸■■,葛長卿,字才儒。葛皞,字子廣。四人皆紹聖元年進士。葛彦成,大觀三年進士。葛騏,字子有。嚴州教授。葛價卿,字朝倚。二人均重和元年進士。葛璟,字子平。知通州。葛温卿,字直儒。廣德丞。二人均紹興五年進士。葛興宗,字仲抗。乾道五年進士。泰州教授。葛實,淳祐四年進士。葛武,字君昌。賜五經出身。葛中復,舉明經。附識於此。

葛氏著述存者,《丹陽集》二十四卷,《大典》本。《歸愚集》十卷,宋本,九卷,附詞一卷。《韻語陽秋》二十卷,明正德本。《信齋詞》一卷,葛郯,《名家詞》本。《三續千字文》。葛剛正。海源閣本。

梁溪尤氏世表

尤氏，自晉江避難入吴，卜居無錫許舍。生二子，大成，字有終；大公，字無已。案，尤氏世系，所據《舊話》爲多。他書注出處，不注者皆《舊話》也。

尤申字陽秋。	時亨字逢盛。	衮字延之。紹興十八年王佐榜進士。進秘書丞，兼國史院編修官。實録院檢討官，遷著作郎，兼太子侍讀。累官至禮部尚書。贈太師，謚文簡。《宋史》三百八十九列傳。	棐 槩字與平。衮次子。淳熙二年詹騤榜進士。累官建康府推官。擢左朝奉郎，太常博士。	焴字伯晦，■■■年鄭自誠榜進士。累官至禮部尚書。明殿大學士，提舉秘書省。封毗陵郡侯，謚莊定。《咸淳毗陵志》。			山字元鎮。焴曾孫。太學生。入元不仕。《錫金新志》。	
煇字■■，紹聖元年畢漸榜進士。累官至兵部尚書，知樞密院事。除觀文殿大學士，知建康府。贈少師，謚文獻。《錫金縣志》。	著字少蒙。煇子。紹興二年，張九成榜進士。累官至兵部郎官，晉太子詹事，兼秘書監，權工部侍郎。 時泰舉博學鴻詞，除國子監主簿。	棸	梁 森字與茂。慶元五年曾從龍榜進士。迪功郎。 棟字率厽。景定四年方山京榜進士。山陽令。召秘書正字，出知廣德州。	爚槩子。 燿字仲微。槩次子。嗣於梁，更字宗英。官至衛尉寺丞。 燾棟子。 照棟次子。	帶字公垂。燿子。官至將作監主簿。	志字尚之。帶子。	交志子 季字穎父。志次子。	玘字君玉。交子。户部尚書。封魏郡公。《縣志》。 良器秀子。官提刑，點檢點。 天澤良器子。應下一格。

常州文録例言

我郡風俗純竺，山川綿麗。聚生賢哲，增重藝林。義興之周，扇芳馨於三國；無錫之顧，捃逸譽於六朝。蕭氏挺生，文武備具。幾幾家抱和璧，人握隨珠。雖逸編之不存，緬流風其未艾。李唐以後，名流不絶，近經兵燹，散佚頗多。守缺抱孱，吾輩之責。兹擬薈萃一書，名曰《常州文録》。遠法《會稽掇英》之集，近倣《甬上耆舊》之編。理先輩之叢殘，爲後學之津逮。義所當爲，曷敢多讓。

古人總集，約有分代、分家、分類、分體之不同。分代主於世運，分家主於流别，分類主於比例，分體主於法度。各擅所長，不可偏廢。兹輯以分代、分家爲主，於分别部居之中，存知人論世之意，而風氣之變易，學派之宗尚，無不隨文見焉。景慕匡襄，望之來學。

昔長洲顧俠君選元詩，十干分編，而未見全書者，退爲癸集。海鹽胡震亨選唐音，十籤並列，而意在附存者，歸諸閏餘。誠選家之茂矩，總集之通例也。兹録於有專集者，通體瀏覽，凡説解近乎經，傳志近乎史，論難近乎子，皆在所亟收。至於贈序、答書、紀游、述事，擇其尤者，亦不遺棄。或約，或寬，均有義例。

今自唐至明曰前編，國朝諸家曰後編，其采自選本者曰閏編。别集傳於世者，以唐蕭茂挺爲最先，他如《文恭》、《毗陵》、《丹陽》、《牆東》，近出《大典》。《道鄉》、《歸愚》、《鴻慶》、《龜巢》，僅存鈔帙。羽陵珍秘，未易搜羅，理宜多收，以廣傳布。然唐以前書無刻本，傳録紙貴，故存者少而工者多。宋以後刻本盛行，連篇累牘，工拙雜糅，兹録稍汰繁蕪，存其雅正。隨人所著，各自爲家。蘇海韓潮，期於毋失其真而已。

國朝人文，飆舉雲合，學文青門，尚沿明季餘習，未能領異標新。彙旃守東林之舊，晝山受宛陵之傳，賓實承安溪之學。麟麟炳炳，輝映一時。乾嘉之間學者尤盛，皋文博綜經術，子居出入周秦諸子其爲文章，遂有函蓋古今，蕩動雲海之致。祁生、晉卿、仲倫、小峴、保緒、山子，亦各覃心冥追，成就遠大，海内屬翰之士，目之曰陽湖派，與桐城並稱。雖刻本專集，沾丐儒林。擷其菁華，歸於玆録。其他單刻小集，名不甚著，爲世間罕見者，采取略廣，猶之前編。

唐以前人，專集均佚。然周魴誘曹之書，見於本傳。愷之賦序之類，傳之短書。零璧碎金，何可輕棄。他如宋、元、明人，僅於選本流傳一二。與夫山經地志、稗官野史所載，存人存文，關係最重，並注所出，以便覆勘。昔人比之葬暴露之白骨，哺路棄之嬰兒，言之何其沈痛。況乎發桑梓之幽光，表枌榆之潛德者乎？

古人文辭，不分駢散。近則截然兩體，判若淄澠。屠庶常寄有《國朝常州駢體文録》之刻，兼録古賦。玆録國朝諸家，專取散行，庶免疊牀架屋之誚。若前篇爲屠選所未及賦與儷體，擇其有關係者，間登一二，藉以補缺，並非亂例。

文人仕履，各史有列傳者，首録列傳。無列傳者，采諸墓志、碑文、志傳。他若《四庫提要書目》解題，亦均甄録。至於前輩品評、文人軼事，可以爲史家之考證、藝苑之叢談，均爲詳列，以備參考。

時文序不録，不足録也。壽序不録，戒諂媚也。生存人不録，涉標榜也。談經過偏執者不録，近隱怪也。論事過詆毀者不録，息争競也。

八縣志書所載經籍，今已百不一存。近來搜得全稿，不及五十種，殊嫌孤陋。然轉有所得，出於志書之外者。同鄉諸君子，或舊藏名人舊刻，或寶先世遺書，幸祈惠示，以助不逮。或徑寄原書，或傳録副本，如弓袤不鉅，當爲刊行。否亦擇要録入，决無散失之理，同好者諒之。

光緒順天府志序録

清受天命，撫有方夏。因元明之故都，於燕京定鼎。東撫遼瀋，接龍興之舊疆。南絶粤海，北度大漠，撫喀爾喀內外諸札薩克。西開玉門、陽關二萬里，古之疏勒、莎車，盡爲郡縣。地球之上，五大洲大小數十國，或自達，或附屬。輶軒之使，琛賮之貢，咸輻輳於京師。

京師之地,王化所始。巨之郊廟、學校、兵衛之制,細之禱祀、風尚、玩好之事,靡不先行畿甸,後及薄海。地大物博,稱曰首善,而領之以順天府尹,與總督分治。蓋秦内史、漢京兆尹、洛陽尹之遺制也。府轄兩道、四廳、五州、十九縣。幅員之廣,政令之繁,特異於他府。顧自建都以來,元則有《燕京志》、《析津志》,明則有《北平圖經》、《北平志》。書皆不傳。存於今者,只萬曆間沈應文所撰《順天府志》耳。書僅六卷,草創荒略。同治壬申,今文華殿大學士、直隸總督肅毅伯合肥李公,奏修《畿輔通志》。調取各府、州、縣志書,而順天獨闕。前吏部尚書、德化萬文敏師,前湖北巡撫彭丈祖賢,創議重修。聘分纂,購書籍,輯長編,函商李爵相,籌寄經費。延今兩廣總督張孝達師擬定義例,授荃孫照例編輯。中丞開藩豫章,今通政使宜興周丈家楣接任。奏請開局。得旨俞允。

光緒辛巳,孝達師巡撫山西,令荃孫專任其事,固辭不獲。適周丈再莅任,催二十四州縣采訪册、書牘並發,舟車踵接。荃孫復引兵部郎中、德清傅君雲龍、武進舉人屠君寄爲助。周旋瑣屑,經理終始,則順天府經歷、山陰范君思本,國史館謄録、宜興李君棣林之力居多。始於辛巳,訖於乙酉。

凡成書一百三十卷。總綱十一,子目六十有九。而冠之以京師志者,紀卜宅之隆規,敷睿治之丕烈。邦畿千里,游泳聖澤。使薄海内外,聲教所訖,莫不瞻雲就日,奉爲依歸。是以序述規模,恭紀卷首。

次之曰地理志。規畫區域,脉絡山川。郛郭建置之方,治所興廢之迹。因近以綴遠,托小以著大。使人覽形勢厄塞,則思握險控御,防患於未然。驗風俗盛衰,則思與民休息,維之於不敝。庶幾如澄止水而無漠惛之患也。

次之曰河渠志。永定貫乎中,清河界其南,白河流其北。文霸之間,舊爲澤國。是在窮其源,極其委。勤板築,通淤塞。使堤有金石之固,而防無絲縷之罅。則沮洳皆化上腴,黔首於以永謐也。廟堂之碩畫,官吏之功績,所宜日載而月紀也。

次之曰食貨志。則財出於土，土繫於人。通乎天時，盡乎地利。定則壤之經，制税斂之法。勝國苛政，首先蠲除。使民知耕鑿之樂，效輸將之忱，而沐仁澤於無涯也。

次之曰經政志。官吏之廢置，倉儲之虚實，漕運之更變，典禮、學校之制，錢法、鹽法之章，兵汛、驛傳之籍，編輯公牘，搜訪故事。使人觀其得失，而補敝救偏。至若西北叢山，擁衛合遝，金鐵之利，見於前史。硝磺之産，訪諸土人。而今僅以煤著，無亦地利之未盡，人謀之未臧乎。

故事志者，由今溯昔，綱舉條繫。識大識小，各具勸懲。若夫兵事之成敗，形勢不可不講也。天時之祥異，政令不可不治也。防患於微，宜慎也哉。

官師志者，典城佐治，各有專責。居位之久暫，考最之黜陟。序爵里，述事實。采善鉏醜，意在於斯。

人物志者，鴻儒偉德，生必間世。涵山澤之淳英，稽枌榆之故實。百世之下，仰高山，慕景行，而心爲之嚮往也，豐功偉烈之不容没也，潛德幽光之必待發也。若身厠科目而無所表見，甚且引以爲誡，抑又末矣。

曰藝文，擬四部之編録，仿七略之解題。盧牟群哲，捃拾綈緗。雖一家之説，雜流之言，皆有取焉。所以使博覽旁搜，抱殘守缺，求前喆之秘文，而毋敢弁髦視也。

曰金石，其大者足以補史乘之漏，其斷石零墨，亦可徵軼事，表芳躅。深巖窮谷，古刹荒冢，披沙抉蘚，日出不窮，所以爲好古之士，導其先路也。

斤斤焉，宣其要賾，總其紀綱。引而申之，不避復遝以自明其意，使後之莅此者，求先典而秩如，徵庶績而咸若。前者可傳，來者可續。百務條通而輻輳，如百川之貫於江河，無不滲漉。是則盡詩人周爰之善，效愚者一得之益，乃爲序志一篇，以終其事焉。

古之志都邑者僅存乾道、淳祐、咸淳三志。偏隅南渡，具體而微。豈若今日大一統之規，躋中興之世，徵今考古，泐成此編。文不敢慕高潔也，惟求其賅；辭不敢尚華縟也，惟取其徵信；事不敢專

企雅峻也,惟重其足以敦厲浮俗。世有學人才士,知言之選,必能實事求是,以匡不逮,是所深幸也夫。爰爲之序曰:

金城湯池,虎踞龍蟠。宅中圖大,長治久安。貢達梯航,瑞輯躬桓。是曰天府,厥論不刊。志城池第一。

千門萬户,建章是營。巍巍翼翼,弘我漢京。志宫禁第二。

靈沼靈臺,與民偕樂。奎藻雲章,輝皇巖壑。志苑囿第三。

大圜大矩,呼吸相聯。肅肅祇祇,誠通槱煙。祖功宗德,稽古同天。夙夜匪懈,明禋潔蠲。志壇廟第四。

六宗群神,首見堯典。肸向呵護,捷於睇眄。及群小祀,祭亦豐腆。作之敬恭,格於幽顯。志祠祀第五。

七棘三槐,星張棋布。遠溯元明,廣稽掌故。志衙署第六。

漢家羽林,唐代府兵。桓桓步伐,肅肅干城。投石超距,伐鼓揚旌。如火如荼,衛我神京。志兵制第七。

八旗子弟,奇才卓犖。既習武備,兼擅文學。冬夏詩書,春秋禮樂。回緬遠人,亦歸雕琢。志官學第八。

生財有道,務本節用。以告大農,兼權合綜。志倉庫第九。

關市有徵,首嚴譏察。匪曰取盈,藉懲豪猾。志關榷第十。

鰥寡孤獨,王政所先。舍以室宇,食以粥饘。興及蠶桑,利莫大焉。經營籌畫,賴彼高賢。志廠局第十一。

朝市南北,衢巷西東。三條五劇,雨集雷轟。竹垞雙藤,西崖四松。前賢遺躅,欽挹高風。志坊巷第十二。

湖名淨業,河號大通。發源玉泉,萬派朝宗。液波颭碧,溝葉流紅。維郭守敬,成此大功。志水道第十三。

琳宫貝宇,參差相望。紺碧雲中,精藍天上。寂寂鐘魚,峨峨龍象。轉大法輪,是曰寶藏。志寺觀第十四。

禮儀好尚,各有所宜。時世盛衰,風會轉移。茂矣美矣,陶之淑之。補偏救弊,意在於斯。志風俗第十五。

盧龍大藩,涿鹿左界。面山負海,杜平扼隘。境拓封圻,迹存營砦。環顧甸服,朗若圖畫。志疆域第十六。

恒岳西來,田盤東峙。小郭大宫,巇巇崮崮。灤泉徐衍,尋源極委。經山緯川，班志是儗。志山川第十七。

名山枕堞，平地疏渠。劼之鞏之，以奠閭閻。志城池第十八。

弗謂傳舍，爾盡爾職。即以荻障，詎無慚色。堂記知愧，齋名古墨。景行前賢，曰攸好德。志治所第十九。

今之縣邑，古之子男。百神鑒臨，調和嚌甘。明粢芳醴，申命再三。何以格之，令德無慚。志祠祀第二十。

峨峨隆福，曾駐鑾輿。赫赫上方，創自隋初。禪宗達摩，梵字佉盧。經幢塔記，寶勝瓊琚。志寺觀第二十一。

金陵奉先，明陵天壽。櫻黍猶薦，松楸永茂。下至公卿，纍纍道右。巨碣豐碑，縱横碧獸。志冢墓第二十二。

都鄙形體，均之遂人。遐綜邇緬，如絲伊綸。出入守望，安我編氓。古城故瀆，纖悉具陳。志村鎮第二十三。

軍都古陘，潮河大川。故壘遺屯，消歇烽煙。海波一角，摇動全燕。輪舸炮臺，鎖鑰鈎連。志邊關第二十四。

齗齗舊俗，于于土風。密邇皇都，以洽大同。志風俗第二十五。

於菟楚言，登來齊語。體别陰陽，音諧徵羽。略分清濁，强生齟齬。疏證明通，騎驛今古。志方言第二十六。

以晷占天，以表量日。經度緯度，立法縝密。遠近高下，得諸實測。勿言占驗，流於方術。志天文表第二十七。

幽都宛延，州以山名。秦漢以降，代有分並。緯以大事，記以旁行。二千餘載，陳蹟分明。志沿革表第二十八。

酈亭水經，注於大代。直隸河渠，創於大戴東原先生。山川脉絡，溝澮向背。願以一心，上溯千載。經流支瀆，搜求破碎。古道舊碣，考訂茫昧。我思古人，力愧未逮。志水道第二十九。

密楗填淤，樹板分崖。時奉廟謨，庶民子來。堤長束虹，杵急喧雷。金石同堅，灑沈澹災。志河工第三十。

水畢除道，駟見成梁。勿憂沮洳，均達康莊。志津梁第三十一。

戾陵立堨，荆山開渠。道園立法，潞水著書。欲變斥鹵，盡化膏腴,求民瘼者,尚其鑒諸。志水利第三十二。

一男三女,著於職方。休養生息,字育繁昌。雞鳴犬吠,四境相望。何以莅之,俗阜民康。志户口第三十三。

四擾三種,宜於幽州。功程勤惰,性辨剛柔。泉温育硫,山深産鏐。今之利器,尚其講求。志物産第三十四。

勝國重賦,蕩滌一新。耕田鑿井,長沐皇仁。春斂其庸,秋税其畝。維正之供,奔走恐後。則壤有經,愠解財阜。志田賦第三十五。

旗租一項,掌於有司。董而理之,如析亂絲。志旗租第三十六。

官多民擾,官省民玩。損益得宜,成章可案。志官吏第三十七。

豐年登穀,餘三耕九。亦有凶荒,以裨高厚。蓋藏敗蝕,責在典守。擴而充之,惟民父母。志倉儲第三十八。

轉漕東南,以實帝倉。河運海運,監以倉場。州名曰通,取義孔長。利弊纖悉,記述必詳。志漕運第三十九。

昔産五金,今惟石炭。鑿險縋幽,功資執爨。志礦廠第四十。

蘆臺玉砂,寶母之靈。亦供天厨,用佐邊硎。志鹽法第四十一。

軍興財乏,乃造大錢。緣何京師,其用獨偏。銷鑄宜禁,子母兼權。幾時復古,跂彼高賢。志錢法第四十二。

五禮五庸,鬱鬱彬彬。陶情淑性,以牖吾民。志典禮第四十三。

鴻都雅化,膠序成林。圜橋之士,釋耒鳴琴。幽燕剛氣,治爲南金。穆穆醇風,悠悠我心。志學校第四十四。

拱衛京師,不忘武備。步代之齊,技擊之利。星布百屯,雲回萬騎。居安思危,惟聖時跂。志營制第四十五。

傳記乘驛,孔言置郵。去如風發,捷似星流。朝令夕聞,借箸運籌。附以電報,制度尤周。志驛傳第四十六。

三千餘年,大事可記。規仿龍門,綜徵期備。志時政第四十七。

幽燕形勝，兵所必争。借觀龜鏡，庶弭亂萌。志兵事第四十八。

商瞿再傳，而得周醜。微言已渺，人自不朽。漢家韓盧，昭代黄朱。行爲人師，學爲純儒。志學派第四十九。

陰陽燮理，職在三公。嘉禾瑞麥，蝕日流虹。休徵咎徵，感應則同。勿謂細微，息息相通。志祥異第五十。

逸事瑣聞，街談巷語。風雨一燈，乞靈故楮。聊示勸懲，間有取與。志怪談玄，皆所弗許。志雜事第五十一。

澤我一時，報君千古。我思古人，杜母召父。春社壺觴，秋郊鼓舞。善政可尋，往哲是與。志官師傳第五十二。

紆青拖紫，爲百族師。僉曰吾良，行則委蛇。頌聲闃寂，似知不知。何如循吏，身往名垂。後有來者，尚其思之。志歷代職官表第五十三。

高山巨川，鍾毓嘉德。行爲士範，言爲世則。宇宙增華，簡編生色。魯國山陽，先賢法式。發潛顯幽，以儀四國。志先賢第五十四。

雜人一傳，創自歐陽。據事直書，法誡毋忘。志雜人第五十五。

昔何光遠，作鑒誡録。著爲殷鑒，以囿薄俗。志鑒誡第五十六。

株檽欂櫨，公輸材之。精神獨到，遂炫瑰琦。技進於道，神通以思。曲藝可名，庸庸何爲。志方伎第五十七。

表以石窌，昭我彤華。區明風烈，揚搉柔嘉。如金百鍊，如玉無瑕。女貞猗猗，庇蔭幽遐。志列女第五十八。

運期遠游，幼安避地。樂土可遷，一枝是寄。志僑寓第五十九。

唐志真系，宋録傳燈。惟彼二氏，不没其稱。志釋道第六十。

漢重選舉，唐分科目。赤水求珠，荆山采璞。三輔黄圖，王政所先。聖皇側席，野無遺賢。桑梓之華，俊乂高騫。志選舉表第六十一。

礪山帶河，孔鼎悝鐘。上古及隋，或王或公。有明成祖，入紹大宗。書爵書世，不及虛封。志爵封表第六十二。

嚴顔斷頭，弘演納肝。齎命蹈義，若饑就餐。揞拄天壤，大節同完。薦以苾芬，浩氣鬱蟠。志昭忠表第六十三。

望高北斗，品重南金。祀之黌宫，以式士林。志鄉賢表第六十四。

廣搜地志，兼録故事。自周迄今，事蹟大備。志紀録順天事之書第六十五。

編分甲乙，簿録經史。秩存並列，記其緣起。燕山勃海，鍾毓秀良。毋寶燕石，而遺琳琅。志順天人著述第六十六。

聖制星炳，天章雲麗。刻石鏤金，昭示萬世。志御碑第六十七。

商周遺器，頒自上方。岐豐石鼓，遷於汴梁。下迄元代，共寶珪璋。深嚴壞刹，時露幽光。志成後，得唐、遼、金、元多種。我思古人，惟趙歐陽。志歷代金石第六十八。

洪武圖經，煙雲散逸。萬曆府志，尚流完帙。露纂雪鈔，迨二千日。重啓規模，自病忰率。書訂奇零，事搜放失。慎言闕疑，敢云著述。匡厥譾陋，大雅竢質。志序録第六十九。

光緒湖北通志序録

湖北一省，寰宇之樞紐，江漢之上游，東連吴會，西通巴蜀，南極瀟湘，北接雍豫。爲府十，直隸州一，州縣六十八。地土沃衍，人民繁庶，最爲樂國。其紀載事實之書，北宋時有《京西路圖經》。南渡而後，有《荆湖北路圖經》。明有《全楚志》，何遷撰。有《湖廣總志》，九十八卷，徐學謨撰，萬曆二年成。國朝有《康熙湖廣通志》八十卷，陳肇昌修，康熙二十三年成。有《湖廣通志》一百二卷，總督邁柱等修，雍正十一年成。以上各志，皆合湖南爲一。自湖南、北分省後，有《湖北通志》一百卷，陳詩等撰，嘉慶十一年成，湖北方有專書。光緒辛巳，總督李瀚章、巡撫彭祖賢奏請重修，距嘉慶成書時七十八年矣。又遭粵寇之亂，省城三陷，外府止存荆、襄、施、鄖四城。公私載籍，百無一徵。其間事變繁多，開通商口岸，創長江軍制，仿泰西造學堂，開礦廠，皆大政之卓卓者。損益異時，今昔異政，遇事考究，尤貴詳明。乃請於朝，謀於僚屬。招集績學嗜古之士，相與討論，繙閲典籍，凡群經、諸史以及聖訓、會典、則例、三通、大清一統志，暨諸省郡縣志書、諸子百家、文集雜著，靡不甄録。又檄郡縣采訪，月以册聞，銖聚成鈞，縷積盈笥，然後條區類别，分授纂編。舊志徇俗，今皆考訂，如州縣一圖，開方記里，江漢二瀆，從源及流之類。舊志失序，今皆綜核，如學以訓士，創立專門，軍以衛民，兼稽兵事之類。舊志虚文，今皆删除，如禮儀重典，天下所同，事物雜綴，志餘所載之類。又有舊志所無，今應增益，如晷度立表，經緯不訛，關榷征商，中西同揆之類。凡所編述，具勒成二百有六卷。其叙曰：

帝眷南服，自天降詔。煌煌九朝，日星並曜。述詔諭第一。

維府州縣，地各一圖。割圜切綫，四正四隅。述輿地疆域圖第二。

前朝治所，井邑已改。故城舊戍，上溯千載。廣訂旁稽，其功數倍。讀史足徵，典型具在。述前代沿革圖第三。

代有分並，地名繁滋。三千餘年，表以貫之。南北僑置，紛於亂絲。條舉件繫，羸縮佤離。述沿革表第四。

節氣早遲，太陽高下。政齊璣衡，繆殊星野。述晷度經緯表第五。

國所憑依，名山大川。三楚紀述，盛郭最先。脉絡鈎帶，經支綿聯。靈孕地軸，氣象萬千。述山川第六。

楚疆巖巖，中樞重鎮。左江右漢，臨深標峻。珠鈐坐擁，金甌未璺。制治保邦，鑒於古訓。述形勝第七。

上溯熊羋，下迄勝朝。礪山帶河，以育功苗。蕔蕔蝨蝨，蠻左浮囂。撫順討叛，不廢科條。述藩封附土司第八。

荆楚歲時，著於宗懔。邑有禮儀，俗便食飲。土風剽疾，去其太甚。多智多壽，山澤異稟。述風俗第九。

史曰檮杌，傳記於菟。今昔異音，脣舌非殊。揚雄、郭璞，創此成模。甄綜騎驛，端賴通儒。述方言第十。

書紀栝柏，語詳竹箭。物産沃饒，東南之選。石炭千冶，鏐鐵百鍊。取法泰西，週久在變。述物産第十一。

古人往矣，高山仰止。憑吊遺墟，掇拾故紙。我佛西來，琳宫高峙。點綴湖山，皆大歡喜。述古迹第十二。

金城湯池，守國所尚。禦彼竊發，足爲保障。述城池第十三。

布政何所，棠舍松廳。勞逸並治，鳴琴戴星。述廨署第十四。

兵燹甫定，事變浩繁。分曹舉職，以奠元元。近采西學，機巧溯源。噫吁利藪，稍作屏藩。述廠局第十五。

水旱災厲，明神肸蠁。感孚兩間，包孕萬象。勞臣古賢，春秋報享。崇德尚功，盛典無兩。述壇廟附祠祀第十六。

高原下隰，千村萬落。廣記墟市，久安耕鑿。述村鎮第十七。

天府之國，叢山重湖。僻陋弗備，寇鈔是虞。陳古誡今，立説繪圖。勇夫重閉，毋忘要區。述關隘第十八。

荆州澤國，最重宣防。危隄一綫，萬衆倉皇。東塞西决，南福北殃。古曰雲夢，今也稻粱。棄地與水，上策最良。第曰畚築，補捄弗皇。緯以圖説，厘定界疆。典型具在，孰禦湯湯。述堤防第十九。

新月長虹，行人利濟。但求樸實，無取美麗。亦有方舟，溯洄水際。安我賓旅，往來無滯。述津渡第二十。

王政所先。鰥寡孤獨。惠此哀黎，自求多福。述善堂第二十一。

一男二女，見於職方。偶見盛衰，端在凶穰。述户口第二十二。

厥土塗泥，厥賦上下。鋤雲犁雨，盡力田野。勿慮中飽，税則近更。計畝納緡，以順輿情。述田賦第二十三。

天庾正供，銜尾千艘。改折册稔，善政弗撓。立屯編衛，管運分曹。如更舊轍，永沛恩膏。述漕運附屯衛第二十四。

多黍多稌，載詠豐年。倉庾既盈，邀福自天。以備凶荒，流亡少焉。蓋藏敗蝕，守土之愆。述倉儲第二十五。

聖朝惠政，歉則蠲恤。沐浴皇仁，海宇静謐。述蠲恤第二十六。

榷關徵税，具有成規。貨財竹木，户工分司。征及市廛，爲籌軍食。海舶通轉，均輸千億。過寬近懈，過嚴近刻。足國惠商，以輔九式。述關榷附厘金第二十七。

荆襄十都，舊號淮岸。巴蜀並鹽，順流侵灌。互有詆諆，時相辨難。因勢利導，贏絀自判。述鹽法第二十八。

幕文舊志，曰武曰昌。私銷盜鑄，甲令嚴防。近設西爐，鎔鍊精詳。厚薄如一，磨琢尤光。銅礦燭天，安陸之鄉。采沙闢冶，庶免錢荒。述錢法第二十九。

淵源洙泗，賢關聖域。陶冶南金，廊廡翼翼。述學宫第三十。

庠序雅化，青青子衿。于飛鳳翽，革彼鴞音。述學額第三十一。

廣厦萬間，大庇多士。驥櫪盼孫，龍門識李。亦有風檐，以試童子。程材衡藝，雲衢伊始。述貢院第三十二，試院第三十三。

經義治事，創自安定。繹史詮經，講堂觀聽。别啓黌舍，廣分門徑。維楚有材，寶珠照乘。述書院第三十四。

公田遺義，學校尚存。納租取息，以贍饔飧。講舍義學，首在經畫。因事豫籌，官司之責。述經費第三十五。

統帥穀城，兩鎮鄖宜。南山北山，鞏衛防維。峙乃糗糧，縠乃甲冑。典守竄缺，決罰弗宥。述緑營額兵第三十六。

桓桓禁旅，駐防荆州。踞虎中原，飲馬江流。星羅棋布，武備聿修。國風所詠，干城好仇。述八旗駐防第三十七。

肅清江路，賴兹炮艇。編營列隊，與陸師等。述長江水師第三十八。

子將牙軍，簡練精鋭。厚之稟禄，授之技藝。安不忘危，四郊拱衛。去兵節財，竊曰非計。述練兵第三十九。

十里一塘，百里一汛，以詰奸宄，以遞郵信。述塘汛第四十。

置郵述孔，乘馹記左。朝令夕聞，捷於星火。述驛遞第四十一。

荆襄形勝，用武必争。累朝兵事，自周迄明。體例袁樞，始末具呈。龜鑒不遠，永慶銷兵。述歷朝兵事第四十二。

九宫殄寇，兵不血刃。吴逆犯邊，屢退屢進。邪匪窟穴，粤捻縱横。師武臣力，馴致太平。述國朝武功第四十三。

蒼頭特起，白甲從征。史臣所重，毛胡盧兵。堅壁清野，且戰且耕。平時保甲，潛銷亂萌。述鄉團第四十四。

符瑞稽沈，五行斆劉。休徵咎徵，喜與懼侔。述符瑞弟四十五，災異第四十六。

古曰寶書，今之方志。名臣别傳，下邑故事。兼搜賦詠，文繫乎地。述紀載楚事之書第四十七。

盧牟往哲，捃摭緗緗。條其篇目，撮其精良。甲乙分部，佚存並詳。略具解題，待補遺亡。述士人著述第四十八。

藝林别趣，吉金樂石。如何楚郊，存不及百。雷鐘壽碑，拓本蕞殘。冠之卷首，聊敦古歡。述金石第四十九。

文翁化蜀，子産治鄭。威克愛克，偏重則病。謳歌一時，尸祝萬姓。弗徇虚文，但求實政。述宦績傳第五十。

官師之録，賢否並列。昏庸尸位，俊流植節。名字雖同，褒譏則别。舊止郡守，丞令盍闕。今訖校官，育才尤切。拾遺燭隱，弗嫌瑣屑。述職官表第五十一。

舉秀察孝，仕途久分。放棄末流，網羅舊聞。近年，孝廉方正，壽榜舉人，頗滋物議。均未録。述制舉表第五十二。

烝我髦士，釋褐受禄。名揚匪易，德副是祝。竭海求珊，鑿昆采玉。棟梁干城，文武並録。述進士表弟五十三，舉人表第五十四。

世録遺矩，起家任子。移孝作忠，拾取青紫。述蔭襲表第五十五。

襄陽耆舊，楚國先賢。名臣碩德，光我簡編。述人物第五十六。

疾風勁草，扶植綱常。松柏不改，日月争光。身膏原野，魂歸帝閶。披髮夜叫，天風浪浪。述忠義第五十七。

論曰孝哉，書曰友于。言乎家庭，名動寰區。肫肫素履，儒者楷模。是爲庸行，正氣常扶。述孝友第五十八。

易授馯臂，傳衍鐸椒。杏壇三傳，微言未淆。宋明理學，德義之標。肩道援溺，先儆虚囂。述儒林第五十九。

屈宋騷經，詞章之祖。史才小宋，詩家老杜。户擅雕龍，人推文虎。何以喻之，珠林琅圃。述文苑第六十。

接輿老萊，抱道離俗。世綱紛綸，舉矣黄鵠。蜀莊沈冥，得天自足。穆如清風，山阿水曲。述隱逸第六十一。

思通於神，技進乎道。魁能冠倫，上格蒼昊。事耻虚誕，意出獨造。曲藝且然，成名須早。述方技第六十二。

鸞孤鵠寡，中宵銜哀。漆室未啓，霜燈已灰。九死莫贖，百折不回。崔巍崔巍，懷清之臺。述列女第六十三。

少伯居陶，運期僑吴。弗詠黄鳥，庶歌白駒。述僑寓第六十四。

養性凝命，釋道同源。默悟元理，一空俗緣。棲真唐志，傳燈宋録。卓哉二氏，聊志芳躅。述釋道第六十五。

嘉慶舊志，陳蕪章缺。亦越百載，文獻幾絶。廣録群籍，旁咨後賢。文删其穢，論去其偏。雞蹠狐腋，掇拾有年。皕卷嶙峋，勒成一編。闕疑存信，敢曰精研。敬竢來哲，糾繆繩愆。述序録第六十六。

昌平州志序録

昌平，在京師之西北，枕居庸之險阻。土地沈雄，人物樸茂。頡頏風翊，控扼雲朔。誠神皋之奥區，冀方之衝要也。明初，新舊二志散逸不存。嘉靖時，崔學履修之。康熙中，吴都梁修之。迄今已二百年，月成歲會，久而無徵。潛德幽光，湮而莫舉。遂使畿赤之域，同於蕞陋。老成既謝，典型蔑如，是可慨也。同治七年，節相合肥公修《畿輔通志》,前知州事吴君履福、錢君敏創議重修,邑紳、前福建道監察御史劉君治平任其事,命弟子庠生劉君萬源主修。搜古書之記載,證父老之舊聞。山川關隘,親履其地,而前人之異説可折衷。物産人物,無取借材,而邑乘之統病可盡滌。知州事宋君文莅任,思竟其事,授簡荃孫編纂,及竟而侍御卒,侍御之子勳,舉而刊行之。荃孫例得書其後曰:

聖澤汪濊,首及畿甸。勝國山陵,寢宫享殿。松楸勿翦,櫻實猶薦。閲三百年,永承天眷。援漢侯瑾《皇德傳》例,述皇德第一。

古人地學,左圖右史。爰述方隅,兼志山水。黄壤錯繡,青郊分綺。藉曰徵實,匪云觀美。援周輿圖例,述輿圖第二。

臺遺龍虎,塞扼蠮螉。軍都新舊,漯水西東。僑郡魏治,長城齊功。沿革興廢,今古不同。援晉朱育《土地記》等例,述土地第三。

冷陘西蟠,白浮東會。小郭大宫,奠礪流帶。零落軍屯,縱横溝澮。兼志營田,萬世永賴。援齊劉澄《永初山川古今記》等例,述山川第四。

史遷遺法,首記大事。三千餘年,叙述簡易。廣録時政,先修戎備。非常必書,兼及祥異。援漢司馬遷《大事表》例,述大事表第五。

令丞簿尉,職司地方。召棠歌詠,欒社蒸嘗。食報聿隆,盛名弗忘。如何人往,姓氏渺茫。援漢班固《百官公卿表》等例,述職官表第六。

漢重選舉,唐推科目。拔之田間,賚以天禄。赤水孕珠,荆山韞璞。世有儁才,門閥永續。援唐《選舉志》等例,述選舉第七。

四至八到,我疆我理。創自元和,倣之樂史。驛號通京,鼓名記里。闊狹不同,沿革可紀。援隋《西域道里記》等例,述道里第八。

廣谷山川,土風願慤。民習耕桑,士嫻禮樂。俗雖樸陋,氣尚卓犖。君子育之,鄰幽跨涿。援晉周處《風土記》等例,述風土第九。

今之州邑，地視子男。百神靈佑，萬井恩覃。報功崇德，調和嚌甘。天章炳若，輝映龍潭。援齊《祠廟記》例，述祠廟第十。

昌平舊刹，實始乎唐。遼金元明，尊奉法王。浮圖紺碧，梵宇丹黄。吉金樂石，寶此琳琅。援魏羊衒之《洛陽伽藍記》例，述伽藍第十一。

明十三陵，山名天壽。星斗縱橫，天潢華胄。瓦墮紅鴛，碑銜碧獸。百年一邱，誰分貧富。援宋李彤《聖賢冢墓記》例，述冢墓第十二。

田賦之簿，掌於胥徒。王莊圈地，旗籍田租。農桑絲粟，閭閻樂輸。正供敢緩，民困其蘇。援宋李常《元祐會計簿》例，述會計第十三。

禮樂之庭，圖書之府。木豆竹籩，雅歌佾舞。涵育薰陶，春風化雨。齗齗洙泗，彬彬齊魯。援宋《崇寧學校新法志》例，述學校第十四。

障狄匪陋，垩壁匪新。蹐堂稱壽，懸榻留賓。嘯歌不廢，聽斷如神。孰云傳舍，薄視吾民。援宋無名氏《衙署志》例，述衙署第十五。

雄關峨峨，區分内外。中黄司壘，太白揚旆。訓練必精，老弱必汰。棋布星羅，衛我都會。援《遼史營衛志》例，述營衛第十六。

川原燥濕，土性剛柔。肥磽異長，勤惰殊收。萬山叢叢，孕銀貢鏐。詔彼丱人，朝夕講求。援唐無名氏《諸郡土俗物産記》例，述物産第十七。

東漢之寇，公侯干城。中唐之劉，弁冕簪纓。鴻儒碩德，間世而生。揚兹美行，樹之風聲。援晉華僑《廣陵列士傳》例，述列士第十八。

化始《周南》，樂起《房中》。傳者更生，繼之蔚宗。截耳摩笄，茹痛則同。頑廉立懦，式此清風。援漢劉向《列女傳》例，述列女第十九。

盧牟往哲，捃摭綈緗。條其篇目，揚其文章。厥書雖軼，其名則彰。邑有著述，奕世弗忘。援《漢書·藝文志》例，述藝文第二十。

登高能賦，才稱大夫。感時憤鬱，吊古歌呼。名章斷句，碎璧零珠。豈無散佚，慨想煙蕪。援唐人《麗藻録》例，述麗藻第二十一。

昌平有志，創自前明。曰崔曰吴，叙述維精。顧記山水，李志芹城。彙爲一編，以質俊英。援漢王符《潛夫論》叙序録例，述序録第二十二。

卷　五

國史孝友傳序

《隋志》傳記類列蕭廣濟等孝子傳七家、無名氏孝友傳一家。書多不存，遺説時見於《類聚》、《御覽》中。至沈約撰《宋書》，創立孝友傳，後世史家多因之，或曰孝義，曰孝行，曰孝感，名雖不同，而其爲實則一也。我國家以孝治天下，服官者有告養之例，行義者有旌表之典。深仁盛德，漸漬人心，而又厚人倫，敦行義，篤教化，厲風俗。旌勸之詔，賁於閭左。所以委巷布衣之甿，兒童稚弱之細，至性所激，生死以之。英聲被於山川，盛事光於日月。固士民之敦本者多，亦聖治之感人者久也。若夫生竭服事之誠，殁盡哭泣之禮，以及同居百口，號曰義門。瞽宗祀之，里黨稱之，視爲庸行，實有奇福。至或逢時不造，罹此鞠凶。犯禁復讎，挺身蒙難。或宛轉而遂其志，或湮鬱以隕其生。類皆纏綿固結，一往莫御。水火不能阻，天地不能奪，刀鋸不能挫，關河不能限。精氣之積而鬼神與之通。往往有行雖怪而適蹈其常，語似奇而實衷於正者。洵可以扶世運，起懦夫矣。今采其尤者，輯爲專傳。余援《唐書》、《明史》例，臚其姓氏如左。

國史隱逸傳序

古有三不朽，曰立德，曰立功，曰立言。士君子厠身儒林，將以求志爲達道之原，修身爲治國之本，豈願沈冥蜀莊，草木同腐已哉！若乃遭時不造，履蹈焦原，九死一生，艱貞蒙難。而天命有在，終不能藉手以有爲。不得已棄捐所尚，投老巖穴。至大至剛之氣，充塞兩間，足使頑者廉，懦者立。百世之下，聞風興起。其有益於天壤，爲功於名教，豈後於救民水火，銘勳茅土者乎。范蔚宗創《逸民傳》，史家因之。

國初遺逸，若黄宗羲、顧炎武、李顒，見《儒林傳》。朱用純，見《孝友傳》。今録錢澄之等十餘人，著於篇。皆大節凛然，無慚前史者。若夫遭逢聖世，高蹈邱園，匿迹銷聲，不爲世用。雖較勝溺情利禄之徒，不啻倍蓰。然獨善其身，曾何益於天下也。故類此者皆不録。

荃孫前在史館續修《儒林》、《文苑》兩傳，舊稿四卷。創修《孝友》、《隱逸》兩傳，有目無書。均有定稿。又接修《公主》、《土司》兩傳，有目無書。《藝文》一志，舊稿十卷。與總裁議不合，乞假歸。初稿尚留荃孫所。

江陰先哲遺書序

士大夫居鄉，收拾先輩著作，壽之梨棗，以永其傳，有三善焉。一邑讀書之士，能著述者不過數十人，著述而能存者不過數人，吉光片羽，蟫畣爲巢，及今傳之，俾不湮没，其善一也。土風民俗之遷革，賢人才士之出處，貞義士女之事實，耳目近接，紀載翔實。是傳一人之詩文，即可傳數人之行誼，其善二也。鄉曲末學，志趣未定，貽以準則，牖其心思。俾志在掌故者，既可考訂以名家，工於詞章者，亦能編纂而成集。佩實銜華，聞風興起，其善三也。顧前人亦有二體，一則采摭詩文，選擇精審，部别代分，彙成總集，如孔延之之《會稽掇英》、鄭虎文之《吴都文粹》是也。一則經史子集，各因其類，首尾悉具，序跋仍之，或就舊帙翻雕，或勒行款如一，如前則胡震亨之《鹽邑志林》，近則邵子顯之《婁東雜著》是也。二者之中，尤以叢刻爲最善。吾友金君淮生，博雅好古，昔與夏君彦保及荃孫三人，互相砥礪，以收拾先輩著作，得一書則彼此傳鈔。十餘年中，長編零帙，得五六十種。淮生先爲《江陰藝文志》二卷，又擇其可以傳播者，梓行二十種，名之曰《江陰先哲遺書》。裒鳩既博，體例尤謹，誠桑梓之鉅觀，而職方之要典也。吾邑僻在江介，宋以後始有傳書。談經則涉於空疏，雜記則近於猥瑣，祇詩文專集，尚有卓然自立者。而邑鮮收藏家，即其子孫，亦不知先人著述之存没。否則以錮蔽爲珍守，不與人傳鈔，欲其流播也難矣。士之秀者，但攻制藝，不知讀書爲何事，並科第亦甚寥落。雖前有李申耆先生之提倡，近有黄漱蘭學使之培植，其如先入爲主，習俗不化何哉。淮生此刻，庶足以化弇陋之土風，而興述作之盛舉，則大有造於後學矣。荃孫雪鈔露纂，蓋亦有年，而京宦力薄，未能廣爲傳布。僅刻先苔石公遺集一卷，亦出明人掇拾，無復舊觀，其視淮生，又不覺慕而生愧也。

積學齋叢書序

古今經籍之傳，由竹簡而縑素，而楮墨，而槧刻，日趨便易。至叢書之刻，在藝苑已爲末事，然萌於宋，繩於明，極盛於我朝。乾嘉之間，大師耆儒，咸孜孜焉弗倦。校益勤，刻益精，藉以網羅散逸，掇拾叢殘。續先哲之精神，啓後學之塗軌。其事甚艱，而其功亦甚鉅。顧有性嗜舊刻，毫氂求肖者，如黄主事之士禮居是也。有志在傳古，校讎最精者，如盧學士之抱經堂是也。有書求罕見，今古俱備者，如鮑處士之知不足齋是也。有專輯近著，搜亡抱缺者，如趙大令之《鶴齋叢書》是也。雖云有槧刻而書易傳，然傳書之功，亦惟叢書爲最大矣。吾友徐君積餘，沈湎經籍，劬學不倦。家寧國，習聞鄉先輩趙琴士之遺風，久客維揚，與竹西諸賢相砥礪。嗜古之念日專，傳古之心日切。近出所刻叢書見視，蓋專求近儒輯述，取未刻之書，爲之傳播。經學、史學、地學、算學，無所不備。書又多可傳，無偏嗜，無雜糅，叢書之善，至此極乎！聞君多藏善本，二集之刻，又翹首而竢之矣。

聚學軒叢書序

錢竹汀先生云，薈蕞古人之書並爲一部，而以己意名之者，始於左禹錫《百川學海》，序題昭陽作噩，而不署年號，而中收李之彦《東谷所見録》，成於咸淳戊辰。以是推之，昭陽作噩，當是咸淳癸酉矣。今宗室伯希祭酒購得喻鼎孫《儒學警悟》，刻於宋嘉定間，又前禹錫數十年，是真叢書之祖。然前人類刻，另立名目，元、明至國初，如《夷門廣牘》、《鹽邑志林》、《津逮秘書》之類。至以叢書著稱，則始於明萬曆間《格致叢書》。案，明人以《説郛》板印行數十種，多寡不一，名爲《唐宋叢書》，亦在萬曆間。以齋閣名書，則始於國朝乾隆間《奇晉齋》、《雅雨堂》。其佳者如黄氏之《士禮居》，秦氏之《石研齋》爲最雅。其鉅者如伍氏之《粤雅堂》，吾友章氏之《式訓堂》爲最宜。自有此叢刻，人謂收拾零星小種，俾不至於湮没，有功藝苑甚鉅。貴池劉子蔥石，嗜古敏學，殫力搜討，所蓄亡慮十數萬卷。匃輯近儒著述，類皆爲經史、金石之學者，刻成《聚學軒叢書》若干種，皆外間所希見。傳昔賢之精神，開後學之矩矱。其不至真僞不分，雅俗不辨，删削脱誤，爲盧抱經學士之所譏乎。余從友人徐積餘太守識蔥石，氣誼交孚，時相過從。積餘先刻《積學齋叢書》，余亦刻《雲自在龕》兩集，近又有《藕香零拾》之選。風窗燈几，日事校讎，吾輩蠹魚風味，亦是有真樂在也。

劉蔥石貴池沿革表後序

昔有問於閻百詩先生曰："考據以何爲最?"先生應之曰："不誤。"請益，又應之曰："不漏。"錢曉徵宫詹述其言而以爲難。若考據至輿地，而欲不誤、不漏也，難之又難者矣。吾友劉子蔥石，家貴池，病其邑志誤漏，而訂正其失，撰《沿革表》一卷，擇精語詳，有條不紊。即如據《宋志》石城漢縣，訂《元和志》韓當封石埭城侯、《輿地紀勝》黄武三年置石城縣之誤。據《通典》、《元和志》，訂《新唐志》脱“池陽郡”三字之誤，訂《隋志》五縣爲四縣之誤，楊君守敬《隋書地理志考證》云，以石城、臨城、定陵、故冶、南陵五縣，改故治爲故冶，云梅根冶銅，官冶之故地。其説穿鑿，不如以五字爲四字之訛較妥。訂汪氏補志少三縣之誤，類皆穿穴各書而得之。其用心細密，洵非尋行數墨家所能者。又據《通典》知唐改秋浦郡爲池陽，當在永泰時。據歐史《職方考》知改秋浦縣爲貴池，當在楊吴順義時。方志訛舛，悉釐定焉。至若地名同異，最易混淆。貴池爲邑，漢前無聞，《漢志》始著石城之名，至隋乃改秋浦。而隋以前書，有曰石城太守李崇者，則燕之石城也。有曰劉胡逃至石城者，讀胡注《通鑒》，知爲竟陵之石城。若但求諸《南史》，其上下文言貴口，言尋陽，又安知不可混淆也？至於石頭城，亦嘗曰石城，去今池州尤近，更難辨識。隋以後，有僑置南豫州時，有治南陵縣時。苟不詳考，漫然讀史，未有不河漢者。君少年好學，工詩古文辭，好金石，精賞鑒。即以此一表，爲續修方志之權輿，而疏通證明，不誤、不漏，庶幾近之。荃孫昔嘗究心地學，又兩修順天、湖北通志，曾彙聚古今輿地書而考其沿革，則各書動輒牴牾，證之於史，牴牾尤多，往往思窮日夜，多采旁證，而後貫通，亦竟有不能貫通者。君此表雖寥寥數葉，然用心良苦矣，君亦許爲知言也乎！

周武壯公遺書序

咸同之間，海内俶擾。湘鄉曾公，用湘軍擊賊，合肥李公，以淮軍佐之，卒能芟夷大難，俾天下重見升平。一時豪傑之士，雲合景從，飆馳電擊，各奮才智，以立勳名。而合肥周武壯公，又其文武備具，魁倫冠能者也。公自遭寇難，投筆從戎。東援吴平粤寇，北清畿疆平捻寇，西入關平北山寇。豐功偉略，史不絶書。其所殫心竭慮，而鞠躬盡瘁，未盡設施者，則莫如天津海防焉。天津者，畿東屏蔽，距京師僅二百有四十里，最爲敵國所窺伺。其間大沽、祁口、北塘要隘不一。公爲統帥，以事爲己任，察形勢之緩急，度兵力之强弱，簡軍器之利鈍，采輿論之是非。恩以威馭，勇從智出，日異月新,士氣益固。又當九河下流,泛濫頻仍,田蕪不治。公駐軍新城,防河疏渠,興屯蒔稻,其利日溥,而其患日減。暇與軍士講土宜,辨物産,種植收穫,儲峙軍資,深合古人有事則兵、無事則農之遺意。爲畿東百姓倡,儻能推而廣之,則虞道園、徐禎明之説,可施於今,而江浙可稍損輸將,畿輔可無虞空之。沐其惠者,又豈止天津一邑哉! 數年之間,防日,防俄,防法,從未有以一舸犯天津者。猛虎在山,藜藿不采,其威在也。迨公歿,而海疆從此多故矣。歲丁酉,公子子昂觀察以遺書見視。分子目十:曰軍謨篇,曰御兵篇,曰簡器篇,曰練法篇,曰戰事篇,曰城工篇,曰屯政篇,曰河務篇,曰行實篇,曰教令篇。其苦心孤詣,流露行間。已行者人共知之,其未能行者,人亦共諒之,公之心盡,而公之職亦盡矣。公所至,尤以興學教士爲先務。在里,與同志創肥西書院;在新城,亦廣設義學。菁莪之秀,遂爲成才,椎魯之夫,亦令識字。篤行必先博學,有勇進以知方。至聖所言,後先同揆。是書也,傳後人,因公意而增益之,庶足挽弱爲强,一洗淮軍暮氣之耻,而爲國家之干城。是所望於後之治軍者。

梁曦初先生文集序

光緒丙子,荃孫應禮部試,以經策受知三原梁曦初師,成進士。撤棘後,執贄門下,一年之中時時進謁。師長身玉立,顔色和藹,獎其所已能,誨其所不及。勤勤懇懇,每言必盡。丁丑九月,荃孫旋蜀,戊寅自蜀還,師已選授福建興化府知府,出都時,偕同門送至城外花之寺。嗚呼,孰知不二年師歸道山,而此别遂成永訣耶! 今年冬,濬甫世兄抱詩文稿來,開緘申紙,宛如覿面,文采猶在,典型已非,悲從中來,不能自已。荃孫學植浮薄,何足知師之文? 猶憶師之言曰:“文無他長,惟真爲難。”嗚呼,古今文人傳作,其真者能有幾人? 蓋有真性情,始有真識力,有真識力,始有真文章。匪止塗澤以爲富,簡淡以爲高也。若集中《關中善後事宜論》、《劾陜撫安飾欺詐疏》等篇,可謂真矣。蓋師早游盩厔路閏生先生之門,學術正,法律嚴,根柢既固,枝葉自茂。後直樞庭,入諫垣,與天下賢士大夫相揖讓,識力日益充。壬戌以來,叠遭寇難,生死哀痛,一發於文。悼我生之不辰,歎時局之難挽,如怨如慕、如泣如訴之致,流露於行間,其性情之厚,有非他人所能及者。性情摯而識力充,識力充而文章實,無意於詞而詞益工,無意於法而法益密,仍不外於真之一言而已。師全集燬於回亂,壬戌以前所作,存不及百之一,壬戌以後略具梗概,吉光片羽,猶未足概師之功力也。荃孫幼溺於吟詠,後聞海内諸名流緒言,稍通訓詁考據之學,於文略無心得,仍述師之言以序師之文,亦未知能當師意否耳。

説文段氏注匡謬序代

乾隆中葉,漢學倡明,經師寖盛。其時集小學之大成,闡洨長之奧義者,莫如金壇段先生《説文解字注》。蓋窮經必先識字,識字必先《説文》,誠學海之津梁,亦儒林之徑遂。顧自漢至今千有餘年,簡策之脱佚,淺人之竄亂,觸處皆是。第執傳刻大、小徐本,爲許君之本怡,非特厚誣前哲,抑恐貽誤通儒。段先生起,缺者補之,復者乙之,幽隱者衷衆説以明之,訛謬者集諸書以證之。如鏟犖確,剃灌莽,辟仄徑,而達之康馗。如拔陰翳,去屏幛,啓昏室,而懸之白日。其功可謂勤矣,其學可爲博矣。惟是卷袠既多,牴牾不免。如據大、小徐前引用之文,與《廣均》、《玉篇》等書,證傳本之疏,而改原書之字,更有用意增、减,定爲許君本文。在先生自成一家之言,恐後學遂開武斷之弊。同時,元和江氏鏐、徐氏承慶、吴縣鈕氏樹玉、烏程嚴氏可均、陽湖陸氏繼輅,時駁其説。鈕氏、徐氏皆成專書,鈕氏書已盛行,徐氏成書後於鈕氏,亦密於鈕氏,稿藏令子讓泉處,世鮮知者。丙子之冬,覲元監司渝州,從文孫某某索得,附叢刻以行。昔沖遠疏注,爲後鄭之佞臣;斗南補遺,實小顔之諍友。徐氏此書,補苴罅漏,拶剔纖微,剥其浮辭,存其精義。寧爲諍友,毋爲佞臣。世之讀段注者,應亦共諒苦心,非苟爲辨詰已也。至引段注,系初稿本,與近刻不甚同,不足以爲詬病云。

宋元詞四十家序

國朝彙刻前人詞者,以虞山毛氏爲最富,江都秦氏爲最精。他若長塘鮑氏、鹽官蔣氏,亦嘗探靈琛於故楮,采片玉於珍秘,倚聲之士,沾溉良多。吾友王子佑遐,明月入抱,惠風在襟。孕幽想於流黄,激凉吹於空碧。古懷落落,雅不類於虎賁,綺語玲玲,媟不墮於馬腹。曾偕端木子疇、許君鶴巢、況君夔笙,刻《薇省聯吟詞》。固已裁雲製霞,天工儷巧,刻葩斲卉,神匠自操矣。其論南宋詞人,姜張並舉。暗香疏影,石帚以堅潔自矜;緑意紅情,春水以清空流譽。洵足藥粗豪之病,滌妖蕩之疵,於是有《雙白詞》之刻。又論長公疏朗,稼軒沈雄。大德、延祐之紀年,雲間、信州之傳本,延平劍合,昆山璧雙,流傳於竹隖、弇州,賞鑒於延令、傳是,藉東阿之珍弆,訂汲古之舛訛,於是有《蘇辛詞》之刻。他若陽春領袖於南唐,慶湖負聲於北宋。碧山之綿眇,梅溪之軼麗。中圭雙秀,不殊怨悱之音,南渡四臣,各抱忠貞之性。天籟清雋,待竹垞而傳。蟻術新艷,遇儀徵而顯。以及《詞林正韻》、《樂府指迷》,莫不録諸舊帙,付諸剞氏,真詞苑之津梁,雅歌之統會也。君又以天水一朝,人諳令慢,續騷抗雅,如日中天。降及金元,餘風未泯,尺縑寸錦,易没於煙埃,碎璧零璣,終歸於塵壒。遂乃名山剔寶,海舶徵奇,螺損千丸,羊秃萬穎。求書故府,逢宛委之佚編,散步冷攤,獲羽陵之秘牒。傳鈔徧於吴越,讎校忘夫昏旦。宋自潘閬以下,得十九家。元自劉秉忠以下,得十一家。或麗若金膏,或清如水碧,或冷如礀雪,或奇若巖雲。萬户千門,五光十色。出機杼於衆制,融情景於一家。復爲之搜采逸篇,校訂訛字。棲塵寶瑟,重調殆絶之弦;沈水古香,復扇未灰之焰。洵足使汲古遜其精,享帚輸其富者矣。荃孫冬心冷抱,秋士愁多,未諳律吕之聲,粗識目録之學,奉兹瓌寶,歎爲鉅觀。抉幽顯晦,共和搜集之苦心,嚼徵含宫,俾識源流於雅樂云爾。

陽江舜河水利備覽序

光緒戊子冬，荃孫銜恤南歸，承乏南菁講席。陽湖胡東翹明經來院言曰：大寧鄉居陽湖東北，地勢最下。群山四屏，形如釜底。夏秋霪雨，山泉怒發，蓉湖流潦，孟瀆狂瀰，矢疾飆激，彙成巨浸。雨或愆期，立形龜坼。倏旱倏澇，民用大艱。昔人傍山鑿港，曰舜河。北行十餘里，入江陰境，又十餘里，經虞門通大江。港門曰新溝，旱則引潮內權，澇則導水外洩。內灌，則瀕河陽湖田七千二百五十六畝，江陰田七千一百六十八畝，均受其利。外洩，則遠至芙蓉圩、馬家圩，均去其害，又不僅瀕河諸田也。然而潮汐往來，泥淤堆積，水道日窄，岸沙日高，不十數年即宜大濬。且萃兩邑之人，合數鄉之力，鄉民蠢蠢，意見多歧，富者吝財，貧者惜力，欲成其事，戛戛其難。荃孫聞而韙之，謀諸族叔晉卿先生及諸曉事者，咸以爲然。乃核田畝，鳩貲財。定丈尺，立標識。集夫役，具畚挶。搜隱匿，考勤惰。有百計阻撓者，力持之不爲動摇。入春多雨，量費宜倍。江陰民力不獨舉，陽邑津貼之。始於戊子冬十月下旬，成於己丑春二月中旬，共百二十餘日而竣。東翹又舉《疏濬舜河録》見視，首水利論，次公牘，次章程，次前事考，次圖，次役田。以治水要言附焉。條舉件系，經緯分明。公牘，上溯至萬曆五年。前事，上溯至洪武五年，下迄於今，以爲後人程式。可謂勤於搜輯而有功鄉里者矣。荃孫以爲人能用水，水則爲利。不能用水，水則爲害。利害兩途，決無中立。沿江各河，日受潮淤，昔也方舟，今也斷港，十年一濬，勞民傷財，其病一。鹵莽從事，不暇深求，河細如帶，土逼若衖，每逢風雨，往往傾瀉，漁梁蟹籪，每易掛淤，墾灘樹藝，立形阻塞，其病二。築室道謀，聚聾而鼓，一夫夜囂，萬鍤星散，浮冒侵漁，授人以柄，激成獄訟，懸爲厲誡，功敗垂成，十居其九，其病三。三者皆潮港之通病，非舜河之獨病。縱有良法，夫豈易爲，急則治標。惟有合兩邑如一邑，視公事如私事，嚴定條規，預籌經費，俾及時修理而已。東翹以爲然乎？否乎？

昔宋魏峴著《四明它山水利備覽》二卷,國朝王太岳著《涇渠志》二卷,皆足勒爲成法,垂諸久遠。是録也,庶可比美前人矣。

佐寮古鑒序

元幬黄孕,黔首莘莘。令、丞、簿、尉,最爲近民。枳鸞卑棲,尺蠖眄伸。泥塗非所懼,而儕佀闒闟。吚唸呼籲,目構耳鄰。鵠正萬法,鴻網嬰仁。天聽詎高,呴嫗同春。噫嚱晚近,匪規矩是遵。奉檄爲親,擊柝爲貧。一眚微玷,七尺不足珍。蠅營集鼻,蛙沸吹脣。九馗叢棘,踦輪邅迍。豈無芝蘭,雜於荆榛。飲名則穢,納目則瞋。牛驥一皁,珷璞同塵。諤諤賈君,蕩滌幽垠。今鑒鑒古,古鑒鑒身。景形相逐,柯則逾真。鈎典注文,璘夕曦晨。成卷維卅,積軸嶙峋。觥觥儀華,首重彝倫。培塿躋嵩,渤澥游岷。席民仁壽,上下維均。鞠人若子,擿伏若神。桐鄉嗇夫,遺愛在人。次公矯矯,終秉國鈞。經師人師,矩矱攸循。芝草醴泉,威鳳祥麟。盱衡聖世,頌景福天申。

傅孟垣詩序

蓋聞子雲論詩,首先辨志,彦和著例,兼尚使才。昆侖風騷,積石漢魏,溟渤六代,尾閭三唐。大雅不作,古人誰歸,裂錦百幅,雕組失質。鑄鼎千鈞,厚重少文,滔滔汩汩,大懼沮溺。吾友孟垣,經折五鹿,函開九羊。劉尹不煩,董公健者,沖如曇如,發爲詩歌。索冥擿塗,游泳函夏,叔夜含潤,其志淵雅。景陽振麗,其采蒽倩。加以顧頷宇宙,摇落關河。西華葛帔,米賸桃花。南畝瓜廬,家違若下。賓王作奏,仲宣登樓,硯鐵自磨,鐙檠作伴。每當望雲思親,聽雨憶弟。茫茫詩思,蕭蕭客懷。未免有情,誰能遣此。若夫洱海瘴雲,黔山箐雨。僰道鰼部,江陽龍堆。枯藤挂壁,日碎有聲,迴湍墮星,飆斜失色。三台山北,九支城南,篝狐鳴祠,焦梨翳索。風災鬼難,刀雨隨輪,矛淅劍炊,旝雲擁社。而乃登高能賦,徧及征途。草檄得間，便成凱唱。少陵入蜀，律法愈細。庾信遭亂，才思益新。境之不幸，詩之幸也。夫以瑰琦其行，組練其才。摛藻錦囊，滌筆銀漢。猶復沈酣卷軸，出入風雅。爬羅古豔，跌宕今情。將使瀛州鐫姓，詎誇下里。蘭臺簪筆，上吭雲和。豈不至哉，豈云幸哉。顧乃局迹塵坱，曳尾泥塗。已敝秦裘，未設穆醴。騏驥失勢，駑駘同笞。鸞皇鎩翮，雞鶩争食。吹簫吴市，擊築燕臺。抑鬱無聊，侘傺何已。駕車隆隆，途往輒窮。天門蕩蕩，訣不得上。僕與足下，同此天涯。元方季方，一門矜式。羊仲求仲，三徑追隨。而浣花一溪，蝶魂不飛，啼血五斗，鵑夢欲碎。傷哉君子，如何如何。人亦有言，詩能窮人。吾謂不然，窮達在天。引商刻羽，和寡自古。被朱飾紫，行尸蔑爾。孰得孰喪，辨之易明。不怨不尤，是昌子之詩。吾子勉之。

澤宫位次考序

懿夫天降虹玉，素王受命之符；庭遺麟紱，黑帝右文之瑞。四科從夫陳蔡，五教闡於鄒嶧。文翁石室，繢諸賢於禮殿。子辰史記，輔世家以列傳。經師升配貞觀，通古今之學；弟子從祀開元，增侯伯之封。文明日啓，禮秩日尊。微言大義，幸親炙於門牆，崇德尚功，遂同列於俎豆。譬之層巒崱屴，咸脉絡於昆侖，尺澤汪洋，亦朝宗於渤澥。學派非一，報稱則同。顧以先河後海之忱，間有入主出奴之弊。紛争漢宋，議論滋繁，强别賢儒，抑揚尤甚。迨明中葉，乃有張璁，以議禮之貴人，逞私臆於先哲。削秦冄縣亶於廡，退順陽高密於鄉。既干非聖之誅，奚取下愚之覺。蠆毒自逞，蠡測堪嗤。復古翼經，幸逢聖世。溯自開國以迄今，兹二百五十餘年之間，復祀者八人，從祀者四十五人。家法紹漢，秩祀軼唐。詔盈廷而咨諏，奉廟謨爲進止。典至重也，恩至渥也。何以序爵、序齒，偏易混淆，位東、位西，每多淩躐。固禮官之弇陋，亦志士所傍徨。桐城洪君静川，笙簧六籍，黼黻九能。精詁承夫漢儒，粹言續夫宋學。爰爲考訂，勒成一書。頖宫璧水，繢成合食之圖；木豆竹籩，永定一尊之制。折衷異議,遂集大成。然而溝瞀下士,鄉曲鄙夫,襲褎博之容儀,竊語録之餘緒,咸思挹流泗水,分幹孔林。若夫中郎懿范鐫石鴻都,景純孤忠,專家雅訓,類皆删削,顯有偏枯,近者鳶山與叔,幸依講席之末光;梨洲亭林,見厄達官之盲説。左右其手,高下在心。聚訟孔多,定評罕見。放言及此,感喟繫之。

上元顧氏貞節録序

夫没世之名不一稱,而舍生之義爲尤烈,何則? 天不能有和煦而無肅殺,地不能有蕩平而無窪陷。徂徠勁質,至歲寒而始知;湯谷冤禽,填巨壑而無悔。情一往而莫御,志百折而不回。區區之忱,欲回造化;皦皦者日,共鑒懷抱。此國殤所以見重於靈均,列女所以獨傳於中壘也。癸丑之春,金陵瓦解,吏望風而兔脱,士執冰而魚爛。處士顧君,志行皦然,誓入地以相訴,欲順天而何忍。遽抛弱息,遂鑿凶門。魂氣何之,隨赤熛而上下;天閶莫叩,灑碧血而難銷。有女婉孌,婿家亦没,幽居空谷,泉水常清。壓綫寒閨,秋風易病。悼孤生其奚益,遂甘死而如飴。貞潔表爲女箴,賢明懔夫庭訓。英光炳烈,閭里交推。令子子鵬明經,植學洞深,朗詣俊拔。悼嚴君之奇節,憫女嬃之高行,遲遲卅載,耿耿寸心。光緒辛卯,應吉林主講之聘,將軍長順請旌於朝,得旨報可。封事夕奏,綽楔朝頒。懿夫一門,並堪千古。又復徧徵藝苑,播爲文詩,持示荃孫,命爲前引。荃孫少值亂離,長職史乘。搢紳蹈海,闉闍靡笄。日月有書,輶軒屢采。其爲清門具美,史册垂聲者,惟前湖北按察唐端節公,殉難楚疆。其女字獻縣劉肇竣,未昏婿殁,矢志終身,論者以爲先烈後貞,父忠子義。今之顧氏,其揆則一。此則王蠋絶脰,不殊紆金佩玉之班;公乘斷髮,詎少茹檗飲冰之侶。冶城舊迹,永崇光禄之祠;僰道遺民,共拜叔先之像。頑廉懦立,以勸將來。

王六潭同年濠上集序

夫“牛羊下括”,《君子于役》之詩;“鴻雁哀鳴”,《小雅·劬勞》之什。自來行旅,慣寫牢愁。縱或擁傳壯游,綰符經涉,風餐露宿,水驛山郵。其間都邑之駢闐,原澤之珍瑋,關隘之夷險,民俗之盛衰,俛仰百變,悲歡萬態。而况天星亂動,海水群飛,被髮伊川,不及百年之歎;和戎魏絳,難收五利之功。於是情寓於迹,思會其通,侔色敦彝,含音琴瑟。此六潭同年《濠上》一集所由成也。鳳陽地連吴楚,水扼渦淮。民俗凋劾,土風剛勁。前則明祖龍興,故陵尚在。後則土酋虎踞,伏莽未消。六潭負通脱之才,屬干城之寄,官舍閑暇,大可嘯歌。征途栗陸,不妨題詠。氣以斂而益醇,詞以真而愈峻。昔使秦西,尚有輶軒之采。兹來濠上,倍深今古之情。補綴沈吟,勒成二卷。憫余近歲,迹類飄蓬,屬爲弁言,以證心曲。嗟乎,饑驅出走,敢希五馬之榮,秋士言哀,時作一鱗之露。黄壚風雨,故人之音沫猶存。施均甫、李蓴客、朱蓉生諸君。白首煙霞,歸隱之田園何在。落落四海,耿耿寸心,寫視六潭,同增感喟。

金湘生粟香隨筆序

出江陰城西廿里地曰申港,吾宗聚族而處焉。爲楚春申之采邑,有吴季子之大冢。名以事繫,見諸韓滉之傳;地因人重,載於葛叟之文。維桑與梓,宛然心目。再西大岸,則金氏居之。顧陸生連里閈,朱陳代爲姻好。桑麻接望,雞犬相聞。興滅是依,休戚與共。荃孫稚歲即罹寇難,天涯奔走,卅載於兹。聆鄉語而茫然,詢土風而莫辨。嘗侍家君談讌,爲徵往事,數舊姻,習俗之樸茂,品行之醇摯,謹識於懷,弗敢忘也。歲己卯,金湘生表兄自粤東轉餉,相遇於都門,古歡若素,相見恨晚,間示近作,兼搉新義。靈瓕自解,天倪獨完。濯瑶蕤於秋泓,激凉吹於空碧。同時華士,罕有其儔。文字之契,丹雞可盟。官檄頻催,驪駒就道,睇山川而間隔,通箋札而交勉。又約裒集邑中先輩著述,廣爲流傳。脉脉兩心,迢迢萬里。今秋寄視《粟香隨筆》八卷,蓋湝生新著也。簿書期會之地,補綴縑緗,關河行役之餘,網羅風雅。追述舊德,奉揚清芬。舉枌榆之嘉話,矜式後賢。叙山水之昔游,徘徊陳迹。酒人已散,黄壚之感旋生;游子重來,白社之詩尚在。割錦千匹,餐花萬株。安石碎金,稚川宏藻。自序有云爲感舊懷人之助,多抱遺訂墜之資。三復斯言,略窺宗旨。又因官事,四至粤西,鴛江鴻雪,描成著色之圖;湝生有《鴛江鴻雪圖》。羚峽雞潮,聽慣相思之調。荒山冰井,洗碧甃而摹銘;廢院銅鐘,剜蒼蘚而認字。至於陽侯肆虐,矜澤雁之哀吟,天吴不朝,紀水犀之禦侮。羈愁騷屑,往興來情,則又《夢溪筆談》同兹典博,《桐陰舊話》無此關係者矣。

抑荃孫更有感者,湝生於去年夏,迎晴初表丈至梧州,荃孫亦前於辛巳秋侍家君遠來京邸。湝生碩學雄才,名流推重。方補桓寬之論,載賡束晳之詩。就養無方,説親有道。荃孫則萬里浪游,囊金未蓄,十年冷署炊玉,徒嗟乞米之帖不靈,避債之臺已築。其賢不肖,相去可以道里計哉。所願他日者,偕隱青門,歸耕緑野。放棹三山之港,敲詩六射之臺。摘蘆野之蔆以爲羞,擘繖墩之梅以爲葅。扶婆娑之二老,同話斜陽;挈嫛婗之諸嬰,共斟良醞。絮萍蹤於夜半,如夢如塵;趁花事於春初,且耕且讀。先喆之書,高可盈尺;容齋之筆,續不止五。其爲至樂,曷其有極。人之所欲,天必從之。請以斯言,指爲息壤。

山右石刻叢編後序

汾晉之野,古稱奥區。太行之陰,實曰地脊。山叢徑雜,土厚水深。吉金樂石,流傳實鮮。蘄生前輩巡撫山西,於今二年。政通人和,年豐物阜。徧拓石刻七百餘通,勒成書四十卷。自魏迄元,搜輯大備。廣徵史書,博采志乘。條舉件繫,炳炳麟麟。

自來考金石者,以國朝爲極盛。郡多專志,代有名家,而後出愈精,斷推是書爲最。約舉大綱,其善有四,可得而言焉。寰宇一録,遠師夾漈。秦豫兩記,上紹歐陽。或僅注夫方輿,或止存夫題跋。此則精理打本,校録舊文。景伯《隸釋》,碑陰碑側之備詳,九成《叢鈔》,大字小字之悉具。剜苔剔蘚,俗書與院體同珍;舐墨椎氈,里語與作家並列。事蹟可考,端賴於石華;賞鑒爲名,迥殊於骨董。其善一也。青浦《萃編》,藝林推重,然其斷代,止於宋、金。孰知大蒙啓運,兵鋒首及於河東。中統以前,世鎮林立乎山右。論事蹟則宋濂、王禕之史所未詳。論文章則遺山、莊靖之集所不盡。忽神氏族,訛舛兼訂,潛研成已,碑銘會最。且逾愛日,詎可視爲枝贅,棄若弁髦。此則著録過二百篇,類同偏嗜。編輯成十七卷,幾半全書。其善二也。分省彙録,始自蘊山,南海繼之於沅湘,儀徵推之於滇粵。然皆存佚不分,真贋雜出。崔逸開元之制,移於鬱林。衡陽岣嶁之文,推爲夏后。洵屬通人之蔽,恐爲識者所嗤。此則目治爲主,耳食必删。界休有道,鄙青主谷口之傳摹;絳州天尊,存大中咸通之注釋。玉琢磨而益粹,金辟灌而愈精。其善三也。山左金石,畢阮同修。萃江浙之名流,紀瑯琊之勝迹。然而楚臣余義之鐘,載之魯郡;成周仲曶之鼎,闌入齊疆。下至頓印莒刀,郲戈滕佛。縱耕出之有地,亦傳世而在人。此則齊罍子鎛,出自滎河;鄂史寶鉼,歸於積古。長子屯留之貨,漢元天福之錢,法帖别行,殘塼間出,不求增益,概與删除。若夫考鐵人於晉祠,訪銅鐘於天慶,均歸附著,獨具别裁。詎以款識日殘,稍存假借;何如碑碣長在,藉證見聞。縱曰名從主人,大可執爲通例。其善四也。在昔倦圃應官,亭林作客,境内古刻,稍稍流傳。目綴於洪洞之董,略編於扶風之王。高郵小種,亦有微長。通志專門,未爲盡善。今也搜采靡遺,迨稱觀止。勘訂益慎,無愧前賢。好古之摯,川嶽效其靈;購奇之殷,球琳同其價。年經月緯,探一十四代之貞珉;徵事考文,萃九十一屬之瓌寶。真所謂百家之鑪橐,六籍之星源矣。荃孫愛之成癖,過三十年而遥;萃而爲林,出一萬種之外。謬承諈諉,略有補苴。誰誚雕蟲,偉望早儕夫汾霍;不辭附驥,小文聊學夫洪孫云爾。

重修荆州府志序代

荆州,控天下之脊,據上游之勢。左吴右蜀,襟江帶鄂。人物髦秀,舟車鱗萃。與揚州爲二陜,昔建名藩;駐禁旅以四千,今推重鎮。志乘之作,有二難焉。一曰考古貴於勿誤。宜都立郡,孫劉易訛。荆州設牧,周陳並建。宏農、聞喜,典午之僑置;雲中、九原,孝建之并省。赤岸未詳乎《元史》,紫陵僅見乎《隋書》。或近置而冠以昔名,或虚封而漸爲實土。定其疆界則壤錯犬牙,訂其沿革則目眯繭紙。此考古之難也。一曰徵今貴於勿漏。明代舊志,湮没無傳。康熙胡在恪之所編,已逾皕紀;乾隆施廷樞之所輯,亦過百年。其間廢置頻仍,記載闃寂。白蓮倡亂於枝宜,紅巾進逼乎江沔。而龍陂橋一捷,實天下大局所關。官文恭公誓師振旅,力保此金湯;胡文忠公籌餉練兵,漸復夫疆土。沙聲碧血,游魂憑弔乎國殤;江渚丹舸,互市更通乎海客。書事必具夫首尾,立論不厭其精詳。此徵今之難也。荆州府知府,今任廣東按察使倪君豹岑,以孔、賈之樸學,兼任、龐之政聲,膏雨濡春,和風扇物,人思借寇,帝每褒韓。聽政之餘,百事就理,爰集高賢,勒成斯志,爲卷八十,門十三,目六十三。其搜采文獻,必載所出,則范石湖《吴郡志》例也。博綜史傳,間有參考,則潛説友《臨安志》例也。前志訛舛,訂正綦嚴,則毛西河《蕭山刊誤》也。名人著述,甄録維謹,則班扶風《漢志藝文》也。麐麐彬彬,夐乎遠已。祖賢移節楚疆,思從事於通志。而才謝漁仲,忘等師丹,愧無紀載之才,空有編摩之願。睹兹鉅帙,益慕宏裁。綜今古於胸中,恍續袁宜都、盛荆州之記述;流山川於掌上,迥非康武功、韓朝邑之空疏。世有通儒,當不河漢斯言也。

與沈鶴農書

鶴農足下:國門判襼,執手泫然。别思凄風,感懷逝水。振策趨道,十日九霾,黄沙簌簌,不辨昕夕。水潦没軫,泥塗接天,輿説其輻，馬陷於淖。西眺太行，南涉大河。石磴如砌，言徑澠池。土壁若削，乃度函谷。驕陽炙笠，炎歊裂衣，時值盛暑，不停揮汗。大風北來，甚雨隨至，飛泉界嶺，力轉巨石。震雷劈門，響喑怪樹。耳目所接，意駴神竦。長安以西，漸入危棧，黄金子午，天獄漢沔。折柳鳳州，尋詩劍門。行抵左綿，涪江暴漲，連村比舍，悉付陽侯。老蛟攫人，怒鼉跳屋。修堤一綫，浮梗水面，儻或奔壞，滿城魚鼈。如此三日，乃漸歸壑。中秋前夕，行達成都。倚閭息望，穹窒紓歎。小女啞啞，牽衣索笑。嗟乎！繭足萬里，僂指半年，驚定而喜，喜極而悲。親朋相覯，争慰下第，發言面赬，輒復走匿。偶繙書篋，蛛網塵封，讀未數行，神思昏倦。志業荒墮，光陰荏苒。人生到此，寧復奚言。往者都下，勝友如雲。連輿接茵，尤在足下。猶憶凉月三五，美酒十千，歌呼相娱，嘲謔間作，臣心最樂，可飲一石。古歡易索，良會難償，風流雲散，一别如雨。足下心醉六經，力殫群史，樹義醲萃，撫藻琛麗。鵬秋舅弟，志同道合，聯吟擊鉢，析義揮塵。飫領佳趣，殊勝勞人。吾儕碌碌，已及壯年，思欲懷鉛握槧，上溯結繩，申紙渝墨，下窮倚杵。千秋位置，自有定論，科第得失，何足重輕。以此自慰，兼慰足下。近校遷史，漸有條理。寄居蕭寺，經旬閉關。拂楮瞰辭，一燈如豆，窗竹鳴秋，聲和落葉。此情此景，願足下思之也。

與張瑞之書

瑞之六丈：槃敦判别，關河間阻。明月入户，盈虚幾過。清風灑襟，寒燠異致。潛翔莫屬，意想罕達。懷人天末，惄如調饑。敬維閣下，華褰七英，藻速十札。潛神默記，導引後進。浮英湛德，追足昔彦。孟博澄清，穆之敏捷。希風古人，庶幾未遠。荃孫刊校《史》《漢》，春莫蕆事。彦侍觀督，招司記室。遂於成都，浮舟東下。五月朔日，行抵犍爲之道士觀。時則宿雨新霽，大江怒漲，漩渦駭浪，觸石崩雲。舵工失手，如箭脱筈，驟不及避，已陷石壁。砰訇雷響，砉然中開，水高於頂，命輕於葉。老蛟饞人，棲鶻弔影。迴飆忽注，遂膠淺沙。得緣蟻巢，免葬魚腹。子固落水，蘭亭僅存。仲堪破家，布帆無恙。時命之窮，概可知矣。自來渝州，得安館舍。禦寇嫁衛，相如游梁。孔臧援筆，自賦蓼蟲。劉峻燃薪，共嘲書蠹。自維昔年，空負大志，吟煙弔月，動擬漢魏。妃青儷白，輒摹齊梁。勵我寸管，闖彼前哲。志在千古，言成一家。歲月云邁，功修日隳。壯不如人，饑來驅我。鏌鋣躍冶，樗櫟不材。實命不猶，喟然歎息。盈盈一水，望通尺素。芙初子健，近況何如。珍攝起居，定增佳勝。不盡欲言。

與楊策卿書

策卿足下：一別清風，幾經圓月。濯濯者柳，漸長新陰。嘒嘒者蜩，忽送淒響。時物遷矣，人事間之，爲可感也。足下墨汁盈掌，知珠在胸。叔重五經，崔約萬紙。金百鍊而益光，劍萬辟而愈鋭。鯤化鵬摶，指顧間耳。僕春莫以來，養疴僧舍。簾青補竹，天緣分蕉。花氣四檐，蟲聲一枕。午榻選夢，蟹眼茶翻。晨窗袪塵，蝸涎篆溼。短僮而外，惟攜破書。石友不來，空封古硯。每當燈黄於粟，天墨如磬。廊鐸敲風，墻鈴吟雨。情掩掩而抑抑，境蕭蕭而寥寥，不自知城市之中、山林之内也。年來頗欲潛心經籍，飫志義訓。而掘井九仞，未見原泉；刻楮三年，空嗟往日。優哉游哉，如何如何。溽暑多厲，伏維自愛。臨書悵悵，不盡欲言。

與湯伯温書

伯温足下：春明盍簪，詶酢歡洽。關河千里，波濤寸心。朒饑之忱，計日以積。比維足下，學富三篋，才兼九能，應官之暇，力窮著作。堂開玉茗，遥契宗風，字獲珠船，獨搜古義。緐酬持正，金鑄子升，以古方今，曷云多讓。僕軟紅再蹋，曳白依然。未得東歸，仍復西笑。星飯牛屋，露宿雞棲。折柳秦橋，叱雲蜀棧。徧數磨驢之迹，流水銷魂；重尋旅燕之巢，青山識我。中秋前夕，始達成都。縱涸轍之難甦，庶倚閭之息望。風塵歷落，半雜笑啼。行李倉皇，負慚骨肉。近復寄居蕭寺，司事校讎。一燈風雨，古佛瞰其悲歡。萬疊雲山，覊人役於魂夢。株守無能，瓠落自惜，如是焉已。鴻鱗遇便，翹望德音。燕市天寒，伏維珍攝。

與姚彦侍觀察書

蓋聞芥珀異品，一見輒投。霜鐘殊質，千里立應。所以迴飆鼓急，能邀王應之知。流水弦高，必入鍾期之聽。良以同類，乃克相孚。未有鞶纓七就，飾此駑駘。綈錦千重，襲兹燕石。按金衡而治律，啞鐘濫厠宫懸。負寶鼎而調羹，鏴匹偏升梡橛。如閣下今日者也。閣下胸爲江河，手擘壺華。爐鞲百氏，關鍵九流。鄭小同之經學，遠紹祖德。顔之推之文筆，夙飫庭誥。凡夫緑鱗丹首之文，戈鳥殳蟲之字。金版六弢之舊，羽陵百軸之遺，莫不三篋無遺，七車獨擅。管輅在座，莫能當其旗鼓；君苗見文，幾欲焚其筆硯。又況盤錯屢試，芒刃弗頓。筦部分任，則劉晏之運籌。驄馬巡方，則張綱之持節。宜乎馳譽者雷癲，藉響者川鶩矣。猶復求賢若渴，説士尤甘。搜竹箭於東南，采琪珣於西北。芝蘭在室，並不棄夫絲麻。桃李盈階，猶遠膏夫杞梓。如荃孫者，材同蟠木，品劣豨苓。瑯琊石鼓之碣，僅獵其文辭。華山巾舞之歌，莫明其句讀。弛業於髫齡，罹難於弱冠。飆輪萬里，星飯十年。市上傭書，街頭販鐵。縱或閒思塗抹，留意斠詮，而立志勿後古人，落筆每慚作者。鄙言累牘，江東號曰癡符。僻字盈囊，都下嗤其諑體。自蒙眄睞之及，得與賓佐之班。風前燭底，雪夜霞朝。麈尾交談，牛心嗜炙。蔡中郎枕中之秘，藉以傳鈔；張思光手澤之編，命之讎校。卧茂陵之病，投以藥餌；首京洛之塗，資之行李。雖樊川之護奇章，元暉之依王儉，以今師古，何以加兹。洎睽左右，爰整輪鞅。弔古釣魚之城，覽勝濮湖之寺。捫星升壁，蹋雨窺井。元和之殘字，剔自荒榛；淳熙之石塔，訪之牧豎。借山水之流連，消塵坱之坌集。月之十日，得返寓廬。草亦多情，花如斂怨。抽書篋底，蛛網塵封。讀畫壁間，蝸涎篆溼。侍堂上之晨昏,笑言如昨;憶途中之風雨,魂夢猶悸。離逖之感,天倫之樂,清夜自矢,何去何從。第偶息夫勞薪,尚遠睽夫故土。求食之蟹,離殼不常。浮影之鳧,逐波愈遠。曷嘗慕鐘鼎,薄邱樊哉,不得已耳。又況違侍音塵,低徊履席。燕雖去謝,尚戀雕梁,馬已辭裴,猶思華廐。巴山凉雨,憶清話於前宵;汶水崩濤,慕朝宗於大澥。心之憂矣,何日忘矣。節候炎暑,渝城鬱烝。伏望禔躬,起居萬福。

卷　六

晋楊陽墓闕跋

《晋楊陽墓闕》，分書，晋安帝三年立。在四川巴縣鄉間，累石三重，中段刻字，下有兩佛象承之。姚方伯彦侍輦以歸，今藏晋石廠。案楊君，巴郡枳人。《晋地理志》：枳，梁州巴郡屬縣。今四川涪州。《寰宇記》云：桓温定蜀，别立枳縣於涪陵郡東北一十里，鄰溪口。又置枳城郡，尋廢。闕立於隆安初，上溯桓温平蜀，已六十三年，其爲巴郡之枳無疑。漢元光元年，令郡國舉孝廉。晋元帝時，制揚州歲舉二人，諸州一人。騎都尉，武散官，漢武帝置，歷代因之。楊君蓋梁州所舉，而終於騎都尉者。文四十三言，書地，書官，書出身，書先世達官，書年月。質實簡老，與劉韜、韓壽同，猶是漢人遺則也。

晋韓壽墓碣跋

《晋韓君神道》，二十四字，分書。韓君，即《晋書・賈充傳》之韓壽。傳云：壽，字德真，南陽堵陽人。官至散騎常侍，河南尹，而驃騎將軍乃贈官。均與碑合。惟不書河南尹耳。散騎常侍，案《晋・百官志》云，本秦官也。秦置散騎，又置中常侍。散騎從乘輿車後，中常侍得入禁中。皆無員，亦以爲加官。漢東京初省散騎，而中常侍用宦者。魏文帝黄初初置散騎，合之於中司，掌規諫，不典事。貂璫插右，騎而散從，至晋不改。又云，散騎常侍、侍郎與侍中、黄門侍郎共平尚書政事，是要職也。驃騎將軍，《晋志》與車騎、衛將軍同列。堵陽，屬南陽國，與《地理志》合。

梁鄱陽王題記跋附宋嘉定題名

《梁鄱陽王題記》,正書,前人未著録。《梁書》本傳:鄱陽忠烈王恢,太祖第九子。天監十一年,出爲使持節都督荆、湘、雍、益、寧、南北梁、南北秦九州諸軍事,平西將軍,荆州刺史。十三年,遷散騎常侍,都督益、南北秦、沙七州諸軍事,鎮西將軍,益州刺史。使持節如故,便道之鎮。據《補梁疆域志》,荆州治江陵,益州治成都。自荆之益,雲陽在所必經,當刻於是時也。此刻在四川雲陽縣南三里龍脊石,即《輿地紀勝》所載之龍脊灘,在大江之中,夏秋没於水,冬盡春初始見。宋人題名,交午重疊約百許段。光緒丙子,葉大令慶樗搜得之。縣僻無拓工,風急石粗,紙墨皆燥,故訖無精拓本。

《宋嘉宋鄭子思題名》,分書。自梁天監十三年甲午,至宋嘉定九年丙子,計七百有二年。此云六百九十八年,少四年,誤。自嘉定丙子至光緒丙子,又得六百年。傳世日遠,其寶貴當何如耶。子思題名在丙子,葉大令得是刻亦在丙子,亦奇。鄭子思、王中巽、趙錦夫、德顯、天麟,俱無考。

齊隴東王感孝頌跋

《齊隴東王感孝頌》,申嗣邕撰,梁恭之分書並篆額。武平元年正月廿二日建。唐開元廿三年秋七月旬有五日,楊傑重刻,有跋,亦分書。頌云:前漢逸士,河内貞人。分財雙季,獨養一親。客舍凶弭,兒埋福臻。《山左金石志》、《金石萃編》止引《搜神記》,《肥城縣志》覺其不合。今考《御覽》四百十一引劉向《孝子圖》云:郭巨,河内温人。甚富。父没,分財二千餘萬兩,分與兩弟,己獨取母供養寄住。鄰有凶宅,無人居者,共推與之,居無禍患。妻産男,慮養之則妨供養,乃令妻抱兒,欲掘地埋之,於土中得金一釜,上有鐵券云:賜孝子郭巨。巨還宅主,宅主不敢受,遂以聞官,官依券題還巨,遂得兼金養兒。則頌辭所述,歷歷不爽。《肥城志》以巨爲邑人則疏矣。再考《御覽》八百十一引宗躬《孝子傳》:郭巨,河内温人也。妻生男,謀曰,養子則不得營業,妨於供養,當殺而埋焉。鍤入地,有黄金一釜,上有鐵券曰:黄金一釜,賜孝子郭巨。是又《搜神記》所本矣。

魏朱岱林墓志跋

《魏朱岱林墓志》,子敬脩撰,猶子敬範撰銘,正書。武平二年二月,在山東壽光劉村。《潛研堂跋尾》、《山左金石志》、《古志石華》、《平津讀碑記》、《金石續編》均箸録。諸家考證甚詳。案岱林兄元旭,《魏書》有傳。志云:曾祖霸,儒該邱素,術盡從横。魏使持節平州諸軍事,安遠將軍,平州刺史。俗鄰疆埸,布以威恩。酹酒空陳,夜金不受。謗言及樂,讒巧飛鄒。翻然鵲起,擁鄉里三十餘户,來逝河南。與《元旭傳》云"祖霸,真君末,南叛投劉義隆"相合。惟史不書霸官,又以曾祖爲祖,或傳寫敚曾字,當以志爲正。魏平州治肥,如是時宋之疆域,奄有青齊,與平州越海爲鄰。霸投宋,遷居樂陵,迨魏定三齊,樂陵已入魏境,故子孫仍爲魏人也。

隋啓法寺碑跋

《隋啓法寺碑》,周彪文,丁道護正書。開皇四年。原石久佚,宋拓本今藏臨川李氏。案啓法寺,隋開皇初建,宋爲龍興寺。文云道安法師所造銅象。考《輿地紀勝》,龍興寺在襄陽縣西北三里,有金銅象。《雍州記》:釋道安所立。與碑合。文又云:"泰始四年,苻丕□長安,秦□曰,昔晉氏平吴,利□二陸,今□襄宛,獲一人□半。"蓋指道安及習鑿齒也。《晉書·習鑿齒傳》:道安自北至荆州,與習鑿齒相見。道安曰:"彌天釋道安。"鑿齒曰:"四海習鑿齒。"苻堅陷襄陽,道安與習鑿齒俱與並致焉,習鑿齒蹇疾,堅與諸鎮書曰:"昔晉氏平吴,利在二陸;今破漢南,獲士裁一人有半耳。"碑即指此事。文又云:總管大將軍千金公。考爲權景宣。《周書·景宣傳》:天和初,授荆州,總管十七州諸軍事,荆州刺史。進爵千金郡公。撰文者周彪。《古刻叢鈔》有彪撰《陳詡志》,蓋亦能文之士。而嚴鐵橋《全上古三代秦漢三國南北朝文》不收,殆未見拓本也。

隋淳于儉墓志跋

《隋淳于儉墓志》,正書,開皇八年十一月。在山東濟寧州學。志云,出身爲魏廣陽王開府記室,永安元年,加殄寇將軍。又云,春秋六十三。自永安元年戊申,至開皇八年戊申,甲子一周,是儉卒在前至少亦二十餘歲,已在北齊之末。儉,冀州清河人。考隋之清河,舊曰武城,魏屬司州,周屬貝州,並置清河郡。開皇初,省州郡,以縣屬冀州。志據隋之疆域而言,若魏之清河,已改清陽矣。臨沂,《魏志》屬郯郡。魏廣陽王,永安時爲嗣廣陽王深。炙輠,用淳于髡事。駟馬,用于公事。案之《姓氏書》引《風俗通》云:淳于氏,春秋時小國,子孫以國爲氏。若于氏,《廣均》以爲周武王子邘叔之後,絶不相蒙。而志牽引叙入,不學可噱。

隋信州舍利塔下銘跋

《隋信州金輪寺舍利塔下銘》,同治癸酉夔府修城所得也。據唐沙門道宣《廣弘明集》載仁壽元年六月十二日立舍利塔詔,其略云:朕皈依三寶,重興聖教。思與四海之内一切人民俱發菩提,共修福業。使當今見在,爰及來世,永作善因,同登妙果。宜請沙門三十人,諳解法相兼堪宣導者,各將侍者二人並散官各一人,薰陸香一百二十斤,馬五匹,分道送舍利,往前件諸州起塔。其塔,所司造樣送往。當州僧多者三百六十人,其次二百四十人,其次一百二十人。僧少者,盡見僧。爲朕、皇后、太子廣、諸王、子、孫等,及内外官人,一切民庶,幽顯生靈,各七日行道並懺悔。率土諸州僧尼,普爲舍利設齋。限十月十五日午時,同入下石函。總管、刺史已下,縣尉已上,自非軍機,停常務七日,專檢校行道及打刹等事。務盡誠敬,稱朕意焉。是歲,分送舍利之州三十。今存青州、同州二銘。王劭《感應記》:仁壽二年正月,復出舍利,分布五十一州,建立靈塔,以四月八日入石函。今存鄧州塔銘一。兹信州金輪寺塔,亦二年四月八日所建。銘稱武元皇帝,元明皇后,開皇元年二月乙丑追尊,見《隋書紀》。奉節,本巴東郡,縣曰魚復,西魏改曰人復,梁置信州,後周總管府,開皇初郡廢,大業元年府廢,復置巴東郡。正今奉節地也。

隋大業鐵鑊跋

《隋大業鐵鑊》,陽文,正書。案玉泉道場,智顗禪師所居。皇甫昆《智禪師碑》有云,往以僞陳納款受律行,師策妙指蹤,威棱江海,遂剋定金陵,化平銅柱。三吴霧卷,百粵塵清。師乃因王利涉,王遂因師受戒。師至此而投院,王因之而起寺。則道場當建於開皇時也。當陽,《隋·地志》屬南郡。

隋李女墓志跋

《隋左武衛將軍吴公李氏女墓志》,吴國公尉遲安第三女也。祖綱,《周書》有傳,字婆羅,尉遲迥之弟。綱以西魏大統四年,與蔡祐、常善、辛威、李惇、陸遇並進公。十四年進昌平郡公。據《西魏書·封爵表》。周武成元年,進封吴國公。安以第三子紹封,位柱國,附綱傳。《魏書·官氏志》,太和二十年正月詔改國姓曰元氏。於時,代人並詔改姓。尉遲氏改稱尉氏,史稱尉遲,從其始也。當以碑爲正。《北史》:太和十九年,詔遷洛人死葬河南,不得還北。於是代人南遷者,悉爲河南洛陽人。《長安志》:雲際山大定寺,有李順興先生古記云,其地舊有寺,周武末廢,大業中,以此地賜駙馬都尉吴國公尉遲安爲柴莊。考《隋書·百官志》上,駙馬都尉以加尚公主者,無班秩。《周書》:安弟敬,尚世宗女河南公主。安未尚主,《長安志》誤。碑書牢作窂,《干禄字書》:俗字𥥛,古窂字。綱作絙,隋作陏,備作俻,希作㸦,臺作壹,簫作蕭,鼎作鼑,稚作䄲,筵作莚,皆字體之異。志與銘,兩用砭石。古人不拘如此。

隋鼓山石窟殘碑跋

《隋鼓山石窟殘碑》,正書,隋大業中立,在直隸磁州。上下俱泐。細讀碑文,爲郡人頌縣令紹父修佛龕功德。姓名剥泐,僅存"河東桑泉人"五字。年月亦闕。因文中有開皇十七年字,王庶常懿榮《南北朝碑考》即繫之十七年。考桑泉,今河東臨晉治。《左氏傳》入桑泉,即此。《隋·地理志》:桑泉,開皇十六年立,是時罷河東郡,屬蒲州。大業三年廢州,復改河東郡。此云河東桑泉人,是據大業復郡而言。若開皇十七年,當云蒲州桑泉,不當云河東桑泉也。縣平正,即中正,隋諱"中"字。《通考》魏司空陳群,以天臺選用,不盡人才,擇州之才優有昭鑒者除爲中正。自後,人才銓定,州郡皆置。吴有大公平,亦其任也。碑字開三龕記、石淙詩之先,惜殘缺太甚。

唐益州功曹參軍張玄弼墓志跋

《唐張玄弼墓志》,李行廉撰,正書。在湖北襄陽張公祠。下十一石均同。志云,閥閱游宦之資,詳之碣文别傳。則玄弼固有墓碑,此其埋諸土中者也。碑碣不存,或踣毁於神龍年間。趙德甫書載有柬之碑,係貞元十二年所追立。谷那律,新舊《書》有傳,魏州昌樂人,嘗爲國子博士,遷諫議大夫,兼弘文館學士。卌四家,四十作卌。黄山谷《澹山巖詩》二十作廿。瞿氏謂,詩體七字,欠一字便不成句。此志卌四家句,與上五十五部爲對偶,亦欠一字,可見古人不拘拘於是也。篢即簀字,箱類,與篋同義。委䒤,疑即委宛。撰文者李行廉,官司元大夫。考龍朔元年,改諸司郎中爲大夫。二年,改户部爲司元。光宅元年,改地官。此志尚稱司元者,蓋行廉撰玄弼墓銘，尚在窆南山之時，故無一語及其夫人。迨移與夫人合葬，仍用前銘，而柬之自加序文，故云柬之等不敢改易，謹刊李銘也。觀此，又可知序文爲柬之所撰矣。志又云：奉夫人遺誨，使改卜新塋，府君先窆南山，今移與夫人合葬於安養縣西相城里之平原。而景之志云：以大周天授之三年正月六日改卜先墳於安養縣之西相城里。則此志之立，亦在天授三年無疑。永昌無三年，永昌三年即天授二年辛卯。夫人卒於辛卯九月，葬於十一月，時用周正，以十一月爲明年正月也。武后以天授元年改國號曰周。志書永昌，不書天授。標題稱唐不稱周。柬之誅武復唐之意，已蓄於此時矣。

唐處士張景之墓志跋

《唐張景之墓志》，正書。景之，漢陽王柬之之弟。志稱功曹府君者，即玄弼也。云“移諸兄弟，並窆於新塋之内”者，謂慶之、敬之也。景之及其子嶠，其孫遡，均可補《世系表》之闕。此志即柬之所撰。玄弼志云，惟柬與晦僅存喘息，此云余與晦之，以是知之。文云大周天授，而蓋題大唐，柬之誅武之義，已蓄於此。三年正月，即二年十一月，時用周正也。後三志同。

唐孝廉張慶之墓志跋

《唐張慶之墓志》，正書。慶之，亦柬之弟，《世系表》亦不載。慶之辟孝廉不赴，而志蓋仍題孝廉字，非實也。

唐將仕郎張敬之墓志跋

《唐張敬之墓志》，正書。敬之，亦柬之弟，表亦不載。又，案玄弼志云，惟柬與晦僅存喘息。此志云，執奠惟弟，紀德乃兄。則晦之乃敬之之第四兄，其名無從考矣。云紀德，云操觚，則此亦柬之所撰也。竊謂慶之志，亦柬之所撰，可意會而得之。志述《城上烏》一詩，可供早慧之典故。

唐著作郎張漪墓志跋

《唐張漪墓志》，正書。石藏桂林唐氏。志首行有侄子愿述字，是撰文者爲張漪之從子也。《新唐書·張柬之傳》以愿爲柬之之子。《宰相世系表》以愿爲漪之子。二者互異而皆誤也。漪四子，表失載孚名。此志叙先世云，四代祖策，從後梁宣帝入西魏。表作弘策，字真簡。衛尉卿，洮陽閔侯。志僅言策者，避太子弘諱，猶袁弘機之稱袁機也。表不言魏者，當是魏未受官之故。張點志又云：六代祖策，去西魏，自南齊遷宦弈葉，因家樊沔。表不言齊，與不言魏同。張軫志又云：五世祖策，隨梁北歸，寓居襄陽，因爲此土舊族。詳略各殊，尚無不合。張曛志又云：五代祖策，梁岳陽王諮議參軍，贈持節蔡州諸軍事，蔡州刺史。則與表所稱衛尉卿，洮陽閔侯者不符。當以志石爲正。漪舉長材廣度科，見於《玉海》。終唐之世，膺是選者只漪一人。唐時制科名目，不下六十餘，《選舉志》不具備也。志云：狡童怙寵，云盜有巨力，云剿其凶邪，有以興復，即誅二張事。考柬之引疾，在神龍元年。《新書》傳云，漪以著作佐郎侍父。《襄陽志》云，表乞扶侍。與史吻合。惟據志，已授大著作，而傳猶稱佐郎，是《新書》之誤，《舊書》傳無佐字。志云：無幾而太妃薨。又云：未卒哭終於倚廬。是漪之卒，當在玄宗初年，此志立於開元廿一年者，因其夫人李氏合葬而追述之也。《舊書》傳云：柬之特授襄州刺史，又拜其子漪爲著作郎，令隨父之任。柬之至襄州，有鄉親舊交抵罪者，必深文致法，無所縱舍。子漪恃以立功，每見諸少長，不以禮接，時議以爲不能易荆楚之剽性焉。志云：疾君蠹政，上害苗書。是漪亦諍諍有聲者。向非此志之顯於後代，漪亦徒有惡名矣。志用《詩》句"碩人之邁"，考《毛詩》作"薖"，《韓詩》作"過"，此作"邁"，或本於齊、魯兩家，可補引經異文之一條。《説文》無"邁"字，又可知"薖"、"邁"同字，當用"薖"爲之也。"豢"，當即“券”字。“通變適宜”,“變”字添注於“通”、“適”二字之間。而“雅素恒真”上衍一“而”字。“口絶薰味”,“薰”、“葷”字古通。《儀禮・士相見禮》膳葷注云:古文“葷”,作“薰”。《漢・霍去病傳》“所獲葷允之士”注云:“葷”與“薰”同。《文選・養生論》“薰辛害目”,注云:“薰”與“葷”同。又《禮記・内則》注“一熏一莤”,即一薰一蕕。而《釋文》云:薰本作“葷”。亦一佐證。

唐河南府參軍張軫墓志跋

《唐張軫墓志》,吕巖説撰,正書。志稱軫官河南府參軍,與世系表合。“鍽”字不見於今字書,蓋即“扃”之俗體。“爲寵爲光”,即《詩》之爲龍爲光也。可補入《詩異同考》。《詩・長發》“何天之龍”,箋云當作“寵”。《大戴記》引正作“寵”。《易》“師承天寵”也。《釋文》云:寵,王肅作“龍”。皆其證佐。

唐秀士張點墓志跋

《唐張點墓志》,正書。點,柬之之孫,嶧之子,愿之弟也。《宰相世系表》不載其名。志叙先世云:九代祖貞,從西晉入東晉。據《世系表》所載,點之九代祖名輿,不名貞,又别無名貞者。此與《表》異。張軫志亦云,九世祖貞,仕宋南徙。軫於點爲同祖昆弟,疑《表》有誤。然此云入東晉,彼云仕宋,所述又復異辭。據《表》所載,仕宋爲濮陽太守者,名次惠,於點與軫爲八世祖,亦不吻合,闕疑可耳。又云,六代祖策,去西魏,自南齊。案,策,《表》作弘策,係點之五代祖。漪志稱四代祖。軫、曛二志並稱五代祖,此作六者,誤。又,《表》載仕齊爲鎮西將軍者,乃弘籍,非弘策也。蓋亦誤矣。“瘞於私第”之“瘞”,當是“卒”字之誤。

唐郾城縣丞張孚墓志跋

《唐張孚墓志》，侄繟述，正書。《地理志》：郾城屬許州。此志云豫州郾城縣者，長慶元年，始以郾城隸許州也。《志》於郾城下云：武德四年，以郾城、邵陵、北舞、西平置道州。貞觀元年州廢，省邵陵、西平入郾城，隸蔡州。案，貞觀間尚稱豫州，至寶應元年，始改爲蔡州。此志立於開元廿八年，故稱豫州郾城縣焉。後此四十年，復置溵州。又後五年，乃廢溵而隸蔡州。又後四十五年，乃隸許州。

唐河南參軍張軫妻邵氏合祔志跋

《唐張軫妻邵氏合祔志》，丁鳳撰，正書。張軫志，已編録，此其夫人合葬之志也。敘軫事蹟，兩志略同。惟此志云進士甲科，前志云擢秀才，爲異耳。前志云嗣子繟、紹等，此志云嗣子曰繟、曰縉。縉，當即紹之改名者，《世系表》均不載。《地理志》襄州鄧城下云：本安養，天寶元年曰臨漢。此志刻於天寶六載，猶稱安養，則志謂天寶元年改者，未確矣。宍，古肉字，見於《淮南子》、《吴越春秋》諸書，漢碑又作宊。"本州"下缺一字，據史知是"刺"字。《補訪碑録》載《張軫志》，不注撰人名，而以此志爲張軫第二志標題矣，復以軫志撰文之吕巖説注此志之下，而顛倒其名，誤之誤者也。

唐穀城令張曛墓志跋

《唐張曛墓志》，崔歸美撰，屈賁正書。曛之子珦、瑀、璪、璟，皆《世系表》所未載。張氏諸志叙述先世，此爲最詳。策，官岳陽王諮議參軍，與《表》迥異。玠，《表》作紒。愿，官江南東道采訪使。《表》無"南"字，皆當以石爲正。曛，爲愿之第八子，其諸兄名無考，《表》載有煦，官殿中侍御史者，當是曛之兄。《表》以愿爲漪之子，故以煦爲漪之孫,誤也。《表》又載有纁,蓋即"曛"之誤,不言其爲穀城令者,漏耳。志叙曛懷表詣闕一事,卓卓可傳,而不見於史册。據志所叙,在貞元録舊臣子弟之後。而《張柬之傳》云:景雲元年謚曰文貞。失實矣。柬之贈司徒在建中年間,傳亦未載。志首行標題云"文貞公曾孫",此爲創例。《尚直磚》、《豆盧遜志》皆冠父爵於上者,以其無爵也。曛官穀城令,有爵矣,而冠以曾祖之謚,殆以柬之之謚,因曛之抗表而始錫,故特以加於官爵之上,以表其行迹耳。"曝鰓",即"暴腮"字。"梟","臭"之俗,見《玉篇》。

唐新定太守張朏墓志跋

《唐張朏墓志》,正書。志叙朏之先世云,曾祖則,隋阰陽縣令。與《世系表》及《張漪志》稱灃陽令者不同。《張曛志》又稱比陽、灃陽二縣令。蓋先令比陽,後令灃陽,此稱阰陽,於例不合。《隋書》比陽屬淮安郡,後魏曰陽平,開皇七年改饒良,大業初又改今名。比,阰之本字,《楚辭》"朝搴阰之木蘭兮",謝朓詩"阰山起朝日",《廣韻》"阰山在楚南"。《説文》無阰字。今得此及《張曛志》,知阰字古人作比,後人加阜旁耳。又云:父晦之,桂方正字,左率府兵曹參軍。《世系表》失載。柬之贈越州都督,亦不見於史傳,當是後來追贈,莫考其時,或即在賜謚文貞時也。又云:夫人隴西李氏,相州堯城縣令昭禮之女。《世系表》乾祐下失載昭禮,可據此補之。《表》稱丹陽李氏,此稱隴西者,從其朔也。隴西四房,一武陽,二姑臧,三燉煌,四丹陽也。又云嗣子回等,則朏之子不獨一回,故銘詞内有如鳲之育語,然不可考,但補一回於《表》而已。又案,諸志皆云葬於安養縣,而此獨稱臨漢者,天寶初所改名也。

附張氏世表：

弘策	玠	則	玄弼	柬之	漪	孚	紕	迪
安之子。字真簡。梁衛尉卿，洮陽閔侯。	後周，宣納上士。隋，巴州録事參軍。案，南監本《唐書》作經，今據《張曛志》。	隋阯陽、澧陽二令。案，《世表》僅紀澧陽令，與《張漪志》合。今據張朏、張曛志，補阯陽令。	字神匡。長安縣尉。益府功曹參軍。贈都督安、隨、沔、郢四州諸軍事。安州刺史。案，志石今存。長安縣尉，據《張曛志》補，贈都督安、隨、沔、郢四州諸軍事，安州刺史，據張漪、張軫、張孚、張曛志補入。張朏志又作安州都督。	字孟將，相武后、中宗漢陽王，贈司徒。謚文貞。 景之玄弼二子。字仲陽。案，志石今存。 慶之玄弼三子。孝廉。案，志石今存。 敬之玄弼五子。將仕郎。案，志石今存。 晦之玄弼六子。桂方正字。左率府兵曹參軍。據《張朏志》補。案玄弼六子，第四子失名。	柬之長子。字若水。懷州武涉尉。洛州登封主簿。左補闕，著作郎。《世表》紀，著作郎舉最後之官。志石今存，據補。 嶧柬之次子。 嶠景之子。據景之志補。 朏晦之子。荆州撫州參軍。太子通事舍人。將作監主簿。太僕寺丞。定州司馬。邢州長史。涇州別駕。梁州刺史。涪陵、零陵、臨川、新定太守。案，志石今存。據補。	漪長子。字立信。隨州司倉參軍。豫州郾城丞。志石今存，據補。 岦漪次子。邠王府掾。左補闕。案《世表》紀，左補闕，邠府掾據張漪志補。 緦漪三子。荆府倉曹參軍。 軫漪四子。河南參軍。 愿嶧子。駕部郎中。曹、婺等十一州刺史。吴郡太守，兼江南東道，二十四州，采黜陟使。據張曛志補。世系表以愿爲漪子，誤。 黠字子敬。案，志石今存，據補。 逖嶠子。據景之志補。 回朏子。據張朏志補。	孚子。據張孚志。 繟，軫子。據張軫志。 紹，軫次子。據張軫志補。軫夫人邵氏志又作縉，蓋後改名。 煦殿中侍御史。 曛愿八子。字繼明。右神武録事參軍。襄州穀城令。案，志石今存，世表作纁。誤。	紕子。據張孚志。 垌曛長子。 瑀曛次子。 璪曛三子。 璟曛四子。壽安尉。案，志不詳其官。《新書·五王傳》，開成三年，詔柬之四世孫璟爲壽安尉。即此人。而璟，誤作憬。《舊書》不誤。

案，志中可見者，均表出。《世表》尚有琪，晉州刺史，以珣、瑀等名例之，當是柬之元孫。又：漪之子某，户部郎中；異，大理評事。漪志無此二人，當是表誤。

唐大房山孔水投龍璧記跋

《唐大房山孔水投龍璧記》，張湛詞，正書。石出房山，今歸余家。序云：開元廿七年己卯三月，府城西南有大房山孔水，自廿三年內供奉吕慎盈奉敕投龍璧，廿四年又投璧，至是而三矣。案，道家有金龍玉簡，學士院撰文，具一歲齋醮，投於名山洞府。則龍、璧爲二物。《金石録》所載《雲門山投龍詩》，北海太守於天寶元默歲下元日投金龍環璧於此山，是也。今泰山亦有《神龍元年劉恩義投龍造象記》，蓋唐時風尚。又案，耶律成仲《雙溪醉隱集》有《留題大防山孔水詩》，序云：唐明詹記大曆寺孔水云，或有人浮輕舟，探邃穴，入澒洞，莫究其源，但有仙鼠晝飛，頳鱗時見。又，遼壽昌五年飛冥子鮮于鴻作孔水銘，其序云：案《幽州土地記》，沙門惠珍嘗篝火入，經五六日方還，亦不測其淺深也。安知此水不與瑶池潛通，桃源相接乎？故開元天子，每每時雨降，必遣使投龍璧於此，則休應響答，事存諸往記焉。山主如上人言，洞有白龍，時復出見，輒化爲魚，形狀絶異。泰和乙丑冬，忽流桃花，花片皆五錢計。至今洞中且有樂音不絶。此孔水之大概也。張守珪，《唐書》有傳。

唐高士鄭忠墓碑跋

《唐高士鄭忠墓碑》，明詹撰，成巖分書。在武清縣。前人未著録。光緒八年武清令蔡壽臻搜得之。忠，武清人。安史之亂，安禄山僞授長豐尉，史思明僞授東光縣丞。壬寅年没，爲肅宗寶應元年，史朝義之二年。乙巳歲葬，爲代宗永泰元年，則史氏平二年矣。碑言，高祖羅漢，武清令。屬隋室土崩，豪傑雲起，有若竇建德者，聚兵稱亂，圍逼武清時，獨堅守孤城，確固臣節，神堯■壯之，加右衛大將軍，宰縣如故。案，《新書·地理志》，武清本漢雍奴縣，天寶元年更名，隋時焉得有武清令。蓋撰文者以當時縣名加之，實隋雍奴令也。《通鑒》：建德於隋大業十二年稱長樂王，滅於唐武德四年。其圍雍奴事不見於史,蓋在武德二年,遣大將高士興擊李藝於幽州屯火籠城時也。忠,高尚其志,優游山林,遭遇世變,連受僞命,蓋耿仁智、張不矜之流亞,並非甘心從逆,實不能先自引決耳。明詹、成巖,均人姓名。鄧名世《古今姓氏書辨證》:明,出自姬姓,孟明視之孫,以王父字爲氏。明僧紹見《南史》,唐有諫議大夫明崇儼。成,出自羋姓,令尹成得臣以王父字爲氏。其後有成虎漢、成雄居。上谷今尚有此二姓。元耶律鑄《雙溪醉隱集》引唐明詹《大曆寺孔水記》。蓋當時能文之士。

唐宋儼墓志跋

《唐宋儼墓志》,正書。新出昌平土中。蓋朱滔之偏裨,陣没於愜山之戰者。志云:元戎朱公。又云冀國王。即朱滔也。滔建中三年自稱冀王。志又云建中二年三月出薊城親領甲兵,收掌恒定,圍深州。十一月,破恒定節度張惟岳十萬餘人。案《通鑒》,建中二年正月,成德節度使李寶臣卒,子惟岳求旌節,不許。惟岳與田悦連兵拒命。詔馬燧討悦。又詔幽州留後朱滔討惟岳。滔攻束鹿,拔之,圍深州,又戰於束鹿下,惟岳大敗。皆與志合。李寶臣,本張忠志,賜姓名,故云張惟岳也。志又云,國家負德,不與功勳,反禍燕帥,受太原河東節度馬燧惡奏,先領朔方兵甲,隴右道李懷光領秦兵及殿前兵馬廿餘萬,屯營魏州御河西側。《通鑒》:滔求深州,不許,由是怨望,遂與武俊東救田悦。是時河東節度使馬燧、昭義節度使李抱真、神策先鋒、都知兵馬使李晟共圍魏,屯御河上。又詔朔方節度使李懷光赴之。皆與志合。志又云:建中三年三月至魏貝,相去秦兵十里,六月卅日,大破馬燧兵馬廿餘萬,積尸徧野,血流御河。《通鑒》:朱滔、王武俊至魏州,是日懷光軍亦至,懷光乘其營壘未定,欲擊之,馬燧請休,不聽,燧擊滔於愜山之西,殺步卒千餘人。武俊引二千騎横衝懷光軍,軍分爲二,滔軍繼之,官兵大敗。蹙入永濟渠溺死者,不可勝計,其積如山,水爲之不流。燧懼,卑辭謝滔,求與諸節度歸本道。志中所云皆是實録,並非誇大之詞。而儼即陣没於是日。《通鑒考異》云:《實録》六月辛巳,朱滔、王武俊至魏州,是日懷光亦至。七月庚子,馬燧等四節度兵退保魏縣。《燕南記》:六月,朱滔、王武俊、懷光俱至。懷光即欲戰,馬燧、抱真不得已從之。七月六日,懷光等擊滔,勝之,尋爲武俊所敗。其夜决河水,絶懷光西歸之路。明日水深三尺餘,燧等卑辭退保魏縣。按長曆,六月壬子朔,七月壬午朔,辛巳爲六月三十日,庚子爲七月十九日,滔與懷光至魏之日,滔營壘尚未立,懷光即與之戰,豈得至七月六日,戰於愜山之夜,武俊决水,明日,燧等即退保魏縣,豈得至十九日。疑退師過遲,情事不合,因謂《實録》之《燕南記》所載日皆不可采。今志中明言戰於三十日,是《實録》之戰日,可據《舊唐書·馬燧傳》。六月晦,懷光至,軍至之日,未休息,堅請與滔等戰,不利,悦等决水灌燧軍,燧兵屈糧少,七日燧與諸軍退次魏縣。是則燧戰敗於三十日,是日辛巳。七月七日退保魏縣,是日戊子。《實録》之庚子,乃戊子之訛,不得云無據,《燕南記》則誤甚。御河,即隋煬帝開永濟。長豐,本秦、漢之利豐縣,高齊廢,唐開元十年,於文安縣三十里復立利豐縣,又以縣北有長豐渠,遂改名,在今文安縣境中。志國家背德,及大破燧兵,昌言無忌。是時河朔之人,知有節度不知有天子,習俗移人,至於如此,可慨也夫!

唐焦犹神道碑殘石跋

《唐焦犹神道碑》殘石,新出長安。案,趙氏《金石録》一千六百五十六《焦犹碑》,從弟郁撰,任獻能行書,貞元十八年二月。即此碑也。撰人名、十八年二月,均尚存。書人名、貞元年號,均在亡缺之中矣。焦犹,不見於新舊《唐書》。犹本將家子,遭安史亂,河北得武功晉秩,官至左神威將軍。碑云:"前射生,左虞候。"又云:"宜署美名。"因改爲左右神威軍。案《唐書》,至德二載,擇便騎射者,置衛前射生手千人,亦曰供奉射生官,又曰殿前射生手,分左、右厢,總號曰左、右英武軍。代宗即位,以射生軍入禁中清難,皆賜名寶應功臣,故又號寶應軍。貞元二年,改殿前射生左、右厢曰殿前左、右射生軍，亦置大將軍，俄又改曰左、右神威軍，皆加將軍二員，與羽林、龍武、神策，總曰十軍。未置將軍時，以左、右虞候領之。

𤊟先官左虞候，及置將軍，即以爲左大將軍也，官正三品。雲麾將軍，御史大夫，正四品階，高平郡王，二品爵。均與碑合。𤊟蓋官正三品，階正四品，爵二品也。碑首叙焦氏得姓之始，焦與譙通，出自姬姓。《黄門譙敏碑》引先人國師焦貢。《左傳》，楚師伐陳，取焦夷，注謂：焦，今譙縣是。《氏族略》云：《左傳》曰，虞、虢、焦、滑，皆姬姓也。爲晉所滅，子孫以國爲氏。又有姜姓之焦，《史記》：周武王褒封神農之後於焦。注：《地理志》弘農陜縣有焦城，故焦國。春秋時爲陳邑，楚滅之。《廣韻》云：神農後，以國爲氏。碑文已缺，不知其叙述若何矣。

唐陳立行墓志跋

《唐幽州兵曹參軍陳立行墓志》，李儉撰，于全益正書。石出於京師。碑云：皇唐四周甲子，歲在丁丑。案，唐高祖受命建號，歲在戊寅，至高宗儀鳳二年丁丑，爲甲子一周，玄宗開元二十五年丁丑，爲甲子再周，德宗貞元十三年丁丑，爲甲子三周。志言大中十一年丁丑，爲甲子四周。陳君年五十有八，由丁丑上溯，係生於貞元十六年庚辰。志中有云，從事韋雍，死於亂鋒，琴瑟併命，老母弱子，拘諸佛寺，音信不通，樵蘇不爨，君與其弟游■■昝，瘞其遺骸，慰其■耄。晝乞州里，夜餉饔餐，進恐吏訶，退憂■■。詔訪遺類，官給葬事，亡者免飫於烏鳶，存者復歸於鄉井。名教■■，豪傑尚其義，此又難之尤者。案《通鑒》，長慶元年，張弘靖鎮幽州，判官韋雍輩多年少輕薄之士，嗜酒豪縱，復裁刻軍士糧賜，繩之以法，數以反虜詬責吏卒，謂軍士曰，今天下太平，汝曹能挽兩石弓，不若識一丁字。由是軍中人人怨怒。七月，韋雍出；逢小將策馬衝其前導，雍命曳下，欲於街中杖之，河朔軍士不貫受杖，不服，雍以白弘靖，弘靖命軍虞候繫治之。是夕，士卒連營，呼譟作亂，將校不能制，遂入府舍，掠弘靖貨財婦女，囚弘靖於薊門館，殺雍等。《舊唐書·列女傳》，韋雍妻蕭氏，聞難號呼，專執夫袂，左右格去，以死不從。及雍臨刃，蕭氏涕而告曰："妾不幸年少，義不苟活，今日之事，願先就死。"執刃者斷其臂而殺雍，蕭氏詞氣不撓，雖凶悍圜視，無不嗟歎。其夕蕭氏亦卒。大和六年，節度使楊志誠表明其事，因降敕追封蘭陵縣君。事與志合，惟不言雍之老母弱子，並立行周旋之事耳。立行軫念故友，風義不愧古人。克融作亂於長慶元年，立行年二十有一，昭雪於大和六年，立行年三十有三，皆在未仕以前。立行及其祖、父暨夫人之父柳楚，皆無史傳可考，撰文之李儉，書石之于全益，亦無傳。《張仁憲碑》，亦李儉所撰，彼碑署銜，僅存上柱國三字，即此李儉也。《唐書·宰相世系表》，肅宗相李揆之曾孫，有名儉者，不言官職，未識即其人否。

唐閻好問墓志跋

《唐御史中丞閻好問墓志》，侄周彦撰，正書。在京師西直門外出土。《補訪碑録》云：此志出土僅拓數紙，土人埋之，遂不可得。審視拓本，鎸有藏常山李氏成蹊家字，撝叔所言未確。撰文者，好問之侄，撝叔以爲周彦恭撰文，亦誤。據叙文，好問官終於幽州司馬，而標題不著。文有"烏台三上"語，豈幽州司馬之後又嘗爲御史中丞，故首句云"中丞諱好問"。第一字雖缺，要爲"中"字無疑。志云：會昌中燕帥贈太尉，蘭陵張莊王，考爲張仲武。《舊書·列傳》，仲武歷官至司徒，中書門下平章事，謚曰莊，而不言贈太尉，可以補史之闕。志又云：莊王嫡直方，以户部襲位，情娛弋獵，性樂微行。常以讜言，維持於宿衛。明年冬，諫户部，吐以血誠，請覲龍闕。案，皇甫枚《三水小牘》云：咸通庚寅歲，盧龍軍節度使檢校尚書左僕射張直方，抗表請修入覲之禮，優詔允焉。先是張氏世莅燕土，民亦世服其恩，禮燕臺之嘉賓，撫易水之壯士。地沃兵庶，朝廷每姑息之。洎直方之嗣事也，出綺紈之中，據方岳之上，未嘗以民間之休戚爲意，而酣酒於室，淫獸於原，巨賞狎於皮冠，厚寵集於緑幘。暮年而三軍大怨，直方稍不自安，左右有爲其計者，乃盡室西上至京，懿宗授之左武衛大將軍。觀此志，知勸直方入覲者爲好問矣。志又云：莊王猶子德輔，潛祈大福，陰構禍階，爰從東第直臨正寢，乃披堅執鋭，從辰洎申，威掠前鋒，血盈左脅。新舊唐兩書列傳，均不載此事。據《張仁憲神道碑》，德輔係張仲斌子。故府燕國公爲張允伸，今府僕射爲李茂勳。埇橋，爲宿州治。《通鑒》二百五十胡三省注：憲宗元和四年，析徐州之符離蘄、泗州之虹，置宿州，治埇橋，在徐州南界。安塞軍，納降軍，軍府名，均見《新書・地理志》。

唐大德塔銘跋

《唐故信州懷玉山應天禪院尼禪大德塔銘》，正書。石出揚州。序云，尼善悟，廣陵人，嫁許實，三十年而實逝，乃剃髮受戒爲尼。乾符六年，歸寂於信州懷玉山應天禪院。生男二人收骨，起塔於江陽縣，以廣明元年歸焉。案，唐信州，乾元初置，《太平寰宇記》云：乾元元年，江淮轉運使元載奏割饒州之戈陽，衢州之常山、玉山，建州之三鄉，撫州之三鄉，置信州。以信美爲名。懷玉山，《一統志》：在玉山縣北一百二十里，高四百餘丈，盤亘三百餘里，界衢、饒、信三郡，當吴、楚、閩、越之交，爲東南望鎮。相傳異光燭天，一名輝山。唐賈耽云，其山上干天際，勢連北斗，又名玉斗山。循山之麓升降，凡十有五里，至大洋坂，地寬廣約數百畝，而奇峰峻嶺，怪石深池，環列於前後左右，山靈之窟宅也。乾符爲唐僖宗年號。六年，正黄巢由廣破潭，攻江陵、鄂州，轉掠饒、池、信、宣、歙、杭十五州，衆二十餘萬。與序所云"狂寇蟻聚，往還皆徑其旁，一無驚畏"，即其時也。

宋轉運使李先等千佛崖題名跋

《宋李先等千佛崖題名》。案，李先，《宋史》有傳云：先，字淵宗，兑之從弟，許州臨潁人。起進士，爲虔州觀察推官，歷利梓、江東、淮南轉運使。題名正爲利梓轉運使時也。《宋景文集》有《答勸農李淵宗嘉州江行見寄詩》。史炤，宋時有三。中煇，潁昌人。嘉祐中提舉常平，乃文彦博嘗從受學。《文潞公集》有《奉寄中煇大卿史詩》。《金石萃編》：嘉祐中，提舉常平史炤奏上堰法，獲降敕書刻於蜀石堰上。《養新録》：熙寧四年，前知襄州史炤言開修古淳河一百六里，灌田六千六百餘頃。《續通鑒長編》：光禄卿史炤知邢州，上謂執政曰：炤在襄州，於水利甚宣力，宜優奬以勸衆。皆此史炤。一字見可，眉山人，即撰《通鑒釋文》三十卷者。其仕履不甚著，釋文題銜云"右宣義郎，監成都糧料院"。馮時行《釋文序》云："嘉祐、治平間，眉山三卿，爲搢紳所宗，東坡兄弟以鄉先生事之。"見可，即清卿之曾孫也。馮作序在紹興三十年，而云年幾七十，好學之志不衰。是其人當生於元祐末年，而終於孝宗時，後此史炤約數十年。一咸淳中官利州路都統制，則更後。《瞿氏書目》以見可爲利路都統，則與《釋文序》不合。《三巴舂古志》以中煇爲眉山人，則又因見可而誤。杜師益，《書録解題》有雷澤杜師益，著《杜公談録》一卷，録其父務滋之言也。元繼能千之，馮惲公謹，傅亶子諒，無考。

宋壽昌縣君胡氏墓志跋

《宋壽昌縣君胡氏墓志》，志正書，額篆書。光緒丙申出於予家虵北濱江里許田中，蓋志完好無缺。同時，耕人得硯一，碗一，水注一，墨一，均爲人攫去，互相傳説，以爲得窖，幾成獄訟。志亦屢埋屢掊，又爲人剖志之半以去。予屬族弟晉初致之家，爲拓其文。字迹圓勁，文亦有法。惜僅存下半，撰人、年月均不存，但聞人言元祐年而已。略可考者，縣君胡氏，歸於周鉛山君，其姑歸於鉛山君之父校理君。以姑侄爲姑婦，其賢相似。子成己、祖己、言己、求己、慎己，皆舉進士。考《宋·職官志》云，秘閣有校理，以京朝官充之，通掌閣事，掌繕寫秘閣所藏。元祐初，復置直集賢院校理。叙封云：庶子，少卿監，司業郎中，京府少尹，赤縣令，少詹事，諭德。將軍下刺史，都督下都護，家令，率更，令僕。母封縣太君，妻封縣君。

周君蓋官鉛山令，妻應封縣君，與志正合。《宋·地理志》：鉛山，屬江南東路信州，壽昌屬兩浙東路建德府，均中。子五人不見縣志，其舉進士而未第者與？吾邑金石最少，又得宋志一種，足爲志乘光。儻覓得志石上半，能爲延平之合，其可考者，當不止此。

宋恩禪師塔銘跋

《宋洪山報恩禪師塔銘》，范域撰，韓韶正書。在湖北隨州。案，碑云恩禪師，衛州黎陽人。今《宋史·地理志》：黎陽，屬河北路濬州。考黎陽宋端拱初建通利軍，天聖初改安利軍，熙寧三年改黎陽，屬衛州，元祐初復爲通利軍，政和五年升爲濬州，縣屬焉。恩禪師生時，縣正屬衛州也。提舉京西南路常平等事，《宋會要》熙寧二年設逐路提舉常平廣惠倉，兼管句農田水利差役。初設止有京東路，京西路。元祐元年罷，紹聖元年復置，改京西北路、京西南路，正與碑合。

宋淳禪師塔銘跋

《宋大洪山淳禪師塔銘》，韓韶撰，韓皓書，韓昭篆額。在湖北隨州。案，淳禪師，劍州梓潼人。今《宋史·地理志》：梓潼，屬隆慶府，係孝宗時升，本劍州也。韓韶，韓昭，一管句成都府國寧觀，一提點西京嵩山崇福宫。考《宋會要》，宫觀使，有使、副使、判官、都監、提舉、提點、管句等職。熙寧二年十二月，詔宫觀差遣，不限員數，差知州資序人以上，須精神不至昏昧，堪任釐務者充，以三十個月滿替。三年又詔，杭州洞霄宫，永康軍丈人觀，亳州明道宫，華州雲臺觀，建州武夷觀，台州崇道觀，成都府玉局觀，建昌軍仙都觀，江州太平觀，洪州玉隆觀，太原府興安王廟，今復並依崇福宫，置管句或提舉官。國寧即玉局觀也。恩禪師碑，立於政和三年，書人承議郎致仕武騎尉■韶，即此碑撰文之韓韶。殆致仕而奉祠者。

宋曹輔墓志跋

《宋曹輔墓志》,楊時撰,陳淵正書,李經篆蓋。吾友蒯履卿檢討得於廠肆。志當出福建,然各家未著録,想久佚矣。案,《龜山先生文集》卷三十七有是文。取明萬曆刻本與碑相校,有脱去者,如第七行"上曰今日所慮正在金虜,公曰有賢相則金虜無足慮也",集本脱"上曰"至"無足慮也"廿二字。第十四行"而不知移禍於異日,異日之禍,將使天地易位",脱"異日之禍"四字。第十八行"三鎮之求,復尋前約",脱"之"字。第廿二行"不知决水灌之",脱"之"字。第廿三行"恪堅持之不出",亦脱"之"字。當據碑補。有衍者,第六行"除南外宗室財用","南"上衍"主管"二字。第十八行"左右二輔臣,議不協","二"上衍"一"字。第廿二行"公稱謝,即奏栗輕儇,不可任","謝"下衍"中"字。第三十二行"臨奠,夫人張氏再辭免","再"上衍"一"字。當據碑删。有誤者,第三行"編管郴州",與《宋史》本傳同。"郴",作"彬",誤。"延康殿學士","學"作"主",誤。第四行"字載德",與《宋史》本傳同,"載"作"戴",誤。第五行"除一司勑令所删定官","司"作"月",誤。第十三行"大金意欲得十六字徽號","徽"誤"故"字。第廿一行"臣章疊上",誤"疊疊"。第廿七行"虜再邀鑾輿出郊","再"誤"欲"字。案,是時宋帝第二次入敵營,遂北狩,"再"字是也。第三十三行"初娶鄧氏","鄧"作"鄭",當據碑改正。第廿七行"車駕翌日出青城","青城",集作"郊"。第三十五行"振饑","振"作"賑",則兩通也。

曹輔,《宋史》有傳,所載歷官,與碑相合。史言輔諫微行,並草疏,召其子紳,付以家事,觸王黼怒,編管郴州。史甚詳而碑以渾括出之,至召封各事,諫北珠一疏,議和戰一疏,極爲蹇諤,固始終不改其節者,可以補傳之缺。史叙官云:以通仕郎中問學兼茂科,歷秘書省正字,上書謫郴州,召爲監察御史,守殿中御史,除左諫議大夫,御史中丞,拜延康殿學士,簽書樞密院事,未幾免簽書。碑云:中進士第,調福州寧德縣尉,升壽州安豐縣主簿,改通仕郎,試中詞學兼茂科，特轉文林郎，除一司敕令所删定官，改宣教郎，乞補外，通判安肅軍，轉奉議郎，除南外宗室財用，除秘書省正字，轉承奉郎，編管郴州，移袁州，召爲御史，遷諫議大夫，給事中，除御史中丞，延康殿學士，簽書樞密院事。比傳爲詳。《北盟會編》：大理少卿聶守獻言請決蔡河、汴河水，合灌摩駝岡。摩駝岡者，前金人下寨處，地勢卑下，既爲水所灌注，金人乃盡占高阜之地。據志，輔欲先出兵占高阜之地，虜當駐兵低處，而後灌之。唐恪不肯出兵，河水既決，虜無損傷，而城圍因水愈密矣。《彙編》又引《朝野僉言》二：酋遣使，乞令人召康王回，上遣簽書密院曹輔，由京東詣河北迎康王，於曹輔衣襟上以礬書爲詔。數日，取曹州守臣軍令狀回，稱不知康王所在。與志合。輔貫南劍州沙縣。考《宋・地理志》，南劍州，劍浦郡軍事，太平興國四年加"南"字，沙縣爲其所屬。福州大都督府，寧德爲其所屬，均屬福建路。壽州，政和二年升爲壽春府，安豐爲其所屬。紹興十二年，升安豐爲軍，輔爲主簿，時安豐未升軍，壽春未改府也，屬淮南西路安肅軍。景德元年，改屬河北西路。郴州，桂陽郡軍事，屬荆湖南路。興仁府，本曹州，建中靖國元年改賜軍額曰興仁。崇寧元年升爲府，大觀二年升督府，政和元年復爲輔。濟州濟南郡，均屬京西路。南京，大中祥符七年，建應天府，爲南京。志蓋未見。陳淵、李經，無考。李經官建康府教授，而景定志未載。

宋建炎復江陰軍牒跋

《宋建炎二年江陰復軍牒》，淳祐七年知軍陳鑄刻。在縣署二門壁內。江陰改軍，《高宗紀》不載。考《宋史・地理志》，江陰軍同下州，熙寧四年廢爲縣，隸常州，建炎初以江陰縣復置軍。今觀此牒，知復軍額在二年十一月矣。結銜守右丞朱，守左丞顏，守右僕射不署姓。考《宰輔表》：建炎二年守右丞朱勝非，守左丞顏岐，正議大夫、守右僕射則汪伯彦也，官尊故不署姓。皆與碑合。雄節、崇節兩指揮，皆駐江陰禁廂兵。東西二寨，申港石牌，皆見《宋・兵志》。狀言方賊作過，指宣和間方臘作亂。又言西賊驚劫常州，至鎮江府。考《高宗紀》，建炎元年九月，賊趙萬入常州，執守臣何衮，又陷鎮江府，守臣趙子崧棄城渡江，十月，王淵、張俊誘萬等誅之。即指此事。是月兀朮入建康，韓世忠自鎮江引兵之江陰軍。想見烽火接天，殘黎結壘，防托牢固，方免侵犯，錫之軍額，以保巖疆，亦經國者之要務也。《江陰志》亦載，從父老胡崇之請，復爲軍，而不録此碑，金石各家亦未著録。己丑冬，猶子志名搜得之，手拓以歸。江陰古碑日少，得此如獲一真珠船矣。因遣工打十數本，分餉海内同志。

宋紹興復江陰軍牒跋

《宋紹興三十一年江陰復軍牒》，在《建炎牒》碑陰。余拓《建炎牒》，打碑人沙君士瓚，爲言碑陰亦有文字，因薙榛莽，發瓦石，出而視之，則《紹興牒》也。紹興復軍，《高宗紀》亦不載。《宋·地理志》：江陰軍，建炎初復置，紹興二十七年廢，三十一年復置。李心傳《繫年要録》云：紹興二十七年廢江陰軍爲縣，隸常州，仍屯兵三百八十人，以知縣兼軍使，紹興三十一年十一月新知嚴州楊師中，知江陰軍填復置闕，江陰比廢爲縣，至是復之。與碑合。結銜參知政事楊，尚書右僕射，同中書門下平章事，皆不署姓。考《宰輔表》，紹興三十一年三月壬午楊椿自兵部尚書兼權翰林學士除參知政事。庚寅，陳康伯自右僕射授左光禄大夫，遷左僕射同平章事。朱倬自參知政事，授左通奉大夫，遷右僕射同平章事。皆與碑合。顔紹，考《江陰志》云紹興三十年來任。林安宅無考。江陰瀕臨大江，與鎮江一帶，聲援相接，建炎之初，未罹兵燹，長江天塹，最爲扼要之地，復縣爲軍，屯兵聚糧，捍衛商旅，捕捉盜賊，民人日見富庶，錢物亦易樁辦，自此以後，遂不復廢，自宋迄今，凡留意江防者，皆爲重鎮焉。

宋預禪師塔銘跋

《宋大洪山慧照禪師塔銘》，榮嶷撰，吴説正書。在湖北隨州。道楷禪師，見靖康二年碑銘。慶預，即其弟子也。文云：預居隨之大洪山，群盗環山如林，預恬不爲意，日據繩牀，頤指閑暇。外飭其徒之强毅者，固守圉以折豺虎之衝，内師其徒之静專者，謹禪誦以覬國威之立，與山巋然不拔，所活何止萬人。考《輿地紀勝》云，大洪山，慈忍靈尊者道場，在州西南隅，以峰巒奇絶，舊爲奇峰寺，後改爲靈峰寺，今爲崇寧保壽禪院，山崛起一方，巉然雲間，四面斗險，絶頂峰巒，崖石中有大湖，寺人經行數，常見雲氣在下，靖康避寇之人，立寨柵自保，賊竟不能破，以斗絶不可躋攀也。《繫年要録》：紹興元年，襄鄧鎮撫桑仲，以其將李道知隨州，時隨州闕守，通判王彦威，與州縣官皆寓洪山寺。主僧慶預，守洪山以扼賊道，至隨，遣彦威以歸，遂掌州事。慶預，京山人也。《雲麓漫鈔》云，建炎紹興初，隨陷於賊，而山中能自保，有帶甲僧千數，事定，皆命以官。汪藻《外制》有《大洪山僧守珍補承信郎誥》“汝營壁隖，輯鄉閭”。《繫年録》以爲恐與慶預事相關。以碑證之，事蹟略具。雪峰在侯官，《紀勝》云：雪峰寺，在侯官縣西百餘里，地勢高，多寒雪，故名。唐咸通中真覺禪師居之，宗風甚盛，太平興國三年，賜名崇聖院。

宋遂禪師塔銘跋

《宋大洪净嚴和尚塔銘》，馮檝撰，吴説行書。在湖北隨州。案文云，郡東雙泉禪院虚席，隨守袁公灼命師出世。考《傳燈録》，襄州雲蓋山雙泉■院，曰西雙泉，以隨州雙泉院爲東雙泉。净嚴出世，即東雙泉院也。陳規，《輿地紀勝》：官吏陳規，宣和間知安陸縣，行知府事，自中原失守，諸重鎮多失，惟規與群盗屢戰，皆不能犯，由是德安獨存，安陸民德公，爲廟祀之，賜號賢成廟。

宋陸游鍾山題名跋

《宋陸務觀題名》,案,放翁《入蜀記》:乾道六年七月八日,至鍾山道林真覺大師塔焚香,塔在太平興國寺上,寶公所葬也,塔後有定林庵,予乙酉秋嘗雨中獨來游,留字壁間,後人移刻崖石,讀之感歎,蓋已五六年矣。即此題也。錢辛楣《放翁年譜》乾道元年乙酉七月,改任通判隆興軍府事,自京口過金陵,雨中獨游鍾山。蓋即據《入蜀記》。案,放翁隆興元年除通判鎮江軍府事,甲申二月到鎮江任,閏月壬午游焦山,有題名。乙酉,由鎮江改隆興軍府通判,是年四十一歲。趙甌北《放翁年譜》繫之二年,誤。笠澤,用魯望先王事,放翁《雲門壽聖院記》,亦署吴郡陸某,不稱山陰。定林寺有二,《景定建康志》:上定林寺,舊在蔣山應潮井後,宋元嘉十六年,禪僧竺法秀造,在下定林寺之西。乾道間,僧善鑒請其額,於方山重建下定林寺,在蔣山寶公塔西北,宋元嘉元年置,後廢,今爲定林庵,王安石讀書處。放翁所游是定林庵,即下定林寺也。是刻金氏鰲曾見之,久已湮没,打碑人山東荀佔攜拓本來,閱之喜甚,時大雨如注,東望鍾山,在煙雲出没間,猶想見鏡湖詞客蠟屐獨行時豪興也。

宋楊輔等口楚崖題記跋

《宋楊輔等題記》,行書。在襄陽南三里山之王蟒洞。未見著録。楊輔,史有傳,字嗣勳。遂寧人,乾道二年進士甲科,官至建康府,兼江淮制置使,謚莊惠。史言以顯謨閣待制知江陵府,移襄陽,而不詳何年。嗣勳嘉泰元年上泉寺題名云:余守江陵之四年,徙襄陽。是其知江陵在慶元四年,徙襄陽在嘉泰元年也。蒲叔獻,南部人。舉進士,爲成都曹,百姓歌曰:“運使姓蒲,民力可蘇。”召爲宗正卿。韓侂胄用事,遂請去,時論偉之。見《萬姓統譜》。侂胄用事在開禧間,叔獻爲湖北轉運使,當在成都之前。

宋李曾伯紀功銘跋

《宋李曾伯紀功銘》,正書。在襄陽。《宋史·理宗本紀》:淳祐十一年十一月丙申,京湖奏聞復襄樊功,都統高達以下將士三萬二千七百人,各官一轉,犒緡錢三百五十萬。收復在四月,奏聞賞功在十一月,史據奏聞書之也。考曾伯、王登,史俱有傳。曾伯,字長孺。覃懷人,後居嘉興。淳祐初,歷兩淮制置使,權兵部尚書,六年放歸田里,九年起知静江府,廣西經略安撫司使,兼轉運使,進徽猷閣學士,京湖安撫制置使,知江陵府,兼湖廣總領,兼京湖屯田使,進龍圖閣學士。疏言襄陽新復之地,城池雖修浚,田野未加闢,室廬雖草創,市井未阜,請蠲租三年,詔從之。此銘刻於寶祐二年,自稱京湖制置使,是其知江陵府,尚在寶祐二年後也。登,字景宋。德安人。出制置使孟珙幕府。淳祐四年舉進士,調興山主簿。制置使李曾伯經理襄陽,登在行,以積功升,後至軍器少監,京西提點刑獄,開慶元年,提兵援蜀卒。《宏簡録》云:登在行,以功升將作監丞。較《宋史》爲詳。高達,屢見於本紀。淳祐十一年四月,高達帶行遥郡刺史,權知襄陽府,管內安撫節制馬軍。寶祐元年三月,録襄城功,高達帶行環衛宫,遥郡團練使。銘刻於寶祐二年,稱都統,不言權知襄陽府,殆以遥授之職故也。首云淳祐十一年,後云越三年,寶祐二年也。

遼廣濟寺佛殿記跋

《遼敕賜廣濟寺碑》,前銀青崇禄大夫、檢校司徒、使持節儒州諸軍事、儒州刺史兼御史大夫、上柱國廣平縣開國男、食邑三百石宋璋撰,攝大定府文學龐可昇書。碑陰左側,皆邑人題名,右側爲重熙五年重修寺題記碑,記僧弘演率門人道廣、維那、王文襲等修寺宇,敕賜寺額等事。儒州,《遼·地理志》隸西京道,今直隸宣化府延慶州,治大定府,隸中京道,今喀喇沁右翼南一百里。廣平立縣,始於唐,而省於遼,地志不言何時省入幽都,今此碑刻於太平五年,而有廣平縣開國男,知省縣在太平後矣。若《宋志》之廣平,則宛平之訛,不足據。

金正大提控所印考

金正大二年提控所印,以今工部營造尺度之,方二寸。篆文,凡四字,曰"提控之印"。右云"正大二年十月日□",左云"大名行部造",上云"副提控印"。柱紐上刻一土字,皆正書,與各書所載金朝官印均合。案,正大爲哀宗第二改元,《大金集禮》云:三師、三公、親王、尚書令,並金印;王及諸郡王、三師、宰執、一品官,並用銀鑄金鍍;二品印,銅鑄金鍍;三品以下,皆止用銅鑄。此印銅鑄無金鍍,蓋三品以下官之印。考金之提控,皆虚銜,無專官。《百官志》有提控銜者甚多,印文正用提控,莫能定其何官。上云"副提控印",則此印實提控之副使用,有提控銜之副使,類多六品以下官。然則此印乃六品以下官所用者,其云大名行部造者,案《金·地理志》,大名府路,貞祐二年,置行尚書省。此印蓋即行省所鑄。《哀宗紀》,正大二年七月,蘇椿自大名來奔。十月猶有是鑄。是椿雖出奔,大名尚未陷也。張芑堂《金石契》有"都統出字之印",正大五年恒山公府造。與此正同。金自貞祐以後,朝廷授職既無定額,而臣下置官設印,一時權宜,有不自知其僭妄者。《金·百官志》云:泰和八年閏四月,敕殿前都檢點司,鑄印依總管府例,以金木水火土爲號。此印柱上土字,猶守泰和之舊,與他印以千文編號者不同,前人釋土爲上者誤。金印傳於今者,《吴蘇閣詩》載正隆六年句當公事印,汴少府監造,前駐藏大臣錫厚庵藏。貞祐三年省差官字之印。《金索》載元光二字,副統約字之印。《養新録》載興定元年提控所菜字印。《金索》又載正大四年成字都統所印。四印均行官,禮部造。《金索》又載提控所維字印,合恒山公府所造都統印,與此而七,可互相取證矣。

元龍興寺膽巴碑跋

《元龍興寺膽巴碑》，撰於延祐三年。碑云：皇帝即位之元年，有詔金剛上師膽巴賜謚大覺普慈廣照無上帝師，敕臣孟頫爲文並書，刻石大都□□寺。五年，真定路龍興寺僧迭瓦八奏，乞刻石寺中，復詔孟頫爲文。案《元釋老傳》，膽巴歿於成宗大德七年，皇慶間追號大覺普惠碑作慈。廣照無上帝師。此云皇帝即位之元年，即仁宗皇慶元年也，五年即延祐三年也。皇慶二年，改元延祐，五年蓋統計之。碑又云：祠祭摩訶伽剌，持戒甚嚴，晝夜不懈，屢彰神異。與傳所云懷孟大旱，禱之立雨，咒食投龍湫，奇花異果上湧諸事相合。摩訶伽剌神，傳作摩訶葛剌神。碑中帝師巴思八，傳作八思巴。《潛研堂跋》歷舉《文宗紀》、《輟耕録》作巴思八。《焚毁僞道藏經碑》作八合思巴，《至元法寶勘同總録序》作拔合思八，《世祖紀》作八合思八。王户部弗卿復舉《仁宗紀》作帕合斯巴，《元典章》作八思馬。荃孫撿《元史·阿魯渾薩理傳》作八哈斯巴，《阿尼哥傳》作八合斯巴。殿本《元史》又譯作帕克思巴，譯音無定字也。大都之碑未立，真定之石早亡，而松雪真蹟尚存天壤，其爲貴重，當駕宋元拓本而上矣。

卷　七

韻補跋

景宋鈔本吴才老《韻補》五卷。每半葉十行，小字每行二十四。葉旁注大幾字，小幾字。首葉有謝子芳刊，餘無，疑鈔胥遺奪也。景寫尚精。無各家收藏圖記。荃孫取連筠簃刻本校之。刻本張氏穆緣起云：刻入叢書時，何子貞借各家刻本、寫本及大興劉侍御藏汲古閣景宋鈔本，訛謬踵似不足據，乃取才老引用之書，精意校對云云。此本訛脱更甚，大約刻本模糊，鈔胥以意爲之，誠有如張氏所云者。然徐蕆序中，考古銘、箴誦、歌謡、謡諺之類，刻本謡字不重。案，下"謡"字當是"繇"字，觀書目舉《左邱明傳》、《易林》可證，景作"謡"非，刻本删之，亦非。"又三年，蕆歸吴，而才老死久矣"，刻本落"蕆歸吴"三字。書目《史記》注"秦刻石辭"下，刻本落"龜策傳自序皆韻"七字。又落《漢書》一條注，"後漢班固所作，漢文章自序皆韻"，在《史記》行下，想原本如是，傳鈔奪去耳。注引《漢書》甚多。《道藏歌詩》注，當是晉魏人作，刻本改魏晉。案，此言晉魏，或兼元魏言之，不必定屬黄初也。又十八尤"馗"字注引王粲詩"女士滿莊馗"，與《文選》合。刻本改"士女"。二十五"添"與《廣韻》合，刻本作"沾"。案《廣韻》注，或作"沾"，似不必改定"沾"字。九御"途"字注，荀卿《成相篇》"己無尤人，我獨自美，豈獨無故"，刻本删下"獨"字。案，楊倞注，或曰下無"獨"字。盧氏文弨校云：無"獨"字，則與全篇句法合。是唐本本有"獨"字，才老所見亦然，不必從而删之也。刻本間有訛字，均爲拈出。引書與今本異者，苟可兩通，悉録於眉端。又注引《素問》、《韓子》、《琴操》，書目未出，恐尚有訛奪也。

八語"蚌"字注,《國策》"今日不雨,明日不雨,必有死蚌",讀蚌叶雨。案,《輔行記》引作"今日不雨,明日不雨,必有蚌脯"。脯雨本韻,宋時已作死蚌,而才老又誤引也。

聖武親征録跋

右《皇元聖武親征録》,無卷數。光澤何先生願船取舊鈔本校以金元二史、《元秘史》及金元人傳記、文集,考形訂聲,經年緯月,削其重複,更其舛亂,補其奪字,删其衍文。張丈石州推其廓清之功,比於武事,誠非虚語。然亦尚有未盡者,如"是時别里古台那顔,掌上乞列思事,親搖上馬",何云"搖"字疑誤。荃孫案,"搖"疑是"控"字。"大太子术赤,二太子察合台,三太子窩闊台,太宗也",荃孫案,"太宗也"三字是注,誤入正文。"詔史天倪南征取平州,木華黎遣大進道攻廣寧府,降之",張丈校云:本紀作賜進道。荃孫案:"大進道"爲"史進道"之訛,"賜進道",則音近而誤。進道,秉直之弟,天倪之從父,從木華黎攻廣寧府,均見《進道神道碑》。"七月,上遣唐慶使金保降",荃孫案,"保降",是"催降"之誤,觀下文"遣人入城催降"可見。"乙亥,金右副元帥七斤,以通州降","木華黎攻北京,金元帥寅花麿等以城降","金御史中丞李英,帥師援中都,戰於霸州,敗之",三事皆與下文複。荃孫案,下文即云:"金主以檢點慶壽、元帥李英運糧分道還救中都,齎糧人三斗。英自負以勵衆,慶壽至涿州旋風寨,李英至霸州青戈,皆爲我軍所獲。"與《金·李英傳》、《元本紀》合。又云:"時金通州元帥七斤,率衆降,惟帳復,張鑊炳,衆哥也思元帥據守信安。"何校云未詳。荃孫案,"帳復",是"張甫"之訛,"張鑊柄",是"張進"之訛,"衆哥也思",是"衆家奴"之訛。《金九公傳》"張甫、張進衆家奴,據守信安不下",正在是時。下又云:"金元帥那答忽,監軍斜烈,以北京來降。"何校云:北京疑有誤。荃孫案,"寅花麿",《元太祖紀》作"寅古答論虎",即那答忽也。"願船不知"三句爲衍文,而强爲之説,所以愈疑愈誤也。

會稽三賦跋

《會稽三賦》三卷,宋王十朋撰,史鑄注。道光丁酉杜春生景宋本重梓。取以校湖海樓陳氏本,只得訛字數處,陳本爲汪蘇潭吏部校,亦甚精核。惟《風俗賦》"菱歌"注云:"舊注'菱歌調易急'。"案,《文選》本是"采菱調易急"。景宋本留墨臺半行,陳本刊去。案,語氣未畢,下疑有辨證之語未刻者,宜仍舊觀,不當削之也。愚齋注此賦引用書,近多不存。如鑫山,引許慎《淮南原道》注云:塗山,在九江當塗縣。章亥,引慎《地形訓》注云:大章豎亥,善行人,皆禹臣也。二條。槩桑,引《太康地記》云:諸暨境土諸山出第一,槩桑,文采如博棋,方正駢次,有如畫作,可爲屐鞮,上品者,一兩至數十萬。一條,爲孫、畢輯本所遺。賀知章、龍瑞圖經三條,亦出《道藏》李宗諤重修本之外,餘《周易略例》,顧伯《邶詩傳》、《類證》、《蜀王本紀》、《吴録》,周處《風土記》,賀循《會稽記》,孔曄《會稽記》,孔靈符《會稽記》,夏侯增先《地志》,盧驤《西征記》、《會稽典録》、《襄陽耆舊記》、《廣州記》、《武陵記》、《輿地志》、《南越志》、《地理圖》、《十道志》、《晉安海物異名記》、《圖經》、《越州圖經》。《濠梁圖經》、《名山志》、《復齋漫録》、《隋唐嘉話》,崔希裕《纂古遯齋閑覽》,《殷芸小説》、《談助》、《遁甲開山圖》、《僧史》、《續仙傳》、《石氏宗譜》,洪興祖《補注楚辭》、《皇宋百家詩選》、《會稽覽古集》、《蔡寬夫詩話》各種,即晁、陳書目亦多缺略,碎璧零璣,皆甚寶貴。鑄自序云:事涉於隱者,則從詳備,目熟乎見者,則從闕略。實足爲注書之法,不僅取材之富也。

秦邊紀略跋

此書五册,不分卷,不著撰人名氏。《四庫存目》作四卷,以首卷河州條注内有康熙十四年、二十二年等事,定爲康熙時人所作。荃孫案,章實齋撰《劉湘煃傳》云:寧都梁懷葛著《秦邊紀略》,有書無圖，湘煃偶得圖，以校其書，纖悉吻合，疑即梁圖，而與顧氏《方輿紀要》頗相齟齬，湘煃合訂爲《秦邊紀略異同考》六卷。始知此書爲梁著。又案，劉繼莊《廣陽雜記》云：梁質人留心邊事已久，遼人王定山燕贊爲河西靖逆侯張勇中軍，與質人相與甚深，因之徧歷河西地，故得悉其山川險要，部落游牧，曁其强弱多寡，離合之情，著爲一書，曰《西陲今略》。徐星伯《西域水道記》引之。歷六年之久，寒暑無間，其書始成，書凡五册，册各百餘紙。繼莊爲删定，存四百餘葉，改定今名。與此書適合。《存目》又載《懷葛堂文集》十四卷，梁份撰。份字質人，南豐人。嘗學於寧都魏禧。章實齋以爲寧都梁懷葛。近吴竹莊方伯坤修刊於懷寧，以爲乾隆時人。王文泉孝廉文灝刊於定州，以爲蠡縣李培撰。皆誤。是本前有"石匏"二字小長印，朱文，復有"張開福印"四字方印，白文。石匏，開福字，浙江海鹽明經，芑堂先生之子，曾就延榆綏道劉燕庭觀察之聘，出入秦邊。此書蓋行篋中物，將以考核西鄙地理者。

蜀典跋

武威張氏澍《蜀典》，分十一類，援據浩博，是其所長。其中如"堪輿類・蜀境"一條引《陸機傳》，"蜀土與秦同域"一條引《博物志》，俱行文之辭，不足爲典要。"蜀城"一條引王右軍帖，不知右軍書爲唐人僞造，更不足據。"蜀井"一條云"廣陵蜀岡上有蜀井，言水與西蜀相通"，此與荆溪之蜀山同例，當入揚州方志，不宜載之於蜀。"宦蹟類・開度"一條，《書録解題》、《文獻通考》均作井度，《廣韻》井字下云：又姓，姜子牙之後，春秋時有井伯，《正字通》作开者，字誤。《正字通》本俗書，不足稱也。"著作類"犍爲舍人《爾雅注輯》，如《左隱十二傳》"正義"引"圉，邊垂也"，《釋文》"渝，變也"，引作"繻"，《詩・載芟》正義引"繹，繹穀"。皆生之貌。《論語・述而》正義引"無舟而渡水曰徒涉"。《御覽》引"壎，大者如鵝子，聲合黄鐘，小者如雞子，聲合大簇、夾鐘"。《荆楚歲時記》引"杏花如荼，可耕白沙"。《史記・司馬相如傳》注引"楓爲樹，厚葉弱莖，大風則鳴,故曰楓"。《詩·螽斯》正義引"蚣蝑,今所謂春黎也"。皆失輯。蜀才易輯,如《集解》訟卦"剛來而得中也"引此本遁卦。案:二進居三,三降居二,是剛來而得中也,隨彖下引此,本否卦,剛自上來居易柔,自初而生上,則内動而外説,是動而説隨也,相隨而大亨,無咎,得於時也,得時則天下隨之矣,故隨之時義大矣哉。《釋文》引"井累其瓶,辯吉凶者存乎辭",注:辯,别也,知崇體卑,象也者,像也。均失輯。譙周《法訓》,《御覽》四百六引《譙子》《齊交篇》文雖引而脱篇目,挽歌條複出。《初學記》十七引"好學以崇志,故得廣業,力行而卑體,故能崇德,是以君子居謙而宏道,然後德能象天地",《意林》卷六引"公人,好人之公;私人,好人之私","念己之短,好人之長,近仁也","有財不濟交,非有財也,有位不舉能,非有位也","相憎者,能生無辜之毁,相愛者,能飾無益之譽","君子好聞過而無過,小人惡聞過而有過",五條均失輯。蜀石經《毛詩》一卷外,今尚存舊拓《左氏傳》第二十三一卷,《穀梁》、《儀禮》各十數行,又張氏所未見。"姓氏類""用氏"《風俗通》云云,《元和姓纂》引之,在今本《風俗通》之外,即《毛詩》孟庸,庸與閻通,《左傳》作閻職,《史記》作庸職,是也。《名士録》又有用羽之,張氏言亦未明晰。开度,見"宦蹟類",又見"姓氏類",卷十二冉氏,十三葉一見,四十葉一見,均爲複出。引用古書,半皆亡佚,不著所采之處,亦屬不合。然張氏素稱博學,此書搜采繁富,亦談蜀者之所不廢也。

大唐郊祀録跋

《大唐郊祀録》十卷,唐王涇撰。《四庫》未收,藏書家各有傳鈔本,譌奪最甚。此從烏程汪謝城曰楨校正本過録,譌者訂,奪者補,千年就秘之帙,焕然一新,雖未能毫髮無憾,亦可觀大概矣。眉間録長興臧眉卿壽恭、南匯張嘯山文虎校語。金山錢氏《指海》十八集,即刻汪本而以臧本校之,今取對勘,仍有出入,爰録副藏雲自在堪。附録一卷,汪君所輯,搜采甚富。荃孫又檢《唐會要》十八,載元和十四年二月太常丞王涇上疏,請去太廟朔、望上食。又,中書舍人武儒衡議曰，今王涇所引，太廟與陵寢同日時設祭，以爲越禮。又，王涇狀以太廟設祭，別加常饌，以爲褻味。此三條附録失引，汪君未核《唐會要》故也。補撰樂章，有大閩國太常博士張連。汪君據以爲王閩時所竄亂之證，而惜張連姓名他無可考，遂不知補撰在閩何時。今案，太廟迎神第二奏樂章注云：元闕臣陳致雍補。致雍，南唐太常博士。見陸游書《后妃傳》、馬令書《潘佑傳》。吴任臣《十國春秋》有致雍傳云：陳致雍，莆田人。博洽，善文辭，憲章，典故。仕閩景宗，爲太常卿。入南唐，以通禮及第。景宗，閩王延羲廟號。致雍與張連同官，其補撰樂章，似當在永隆時。然考《五代會要》，唐天成三年，封福建節度使王鈞爲閩王，更名鏻。《五代史》唐長興三年，自稱帝國，號大閩。改元龍啓，然猶稱藩於朝廷，謚曰惠宗。子昶嗣，晉封閩王，謚曰康宗。審知少子曦嗣，晉封閩國王，謚曰景宗。是曦即位之時，已屬晉天福四年，拜受晉封已際兩代，决無反祠唐帝之理。意者惠宗之初，大號初膺，製禮作樂，外示藩屬於中朝，内以儀型夫臣下，連與致雍同官治禮，樂章之補，當在是時，而致雍至景宗之朝，猶爲太常卿耳。致雍事，又見《江南餘載》，今尚存《曲臺奏議》十卷。

遂初堂書目跋

《遂初堂書目》一卷，宋尤袤撰。袤字延之，無錫人。紹興十八年進士，官至禮部尚書，謚文簡。事蹟具《宋史》本傳。延之富於書籍，遂初堂所藏，陳振孫推爲近世之冠。此目無撰人，無卷數。毛扆序，魏了翁、陸友仁二跋，與《四庫》本同。一書兼載數本，開近人目録兼載各本一派。複見之書，《提要》舉《大曆浙東聯句》，一入別集，一入總集。今考其中如《焦氏易林》，一入《周易》，一入術數；《汲冢周書》，一入《尚書》，一入《春秋》；《天下大定録》，一入雜史，一入僞史；《皇祐平蠻記》，一入本朝故事，一入地理；《慶曆軍録》，一入本朝故事，一入兵書；隋李文博《中興書》，一入儒家，一入雜家；《瀨鄉記》，一入地理，一入道家；《熙寧番官陳院編敕》，一入職官,一入刑法;《文場盛事》,一入故事,一入小説;《石藥爾雅》,一入醫書,一入道家;《于公異奏記集》、《令孤楚表奏事》,一入别集,一入章奏;《文苑英華》,一入類書,一入總集;《花間集》,一入總集,一入樂曲;《郊祀録》,儀注類兩見;《崔顥集》、《伊川先生集》,别集類兩見;《王文公送伴録》、《王介甫送伴録》,一舉其字,一舉其謚,一入雜史,一入本朝故事,共十八條,今皆注明重出而原文不删。李紳《追昔游編》,見别集類,又有《李公垂集》,不知是一是二,均在可疑。宋人目録留於今者,只晁氏《讀書志》與此目,尚是流傳舊本,殊可貴也。延之嘗取孫綽《遂初賦》以自號,光宗書扁賜之,故以遂初名堂云。

得月樓書目跋

右《得月樓書目》一卷。得月樓,爲明李鶚翀如一藏書之所。如一爲李詡戒庵之孫,藏書最富,與文文起、錢受之相友善,世所謂赤岸李氏者也。其孫成之跋《戒庵漫筆》云:乙丙易代之際,土賊四起,書倉煨燼,獨其目幸存於家,李將俟刻之,聊志先大夫彙集之苦心云。蔡澍《江陰志列傳》云:如一仿宋《晁氏目録》,發凡起例,自爲詮次。是如一本有書目,而今亦不傳。此目止百九十餘種,雖云摘録,然世間已佚之書,如李廉《春秋諸傳會通》廿四卷,陳伯宣《史記注》八十七卷,劉攽《東漢刊誤》一卷,汪應辰《唐書列傳辨證》二十卷,吕祖謙《新唐書略》三十五卷,李德裕《大和辨謗略》三卷,歐陽靖《聖宋掇遺》一卷,蔣之奇《魏公逸史》二十卷,倪思正《齋台諫論》二卷,《中興集議名臣言行録》三十卷,吕東萊《觀史類編》五卷,胡恢《南唐書》十卷,劉恕《十國紀年》四十二卷,宋敏求《河南志》二十卷,周淙《臨安志》十五卷,趙抃《成都古今記》三十卷,楊侃《職林》二十卷,張著《翰林盛事》一卷,白太素《續通典》二百卷,万俟禼《紹興貢舉考法》五十卷,丁謂《景德會計録》六卷,顧烜《錢譜》十卷,陶岳《貨錢録》一卷,董逌《續錢譜》十卷,陳絳《山堂遺集》十卷,續八卷,《文苑摘粹》十卷,共二十七種。王文簡《居易録》云:陸雲士令江陰，云有胡恢《南唐書》，今見此目，方知陸所云者，即李氏所藏，而書久佚。荃孫從汪郎亭前輩所假得，爲黄蕘圃舊藏，與述古堂、傳是樓宋元本目各爲一帙，喜爲録存，並録副贈金君溎生。溎生即梓入《粟香室叢書》，特苦其編次無法，又複出《十國紀年》、《文苑纂要辨證》兩種。辛卯自京旋里，又從赤岸故家覓得鈔本一帙，較爲完善，復爲梓行。江陰藏書家，前明推朱君子儋、李君如一，今子儋僅有《存餘堂詩話》及以愛妾易宋本《漢書》一事，又不如如一尚有此目存也。

朝鮮金石目考覽跋

嘉道間，朝鮮士人之談金石者，曰趙寅永雲石，曰金正喜秋史，諸城劉燕庭方伯均與之善，因得其國之拓本最多。釋其文字，考其原委，爲《海東金石苑》八卷。又撮其目，爲《海東金石存考》一卷。其無存者，列爲待訪目，至精至確。此《金石目考覽》二卷，爲朝鮮金秉善所撰，碑較多於燕庭所得，然存佚不分，惟存者考其額若干字，足以取信，非稗販而爲之者。今取燕庭兩書校之，梁貞明《白日棲雲塔碑》脱碑側，《晉天福忠湛塔碑》脱碑陰，《元普濟尊者浮屠碑》脱元宣光六年年號；元順帝子，廟號昭宗。宋脱《圓覺禪師碑》，元脱《弘覺禪師碑》、《大藏移安碑》、《慶平寺石幢》；考證脱王融、崔惟清、韓文俊、李之茂、李弘孝、李奎報、梁載、權漢功諸條，非特金君未見，鮑子年亦未見也。荃孫又藏葉東卿《高麗碑》全文，内有《宋大覺國師墓室》及碑銘、《安立事蹟記》、《圓光徧炤弘法禪師碑》、《元元貞普覺大師塔碑》、《皇慶權文清公墓志》。明碑尚夥，不足記。金石隨時隱見，如此書者，其搜訪亦不爲無功云。

汪應辰石林燕語辨跋

宋葉夢得撰《石林燕語》十卷，所紀朝典、國故、官制、科目，當時已重其書，間有記憶失真處。同時有汪應辰作辨，宇文紹奕作考異以糾之，而各自爲書。《燕語》世傳商氏《稗海》本，脱訛踳駮，不堪卒讀。仁和胡君珽鈔得文瀾閣附考異本，又得何學士焯、沈廣文欽韓合校正德楊氏本，再參以《四庫考證》、《舊聞證誤》，凡前賢論説之足資考核者，悉爲甄録，以活字板印行，可謂《燕語》最善之本。惟《考異》，經館臣録附原書，而甚惜汪辨僅存其目二百二條於《大典》悟字韻中，辨則寥寥數條，無從掇拾。《書録解題》亦稱未見，《儒學警悟》間引數條，《大典》亦未全采。是汪辨於宋末傳本即希，而《儒學警悟》於明初亦非易觀也。荃孫初得胡氏集辨本，又得明楊氏本，頗思爲之刊行。旋聞廠賈自山西歸，有明鈔《儒學警悟》全部，急往詢之，已爲宗室伯希祭酒所得。幸伯希假我録副，綿紙藍格，古香盎然。方知《儒學警悟》爲太學俞鼎孫同上舍元經編，汪應辰《石林燕語辨》十卷，程大昌《演繁露》六卷，馬永真《嬾真子》六卷，陳善《捫蝨新話》二十卷，四種共四十二卷，署曰"初編"，每卷題"儒學警悟第一"、"第二"。宋人叢刻，與《百川學海》同時，爲彙刻書目所不載，亦可謂驚人秘笈矣，然《演繁露》三書，尚有他刻，而汪辨，則已成孤本。鈔白頗有訛脱，爰取楊、胡二本，校定正文，補脱字，有兩通者，不妨存異。商本、楊本各不同。此書字句，往往與楊本同。辨語共二百條，照原書分卷，葉據《大典》，作二百二條，衍下二字。考異得五十六條，而與辨同者四十六條，縱所據略同，而字句仍不少異，何耶？至《説郛》引二條，《舊聞證誤》五條，《容齋五筆》一條，葉君廷琯引一條，而無書名，各條均見此書，似亦無所佚脱。葉、胡二君校《燕語》時，深惜此書久佚，孰知全書十卷，尚在天壤間耶？

捫蝨新話跋

《捫蝨新話》十五卷，宋陳善撰。《四庫》列之存目。昭文毛氏曾刊入《津逮秘書》。案《讀書敏求記》云：《捫蝨》，吾家所藏有二，一是宋鈔本，不分卷帙，末有羅源陳善子兼跋云："丙寅歲，余由海道將抵行在所，遇颶風船壞，盡失平日所業文字，既而於知友間得所著《捫蝨新話》,因加刊削,得一百則,時紹興己巳正月二十一日也。”此本墨敝紙渝,古香醃薆,或者疑爲子兼稿草。一是影摹宋刻本,標題云“朝溪先生《捫蝨新話》”,釐爲十五卷,不列子兼名氏,並脱跋語。二者未知孰爲定本,姑兩存之,以備參考可耳。此舊鈔本云新刊朝溪先生《捫蝨新話》,無跋語,亦無名字,與《敏求記》所云影摹宋刻本合。每條各著前話、後話,下注數目,豈本作前話、後話,爲好事者摘以歸類,故題云“新話”與? 惟訛字較多,是鈔而未校者。荃孫舊藏從明人刻本景寫者,並成四卷,删除門類,實爲無理竄亂,然較舊鈔本只脱一條,訛字亦少。

黄蕘圃所見鈔本即述古舊藏,只一百則,不分類,無子目,與十五卷本一百九十三則大不相同,恐是前話、後話之一種。

意林跋

《意林》今止五卷,高似孫《子略》中載有全目,較今本多蔣濟《萬機論》以下三十七家。洪邁《容齋續筆》卷二臚列《意林》内不傳之書三十二家,今本無者十七家。乾隆中,海寧周氏廣業輯《意林》逸文六條,又據《續筆》所稱各家輯之爲《意林附編》。迨文選樓得宋本,多第六卷,嘉興李氏遇孫鈔之,海寧蔣氏刊入《斠補隅録》,海内始得見《意林》完本。今《意林》卷二二家,原有目無文;卷六四十一家,有目無文十三家。《子略》原目所列,洪氏所稱,照曠閣據《説郛》所補,周氏所采,大都在是。惟以《子略》目核之,《新序》今在第三卷,宋本複出;《譙子五教》,《子略》在《法論》下,注並引《禮記》語,今奪;《周髀》,次《相鶴經》之下;《夢書》,次《氾勝之書》下;《相貝經》,作《貝書》,次《夢書》下;《九章算術》,次《萬畢術》下;《博物志》,次《算術》下;《筆墨法》居末。均不同《子略》原目。以時代爲序,略分家數,似是《意林》原文。惟奪《道德經》、《荀子》、杜夷《幽求子》、干寶《干子》、華譚《新論》、孫綽《孫子》六家,係傳寫之訛。然《續筆》有《干子》,而無《幽求子》、《新論》、《孫子》。核之《崇文總目》,均屬不傳之書,豈《容齋》所見本,即佚此三種與?《牟子》,見

《子略》目,次正部下,亦見《續筆》。《本草經》小注云:《華陀弟子吴普》六卷,見《子略》目,次《神農本草經》下。今奪《相鶴經》,黄長睿《東觀餘論》云原書久佚,惟馬總《意林》及李善《文選注》鈔出。《相貝經》,楊升庵亦云原書已佚,此特《意林》所引,今二家有目無文。施元之注蘇東坡《次韻孔毅父久旱詩》引《意林》袁準《正書》一條,《天中記》陂類引《意林》一條,今本亦無之,大約宋時已無全帙。然諸書間有輯本,頗有得數十百條,獨遺此一二條者,亦可見宋本之足貴已。

乖崖先生文集跋

《宋張忠定公集》向無刻本,獨山莫大令祥芝,得吴中張青芝仿宋本手鈔《乖崖先生文集》,如式重雕,復假孫淵如先生舊藏明人影宋寫葉十六行行十六字本校補,洵足嘉惠藝林,表彰前喆矣。荃孫復取舊藏馬寒中鈔本校之,無甚大異,惟新刻《益州重修公署記》"竹樹花卉,所至畢臻"下四百餘字,依十六行本移入《昇州重修轉運司公署記》中,互爲删補,而讀其文有不可解者。馬本《益州重修公署記》"竹樹花卉,所至畢臻"下接"自韋南康驕悍之餘,孟先主僭悖之後。共安其適,習以成風。若今之所營,實毆以合道。輕浮潜厚,凶忮寖仁。循吏所能,允克皆踐。苟采訪之吏,亟以狀聞,而疇庸之恩,谠當不霈。參三事之庶政,翊大君之鴻猷。休泰之辰,恢闡益盛。乃中外之同詞也",下再接"周翰、柴愚"云云。《昇州重修轉運司公署記》,記中"不得擅爲異法也,誠以命令,禀於天子。其昭著能事,厥惟善良。苟郡縣不德,奸豪任情,蠹弊因仍,刑罰不正,民有不得平者。征斂違度,巡護不謹,毒有流於下者,咸得致詰",下接"以聞。或高才沈於下寮,治聲被於四遠。鄉黨之孝悌,巖谷之貞純。悉係明揚,用稱中旨。加之辯惑,焕然易從。如此則上無曠官,下無冤人。馴良適意,凶邪喪朋。欲民不謳歌於路,時不頌雍熙者,未之有也"。記末"與夫循默養名,怙"下接"權自大者,不同日而議也"。考昇州,爲今之江寧府,與記中云"江南轉運司,合韋南康”二語羼入不倫。二十六行本“以聞”上空一格,“自大”句去一“權”字,添“裁正與”三字,是後人以意妄改。上云“與夫循默養名,怙習以成風”,下云“與自大者不同日而議”,不但語句相複,而意亦未全也,兩記互易,則文意均足。當依馬本改正。

摛文堂集跋

《摛文堂集》十五卷,宋慕容彦逢撰。彦逢字叔遇,宜興人。元祐三年進士,復中詞科。崇寧元年,除秘書省校書郎,歷官刑部尚書,卒謚文友。《宋史》無傳,仕履僅見集後附録墓志。《宋·藝文志》有此書,而晁、陳書目不載,想已久佚。案,此集宋時亦罕見,故《宋文鑒》不收。未必鄙其人而擯之。今館臣從《大典》搜輯,編成十五卷,幾及全書之半,亦足以傳叔遇。惟制誥類中有《降授奉議郎趙卨可差知徐州制》。案,《宋史》元豐五年,知淮陽軍、奉議郎趙卨知徐州,前於叔遇當制約二十年。又有《楊願除中書舍人誥》,《宋史》紹興十二年九月,始遣楊願賀金使正旦。距叔遇之卒,亦二十年。大約以他人文羼入,此編纂之誤也。内《端明殿學士朝散大夫曾孝寬可差知鄆州》、《降授奉議郎趙卨可差知徐州》兩制合爲一題。又,《故左藏庫使趙從義可贈皇城使惠州刺史充本州團練使制》,贈是身没之榮,充是任官之命,合爲一題,語氣不貫。觀制語首云,設館以待四方之臣,置使董事。頗似四方館使制,又不相合,其爲誤合無疑。又,《回謝貢士樂偲樂傳啓》後脱一題,《宗室故懷州防禦使河内侯墓志銘》中間有脱文,此傳録之誤也。叔遇謚文友,謚議曰:德美才修曰文,能善兄弟曰友。其孫綸鏤版時,目以文友公《摛文堂集》,其爲文友無疑。廣本提要誤作“文定”,而《宜興新志》因之,當據此以訂其誤。至文辭雅麗,讀者當自得之。

鴻慶居士集跋

《鴻慶居士集》四十二卷,宋孫覿撰。覿字仲益,晉陵人,大觀三年進士，繼舉宏詞第一。歷官翰林學士，提舉鴻慶宫，故其文稱《鴻慶居士集》。生於元祐辛酉，卒於乾道己丑，年八十九。仲益在當時爲衆人所譏，屢起屢蹶，《宋史》不爲立傳，岳珂《桯史》、趙與旹《賓退録》均痛詆之。《四庫》雖收其書，提要亦極貶斥其人。賢否久已論定，無庸置辨，惟仲益生值國故，更事徽、欽、高、孝四朝，爲文章容與詳贍，淹賅衆體。於旹廬陵、南豐、眉山諸老相繼徂謝，仲益趾其後，最號作家。今流傳有二本，一即此本，慶元中其子介宗所編，周益公序。《四庫》以此著録。一《孫尚書大全集》七十卷，首冠宋字，《儀顧堂題跋》定爲宋以後人編。而是集所無者，書四首，啓三十九首，詩八十五首，表二十一首，狀三首，外制兩首，記二首，序三首，賀啓三首，帖七百六十二首，跋語二首，頌一首，題跋二十四首，墓志三首，挽詞四首，青詞一首，疏九首，篇數溢出三分之一。然周序已言，先有閩、蜀兩刻，中間雜以翟忠惠文，然難於決擇，今别爲補遺，附刻於後。而此本賀張參政啓，卷十七、卷二十兩收，編次亦未盡善，自宋至今，輾轉傳鈔，訛脱不可勝舉。前在京師，假得臨清徐梧生户部影宋寫本，系借書園舊藏，行款均自宋本出，而訛脱亦甚，卷三十二缺一葉，借錢塘丁氏本補足，卷三十四缺一葉，從《大全集》補足。明嘉靖刻本止十四卷，反改周序四十二卷爲十四，則明人陋習，不足據也。

孫尚書大全集跋

《宋南蘭陵孫尚書大全集》七十卷，不知何人所輯。卷一至卷四，書。卷五至十一，啓。卷十二至二十，詩。卷二十一、二十二，表。卷二十三、二十四，狀。卷二十五至二十七，外制。卷二十八，札子。卷二十九至三十二，記。卷三十三、三十四，序。卷三十五、三十六，賀啓。卷三十七至五十，帖。卷五十一，行狀。卷五十二，銘贊。卷五十三，文、語、頌、傳。卷五十四，題跋。卷五十五，墓表。卷五十六至六十七，墓銘。卷六十八，挽詞。卷六十九，青詞。卷七十，祭文、疏文。較《鴻慶居士集》本多出書四首，啓三十九首，詩八十五首,表二十一首,狀三首,外制二首,記二首,序三首,賀啓三首,帖七百六十二首,跋語二首,頌一首,題跋二十四首,墓志三首,挽詞四首,青詞一首,疏九首,共九百六十八首。第所收既博,牴牾亦所不免,如卷三《與耿伯順書》,與卷四十一《與耿侍郎帖》同。卷五十五《碩人孫氏墓表》,與卷六十五《碩人孫氏墓志銘》同,一有銘,一無銘。卷四十四《與婺守李德升尚書帖》,與卷四十八《與楊元光宫教帖》同,只後幅多四語耳。卷二十三《申雪第二狀》有録無文,《上丞相第二札子》後幅錯入《求時宰解郡乞祠札子》。卷二十四《回平江府蔣待制狀》應編入十卷,卷四十三《與廣西少漕趙隱帖》其一未完。周益公序《鴻慶集》言,中雜以翟忠惠文,更無從辨别矣。明《文淵閣書目》始著於録。《四庫》止收《鴻慶居士集》四十二卷。然《内簡尺牘》編注提要云覿所撰自三十七卷至五十卷皆書帖,即據《大全集》卷第,若《鴻慶集》只四十二卷也。又云第七卷《與常守徐計議第五帖》注引覿集《常州資聖禪院興造記》,在集本三十一卷,亦指《大全集》本。《鴻慶集》此記在二十二卷,則館臣之誤也。

内簡尺牘跋

《内簡尺牘》十卷,宋孫覿撰。案,仲益生平文字,其子介宗所編者,爲《鴻慶居士集》四十二卷,後人又編爲《孫尚書大全集》七十卷。此《尺牘》十卷四百十八篇,門人李祖堯編次,而自爲之注。《鴻慶集》未載尺牘,《大全集》載尺牘八百三十四篇,與此同者,僅有二十六篇,同時掇拾,各有短長,正宜互存,以成全璧,不特文筆清雋,爲宋中葉大家,而當時朋舊,亦藉可考見梗概矣。此書有宋刻本,分十卷,標題曰"李學士新注孫尚書内簡尺牘",方牌子云"蔡氏家塾校正",銜名首行"左朝奉郎充龍圖閣待制孫覿仲益撰",次行"門人李祖堯編注",無序目。有元天曆庚午刻本,分十六卷,宋慶元三祀梅山蔡建侯行甫序。有成化辛丑仲益十一世孫蜀撫仁刻本,標題云"孫尚書内簡尺牘",錢溥序。有嘉靖丁巳建陽守顧名德刻本，自爲跋。有萬曆庚辰淮陽學政李時成刻本，姚江葉逢春序。三刻皆十卷。國朝乾隆丁卯，無錫蔡龍孫蔡焯病舊注簡漏，廣搜群籍，爲之增訂，補苴罅漏，頗有功於是書，今刊附《鴻慶集》之後，仲益之文字幾全備矣。蔡序今本所無，從元刻本録出，以冠其首。

丹陽集跋

《丹陽集》二十四卷，宋葛勝仲撰。勝仲，字魯卿。江陰人。紹聖四年進士，官至華文閣待制，知湖州，謚文康。事蹟具《宋史・文苑傳》。其文集八十卷，外集二十卷，久佚，館臣從《永樂大典》輯出，編詩、文爲二十四卷。《絳雲樓書目》有《丹陽集》三十卷，雖與史傳不合，然自是舊本，未知尚在天壤間否。江陰葛氏，世籍廣陵。唐天祐中，避孫楊連兵之禍，渡江南徙。宋代門祚鼎盛，五世登科第，三世掌詞命，《宋史》有傳三人，附見十人，最爲江陰望族。魯卿再守湖州，有全城功，遂卜居吴興泛金溪上，集中有《泛金溪宅上梁文》。其子立方《韻語陽秋》序云："歸休吴興泛金溪上。"是舊家江陰，徙居吴興，可見者如此。葛氏以葛洪著望，稱丹陽，魯卿自署丹陽，乃宋人之舊習，集亦署曰《丹陽集》，是晉時之丹陽郡，非宋時之丹陽縣也。自陳振孫《書録解題》誤以爲丹陽人，而《宋史》因之，遂以魯卿爲舊居丹陽，徙居吴興，似與江陰無涉者，因歷考《丹陽》、《歸愚》兩集、《韻語陽秋》均無徙居丹陽之文，《京口耆舊傳》，嘉定、至順兩《鎮江志》，亦不載葛氏父子。《鎮江志》，如陳升之、蘇頌、曾布之寓居者，均載之，豈有獨遺葛氏父子之理。《韻語陽秋》云："余曾祖通議楊寘榜登科，未四十致政，享年八十七，居江陰軍青陽之上湖，自號草堂逸老。"又云："先人文康公罷官南陽，適當兵擾，復還舊業，奉伯父工部居焉，別建二老堂於宅南，眷望、由里諸山皆在目。"考由里山，離江陰城九里，距青陽亦在指顧，孫鴻慶爲作序文有曰"覿與公同州里"，亦可爲魯卿居江陰之證，若爲丹陽人，則屬鎮江府，不得謂同州里。《丹陽集》二十一有《里中無居寓丹陽縣》詩，五六聯云"退食井腴如就國"，原注：某見封丹陽郡。"遥尋祖系似還鄉"，原注：葛稺川,丹陽人。觀此更可見非丹陽人矣。至近代之志,又據《宋史》鈔入,不足據也。此集藏書家罕見。昔年廠肆曾出孔葒谷鈔本,爲汪郎亭前輩購去。今從文瀾閣録副,取以刊行,訛錯滿紙,校讎不易。《丹陽詞》一卷,《四庫》别收,汲古毛氏刻入《六十種詞》,今取集中詩餘一卷互校,有汲古無而本集有者三首,汲古有而本集無者十八首,字句亦有短長。乃重爲校定,而以汲古所有之詞,附刊於末。《鴻慶集》中有序文一首,閣本未録,今仍冠於集首,以符其舊。七言古詩,有《次韻鄭維心游西佘山》詩,係七言律兩首,爲改附七言律詩之後。

友林乙稿跋

《友林乙稿》,四明史彌寧撰。彌寧,字安卿,一字清叔。史忠惠王浩弟源之子。錢辛楣先生見《史氏譜》,知彌寧以宗女澤仕至武功大夫,太子右春坊,閤門宣贊舍人,除忠州團練使,知泰州,兼淮安提舉。趙希弁《讀書附志》:安卿,嘉定中,以國子舍生之望,莅春坊事,帶閤門宣贊舍人,知邵陽。此集前有域序,失其姓。案,域,字中卿。見《文獻通考》。集中有《謝鄭中卿惠蝤蛑》詩,即此人。《宋詩紀事》:"域,字中卿,號松窗。三山人。淳熙十一年進士。慶元中,曾隨張貴謨使金,著《燕谷剽聞》二卷。官幹辦行在諸軍糧料院。"並收《玉蘂花》一詩,《山丹》一詩,出《全芳備祖》。《黄楊巖》一詩,出《延平府志》。近見《寶慶府志》,又得《法相巖》詩:"法相具諸相,蠻方無定方。突兀虎豹立,嵌空蛟龍藏。入地轉輪遠,透天圓竇光。何人鑿混沌,棄擲官道傍。嘉定癸酉至日,松窗鄭域中卿。"並知其爲武岡軍判官,則與序所云"太師文惠魏王帥閩,以庠序諸生,最沐稱賞,後四十年,墮影湘南,乃得親炙春坊,領閤公之幕下"相合。是彌寧知邵陽時,而域爲武岡州判官,正所屬也。《姬侍類偶》有中卿序,《詞綜》收《念奴嬌》一闋。惟希弁云《友林詩稿》二卷,有黄景説、曾豐序,此衹乙稿,無黄、曾兩序,疑尚有甲稿,今失其傳。黄蕘圃百宋一廛藏有宋槧,劫後客滬,猶及見之,此吴中翻刻，儼然中郎虎賁。詩止百七十首，如“雲鑾著色四時畫，石瀨有聲千古詩”、“一毛不拔管城子，冷眼相看石丈人”，置之《涪翁集》中，幾無以辨。有“彝尊私印”、“竹垞”、“玉樹山房”、“當湖小重山館”、“胡篴江珍藏”諸印。

北郭集跋

吾鄉如心許先生，得詩名於元明間，曰《北郭集》。《四庫》著録，而書亦罕見。昔年，從杭州丁脩甫孝廉鈔得，表兄金溎生同轉録副以去，並從秀野草堂《元詩選》録出廿二首，別爲補遺一卷，於縣志采蘇伯衡序，又采孫作序，刻入《粟香室叢書》，海内始有傳本。己亥新正至滬，得同里趙敬夫先生曦明手鈔本，跋云：“《北郭集》原本四百四十五首，國變無傳，乃於張允敬《江陰文獻録》得二百五十六首，又於《許氏家譜》得一百五十首，去其重複，分體編録，得五古廿九首，七古廿八首，五律七十二首，七律一百廿四首，五言長律三首，七言長律四首，五絶六首，六絶四首，七絶二十三首，共二百九十三首。分爲六卷，而卷中古、近體仍是雜編。”是敬夫雖定目録，尚未照目另寫，此書乃稿本也。與《四庫》本相校，序次盡同，而多五十首，是《四庫》照此輯本收入，《元詩選》亦不出乎此，均未見原書也。卷首有張端、金文徵、林右三序，均作於洪武朝。

明王百穀詩文手稿跋

右《明王百穀詩文》二册，邵陽魏默深所藏，今歸吾友蒯禮卿檢討。詩文雜次，塗抹鈎勒，字迹亦疏雋有致，蓋手稿也，後有仁和龔定庵先生跋。因首册之首題云《南有堂集》，壬寅元日起，次册之尾題云除夕正值亡兒之戚，止定爲壬寅一歲之詩。案，百穀刻本，詩、文各署集名，曰《晉陵集》二卷，《金昌集》四卷，《燕市集》二卷，《青雀集》二卷，《定越志》二卷，《竹箭編》二卷，《梅花什》一卷，《明月編》二卷，《雨航紀》一卷，《清茗集》二卷，《越吟》二卷，《荆溪疏》二卷,《延令纂》二卷,《采真篇》二卷,《法因集》四卷,《丹青志》一卷,《虎苑》二卷,《吴社編》一卷,《生壙志》一卷,《苦言》一卷,《謀野集》八卷,共四十六卷。獨無《南有堂集》。因借録副,通校一過,方知後册乃辛丑冬日所作,其子歿於辛丑之冬,前册乃壬寅春日所作,故第一首《元日》詩云“舐犢空憐病裹身”,《穀日》詩又云“失雛憐老鶴,舐犢悼亡麟。東郭人空老,西河痛莫伸”。又有《亡兒五七禮佛拜懺文》,並非一年之事。賈人得零稿數册,强合爲一,以充完善,定庵先生亦未細閲也。考次册第二首《恭讀立皇太子詔志喜》,案《明史》,辛丑爲萬曆二十九年,立皇長子常洛爲太子在十月己卯。是次册應改爲首册,從辛丑十月起。首册未數葉,有《祭陳大司馬文》云“維萬曆壬寅歲,五月丙午朔”,是首册應改爲次册,至壬寅五月止。前後八月,得詩一百八十四首,文三十二篇,不可謂之不富,第不得總名《南有堂集》耳。而辛丑所作,又不知他集有之否。《百穀集》,廠肆常見,未購,歸鄉人金溎生有之,當取以相校也。

百穀,江陰人。僑寓吴中,負盛名。《江陰志》傳,嘉靖末游京師,客相國袁煒第,煒試諸庶吉士紫牡丹詩,不稱意,屬穉登爲之,大稱賞,將薦之朝,未果,煒卒,穉登哭其墓。集中《光禄少卿行甫吴公誄》云:“世皇帝恭默求神仙,海宇寧謐,丞相修平津故事,召致賓客,都門客最盛,乃設史局,校書得以青衿給筆札,如漢蘭臺石室矣。余以文榮相薦,公以江陵薦,先後並直史館,文榮薨,左相擯余,弗獲拜一爵。”《野獲編》云:袁元峰少傅,最善百穀山人,以爲異材。欲援之入誥敕房,如談相、張文憲故事,可至卿貳。會袁卒,不果。《志》傳又云,申時行以元老里居,特相推重,王世貞與同郡友善,顧不甚推之,穉登亦不爲之下。及世貞歿,其子坐事繫獄,穉登傾身救援,人以是益重其風義。集中有《申少師適圃雜詠》詩、《簡申少師》詩、《和申少師除夕》、《元日》二詩。又有《重過瑯瑯長公宅問王房仲病》詩,有云:“弇公真天人,名高道何尊。白骨尚未寒,魚肉其後昆。昨日青宫開,四海皆蒙恩。云胡佳公子,獨不免覆盆。未釋城旦舂,猶然鈎且髡。”皆與志傳合。其爲人亦可見矣。光緒丙申,邑後學繆荃孫識於金陵之鍾山講舍。

方東樹儀衛堂集跋

《儀衛堂集》十二卷,外集一卷,年譜一卷,桐城方東樹植之撰。外集駢文、年譜,其三從弟宗誠刊集時所編次。植之學問淵博,文筆鋭穎,惟好與漢學家爲難,其所撰《漢學商兑》一書,幾於極口痛詆,以自張其保衛宋學之功。是集大旨,亦不外是。不知漢學間有穿鑿,非讀破萬卷,不能下隻字。宋學則明心見性,出自禪宗,迂論妄談,禍人家國。史册所載,百喙奚辭。況今之士大夫,早年讀四子書,攻時文,以覬覦富貴。父師之教在是,子弟之志在是。曰心,曰性,曰理,曰道,爛熟胸中,奔赴筆底,已數十年於兹。晚年取閲語録一二種,覺平日所見聞者,不甚相遠。其襲取也甚易,其托業也甚高,遂儼然托體考亭,分苗洙泗,嘵嘵聒聒,自命聖賢,非惟漢學之罪人,亦宋學之罪人矣。集中《切問齋文鈔書後》以國朝大師戴東原、惠定宇諸先生,與明焦、楊並論,植之非全不知黑白者,不過不與焦、楊並論,不能快其私説耳。《書錢辛楣養新録後》謂錢氏以南宋之亡歸獄鄭清之,由於廟堂之上,習聞迂闊之談,而不知理勢。植之則謂收復正論也,不可謂之迂闊。而其爲鄭青山解也,則謂清之爲相,慷慨以天下自任,及元人收復三京,許歸河南之約,千載一時之機會,喜不及待,故不暇積食蓄兵,急往收之。不知積弱之宋,與新造之元,舉兵相抗,國家存亡,在此一舉,倉卒而進,潰敗而歸。安得謂之不迂闊,安得謂之不冒昧!又謂南宋之亡,由於用道學不盡,使真有志於恢復如越句踐、燕昭王,舉任賢才如魏文侯、魏孝武,將收復可必,何致速亡,使諸將秉承定算,堅忍不退,且以三京本吾故地,大義折之,盟信要之,元新得中原,事勢未集,未必不退而聽命。如仍不聽,則用趙奢閼與之説,力戰致死,以勇爲勝,師直爲壯,必可勝之。如此而又不勝,則用田單即墨之謀,因我民之怒,退而修備,激起人心,志在必於收復,則中原可終爲我有也。試觀真德秀爲相,魏了翁爲將,盡用道學諸人,爲侍從,爲守令,能當伯顔阿朮之鋒乎?能力戰致死如趙奢閼與之戰乎?能激起人心如田單即墨之謀乎?以此責錢氏,可謂不善擇言者。又謂蒙古之興,由召用姚、竇、王、許,表章程朱之學,以致至元之治。元用道學而興,宋何獨用道學而亡?不知元之興,由於忽必烈、木華黎之善戰乎?由於姚、竇、王、許之善教乎?宋之亡,亡於兵力不敵耳,未聞簞食壺漿,以迎元師也,未聞干羽兩階,以格元廷也。史之稱姚、竇、王、許,仍是標榜習氣,並非實録,能據以駁錢氏乎?集中論時事各書,亦大都類此,至於語語惡詈,幾同市井,即宋學家亦屬下乘。南皮師云,植之本屬漢學,後自揣不能勝諸家,故反用之,以獵取名譽,爲温飽計。亶其然乎。

朱希真樵歌跋

《樵歌》三卷,宋朱敦儒撰。敦儒,字希真。洛陽人。紹興乙卯,以薦起,賜進士出身,爲秘書省正字,兼兵部郎官,遷兩浙東路提點刑獄,上疏乞歸,居嘉禾。工詩及樂府,婉麗清暢。秦檜當國,獎用騷人墨客,以文太平,復除鴻臚少卿。檜死,敦儒亦廢,見《宋史·文苑傳》、《四朝聞見録》。希真有詞名,以隱德著,思陵必欲見之,累詔始至。上面授以鴻臚卿,希真下殿拜訖,請致仕,上改容而許之。《二老堂詩話》:希真詩詞,獨步一世,居嘉禾,秦丞相欲令希真教秦伯陽作詩,遂除鴻臚,蜀人武横作詩云:"少室山人久挂冠,不知何事上長安。如今縱插梅花醉,未必王侯著眼看。"希真舊有《鷓鴣天》詞,見集中。故以此譏之。《能改齋漫録》:"希真流落嶺外九日,作《沙塞子》詞,見集中。不減唐人語。"《竹坡詩話》:"頃歲朝廷多事,郡縣不頒曆,希真避地廣中,作《小盡行》。"《澄懷録》:"陸放翁云,希真居嘉禾,與朋儕詣之,笛聲自煙波間起,頃之,櫂小舟而至,則與俱歸,室中懸琴、筑、阮咸之類,檐間有珍禽,俱目所未覩,籃缶貯果實脯醢,客至,挑取以奉客。"《静志居詩話》:"城南放鶴洲,南渡初,禮部郎中朱敦儒營之以爲墅,洲名其所題。"雖不見地志,觀《樵歌》一編,多在吾鄉所作,此説近是。《花庵詞選》:希真東都名士,天資曠逸,有神仙風致,《西江月》二首見集中。可以警世之役役於非望之福者。《貴耳録》:希真月詞,有"插天楊柳,何人推出一輪明",自是豪放。《賦梅》詞"月横枝,銷瘦一如無,但空裹疏花數點",語意奇絶,如不食煙火者。希真著有《巖壑詩人集》一卷,又有《獵較集》,均不傳。《樵歌》三卷,阮文達經進書目依汲古閣舊鈔本進呈,而書亦罕見。吾友臨桂王佑遐給事彙刻宋、元人詞鈔,得知聖道齋所藏汲古閣未刻詞,内《樵歌拾遺》三十四首,先梓以行。今年正月,新安友人以吴枚庵鈔本見詒,如獲瓌寶。三卷,計二百五十五首,首尾完善,亦無序跋。不知源出何所,第與拾遺相校,均在其中,同爲汲古鈔本,何以别出拾遺,殊不可解,惟《貴耳録》所舉二詞俱在,想無甚遺佚矣。

宋刻鄂州本花間集跋

《花間集》十卷,宋十行、行廿字本,現藏山東聊城楊氏海源閣。係南宋刻,以册子紙印行,其紙背,官銜略可辨識者,曰"儒林郎,觀察支使,措置酒務施","成忠郎,監在城酒務,賈□成■郎,本州指使,差監拜斛場吴","江夏縣丞兼拜斛場温","□□郎,本州指使,差監大江渡潘","進□似義字。尉差監豬羊欄董","進似建字。義副尉本州指使,監公使庫范","鄂州司户參軍戴","成義郎,添差本州排岸,差監本津關發收税劉","信義郎,本州準備差使監公使庫朱"。除江夏縣丞、鄂州司户參軍二官,餘皆添差官,監酒務者二,兼拜斛場者二,監公使庫者二,監大江渡者一,監豬羊欄者一,監本津關發收税者一。凡十人。觀察支使,從八品,《宋・職官志》云,幕職官縣丞,從八品。《宋志》云,諸路州軍繁劇,今户二萬以上,增置司户參軍,從九品。《文獻通考》云,諸州置司户參軍,掌户籍、賦税、倉庫交納。儒林郎等階,《宋志》云,儒林郎,爲觀察掌書記。支使,防團,判官等文職階,今結銜與志合。成忠郎、進義尉、進義副尉,皆武職階。成義郎、信義郎,均不見於《職官志》。志又云,監當官,掌茶、鹽、酒税,場務、征輸及冶鑄之事。諸州軍,隨事置官。建炎初,詔監當官闕,許轉運使具名奏辟,一次以二年爲任,實有六考,方許闕升。煩劇去處,許添差一員,合選差文臣處,更不差武臣。淳熙二年詔,二萬貫以下庫,分選有才幹存留一員。指揮諸班官,直親從,親事官,保義郎以下差充。建炎四年詔,每州以五員爲額,今監酒務,監斛場,監大江渡,監豬羊櫃,監公使庫,監本津關發收税,皆在添差官之列,然已不止五員矣。鄂州酒務,《中興繫年録》云,紹興十二年,右司鮑琚,總領鄂州大軍錢糧。先是琚奏,岳飛軍中利源、鄂州,并公使、激賞、備邊、回易十四庫,歲收息錢一百六十萬五千餘緡。詔以鄂州七酒庫,隸田師中爲軍需,餘令總所樁收。是鄂州酒務,爲最旺之所。公使庫,《朝野雜記》云,公使庫,諸道監,帥司,及州軍邊縣,與戎帥皆有之,然正賜不多,而著令許收遺利,以此州郡得以自恣,開抵當,賣熟藥,無所不爲,其實以助公使耳。餘皆無考。册紙皆鄂州公文,此板其刻於鄂州乎。

存餘堂詩話跋

右《存餘堂詩話》一卷,朱承爵撰。承爵,字子儋,江陰人。明國子監生,工文詞,精鑒别。所蓄鼎、彝、名畫、法書及宋、元梓本,皆不下千品。號西舜城居士,又號磐石山樵,晚更號左菴。著有《鯉退稿》、《灼薪劇談□》等書,今俱未見。此詩話編入《藏説小萃》,論古有識,無所偏倚,在明人詩話中,最爲上乘。《天禄琳瑯》載宋刻《文選》,有"朱印子儋"、"存餘堂印"二印。《群經音辨》有"朱子儋印"、"行素堂圖書記"、"左庵"、"集瑞齋"、"磐石山樵"、"西舜城居士"各印記。《鐵琴銅劍樓書目》,《離騷集傳》末葉有"舜城朱承爵校讎訖"一行,卷首有"舜城居士"、"子儋"二印。《式古堂書畫考》,《張來儀懷友書畫合卷》後有一行云"嘉靖壬午,存餘堂重裝",下鈐"朱子儋"、"左庵"二印。所藏之富,略見一斑。又《天禄琳瑯》載《黄太史精華録》,後有承爵跋云"任子淵《精華録選》,予嘗得其目録,蓋宋元祐間刻版而亡其文,愚輯其辭而完刻之"云云。館臣以板式、紙質,誤定元人,其刻之精可知。《讀書敏求記》云:阮嗣宗《詠懷詩》行世本,惟五言八十首,朱子儋取家藏舊本,刻於存餘堂，多四言十二首，讀者勿漫視之。是其所刻書，向爲藝林推重，不獨以愛妾换宋槧《漢書》一事膾炙人口也。明江陰藏書兩家，得月樓李氏住縣東赤岸，子儋住縣西舜城。兩家之書，均已星散，得月樓尚存一節本目録，子儋並目不存，尤爲興慨云。

肎華山館詩文遺稿跋

光緒己卯冬，讀江南闈墨，見第三名爲溧陽吾宗堅士五經文，神味淵永，經術湛深，迥異於同時名輩。次年，堅士赴春官，始得相晤，方知先德武烈公，與雲士世父同官浙省，先君游浙，亦訂昆弟交，而堅士襟懷灑落，與余尤相莫逆。癸未、丙戌，君赴春試，必數數晤，並識其哲舅恒庵。丁亥三月杪，君到京，以知府謁選，五月五日，君猝中熱疾，一昔而殞。余聞信往視，君目已瞑，與弟祐孫同哭之。偕君友姚舍人製芰、楊編修莘伯，殮君於旅店，而電促恒庵於天津。翌日，恒庵至，扶君柩而還。才人厄運，古今同悼。今年，恒庵寄君《肎華山館詩文》數册，云將付梓人，屬爲編次，删去重複者，去其游戲者，得詩■■篇、文■■篇，釐爲■■卷，以《海上卮言》附於後。君夙負經濟才，所言皆欲見爲設施，又從外舅金眉生廉訪游，心胸益開拓，問學益深邃，使天假之年，所至胡止於此！昔讀《武烈公遺集》，詩宗浣花、義山，文氣静穆，出入南豐、眉山之間。吾宗自《效顰集》、《從野堂》後，未有能並立者，君詩文俊拔，而骨幹未堅，則年限之也。《卮言》一册，於中外事宜，尤能窺見其大，不張皇西學，不墨守成規，無矜異之論，無迂謬之談，非剿襲敷衍以炫人耳目者比。惜君年未四十，官未真除，旅食京華，一棺戢影。老母在堂，遺孤尚幼，功名學問，兩無成就，千秋表見，止此而已，不亦悲乎！余定君集，兼識數語，以覆恒庵。回首當年，音容如覩，挑燈灑墨，不自知涕之何從也。光緒辛卯七月，江陰繆荃孫識於德州道中。

崔孺人文集書後

歲癸酉，荃孫自鄰水至合州，日行萬山中，岉嶙岞崿，奇險俶詭。忽得一境，平疇數十里，修竹美蔭，流泉有聲，小橋通人，中有茅舍，野卉著籬落間，紅白點綴，遂留宿焉。是夜月輪初滿，皎如明鏡，四山沈沈入夢，倚枕假寐，忽聞鳥鳴，乍高乍下，流連往復，其聲窈然以深，潸然以感，令人悲不自勝。詰朝問之，土人曰，此杜鵑也，月夜則鳴，鳴則嘔血。摘所棲之枝示余，果血痕斑斑，點滴未已也。傷哉，天地蕭颯之氣，偶有偏中，愁苦哀怨，遂百倍於尋常。屈靈均之《離騷》，劉更生之《封事》，李令伯之《陳情表》，千秋下讀是文，不知是淚、是血，是筆、是墨，但覺凄然有感於中而不能終日。今讀崔孺人之文集，愁苦哀怨，有非他人所能堪者，而血淚、筆墨，亦合而爲一，其窈然以深，潸然以感，十年前之境界，恍忽如目前也，亦可悲已。

書碧血録後

嗚呼，讀史至明熹宗朝，童昏失德，閹寺植權，未嘗不廢書三歎也。然而史臣載筆，懼以瑣屑穢其書，故老傳聞，或以虚誣没其實。乃有身親囹圄，目擊恣睢。碧血千行，丹心一寸。如燕客所録，有足述焉。熹廟初元，國家多故，鄭妃之權方替，李侍之氣復張，楊、左二公，首夷大難，翼鳳輦以行，忠能捧日，戢牝晨之焰，誠可格天。同時諸君子，岳岳於朝，錚錚者鐵。簪辛毗之白筆，伏史丹之青蒲。忠正盈廷，翕然望治，甚可觀也。無何，政入宫卿，位尊媪相。本無孫程截衣之誓，而有左悺回天之力。並少單超齧臂之盟，而懷士良挾君之智。茄花委鬼，早應夫童謡，毛卵鈎鬚，得肆其流毒。分甘陵之部，刊章名捕，籍元祐之黨，勒碑示禁。遂使緹騎朝發，圜扉夕滿。獄成北寺，士盡南冠。楊花義子，重繙羅織之經，喬木世臣，悉就篋簸之考。呼天而巫咸不下，蹈海而精衛難填。地擢黄芝，天經白氣。加范滂以三木，具李斯以五刑。火煎鋘斧，生殘戴就之尸；靈護縑囊，死辨杲卿之髮。嗚呼，慘矣！若夫收者在門，檻車就道，生還無路，死別有期。或歷叙其生平，或遥訣夫親故。《戒子》數語，歌泣夫鬼神；《正氣》一歌，磅礴夫天地。雲棲泚墨，不宿諾於緇流；止水濯纓，緬遺芳於正則。三百年之培養，士氣長留；十萬衆之號呼，民心若此。當死而死，求仁得仁。迨夫太阿立斷，綽楔增褒。祭關西之墓，漢鼎難扶。復司馬之官，宋社終屋。則斯編也，亦之推冤魂之志，光禄鑒誡之録也。已夫謁者四星，上應象緯，奄人一職，統之太宰。不過司奔走，備掖庭耳。奈何手握王章，口銜天憲。黠鼠憑社，醜狐跳梁。必嬖寵如桓公，而勃貂方能專齊柄。必慘覈如胡亥，而趙高因以執秦權。墮祖宗之良法，釀盜賊之陰謀。政體既乖，國本亦撥。小平津之走，漢之禍亟矣，而唐復仍之。白馬驛之誅，唐之禍烈矣，而明復蹈之。覆轍屢誤，厝火不驚。履霜堅冰，當防其漸。毋使後之視今，猶今之視昔也。

旌表節孝族嫂王孺人守節立嗣記

嫂，王孺人，陽湖王君守静女。年二十有一，歸族兄繆光佐。三年，光佐殁，生子不育，僅遺一女。嗣夫兄子，保抱乳育，半歲又殤。近支凋零，久未定嗣。光緒壬辰，同族議以族弟福銓之第二子爲嗣，名永裕，年七齡。於是祀祖宗，會戚黨，注譜牒。無浮言，無梗議，嗣遂定。而孺人年已六十六，守節亦四十餘年矣。孺人之姑，金貞孝女，生以守貞，殁以殉母，今所傳《松筠閣貞孝録》，久爲閨闈師範者也。貞孝撫光佐爲嗣，光佐殁，又無所出，兩世孀孀，零丁孤苦，極人生最難堪之境。貞孝殁後，孺人拮据喪葬，盡禮盡哀。嘗曰：吾姑年已衰老，生前奉母之孝，已爲人所難能，惟承祧無人，實不足以答姑心而盡婦職耳，心實傷之。今則繼嗣已定，既有以慰孺人於暮年，亦有以報貞孝於地下，所以冀一綫之延者，將於是乎？在同族有厚望焉。先是，光緒七年，在京同鄉官黄思永等，以孺人節孝事實，結呈禮部，題請旌表，入祠建坊。越十年而嗣子亦定，孺人之心庶少安已。主議者族長繆同書,外姻金武祥,鄉董繆紹唐、陳守正。光緒壬辰正月荃孫記。

游浣花草堂記

初日流影,積陰忽晴。苕溪傅君,泛招同人游於浣花草堂,少陵先生卜居處也,出西郭門三里而近。寒威未斂,春光已蘇,溝水一渠,積冰出棱。薜徑十折,枯榿樹蔭。遂循故堞,越新隴,造乎草堂而休焉。斯堂也,小橋通人,老屋留客。龕祀詩史,宅鄰梵王。冷梅數株,偃蹇籬落,苞香乍胎,側幹橫勁。密上稽露,疏中閡雲,已萌陽和,迥出塵表。方塘半畝,游鱗萬頭,謦欬偶發,悉皆驚竄。沿溪以上,廣有竹樹。峰迴路轉,闌抱亭仄。水氣四合,傑閣欲流,雲陰忽低,頹陽倒射。耳目所及,神思適焉。暍蔭漸移,歡讌繼作,酌以大斗,侑以狂談。擕果入饌,汲川煮茶,醇酎沃心,乃濡頭髮。松枝入手,可代麈尾,或坐或立,發爲長歌。零丁獨標,蠭午並起,側艷駢響,攕崄瓠怪。四座不言,短僮酣睡,一篇劇賞,枯衲破笑。危岫送暝,擕手言旋。涼風颯颯,吹我襟袖。王司州云,人情清滌,日月開朗。子猷云,乘興而來,興盡而返。斯之謂矣!嗟乎,百歲之樂,無逾少壯;交友之歡,幾於骨肉。矧乎關河憔悴,家室飄搖,轂轉寸腸,雨集百憤。積毀億喙,將以鑠金,駛馭兩輪,疇能返轡。不有佳集,曷申雅懷,幸二三子,同此臭味。更千百載,誰省名姓,飛蓬隨風,轉眼陳迹。昔人達識,感慨繫之。振筆序游,志不忘也。同游十四人,詩若干首。時辰年丑月末日。

王雪丞東山牧話圖記

丁卯春初,與王子雪丞晤於成都,詞鋒飆起,情文乳洽,推襟連襻,三載於兹。暇日,出《東山牧話圖》見視,蓋與弟綬泉讀書塔山近事也。展鵝溪之舊絹,證鴻雪之新痕,圖之作也,僕有感焉。君以通侻之才,輪囷其氣。三升醇酒,接公明之談;五色筆花,散江淹之藻。而且眉山聽雨，夜共子由，西陵遇風，詩獻康樂。瓊瑶互采，笙磬同音。行將騰躍椒塗，振厲霄漢，而何必寄情草野，結想巖關也乎？然而煙霞是僻，非鐘鼎所可易也；塤篪之樂，惟蘿薜爲尤真也。當夫懸藤徑古，因樹屋低，山情陶陶，秋色寸寸。讀書之暇，間出登眺，日之夕矣，牛羊下來。或寢或訛，點綴茵草，流雲欲白，壞塔欲飛。墮葉吟黄，迴飆四注。剔幽台，憩危磴，帷天席地，往興來情。幽鳥親人，翩然來下；牧豎瞋客，啞爾笑避。此一時也，樂何如之！加以懷古蒼凉，登高躑躅，帶駟馬之名橋，鏡沈犀之舊浦。草元亭廢，斷甓棲煙。濯錦江空，流波咽夢。茫茫對此，黯黯添愁。蕭風蕩其魂魄，古懷生於襟衷。同此豪宕，斛律《敕勒》之歌；儷其翰墨，沈約《郊居》之賦。又豈可付之冥忘，視同泡電乎？僕也老屋數椽，荒江之側，素月娟瀨，時聞櫂謳。斜陽赭村，閒答樵唱。尋友于之真樂，銷佳日以清談。此境此情，宛然心目。而運當蛾賊，劫墮龍沙。星飯十年，飆輪萬里。今欲買田陽羨，載酒蓉湖，朋舊之好，聊續往游。饑飽之情，不牽念慮。流光易駛，虛願莫慰。落落四海，負負寸心。讀晝申辭，慨焉歎息。

節孝張孺人頌

孺人，姓李氏。浙江鄞縣人，贈武略騎尉李振國之女也。年十七，歸同里張介庵先生。韶儀襮采，令聞淑慝。年甫笄丱，即操量鼓。時舅姑已殁，憾不逮事，歲時祭祀，必誠必敬。割肉之正，以薦几筵；卻蒿之邪，以誡子弟。點心之方，咨於鄭修之嫂；曼首之法，得之盧諶之家。固已四德是表，九嫓允洽矣。自介庵先生臥疾，至於屬纊，孺人藥裹親緘，鏡匳不啓。仰天泣血，頓地搏膺。聆彌留之言，若刀錐之刺耳；撫伶俜之裔，恍芽蘖之待枯。蓋自乙卯之秋，迄丙寅之夏，十餘年中，幽憂危苦，屢經疾疢，復構亂離。冰寒蘖苦，萃此一餐；朝虀夕鹽，懸於十指。日慘慘兮在牖，風蕭蕭兮向晨。九幽之黲黷，不麗陽烏；四序之推移，欲删春日。迨至康伯學易，迴非在抱之時；曹穀成童，能通續史之義。而孺人已不及待矣。

孺人卒於同治五年五月。後二年,郡縣上其事,旌表如例。又九年,肖庵成進士,改庶吉士,覃恩敕贈孺人。嗚呼!天語褒嘉,藉慰匪石之節;祭筵豐腆,終傷陟岵之心。荃孫與肖庵先後出長沙王一梧師之門,夙訂心知,飫聞懿訓。謹援中壘之義,爰序其事,而申以頌曰:

進娥翦髮,正流圖形。猗歟仙李,奕葉扇馨。綢躬淑慎,秉志貞直。母具師資,婦兼子職。孰云卒哭,何閒初終。孰云學賈,遂墜儒風。綽楔門高,《柏舟》詩苦。載誦清芬,式我士女。

祭周小棠通政文

嗚呼哀哉!茫茫天道,杳冥難知。天既生公,命止於斯。官不疑丞,壽不期頤。忽焉摧折,萬口同悲。公生宜興,蜚聲最早。中秘紬書,儀曹視草。一事百思,窮朝徹曉。干莫鋒鋩,璵璠瓌寶。峨峨總署,彈壓寰瀛。惟文文忠,中外同傾。引公爲助,笙磬諧聲。狺狺狂吠,鬋鬋紛争。批亢擣虚,殫慮竭誠。一字之下,堅於長城。過卑衆詬,過亢衆驚。邛崍九折,化爲夷庚。是非鋒起,蜩螗沸羹。日久事定,自有公評。八載京尹,綏靖甸服。心爲明鏡,無微不燭。方駕次公,無愧孝肅。魏敏果顏京尹堂額曰"我愧包公"。地發殺機,龍蛇起陸。赤子莘莘,魚頭而哭。急請國帑,爰設糜粥。若或迫之,拊循鞠育。祲消迓祥,骨枯生肉。幽谷麗陽,寒門嘘燠。造物失權,子孫種福。循聲偉績,日聞於天。司馬司農,叠畀仔肩。負此聲華,謂即騰騫。彼獨何心,指摘拘牽。市虎空惑,樊蠅自便。聖慈浩蕩,終予矜全。納言仍擢,少宰兼權。公益感激,涕泗漣漣。客秋九月,寒疾顛連。胡不遄歸,息影江壖。恩重命輕,生後義先。饑溺之忱,思竭拳拳。一息尚存,百憂共煎。巫陽下招,奄歸重泉。嗚呼哀哉!睠言交友,無閒存歿。愛士若饑,不嫌鶻突。彙征拔茅,坐暍蔭樾。受命衡文,心細如髮。毛義喬元,蜀秀競發。校藝大廷,復得蒯越。采玉崑岡,求珊溟渤。譽不容口,感真刺骨。雲馭已遠,流風澌歇。八百孤寒,何門請謁。嗚呼哀哉。予初識公,歲在戊辰。一言契合，交若飲醇。勿以弇陋，説項逢人。洎修府志，重備諮詢。予氣甚鋭，執簡齗齗。公每優容，微志獲申。成卷百卅，校簽嶙峋。殺青未竟，山頹嶽淪。音容終閟，手翰猶新。華屋山邱，慟哭車塵。清酒既奠，生芻既陳。詹詹小言，聊志其真。尚饗！

孫竹筠先生象贊

夫庶草藿靡，而貞松挺空谷之標；頑石磊阿，而禮玉藴干霄之彩。其氣盛者，其天全，性剛者，其質慤。用能任艱鉅，破危疑。干莫之鋒，剸物而輒碎；羽榦之勁，洞堅而不撓。雖見疑於庸衆，實奉教於大雅。前哲遺型，邈焉尚已。君姓孫氏，名元楷，字用脩。江蘇無錫人。幼籍豐華，長耽清約，天稟亮毅，鄉里敬憚。子横直節，流聲於觥觥；充宗篤學，彌彰其嶽嶽。雖復相孫陽之馬，説歐冶之劍。目無餘子，看斫地兮狂歌；自負異才，逞籋雲之逸足。然而紬書百櫝，組織零璣，射策十年，沈淪太璞。旋以博士，薦爲校官。邑有楊家圩，爲明周文襄公所開，歷年既久，潰决者屢。君深其受水之泓，清其出水之路，先去水害，始籌水利。萬聲邪許，鍤雲渠雨之時；百堵縱横，葭渚菱波之外。遂能奪彼氾濫，安我耕鑿。咸豐癸丑，振策入都。河决豐工，徐海昏墊。浮家者，多於逐波之鶩；狎水者，密於慕羶之蟻。君睹影心悽，聞聲念結。耳衣腰槖，易餅餌以給窮黎；仁粟義漿，貸升斗而甦涸轍。治裝而出，徒步而歸。義聲聞於天下，至行傳於閭里。旋選溧水教諭，值金陵初陷，蘇常告警，邑令留之，舉辦團練。君嚼齒雷鳴，奮髯風怒，以負山之尺土，當捲地之狂飆，以烏合之鄉兵，拒鴟張之毒焰。乃黑山張燕，雖多助逆之群；而白棒王罷，竟作當道之臥。偕女嫛而轉粟，營免量沙；率里士以荷戈，人皆嚼鐵。既而妖烏夜鳴，軍容朝墨。桑梓淪陷，井里蕭條。復將北府之兵，思救南中之難。枝梧强敵，轉徒戎行。叙功得光禄寺署正銜，復以知縣分發浙江補用。麽禍遽湔，江戍無警。髑髏浴備，模糊大地之魂；荆棘刺天，飄墮誰家之宅。真同鬼境，罕有人迹。君乃掩胔骼,疏溝洫,製紡具,給籽種。建宗祠以敦族,設義莊以拯貧。獨於喪亂之餘,具施濟之量。其才愈遠,其德愈宏已。旅途告瘁,恒幹遽謝。識與不識,同聲嗟悼。君立志過高,任事過勇,動輒駭俗,退有後言。蓋自道咸以來,士大夫以模棱爲曉事,以諂媚爲知機,以推諉爲謙沖,以囁嚅爲儒雅。隨聲附和,成則巧攘其功,遇事逡巡,敗則倖逃其罪。遞相祖述,播爲風尚。君則明鏡屢照,無幾微之弗燭,霜刃立斷,無二三之顧慮。獨擅宏達之學,兼裕骨鯁之氣。足令腐生掩耳,小儒咋舌。此則沖霄之翮,非樊鷃所能知,逸塵之駿,豈跛鼈所敢誚者矣。令子叔盉中翰,榮鬱繼聲,遷談濟美。出視遺象,徵及鄙文。夫樂陵曼倩,孝若興異代之悲,州來季子,邠卿引古賢爲友。况荃孫里閈相接,音徽未沫,詔銘景行,敢匿謏詞。爰作贊曰:

世風頽靡,君獨奮往。命輕鴻毛,義重熊掌。何氣卓犖,而貌仁慈。風徽邈然,百世之師。

戴澍人太守東游十六圖贊

名泉七二,濼水之源。荷衣粉膩,葦帶雲翻。好風徐來,微波不喧。李杜已矣,古亭猶存。大明湖

蒼翠壓城,琨瑞北麓。鵲華迎眉,鴻流繞足。山半望見黄河。入門一笑,古佛巖腹。開皇鑱字,凍蘚皴緑。千佛山

高閣凌雲,層城壓水。几席之外,海天萬里。蜃市馮虚,樓臺彈指。秦皇漢武,求僊如此。蓬萊閣

神龍蜿蜒,破壁而飛。古洞天半,呀然雙扉。一傴再僂,鼎銘依稀。回首錦屏,滉漾朝暉。龍洞

岱宗廟祀,肇自炎漢。雲氣迴翔,神光璀璨。秩視三公,典禮攸備。柏翠松蒼,陰森天半。岱廟

霧閣雲窗,瑶池尺咫。帝王升封,咸憩此水。鴛鴦名碑,介福降祉。六帝一后,儉德堪紀。王母池

矯矯秦松,化龍飛去。孫枝彌谷,偃蹇支拄。沐浴露漿,離披

煙絮。寒濤滿空,天風暗助。對松山

是曰岱頂,呼吸通天。手摘星辰,身御雲煙。大碑不文,氣象萬千。諸峰羅列,兒孫滿前。岱頂

泰陰環道,亘古積雪。危若蜀棧,窈如包穴。石乳涓涓,不絶嗚咽。蓮瓣倒垂,萬仞削鐵。後石屋

巖何以靈,朗公説法。松暖日寒,石闊天狹。孤鶴折翎,癡龍卸甲。此心瑩然,静參白業。靈巖

背洙面泗,遺宅舊基。如日中天,斯文在兹。堂上車服,壁中金絲。麟紱虹玉,詎驚神奇。孔子廟

元氣不死,發爲菁英。楷本四垂,蓍草百莖。森森嘉植,博物難名。得碑林外,我羡何生。孔林

太白仙去,酒香浮浮。菡萏百頃,薜荔一樓。棲煙點鷺,斜日明鷗。詩情愈暢,古懽轉幽。太白樓

大小二勞,神仙所窟。平擁百城,秀擢萬笏。擘絮團雲,采珠捉月。安期羡門,來往飆忽。勞山

山斗入海,直趨遼東。秦橋不成,鞭石成紅。椒島林立,足拒艨艟。易占設險,地利誰同。成山

崇山千丈,高臺三成。築祠禮日,浴海有聲。景觀風渺,斯篆苔生。殘磚頹瓦,强以秦名。瑯琊臺

佛圖關贊

重慶,古渝州也。西毗羅殿,東俯夔巫,危堞翼張,重闠鱗沓。嘉陵流其北,岷江繞其南。惟池西山梁,僅通步騎。醜石犖确,古木陰翳。而屹然雲表,實握其沖者,則有佛圖一關焉。神龍東來,斗覆其首,巙嵑崆峴,峿嶙屹巘。千蹊萬壑,争兹一綫,擎陰斂陽,擘此四扇。螘緣猿奮,螺旋蟹行,十步九折,始達其巔。長松吼濤,生於足底,飛鳥接翅,墮於目睫。泥丸可塞,捷徑罕通,誠神皋之奥區,天府之關鍵也。藺酋盜兵,蕭牆訌起。緑髮喧穴,赤眉翻城。炮雷晴飛,刀雨夜逼。石砫將軍,躍馬來援,帚箸並舉,旌旗載麾。

斯關既拔,樊龍授首。犁庭掃穴,曾不踰時。聖清御宇,鏡澂砥平。武庫弢兵,旗亭臥鼓。而近年以來,滇匪陷榮永、竄涪播,渝城尺咫,晏然無恙。所以折凶狡之鋒而作士民之氣者,一以斯關爲可恃。僕以盛夏,策馬來游,朝雨初收,濕雲猶漬。椅桐蔭天,濃緑灑袂,篠簜礙日,微紅篩衣。巴涂左右,恍披安世之圖;城郭縱横,如聚馬援之米。爰思設險之意,倍深懷古之情。乃爲贊曰:

雙江束城,微通山脊。門虛歙雲,天低補石。一夫次且,千人辟易。成敗古今,視此成迹。

濠堂銘爲鄭蘇堪作

蔣山卸麓,淮水分渠。楊吴舊濠,高密新居。地疑城野,迹狎樵漁。申屠樹屋,諸葛草廬。小築三弓,疏欞五尺。隔岸桃紅,横碕柳碧。巢燕話晴,沙鷗盟夕。隨意琴書,成行裠屐。纖雲捲幔,新月舒鈎。茶香沁夢,酒乳盈眸。訪碑橅象,觀所臨《天發神讖碑》。談天揖鄒。霸圖闃寂,詩意夷猶。東島采風,西槎却聘。吏隱如仙,書工近聖。心遠自閑,境虛稱静。筆乘茗談,不忘名姓。

快園秋色賦

畊莆中表觀察湖北,鹽法武昌,五年於兹矣。署後餘地,借山成園,蒯布政蔗農創之。乃因舊基,遂結新構,無華靡之飾,有登眺之樂。荃孫以甲午秋日,寓兹園浹旬,岑樓挹凉,廣厦祛暑,畫廊繚曲,空水澄鮮。據江山之勝,蔚爲大觀,處城市之中,别饒野趣。課晴喜雨,民物縈乎寸抱;朋風友月,憂愉繫乎一室。秋容怡人,快何如哉。昔齊安夢得之亭,鏡湖放翁之閣,以今方古,名實相稱。道州何詩孫圖之,義寧陳右銘,武進屠静三再記之,而荃孫爲之賦,其辭曰:

揚州官閣,永嘉射堂。政劑水火,時調雨暘。闢坡陀之隙地,開翰墨之名場。聯鑣裠屐,接席壺觴。新雨如沐,輕颸已凉。攬一襟之秋爽，絢滿目之秋光。有山蜿蜒，層厓皴緑。分高觀之一支，繞衙齋兮半曲。官相曾此棲遲，蒯侯於焉卜築。悵舊迹之漸湮，慨清游之誰續。接勝地兮南樓，拓名園於北麓。爰删灌莽，乃辟閑庭。高低酌檻，疏密添櫺。攘雲支厂，邀月補亭。叠磴懸綫，危樓建瓴。凌虚兮縹渺，入望兮杳冥。納牖則野延萬緑，窺檐則天抱四青。曲徑通橋，前灣鑿沼。水氣烘晴，霞光絢曉。叢翠搴蒲，嫣紅刈蓼。潑剌跳魚，褵褷浴鳥。洗硯兮鏡揩，流杯兮帶繞。契濠濮兮座中，傲滄洲兮塵表。門欹竹醉，石碎苔縫。桐肥集鳳，柏瘦拏龍。青垂薜荔，紅髀芙蓉。蕉展心兮露滴，柳舒眼兮雲慵。盆秋韻古，瓶夕香濃。篩日影兮瑣碎，暈花光兮複重。鵲噪芳辰，蜂喧正午，蝶聚嬉春，燕歸識主。叶宫徵兮鶯簧，問官私兮蛙鼓。狎點水之蜻蜓，調誦經之鸚鵡。選勝紅茵，搴芳碧隖。摛麗藻而盍簪，霏清言而揮麈。今夕何夕，寥天欲霜。黄花三徑，紅葉半牀。寒空過雁，深院啼螿。輕陰罨乎篁岫，凉思襲夫蘿裳。浦裹青荷之鏡，山巔金粟之香。雲屐過重陽之節，風衣登千仞之岡。遠則雉堞排雲，鯨波漱岸。帶蜀襟吴，面江肘漢。羽翕街衢，鱗次里閈。雀舫艤於城隈，鮫宫峙乎天半。瞰鵠磯，則羡費禕之得僊，眄鸚洲，則慨禰生之赴難。羌古往兮今來，幾星移而物换。麗矣圖畫之奇，壯哉几席之玩。時若鄒枚接軫，孔李開筵。帖臨青李，幕敞紅蓮。敲棋誚癖，拜石呼顛。苕水鵲華之卷，米家虹月之船。仿永和之故事，談天寶之當年。酌金谷俊游之酒，賦玉山紀勝之篇。是則寄興林邱，縈情雲壑。逢暇日以自娱，幸芳暉之有託。一詠一觴，半村半郭。水木清華，鳶魚飛躍。顧妙境而怡然，驗庶徵之時若。又何羡向禽五岳之游，劉阮重來之約。

先母瞿恭人事略

嗚呼！自吾母之歿，至今三十四年矣。吾十二歲而遂喪吾母，時吾母以七月望日病，始而瘧，繼而利，終而下血，病遂殆。吾父從軍金陵大營，八月十二日，吾母暈絶，予號泣狂呼，逾時而甦，甦後神志轉清。十八日，吾父從營次歸，吾母自知不起，處分後事，至周且密，至二十六日卯刻長逝。彌留時，予起趨牀前，吾母口不能言，轉瞬視余良久，淚承睫，須臾遂瞑。是時哀慘之狀，三十年來何敢一日忘也！

予四五歲，吾母授以千文及唐宋人小詩。六歲就塾，塾中童子二十餘，咿唔雜遝，罕能成誦。歸，吾母必令重讀，音有訛，句有誤，正之惟謹。予時甚以爲苦，而反樂趨塾。窗北設竹榻，予坐小倚子，陳書榻上，吾母坐於榻，手針黹而督予讀，日以爲常。歲己酉，外王父綬伯公自濟寧歸，舅妗董太恭人租宅鳳官巷口，吾母挈予入城省視，外王父常令予誦所讀書，慰吾母曰："是子口齒清，記性好，將來或能紹書香也。"吾母亦顧予而有喜色。歲甲寅，外王父殉難金陵，外王母馮恭人走常州，舅妗遷至吾邑西鄉，吾母挈予往祭外王父，慟絶者數四，與舅妗述家事必涕下霑裳。迄今長大，追憶吾母之聲音笑貌，雖尚仿佛一二，而不可得其詳矣。吾父常謂予曰："外王父先以郎中分水部，繼保知府候銓，初境寬裕，後漸窘迫。外王母楊恭人殁，遺子女六人，汝母居長，最幼者五舅氏甫數歲，賴汝母煦嫗鞠育，終得成立，復支援家計，外王父酒食、衣履，籌畫至纖至悉。迨外王父續娶馮恭人，汝母歸余十餘年矣。歲丙申，外王父客游，命汝母挈全家附糧艘南還。途間覯疫，三、四兩舅三日間繼逝，是時無僕從，無資斧，驚憂困迫，殆非人境，汝母夢寐中因有驚悸之疾，每談是事，淚未嘗不涔涔下。洎來余家，大母年高，時時臥疾，汝母侍疾維謹，助理家政，待人以和。大母殁，家境日艱，余時出游，家中事井井有條，汝時尚幼，未必能盡知也。"吾父又謂予曰："外曾王父金陵新居，高閈宏敞，有竹木泉石之勝，與孫氏五松園相埒。汝母來余家，屋僅容膝，每遇炎暑，如坐甑中，無幾微怨於顔色，此亦人所難能者。"

嗚呼！吾母之殁，至今三十四年矣。歲月日以遠，音容日以渺，所憶所聞者，止此而已。罔極之恩，畢生莫報。略志梗概，以詔後人。光緒十四年正月，男荃孫泣血敬述。

亡婦莊孺人事略

孺人，姓莊氏，名思琇。元和人。父裕崧，甘肅鹽茶廳同知，署平凉府知府。城陷殉難，贈太僕寺卿銜。母蔡恭人。弟三人，姊一人，妹一人。以同治丁卯十月，年二十，成婚於成都。庚午生一女，辛巳隨予至京師。甲申五月十三日，以疾卒。得年三十有七。

哀哉！孺人性情淑婉，最爲外舅所鍾愛。外舅以畫名家，孺人亦工爲花鳥小品。外舅殉難鹽茶，蔡恭人挈子女間道走四川。時賊烽四起，滿地荆棘，孺人年甫及笄，即能佐蔡恭人處分行李。蔡恭人殁，從外舅裕筠迎之官舍，其事叔父叔母也，與父母同。洎來予家，兩親愛子息，無苛禮，定省之暇，不廢針黹。予終鮮兄弟，然門以内，伯母、寡嫂、孤弟、猶子幾十人，孺人仰事俯育，無有失禮。予官翰林，專人迎養，孺人侍兩親浮江東還，下瞿塘，度鄂渚，過建業，小住蘇州，明春仍由運河入都，行路八千里，爲期二百日，間關險阻，而後得達。予性不耐瑣屑事，京秩清苦，食指繁多，孺人經營摒擋，常不使兩親知。予喜購金石、書籍，雖典衣貸債，從無交謫。復以母家遠别，覿面無期，心力由此日耗矣。孺人好絜除几席，予每陳書滿室而出，俟入室，則一一整齊。院有桃、李、丁香、葡萄、海棠，隙地復種瓜壺，支蔓引藤，一室盡緑，窗明几淨，相對怡然。有小閣可望山下，瞰菰蒲蕭瑟，榜曰涵秋，朱椒堂先生筆也，孺人最愛之，暇輒登眺其上。每當雨過月來，煙生雪霽，相與焚香啜茗，煮酒圍爐，極盡倡隨之樂。壬午，予大病，癸未，孺人亦大病，病皆幾死。同人咸勸移居，孺人輒阻之曰："君以此室爲不吉耶？人生不能無病，病而獲已，何吉如之？"言猶在耳，孰知竟殁於此室耶！予結褵十七稔，四應禮部試，又幕游川東西，往往一二年始歸，歸數月復出，屈指相聚之辰，不及十載，侍奉之事，悉以委之。常誦陸祁生大令"生小明珠掌上看，頻年翻借婦承歡"之句，謂若爲予詠也者。惟辛巳至今，未曾一刻離，孰知不及三年即永訣耶！自生女後，十四年未孕，常勸予納妾，予應之曰："百年偕老亦瞬息耳，忍以他人間乎？如以似續爲言，俟君年及四十乃可。”去冬有娠，孺人益自喜，禮佛茹素，以祈得男。孰知不及免身，而遽以他疾逝耶！與姊思瑄友愛尤篤，姊歿以暴疾，哭之幾殞。孺人臨歿之日，忽展姊氏所繪畫册，對之嗚咽，俄而疾作，其速也亦相類。嗚呼，豈非命耶！予罹兹慘酷，然恐貽兩親憂，不敢不强自排遣。爰次其事蹟，冀當世名人錫之銘誄，俾幽泉薄質藉此以傳，則鄙人之哀或可少解矣。江陰繆荃孫和淚書。

外　篇

多羅惠郡王奕詳大祭文

朕維禮重展親，恩遇必全夫終始；情深求舊，典章宜備夫哀榮。撫旌翣而銜悲，宣絲綸而賜恤。爾親王銜多羅惠郡王奕詳，華分瑶牒，派衍璿源。河間則大雅不群，東平則爲善最樂。我文宗顯皇帝，穆宗毅皇帝，嘉其忠藎，畀以榮施。家法克承分玉，紹龍光之寵。國恩叠沛翦桐，廣麟定之仁。瞻文學於三天，趨蹌中禁，總武英之百事，校理秘文。叠膺圭組之華，倍切冰淵之懔。迨朕纘承大寶，篤念宗支。内領環衛之崇班，望隆磐石，外統旗營之勁旅，威播旌麾。方期茀禄之永康，詎意沈疴之莫挽。鼎鐘如昨，念功業其猶新，劍履空存，愴音容之已渺。再頒奠醊，難遣悲懷。於戲！秀掩金枝，尚思秉度求章之雅；芳流翠俎，彌憶肆筵授几之時。格爾幽靈，承兹嘉貺。

贈太傅恪靖侯大學士左宗棠祭文

朕惟位兼將相，抒鞠躬盡瘁之忱；氣作星辰，稱崇德報功之典。式頒奠醊，用答殊勳。爾原任大學士左宗棠，起家孝廉，授任軍旅。湖、湘、閩、浙，先厎定夫東南；關、隴、洮、凉，漸肅清夫西北。特畀臺衡之任，仍操旄鉞之權。掃穴犂庭，告成功於絶域；酬庸錫爵，膺懋賞於通侯。命入直於樞垣，俾統籌夫全局。迴翔江左，仍贊黄扉；炳燿中臺，寵邀紫綍。頃以閩疆之不靖，俾提虎旅以專征。鵝鸛朝驅，鯨鯢夕避。旌旗懾敵，草木知名。會罷戰而銷兵，許引年而歸里。何期大星遽落，薄海同驚。披覽遺章，良深震悼，爰頒初祭,難遣悲懷。嗚呼,生爲社稷之臣,殁壯山河之色。睠詢謀於黄髪,慨想風雲;緬憂國之丹心,彌綸天地。靈其來格,享此苾芬。

贈太傅恪靖侯大學士左宗棠祭文

朕惟一德一心,偉績無分於中外;懋官懋賞,殊恩何間於初終。撫薄海之永清,猶思壯烈;驚將星之長隕,倍切軫懷。爾贈太傅、二等恪靖侯、大學士左宗棠,志篤忠貞,身嫻韜略。由孝廉而筮仕,受軍旅以專征。由兩浙而七閩,自關中而塞外。陣如山而莫撼,功罄竹以難書。遂得驅策風雲,肅清寰宇。陰陽調燮,邀心簡而位列三臺;帶礪延長,錫躬圭而勳酬五等。蠶織仿東南之利,龍沙開西北之天。邊圉以安,民風胥靖。望闕廷而入覲,襄樞密以宣猷。以閫外之鄂、褒,作禁中之頗、牧。以天下自任,不愧股肱心膂之臣;爲社稷而生,正資舟楫鹽梅之寄。迺回翔於江介,仍入直夫禁垣。顧閩嶠之震驚,賴虎臣之坐鎮。樓船既下,海水不波。會罷戰而弢弓,許養疴以歸里。何期身未離乎軍旅,景已迫於桑榆。遺疏上聞,曷勝悽愴。沛恩綸以延賞,崇祀典以酬庸。眷念生平,錫之上謚。於戲!聲凄鼓角,馬援竟殁於壺頭;氣作山河,趙鼎先騎夫箕尾。偉烈長垂青史,殊恩宜沛黄壚。渥爾寵榮,尚其歆格。

贈太傅恪靖侯大學士左宗棠碑文

朕惟不朽有三,以立德立功爲最;列爵惟五,揚允文允武之休。思元老以壯猷,勳垂圭璧;睠舊人而圖政,銘勒鐘彝。增青簡之光輝,勒丹珉而慎重。爾贈太傅、二等恪靖侯、原任大學士左宗棠,秉性廉正,莅事忠誠。望重熊湘,學耽蛾術。舉孝廉而騰譽,入幕府而宣勞。南陽則管樂自期,東方則孫吴早讀。始遷州牧,旋擢郎官。文宗顯皇帝拔之蓬蓽之中,授以師干之任。剿豫章之强寇,秩進太常,總信安之援軍,勳隆開府。進規兩浙,扼金華而直抵杭湖;移駐八閩,控霞嶺而敉平延建。酬庸而頒上爵,懋賞而晉官銜。衣染鵝黄,增華韋布,冠飄孔翠,耀彩簪纓。既而焰起花門,節移蔥嶺。河湟萬里,倚休璟以安邊;原夏十州,付宇文之坐鎮。揮戈逐北,則畿甸塵清;返旆征西,則伊涼電掃。乃畀臺衡之重任,梅鼎長調;仍提桴鼓以專征,瓜沙底定。銘勒崑崙之石,文學不磨;海澄星宿之波,甲兵盡洗。興蠶桑而民生裕,防虎落而邊圉清。爵晉通侯,慶延長於帶礪;猷襄中禁,捧出入之絲綸。掌武而協戎機,柳營日暖;治河而陳方略,竹箭波平。洎總制夫兩江,兼通商之五口。謂長城之可恃,庶薄海之永安。何舊疾之未痊,屢乞身而思退。念其勞勩,許以歸休。瞰時事之多艱,復趨蹌而入覲。慷慨請行之念,中外皆知;老成謀國之心,始終如一。引高年而無庸入直,預密謀而倍切咨詢。屬閩海之重驚,命虎臣而禦侮。旌旗變色,鼓角生威。海波不揚,欃雲四散。方值銷兵之候,復申解組之章。冀調攝於耆年,長承恩眷;盼休祥於上壽,藉作國華。乃温詔方頒,而遺疏遽入。睠懷疇昔,震悼良深。贈太傅之崇階,貽後人之世爵。諭重臣而致祭,給國帑以治喪。疊沛丹綸,藉光黄壤。膺三朝之簡畀,永念藎臣;薦百世之馨香,無慚廟食。封名愘靖,用獎勳猷。謚曰文襄,允符行誼。於戲!愴此日鄂褒遽逝,空留功績於旂常;祝他年申甫復生,重作天家之柱石。欽承巽命,峙爾豐碑。

成都將軍魁玉祭文

朕惟聲聞鼙鼓,則思禦侮之臣;績懋干城,則賁飾終之典。爾原任成都將軍魁玉,夙嫻武略,屢莅戎旃。天漢東西,岷江南北。張弓挾矢,親兵事者四十年;斬將搴旗,建奇功者數百戰。俾膺專閫,用荅殊勳。大樹名高,長城望重。迨懸車而乞退,許歸里以就閑。方期永享遐齡,何意竟聞長往。嗚呼!雲車風馬,九原之魂魄如生;玉壘金陵,兩地之謳歌猶昨。老成云謝,悼惜尤深。爾其有知,尚克歆享。

成都將軍魁玉碑文

朕惟國家奬恤臣鄰，哀榮終始。旂常紀績，俎豆酬庸。有能執鼓提戈，獲建非常之功業；斯必銘金刻石，藉彰不朽之聲名。禮亦宜之，恩至渥也。爾原任成都將軍魁玉，持躬武毅，秉質慤誠。由任子以典軍，名揚驍騎。懔惟寅而稱職，望重虎臣。戎韜夙協機宜，軍政先邀薦剡。時值潢池之警，適當江漢之交。俾分閫於西凉，仍留防於南國。麾朱旗而列隊，則萬馬銜枚；奉丹詔而宣恩，則三軍挾纊。始隨征於漢北，繼轉戰於江南。玉節頻移，金創重叠。雖有時垂翅，雷霆之譴責頻仍，而乘勢攻心，雨露之恩施永沐。洎朱方之坐鎮，正赭寇之方張。昕夕呼庚，春秋擐甲。一身是膽，衆志成城。白下乍合乎長圍，丹陽遂奏夫新捷。藉成犄角之勢，共宣使臂之勞。談笑安邊，雍容坐鎮。裴行儉才兼文武，俾攝兩江；郭子儀望洽華夷，更司五口。河山大定，草木知名。乃瞻蜀郡之嚴疆，再命龍驤之上將。陸讋水慄，銀河洗兵甲之光；士飽馬騰，銅柱勒丹青之字。曩以微痾在告，遂爾優閒，何期徂謝忽聞，深予悼惜。既殊功之迭建，亦恤典之有加。狀厥勤勞，謚之果肅。於戲！書勳麟閣，長依日月之輝。奏績螭珉，足壯風雲之色。貽之來祀，勿替嘉聲。

吉林將軍富明阿碑文

朕惟干城宿望，武臣胥心腹之資；鐘鼎殊勳，統帥實爪牙之寄。故偉烈長留乎信史，斯隆恩宜沛於重泉。丹旐銜哀，翠珉紀實。爾原任吉林將軍富明阿，懷才果毅，秉志忠貞。從軍叙得級之勞，策仕副屯田之任。始充突騎，繼典戎行。旋總師干，出防豫省。扼江南之要隘，恢皖北之名城。草木知名，旌旗生色。彎弧而調八陣，運用在心；擐甲而冠三軍，創夷徧體。雖臣艱克念，暫許歸休，而時事方殷，特加徵召。督禁垣之旅，領江介之防。雲中則魏尚重來，江左則謝安復出。令嚴刁斗,中天之明月高懸;隊肅弓刀,如練之寒濤未歇。知韓滉爲江淮保障,故甫遷荆渚而旋改吴中。知行儉具文武才猷,故命攝漕司而仍兼戎事。賞延於世,功最日多。遄征而特許肩輿,詢疾而頻頒手詔。乃吉林潛藏夫醜類,俾上將重莅夫戎旃。乘暇日而繕城隍,有備無患;耀軍容而脩矛戟,不怒而威。賴兹安内攘外之才,贊成長治久安之業。迨懸車而乞退,仍頒糈以酬庸。何期遺奏之忽來,頓覺老成之凋謝。大小三百戰,敵愾同仇;前後五十年,公忠體國。核其品誼,洵爲任事之臣,謚以威勤,不愧易名之典。於戲!柱留華表,螭文争日月之輝;冢象祁連,馬鬣壯風雲之氣。永垂不朽,昭示來兹。

湖南提督周盛傳祭文

朕惟星弧靈鼓,特彰禦侮之材;桂醑椒漿,爰著飾終之典。式頒奠醊,用答前勞。爾原任湖南提督周盛傳,學裕韜鈐,性成勇敢。荷戈拒寇,始自衛其身家;捧檄募軍,遂别開夫壁壘。吴門拔幟,大敵頻摧。皖水援枹,重圍立解。青、齊、兖、豫,率勁旅以馳驅;黄、郢、鄜、延,奮壯猷於步伐。恩綸頻沐,勇號榮膺。創薊北之營屯,授湘南之節鉞。練兵足食,效趙充國之良規;治水明農,法虞道園之成議。方深倚畀,遽告淪殂。於戲!百戰曾經,著聲名於草木;四方誰守,寄慨想夫風雲。爾其有知,尚克歆享。

湖南提督周盛傳碑文

朕惟躬擐甲胄,武臣以禦侮爲能;氣作山河,國典以教忠爲重。緬懷偉烈,特表新阡。爾原任湖南提督周盛傳,角藝超群,顔行就伍。練團而禦青犢,募勇而擊黄麠。功在三吴,身經百戰。旌旗變色,鴨城之勁敵先摧;鼓角生威,雉河之重圍立解。上下江欃槍並掃,東西捻氛祲全消。轉旆而漢上肅清,傳檄而關中底定。遂乃翠翎耀武,黄褶增榮。勳勇錫以嘉名,巖疆建夫專閫。俾提舊旅,上衛神京。旋移節於湘南,仍留屯於薊北。春風樓櫓,百重峙此金湯;秋水溝渠,萬衆飽夫玉粒。近以鯨波之不靖,命宣虎士以嚴防。持滿披堅,士有難犯之色;投石超距,人懷必死之心。雖軍未交綏,而氣吞强敵。謂長城之可恃,庶甸服之永安。何期揮戈已憚其勞,陟屺復傷其志。撫栝棬而增慟,千里星奔;拋弓矢而云徂,三軍雨泣。憫虎臣之凋謝,賁龍綍以襃嘉。揆厥生平,謚之武壯。於戲!聞鼓鼙而思將帥,素旐式憑;撫鐘鼎而念勳猷,丹忱共鑒。勒諸貞石,昭示來兹。

福建陸路提督唐定奎碑文

朕維柳營日暖,南天推保障之功;蒿里風酸,北闕備哀榮之典。緬懷駿烈,式焕鴻文。爾原任福建陸路提督唐定奎,學習奇胲,功成練膽。鄉鄰急難,仗劍而前。兄弟從戎,同袍共賦。始拔壽春之壘,旋投滬瀆之營。茂苑東西,太湖南北,大小數百戰,縱橫六七年。爰自偏裨,洊至專閫。鵝黄織錦,頓增衮繡之華;孔翠彫纓,特耀兜鍪之彩。遂建牙於成德,更移節於冶城。迺因臺郡之揚烽,俾統全軍而渡水。黄龍、青雀,海童懾琅鐸之聲;赤豹、文螭,山鬼避星旄之色。洎因海警,命扼江防。駐鵝鼻之山,列魚麗之陣。寨雷艦火,定手畫於軍中;越角吴根,運心規於掌上。班聲殷地,秋高而陣肄貔劉;鉅浸稽天,飆怒而防嚴鯑渚。何圖疾疢,遽壞干城。頒恤典以襃揚,易嘉名曰果介。於戲!五更鼓角,望猶重乎龍驤;一夢瓊瑰,兆驟符乎狸脈。彤史聿彰,偉績特沛,殊恩黄壚,爰勒貞珉,不忘武烈。

記名布政使劉連捷碑文

朕維襄鍾紀伐,慳鼎銘勳。河山成刊定之猷,金石勒耀熙之績。前型弗替,懋典斯存。爾頭品頂戴、記名布政使劉連捷,湘南毓秀,楚北摧鋒。始戰江黄,繼規舒皖。合楚尾吴頭之境,奏袥金席革之勞。命屢錫夫師中,威頻宣於閫外。浮罌渡水,韓信闕與之師;煮鎧爲糧,耿恭疏勒之守。陣嚴蛇鳥,令肅貔貅。黄巾之逆壘旋平,白下之堅城頓復。遂乃蔭隆都尉,秩晉承宣。頒庸服以章身,錫拔都之美號。旋駐軍於恒代,更移節於潤常。臥渭北之王羆,麾幢却敵;歌江東之韋虎,巾扇籌邊。一夕星沈,三軍雨泣。薦馨香而示眷,謚剛介以易名。於戲!松檟成行,百丈祁連之冢;樵蘇永禁,千秋峴首之碑。載錫鐫詞,長垂鏤範。

湖北遇缺題奏道周康禄祭文

朕惟疆埸效命,臣子之大經,俎豆酬榮,國家之鉅典。爾二品頂戴、湖北遇缺題奏道周康禄,學習六韜,身經百戰。爰從末秩,薦擢道員。立功於鄂北、桂西,揚武於川東、隴右。尋麾赤幟,勘定黔疆。屬饑卒之夜譁,致危城之朝潰。志成裹革,傷竟伏弢。軫念英風,謚爲壯節。於戲!氣作山河,忽墮垂成之業;功在社稷,特施破格之恩。惟爾有靈,尚其歆受。

湖北遇缺題奏道周康禄碑文

朕惟藎臣遂志,藉决脰以明誠,國典襃忠,必原心而稱事。匪磨貞石,曷妥忠魂。爾二品頂戴、湖北遇缺題奏道周康禄,忠勤夙著,韜略素嫻。兄弟從戎,早賦同袍之什;疆埸戮力,頻邀拔幟之功。始發軔於粤西,繼揚威於鄂北。入蜀而禽狂寇,度隴而拔堅城。由是薦牘頻膺,崇階叠晉。覩李懋之勇決,與李弼而何殊;聽吴玠之聲名,得吴璘而愈重。榮班豸繡,春風揚黼黻之華;恩錫翠翎,曉日耀珊瑚之采。屬以黔中之不靖,命麾綪茷以先驅。慶全省之肅清,駐新城而鎮撫。彤弓旅矢,方襃飲至之勳;瘴雨蠻煙,遽覯埋輪之變。錫謚無慚於壯節,贈銜克稱其聲威。於戲!銜温序之鬚,既後先之競烈;繪陽都之象,復存歿之兼榮。永峙螭珉,毋忘駿烈。

戴藝郛同年采百集序

盛哉！選格錬響，獨擅千秋。吹影鏤塵，上希四始。夫惟大雅，敢云小道。亦有泉明擬古，束晳補亡。張孟陽之《四愁》，江醴陵之雜體。視前人之成鵠，心摹手追；定别格於雕龍，句奇語重。固足樹騷壇之幟，馳藝苑之名。若乃擷先民之成句，寫我輩之閑情。古調獨彈，餘馨自遠。織七襄之錦，吏部誰如；集五侯之鯖，君卿最擅。人喁竟成天籟，新樂被以舊弦。别具匠心，洵推獨步者已。集句之作，始晉繼唐。傅咸清麗，逸文存於類聚；韋蟾曠逸，韻事續夫楚詞。迨及宋人，遂多此體。有未入集者，王荆公是也。有别成卷者，孔武仲是也。有專輯一家者，文信國是也。代祀綿邈，風流愈暢。匪云則古，寔亦宜今。藝郛同年，天馬在手，孤羆隱叢，古懷抗雲，書眼如月。處選部之任，以曹事見稱。有裴叔則之清通，無畢茂世之脱略而。且通六經之奥，心醉簡觚；摹三體之書，手皸煙墨。間以餘力，發爲浩歌。妍魄煉華，煩腸沃酎。呼明月而欲出，跌宕仙心；問青天而不膺，嫛娩騷屑。蘼蕪共語，縑帛悉以寫詩；玫瑰獨笑，僕從知其得句。清思壯采，儕輩同欽。一日出視集句詩二卷，集句駢文三篇。蓋吟詠之餘，所戲爲也。當夫妙手拈來，沖口而出；刻冰作骨，鏤玉爲塵。以六代之古音，作三唐之律體。標謨觴之錦蹕，飣餖何嫌；展壁府之油拳，撏撦不已。詞條炳蔚，依然儷白妃黄；音節和諧，仍是含宫咀徵。况復艷情含雨，逸思停雲。集中詩皆豔體。夢窄春寬，燈温酒冷。借隴西之鬼語，氣鬱青霞；抒樊南之綺懷，調高白雪。輯玉元圃，無非夜光；徵材鄧林，自成傑構。是則李龔翦綃之集，同此清新；廡堂香屑之編，無其昳麗也。荃孫蠅鑽自苦，獺祭何曾。竇無記事之珠，孰愧瀉瓶之水。《爾雅》未注，早遺恨於蟛蜞；《樂府》空吟，艱成誦於蛺蝶。元晏三都之序，僕病未能；文通五色之豪，君真無愧。用原序語。

消寒詩序

賭酒圍爐之候，風饕雪虐之天。雁聲墮地，助其岑寥；鴉影偎煙，同此窣簌。衰葉枯條，士衡感時之賦；雲飛冰結，簡文元圃之詩。歲聿云莫，寒氣入室。耳目所寓，心骨悲矣。則有張三昧燕，飲一經程。喝月月行，問天天對。爇金猊之炭，隔坐送鈎；撥火鳳之弦，張燈試曲。觥籌交錯，春生錦步帳中；薌澤微聞，人坐繡屏風裏。此一境也。聲含樂歲，白板扉前；天賜奇温，黄緜襖出。户習吹豳之禮，人懷獻曝之忱。冬學鬧夫兒童，篝車慰其父老。入此室處，驚蟋蟀之鳴；躋彼公堂，啓羔羊之饗。瓢兒菜熟，菰米飯香。此一境也。蠮螉塞外，蜒蚰塹邊。邊風吹刀，塞雲沈鏃。區脱莫警，堅冰在鬚。刁斗夜鳴，凍月寫影。擫蘆管之一聲，去鄉關兮萬里。挾纊無温，據鞍不壯。息兵氣於何日，長著鋏衣；望夫君兮未來，空緘錦字。此一境也。更有歲月云邁，關河未歸。驚飆起而哀笳鳴，征堠長而木葉脱。客饔冷炙，馬齧殘芻。酒思如潮，離愁若海。相親童僕，莫可與言；轉念友朋，疇能謀面。蕡麥交隴，訝故園之已春；菰蘆結牀，棲羈夢而亦冷。此又一境也。夫四時遞運，閉塞而成冬；百歲婆娑，銷憂者惟酒。吾輩心均竹柏，贊洽韋弦。言通驛騎，常集琴尊。交傾肺奥，不設峰距。室尟亭臺之勝，地乏山水之幽。方珪圓璧，賡漉浮之章；折膠墮指，景逍遥之館。設或戢形蒿室，屏迹蘧廬。書城枯坐，則意氣不豪；茶鼎苦吟，則詩情亦淡。何以陶兹素景，契此幽襟。且夫夜長晝短，古人申秉燭之游；異苔同岑，小雅繹同聲之義。而況縞紵相答，易失舊歡；燕雁代飛，難回往日。或歸旌之首途，或嫁衣之忙我。昌黎之留東野，有願爲雲；休文之去安成，一别如雨。與其相思於日後，孰若聚歡於當前。於是吴君又農，合南國詞人，作西園雅集。素心結契，投永好之瓊；緑醽浮英，等辟寒之玉。譚則麈毛落飯，笑則頭髮没酒。雖休源赤倉之米，何點白葵之羹。而莖英既耽，茂菽不厭。舞詠之樂，金犀奚加。復搜古典，各賦新詩，言如鏤塵，思若吹影。殿文壇之後勁，續草堂之前游。千聲萬色,郁爲古腴。七鳳五麟,藹涵景氣。儀堯階之球石,夔拊永諧;樂周雅之笙簧,鹿群偕食。一觴一詠,幾忘雪霜之逼人;以敖以嬉,仍做尖叉之鬥韻。僕巧遜鏤冰,歌翻團雪。得過且過,敢自擬於鳳凰;予取予求,譬相依之蛩駏。抽繭絲而貂尾,餐仰芳流,濡虎僕而志鴻泥,此爲嚆矢。

送顧子鵬之荆溪訓導任序

上元顧君子鵬,振奇磊落人也。丙申荃孫來主鍾山,始識君。君工詩古文辭,讀書略觀大意。家甚貧而口不言,天趣盎然。其立身行己,皎然自拔於流俗。古人所謂意思深長者,其君之謂與!先是戊子年,吉林將軍聘修通志,書進御,保以教職用。今年四月,選荆溪復設訓導,君以是官最爲世所輕,有不屑爲之意,荃孫謂之曰:學官非他官比也,官之職則曰教,而士之稱則曰師,循名而責實,非他官比也。君亦知學官之所自乎?昔後魏天安初,立鄉學,置博士助教,郡縣建學設官始此。宋安定先生,授教於蘇湖間,以經義、治事兩齋得人最衆,朝廷建州縣學,取以爲法。書院始於唐李寬,在元和中。宋初,石鼓、岳麓、白鹿洞、應天府,爲四大書院。明以來天下設之。國朝嘉慶間,儀徵太傅創精舍於西湖以詁經,在粵復創學海堂。近來鄂有經心,蜀有尊經,粵有廣雅,湘有校經堂,江蘇有南菁,有學古堂,制度一仿詁經爲之。學校敝而後有書院,書院又成具文,而後有精舍。今奉明詔,省州縣均建學堂,分上中下三等,仍如精舍之制,亦即郡縣學之舊制也。居是官者,宋時令中書采訪有經術、行誼者教授,又選京朝官有學行者堂除其官,可謂鄭重。後歸銓選,以舉人歲貢挨充,已失本義,近復以輸金多者得之,宜乎爲人所輕也。雖然,亦視其人之所自待何如耳。沈孔珍官湯溪,以正誼折縣令而縣令信服。錢警石官海寧三十年,士子奉之如父兄。如二先生之學行,亦何愧乎古人!荆溪大好山水,士民樸而願,以君爲之師,立身行己,皎然自拔乎流俗,感乎以意氣,啓迪以問學,孰有不信從者!庶幾復古人建學設官之遺意,將於君焉望之矣。

留雲借月龕填詞圖題詞

吾州乾嘉之間，才人輩出。茗柯導其先路，止庵揚其清芬。趨盛軌於唐音，訂中聲於宋調。意内言外，洨長之雅故；文微義著，春秋之通例。淫哇既屏，厥體遂尊，正宗之稱，薄海無間，百年以來，遺緒欲墜。劉子語石，生長毗陵，循先賢之矩矱，被新製於弦管。江山助我，敢辭汗漫之游；文字累人，大有怨誹之語。一日，出《留雲借月龕填詞圖》，屬爲題句。斯境也，舊雨新晴，凉飆四起，淨碧如洗，嬌紅未蔫，呼之欲出，雲真可留，喝使倒行，月何難借。既無心兮出岫，亦對影而舉杯。變蒼狗於彈指，幻境自生；招銀蟾而墮懷，凉痕欲活。清景未失，閑情轉深。昏黄庭院，倚花影而吹笙；新緑簾櫳，炷爐香而按譜。固已旗亭賭唱，井水能歌。繼軌張周，無殊前喆。荃孫蠅鑽貽誚，蚓唱徒勞。讀君之詞，想君之所居，安得晤君於疏簾清簟之旁，坐我於酒榼棋枰之側。捉枝代麈，埽葉煮茶。相與發浩歌，騰新唱，深情一往，此樂千秋。嗟乎！君原詞客，不少春江回首之思；我亦恨人，那無煙柳斷腸之句。勉爲喤引，兼綴小詞。

徵刊聽雲仙館詩文集啓

昔敬禮定子建之文，劉沔輯東坡之作。摩挲卷軸，懼蝕於風霜；鎔鑄性情，無間於新故。古風足尚，良友且然。而況爇一瓣之香，皈依梵殿；立三尺之雪，久侍程門者乎！秋史先生，識冠百代，言成一家。命居磨蝎之宫，爪印飛鴻之渚。屈原放逐，乃賦《離騷》，馬遷幽憤，退論書策。故其爲文也，濬啖趙之經心，振淵雲之儷藻。發韓柳之精思，軼徐庾之俳體。冥心象外，而落筆已超千古；局迹區中，而羅胸能括九有。而況半生道長，萬里饑驅。嶽瀆助其精靈，煙虹資以光氣。哀樂之異宜，古今之感喟，莫不於是發之。今者寶墨猶濕，哲人長萎。山邱華屋，慟哭夫羊曇；金薤琳瑯，未編夫李漢。搜茂陵之草稿,半付寒蟫;收昌谷之錦囊,迴非全豹。過此以往,而草元奇字,盡覆鄰童之瓿;仲舒詞賦,不入昭明之選。非先生之不幸,亦吾黨之重羞也。兹輯成儷文六卷,詩二卷,詞一卷。擬壽之梨棗,藏之名山。至於枚皋禱祝之辭,半山製舉之體。賓王作奏,落紙千言;齡石答函,吐文萬牒。均已俟諸異日,析爲外篇。惟是卷帙既富,資用實繁。雖綴白之有心,懼殺青之無自。蘄襄盛舉,爰布我儕。嗚呼!執丹漆以西行,音塵宛在;侍弦歌於北面,謦欬猶新。庶幾撰香溪之集,志行近仿夫高秈;彙毗陵之編,風義遠紹夫梁肅。

范季遠仕隱後圖記

武昌范月槎先生,朗抱霞暉,逸情雲上。昌黎正學,爲國子之先生;長慶清才,授南州之司馬。嘗作《仕隱圖》以見志,同時名流,題詠殆徧。固已耽吟蘿薜,澹視簪纓矣。令子季遠觀察,筮仕江南又將十稔,復作《仕隱後圖》屬題。荃孫竊以爲榮以印綬,付以城社,有功於國,遺愛在民,是之謂仕。跌宕湖山,校讎文史,無心於世,自全其天,是之謂隱。之二者出處既殊,蹤迹亦異,比而同之,何哉?昔嘗讀晉王康琚詩云:“小隱隱衡麓,大隱隱朝市。”至哉其言乎!夫康琚所云者,大抵族殊白望,帷幄之職未預;官非黄散,鈞衡之柄莫屬。浮沈玉署,偃蹇金門已耳。豈如今者,魚魚逐隊,鹿鹿登場。禰衡之刺常懷,毛義之檄未捧。名不挂於朝籍,粟不食夫太倉。陳書慷慨,上不見答於台司;攬轡澄清,中不見信於僚友。指揮曹司,則或唯而或否;誥誡士庶,亦將信而將疑。沈龍泉於濁水,誰是風胡;困驥足於鹽車,罕逢伯樂。所以詩吟槃澗,情寄耕桑。煙霞四壁,宗少文臥游之圖;書畫一船,米襄陽好古之癖。莊周《齊物》,世外逍遥;郭璞《游仙》,神兮寥廓。則不謂之仕不可,不謂之隱亦不可也。然而天閃狼星,海吹鰐浪。時方多難,世正需才。一旦登君於薦牘,畀君以重任,羽儀王國,折衝樽俎。爲中朝衆望所歸,頌先德詒謀之善。將以隱始,而以仕終。正荃孫之所深冀也。使仕未信,我長抱魯連東海之心;充隱何妨,君不忘稚圭北山之誚!

順德李夫子六斢壽序

皇帝御宇之十有九年,奎璧騰芒,儀璘啓曜。備中和之元氣,應名世之昌期。是歲,順天學政、南書房行走、禮部右侍郎順德夫子年六十矣。襟裾文學,紳笏大夫,莫不鞠跽騰觚,繡鞶致語。門下士繆荃孫等,執爵而進曰:

自古曼壽斠元之世,必生延禧建福之臣。亭陰噓陽,黼蔀黻紀。仰照難於宗匠,極光榮於國耇。而况經神學海,貫串九流,義府儒宗,皋牢百氏。荷天之寵,鳳翽播其輝華;戴斗之稱,龍門高其聲譽。如夫子者,真可謂彰德事之更、著聲聞之壽者矣。仰惟夫子,榮廣捷敏,鄭君通深。負櫟椓鼉没之才,勵旭歷鋭銀之志。嘗謂秦坑既灰,孔壁斯振。萌蘗於西京之始,恢張於東漢之季。唐宗南派而家法淆矣,宋尚理境而寔學荒矣。夫子通變假借,言之有物。典章制度,集夫大成。遠則紹賈、服、荀、蔡之傳,近則守汪、阮、孔、張之緒。是夫子之經學,庚言未已,乙部尤精。夫子以爲四史以降,視若弁髦,三唐而還,棄同糠粃者,非通儒也。溯契塔特建國之初,及朱里真鏖兵之始,騰格里之雅,天降神人,亦集乃之路,地窮兵力。下逮勝朝,尤多野史。或以語防觸諱,遂閉箱笥,或以傳乏通人,終蕴塵埃。闡幽抉滯,補闕訂訛。年經月緯,松紋之紙常繙;雪纂露鈔,瓠盧之本亦出。是夫子之史學。國朝《四庫》所集,七閣所儲。儷羽陵天禄之珍,駕文德華林而上。夫子名山剔寶,海舶搜奇。螺損千丸,羊秃萬穎。劉《略》、阮《録》,訂其存佚之代;晁《志》、陳《書》,證其完缺之數。丹函壓地,彩帙熙天。彙典籍之鉅觀,極編摩之能事。將以上之中秘,播於藝林。續宛委之别藏,啓琅嬛之異境。是夫子目録之學。而且悥臚同異,廣拾叢殘。坐擁縑緗,行提鉛槧。條篇撮旨,略依歆向之前規;象形諧聲,旁通任尹之雜技。往往數行有缺,吴越傳鈔。一字未安,寢饋失度。後生末學，陶鑄良多。是夫子校勘之學。

大銀之國，崛起北方。王宋之所未詳，陳薛之所不道。秘史晚出，頗具梗概。世次緜邈，稽孛端察兒之前；事蹟翔寔，勝脱卜赤顔之記。夫子廣搜中文，旁采西學，一譯再譯，合音對音，“天興”爲合不罕之紀年，“愛曼”爲“乃蠻歹”之異字。“薛靈歌水”，即《唐書》之“仙娥”，“阿勒台山”，此地志之“杭愛”。“兀籠格赤”，證“亦心”二字爲分書，“曲雕阿蘭”，知“庫鐵”一山非兩地。尋源等於蛛絲馬迹，校錯類於風葉几塵。爲《秘史注》十六卷。

元時疆域，西北最遠，地理附志，掛漏良多。《大典》存圖，方位亦失。夫子補夫舊牘，證以今名。建都於紅城，耀武於白霫。“虎圖”即“闊朵”之别體，“龍居”亦“臚朐”之同音。别失八里之地，本北庭之故封；旺兀察都之宮，乃興和之舊境。據蔑里思之巖疆，已鄰裏海；建阿母河之行省，寔控鐵門。一地有三字、四字之殊，一名有蕃語、華語之别，莫不整齊異説，騎驛各書。綺疆繡壤，恍披站尺而周行；左圖右書，如坐舌人而問訊。爲《元史地名考》十卷，《西游録注》二卷。

富貴城西，珍珠河北。和林故壤，三水所環。苾伽可汗之居，尚餘遺址；怯蹇叉寒之澤，特起新宫。金蓮瓊島，閶闔象夫天垣；蘆淀草堝，松石韻於沙岸。自昔紀載，頗爲渺荒。近則茫茫瀚海，屹立特勤之鉅碑；磊磊殘垣，尚賸李唐之壞甓。銅駝臥雪，石馬嘶風。以及至順去思之文，總管收糧之碣。碧苔剥蝕，野火未燒；翠墨陸離，遺文可讀。夫子證以突厥之傳，耶律之詩，當此濟爾瑪台之源，在今賽因諾顔之部。此則張何考索，不知城郭之猶存；程魏鋪張，不如碑刻之足據。爲《和林金石録》一卷。

在昔金匱之篇，載於班志，青囊之法，受之郭公。亥首巳首，分八卦而辨陰陽；甲木乙木，定三元以分休咎。惟筠松之傳述，爲振孫所録存，夫子發其大綱，通夫奥義。論山川之向背，形勢各成；測沙水之性情，理氣自足。固儒宗之緒餘，亦非術者所企及也。爲《疑龍》、《撼龍》經注各一卷。是皆通天人之奥，合古今之轍。泯華寔之辨，鑒得失之林。禮堂簡策，萬流仰爲山淵；芸閣篇章，六際歸其繯橐。偉哉絶業,莫與京已。

今夫官職與聲名並重,詞章與經術殊途。才如賈、董,位不躋於蕭、張,文似班、揚,學或慚於服、鄭。夫子盛名兼擅,碩福兩隆。爲當代之哲匠,極文人之殊遇。甫登上第,旋值内廷。東觀紬書,南齋珥筆。陸贄未離翰苑,備極恩榮;高郢進拜秩宗,允孚譽望。職司禮闈,編石渠之論議;儀掌容臺,習熙朝之典故。而且輶軒半天下,衣鉢傳五葉。典試乘吴越、巴蜀之軺;督學莅畿輔、豫章之省。方聞之士,咸入網羅。大雅不群,投如針芥。雷焕歸而劍氣斂,伯樂過而冀野空。心説誠服,徧寰區矣。昔夫子在學士之任,以養親而歸。高堂九懺,載賡華黍之篇;養志十年,克盡萊衣之樂。辟園種竹,築室栽花。佩韍相莊,芝蘭特秀。况復迴翔講席,獎掖後賢。出則衣被無垠,處則著述不倦。楷法追鄭文、刁惠,分隸亦韓敕、史晨。異域寶若球琳,尺楮視同金璧。兼及姑布子卿之術,復習《黄帝内經》之書。漆園所謂博大真人,仲任所謂鴻儒金玉,夫子當之,洵無愧色。而微窺意旨,常若有不釋然於懷者,則以非族逼處,邪教横流,誘我編氓,侵我屬國,撓我政體,奪我利權。况境宇之毗連,顧扞掫之弗備。雖薩寶符之官,已見《通典》;而末摩尼之教,終屬異端。夫子懷通權達變之才,抱長駕遠馭之略。瞥平上策,常懷遏敵之心;驃騎忘家,誓有滅胡之志。防巧取則分疆畫界,留後圖則測海梯山。先爲自强之謀,庶免議和之辱。往者,西嫢吠日,東鰈跳波,夫子奉朝命,備邊陲,轉餉糈,衛鄉里。天狼十丈,風鶴四驚。值桂撫之熸師,棄雄關而委敵。乃埽蹶張之士卒,重起大樹之將軍。白羽揮風,朱旗耀日。遂乃擲鋧應手,犀角之渠仆地;投炬灌尾,雉膏之光燭天。克敵復仇,武功弟一。於是金城息鼓,玉敦尋盟。人第見奔走禦侮,將帥之力居多,而不知發蹤指示,帷幄之功獨偉。非夫子久籌戰略,身悉敵情,深權彼我强弱之形,兼策戰士利鈍之實,何以能成師一出,程效若此也!荃孫等久依函丈,備荷陶鈞。忝隨編録之班,幸預校讎之末。識稽古論思之旨,道在則尊;窺經文緯武之心,德成者上。登堂祝嘏,吮筆摛詞;義不取諛,言皆徵實。此日金屏九叠,聊佐錦筵介壽之觴;他年銀管千枝,更記紫閣調元之績。

祭湯母吕恭人文

左、班懿範,鍾、郝遺型。素帷戢影,彤管流馨。春寒栢棬,餌失松苓。式昭舊德,以妥先靈。猗與恭人,閭里矜式。結璘誕華,離瑜毓德。望族河東,清游冀北。宛宛其容,怡怡者色。星占弟四,月映無雙。敲詩秋徑,吮墨晨窗。麗詞椒菊,雅詠蘭茳。萬簽玉笈,七寶銀釭。學供酒漿,早薄紈綺。夜杼織鴛,晨厨烹鯉。孝養一心,勤劬十指。誠懍大家,頌堪中壘。中山作嬪,淑譽益新。嘉耦曰妃,相敬如賓。禮隆筐栗,詩詠澗蘋。室隨伯姊,程守先民。榻上琴書,案中彝鼎。鬥韻擘箋,繙書賭茗。音叶笙簧,語消畦町。鳥喚畫眉,爐煎蒙頂。英英夫子,橐筆六州。繞朝贈策,王粲登樓。千里百里,山郵水郵。詩吟徐淑,書報高柔。羞吹扊扅,甘奉箕帚。上侍白頭,下撫黄口。釧脱金纏,杯斟玉扣。宴集嘉賓,米炊巧婦。夫子筮仕,作宦武康。秋江桂檝,夜雨筍蔣。一燈刀尺,百室酒漿。譽留慈惠,政佐循良。洎任縉雲,崎嶇荒谷。早憚勞薪,敢辭轉轂。瞻念松楸,就荒杞菊。洽我餱糧,復我邦族。永嘉山水,再作清游。魚軒古驛,鷁舫芳洲。織催蛩砌,旦戒雞籌。縈居華膴,化洽歌謳。南澗栽桑,西堂種柳。游山謝公,種秫淵叟。視夜求衣,勸農戴斗。共方寸心,如左右手。纔歌樂歲,旋迫驕陽。龜田塵赤,蛤稻波黄。鬼飛旱魃,咒誦木郎。其雨其雨,誠格穹蒼。爰念慈幃,重返鄉邑。天上祲明,局中劫急。風鶴驚呼,石鯨暗吸。巢燕難安,屋烏奚集。提攜細弱,閲歷艱難。蓉湖波暖,岱嶽雲寒。十步九顧,半菽一餐。幾經顛沛,終慶團欒。相我夫子,言返初服。翦韭炊粱,牽蘿補屋。舉案諧鴻,挽車即鹿。兵火餘生,林泉清福。有田十頃,有菜一畦。雪中鋤藥,霜下烹葵。平安種竹,膈膊聽棋。陸通小隱,阮肇仙姿。有子有子,邦之司彦。秋窟桂香,春園杏宴。日下荀鳴,雲司禰薦。繞膝孫曾,玉雪豔羨。忽歌鵠寡,咸悲鵬來。黔寒衾正,杞哭城頹。荒荒白日,肅肅黄埃。杏花示讖,封翁臨没時,謂太恭人曰:勿悲,明年杏花時來迓汝也。太恭人果以二月卒。蒿里銜哀。酒失延齡，方難駐景。碧落偕行，青軿共騁。屋迴呼皋，筵虚祝哽。龍璈咽聲，鶴駕淒影。嗚呼哀哉。昔年上壽，美稱兕觥。今兹真冷，風寒雁檠。崦迴日薄，樹静風驚。璚漏激箭，瑶樞掩精。嗚呼哀哉！道韞清才，劉綱仙侣。逝水銜悲，乘雲遐舉。芳躅在兹，徽音具舉。神其歆諸，椒漿桂醑。嗚呼哀哉！

藝風堂文續集

據宣統二年刻民國二年鉛印本

目　録

卷　一

贈太子少保兵部尚書曹恭慤公神道碑

同治丙寅三月二十日己卯，兵部尚書江陰曹公薨於位。遺疏聞，皇上軫悼。丙戌，命惠郡王詣靈幃奠醊。贈太子少保，予謚恭慤，賜銀二千兩治喪。是年八月，公之子鍾彝，扶柩回籍。六年正月，葬公於本邑東郊定山之西麓。越三十年，鍾彝昆弟來，請銘公神道。荃孫忝在婣年晚之列，何敢固辭。

謹按狀，公諱毓瑛，字子瑜，號琢如。宋時自中州遷江陰，爲邑望族。曾祖岐，附貢生。祖學禮，父昶，以公貴，贈光禄大夫。曾祖妣章氏、吴氏，祖妣趙氏，妣繆氏、朱氏，皆一品夫人。公幼而岐嶷，及長，有名庠序。武進李申耆先生主講暨陽書院，特器公，勉以遠大。道光丁酉拔貢生，朝考一等，得兵部七品京官。遷主事，直軍機處。癸卯，中式順天舉人，累升郎中，記名御史，擢鴻臚寺少卿。咸豐十年，英法俄美四國兵犯京師，上駐蹕木蘭。時江浙陷於粵寇，豫東困於捻寇，黔苗滇回，四顧騷動。鄭親王端華等方用事，内外不靖，政務殷繁，上意欲令章京中資深而才贍者在軍機大臣上行走。公在直最久，内嫻掌故，外悉四方政令，端華等欲以公名舉奏，公辭至再三，遂越次授焦佑瀛。

本朝之制，凡章奏陳達，制詔宣降，皆軍機大臣取進止，朝廷黜陟誅賞之事，悉以咨之，位望與前朝宰相等，同列以公力辭，咸詫之，公卒不就。十一年，文宗顯皇帝賓天。毅廟沖齡踐阼，端華等矯旨，自爲議政大臣，與决機務。是年冬，毅廟奉梓宫還京，兩宫太后垂簾聽政。暴端華不法狀，與載垣等皆伏誅，次者遠戍，次者褫職，佑瀛亦與焉。人以是服公之明，而知公進身之不苟也。既而朝廷簡恭親王輔政,始命公在軍機大臣上行走,升順天府府丞。同治元年正月,轉大理寺少卿,旋兼宗人府府丞。二年,升工部左侍郎,調兵部左侍郎。克復金陵,加頭品頂戴,賞戴花翎,權兵部尚書。四年,升都察院左都御史。再升兵部尚書。公貌甚魁偉,以積勞內損,然孜孜自力,從公未嘗乞假。三月,遘病甚劇,猶欲强起,足弱不能支乃止。寢疾六日而歿,歿年五十有四。

公爲軍機大臣凡五載,贊襄碩畫,盡心竭力。內則調護兩宫,外則指揮諸將。數年之間,東南底定,巨憝悉誅。公但歸功督撫。凡所納獻,未嘗告人。人視之若無異於衆人者,而不知一言之褒貶,一事之成敗,皆足斡旋大局,輔佐中興,則所處之地不同也。臨歿時,猶以豫皖捻匪未淨、隴滇回匪未平爲恨。其燕閒之論,謂軍旅之事,患信任不專,事權不一。古來良將多以掣肘不能成大勳,咎在執政。又云唐末藩鎮之禍,誤於羈縻。方其效順時,不過假以爲名,作恢拓疆土計。當事者苟且偷安,遂入其彀。迨勢既盛,不可復制。朝廷任用督師大臣,及剿辦苗沛霖,皆如公言以奏功。此即公立朝之大指也。

公天性爽亮,與僚友交極矜慎,取予不苟。事父母色養兼摯,在京寓,歲時伏臘,必邀集桑梓故舊,談讌竟日,以博歡顔。朱夫人夙患乳巖,公購珍藥,訪名醫,費千金弗倦。棄養後,哀慕弗衰。初入直,奉賞珍食名果,恒捧以獻親,欣躍逾常。迨爲軍機大臣,恩賞稠叠,拜領後反鬱鬱不樂,傷二人之弗及見也。嗚呼!此則公侍親之至性已。公娶同邑薛氏,封一品夫人。妾胡氏,鍾氏。子四:鍾彝,賞員外郎,分刑部,四川長壽縣知縣;鈞彝,賞舉人,先卒;錦彝,賞員外郎,分户部,貴州黔西州知州;鈺彝,賞光禄寺署正。鍾彝薛夫人出,餘胡氏出。女二,同邑孫汝楫、浙江龔家誼,其婿也。爰作銘曰:

申甫治內,方召治外。中興之功,赫赫獨大。維皇首出,撻伐用彰。惟公崛興,啓沃謀臧。始登郎曹,遂履禁幄。星紀一周,淵淵嶽嶽。洎膺大任,密勿論思。發揮宇宙,綏鞏華夷。粵西倡乱,蚍蜉四起。用師十年,蔓延未已。自公贊畫,五載經營,楚蜀江淮,以次削平。既靖東南,將事西北。惜哉陽烏,方中旋昃。公志未伸,公言不矜。我銘公烈,惇史是徵。

二品頂戴記名簡放道員 前廣東高廉兵備道陸公神道碑銘

公諱心源,字剛父,號存齋,晚稱潛園老人,姓陸氏,浙江歸安人。曾祖景熙,祖映奎,父銘新,三代皆以公貴,封榮禄大夫。妣皆一品夫人。公資禀奇穎,讀書目數行下,年十三,通九經,尤精鄭、許之學。受知於萬文敏公青藜、吴閣學式芬、張文貞公錫庚。先輩如徐莊湣公有壬、朱司馬緒曾,皆引爲忘年交。與同郡姚宗諶、戴望、施補華、俞剛、王宗羲、凌霞,以古學相切劘,時有"七子"之目。

性喜管、商書,於國朝諸儒,尤服膺亭林之學。中咸豐己未舉人,遵例以知府分發廣東。奉直督劉公長佑,奏辦直東豫交界剿匪事宜。告竣,以才識精明,志行清直,奏留直隸,整頓吏治,薦擢道員。乙丑,簡廣東南韶兵備道。行抵英德,即聞長寧土匪擾六里鄉,翁源知縣張興烈被戕。嶺南姑息成政,戕官之案叠出,每辦匪鄉,必有耆老數輩,攜婦女哀乞,承認繳匪,官民相爲粉飾。公視事,檄游擊湛恩榮率兵剿洗,罪人斯得,地方敉平,自是十餘年,粤中無戕官案。會霆軍叛勇,突湖南入粤,勢洶洶,急檄湛游擊回援樂昌,益以壯士千,炮船二十,水陸並捷,賊遁江西。而洪逆餘黨,踞閩粤之交,思復蹂江楚,南韶當其衝,始由龍南撲始興,即檄副將朱國雄扼縣城,再由連平犯翁源,檄參將任玉田扼雞仔嶺,賊不得逞,南韶卒無恙。韶關商賈,貨物盈艑,一物漏税,全船充公。公革除弊政,凡漏税者,祇准補繳,不准充公。積蠹一清,商民感悦。六年,調高廉道,旋奉旨開缺,送部引見。繼丁外艱,星奔回籍。壬申,閩督李公鶴年以佐治需人,奏調赴閩,總辦税釐、通商、善後諸局,並海防事宜,署糧鹽道。與署督不合,即乞養歸,仍以鹽務加耗,參奏削職,時公歸里已二載矣。

公循陔之暇,娱意林泉,就城東蓮花莊北闢小園,水木明瑟,極清曠之致，署曰潛園。酷嗜異書，大江南北，兵燹之後，故家藏書，出以求售，所得宋元版書，於斯爲盛。光緒戊子，進書國子監，舊刻、舊鈔一百五十種，計二千四百餘卷，附以所刻叢書三百餘卷，奉旨褒獎。公在家，獨建昇山橋，修復安定、愛山兩書院。仁濟，善堂，義學，無不具舉。張勤果公曜撫山左，以才堪濟世、學識閎深奏。李文忠公鴻章督直隸，以氣局遠大、見義勇爲奏。得旨開復原官，交軍機處記名簡放。癸巳引見，召對一次。歸抵天津即嬰末疾，次年十一月九日卒於里第，年六十有一。夫人莫氏。子四：樹藩，舉人，江蘇候補道；樹屏，舉人；樹聲，湖北候補知府；樹彰，幼。以　年　月葬公於鄉。所著《儀顧堂文集》二十卷，《儀顧堂題跋》十六卷，《續跋》十六卷，皆古書源流、金石考證之學。藏宋刊書至一百餘種，元刊至四百餘種，儲之皕宋樓，作《皕宋樓藏書志》一百二十卷，《續志》四卷。所得金石碑版九千餘通，多青浦王尚書未箸録者，作《金石粹編續》二百卷。鑒藏書畫，作《穰梨館過眼録》四十卷，《續録》十六卷。生平篤嗜唐文，於蟫斷蠹朽，掇拾録存，與金石之文新出土者，成《唐文拾遺》八十卷，《唐文續拾》十六卷。樊榭山人《宋詩紀事》，於兩宋詩人搜羅備至，復輯得三千餘人，得詩八千首，作《宋詩紀事補遺》一百卷。其厲書小傳，有仕履不詳，時代未著者，别爲《小傳補正》四卷。其他善本，卷帙繁重，不及徧刻者，作《群書校補》一百卷。搜故鄉風雅，補志乘闕遺，作《吴興詩存》四十卷，《吴興金石記》十六卷，《歸安縣志》四十八卷。病《宋史》蕪簡，考黨禁始末，作《宋史翼》四十卷，《元祐黨人傳》十卷。嘉定錢氏《疑年録》之作，大抵詳於儒林、文苑及書畫之士，公既校正錢瀨蘅《疑年録》四卷，復益以名臣大儒，氣節文章之士，作《三續疑年録》十卷。儲藏三代、秦、漢鐘鼎彝器百餘種，晉、唐古鏡六十餘種，輯古今言金石者，以補李學博富孫之缺，得三百餘人，作《金石學録補》四卷。合署曰《潛園總集》，共九百四十餘卷。

嗟夫！士大夫達而在上，則出其經濟，爲國家拯災救患，措斯世於隆平。即不然，亦以培植鄉里之後進，刊播古人之著述，有益於前賢，有造於末學。出處雖殊，事功則一。若公者，可謂兼之矣。

公没後,公子樹藩,以碑文爲請,荃孫諾之而未有以應也,今補作此碑,以踐前言。銘曰:

公初筮仕,才氣無雙。聲名炳鑠,閩江粤江。五聲七政,四達八窗。未盡石畫,難泯衆哤。自修有方,止謗乏術。不占豹變,遂甘蠖屈。昌谷嘔心,武鄉抱膝。乍起東山,已迫西日。我在京師,因友通郵。我歸江南,遣子從遊。不矜山海,而納壤流。知己之感,衷於千秋。仰止亭林,古今一致。顧則空談,公則實事。詎料長才,止供小試。著作永存,儒林識志。銘墓一諾,瞬已十年。荒山寂寂,宿草芊芊。大名如在,豐碑再鐫。文以傳公,翻藉公傳。

兵部尚書銜浙江巡撫惲公墓志銘

光緒庚子十月,乘輿西巡,海內多故。特簡浙江布政使惲公爲巡撫,加兵部尚書銜,以鎮定海疆。十二月,即奉太夫人諱,星奔歸。歸而病,未及終喪而卒。海內士大夫,識與不識,無不盡焉傷之。以時事艱難,而爲國家又失一柱石之臣惜也。次年,公子毓良、毓珂葬公於新塘鄉之夾山,馳狀乞銘。荃孫卅載舊交,加以姻戚,不敢以不文辭。

按狀,公諱祖翼,字叔謀。一字菘耘。同郡陽湖人。曾祖耕方。祖煜,直隸南皮縣知縣。父光業,安徽候補道。皆以公貴,贈光禄大夫。公於同治三年本省鄉試中式,由謄録議叙知縣,改郎中,叠保道員,分發湖北,補糧儲道,調補漢黄德道,監督江漢關,擢湖北按察使,再擢浙江布政使,簡巡撫,兼理鹽政,復兼總理各國事務大臣,花翎頭品頂戴,誥授光禄大夫。卒年六十有五。

國家自咸同以來,外交内患,百端紛集。事機變幻,間不容髮。罕能當機立斷,措置裕如者。公任營務處時,江夏知縣蔡炳榮以事鞭督標營弁,弁率黨伺知縣,毆之幾死,制府怒,將盡法懲治,一軍盡甲。公馳至營,徒步入呼曰:"汝等皆義士,當爲國宣力,今怯於公戰,勇於私讎,非義也。吾戴吾頭來諭汝,汝不悟,死矣。"乃均釋械,痛哭伏地,令縛送首禍,事遂定。武漢匪首王覺一,潛伏紅牆巷，約期舉事，公夜偕中協馬朝龍，率親兵破門入。群匪驚，短兵接，立獲五十餘人，餘潰去。任按察使時，濱漢六州縣，囤匪萃焉，公偵知其處，授知縣包鵬飛方略，以夜出，以晨歸，獲匪累累如魚貫，民驚頌曰神明，匪徒斂迹。任中丞時，值浙江衢州戕官，焚教堂之變，英國欲以兵艦赴浙，浙人洶懼，公禽捕真犯十餘，辦以抵償，而定文武官戍邊、褫職罪，英人百計撓之，力争而後就範。其勇於任事如此。官漢黄德道時，漢江舟檝檣帆林立，水漲驟高，立刻傾覆，公創設襄報水電，豎牌鳴鉦，各船預備，水至無患。洋商夾板船，向泊魯山下，妨民船出入之路，公以大義商税司，請上移晴川閣外。漢鎮闤闠麕集，火災四起，公飭合鎮商民，於曬臺儲水缸，購小洋龍，入窄巷施救，又移洋油隙地，數年之間，水火之患大減。官布政使時，上虞山水驟發，風潮頂衝南岸土塘，决口七處，公改土購石，砌盤釘樁，成石塘一千數百餘丈以捍水。而入浙時，目擊露骸敗櫘，抛棄河干，穢氣薰蒸，蠅蚋四集，立撥巨金，埋二萬七千餘具，有澤及枯骨之頌。其愛民之仁又如此。類皆剛健勇决，轉危爲安。而慈祥愷惻之忱，亦賴精心大力，始足展布。功可以格天，惠足以濟世，非苟且補苴焉者。蓋公仕宦數十年，計必達乎至微，力必摧乎至巨，求治雖急，必體乎人情，律己甚嚴，而不爲苛論。上台任之，僚寀信之，士庶感之，故嶄然有以自見。

夫人高氏，治家有法，訓子有方，先公七十日卒，同葬於穴。子毓良，江西候補知府。毓珂，工部郎中。孫宜曾、望曾，俱幼。爰作銘曰：

大雲出山，䨴䨺輪囷。散爲膏雨，粒我蒸民。生質雖美，必牖以學。涵泳詩書，雕琢禮樂。幾希之存，書室署曰存幾希。必衷以道。白日青天，肫肫浩浩。愛人則李，睦族則范。心造臣規，身成士範。事功既著，内行尤殊。施於有政，惟孝友于。胡不期頤，光我邦族。因毁而殞，遐邇一哭。荒荒原野，鬱鬱佳城。凡百君子，視兹彝型。

兩淮鹽運使洪公神道碑

宣統元年二月,兩江總督端方奏已故兩淮鹽運使洪汝奎服官政績,請開復處分,奉旨俞允。於是公子檠奉事略,踵門請曰,先公之歿二十有四年矣,因未復職,不敢碑,不敢廣求傳志。今恩綸丕焕,光及泉壤,先公在江南所任之事,江南人知之,所獲之咎,江南人亦知之,吾子其次爲文,傳之當世,感且不朽。荃孫禮不敢辭。

謹按事略,公姓洪氏,諱汝奎,字琴西。先世籍皖南涇縣,後僑寓漢陽,遂占籍焉。曾祖兆熹,祖璲祥,父錫録,皆以公官,封贈中議大夫。妣淑人。公秉姿穎異,自幼劬學,凝重若成人。年十九,補弟子員。甲辰,恩科舉人,丁未,考取教習,受知於太傅曾文正公,蘄以遠大,使事同邑劉先生傳瑩,益勉爲經世有用之學,至是與長白倭文端公,旌德吕文節公,師宗何文貞公,餘姚朱侍郎蘭,霍山吴侍郎廷棟,講學春明。尤邃於宋五子書,以躬行實踐爲主。咸豐間,粵寇亂作,轉徙流離,樂道安貧,絃歌不輟。庚申入都,補正白旗覺羅官學教習,俸滿引見,奉旨以知縣用。益陽胡文忠公時駐軍英山,聞其名,禮招之,遇以國士。嗣參曾文正公戎幕,克安慶,下江南,贊畫軍謀,多所裨益。公故皖人,凡涉地方利病,胥就咨詢,皖南被兵久,郡縣殘破特甚,休養生聚,務農爲先,請於文正公,籌給牛、籽種,廣招徠,資開墾,民氣大紓,軍實亦足。同治丙寅,合肥李文忠公權節兩江,委領糈臺,凡支應本省防餉,外省協款劃還西征洋債,出入逾二千萬,公綜核名實,洪纖不遺,弗當用者,不避嫌怨,力加裁汰。一遇日本窺臺之衅,再遇俄人要盟之患,內籌軍實,外固海防,晝夜焦勞,不遑寢食,卒以緩急有備,隱恃無恐。光緒丁丑,晉、豫大饑,江南諸不逞之徒,乘機竊發,公時綜理營務,設法捕治之,不少懈。其贓證未確,如儀徵、溧水解省資案,凡數起,獄悉具矣,察有冤抑,立予平反。而高淳一案,某令持之甚堅,及真犯就禽,卒以帖服。己卯,沈文肅公督兩江,因疾篤,再籲開缺,疏請以公代拆、代行,時望翕然歸之。會海疆有事,詔下王大臣密保人才,中外交章論薦，遂由候補道員，特旨擢廣東運司，旋調兩淮，異數也。莅官後，整飭疲綱，痛裁冗費，抑鑽營，拔淹滯，仕途一清。又以地方諸務廢弛，鋭意振興，如建義倉，修城，濬河諸役，不數月，百廢具舉。三牌樓獄起，遂有軍臺之役，公夷然就道，曰："雷霆雨露，莫非君恩。一身榮辱何足計，獨不能爲沈文肅公一雪枉殺之誣，不無抱疚於中耳。"是時言路大開，是非蜂起，如浙江餘姚之案，四川東鄉之案，誅削譴責，無不如言者之意，而翻覆過甚，亦未能持其平，文肅公莅督兩江，五年吏治澄清，闔境安堵，黎民至今思之，而後之爲政者，鑒於前車，泄沓成風，釀成不治之證，火烈水懦，利弊立判，公雖失官，何足悔哉！壬午七月抵戍所，其地書院請席適虚，奉公主講，公爲之購典籍，勤講解，處憂患之中而不忘勸學之事，猶素志也。居數月，得旨賜環，旋奉發廣東差遣委用之命。李文忠公寓書，勗以時事艱難，勉圖報稱。旋馳抵廣東任，善後海防事宜，猝得疾，即不起，丙戌十二月十二日，歿於廣東行館。公内行純粹，孝於親，友於兄弟，自奉儉約而樂於施予。又以亂後書籍散亡，在江南淮南書局，籌刊經史，廣爲流傳，其秘籍精本，往往多經手校，尤搜輯先德箸述，壽之梨棗，所以述前烈勖後人者，用意至爲深遠。以學行經濟，負海内清望者三十年，文正公嘗手書褒答，以爲畏友，文肅公更待以師友之間。顧公深自韜晦，恒惴惴以不克副盛名是懼，出處大節，尤皦然不苟，有古君子難進易退之風。配朱淑人，殁後公四年，合葬當塗楊家莊之新阡。子九人：樅，恩嘉，栻，櫸，均殁；恩毓，福建上杭縣知縣；恩廣，直隸存記道；槩，江蘇候補道；鼎棻，署江蘇靖湖同知；恩苞，署浙江寧海縣知縣。女二：長適潘杰，江蘇候補府經歷；次適崔逢霖，貴州廣順州知州。孫男十九人。曾孫十三人。荃孫久聞偉績，敬述銘辭，目擊時事之日下，而歎我公之不復作也。爰序其事而爲之銘。銘曰：

同治初元，雲龍風虎，庶政綱綱。公生孤寒，干將莫邪，作作生鋩。湘鄉知公，拔從寒顫，寘之戎行。合肥知公，反旆北征，責以轉餉。侯官知公，納之幕府，左右勴襄。公感知遇，忘身趨公，昕夕不遑。江南甫定，精徒媟夫，百端擾攘。辟以止辟，匪矜除暴，實以安良。閭閻億兆，江湖千里，枕席梯航。射工巧伺，讒夫助之，奪職投荒。賜環未久，復奉恩命，馳驅粵疆。冰天瘴海，精力消鑠，歸神天閶。臣精亡矣，臣力竭矣，臣志未償。嗚呼臣志，夙昔所慕，内聖外王。今皇御極，功功罪罪，下燭豪芒。恩旨復官，九泉有知，感激悚惶。官有何榮，闒茸以警，循良以彰。後有式者，視兹貞石，青山之旁。

中書銜處州府學教授黄先生墓志銘

先生諱以周，字元同。號儆季。浙江定海廳人。曾祖必悌。祖興梧，庠生。父式三，歲貢生，敦行力學，著述等身，入《國史·儒林傳》。先生本名元同，字經纂。後出試，同知某命改從今名。少承家學，與兄儆孟、儆仲相砥礪。六歲入塾，識《説文》部首字，遂讀經，先《禮》，次《詩》、《書》，次《春秋》、《易》。每一業畢，輒條分節目，疏通大義。十九，補諸生。同治庚午，優貢，旋舉於鄉。光緒庚辰，大挑二等。以教職用，補分水縣訓導。辛卯，瞿學士鴻禨稱其素履誠樸，粹然儒者，保中書銜。後學政潘學士衍桐，又稱其研精殫思，物疏道親，保以教授升用，旋選處州府教授，而年已七十，禮宜致仕，遂不就。先生恪守父訓，以傳經明道爲宗旨。其事父三十餘年未嘗去左右，父卒前數月，大厥而蘇，成偏枯疾，手不能作書。一日自敘黄氏塾課，字形蜿蜒難讀，先生適自外返，見而大驚，請口授爲書之。父卒，先生裝絶筆一紙，不忍毁棄，且曰："示我子孫，知吾父拳拳是書。所以佑啓後人者深且遠也。"居喪盡禮，不徇時俗。刊遺書行世。先生以爲三代下之經學，漢鄭君、宋朱子爲最，而漢學宋學之流弊，乖離聖經，尚不合於鄭、朱，何論孔孟。

國朝講學之風，倡自顧亭林，顧氏嘗云經學即是理學。乃體顧氏之訓，上追孔門之遺言。其説《易》則由孔聖之大象傳以尋畫卦之指；由孔聖之彖爻傳，以尋彖爻之指。《詩》必宗《序》，《書》必條貫大義。《春秋》用比事之法，三傳校以經例，定其短長。而三禮尤爲宗主，凡詳考禮制，晝夜研索，多正舊説之誤，釋後人之疑，而意志在覈明古禮,示後聖可行。所著《禮書通故》百卷,列五十目,古先王禮制備焉。其書足以究天人之奧,通古今之宜。至其道德性命之學,則在辨虚無,辨絶欲。以執一端立宗旨爲賊道,悉折衷經訓,以燭叛、慚、疑、枝、邪、離、遁、窮之情形。所著《經訓比義》三卷,列二十四目。嘗謂博文約禮,聖門正訓,學者欲求孔聖之微言大義,必先通經;經義難明,必求諸訓詁聲音,而後古人之語言文字乃憭然於心目。不博文,能治經乎?既治經矣,當約之以禮。又謂禮者,理也,天理之秩然者也。考禮即窮理,後儒舍禮而言理,禮必實徵往古,理可空談任臆也。欲挽漢宋學之流弊,其惟禮學乎!或云禮爲忠信之薄,是言一出而周衰。或云禮豈爲我輩設,是言一出而晉亂,學術不明而治術敝。是先生以經學爲理學,即以禮學爲理學。顧氏之訓,至先生而始闡,先生以孟子學孔子,由博反約,而未嘗親炙孔聖,其間有子思子綜七十子之前聞,承孔聖以啓孟子,乃著《子思子輯解》七卷,而舉子思所述,夫子之教必始於《詩》、《書》,而終於《禮》《樂》,及所明仁義爲利之説,謂其傳授之大恉,是深信博文約禮之經學,爲行義之正軌,而求孟子學孔聖之師承,以子思爲樞軸,暮年多疾,因曰:"加我數年,子思子輯解成,斯無憾。"既書成而疾瘥,更號曰哉生。蓋先生之學,由子思學孔孟,至是而其志章矣,其學亦大成矣。黄侍郎體芳視學江蘇,建南菁講舍,延先生主講,先生教以博文約禮,實事求是,道高而不立門户,常語門弟子曰:"前代之黨禍可鑒也。"宗湘文觀察建辨志精舍於寧波,請先生定其名義規制,而專課經學,著録弟子千餘人。戊戌去江陰,歸隱於仁和半山之下。卒於己亥十月十七日,年七十有二。卜葬於海晏鄉黄家橋之東。配梅夫人,妾陳氏。子六人。長家辰,附貢生。次家岱,優廩生,先殁。次家篤,廩膳生。皆梅出。次家驥,先殁。次家穀。次家嶼。皆陳出焉。荃孫戊子在南菁,與先生接席者兩年,沖如曇如,粹然儒者。時時請益,反復詳告,不憚煩也。今家辰等來請銘,其曷敢辭。銘曰:

國朝家學,紹漢邁唐。元和之惠,高郵之王。鼎足其間,先生訦訦。佩觿自警,炳燭未遑。禮堂寫定,北熊南皇。居鄉植品,天府圭璋。滌筆摛辭,炎漢班揚。著録弟子,群奉瓣香。歲星周天,久留吾鄉。傳鐙負笈,弦誦鏗鏘。山頽木壞,萬口悼傷。張嘯山黄漱蘭同祀,永薦烝嘗。

州判銜候選訓導張先生墓志銘

先生姓張氏,諱文虎,字孟彪,又字嘯山。江蘇南匯人。幼穎異,見書輒自翻閲,嘗讀元和惠氏、歙縣江氏、休寧戴氏、嘉定錢氏諸家書,慨然歎:"爲學自有本,馳騖枝葉,無益也。"則取漢、唐、宋人注疏,若説經諸書,由形聲以通其字,由訓詁以會其義,由度數名物以辨其制作,由言語事蹟以窺古聖賢精義,旁及子史,是非得失,源流異同,以參古今風分之變。道光壬辰大比,戚友强之行,試卷墨污,題詩號舍而出,自是不復應試。金山錢雪枝通守熙祚輯《守山閣叢書》,屬先生校訂。館錢氏三十年,所校書若《守山閣叢書》、《指海》、《珠叢别録》,及鼎卿學博熙輔續輯《藝海珠塵》、《壬癸集》,夢華少尹培名輯《小萬卷樓叢書》,無慮數百種,時稱善本。

嘗三詣杭州文瀾閣,縱觀四庫書,手自校録。績溪胡竹邨培翬、元和陳碩甫奂同寓西湖,過從商榷甚歡。中間西游天目,南登會稽,尤愛天目之勝,因自號曰天目山樵。年二十八,始就婚於金山姚氏,越四年,舉一子,曰錫卣。癸卯,偕錢通守游京師,通守卒於邸,先生載其柩南歸,時輯《指海》未竟,其嗣偉甫培傑、子馨培蓀請畢,先生力任不辭。海寧李壬叔善蘭,與先生讀算契合。咸豐初,先生從英吉利士人艾約瑟、偉烈亞力新譯《重學》及《幾何原本》後九卷,而艾約瑟輩深明算理、格致之學,聞先生名,數數造訪,質疑問難,咸大折服,歎爲彼國專家勿能及。咸豐丙辰,移家張涇堰,蓋贅於姚二十有二年,至是始有家也。粤匪之亂,轉輾避難,曾文正公聘赴安慶,李文忠公繼督兩江,議刻經史,因與先生商訂條例,文忠稱善,遂留書局八年。癸酉,先生以老固請,始得旋里。蘇撫檄各屬修志乘,本邑金令福曾造門敦請,奉賢韓令佩金、華亭楊令開第亦相繼以志事來聘,勉應之。錢子馨議輯先世書目,留先生於郡復園。光緒丙子秋，子馨歿，遺孤幼，先生傷之，爲處分其喪事。再聞姚孺人之訃，悲慟不能已，自是神氣稍衰矣。未幾，學使瑞安黄公體芳創建南菁書院於江陰，按臨松江時，躬延先生主講席，時先生足艱於行，再三辭不獲，秋七月赴江陰，冬十一月旋里，足疾加甚，乃具書請退。甲申長至，得類中疾，乙酉正月卒於復園，年七十有八。

先生於書無所不覽，過目輒記，尤長於比勘，遇疑義必反覆窮究，廣證旁引，以匯於通，往往發前人所未發，所著各書曰《校刊史記集解索隱正義札記》五卷，《舒藝室隨筆》六卷、《續筆》一卷、《餘筆》三卷，《雜著甲編》二卷、《乙編》二卷，《賸稿》一卷，《詩存》七卷，《索笑詞》二卷。又嘗以漢魏以來古樂失傳，而古書之存於今者，祇滋後人聚訟，乃因端以考其器數，審其聲氣，以究古今之變異，作《古今樂律考》一書。顧尚之先生作《殷曆考》，申鄭氏一家之言，先生證之經傳，謂鄭氏誤執緯書及大傳之文，致召誥注破經從曆，而劉歆又損夏益周，移前五十七算，以求密合經文，爲作《周初歲朔考》以疏通之。先生之學，博大宏達，既以經學、小學、曆算、樂律立其本，泛濫以及其他，莫不洞悉源流，燭見幽隱，實事求是，由博返約，勿苟於著述，勿囿於門户，溯自惠、江、戴、錢諸家而後，可謂集大成也已。然先生豐於學而嗇於遇，少時叠遭大故，家屢空，殆人所難堪，自是客游日多。垂白歸來，又抱伯道之戚，而先生不以是廢學，手一卷外無他嗜好，老而彌篤。顧尚之爲先生石交，著作等身，先生爲謀於上海莫令祥芝，俾爲刊布。婁朱虞卿先生大韶邃於經術，先生選録其經義若干篇，今李勉林中丞校付梓人，海内乃知朱、顧之學，先生力也。曩以諸生從文正公軍營，保以訓導選用，光緒初援例加州判銜。錫卣遺腹有一女，贅同邑附貢生王保如，生外曾孫孝曾，歸爲先生後，孝曾殤，復以慰曾來歸焉。荃孫幼罹兵燹，避地楚蜀，未曾捧手授教，後先生四年來主南菁講席，華亭張錫恭出此狀來求銘，爰作銘曰：

東南諸老，首推潛研。先生繼之，名滿垓埏。六書九數，如日中天。合朔周初，協律宫縣。微言克紹，絶學能專。少絶仕進，青紫無緣。晚爲賓客，戇直自全。校讎最工，几席丹鉛。更生子固，輝映後先。明湖之湄，冶城之巔。大名不滅，遺事獨傳。龍蛇歲厄，牛斗星懸。雙雞斗酒，誰過新阡。

直隸玉田縣知縣夏君墓志銘

國朝親民之官，惟州縣爲最近，造福易，造禍亦易。苟能於簿書期會之中，盡一分之心，即吾民受一分之益，雖在一事一物，精神實已貫注，固非苟補苴已也，今於玉田縣夏君見之。君諱子鎏，字上珍。江陰人。曾祖敬模；祖祖耀；父翼鳳，庠生。以君得官，封贈如例。君以邑庠生，應北闈己未恩科鄉試，挑取謄録，傳送玉牒館，議叙縣丞，分發直隸。前兩廣總督張靖達公調辦營務，叙功保知縣，署雞澤，補寧晉，調玉田。光緒甲申閏月卒於任，年六十有八。君任知縣，前後二十年，由署事至實授，由僻遠至繁劇，所至有聲，其治績大要有三，曰興學，曰治水，曰聽訟。

舉其最卓卓者。夫士爲四民之首，櫱其固陋，牖其性情，文教日興，而吏治亦蒸蒸日上。畿疆旱澇，無歲無之，水不爲利，則能爲害，決去壅塞而潤澤自生。至不得已而聽訟，在他人則以明察自矜，而君則以至誠相感也。其興學也，在雞澤修鳳輝書院，在寧晉修洨濱書院，在玉田修經州書院，廢者復，隘者廓，經理有方，課程有序，而士氣振矣。其治水也，在雞澤濬牛尾河，在寧晉修治復洨，在玉田振癸未水災，修各河堤工，莫不出斯民於沮洳而登之衽席，而民心悦矣。其聽訟也，在雞澤則詰里胥侵匿錢糧而嚴懲之，在寧晉則捕獲劇盜馬小眼等置諸法，在玉田釋寇鄭氏，逮土豪林三强，悍者服其罪並伏其心，善良者遂其生並祛其害，而民志安矣。玉田，畿東孔道，迎送至繁，大饗山陵，供應周至，君雖事事應付，而精神遂形耗敝，馴至不起。身後並無餘財，廉吏可爲而不可爲，其是之謂歟！配曹宜人，歸公二年卒。繼配韓宜人，後公十七年卒。合葬於本邑之■■■。子詒垣，官山海通判，特旨記名，以直隸州用。女一，適前内閣學士馮文蔚孫某某。詒垣奉行狀，屬荃孫爲之

銘,曰:

曰恭曰仁,應得其壽。何循聲遠聞,乃施不下究。惟謳思之弗忘,惟後嗣之克昌。不可欺者烝黎,而必予報者彼蒼。

前户部候補主事龍君墓志銘改桐盧袁昶秋同年文

君諱繼棟,字松岑。廣西臨桂人。浙江乍浦同知諱光甸,君王考也。江西布政使,治蹟入《國史·循良傳》,諱啓瑞,君之考也。布政公以巍科從,歷事宣宗、文宗,劬學,直諫有聲,以通副出綰江西藩條時,髮逆糜爛,兵餉支絀,公佐巡撫耆齡,支拄危難,籌兵食,設防剿方略有功。屬纊之日,家無餘財,贛人至今思之。公交滿天下,並世若唐確慎、倭文端、曾文正、梅伯言、何丹畦、朱伯韓、邵蕙西,皆相與勵志節,撢問學,風氣所漸,口耳濡染,故君亦忼概有父風,若荀陳之有慈明、元方也。君博涉群籍,喜馳騁文詞,通小學,工篆隸,體勢堅穆,近世側鋒鐶紆惡札,一埽刮絶。以同治壬戌舉人官户部額外主事,惠陵復土,翰林院檄君恭篆册寶,予笑云:"李陽冰自言,斯翁後直接小生,今當謂張惠言後直接君已。"蓋張先生曾充裕陵篆册寶官也,君亦囅然。布政公遺著,稿草繁重,成一家言,君次第刊成《古韻通説》、《爾雅斠注》、《春秋説》及《經德堂集》。又有《是君是臣録》,剌取涑水《通鑑》,切於當世急務者,比事屬辭爲之,將以進御當諫書,殺青未竟而君獲譴,遂中輟。光緒庚辰雲南報銷獄起,君以歸翁劉武慎公督滇故,屬爲料理吏瑣,軍機章京周瑞清,君邑子也,户部郎中孫家穆,官同曹,兩人受滇員賕,爲言官所彈下獄,對簿詞牽連及君,逮繫白雲司六閱月。獄具,遣戍軍臺。武慎中興賢疆吏,有清名,坐失察所遣滇員交通請託,削職歸,而君亦坐此坎壈終其身,命也夫!戍三年,予代君奏記。李使相,君父執也,使相資君千金,繳臺費得釋回,主萬全縣講院,課諸生有義法。四方多故,君身處一鄣間,日與老兵語,殷憂時事,輒義形於色。手輯録公私邊防奏議,續畫卡倫、鄂博要害形便,常有效國殤扞牧圉之志氣,其素所蓄積然也。辛卯,上敕重刊《圖書集成》,用石印法，在上海籌辦，濟寧孫尚書與君有舊，陰爲書成叙勞地，任以校讎，君遂南行莅局，日斠二百葉，幾十萬言，爲之目移腕脱，積校勘記二十鉅册，是書遂成善本。

甲午，慈聖萬壽，君以祝嘏還原銜。乙未書成，齎兩江咨牘赴闕呈進，值濟寧病免，無人爲君言者，君乃浩然歸，旋主江寧之尊經書院。予官皖南，每白吏事，大府輒與君相見。丁酉臘，主君家，同游烏龍潭，樂甚。戊戌夏，匆匆一晤，予旋北行。己亥，君丁太夫人艱，哀毁疾甚，久不接君書。庚子春晚，見君戚督部劉公子，詢之，則君以今年正月物故矣，年裁五十六。遺集若干卷。往者觀荷於南北泡子，棹酒船，臨深淵，與君扣舷浩歌，風雨倏至，天地晦冥，須臾開霽，寒燠頓易，此情此景，宛然心目。予惋君踦落不偶，追懷曩游，怯重履其地，人生百年，臣之質已亡矣，可哀也夫！妻新寧劉氏。子一，述祖，年少嚮學，繇君澤，冀在此子。女子若干人，聓某某。自非太上，孰能忘情？乃最叙君厓略，爲之銘，以塞予悲。其詞曰：

清門贍辯，氣夷以盅。介立平進，可躋大通。一鎩鸞翮，荷戈忡忡。因靡輟學，行戒苟同。不慎交游，而潔其躬。憂能傷年，齎志幽宫。我銘薶石，悲君道窮。

庚子四月，得袁太常同年手書，附寄龍主事松岑墓志，屬交其子述祖。予因其事蹟有訛誤處，覆書速君改易，而五月京師變起，七月太常爲權臣所害。志草尚在予篋，謹爲删改，交龍公子上石，庶不負良友之意云。江陰繆荃孫識。

徐子静墓志銘

君諱士愷，字壽安，子静其號也。安徽石埭人。其先在南唐時有名䄂者，刺歙州，家焉，其地即曰徐村。後又遷於石馬塘，遂爲石馬派。曾祖、祖、父三代，誥贈如例。君幼失怙，哀毁如成人，親友皆稱之，以爲遠大才也。逢寇警，徙泰州，年方逾冠，煢獨流離，艱苦備歷，遂習吏事，即負能名，同郡劉芝田中丞，聘司記室，最所激賞，迨劉公握蘇、松、太道篆，倚之如左右手，繼任如邵、龔、聶、劉諸觀察，皆委任焉。上海榷署，繁難甲天下，慎交涉，核財政，籌振給，運軍械，君以一身搘拄其間，一飯十起，一檄百下，而前後二十年，任愈專，名亦愈重。每他省有大事，各大僚飛書求助，君亦不辭，況瘁而總其成，叙功叠保二品銜花翎，以道員分浙即補。君慨然曰："予幼遭喪亂，父母兄嫂相繼即世，天倫之戚貽憾終身，每念及斯，不勝悲痛，豈忍希圖禄位，重傷余心，況知止不殆，古人之誨余多矣。"遂不出。蓋君天性沖澹，功名不期得而得，故亦漠然置之。嗜金石文字，著《金石拾遺》、《泉録》、《秦漢官私印譜》。輯亡兄遺稿《寄生山館詩詞鈔》刻之，别刻《觀自得齋叢書》若干種。君勇於爲善，公私同之，本邑文廟，由君倡捐肇修，而公子正鈞即於是科獲雋，尤嘖嘖在人口。細行不書，書其大者。君卒於光緒二十九年十一月十九日，年六十。葬江蘇吴縣鄧尉鄉之澗上。配周夫人。子二：長正鈞，辛卯舉人，揀選知縣；次正銓，殤。女適上虞袁楠。側室彭氏、王氏，生子正鏗。孫心培、心坦，皆正鈞出。正鈞奉伯氏祀，以心坦嗣正銓，爲君後云。荃孫謹次其事而爲銘曰：

吉金樂石，夙敦古歡。篤好如君，近世所難。富貴浮雲，見機獨早。淡泊如君，名場所少。天寒歲暮，升君之堂。哲人其萎，兩閱星霜。花竹一庭，琳琅千軸。遺墨淋漓，羡君眼福。叢稿百幅，佳句一囊。形神若接，味君心香。我未識君，來銘君墓。咫尺金閶，空嗟來暮。棲君體魄，鄧尉之隅。何以娱君，梅花萬株。

泰和蕭君墓志銘

君諱紹典，字芳林，一字楷堂，姓蕭氏。江西泰和千秋鄉人。曾祖秀，妣氏彭。祖美聖，妣氏劉。父炳南，妣氏彭。俱以兄紹芬，官三品銜刑部郎中，晉贈一品。君昆弟四人，行第居次。十歲隨父客於蜀，與兄同學，當時有"二陸"之譽。咸豐丙辰，年十八，應寄籍宜賓縣試，鄭學使瓊詔，得卷歎賞，拔冠軍，文童譁然。學使傳示面試，限晷刻納卷，而君文較正場尤勝，學使張文於壁，譁者帖服。後由蜀歸里，復補泰和縣學諸生。未幾祖母歿，母又下世，父客於外，君經紀喪葬，盡哀盡禮，遠近咸感慕焉。光緒丁丑，受知吴學使仁傑，兩置首選，食餼。己卯擬選優，以次場未入場，失之，旋中副車，座主爲汪侍郎鳴鑾，吴侍郎樹梅。揭曉後謁兩師，具言闈中擬中七十一名，因三藝均過八百字，恐干磨勘，抑正就副，歎惜之並勉勵之。壬午堂備仍不售，乃以副貢就教職，尋改試用道，分發浙江。丙戌，父自蜀歸，年近八旬，念報國日長，報親日短，遂留養，未之官。戊子大比，父命赴試，詎將入闈，一疾弗起，於八月十一日捐館旅次，年五十歲。猶子敷德，侍營賵襚，長子敷政，奔喪至省，扶櫬歸。君篤於孝，行動循禮法，父治家嚴肅，終日侍側，雖行年五十，恂恂如孺子，有命盤辟踧踖，不謂之坐不敢坐，遇盛怒厲聲譴訶，君貌愈恭，色愈愉，甚或予杖，跪而受，觀者以爲有伯俞之風。母歿時，宅兆未卜，君通形家言，奔走窮山，不避險阻，日行數十里，兩足潰腫未嘗言勞，年餘始得吉壤。自窆後，家道日順焉。君耽於學，手不釋卷，嚴寒盛暑，吟聲騰沸户外，一切星經、地志、醫學、相法之書，廣搜博覽，强記大略，恒至鐘鳴漏盡而不知倦。性好議論，遇忠孝節烈，可驚可愕之事，伸紙染翰，累累數千百言，同輩先達，無不頫首。獨艱於一第，佹得佹失，屢挫其説，然學成專家，名重當世，明之侯朝宗，國朝之胡天游，决不以科名爲輕重也。君狀貌豐腴，事理通達，與朋友交，坦白率真，自奉儉樸，不殊寒素，而慷慨好義，力能爲所當爲。在縣，則修大成坊、孝弟忠義祠、節婦祠，改葬瀕河古冢，以鉅款助賓興暨萃和書院膏火，公請旌奬。在郡，則修學宫之櫺星門，鷺洲書院之前楹，振邑中雲停、仙槎、仁善三鄉，費七千金。人慶更生，而尤於根本之地，加意培植。總祠支祠，祭典多缺，則置田以籌備之。譜牒焚毁，則發凡起例而增修之。鰥寡孤獨，則養之。貧至不能嫁娶者，則周之。子弟無力就學者，則設義塾以訓迪之。其待宗族子姓，言正而色和，闔門食指逾百，咸敬禮無惰容。靈櫬至自南昌，皆迎哭失聲，即此可概見矣。君行成於家，學積於躬，惠澤浹於鄉黨，而竟不克永年，齎志以殁，幾疑天道無知，而君之子，早捷於鄉，殁且二十餘年，君所未竟之志，悉舉而完之。天之報君,將不於彼而於此耶。

元配石氏,先君五年卒。繼配王氏。側室王氏。子四。長敷政,癸巳恩科舉人,花翎,員外郎銜,内閣中書。次敷教,花翎,湖南候補同知。均石夫人出。次敷烈,五品銜,光禄寺署正。次敷熏,五品銜,大理寺評事。庶出女二,長適同邑歐陽輔,次適同邑王之培。孫七:敏才、敏櫃、敏仁,敷教出;敏佑、敏偉、敏佳、敏侃,敷烈出。初葬某山某原,光緒某年改葬邑城北,四十八都楓山之原。敷政等遠寄《行略》,介老友徐積餘求銘,謹擇其大者而銘之曰:

通天巖畔,園曰春浮。地靈人傑,迹往名留。族裔明經,志行卓犖。玉閟璠璵,鋒韜干莫。年不副德,位不稱才。天實爲之,謂之何哉。《周禮》六行,一曰任恤。惠人和風,積善長日。君所創始,有子終之。君所樂成,有子充之。遺憾既彌,令名克振。天道有知,徵君益信。佳城鬱鬱,荒草離離。我銘有道,庶無愧辭。

安徽靈璧縣知縣楊君墓志銘

國朝碩德高門,其子弟往往品行敦篤,文采彪炳。出而服官,應機酬變,異乎俗吏所爲。如常熟楊君者,可以證言之不虚矣。

君諱同福,字思贊,又號師載。江蘇常熟人。曾祖景仁,嘉慶戊午舉人,刑部安徽司員外郎,總辦秋審處。祖希鈺,國學生。父沂孫,道光癸卯舉人,安徽鳳陽府知府,候選道,篆、隸、行、楷各體皆擅長,海内推爲鄧完白先生後一人。君幼而岐嶷,祖訓甚嚴,課經之暇,旁及子史,時以先儒正心修身之學爲訓,一言一動,繩之不少貸。年十三,讀十三經畢。爲文才氣縱横,不爲繩墨所囿。咸豐庚申,補博士弟子員。是秋,邑淪於寇,避難崇川。同治甲子,順天鄉試,挑送謄録國史館,議叙鹽大使。西捻張總愚竄直東,畿輔戒嚴,朝廷命李文忠公爲欽差大臣,專辦剿匪事宜。君謁李公於開州,命入前敵吴武壯公長慶營。時賊由樂陵南竄,武壯委君分帶馬隊,向臨邑一帶築土城以範賊。賊窘迫,乘夜回竄,勢甚慓悍,兵單弱,咸失色。君曰:"賊已敗竄,雖多奚懼,乘天未明,彼不知我虚實，速迎剿之。”乃出隊，援兵適至，併力夾擊，賊狂奔，我軍奮勇追殺，立殲悍酋張宗先一股。未幾，總愚走死，西捻蕩平。英果敏公翰，開府皖中，邀君入幕，以直東肅清案內保奏，奉旨以知縣分省補用，加同知銜。四月引見，指省安徽，因挈眷赴皖，委幫辦阜陽縣事。阜邑民風强悍，命盗案日數起，君與正任彭君，和衷共理，年餘，盗風漸息。旋補貴池，邑濱江，散勇出没無常。君下車伊始，手訂保甲章程，規畫盡善，雪夜往捕會匪，獲十餘人，分别首從，按律懲辦。又縣重賞緝巨魁，得名册，於溽暑中悉心研鞫，設匭於堂下，令繳旗布，一日而滿，閭閻得以安堵。降將李世忠，參革後驕悍猶昔，潛至池邑屬境聚賭，匪類叢集，勢將滋事。君親往禽之，佯爲不知誰何者，將加嚴責，李乃自陳，則隆以禮貌而莊語規勸之，李悔愧引過。時居民震其凶焰，謡言四起，事聞省中，有夜半入告中丞者，張大其詞，遂委張軍門來池詰問，而君措置妥洽，行將解省矣。上游壯其膽識，益加契重。在任六年，獄訟日簡，聲望日起，調補靈璧。未及赴任，丁父憂，星奔旋里。經營喪葬，服闋，遂不復出。生平酷好金石文字，搜羅搨本不下千餘通，觀覽臨摹，寒暑不輟，原本家學，加之功力，吴愙齋中丞以篆法名於時，亦相推服。里居十八年，優游樂道，不與外事，而於邑中善舉，則精心擘畫，不辭勞瘁。光緒二十五年五月得疾，六月二十三日卒，年五十有八。元配丁淑人，未久即没。繼配趙淑人，亦陽湖世家也，在家事父母以孝聞，出閣事重闈以賢聞，佐治以勤敏聞，教子以整肅聞。至友女嫁於名門，女僕痛於身後，在淑人猶常事也，後君七年卒，今與君柩合葬於本邑某鄉之原。子覲堯，附貢生，會典館謄録，議叙通判。女三：長適陽湖舉人汪道怡；次未字卒；次適同里趙士棨。孫男四：定輔，兩江師範學堂畢業生；定瀛、定墉、定鋐，俱幼。覲堯持狀乞銘，荃孫不敢辭，因作銘曰：

虞山巀嶪，尚湖汪洋。山川靈秀，鍾毓於楊。少事祖庭，洽聞殫見。淬鋒十年，鬱爲宵練。出贅天水，玉潤冰清。名師益友，吟社飛聲。戎馬西來，憑陵畿甸。君時治軍，沈機决戰。彈冠筮仕，莅篤江皋。君時治事，意氣彌高。鳴琴容與，古縣秋浦。除暴安良，四民得所。君去十年，民猶憶之。法所不及，天亦殛之。息我江壖，劬書好古。福我里氓，護持善舉。宛宛同穴，鬱鬱佳城。卜後嗣之，克昌驗貽，謀之永亨。

俞太夫人墓志銘

太夫人姓俞氏，世爲婺源人。祖從榮古籍江寧。父煊，早卒。母管，旌表節孝太夫人。幼嫻姆教，婉娩淑慎，授讀經史，貫通大義。年二十三，歸無錫林介眉大令，林亦由婺源遷無錫，鄉情世好，遂締媾焉。大令服官江右，署吉水樂安縣事，旋補宜春。時粵寇縱横，省無完邑，大令調信豐城守，太夫人寄吉郡避寇鄉間，鄉人以匪仇官，懼累及，太夫人指潭水矢之曰："吾家數十口流離至此，脱不幸，有如此水，不累爾曹也。"鄉人感動，遂留居。及郡城陷，謀他徙，鄉人從之越境者均免難，信義所孚，神明奉之矣。大令到宜春任，晉省猝殁，太夫人絶而甦者再，以死者未殯葬，生者缺衣食，銜悲茹痛，勉力支援。大吏閔其貧，賻以巨款，太夫人謝曰："吾夫子一生取與不苟，敢以貧而傷其廉乎！"力却不受。三子，志仕，志道，志禮，均有治行，負能名，人咸頌賢母之教也。迨志道入江督幕，迎養至江寧，居近母家，姻婭重聚，太夫人顧而樂之。未幾，志禮先殁，志仕繼之，耄齒傷心，病由此起，遂以甲辰八月二十三日，卒於江寧寓所，年八十有一。誥封宜人，晉封夫人。某月某日，葬於江西新建縣桃花鄉。荃孫貫同郡，同寓江寧，志道以狀求文，爰爲之銘曰：

事父母止於孝，相夫子綜其要，詒子孫施以教。傳懿訓兮享高年，松柏丸丸兮歸新阡，永貽後嗣兮福澤緜。

柳母鮑孺人志銘

宣統庚戌，門人柳貽徵居母喪，自丹徒貽書曰："我父之殁也幼，嘉言懿行無所聞，今母又殁，而貽徵年三十有二矣，謹具事略，爲志前徵。”

謹按略，孺人姓鮑氏，丹徒人。乾隆中舉鴻博，世稱海門先生，孺人之高祖也。幼讀四子書，强記異常童，間製小詩，不出海門先生家法。家本素封，經寇中落，孺人以女紅佐饔飧，無驕貴習。年二十九，歸同邑柳君泉。泉字逢原，邑諸生。柳氏世以經術名，春林先生尤精濂洛之學，泉之曾祖也。家赤貧無立錐地，以教授糊口，孺人椎布操作，有梁孟風，逾年生一女，逾七年生一子，即貽徵也。貽徵生七歲而孤，遺命貽徵必讀書，依外氏以居，孺人流涕受命。葬畢，常住外家，孺人自課之，進則色喜，荒則色憂，有以學賈勸，輒流涕以遺言却之。逮貽徵補弟子員，充寧垣學堂教習，授室移居，處境稍裕。而孺人漸多病，近年喪婿、喪兄，心緒日棘，疾益不可爲，遂歿於宣統二年正月十四日，年六十有六。四月，祔葬於丹徒城南朱家岡夫塋，禮也。柳鮑清門世族，著聲京口，才質德行，皆有儀法，孺人暮年病軀，親友勸入劇場以散鬱，齗齗以爲不可，並著爲家誡，此其閫德有過人者，宜貽徵篤志向學，讀書能自立也。爰作銘曰：

昔賢汪氏，爲慈母言。暑溼寒餓，煦育後昆。後昆繼起，焜燿里門。母也力竭，奄忽九原。枝葉日茂，難培本根。我聞此言，涕淚潺湲。柳母亦然，夫復奚論。緜緜荒郊，松櫝永存。孺人之德，施於子孫。

卷　二

漢陽萬梅巖觀察夫人蕭氏合祔墓志銘

光绪丁未正月，吾友漢陽萬梅巖觀察中立歿於金陵寓齋，孤子昭廣等，扶柩歸葬漢陽竹林山之原，原配蕭夫人祔焉。浭陽尚書端方公爲之銘。其明年，昭廣又馳書致荃孫爲蕭夫人作志。考隋元公夫人姬氏，唐田侁夫人冀氏，均合祔而别志，謹援其例而爲之曰：

夫人黄陂望族，幼承母訓，誦讀詩書，勤儉出於天性。年十六歸觀察，侍奉姑嫜，得重闈歡。時家境豐腴，夫人屏紈綺弗御，不恃豐腴而趨奢靡，而戚黨有窶乏者，節縮衣食周濟之至再至三，不吝嗇也。歲戊戌，觀察改官江南，夫人奉姑就養，有止之者，夫人以得侍養一日稍盡一日心，而姑亦以非夫人侍不樂也。庚子北警頻聞，南中亦岌岌，江督檄觀察護蘇松太各教堂，訂互保之約。夫人奉姑先還漢陽，而促觀察盡心國事。病則茶湯藥餌，事必躬親，歿則苫塊哀泣，人皆稱孝，盡人所難能者。後家境漸不如前，觀察以是爲憂，夫人慰之曰："君慮負人不得償耶？請勿以此區區者往來於心，徒耗神志耳，救貧莫如節儉，當自我始。"及昭廣以知府分發浙江，夫人又誡之曰："勿謂作官易，當時念若父訓，庶弗貽父母羞。"俄以微疾卒於金陵，時年四十有三。夫人持躬儉，治家肅，教子嚴，雖無奇節異行，而要其立法，類於士大夫之諍友而知道者，宜觀察痛惜而思之不置也。子三人：昭廣，花翎，浙江候補班，補用知府；次昭廣，花翎，二品頂戴，山東補用道；次昭序，候選知縣。昭序庶出，幼失母，夫人撫如己出。孫七人。爰次行事，爲之銘曰：

石城名家，蘭陵茂族。猗歟夫人，懿行貞淑。長修女誡，幼讀父書。事攻組紃，品重璠璵。嘉偶曰配，爲中外則。姑慈以甘，娣下以色。豈其境遇,後嗇先腴。節以制用,度不改初。慰夫以誠,誡子以直。內政秩然,母儀婦式。蕣華易謝,蒙楚誰删。幹依淺土,魂返神山。炊臼先占,仰橋繼折。鬱鬱佳城,凄凄同穴。寒風薜荔,落日松楸。漢陽之汭,片石千秋。

興化李君妻趙孺人壙志

光緒癸卯,余與興化李明經詳訂交。長箋特賁,輿託夫千言;短札往商,師資夫一字。交誼日密,於今五年。戊申秋日,出其賢妻趙孺人事述,屬余志墓。余爲第其本末曰:

孺人趙氏,諱雲珠。興化沙溝人。粹美著於幼聞,開敏見之處世。年二十五,歸明經。侄從其姑,婦而兼女。德曜椎髻,却時世之妝;少君汲甕,盡中饋之職。既而明經食餼,孺人舉子,物情聊慰,衆望咸推。然而家徒四壁,食僅雙弓。既蕉萃之自傷,復拂逆之時遇。搶地而難以自解,呼天而疑莫能明。盪危魄於凄風,迫餘生於短日。人非草木,何能無知;身非金石,亦何能長壽耶?明經雅擅多聞,復傷不遇。負旭歷鋭銀之志,則學積而神疲。有鬱伊善感之懷,則心勞而體悴。孺人既刲臂以延夫命,幾和藥以戕厥躬。蓋始傷於貧,繼傷於病,萬端理焉,百憂叢焉。迨至家計稍紓,所生俱長。銜泥海燕,巢成而口卒瘏;作繭春蠶,絲盡而身亦蜕。孺人遂不及待矣,殁於戊申四月廿一日子時,年四十有九。子四:壬祐,鴻祐,武祐,景祐。女一。孫傳恭,傳敬。嗚呼哀哉!蘞蔓之誓,獨居獨處之堪悲;黔婁之乖,營奠營齋之何益。爰以某年月日,葬於某鄉之某原。嗚呼哀哉!白日不暉,蒼苔永閉,爲陵爲谷,何年何世。借他山之貞石,志深閨之行誼。安仁哀逝,既撫櫬兮增欷;莊生通命,當鼓盆而收涕。

重修宋王忠藎公墓碑

夫忠臣報國,雖殘疆廢壘有必争;烈士成仁,徒絶脰剖心而不悔。是以即墨不下，惟恃田單；槐里云亡，空悲周處。迨至河山破碎，群稱忠義之邦；陵谷變遷，尚表將軍之壟。然未有官卑死烈，迹往名留，如宋末常州之難，守將王公安節者也。公臨川人，前守合州王公堅子。釣魚城古，名將門高。善讀父書，匪同趙括。誓以死報，遠紹万俟。先是師相遁還，國威零替。堂半閒夫蟋蟀，更漫續夫蝦蟆。空著福華之編，未授平戎之略。大事去矣，舉國憂之。德祐元年夏五月，劉師勇復常州，安節以兵從，偕知州姚訔，通判陳炤共守之。蓋以毗陵一城，上接京口，南可障滆洮二水，使敵不能由陽羨以擾吴興；東可扼花定兩山，使敵不能由海虞而攻吴郡。作臨安之外障，佐天水以中興。敵既百道來攻，公亦一心拒守。攢鋒成林，投袂爲雨。飛矢電激，彤珠星流。再接再厲，郤克之鼓未絶；九攻九拒，墨翟之帶有餘。蓋自五月，守至九月。孤城未拔，勁敵自摧。假令廟議和同，援師直進。褒尹玉以勵戰士，誅張全以警貳心。轉戰而前，重圍立解。文天祥勤王之卒，屯聚浙西；李庭芝敢戰之軍，憑陵淮甸。未復之州郡返正可期，不降之臣民同聲相應。建炎舊轍，未嘗不可復覩也。無如數鍾陽九，天將混一；紅羊劫换，白馬潮收。止殺之詔，未納姚樞之言；勸降不膺，大觸伯顔之怒。王良臣鷹犬自詡，先效馳驅；吕文焕梟獍爲心，甘爲鄉導。雷轟天而聲同霹靂，塹掘地而穿似蜒蚰。無蚍蜉蟻子之援，有猿鶴蟲沙之慘。萬馬晨突，百雉宵頽。而城不可守矣，公猶鑿凶而出。搏人以投，王羆之冢猶在；生死不移，蘇武之節取來。激昂可想，汧城雖倚馬督；滑臺終殉，陽生嚼齒欲穿。斷頭不屈，闔城並命。百戰無功，嗚呼烈已！事聞，贈保定軍承宣使，謚之曰忠藎，禮也。四世孫伯璵，遠就學官，來依先兆。王琳之血，收之者遺黎；安定之塋，修之者後裔。所以知州通判，同死城中，而公墓猶可蹤迹者，賴有賢子孫也。光緒丙午，署知府許公，既修公祠，復修公墓，並伯璵之墓修之。杵百築而自堅，甓數重而不損。爰徵鄙製，藉表偉人。鼯嗥狐嘯，荒郊禁樵牧之侵；龜負螭盤，貞石壯河山之色。爰作銘曰：

大厦將傾，一繩難繫。誓衆椎心，登陴雪涕。孝寬堅壁，留贊叫天。祇期捧日，敢望凌煙。拔刃鋋消，麾旗竿折。贖兮百身，殉之一穴。故主漠北，舊部天南。謂劉公師勇。靈兮不泯，相對無慚。松楝芝栭，椒漿桂醑。藉以教忠，匪曰弗古。我來墓道，涕淚闌干。松陰日澹，蘿徑風酸。城西一角，臨川之里。九原可作，十世濟美。武烈舊宅，端明顧塘。與兹鼎足，枌榆有光。

清誥授奉直大夫誥封資政大夫重宴鹿鳴翰林院編修俞先生行狀

曾祖■。祖廷鑣，乾隆甲寅恩科，欽賜副貢生。妣夏氏、戴氏。考鴻漸，嘉慶丙子科舉人。妣蔡氏、嵇氏、姚氏。本貫浙江湖州府德清縣人。年八十有六。先生諱樾，字蔭甫，號曲園。舊居德清東門之南埭。姚太夫人生子二，先生居次。先生生三日，太夫人得病甚危，積二十餘日始愈。四歲，遷居仁和之臨平鎮。先生幼有夙慧，太夫人口授四子書，過目不忘。九歲，戲爲書，自注其下。著述等身，篤老不倦，實兆於此。年十六，補縣學生。道光丁酉科，副榜貢生，甲辰恩科舉人，庚戌舉禮部試，覆試一等第一名。殿試二甲，賜進士出身，改翰林院庶吉士。覆試詩，題爲《澹煙疏雨落花天》，首句云“花落春仍在”，爲曾文正公所賞，謂詠落花而無衰颯意，與小宋落花詩意相類，言於同閱卷諸公，置第一。此先生受知文正公之始，後遂以“春在堂”名其全書，志知遇也。咸豐壬子散館，授編修，以博物閎覽稱於輦下。乙卯四月考差，上以“舜在牀琴”命題，時海宇多故，宵旰憂勤，先生借題發揮，以見古聖人不懾不竦，遇變如常，并旁引文王之羑里鳴琴，孔子之匡邑被圍，弦歌不輟，以明先後聖之同揆。八月，簡放河南學政，奏請以公孫僑從祀文廟，及聖兄孟皮配享崇德祠，並邀俞允。甫再歲，以人言罷歸，僑居蘇州。先生既反初服，乃壹意治經，以高郵王氏爲宗，其大要在正句讀，審字義，通古文假借，由經以及諸子，皆循此法，冀不背王氏之旨。其《群經平議》則繼《經義述聞》而作，《諸子平議》則竊附《讀書雜志》之後，《古書疑義舉例》則小變《經傳釋詞》之例而推衍之。先生之私淑王氏，謹守家法，不苟如此。逮其後，《俞樓雜志》、《曲園雜纂》、《茶香室經説》諸書出，其析疑振滯，皆與前書相仿，或有精義較勝於昔學與年進，先生不自諱也。先生旋吴，猶及見宋大令翔鳳，得聞武進莊氏之學，故一切毖緯家言，亦偶涉之，要見先生精力過絶於人遠甚。

先生業以箸書自娱，遂不復出。曾文正之督兩江，李文忠之撫吴下，咸愛重之，先生以巾服從游，往來如處士，文正有"閎才不薦，徒竊高位"之語，論者謂文正懲徐侍郎之奏，不敢繼進，於先生本志所在，固未喻也。先生歷主講蘇州紫陽、上海求志、德清清溪、歸安龍湖等書院，而主杭州詁經精舍至三十一年，爲歷來所未有。其課諸生，一稟阮文達公成法，王侍郎昶、孫觀察星衍兩先生之緒，至先生復起而振之。兩浙知名之士，承聞訓迪，蔚爲通材者不可勝數。門人爲築俞樓於孤山之麓，以與薛廬相配，游湖上者皆能指其所在，相與樂道其地不絶。先生自少至老，讀書箸述皆有常程，每竟一歲，皆有寫定之書刊布於世。晚年，足迹不出江浙，聲名溢於海内，遠及日本文士，有來執業門下。其不及者，則從海舶寄書質證，賦詩相祝。而如蒙古賢王、京邸宗藩，或遠來求書，或以楹帖寄贈，以致傾慕。先生居林下四十餘年，於光緒癸卯正科，溯舉道光甲辰鄉試，計周一甲子，浙中大吏以重宴鹿鳴請，得旨開復編修原官，有"早入翰林，殫心箸述。啓迪後進，人望允孚"之諭。先是，先生省母於其兄福寧官舍，晤閩浙制府英香巖相國，爲道咸豐間以河南巡撫入覲，文宗猶詢及姓名，有"人頗聰明，寫作俱佳"之諭，先生聞之，不覺失聲。至今上復有此旨，稽古之榮，一時無兩。往者，曾文正謂先生拚命著書，食報之隆，乃償於後，可謂極儒生之殊遇矣。

先生訓詁主漢學，義理主宋學，教弟子以通經致用，蔚然爲東南大師。晚歲憂傷時局，常語人曰："形而上者謂之道，形而下者謂之器。以中學爲體者道也，以西學爲用者器也。"病中猶以"毋域見聞，毋忘國本"垂爲家訓。束脩所入，別以賣文字自給，有餘則振贍親族，拯恤災患，樂以爲常。授孫陛雲讀，不名他師，陛雲以戊戌第三人及第，親見其典試蜀中，舉特科，乞假侍左右，賦詩相樂，其祖孫翰林，庶幾亦猶高郵王氏文肅之於文簡。先生雖得年稍遜懷祖，名山之業，固實繼之，世俗耳食，多以曲園比之隨園，雷同相和，所謂貌同心異，有道於通人之前，宜不值一吷也。先生以光緒丙午十二月二十三日，卒於蘇州寓廬。臨終賦《自喜留别詩》，以牋啓代訃，夷然委化，至無所苦。朝野人士聞之，相與咨歎，謂頓失儒宗，後生小子於何宗仰。

今江蘇巡撫陳公，臚舉先生學術及所著書入奏，天語寵被，詔入《國史・儒林傳》，以旌其學，耆儒著書之富，受知之厚，信無如先生者。即其仕不中蹶，度至卿相而止耳，以彼易此，殊有不侔，先生可以慰矣。先生著書凡五百餘卷，其有功經義諸子，則有《群經平議》五十卷，《諸子平議》五十卷，《第一樓叢書》三十卷，《曲園俞樓纂》共一百卷，《茶香室經説》十六卷，《古書疑義舉例》七卷。餘則具先生自著《全書録要》中。先生於兵燹後，總辦浙江書局，建議江、浙、揚、鄂四局，分刻二十四史，於浙局精刻子書二十四種，海內稱爲善本。又議鈔補浙江文瀾閣舊藏《四庫全書》，今閣重建，而書亦粗具，沾溉儒林，嘉惠尤非淺鮮。古來小説《燕丹子》傳奇體也，《西京雜記》小説體也，至《太平廣記》以博采爲宗旨，合兩體爲一帙，後人遂不能分。先生《右臺筆記》以晉人之清談，寫宋人之名理，勸善懲惡，使人觀感於不自知。前之者《閱微草堂五種》，後之者《寄龕四志》，皆有功世道之文，非私逞才華者所可比也。

荃孫於光緒丁丑，初見先生於曲園，奉手受教。先生因與先君子丁酉同譜，誨之尤切，後每過蘇，必侍談數次。先生成書，首先遺之荃孫，有所撰述，亦必郵呈訓誨。去年九月，猶侍談三時之久，窺見先生精神强固，言語貫串，私心自喜，以爲可繼伏生之壽，長爲後進之導師。别後又兩奉手書，而孰意竟不及再見耶？嗚呼悲已！謹略舉先生爲學大概，及聞見所及如右，以備當世爲志傳者之采擇。若其持論之精，先生全書具存，第而擷之，是在史氏。鄙之所述，庶亦以附麗焉。年愚侄江陰繆荃孫謹狀。

朱君松筠墓表

光緒丁未六月，江南高等畢業生甘泉朱董以其大父松筠先生事實求志墓。荃孫見近日學生舉先輩詞章考據之學，一切埽而空之，以張新學。朱生猶求荃孫之文，以葬其大父，其識誠高出一等，亦松筠先生貽謀之善，有以致之，何敢以不文辭。謹按狀：

君諱錡，字松筠。先世從婺源遷甘泉，遂爲甘泉人。父嘉祐，食鹽筴，君嘗隨侍，奔走江淮間，以祖母年高留侍左右。癸丑三月，揚州陷，父命奉祖母，領眷屬出城，而父陷賊中。事聞，飲泣竟日，祖母嘔血幾死，復强爲歡笑以慰。賊退，反揚州，於城内積尸中求父尸不得，號哭於路者三日。遇鄉人自賊中來者，云於城南門遇之，屬寄語君"善事祖母與母，無以我爲念"，自此音問遂絶。君乃負販走賊中，求音耗，遭賊者屢矣，不稍畏葸，反號哭以求父，賊皆憐而釋之。如是者有年。丙辰二月，揚州再陷，祖母殉焉，君僅負母出險，奔於泰州。賊退，再反入門，見尸，痛極而暈，蓋慘家庭之喪亂，悲城民之死亡。四年之間，兩遭奇禍，通衢隘巷，碧血凝結，不減於積尸中求父尸時也。是歲，移居於仙女鎮北之孟家塘。丁巳生一女。庚申又生一男。君以爲兵刃餘生，僅存老母，又及垂暮之年，厭苦驚亂，避居鄉曲，朝赴鎮市，夕歸村間，雖一日不敢離母左右，如是者又有年。辛未歲，移居鎮上。其明年壬申，母氏没，君哀毁骨立，有母生不辰之悲，有父死無骨之痛，乃具衣冠合葬焉。辛巳，女歸董氏。壬午，子允元補博士弟子員，君喜動顔色，謂讀書種子絶而復續。是年，爲允元取俞氏。越二年即逝，婦又繼之。越三年，適董氏女又逝，遺孤方四歲，承嗣舅氏，名之曰董。是時，上無伯叔，下鮮兄弟，家庭之中，惟君與董二人，君乃謂董曰："吾身歷險阻，備嘗艱苦，皆不足爲吾心累，而揚州初陷，汝曾祖無骸骨，是吾一痛；揚州再陷，伯氏死節，是吾再痛；汝嗣父及遺孤逝世，是吾三痛；汝母之死，是吾四痛。遭此四故，吾心碎矣，汝其志之。"董謹受不敢忘，而君疾革時無遺囑之言，僅得此數言留爲遺念也。悲夫！董力學有年，名高庠序。肄業儀，董又改江南高等。去冬以最優等畢業，君心甚慰。今春學司檄查揚屬學，而君年高，舊疾舉發，於三月十二日逝矣。次日，董自興化歸，猶及視含殮也。年七十有三。茲於■月■日葬於甘泉之■■。配■孺人祔焉。嗚呼！粤寇之亂，大江南北，闔户填尸，不知凡幾。君猶得外孫承祀，不至餒而之痛，亦不幸中之幸。奈何無心肝者，猶俎豆金田乎？是爲表。

錢中丞家傳

中丞公諱鼎銘，字新之，號調甫，又號定舫。先世由海虞遷居太倉之湖川塘，遂爲州人。考諱寶琛，嘉慶己卯進士，授編修，官至湖北巡撫，晚年自號頤壽老人。

公幼聰穎，六歲入塾，誦書如夙習。八歲喪陳太夫人，哀毁如成人。歷隨滇、浙、江、楚各任所，恪供子職，服食儉素，深惡仕宦家豪侈之習。長即留心世務，取歷代名臣言行，反覆體會，参以時宜，務爲有用之學。丙午，中本省鄉試二十名舉人，經藝進呈御覽。庚戌，考取景山官學教習。咸豐癸丑，大挑二等，以教職用。旋值上海劉麗川作亂，襄理守城，並籌餉餶。甲寅，選授贛榆縣訓導。學署故湫隘，歷任皆僦居民房。公捐貲修葺，内外整潔。諸生請業來者，必勉之敦品勵學，雖在任僅數月，而造就良多，贛人至今稱頌。丙辰入都，遵例報捐主事，籤分户部湖廣司行走。己未丁外艱，星奔旋里。庚申粤匪焰熾，蘇州陷，公挈家避崇明。未幾太倉亦陷，巡撫以下皆保上海。其地居蘇省下游，三面受敵，無險可扼，又當賊鋒正鋭，朝夕莫保。而督師曾文正公，方以欽差大臣總督兩江，駐軍祁門，去滬且千里，道途隔絶，聲息不通。群議欲保危局，非乞師曾營不可，而環顧同儕，無敢應其選者。團練大臣侍郎龐公鍾璐、中允馮公桂芬乃致書公，謂："滬上一隅之地，關係大局安危，設再不守，則東南半壁無尺寸乾净土。當此之時，仁人之心當不以成敗利害計也，且中丞公遺愛在楚，曾營多楚才，是役微君孰能肩之？"公自避難以來，志存恢復，日夜悲憤，及得書，慨然引爲己任，遂扁舟達滬，與當事議，先籌餉而後乞援，駕輪船入江，江面僞卡聯絡，驚濤駭流之中，飛炮如雨。竟直達皖江，抵祁門，謁文正公，備陳江左顛危狀，請發大兵東下，以救倒懸，至糗糧之事，某自任之，反覆數千言，繼以痛哭。文正始以上海彈丸之地，籌餉不易，縱有勁旅，恐難挽救，宜持重以待事機爲辭，至此亦爲之淚下。是時，薛撫軍煥方遣員赴楚募勇萬二千人，文正以其所募皆各營汰遣者，雖多無益，命公解散之。乃於風雪中抵漢口，遇所募卒，簡精壯九百人，餘悉遣散，無譁者。文正多公有幹練才，遂許發兵。公先返滬商渡軍之策，觀察吴公煦與西人習，顧輪船數艘，籌餉二十萬，趣公復往迎師。文正公奏派李文忠公率淮軍十一營、湘軍一營，附輪船東下至采石磯。輪膠於沙，南岸金陵，北岸和州，相望皆賊巢，統兵諸人四顧錯愕，公鎮定如常。潮至始行，於是淮軍創賊，名聞天下。公則專司輪輓及添募製造，悉心籌畫，無少匱絀。二年間，遂得肅清江表。立功鄉里，豈淺鮮哉！歷次保薦直隸州知州、知府、道員、布政司銜，花翎，二品封典。

同治五年，李文忠公督辦直、東、豫、皖軍務，命公駐清江浦司轉運，盈虚緩急，相機籌備，一舟一車，撙節妥慎，苦心經營，蓋數年如一日。文忠疏中所稱蕭何轉餉，爲第一功也。六年十月，賴逆敗竄，運防戒嚴，公兼充營務處，分軍扼要，禽渠解脅，淮揚安謐。漕督張文達公具疏以聞。八年正月，曾文正公以首揆督直隸，疏論人才，謂公才大心細，堪膺重任，請調畿輔，得旨允行。三月，清釐轉運局事，旋授直隸大順廣道。時畿南患旱，抵任後，詳詢民間疾苦，接見屬僚，議及振恤，咸以抽辦則易生觖望，徧給則籌款維艱，且恐鄰屬觀望。公以巡閲爲名，周歷三郡二十六邑，振災害最重之肥鄉、廣宗、成安及大名、元城等七州縣，核實辦理。十一月，授直隸按察使，奉旨俟畿南振務辦竣，再行來見。遂密飭肥、廣等州縣，借編查保甲，將極貧、次貧户口，另册詳注，以便來春委員覆查，並嚴定章程，刊發春貸票式。迨易歲後，春旱尤甚，請於總督，春貸免還，遍發告示，頌聲大作。及抵任，值天津民教案起，文正公赴津治其事，公請調銘軍移駐滄州，隱爲備禦。八月，擢直隸布政使。藩署公事向多積壓,公特爲分别最要、次要、日行三種,限日清釐,遂除延閣之弊。直屬十年九旱,通飭各屬開井種桑,大資民利。是秋北河漫溢,撥司庫二十萬金,振被災最重之津、静、滄、青四州縣,其次河間等十三州縣,分别撫恤,又次各屬,酌請蠲緩。手定章程十條:一嚴覈户口;二慎選紳董;三赴津運米,及給脚值;四以銀易錢,俾便行用;五先期給票,以便稽查;六擇要設廠,以均遠近;七留振款以備春荒;八興工作以資傭趁;九酌給紳董經費;十嚴定委員賞罰。尤於用人理財諸大政,加意講求,凡所甄拔,悉皆賢俊。畿輔一帶,稱頌弗衰。十一月,授河南巡撫。十一年四月莅任。中州界連七省、道、府、州、縣,在省垣需次者四百餘員,排日分班接見,兩月而畢,不特姓名年貌,並其性情言行,皆能默識而區别之,量才器使,衆心服悦。時固始賊李六,陰結捻黨起事,遣將扼之,一戰而潰,首要各犯悉就禽誅。因慮汝南數百里向爲盜藪,而捻患乍平之後,廢壘尚多,易滋伏莽,乃飭各州縣,毁圩砦,嚴緝捕,仿直隸章程,選緑營馬步驍健者,創爲練軍,更定營制,厚其糧餽,年十五以上二十五以下者,編入伍籍,選樸誠勇敢之將統之,先練四營,續增正副九營,築壘支棚,分紮要隘,無事則訓練,有事則征調,俾成勁旅,復令更番巡緝,如南陽府屬之賒旗鎮、馬山口、板橋川、茅草埡、李官橋、青華穰、東饒良鎮、李青店,汝寧府屬之翰東集、明港驛、斗溝、銅鐘寨、五溝營、出山店、新安店,光州屬之淮鳳集、黎家集、期思集、白菜園,皆常川駐巡,他如陳州府屬之周家口,許州屬之襄城縣,汝州屬之寶魯一帶山僻,歸德府屬之界連江皖各縣,河南府屬之嵩永各山隘,陜州之閿靈大路,及河北之彰衛通衢,皆往來撥隊,量其緩急以定多寡,巡已即練,練已即巡,兩無偏廢。於是豫南伏莽,次第肅清,仍飭各州縣,力行保甲,以清盜源,令各因地制宜,斟酌損益,總以實力奉行,期見明效爲斷。飭各屬興修水利,浚賈魯河,修復蔪陘河,易其名曰勺金,他如丈八溝、清河、餘濟河、天然渠、永豐渠等處,皆以次興修,凡有溝洫之利者七十餘州縣,咸報疏治,委勘無誤。初頤壽老人出守歸德,曾於城南開渠一道以溉田畝,土人名曰錢公渠,年久淤塞,幾成平陸,公巡閲至歸德,紳民請復渠,乃興工兩月而渠竣,復勒碑記之。河北之淇縣、河内,厥地宜稻而居民不解種藝,乃仿江浙水車,製造新式,開稻田二千餘頃,爲河北從來所未有。軍興以來,倉穀無存,廒房坍塌,仿方恪敏公遺法,勸民積穀,城鄉分設義倉,由縣擇公正紳耆董其事,不假手於吏胥,計通省積穀九十三萬石,荒歉足以爲備。州縣私設班館,羈押人犯,胥役凌虐,死於非命者不知凡幾,公簡派廉明公正之員,藉冬令巡緝爲名,分赴各屬,循環密查,使命相銜,互爲糾考,而委員之賢否,牧令之勤惰,勸懲交盡,奸蠹莫容。鄧州多溺女之風,乃設保嬰局於南陽,官覓乳媪,養嬰五歲,仍令其父母領回,通省皆仿行之。省垣建游梁書院,令各省官幕子弟,肄業其中,又以中州多理學名儒,飭各州縣修葺先賢祠墓,訪求遺集,歲時存問其後裔。孟津河溢,衝齧漢光武陵,亟疏請於朝籌款,於鐵榭寨添抛石壩,以資保固,兼於上南,中河兩廳黄河工程,加添十餘壩堵禦急溜,悉臻穩固。山東石莊户河決,丁文誠公寶楨駐工親督合龍,公助以運稭之船,應期而至,旋以稭料不足,公選員分赴蘭儀、考城等處,幫同購辦,並將下南廳本年預儲稭料,借用一百垛,連檣而下,即日合龍。豫省自軍興以來,司庫匱絀異常,迨嵩毅兩軍,奉命調援甘隴,復調出關,月餉則以道路窵遠,提前三月趕解,無誤軍需,數年回逆蕩平,其統籌全局,不以界分,尤近時督撫所罕見也,論者謂豫軍不無裨益云。

公性耐勤勞,一切兵刑錢穀,水利農田等事,雖百端叢集,必親自裁決,刻無暇晷,接見僚屬,諄諄勉以循良,力戒仕途積習,以聽斷、緝捕、徵發三事爲考察,闒茸廢弛者立斥之,故撫豫三年,吏治日有起色。甲戌十二月,穆宗毅皇帝龍馭上賓,公北向長號,終日涕淚,飲食鋭減,又念時事多艱,受恩深重,無以報答涓埃,憂思積慮,火鬱於中,遂至發爲瘡瘍,乙亥五月薨於位,賜恤如禮,生榮死哀,士林稱之。頤壽老人修縣志,僅成《太倉人物志》數卷,名《壬癸志稿》,公擬續修而未及。城中鹽鐵塘淤,公商諸州牧,鳩貲命工,開鼓樓橋至北城下,設立水關,開永安橋以南至南城下,又建南水關。蘇太試院向設昆山,就試者遠近不齊,克復後,公與中允馮公議,蘇屬設郡中,太屬設州中,請諸大吏聞於朝,得旨允行。江南賦額之重甲於天下,而蘇松太爲尤甚,公與蘇紳會商,力請當事奏減三分之一,民困以蘇。公雖在外,於桑梓事無不悉心籌畫,宗祠舊在翦刀橋衖,兵燹後半就傾圮,公倡捐修復之。公事親孝,治家嚴,謹守庭訓,不踰尺寸,家訓嘗曰:士先器識而後才藝,敦品立身,人生第一要務,善守先業,不徒文章報國已也。性友愛,視諸從、堂兄弟、叔侄輩如同胞,尤篤於友誼,凡有委託,莫不盡力玉成,故捐館後,遠近聞之無不痛惜。配陸夫人。繼陳夫人。側室吴氏。子二:溯耆,同治庚午優貢,内閣候補中書,賞主事;溯時,蔭生,賞舉人。女三,適陸,適廖,適汪。荃孫與公子溯耆有年誼,公之政事具列《國史》,謹撮其德行與言語、文學,以爲家傳。

論曰:頤壽老人由編修出守歸德,後巡撫湖北。公亦以致楚師立功,後巡撫河南。兩代偉人,始終豫楚,其造福於地方,亦有前緣耶,何巧合也!

王生吉臣家傳

君姓王氏,諱家枚,字吉臣,號寅孫。同邑華墅鎮人。祖堃,道光壬辰恩科舉人,任崇明高淳縣教官,入邑志文苑傳。父泰階,增貢生,翰林院待詔,五品藍翎,著有《青箱詩文》等鈔[①]。君幼慧,讀書目數行下。年十九入邑庠,試輒優等,文名藉甚,取南菁書院肄業生。甲午,本省舉人,援例得主事,分度支部浙江司行走。卒於光緒丁未十二月十五日,距生於同治丙寅,得年四十有二。君攻詞章駢儷之學,胎息醇古,不作唐以下人語,嗜書成癖,以館穀之資盡置書籍,見異編必重值購歸,或以太費規之,則曰:"我王考藏書三萬卷,一一手加丹黄,惟以讀書望後人,今我所得尚祇十分之三,敢不勉力乎?庶幾後人無忘祖訓!"於邑中先輩著作,竭意搜羅,露鈔雪纂,無分晷夜,小種則彙刻之,裒集先人遺著《宛委賸稿》及《青箱

① 按,原書如此,疑爲"《青箱詩文鈔》等"。

雜鈔》，編次校刊，嘗語子弟曰："先人纂述甚富，惜毀於兵，僅留此區區，當世世奉爲弓冶之傳，不可忘。"又嘗指授經史大義，謂："方今功令，振興新學，然仍宜多讀書，以經史淑身閲世，以名大家文，植詞章根柢，固萬世不易者也。"所著《國朝漢學師承記續編》一卷，《重思齋詩文集》六卷，《貢息甫先生年譜》一卷，並仿《澉水志》例著《華墅鎮志》四卷，又雜取諸家文集有關於吾邑文獻者，條記成帙，於新志所闕者補之，所略者詳之，爲《梓里咫聞録》二卷，皆可傳者。荃孫主講南菁，見君《擬唐黄文江秋色賦》，知其藴釀深厚，不爲考試所囿者，遂常與君談，喜其事事皆有本原。迨去南菁，得一書則相告，如《楊氏雜諍》、《沙定峰詩集》皆從君録副，如《李忠毅年譜》、包文在《易玩》等書皆倩君物色之。朔風改歲，忽得君訃，惋惜不已，賦詩悼之。其弟家樞以家傳請，遂不辭而爲之。

論曰：吾邑自宋及明，不乏大著作及收藏家，至國朝則在武陽、錫金、宜荆之下，何耶？士皆專攻帖括，高者則談理學，詞章訓詁絶無門徑。道光朝，李申耆先生主講暨陽，及門徐宋諸君，得有指授，惜均未發達，無以歆動士子。荃孫遠游，稍窺乾嘉學派，與金粟香、夏彦保兩君竭力搜羅前輩著作，得則互相鈔送，尚有錮蔽不肯借者，後至南菁，方知王君吉臣有同嗜焉。君所鈔如《崇禎江陰志》，所刻有沙定峰、翁霽堂詩文等集，方以爲吾輩日衰，有君爲之後勁，庶足挽吾鄉之積習乎！孰意年不中壽，蕣華易謝，祝予之慟，情何能已。君之弟子，尚其繼起而賡續不已者乎！拭目竢之矣。

世醫孫憩南家傳

記曰："醫不三世，不服其藥。"古者論病以及國，原診以知政，論人血脉、經絡、骨髓、陰陽、表裏，以起百病之原，死生之分。世醫自少至長，目染耳濡，考訂較深，見聞較博，所以記者，忠告天下，何其言之深且摯也。同邑友人孫君憩南，爲繡峰先生之長子。繡峰先生以醫名於江南，君幼承庭訓，長復從良師游，遂傳其術，以醫活人，門診日數十人，來延者雖風雨深夜無不即往，至貧且苦，不但却其謝，並時與以藥餌以活。遠近十餘里中，無不感戴。嘗於春夜診病，馬逸墜河，傷胸，驟得血證，以是不永其年，病逝之歲，年甫四十。以醫救人，不能自救，傷哉！幼時遭亂，父又早歿，遺命以幼女未字，以弟繼叔父後爲囑，君涕泣受命，嫁妹望族，撫弟成立，克踐其諾。初遭難境甚苦，及稍裕，則修祠宇，創宗譜，撫遠族弟連生，同居而長成之，並以餘力建富家橋以便行人，爲族孀華氏積貲以養老，侍師長恭而敬，御下寬而和，治家嚴而肅，皆人所難能者。君諱伯棠，江陰青暘鎮人。娶曾氏，能佐君治家。子二：長一奎，能世君業，即今來求傳傳君者；次建奎。女二。孫男四，壽彭、壽德、壽儒、壽封。

繆荃孫曰：少時常從繼母歸寧四河鎮，時外王父母在堂，君即外王母之侄孫也，與予同庚，學問同，游戲同，性情相孚，出入相得。君時讀書務進取，不專治醫業也。後遭喪亂，別十四年而相見，君已連遭大故，恃醫爲生計，聲名亦日以起，再遲數年復見，則君已得疾，不復如前日之意氣矣。入都未久，遂聞君訃，爲之作數日惡，今爲傳，軼事猶如目前，而墓有宿草，已歷年歲，泚筆傳之，悲何能已！

曾太夫人左氏家傳

曾太夫人左氏，陽湖人。湖南巡撫左杏莊中丞之孫女，陝西鳳翔同知巢生年丈之幼女，而華陽曾吟村太僕之配也。諱錫嘉，字小雲。嫠居後改字冰如。與兩姊錫蕙、錫璇均有名都下，事繼母以孝聞。

太僕以甲辰進士官户部，授江西吉安府知府，粵寇陷城奪職，曾文正公調赴軍營，積勞卒於安慶，奏復官，並贈太僕卿，蔭一子入監讀書。時太僕二親在蜀，撫一侄爲子。太夫人生子三人，女子五人，大者不盈十歲，幼彌月耳。乃摒資斧，扶柩挈細弱，五千里由水程返，曾自繪孤舟入蜀圖，題詠以紀其事。太僕舊居華陽之龍潭寺，地鄉僻，世業農，太夫人躬耕以養，并日而食，無怨言，無難色。二親既逝，以村塾不足課子，乃遷居省城之南，傍浣花溪結茅而居，鬻書畫，製通草像生花鳥，得貲以供子讀。爲三子娶婦，嫁五女，均從十指中求生活，蜀中士大夫莫不曰曾氏有賢母也。光緒庚辰，光煦赴監，讀書期滿，選山西定襄縣知縣，迎養任所。戊子己丑，光岷聯捷進士，觀政刑部。光文以軍功官知縣。嗣子光禧官福建邵武府經歷。孫儀進，癸巳副榜。家門鼎盛，孝養彌隆，太夫人時以昔年遘難含辛告諸子婦，俾時生警惕心。光煦莅官，恪守母教，所至有聲，太夫人顧而樂之。先以太僕官封淑人，至是以子光煦官加級晉封夫人。光緒乙未卒於鄉寧官署，年六十有五。

荃孫與左有連，在蜀時，太夫人叙及戚誼，余妻莊思琇亦能畫，時就正太夫人，氣誼之孚，幾同骨肉。入都後，太夫人亦自定襄來，會晤匝月，别一年而思琇卒，太夫人哭之慟，手書輓聯以志哀，其性情之厚亦可見矣。著《冷吟仙館詩文集》十卷，已刊行。

論曰：曾氏自太僕之没，子多而稚，道險而遠，太夫人間關西上，逾年始至，可謂勇矣。江南世族，閨門驕佚，驟居農家，皴手皸足，養老撫幼，勉力支援，可謂賢矣。子孫成名，女適士族，老入蔗境，貴壽以終，可謂福矣。嗟乎！後之甘，適以償其前之苦，天道有知。吾常閨秀如太夫人，尚不數數覯也。

貞孝程女傳

貞孝程女者，江寧程光裕次女，辛卯舉人先甲姊也。家素貧，事親孝，嘗刲臂療父疾。撫諸弟，小者抱持，大者櫛沐，悉畢其力。暇治女紅，以周匱乏。幼字上元周爲鈞，爲鈞旋殁，家人匿弗告，明年女覺之，不食三日，家人勸，終不納。乃群請命於父母，歸於周。事舅姑如事父母，先意視聽，操井臼，勤針紉，雖嬰疾必力行之，未嘗有戚容遽色。舅患疾亟，又刲臂和藥以進，疾立瘉。他日姑見創痕，撫之而悲。事無巨細，務持大誼，其難處者，窮日夜思之，深識遠慮，隱在肺腑，舅姑不盡知，亦不欲使之知以重其憂也。女雖竭力治事，疾痛恒不自言，而死志素定，百憂煎其中，萬事勞其外，自謂此身如寄，得以速盡爲幸。迨父母殁，哀毁益復不支，未二年卒，年二十有九。嗚呼傷已！先甲以事略求文，荃孫舊史官也，不辭而爲之傳。

評曰：昔王繼成論韓貞女云："境不知夷險，事不知難易，時不知久暫，所知者，分所當盡而已。志士仁人之所爲，能過是耶?"至哉斯言，今於貞女亦無以加於此云。

陳總兵事略改黄岡洪右丞前輩文

陳國瑞，字慶雲。湖北應城縣人。年十一，提督黄開榜養之爲子，從軍擊賊，克復正陽關及懷遠城，奮身首登，此爲立功之始。咸豐九年十二月，賊踞鳳陽府、縣兩城，城甚堅，國瑞謂，非出奇計不可下，會大風，率壯士七人懷火毬攀堞上，火起奮殺，官軍乘之，賊衆驚潰，踐蹋死者無算，遂復府、縣二城，生禽捻首張元龍等。前督師勝保上其功，擢守備，加都司銜，賜技勇巴圖魯名號。

十年正月，欽差大臣袁甲三奉命討淮北賊，調國瑞隸其軍。時壽州危急，命率兵往勦，中途聞賊犯鳳陽，乃黑夜返旗往援，連破賊壘，解鳳陽城圍，以功擢游擊。同治元年，賊陷天長，國瑞移軍駐高郵、寶應，與天長界之下五鎮，屢戰未克。偵知賊有小將陳振邦者多謀勇，設計取之，遂克其城，畜振邦爲子。天長既復而捻逆竄清淮，署漕運總督吴棠，調國瑞往勦，僅率壯勇五百人赴敵，而賊衆數十萬踞淮關署，劫税銀去，國瑞揮軍追擊，賊奔，奪回所掠。捻逆退逼清河，國瑞率五百人往援，深入賊陣，賊易其少，圍之，國瑞奮力衝擊，自辰至酉，斬馘無數，賊大敗。國瑞勇均服紅比甲，賊中稱紅孩兒軍，名聞天下。事聞，諭旨褒獎，升副將，加總兵銜。國瑞益勵奮進，勦桃源、宿遷等處，殺賊萬餘級，拔出難民八千人。移軍進邳州，累戰皆捷，捻酋高圭詣軍門降，清淮悉平，奉旨以總兵儘先題奏。髮逆逼揚州，裏下河危，急移勦高郵、寶應、召伯埭各湖面，殲賊數萬人。十二月，吴棠奏派會勦山東郯、蘭幅匪，率所部二千人，進攻徐塘圩、蘆塘兩匪巢，爲士卒先，躬冒炮火，負土填塹，浴血被體，猱升不輟，攻堅折鋭，如摧枯朽，匪駭潰。進攻長城，捻目趙開元合三岡幅衆馬步二千人來援，馬突陣如飛，國瑞全軍張兩翼，匪三馳不動，進退漸懈，國瑞旗三弊三作，洋鎗如雨，開元墮馬死，前隊盡靡，全軍夾擊，匪奔北。破援賊李成十萬衆。又破岐山，斬匪首孫化祥，降仲村賊首宋三綱等。賊砦悉平，散遣脅從萬餘人，乃進兵攻兖州之白蓮池。白蓮池者，教匪宋維明等所踞，中環九大山，山峻路險，賊砦其上，出刼入保，爲民患有年。國瑞兵至，逆酋劉雙印率黨迎戰，國瑞命部將郭寶昌從小路領兵出賊後，命康錦文潛師伏山徑中，俟賊過半，横出擊之，國瑞自將衝其中堅，三路夾攻，陣斬悍賊萬餘，生擒雙印等二十餘人。餘賊負嵎死守不敢出，國瑞親冒矢石，朝夕仰攻，一月有餘不下。會夜大雨，國瑞料賊防弛，乃冒雨緣崖先登，將士繼進，破之，殲賊萬餘，戮逆渠宋維鵬、劉錦春。科爾沁僧親王駐軍淄川，聞捷以功入奏，賞穿黄馬袿。嗣流賊竄曲阜，聖陵震驚，國瑞連夜馳護，奮勇力戰，復埽平兖、曹、沂積賊，奉旨賞給頭品頂戴。苗沛霖復叛，江北震動，上命國瑞邦幫辦江北軍務。八月，國瑞率三千人進援蒙城。初，苗沛霖之圍蒙城也，城中兵少食盡，賊環城築壘，城外百里皆附苗民圩與犄角，他軍援蒙者，壁數十里外。國瑞至，攻紅里圩、王家窑等處，破之，連毁附圩賊營數十，轉戰而前，直擣其巢。苗逆率死黨迎敵，國瑞驅軍奮擊，賊敗崩潰。整軍再戰，又大敗之，賊乃拒河固守不出。國瑞一日乘黑夜大雨，令將士涉河，潛入賊船，斬守船賊數人，奪其船爲浮橋，進逼賊砦立營五大座，背水爲陣，奮呼搏戰，連破老巢，生禽苗天慶等，斬萬餘級，各脅從返正，均散遣歸農，苗沛霖旋亦爲他軍殲斃。僧忠親王以國瑞破賊功，奏以提督記名簡放，特賞三代一品封典，賜福字班指、荷包、人參各珍物。

同治二年四月，授浙江處州鎮總兵。時官軍圍金陵急，賊糾合陝西、皖、豫各省髮捻數十萬赴援，髮酋陳得才屯踞麻城縣之白杲鎮。五月，國瑞奉命由皖豫入楚剿賊，賊築壘數十座，樹木柵綿亘四十里，與皖楚各官軍相持月餘不下。國瑞始至，兵纔八百人，不俟大軍齊集，即於是日三更，分五路進兵，拔其木柵土壘，禽斬大小頭目百餘人，餘賊驚潰下竄。未抵麻城時，有言國瑞逗留有異志，及國瑞至，一戰破賊。湖廣總督官文聞捷大喜，飛報僧忠親王。王至，國瑞單騎往見言狀，王聞於朝，仍命國瑞回營督兵，追賊於蘄水、蘄州、羅田、廣濟等處。至冶溪河，與賊大戰，殺賊數千人，賊敗奔潰，竄至英山、霍山之界，衆尚數十萬，國瑞與楚皖官兵合勢勦殺，賊亦糾各黨分隊迎敵，正酣鬥間，賊目忽見國瑞旗幟，驚曰"此紅孩兒軍也"，遂大潰，勢如山倒。禽僞端王藍成春於陣，僞將馬融和等乞降，陳得才服毒死，遣散脅從難民數十萬人，皖北大定。十一月，河南巡撫張之萬奏調國瑞駐光州，堵禦捻匪，捻酋張總愚犯鄧州，僧忠親王戰不利，國瑞督兵赴援却之。四年二月，追賊至確山，斬馘萬人，協從逃散殆盡，賊僅存馬隊，由確山竄汝寧、歸德，至山東濟寧州、沂州，又繞道由江蘇境竄曹州，飄忽千里，僧忠親王亦以馬軍追及，賊回拒，國瑞步軍未到，率其精鋭併力迎戰，兵敗，王遇害。迨國瑞至，官軍已潰，勢不可支，國瑞收集敗軍，泣諭將士曰："我軍數年以來戰無不勝，今賊如此詭譎，喪我親王，誓與决一死戰，諸軍願從者隨，不願從者聽。"言畢，策馬前進，從者僅數百人，大呼搏戰，無不以一當百，賊敗遁，尋獲僧忠親王遺骸，負入曹州城，素服治喪。嗣以失王，各督撫及統兵各帥俱獲嚴譴，惟國瑞以力戰貸，而言者不已，奉旨免幫辦，褫黄馬褂，國瑞以傷病乞歸就醫，固請始允，旋因事革職。

同治六年十月，特召入都，賞頭等侍衛。七年正月，捻逆張總愚北犯保定，京畿大震，命國瑞統神機營軍二千駐易州，防護西陵。賊擾安肅，距陵不遠，國瑞遣人語賊曰："陳國瑞在此，可來拼命也。"捻懾其威，不敢犯易州境。上命大學士李鴻章督師，以國瑞隸其軍，又駐軍清化鎮，以扼東西要隘，堵守月餘。四月間，張逆勢熾，陳振邦戰殁，唐縣郭寶昌受傷。時陳振邦隸銘軍，郭寶昌隸英翰軍，與國瑞無涉。賊將北犯，國瑞星夜馳回直隸，繞出賊前，拱衛京師。西捻平，論功復提督，賞雲騎尉世職。請假南歸，寓居揚州數年。與李世忠構釁，經大學士曾國藩奏，革世忠職，降國瑞爲都司。光緒元年，復以總兵詹啓綸毆斃胡士禮事，牽連削職，戍黑龍江。八年十二月三十日，以傷病卒於戍所，年四十六。九年七月，户科給事中鄧承修上言叙國瑞功，請旨量予褒恤，嗣翰林院編修尹琳基等復請在山東建立專祠，皆從之。尋奉旨復總兵，許其歸葬。立兄子觀全爲嗣。賞還雲騎尉世職。

《陳總兵事略》，洪右丞前輩文，載入《龍岡山人集》。辛丑六月，王佑遐給諫出此集相視，地名、事迹譌誤太多，因取《山東軍興事略》及《粤捻方略》重編次之。右丞所據，大約本之其家行述，第未詳考地方、年月。《日知録》所言"大臣家容有不識字之子孫，而著述家不可有不通掌故之宗匠"，右丞難免此譏矣。

石濂和尚事略

僧大汕，字石濂，吴人，幼警敏，善畫士女，作詩有佳句。有故出家，蹤迹詭神秘，並無師承，詐爲覺浪嫡嗣，屈翁山證成之。覺浪者，開堂在萬曆末年，石濂尚未生，出世在順治戊子，石濂止十六歲，並無親覲付囑之事。入廣州，初賣畫觀音，稱講師而已。後諂事平南王之幕客金公絢光，得見平南及俺達公。廣州長壽、清遠飛來二寺，皆實行和尚所住持，實行殁，公絢言於俺達，以石濂主持長壽。長壽無産業，飛來有租七十餘石，干諸當事，請以飛來爲下院，盡逐實行之徒而並吞其租，翁山有力焉。自是石濂日益富厚。其人多巧思，以花梨、紫檀、點銅、文石作椅桌屏柜、盤盂杯碗諸物，多以餉諸當事及士大夫，無不贊賞者。陳迦陵填詞圖，即其所繪，奕奕如生。或謂其最工素女秘戲册卷，以媚諸貴人，亦未可知。庵門二天王像，以手繪裝塑，精神飛動，不類尋常。庵東偏有池，引珠江之水，經殿前屈曲灌輸其中，早潮晚汐池水增減應候。池心爲小浮山，全用英石壘成，植林開徑，有亭可憩。池北一室，顔曰半帆，東爲繪定軒，池南爲懷古樓，下爲離六堂，皆以迴廊相屬。庵有拈花釋迦像，諸寶綴成，莊嚴妙好，又有唐銅像，唐鑄也。吴園次綺游廣州，向吴自述酬應雜遝不堪其苦，吴笑應曰："汝既苦之，何不出了家？"人傳以爲笑。《分甘餘話》亦載之。私販往安南，致犀象、珠玉、珊瑚、珍寶之屬，連舶以歸。地方官懾於大吏，無敢誰何之者。

潘次耕與梁藥亭書,歷數其罪,有云:“石濂心高氣横,專爲大言以欺人,謗毁先德,凌轢尊宿,毫無忌憚。又妄言遇異人,明天象,曉遁甲,致風雲雷雨,似文成、五利之所爲。及其一遊京師,一至交趾,則彌增誕妄,倜然以爲惟我獨尊。近閲其所著《海外紀事》、《證僞略録》、《不敢不言》、《源流就正》等書,種種誇誕不經,詭辯無理,不能具述。即如《海外記事》,首簡稱將有事北征,應上人之召,是妄語也。教學人飲酒是破律也。傳法與番國主是賣法也。圖章刻言性與天道,以尼山自居,是僭聖也。御製序,特褒《五燈會元》,而貶剥不遺餘力,是抗旨也。嚴統毁板,乃浙中當事一時剖判之事,而以爲奉旨嚴禁,是矯旨也。《五燈全書》,業經御覽賜序,而痛加非毁,是訕上也。削洞宗丹霞淳等五代,是删削祖宗也。易雲居膺爲九峰滿,同安丕爲同安威,是更换祖宗也。素稱三十四世,而忽稱二十九世,是紊亂世次也。此皆有傷世教,有礙法門之大者。”又與粤中大當事書,有云:“石濂狂妄更甚,僧家所重戒律,而彼飲酒食肉,恬不爲耻。所喜者樸素,而彼窮極奢侈,自奉擬於王公。所尚者柔和,而彼倨傲偃蹇,目若無人。所取者真誠,而彼大言欺世,無一實語。所貴者慈悲,而彼存心險毒,以傾人陷人爲能事。其尤不法者,則在通洋一節,海禁雖開,而出洋貿易本商賈之事,乃石濂之通洋,則多將干禁之物致諸,交人以邀厚利。有聞之令人縮舌者,即不係干禁之物,如緞疋等皆縷金於其端,作“王府用長壽定”六字。考安南莫氏初歸順時,止封都統使,今阮福周未經請封,未受朝命而何得竟稱王府,儼然與中朝親王等。律禁略賣人口,而彼將良家子女買作優伶,節次售之。有封疆民社之責者,似宜取其所刻之書板而盡毁之,嚴禁其通洋,會同關部,嗣後長壽之僧,不得一人出海,長壽之物,不得一箱出海,庶幾振國紀而肅憲綱,毋貽地方之累。”福建巡撫許中丞嗣興時爲按察使,獨惡之,輒逮治,得其前後奸狀,笞逐至贛州,止於山寺。又復興起,皈依甚衆,江右李中丞基和又逐之,押發原籍,死於常山途次。

卷　三

後凉百官表序

後凉吕光，奉命出師平定西域。龜兹甫克，即懷異圖。率乘勝之師，挾思歸之志。三軍踴躍，萬馬騰驤。夫豈楊翰、梁熙之謀，高桐、伊吾之距，所能遏其鋒也。邇時參佐，則有董方、郭抱、賈虔、楊穎，將督則有姜飛、彭晃、杜進、康隆。文武具備，鏘鏘濟濟。符祚既隕，中原糜爛。夙抱風塵之志，適值鼎沸之時。遠則蹈竇融之長策，保五郡以自娱；近則效張軌之成規，貽數世之留後。欲成大業，類有明徵。擇福地之可居，非叛徒之挺險矣。夫光武定鼎，圖寇鄧於雲臺；琅邪渡江，倚顧周之巨室。上既加之青眼，臣亦報以赤心。後先奔走之勞，舟楫鹽梅之寄。斬荆披棘，迴蕭曹之故人；附翼攀鱗，盡欒郤之世族。帶礪千秋，本支百世。立國之道，莫過於斯。而乃聽石總之言而害良佐，信尉祐之譖而除名士。遂致内外離心，上下解體。藏弓何急，拔薤非時。功之不成，抑亦未盡夫人謀，未可全歸諸天道也。而况乞伏建麾於隴右，沮渠牧馬於金山。烏孤、李暠各據疆土，臥榻之側酣睡有人。蕭牆之内，干戈自動。身既老病，子又孱弱。弟兄發難，民衆土崩。是則譚尚鬩牆，冀土因之淪陷；光僚推刃，吴宗終致覆亡。既無紹統之才，遂貽銜璧之辱。國之不祀，亡也忽焉。今擇其可考者，列之於表。

	大司馬録尚書事大將軍	太尉司徒	尚書左右僕射	中書監令侍中侍郎附	將軍	司隸校尉太守令護軍附	雜官
丙戌，太安元年十二月，光自稱使持節、侍中、中外大都督、隴右河西諸軍事、大將軍，領護匈奴中郎將、凉州牧、酒泉公。改元。					杜進輔國。	進武威。 康寧西平。 强禧湟河。 彭晃張掖。 李隰建康。	段業參軍。
丁亥，二年彭晃、徐炅破張大，豫王穆據酒泉。十月，康寧殺强禧以叛，彭晃亦叛，未幾，斬王穆，又斬晃。					進 徐炅將。	進 寧叛。 禧爲寧所殺。 晃叛。 宗燮湟河。 郭文騂馬令。 嚴純祁連都尉，應張大純。	業 須宗燮太常卿。
戊子，三年					進被殺。	進 宋歆敦煌。	
己丑，麟嘉元年二月，光自稱三河王，改元，置百官。					吕他左。		吕纂虎賁中郎將。封太原公。
庚寅，二年				楊穎中書侍郎。		王禎西海。叛。 尹興邱池令。 沮渠羅仇西寧。按類聚引《凉記》云："麟嘉二年，以沮渠羅仇爲西寧太守。"西寧，疑當作西平。	纂 傅曜張掖督郵。 吕寶左丞。

續 表

	大司馬録尚書事大將軍	太尉司徒	尚書左右僕射	中書監令侍中侍郎附	將軍	司隸校尉太守令護軍附	雜官
辛卯，三年					尉祐寧遠。	段業建康。 羅仇 尉祐金城。	纂 段業著作郎。 孫峙白土都尉。
壬辰，四年 七月，擊乞伏乾歸，又討彭奚。					吕寶右。敗死。 楊範振威。 竇苟强弩。 楊軌揚武。 沮渠羅仇建忠。 梁恭建武。 王寶		纂 吕方南中郎將。
癸巳，五年					吕憲建忠。 苟 軌 恭 寶	憲遼東，見《御覽》四百三十九。惟後凉無遼東郡，未知何郡之譌。 業 羅仇	纂
甲午，六年 七月，以子覆都督玉門以西諸軍事，西域大都護，鎮高昌。					苟 軌 恭 寶 吕覆鎮西。	業 羅仇	纂
乙未，七年				王詳令。	苟 軌 恭 寶	業 羅仇	纂

續 表

	大司馬録尚書事大將軍	太尉司徒	尚書左右僕射	中書監令侍中侍郎附	將軍	司隸校尉太守令護軍附	雜官
丙申，龍飛元年六月即天王位。改元。			王詳左。段業尚書。沮渠羅仇尚書。		苟軌後。恭寶	沮渠麴粥三河。	纂
丁酉，二年伐乾歸，天水公延敗死。禿髮烏孤自稱西平王。四月，蒙遜反。八月，王詳、郭麐反。			羅仇被殺詳八月反，被殺。	房晷侍中。郭麐散騎常侍。	苟軌後恭寶金石生將。徐炅將姜顯將軍。沮渠男成將軍。趙策將軍。趙陵將軍。楊軌後，與郭麐同叛。程肇將軍。	没奕干秦州刺史。麴粥被殺馬邃中田護軍，爲蒙遜所殺。沮渠男成晉昌。趙策寧戎護軍。裴疊澄酒泉。敗死。段業酒泉。石元良西安。井祥臨松令。	賈曜太史令。耿稚司馬。郭麐太常令，八月反。楊統司馬。
戊戌，三年四月，破楊軌，郭麐				晷	李鸞建武。十月降南凉。	吕純西郡。爲段業所執。吕隆北部護軍。王德晉昌。孟敏敦煌。均降段業。田瑶樂都。張裯湟河。王稚澆河。皆降南凉。《御覽》作王推。	

續　表

	大司馬録尚書事大將軍	太尉司徒	尚書左右僕射	中書監令侍中侍郎附	將軍	司隸校尉太守令護軍附	雜官
己亥，咸寧元年十二月，立太子紹爲天王，自號太上皇帝。殂纂殺紹，自立。改元。	吕弘使持節，侍中，大都督，都督中外諸軍事，大司馬，車騎大將軍。録尚書事，改封番禾郡公。	吕纂太尉。十二月即位。 弘司徒。	姜紀尚書。	晷 張資監。羅什傳。	吕超驃騎。 齊從左衛。 吕方征東。	吕弘司隸。	吕開虎賁中郎將。
庚子，二年伐南凉敗績。		弘伏誅。	楊桓左。兼凉都尹，封金城侯。 紀	楊桓散騎常侍。 房晷侍中 楊穎令。	超 方九月降秦。 焦辨將。		綦毋翊將。
辛丑，神鼎元年二月，超殺纂，立隆即天王位，改元。八月，秦將姚碩德攻，隆請降，碩德表隆爲鎮西大將軍。凉州刺史，建康公。	吕超使持節，侍中，都督中外諸軍事，輔國大將軍。録尚書事，封安定公。		楊桓右。二月奔南凉。 紀奔南凉。	裴敏中書郎。 王儒中書侍郎。	超 魏益多將軍。 吕隆中領軍，二月即位。 吕邈龍驤。爲秦禽。 王集中壘。 荀安國廣武。 石可寧遠。	吕超番禾。孟禕昌松。	楊穎太常。 王回殿中侍御史。 杜尚殿中監。 竇川將。 駱騰將。
壬寅，二年秦拜隆爲征北大將軍，都督河西諸軍事，凉州牧，建康公。						超 禕爲南凉所執。	

續　表

	大司馬録尚書事大將軍	太尉司徒	尚書左右僕射	中書監令侍中侍郎附	將軍	司隸校尉太守令護軍附	雜官
癸卯,三年八月,遷於長安。凉亡。						張質金城。出北史。 蓋敏陽川令。《類聚》引《凉州記》	

南凉百官表序

禿髮氏族居河右,氣蓋關中,幕帳縱横。不越北大漠、南澆河之屬地,邊隅震懾,猶是敗蘇愉、殺胡烈之餘威。烏孤智本兼人,情殷復國,待釁而動,聚衆以謀。登廉川而泣,慚懷遠之未能,用符渾之言,遂誓師而寀入。果爾諸部土崩,三郡瓦裂。羽儀鼓吹,自樂乎假王;士馬甲兵,不殊夫前代。甄西州之豪傑,樂南畝之農桑。假令運祚久長,聲名洋溢。虞廷喜起,以契稷爲元勳;南國樂歌,嘉周召之夾輔。未可知也。奈何昧垂堂之誡,蹈銜橛之災。身捐館舍,笑貽强敵。利鹿孤嗣,政由傉檀。定鼎而國祚昌,建麾而遠人服。聽鍮勿崙而仍游牧之俗,徇史暠而收庠序之效。武功文德,炳炳可觀。夫泰伯虞仲,采藥而讓季歷;諸樊餘祭,祈死而畀延陵。友愛固屬不同,氣概諒亦迥異。傉檀恢張皇極,騰逴天衢。迫吕氏而奪姑臧之城,拒姚興而改嘉平之號。國境漸展,帝制自爲。夫文采内含,在五經之外;材武外炳,越九州之表。歸孟禕而旌其忠,赦熾磐而重其義。天日之威,海岳之量。胡羯之世,罕見斯人。然而宜德之歎,驕氣溢於言辭;高昌之賦,藻采失其本色。距孟愷而不戢自焚之訓違,疏屈右而有備無患之指失。兵敗於赫連,地奪於乞伏。埋輪縶馬,峨峨髑髏之臺;殺卵焚巢,慘慘樂都之潰。四海雖大,别無容足之方;二昆有靈,其將何辭以對。蹈志大才疏之弊,罹國亡家破之凶。雖尉賢政浩亹固守,未肯生降;陰利鹿羈靮相從,惟知死義。源賀之後大昌於魏，樊尼之族倔强於唐。縱後嗣之克昌，其何補於在天之沈痛也。列表如右。

	録尚書事	太尉左右司馬僕射	大將軍將軍	太守	雜官
丁酉，太初元年正月。禿髮烏孤自稱大都督、大將軍、大單于、西平王。改元。敗吕光將竇苟。		趙振左。	利鹿孤驃騎。烏孤弟。		石真若留將。 石亦千將。 苻渾將。
戊戌，二年九月，後凉樂都、湟河、澆河三郡來降。更稱武威王。		振	傉檀車騎。烏孤弟。 浑屯平西。 李鸞建武。后凉将来降。	郭倖西郡 田玄明執倖代之。 田瑶乐都。 张裯湟河。 王稚澆河。	
己亥，三年八月，卒，利鹿孤即位。徙治西平。	傉檀		利鹿孤	利鹿孤鎮安夷，後改鎮西平。封西平公。 傉檀鎮西平，廣武公。 禿髮素渥鎮湟河。 禿髮替引鎮嶺南。 禿髮若留鎮澆河。 禿髮洛回鎮廉川。 禿髮吐若留鎮浩亹。	
庚子，建和元年正月改元。五月殺楊軌、田玄明。六月傉檀襲姑臧。	傉檀都督中外諸軍事。凉州牧。		禿髮俱延鎮北。	陰暢晉興。	麴梁明一作麴丞明。記室監。 金樹將。 蘇翹將。
辛丑，二年正月称河西王。五月沮渠富占将军，俱傑来降。八月姜纪奔秦。十月伐北凉。	傉檀 婆衍崘尚書左丞。	楊桓左。後秦徵士。 孟禕左。旋歸後凉	鍮勿崙安國。 俱延張松侯。 郭祖凌江。		史翯祠部郎中。 田玄冲博士祭酒。 赵誕同上。

續 表

	録尚書事	太尉左右司馬僕射	大將軍將軍	太守	雜官
壬寅，弘昌元年三月卒。傉檀即位，称凉王。改元。迁都邺。					张融中散騎常侍。
癸卯二年秦拜傉檀车骑将军，广武公。					
甲辰，三年二月，去年號，罷尚書丞郎。					關尚參軍。
乙巳，四年					
丙午五年秦拜傉檀都督河右諸軍事、車騎大將軍、凉州刺史，鎮姑臧。八月，自還樂都。十一月，復遷姑臧。		趙晁左。 郭倖右。	文支鎮南。	文支鎮姑臧。興城侯。	史暠西曹從事。 宗敞太府主簿。録記室事。
丁未，六年十月，秦河州刺史彭奚念來降。十一月，夏大舉來犯，凉兵敗。		趙晁 郭倖		楊統西郡。	賀連將。 焦朗將。 張猛殿中都尉。 白路殿中騎將。 梁裒軍諮祭酒。 邊憲輔國司馬。
戊申，嘉平元年十一月，復稱凉王。改元。	虎臺	趙晁左，改僕射。 郭倖右。 俱延太尉。	伊力延侯將軍。 枯木左。 俱延鎮北大將軍 敬歸鎮軍 宋益財官。	蘇霸昌松。爲秦所殺。 敬歸司隸校尉。 明德歸昌松。傉檀子。	胡康附馬都尉。 明德歸南中郎將。
己酉，二年	虎臺	俱延	枯木 敬歸	敬歸鎮軍。	景保太史令。封安亭侯。

續 表

	録尚書事	太尉左右司馬僕射	大將軍將軍	太守	雜官
庚戌，三年二月，北凉圍姑臧，姑臧降。還樂都。	虎臺	俱延	枯木左。 折掘奇鎮。右衛。叛。 敬歸敗死。	敬歸	成公緒大司農。
辛亥，四年二月，北凉圍樂都。	虎臺	俱延	屈右將軍。 伊力延衛尉，即前伊力延侯。 段苟安北。 雲連左。	孟愷邯川護軍。	
壬子，五年	虎臺	俱延	文支鎮南。	孟愷 吴陰三河。	
癸丑，六年四月，北凉兵圍樂都。	虎臺	俱延質於北凉。	文支鎮南。 紇勃安西。 匹珍將軍。	孟愷 文支湟河。降北凉。	
甲寅，七年五月，西秦兵襲樂都，城陷。傉檀自歸西秦，南凉亡。	虎臺		樊尼安西。 紇勃中軍。 洛肱後軍。 段苟鎮北。 尉賢政將。	孟愷 張興宗湟河，澆河。見張猛龍碑，湟作黄，澆作饒，字異。	尉肅撫軍。從事中郎。 陰利鹿散騎常侍。

西凉百官表序

凉武昭王，以飛將之後人，爲西州之望族。博通經史，熟誦孫吴，盛名日彰，惠政可紀。道邊虎化，遥呼西凉之君；廐内駒生，敢忘聖人之語。六郡唐瑶之檄，應天順人；三縣凉興之分，踞平守險。

建初改號，嘉納起堂。開玉門之屯，訓農儲穀；增泮宮之額，育才授經。遂爾規模大啓，名譽聿彰。東遷酒泉，逼敵人而扼要；西擊鄯善，偕方物以俱來。赤氣起於後園，白雀翔於前廡。金精畢集，史册大書。在武昭王之意，固欲掃清秦隴，溝通江淮。齊桓召陵之師，大張撻伐；晉文踐土之會，同我太平。豈不臣主俱榮，身名並泰也哉！即不幸而盟聯五郡，效竇融之自完；割據一方，仰張軌之遺轍。亦其次也。奈何盜於禿髮，逼於蒙遜。建旐而不即進，閉關而慮未能。於是刻彥明之銘，著述志之賦。尋春曲水，集僚佐而賦詩；槐蔭故宮，慨蕣榮之非地。文事美矣，武功缺焉。士業才僅下中，志期遠大。距張顯汜稱之諫，遭瀆澗蓼泉之敗。騰蛇竄雉，飛烏殺鵲。地裂效穀，謡及桐椎。見出而不見還，亡身即以亡國。史雖云累功積德，鍾毓有唐。其遺迹可聞，其詒謀亦未足多也。列表如右。

	左長史 右長史 牧府左長史 右長史	左右司馬 牧府右司馬	將軍	太守邑令附	雜官
庚子，元年晉安帝隆安四年，晉昌太守唐瑶移檄六郡，推李暠爲大都督、大將軍、凉公。領秦凉三州牧，護羌校尉。建年庚子。	索遷左。 張邈右。 張條牧左。 令狐溢牧右。	尹建興左。 張體順右。 索承明牧。	唐瑶征東。 宋繇折衝。 張謖揚武。 令狐遷武衛。 氾德瑜寧遠。 張靖折衝。 索訓威遠。	令狐遷晉興，領 氾德瑜西都，領 張靖河湟。領。 索訓西平。領。 趙開大夏。 索慈廣武。 陰亮西安。 令狐赫武威。 索術武興。	郭謙軍諮祭酒。 張綝太府主簿。 宋繇二人皆從事。 張謖中郎。 趙開騂馬護軍。
辛丑，二年					
壬寅，三年		梁中庸領府主簿。蒙遜西郡太守來降。			
癸卯，四年					

續 表

	左長史 右長史 牧府左長史 右長史	左右司馬 牧府右司馬	將軍	太守邑令附	雜官
甲辰，五年世子譚卒。立歆爲世子。					
乙巳，建初元年義熙元年，改元。用張邈議，遷酒泉。正月，自稱大將軍、大都督，領秦凉二州牧。		張邈	張體順寧遠。 宋繇右。	張體順建康。鎮樂涫。 李讓翯子。敦煌。	黄始舍人。 梁興同上。 宋繇燉煌護軍。
丙午，二年					
丁未，三年			李歆撫軍，護羌校尉。 李讓寧朔。西夷校尉。		劉昞儒林祭酒。從事中郎。
戊申，四年					
己酉，五年					
庚戌，六年蒙遜來伐，世子歆敗績。			焦朗龍驤。自北凉來降。	焦朗姑臧。 陰訓武威。《魏書》	朱元虎別將。
辛亥，七年八月蒙遜來襲，敗之。					
壬子，八年					
甲寅，十年					
乙卯，十一年					
丙辰，十二年	索承明司馬。				

續表

	左長史 右長史 牧府左長史 右長史	左右司馬 牧府右司馬	將軍	太守邑令附	雜官
丁巳，嘉興元年暠卒。歆立，自稱大都督、大將軍、凉公。領凉州牧，護羌校尉。改元嘉興。四月，敗蒙遜於解支澗。	宋繇遷長史。録三府事。		宋繇武衛。 索遷征虜。 温宜武衛。	宋繇廣夏。 索遷一作仙。張掖。	梁中庸主簿。 宋繇軍諮祭酒。
戊午，二年晉命歆爲持節，都督七郡軍事，鎮西大將軍，護羌校尉，酒泉公。九月，蒙遜來伐。	張體順左。		宋繇	宋繇	
己未，三年	張體順		宋繇	宋繇	張顯從事中郎。 氾稱主簿。
庚申，四年宋受晉禪，以歆爲都督高昌等七郡諸軍事，征西大將軍，酒泉公。七月，爲蒙遜所敗，戰死。西凉亡。	張體順 宋繇		李姚左。 李亮右。 李翻驍騎。恂兄。 李預擊虜。	李翻酒泉。 李預新城。 李恂燉煌。 李愔讓弟。晉昌燉煌。 李豫翻弟。西海。 李弘豫弟。中華令。	李密領羽林右監。 劉昞撫夷護軍。

北凉百官表序

沮渠氏以横水之胡，爲匈奴之將。蒙遜博涉史學，通曉天文。會當桑海之時，饒有風雲之志。哀羅麴而兵起，斬井馬而威震。始推段業，繼害男成。名爲光武痛伯升之亡，實則子糾因小白而死。已除索嗣馬權之逼，兼收田昂房晷之心。擢任賢才，備具文武。改元僭號，盜踞一方。饜彼雄心，亦云得志。姚秦既逼，酒泉又叛。頗有東遷之意，旋生北拒之悔。反覆不常，惟力是視。猶幸搜求賢哲，廣進芻蕘。納建忠之言，安我桑梓；聞中庸之叛，歸其妻孥。亂吾國者有二叔，雖至親而必誅；呈國瑞者非一端，豈薄德而敢任。劉梁言其必勝，張披勖其共心。丹嶺一捷而思盤降，窮泉一鼓而傉檀遁。叩囊底之智，窮獸在郊。過枕上之師，騰蛇盤帳。既而起城池，繕宫觀。置宴謙光之殿，班職以金；散錢南景之門，爲母祈福。城炳神光，煒煒武功之象；神圖玄石，鬱鬱文士之銘。嘉湟川之納土，方期歸馬金山。授齡石以表文，妄冀揚鷹河右。朝儀命之姚艾，尚愧叔孫；死節嘉夫隗仁，褒以蘇武。未幾秃髮先亡，酒泉大定。赫連乞伏，相繼摧敗。河西之境，惟存一人。而蒙遜經涉艱難，粗識機變。以三十年之久，控五千里之地。縱横滿志，倔强自如。不可謂之非豪傑也。奈何無禮於君，歎其魂魄之逝；乞靈於鬼，終貽閨闥之羞。耄期之荒，滅亡愈速。牧犍嗣位，大改前愆。拜宋繇爲右相，吏治克昌；尊劉昞爲國師，文學日盛。然而卅七年讖，天命攸歸；十二罪之書，人謀亦亟。淮南之大，有如黑子。臥榻之側，豈容他人。面縛出降，就第賜死。固非安平之號所得免，婚姻之請所得生也。列表如右。

	録尚書事 尚書附	左右長史 左右司馬	大將軍 雜號將軍附	刺史太守 護軍令附	雜官
丁酉,神璽元年四月,沮渠蒙遜推建康太守,段業爲使持節,大都督,龍驤大將軍,凉州牧,建康公。			沮渠蒙遜鎮西。 沮渠男成輔國。 索嗣右衛將軍。	蒙遜張掖。 男成酒泉。 李暠效穀令。 張邈效穀令。	郭謙敦煌護軍。 索遷沙州治中。
戊戌,二年五月取吕光西郡晉昌。敦煌降。六月徙張掖。			蒙遜封臨池侯。	蒙遜 王德酒泉。 男成晉昌。 孟敏沙州刺史。 西莫孩西安。	
己亥,天璽元年稱凉王。改元。	蒙遜尚書左丞。 梁中庸右丞。		男成	唐瑶晉昌。	
庚子,二年			男成	王德判。	馬權門下侍郎。
				唐瑶晉昌。叛歸西凉。 沮渠益生酒泉。 蒙遜 馬權張掖。被殺。	
辛丑,永安元年六月,蒙遜殺段業,衆推爲使持節,大都督,大將軍,凉州牧,張掖公。改元。九月,酒泉、凉寧二郡降西凉。		梁中庸右。 房晷 張騭左司馬。 謝正禮右司馬。 張潜牧府長史。	男成四月被殺。 臧莫孩鎮軍。後遷輔國。 田昂右,後遷鎮南。降南凉。 俱傫將軍。 梁中庸武衛。 沮渠伏奴鎮軍。封和平侯。 沮渠挐建忠。都谷侯。	蒙遜西安。六月,自領凉州牧。 伏奴張掖。 昂西郡。 益生	許咸司馬。 王豐孫將。 李興從事中郎。

續　表

	録尚書事 尚書附	左右長史 左右司馬	大將軍 雜號將軍附	刺史太守 護軍令附	雜官
壬寅二年			臧莫孩	益生降西凉。 梁中庯西郡。十二月奔西凉。	
癸卯三年後秦拜蒙遜爲鎮西大將軍,開府儀同三司,沙州刺史,西海侯。			臧莫孩	沮渠親信中田護軍。 沮渠孔篤臨松,二人均賜死。	
乙巳四年					
丙午六年南凉來伐。					
丁未七年攻南凉西郡,降之。					
戊申八年		楊統右長史。			劉梁太史令。
己酉九年					沮渠百年將。
庚戌十年				句呼勒張掖。奔西凉,復奔還。 沮渠成都金山。 沮渠鄯善西郡。 張掖永安令。藏記作披。	
辛亥十一年克南凉姑臧。					沮渠百年將。
壬子玄始元年十二月,還姑臧。蒙遜即河西王位。改元。			沮渠益子鎮東。	挐護羌校尉,秦州刺史。封安平侯,鎮姑臧。旋卒。 益子護羌校尉,秦州刺史。鎮姑臧。	張穆中書侍郎。

續 表

	録尚書事 尚書附	左右長史 左右司馬	大將軍 雜號將軍附	刺史太守 護軍令附	雜官
癸丑,二年四月,立其子政德爲世子。	政德		政德鎮衛大。 文支鎮東大,封振武侯。 成宜侯振威。 王建殿中。 伏恩冠軍。	文支廣武。 成宜侯湟川。 王建湟河。	
甲寅,三年	政德		政德		
乙卯,四年上表於晉,湟河陷於西秦。			沮渠漢平折衝。 段景	漢平湟河,降西秦。 司馬隗仁 長史焦昶二官太守之屬。	黄訊舍人。 穆
丙辰,五年	政德		沮渠廣宗前。	沮渠廣宗張掖。《北凉録》作黄宗,誤。	
丁巳,六年	政德		政德 沮渠成都前。	廣宗	劉祥門下。 校書郎。
戊午,七年十月,稱藩於晉,拜凉州刺史。	政德 房晷尚書左丞。		政德 成都 姚艾征南。	隗仁高昌。	
己未,八年	政德		政德 成都		
庚申,九年七月,殺李歆,取酒泉。九月,李恂復取敦煌,遣世子政德攻之。	政德		政德 成都	沮渠牧犍酒泉。	張衍太史令。 劉昞秘書郎中。
辛酉,十年三月,取敦煌,殺李恂。十月,宋以蒙遜爲鎮軍大將軍,開府儀同三司,凉州刺史。	政德		政德 成都 沮渠鄯善右衛。 沮渠苟生建節。	唐契晉昌十二月叛。	

續 表

	録尚書事 尚書附	左右長史 左右司馬	大將軍 雜號將軍附	刺史太守 護軍令附	雜官
壬戌,十一年三月,克晉昌,八月,柔然來攻,政德軍敗,被殺。	政德		政德 成都		
癸亥,十二年			成都		
甲子,十三年			成都十一月,爲西秦所執。		
乙丑,十四年西秦陷臨松郡。					劉昞郎中。
丙寅,十五年					
丁卯,十六年					
戊辰,承玄元年六月,伐西秦,送成都歸以求和。改元。十二月,又伐之。					
己巳,二年五月,伐西秦,世子興國爲秦所禽,立菩提爲太子。十二月,入貢於宋。					
庚午,三年十一月,入貢於魏。					
辛未,義和元年八月,遣子安周侍於魏。九月,魏拜遜爲侍中,都督凉州、西城、羌戎諸軍事,太傅,行征西大將軍,凉州牧,凉王。王武威、張掖、敦煌、酒泉、西海、金城、西平七郡。十二月改元。			沮渠菩提冠軍。		
壬申,二年					楊定歸中兵校郎。

續 表

	録尚書事尚書附	左右長史左右司馬	大將軍雜號將軍附	刺史太守護軍令附	雜官
癸酉,永和元年四月,蒙遜殂。茂虔即河西王位。改元。魏拜茂虔都督凉、沙、河三州,西域羌戎諸軍事,車騎將軍,開府儀同三司,凉州刺史,河西王。	沮渠茂虔録尚書事。 沮渠封壇録尚書事。 張湛兵部尚書。 宋繇右相。 闞駰尚書。		沮渠藏虔大將軍。四月即位。 沮渠封壇撫軍大將軍。	闞駰姑臧。	劉昞國師助教。 索敞同上。 陰興同上。 宗□太子洗馬。《通鉴》作宋,誤。 趙柔金部郎。 程駿世子侍講。 程弘同上。駿弟。
甲戌,二年四月,宋拜都督凉秦等四州諸軍,征西大將軍,凉州刺史,河西王。					
乙亥,三年				沮渠唐兒敦煌。	唐兒西中郎將。 張慎奉常。
丙子,四年				沮渠董來征南大將軍。	
丁丑,五年十一月,魏以武威公主妻茂虔。			沮渠旁周鎮西。		
戊寅,六年					
己卯,七年八月,魏主來伐,九月降。北凉亡。			董來	唐兒敦煌。 無諱酒泉。 宜得張掖。 沮渠安周樂都。 沮渠天周武威。 張譚和寧令。見《御覽》。 張銑建昌令。見《北史》二人附。	姚定國左丞。 梁偉中尉。 氾儁常侍。

夏百官表序

劉勃勃一身孤孑，四海無依。姚興奇之而叛姚興，奕干妻之而殺奕干。狼虎之性未馴，鷹鸇之擊必摯。何不仁若是哉？亦性使之然也。然而雄武英傑，海內所推，改姓天連，建號民服。東敗傉檀，西盟蒙遜。無敵不摧，何城不克。以王買德爲謀臣，拔之羈旅。以皇甫徽爲記室，玩其文辭。知人善任，睥睨一世。當劉裕兵争之際，正長安鼎沸之時。三秦父老，争覩漢家之威儀；百二關河，猶是晉朝之疆宇。假令裕也移乘輿於洛下，開重鎮於關中，以王鎮惡之雄武而治軍，以王修之詳明而治事，於以塵清榆塞，烽靖蕭關。彼僭僞之徒，恐固圉而未能，况拓疆而可冀乎！奈何篡位謀亟，定邊志疏。以鍾鄧之相争，爲秦梁之並命。而勃勃撫劍而疾視，埽籜以圖成。青泥上洛，重兵塞其咽喉；蒲阪潼關，至險扼夫胸膂。遂爾功成理外，名著寰中。然殘忍衆殊，驕奢習重。處士既至，以過禮而殺身；將作益精，以嚴刑而懾衆。温宫凉殿，壯哉義周之銘；嶺北山南，麗矣契吴之歎。識者詆之爲攛竪，史臣目之爲凶渠。我躬不閲，遑恤我後。民至瘁矣，國亦隨之。以赫連昌之有勇而身禽於拓跋，以赫連定之寡謀而國並於慕璝。雨魚統萬，鳴狐苛嵐，亡國之妖，天人交應，疾風暴雨，未有能持久者。亡也忽焉，又何疑哉！列表如右：

	丞相	大將軍	尚書令尚書附	左右僕射	御史大夫	將軍	司隸校尉	牧刺史	雜官
丁未，龍昇元年勃勃僭稱天王大單于。改元。十一月，伐南凉，破之。	右地伐《通鑑》作代，代公。	力俟提魏公。	若門令。吐以韃尚書。乙斗尚書。	吐以韃左。乙斗右。	吐干阿利梁公。	阿利羅引征南。吐以韃征西。乙斗征北。	阿利羅引		

續 表

	丞相	大將軍	尚書令尚書附	左右僕射	御史大夫	將軍	司隸校尉	牧刺史	雜官
戊申,二年									
己酉,三年九月,秦姚興來伐,敗之。								右地伐幽州牧。	
庚戌,四年			金纂尚書。攻姚興敗死。《通鑑》作胡金纂。			羅提左。兄子。			姚廣都太常。
辛亥,五年正月,破姚詳。						鹿奕干平東。			王買德軍師中郎將。
壬子,六年九月,破秦兵,殺楊佛嵩。									黨智隆光禄勳。買德
癸丑,鳳翔元年三月,改元。改姓赫連。									叱干阿利將作大匠。買德
甲寅,二年十月,與燕莅盟。十二月,立子璝爲太子。延陽平公昌、太原公倫、酒泉公定、平原公滿、河南公安、中山公□。					烏洛孤中丞。			定雍州牧。鎮長安,巡按雍州,鎮陰寧。時未得長安也。	

續 表

	丞相	大將軍	尚書令尚書附	左右僕射	御史大夫	將軍	司隸校尉	牧刺史	雜官
乙卯，三年三月，克秦杏城。五月，與北凉莅盟。赫連建入秦新平，爲姚弼所禽。					烏洛孤				
丙辰四年五月，襲上邽。六月，遣兄子羅提侵秦泄陽。十月，晉滅秦，進據安定，盡降嶺北郡縣。			華韜尚書。據安定來降。旋叛。			赫連昌使持節，前將軍。羊苟兒鎮東，韜儼叛，被殺。		昌雍州刺史。鎮陰密。	胡儼侍中。旋叛。
丁巳，五年閏月，以太子璝爲撫軍大將軍，都督前鋒諸軍事，向長安。		赫連璝撫軍。				昌			皇甫徽中書侍郎。王買德撫軍，右長史。
戊午，昌武元年十月，克長安。十二月，即帝位。改元。		璝	王買德都官尚書。		王買德冠軍。沔陽侯。				叱奴侯提將。
己未，真興元年二月，改元。		璝	璝録南臺尚書事。					璝雍州牧。叱奴侯提并州刺史。鎮蒲坂。	胡義周秘書監。

續 表

	丞相	大將軍	尚書令尚書附	左右僕射	御史大夫	將軍	司隸校尉	牧刺史	雜官
庚申,二年		璝	璝						
辛酉,三年		璝	璝						
壬戌,四年		璝	璝						
癸亥,五年		璝	璝						
甲子,六年璝殺倫,昌殺璝,立昌爲太子。		璝爲昌所殺。	璝			費峻寧東。		韓者并州刺史。	胡方回中書侍郎。見《魏書》。胡淵給事黄門侍郎。
乙丑,承光元年八月殂,廟號世祖。昌即位。改元。									
丙寅,二年八月,襲西秦,拔南安。十一月,魏主自來伐。		呼廬古征南。韋代車騎,封北平公。						曹達弘農。	
丁卯,三年六月,統萬爲魏所克。徙上邽。		定領司徒。封平原王。鎮安定。代	斛黎文尚書。問至尚書。						狄子玉將。張淵徐辯二人太史令。趙逸著作郎。

續 表

	丞相	大將軍	尚書令尚書附	左右僕射	御史大夫	將軍	司隸校尉	牧刺史	雜官
戊辰,勝光元年二月,爲魏禽。定立於原凉。改元。三月,復取長安。		定二月即位。代						費連烏提守。高平。	
己巳,二年		代							
庚午,三年十一月,與魏戰敗,保上邽、平凉、長安,復入於魏。		代							
辛未,四年正月,滅秦。五月,爲吐谷渾所滅,夏亡。		代							

北燕百官表序

慕容末造,殘忍奢淫,禍延夕陽,隕身倉卒。龍城君懿重有度,勤慎寡言。滔滔濁浪,金龍浮水而來;奕奕神光,猛獸避路而去。婁邀天幸,遂生人謀。血流左臂,王垂符命之陳;身棲長谷,李陵酒饌之饋。幸得張泰、李桑之力,遂平離班、桃仁之叛。底定一隅,竊登大寶。始則兄弟推讓,繼則骨肉摧殘。縱有拔劍擊柱之風,亦蹈烹狗藏弓之誡。《通鑑》譏其太忍,史臣目爲常才。幸而教稼明農,省徭薄賦。革前朝之苛政,遣使者而巡行。東市誅小人,東堂見守宰。因得挽回風俗,愍惜困窮。惰農有罰,力田有賞。野無曠土,國少游民。三十年之蓄,不愧足國之經。干斯倉之詠,亦賡大田之什。而武以平亂,文以經務。惜禮崩而樂壞,勖春誦而夏弦。子衿之歎不興,太學之規重建。閭閻不絶諷誦之音,後生復沐庠序之教。白山黑水,崛强東隅。殖桑栽柘,閒閒十畝之間;誦詩讀書,雍雍三代之盛。此其所以立國歟。然而樂浪於歸,用昭勿欺。殊俗之美,耿貳見執。偏犯傲事,大國之譏。遂至天軍四集,境土崩壞。跋死於前,弘逃於後。謀之不臧,非偶然也。弘以篡逆,遽僭位號。衆叛親離,師潰境蹙。弗歸拓跋,乃竄高麗。夫傉檀歸秦,遇酖而弗瘳,牧犍降魏,因事而見誅。亡國之君,罕以身免。况弘驕蹇自如,譙責弗讓乎!即捨高麗而之魏,未見其能保身也。列表如右。

	大單于 四輔附。 大司馬	大將軍	録尚書事 尚書令	左右尚書僕射	吏部尚書 尚書附。	將軍	侍中 散騎常侍附。	司隸校尉 太守 州牧	雜官
己酉,太平元年十月,後燕高雲被弑,衆推跋爲主。改號。		素弗車騎。范陽公。 弘征東。汲郡公。 萬泥驃騎,廣川公。 務銀提上。 郭生鎮東。陳留公。 乳陳兄子。征西,上谷公。 姚昭鎮南。上黨公。	素弗録。 孫護令。陽平公。	弘右 張興左。永寧公。	馬弗勤廣宗公。	張興衛。 郭生右衛。 王難撫軍。穎川公。	素弗侍中。 弘侍中。 孫護侍中。 王難侍中。	萬泥幽平二州牧。加開府儀同三司。 乳陳并青二州牧。 務銀提遼東。 姚昭司隸校尉。	

續　表

	大單于四輔附。大司馬	大將軍	録尚書事尚書令	左右尚書僕射	吏部尚書尚書附。	將軍	侍中散騎常侍附。	司隸校尉太守州牧	雜官
庚戌，二年	素弗大司馬，改封遼西公。	弘驃騎。改封中山公。 萬泥二月，加開府儀同三司，旋以謀反，誅。 乳陳謀反，誅。 務銀提 郭生 姚昭	孫護	張興	馬弗勤	張興 秦都游擊。		萬泥 乳陳二人叛，被殺。 李訓方略令。	
辛亥，三年	素弗 永領大單于。置四輔。	弘 務銀提 郭生 姚昭	孫護	張興	紀達尚書。	秦都游擊。			劉軒太常丞。
壬子，四年	素弗 永	弘 郭生 姚昭	孫護	張興					
癸丑，五年	素弗 永	弘 郭生 姚昭	孫護	張興			陽哲		
甲寅，六年三月，遣褚匡迎從兄買，從弟睹。斛律來送女。十月，與夏連和。	素弗十二卒。 永 萬陵前輔。	弘 郭生 姚昭	孫護	張興 馮丕左。常山公。		褚匡游擊。 馮買衛尉。城陽伯。	陽哲 申秀散騎常侍。		褚匡中書侍郎。 桃鮮左常侍。 嘗陋黄門郎。 馮靚太常。高陽伯。 馮懿中給事。

續　表

	大單于四輔附。大司馬	大將軍	録尚書事尚書令	左右尚書僕射	吏部尚書尚書附。	將軍	侍中散騎常侍附。	司隸校尉太守州牧	雜官
乙卯，七年	永	弘 郭生 姚昭	孫護進左光禄大夫，開府儀同三司，録尚書事。尋以怨望誅。	張興			高策散騎常侍。 陽哲	務銀提遼東。 孫伯仁昌黎尹。尋伏誅。	閔尚太史令。
丙辰，八年建太學。		弘 昭				陽哲征北將軍。關内侯。《通鑑》	庫傉官昌	庫傉官提幽州刺史。漁陽公。《通鑑》	閔尚 劉軒 張熾博士。 翟崇郎中。
丁巳，九年	永	弘 姚昭					陽哲		尚 李扶中書郎。
戊午，十年魏長孫道生來攻和龍。	永 古泥右輔。	弘 姚昭				皇甫軌爲魏所殺。	陽哲		尚 張穆太史令。
己未，十一年突國遣使來朝。	永 古泥	弘 姚 昭					陽哲		尚
庚申，十二年	永	弘 昭							
辛酉，十三年	永	弘 昭							
壬戌，十四年		弘 昭							

續　表

	大單于四輔附。大司馬	大將軍	録尚書事尚書令	左右尚書僕射	吏部尚書尚書附。	將軍	侍中散騎常侍附。	司隸校尉太守州牧	雜官
癸亥，十五年		弘昭						高贇遼西。謀反，誅。	
甲子，十六年		弘昭							傅權尚書左丞。
乙丑，十七年		弘昭							
丙寅，十八年八月，太子永卒。立次子翼爲太子。		弘昭							
丁卯，十九年		弘昭							
戊辰，二十年		弘昭							尚
己巳，二十一年		弘昭							
庚午，二十二年九月，跋卒。弘即位。		弘姚昭					陽哲游力廣平。見《北史》		孫敬仁司隸功曹。申秀中書監。胡福中給事。
辛未，太興元年	姚昭大司馬。被殺。							竇周	馮哲宗正。盧昭黄門。

續 表

	大單于四輔附。大司馬	大將軍	録尚書事尚書令	左右尚書僕射	吏部尚書尚書附。	將軍	侍中散騎常侍附。	司隸校尉太守州牧	雜官
壬申，二年六月，魏人來伐。七月，圍和龍。十二月，長樂公崇以遼西降魏。								李崇石城。王融建德。均降魏。慕容玄帶方。見《魏書》	崔聘侍御史。見《魏書》高紹尚書。爲魏所殺。見《魏書》。郭淵尚書。《通鑑》封羽别將。
癸酉，三年六月，魏永昌、王健等攻和龍。									羽降魏。
甲戌，四年三月，上表稱藩於魏。六月，魏永昌王來伐。						劉滋散騎常侍。被殺。			伊臣給事黄門侍郎。高顒尚書。均見《魏書》
乙亥，五年宋封燕王。	古泥	湯燭《通鑑》				孫德右衛。			楊峪太常。陽伊尚書。見《北燕録》
丙子，六年五月，爲魏所逼，走高麗。北燕亡。	古泥		郭生令。					高育建極令。見《北史》	陽伊

萬季野先生《歷代史表》有漢趙、後趙、成秦、後秦、燕、後燕、南燕九國將相大臣表。練立人補《西秦百官表》。今補後凉、南凉、西凉、北凉、夏、北燕六國百官表。《晉書・載記》、《御覽》、《姓氏書》、金石拓本，全行搜采，然遺漏終不免。

卷　四

永樂大典考

《永樂大典》二萬二千八百七十七卷，凡例、目録六十卷，共爲萬二千册。明成祖永樂元年癸未九月詔學士解縉，以韻字類聚經史子集、天文地志、陰陽醫卜、僧道技藝之言爲一書。越年奏進，賜名《文獻大成》。與其事者凡一百四十七人。上覽書，嫌未備，復命太子少保姚廣孝、刑部侍郎劉季篪與縉同監修。而以翰林學士王景、侍讀學士王達、國子祭酒胡儼、司經局洗馬楊博、儒士陳濟爲總裁。以翰林侍讀鄒輯、修撰王褒、梁潛、吴溥、李貫、楊覿、曾棨、編修朱紘，檢討王洪、蔣驥、潘畿、王偁、蘇伯厚、張伯穎，典籍梁用行，庶吉士楊相，左春坊左中允尹昌隆，宗人府經歷高得陽，吏部郎中葉砥，山東按察使僉事晏璧爲副總裁。中外宿師老儒充纂修，國學縣學能書生員繕寫，開館於文淵閣，光禄寺給朝暮膳，司事凡二千一百六十九人。六年戊子冬書成，改名，冠以御製文序，姚廣孝等進書表，並命復寫一部鋟諸梓，以永樂七年十月訖工，後以工費浩繁而罷。定都北京以後，移貯文樓。按文樓，即今之宏義閣。孝宗雅好讀書，常置案頭。嘉靖四十一年壬戌，禁中火，世宗亟命救出，申諭再四，幸未被焚，因選禮部儒士程道南等一百人，重録正副二本，命高拱、張居正校理，書手一百八名，每人日三葉，至隆慶改元始畢，仍歸原本於南京，其正本貯文淵閣，副本別貯皇史宬。萬曆二十二年甲午，南京祭酒陸可教，請分頒巡方御史校刊，議允未行。我世祖章皇帝萬幾之暇，嘗以是書充覽，正本因留乾清宫，副本在皇史宬者，因恭藏聖祖仁皇帝實録，屏當書架，移貯翰林院。臨川李穆堂侍郎紱在書局，首先借觀，鄞縣全謝山先生祖望時寓侍郎邸，因與侍郎定爲日課，日盡二十卷，以所簽分令四人鈔之，一日所簽，或至浹旬未畢，其難如此。會纂修三禮，謝山語總裁方望溪侍郎苞鈔三禮之不傳者，而副本缺失二千四百二十二卷，拟奏請發宫中正書補足之，亦未果。祁門馬嶰谷曰琯、仁和趙谷林昱，均爲謝山致鈔資，而謝山改知縣，未久於其事。鈔出者，宋田氏《學易蹊徑》二十卷，高氏《春秋義宗》百五十卷，曹粹中《詩説》，王安石《周官新義》，劉公是《文鈔》、《唐説齋文鈔》，史真隱《尚書》、《周禮》、《論語解》，《二袁先生文鈔》，元實苹酒耘先生《令譜》。今《周官新義》、《劉公是文》、《二袁先生文》均成書，有傳本。餘未聞。杭堇浦世駿《續禮記集説》，所采宋元人説，半出於《大典》。

乾隆壬寅，詔修《四庫全書》，大興朱笥河學士筠請將《大典》中古書善本世所罕見者，擇取繕寫，各自爲書，以復舊觀，得旨允行。編入《四庫》者三百六十五種，附存目者又一百有六種。第諸書輯散爲整，考訂不易，有業經輯出而未及進呈者，如宋元兩《鎮江志》、嘉泰《吴興志》、嘉定《維揚志》、《奉天録》、《九國志》之類亦復不少。嘉慶丁巳，乾清宫災，正書遂毁。而修《全唐文》時，大興徐星伯先生松，曾鈔出《宋會要》五百卷，《中興禮書》一百五十卷，《河南志》三卷，《秘書省續到闕書》二卷。仁和胡書農學士敬鈔出施諤《臨安志》十六卷，《大元海運記》一卷。孫文靖公爾準鈔出仇遠《山村詞》。及道光戊子重修《一統志》，嘉興錢心壺給諫儀吉曾奏請重輯《大典》未盡之書。諭俟統志修畢，再行核辦。新安相國頗以爲多事。迨志成而西鄆兵起，給諫亦降官，無人敢理此事矣。原書萬餘册，恭庋敬一亭，蛛網塵封，無人過問。咸豐庚申，與西國議和，使館林立，與翰林院密邇，書遂漸漸遺失。光緒乙亥，重修翰林院衙門，庋置此書，不及五千册，嚴究館人，交刑部斃於獄，而書無著。余丙子入翰林，詢之清秘堂前輩，云尚有三千餘册，請觀之，則群睨而笑，以爲若庶常習散館詩賦耳，何觀此不急之務爲，且官書焉能借？迨丙戌，志伯愚侍讀鋭始導之入敬一亭觀書，並允借閲，每册高一尺六寸，廣九寸五分。以至粗黄絹連腦包過，硬面，宣紙朱絲闌，每葉八行，每行大十五，小三十。字朱筆句讀，書名或朱書或否。

乾隆間館臣原籤尚有存者。前後閲過九百餘册,而余丁内艱矣。零落不完,毫無鉅帙,鈔出《宋十三處戰功録》、《曾公遺録》、《順天志》、《瀘州志》、《宋中興百官題名》、《國清百録》諸書。癸巳起復詢之,則賸六百餘册。庚子鉅劫,翰林院一段皆劃入使館,舊所儲藏,均不可問,《大典》只存三百餘册,正書早歸天上,副本亦付劫灰,後之人徒知其名而已,可勝歎哉!目録六十卷,山西靈石楊氏《連筠簃叢書》刻之。

《四庫》著録三百六十有五種:

《周易口訣義》六卷。唐史徵。

《易學辨惑》一卷。宋邵伯温。

《讀易詳説》十卷。宋李光。

《周易窺餘》十五卷。宋鄭剛中。

《易變體義》十二卷。宋都絜。

《易原》八卷。宋程大昌。

《易説》四卷。宋趙善譽。

《易傳鐙》四卷。舊本題宋徐總幹撰,不著名。

《厚齋易學》五十二卷。宋馮椅。

《易象意言》一卷。宋蔡淵。

《周易詳解》十六卷。宋李杞。

《讀易舉要》四卷。宋俞琰。

《周易象義》十六卷。宋丁易東。

《易纂言》十卷。元吴澄。

《易精藴大義》十二卷。元解蒙。

《易學變通》六卷。元曾貫。

《乾坤鑿度》二卷。

《周易乾鑿度》二卷。

《易緯稽覽圖》二卷。

《易緯辨終備》一卷。

《易緯通卦驗》二卷。

《易緯乾元序制記》一卷。

《易緯是類謀》一卷。

《易緯坤靈圖》一卷。

《禹貢指南》四卷。宋毛晃。

《禹貢論》五卷、《後論》一卷、《山川地理圖》二卷。宋程大昌。

《尚書講義》二十卷。宋史浩。

《尚書詳解》二十六卷。宋夏僎。

《禹貢説斷》四卷。宋傅寅。

《五誥解》四卷。宋楊簡。

《絜齋家塾書鈔》十二卷。宋袁燮。

《尚書精義》五十卷。宋黄倫。

《融堂書解》二十卷。宋錢時。

《洪範統一》一卷。宋趙善湘。

《慈湖詩傳》二十卷。宋楊簡。

《續吕氏家塾讀詩記》三卷。宋戴溪。

《絜齋毛詩經筵講義》四卷。宋袁燮。

《毛詩講義》十二卷。宋林岊。

《詩纘緒》十八卷。元劉玉汝。

《周官集傳》十六卷。元毛應龍。

《儀禮識誤》三卷。宋張淳。

《儀禮集釋》三十卷。宋李如圭。

《儀禮釋宫》一卷。宋李如圭。

《月令解》十二卷。宋張虙。

《春秋釋例》十五卷。晉杜預。

《春秋傳説例》一卷。宋劉敞。

《春秋辨疑》四卷。宋蕭楚。

《春秋經解》十二卷。宋崔子方。

《春秋例要》一卷。宋崔子方。

《春秋通訓》六卷。宋張大亨。

《春秋考》十六卷。宋葉夢得。

《春秋讞》二十二卷。宋葉夢得。

《春秋集注》四十卷。宋高閌。

《春秋左氏傳續説》十二卷。宋吕祖謙。

《春秋講義》四卷。宋戴溪。

《春秋説》三十卷。宋洪咨夔。

《春秋三傳辨疑》二十卷。元程端學。

《春秋繁露》十七卷。漢董仲舒。

《孝經述注》一卷。明項霦。

《蒙齋中庸講義》四卷。宋袁甫。

《瑟譜》六卷。元熊朋來。

《韶舞九成樂補》一卷。元余載。

《律吕成書》二卷。元劉瑾。

《方言》十三卷。舊本題漢揚雄撰,晉郭璞注。

《切韻指掌圖》二卷,附《檢例》一卷。宋司馬光撰。其檢例則邵光祖所補。

《舊五代史》一百五十卷、目録二卷。宋薛居正等撰。

《中興小紀》四十卷。宋熊克。

《續資治通鑑長編》五百二十卷。宋李燾。

《建炎以來繫年要録》二百卷。宋李心傳。

《兩漢年紀》三十卷。宋王益之。

《兩朝綱目備要》十六卷。不著撰人名氏。

《東觀漢記》二十四卷。是書於漢明帝時創修,後遞有增損,至熹平中乃成書。

《續後漢書》九十卷。元郝經。

《咸湻遺事》二卷。不著撰人名氏。

《大金弔伐録》四卷。不著撰人名氏。

《汝南遺事》四卷。元王鶚。

《讜論集》五卷。宋陳次升。

《魏鄭公諫續録》二卷。不著撰人名氏。

《京口耆舊傳》九卷。不著撰人名氏。

《唐才子傳》八卷。元辛文房。

《蠻書》十卷。唐樊綽。

《水經注》四十卷。後魏酈道元。

《江南餘載》二卷。不著撰人名氏。

《河防通議》二卷。元沙克什。

《治河圖略》一卷。元王喜。

《嶺表録異》三卷。舊本題唐劉恂。

《嶺外代答》十卷。宋周去非。

《吴中舊事》一卷。元陸友仁。

《河朔訪古記》二卷。不著撰人名氏。

《諸蕃志》二卷。宋趙汝适。

《麟臺故事》五卷。宋程俱。

《南宋館閣録》十卷、《續録》十卷。宋陳騤。

《州縣提綱》四卷。不著撰人名氏。

《宋朝事實》二十卷。宋李攸。

《漢官舊儀》一卷、《補遺》一卷。漢衛宏。

《大金德運圖説》一卷。金尚書省集議之案牘。

《廟學典禮》六卷。不著撰人名氏。

《熬波圖》一卷。元陳椿。

《寶刻類編》八卷。不著撰人名氏。

《經幄管見》四卷。宋曹彦約。

《舊聞證誤》四卷。宋李心傳。

《傅子》一卷。晉傅玄。

《帝範》四卷。唐太宗。

《儒言》一卷。宋晁説之。

《省心雜言》一卷。宋李邦獻。

《袁氏世範》三卷。宋袁采。

《戒子通録》八卷。宋劉清之。

《知言》六卷《附録》一卷。宋胡宏。

《明本釋》三卷。宋劉荀。

《少儀外傳》二卷。宋吕祖謙。

《項氏家説》十卷、《附録》二卷。宋項安世。

《準齋雜記》二卷。宋吴如愚。

《朱子讀書法》四卷。宋張江、齊㷆同編。

《家山圖書》一卷。不著撰人名氏。

《治世龜鑑》一卷。元蘇天爵。

《守城録》四卷。宋陳規在德安禦寇事迹也。

《折獲龜鑑》八卷。宋鄭克。

《農桑輯要》七卷。元世祖時官撰。

《農桑衣食撮要》二卷。元魯明善。

《農書》二十二卷。元王楨。

《顱顖經》二卷。不著撰人名氏。

《博濟方》五卷。宋王衮。

《蘇沈良方》八卷。宋沈括所集方書,後人以蘇軾之説附之。

《脚氣治法總要》三卷。宋董汲。

《旅舍備要方》一卷。宋董汲。

《傷寒微旨》二卷。宋韓祇和。

《全生指迷方》四卷。宋王貺。

《衛生十全方》三卷、《奇病方》一卷。宋夏德。

《衛濟寶書》二卷。舊本題東軒居士撰,不著名氏。

《太醫局程文》九卷。宋時考試醫學之制。

《産育寶慶方》二卷。不著撰人名氏。

《集驗背疽方》一卷。宋李迅。

《濟生方》八卷。宋嚴用和。

《産寶諸方》一卷。不著撰人名氏。

《急救仙方》六卷。不著撰人名氏。

《瑞竹堂經驗方》五卷。元沙圖穆蘇。

《周髀算經》二卷,《音義》一卷。是書相傳爲古本,莫知誰作。音義,李籍撰。

《原本革象新書》五卷。宋濂序,稱趙緣督先生所著。

《九章算術》九卷。不著撰人名氏。

《孫子算經》三卷。不著撰人名氏。

《術數記遺》一卷。舊本題漢徐岳撰。

《海島算經》一卷。晉劉徽撰,唐李淳風注。

《五曹算經》五卷。不著撰人名氏。

《夏侯陽算經》三卷。舊本題夏侯陽撰。

《五章算術》二卷。北周甄鸞。

《數學九章》十八卷。宋秦九韶。

《益古演段》三卷。元李治。

《皇極經世索隱》二卷。宋張行成。

《皇極經世觀物外篇衍義》九卷。宋張行成。

《易通變》四十卷。宋張行成。

《洪範皇極内外篇》五卷。宋蔡沈。

《大衍索隱》三卷。宋丁易東。

《李虚中命書》三卷。舊本題鬼谷子撰,唐李虚中注。

《玉照定真經》一卷。舊本題晉郭璞撰,張顒注。

《徐氏珞琭子賦注》二卷。宋徐子平。

《珞琭子三命消息賦注》二卷。宋釋曇瑩撰注。

《三命指迷賦》一卷。舊本題宋岳珂補注。

《星命總括》三卷。舊本題遼耶津純撰。

《月波洞中記》二卷。原稱老君記於太白山月波洞。

《王管照神局》三卷。舊本題南唐宋齊邱撰。

《太清神鑑》六卷。舊本題後周王朴撰。

《人倫大統賦》一卷。金張行簡。

《寶真齋法書贊》二十八卷。宋岳珂。

《竹譜》十卷。元李衎。

《衍極》二卷。舊本題宋東楚湯垕君載撰。

《元元棋經》一卷。宋晏天章。

《棋訣》一卷。宋劉仲甫。

《墨法集要》一卷。明沈繼孫。

《宣和北苑貢録》一卷,附《北苑别録》一卷。宋熊蕃撰,趙汝勵作

《别録》。

《金樓子》六卷。梁孝元皇帝。

《芻言》三卷。宋崔敦禮。

《蘇氏演義》二卷。唐蘇鶚。

《雲谷雜記》四卷。宋張淏。

《甕牖閒評》八卷。宋袁文。

《考古質疑》六卷。宋葉大慶。

《潁川語小》二卷。宋陳昉。

《坦齋通編》一卷。

《吕氏雜記》二卷。宋吕希哲。

《石林燕語》十卷、《考異》一卷。宋葉夢得。

《辨言》一卷。宋員興宗。

《常談》一卷。宋吴箕。

《澗泉日記》三卷。宋韓淲。

《敬齋古今黈》八卷。元李冶。

《日聞録》一卷。元李翀。

《元和姓纂》十八卷。唐林寶。

《實賓録》十四卷。宋馬永易。

《古今姓氏書辨證》四十卷。宋鄧名世。

《帝王經世圖譜》十六卷。宋唐仲友。

《金華子》二卷。南唐劉崇遠。

《賈氏談録》一卷。宋張洎。

《東齋記事》六卷。宋范鎮。

《珍席放談》二卷。宋高晦叟。

《唐語林》八卷。宋王讜。

《萍州可談》三卷。宋朱彧。

《高齋漫録》一卷。宋曾慥。

《張氏可書》一卷。宋張知甫。

《步里客談》二卷。宋陳長方。

《江淮異人録》二卷。宋吴淑。

《文子纘義》十二卷。宋杜道堅。

《逍遥集》一卷。宋潘閬。

《文莊集》三十六卷。宋夏竦。

《宋元憲集》四十卷。宋宋庠。

《宋景文集》六十二卷《補遺》二卷《附録》一卷。宋宋祁。

《文恭集》五十卷,《補遺》一卷。宋胡宿。

《祠部集》三十六卷。宋强至。

《金氏文集》二卷。宋金君卿。

《公是集》五十四卷。宋劉敞。

《彭城集》四十卷。宋劉攽。

《都官集》十四卷。宋陳舜俞。

《鄖溪集》三十卷。宋鄭獬。

《净德集》三十八卷。宋吕陶。

《忠肅集》二十卷。宋劉摯。

《王魏公集》八卷。宋王安禮。

《濟南集》八卷。宋李廌。

《畫墁集》八卷。宋張舜民。

《陶山集》十四卷。宋陸佃。

《雲溪居士集》三十卷。宋華鎮。

《潏水集》十六卷。宋李復。

《學易集》八卷。宋劉跂。

《西臺集》二十卷。宋畢仲游。

《北湖集》五卷。宋吴則禮。

《溪堂集》十卷。宋謝逸。

《日涉園集》十卷。宋李彭。

《灌園集》二十卷。宋吕南公。

《摛文堂集》十五卷、《附録》一卷。宋慕容彦逢。

《襄陵集》十二卷。宋許翰。

《東堂集》十卷。宋毛滂。

《浮沚集》八卷。宋周行己。

《竹隱畸士集》二十卷。宋趙鼎臣。
《洪龜父集》二卷。宋洪朋。
《跨鼇集》三十卷。宋李新。
《忠愍集》三卷。宋李若水。
《初寮集》八卷。宋王安中。
《橫塘集》二十卷。宋許衡。
《老圃集》二卷。宋洪芻。
《丹陽集》二十四卷。宋葛勝仲。
《毗陵集》十五卷。宋張守。
《浮溪集》三十六卷。宋汪藻。
《莊簡集》十八卷。宋李光。
《忠正德文集》十卷。宋趙鼎。
《東窗集》十六卷。宋張擴。
《忠惠集》十卷、《附録》一卷。宋翟汝文。
《櫟溪居士集》十二卷。宋劉才邵。
《忠穆集》八卷。宋吕頤浩。
《紫微集》三十六卷。宋張嵲。
《東牟集》十四卷。宋王洋。
《相山集》三十卷。宋王之道。
《三餘集》四卷。宋黄彦平。
《大隱集》十卷。宋李正民。
《鄱陽集》四卷。宋洪皓。
《澹齋集》十八卷。宋李流謙。
《灊山集》三卷。宋朱翌。
《雲溪集》十二卷。宋郭印。
《北海集》四十六卷、《附録》三卷。宋綦崇禮。
《崧庵集》六卷。宋李處權。
《藏海居士集》二卷。宋吴可。
《茶山集》八卷。宋曾幾。
《蘆川歸來集》十卷、《附録》一卷。宋張元幹。

《鄧紳伯集》二卷。宋鄧深。

《浮山集》十卷。宋仲并。

《湖山集》十卷。宋吴芾。

《文定集》二十四卷。宋汪應辰。

《唯室集》四卷、《附録》一卷。宋陳長方。

《漢濱集》十六卷。宋王之望。

《雲莊集》五卷。宋曾協。

《竹軒雜著》六卷。宋林季仲。

《雪山集》十六卷。宋王質。

《方舟集》二十四卷。宋李石。

《香山集》十六卷。宋喻良能。

《宫教集》十二卷。宋崔敦禮。

《蒙隱集》二卷。宋陳棣。

《定庵類稿》四卷。宋衛博。

《澹軒集》八卷。宋李吕。

《尊白堂集》六卷。宋虞儔。

《東塘集》二十卷。宋袁説友。

《涉齋集》十八卷。宋許及之。

《乾道稿》一卷、《淳熙稿》二十卷、《章泉稿》五卷。宋趙蕃。

《止堂集》二十卷。宋彭龜年。

《緣督集》二十卷。宋曾丰。

《絜齋集》二十四卷。宋袁燮。

《定齋集》二十卷。宋蔡戡。

《九華集》二十五卷、《附録》一卷。宋員興宗。

《應齋雜著》六卷。宋趙善括。

《芸庵類稿》六卷。宋李洪。

《南湖集》十卷。宋張鎡。

《南澗甲乙稿》二十二卷。宋韓元吉。

《自鳴集》六卷。宋章甫。

《客亭類稿》十五卷。宋楊冠卿。

《蓮峰集》十卷。宋史堯弼。

《昌谷集》二十二卷。宋曹彦約。

《省齋集》十卷。宋廖行之。

《山房集》九卷。宋周南。

《後樂集》二十卷。宋衛涇。

《性善堂稿》十五卷。宋度正。

《東山詩選》二卷。宋葛紹禮。

《蒙齋集》十八卷。宋袁甫。

《鶴林集》四十卷。宋吴泳。

《東澗集》十四卷。宋許應龍。

《浣川集》十卷。宋戴栩。

《漁墅類稿》八卷。宋陳元晉。

《滄洲塵缶編》十四卷。宋程公許。

《篔窗集》十卷。宋陳耆卿。

《臞軒集》十六卷。宋王邁。

《敝帚稿略》八卷。宋包恢。

《泠然齋集》八卷。宋蘇泂。

《澗泉集》二十卷。宋韓淲。

《庸齋集》六卷。宋趙汝騰。

《彝齋文編》四卷。宋趙孟堅。

《拙軒集》六卷。宋張侃。

《靈巖集》十卷。宋唐士耻。

《楳埜集》十二卷。宋徐元杰。

《耻堂存稿》八卷。宋高斯得。

《潛山集》十二卷。宋釋文珦。

《字溪集》十一卷《附録》一卷。宋陽枋。

《須溪集》十卷。宋劉辰翁。

《碧梧玩芳集》二十四卷。宋馬廷鸞。

《葦航漫游稿》四卷。宋胡仲弓。

《秋聲集》六卷。宋衛宗武。

《廬山集》五卷、《英溪集》一卷。宋董嗣杲。

《則堂集》六卷。宋家鉉翁。

《百正集》三卷。宋連文鳳。

《自堂存稿》四卷。宋陳杰。

《心泉學詩稿》六卷。宋蒲壽宬。

《拙軒集》六卷。金王寂。

《歸田類稿》二十四卷。元張養浩。

《剩語》二卷。元艾性夫。

《牆東類稾》二十卷。元陸文圭。

《青山集》八卷。元趙文。

《紫山大全集》二十六卷。元胡祇遹。

《金淵集》六卷。元仇遠。

《小亨集》六卷。元楊宏道。

《青崖集》五卷。元魏初。

《養吾齋集》三十二卷。元劉將孫。

《雙溪醉隱集》三十八卷。元耶律鑄。

《東庵集》四卷。元滕安上。

《畏齋集》六卷。元程端禮。

《牧庵文集》三十六卷。元姚燧。

《陳秋巖詩集》二卷。元陳宜甫。

《蘭軒集》十六卷。元王旭。

《西巖集》二十卷。元張之翰。

《中庵集》二十卷。元劉敏中。

《王文忠集》六卷。元王結。

《勤齋集》八卷。元蕭𣂏。

《榘庵集》十五卷。元同恕。

《伊濱集》二十四卷。元王沂。

《積齋集》五卷。元程端學。

《瓢泉吟稿》五卷。元朱晞顔。

《子淵詩集》六卷。元張仲深。

《羽庭集》六卷。元劉仁本。

《吾吾類稿》三卷。元吴皋。

《性情集》六卷。元周巽。

《樗隱集》六卷。元胡行簡。

《庸庵集》十四卷。元宋禧。

《密庵集》八卷。明謝肅。

《臨安集》六卷。明錢宰。

《藍山集》六卷。明藍仁。

《藍澗集》六卷。明藍智。

《樗庵類稿》二卷。明鄭潛。

《鵝湖集》六卷。明龔斆。

《江湖後集》二十四卷。宋陳起編。

《藏海詩話》一卷。宋吴可。

《歲寒堂詩話》二卷。宋張戒。

《環溪詩話》一卷。不著撰人名氏。

《文章精義》一卷。宋李耆卿。

《浩然齋雅談》三卷。宋周密。

《文説》一卷。元陳繹曾。

《作義要决》一卷。元倪士毅。

附存目一百有六種：

《古洪範》一卷。宋賀成大。

《春秋握奇圖》一卷。金利鸞孫。

《春秋經疑問對》二卷。元黄復祖。

《春秋合題著説》三卷。元楊維楨。

《春秋透天關》四卷。舊本題晏兼善撰。

《麟經指南》一卷。不著撰人名氏。

《蒙古譯語》一卷。不著撰人名氏。

《華夷譯語》一卷。明火源潔奉敕撰。

《歷代帝王纂要譜括》一卷。不著撰人名氏。

《藝祖受禪録》一卷。舊本題宋趙普、曹彬同撰。

《龍飛記》一卷。舊本題宋趙普撰。

《重明節館伴語録》一卷。宋倪思。

《誅吴録》一卷。宋張革之。

《丁卯實編》一卷。宋毛方平。

《平叛録》一卷。宋郭士寧。

《孔子世家補》十二卷。宋歐陽士秀。

《孔氏實録》一卷。不著撰人名氏。

《三蘇年表》二卷。宋孫汝聽。

《東坡年表譜》一卷。宋王宗稷。

《綦崇禮年譜》一卷。宋綦焕。

《吕忠穆公遺事》一卷。不著撰人名氏。

《吕忠穆公年譜》一卷。不著撰人名氏。

《尹和靖年譜》一卷。不著撰人名氏。

《饒雙峰年譜》一卷。不著撰人名氏。

《許魯齋考歲略》一卷。元耶律有尚。

《辜君政績書》二卷。元陶凱。

《忠傳》四卷。不著撰人名氏。

《逢辰記》一卷。不著撰人名氏。

《勤王記》一卷。舊本題宋臧梓撰。

《西征道里記》一卷。宋鄭剛中。

《江東地利論》一卷。宋陳武。

《邊防控扼形勢圖論》一卷。宋江默。

《太常沿革》二卷。元任栻。

《南臺備要》二卷。元劉孟保等。

《寶鈔通考》八卷。元武祺。

《永徽法經》三十卷。元鄭汝翼。

《至正條格》二十三卷。元順帝時官撰。

《金玉新書》二十七卷。不著撰人名氏。

《官民準用》七卷。不著撰人名氏。

《明律》三十卷。明太祖時敕修。

《元内府宫殿制作》一卷。不著撰人名氏。

《十六策》一卷。舊題漢諸葛亮撰。

《江東十考》一卷。宋李道傳。

《南北十論》一卷。題許學士撰,不著其名。

《洗冤録》二卷。宋宋慈。

《政刑類要》。元彭天錫。

《名公書判清明集》十七卷。不著撰人名氏。

《唐律文明法會録》一卷。不著撰人名氏。

《流注指微賦》一卷。元何若愚。

《水牛經》三卷。舊本題唐造父。

《安驥集》三卷。不著撰人名氏。

《痊驥集》二卷。不著撰人名氏。

《宫曆刻漏圖》二卷。宋王普。

《翼玄》十二卷。宋張行成。

《皇極經世書類要》九卷。宋鍾過。

《漢原陵秘葬經》十卷。不著撰人名氏。

《九天元女六壬課》一卷。舊本題唐袁天綱撰。

《皇極大定動數得一論》一卷。元吴正。

《皇極數》三卷。不著撰人名氏。

《皇極生成鬼經數》一卷。不著撰人名氏。

《九天元妙課》一卷。不著撰人名氏。

《相掌金龜卦》一卷。舊本題鬼谷子撰。

《貴賤定格三世相書》一卷。舊本題鬼谷子撰。

《易衍》二卷。舊本題漢東方朔撰。

《貴賤定格五行相書》一卷。舊本題唐袁天綱撰。

《康節内秘影》一卷。舊本題宋邵子撰。

《九宫八卦遁法秘書》二卷。不著撰人名氏。

《成大定數》一卷。不著撰人名氏。

《洪範政鑒》十二卷。宋仁宗御撰。

《神機相字法》一卷。一名景齊字至理集。

《龜鑑易影皇極數》一卷。舊本題郭居敬撰。

《鳴道集説》一卷。舊本題金李之純撰。

《中説》三卷。元敖淵。

《有官龜鑑》十九卷。元蘇霖。

《忍經》一卷。元吴亮。

《永鑒録》二卷。明洪武中奉敕撰。

《歷代駙馬録》二卷。明洪武中奉敕撰。

《公子書》三卷。明洪武中奉敕撰。

《帝王寶範》三卷。明馬順孫。

《四六膏馥》七卷。舊本題宋楊萬里撰。

《兩漢蒙求》十一卷。宋劉班。

《訓女蒙求》一卷。宋徐伯益。

《八詩六帖》二十九卷。舊本題宋王狀元撰,不著其名。

《三場通用引易活法》九卷。不著撰人名氏。

《啓劄雲錦裳》八卷。不著撰人名氏。

《啓劄錦語》七卷。不著撰人名氏。

《啓劄淵海》二卷。不著撰人名氏。

《聚課瓊珠詩對》九卷。不著撰人名氏。

《對屬發蒙》二卷。不著撰人名氏。

《賦學剖蒙》二卷。不著撰人名氏。

《啓劄青錢》十八卷。不著撰人名氏。

《古賦題》十卷、《後集》五卷。舊本題天曆己巳,古雍劉氏翠巖家塾識。

《燕丹子》三卷。不著撰人名氏。

《峽山神異記》一卷。宋王輔。

《古今諺》一卷。宋周守忠。

《滑稽小傳》二卷,一名《滑稽逸傳》。不著撰人名氏。

《笑苑千金》一卷。舊本題張致和。

《醉翁滑稽風月笑談》一卷。不著撰人名氏。

《玉堂詩話》一卷。不著撰人名氏。

《桃花源集》一卷。宋姚孳編。

《發蒙宏綱》三卷。宋羅黄裳編。

《大全賦會》五十卷。不著編輯者名氏。

《啓劄錦繡》一卷。舊本題清曠趙先生編。

《中州啓劄》二卷。元吴宏道。

《尺牘筌蹏》三卷。元陳槱編。

《少陵詩格》一卷。宋林越。

可薩克兵考

俄國可薩克兵,亦名喀撒克,又名哈薩克,非一地也。一黑海部之端斯喀科,昔書謂之端可薩,亦謂之端可沙。端以水名,端河,即敦河。可薩以地名。漢安息國海北境,《魏書》所謂西域兩海之間地。隋唐屬突厥,即名爲可薩部,所謂近西海與波斯、大食鄰者,實此境也。後屬阿速。元定西域,爲太祖子朮赤所封地,今屬俄城郭國。一喀復喀斯,舊譯爲高加索、高架所、高加薩。漢安息國海東境,後屬波斯,屬報達,屬术赤,屬土耳其,今屬俄游牧國。有山曰喀卜喀山,即《唐書·西域傳》之波悉山。長育番族,澆鄙獷悍,素號難治。俄國一千八百四十年,於都城設喀復喀斯科彌階特署,專理其事,後因民俗漸化,其署已裁。凡分爲十六省,山之南,自拔圖穆以次,又别曰雜喀復喀斯。凡曰雜者,以後言也。所稱高加索九部,曰日爾日,曰諾尼阿,曰義米勒多,曰明哥里,曰是爾灣,曰納希斯丹,曰亞巴西亞,曰薩加社,皆其地也,而譯音譌轉,不可究詰。一與中國通之哈薩克,分左、右、北三部,漢康居國境,《魏書》所謂西域水澤以南地也,後屬突厥,屬朮赤,又爲回部。其左右兩部,乾隆間屬於我朝,北部先屬俄而左右兩部近亦爲俄所取游牧國也。此三種可薩克,壤地相接,風俗相同,莫不勇敢善鬥,七八歲便馳馬如飛,用爲騎卒,戰屢克捷,遂以紅甲裳,俾殊其式而威鄰敵,他族之欲爲騎卒者,亦得入其籍焉。俄主歲或一幸,以撫咻之,使王子遥領提督,以矜寵而鼓舞之。故凡有戰事及駐邊,皆推爲軍鋒,亦如我國昔日之用錫伯索倫也。

婦女裹足考

本朝崇德三年七月,有效他國裹足者,重治其罪之制。順治二年,又定二年以後所生子女永禁裹足。康熙三年,又下議政王、貝勒、大臣九卿、科道官員會議,康熙元年以後所生之女,禁止裹足。其禁止之法,該部議覆禮部題定,元年以後所生之女,若有違法裹足者,其父有官者交吏兵二部議處。兵民則交付刑部責四十板,流徙十年。家長不行稽察,枷一箇月,責四十板。該管督撫以下文職官員,有疏忽失於覺察者,聽吏兵二部議處在案。禁令初頒,民间不無擾累,七年七月,都察院左都御史王熙疏言:"裹足禁令,立法太嚴,或混將元年以前所生者,捏爲元年以後誣妄出首,牽連無辜,亦未可知,相應免其禁止。"自後弛禁。光緒二十七年十二月二十三日,奉慈禧端佑康頤昭豫莊誠壽恭欽獻崇熙皇太后懿旨,漢人婦女率多纏足,行之已久,有傷造物之和。嗣後縉紳之家,務當婉切勸導,使之家喻户曉,以期漸除積習,不准官吏、胥役藉詞禁令,擾累民间,如遴選秀女仍由旗民挑取,不得采及漢人,以示限制。將此通諭知之,欽此。

右禁令。

《道山新聞》云:"窅娘以帛纏足,令纖小屈上作新月狀。"《揮麈餘話》云:"建炎時,樞密議官向宗厚,纏足極彎,長於鈎距,王佾戲之謂脚似楊貴妃。"言朝鞋過彎上,似其時婦人脚也。《鬼董》云:"紹興末,臨安樊生游於湖上寺閣,得女子履,絶弓小。張循王妾履也。"《游宦紀聞》云:"永福鄉,有一張姓僧,有富室携少女求頌,僧曰'好弓鞋,敢求一隻'。裂其底,襯紙乃佛經也。"其時鞋前彎,故謂之弓。《宋史·五行志》云:"理宗朝,宫女束足纖直,名快上馬。"則束足令直,始理宗朝時,直則不弓矣。吴自牧《夢粱録》云:"小脚船,專載賈客,小妓女,荒鼓板,燒香婆嫂。"宋時幾以爲婦人通稱。《輟耕録》云:"元豐以前猶少裹足,宋末遂以大足爲耻。"此南宋時事。而《嶺外代答》云:"安南國婦人,足加鞋襪,游於衢路,與吾人無異。"所謂吾人,今廣西人。是宋時嶺外皆不裹足。《輟耕録》云:“程鵬舉,宋末被擄,配一宦家女,以所穿鞋易程一履。”是其時宦家亦有不裹足者。至金元之制,《楓窗小牘》云:“汴京閨閣,宣和以後,花韡弓履,窮極金翠,今虜中閨飾復爾。瘦金蓮方,瑩面丸,徧體香皆自北傳南者。”是金循舊俗,而元時,南人亦有不弓足者。《湛淵静語》云:“伊川先生後人,居池陽,其族人婦人不纏足,蓋言其族女子不肯隨流俗纏足也。”《野獲編》則云:“明時,浙東丐户,男不許讀書,女不許裹足。”是反以裹足爲貴。今徽州寧國小户亦然,積習所以難反。然《明史·輿服志》云:“皇后青襪、舄,飾以描金雲龍,皂純,每舄首加珠五果。皇妃、皇嬪及内命婦,青襪,舄。皇太子妃襪,舄,同命婦。九品,青襪,舄。宫人則弓樣鞋,上刺小金花。”是貴人不以裹足入制,而弓爲利屣,蓋般尖靸鞋。沈德符《野獲編》云:“向聞禁掖中,被選之女,入内皆解去足紈,别作弓樣。後遇掃雪人,從内拾得宫婢敝履,始信其説不誣。”黄道周《三事紀略》云:“弘光選婚,懿旨以國母須不束足。”則明時制度過南宋遠矣。是始於南唐,盛於南宋。初則賤者裹之,繼則縉紳效之。七百餘年,寖成風俗。至有據武梁祠畫象,謂上古即弓足。據古樂府雙行纏曲,謂齊梁即弓足,前人已辨之,不贅。

右考古。

習俗移人,始於熏染,久之遂根於天性,甚至飲食男女,亦雷同附和,而胸無獨得之見,深可怪也。煙草的是何味,女子足小有何佳處,而舉世趨之若狂?吾以爲戕賊兒女之手足以取妍媚,猶之火化父母之骸骨以求福利也。悲夫!袁枚《牘外餘言》。

國朝,八旗婦女皆不裹足,古道猶存,其風足尚。莊子云:“天子之侍御,不爪揃,不穿耳。”耳尚不穿,豈可裹足耶?盍請地方大吏,出示禁約,凡屬貴臣望族,以及詩禮之大家,俱尊王制。其倡優隸卒,及目不識丁之小户,聽其自便。如以此法行之十年,則積習漸除,天下萬民皆行古之道矣。錢泳《履園叢話》。

考古者,有丁男丁女,惟裹足則失之。試看南唐裹足,宋不裹足,得之。宋金间人裹足,元不裹足,得之。元後復裹足,明太祖江北人,不裹足,得之。明季后妃裹足,宫人裹足,本朝不裹足,得之。由是觀之,裹足爲不祥之兆明矣,而舉世猶效之,何也? 蓋婦人裹足則兩儀不完,兩儀不完則所生男女必柔弱,男女一柔弱而萬事隳矣。同上。

婦人裹足,昔人斥之,謂以人爲淫具,洵然。當國初時,曾設厲禁,漢臣持之不力,遂仍聽民间裹足,迄今遂以不裹足者爲醜陋。吁可怪也夫! 殘人支體,以娱吾目,豈仁者所爲! 足既削小無力,貧家井臼煩勞之事,非所能任,是廢人矣。乃予更有所聞所見,而不得不極言其害者。當咸豐癸丑後,粤賊徧擾江南北各省,吾鄉以多水獲免,他省之來吾邑者,率多大足婦人,而裹足者卒鮮,且必皆富貴之家,先賊未至出走者也。若貧窮之士,遷延無計,及賊大至,而男女踉蹌就道,彼婦人自知不良於行,未及賊而自盡者有之,爲賊追迫而自死者有之,求死不得爲賊所虜脅者有之,又或子爲母累,夫爲妻累,父母爲兒女累,兄弟爲姊妹累,駢首就戮,相及於難者,指不勝屈。歲乙丑,予遊皖南,每至一村,屋宇或如故,而不滿二三十人,多者不過百人,就中則九男而一女焉。此一女者,非必少壯,有夫,能生育,是更二十年,而今所謂九男者,或無遺種焉,豈不可哀也哉! 夫自古至今,婦女死於兵者莫可殫述,而皆未有知其死之多累於裹足者故。予著之,不啻痛哭流涕言之,爲天下後世仁人告也。劉恭冕《廣經室文鈔》。

滿洲自昔無裹足之風,予見其婦女出行,端重窈窕,較漢人之躧弓鞋,步傾倚者,轉覺安詳。然則創此者,真屬多事也,因思我國家統一中外之初,下令薙髮,天下莫敢不遵,婦女解足之事,行之未久,爲黄文僖公奏罷,斯人真可謂無識矣。蓋慈仁御宇,普濟群生,而陰道柔愚,不獲救度,則後此婦女之揉筋折骨,陷於苦海者,不知何日始得脱離也。予謂當今而不裹足,殆四善焉,從聖朝正大樸厚之風,無戾俗之嫌,一也。免婦女幼年慘痛之厄,二也。得操作奔走,以佐男子之事,三也。提抱嬰孩無傾跌之患,四也。奈何有此四善,不亟亟行之? 若以爲細故,則安民之政,細於此者多矣,豈通論乎? 李元復《常談叢録》。

右通論。

卷　五

錢唐丁氏八千卷樓藏書志序

目録之學，肇自西京。更生撰《别録》於前，子駿成《七略》於後。條流派别，兼具解題。班氏《藝文》，因斯而就。私家編輯，始於梁處士阮孝緒。《隋經籍志》，據訂存亡。今所傳者，則以南宋晁、陳兩家，爲書林之矩矱焉。《遂初》兼載重本，《敏求》獨嗜宋刻，踵事增華，例益加密。至於考撰人之仕履，釋作書之宗旨，顯徵正史，僻采稗官，揚其所長，糾其不逮，《四庫提要》實集古今之大成。若夫辨板刻之朝代，訂鈔校之精粗，則黄氏蕘圃蹊徑獨闢。惜《所見古書録》未能手訂成書，而掇拾叢殘，猶覺空前絶後，非他書目可比。錢唐丁丈松生，博極群書，於學無所不通，與賢兄竹舟先生，有“雙丁”之目。庚辛之亂，於兵火中扶持文瀾閣書，俾出於險，久已名聞海内。迨亂定，請帑修閣，書有缺者，爲之鈔寫補足，數十年未已，而己之收藏亦日益富，造八千卷樓庋藏之。又爲考其事實，臚其得失，載其行款，陳其同異，成《藏書志》二十卷，實能上窺《提要》，下兼士禮居之長，賞鑒考訂兩家合而爲一，可謂書目中驚人秘笈矣。

慨自粤逆跳梁，東南淪陷，縹緗之厄，幾等秦灰。近海内稱藏書家，曰海源閣楊氏，曰鐵琴銅劍樓瞿氏，曰皕宋樓陸氏，與八千卷樓爲南北四大家。三家各有書目行世，而此志獨晚出。其所長則有二焉，一在收明人之箸述也，晁、陳收至南宋，時代最近今，距明末二百五十餘年，距明初則五百年，閱世愈遠，傳本愈難，一刻再刻，業難考訂，何敢輕棄，非變例也。一在拾鄉先輩之叢殘也，《愛日精盧》間收國朝人未刊之書，今仿其例，尤留意於鄉人，雖一卷半帙，亦必詳悉備載。如有賢子孫，欲求先集可望流播，以免散遺，宅心仁厚，於此可見。荃孫幼嗜縑素，得一異書，寢食俱廢，雖無力不能多購，然舊家所藏，廠肆所出，得寓目者亦復甚夥。歲在丙子，與修甫中翰訂交於京師，時作一瓻之借。戊戌游浙，丈已老病，請見未能，深憾來游之晚。今修甫昆仲，命襄校讎，兼志原委，挂名簡末，誠不勝附驥之幸。光緒庚子四月，江陰繆荃孫序於鍾山講舍。

皇朝三通識要類編序

光緒辛丑，詔改科舉，廢時文，試多士以策論。令考試以御批《通鑑輯覽》、欽定"九通"命題。於是好名之人，從事"九通"，有石印原書者，有單刻序目者，有分類纂輯者。竊意九通共一千六百四十卷，卷帙之鉅，豈翻閲所易徧。雖然，有其要焉，吾黨有意讀書，深於經學，取材於《通典》；工於對策，寢饋於《通考》；至《通志》，僅讀其二十略而已。而欲馴知國朝掌故，尤以《皇朝三通》爲淵海。夫杜、鄭、馬三書，時代不同，采輯或異，至《皇朝三通》，成於一時，而所載事實，往往互見。如典與志之食貨，即考之田賦十九門。典之州郡邊防，志之地理都邑，即考之輿地四裔門。志之器服即附於禮。灾祥亦同物異。藝文即是經籍。非總攬全書，一以貫之，亦徒費時日耳。武進黄茂才子雋，博洽多文，留心時事，爰取《皇朝三通》，分吏、户、禮、兵、刑、工、天文、地輿八門，纂輯成書。件分條繫，不漏不支，具見搜輯之苦心，貫串之精意，非海上牟利者專爲懷挾計也。士子就此編而求之，再於嘉道以來分類續編，一事具沿革，一政覘興廢，必先知我國之政學，再以他國之政學補偏救弊，以期盡善。如僅從各國政學入手，於中國之事動輒茫然，不得已大言欺人，以爲一切不足觀，國家亦何賴此等人爲也。荃孫才疏識闇，讀子雋之書，以爲實獲我心，遂不辭而爲之序。

貴池二妙集序

池陽文人，晚唐獨盛，專集之傳於今者，則有張喬、伍喬、殷文圭、杜苟鶴諸家，驎彬風雅，輝映壇坫。南北兩宋，華子西最著名；而郎趙客所述，陳清隱、馮彦思、曹緯、楊少愚諸人，今亦不可得見。自元入明，流風稍替，至晚明而吴次尾、劉伯宗兩先生者出，又其魁能冠倫，足紹前哲者也。吴先生才氣縱横，羅九經、廿一史於胸中，洞悉古今興亡順逆之迹。崇禎之季，國事已岌岌，與冒辟疆、陳定生、顧子方，大會奄難死事之孤十三人於桃葉渡，阮懷寧寓留都，作防亂揭擯之。阮後用事，誣陷捕治，以跳免。九應鄉試，僅中副車。豫慮燕京之不可守，聞者均笑其迂，而持論侃侃不少屈，卒至國祚傾覆，而先生遂以身殉。劉先生温厚和平，人人可近，而剛方嚴毅之氣，使視爲可近者輒复自遠。膺薦辟，應吏部試，注官知州不就，皖撫檄任九江同知亦不赴。鼎革後，隱峽川，誓不入城，完髮以卒。兩先生同里閈，同志趣，同學術，同入復社，負重名，同在下而不得暢行其志，危言危行，不顧禍患之至，迨至國亡家破，一則柳車柴市死殉故君，一則土室露車生逃僻壤，高風亮節，千古同欽。吴先生正命後，掩遺骸，恤遺孤，編遺著，後死之責，劉先生獨爲其難，不以一死一生，而人遂謂之不同也。劉葱石觀察，生兩先生之鄉，問學擅長，景行倍切，爰合《樓山堂》、《嶧桐》兩集彙刻之，又取朱竹垞《静志居詩話》語，名之曰《貴池二妙集》。昔晉衛瓘、索靖俱善草書，人謂之一臺二妙。金段克己、成己昆弟所著亦曰《二妙集》。今兩先生之詩文識見之高遠，議論之英偉，指事類情，必求其當，而無拘虚浮慕之求，豈一材一藝擅名當世者可比。張爾公謂"樓山文似陳同甫"，康范生謂"嶧桐詩擬杜陵，文擬宣公"，洵知言哉。余澹心嘗舉《嶧桐集》授劉輿父，謂："當與《樓山遺集》同刊，俾後世知池上有兩先生，有德有言，依忠依孝，若斯之著也。"輿父再拜受命，而迄未果。葱石從二百年後，爲完此志，後人讀是集，想見其爲人，而諷誦之，企慕之，有足爲秋浦齊山生色者，而葱石之志趣亦可知矣。光緒庚子閏八月，江陰繆荃孫序於鍾山謹舍。①

① 謹，原文如此。據上下文，疑當作"講"。

隨庵叢刻初集序

昔顧澗濱先生慨宋元舊本日漸散佚，以爲將與三代之竹册，六朝之油素，名可得而聞，形不可得而見，徒使後人咨嗟太息，曾何有毫末之益於藝林哉！何如覆而墨之，勿失其真，是縮今日爲宋元也，是後千百年爲今日也，而寰宇同志更興叠出，或得以相尋而無窮乎？國朝老輩，於明覆宋元本，絶寶愛之，與真宋元等。即國初乾嘉名刻，近人亦寶愛之，真識澗濱先生此意矣。

南陵徐君積餘，博學多文，曾刻《積學齋》、《許齋》兩叢書，廣傳國朝先輩不傳之著作，藝林無不推重。近又得宋元本十種，覆而墨之，名曰《隨庵叢刻》。字畫行款，一仍其舊，宋元面目，開卷即是，前人題跋，收藏圖書，無不影摹。訂誤釋舛，另刻札記，不敢徑改本書，亦墨守澗濱校勘舊例。荃孫亦慨當世號藏書家，有公其書於天下者，有私其書於一己者，前如納蘭容若之《通志堂》，黄蕘圃之《士禮居》，近如黎蒓齋之《古逸叢書》，舉古人欲絶之迹，海內未見之本，傳之藝苑，播之寰宇，俾又可綿延一二百年不致泯没。而且勘訂脱譌，補綴遺逸，使後人讀此一編，盡美盡善，無所遺憾，所謂守先待後者非耶。苟反是，而綈錦爲衣，栴檀爲室，以扃鑰爲保守，以鈔校爲多事，同志好友不得一觀，已又無暇題跋校勘，以傳諸世，一旦兵火，摧燒拉雜，不肖子孫，稱斤論銀，售諸不解事者，甚至爲外洋捆載以去。夫古人一生精力，辛苦成書，渺渺千百年，於兵燹劫奪之餘，僅而獲存，亦云至幸，奈何徒知寶愛，不知流傳。自非與古人深仇重怨，不應若爾。《論語》代薪，《太玄》覆瓿，古今同慨。積餘近刻此書，目之曰初集，知後必有續刻，且凡聞君之風者，使之有所效法，均以流傳爲主，庶中國之舊學，得以永保，而澗濱先生之宗旨，常存於天地間，則亦古今所同幸者哉！

朱修伯大理結一廬文集序

仁和朱修伯先生，自咸豐癸丑通籍，官户部，值樞廷，博通國典，綜核機務，咸同之間，有名於朝。先生生長杭州，夙聞吴瓶花、孫壽松、汪振綺之遺風，及官京秩，又值徐星伯、韓小亭、彭文勤公，及怡邸之圖書散落廠肆，不惜重值購藏，遂爲京師收藏一大家。公子子清，尤工搜訪，冷攤小市，無往不到，所得益多。荃孫辛未會試，與子清訂交，書肆暢談板本之得失，書籍之源流，四部七略，如瓶瀉水。荃孫善問，子清亦善答，往往夜以繼日。時寓繩匠胡同，與先生望衡對宇，而譚中修、張子虞、孫仲容三同年，皆客先生所，過從益密。迨荃孫丙子通籍，已不及聆先生謦欬，子清亦改官江南，又與次君子涵訂交。子涵爲言，佳本悉載往江南，所餘無幾，一瓻之借，亦不吝惜。又從黄再同同年處録得《結一廬書目》，略睹大概。庚辰至滬訪子清，得見宋十行本《晋書》，宋刊東西漢《會要》，宋《諸臣奏議》，元刻《農桑輯要》，皆世所罕見者。迨丙申館鍾山，而子清又殁，書籍亦散，具精華悉歸張幼樵前輩，其奇零有歸荃孫者。子涵亦由直隸改官江南，一日持汲古鈔本《金石録》，張燕公、劉賓客、司空表聖三唐人文集明鈔本，中多夾籤，皆先生手校欲梓者，經理刻成，以繼先志，而《燕公集》缺五卷，劉賓客缺外集，荃孫爲假别本補足，傳之藝苑，頗重其書。去年又捧先生遺著，《歲入歲出總數考》一篇，雜文十餘篇，定爲上下二卷，仿屠琴塢《是程堂集》體刻之。前讀幼樵所撰墓志云，有集三十卷，《讀書雜志》二十卷，《樞垣日記》三十卷。今所存止此，雖篇帙無多，然先生學問淹雅，器識閎通，猶可窺見萬一。惟是同治辛未，迄今光緒戊申，不特先生久歸兜率，即子清、幼樵亦均墓有宿草，荃孫衰年多病，白袷年少，今已霜雪盈顛，俯仰其間，蓋三十有八年矣，何其速也！先生揮豪草制，正值中興之年，獻馘銘功，目睹其盛。今時事日非，民生日蹙，後生小子，目不知書，掌故、目録之學，棄之如遺，胸中僅貯寸許洋裝書，侈口而談新學，自以爲能，人亦從而譽之，無形之焚坑，不知伊于胡底，先生有知，能無恫乎？子涵猶能篤守家學，刻成斯集以傳後，亦可謂克家之令子矣。

半巖厂所見書目序

同治甲戌，南皮師相督四川學，諸生好古者來問應讀何書，書以何者爲善，謀所以嘉惠蜀士，並以普及天下學人，於是有《書目答問》之編。荃孫時館吴勤惠公督署，隨同助理，談次偶及位西先生是書，師相推爲淹雅閎通，如數家珍，當時惜未傳録，否則出諸篋中，按圖索驥，數日事耳，不似如今，考及兩月，尚未愜心貴當也。光緒丙子赴計車，見諸黄再同同年所，大喜捧歸，覓人録副，小小訛脱，見即訂正，並就所見書目，添注眉頭，藏諸篋中，以作枕秘。光緒戊申八月，胡幼嘉觀察持鈔書十鉅册見示，則位西先生之孫伯絅同學思刊行其書，索余弁言，余應之曰：

是書也，荃孫寢饋其中四十年矣。是書之命意，在分别本之存佚與刻之善否。四庫所儲，有不應收而收者，有應收而不收者。有所收之本，不及未收之本者。有所收據《大典》，而原書尚有舊刻、舊鈔者。有無宋、元舊刻，止有明刻爲祖本者。明與本朝，先後幾刻，有足有不足，有佳有不佳，而四庫未收之本，後出之書，以類相從，夾注於後。近來外间頗有鈔本流傳，而舛訛亦益甚。伯絅詳校發刊，有一定本，豈不甚快！使學者家置一編，隨時就所見加注於上，前人爲之甚艱，後人據之甚便，不即與南皮師相嘉惠學人之願同一轍乎？當先生在都時，若曾文正公、梅丈伯言、朱丈修伯、葉丈潤臣，往還最密。《橋西雜記》所云“蕙西居京師，購書甚富，案頭置《簡明目録》一部，所見宋、元舊刻本、鈔本，手記於各書之下，以備他日校勘之資”，即指此書而言。朱修伯校語甚多，想見京秩甚閑、同志搜討之樂，令人神往。幼嘉此册，鈔自董君綬金，書眉又撮録周丈季貺、黄仲弢、王弗卿、孫仲容諸人加考，均與荃孫同志。今再同、季貺、弗卿，墓有宿草，仲弢、仲容，近亦奄忽，荃孫獨行踽踽，質疑無門，幸得幼嘉、綬金相與商榷，即伯絅同學相距較遠，意氣精神均稱同調，於滄海橫流、斯文闃寂之候，深幸吾道之不孤。此書通行後，何啻得千百導師於家塾，而保全舊學不致湮没於塵埃，流失於外域。舊學絶續之交，豈非絶大關係之事哉！

王仙舟同年金石文鈔序

國朝談金石者有二派：一曰覃溪派，精購舊拓，講求筆意，賞鑒家也，原出宋人《法帖考異》、《蘭亭考》等書；一曰蘭泉派，搜采幽僻，援引宏富，考據家也，原出宋人《金石録》、《隸釋》等書。二家皆見重於藝林。惟考據家專注意於小學、輿地、職官、氏族、事實之類，高者可以訂經史之訛誤，次者亦可廣學者之聞見，繁稱博引，曲暢旁通，不屑屑以議論見長，似較專主書法者有實用矣。荃孫弱冠即溺志於斯學，後讀畢秋帆、阮文達、王德甫、孫淵如諸先生書，稍窺門徑，冷攤故家，見即購得，所積益多，所嗜益篤。丁卯捷西川秋榜，三上計車，陸則由棧道入秦晋，水則泛舟岷江，出夔門以達楚。每逢陰崖古洞，破廟故城，懷笔舐墨，手自椎拓，雖極危險之境，甘之如飴。偶朋舊雅集，於篋中出片紙，爲前人所未録，同輩所未見，則撫掌大笑，以爲至樂。丙子成翰林，供職京師，廠肆所謂帖片者，當十錢數百，即可購得一紙，而舊拓往往雜出，前後得一萬八百餘種，勒成金石目十八卷。同人慫恿，取《萃編》所無者，録其全文加以考證，僅僅考釋遼金兩朝五百餘種，畏難而止。戊申三月，由省垣歸府城，進謁府尊王仙舟同年，時到任半載矣，政成民和，頌聲四起。偶談金石，實欽同志，因出手鈔金石全文約二尺許，取而讀之。各體均手自摹寫，尺寸及行數、字數詳識之，隨文考證，一準《萃編》舊例。既佩君之精力過人，遂乃爽然若失，自悔初志之不堅也。君與荃孫丙子同歲通籍，君在户部，公事繁重，荃孫奔走四方之時較多，都中往還未能過密，迨乞假還山，君擢侍御，多彈劾無所避，去年出守吾郡，以爲同年同志，受益較易，孰意君有凉州之調，而不能挽留也。昔年讀《關中金石記》，而惜其不載全文。甘肅向無書，自胡君月舫、葉君鞠裳兩學使前後爲之，書尚未成，僅録其目，君既西上,大可合關隴,勒爲一書,以嘉惠後學,郵寄荃孫,弁言於首,豈非大願,仙舟好爲之。凉州名郡,與君故鄉壤地相接,風俗相似,君得以展布其所學,順流布化,必有易於吾郡者。循聲既播,遷擢隨之,再莅江南,亦意中事,安知離者之不易於合,仍還我請益之舊願耶。

宋史翼序

元托克托修《宋史》,成書四百九十六卷,蕪雜之譏,史家引爲大耻。錢竹汀先生標其四弊:一曰南渡諸傳不備,二曰一人重複列傳,三曰編次前後失實,四曰褒貶不可信。故其時周以立欲改修而未能,其孫叙嘗思纘成先志,明正統间,請於朝,詔許自撰,詮次數年,未就而卒。嘉靖中,廷議更修,以嚴嵩董其事,然亦未有成書也。他如柯維騏《宋史新編》、王惟儉《宋史記》、王洙《宋史質》,其書主意曰删曰訂,皆恨本書之繁蕪而思剃治之,未嘗病本書之疏漏而轉補苴之也。吾友陸存齋先生,問學淹通,史才獨擅,初擬改編《宋史》,積稿至四五尺,後慮卷帙重大而精力漸衰,乃先刺取各書,積録應補之傳至七百八十一人,附傳六十四人,成四十卷,改名《宋史翼》。其中名臣如孔延之、徐彦若、喻汝礪、袁説友,循吏如侍其瑋、韓正彦、桂萬榮,儒林如宋咸、阮逸、董鼎、游九言,文苑如二洪、二崔、姜夔、高似孫、劉過,忠義如丁黼、鮑廉,方技如孫兆、唐慎微、李廷珪、李成、王詵,奸臣如吕升卿、廖瑩中,皆彰彰在人耳目,何轉棄之如遺。當時秉筆諸臣,如前代列國達官降宋,無事可紀,至盈數卷,碑傳原文,率爾録入。無類叙之才,無考訂之學,繁蕪者自繁蕪,疏陋者自疏陋,先生之補《宋史》,固其宜矣。搜采之博,淺讀者共知之,翦裁之功,非深研者不知也,事增文省,亦何讓《新唐書》乎!此與先生《宋詩紀事補遺》一百卷、《元祐黨人傳》十卷,皆天水氏一朝掌政之淵藪也。昔揭陽王昂撰《宋史補》,其書不傳。邵氏二雲《南都事略》,其儒學文苑一目,載入潛研《養新録》,而《宋史》以外止增劉克莊一人,即令全書尚存,亦未必過於此書。然則是編也,即與《宋史》並列學官,亦復何愧!固非若錢文子補兵志及熊方之補年表所可同日語矣。光緒丙午五月朔,江陰繆荃孫序。

重刊小謨觴館詩文集注序

荃孫幼年學儷體文,國朝大家,卷施而外最心折小謨觴館,琅琅上口,了了於心。後又得錢唐孫氏注,裝成一篋,舟車必偕。原書已屬難遇,注釋尤爲罕覯。今年鎮洋家衡甫兄,以新刊詩文集注相餉,且知荃孫精研斯集,屬以弁首,其何敢辭;而先生數奇不偶之傷,力學不倦之誼,徵諸紀載,略可臚陳。

當夫少飲香名,長儀樸學,抽金匱之秘簡,發綈帙之珍録。睢睢盱盱,上溯結繩;職職植植,下窮倚杵。捃逸殘竹,眄旭歷兮鋭銀;騁辨華林,匪張皇而詭譎。經岐臆案,自比於蠡測稽疑;讀史偶鈔,原不同博聞總類。流傳萬本,得失寸心。是先生之學術。

久客樓煩,習慣風土。青兕名重,黄獐酒酣。晋王祠下,星心月口之思;遺山墓前,鉛水銅槃之淚。繼而歸息海濱,續游潁上。蓼洲之波百頃,勺園之花千叢。北馬南船,風格頓改。卅年作客,千里傭書。以入幕之郗超,作觀濤之枚乘。身如社燕,既來去之靡常。心逐秋鴻,更哀鳴之不已。是先生之踪迹。

大鈞誰問,不遇依然。書十上而辭秦,璞三獻而慟楚。大庾相公,有召試之奏;錢塘刺史,有大科之徵。一則以人少而未行,一則以名高而不赴。九原可作,感舊之詩尚存;一介不取,却聘之書傳誦。論志行則立身自有千秋,論文辭則垂老艱於一第。是先生之出處。

少侍雙親,嫛倪婉婉。天倫至樂,孰過於斯。無何悲深風木,淚灑杯棬。加之玉溪錦瑟之悼,重以參軍香茗之憶。傷哉貧也,馮諼無以爲家;天難諶斯,伯道何嘗有後。叢千愁於方寸,萃六極於眇躬。遂乃皈依象法,參悟龍樹。講定慧而知珠瑩,録懺摩而心鏡朗。是先生之德行。

故其爲詩兼綜衆體,獨擅三唐。躍馬横戈,挾幽并之奇氣;雕龍織錦,紹劉柳之真傳。擅壇坫於東南,主敦槃於湖海。黄河遠上，旗亭賭唱之詞；白雪陽春，郢中寡和之曲。婁水琴人，傳曰采溫思澹；定庵雜詩，注曰清深淵雅。即同人之推許，知不朽之在兹。至於詩餘，亦臻高格。當時同輩，罕有其儔。若其爲文也，取材《騷》《選》，探源漢魏。自晋及唐，靡不甄陶。宋人而下，概未染指。嘗以古人文筆，無分駢散。明體達意，以古爲歸。而意象者，壹壼之所蘊結也。單複者，消息之所寓寄也。聲調協和，則應弦以赴節；辭華彪炳，則侔色以揣稱。有迦陵之精采，而去其率易；有叔冪之清剛，而加之綺麗。鼎足二稚，獨擅一朝。讀答姚春木書，可知先生研練之精；讀與劉芙初書，可知先生根柢之厚矣。注釋綜博，相傳以爲先生自注。及門弟子，共相檢查。於以見運典鮮明，初無須乎割裂；引書淹雅，并無取夫怪異。就此注而引申之，愈見結構之綿密，意想之新穎也已。荃孫少不如人，老之將至。勉循途而易進，愧學步而未能。骨格未峻，由於澤古不深；藻采不鮮，由於取材不博。然而熟讀深思，歷有年所。其中甘苦，指數及之。庶以抒先生著作滿家之盛心，亦以表衡甫嘉惠後學之美意也。

蔣頫青南北朝宫闈雜事詩序

慨自大野獲麟，群雄逐鹿。豆剖瓜分之代，榱崩棟折之辰。攻堅攻瑕，鬥知鬥力。欲知國勢之强弱，先覘主德之隆污。而况觀型溈汭，彰龍工鳥翅之奇；啓化河洲，衍麟趾鵲巢之盛。鳦卵肇契，龍漦亡周。文在手而魯漸興，泣於宫而晋有釁。金甌無缺，雅樂播於房中；銅狄興嗟，始禍歸於女寵。一治一亂，是人非天。我友頫青，學自丁年，熟於乙部。以嚼徵含宫之筆，爲襃衮貶鉞之文。問天呵壁，陽秋皮裏之書；擲地鏘金，纂組胸中之錦。則《南北朝宫闈雜事詩》六卷，固詩家之正宗，亦史氏之别子也。爾其洛中鵝出，江上龍飛。取江左作帝家，視中原同甌脱。南謂北曰索虜，北謂南曰島夷。南自取長安、平廣固，而始鞏皇基；北亦定張掖、收和龍，而幾臻混一。興亡六代，美刺千言。約舉大綱，厥端有四。則有天星立應，地鏡呈祥。日月在軀，鱗文徧體。紫色照陣，獮猴自驚。黄藥誰舂，大蛇立斷。蒿鐙猶在，已難誥誡夫子孫；玉璽空歸，竟未埽平夫河洛。以及生有赤文，行和熹之典禮；宫無胡粉，證妙善之佛裝。是曰紀瑞，其可詠者一也。論武功則永初最雄，論儉德則建元獨盛。論文學，則蘭陵子弟，劣虎優龍；論帝範，則宇文君臣，刻鵠類鶩。新洲伐荻，當年之衲襖猶存；内殿修儀，張蓋則金華已去。至於九龍應夢，助神武之英風；二聖臨朝，顯開皇之郅治。是曰紀德。其可詠者二也。青鹽灑地，羊亦徘徊；紅日入裙，鴟尤嘷叫。綢繆歷印，心驚楊叛之歌；通替棺成，腸斷謝莊之誄。况復堂開楊柳，門出枇杷。吴公臺下，聽玉樹之聲聲；飛仙帳前，看金蓮之步步。置膝解事，竟忘牀下文書；殿脚嬉春，莫問鏡中頭頸。是曰紀艷。其可詠者三也。若夫竹林射鬼，桃葉渡軍。昭靈殿上權且養驢，曇度寺中何妨偷狗。卅面首之置，難語人倫；四皇后之尊，亦遭天杖。瑶光作髻，先受胡騎之驚；金合同心，難辭聚麀之辱。紫鵵未濕，韓擒則躍馬先來；玉體横陳，晋陽則倒戈而入。慟兹國變，均咎色荒。是曰紀亂，其可詠者四也。嗟嗟！盛則五色龍章，衰則三拳狗脚。手刃天柱，不愧拓拔家風；火焚圖書，空嘆文武道盡。雖封狼居胥，元嘉未免草草；而入豐都市，大業自覺恢恢。禮明樂備，慨豎子之名成；天蒼野茫，惜英雄之老去。樞機握之君後，禍福徧乎垓埏矣。昔厲樊榭有《南宋雜事詩》，吴稷堂有《十國宫詞》。頮青取材兩體，合詠一編，以視荃孫，屬爲弁首。荃孫少時，作《前後蜀雜事詩》，又作《明季樂府》。亦曾裁量宫體，涉獵史篇。自愧小言，無當大雅。近則江淹才盡，燭武精亡。羨古錦之新裁，慚寒竽之失響。春秋意顯，居然自成一家之言；風雅道存，不愧論定千秋之目。

陶廬雜憶序

鼠年鶉月，豺邑龍野。蕭斧螳拒，篝火狐鳴。金虺墮空，赤眚幻地。慘淡乾寓，睢盱坤維。熒惑入斗，子規泣血。黔首莘莘，倚柱而嘆。里閈故人，投我新詩。高唱遏雲，清思滁漢。天吴顛倒，火敦沮洳。攡光挹響，稍澹哀怨。番禺舊尹，日磾後裔。研索寒暑,鈎稽緜繩。揚舲贛江,躡屩粤嶺。醖釀春華,鎔鑄秋心。江山助之,胸次可想。毛義捧檄,王尊叱馭。干將莫邪,鋭不可當。攝二千石,嘯歌不廢。留犢而去,驂鸞以嬉。羇旅關河,睽隔桑梓。釣游舊事,歷歷不忘。雜憶百首,於焉托始。西山拄笏,秋風拂衣。迴飆江城,尋盟息壤。考訂故實,周旋朋舊。黄花剥蟹,紅樹賣鱸。雜憶續成,數爲二百。嗟嗟,輕去鄉里,昔人所訶。雲溪樂府,鴛湖棹歌。遠徵祖德,詳叙風俗。引商刻羽,弦絲吹竹。君之生朝,與漁洋同。今逢閏八,曲獻三終。漁洋閏八月生。寰海鱷濤,田家雞黍。安樂一窩,乾淨片土。竹杖芒鞋,我與君偕。荒丘弔古,寥天放懷。音同笙磬,報慚瓊玖。弁言何人,申浦繆叟。

劉寄静畫膚吟題詩

霖雨匝月,泥塗接天。檻苔殷紅,砌草垂緑。憑几枯坐,凉飔癢肌;循墻小步,濕莓滑足。天慘慘而無色,人寂寂以痒歡。劉子葱石,闖門前來。手一編示余曰:猶子寄静,夙嗜詩詞。弱冠甫過,中道遽折。無等身之傳作,僅片羽之幸存。君爲我序,且志余哀。夫寄静稟質淵懿,賦學邃密。郎中三影,平子四愁。處膏腴之境,攻苦過於儒素。當綺麗之年,寒瘦出於天性。鏤肝鐵腎,焠掌嘔心。詞章之工以此,年齡之促亦以此矣。當夫山寺迎秋,水亭銷夏。飛翠在握,冷紅不肥。著手成春,則雲霞增豔;奇想若月,則草木皆香。思成一家之言,獨擅千秋之業。何期疢疾遽作,瑰質自隕。鍛驪龍之珠,碧海奪色;鎩翽鳳之羽,丹山無暉。文人可哀,同輩茹痛。傷已!《畫膚吟》一卷,附《繅煙詞》一卷,聚卿所次也。嗚呼!山河邈若,露電倏如。謝文靖之碎金,精神所寄;江醴陵之尺錦,文采不凡。屬付琬鐫,并襄讎校。乃把卷升屋,而作招魂之歌,以紓大阮之痛。其辭曰:

魂兮歸來,秋心滿堂。落葉夜脱,寥天隕霜。魂兮歸來,陳書在几。彭殤一致,南華妙旨。魂何所之,碧落黄泉。緊靈蹤之超舉,固俗慮之胥捐。白髮兮老母,紅顔兮少婦。情何間乎幽明,恨難彌夫高厚。風泠泠兮吹衣,月炯炯兮入幃。思之子兮不見,庶銜感乎遺徽。

錢藕衫遺詩序

揚子江頭,梅花嶺下。占二分之月,禪智秋深;嘗第五之泉,蜀岡水熟。沈沈清境,眇眇深思。中有詩人,蕭然獨處,陸機擁鼻,長吉嘔心,則甘泉錢藕衫其人也。藕衫淵懿儲材,仳離遘遇。鑿楹著其家學,削牘疲夫盛年。專嗜聲律,亦工繪事。焠掌自勵,脱眉不知。寇警突逢,海隅竄迹。傷心風雨,庾信去國之悲;滿目烽煙,杜陵無家之别。歲丁巳,臨川宗師拔取古學,後以額滿見遺。蓬山將到,風引仍迴。藥鼎方開,丹圓未熟。遂乃愁同塵積,病比春深。賞音罕遇鍾期,傷亂復同越石。每至風竹宵鳴,浦葭霜冷。遠山瘦碧,斜日澹黄。摹古積夫錦囊,銜悲鑠夫玉骨。一篇甫就,衆口交譽。然而綺語之悔,每懺情多。傷生之嗟,罕以理遣。慧難續命,憂能短年。苶苢無靈,芙蓉作主。仙龕海上,誰爇返魂之香;紈素箱中,空漬洗面之淚。嗚呼傷已!令子祥保,學成麟角,秀擢鳳毛。搜輯遺編,傳播當代。芳華未歇,留皮而豹幸存;音沫堪思,擣塵而麝不滅。則是編也,固與《夢陔》、《稽庵》諸集,同爲淮海之英靈也已。光緒己亥冬仲,江陰繆荃孫序於鍾山講舍之飽看山簃。

雙卿詞序

徐子積餘刊國朝閨秀詞八十餘家,顧獨無《雙卿詞》。余問之,積餘應曰:"以其無專集也。"余曰:"雙卿詩詞,止見《西青散記》,其人本末且不具,除《散記》外,亦不見一鱗半爪,何從而得專集。然其詞清絶幽絶,如橄欖,如檳榔,細味之而佳愈出,不特閨秀罕見其偶,即《散記》中所載詩詞,亦不能不讓其獨樹一幟,此其所以可傳也,烏得以其少而遺之?"謹録小令慢詞,共十六首,以錢塘丁氏書目所載,陳深寧《極齋詞》一卷止七闋,吴澄《文正公詞》一卷止十三闋例之，亦可以成一家矣。夫以雙卿之才，與雙卿之遇，讀其所著，無不爲之悵惘。然《散記》一日存，即其人一日不朽，較之畢生富貴而聲名湮没者，猶覺稍勝。積餘再刻入彙集，其傳益廣，更自可久，抑何幸耶！昨歲薄游陽羨，傍洮湖行，銅官琅玕，綃髻諸山，峰巒四圍，如屏如玦，夕陽西下，秋水拍天，榆柳摇風，蒲荻一丘。村墟籬落之間，心目中若有雙卿其人者。與昔時放舟蜀江，入空舲峽，訪昭君村，謁三閭大夫廟，感今弔古，行歌互答，其情景亦相彷彿也。遂書之以爲《雙卿詞序》。

雙卿像作三圖，一種瓜圖，一浣衣圖，一餉耕圖。雙卿寫詩詞，以葉不以紙，以粉不以墨，以葉易碎、粉易脱也。無錫顧鏑溪，見其所書詩在蘆葉上，爲賦蘆葉詩二百餘言。董東亭《東皋雜録》作張慶青，傳聞誤也。

夊紅詞序

荃孫初晤譚仲修同年，出《篋中詞》相視，盛推吾邑蔣鹿潭先生，謂國朝詞人可與成容若、項蓮生相伯仲。荃孫曰："樓以水雲爲名，殆即私淑於飲水憶雲乎？"仲修以爲知言。繼見先生猶子公頗，奇穎發翹，澄思坐照。封胡才調，克紹夫安石；伯充英姿，不亞乎坡老。又復滇雲萬里，黔雨千山。詩織弓衣，墨磨盾鼻。遊覽所至，吟詠隨之。以爲綺麗則傷骨，先洗浮華。奮厲則滯音，務遠傖楚。遂乃結體於片玉，擷華於碧山。此《夊紅》一編，蓋與水雲如驂之靳焉。僕輪蹄北道，落拓窮途。鈴索西清，浮沈冷署。綺語懺悔，怕墮夫泥犁。狎興生疏，有殊乎年少。若君者瓊想微契，瑶情自深。譜琴趣而猶新，和笛家而無恙。他日同歸故里，幸際良時。相與泛滄浪，歌欸乃。由里之山，一青若沐。石灣之水，半緑如油。煙華盪春，露葉媚旦。豪情易激，舊習未忘。或能隨君唱和於蘆碕柳岸間也。是爲序。

古歡室詩集序

同治初年，荃孫游於湯秋史先生之門。時華陽曾吟村太僕之配左恭人時來湯寓，先生爲荃孫言庚子年誼，兼托葭莩，遂謁恭人於城南。青綾障下，婁聆雅語，諗知恭人有二姊，一適姚，一適袁，均擅詩詞書畫，爲吾鄉盛事。恭人卜居萬里橋西，與浣花草堂相望，老屋數椽，斜枕流水，波聲嗚咽，遥通蜀江，籠竹浮涸，緑陰岑寂，名流勝地，迄今猶形之夢寐。恭人膝下四子五女，鵷雛繞膝，聞者豔之。繼而恭人長婿袁君幼庵入贅，與荃孫序丁酉世昆，英氣妙才，絺文不暇。再數年又見其五婿張君子馥，而三子蜀章，亦英英露爽，此皆在蜀時也。洎荃孫官京師，幼庵己卯捷，出宰皖省。蜀章己丑捷，子馥壬辰捷，均得京秩，過從尤數。後荃孫與掌院徐相不合，乞祠禄於鍾山，幼庵官懷寧，常通音問。時選《常州詞録》，而閨秀一門，《紅蕉》、《冷雲》兩集，未睹全稿，僅從選本録入，深以爲歉。今春鄂游，遇幼庵於輪舶，廿年别緒，一旦傾寫，方諗伯淵女士工書畫，善詩詞，有母氏風，旋見視《古歡室全集》，唐音宋派，卓然名家。蓋以冷雲爲之母，紅蕉爲之姑，蜀章、季碩爲之弟妹，家學淵源，流傳有緒，根柢厚而閱歷深，自不同於嚶鳴以爲聲，擘積以爲富者。昔會稽祁氏商夫人眉生，有嗣音、雲衣爲姊妹，有弢英、修嫣、湘君爲之女，而《錦囊》、《緑窗》等集未焚，《寄雲》各草早已流播藝苑。再求之近代，武進張翰風先生之女孟緹有《澹鞠軒集》，婉紃有《緑槐書屋集》，若綺有《餐楓館集》，而王氏采蘋、采蘩亦各成家，一門之内，風雅相尚，上擬祁氏，後先輝映。然以視古歡，其家庭唱酬之樂則同，而瀫佩相莊，蘭玉競爽，古今才媛，不可多得之遇，以一身兼之，則又獨異也。荃孫行年六十，日就衰頹，文采消沈，何足爲斯編冠冕，惟述四十年來離合蹤迹，以寄感慨，而古歡胚胎前光，獨秀彤史，爰志欽佩，且質之幼庵焉。光緒甲辰，江陰繆荃孫序於雲自在龕。

石蓮庵刻山左人詞序

戊戌之冬，吴糧儲仲飴同年屬爲校刻《山左人詞》，先得國初王西樵、阮亭、宋玉叔、曹實庵四家，續於《百家詩選》得楊聖期、唐濟武兩家。宋詞得李端叔、辛稼軒、周公謹、李清照四家。己亥，復得國朝趙飴山、田在田兩家。庚子，又於《六十家詞》得柳耆卿、晁无咎、王錫老、侯彦周四家，於《典雅詞》得趙渭師一家。共十七家。荃孫校刊記而序之曰：

夫古人之詞，往往在編集之外，故《雞肋集》七十卷，而《琴趣》目爲外篇。王漁洋三十六種，而阮亭詩餘不在其列。零星小帙，湮没尤易，此薈萃之難也。宋人填詞，悉以應歌。有襯字，無襯字，長短之不同；有單調，有雙調，離合之不一。舊刻罕觀，鮮可折衷。萬紅友云：世遠音亡，字訛書錯，只可闕疑而已。此校讎之難也。《詞綜》載柳耆卿《樂章集》九卷，今一卷。李端叔《姑溪詞》二卷，今三卷。晁无咎《雞肋集詞》一卷，荃孫藏明鈔《雞肋集》七十卷，無詞。與毛子晋跋合。今六卷，編次大異。端叔家本無棣，集題趙郡，乃其族望，《書録解題》誤爲趙郡人。公謹家濟南，久客吴興，《草窗詞》題弁陽嘯翁，籍貫亦異。《衍波詞》、《阮亭詩餘》，名異而詞又不異。此考訂之難也。昔朱竹垞輯《詞綜》，王德甫輯《續詞綜》，所見山左詞人專集約三十餘，今僅得十七家。然北宋之柳，南宋之辛，閨秀之李，國朝之二王，皆詞中大家，霑溉後學，獲益非淺。仲飴新擢閩臬，將之任，閩中多藏書，尚存陳季立、徐興公之遺風，如獲所未見者，刻爲續編，不更快歟。光緒辛丑三月，江陰繆荃孫序於鍾山講舍。

無益有益齋論畫詩序

義州李文石觀察，淹雅閎通，尤以賞鑒書畫得名，荃孫耳之最久。光緒甲午，文石入許文肅公幕，偕來京師，與同鄉劉葆真同居，始得一晤,未接深談,而荃孫見惡掌院,投劾出都矣。洎陶齋尚書撫鄂再見,文石出所藏相示,爲言少時雲煙過眼之多,近年兵燹抛棄之酷,酒酣耳熱,百感生焉。陶齋丙午督兩江,命荃孫編《銷夏録》,得以盡窺美富,而文石加跋獨多,於古今制度、名人事迹,考據貫串,如數家珍,文筆爾雅,尤足以達之,不僅寢饋於書畫中也。一日,以論畫詩百首見視,蓋仿竹垞翁、篘廊論畫詩體裁而作。荃孫受而讀之,方知君幼時即愛書畫,尹丈耕雲有"髫年畫董狐"之譽。曾著有《偶園》、《海王村所見》兩録。此詩專注唐宋名迹,推論得失,考訂同異,與葉鞠裳《藏書紀事詩》同爲藝林寶筏。荃孫所見至鮮,然君之友皆荃孫之友,如盛意園、王文敏兩祭酒、張樵野侍郎、張辟非兵部所藏,亦時時寓目,近編《銷夏録》各品均攜之齋中,盡情披覽,藉以窺見萬一。君論古人,各見家法,無須署名,及意園與辟非問答語,深得賞鑒家三昧,爲前人所未及,如此方可與談唐宋。君又有一印,文曰"慕爲書畫學博士之官"。此元柯丹丘曾爲之,使文石爲此官,當與丹丘並傳。荃孫素嗜板本,亦在未成童以前,性之所近,以爲天下至樂,無逾是者。今垂垂老矣,陶齋畀以江南圖書館,京師亦以帝國圖書館相招,此古典書之職,敢希劉向,願學陳農,則是人之所欲,天必從之。國家文教昌明,文石所慕,焉知不即以授之,以陶鑄一家之學,庶足慰其願乎!

常熟繆氏義莊記

吾宗繆氏肇於魯,東武、琅琊、蘭陵,三望皆魯分地。宋代自北而南,居杭之湖州市,由杭徙常熟,叔民以畫名於元,仲醇以醫著於明,虞東稱望族焉。復徙江陰之闞莊,爲東興繆氏。明文貞公死閹難,名重天壤間。從孫德容隱君,復還常熟,擇居徐墅之柳陌西橋。五傳至大紳封翁,以農業起家,慕吴中范氏家法之善,思割腴産以被闔族,適遭寇難,未及布置。而仲子柳邨司馬繼起,購鄰屋爲義莊,並建支祠,置腴田二百畝,以備祭埽。今其子少邨廣文,再置書田三百畝以益之,次及應試,次及孤寡,次及婚嫁,量入爲出,綱舉目張,使一族之中,無一人不被其澤。疆吏入告,旌如舊例。荃孫熟聞柳邨之德行,以醫救人,以藥濟世,廣行善事,澤被一方,而所施必自親親始,博施濟衆,次第存焉。且富收藏,好賓客。拜覩遺像,藹然如春。又讀松禪師、絅堂同年題柳邨圖詩詞,猶可想見楊柳陰濃,稻花香滿,夕陽山外,流水橋邊。盛俗羲皇,古風懷葛,起居樸野,人物豐昌,即於圖中見之。而祖孫三世,竭力經營,以成盛業,完先人之志,聯同族之情。吾於少邨,尤佩其能肯構也。荃孫系出西興,同姓同邑,支派較遠,仰慕東興之盛事,而族中丁單,生計又薄,殊覺有志未逮。前主持高等學校時,拼茶場宗人族大而富,勸其設立學校,專收同宗之秀士,資之上進,未及兩年,宗塾告成。今少邨來,乞言荃孫,亦以族塾相商,蓋養以畜其身家,不使或有飢寒之累。而教以迪其情性,遂以毓成平治之材。進而益上,少邨其好爲之。

東倉書庫圖記

吾宗南宋以來,散處江左諸郡。苕石小集,詩才冠楊范之前;瓜涇逸民,畫理擅倪黄之亞。有明文貞公,洸洸大節,日星炳耀。國朝文子武子,收藏書畫金石,卓然爲康雍間一大家。而太倉蒹泉先生,文名與同州李秬香相埒,杏春廬稿,藝林亦傳誦焉。曾孫蘅甫同年,志行純竺,問學淹雅,枕經葄史,尤留意於縑緗。遭亂傷離,亦勤搜夫典籍。辨西州之片札,檢南雍之殘文。官餘蜀錦,慕蓮蕊之清風;象繪鷗波,步天弢之逸韻。武陵橋北,舊曰倉基。瀕鹽鐵之塘,通漕涇之水。臨流小築,庋置藏書。庭接葉而青肥,窗涵波而緑瀉。茶香酒釅,接顧陸之名流;月澹花濃,集鄒枚之雅彦。琅函錦贉,如登群玉之堂;鈿軸牙籤,宛入衆香之國。俞蔭甫年丈,顔之曰東倉書庫,志其實也。若夫廣刊故籍,首重鄉賢。縑楮傳之,梨棗壽之。遠則仿鹽邑之志林,近則紹棣香之雜箸。續古人之絶業,詔後學以前型。無識者空肆詆諆,有志者群相推許焉。荃孫同宗同年,又復同志。時搜枕秘,飛札傳鈔。偶刻古書,貽箋訂誤。

孜孜矻矻,卅載於兹,海內同宗,罕有如吾兩人之氣求聲應者。近屬名手繪圖,同人題詠,荃孫亦不辭而爲之記。

海澨完雛圖記

顯皇十載,歲在庚申。逢元二之灾年,值陽九之厄運。豺狼當道,魚羊食人。半壁江山,絶無乾净之土;連天烽火,惟聞號哭之聲。乃有竄伏海隅,一門無恙,羈棲土室,三載如常者,則我同年錢君伊臣也。當夫警報狎至,兵鋒將及。蘇臺鹿走,泖湖鯨吞。時則頤壽老人,歸真仙島。年丈敏肅公,枕塊倚廬,接淅而行,揮戈莫挽。遂買一葉之舟,渡百里之海,趨崇明之虹橋而居焉。斯境也,荒荒落日,浩浩長風。屋本如舟,巢真同幕。棲遲海角,重尋安樂之窩;躑躅田間,難覓釣游之侶。瞰鵷雛之繞膝,啼笑皆真;憶虎落之驚心,夢魂猶悸。濕煙土銼,煨榾柮以充腸;活火瓶笙,剪荻蘆而作爨。賃皋伯通無廡,人是非常;移陶通明之居,地尤得所。已而敏肅公華登如楚,乞師以復仇。包胥赴秦,頓地而痛哭。北軍飛渡,南寇遂熸。盡埽煙塵,廓清桑梓。返故土而人不識,覆空巢而卵尚存。嗚呼幸矣! 僕與伊臣,生同甲辰,雋同丁卯。成童遘難,無不同之。適先君捧檄黔中,僕奉母避居靖江之沙洲,茅屋頭低,麻鞋踵决。三旬九食,不免斯飢。一暴十寒,敢云就學。流離兩載,始作蜀游。讀君今日之圖,觸我當年之痛。重睹升平之象,撫躬如閲滄桑;共躋耄耋之年,屈指已多歲月。是爲記。

卷　六

元論語注疏十卷本跋

元槧《論語注疏》十卷，卷首題“翰林侍講學士朝請大夫守國子祭酒上柱國賜紫金魚袋臣邢昺等校定”。按，《宋志》及《中興書目》並云邢昺《論語正義》十卷，今注疏本皆分爲廿卷。此本仍十卷，尚存單疏之舊。第四卷、第八卷後有本記云“平陽府梁宅刊”。第五卷、第九卷有本記云“大元元貞丙申刊”。第十卷題“堯都梁宅刊”。按，今所傳《論語注疏》，以十行本爲最古，阮文達公合各本，撰校勘記，已爲藝林至寶。然以此本較之，如“不患人之不己知”章，脱王注一段。“可以托六尺之孤”章，脱注一段。“子語魯太師樂曰”章、“不逆詐”章、“古之狂也蕩”章、“子路從而後”章、“叔孫武叔毁仲尼”章，均脱疏數行，或以意補。此本獨全。又，凡浦鏜及阮校所疑疏中訛字，此本皆不誤。是此本雖刊於元代，必根源於單疏，其注文亦多與纂圖本集解合。至於雕刻之精，儼然北宋體格，亦决非十行本所及。考《金・地理志》，平陽有書籍，其倚郭。平陽有平水。是平水即平陽也。史言有書籍者，蓋置局設官於此。元太宗八年，用耶律楚材言立經籍所於平陽。當是因金之舊。今傳世者，惟《政和證類本草》，平陽張存惠所刊，然已經明人重鐫。《明堂灸經》、《銅人鍼灸經》，是平陽府刊。平水新刊《韻略》，平水刊《中州集》，均存影鈔本。維此尚是平陽原刊初印，無一葉損失，豈非天壤間驚人秘寶也哉！今貴池劉君葱石影摹付梓，與原刊無毫髮爽，爰舉此本佳處及訛誤之字，共如干條，彙存一卷，以俟後之論定者。光緒乙巳六月初伏日，江陰繆荃孫識。

集篆古文韻海跋

《集篆古文韻海》五卷，杜從古撰。白綿紙，舊鈔本。卷末有"時嘉靖癸未歲仲秋吉旦，假鈔本訂正重録，武陵伯子龔萬鍾識"一行，題籤亦舊，有"王致堂三世寶藏"朱文長印。按杜從古，字唐稽。《書史會要》云："杜從古，官至禮部郎。宣和中，與米友仁、徐兢同爲書學博士。高宗云：'先皇帝喜書，致立學養士，獨得杜唐稽一人，餘皆體仿，了無神氣。'"此書《四庫》未收，他書目亦未見箸録，惟《平津館鑒藏書籍記》有之，云："有從古自序，此本已脱。"今夏晤趙君學南，亦藏是書，有序，後承鈔寄，序末云："宣和元年九月二十八日，朝請郎、尚書、職方員外郎，臣杜從古謹序。"結銜與《書史會要》合。並鈔得桂未谷跋，知序載《永樂大典》一萬五千九百七十八卷"九震"韻。從古以郭忠恕《汗簡》、夏竦《古文四聲韻》二書闕佚未備，更廣收博采以成之，序云："比《集韻》則不足，較《韻略》則有餘。"視竦所集則增數十倍矣。周林汲先生言原書十五卷，後人損爲五卷，而削其目録、音義，使前人條貫，不復可尋，深爲惋惜。世間或有原本存，此可以讎校也。阮文達公進呈，即影鈔平津館本。

浙本沈文起兩漢書疏證跋

吴縣沈文起學博撰《兩漢書疏證》，自序云先撰《後漢書疏證》，成三十四卷，繼撰《漢書疏證》，成三十六卷，而《地理志》尚缺。按，三十四卷、三十六卷，止七十卷。集中《上潘副河書》則云七十四卷。文起未能刻，身後手稿入郁泰峰宜稼堂，後爲莫偲老借去，歸於馮景亭中允所。今按《宜稼堂書目》云：《漢書疏證》十二本，莫友芝借去八本。非完書。《後漢書疏證》十二本，《漢書疏證人物表》二本，《范石湖集注》一本，《左傳補注》二本，《王荆公詩注》二本，《蘇文忠公詩補注》一本，《水經注補注》二本。均爲莫友芝借去未還。文起自序，見集中。《漢書》、《後漢書》、《水經注》三序，名之曰疏證。《春秋左傳》、《三國志》二序,曰補注。《王荆公全集》,序曰注,韓、蘇則無。今《左傳補注》、《范集》注,刻於功順堂。韓蘇二集補注,均刻於粤雅官局。光緒己卯,荃孫在京師,長沙王師借陳培之户部藏本録副,囑爲校字,亦録副焉。《前漢》八册,《後漢》《紀傳》十二卷、《地理》十八卷,丁修甫中翰假去,刻於杭州官局。刻成,寄初印書,并書底寄回,束之高閣,久不省視。頃島田彦楨寄《宜稼堂書目》,方悉稿本之源流。再檢閱刻本,錯訛不可究詰。至顯者,全書書目刻魚尾下,而卷十七至十九,刻於魚尾上,校理者熟視無睹,不改正。至怪者,《後漢·郡國志》二十六卷張掖、居延屬國下,忽插入《前漢·藝文志》一卷,署爲二十七卷。不檢《後漢書》,焉得有《藝文志》? 又《前漢》已刻入二十六卷,而二十八上黨郡,與二十六卷直接,并未遺落,何以横添入此重出之卷,殊不可解。

大唐創業起居注跋

《大唐創業起居注》向有《秘册》、《津逮》、《學津》三刻,脱誤均同。癸未在京師得黄蕘圃藏舊鈔本一册,係影鈔宋本,復得章碩卿藍格抄本,兩取《學津》本校之,如卷上“以此擊胡,將何以濟”,“何”不作“求”;“天其或者殆以畀予”,“畀”不作“俾”;“和親以使之”,“以”不作“而”;“咸謂似其所爲”,“似”不作“以”;“獲其特勤”,特勤,突厥官名,後訛爲特勒,此録中有之,先輩未嘗拈出;“兵馬討捕”,“捕”不作“掩”;“天其以此使促吾,吾當見機而作”,脱第二“吾”字;“幸弗多言弗”下無“有”字;“景寅”不作“丙”,丙是唐諱,下亦無“而”字;“若知其去”,“其”下無“戰”字;“共其勞苦”,“共”下不脱其字;“世子仍爲太原郡守”,“仍”不作“乃”。卷中“參佐”,“佐”不作“左”;“示宣行以惠,綏撫以德”,“行”下未脱“以”字,“惠”下未衍“知”字;“仍自筆注”,“筆”字不脱;“真草自如,不拘常體”,未脱“自如”二字;“簡遣羸兵”,“簡”字不脱;“可爲吾立祠廟也”,“廟”不作“廣”;“辛巳旦發引”,“旦”不作“且”;“賞授無過此也”,“賞”不作“嘗”;“華所部至於數千”,“於”不作“餘”;“將相邀襲”,“將”不作

"時";"乃於灤水上流","乃"不作"及"。卷下"王家失鹿,遂使孤同老狼","孤"不作"狐";"五原平凉安定諸郡","凉"不作"源";"涿郡太守羅藝","羅"字不脱;"吕紹宗任瓌","瓌"不作"懷";"西北天火照龍山","山"下不衍"照"字;小注"蜀郡衛元嵩"不作大字;"欲作常人恐難以免",不脱"人恐難"三字。均已改正。餘所疑問尚多,無别本可校,較勝於《學津》本而已。光緒乙巳清明前三日,江陰繆荃孫跋。

宋太宗實録跋

《宋太宗實録》原八十卷,今存卷二十六至三十,卷七十六,卷七十九、八十,共八卷。李申耆先生寫寄粤中吴石華蘭修,曾勉士釗從而傳鈔,徐星伯先生以書索之石華,石華即以此本寄京,後有曾、吴兩跋,并索星伯所撰《宋會要沿革》一册爲報,未知星伯寫寄與否。同治初年,徐書散出,歸韓小亭觀察,由韓歸鄭盦師,今歸式之比部。比部跋云:"《藝芸書目》有十二卷,爲三十一之三十五、四十一之四十五、七十七、七十八,與此不同,自是兩本。藝芸所收,悉出士禮,後歸海源閣、持静齋爲多,而檢楊、丁兩目無之,大致已不可蹤迹。設仍在天壤間,將兩本合刊得二十卷,已有原書四分之一,豈非幸事?"荃孫檢張氏、瞿氏書目,所藏亦止此八卷,每卷末俱有書寫人某某、初對某某、覆對某某一條,瞿跋并云出自黄蕘圃,疑李申耆亦從張氏録出,似只此一本。然考錢辛楣跋,明云十二卷,與汪目合,所云李從善諸條,不見此本,其爲兩本無疑。

《太宗實録》八十卷,皇朝錢若水等撰。至道三年,命若水監修,不隸史局。若水即引柴成務、宋度、吴淑、楊億爲佐,咸平元年書成,上於朝。起即位,至至道三年丁酉三月,凡二十年。初太宗有馴犬,常在乘輿側,及崩,犬輒不食,李至嘗作歌紀其事,以遺若水,其斷章曰:"白麟赤鴈君勿書,願君書此懲浮俗。"而若水不爲載。吕端雖爲監修而未嘗莅局,書成不署端名,至抉其事以爲專美。若水援唐朝故事,若此者甚衆,世人不能奪。又傳億子取張洎女而不終,故洎傳多醜辭。嗚呼!若水及億,天下稱賢,尚不能免於流議若此,信乎執史筆者之難也。《郡齋讀書志》。

錢若水等,以至道三年十一月受命,咸平元年八月上之,九月而畢,人難其速。同修撰者,給事中濟陰柴成務寶臣、秘閣校理丹陽吴淑正義、直集賢院建安楊億大年。按億傳,書凡八十篇,而億獨草五十六卷。《直齋書録》。

原八十卷,今存二十六至三十,卷七十六,卷七十九、八十,共八卷。晁公武曰"楊億娶張洎女不終,故洎傳多醜辭"。洎傳適在卷中,如曰"性便佞,能伺候人主意",又曰"尤險陂,好攻人之短",又曰"善事黄門宦官",又曰"性鄙吝",又曰"在江表日,多讒毁良善",誠爲醜詆,流議之來,有由致矣。每卷末俱有書寫人某某、初對某某、覆對某某一條。《愛日精廬藏書志》。

宋錢若水、柴成務、宋度、吴淑、楊億同撰,見晁氏《讀書志》、陳氏《書録解題》。原書八十卷,今存卷第二十六至三十,卷七十六,卷七十九至八十卷,共八卷。億本傳云《實録》凡八十篇,億獨草五十六卷,則此本多其筆也。卷末有書寫、初對、覆對姓名。宋諱皆闕筆,郡中黄氏得南宋時館閣鈔本,此從之傳録。《鐵琴銅劍樓書目》。

右《太宗實録》殘本,卷廿六、廿七、廿八、廿九、三十、七十六、七十九、八十,凡八卷。原本八十卷,錢若水等修。李燾《通鑒長編》:"太平興國八年十一月,太一宫成。"注云:《實録》於明年八月丙申,始書太一宫成。今案,此本實在八年十一月,與《長編》注所引不合。《長編》注往往引《實録》别本,彼所偁,豈出於别本,而偶有脱文歟?抑此爲别本歟?嘉定錢氏跋蘇州黄蕘圃藏本云十二卷,此本僅八卷,不知異同何如,當借校之。道光丁亥九月,曾釗記。

右《太宗實録》殘本,八卷。李申耆明府寫以寄余,勉士從余轉鈔者。徐星伯舍人以書索之,不及别寫,即以此勉士本奉寄,俟他日補寫還之。愛書成癖,亦文字一場公案也,願舍人以《會要沿革》一册報之,即以此爲引玉之磚矣。道光癸巳九月望日。吴蘭修記。

《宋太宗實録》八十卷，集賢院學士錢若水撰。今吴門黄蕘圃孝廉所藏廑十二卷，且有脱葉。每卷末葉有書寫及初對、覆對姓名，書法精妙，紙墨亦古，於宋諱皆有闕筆，即“慎”、“敦”、“廓”、“筠”諸字亦然，予决爲南宋時館閣鈔本，以避諱驗，當在理宗朝也。其中與《宋史》互異者，如“李從善僞封鄭王”，“鄭”作“鄧”。“年四十八”，作“五十”。“蘇易簡妻弟崔範”，作“妻兄”。“劉遇，滄州清池人”，作“浮陽”。“漢州刺史”，“漢”作“溪”。“蔚州防禦使”，“蔚”作“鬱”。“洮州團練使”，“洮”作“應”。“浩州團練使”，“浩”作“涪”。“陳從信，年七十三”，作“七十二”。皆當以《實録》爲正。劉廷讓，避太宗諱，改名，《宋史》闕而不書，亦當依《實録》增入。《潛研堂集》卷廿八。

是編與《長編》相核，互有詳略。惟《長編》太平興國止八年，九年即雍熙元年，此書仍作太平興國九年。卷二十八，群臣第三表，“儻獲事私曹而登降”，下接“宋琪封禪大禮使”，按《長編》不收表文，以宰相宋琪爲封禪大禮使，表文恐長編脱去一葉。卷七十九，詔并三司爲一，以“工部員外郎劉”，下接“以詩戒之”。據《長編》，詔并三司勾院爲一，以工部員外郎劉式專領之，上面命式曰：“汝以一人當三人之職，宜勉盡力，副朕所望。”是十月之事。禮部侍郎蘇易簡卒，易簡嗜酒，初入翰林日，飲已半酣，上嘗接見，誡約深切，又草書勸酒、戒酒二詩戒之，是十二月之事。又脱去一葉矣。

留都聞見録跋代

吴次尾先生所著《留都聞見録》一書，原目十有二，曰山川，曰人物，曰園亭，曰官政，曰科舉，曰書畫，曰器用，曰交游，曰服色，曰時事，曰宴飲，曰音樂。先生之子孟堅録藏者，僅存山川、園亭、科舉三門，梓之金陵。崑山葉方恒、宜興陳維崧、侯官黄俞邰、上元蔣先庚序之，孟堅跋於後，時在康熙庚申。後孟堅之子銘道於舊家得一鈔本，前三門外，又得六門，曰河房，曰公署，曰官政，曰寺觀，曰服色，曰時事。彙而梓之，以前三門爲上卷，後六門爲下卷。銘道跋於後,時在雍正庚戌,去上卷之刻五十年矣。較原目尚少人物、書畫、器用、交游、宴飲、音樂六門,而多出河房一門。孟堅原序云:"每門爲一卷,共十三卷,然有寥寥數事,不能成卷者。"大約定目、分記,皆未編定,後人合之,故多寡不倫。每門有小序,無者亦未成者也。所記皆親歷之事,前後數年,已有更變。再讀陳序,歷數前寓之地,舊游之處,大半滅没於荒煙蔓草中,惝恍而不可問,何況至今二百餘年,又經赭寇之亂,前人名迹盡爲飛灰。展清明上河之圖,讀東京夢華之録,能無悄焉以悲而愀然興感者乎!今承平四十年矣,城中廬舍尚不及半,園亭尤少,秦淮青溪,日以淤塞,稍值亢旱,滿城無水,民生日蹙,乞丐塞途,尚不能望嘉道之世,而謂敢企前明留都之盛乎?至録中所云"峨冠大袖一變爲小衲短衣",是爲兵象。"米價一石貴至白金三兩六錢",則仿佛似之,尤爲可慨者也。謹梓行之,爲留心金陵掌故者添一談助。

啓禎兩朝剥復録跋代

明祚當啓、禎之際,奄人當道,宵小竊附。鬼蜮變幻,彪虎縱横。盈廷忠正之士,非填尸牢户,即荷戈絶塞。貶削間住,史無虚日。迨至熹廟鼎成,權奸授首,前之死難者以次昭雪,幸存者以次擢用。剥極而復,海内欣然望治。次尾先生目擊時政,成《啓禎兩朝剥復録》十卷。前四卷書客、魏之横,五六卷書新政之當,七卷爲熹朝忠節死臣列傳,十六篇,逸其六,楊、左二傳編入集亦去之。八卷己巳京察,九卷南察,十卷附以王紹徽之《點將録》終焉。是書係原刻本,前有同盟參閱姓氏兩葉,始袁繼咸,終吴文英,皆前明人,後載朱竹垞先生跋。七卷後有"不孝男孟堅,孫本忠、銘孝、銘節、銘義、銘道、銘德同泣血編輯"一行,板心有"樓山堂"三字,末附孟堅與孫容城、傅青主兩先生書。罕見傳本,夏嗛甫僅得鈔本,校證刊行,其自序云:"以一年爲一卷,起於天啓四年六月,止於崇禎元年十月,凡五卷。"即此本之前六卷,又云:"末附己巳南北二察,原别爲一册,不入卷,弟遂編爲弟六卷。"即此本之八九兩卷,大約從此本鈔出,而去《忠節傳》,及《點將録》,又改其卷第耳。嗛甫未見全書,轉疑朱竹垞詩話所云十卷爲不實,又豈知原刻本尚在天壤間耶!使嗛甫見此,可減却許多疏證矣。次尾先生授命時,孟堅年九歲。與孫、傅兩先生書,在康熙四年,孟堅年二十九歲。刻此書已有六十,約在康熙中葉。原書及夏校本均有訛字,各成校勘記一卷附後。

楊山松孤兒籲天録跋

《孤兒籲天録》十六卷,武陵楊山松忍古撰。忍古爲前明督師楊嗣昌之長子,爲其父辨謗而作。卷一起應司馬之謗。卷二籌賊籌餉之論。卷三舉用總理之謗。卷四星變陳言之謗。卷五入直廷諍之謗。卷六賈莊殉難、詞林贊畫、首輔視師之謗。卷七濟南失陷之謗。卷八邊烽解嚴之謗。卷九調用屬員之謗。卷十奉命督師之論。卷十一舉用左帥之論。卷十二、三攘彝剿局之論上、下。卷十四入川剿局之論。卷十五襄雒兩藩之謗。卷十六死後餘波之謗。卷末先大夫撫賊之謗。所辨如《幸存録》、《綏寇紀略》、《延綏志》、《流寇志》、《國榷》、《崇禎朝紀略》諸書逐段節録,據《武陵日歷奏疏》一一引證,而極詆《綏寇紀略》。武陵在明崇禎朝,位兼將相,剿撫無成,自不能不任其咎,而流傳之口,亦必有過甚之詞。忍古先有五案陳情一揭,其弟山梓亦著有《辨謗録》一書,今彙爲此編,高及六寸,無所不辨,孝子之心容有不能已者。從子楊文敏公超曾,曾以進御圖超雪,然欽定《明史》列傳中,如"口辨工筆札之語,善戰服上刑之對,回護熊文燦,齮齕盧象升,失左賀二將之心,陷襄福兩藩之罪",未嘗不采《吴談》等書,可見修《明史》時,并未有人爲之辨雪也。楊氏父子終不附奄,後爲部民郭鞏訟冤,又以奪情爲黄道周詆斥,遂與東林相左。然東林雖惡其爲人,亦斷不能歸之奄黨,乃忍古詆之曰門户,曰聲氣,曰與烏程直發黨魁,曰盧公以死討便宜,此皆奄黨以目東林者,何得拾人牙慧,轉致人疑?夏允彝《幸存録》爲奄党子孫李清僞撰,忍古推爲宅心平恕,亦屬自露敗缺。彭文勤公跋《綏寇紀略》云:其惜武陵,哀寧南,持論未爲平正。是後人方以梅村回護武陵,而忍古轉詆梅村最甚,其曰"梅村當日身在史局,奏疏、邸報疑無有不留心者,乃因先人而詆及崇禎皇上,豈當日身在事中之所爲",又曰"皇上致憾於黨人,原有成心,料在信邸時,爲蜀爲雒,早已了然"云云,則借大題以壓梅村,复諉過於上以卸責,此言又何足信! 然入直廷諍一篇,各書誤戊寅六月十八、七月初四兩番召對爲一,不如《日歷》之真。所駁《紀略》各語,梅村復生亦無可辨,不得左袒石齋而誣武陵也。武陵四正六隅之布置,當時無不以爲失策,梅村且云:"賊豈芻狗雉兔,任吾轢之道上,逐之陆中爾乎?"第同治間曾文正、李文忠,即以此法剿平捻逆。武陵之敗,亦由各省之不聽令也。武陵疏中有云:"一言以蔽之,曰法不行耳。事前有虛文玩法之人,無實心奉法之人;事後有强口脱法之人,無俯首受法之人;事中有共謀破法之人,無一體甘法之人;事外有偏見觭法之人,無公道平法之人。"可謂千古名言。又云:"立身利害之外,力操風議之權。樂禍幸灾,操唇鼓舌。"又云:"以奔婦而議《柏舟》之短長,以袖手而議焦爛之工拙。是則言之則易,行之實難。局外則易,局中則難。"尤古今所同慨也。

《武陵公案》一書亦罕見,《潘稼堂集》中有此題吴修齡四首。見《鷗陂漁話》。

三垣筆記跋

右《三垣筆記》三卷,各有補遺、附識,亦三卷。明興化李映碧先生著。映碧,爲禮部尚書李思誠之孫,學問淹博,著述宏富,爲國初名人。三垣者,崇禎丁丑入刑垣;以事謫外,壬午召補吏垣,轉工垣;右册封淮藩出都,南都建國復命金陵,晋掌工垣:則所云《三垣筆記》也。筆記皆目擊當時事,補遺亦然,附識則得之傳述者,其慎如此。其自序云:"自丁未讫甲乙,凡九年,舉予所聞見者,以筆之書,非予所聞見不録也。所上諸疏,止録其留中者,其已報則亦弗悉也。蓋内之記注邸鈔,多遺多諱,外之傳記志狀,多諛多誤,故欲借予所見聞，志十年來美惡賢否之真，則又予所不敢不録也。”是書翔實爾雅，同時所出諸書，《烈皇小識》之外，未有逾於是者。荃孫初得是書於黄再同同年所，假歸録副，止得崇禎上一卷，弘光一卷。後汪穰卿中翰鈔之於八千卷樓，則多出崇禎下一卷，附識一卷。及至金陵，吾友興化李君審言，爲求之李氏族中，得兩鈔帙，彙鈔而詳校之，似可爲定本矣。尚書名列逆案，映碧持論於逆案則回護之，而不敢正言其是。於東林則巧詆之，而未嘗明著其非。獨引夏彝仲《幸存録》以爲證。自序又云：“彝仲《幸存録》出，乃得是非之正，若予作此記，與彝仲相先後，時殊事殊，而惟無偏心，立言則不殊，彝仲見此無乃首額是記，與予首額是録，而又以存我心之同然爲幸。”黄梨洲《汰存録》序遂云：“野史多有是非倒置者，大略本於夏彝仲《幸存録》。彝仲死難，人亦從而信之，彝仲人品將存千秋，并存此録，謂之不幸存録可也。”梨洲所糾者十段，均屬無可解免。梨洲真以爲彝仲自撰，致推及其師張延登，詆毁備至。巢端友序則曰：“此非夏子之言，其爲附會小人之言也。夏子死難之後，無子無孫，無兄無弟，其品足以表著古今，其論足以取信於當世，於是托而誣焉，以爲可以因是而淆是非之實矣。”巢子已見及是，而不知何人所僞撰。至順德師讀是記，始斷爲映碧。於卷上附識劉若愚條批云：“劉若愚助客、魏爲虐，雖非霍維華、楊維垣之糾，亦安得免，且置若愚死者非二人力也，映碧於此等皆偏袒有意，其爲奄党門户中人，有不待再計而决者，所謂欲蓋彌彰者與！”於卷下弘光條批云：“映碧自著《南渡録》，亦云福王既失國，咸恨不立潞王。然則福王之爲公論所惡，作者自言之矣，但又引張希夏語，謂潞王廣求古玩，又指甲長六七寸，以管護之，以證潞王之惡。始終不肯認錯，則映碧之愚謬到底耳。”又云：“草野聞立潞王不平，此亦飾説，議立之際，事近秘密，安有草野預聞之理？草野安知二王之賢否？即倫序亦茫然也。”自馬阮秉政後一條批云：“映碧此二語，明明與芟薙東林者運籌帷幕，其爲馬、阮之黨不自諱也，乃又時時駡馬、阮以自解，非所謂失其本者其辭屈乎？”楊副憲維垣一條批云：“崔呈秀閹党之尤，維垣攻之爲自脱地耳。公論不以此予之自新，乃謂因此而麗逆案，則謬矣。”以證映碧凡事爲逆案洗刷，以東林爲門户，爲聲氣，以張捷、楊維垣爲效忠，借彝仲之言以發明其意旨，而其嫁名之罪愈以大明，不特馬士英出劉入阮詩，全條與《幸存録》一字不易也。尚書在客魏當國時，不過循序傳升，未能引退，并非贊導附和，如崔呈秀、周應秋等，且不久罷官，逆案之入，誠亦太過。甲乙事案，弘光元年正月，工科都給事中李清，爲其祖逆案間住，李思誠辨冤，下部議，李喬再疏辨冤，命復原官，映碧業已争回朝廷之賞罰，復欲變亂清議之是非，而專護殘局，顛倒公論。千秋而後，自有定評。不惟不能雪附閹之耻，轉爲附閹增出佐證。至托名夏彝仲，爲矯誣正人，污蔑死友，可謂爲謀不臧。至章回小説有《檮杌閑評》一書，專記客、魏逆迹，亦載入尚書不願借邊功封魏氏子弟，受誣削籍，並謂河南右布政丘志完輦三千金饋崔呈秀，謀升京卿，爲羅卒所緝，思誠寓與呈秀鄰，呈秀卸罪於思誠，革職爲民一則，其書徵實處多，疑映碧所撰，用心可謂良苦，《孟子》所謂“孝子慈孫，百世不改”，而此案决不能翻也。

中興戰功録跋

《中興十三處戰功録》一卷，據李心傳《朝野雜記》云，乾道二年，蔣子禮執政，遂以明州城下和尚原、殺金平、大儀鎮、順昌、皂角林、胥浦橋、唐嶋、采石、蔡州、茨湖、確山、海州爲十三處戰功，而前序諸將抗金實迹則明州城下之後有陳思恭太湖一役，大儀鎮之後有藕塘一役，順昌之役有柘皋一役，而後斷以藕塘，所捷乃僞齊，非金兵，故不與。而馬端臨《經籍考》云：參政眉山李壁季章撰，開禧乙丑北事將作，其書成。是撰書之旨發於蔣子禮而成於李季章，北事將作，以激厲將帥耳。是書自《明文淵閣書目》著録在宙字號以後，失傳。今於《大典》一萬一千九百七十卷録字韻，與《曾公遺録》同鈔出，首尾完善，惜無序跋，無胥浦橋、茨湖、確山三處，而有太湖、饒風關、柘皋三處，確山附見於蔡州，自以此録爲定論者，謂岳鄂王朱仙鎮一役至今嘖嘖人口，而《北盟會編》不載其事，遂疑秦氏所惡,史官不敢直書。而開禧元年始撰是録,正值定議伐金追封飛爲鄂王之時,如果實有戰績,焉有不叙入之理?昔人亦有言倦翁所記過於鋪張,孝子慈孫之用心,有不盡實事者,予觀此録,亦不敢以此言爲過刻矣。

戴氏直隸河渠書跋

乾隆中葉,方恪敏公觀承總督直隸,延仁和趙東潛氏撰《直隸河渠水利書》百三十二卷。戊子,復延休寧戴東原先生删定之,改爲《直隸河渠書》,删去“水利”二字,成書百二卷,减去原書三十卷。而灤河、熱河,僅存涯略一卷。蓋恪敏是秋薨於位,而書未竟也。接任總督爲周元理,似延元和余蕭客氏續成而未果,原稿存戴處,清稿存周處。嘉慶十四年,吴江捐職王履泰竊此書,易名《畿輔安瀾志》進呈。上嘉爲有用之書,以同知發北河效用,仍命武英殿刊行。履泰,系周督姻戚,得之於周,妄爲删并,略增乾隆戊子以後事實,改百二卷爲五十六卷,移易其先後。原本首衛河、終灤河,以地勢自南而北也。今乃首永定河,則義例全無,頓失廬山真面。東原殁後,遺書皆歸曲阜孔葓谷户部。葓谷與東原至交,其子廣根又東原之婿,故遺書收藏、刊刻,引爲己任。此稿原訂六十四册,葓谷合爲二十四册,以卷帙重大,未能刊行。直至履泰書出,東原之子中孚始抱稿本入都核對。金壇段懋堂先生爲東原之高弟,三函致直隸方葆巖總督維甸,請重刻真本,以發東原著作之光,以懲履泰盗名之罪。葆巖即恪敏公之子也,惜書未進呈,重刻亦未果,稿仍歸之孔氏。光緒甲申,孔氏書盡出,此稿流落廠肆,荃孫賤值得之,中又短永定河八卷,藏之篋中二十年矣。去春合肥蒯履卿觀察堅囑録副,因爲校定,將先生手書籤改各條,按文叙入,又取《畿輔安瀾志》核之。原書首衛河七卷,次漳河水十一卷,次滏水三卷,次大陸澤五卷,次寧晋泊一卷,次虖沱河八卷,次東西澱二十一卷,内唐河三卷,沙河一卷,滋河一卷,府河五卷,易水五卷,淶水一卷,清河五卷。次永定河十六卷,内永定河,十二卷。桑乾河,四卷。次白河十九卷,内白河八卷，潮河二卷，榆河四卷，大通河五卷。次薊運河九卷，次陡河一卷，次灤河一卷，內熱河。案，此二河草創，而未潤色。諸水源流，古今變遷，孰異孰同，爲利爲害，擘肌分理，考鏡具備。此據懋堂與方葆巖制府書，分卷止淶水、陡河不同，餘與稿本合。又，原書每水，先紀正流，次故道，次凡水，次堤防，次閘壩涵洞，次橋梁津渡，次經費官司夫役，次祠廟，次水利。凡水以下，先撮叙在某縣者某水，均頂格，分叙某水則低一格。《安瀾志》於故道每闌入正流，凡水以下均不先提後叙，删去夾注及顛倒處極多，而尚未敢臆補。今謄寫校定，據孔仲搗序云六十四卷，即六十四册，今止二十四册，系孔葓谷合并，封面皆其手書。灤河有東原手跋，亦在今方、周兩處，清本不知歸於何處。仍照分卷原目録出，惟東西澱原目二十一卷，今淶水實分三卷，非一卷，共有二十三卷。永定河原目十六卷，今照《安瀾志》鈔出，只十二卷。又薊運河九卷，末一卷即陡河，段先生以陡河另爲一卷，不知在薊運九卷之內。《戴先生年譜》亦懋堂所撰，前云一百十卷，後分記又落去永定河二十六卷，東西澱二十三卷又云三十卷，諸多不合，因仍訂爲百卷。戴先生書灤河未成，何夢華氏所云趙書有灤河十一卷，今不知存否。此灤河二卷，亦鈔自《安瀾志》，以先生賸稿附之。觀履泰所排比，似據原稿，又據《熱河志》，未見趙書。今以此本復禮卿，并將原稿贈之而留清本，如方、戴兩處書復出，未免徒勞半歲之功，然荃孫嗜同菖歜，并不以爲苦也。

元河南志跋

光緒壬申，袁漱六前輩臥雪廬藏書輦來廠肆火神廟，名鈔舊校觸目琳琅，而值極昂。荃孫境又極窘，無計得之，又不能自已。心躍躍然、目炯炯然，逐日蹣跚書城之側，寢食俱廢，見友人中能得者，則謹志之，爲他日借閱地。一日見《河南志》鈔本一巨帙，無卷數，用《全唐文》格子，封面題"河南志"，識是徐星伯先生手筆。城池宫闕自周至唐，悉具知，是宋次道《河南志》之首册，而星伯先生修《全唐文》時所録者。議價不成，次日即爲人購去，懊惱欲絶。後探知歸常熟師所,因乞歸録副而細校之。開卷即云河南府路羅城,方知《大典》所録爲《元河南志》,而仍是宋志原本,至述元時寥寥數語,必是星伯先生止録宋志,元代事則置之耳。唐朝最詳,《東京城坊考》全取於此,北魏朝校以《伽藍記》,頗有益處,周、漢、魏、晉只能以正史、《寰宇記》校之,私心喜甚,秘之篋中廿年。甲辰春,交姜文卿刻之金陵,三年始畢。今春門人陳橫山徵君忽覓得阮文達公所刻魏晉四朝《洛陽宫殿圖》,云出自《大典》,亟假讀之。文達公跋云:"余於嘉慶十五六年間在京師文穎館總閲《全唐文》,時《永樂大典》多移在館,有館中供事鈔得《東漢東都城圖》一紙,《西晉洛陽京城圖》一紙,《後漢洛陽宫城圖》一紙,《金墉城圖》一紙,余閲而喜之,亦不能究其從何處鈔出,遂令照鈔數紙,知此圖非後人所能造,必唐以前舊書中之遺迹也。有此圖,則讀漢晉魏書者,皆瞭然於南北前後城宫殿觀,不必推測矣。恐日久圖失,刻之於板,以貽讀書人尋繹而自得之,隋文選樓主人識。"實則摹從此志,阮僅以漢晉洛陽宫城圖標題而宋西京圖亦附存焉,入之此志,豐城劍合矣。吾輩抱殘守缺,竟有吻合無迹,出於意料之外者,若唐宫城圖見《東京城坊考》,不必轉摹,惟宋次道《河南志》二十卷。板在南監。見《南雍志》。李氏《得月樓書目》尚有其書,儻一旦復出世間,則此數卷書留覆醬瓿亦所甚願矣。

阮圖訂誤:

漢都城:"罼罡苑","罡"誤"坔"。"上商里","上"誤"止"。

西晋京城:"雍門","雍"誤"雄"。"陵雲臺","陵雲"誤"凌靈"。"聽訟觀","訟"誤"松"。"顯陽殿","陽"誤"揚"。"式乾殿","式"誤"武"。"陰流池","陰"誤"除"。

應有魏京城圖,闕。金墉城,魏明帝築,非後魏。

後魏京城:"大夏門","門"誤"殿"。"李直奴","李"誤"季"。"崔休","休"誤"林"。"邢巒","巒"誤"爲"。"城陽王徽宅","城"誤"成"。"延酤里","酤"誤"酷"。"觴治里","治"誤"冶"。

宋西京城圖:"夾道門","夾"誤"史"。"娑羅亭","娑"誤"挲"。"内園門","園"誤"思"。

金石録跋

趙氏《金石録》,宋本止存十卷。國初,爲嘉興馮研祥所得,刻一印曰"金石録十卷人家",帖尾書頭往往鈐用,傳之藝苑,以爲美談。後流轉於江玉屏、阮文達、韓小亭,最後歸潘文勤公鄭盦。文勤師嘗出以相視,推爲天壤間驚人秘笈,今尚在仲午比部所。至舊鈔,不乏流傳之本,大半出於明葉文莊所藏。至刻本,向推雅雨堂盧校爲最精,而三長物齋等刻,不足道矣。一日,二楞觀察手一編示余,鈔手極舊,書籤題云"津逮秘書",人皆訝其不符。余笑而應之曰:"不觀《津逮秘書目》第六集,《金石録》未刊,即此書也。"首有劉跂序,明誠自序,後有李易安後序,開禧趙不讜跋,明葉仲盛跋,歸有光跋。跳行,空格,均據宋本,其間粘籤甚多,大半據盧本以校本書之誤,間有兩通之字亦備列焉。爰借吾友章碩卿大令藏校宋十卷本,並自藏明鈔校本,成札記一卷,雖未能全見宋刻,然似可與雅雨堂本相頡頏矣。

求是齋金石跋書後

右《求是齋金石跋》八卷,武進丁汀鷺表丈所撰。分歷代,編八卷,共一千六百十二種。有跋者六百五十種,體例一仿東武趙氏。表丈淵雅閎通,家傳金石之學,以知縣需次直隸,常捧檄至京師,荃孫供職詞垣,丁丑初夏,與丈初晤,暢談金石,頗蒙嘉許。以後郵筒往復,商榷考訂,歲三四至。迨荃孫南返,丈亦棄官歸里。丁酉冬日,偕金淮生謁丈於局前街故宅,猶爲鬻酒摘蔬,清談竟日。後又相聚於天寧寺,别無幾時,而丈歸道山矣。甲辰春,孟輿兄出以見視,條例秩如,辨證明析,先正遺型,於兹未墜。如《魏暉福寺碑》之宕昌公,爲鉗耳慶時。《豆盧通造像》之世子僧奴,爲豆盧寬元氏。《乾符經幢》之楚國夫人,爲王景崇之母張氏。《光啓經幢》之國太夫人,爲王熔之母何氏。又以《金石録》"漢司空殘碑",爲王基碑之下截。以棲巖舍利塔碑,陳公竇慶,爲先封永寧公,後封陳公,均未經前人道及。而魏楊宣、邸珍兩碑,唐段公祈雨頌,爲之釋文,亦極明塙。丈歷任雞澤、元氏、邢臺,於元氏得《乾符幢》、《建隆幢》、《大定寶峰院牒》、《至順堅吉祥塔銘》,於邢臺得《慶曆真言幢》、《慶曆定光佛塔記》,《常山貞石志》、《畿輔通志》亦未著録者。其搜采之廣,考訂之精,與葉九苞《金石録補》相埒,非劉青藜等所及也。

閩中金石略跋

《閩中金石略》十五卷,晋江陳棨仁鐵香著。鐵香與陳頌南侍御生同里,受業於侍御,今《籀經堂類稿》即鐵香所編刻,侍御墓志亦鐵香所撰也,淵源有自,博雅著稱。全閩金石,向無專書。馮柳堂輯有成編,葉臨恭甫創初稿,均未行世。刊行本如劉燕庭《蒼玉洞題名》,鄭昌夫《陳巖墓志考》、《净光塔銘考》,零星二三帙耳。《烏石山志》、《新統志》紀載較詳,均未有至博至精如鐵香此編者也。鐵香用《萃編》例,先釋文,次舉前人題跋,再自加考證。又《僑刻帖考》兩種另創一例,亦甚精確。荃孫從武昌柯侍郎傳録一部,手自校之。又翻昔年所得金石,如《大樹唐天祐題名》外,有《宋建中靖國元年吴亮君采題名》、《淳祐九年竹橋題名》、《張邦寧題名》、《丁巳鄭昂題名》、《延安任士安題名》、《元至正壬辰阿里沙題名》、此種記收入。《李肇題名》、《熙春台宋熙寧壬子石徇張紘張徽唱和詩碑側》、《紹興庚申王進題記》,均在省城小玉華洞;《淳熙辛丑臨洮馬顯祖題名》、顔度等題名、《淳熙甲辰浚儀趙鑒可題名》、《成都宋子淵題名》、《三山游宋衡題名》、《淳熙乙巳武夷王壽翁題名》、《淳熙丙午徐景顔題名》、《紹熙壬子三山朱端厚題名》、《開禧富沙王玿題名》、《嘉定丙子東陽樓伯靖題名》、《景定癸亥三山朱掞題名》,在清流尚未收入,不免遺漏,考訂亦間有誤處。然一人之力有限,天下之寶無窮,如鐵香者真可謂好古之士矣,各省金石有專書,山東、山西、兩浙、廣東、廣西、湖北、湖南,用《隸釋》例;陝西、河南、江蘇、安徽,用《金石録》例。無者直隸、甘肅、江西、雲南。使各省有鐵香其人者，省成一書，有裨藝林，豈小補哉！

士禮居藏書題跋記書後

荃孫好書，始自髫幼。初讀《北江詩話》，區别考訂、校讎、收藏、賞鑒、掠販五家，慨焉慕之。繼讀知不足齋、抱經堂各書，傾慕益甚。往在成都書局，錢丈圖山先生爲言，黄蕘圃收藏之富，鑒别之精，校勘之勤，津津有餘味。并言黄轉入藝芸精舍，又轉入宜稼堂、海源閣兩家。後得《士禮居叢書》，讀《百宋一廛賦》，藉以見蕘圃收藏之概。既官京曹，鄭盦師以所鈔海源閣藏黄氏題跋八十餘，命理董而入木。荃孫少之，爲求江浙藏書家，得三百四十五篇，分爲六卷刻之，書歸鄭盦。後續得七十五篇，江君劍霞又刻入《靈鶼閣叢書》。荃孫先後更收得十餘種。先生每跋必著年月，建霞因之編先生年譜，亦可知其大略矣。書中印章鄭盦師序中略記之，而先生齋名，見於各跋者，曰士禮居，曰讀未見書齋，曰羖恬軒，曰求古居，曰石泉古舍，曰學耕堂，曰小千頃堂，曰紅椒山館，曰陶陶室，曰冬蕙山房，曰太白樓，曰聯吟西館，曰儀宋堂，曰小茇蘆館，曰縣橋小隱，曰見復齋。先生别號曰蕘夫，曰蕘翁，曰老蕘，更號復翁，曰復初氏，曰宋廛一翁，曰求古居士，曰求古居主人，曰讀未見書齋主人，曰聽擬軒主人，曰秋清逸士，曰廿止醒人，曰見獨學人，曰陶陶軒主，曰復見心翁，曰學山海居主人，曰抱守老人，曰長梧子，曰知非子，曰半恕道人，曰民山山民，曰民山一民，曰員嶠山人，曰佞宋主人。先生輯《所見古書録》，分甲乙二等，甲等宋刻宋印，元刻元印；乙等宋、元刻，明時印。序文有臏句云："編殘簡斷，市希駿骨之求；墨敝紙渝，窺詡豹斑之見。"而書不傳。又有《續百宋一廛賦》、《柳文》、《續幽怪録》。亦未見，晚年逐漸散佚，并開滂喜園書籍鋪。先生長子早歿，次子桐叔，壽鳳，孫飲魚、美鎬、■■、美鏐、秉剛、鋆。

士禮居刊行書目　　書價制錢七折

《國語》五册。一兩二錢。庚申。

《國策》九册。二兩。癸亥。

《季滄葦書目》一册。一錢二分。乙丑。

《梁公九諫》一册。六分。丙寅。

《宣和遺事》二册。二錢六分。庚午。

《藏書紀要》一册。六分。癸酉。

《儀禮》三册。一兩二錢。甲戌。

《周禮》九册。二兩。戊寅。

《夏小正》附集解一册。二錢。辛巳。

《汲古閣書目》一册。八分。庚申。

《博物志》一册一錢六分。癸亥。

《百宋一廛賦》一册。六分。乙丑。

《焦氏易林》四册。一兩。戊辰。

《輿地廣記》七册。二兩四錢。辛未。

《三經音義》論孟、孝經一册。三錢二分。癸酉。

《船山詩選》二册。四錢四分。丁丑。

《洪氏集驗方》二册。四錢四分。己卯。

《傷寒病總論》三册。一兩二錢。癸未。

《汪本隸釋刊誤》一册。四錢八分。丙子。

《東湖叢記》載《讀未見齋書目》,元刊朱文公《大同集》十卷,題學生、縣學司書兼奉文公祠陳利用編。凡爲詩二卷,文八卷。前有鄱陽干越都璋纂集《宋太師徽國文公朱先生年譜節略》,後有《縣學朱先生祠堂記》,爲嘉定五年龍泉葉適記、泉山徐璣書。是書目爲蔣生沐所見,不知世間尚有流傳者否?

劇談録跋

《劇談録》二卷,唐康駢撰。駢,字駕言。池陽人。乾符二年進士,官崇文館校書郎。《四庫》收入小説類,提要云:"凡四十條,以《太平廣記》勘之,一一相合。"非當時全部收入,即後人從《廣記》鈔合也。本末有臨安府陳道人書籍鋪刊行字,是《四庫》所收,出於宋刊。外間流傳只有毛氏《津逮》本，首缺自序一，次行題宋池州康駢述。誤唐爲宋。上卷二十條，下卷二十二條，與提要所云四十條不合，爰取談本《廣記》對核，只采二十條，并非全部收入。《廣記》三百九十四元稹一條，《廣記》四百裴度一條，今書所無。桑道茂一條，李德裕一條，均在今書。所引之外，字句訛錯，不如《廣記》遠甚。況館臣所見，既係影鈔，其爲舊本流傳，更無可疑，不必以爲鈔出也。爰取《廣記》及《類説》、《角力記》等書勘校，并取舊藏明刻稽古堂本，補録自序一篇，餘篇字句異同，均爲訂正。雖未見影宋舊鈔，固已出《津逮》本上矣。

影宋本述異記跋

錢塘丁氏八千卷樓藏舊鈔本《述異記》，序後有"臨安府太廟前經籍鋪尹家刊行"一行，知其源出於宋。每半葉十一行，行二十字。積餘影寫付刊，而此書止《漢魏叢書》中有之，遂取程榮本校一過，上卷"周成王"一條，"南海中有軒轅丘"、"崆峒中有堯碑"，均不提。"行淮水中黄雀"條，"梓樹之精"亦不提。行均與宋本同。"越俗中以珠爲上"條，"俗説明珠一斛，貴如王者"，宋本"王"作"玉"，誤。"鹿千年化爲蒼，骨皆黑色"，宋本"色"作"化"，誤。均照改。"洞庭湖中有釣洲"條，"有海李，苦菜，甘柚"。"中山有楸户"條，《漢書•貨殖志》"千年楸"。程本於"苦"字下脱一葉，直作"苦年楸"，而連刻之，令人難解。宋本十一行、行廿字，程本九行、行廿字，行款不同，今在弟八葉上八行。明人刻書，舛錯若此，可知此影寫本足重矣。

曾公遺録跋

按，曾子宣，《宋史》在《奸臣傳》。子宣於哲宗元祐八年六月同知樞密院事，元符三年十月入相，崇寧元年六月罷相，先後在政府九年。此録記在政府之事，世無傳本，於《永樂大典》"録"字韻中鈔出，止存七、八、九三卷，實元符二年三月起，至元符三年七月止，一年四月中事。不知原書幾卷。按，晁氏《讀書記》有《曾相手記》三卷。紹聖初，元祐黨禍起，曾布知公論所在，故對上之語多持兩端，又輒增損以著此書。《陳氏書目》有《紹聖甲戌日録》一卷，《庚辰日録》一卷，南豐曾布子宣撰，在政府奏對施行及宫禁朝廷，均非九卷。此後至罷相，尚有兩年，恐不止三卷。布權譎自喜，議論多偏，然時以元祐、紹聖皆有所失，欲以大公至正消釋黨禍，較之惇、卞之徒，怙惡不悛，究屬天良未昧。李仁甫《長編》每據以删潤。錢潜研謂《宋史》奸臣傳宜進史彌遠、史嵩之，而出曾布，其論至公。《長編》盡於元符三年二月，以後五閱月皆《長編》所無，浙局補《長編》未見。此書不詳者多，所載多當時語氣，夔指章惇，樸指韓忠彦，左轄指察卞，右轄指黄履，文筆亦爾雅。雖零璣斷璧，亦天壤內罕見之書也。

重刊明弘治吉州蘇文忠公七集本跋

宋《蘇長公集》分前集四十卷，後集二十卷，奏議十五卷，應詔集十卷，内制十卷，附樂語、外制三卷，續集十二卷，共一百十卷，冠以宋贈太師制敕、《宋史》本傳并年譜。黑口本。蘇轍作軾墓志，稱軾所著有《東坡集》四十卷，後集二十卷，奏議十五卷，内制十卷，外制三卷，和陶詩四卷。晁、陳所載并同，而别增應詔集十卷，與今所稱“東坡七集”相近。按宋時有《南行集》、《坡梁集》、《錢塘集》、《超然集》、《黄樓集》、《眉山集》、《武功集》、《雪堂集》、《黄岡集》、《仇池集》、《毗陵集》、《蘭臺集》、《真一集》、《岷精集》、《掞庭集》、《百斛明珠集》、《玉局集》、《海上老人集》、《東坡前集後集》、《東坡備成集》、《類聚東坡集》、《東坡大全集》、《東坡遺編》等名。生前刊行，崇寧初年奉詔毁板。南則有杭本、蜀本、吉州本、建安麻沙本。明仁宗時，嘗以内閣所藏宋本，命工翻刻，未竟。成化中，海虞程某爲吉州守，求得宋曹訓刊本，與仁宗所刻未完新本，重校付梓，又加以《和陶詩》合舊本所無者，編爲續集十二卷。集中有目録連屬篇目之卷，有不連屬之卷，奏議九、十兩卷連屬在一篇，其連屬者尚存宋本舊式。錢求赤《書後集》云後集其子過編，則正集或坡公手定。《宋史・藝文志》云：蘇軾前後集七十卷，奏議十五卷，補遺三卷，南征集一卷，詞一卷，南省説書一卷，應詔集十卷，内外制十三卷，别集四十六卷，黄州集二卷，續集二卷，和陶詩四卷，北歸集六卷，儋耳手澤一卷，年譜一卷。名目頗爲叢碎，亦與今本不合，續集止二卷，另出和陶詩四卷，宋本如是。明人所續，則爲十二卷，而和陶詩在其中。今宋本不可見，以成化本爲最古。至嘉靖十三年，江西布政司刊繆宗道所校者，白口本，已不如此本，如續集詩文共缺九十三首，昔人均未指出。今陶齋制府以圖書館藏本刻而傳之，影摹惟肖，原板模糊處，則據嘉靖本。荃孫又得錢求赤據宋刻校本，佳處尤多，以後東坡集當以此爲佳本矣。惟明人所編續集與前後集，奏議重出多篇。即本集中，如和孔宗翰詩一卷，内亦重出，可謂雜糅。至嘉靖本脱落，亦只在續集中，决非出自吉本。今吉本誤之顯然者，據嘉靖本、錢校本改之，而别爲札記，以志所據。嘉靖本之重出、脱落，則著之。訛字，則記不勝記矣①。

續集，明人所編，頗覺雜糅，非前六集可比。十一卷目，并有續添一條，可見隨得隨編，并無條理。不但有目無文，又重出前後集及奏議者十餘篇。《和孔宗翰》二絶，一卷中又重出。《快哉此風賦》止存兩韻。《捫虱新話》所稱葉嘉傳，乃陳元規作。《睡鄉》、《醉鄉記》，鄙俚淺近，决非坡作，一并攙入。嘉靖本又脱去詩四十五篇，文四十七篇，豈刻時所得本不全邪。决非從成化本重刊可知矣。均著於校記。

嘯亭雜録補遺跋

鈔本《嘯亭雜録》十卷、續録三卷，結一廬藏本。先是，光緒庚

① 在《东坡集校记》後，又有“宣统庚戌上元日江阴缪荃孙校竟跋於雲自在龕”等字。

辰荃孫供職京師，見新刻巾箱本《雜録》八卷，續二卷。京師同人曾見此鈔本者，嘩然痛詆之，謂其真僞各半，刻之不如不刻。荃孫未見鈔本，未敢斷也。甲辰長夏，二楞觀察出以相示，逐條對勘，編次不同，字句亦多删節，而《雜録》刻本八卷，鈔本則十卷，刻無而鈔有者止六十八段，刻有而鈔無者則無之。續鈔刻本二卷，鈔本則三卷，鈔本多三十八段，刻本多出八十九段，疑别據一本，而此續録尚短去一卷也。至未刻者，大半涉於考古，或間有穢雜語，删之未爲不是。即鈔刻相同之條，間節去其空論，亦何可以爲非。今選未刻多條，擇其可存者四十二段，録成一卷，或可别行，不必痛詆刻本，實未見所云真僞各半之迹也。

新刊補注銅人腧穴鍼灸圖經跋代

右《新刊補注銅人腧穴鍼灸圖經》五卷，宋翰林、醫官、朝散大夫、殿中省尚藥奉御、騎都尉、賜紫金魚袋臣王惟一奉聖旨編修。首有天聖四年夏竦序。卷三之首王惟一自序，又有鍼灸避忌太乙之圖序，序後有“時大定丙午歲上元日平水閑邪瞶叟述，書軒陳氏印行”。是宋時官書，金時刻本。考《宋史·藝文志》卷六，王惟一《新鑄銅人腧穴鍼灸圖經》三卷，即此書，止三卷，與《崇文總目》、《讀書後志》合。明正統石本亦三卷，是宋代原書止三卷。至大定丙午，加補注，拓之爲五卷耳。《讀書後志》無經字，作王惟德。《通志略》作惟一。惟德，《宋史》有傳，惟一無之。或者其兄弟行耶？竦序有云“定偃側於人形，正分寸於腧幕”。此本無仰伏人圖，補注不知成於何人，亦非三卷之舊矣。《經籍訪古志》云：“瞶叟序中稱，仆誠非沽名者，以年齒衰朽，恐身殁之後，聖人之法湮没於世，因編此圖，發明欽旨，命工鐫石，傳其不朽。”知是瞶叟刻此圖於石，而陳氏取附是書，并以板行矣。平陽經籍所刻書，世鮮傳本，今得此注，與余梁氏《論語注》，皆傳北方之板本，爲藝林所罕見也。

珊瑚木難八卷跋

傳鈔明寫本，明朱存理撰。存理，字性甫，别號野航。長洲人。少學制科，謝去，從杜東原游，自少至老，未嘗一日忘學。聞人有異書，必訪求，手自繕録。居於葑門荻扁王氏家教書，嘗與主人晚酌，罷，主人入内，適月上，性甫得句云"萬事不如杯在手，一年幾見月當頭"，喜極發狂大叫，扣扉呼主人起，詠此二句，主人亦大擊節，取酒更酌，興盡而罷。明日徧請吴中善詩者賞之，大爲張具，留連數日，吴中人傳爲佳話。其韻勝如此。今所傳欣賞齋刻《鐵網珊瑚》十六卷本，取以相較，同者僅四十種耳。此書每種下，具記得自某氏，大約出於杜東原、沈石田、黄應龍、沈維時、王雲松、趙思式諸人所藏。而又并記其鈔録月日，内有辛丑、壬寅、乙巳、丙午、戊申諸年所記。考性甫生於正統九年甲子，卒於正德八年癸酉，年七十，則此手稿皆成化、弘治間所録。原稿歸王百穀，又歸王騰程。騰程號莊叟，其子廣，號莪齋，復跋於後，時在崇禎元年。後又歸於顧渚，號渚山，復題記於前後。渚山又號晬翁，又號墨痴道人，第一册尾有墨痴小傳，及文文起、文彦可、吴梅村贈詩，皆爲顧渚山作也。道光己酉，歸荻溪章紫伯明經。最後歸丁氏八千卷樓，爲余傳録，然卷二缺四葉，卷八缺十葉，首卷三葉，又蟲蝕至二行。丁未九月，在湖北學務處，借柯遜庵侍郎藏本補足，并校訛脱字三百餘，此書庶乎可讀矣。至翁覃溪所見野航手稿不分卷本，又蔣生沐所藏周硯農鈔本，均未能取校也。

此先君子病革時所購得書也。戊辰夏，先君抱疴睦郡，不肖廣趨視湯藥，偶於架上見此書，詢之左右，知平頭乍從吴門齎至，時先君方病，未之省也。廣恐溷失，因納之奚囊，俟病小間，輒奉以進，進則先君摩挲披覽，若忘倦者。每閲過，命廣收藏惟謹。孰意先君遽棄不肖諸孤，而此書遂爲遺書焉，嗚呼痛哉！先君平生好異書，且不憚多方購求，即是書之往來胸中，殆不知閲幾寒暑，今始割俸易置，雖僅一見，然猶把玩生前，先子之志，庶其無憾與。野航朱先生，固有《鐵網珊瑚》手鈔巨帙，先君獲自昔年，曰爲張少宰侗初、姚贊善現聞兩先生借觀，尚未請還，而此書則近得之百穀王徵君家，蓋即《鐵網》初易稿也，别以木難小異同耳。自朱先生殁，而書歸文太史衡山先生，其仲子和州公復以授王徵君。百餘年來，非其人不以傳，似有神物護之，今又由先司理以及小子廣，敢不思所以，毋辱是書者乎？手澤猶存，不忍云讀，惟珍藏是懔，和弓垂矢，永爲世寶而已。崇禎紀元九月十七日，不肖孤王廣泣書於莪齋。

道光二十有九年三月二十八日，書舶友沈達三携此書求售，索價十洋。檢係明末舊鈔本，於本朝廟諱均不之避，中間紕繆脱落，誠如《提要》所云。然係未經閲削之本，亟以重價得之，暇當細加讎校，永爲家藏藝術類珍本。苕溪瓜轤外史章綬銜謹識。

己酉浴佛日，重閲一過，客雜沓至，遂輟筆。瓜轤外史。

越十日，取《闕里文獻考》所載對勘，復舉正二十三處。其未載者，無從取校。至此佚而彼存者，尚有郝經賦并序，當補録石守道銘後。綬銜又識。

閲性甫所著《鐵網珊瑚》，尚有二行零九字云。余游崑山，曾過其旌門，巋然雙柏，不勝感慨。就於其地，得觀節行之卷，録之於行橐中，不久盡爲他人所藏，是亦得其所也。録本計一十二翻。四月十七日午後，復取《鐵網珊瑚》本對勘，舉正共五十處，此卷始可句讀無遺憾矣。以次序論，當先以陳潛夫傳，繼以金文徵節行詩序，各詩、頌及跋語，以次排附，較有眉目。瓜轤外史又識。

清和甲子日，下午微雨，悶甚，復勘於吴氏循陔軒，其糾正四十處。

初十日未刻，雨中無事，復閲於聿新堂。

此卷脱誤殊甚，燈下復閲，病眼昏眊，艱於點勘，二鼓後即掩卷入黑甜。晨起畢之，時己酉四月十一日，及十二日也。荻溪綬銜又記。

是卷傳鈔不出一手，有老學乘興亂寫落葉者，有稚筆依樣葫蘆、往往舛錯者。十三日午後，展卷重閲，以武林暨梁溪客至輟筆。次日爲吕祖誕、晨雲怡進香，客復沓至禾齋，未遑握管。十五日晨起畢之。雖兩經翻閱，疑竇尚多，殊未愜懷抱。時當再讀一過。瓜廬外史識於讀騷如齋。

寒山詩集一卷跋

《寒山詩集》，豐干、拾得詩附，影宋寫本，每半葉八行，行十四字。前有閭丘胤序，後有淳熙十六年歲次己酉沙門志南記，又有己酉居維赤奮若可明跋，附朱晦庵與南老帖、陸放翁與明老帖。志南即南公，可明即明公，朱子與放翁所往還者。而前又有寒山序詩，觀音比丘無我慧身所補刻。是此書宋時一刻於淳熙己酉，曰國清本，再刻於紹定己丑，曰東皋寺本。此則三刻，又在東皋寺本之後。然不分七言於五言之外，不以拾得加於豐干之上，仍其舊第。字大如錢，清勁悦目。玄、胤、恒、貞、殷、朗闕末筆，亦可謂最善之本矣。是書藏之有年，日本島田彦楨寄我新刻，出自内府宋本，并序此集源流甚悉，因出此本取而校之，亦有無範慶福圖書，同出一源，亦可謂下真迹一等矣。寒山詩云："五言五百篇，七字七十九，三字二十一，都來六百首，一例書巖石。"今檢是本，寒山詩三百四首，而次之以豐干詩二首，及拾得詩四十八首，不符於六百之數。然閲閭丘胤序，其屬道翹所撰次者，已不過三百餘首云，唯於竹木石壁書，并村墅人家廳壁上所書文句三百餘首，及拾得於土地堂壁上書言偈，并纂集成卷，與此集合。《唐·藝文志》載入釋家類，作七卷。宋寶祐乙卯，江東漕司重刻本，則分五七言，又退豐干於後，已與此本不同。元高麗覆東皋寺本，卷尾題云"嘉議大夫，耽羅軍民萬户府，達魯花赤，高麗匡靖大夫，都僉事評理，上護軍，朴景亮刊行"。新安吴明春本作三卷，是《四庫》所收者。黄蕘圃所得二本均一卷，板心一題寒山子詞，一題三隱詩，云係外洋板，頗似高麗覆宋本，然寒山子詩後一條云"杭州錢塘門裏，車橋南大衔，郭宅□鋪印行"，一條。瞿氏書目所載，《寒山詩》一卷，《拾得詩》一卷，附慈受擬寒山詩一卷，寒山詩後亦有"杭州錢塘門裏車橋南大街郭宅紙鋪印行"一行，卷心亦作《三隱集》，與黄目合。末有"比丘可立，募衆刊行"。明刻本，似明僧輯刻。歸安陸氏書目所載，寒山詩一卷，豐干、拾得詩一卷。毛氏影宋本，每半葉十一行，行十八字。又舊藏廣州海幢寺本，八行十七字，字句不同。黄跋云“有拾得‘雲林最幽棲’一首，此篇所無，惜無別本可校耳”。島田影摹朱子、放翁兩帖、寒山詩首二行，餘俱用新式鉛字排印，不及從前東國影刻書遠甚。荃孫刊成此書，質之島田，當爲我取各本一校異同否。

徐興公書目作五卷，“五”字疑“三”字之誤。另有慈受擬寒山詩一卷，然據《紅雨樓題跋》，亦有朱子放翁手札，似與瞿氏本同。

卷　七

草堂詩箋跋

《杜工部草堂詩箋跋》四十卷、補遺十卷、外集一卷，傳序碑銘一卷，目録二卷，年譜二卷，詩話二卷。《四庫》止收詩話，而《詩箋》未收。近黎星使庶昌影刻宋麻沙本，每半葉十二行，每行大字二十，小字二十六，海内讀杜詩者，始見全璧，嘉惠士林多矣。巴陵方氏先刻元本於廣州，僅廿二卷。自卷一至卷十九，與黎本合，而卷二十下半，上元二年以下卷，二十一卷，二十二卷，即黎本補遺之一、二、三卷。卷二十前，上元元年庚子在成都所作，爲徐卿二子歌等十題，均見於黎本。二十五卷又失收《詣徐卿覓果子栽》一首。兩本參差，殊不可解。且《草堂詩箋》以編年得名，卷十九爲乾元二年詩。以上與年譜相合。方本卷二十爲上元元年、二年，卷二十一爲上元二年，卷二十二爲寶應元年。黎本卷二十爲廣德元年，卷二十一爲廣德二年，卷二十二、二十三不紀年，卷二十四爲永泰元年已到雲安，不應卷二十五又載上元元年在成都所作，後半卷仍接雲安所作，未免雜糅。方本僅廿二卷，蔡夢弼跋亦删節過甚，未足取證。瞿氏書目所載宋刊廿六卷，推爲嘉泰祖本，從廿五卷起，半葉十一行，行大字十九，小字廿五，與黎本又不同。至《翁覃溪文集》跋宋槧本所云第二十卷暫如新津縣四首，第廿二卷暫如青城縣五首，則與方本合，而與黎本不同。瞿氏本不全。翁所見全書，如在天壤間，未知何時寓目，一决此疑也。

高麗本草堂詩箋跋

卷一全。

卷二全。

卷三全。鈔二葉。

卷四全。

卷五存三葉一葉。

卷六存四葉一葉,十一葉一葉。

卷七存十二葉一葉。

卷八存二葉一葉,十四葉一葉。

卷九缺。

卷十全。

卷十一全。

卷十二全。

卷十三全。

卷十四全。

卷十五全。

卷十六全。

卷十七全。

卷十八全。

卷十九全。

卷二十全。方本二十卷以下,三卷與此不符。

卷二十一全。

卷二十二全。

卷二十三全。

卷二十四全。

卷二十五缺。

卷二十六全。

卷二十七全。

卷二十八全。缺首葉。

卷二十九全。

卷三十全。

卷三十一全。

卷三十二全。

卷三十三全。

卷三十四全。

卷三十五全。

卷三十六全。

卷三十七全。

卷三十八全。

卷三十九全。

卷四十全。

《詩話補遺》十卷。缺。

《外集》一卷。缺。

《傳序碑銘》。缺蔡跋後二葉。

《詩話》一。缺後六葉。

《詩話》二。缺後二葉。

《譜上》。缺。

《譜下》。存七至十四，八葉。

黎星使原跋云："得南宋麻沙本四十卷，高麗本補遺、外集十一卷付梓。"此書在日本琳琅閣，今歸胡研生糧儲，缺補遺、外集。前後有黎星使圖書，疑即星使所取之餘。而正書又缺卷五、卷六、卷七、卷八、卷九、卷二十五六卷。至高麗本佳處，陳景雲曾舉"何假將軍佩"，牧齋謂較"蓋"字爲穩，其爲善本可知。雖太璞不完，不害其爲瓌寶也。

張説之文集跋

《張説之文集》二十五卷，明鈔本。集首有永樂七年伍德記云：

“兵燹之後,散佚僅存,録而藏之。”是此編爲明初輯本,明嘉靖丁酉椒郡伍氏龍池草堂刊行,有項篤壽序。考唐宋《藝文志》,《張説集》三十卷,外集二卷,久已不傳。劉燕庭曾藏宋刊三十卷本,半葉十一行,行二十字,與李太白、駱賓王等集同行款,考爲蜀本,自朱竹君椒花吟舫散出,爲燕庭所收,今又不知歸於何所。張月霄臧影宋鈔本十卷,單是詩集。如首卷《喜雨二首》,一題御製,一題應制,明本删去“御製”、“應制”等字。卷五《醉中作》,有題無詩。卷六《廣州送蕭都督入朝過岳州宴餞》後缺一葉。雖非佳刻,然亦希見。聚珍本作《張燕公集》,館臣又於明刻本外,采及《文粹》、《文苑英華》諸書,得頌一首,箴一首,表十八首,疏二首,狀六首,策三首,批答一首,序十一首,啓一首,書二首,露布一首,碑四首,墓志九首,行狀一首,凡六十一首,皆依類補入,仍釐爲二十五卷,采輯較富,而卷非原次,又删去當時批答及同作,亦未盡善。案明刻本,卷一賦與雜詩。二至十皆雜詩,十一、十二頌,十三贊、銘、記,十四碑,十五表,十六至廿一皆碑銘,廿二墓志銘,廿三雜著,廿四表,廿五碑銘、表。首卷在碑銘之中,次卷在雜著之後,末卷又爲碑銘,編次不倫。館臣重定爲卷一賦與雜詩,二至五皆雜詩,卷六、卷七頌,卷八贊、銘、箴、記,卷九、卷十表,十一疏、狀、對策、批答,十二序,十三啓、書、露布,十四至廿一皆碑銘,廿二至廿四墓志、行狀,廿五祭文,實較舊本爲有條理。仁和朱子涵觀察出視所藏彭文勤公本,鈔極舊,惜止廿卷,再據吴仲懌侍郎明鈔本,互補以成全璧。今前廿卷用彭本,後五卷用吴本,聊存舊式。而退諸書拾補者另編五卷,似可復卅卷之舊,質諸方聞之士,以爲何如。光緒乙巳三月江陰繆荃孫跋。

再考,顧千里《思適齋集》云:先得燕公文十五卷,又得椒花吟舫鈔本,增益五卷。顧氏單校唐文,除去詩五卷,後又補足五卷,疑世間自有此廿卷傳本,非缺佚也。

馮校本王建詩跋

宋陳解元書棚本，半葉十行，行十八字。荃孫昔年得之滬市中，止存舊刻三十餘葉，餘皆影鈔也。頃京估以常熟馮己蒼鈔本見視，行款與宋本同。黑格後角，有"馮氏鈔本"四字，卷五卷十後，有己蒼手跋，又有朱書"馮氏不借本"五字。校勘圈點，細密慎重，固馮氏之家法。首葉邊闌，馮字朱文小印，末有"孱守堂"三字并列朱文方印、"馮己蒼手校本"朱文小方印、"謙牧堂藏書記"白文方印、"謙牧堂圖書記"朱文方印、"上黨馮舒"白文小印、"禮邸珍玩"朱文方印，各印皆真。與宋本對校，二卷增十首，四卷增十五首，五卷增六首，六卷增四首，九卷增三十八首，共增七十三首。己蒼跋云鈔於柳大中手書本，不知何處得來。二卷跋云以下十首宋版無，依别本補入。五卷跋云馬戴詩舊本無，柳誤添。是己蒼曾見宋本，而大中所增之七十三首，有誤收他人之作。後之重刻是書者，宜仍以宋本爲主，而此七十三首，别爲補遺於後，不可溷入，以存其真。宣統紀元芒種日，荃孫跋於對雨樓。

現行毛斧季本，胡介祉本，皆八卷。《墨莊漫録》云，建集七卷，印行本一卷。今宋本十卷，不知視七卷本何如。《敏求記》亦十卷，想亦宋本。記云，建與樞密王守澄，有宗人之分，偶因過飲相譏，守澄憾，欲借宫詞奏劾之，建作詩以解，結句云"不是當家親向説，九重争遣外人知"。事遂寢。當家，猶今人言一家也。此集作姓同，其爲後人改竄無疑，宋本正作姓同。

劉賓客文集跋

右《劉賓客文集》三十卷，外集一卷。《四庫》著録。禹錫，《唐書》有傳，官終於太子賓客分司，故署曰《賓客集》；又居中山無極，故又名《中山集》，是集四十卷，宋初佚其十卷，宋次道裒其遺詩四百七篇，雜文二十二首，爲外集。然未必皆十卷所遺也。明萬曆二年刊,雜文二十卷,書十卷,名《中山集》,黎民表序。民表,嘉靖末廣東参將,爲古田獞所殺。書亦罕見。常熟瞿氏藏宋刻殘本,每半葉十二行,行二十一字。歸安陸氏藏述古堂影宋鈔本,每半葉十行,行二十字。大抵宋時有此兩刻。此朱子涵舊藏明藍格鈔本,十行,行二十字,與陸氏書目合,原出宋本無疑。外集十卷,世罕流傳,有以正集詩文僞充者。甲辰冬在蘇州,書賈以味書室鈔外集,亦十行,行二十字,求售,鈔手極舊,以重值得之,可爲子涵配全,亦一快事。集中爲人作集序,皆作集紀,豈亦爲家諱如東坡之改序作叙耶。外集有《經東都安國觀九仙公主舊院》詩,結語"武皇曾駐驆,親問主人翁",方蕉軒濬師以武皇爲武宗。考《王建集》,亦有《九仙公主舊莊》詩。杜紫綸詔謂唐公主無九仙之名,惟《方伎傳》,玄宗時有夜光者,因九仙公主召見温泉。考東都安國觀爲太平公主宅,武皇意指玄宗。李義山詩"武皇内傳分明在",亦指玄宗。九仙公主,或即太平公主之别號,决非武宗之女也。文中用字新穎,如《連州刺史廳壁記》"不足庚其責","庚"作"償"字用,與《禮記》"請庚"之注合。《武陵北亭記》"是日還也","還"作"反"字用,與《小爾雅》"還而人必易也"之注合。《鑒藥篇》"輒者造焉",即《穀梁》"兩足不能相過謂之輒"。"府鮮能母氣",言氣所由生也。《蘇州册賀皇太子箋以貞九圍用華陽國志》詩"平齊行魯人,皆科帶弓箭",科作分派解。外集"可憐玉馬風流地",用庾信詩"還如驅玉馬",與金貂對,他書作"五馬",誤。惟卷二十五《有與歌者米嘉榮》云:"唱得凉州意外聲,舊人惟有米嘉榮。近來時世輕先輩,好染髭鬚事後生。"外集卷八亦有一絶云:"一别嘉榮三十載,忽聞舊曲尚依然。如今世俗輕前輩,好染髭鬚事少年。"與正集仿佛而韻不同,昔人所謂有未定之稿,有通用之稿,編輯時求益,遂兩收之,不得謂之複。近時《畿輔叢書》亦刊正集,所據之本爲荃孫所藏,《中山集》似從明刻鈔出,書首有錢竹汀印。王氏又據《全唐文》校改,殊失古意,不如此本遠矣。光緒丙午元夕,江陰繆荃孫撰。

司空表聖文集跋

右《司空表聖文集》,《四庫》著録。圖見《唐書·卓行傳》。此集有文無詩,陳振孫《書録解題》云:"蜀本前後八卷,俱題雜著,五六兩卷,獨題碑字。"按卷七雜著中又有《復安南碑》,不應此二卷獨題曰碑,當由後人誤改,則與陳所見之本無異也。每卷首行題"司空表聖文集卷幾",下題"一鳴集",與瞿氏書目載宋刻《杜荀鶴文集》下題"唐風集"同,知其原出於宋。此本爲曹氏書倉影寫明成化本,前有"乃昭"朱文、"王氏家藏"白文兩印,"南昌彭氏"、"知聖道齋藏書"朱文兩印,後有"白堤錢聽默經眼"朱文小印。按曹名學佺,字能始,侯官人。萬曆乙未進士,官至禮部尚書。殉國難。王乃昭,常熟人,與錢牧齋同時。錢聽默,名時霽,號景開,苕估中最有名,其捺"經眼"印者,書必佳。知聖道齋,爲彭文勤公舊藏。由彭而歸於結一廬,亦可見淵源之有自矣。光緒丙午花朝,江陰繆荃孫校畢跋。

西渡集跋

《西渡集》一卷,曝書亭藏書,目録後竹垞手書"康熙丁丑八月朔日竹垞閱過"。卷中朱筆皆先生手迹也。又有"長水胡氏家藏"一印、"歙鮑氏知不足齋藏書"一印。《四庫》所收二卷本,亦鮑氏進呈,卷數不同,不如此一卷,與《宋藝文志》、陳氏《書録》合也。金山錢氏刻入《小萬卷樓叢書》中,取以對校,校出刻本顛倒字二,訛字十六,方知此本之佳。惟《十月十六日》五律"細覽泉聲外",旁改"覽"爲"檻",錢本作"筧"。《初食生荔支》五律"清冷露入囊",錢本"令"作"泠"。《福州程使君止戈堂》七律"行看鬬劍爲農器",錢本作"鑄劍"。皆當從。又有不可解語,錢本空格較爲詳慎。末缺一葉,照錢本鈔入。光緒辛巳江陰繆荃孫校竟識。

鄮峰真隱漫録跋

舊鈔《鄮峰真隱漫録》五十卷，《四庫》底本，即范氏天一閣所進呈者。中間點竄鉤乙，皆館臣手筆。缺卷一至卷四四卷，又缺四十四一卷，藏之篋衍近十餘年。頃友人得揚估鈔本，假歸補足，方知舊鈔之佳。提行空格，一仿舊式，其源出於宋本。目録分三卷，與提要所言合，揚本不若也。此書昔見《愛日精廬藏書志》，近見《皕宋樓書目》，流傳亦云罕矣。

斜川集跋

蘇叔党《斜川集》，館臣從《永樂大典》鈔出。乾隆戊申趙味辛老人刻之亦有生齋，詩二百十四篇，文六十篇，使海內復見《斜川集》真本，非謝幼槃、劉改之等集僞爲者可比也。後得朱少河鈔藏本，有手跋云："嘉慶戊辰，法時帆學士充唐文館總纂，復於《大典》得《志隱》諸篇，文十五，詩五十三。"乃假本於朱子涵觀察，而每篇不相連屬，系當時隨采隨鈔之本。與趙本核對，僅得詩四十九篇，五言古四十八篇，五排二篇，七古一篇，共五十一篇。新竹二篇，趙本已録。與跋相符。而《志隱》十五篇者一葉無有，疑又逸去矣。鮑氏知不足齋二十六集刻此書，則《志隱》十五篇盡收其中，詩止四十三首，遺去九首，方知鮑本勝於趙本。今録詩九篇附後。

借書

妙年不可再，白日誰能繫。空慚粱肉索，不悟齒發逝。季子頗亦困，還家笑奴隸。經年得揣摩，尚可資游説。良田初不耕，拱手那望歲。誰令困不學，斯與草木敝。海南寡書籍，蠹簡僅編綴。詩亡不見雅，易絶空餘繫。借書如假田，主以歲月計。常恐遺地方，敢有不斂穧。便便五經腹，三冬良可繼。儻有愧寸陰，得無譏没世。

大人生日

天爵缺三字：名高實自分。云何困積毁，抑未泯斯文。欲救微言絶，先懲百氏紛。韋編收斷簡，魯壁出餘焚。論斥諸儒陋，功逾絳帳勤。吾庸亦多矣，奚恤彼狺狺。

天定人難勝，誠哉申子言。不須占倚伏，久已恃乾坤。八郡褌襦德，三吴肉骨恩。少卿真不病，廷尉自高門。勿嘆乘桴遠，當知出世尊。無邪有妙理，一悟可長存。

大士來淮泗，神交寤寐中。應緣濟物意，豈爲寫經功。惻隱仁之本，慈悲佛所同。雖無逮焚溺，尚欲起疲癃。五鼎榮何有，三光路已通。回看種桃處，葵麥卷春風。

和叔父移居東齋

去鄉三十年，夢寐猶西土。厄窮未能歸，諒亦君子固。結廬箕潁間，絶意爲霖雨。聊清一室地，僅作跏趺處。邇來又謝客，不待羹轢釜。西齋舊翳密，月晏窗先暮。東軒得爽塏，真作禪僧住。公舊自謂東軒長老。陶潛采菊時，尚復有真趣。公今觀此心，湛然忘客主。坐了一大緣，固已遺能所。

次韻叔父月季再生

瘴海不知秋，幽人忘歲月。只記庭中花，幾度開還折。憶昔移居時，始見青荑茁。殷勤主人惠，浸灌寒泉冽。顔色日鮮好，條枝爭秀拔。意無後人翦，喜托先生茇。海康接儋耳，雲水何由躡。俯檻獨四顧，悵此波濤匝。聞道海門松，僵枝出繁葉。困窮不足道，喜有千人活。不似玄都花，蔌蔌那能折。

范季遠作止齋求詩以此寄之

急流涌退真難事，安取榮枯君自味。世間軒冕如嚼蠟，自覺山川天下貴。君如八駿方服鞅，帝閑正欲求千里。刷燕秣越非所願，放浪煙霞躡雲水。蕭然築室在人境，身與此心俱欲止。倦飛偶學陶彭澤，亦病還同老居士。政憂功名來未免，吾駕不回誰與輗。古來索價累高人，少室終南應所鄙。

贈知命劉居士卜居

言乘下澤車，來赴嵩高約。春山多雨露，咫尺負丘壑。眷餘實畸人，雅與世緣薄。問途忽我顧，扣户煩剥啄。君才少不羇，屢散千金橐。胸中横詩書，帳下餘猿鶴。何妨門如匝，心若虚舟泊。聊師季主卜，玩世甘寂寞。箕山宛在目，潁水清帶郭。何年定卜居，伴我采薇藿。君與伯充詩，有欲卜居潁川志。

和任况詩

簪裳如縲囚，我生三年繫。一落罝網中，遂負山林志。憶故晋陽城，訪古尋前事。荒凉麋鹿游，正坐金湯累。西山郁崢嶸，氣勢翔天際。固知神所托，千歲有其地。綿綿邑姜祠，盛德百世繼。汾横地軸莊，泉涌山骨碎。我時正行役，忽此煙雨滯。頗遭溪谷留，使失鄉關異。是時熏風初，殿閣微凉至。碧井照眼寒，山光濕衣翠。文魴從弱浪，野鶴下晚吹。平生謝公心，雅在東山醉。端來乞五斗，兹事復且置。恓恓百僚末，舉首觸嗔忌。早知折腰惡，誰敢朱雲吏。願君志吾言，身外皆漚寄。臨淵休羡魚，早决歸來意。榮枯夢已破，何待《邯鄲記》。

石林燕語辨跋

宋葉少藴《石林燕語》十卷，所記朝章國故、官制科目，當時已重其書，後人亦多引用。間有記憶失真，考據不詳者，是以宋時汪聖錫作辨、宇文卷臣作考異以糾之。四庫館開時，館臣未能得汪書，提要止云："汪辨不甚傳，僅《儒學警悟》間引數條，與宇文考異并散見《永樂大典》中。"應將考異散入本條之下，而以汪辨寥寥無幾，無可裒集置之。後仁和胡珽心耘在京師，詣清秘堂，親檢《大典》一萬四千八百卷"悟"字韻中，鈔得汪氏辨目二百有二條，歸與葉廷琯調生。撰《集辨》一書，初擺印於《琳琅秘室叢書》第五集，後又於印本復校，加數十籤。荃孫見於周荇農師處，曾假録副本，將各籤編入，間有管見，亦附入焉。光緒壬辰，宗室伯羲祭酒購得明鈔《儒學警悟》全編，則汪辨十卷在焉。荃孫又録得，再勘全書二百有二條，與《大典》目合。以《大典》未見之書，一旦復出，令人稱快。惟辨禮賢宅，辨昭考當作昭孝，辨母后加謚四字，辨宣仁太后受册，辨皇考兩統二父之説，卷二辨三公孤卿大夫異同，辨集賢學士除待制沿革，辨馮元魯宗道爲講讀官，辨宣政殿奏事。卷三辨淳化中所藏法帖及刻板，辨職事官差除，辨韓維爲翰林學士，辨尚書中書沿革，辨本朝曆與契丹曆差一日。卷四辨曾宣靖修英宗實録不當，辨現任官應舉賜第，辨翰林侍讀學士講讀學士。卷五辨真宗批楊文公謝表，辨有官人應舉，辨進士特取一百九人，辨致仕官俸給，辨御史端公，辨御史裏行，辨元祐初哲宗納后。卷六辨馬齒，辨服制，辨三司使權亞宰相，辨張仲寧坐贜免、杖黥流嶺外，辨宰相除觀文大學士，辨除宰相有誥命敕，辨開府位三公。上卷七辨宰相除授兼職亦須用麻，辨邵與宗詔試秘閣，辨成都帥例不許將家屬及以待制知成都，辨王沂公召試館職，辨錢希白兄草弟麻，韓維弟草兄制，曾子宣弟草兄制。卷八辨王文公答王魏公書，辨李文言省試黜落，有司奏乞取之，廷試遂爲第一，辨天章置侍講自賈文元始，辨范忠宣自知慶州至拜相纔百餘日，辨蔡君謨、賈青進建州龍團茶。卷九辨賢良對策自董仲舒始，辨蘇子瞻爲秋燕致語，譏在喪用樂，辨歐陽永叔，趙叔平罷政，除觀文殿學士，辨司馬温公與吕申公辭知制誥。卷十辨蘇子瞻草吕微仲麻，共四十三條，與考異同。所不同者只九條耳。卷臣通判劍州時，即聖錫所薦，賓僚晋接，互相切磋，何以二書輾轉相合，豈鈔録者有訛誤耶。館臣以汪辨寥寥無幾，難以成編，而考異尚可裒集。今汪辨二百二條，全書俱存，而考異不同於辨者，僅止九條，亦云異矣。然得見陳振孫未收、《大典》未采之書，可不謂之幸事耶。《儒學警悟》書共七種，此書次爲第一，餘六種如《演繁露》之類世有傳書，獨此已成孤帙，幸伯羲祭酒慨借，得以傳出。久欲付梓，今奂彬吏部刊於《石林燕語》之後，荃孫謹書始末而歸之。

《儒學警悟》，太學俞鼎臣同上舍兄經編。壬戌三月，南劍州通判俞聞中夢達所刻。至壬子，《儒學警悟》歸於荃孫。前有總序，是嘉泰壬戌。然《百川學海》前人，考爲咸淳癸酉。則此書先七十二年，真叢書之祖矣。

諸儒鳴道集跋

《諸儒鳴道集》七十二卷，宋氏榮光樓鈔本。總目：濂溪《通書》，涑水《迂書》，横渠《正蒙》八卷，《横渠經學理窟》五卷，《横渠語録》三卷，《二程語録》二十七卷，《上蔡先生語録》三卷，《元城先生語録》三卷，《劉先生譚録》一卷，《劉先生道護録》一卷，《江民表心性説》一卷，《龜山語録》四卷，《安正忘筌集》十卷，《崇安聖傳論》二卷，《横浦日新》二卷。識云："越有《諸儒鳴道集》最佳，年久板腐字漫，摹觀者病之，乃命刊工剜蠧填梓，隨訂舊本，鋟足其文，令整楷焉。時端平二祀八月吉日，郡守閩川黄壯猷書。"商丘宋氏鈔本與《絳雲書目》合。惟絳雲不言鈔刻，而他書目未之見，深足寶貴。

頤堂集五卷

影寫宋刊本。首行題"頤堂先生文集卷弟一"。次行"侄傅編一卷"。後有"乾隆壬辰六月，王撫幹宅謹記"一行。半葉十行，行十八字，板心記"頤堂集幾"。字迹圓湛，洵宋刻之上駟。欠四卷一葉，五卷尾葉，存者止五十三葉，目録補寫，後附文三葉，詞五葉，皆補寫。《四庫》未收。按灼，字晦叔，號頤堂。遂寧人。隱居不仕，著此集及《碧雞漫志》、《糖霜譜》傳於世。《宋史新編・藝文志》載：《頤堂集》五十七卷。此書前爲古詩三卷。而近體詩止一卷。殆什中之一耳。然《讀書敏求記》載王灼《頤堂集》五卷。厲氏鶚《宋詩紀事》云灼嘗佐總幕府，選詩亦不出此卷。此書或即遵王所藏者歟？

注渠陽詩跋代

魏鶴山《讀易亭詩》，王周卿德文注之，王實齋遂和之，游丞相似序之。後又有鶴山札子，真大參德秀、杜尚書範、李侍郎心傳、李大參性傳、吕宗卿午、葉秘書大有各家札子、題跋，均以手書開雕，淳祐二年刊本。案王周卿，爲著作郎王蘋之孫。游丞相列傳見《宋史》四百十七。王實齋列傳見《宋史》四百十五。實齋，字去非，又字穎叔。樞密副使韶之元孫，金壇人。傳云："曾知平江府，與同里劉宰稱同志。"即跋所云"挐舟同漫塘訪鶴山，見此詩，漫塘所擊節也"。真大參，見《宋史》四百三十七。杜尚書、吕宗卿，見《宋史》四百零七。宗卿，跋署銜宗正少卿，知泉州，與傳合。有《竹坡類稿》。李侍郎，見《宋史》四百三十八。大參，見《宋史》四百十九。侍郎，與大參昆仲也。葉秘書曾任御史，《鶴林玉露》丙編自序"余爲臨川郡從事，侍御史葉大有，忽劾余罷官"，即此人也。諸賢手札，明成化間具存，見《吴匏庵家藏集》及郁逢慶《續書畫記》。《復初齋跋》祇賸三種，今不知歸何所。此本宋刊宋印，當與宋賢札子同看，近時書目，祇《鐵琴銅劍樓》有之，匏庵、覃溪皆未見也。卷首有"仲魚過目"小印，又有"華山馬仲安家藏善本"一印，卷尾有"馬仲安"、"馬印寒中"朱白文二印。蓋先歸道古樓，後歸士鄉堂者。光緒壬寅立冬日，貴池劉世珩跋。

《鐵琴銅劍樓書目》云，卷尾有"注渠陽詩一卷，嗣容校刊"一行。案《匏翁家藏集》五十五，有《宋賢三帖跋》云："周卿裔孫觀，字惟顒者，既取舊本翻雕，後得此三帖，裝池寄示。"因思瞿目"嗣容"二字，嗣即裔孫，容即顒字之恭代，遂與瞿目吻合。此本無此一行，而卷後絶無割補痕迹，是瞿氏所藏，爲明翻宋刻，此本是真宋刻，爲海內僅見之書，尤足貴矣。

輯本丹丘生集跋

柯九思,《元史》無傳,其事迹見《元詩選》小傳。而《丹丘生集》亦無紀若干卷、若干篇者。《元史》本無藝文,《千頃堂書目》止云一卷,是最少之本。錢竹汀先生補志因之。今見《元人十二家小集》中,分體編次,止詩四十三首,詞四首。顧氏《元詩選》刻入三集,云搜諸書畫題跋手迹,所得無多。顧玉山《草堂雅集》推丹丘爲壓卷,而雅集流傳之本,類缺首册,殊爲憾事。最後鈔首册於汲古毛氏,敬仲之詩在焉,合之手迹,得詩二百六十二首。光緒庚子,柯遜庵中丞在揚州都轉任,囑荃孫搜輯編次,先鈔錢塘丁氏《元人十二家集》,又鈔《元詩選》,爲二卷以寄。壬寅,友人曹君直中翰元忠到寧,雅意搜輯,再得文、賦、題跋二卷,詩二卷,補事迹一篇。荃孫復加覆核,新得《草堂雅集》舊鈔本,敬仲在後集之二,并不在首册,與顧選對勘,每首各注所出,又溢出十三首,疑顧所見又一本也。《元十二家集》,亦有五首,爲顧所未見,共得文四十六篇,詩三百四十一篇,勒成五卷,以覆中丞,自謂於兹集不爲無功矣。

説學齋稿跋

《説學齋稿》十卷,傳鈔新陽趙氏藏本。首有葉恭焕識語,原出歸有光鈔本。明《千頃堂書目》云文集五十卷。明代已散佚不存。此本乃嘉靖三十八年歸有光從吴氏得手稿傳鈔,其文不分卷帙,但於紙尾紀所作年歲,皆在元時所作。有光跋稱共一百三十六篇,與此本符。又,王懋竑《白田雜著》有是集,跋稱賦三,贊二,銘二,頌三,記五十有一,序七十有六,現存記四十九,序七十八。共一百三十八首,以有光跋爲傳寫之誤。然據懋竑所列,實止一百三十七首,數亦不符。殆舊有刊版,好事者遞相傳録,故篇數參差,不能畫一。圖書館藏有二本:一《雲林集》二卷,即太樸之詩,與《四庫》箸録同,後附文集,不分卷;一《危太樸集》,分四卷,篇數亦同,存一百三十六首。二本相較，不分卷本多《天寧寺碑記》、《巖巖亭記略》、《朝元閣記》三篇。四卷本多《吾丘子行學古編序》一篇，實得一百四十篇，附録宋濂撰墓碑一篇及《明詩綜》小傳，今亦全録，成完書。此集止賦、贊、銘、頌、記、序，似文集集首數卷，如《馮太師安岳集》之類，并非輯逸。詩二卷，則似從選本鈔出。

楊太后宮詞册跋

《寧宗楊后宮詞》五十首，寫在狀紙反面，紙墨甚舊，係汪水雲、錢功甫、毛子晋、黄蕘圃舊藏。水雲、功甫有印記。子晋有兩跋。蕘圃亦有跋。子晋曾刻入《五家官詞》，取刻本相校，如《銀燭瑶觥競上元》一首，"娟娟西月"，毛刻作"□□午月正當軒"，"午月"勝於"西月"，毛何以不見"娟娟"二字？"管弦聲均一齊喧"，一作"宛轉餘音出紫垣"，毛與一作同。又《内園昨夜報花開》一首，"箇箇争先獻壽杯"，一作"人人争獻萬年杯"，毛又與一作同。想以其聲調不諧耶？毛跋，潛夫不知何許人。按，首第二行云，潛夫輯。是宫詞之傳由於潛夫。跋云"癸酉仲春"，不著何年。考，周草窗有泗水潛夫之號，大約草窗所輯。癸酉，是度宗咸淳九年，時代恰合。子晋跋云："考今本止三十首，餘二十首從未之見。'但迎燕子尾纖纖'、'落絮濛濛立夏天'、'紫禁仙輿詰旦來'，向刻唐人。又，'蘭徑香銷玉輦迹'、'缺月流光入綺疏'、'輦路青苔雨後深'，向刻元人。今姑仍原本，未便删去。"是搜輯與補綴，皆潛夫爲之也。大抵宫闈筆墨，不甚流傳於外，好事者輯録之，輾轉傳鈔，多寡不同，故有五十首、三十首之異。又以爲有他人之作羼入者，自所傳王建、花蕊夫人等宫詞均然，不獨此册。或疑字迹與草窗不類，蓋同時另録之，非潛夫親筆，然紙墨决不在宋元以後，況少室山人所珍，胡應麟别號。子晋、蕘圃并跋之，因取汲古本考其同異，補其訛錯而互證之，亦藝林之櫝寶也。

劉後村千家詩選跋

《分門類纂唐宋時賢千家詩選》,宋刻本,半葉十一行,行二十一字。積餘得之日本,檢曹楝亭刻本校之,行數字數均合,尚存卷一、二、三、四、八、九、十、十一、十二、十三、十四、十五、十八、十九、二十,爲前集。又卷三投獻門,四慶壽門,八饋送門,九謝惠門,十謝饋送,爲後集。前集欠五、六、七、十六、十七五卷。後集欠一、二、五、六、七五卷。十卷以後,不知有無缺逸。曹刻共二十二卷。二十卷爲前集,與此合。後集止存二卷,均人品門,爲此本所無,但不知當在何卷耳。又,前集後留一葉,均係訪僧道詩,今亦無此門。《後村大全集》所載《唐賢詩選》、《唐賢詩續選》、《宋賢詩選》、《近賢詩後選》,均與此不合,不必强爲附會。前集皆物類,後集皆人事類,曹刻不知是刻是鈔,大約亦不全,爲書估强合,挖去前後集字,以充全帙,亦其長技。曹本卷十一潘紫巖《松詩》末句"此物當爲伯仲行",曹本"此物"下缺五字。趙循道《苔錢詩》"不比榆花鋪砌白",曹本"不比"下缺五字。卷十四劉後村《登山詩》"捫蘿莫怪徐徐下",曹本"徐徐"上缺四字。卷十八劉後村《聞笛詩》"何必謝公雙淚落",曹本脱"淚落"二字。武元衡《角詩》"胡兒吹角漢城頭",曹本脱"胡"字。均遜於此本。又,此書止有曹刻,各書目均未見,《阮文達外集》亦未能悉其始末。賴此本尚存天壤,俾見是書真面目,雖零珠碎璧,亦可寶也。

草堂雅集跋

《草堂雅集》十三卷。元顧瑛編。按,瑛一名阿瑛,又名德輝,字仲瑛,崑山人。少輕財結客,三十始折節讀書,與天下勝流相唱和。舉茂才,署會稽教諭,辟行省屬官,皆不就。年四十,即以家産盡付其子元臣,卜築玉山草堂,池館、聲伎、圖畫、器玩甲於江左。風流文采,傾動一時。同時名流,無不延致草堂者。後元臣仕爲水軍副都萬户。元亡,隨例徙臨濠,瑛亦偕往,洪武二年卒。嘗自題其畫像曰:"儒衣僧帽道人鞵,天下青山骨可埋。若説舊時豪俠興,五陵裘馬洛陽街。"紀其實也。《明史·文苑傳》附載《陶宗儀傳》末。瑛嘗仿段成式《漢上題襟》例,編唱和之作爲此集,又仿元好問《中州集》例,各爲小傳,亦有字號、里居,不及文章行誼者,其與瑛贈答者即附録己作於後。其與他人贈答,而其人非與瑛游者,所作可取,亦附録焉,而低書四格以别之。隨得隨添,無定次,亦無定目,而元季詩家,此數十人括其大凡,數十人之詩,此十餘卷具其梗概。顧嗣立《元詩選》,元末諸人大半取材於是,亦足見采輯之富矣。此集十三卷,然一卷有後集二,二卷有後集一,九卷有後集一,實則十七卷。此書自來只有鈔本流傳,能得始柯九思終釋自恢之本,已屬難得。《四庫》所收,尚首陳基,世間所謂俗本也。歸安姚彦侍方伯,在蕩口收得明玉蘭堂所藏元刻本,每卷目録,三橋國博手書,而六世孫文肅公跋之,推爲海内第一。跋云錢牧齋、王淑士,均從此影寫。是昔之絳雲錢氏、汲古毛氏,今之歸安陸氏、昭文瞿氏,所收皆鈔本。與皕宋之四十三卷《黄文獻公集》,同爲元刊之孤本。方伯擬刻之,囑友人影寫一葉,未愜意而止。今姚氏書盡出,而此集歸寶華尚書,慨然借出,影寫副本。每半葉十行,每行二十二字,中亦有影寫之葉,弟九卷影寫最多。有葉不損而字獨損者,有字不損而描寫失真者,取昔茂鮑渌飲校本核之。鮑本亦始陳基,然元本所缺之字,尚存一二,則以影寫在前;而顛倒錯訛極多,則以傳鈔在後,又改易行款故也。如弟十三卷《釋祖柏秋夜長》一篇,誤作兩首,賴此本正之。後翻顧俠君《元詩選》,亦誤一首爲兩首,則誤在國初鈔本。愈見此本之足貴矣。今以元本鈔本,列爲一表,并脱去東宗康一人,其優劣不言可見。附録金、文、盧三跋。嘉慶間歸張月霄,咸豐間歸胡心耘,後歸蕩口蔡氏,是書源流略可述云。

東屏朱[redacted],近得《玉山草堂詩集》若干卷,脱落散失,命余緝治,余因觀之,清絶可喜,故不辭而樂爲之,整循其次序,裝潢成書,以記歲月。時正統乙丑仲春下澣,玉峰七十五歲老翁金子真識。

《玉山草堂雅集》十三卷,爲家藏善本。卷首標目,出先國博府君,亦楷書之最精者。友人錢受之、王淑士各借鈔一部。人間流傳未廣,猶可稱竺塢帳中珍也。時天啓元年新正三日,淑士持還,因記此語於清瑶嶼中。震孟。

此昭文張金吾家藏本也。《愛日精廬藏書志》云,《草堂雅集》十三卷,元刊本,文氏竹塢藏書。始柯九思,終釋自恢,凡七十四人。卷首標目,文國博手書,精楷絶倫。顧俠君叙,柯敬仲詩,云向來藏書家,奉《草堂雅集》爲秘寶。而首册久闕,朱竹垞從琴川毛氏得鈔本一册,始據以入選云云。此本元刊,而首册完善,是真絶無僅有矣。後金氏、文氏二跋,俱與藏書志合。按《汲古閣書目》,僅有鈔本,則刻本之希可知。胡雨棠明經好購異書,一生所積,汗牛充棟。其子珽,從余游,頗能繼先人之業。今從吴中舊家得此刻本,將欲裝潢什藏,丐題於余,爰述其大略如此。時大清咸豐元年秋八月,七十老翁盧希晋書。

元本第一卷	鈔本第一卷
柯九思	陳　基
後一	後一
陳　旅　李孝光	陳　旅　李孝光
後一	
張　翥	
第二卷	第二卷
楊維楨	黄　溍
後二	後二
黄　溍	柯九思
第三卷	第三卷
張天英	張天英　鄭天祐　吴克恭　陳　方
	後三
	楊維楨

第四卷	第四卷
鄭元祐　吴克恭　陳　方	張　翥
第五卷	第五卷
張　雨	張　雨
第六卷	第六卷
陸德原　張舜咨　熊夢祥　倪　瓚 潘　純	陸德原　張舜咨　熊夢祥　倪　瓚 潘　純
第七卷	第七卷
鄭　東　李元珪　張　渥　李　瓚	鄭　東　李元珪　張　渥　李　瓚
第八卷	第八卷
唐　棣　丁　復　項　炯　高　明 趙　焕　宋　沂	唐　棣　丁　復　項　炯　高　明 趙　焕　宋　沂
第九卷	第九卷
郭　翼　吕　誠	郭　翼　吕　誠
後九	後九
姚文奂　郯　韶　陸　友　王　蒙 昂　吉　王　禕　鄭守仁　衛仁近	姚文奂　郯　韶　陸　友　王　蒙 昂　吉　王　禕　鄭守仁　衛仁近
第十卷	第十卷
于　立	于　立
第十一卷	第十一卷
陳　基	彭　罙　涂　穎　馬　麐　盧　昭 瞿榮智　張　遜　李　簡　袁　泰 唐　元　文　質　張　簡　顧　盟 黄文德　周　砥
第十二卷	第十二卷
胡　助　卞思義　屠　性　陳秀民 王　鑑　王　冕　余日强　李廷臣 宋本先　陸　仁　袁　華　秦　約	胡　助　卞思義　屠　性　陳秀民 王　鑑　王　冕　余日强　李廷臣 宋本先　陸　仁　袁　華　秦　約

後十二	
彭　罙　涂　穎　馬　麐　盧　昭 瞿榮智　張　遜　李　簡　袁　泰 唐　元　文　質　張　簡　顧　盟 黄文德　周　砥　東宗康	
第十三卷	第十三卷
釋餘澤　那希顔　釋竇月　釋祖柏 釋良琦　釋文信　釋子賢　釋來復 釋自恢	餘　澤　那希顔　竇　月　祖　柏 良　琦　文　信　子　賢　來　復 自恢
凡七十五人。	凡七十四人。二千九百五十四首。

卷　八

柳公樂章校勘記跋

宋人詞集，校訂至難，而柳詞爲最。如《傾杯樂》七首，“樓鎖輕煙”一首，九十四字，分段。“離宴殷勤”一首，九十五字，“木落霜洲”一首，一百四字，均不分段。“禁漏花深”一首，一百六字，分段。“凍水消痕”一首，一百七字，分段。“水鄉天氣”一首，“金風淡蕩”一首，一百八字。“皓月初圓”一首，一百十六字，均不分段。或作《古傾杯》，或作《傾杯》。宜興萬紅友云：柳集“禁漏”一首，屬仙吕宫。“皓月金風”二首，屬大石調。“木落”一首，屬雙調。“樓鎖”、“凍水”、“離宴”三首，屬林鍾商。“水鄉”一首，屬黄鍾調。或因调異而曲異也。然又有同調而長短大殊者，只可闕疑。又云：《樂章集》訛舛最多，實難勘定，寧甘闕疑之嘲，不能爲柳氏功臣，亦不敢爲柳氏罪人也。海寧吴子律云《樂章集》信不易訂，如《浪淘沙慢》，一百三十三字。《女冠子》，一百十一字。《引駕行》，一百二十五字。《望遠行》，一百四字。《秋夜月》，八十二字，《洞仙歌》，一百十九字。又，一百二十三字。又，一百二十六字。《長壽樂》，八十三字。《破陣樂》，一百三十三字。世乏周郎，無從顧誤，不能不爲屯田惜已。《汲古書目》有宋板《柳公樂章五本注》，今世行本俱不全，此宋板特全，故可寶。然《六十家詞》刻只一卷，粗率異常。汲古之書，往往所藏與所刻不符，殊不可解。今仲飴同年重刻此集，因取《花草粹編》、《嘯餘圖譜》、《紅友詞律》、《天籟閣詞譜》、《秀水杜小舫詞律校勘記》校之，聲律非所知，脱行、奪句、訛字、顛倒字悉爲舉出，共得百許事，并逸詞十二首，尚不敢自居爲柳氏功臣也。杜所據宋本，不知即汲古所藏否。吴興陸氏又有汲古影寫宋本《樂章集》一卷，朱竹垞《詞綜》注云九卷。將來如遇各本，當再校之，必有所得，出此刻之外者，或於柳氏不無小補云。江陰繆荃孫識。

曹元寵詞跋代

曹君直同年見視宋《曹元寵詞》一卷，共三十五首，蓋從各書輯出者。按，組字彦章，後字元寵。潁昌人。宣和三年進士，召試中書，换武階，兼閤門宣贊舍人，仍給事殿中，官止副使。有《箕潁集》、《揮麈後録》。曹與李質睿思殿應制，作《艮嶽百詠》，均存十八首。《漁隱叢話後集》"曹元寵本善作詞，特以'紅窗迥戲'詞盛行於世，遂掩其名，如'望月婆羅門'詞，亦豈不佳"云云。曹勛，即元寵之子。《夷堅志》："勛使金，好事者戲作小詞曰：'單于若問君家世，説與教知，便是紅窗迥底兒。'"可見此曲之擅名矣。今《婆羅門引》尚見於《陽春白雪》，而"紅窗迥"一詞未得，殊爲可惜。光緒壬寅九月貴池劉世珩跋。

明秀集跋代

金蔡丞相，杭人。生於汴。以樂府擅長，與吴彦高齊名，號吴蔡體。家有奇石，名曰明秀峰，公與友人觴詠處。鎮陽别業有蕭閑堂，自號蕭閑老人，故集以爲名，又號玩世酒狂。原集六卷，雷溪子魏道明原道爲之注，今存首三卷，影鈔金本，吾友王給諫佑遐假自聊城楊氏，刊入《四印齋叢書》，因重刊之，歸入金源著述中。後三卷闕，不知海内尚有完本否。孫跋以《詞綜》録《尉遲杯》一闋在第五卷，《詞律》録《月華清》一闋在第四卷，《丁氏書目》遂疑朱萬得見全詞。考《中州樂府》收十三首，前三卷僅有三首，《尉遲杯》、《月華清》均在樂府中，非朱萬得見全詞也。原道之注，遺山詆其不通，滹南訂誤至八段，然搜采宏富，同時諸賢藉以傳播，其功實屬不小，未得以同時人詆諆貶其書也。今鈔樂府十首并逸句，爲補遺附後。惟輾轉傳鈔，訛脱不免，如"人照海棠紅雪"，"人"誤"入"。此正文之訛也。“永錫難老”,作“錫爾雅老”。“雍陶”詩,倒作“陶雍”。《傳燈録》,落“傳”字。“諸嵇”,郢作“諸侯”。此注之訛也。至“邊”作“邉”,“龍”作“竜”,“關”作“開”,“伯”作“柏”,宋、元刻如此省筆甚多,然亦不得不更正以歸一律。光緒甲辰海豐吴重熹跋。

遺山新樂府跋

《元遺山詩文》,爲金源一大家,而詞未編入。集有舊樂府、新樂府兩種,舊樂府早佚,新樂府五卷。輾轉傳鈔,至嘉慶間阮文達公録以進呈,見《揅經室外集》。道光庚戌平定張石洲陽泉山莊、咸豐乙卯華亭張梅生鋤月山房兩刻之,訛缺頗多。梅生成訂誤一卷,補遺五首附後,以爲彼善於此矣。近讀張嘯山書後,方知嘯山别爲校勘,附入訂誤,而遭亂遺失。又見華若汀臧舊鈔,有補遺二十二首,方知梅生刻本亦未盡善也。盧抱經以五卷本爲錢唐凌雲翰編集,則誤彦翀所編。荃孫有明鈔本,衹一卷,合新舊兩樂府選成,故有出此五卷之外者。《歷代詩餘》、《詞綜》所見亦此本,一卷、二卷之不同,或有分并耳。陽泉山莊本,書甫成而石洲殁,後板歸琉璃廠韓估,爲補缺板印行,海内始見遺山全書。今仲懌侍郎彙刻金源五家,福山王文敏作緣,從韓估購歸,而樂府原刻只留一卷,二卷以下皆補刻,訛舛最甚,又缺卷五。石洲序并不云有缺,恐是韓估漏補,惟樂府前四卷,一詞若干首萃於一處,四卷不重複,五卷詞則叢雜,不特與前四卷重,即本卷亦互見,似此一卷,又疑原本所無,爲後人重輯者。第刻遺山全集,無論何人所逸,總宜補全爲是。因爲寫第五卷,及前四卷校誤以覆侍郎,或寄都門補足,俾是書無遺憾也。

天籟詞跋

白仁父《天籟詞》,六安楊希洛刻於康熙庚寅。朱竹垞定爲二卷,並爲之序。前載元王博文序,明孫作序。字畫精妙,藏書家亦罕見。光緒壬辰，吾友王君佑遐重刻於四印齋，而小像、摭遺均删去。今仲飴侍郎借錢塘丁氏舊鈔本録副，并屬荃孫與楊本合校付梓。而丁本頗異，楊本朱序云“希洛得之仁父裔孫，析爲二卷”，似已前無刻本。而丁本亦分二卷，長號聯屬，王序在前，孫序在後，標明後序。一也。《摸魚子》五首，楊本在上卷，鈔本在下卷，二也。有楊本脱，鈔本有者，如《奪錦標·得友人李友蔚書》、《水龍吟·兼簡盧師道》、《水調歌頭·十月海棠》，均存。小注“奪錦標之慘哀音，令人嗟惜”，“慘”字未脱。《滿江紅·同鄭都事復用前韻》，“同”字未脱。《沁園春》“世事就裏”，“就裏”二字未脱。《燭影搖紅》“贈環留能結運合同知誰表”十字未脱。疑有誤字。三也。有楊本誤而鈔本不誤者，《水龍吟·曹光輔和作》“從今都付黄粱”，楊作“糧”。《念奴嬌》“月殿月娥”，楊作“蛾”。《滿庭芳》序，用寒删先韻，用下不增“無”字。四也。有兩本不同而兩通者，如“秋色横空”，楊本題“詠梅”。“順天張侯毛氏以丈母命題索賦”，鈔本題：“順天張侯毛氏，以早梅命題索賦，時壬子冬。”《石州慢》“療飢賴有楚萍”，不作“商芝”。今用楊本付刊，而以鈔本改正之字，均綴於此，慎弗再以楊本正之。至四印齋本，則重翻楊本，又不完全，更無論矣。光緒乙巳，江陰繆荃孫跋。

董西廂跋代

古本《西廂記》是搊彈家本色，《輟耕録》謂爲金章宗朝董解元所撰。而解元，史失其名。毛西河云官至學士，亦不言出自何書。爲關漢卿、王實甫之所自出，然關、王雖竭力摹擬，不如董之自然，一天籟，一人工也。自搊彈變爲北曲，北曲易而爲南曲，現南曲又闃寂無聞矣。今日而見此書，幾如談器而搜上古之鼎彝，藏書而得三唐之卷子，景星慶雲，人間罕見。此明閔齊伋朱墨本，分爲四卷，已與施北研所見海陽黄嘉惠刻二卷本不同。然無齣名、關目，行間全載宫調、引子，尾聲則同。金人瑞痛詆《續西厢》，不知原出於此，是人瑞未見此本也。再以顧元緯所刻《會真記》鶯鶯兩像，一出於宋陳居中，一出於明唐子畏，《普救寺圖》、《西厢記詩詞》，均附刊焉。

董王西厢記跋代

唐元微之有《會真記》，文人韻事，傳播藝林。金章宗時，董解元演之爲《西厢記》，《傳是樓書目》載之，無齣句、關目，行間全載宫調、引子、尾聲，尚是搊彈家本色。元人音韻漸變，多改古本，别創新詞。王實甫有四本，每本四折，仍是元曲本色。關漢卿續一本，亦四折，所謂西厢五劇也。余得閔本《董解元西厢》，分四卷，即爲刻之，覓實甫本未得也。丁未客京師，於友人假得《會真六幻》，曰：幻因元才子《會真記》，搊幻董解元《西厢記》，劇幻王實甫《西厢記》，賡幻關漢卿《續西厢記》附《圍棋闖局箋疑》，更幻李日華《南西厢記》。幻住陸天池《南西厢記》附《園林午夢》，擬刻之而未果。已而稺弟世瑗，得閔本王實甫四本，目云：張君瑞鬧道場，崔鶯鶯夜聽琴，張君瑞害相思，草橋店夢鶯鶯。關漢卿一本，目云：張君瑞慶團圞。均與《點鬼簿》合。元曲之本色也。日新堂本目録：第一本，"焚香拜月"；第二本，"冰弦寫恨"；第三本，"詩句傳情"；第四本，"雲雨幽會"；第五本，"天賜團圓"。六幻目云：第一本，"佛殿奇逢，僧寮假館，花陰唱和，清醮目成"；第二本，"白馬解圍，東閣邀賓，杯酒違盟，琴心挑引"；第三本，"錦字傳情，妝臺窺簡，乘夜踰墻，倩紅問病"；第四本，"月夜佳期，堂前巧辯，長亭送别，草橋驚夢"。關漢卿目云：第五本，"泥金捷報，尺素緘愁，詭謀求配，錦衣還鄉"，并元無名字《圍棋闖局》亦附焉。每本後皆有解證，并知《會真六幻》内刻《五劇箋疑》，即指此五劇。施北研跋董西厢有云"不知實甫五本即董曲否"，是北研未見此書，有此模黏語也。余先刻董曲，再刻此五本，并刻解證，及《五劇箋疑》，以成全璧。而陸天池、李日華之兩南曲，殊覺不類，置之可矣。六幻所刻王實甫本"白馬解圍"内，已加入周憲王之〔賞花時〕兩折，此本削去，可謂矜慎。至憲王《群英雜劇》，黄序所謂"四西厢"，兩本俱未得見也。

順治壬辰乙未戊戌三科齒録跋

順治壬辰科會試，四百七名進士。乙未會試，三百八十五名進士。戊戌會試，四百一名進士。額比近來多矣。壬辰總裁，希福、額色黑、陳泰、劉清泰、胡統虞、成克鞏六人。乙未總裁，額色黑、金之俊、胡兆龍、恩國泰四人。戊戌，止傅以漸、李霨二人。同考廿員。壬辰、乙未，均分易六房、書六房、詩四房，每房一員；春秋、禮記各一房，每房二員。戊戌，不分經，止列廿員官銜而已。壬辰、乙未，按房分列，取中門生。戊戌，則照榜上名次，彙列於前。漢軍，直隸、江南、山東、山西、河南、陝西、甘肅、四川、湖廣、浙江、江西、福建、廣東，并分府分縣，不依名次，與今不同。壬辰、乙未，無滿洲人者二科，另列一榜，另有殿元也。著名之人，二王、范、湯外，壬辰則有句容笪重光，青浦沈荃，宜興周季琬，登封耿介，大冶余國柱，嘉善曹爾堪、張我樸，海鹽查培繼，臨川李來泰，侯官司蕭震。乙未則有長洲汪琬、宋德宜，太倉王揆，無錫秦松齡，宜興萬錦雯，山陽邱象升，歷城孫光祀，安丘曹申吉，潁州劉體仁，黄岡劉澤弘，仁和丁澎。戊戌則有吴縣錢中諧，常熟孫承恩，武進鄒祇謨，孝感熊賜履，臨海馮甦，遂安毛際可，盧陵張貞生，合肥李天馥，澤州陳廷敬，建安鄭重。名臣循吏，儒林文苑，無不出於其中。開國之初，人物應運而生，固非後來所及。而四川、雲貴并無一人入彀。桂王尚在，天南未平，應試士子，瑣尾流離，尚未能以文藝自獻也。其他大臣子弟，壬辰則有寧遠、祖述堯；大壽之子。乙未，南安洪士銘，承疇之子。寧遠祖之麟，大弼之孫。祖澤潛，大弼之子。遼陽寧心祖，完我之孫。涿州馮源濟馮銓之子。阮文達公，於名字上書云："胎仙爲銓之子，是時方十九歲，銓館選時亦方十七八，故天啓宫詞，稱銓爲小翰林，其父子科名，皆早才爲之耶，抑進之躁耶。阮元識。"諸人。敝邑乙未有戚藩、惠疇二人。戚字价人，有文名。惠字亮采，官太平府教授，無事迹可記。光緒丙午，江陰繆荃孫跋。時詔停科舉之第二年也。

上館課本書題識

國朝翰林故事，進士釋褐改庶吉士者，納之庶常館，欽派大教習二人月課之。大教習擇日在翰林院到任，大教習在川堂設公座，清秘堂翰林率新庶常行謁見禮，大教習出位東西立，新庶常向上人三揖，行禮畢，人進一書呈課，大教習以朱筆標一日子，標畢即行，名曰上學，庶吉士送大教習升輿而散。余丙子點庶常時，大教習爲顔札秋坪師景廉、殷譜經師兆鏞。此書標"六月十二日"五字，秋坪師手迹也。進書例以《尚書》、《大學》，同年黄再同以《文選》、《大學衍義》呈，大教習異之。荃孫後得張皋文手批之《漢書》，上有朱筆標"五月十八日"，則嘉慶己未先生到庶常館時，大教習那繹堂所標也，先生自跋云，可見前輩並不定以《尚書》、《大學》矣。

凉王大沮渠安周功德碑頌跋

此碑在德國博物院。北魏永平三年，西域士民爲凉王大沮渠安周造寺頌功德而立。按，安周見《魏書·北凉傳》。安周，牧犍弟，樂都太守。牧犍降南，奔吐谷渾，沮渠無諱謀渡流沙，遣安周西擊鄯善，魏使者勸令拒守，安周不能克，退保東城，三年卒降之。無諱留安周駐鄯善，自駐高昌。無諱卒，安周代立，後爲蠕蠕國所并，《通鑒》記於宋大明四年，距魏滅北凉，在太延三年，已二十二年矣。高昌今爲喀喇和卓，鄯善今爲噶順沙磧，去甘肅不遠，碑當出於此，不知何時流入德國。後有典作御史索寧，《姓氏譜》：索氏望出武成燉煌，殷民七族索氏之後，漢最盛，東漢有索班，晋有靖綝，《北凉録》有索敞，字巨振，敦煌人。蒙遜時爲劉昞助教，昞亦《前凉録》著名文士，或謂寧即敞之族人歟。題名有法鎧者，據《北凉録》，有法進爲蒙遜所重，似亦法鎧之族。《隋志·霸史·凉書》十有注"沮渠國史"，惜今已佚。今得此石，可爲沮渠國增一掌故矣。碑後紀年月。㇏僅存末筆。三年，歲次大梁，月無射，量功興造，龍集星紀朱明戊辰都竟。按星紀十二次爲大梁,北魏年號承平無三年,永平有三年,值析木,不值大梁,且距凉亡七十年之久,遺民縱思其功德,而文中不及其覆亡之慘,亦無是理。近吐魯番出土有《佛説菩薩藏經》殘卷,尾署"大凉王沮渠安周所供養,承平十五年,歲在丁酉"。有此作證,則承平三年歲在乙酉,與碑恰合。

陳雪峰井天第一卷跋

江寧陳雪峰先生,拓省城井闌九,加以茅山梁井、溧陽唐井,作長卷,自署曰"井天翁"。鈕非石分書"井"、"天"二字爲引首,顧千里爲之跋。雪峰於道光戊戌又自跋之,題爲"井天第一卷",欲以所得吴門諸井爲第二卷。何子貞有《井天記》,諸城李方赤,上元朱述之、張蓉園,寶應朱士端,均有題。大盗據國,金陵瓦解,九井半已不存,而至德井、保大井,此卷亦未載入。荃孫江鄉後學,忝附同志,故爲考其存逸,而深冀逸者之復出云。雪峰,名宗彝,字仲虎,别號小倉山農。

第一,梁天監闌。昔在句容學宫,今歸督署,各書均著録。

第二,唐元和闌。在溧陽,沙門澄觀造,今存其文,曰:"一行:維唐元和六二行:年,歲次辛三行:卯五月甲午四行:朔,十五日戊申,五行:沙門澄觀六行:爲零陵寺七行:造常住石八行:井欄并石九行:盆,永充供養。十行:大匠儲卿,十一行:郭通十二行:偈讃曰,十三行:此是南山石,十四行:將來造井欄。十五行:留傳千萬代,十六行:各結佛家緣。十七行:盡意修功德,十八行:應無朽壞年。十九行:同霑勝福者,二十行:超於彌勒前。"此闌見《寶鐵齋金石跋》。韓退之《送澄觀詩》"我欲收斂加冠巾",即此僧。澄觀書《棲霞寺律大師碑》,見《寶刻類編》,今不可見。則固名著金石者。

第三,楊吴泰和闌。今存。按,唐文宗是大和,非太和,更無誤作"泰和"之理。闌在金陵,其以楊吴年號爲足據。湯引潘宗伯、韓仲元造題橋格題字,稱爲"泰和",意極佳,特諸家均釋爲泰始,因明帝太和年,魏人不得至褒城,無由題名也。

第四，楊吴義井。二大字旁題“下元壬午年十一月”。在江寧城内北門橋道旁。今未見。

第五，玉兔闌。題字傳爲秦會之篆書。今存。

第六，宋普生井。淳熙丙午邵永堅建。在藩署瞻園。見《江寧石刻記》，今未見。

第七，宋義井銘。嘉泰三年五月，在小倉山下。湯詩云螺絲灣。見《江寧石刻記》，今存。

第八，宋荀氏義井闌。寶慶歲丁亥庚申日，亦在小倉山下，與嘉泰井並峙，今未見。

第九，宋咸淳闌。正書，比丘福基立。在華嚴樓，今未見。

第十，宋來鳳泉。篆書。昔在胭脂巷，今在鐵如意齋。

第十一，元雷山義泉。至正丙戌篆書。見《江寧石刻記》，今存。

落花碾雪飛古塵，井眉緑暈金陵春。玉虎暗風鹿盧冷，石紋紅斷盤螭影。井天居士倉山農，煙箋醉拓黄巖松。綾贉香滃煤霞氣，山罍碎蝕青黄字。汎汎古水菱葉光，露囊秋熨雙瞳凉。四山黑雲飛霹靂，手織龍梭大盈尺。凉蟾夜檢銀牀籍，井底翁翁一天碧。雪峰先生出《井天》第一卷屬題，時辛丑夏五月十一日，楊得春存吾甫草。

句容井創天監時，商旅渴乏帝愍之。茅山道士奉詔爲，井十有五獨此遺。溧陽舊亦繫建康，爲井傳自元和唐。沙門作讚供法王，九十一字廿一行，儲卿郭通姓名彰。泰和井題蔣詮捨，三山門前古蘭若，唐歟晋歟識者寡。北門義井字深刻，紀年下元時代匿，紛紛篡竊悲南北。宋玉兔泉玉箸工，字形半泐縣學宫。淳熙辛卯邵永堅，建普生泉今瞻園。螺絲灣頭兩義泉，嘉泰、寶慶同清漣。諸軍都壕嘉泰官，三年五月營造完，銘辭娓娓雅可觀。“寶慶丁亥夏庚申日荀氏捨義鄉泉”，一十五字半不全。華嚴樓畔咸淳井，比丘福基題字整。胭脂巷近鳳皇臺，來鳳泉疑李監題。雷山最遲至正鑿，德恩寺中秉義作。此十一井同鄉土，誰訪得之陳仲虎。井丹一刺不投人，繭足胡爲轆轤苦。有井水處君公知，世上無人耽汲古。古井千秋上下天，天雖一規輸快覩。此卷當騰五雲色，江鄉豈但圖經補。君不見崑崙九井神仙都,玉欄金幹濺明珠。更挽天河洗眸子,看取仙人上古書。《建康古井歌》,題奉井天居士正之。道光十九年正月二十四日,琴隱園雨窗,貽汾。

黔江帖殘本跋

貴池劉葱石觀察示我舊帖四卷至十卷,紙墨古雅,望而知爲宋拓,前有元俞紫芝、顧阿瑛兩跋,指爲黔江帖。案《法帖譜系》云,宋秦子明摹僧寶月古法帖十卷,壁之黔江軍紹聖院,其卷帙之多寡,次第之先後,字行之長短,悉同淳化閣帖,蓋出於長沙本,乃淳化之耳孫也。《譜系》又云,第一卷有篆書三行,其後有楷書一行,云降授供備庫副使,充東南第八副將,訓練潭州諸軍,潭州駐札秦世章家本。其後又二行,云長沙湯正臣重摹,男仙芝、靈芝鐫。第二卷至八卷尾,各題"長沙湯文正臣重摹"七字,却無淳化篆書及世章銜位。又第八卷"取卿女婿帖"内第二行"休"字立人作兩點,第九卷尾題"長沙湯正臣摹勒"七字。第十卷題"長沙湯正臣重摹",男仙芝爲一行,靈芝鐫爲一行。此本各卷後無"長沙湯正臣摹勒"一行。諦視每卷篆書之後,即易他紙,似前人裁去,以充淳化祖拓者。然七八兩卷,《譜系》云無篆書,而此獨有,天衣無縫,决非從各處割截來者,疑不可解,止"取卿女婿"帖内第二行"休"字立人正作兩點,可爲黔江帖之實證。《山谷題跋》"秦氏法帖"云:子明,名世章,今爲左藏庫副使,東南第八將。紹聖院者,子明以軍功,得請於朝,爲陣亡戰士追福,作佛祠也。俞跋作紹聖書院,誤。兩跋均疑僞作,質之葱石,以爲何如。

唐張旭書肚痛帖梁僧彦修書寄邊衣詩跋

右《唐張旭書肚痛帖》一石,《梁僧彦修書寄邊衣詩》一石。宋嘉祐戊戌李丕緒刻,在西安府學碑林。《肚痛帖》凡六行。《石墨鐫華》云:此帖殊勝斷碑千文十倍,當與《藏真》、《聖母》三帖同觀。

《雍州金石記》云,此帖刻於僧彦修草書之下方,想亦於宋時摹刻上石者。《寄邊衣詩》,《關中金石記》云,裴説撰。説,唐末進士,終禮部員外郎,此詩亦云説作。一云裴羽仙作,羽仙,説妻也。彦修以草書名,《書史會要補遺》:梁僧彦修,善草書,風神秀逸,得張長史法。顧氏《金石文字記》、孫氏《訪碑録》、陸氏《金石續編》,均著録。

宋人蜀川圖跋

按《宋人蜀川圖》,自岷山導江起,至夷陵止。昔人推爲李龍眠。與《瀟湘圖》、《九歌圖》、顧愷之《女史箴圖》,皆前明顧中舍所藏四名卷。後《女史箴》歸檇李項家,《九歌》歸董文敏家,《瀟湘圖》歸陳子有參政家,《蜀江圖》歸信陽王思延將軍家。王百穀、陳子有各一跋,董香光兩跋。後與《瀟湘圖》同歸高江村,江村兩跋,題長古兩截句。乾隆時四卷均歸内府,純廟題五段,引首亦題兩詩,至以"四美具"印章押之,欣賞可謂至矣。卷中寫蜀川自發源至出峽所經各地,於縣則青城、導江、郫縣、温江、江源、廣都、雙流、新津、彭山、南賓、武寧、南浦、雲安、奉節、巫山。於州則茂州、威州、眉州、邛州。於軍則永康。城灘、古迹兩岸,備詳某處至某處若干里,某灘至某灘若干灘,以蠅頭小書志之,字亦極佳,昔人推爲米筆。今據圖中所標地名有崇慶府界,《一統志》:宋蜀州紹興十年,升崇寧軍節度使,因高宗先封蜀公,潛邸例升也。孝宗淳熙四年,始升府。眉州下江鄉館,《一統志》:在州東玻璃江濱,宋邑宰胡文靖建,嘉定間,魏了翁更今名。景蘇樓,《一統志》:在州治西,宋陳曄爲蘇氏父子建。曄字日華,慶元間郡守。夔州下勝己山,《一統志》:白帝城東十五里,有勝己山,以高出衆山之上,王十朋命名。而忠州未改咸淳府,則猶在南宋之中葉。又眉州徑接忠州,中間似脱三幅,而未到歸州而止,恐尚有末幅,及宋元題跋,大半爲飛鳧人所割截,另裝一卷矣。舊印三,俱宋時所押,内"飛捷第二指揮第三都記"朱文。考《中興通鑒》,建炎元年,因李綱議募兵,仍創禁軍饒勝、飛捷、忠勇、義成、龍武、虎威、折衝、果毅、定難、靖邊,凡十號,每號四軍。此云第二指揮，其四軍之二歟。《宋志》，自神衛而下，左右四厢都指揮使，都虞侯，厢各有都，每都有都頭，此弟二指揮之弟三都頭也。可見宋時業已寶貴，不必證爲龍眠之畫、南宫之字，然後足重也。至引首“蜀川勝概”四字，以爲蔡君謨，不知君謨卒於治平三年，與米李亦不相及。

方士庶摹元繆叔民山水跋

按繆佚，字叔民，常熟人。父貞，字仲素。好古博雅，家有述古堂貯法書名畫。子侃，字叔正。浙省辟署行省郎中，老父居虞山，温凊久缺，繪故山雲樹，並所居猗猗室爲圖，題曰“望虚”以寄志。佚，即仲素次子，叔正之弟，工詩善畫，世其家學，嘗寫林塘圖，楊鐵崖、倪雲林並爲題詠，見《列朝詩甲集小傳》及《常熟志》。叔民畫不著何年，其前題四月，後題後十一月，而張仲簡題，在至正九年。予按，至正六年丙戌，閏十一月，此畫蓋作於至正六年也。原畫，明初在沈均孟淵所，石田之祖。嘉定馬抑之借此卷於沈同齋而臨之。同齋即石田之父，臨此卷時，石田年已四十，同齋年六十九，原卷及馬抑之卷今均不知歸何所。方士庶，《畫徵續録》：“字循遠，號小師道人。”新安籍，家於維揚。能詩工畫，山水受學於黄尊古，用筆靈敏，氣韻駘宕，早有出藍之目。見《環山集》。

徐壇長京江負笈圖跋

宿遷徐壇長先生，原名杏，後改用錫。負書名，著《圭美堂集》二十六卷。幼年讀書京口，先於鶴林寺之蘇公竹院，乙丑從高高齋先生游，寓北固山樓，八閲月而歸。按高齋老人，姓高名東生，字麓隱，良常人，時藝爲金壇十子之首，高齋其别字。有文稿行世。壇長生於順治十三年丙申，至康熙乙丑年，三十歲，越五年己巳，而倩昭陽顧瑟如作此圖於淮陰，時先生三十四歲。何義門題於甲戌，又越五年。詩在《義門集》中。先生康熙丁丑趙熊詔榜成進士，選庶常,時已四十二矣。《義門集》并載與壇長兩書,云:"文字之飲,極爲勝事,惜後間以俗語耳,考卷略標其可觀者,讀則不必。本朝止有慕廬先生一人,真知慶曆法脉,做到五分以上工夫,餘子即有高下,亦以其法爲法者也。高齋老人不取慕廬先生,反以其面目近長明青岳忽視之,不細尋味故耳。凡論文,偏主一路即有屈抑,老人亦微有西江横據胸臆,論文尤許鄧文潔,蓋文潔乃西江前輩,千子推服,略無間言者也。老人所批禮樂不興三篇,乃至佳,餘則頗不能悉,其去留之由,非理學,非場屋,弟常恨千子論文,與王李之談詩文等,門闕甚大,枝脉極亂,五十年來,雖賢者未免受其蔀障。但熟復傳注,究古人用意,用筆之妙,即知其非矣。久不發狂論,恃先生之知愛,輒敢一吐,勿使他賢見之,鉗我於市也。文九册,並高齋老人文一册送還。負笈圖僅題兩韻,以奉尊教,亦附去。扇容續上,不備。"又云:"拙句奬與過當,塵務碌碌,愧未能爲長篇,以發揮景物也。行期大抵定於初六,不敢復當遠送。扇附去,書法甚草草爲愧。石刻三種,敝郡所有,希檢入。"壇長集稱之,爲高麓隱,亦只一見,劉大山、戴憂庵詩,均至難得者。

黄涪翁勵志詩跋

黄涪翁《勵志詩》,後題:"元符三年七月,涪翁自戎州泝流上青衣,廿七日宿廖致平牛口莊,養正置酒弄芳閣,荷衣未盡,蓮實可登,投壺弈棋,燒燭夜歸。"按《黄文節年譜》,於紹聖元年謫涪州别駕,黔州安置。二年赴貶所。元符元年遷戎州。三年徽宗登極,大赦,復宣義郎,監鄂州在城鹽税。七月泛舟往青神省張氏姑,張介卿祉之母。介卿時爲眉山青神尉。二十一日解維,八月十一抵青神。此云廿四日宿牛口,上水行遲,猶未出戎州境。廖致平,名養正。涪翁詩,有《廖致平送緑荔支戎州弟一》,即其人也。再上即玉津縣,過嘉州方至青神。十一月始由青神回戎州,均與年譜合。汪砢玉"摹世事悠悠"至"更復何憂"一段,"嵌之蓮登閣""蓮登"二字,即取蓮實可登意也。

投贈周櫟園文册跋

周櫟園先生官揚州及官閩中,均有惠政,内升副都御史,駸駸嚮用矣。而督閩者訐之,奪職下獄,解閩對簿。獄未解,海寇圍省城,出先生於獄,駐守最衝要之射烏樓。圍解,仍就獄,又調赴刑曹覆勘,議死罪,議立决。章皇帝未許,卒出之,還居揚,持親喪。揚人、閩人作詩文投贈者廿五家,以公子在延詩殿之,裝爲兩册,詩文具備,真大觀也。首張遺初,名鹿徵,號璞生。江寧人,明諸生,蔭錦衣千户,國亡變姓名,入深山閉户著書,自號白雲山人,見《留溪外傳》。鄧漢儀,字孝威。泰州人。有《過嶺集》,見《感舊集》。徐延壽,興公之子,號存永。家鰲峰,紅雨樓書籍遭亂,並田園失之,見《漁洋詩話》。王澐,原名溥,字大來,一字勝時。世居聽鶴軒,爲陳子龍弟子,師生患難時,卓然有東漢節義風,見《陳忠裕集》。胡介,字彦遠,浙江錢塘人,見《遺民集》。汪楫,字舟次,號悔齋,休寧人。舉博學鴻詞,有《悔齋集》。李澄中,字渭清,號漁村,諸城人,舉博學鴻詞,有《漁村集》。均見《鶴徵録》。許珌,字天玉,明崇禎己卯舉人,王漁洋稱爲閩海奇人,有《梁園集》。見《福建通志》。冒襄,字辟疆,號巢民,如皋人。壬午副榜,授司李,明季四公子,家有水繪園,最稱豪侈,後淪落以死。見《雉皋詩徵》。杜濬,字于皇,號茶村,湖廣黄岡人,有《變雅堂集》,見《湖北通志》。黄澂之,字静宜,福建人,史忠正公幕府上士,見《感舊集》。陳維崧,字其年,宜興人,舉博學鴻詞,有《湖海樓集》,見《鶴徵録》。陸繁弨,字巨石,錢塘人,布衣,見《兩浙輶軒録》。林賜環,字鐵崖,福建晋江人,順治己丑進士,自號徹呆子,著有《荔支譜》,見《福建通志》。紀映鍾,字伯紫,一字檗子,號戇叟,上元人,有《真冷齋集》,見《遺民集》。高兆,字雲庵,號固齋,福建侯官人,見《西河詩話》。公長子在延,號黎莊,見《徵刻唐宋秘本書目》。陳潤,字龍章,福建人。陳焯,字滁岑。黄志遴、黄文焕,皆福建人。王有年,河南人。見本文。餘再考。

竹汀日記跋

《竹汀先生日記》，近滂喜齋刊兩卷，式訓堂刊三卷，均摘鑒賞書籍、金石之語，海内未見真迹也。此戊戌正月至四月，先生是年五十有一，爲紹興守，秦石公招游南鎮及蘭亭，道出杭州，復游西湖，歸途應兩江高文端公之聘，主鍾山講席，共百有十四日。集中得詩十九首，文筆亦極雅潔，無事則記陰晴，不涉瑣事，日記條例略具一斑矣。先生年及五十，去官歸養，游覽勝區，訓迪後進，文字之福，幸際昌期，斗山之名，自臻不朽。荃孫去官，年亦五十，後先生一百二十載主講鍾山，而風塵澒洞，海水横流，講席詞林，一概改作，無論學不及先生，即所遇亦豐嗇特甚。我生之後，逢此百罹，諷詠是詩，有餘恫焉。

黄再同同年手札跋

荃孫丙子通籍，同年中最心折者，番禺廖澤群、會稽陶子縝、義烏朱蓉生、貴筑黄再同四人。澤群通禮學，子縝通小學，蓉生通經學。而講目録、金石、書畫，並零星骨董，惟再同與荃孫有同嗜。廠肆、廟攤，遇則相視而笑，有所得，互考訂亦互嘲誚，過從最密。迨至荃孫居憂南旋，再入京師，而再同移居内城，蹤迹遂少疏矣。子縝先殁，再同繼之，蓉生、澤群，一時並逝，而荃孫僅存，然年逾六十，齒危髮秃，老態日增，追隨諸君於地下，諒亦爲期不遠。回思丙子迄今已三十年，内而卿相，外而封疆，均有其人，我輩書痴，擯不得與。子縝著《淮南許注異同》、《詁漢孳室文集》。蓉生著《無邪堂答問》。澤群著《禮經分類考》。荃孫亦成《碑傳續集》、《常州詞録》、《藏書記》、《讀書記》，功業不足與他人並，蘄以文字傳於後世，已爲可悲。又惜再同著作，無人爲之收拾，同於人琴俱亡，尤可慨也！今子涵二兄出示手札八十通，其精神意氣，涌現紙上，仿佛相遇於海王村肆一握手談也。感時傷逝，慨嘆繫之。

書全謝山改正成仁祠祀典議

先六世祖蓉浦府君，康熙三十四年莅任定海，前後二十二年，惠政卓著，士民至今歌頌之。於四十二年，捐建成仁祠於張鯢淵相國雪交亭故址，以祀辛卯殉難諸忠。而全謝山因其中祀黄斌卿，遂云"采里巷誣誕之言，以録其人，故其事僞，其官爵僞，其姓名無一不僞，居然登之《翁洲志》中，而祠爲謬祠，志爲穢志，大决横水洋之清流，未足以洗其玷"云云。考黄斌卿爲舟山參將，因奉閩檄迎魯監國稍遲，爲定西侯張名振所殺，本與辛卯殉難無涉。而斌卿在鎮頗得軍民心，其死也，闔城慟哭罷市，距建祠時五十年，必有遺民感其恩者。而先六世祖《成仁祠記》，止舉張肯堂、吴鍾巒諸人，並無斌卿，至具稟上官，方以斌卿羼入，大約惑於土人之言，而遺事中稍言定西殺之之過，及陳方平無所考而已。全又云："祠中以黄斌卿爲首，居張相國之上。"而莊綸渭注祠中神位，僅書"諸先生"三字，並無官爵姓名，則謝山所見之祠，又出後人所續增者矣。先六世祖莅定海時，海中荒邑，草創經營，文獻無徵，《明史》未出，即桑海諸君紀載，恐亦忌諱而未敢呈諸司牧，僅從一二遺黎之口，以定祀典，稍有舛錯，未嘗不盼後人匡正之，而何必輕詆如謝山所云也？江寧朱述之大令《昌國典詠注》云："繆志詳繪十七墺各大山，環海縣境諸圖，皆得諸耳聞目見，至軍制、形勝、田賦、水利，所載案牘，確切詳盡，洞悉源委。雖於黄斌卿未能直筆，海外少書籍，於考古間有疏舛，然瑕不掩瑜，亦經十數年精力以成之者，後之人當補正之，而不可輕加删削也。"斯真持平之論矣。

全《記》云："祠中以黄斌卿爲首，居張鯢淵相國之上。"昌國典詠注亦云："志列黄斌卿於辛卯舟山殉難諸臣之首。"今檢先六世祖所修《定海志》人物一門，首張肯堂，次吴鍾巒，次張煌言，次孫嘉績，次李向中，次朱永向方，次川黄斌卿，與全、朱所見不同。

陽湖趙氏先世畫象圖贊并序

世族之家,所以繼繼繩繩,至數千百年之遥,豈非以其根柢之深與庇蔭之遠哉! 武進趙氏,本宋宗室,自元逮明,儕乎編氓。西溪處士,鄉居以耕,三傳至見瀾先生,以振荒而傾其資,以運糧而隕其身,累仁抱義,真所謂積厚流光者與! 忠毅公開府沅湘,入爲司徒,赫赫之功,冠乎國史。哲嗣又以一甲一名進士及第,門閥之盛,爲常州望。自西溪處士,至裘萼侍讀,七世遺象,留傳至今。惠甫丈從兵燹中奉持而出軼者,倩名手追摹之,又屬名人題詠之,其述祖德,盡孝思,亦云至矣。荃孫於庚申亂時,齒猶穉弱,僅奉三代遺象出亡,所有書籍手迹,均付劫灰,迄今讀趙氏遺圖,不禁怦怦欲動也,遂不辭而爲之贊,以爲世家之賢子孫,有所觀感焉。

耕讀傳家,耕先於讀。約我亞旅,率我僮僕。歷彼四時,播厥百穀。衹盡我心,敢希歲熟。天鑒苦衷,錫兹旨蓄。遺像肅然,風徽淳竺。力田肇緒。

服我先疇,父耕子耘。國課我完,農界我分。辨兹土宜,塗泥埴墳。釀兹嘉種,水火薙熏。天與厥福,我稼如雲。乃積乃倉,先農策勳。服疇貽穀。

陡遇凶年,流離載道。魚貫來前,抱幼扶老。欲食具糒,欲眠席藁。如坻如京,哀鴻一飽。飛輓而前,疾瘵而槁。所徵令名,維善爲寶。莊橋施振。

亭亭玉樹,生於階庭。振衣脱白,摺竹殺青。登高能賦,遇物能銘。充我閈閎,留兹典型。風竹千畝,煙草一汀。貽我子孫,奕葉扇馨。藝蘭肯構。

亦曾爲令,澤及鄂疆。亦曾爲郎,武部贊襄。滄桑一變,歸老江鄉。坐擁皋比,童冠趨蹌。故侯種瓜,左徒沈湘。秋霜春露,感念先皇。蓬門教授。

群苗如風,蝨蝨叢叢。出車設旃,犁庭挂弓。師以威馭,頑以誠通。整旅還朝,重譯來同。入綜度支,倚畀攸隆。遺愛國僑,峻望姚崇。整旅招苗。

丹陛唱名,雲呈五色。東觀紬書,西清入直。轉粟餉士,輪臺西北。名父之子,克家衛國。陟岵興嗟,中道僵踣。是曰忠孝,青史作則。玉堂校書。

祭張文襄公文

嗚呼我公,爲國心膂。舊學新猷,屬望元輔。智能恢乎九垓,學術貫乎千古。公如元氣,運物無垠。審機正軸,功無與倫。將推誠而孚信,以洽羽而馴鱗。何風驚而雷駭,倏山頹而木壞。妖星襲夫中臺,哀聲動夫兩戒。安仰安放,大運俄届。悼斯民兮斯世,誰拯沈而救敗。公之鎮外也,歘歷夫八省。公之秉政也,前後無二年。凡時局之孔急,均籌畫於事先。其才則裕,其志則堅。在庸衆所愕眙,乃獨任夫仔肩。嘆倖竇之高張,嗟諷論之未省。機有阻而思通,緒將散而欲整。任狂吠之狺狺,表孤忠之耿耿。國史大書,弟子私記,未盡事功之彪炳。至若荃孫之於公也,歲癸酉始入謁,至乙亥而及門。捧手以授大義,提耳以領微言。乃眷注之獨厚,亦屢呼而屢援。公入秉鈞,器使萬類。謂桃李兮雖多,顧菅蒯其無棄。薦剡再陳,徵車三至。憶疇昔之銜恩,擬摳衣而入侍。奈衰病之迫身,答高厚之無地。頌遺烈之鏘洋,憫邦國之殄顇。枕膝未聞,臨風涕泗。嗚呼哀哉,伏維尚饗。

外　集

謝端制軍贈肉醬醃菜啓

頃承惠贈肉醬、醃菜各一器，對使拜謝，並聞頒從中使，賜出上方。帝念疆臣，推食遠來。江左公懷，寒士分甘。下及山中，婦孺歡顔，里鄰動色。夫醓醬則文稽《戴禮》，晚菘則名重《齊書》。甕備三醬，膳夫之職克舉；食供七菹，安肅之穜尤佳。惟調劑之得宜，遂酸鹹之各適。當此圖開九九，徑辟三三。盟證冰心，削脯非貧家能辦；動嫌食指，咬根尤吾輩所宜。擷五肉七菜之精，配六穀八珍之雅。憶蓴鱸之鄉夢，少洗寒酸；佐稻蟹之賓延，藉娱饕餮。月剛臨子盤，亦宜辛僎。獻賦通明，曾啖紅菱之餠；挂冠神武，惟嘗玉糝之羹。何期禮受束脩，更飫天厨之味；亦有冬儲旨蓄，試賡朋酒之詩。聊述鄙懷，兼陳謝悃。

謝端制軍贈洋椅啓

蒙賫洋椅二事，窺製造於歐洲，畀拘墟之下士。衡岳養和之具，一枝可憑；隋宫如意之車，四輪自轉。藉云養疾，匪陶令之籃輿；亦可觀書，類曹公之欹架。蓋自案則因几而改倚，亦由席而升。既免升降之勞，頗覺威儀之重。荃孫繩樞甕牖，守我本來。楚箄巴箱，殊慚非分。近依節府，時預賓延。吐丙相之茵，奪戴憑之席。兹又貽之嘉製，娱此暮年。堅同葵板之牀，軟似楊花之枕。天寶逍遥之座，無此温和；松陵節日之翁，輸兹昳麗。從此據梧自便，連榻以譚，適體神棲，怡情家術。桑榆已晚，深知獨立之難；津梁屢疲，倍覺懶眠之適。丹青四壁，師少文之臥游；黑白一枰，學中郎之坐隱。昔也來從北國,彼歐九棄之如遺。今也出自西方,豈帝釋踞之説法。詎比製同白木,祇儉德之可風。何須鑄以黄金,惟容身而足貴。用陳款款,敢布區區。

唐貞觀開元元和會昌大中政治得失論

嗚呼!有唐三百年所稱治世,人莫不曰貞觀、開元、元和、會昌、大中矣。雖然,有實録焉,有諛詞焉。其中得失,固未可一概論也。太宗、玄宗手平大難,整飭紀綱。貞觀、開元,得人最盛,其用人行政,固非後世所能及。然貞觀一傳至永徽而衰,開元廿年迨天寶而敗,一及其子,一及其身,得失可知。元和初年平蜀、平江東、平浙西、平淄青,河朔三鎮奔走恐後,氣象光昌,幾於開國。惜天下甫定,驕氣漸盈,商臣之禍,史册所諱。會昌李德裕平劉鎮,誅楊弁,戢河朔之驕氣,平回紇之雄藩,則武功可紀也。汰僧尼,抑閹宦,減州縣之冗員,宣致理之封事,則文治可法也。天假之年,何難見中興之盛乎?宣宗孜孜求治,察察爲明,力返武宗之所爲而不顧是非,不明賞罰,任用僉人,快雪私憤,小太宗之號,亦以後之君懿、僖、昭、哀無有如宣宗者。然繼嗣不肯預定,柄歸奄人,遂成門生天子之局。驕兵逐帥,專務苟且,亦肇藩鎮分裂之禍。則謂唐之亡由於大中,亦不得謂之刻也。善讀《唐書》者於五湖之中,當亦有所折衷而不隨俗論矣。

狄青論

古來將相大臣任大事、成大功爲天下所瞻仰者,不僅矜言智勇也,其必示之以威,將之以慎,有全勝之略,有獨見之識,不言智勇而智勇自在其中,於宋之狄青見之矣。青在延州,常爲軍鋒,大小二十五戰,數有功,雖創甚,聞敵則挺起馳赴。二廣蠻亂,上表請行,是其勇也。蠻兵乘勝,凶焰頗張,青下令休軍十日,乃乘上元節輕騎一晝夜,絶昆侖關,出歸仁鋪,賊既失險,遂大敗遁去,是其智也。軍中聞元帥令,違者必斬,自古皆然。青戒諸將毋妄與賊鬥,陳曙乘青未至,輒以步卒八千犯賊,潰於昆侖,青並殿直袁用三十人斬之,以後令出必行,遂以破賊,所謂示之以威也。軍勝告捷,上慰,朝廷鋪張叙功,武臣常態。智高既敗,時賊尸有衣金龍衣者,咸謂智高已死。青不敢誣朝廷以貪功,後聞智高在大理,衆服其議,所謂將之以慎也。交趾願出兵助討,余靖言其可,青阻止之。夫假外兵以除内寇,幸而爲唐初之突厥,不幸即爲石晉之契丹。覆轍在前,不可不戒。然青豈以是徼幸哉！智高癬疥疾耳,承平日久,將不知兵,覆城殺將,驕盈已極,以青禦之,發蒙振落。使謝交趾之兵,而不能制智高之命,青豈敢爲？所謂有全勝之略也。青涅面,爲兵既貴,仁宗敕青傅藥除字,青願留以勸軍士而不肯去。涅人有推青爲狄梁公後者,青亦謝之。所謂有獨見之識也。夫青以功冠當代,以誠結主,知而言者,往往疑之,不能安身朝廷,是則宋朝因藝祖得天下,不能以正。武臣之有威望者無不疑忌,前則黑玉相公之受讒,後則鄂岳節度之被殺,已成輕武右文之習,遂蹈執冰解甲之譏,國勢不振,積漸使然,於青何損哉！雖然,青之忠勇有以致之,而仁宗亦可謂善御將矣。當青既行,帝誡以左右使令非親信不可,飲食臥起皆宜防範,愛之也如子弟然。及青破賊,顧宰相曰:速議賞,遲則不足以勸。由前之言可以得青之心,由後之言可以作將士之氣。御將之道無外乎此,然則青之成功亦可謂遭際非常者矣。

保守説

古鐘鼎文曰“子子孫孫永寶用”,藏書印記有云“後人但念阿翁癖,子孫益之守弗失”,有云“鬻及借人爲不孝”。王述菴司寇有一印云:“二萬卷,書可貴;一千通,金石備。購且藏,劇勞勩。願後人,勤講肄。敷文詞,明義理;習典故,兼游藝。時整齊,弗廢置。如不材,敢賣棄,是非人,犬豕類,屏出族,加鞭箠。述菴傳誡。”陳簡莊孝廉亦有一印云:“得此書費辛苦,後之人其鑒我。”惜司寇孝廉兩家遺集轉瞬散佚,告誡丁寧,後人何嘗動念哉!亦有扃閉筐篋,鼠齧蟲穿,無一人檢視,亦無一書不破損。雖插架依然,恐不得謂之善守。至若家道中落,願讓友朋,如毛斧季之歸季滄葦,黄蕘圃之歸汪閬原,我得善價,物亦得所,雖云賣棄,尚屬風雅。若道古樓之準諸博徒,皕宋樓之棄諸異域,可謂至不肖矣。大抵子孫稍長,嗜欲開時,舉經籍金石書畫印塼瓦,視其所好,多方引誘,教導之,獎勵之,精神恒注於斯,此中自有至樂。由約至博,由粗及精,先使之愛,再可言保,如其真愛不但可保且增益矣。毛斧季之考訂經籍,過於毛子晉,曾笙巢之賞鑒字畫,勝於曾賓谷,豈非大快乎!與其空言告誡,何如及早圖。維願與天下收藏家共勉之。

答鄭叔問書

叔問道兄先生左右:五月中吴布政由袁浦遞到孟陬十三日手書,敬悉考訂金石,問道下走,邇時北信日警,心緒棼如,後值酷暑,又患瘍證,蹉跎至今,死罪死罪。荃孫金石之學何敢妄希前哲,然寢饋三十年矣。此中蹊徑曲折分明,敬爲閣下陳之。

國朝談金石有二派。曰覃溪派,精購舊拓,講求筆意,賞鑒家也。原出宋人《法帖考異》、《蘭亭考》等書。曰蘭泉派,搜采幽僻,援引宏富,考據家也。原出宋人《金石録》、《隸釋》等書。荃孫寒窘無力,不能多藏舊拓,而各史别集素所留意,遂專趨蘭泉一派。孫録最博,然有見拓本者,有采自他人目録者,一碑三重,一葉再見,年月不分,地名互異。昔亦曾爲糾謬,續之者嚴鐵橋、陳雪峰、黄虎癡諸家,荃孫均得鈔讀。惟趙撝叔之書最草率、最傳布,因沈韻初諸人富收藏而不甚讀書,爲撝叔盛氣所攝,故推許甚至。荃孫初爲《再補訪碑録》,後又以趙録爲不足補,改爲《訪碑後録》,今定爲《金石分地録》,萃孫、嚴、黄、陳、趙,加以新得,按縣分編。昔有今佚者、僞作者、翻刻者,另爲一卷,並不收塼瓦。成書廿卷,卷四十餘葉。孫趙糾謬,散列於下。手稿三易,未能寫定,刻更難矣。所藏各碑目自周訖元,共一萬有八百餘種,成《藝風堂金石目》十八卷。前刻文集碑跋,得一卷,録全文者,擬爲《藝風堂金石萃編》。丙申到鍾山講舍,訪得打碑人聶明山,頗熟目録之學,又能縋深鑿險,抉剔墨寶,爲遍訪各縣,拓致多種,易以舊藏,可得七百餘種,因有勒成一書之志。唐前不過一卷,宋元較多。用《常山貞石志》、《越中金石記》舊例,較滂喜齋所刻《吴郡金石目》昔有今無者甚多,昔晦而今顯者亦復不少。天地至寶,日出不窮,編摩考訂,决非一人能辦。曾約太倉錢伊臣、家蘅甫允爲考太倉一州,蘇垣爲宋元薈萃之物,拓至三次,遺漏尚多,尚望同志匡我不逮,明春專遣拓工到蘇,敬求指示爲幸。大著考證漢魏六朝石文,想有定本,望即付刊。此事無盡期,從速,可供同嗜。昔友梁杭叔最淹雅,葉鞠裳、羅叔蕴均爲同派,餘子大都覃溪派耳。手箋布臆,敬承動定。庚子九月廿八日。

與皖撫朱中丞書

江陰繆荃孫謹上書經田大公祖大人閣下:昔公陳臬江蘇,荃孫遠客江寧,但聞德政傳播萬口,從未叩謁旌麾,一瞻顔色。自慚疏懶,深抱歉忱。洎公移節皖中,立定大難,尤爲心佩。舊友沈子培方伯約作皖游,藉可進聆教言。當代偉人,其見識必有過乎尋常者。雖有此願,尚未能償。不意江御史糾公,與荃孫牽連而及,駭人聽聞。首云荃孫在督署兼辦圖書館。荃孫自光緒甲午與徐掌院不合,乞假歸田,閉户著書,不涉外事。丙申受鍾山之聘,六年書院,六年學堂。近年改圖書館監督,從未在督署辦事,江御史何所見而云然?一不解也。江蘇省紳士在省辦事當道例相往來,從未干以私事,通省所知,督院號簿可查,關説之事不但荃孫不肯爲,即大府亦不肯聽,此等機密事非朝夕相見者能進言乎?江御史何所見而云然?二不解也。我公一面不相識,一字不通問,亦與途人無異。關説重事,五十鉅款,委之途人,有是理乎?三疏連上,恰似得有實據者,江御史何所見而云然?三不解也。惟荃孫素性戇直,目擊辦學務者廢棄國文,貽誤學子,往往有不平之言,爲一二僉人所忌。張制軍辦事持正,亦不能聽其所爲,遂致大拂其意,在京中百計傾軋,而荃孫尤所最惡者。牽連及之,聊快彼意。江御史不是接匿名函件,即是聽無賴傳言,亦不敢謂其别有他故,但以直諫自命,不察虚實,冒昧上陳,聖恩高厚,又不嚴查,冤抑反無申訴。前朝有即派御史來查之案,同治朝尚有御史尋鑾煒參河東鹽務,即派往查。可否請江御史來南查辦,轉可水落石出。昔先文貞公在明天啓朝東林講學,兼議國事,平素不以爲然,遺文尚可相證。後來閹党誣爲楊大洪代筆,羅織成獄,推爲東林領袖。先君子以道員候補貴州,同治初元田巡撫殺教士文乃爾一案,時民間有覺世真經,假託關帝降乩,痛詆西教,文辭鄙俚,教民硬誣以爲先君子所撰,鍛煉削職。先君子常云:“如出我手,何至不通如此?”是寒族家風慣受毫無影響之冤抑,而江御史之爲人,非賦性刻薄即受人愚弄,其人格亦不過與明之閹黨、黔之教民相等而已。昔東林有《同難録》,荃孫與公居同案之列,冒昧上達,直抒胸臆之憤,附請鈞安。

朱中丞答書

筱珊老前輩大人閣下:頃奉惠書,兀傲奇縱之氣,流露滿紙。伏讀再三,竊喜區區心迹,猶得見諒於大君子之前。嚮者憂讒畏譏之懷,不覺涣然冰釋也。家寶才能淺鮮,謬竊高位,任非其分,遂流言蜚語,紛至迭乘,返躬自顧,惟有警聳臺諫,以糾彈爲職,例許風聞,雖噂遝多出無稽,亦自無由申訴,端居深念,但自咎其忝冒而已。唯家寶既被恩知,陳力就列,方當勉竭駑鈍,以備驅策。當官受謗,分所宜然,先生道德文章,人倫模楷,朱霞白鶴,劉孝標素優品題荆玉靈珠,曹子建當無妄歎,所謂鳳凰芝草,賢愚咸以爲美瑞,青天白日,奴隸亦知其清明。海内景仰之流,方欲跂聽車音,以遲接光塵爲恨,何圖青蠅白璧,横相汙染,許由脱屣天下,而鄉人疑其盗冠,陽居道抗猶龍,而家公與之争席,以古方今,得毋類此?家寶慕教有年,未嘗把晤,乃以藐躬不德,累及高賢,尤深愧悚。聖人有言:觀過各於其黨。我公英聲茂實,自有千秋,今家寶與公乃於意料不及之中幸附黨私之列。昔云敞自陳爲吴章弟子,杜衍抗疏,爲石介訟冤。間世英賢,一時固樂於同罪,而一切飛謀釣謗之説,轉可不辨而明。先生當亦掀髯發笑,以此説爲不誣乎?承賜大集,追蹤《潛研》、《平津》,造詣醇深,考據詳洽,傾服無似,容當細讀。惟幕僚中尚有究心目録之學者,敬乞再賜一部,俾其欣賞,無任企幸。附呈漢孟璿碑打本一紙,係光緒二十七年敝省昭通府白泥井民舍掘獲者,在滇中石墨誠可謂鉅寶矣。並希鑒察是荷。肅復即請道安。館晚生朱家寶頓首。

日本訪書記

日本東京書籍鋪最多,專售舊本書者以下谷區仲之池町琳琅閣爲最。余與積餘兩次往訪,得舊鈔本《續資治通鑒》、明弘治本《黄山谷全集》、洪武本《理學類傳》、活字本五百家注《昌黎集》。又有高麗本《草堂詩箋》,字迹極雅,惜有缺佚,議價未成。積餘得後村《千家詩選》宋本,亦缺十卷。

淺倉文淵堂在淺草區,購得明萬曆本《翰墨大全》廿六册,繼又得舊鈔醫書十餘種,皆小田氏一家所藏,鈔校皆精。淺倉前最有名,近稍衰。

文求堂在本鄉區,曾三訪之,得元至大本《中州集》、舊鈔本《楊誠齋集》一百卅三卷,每卷後有"嘉定元年春三月男長孺編次,端平元年夏五月門人羅端良校正",與楊星吾同年《訪書記》合,詩文俱完,並非僅刻詩集也。又得活字本《左傳》杜注、明刻本《古今游名山記》、梅鼎祚《樂苑》。

西京文求堂在寺町通,與東京文求堂一家。得《日本古金石》五册,塼瓦拓本一册。

竹苞樓亦在寺町通,得《尚書》宋刊本,首尾完善,裝潢精緻,古香撲人,洵非易覯。

西京書鋪尚多,聞大阪之齋心橋亦多古籍,惜爲日無幾,歸期促迫,未能遍訪也。

日本竹添漸卿進一郎所藏宏富,出視多種,聊志其目。

卷子本:

《漢書・揚子雲傳》不全。　字作褚體,類唐人寫經。

宋刻本:

《毛詩正義》四十卷缺前六卷。　半葉十五行行廿五字,卷末有"紹興九年九月十五日紹興府雕造"。校對官有韓彰、穆懷二行營幹,雕造官有曾掞、白彦良二行。

《草書禮部韻寶》　半葉五行行十字,書衣題高宗御筆"草書韻寶"栏上横書與畊書堂,卷末二行"承議郎權發遣湖州軍州兼管內勸農事借紫臣陳汶謹識,宣義郎簽書,昭慶軍節度判官廳公事臣趙與懃監刊"。

《大學衍義》四十三卷　半葉十一行行廿一字半葉十二行行廿二字。

陳元英注《莊子》五卷　半葉六行行大字十五小字二十,即黎星使所刻,新見君藏本,胡蝶裝如故。

《廣韻》五卷　北宋本,半葉十行行二十字。

《御覽》五百十二卷　半葉十三行行二十三字。

《元氏長慶集》三十卷　半葉十行行二十一字。

元刻本:

《南村輟耕録》三十卷　半葉十二行行廿五字。

《玉篇》三卷　半葉十三行行廿三字,序十行行十九字,至正丙申孟夏翠巖精舍刊。

郭注《莊子》　半葉十行行十七八字不等。

《唐詩鼓吹》十卷　半葉十三行行廿三字,資善大夫中書左丞郝天挺注,積善堂刊。

《事文類聚》六卷　半葉十四行行二十六字,泰定丙寅廬陵武溪書院新刊。

《翰墨全書》十集　半葉十四行行廿八字。

《韻會舉要》三十卷　半葉八行小字雙行,行廿八字。

《左傳句解》七十卷　　林堯叟元書未記行款。

《黄山谷集》　　半葉九行行六字五山板五山五丈寺也。

又有《文選》、《毛詩》、《左傳》、《孟子》，均慶長本唐人寫經，五六卷。收藏可謂富矣。東京古城君貞吉約觀所藏古錢，大阪内藤君虎次郎約觀所藏書，均因病未赴，殊歉然也。

宋咸平中日本僧奝然獻鄭康成所注《孝經》，乃中國所亡失者，是歷史中知日本藏書之始。《讀書敏求記》所載古鈔正平本《論語》云行間所注，字罕有識之者，即旁注和文，以遵王之淹雅，至以此爲高麗本，其爲難覯可知。乾隆中葉，山井鼎《七經考文》、魏鄭公《群書治要》稍稍流傳，汪翼滄得梁皇侃《論語義疏》十卷於足利學校，浙撫王亶望刻之，後歸鮑氏。初印本卷一銜名三行首魏何晏集解，次梁皇侃義疏，三行王亶望校刊，王伏法後板歸知不足齋，改三行爲二行而削去王名。嘉慶時，日本天瀑山人活字印佚存叢書，類皆吾國無傳本者，學士大夫訪求益切，而《孝經》鄭注、孔傳作僞者亦間出焉。光緒辛巳，黎星使庶昌刻《古逸叢書》，徐星使孫麒刊《經籍訪古志》，楊惺吾同年守敬所得尤多，陸續有《日本訪書志》、《留真譜》之刻，海内驚傳，望之爲《琅嬛》、《宛委》，於是過東瀛者無論知與不知，必購數種以壓歸裝，而日本市中漸稀如星鳳矣。荃孫來東，句留未久，所得見者僅此數十種，不足爲方家一哂，然已有中土所未有，惺吾所未見者。昔章實齋進士與阮文達書，海外番舶如日本琉球頗用重價購書江浙之間，有司不甚稽察，所關匪細，應嚴飭關吏搜查海舶，毋許私販，今則寰海開通，正藉彼此補苴以期完善，則昔之連艫而東者，今何必不捆載而西也哉。大約古鈔卷子本爲宋元舊刻，次之翻刻本而未加和文者，次之活字本，次之影寫者，次之分類以求，謹以告東游好古之士。繆荃孫識。

重建常州府署記

隋開皇三年改晉陵郡曰常州，明洪武三年改長春府曰常州府，迄今未易名。府領縣八，上承鎮江，下通省會，舟車輻輳，士民秀穎，固江南之雄郡也。自楊吴權州事，唐彦隨建府治，宋明因之。國朝順治九年，知府祖重光重修，後復修者五。逮郡城經粤匪之變，失陷於咸豐庚申，克復於同治甲子，城坊廛市蕩然無存，而府署亦銷沉於荒煙蔓草中者，迄今三十餘年矣。乙丑，知府札公葺武進舊署以居。甲戌，知府譚鈞培與紳士劉■■等籌修復舊觀，斂費八懸，存典徵息。至光緒甲午，署知府■■■涓吉庀材鳩工授程，經始於乙未，落成於丁酉，屋以楹計者凡■百■十有奇，泉以緡計者總十■萬■千有奇。荃孫適主講龍城，知府有公操簡屬爲記，並告之曰：希政之所備矣美矣，而將何政以惠吾民耶？今海内多故，强鄰窺伺於外，莠民芽孽於内，加以水旱偏災，人情惶惑，喁喁然屬望。維新之治以起懦而甦困，睹棟宇之壯麗，何以措國家於磐石之安？驚風雨之漂摇，何以拯民生於飢寒之藪？勞神焦思寢饋難安，將何政以惠吾民耶？荃孫乃再拜而言曰：公言及此，民之福也。在昔觀此土者，或賢或否，或久或速，其遷徙不知其幾矣。迄今思之，真如傳舍，如蘧廬，莫有能與此土相維繫者。今營建於煨燼之餘，締構於阢隉之際，撫綏吾民，布厥新政，興學校，實倉廩，除强暴，迓和甘，整飭拊循，威惠交至。民心孚而民氣日固，俾隱爲東南保障之資，足以紓聖天子之所倚任，真可稱都會大藩之居，而才具全德量偉，於此可覘矣。故掎摭事實以詔永永，尚望後之人繼此修葺，俾歷久而如新也，豈不懿歟？

慕萊堂銘并序

湘南李藝淵同年出守江西之臨江，城北有老萊亭，相傳即其故里。夫老萊子，孝子也，亦高士也。太史公附著《老子傳》中，劉更生入之《列仙》，其人固敻然不可及，而斑衣娱母一事獨傳於流俗之口，豈非以孝先百行，尤千古所僅見者乎？藝淵權是郡時，親年高不能迎養，因名斯堂以見志。未幾以憂歸里，迄今十有餘年，遍徵題詠，裒然成集，舉視荃孫，受而讀之，不禁有感於中也。當夫下車莅政，百廢俱舉，視民如子，民亦戴如父母。而南望親舍，白雲横飛，慨定省之未能，顧晨昏而若迫。登斯堂也，必有愀然不安，皇然欲涕者。及夫風木興悲，杯棬增慟，百身莫贖，一息空存，終身永慕之誠其得已乎。慕萊乎？抑慕親也。荃孫幼失恃，迨通籍，迎嚴親於京邸，又未克，一日禄養而遽遭大故，所痛與藝淵同，而官職聲名兩無，成就弗逮，又遠甚矣。悲夫，爰爲之銘曰：

孝爲庸行，古今所難。嬰娩老萊，善博親歡。棲梧山下，遺亭猶在。列鼎以養，不如舞綵。峨峨官署，鄭重名堂。將尋軌躅，報以馨香。岵屺方瞻，蓼莪旋廢。入夢形容，負慚履戴。令德孰覯，高蹤罕希。寄語世人，永寶春暉。

重修常州府志條例

修志辦法：

一　常州府志自以府城爲總匯處，現擇一處爲公所，歸一人主收發，各縣友人先來公所，領采訪格式及紙簿，分屬采訪收齊，送公所，再送各分纂，月延一友，專管銀錢及紙張之類。

一　坐局收掌之事，凡采訪册及各處書籍碑版送局，設簿按日登記，仍於書面碑側貼紙標寫某年某月某處送到，以便將來送還本處。鈔寫之紙，先刻一格板，以紅色印之，有直行，無横格，行不宜窄，其每葉板心魚尾之下囑鈔寫者寫據某書某卷鈔録字樣。

一　志書出於圖經，應用新法開方測繪，以詳爲貴。一縣爲一圖，合成一大圖，如太湖，如大江，如國山、慧山，各繪專圖。

一　各縣先舉采訪，另轉采訪格式。

一　前志修於康熙三十四年，爲時過遠，然各縣均於同治光緒間修成，挈領提綱，尚不爲難，須先提各縣志書每分兩部，一歸總纂查閲，一拆分各分纂。

一　事須趕辦，一面延工於測繪者繪圖，一面分縣采訪，一面考古分編。

一　編底本之事，衆人分閲群書及各志書，鈔録案牘、采訪册、某人閲舊府志，某人閲各縣志，某人查案牘，某人查采訪册，書多者數人閲一種,書少者一人閲數種。依新定門目,俱用紅筆,每一段鈎勒起止,以付鈔寫者,借書夾以紙簽寫明自某行某某字起,鈔至某行某字止。每段鈔爲一葉,鈔成一種畢,訂爲幾本,交回原閲之人,用紅筆於每葉上方標寫此葉應入之門目,用木戳印之尤整齊。各書俱鈔畢,標門目畢,一齊拆開,依門目分開編排次第,有一段而重見者不必抽去以俟删訂。如此則成底本矣。

一　兩年將草稿編成,寄各縣名流翻閲,專摘疵病,立即修改,决不護前,但須徵實,如空論則不改。

一　圖成付石印。

采訪格式:

一　輿圖:繪明四至八到、鄉鎮地名、水道曲直、山形向背及驛鋪、塘汛、關隘各處所,並附以説。

一　城池:某年某人修造,計高廣若干尺,凡幾門,有碑記一並送來。

一　津梁:新增幾處及修造年月,有碑記題詠一並呈送。

一　倉廒:某年某人修造積谷若干,章程若何,有碑記一並呈送。

一　水利:水道遷徙,利害若何,堤堰幾處,分别官私修築即歲修經費。有碑記一並呈送。

一　户口:據歷年户口册詳報,應以光緒三十四年爲斷。

一　田賦:各項科則及起運存留諸款。已修新志載明者毋庸鈔呈。

一　壇廟:壇廟及歷代先賢祠宇凡列入祀典,歲時致祭者均行開載修造年月及編祭銀兩若干。有碑記題詠一並呈送。如有敕封爵號及御撰匾額者先行恭列。

一　學校:修葺學宫年月及永廣、暫廣學額、學田、書院、義學經費。有碑記、題詠一並呈送。

一　學堂廠局:近日創辦新政,章程、經費均行開載。

一　冢墓:歷代名人冢墓及漏澤園。有碑表志銘及題詠一並呈送。義冢須開明若干畝及何人所創。

一　園第:歷代名人園林第宅,注明存廢。有碑記題詠一並呈送。

一　寺觀:修建年月。有碑記題詠一並呈送。如有敕封爵號及御撰匾額者先行恭列。

一　軍制:額兵若干及領口銀數目塘汛驛遞有無增減。

一　兵事:粵匪之亂城鄉,被難及鄉民辦團始末,官軍恢復年月。

一　祥異:五行災沴、人物妖祥有年月可考者著之。

一　職官:查明任事年月及籍貫出身。

一　選舉:歷朝特科、如博學鴻詞、薦舉經學之類。孝廉方正、進士、舉人、恩拔、優副、歲貢生及武科,均載明科分及所歷官階,又年老賞給進士、舉人一並開載。

一　名宦:請入名宦及有實政在民者,均據實開載。

一　人物:儒林、文苑必采,著述、宦迹務有實在事功,不得以空言了事,至於忠臣、孝子、順孫、義夫、壽民及夫山林隱逸、精通藝術及外省之名人流寓此土者,一例搜訪,總以碑銘傳狀爲憑,無者據家乘亦可。

一　列女:須有傳志者。

一　藝文:各家著述務采全書送局,不得僅列書目,志成發還。其已經散佚者,或據序跋録送亦可。

一　金石:凡古碑、殘碣及鐘鼎、尊匜之屬,如有收藏者務拓全文形並注明出土年月及今在何所,有考訂釋文者一並録送。

各縣志書已載者不必重録。前縣志所遺者志書成後事蹟務請詳載。

修書體例:

第一,宜典核。或摘要或總録或類記,或分正附,一列正文,一書夾註。其必應依年編次者,亦宜簡要,不得徒事排比録鈔,類長編也。

第二,宜徵實。多考典,少空文。

第三,以地爲主。與土地稍遠者即從略。

第四,以官文書爲據。

第五,古事宜備,今事有關土地人民者詳,餘略。

第六,各門統名曰志,不立雜名。用《華陽國志》、《臨安志》例。書成用

《元和郡縣志》、《元豐九域志》、乾道、淳祐、咸淳志例標名，曰《光緒常州府志》。

第七，圖表散歸各卷，圖先表後。

第八，引書憑古雅者。若《廣輿記》之屬及明人陋書不以爲據。

第九，引書用最初者。不得但憑類書，其無元書者不在此例。

第十，群書互異者宜考訂。詳説夾注。

第十一，一人一事兩地俱收者宜考證，不得沿誤濫收。

第十二，采用舊志及各書須覆檢所引元書。

第十三，引書注明第幾卷。

第十四，詩文宜采者散入夾注小字雙行。引用諭旨小字單行居中頂格以别於他著作。

第十五，關涉兩門者互見，分詳略。用鄭夾漈《通志》例。

第十六，徵引繁多者辨證者牽連旁及者多用夾注。用《史通》説。公牘繁而必録者同。

第十七，紀事須具首尾，具年月。

第十八，各子目須紀實，不得但存一名。

第十九，典禮則例非專爲本地設者不録。如文廟祭器樂章之類。

第二十，生存人姓名事實著述不録，奏疏公牘不在此例。

第二十一，文辭必宜古雅，不可過於僻澀險怪。

第二十二，文字有褒貶，有抑揚處，從衆議，不得偏執獨見。

第二十三，國朝經制事例，有空闕無從鈎考者，本卷子目下注明止某年。

第二十四，采訪日久不齊，中多空闕者，先纂成書，續到日别爲補編附當卷後。

第二十五，大例不改，子目、細例應改並增補者隨時酌議。

第二十六，凡一目而事實繁重篇葉過多者分上下卷，或照卷記數。

第二十七，每卷標纂書人名於大題後行，書成照刊。某縣某人纂。

第二十八，全書俱頂格寫。抬頭處一律平抬。

右通例。

第一，山川。水利附。

河渠、橋梁、閘壩均略仿《水經注》例隨水道分載。

第二，寺觀。略仿《洛陽伽藍記》。

第三，坊巷。略仿東西京城坊考，城內古迹分載。

第四，村鎮。城外陵墓古迹分載。

第五，風俗。略仿《陽羡風土記》。

第六，方言。略仿《方言疏證》。

第七，物産。略仿《南方草木狀》。

第八，天文表。須實測。去星野一門。

一、北極高度、距府城緯度、距省城緯度、偏省城經度、偏府城經度。

二、七十二候日午正太陽高表即立表、臥表、景表高■尺。

三、中氣、太陽上邊視高、太陽方位、太陽平景。偏度、平景方位、立表平景。

四、七十二候日出日入時刻晝夜刻朦影刻。

五、七十二候日昏旦更點時刻。

第九，田賦。

户口、屯丁、徭役、科則表附舊科則、解支、漕運、雜辦、積儲、蠲振

第十，學校。舊日書院、近時學堂附。

第十一，營制。驛傳附。

第十二，大事略。

巡幸大典、大政、祥異均入之。

第十三，雜事。

軼聞、瑣事、流寓、仙釋皆入之。

第十四，記述本地事之書。

如《陽羡記》、各邑舊志之類。

第十五，本地人著述。

以人爲主，事蹟少者略考仕履，省立專傳。

第十六，金石。

拓到金石釋文加考證。佚者另編待訪目。

用潛研堂目例收至元明朝碑碣，載入各門。

第十七，前志原委。

從《咸淳毗陵志》起，仿四明宋元六志作者考。

此次創例應商：

巡幸江南志書無不列之卷首，以志恩遇，現歸入大事，但書某年某月。皇帝南巡過常州憩於艤舟亭，賜御書，略擬《通鑒》，轉似鄭重。

各史列傳、各志皆鈔及數册，否則圖省卷帙，删削不成文理，使是人索索無生氣，傳與不傳同。現"廿四史"家置一編，翻閲即見，擬立一史傳表，如常府八縣，分八格，載某人見某書，列傳卷■■，至無專傳者必采訪事實以補之，以詳爲貴，於舊傳主減，於新傳主詳，所以表章前賢，激勵後進，鄉土之學即寓其中。

婦女。節孝義烈有事實者立傳，如無事實者此志概不登載。府志應載大綱與縣志不同，各縣修志之後，舉報者亦匯登一編，俟續修縣志再入。

藝文。志書止宜采書名及解題，原纂詩文分載各門，體例甚善，然詩文非關涉輿地，例不應收。考宋《吴郡志》則有《吴都文粹》，《會稽志》則有《會稽掇英總集》，《嚴州圖經》則有《嚴陵集》。國朝章實齋先生亦云志所不能收者别創文徵一編，則亦古今通例。常郡本有藝文十二卷，現編續志，不但續已後之著作，前志缺者亦可搜補以永其傳。

常郡藝文志外，錫金有《錫山文鈔》、《梁溪詩鈔》、《梁溪詞》，宜興有《荆溪詞》，江陰有《江上詩鈔》，如各縣人士家藏前輩所輯詩文，乞送局備輯，立取收條，注明本、卷、月，歸還决不遺失。

右專例。

地理志一：

圖；

疆域一；

山川二；
城池三；
壇廟祠祀四；
寺觀五；
坊巷六；
村鎮七
風俗八；
方言九；
物産十；
天文表十一；
沿革表十二。
經政志二：
官吏一；
廠局二；
田賦三；
鹽法四；
典禮五；
學校六；
營制七。
故事志三：
大事略一；
兵事略二；
學派三；
雜事四。
官師志四：
傳一；
前代守土官表文武二；
國朝官師武營各表三。
人物志五：
先賢一；附史傳表。

方技二；

列女三；

選舉表四。

藝文志六：

紀述本地事之書一；

本地人著述二；

金石三。

序志七：

前志原委一；

志序録二。

莊子佩先生七𩐳壽序

懿夫！先儒有言："以父母之心爲心則無不愛之兄弟，以祖宗之心爲心則無不愛之族侄，以天地之心爲心則無不愛之民物。"大哉言乎，四書六經之義藴無不包括乎其中矣。然非絶私意義、洞物情、闢理境，曷克臻此，今乃於莊子佩先生見之。莊於同州最稱茂族，通經義、取科第者踵接於時，而先生獨以德行著。蓋先德佩蘅贈公游幕寓蜀，晚年得先生，迨成人而贈公年高，急於禄養，小就縣尉。時蜀有兵警，遂以武功積資，至縣令明敏幹練，上游器重。光緒乙亥初，任理番廳同知，梭磨土司構釁，督練守隘以震懾之，遂致敉平。丁文誠之修都江堰也，檄先生司其事，乃度形勢，淘淤墊，疏港瀆，培缺漏，使水不爲害而田受其益。五閲月堰工成，至今爲利。己卯權巴縣，庚辰權成都水利同知，辛巳權綿竹縣，壬午復權水利，旋權灌縣，壬辰代理永川，又權滎經、汶川，丁酉權黔江縣。先後三十年，所任九邑，繁若巴縣，僻若汶川，遠若黔江，其待士以利，而責其佚蕩者，其愛民以誠，而誅其悖亂者。盡心竭力，視同家事，則歷任如一焉，所謂以天地之心爲心者也。事親有孝德，遂公事鞅劇而温凊定省無少間，賜予酒食無少缺，先意承志務，得高堂之歡而無勉强。荃孫窺之於微，常取以爲事親法，一兄早逝，事寡嫂以敬。

三姊，一適董，二均適吴，友愛無間然，殁則撫字諸甥，俾之成立，親戚稱之，所謂以父母之心爲心者也。先外舅少甫先生於先生爲功服昴弟，外舅官甘肅平凉府，殉回逆之難，外姑蔡恭人扶柩，挈子女歸蜀中，流離瑣尾，艱苦萬狀，衣食喪葬均仰給於先生。男則爲之讀書，爲之授室，仕者爲之仕，學者督之學。女則爲之擇婿，備奩具，嫁之如己女。至今合爨食指數十口，雍雍如也，秩秩如也。先生和易近人，無疾言遽色。人有晤對者，如日坐春風中，使人鄙吝之意自消。即告誡子弟，亦於閑暇時微示其旨，俾聞者悚息而自趨於正。自奉儉約，而當朋友急難，不惜傾篋助之，惟挾勢以臨督責，取賄則嶢嶢不少缺，雖受挫折而不悔。以身爲鵠，以行爲衡，難進易退。古之君子，子弟十數輩無不敬而畏之，所謂以祖宗之心爲心者也。荃孫甲子避賊入蜀，先君子亦自黔罷官歸，蓽門圭竇，寂無聲譽，先生獨許可以兄女字之，幸托姻婭，栽培尤摯。而自戊戌拜别迄今二十有二年矣，雖備員詞館而不能隨時俯仰以取富貴，近且歸老江鄉，藉詞禄以謀食，愧未少副期望而難進易退，則與先生同之拊循教言，何敢自外。今年六月届七豒攬揆之辰，敬述篤行，以爲士大夫家法。康强逢吉，天自佑之，固當如古之大椿，福與壽且不知紀極矣。謹書之以侑一觴。

劉峴莊制府七旬賜壽序代

皇帝御極之廿五年，緦氣旁流，景慶連矚，嘉平吉日，爲峴莊尚書七旬覽揆之辰。天子篤念勳舊，寅亮三朝，股肱王家，宣力南服，璽書珍物，寵賚駢闐，禮也。文武僚屬，躬際盛事，咸欲鞠跽稱觴。乃公以控制南疆，海氛未靖，兢兢業業，一念弗敢暇，辭至再三，而某某近承雅化，有不敢已於言者，乃述吏民之意，揚㩁而陳曰：

自古國家多故，必有魁能冠倫之彦，文武威德，忠誠愷惻，遍乎於中外，蔚然成底定之功。躋斯民於仁壽，而天亦必以期頤之壽報之。《書》之美召公也，曰“天壽平格”，言天無私壽，惟平格者壽之。《論語》曰“仁者静”，繼之曰“仁者壽”，言仁者寡欲，性安静而多壽考也。今乃於公見之矣。公以文士提鄉兵，靖巨寇，功在五省，晉秩開府，自廣東按察使擢廣西布政使，歷江西巡撫，晉兩廣總督，四任兩江總督兼南洋大臣，勳業之隆，震鑠今古，海內士大夫喁喁向風，想其風采，慕其功績，識與不識，能知之，能言之。而兩江之人，沐浴恩醖，涵詠德化，捍災定亂，吹枯噓生，尤有獨厚於他省者。我朝開國以來，惟長白章佳尹文端公四督兩江，乾隆乙亥文端年七十，聖駕南巡，賜壽有"韋平介祉"之額。三百年來，惟公繼其盛典，後先輝映，彪炳史册。蓋朝廷知公在江南日久，人心風俗、官方吏弊，駕輕就熟，有非我公不可者。然文端運值昇平，無赫赫之功，其治事鑒空衡平，不設成見，事無不理。其愛民，春風冬日揣知閭閻疾苦，必能與之更化，而慰其所望，至今嘖嘖，猶在人口。公初臨長江，去大亂僅十年，一切措置，較文端尤爲慎重，而其用人行政，則有若合符節者。故公之去也，民之思之如周人之思召公也。及公之復來也，吏民肩踵相接，遥見顔色，則互相告語，以爲公精力如故，庶幾撫我育我而衣我食我乎！顧當中日和議之後，彼族氣益驕，國家財益絀，散卒游民，交錯鄉市，徐海薦饑，渦陽寇警，即內地尚稱豐稔而奸人骫法，盜銷則錢貴，盜運則粟貴，盤根錯節，洵稱難治。公懷超世之才，尤有堅忍不拔之志。去年八月，逆黨藉新政以營私，公亟請保護聖功，而國難以靖。四明公所事起，公扼險要，勵將士，考器械，惟敵是求，而無毫髮之隙。兵船麕至，公不爲動，疏沂沭之河以澹水災，振精鋭之卒以懾窮寇，汎舟鑄幣，閭閻乂安。而提挈綱領，尤在持之以静，所謂垂紳搢笏，不動聲色，措天下於泰山之安。仁者静而多壽，顧有徵歟？然而公不自有也。待人處己，斧斧然如有所畏，呐呐然若不能言者。家庭内外，咸課厥職，位愈高，任愈重，而意愈下。凡修齊之治德，皆中庸所不能者，且厚德不自公始也。其家積功累仁十數世，逮贈公孝德所積宗族鄉黨無間言，尤能急人所急，以儒兼俠，至今論邵州巨室，首必曰金城劉氏也。昔文端恪遵庭訓，史乘著爲美談。公之家規整肅同之。文端之最後莅江南也，蓋閲十餘年之久。使公久於其任，期頤黄髮，永享令名，以次正人心，善風俗，飭官方，除吏弊，天下人所想望於公者綦鉅，而竊幸兩江之民被公之澤爲獨長也。某某同領南疆，諗知治績，謹獻一言以爲祝，且以見文端爲其易，而公爲其難，勳德之隆與夫福澤壽考之原，以視文端，蓋有過之無不及者，而爲天下蒼生慶，尤爲兩江之民慶焉。

藝風堂文漫存

據民國二年鉛印本

目　録

辛壬稿

目　録

卷　一

詩

金陵雜感

城上高樓又夕陽，極天秋思正茫茫。獵郎老去金陵怨，燕子飛來玉殿荒。幾輩名流稱柱石，千秋棋局感滄桑。鍾山終古青青在，不管人間霸業亡。

和夏午詒元韻即送之官京師

聖道榛蕪徑迷昉，誰歟樹幟標軒爽。海底珊瑚十二重，欲采精鏐糅作網。夏君矯矯人中龍，久官詞苑圖書掌。投我新詩珠玉光，鐘鼓轉令爰居響。走也生平酷嗜書，夢中猶作瑯環想。敢儕劉向充校讎，差比陳農勤采訪。漢碑石經。唐卷久流傳，宋槧元鈔供鑒賞。廣招潢匠善裝治，亦有寫官工造仿。自從島國求遺書，拚擲紫標並黃榜。皕宋珍籍無一存，可惜明珠棄草莽。八千卷樓亦傾側，扶持惟有神君仗。載歸江左惠士林，功與曾胡相下上。好古新貽石室編，羅叔蘊新寄《沙州石室遺文》。殘年權作書城長。欲從鄭許追聖道，説到乾嘉每神往。歸去猶虞玉宇寒，景行不啻高山仰。羨君先返海王村，開卷能令眼界廣。

桂陽夏壽田編修贈詩

江南秘書今任昉，劉班虞荀接英爽。天下舊聞將散佚，一代龍門獨羅網。尚書昔啓石室藏,道家蓬萊公所掌。文淵武英古天禄,只與蠹魚供一饗。太乙青藜不得杖,龍威禹書勞夢想。河間得書過漢室,江淮拾遺勤括訪。淮南鴻寶號中秘,汲縣竹書求上賞。遠溯北宋精雕鐫,近者東夷能寫仿。連厨大匱若丘山,紫檢金泥各標榜。從來造字天雨泣,豈止五厄愁嬴莽。攫取或與蛟龍争,扶持賴可神明仗。龍蟠十里氣森肅,竹箭松心皆直上。惜無太學三千人,執經暫作諸生長。天子右文臣好學,建元之初神一往。存古豈知本不亡,文武弛張道俯仰。且當雅拜漢公卿,未辨短衣隨李廣。

客杭雜詩

樹色山光積翠濃,出雲樓閣數重重。江湖左右相襟帶,身在吴山第一峰。

瑯嬛仙館肇經室,太傅遺風在眼前。昨日定香亭畔過,嫩�新水有餘妍。

青衣洞口石蒙茸,拂拭唐題草不縫。絶似嘉州方響洞,一泓石髓滴丁冬。

錢唐門外嫩晴天,凉翠山光照眼鮮。一路鳥呼泥滑滑,連朝風雨太聯綿。

一溪屈曲繞魚磯,新水三篙緑正肥。買得小舟輕似葉,兩頭打槳去如飛。

經秦亭山至溪飲庵

天陰無定容,山轉得異境。升高似躡梯,俯窅真窺井。浮青高削屏,積翠横成嶺。日落嵐氣濃,雨足溪聲猛。巨竹夾道生,萬緑不見影。高處得小樓,幽懷心目領。不誦招隱篇,無忘仁者静。秦亭趨法華,螺髻明妝靚。

交蘆庵

渡水得茅庵,厥名曰交蘆。美樅爲棟梁,白石爲階除。寂寞講經臺,縱横香積厨。得悟清淨理,真成虚廓居。樊榭主猶存,香光書已無。卜居何縹緲,二松各成圖。程松門、錢松壺。新羅尤著名,煙雲點染粗。高風企前賢,遐想徒區區。

秋雪庵

庵以秋雪名,蘆花風飄蕭。今當二月時,春雪業已消。芳洲漸迷漫,縱目皆迢遥。新蘆未長成,參差水没腰。層層如相束,短短真難描。繫纜逢枯槎,渡人尋短橋。老僧如野鷗,力作憩團焦。濠梁趣獨深,鼓枻如相招。

金陵懷古

渡江龍種嘆飄零,奇貨真成擁戴形。大好河山新世界,是何天子小朝廷。梨園漸變三軍相,阮大鋮兵侍,素蟒視師,人謂梨園變相。槐國難邀九廟靈。王氣於今摇落盡,故宫輦路草仍青。

南巡法曲守遺型,擊鼓吹蕭永夜聽。豈少長秋留故劍,可憐買索傍前星。荒朝賸有煙花録,請室重翻羅織經。草草一年容易過,笛聲哀怨起荒汀。

秋風鼓角廣陵城,丞相居然拜表行。枉有良謀控河濟,何曾飛檄過幽并。赤眉難恃高無賴,白眼偏逢阮步兵。事到萬難拚一死,梅花嶺上涕縱横。

長板橋荒賸夕曛,回光寺古接晴雲。舊游尚覓烏衣巷,院本難尋白練裙。畫舫何人聽夜雨,荒郊有鬼唱秋墳。滄桑兩度須臾過,莫向前朝話舊聞。

苦熱行

雨聲匝月愁淋浪，忽然天畔陽烏翔。炎官當空火傘張，赫赫大地難遁藏。科頭赤足身徜徉，白汗猶滴珍珠漿。融風撲人如沸湯，炙手可畏席與牀。趙盾獨坐中書堂，牛毛法令推商鞅。來周侯索相頡頏，酷吏之酷殊難當。炎威迫我心徬徨，肌膚熏灼面目尪。欲贖聖散無清凉，並少琅玕青竹房。鑠金裂石書册詳，我欲似之逃何方。炮車雲黑推阿香，微雨不敵西風狂。但望年豐庶事康，我雖觸熱殊無妨。

入　都

廿年歸里卧茅茨，又奉徵書入禁墀。行李已無東道主，陶齋罷官。英靈尤愧北山移。生涯蟫蠹終無定，得失雞蟲苦自知。一樣趨朝頻嘆息，也應不似少年時。

挂冠昔日浩然歸，自覺心期與世違。天寶時妝人莫笑，貞元法曲聽應稀。滄溟銜石同精衛，太史占星失少微。敢比陳農司采訪，兎陳尤馬慕前徽。

海鷗去住兩無心，純盗虚聲每自箴。不分推排成老物，每於邂逅遇知音。晚晴幽草人争慰，華屋山丘感更深。時張文襄公師薨逝。對酒茫茫生百感，那堪楚些與秦吟。

題陳檢討洗桐圖爲冒鈍宧題

填詞圖與散花圖，老輩題評卷軸粗。凉翠一庭清似水，洗桐忽又仿倪迂。

露頂掀髯坐石棱，雙僮丫髻髮鬅鬙。紫雲别去楊枝老，清夜何人伴一燈。

文人盛事慕詞科，蠻語翻爲秀鐵呵。如此魁能好才調，不教簪筆侍鑾坡。

水繪名園今尚存，琳琅寶墨重清門。可憐遺翰無尋處，我亦東林後代孫。先文貞公遺集刻於《常州先哲遺書》，曾輯拾遺一卷，沈子封學使藏手札一通，願以衎石先生彙存禾中朋舊詩札手卷易之，尚未允諾。

西　涯

涓涓細瀨勝塵沙，路轉城陰水兩叉。蝦菜亭空荒渚卸，藜光橋古御街斜。長空靉靆天如墨，老樹蒙茸雪作花。是日木冰。今古詩人多聚此，玉延亭外即西涯。

題梅村小影在叢蘭水石之間二首

帝子瀟湘去已遥，只留恨葉與愁苗。先生獨向薄團坐，惜日悲風賦大招。

墨瀋淋漓下玉京，詩心悱惻鹿樵生。倩誰添作娉婷影，撮合琴河感舊情。

仁和吴昌綬和作

桑海年華一夢過，主恩歸許老煙波。丹鉛鄭重傳家稿，掩卷零星涕淚多。

先生幻想結僧伽，亦有鬟妝在五華。一曲圓圓應懺悔，美人終竟屬吾家。

除夕四律

裹得青銅月一丸，避人無語立檐端。但求吉語來年應，不怕西風特地寒。到處香花稱利市，幾家樽酒話團欒。明朝顔色應殊衆，拂拭羅巾故故看。鏡聽。

忽訝門前立雁行，百端舊債爲年忙。築臺何日同周報，焚券無人學孟嘗。羅掘未能空宛訴,錙銖必較太强梁。寬人一著真陰德,明歲從容取次償。索債。

藝苑争稱黄一廛,祭書盛事至今傳。琅嬛能到真爲福,脉望全軀不慕仙。未必搜羅真好事,即令遇合亦前緣。源流聚散原泡影,慎弗輕歸海客船。祭書。

銀燭雙輝照綺筵,粔妝柏酒迓新年。松盆焰燼將殘夜,爆竹聲喧欲曙天。已去光陰空戀爾,未來歲月更茫然。老夫一醉無他想,紙帳梅花獨自眠。守歲。

蚊

一逢利口便生灾,倏爾飛飛撲面來。鼓翅吟哦名士態,快心譏刺小人才。暗中窺伺真陰物,理外譏評亦禍胎。一醉黑甜鄉裏去,任他成市又成雷。

夏日偕寶瑞丞金拱北游上方山雜詩八首

四面如城擁,循溪且入山。山花開爛熳,山鳥聽綿蠻。小雨止還作,浮雲往復還。天梯兼石棧,無路可躋攀。

疾風驅甚雨,驀地逐人來。鬱鬱天沈墨,涔涔地洗埃。亂山飛怒瀑,大壑響奔雷。徑轉逢蘭若,從容禮佛臺。

大璫香火地,祠宇尚巍巍。兜率寺,明太監馮保修有碑。室邃衆音寂,山空萬慮微。天花消劫火,佛日戀慈暉。僧談庚子兵事。香國殷勤護,先鋤種類非。牡丹臺中有一雜樹,金拱北手拔之。

石梯三百級,梯盡即茆庵。蹋壁身攀樹,窺窗影落潭。聲聞停梵唄,呼吸盡煙嵐。七二枯寮在,何人十日探。

大好荆關手,麻皮斧劈皴。横看青靉靆,直上碧嶙峋。偶作横斜棧,真同重累人。不煩疏鑿力,濃淡總天真。

古樹緑成海,前山復後山。參天多磊落,拔地少彎環。落葉荒途裹,空腔斷壁間。婆娑生意好,點綴碧孱顔。

石穴大於屋，傳聞住列仙。土花無隙地，石乳不論年。濟勝慚無具，探奇别有天。龍威如可遇，我欲乞陳編。

草樹肆縱橫，潺潺聽有聲。在山原未濁，觸石忽相争。青嶂蒙茸合，紅橋略彴横。夜深如静聽，都作玉瑽琤。

書唐志後妻爲夫撰書

和淚摛辭竟體華，即看字迹亦簪花。書石不勒名，必自書也。埽眉才子誰堪并，黔謚徐文曹大家。

金玉不寶忠信代，名理真爲絶妙辭。韻語能離脂粉氣，敬姜以外孰如之。

大書深刻首金輪，趙録推尋語未真。新出此銘爲後繼，再游石壁訪房嶙。

題張祖廉娟鏡樓圖

特築高樓貯阿嬌，摧來寶鏡月澂霄。十三郎著湖州薛，良冶名家閲兩朝。

出匣光芒特地寒，玉人何處倚闌干。談箋精致張鏞雋，均作吴興土物看。

月上香修總擅名，奚樓臨水亦峥嶸。阿誰攝取眉峰影，青弁山高太秀生。

答甘遯詠殘紙

揚文覆醬瓿，趙札拭酒杯。何如編類要，郵筒信手裁。狀紙印作書，宋畫糊成鞋。今人百碎圖，古人錦灰堆。寸長有必録，何物是棄材。

訪慈仁寺

驅車徑入慈仁寺，不見亭亭舊日松。此是昔賢觴詠地，兔葵燕麥認前蹤。

校蜀石經繫以四絶

少日從容注禮書，鄭君受業扶風，已爲三禮學。老年寫定在精廬。集思廣益人難及，采到烏程草木疏。鄭君歿於建安五年，距孫吴立國二十有六年，元恪之書或成於早歲，鄭君猶及見之耶。

襄二春秋首尾全，發凡起例想當年。不知毋氏家財造，《文選》開雕孰後先。

補缺田侯善校訛，蜀唐諱字漸消磨。廿篇北宋公羊傳，我比河間見較多。

殘拓猶存十九行，穀梁字體最飛揚。紙邊廿四分明認，石數由來記更詳。《穀梁》紙末有"廿四"二字，疑是記石數，大約每紙有之。剪裝時割棄耳，前人未經言及。

讀史六首

重見昇平五十年，欃槍驀地徧垓埏。信傳上谷馳銀鶻，風急臺城墮紙鳶。攘臂莠民團白甲，傷心妖讖改黄天。眼前多少蒼生淚，化作長河灌百川。

朘削民脂飽列營，誰知轉眼即翻城。達官但識騎豬竄，若輩猶聞走狗烹。同黨自相殘殺。已結王環飛棹隊，漸通周寶後樓兵。棘門灞上原兒戲，都作狺狺反噬聲。

紛紛債帥盡登壇，廣輦金錢結衆歡。齊虜得官憑口舌，庸奴報國少心肝。大言不覺千夫辟，僨事方知一死難。不降歐刀伸祖制，誰能隻手挽狂瀾？

朝野歡呼慶息烽，唐虞禪讓又重逢。代言已付劉京叔，勸進偏多阮嗣宗。莽莽河山空逐鹿，紛紛冠蓋競從龍。讕言甘受商於紿，忘却君恩十葉醲。

宣撫西南付重臣，可憐徧地盡黄巾。已開犴狴寬凶黨，更倚豺狼作護身。玉壘錦江都減色，瑶簽竇笈亦成塵。不降不走甘投死，大節觥觥只一人。

一軍夜半脱巾呼，駭象奔鯨徧四隅。縱寇豈能寛趙范，多財畢竟累齊奴。燭天烽火驚宫闕，列隊弓刀塞道途。浩劫再逢剛一紀，令人肆口説遷都。

題竹垞圖

舍南舍北盡牙籤，萬竹陰陰緑到檐。欲望九峰山色好，小樓一角幾時添。

後人慕古屢增修，故址流傳二百秋。劉井柯亭俱蔓草，何人道古訪瀛洲。《瀛洲道古録》未刻，稿本在程菉庵同年處，屢屬録副，未應也。

簪筆曾經侍玉鑾，承恩畢竟少孤寒。著書翻是還家樂，我亦歸田七品官。甲午歸來，刻以“七品官歸田”小印，慕先生也。

先生綺歲我頹齡，瞥眼滄桑一刹經。滿地干戈歸不得，可憐野史并無亭。余熟悉國朝三百年掌故。史館“實録”、“大臣傳”、“起居注全録”、“諭旨”無事實，後人何所據依，只以我筆記當壬辰雜編耳。野史亭，元遺山事。

壬子重陽寄甘遯

去年重九豫離筵，爲我征途策萬全。但覺深情非率爾，可憐後會總茫然。滿城風雨來杯底，一夢滄桑過枕邊。今日海濱增寂寞，遥瞻薊北寄雲箋。

消寒第一集周君夢坡劉君語石招集徐園觀松雪所製風入松琴

三尺古琴蛇腹裂，中有雅音震寥泬。琴面大書風入松，琴池小款趙松雪。松雪家住苕溪湄，秀眉紅頰天人姿。水晶宮外紅菡萏，想見安弦操縵時。皋亭山下軍烽急，白雁飛來宗社泣。此時彈出變徵聲，鉛淚銅盤雙袖濕。佳耦如仙管道昇，雍前光後皆飛騰。此時彈出太平引，蓮花莊冷湖波澂。琴原一文悟絶詣，集中有琴原一篇。六弦七弦追古製。焦桐種自許旌陽，集中有《鮮于伯幾贈琴，云是許旌陽手植》詩。名手招來姜伯惠。亦見集中。七百餘載歸周君，羨君好樂兼工文。松聲池館秋弦老，摩挲古物梅花紋。是日消寒衆賓集，五家指法誇同習。是日能琴者五人。傷心彷佛宋元間，聽風聽水均嗚咽。

消寒第二集雪後劉君翰怡招集堅瓠龕用東坡聚星堂韻並禁體

海風吹盡江頭葉，入冬無雨至後雪。座中笠屐皆超然，檻底江山倍奇絶。但覺中庭霜檜明，只愁後圃風篁折。天邊煙樹盡微茫，水外村蹊半明滅。酩酊成歡杯屢傾，叉尖鬥韻箋頻掣。畏寒不覺肩宇聳，遠望尤虞眼波纈。天公曾誤吴元濟，蔡州舊事成談屑。兵戈四起坤軸翻，桑海一昔飆輪瞥。坡公吟興繼永叔，詩話餘情續《世説》。可憐卌萬防邊兵，朔方凍脱馬蹄鐵。

消寒第四集詠臘八粥

消寒九交三，灌佛臘逢八。炊煙生比屋，盛會傳古剎。歲豐禾乃登，田腴苗勿揠。采薪金試束，剥粒玉頻刮。流泉凍白凝，宿火煁紅瘵。回甘市餳澆，薦新園果刷。瓊膏研鉢香，珠屑流匙滑。丈室揚芬芳，大厨增噢嗗。雙弓水乳融，十地痴聾拔。獻糜忙牧女，粘牡猜大猾。饞招馴鴿翔,偷防饑鼠黠。糗餌同簸簁,冰齏互鹺鹹。禪心悟燈傳,果腹羞羹頡。書課聽木魚,仁風化回鶻。禮拜寺亦煮粥。瓶沙正布筵,香積記納秸。和麥近粗糲,鄉人有麥屑粗粥。咽桃互嘲哳。加餐娱來賓,謝惠播華札。風物近東皇,供養極西扒。伊蒲果欲證,衹樹芽漸茁。巡檐索梅花,酒罷風枝戛。

消寒第五集題覃溪舊臧東坡像

竄迹南荒又暮年,玉堂人物地行仙。任他犬吠兒童笑,笠屐風神總灑然。

正值熙朝全盛時,寶蘇歲獻壽蘇詩。西樓名帖今何處,水碧山青杜宇悲。翁得《天際烏雲帖》,寶蘇室之名由此。《西樓帖》十卷,歸托活絡忠敏公。公殉節於蜀,今不知所在矣。

除夕消寒第六集和東坡饋歲別歲守歲三詩次原韻

佳節思弟晜,會食謝僚佐。分甘爲成禮,達意非好貨。紅皺味倍腴,黄團實獨大。韓孟城南聯句。紅皺黄團,《漁隱叢話》謂:甘棗瓜蔞,近人謂紅皺爲辣椒,皆禦冬之旨蓄也。撥瓮玉蛆浮,登盤金鯽卧。割鮮叩獵户,茹素參高座。小倦理藥鐺,解渴尋茶磨。言愁始欲愁,得過姑且過。萬般空妄想,衹有詩唱和。饋歲。

一去嘆不復,寧論速與遲。問歲歲欲行,嘆如放豚追。飄飄蓬蓬然,南海北海涯。即此停留際,猶是燕樂時。北厨誇燔炙,南食飫甘肥。相將歌驪駒,慎弗罹酒悲。達變羅含序,更新裴秀辭。願與歲俱改,不知筋力衰。别歲。

逝若過隙駒,捷若緣壁蛇。戈無魯陽揮,道少董公遮。别矣更不回,吾將奈歲何。傷心欲慟哭,群小轉笑嘩。杜門强支持,惟虞馬策撾。坐待更漏轉,不覺星河斜。一歲又一歲,萬事空蹉跎。少壯成衰老,轉將耆壽誇。守歲。

卷　二

文

内閣學士兼禮部侍郎銜馮公墓志銘

天子即位之元年，舉行恩科，聯棠馮公，以一甲第三人及第。公夙工書，一時以爲得人。次年散館，同人咸留京肄業，公邀同年曹中丞鴻勛、吴侍郎樹梅、倪太守恩齡、黄編修彝年、王讀學錫蕃、陸文慎寶忠、馮觀察金鑒、檢討崧生及荃孫十人，爲詩賦課，月兩集，散館試，均及格。嗣後考差課，大考課，自丙子至丁亥，前後十二年。己卯又同分順天鄉試房，交誼可謂至密矣。公在侍讀任，逢大考，洊升侍講學士，遂躋閣學，在同年爲最顯。不一年，陪祀天壇，感寒暴卒。嗚呼傷已！今年孫爾繩，以事略求志公墓，以荃孫之交誼，何敢以不文辭。

謹按事略，公諱文蔚，字修盦，别字聯棠。浙江歸安人。曾祖昭，祖淵，父榮甲，以公貴，贈光禄大夫。母皆贈一品夫人。公讀書聰穎，中遇寇難，流離瑣尾，未嘗廢學。光緒乙亥、丙子，聯捷及第，授編修。歷升贊善、中允、洗馬、侍講、侍讀、侍講學士、少詹事、詹事、内閣學士，兼禮部侍郎。歷署都察院右副都御史、宗人府府丞。歷充日講起居注官、咸安宫總裁、文淵閣校理、本衙門撰文教習、庶吉士。己卯科順天同考官、壬午科河南學政、甲午科江南正考官。公天性孝友，遇事能斷，特以文學侍從之臣，未見有所設施，然提督中州學政，倖竇悉杜，名流悉拔，稍稍流露於一二。及將大用，公又不禄，屈指丙子同年，調鼎鼐、領封圻者，殊不乏人，然皆在公後，亦可見公之才氣發越矣。公卒於光緒二十三年十一月二十八日,年五十有六。以二十九年,歸葬於歸安縣之道場山南麓。娶沈氏,生子瑞耆。續夏氏,生子[redacted]。瑞耆官江西知縣,後公十四年,殁於江西。[redacted]早夭。孫二人:爾繩,煒。今年壬子,去丙子三十有七年,同年存者寥寥矣,荃孫乃補爲墓銘,銘曰:

祥麟一角,威鳳五色。揚於王庭,光我上國。既豐其遇,又嗇其年。可知者人,難測者天。昨歲京華,君門重過。舊雨不逢,凄然淚墮。嗟余後死,已值滄桑。顧地下之差樂,願把臂而翺翔。

贈尚書光禄大夫安徽太和縣知縣鄒公神道碑

宣統二年十月,荃孫由學部調至京師。外務部鄒尚書,以其尊人贈光禄大夫、安徽太和縣知縣雋之鄒公事略見視,商立隧道之文。荃孫忝附戚末,其何敢辭。

按事略:公姓鄒氏,諱鍾俊,字雋之,號師梅,一號補拙。江蘇吴縣人。始祖實,唐曲江令,家晋陵。二十六世祖浩,以諫立后,兩遭貶謫,追贈寶文閣學士,謚曰忠,世稱道鄉先生。十七世祖宏達,由常遷蘇之樂橋,遂定居蘇州。曾祖兆棠,贈奉政大夫,母贈宜人。祖炳初。本生祖炳蔚。父祖堂,安徽建平、梅渚巡檢。均贈奉政大夫,累贈光禄大夫。母均贈宜人,累贈一品夫人。梅渚公有治行,生子二,公爲長,孝友敦敏,出於自然,博覽群書,尤好經世之學。隨侍梅渚官所,偶擬公牘,下筆精確。道光之末,灾祲頻仍,風俗凋窳,梅渚公廣儲先哲精理名言,命公編輯,究儒先之格言,明感應之至理,體察身心,切於日用,其有意所欲言而諸書未載者,并令自抒所見,撰擬審定,期年書成,命曰人生必讀書。公自謂學道愛人,本於庭訓,是書之力爲多。嗚呼!可謂教必有方,德培其本者矣。屢試不售,遭覲閔凶。遂屏帖括,究心吏事。家鄉遭亂,扶持出險。同治乙丑,皖撫喬勤恪公,檄致幕府,佐定漕折,綜核軍需,是公出山之始。旋保知縣,升銜花翎,奏補太平縣,辛未履任。公自筮仕,譽望孟晋。以勤結上,以誠待下。所至民説,所去民思。補太平,調太和，權懷寧、阜陽、渦陽、蕪湖各縣，六安直州，兩榷和州蠶税。兢兢業業，數十年如一日。而垂老告歸，清貧如舊，脂膏不潤，人爲公惜。然而後嗣昌熾，侍奉聿隆，尚書獲科第，踐要樞，公猶及見之，受一品封，孫曾林立，天之報施，理不爽也。近世州縣幹材，均盡心於折獄平盜，以顯其能，公獨勤恤民隱，培植元氣，立不拔之基。其見固有異於常人，而收效尤遠。其興禮教也，在太平舉行鄉飲酒禮，并著鄉飲簡明説，定闔邑祠規，創仙源書院，廣購書籍，啓迪秀士。在懷寧考定文廟樂器，在六安舉賓興禮。在阜陽重建節孝祠；吕郎氏殉節，爲文祭之。在太和刻先聖賢儒事迹，重建細陽書院，皆關繫人心風俗，以化其桀驁之氣，納之於禮樂之途，故其感人尤深。其興水利也，在懷寧修廣泰圩，堤防鞏固，波濤不驚，秔稻萬頃，乃亦有秋。在阜陽治西湖，淤者濬之，塞者通之，購浙桑植湖壖，以興蠶織之利。在蕪湖，力保江圩。在渦陽，值鄭工河决，溢及渦南，乃開茨河，以工代賑，民困稍蘇，水利亦廣。其治獄也，在太平，王霖雨家劫案，務獲真盜胡登渡等。謝江發命案，證明始末，兩案誣累，悉以寬釋。鹽勇緝私鳴槍，驚越嶺者落水死五人，拘勇究詢，大府檄下，詰以袒庇，公執辨不撓，事得解，而以公牘領鹽繳價，以杜後患。在渦陽，王周氏命案，詰驗得實，慎以清株累，嚴以懲姑息，小民獲蘇，上官亦信之。其平盜也，在太和，立平徐思鋭之亂，解釋漢回械門。在蕪湖，與郭軍門寶昌協和守兩梁山，軍民不擾。然治獄獲盜，他人恃爲見長者，公亦未後於人，而存心不繫於此，嘗謂經正民興，衣食足乃知禮義。故所至以興養立教爲首務，雖職輕任淺，或窘不得施，或設施未竟即去。而公則先勞無倦，曾未敢一日自逸。皖北風氣剛勁，治尚武健，公發奸摘伏，人不敢欺，而矜恤民命，無辜者立釋之，即以此忤上官意，弗顧也。皖南風氣柔弱，治尚平和，公一意拊循，休養生息，俾民自利其利，致功於數十年之前，收效於數十年之後，民豈無心，至今思公不置。蓋公以人生必讀書，爲之根本，上以企道，鄉先生之傳，豈不偉哉！公餘之暇，并愛游覽，阜陽西湖，修宋晏文清、歐陽文忠、蘇文忠、吕正獻四賢祠，宋太平令孫覺，創修衆樂亭，明令劉元凱重建，公爲修之，即以祀孫、劉二公，亭面山臨水，太平勝地，時往憑眺，與父老共話桑麻，鄉民采新茶，烹山泉以進，輒爲之引一甌焉。以實任太平、太和，均兩任，自號既且軒主人，以示不忘兩邑之意，兩邑人感之亦勝於他人。壬辰，公乞歸鄉里，就養京邸，以元配金夫人不禄，南歸。丙申十月二十二日卒於家，年六十有七。安徽士紳呈請宣付史館，奉旨俞允。并祀栗主於衆樂亭，與孫劉同龕，公而有知，想魂魄猶應戀此也。配江陰金氏。子五：嘉來，丙戌進士，禮部主事，遞遷至外務部尚書、會辦大臣；嘉立，補用知縣，署廣東海山淡水場大使；嘉玉，附貢生；嘉永，國學生；嘉義，江西安義樂平知縣，湖北候補知府。孫十二。曾孫四。丙申十二月二十二日，葬於長洲縣二都十六圖圖山村之高墊山，與金夫人合祔，禮也。荃孫昔年耳熟穀行，曾接謦欬。敢掇大略，勒於貞石。銘曰：

聖經治平先修身，擇言制行醇乎醇，精思醰粹通鬼神。聖言富庶歸諸教，制治本根在學校，栽之培之無速效。公也終身守厥言，皖南皖北治行敦，求忠必於孝子門。圖山之陽藏體魄，子孫隆隆沐遺澤，後有吊者視貞石。

于香草墓志銘

自唐貞觀尊崇南學，而兩漢之家法以乖。國朝乾嘉名流，始治專門，力追兩漢，至咸同時少衰，迄今澌滅殆盡矣。南匯于君香草，猶能鈎沈拾爐，而卓然成大家，真豪杰之士哉！君名鬯，字醴尊，自號香草。祖祐吉，廩貢生，候選教諭。父爾昌，邑增生。母馮太孺人，以節孝著。本生父爾耆。君幼慧，專力治經，不屑屑爲俗學，十六補諸生，登光緒丁酉拔貢，得直隸州州判，以本生母年高，絶仕進。黄菊屏先生，爲署書室曰"娱親著書"，紀實也。舉經濟特科，亦不赴。馮太孺人苦節三十年，奉旨建坊，君節嗇衣食，得金五百，建坊墓道，而心始大慰。本生母卒，哀毁致病，綿延數年，遂以不起，宣統庚戌七月十二日卒，年五十有七。元配張氏。續室黄，再續朱。子五，今存大、同、昱。三孫。葬本邑天字圩。君墨守漢學，以形聲故訓、展轉通假之例，徧讀周秦漢魏古書，刊正奪誤，稽合同異，成校書六十卷、續校二十三卷，《戰國策注》三十三卷。近時與俞氏《平議》、孫氏《札迻》卓然爲三大師，非他人小小補苴能共語矣。荃孫久儀其人，又讀其書，因君友人之請，而願爲之銘。銘曰：

天下滔滔，群言廢經。君從漢故，徑入孔庭。醰醰樸學，衛鄭伸許。四達八窗，通知今古。著書一尺，入木未半。世有通人，當無河漢。君友君子，能傳君書。恒幹雖掩，遺憾庶無。

故榮禄大夫沈府君墓志銘

君諱燮澤，字子焌。浙江歸安人。歸安沈氏均，梁侍中，領尚書令，建昌侯，裔世居湖州。高祖瑞昌。祖詮，歷任廣東等縣，候補知州。父桂榮，廣東候補通判。以賈起家，生子二，君其次也。沈潛好學，爲文簡潔自喜，如其爲人。早入邑庠，與兄樹鏞有二難之目。未幾兄病廢，君目擊而心傷之，遂亦成疾，時發時愈，纏綿二十年，卒於光緒己亥五月二十五日，年甫四十。庚戌，葬於吴縣之堯峰山。夫人劉氏，同邑人。嫻書算，知大義，警旦勸學，有古媛風。君病多年，婦代子職，侍衰翁，事病夫，内外家政，一身督理。生二子，二女。一子、一女殤。夫人卒於宣統元年七月十六日，年五十二歲。女采芝殉焉。子[redacted]，邑廪生，以三品銜郎中，分部學習，加三級，請封贈君榮禄大夫，夫人一品夫人。而[redacted]又傷於毁，後夫人一月亦殁。嗣孫福祐、嗣昌、文潮，將以本年十一月改葬君於歸安馬池潭，劉夫人祔焉。君繼先業，相時接物，廉取厚蓄，益大厥家。又復睦婣任恤，施予不貲。夫人於己酉歲，集戚族，析産授之曰："吾爲沈氏婦，雖處境豐裕，而二十年來，無一日不在憂危恐懼之中，爾等勿忘吾之用心苦也，吾族繁衍，吾於長者恭順之，貧者賙恤之，即偶有非禮相加，而情恕理遣，弗與計較。今恃祖宗蔭，稍有餘積，與同族鈞之。"故卒之日，無不哭失聲，遺愛入人深也。嗣昌等因吾友以求銘。乃作銘曰：

深山幽澤，芝蘭獨芳。君處豐腴，不改其常。善守能施，善用能節。芣苢無靈,杞梓遽折。仁者必勇,莫如夫人。揮斥萬鎰,沐浴九姻。潤身不侈,守約不嗇。君子難之,矧在婦德。寂寂黄壤,蕭蕭白楊。幽窴外安,斯名不忘。

陳母周太夫人墓志銘

宣統庚戌六月,同邑陳氏壽母周太夫人歿於里第,年九十一矣。子爔唐,以進士、工部郎、候選道,還家侍奉,前後二十餘年。孫男六人。曾孫三人。家道隆厚,閭里輯睦。太夫人孝養之隆,視聽之樂,行表劉傳,言垂班誡,敻乎尚矣。爔唐奉行述入都,求所以表揚其親,所謂孝子之心,有加無已者耶。荃孫忝附世末,聞見較確,其何敢辭。爰作銘曰:

潁川陳氏,江陰著姓,簪纓鼎盛。維太夫人,系出汝南,姆教素諳。兟兟茂族,饌金炊玉,適禮合俗。年二十四,乃嬪於陳,琴瑟和均。語其任恤,歲蠲巨萬,倉修橋建。語其收藏,卷軸琳琅,侒宋皈唐。語其園林,花木綺麗,池臺虧蔽。語其臨摹,正叔折枝,太傅臨池。不恃貴顯,苦荼甘薺,必衷以禮。東南鼎沸,烽火搶攘,一葦而杭。枯菀雖殊,分惠如舊,親朋耆耇。劫定歸來,苟完田廬,樂且奚如。夫子及艾,驟捐館舍,哀號日夜。藐是諸孤,屬未亡人,俾厠縉紳。維時家門,科第鵲起,焉能自已。驚人一鳴,水部服官,出使閩關。萬里重洋,考察咨度,遠狎蛟鰐。還朝覆命,歸侍老親,日杜重闈。依隨親舍,冬温夏清,扶持疾病。薄游山左,保易章徽,聊佐萊衣。維太夫人,行年九秩,神明專壹。繞膝孫曾,兼及外姻,約三十人。驕奢是防,躬率以儉,撙節收斂。慈訓良言,奕奕清門,垂裕後昆。江城左右,兼全福壽,於今罕覯。恒幹弗居,全受全歸,雖駐春暉。子也哀毁,遠道致敬,函表懿行。合祔古禮,鬱鬱佳城,巍巍令名。令名伊何,爰銘貞石,永伴松柏。

章碩卿傳

章君壽康，原名貞，字碩卿。浙江會稽人。父雅瀛，官四川布政司照磨，鄧井關縣丞，爲佐貳中最優之缺，席豐履厚，人皆羡之。是時蜀中游宦子弟，類皆鮮衣怒馬，絲竹盧雉，吟朋狎客，三五成群，號爲豪舉。君爲單衣窘步，躑躅會府街後宰門書肆中，或購或閱，與余數數遇，以爲寒士也，咨詢門閥則大驚，與談版本源流，貫串如流水，則又大異。余引君爲同志，君亦以余爲知己，十日必三四晤。余時以君稱説於朋儕前，衆皆目笑，以余以書餂君而冀君之助也，余亦不與衆辨。辛未，應川東道姚彦侍記室之招，彦侍出錢獻之《新斠注漢書地理志》，徐星伯手寫各家考證於其書眉，以爲佳本，君請刻之，匝歲畢，歸原書於姚氏，是爲君刻書之始。乙亥，余爲張文襄公撰《書目答問》，時引君爲助，文襄知之，亦禮君爲座上客。向之笑君者又無不奇君，君終落寞如故。川中書賈日集於門，雲南、湖北販書來者，無不投君，各如其意而去，所收乃大富。又復廣拓金石，鑒别書畫，與錢徐山、錢鐵江、宣麓公、沈吟樵諸君交，意氣益發舒矣。丁丑，君以知縣分發湖北，入都引見，余供職詞垣，同寓永興寺，君挾巨資廣收書籍，至揚蘇書賈，聞風而來，捆百箱出都。到鄂丁父艱，仍旋蜀，所刻亦漸富。乙酉，再回鄂中，補嘉魚縣知縣。到任未久，適欽差查辦湖南事件，入城，君未遠接，大怒，回鄂言之裕制軍，遂以玩視民瘼，日以刻書爲事，降一級調用矣。君以三月到任，舉債辦奏銷，十月交卸，未及收漕，遂大困，舉所儲書賤價售之，以完公虧。已而投文襄公於廣東，漸磬所藏，先金文，後碑版，最後盡出藏書，刻板悉數售之。往來湖北、江寧，卒鬱鬱不得志，而治生之術亦少差。光緒丙午，罹外證，殁於湖北，年止五十有七，並無子息。文襄聞其卒也，助之六百金，藉以殮葬。悲哉！君豪於酒，食量兼人。素習歐書，中年忽喜摹宋本，今存其手鈔《敬鄉録》、《友林乙集》、《小畜外集》數種。每一展玩，如對故人，而音容不得見矣。略曒舊事，藉以傳君，並列所刻書於後：

《式訓堂叢書》初集：

《古易音訓》二卷宋咸熙輯。

《傳通經表》二卷洪亮吉。

《漢書西域傳補注》二卷徐松。

《晋書地理志新補正》五卷畢沅。

《乾道臨安志》三卷周淙。

《弟子職集解》一卷洪亮吉。

《吕子校補》一卷蔡雲。

《竹汀日記鈔》三卷錢大昕。

《經籍跋文》附《對策》陳鱣。

《拜經樓藏書題跋記》五卷、附録一卷吴壽暘。

《曝書雜記》三卷錢泰吉。

《溉亭述古録》二卷錢塘。

《金石例補》一卷郭麐。

《志銘廣例》二卷梁玉繩。

《式訓堂叢書》二集：

《毛詩重言》一卷、《雙聲叠韻説》一卷；王筠。

《戰國策釋地》二卷張琦。

《弟子職正音》一卷王筠。

《金石例》十卷元潘昂霄。

《墓銘舉例》四卷明王行。

《金石要例》一卷黄宗羲。

《南江札記》四卷邵晋涵。

《兩同書》二卷唐羅隱。

《讒書》五卷

《邕州小集》一卷宋陶與弼。

《式訓堂叢書》三集：

《春秋夏正》二卷胡天游。

《家語疏證》六卷孫志祖。

《鍾山札記》四卷、《龍城札記》三卷盧文弨。

《知聖道齋讀書跋》二卷彭元瑞。

《平津館鑒藏記》三卷、《補遺》一卷、《續編》一卷孫星衍。

《廉石居藏書記》二卷孫星衍。

《銅熨斗齋隨筆》八卷沈濤。

《癖談》六卷蔡雲。

《疑年表》一卷、《超辰表》一卷汪曰楨。

《後甲集》二卷章大來。

《晚學集》八卷桂馥。

《元魏滎陽鄭文公摩崖碑跋》諸可寶。

單行本：

《國語正義》二十一卷董增齡。

《金史詳校》十卷施國祁。

《衢本郡齋讀書志》二十卷宋晁公武。

《史記志疑》三十六卷梁玉繩。

《過庭録》十六卷宋翔鳳。

《字林考逸》八卷任大椿輯，錢保塘校補。

《癸巳類稿》十五卷俞正燮。

《仿宋本陶集》十卷晋陶潛。

《仿拜經樓陶詩集注》四卷宋湯漢。

《文字蒙求》四卷王筠。

《新斠注地理志集釋》徐松。

《絶妙好詞》附《詞選》三卷宋周密。

《水經注釋》四十卷、《附録》二卷、《水經注箋刊誤》十二卷趙一清。

《水經釋地》八卷孔繼涵。

《水經注圖説》殘稿四卷董祐誠。

《今水經》一卷黄宗羲。

丁修甫中書傳

光緒三年,荃孫應禮部試,於同年歸安錢笆仙振常座上識君。眉宇清曠,問學淹雅,遂相往還。迨戊戌到杭州,始登八千卷樓,欽家教之整齊,睹圖書之美富,然後知君之至行,不僅目爲學人也。今年八月,忽奉君訃,感懷悽愴,隨值亂事,航海南歸。君之子上左等,以狀求爲傳,其何敢辭。

按狀:君名立誠,字修甫,號慕清,又號辛老。先世自山陰遷杭州,遂爲錢塘著姓。曾祖國典,布政使理問銜。妣初,續娶陳氏。祖英,道銜候選同知。妣姚氏,封恭人。父申,候選主事,以恭搜《四庫全書》奉歸文瀾閣,經巡撫入奏,賞四品頂戴,學者稱竹舟先生。妣凌氏,封恭人。昆弟二,君爲長。天性過人,丱角即善承色笑。咸豐戊午,侍母養疴錢塘門外小槐簃,時年九歲,得疾,每飯必吐,母暇授唐人詩,爲陶寫性情計。讀至數百篇,遂能韻語,隨口吟哦,曾詠《西湖風花雪月四景》,首爲業師姚小荷思壽所賞。庚申二月,粤逆陷杭州,避松江,又避青浦方家窑,又避南匯下沙場。十月,泛海至甬。辛酉正月,至餘姚,土寇起,復返杭。誦讀如恒,雖至粤匪薄城,而仍不輟。十一月,杭州再陷,全家四竄,君僞爲跛者獲免,途遇徐媪,乞食以活。越三日,遇叔父松生先生於田家園之金龍四大王廟,挈之出險。次日抵江干,又遇賊,仍僞爲跛狀,賊用力曳之,君忍痛縮足,始縱之行。渡江,由西興達蕭山。君既以智免,而念父散失,憂愁成病。壬戌春始行團聚,遂渡曹娥江,經慈溪至奉浦嶴,盜艇塞途,所歷甚險,及抵上海,已五月六日矣。又渡江至通州,繼至如皋,寓冒氏屋,延俞先生少蘅光組授讀。先生以"介壽杯"三字命對,君以"宜春帖"應之,又以"落花生花落始生"命對,復以"開盒笑盒開如笑"應之,少蘅嘉其敏捷。同治甲子杭城復,始回杭習舉子業,即有聲譽,魏稼孫鹺尹嘉之,以女字焉。同治丁卯,補錢塘縣學生員,肄業詁經、東城、紫陽、崇文各書院,院長薛慰農時雨、高伯平均儒、章采南鋆、俞曲園樾、馬春暘傳煦諸先生均賞之。光緒乙亥恩科,以第二人中式。是冬,父命由山東陸道入都,訓之以先德經營燕魯,鴻雪猶存,俾知先世創業之艱,君亦藉以慰壯游之志,隨地訪求,悉紀以詩。次年二月抵京,入試不遇,留京就學,日與袁爽秋昶、錢箈仙諸老剖析疑義,暇則入廠肆訪求四庫著録之書,爲補鈔文瀾閣全書計。丁丑,復不遇,君喟然曰:"不售命也,曷南歸爲養親計,有餘力則爲詩以自遣耶!"庚辰,遂無意北上。竹舟先生訓之曰:"事親以顯揚爲重,先伯祖諤卿太史,十一次赴春闈而始售,當時海道未通,行旅之苦,費用之艱,十倍今日,卒成進士,入翰苑,爲宗族光。汝上承餘蔭,幸博一第,遽甘自棄,何以對祖宗,更何以對汝叔難中提携之勞乎?"君謹受教,誓以終身不忘。自庚辰至丙戌,三次公車均報罷。丁亥之冬,竹舟先生中風遽逝,君痛不欲生,松生先生責以大義,强起治喪,附身,附棺,罔弗如禮,謹遵遺命,助豫振千兩,中丞衛公奏請建樂善好施坊。辛卯,堂弟和甫立中捷於鄉,君欣然挈之入都。乙未闈後,就職中書,嗣知松生先生病,決計南歸,由是不復作出山志矣。前後公車九上,君慨然曰:"得失有命,何敢强求,而不敢稍懈者,遵親訓也。"既而又深悔之曰:"吾推子平術,無進士分,丁丑以後,薄舉業而不爲,亦以不專心致志,與數相争,遂因循而自誤也。"嗣是而後,惟佐松生先生經理普濟、育嬰、清節各堂事,衆以事相質,由君代剖,有疑則參酌妥善而出之。又遵前規,横一笏於几,日紀其事,夜則研求商搉,次第舉行,二十餘年如一日,時變用繁,日慮不給。每出私財以相輔助,視己産蔑如也。逮松生先生殁後,當軸者欲令接管,君力請舉賢者自代。及樊介軒恭煦、高白叔雲麟任事,君詳陳利弊,隱爲維持籌墊,數逾十萬,終始不言,爲人所難。善舉之中,尤重水利,東河之建築堤壩,南湖之開浚邊港,北湖之修葺塘路,西湖之清理淤沙,君悉心籌畫,以謀久遠。又自以節烈之後,於節孝尤注意。兩浙采訪節孝局,缺劫前舊録姓氏,君得於京師冷攤,藉以補全,此中若有神助。松生先生校勘《武林掌故叢編》、《杭郡先輩遺書》、《善本書室書志》,君以餘力,襄校助理。友人以影鈔經籍,請無不應,并爲延人校補,成帙畀之,沾丐學者,至爲廣大。如汪氏之《振綺堂叢書》、盛氏之《常州先哲遺書》,咸取材焉。以視沾沾自守、閉不示人,其氣量之廣狹爲何如也!君素精律吕,杭學修復禮樂,延嘉興錢蔚也炳奎、平湖戈雲莊爲鵬兩先生訂正,君爲之辨清濁,考高下,兩先生亦服其精通。去年增設武舞,又復考訂舞譜,身爲教導,春秋襄祭,靡不躬親。至於彌留之際,適值丁祭之時,殷殷詢祭時情狀,蓋神明所專注者在也。至於敬宗睦族之事,婚嫁殮葬之費,求無不應。胞弟道甫,堂弟掞甫,宦游兩粵,君於瀕行,告以"治民之道,慈愛爲本",並云"兩廣爲煙瘴之地,兩弟孱弱,尤宜加意攝衛"。及先後歸道山,回憶前言,俱徵先識,而友愛之情亦於此可見矣。自遭家難,郡掦擋所藏,悉還公債,而不留絲毫以備一己之需,固杭人所共諒,至以書籍全歸江南圖書館,價雖少貶,而書無散逸,易一地耳,書固可按目而稽,在江南,猶在丁氏也。君籌之熟,計之決,識者尤知其苦心矣。素豪於飲,因咯血疏杯勺,年來生計日窘,胸懷憤懣,又復豪飲,以澆塊磊。而三伏赴甌,感受風溼,病根潛伏,猶自支持。夏秋之間患利下,因寢室外垣傾圮,驚懾遂劇,卒於八月四日,得年六十二歲。

原聘金氏,大理寺卿應麟女,殉粵逆之難。娶魏氏,福建浦南場大使錫曾女。子六:上左,杭郡附貢生;仁友,郡庠生;三在,附貢生,江蘇縣丞;孔有;六太;以布。女一,未字卒。孫男六。孫女五。十一月九日,卜葬於西溪梅花泉之原。

君家有藏書,目録之學,如瓶瀉水,而尤注意於詩,嘗隨松生先生徧游名勝,搜討掌故,以詩紀之。吴筠軒兆麟、王琳齋景彝諸尊長結鐵花吟社,許邁孫增、李幼梅輔耀諸先生創清尊雅集,君均與焉。壬辰春闈後,君昆仲與朱道生本、顧養吾浩游西山,更唱迭和,得百餘首,曰《西山紀游詩》。在京,則潘伯循兵部遹、馮夢華太史煦相贈答。在永嘉,則與朱眉山壽保、鄭嘯雲一夔相唱酬。所爲詩不下數萬首,今存者,《小槐簃詩集》、《夢痕詞》、《潭水詞》各一卷,《武林雜事詩》一卷,《東河新棹歌》二卷,《江干雜詠》二卷,《武林市肆吟》一卷,《王風》一卷,《永嘉三百詠》一卷,《永嘉金石百詠》一卷。别爲外集。荃孫與君卅年至好,惜筆力孱弱,無以傳君,而言必從實，舉必從重，不背古人家法，如是而已。

論曰：錢塘丁氏，以孝友名海内。而同輩之中，君爲之長，植身行己，以作表率，諸弟亦無不振振莘莘，以德行著。吾友陳伯嚴吏部曾言曰："舉世欲破三綱，吾欲加兄爲弟綱以益之，以爲治家之法。"觀於君，知伯嚴之語爲不虛，范書之獨行，浦江之義門，於今再見矣。

重修信義志序

昔孔子得百廿國寶書，以成《春秋》，前賢以爲即方志也。《周禮》誦訓掌道方志，以詔觀事。志也者，志地，志人，志事，志物，上之自古迄今，下之由近及遠，無飾辭，無私造，則謂之良志。志書，至宋而流傳始多；志例，至宋而體格大備。宋之鎮志，獨存《澉水》，與范石湖之《吴郡》、談鑰之《吴興》相後先焉。新陽信義鎮，距縣十八里，自梁天監六年，置信義郡，又分婁置信義縣。大同初，又分信義置崑山縣。隋開皇九年，廢信義郡，改吴郡爲蘇州，而信義、崑山兩縣俱廢。後復置崑山，屬蘇州府，至今不改。國朝雍正三年，分崑山之西南一百七十四圖，置新陽縣。而治西縣屬首鎮，以信義舊名冠之。其中土地肥沃，人物豐昌，顧阿瑛之文采，魏恭簡之理學，龔安節之孤忠，蔡忠襄之死節，業已地以人重，人以地靈，餘澤尚存，流風未艾。姚惜抱先生云："凡邑皆有篤學好古之士，考紀其實，互相考訂，天下地志，何患不善。"而郡志宜簡，邑志宜詳，至於鎮志，地方不過十餘里，學人名士，朝夕相聚，治事之疏密，植品之媺惡，聞見皆真，網羅益富。明夏士炎始創《星溪志略》。乾隆中，陳諤士、胡介旦、張松年、周韓舄同輯《信義志》六卷。道光中葉，魏雪江與趙月卿同輯續志四卷。今又六十餘年矣，洊經粵逆之亂，不加搜訪，每懼散逸。趙君仲宣，墨守家學，富有藏書，仰承先人之志，重輯是編，成書二十一卷，元元本本，殫見洽聞，姚先生所謂篤學好古之士也。蘇之鎮志最有名者，前則盧師劭之志石湖，近則陶春生之志周莊，是志告成，殆堪鼎足。荃孫亦居江陰西鄉，欲爲申浦志而不能,今序仲宣之書,未免有怍色矣。宣統三年十一月,江陰繆荃孫序。

平湖葛氏書目序

自更生《七略》出,而有天府之書目。自孝緒《七録》傳,而有私家之書目。海内流傳,或鈔或刻,不下百十種。收藏之宏富,編録之謹嚴,可考見焉。而書目亦分爲兩派。一則宋槧明鈔,分别行款,記刻書之年月,考流傳之圖記,以鑒古爲高,以孤本自重,如《愛日精廬藏書志》、《藝芸精舍宋元書目》是也。一則涉獵四部,交通九流,蓄重本以供考訂,鈔新帙以備紀載,供通人之瀏覽,補秘府之缺遺,如高儒之《百川書志》、錢遵王之《述古書目》是也。平湖葛氏,文武世德,弁冕鄉間。户部君至性孝友,蓄志利濟,博訓子弟,讀有用書。孝廉君禀承先志,廣購書籍。詞蔚法部,創建書樓,榜以守先。彙集累世之藏,約過十萬之數,與猶子詠峨學部,逐日增益,同志讎校,常見者注明何本,罕見者詳述指意,用《四庫全書》例,分類編成廿卷,可謂富矣,可謂勤矣。嘉禾藏書家,倦圃、竹垞首倡於前,而高氏江村、金氏星軺、胡氏遂江、錢氏天樹,無不馳名海内。而有目以傳世者,朱、金以外,不少概見,收藏固不易,編次亦不易也。昔孫承澤侍郎,有喜借人書之譽,朱竹君學士,亦與人借鈔以廣流傳,前哲流風,令人向往。咸同以來,京師鉅公以深藏爲旨,以獨得爲奇,不留一目,不跋一言,問其名,已在若存若亡之間,述其事,亦在疑是疑非之列,顧千里所謂"似與古人有深仇宿怨者"。今葛氏書目一出,上可紹先輩之遺風,近可勵今時之錮習,不誠善乎!黄太沖與朱竹垞,互相通假傳鈔,書日以富。詞蔚亦必約二三同志,用《流通古書約》之例,庶幾日有增益,而書目一續再續。祁夷度先生所謂"五年一小修,十年一大修者",吾於葛氏竹林有厚望焉,故不辭而爲之序。

愛日吟廬書畫録序

書畫題跋自宋以來夥矣。然於古人書畫真迹，詳記其位置、行墨、長短、闊狹、題跋、圖書，必推平湖高詹事《江村消夏録》爲冠。孫退谷之記精矣，然不載本文及尺寸。《式古堂彙考》、《清河書畫舫》備矣，然得之傳聞及他書亦彙入，究難以爲塙據。故《消夏録》特開此派，而後談書畫者，自宋至今，始臻完善之境。後之《吴越所見録》、《辛丑消夏記》，各家均從此例。葛君毓珊同年世居當湖，爲詹事之鄉後輩，濡染流風，景行向往，聚平生所得，編成十卷，其體例一準《消夏録》，而著録益慎，考訂益精，後出愈工。昔人論定，以視僅録本文，不加論斷，多撑門面，轉致葛藤，不可同年而語。况詹事迄今二百餘年，當湖文采，不亞昔時。而書畫一編，至葛氏始有繼起者，第詹事以達官，又值盛世，在朝則冠蓋相接，在野則壇坫共推。物力既豐，聞見自廣。毓珊同年風塵奔走之餘，偏工物色。郎署消閑之日，自擅真傳。所訂日精，所積亦富。詹事爲其易，毓珊爲其難，又可知已。吾願詞蔚竹林世守之，增益之，續編嗣出，再爲之序，可乎？壬子四月江陰繆荃孫序。

愛日吟廬書畫續録序

自昔立國重世家，傳經崇家學，喬木之思，堂構之喻，豈不欲繼繼繩繩，傳之數百載而不敝哉！前明收藏，推范氏天一閣，七百年巋然獨存，海内固莫與比矣。書畫一事，似乎藝術小道，第自宋以來，此類著述，爲譜録之大宗，然煙雲過眼，彈指即空，傳之數代，固少其人，寳藏之，增益之，傳述之，更無其人矣。荃孫去冬來滬，平湖葛君詞蔚，以其尊公所著《書畫録》十卷見視，見其搜羅之富，體例之精，足駕江村而上，後跋又歷舉編輯之大旨，至爲精粹，决其必傳，因爲序之。詞蔚又言："此編先君手定，未敢增損，後之所得及近日所收者，别爲一編，附此以行，當求續序。"荃孫諾之。今冬果以編定四卷來徵踐言，其體例一遵前編，無所出入，足慰先人未竟之志，而徵賢嗣世守之忱矣。昔張青父《真迹日録》有二、三編，郁逢慶有續記，然皆本人續之，未有子孫能續之者。蓋子弟於過庭之時，耳濡目染，固較勝不學墻面之輩，而爲之父兄者，視其所好，多方引誘，教導獎勸，使其精神恒注於斯，此中自有至樂，先使之知，再可言保，不但可保，且增益矣。阮文達爲《天一閣書目》作序，勉其子孫廣爲收儲，以成續編，范氏亦無一人能繼起者。斯編一出，不但爲書畫之光，兼爲兩浙收藏家增色乎！

重刻木厓文集序

近世之言散體文者，必曰桐城；師桐城者，必曰方望溪侍郎。一傳而劉，三傳而姚，凡讀書人無不知之。然方氏之友，文名相頡頏者，曰戴潛虚，而潛虚，則師事潘蜀藻先生。先生有《木厓集》四卷，荃孫受而讀之，然後知桐城之淵源有自也。先生生長世族，少飲香名，前明諸生，遭逢世變，閉户著書，不求聞達，一舉博學鴻詞，兩舉遺逸，皆不就。其爲文也，尚體要而循法度，浩乎如雲浮空而莫可狀，凛乎如星寒芒而不可干。其説理之言，與其有得之言，學識篤於程張，而堅卓則子固，峭直則介甫焉，何其懿歟！桐城自前明以來，田間編修之經術，孩未中丞之文學，密之閣學之淹雅，皆能各自成家。先生承師友之觀摩，加以身世之閲歷，精神一貫，氣象萬千，遂以開潛虚之俊逸，而望溪以之集大成者也。著述散佚，遺文僅存，裔孫壽培持以付梓，而索序於荃孫。嗚呼，先生當陽九百六之秋，樂天知命，投老巖阿，嗚咽餘聲，情傷家國。今也時移世易，重度滄桑，壽培以流離奔竄之身，謀所以永其傳者，欣世澤之綿長，知貽謀之永久，先生有知，庶無憾乎！先生又工於詩，潛虚序載於集。延平之合，尤所望於壽培矣。

意園文略序

光緒丙子，荃孫應禮部試，由文治庵、錫厚庵兩丈得見意園，與談板本源流，蹊徑甚合，後先入詞館，稱同志焉。國家同治中興，廓紘恢綱，中外一心，克殲大憝，海內歙然，群望乂安。乃髮捻之禍大定，而宮闈之釁已萌，倖竇漸開，朝政漸紊，一二賢者大聲疾呼，振聾發聵，未嘗不稍有補苴。而依草附木者流，毛舉細故，攻訐陰私，亦雜出其間，朝廷敬之重之，亦未嘗不厭之。意園以朱郁儀之博學，劉子政之傷時，又熟於本朝故事，大至朝章國憲，小至一名一物，皆能詳其沿襲改革之本，而因以推見前後治亂之迹，苦心甚口，調護焉，匡救焉，言者諄諄，聽者藐藐，詩人所詠，古今同慨。戊子典試山東，至以“立乎人之本朝而道不行耻也”命題，其情迹可憫矣。自官祭酒，以振興國學爲己任，適同官爲翁常熟、王長沙、治舜臣諸公，相與同志，籌膏火，節冗費，廣課程，嚴規則，弦誦之聲，蒸蒸日上。人方以爲得行其志，而乃使車甫返，乞病開缺，後見與張文襄公書，蓋亦有不得已之情在耶。家居十年，敝門謝客，考訂古籍，並三代、秦、漢彝器、法書、名畫以自娱樂，暇則出游。丁酉蹋雪飛狐，戊戌浮渡徐水，怡情巖壑，貌託曠達。實由甲午之役，朝議乖舛，喪師失地，重幣求和，貽誚鄰國。變法議起，僉人乘之，樂禍幸灾，幾釀大變。君以懿親，盱衡當世內外臣僚，無可倚仗。群小離間，陰陽捭闔，不測舉動，即在目睫，時勢日亟，病亦日深。慷慨感傷，治不如法，信陵密國，同此隕身。嗚呼傷已！君淬奮於學，博聞强識，其考訂經史及中外輿地，皆精覈過人，天下魁壘之士至京師者，莫不望以爲歸。壬辰、癸巳間，荃孫起復，預君約消寒之會，與嘉興沈乙盦談掌故，折衷於君，終日不倦，同人目爲談故三友。甲午，荃孫投劾出都，己亥又來，購巴陵方氏書，還南之前日，話别於意園之鬱華閣，依依不捨，欲行且止，孰知此别竟成永訣。迄今再至，池館如故，斯人不作，蟲沙猿鶴，萬劫蒼茫，後死匪幸，徒增感喟。君所著撰《八旗文經》之外，不自收拾。子勤太守輯詩三卷，詞一卷,名之曰《鬱華閣遺集》,刻之武昌。又得遺文十一篇,章奏十篇,議一篇,名之曰《意園文略》,刻之金陵。荃孫爰舉昔日論交之雅,故及意園有志匡時之苦衷,聊以狀意園於萬一,至於文詞爾雅,浩氣磅礴,讀此集者自知之,無俟荃孫之覼縷也。宣統二年歲次庚戌冬十一月,江陰繆荃孫序。

静香書屋詩鈔序

三代經邦,必先世録,孟子因有"喬木世臣"之喻,蓋以强宗夾輔,根柢盤亘,枝葉葱蘢,有確乎不拔之操,與國家盛衰相維繫。其先德立身行事,必有彝型百世之思;其後裔食德承家,亦有繩武千秋之想。即至代遠年湮,文獻廢墜,亦必尋繹於舊姻新特之家,爬梳於敗牘陳編之下。掇拾一二,如獲瓌寶。彙而存之,以爲觀感。則觀乎子孫之賢淑,即可卜世澤之綿長矣。史氏自漢著名溧陽,至静香先生,因就姻,遷常州。代育名流,又爲吾常望。先生工書,善屬文,試輒不利,而名滿大江南北。所結交多知名士,老輩如趙甌北、洪稚存、趙味辛三先生交相推引。集中有與董東亭庶常、管松厓漕督、劉檀橋庶子相倡和,皆常郡之名流也,翕羽集鱗,德星咸萃。又嘗西游三晋,南度五羊,行役所經,觸目成詠,無不稟經酌雅,悦性怡情,就其文采自彰,亦足爲後人取法。今心銘太守世守規矩,寶藏弗失,前曾印左侯與令祖士良觀察手書,今又擬刻此編,可謂賢已。夫王、謝、崔、盧門第,數百年而不變,嘉言懿範,史册所傳,實有度越尋常者,其中略有變遷,不能不藉國運、教澤、禮俗、制度,以貞存於大化之中。若馬醫、夏畦之子,其祖若父,生不爲人所知,死不爲人所諱,悠悠一世,草木同腐,無怪後起渺視前型。亦有著作流傳,墨痕猶濕,雜之破書敗紙,鬻之他姓,弁髦視之,殊不甚惜。籍父無後,木本水源之謂何,視夫心銘,賢不肖何如也。歲在壬子七月,江陰繆荃孫序。

蔡浣霞證嚮齋詩序

桐鄉蔡君浣霞，嘉道間詩名藉甚。昔年讀鄉先輩陸祁生、管孝逸、劉芙初、周伯恬、方彦聞諸集，均與君有倡和之作，詩話、筆記，常得短篇，而以未見全集爲憾。宣統辛亥，荃孫重到京師，蔡璞如進士奉君舊稿見視，讀鶴君太守後序，方知生前未及刊行，兵燹再經，清本屢失，庚辰所刻，亦輾轉而得之。蓋天生異才，不可一世，撑腸拄腹之卷軸，往古來今之情狀，風雪花鳥之變態，山城關河之閲歷，無不託之於詩，造物有知，决無磨滅之理。君治詩嚴，四十前詩削不存，間有存者，皆與京邸名賢角逐壇坫，群相推許者，所存不過二十分之一，而無一側調曼聲羼其間，此則真不可及矣。荃孫所尤羡者，時際昇平，人物孔阜，有身世飄零之感，無宇宙摇落之悲，詩境淡蕩夷猶，獨有中唐風範；上不睹天寶之胡塵，下不逮廣明之逆焰，有杜之風骨，不必存杜之面目；至晚唐噍殺之音，更無從繞其筆端，則時爲之也。今崇百藥齋、萬緑草堂、尚絅堂、夫椒山館、萬善花室，無不流傳於世，而以《證嚮齋集》殿之，如笙磬之同音，如雲霞之儷色，决不以後出而少貶其聲華。况賢子孫惠留畿輔，家傳科目，璞如方且以刻工未盡精善，急思重刊行世，表揚保護，則陸、管諸公有未逮焉，故不辭而爲之序。宣統三年七月，江陰繆荃孫識於雲自在堪。

陶廬續憶補詠序

金粟香表兄撰《陶廬雜憶》、《續憶》二百首，荃孫曾序之矣。甲辰冬，粟香又成《續憶補詠》百首，郵寄金陵，荃孫受而讀之，不禁有感焉。夫士大夫當弱冠之年，閲歷山河，俯仰今古，有不可一世之概，而顧瞻鄉井，往往嫌其樸陋，覺里巷間無可與語者。迨夫游宦數十年，距家數千里，往往見土物而懷思，聞鄉音而出涕，有不自知其所以然者。迨乎垂老，言歸故鄉，數先人耕讀之區，經舊日釣游之所，再三慨慕，流連往復，遂覺平生足迹所至之處，雖多可駭可愕，轉不如鄉里之有真樂焉。蓋自少至壯，壯至老，人非一時，而情緒亦非一時矣。粟香此詩，專於小中見大，静中見理，看似容易，愈味愈深，每一雒諷，輒令人神往不置。至於述門風，叙里俗，憶故舊，紀勝游，其旨與前詩同，求之古人，竹垞鴛湖之歌，祁生懷人之什，方臻此等境界，不知幾許醖釀而成，非率爾操觚者所能道隻字也。光緒乙巳，表弟繆荃孫序。

周夢坡靈峰志序

出杭城涌金門九里，循湖堤而行，西溪之南，玉泉之北，徑曲以邃，地僻而險，有山翼然，曰靈峰，有寺巋然，曰靈峰寺。是山近接天竺，遠達富春，蓋發源於三天子都云。青芝塢右，禮釋子之奥區；碧梧原邊，撫名人之墓碣。穹窿截嵲，戍削峮嶙。其高四十有六丈，近瞰西子湖，遠眺錢塘江。四達八窗，十步九折。出循巖棧，俯窺鶻巢。高攀薜羅，遠引猿嘯。林花著雨，縟錦墮於鏡中；翠壁寒風，孤雲度於檐外。斯寺也，創自東晋，歷代遞修，輪奂猶新，鐘唄不輟。聽泉訪少岳之築，眠雲賡東坡之詩。諸天岑寂，常參白足之禪；丈室清閑，不入紅塵之擾。峰高市遠，僧古客稀。詞人藉以養心，游女時來禮佛。湖上諸剎，此爲最幽。門前有道光時將軍固慶種梅百株，庚辛兵劫，無能幸免。烏程周君夢坡，夙締佛緣。常稱豪舉，清修佛地。前世德雲，最愛此山。爲之修道築亭，補種梅花三百樹，龕曰補梅，亭曰來鶴。泉疏掬月，廊築抗風。暗香疏影，重尋石帚之詞；雪後水邊，不減林逋之趣。昔曾游者，詫爲頓復舊觀，中有人焉，真能别開生面。夢坡又爲之搜往牒，證舊聞，作圖以張之，徵題詠以益之。歷時數旬，成志四卷，曰山水，曰名勝，曰人物，曰藝文。條舉件繫，文縟詩清。宛宛靈峰，迨無遺憾。昔《赤松山志》，編於倪守約，《武陵梵剎》，輯自吴之鯨。莫不名重千秋，書收四庫。西泠勝地，名流所萃。一山一寺，皆有專書。夢坡之輯是編，晴好雨奇，藉志湖山之美，香温茶熟，重申翰墨之緣。固靈峰之佳勝移情，亦夢坡之風雅獨擅也。僕戊戌初夏，寓雲抱水邊樓十日。庚戌三春，補游西溪，獨遺靈峰，殊爲憾事。他日當坐我妙高臺上，飲湖光，餐山淥，琴樽相招，謳詠互答，當倍知此志之佳也。壬子臘月，江陰繆荃孫序。

皖詞紀勝序

輿地、詞章，古人截然兩家。有以輿地爲主，而紀沿革、述事實，兼及詩文者，如《輿地紀勝》、《方輿勝覽》等書是也。有以詞章爲主，而專收一邑之詠古迹，及投贈詩文者，如《天台》、《嚴陵》、《會稽掇英》等集是也。若乃地限以皖之一省，文限以詞之一體，則程途較隘，搜輯難周，而猶能鈔録成書，考訂入古，則其才高學贍，有非他人所能及者，莫善於吾友徐子積餘之《皖詞紀勝》矣。皖省都邑豐昌，關河重複。岷江貫其中權，灊霍峙其兩界。固神皋之隩宅，亦水國之名邦。招皖公之翠色，先入壽杯；聽硤石之波聲，穿來殘壘。八公蒼莽，人驅草木之兵；九子連蜷，獨擅東南之秀。插巑岏之一柱，雲髻峨峨；瀉潋灩之雙溪，縠文叠叠。卅六峰，黄山挺出，繪壁成圖；一千頃，翠瀾卷回，酹神奏曲。魚臺迹古，漫説莊周；牛渚亭寒，人懷温嶠。以及堂尋姑孰，泉酌玻璃。南則風花時節，目極凌歊；北則飛絮闌干，神馳潁水。凡當前之景物，亘古常新；入佳客之吟哦，其神欲活。於以臨風琢句，對月抽思。情之厚，足以當風謡；境之真，不啻臨圖畫。斯詞以地傳，亦地以詞重也。他若酒邊索笑，座上生春。縱玉斫與酥凝，嘆風欺而雪壓。龍團寄與，夢未隔夫仙源；鴻信傳來，愁不離夫粉淚。尊前重叙，忘前度之劉郎；琴裹傳神，謝老來之黄九。莫不句留勝境，鼓舞豪情。本屬駢支，非同疣贅。是册分府編輯，體例固已秩如，文采亦復蔚若。在輿地家爲别調，在詞章家爲正宗也。積餘清思浣月，采色韻花。抱引商刻羽之才，擅迴雪流風之技。頡頏吾輩，交推雋才。今以此編，屬爲小序。君誠好事，恍探奇於齊雲采石之名區；僕未能歌，尤不忘夫範水模山之雅意。是爲序。

卷　三

文

孟子注疏四卷跋

宋刊本，止存《公孫丑》上下四卷。每半葉八行，行大十六字，小二十二字。白口，有刻工姓名。擴廓皆避諱，知其寧宗時本。佳處，“一豪”不作“一毫”，“塞于”不作“塞乎”，“吾聞之君子，不以天下儉其親”無“也”字，而“泰山”、“惟恐”兩處已同今本矣。字大悦目，紙光玉潔，可寶之至。此本已無章指，可見宋本有無章指者，不盡由於明本脱落也。

四書纂疏十卷跋

宋趙順孫纂疏，宋刊本。每半葉九行，行二十字。小字同擠行則不拘。高七寸五分，寬四寸七分。白口，單邊。口上只云某卷，不載書名。上有大小字數，下有工人姓名，亦有無者。諱字有避有不避。有希字，有擠字，刻成改之，猶是本人自訂之本。此書止有宋刻，元明未聞覆本。通志堂刻，顧伊人注云汲古閣宋本，即此書也。卷末“毛氏家藏”白文方印，精而且真。紙墨均佳，似無疑義。惜缺首册。毛氏圖書，當不止此。

宋本五代史記跋代

宋歐陽文忠公《五代史記》七十四卷，南宋刻本。每半葉十二行，行二十二字，小字不等。高五寸六分，寬三寸六分。白口，下有刻工姓名，止一字。提行空格維謹。避諱如敬、玄、朗、匡、胤、恒、曙、佶，均作不成字。有各本俱誤而此獨正者，如《梁本紀》第一，“楊行密入楊州”，“楊”不作“揚”，可見宋時無作“揚”者。《晋本紀》第一，“以幽、涿、蓟、檀、順、瀛、莫、蔚、朔、雲、應、新、嬀、儒、武、寰州入于契丹”，“莫”，各本作“漠”，按“莫州”亦可作“鄚”，不當作“漠”，均爲上文“瀛”字而誤。《梁家人傳》：“全昱視之，顧太祖曰：‘朱三，你作得否?’”此是當時語氣，劉知幾所謂真事也。各本作“爾”，語氣太文。《李金全傳》“引弓射善射者”，各本脱一“射”字。《閩世家》“王倓，唐相溥之子”，各本作“淡”，按“淡”字與“溥”均從水旁，父子異派，以“倓”爲是。《四夷附録》一“四樓足以娱老”，各本作“西樓”。按，上文言“東西南北四樓”，不當專言“西樓”。《四夷附録》二“水曰瓠𤬏河”，各本作“壺盧”，字稍涉俗。《四夷附録》三“又西渡陷河，伐樫置水中乃渡”，各本作“冰中”，誤。有與各本異文，而可備考證者，如《唐本紀》六“明宗父名霓”，各本均作“霓”。“孟知祥使朱滊來”，各本均作“滉”。《唐家人傳》“莊宗六弟存𥗽”，按郭璞《江賦》“礐硞砻𥗽”，注：皆水激石，嶮峻之貌，各本均作確。《唐臣傳》第十二“乃遣殿直都知馬氳”，各本作“范温”。《王鎔傳》“館於梅子園”，各本作“海子”。《四夷附録》三“莊宗遣司農卿鄭續采”，各本作“鄭績”。有以他本作證而獨是者，《周臣傳》“治君之用”，監本作“治國之君”，《五代史纂誤》亦同。是吴所見本，尚不如此本之善。《馮暉傳》“裨將樂元福曰”，各本作“藥元福”。殿本《考證》云：“一本作樂。”與此合。按歐陽修《新史》本云《五代史記》，吴縝《纂誤》、汪文盛刻本均同。監本落去“記”字，遂與薛史無别。舊刻存於今者，止有宋十行十九字本、元宗文書院本、明南監初印本，再次則汪文盛本。此書尺寸獨小，字畫清挺，與丁氏八千卷樓小字

《晉書》,爲自來收藏家所未見之書,宜都楊君惺吾得自日本,輾轉歸予。謹爲影刊,以貽當世讀書同志。

至元嘉禾志跋

《至元嘉禾志》三十二卷,元徐碩撰。志修於至元甲申,爲元混一江南之五年,刻於至元戊子。徐先生爲郡博士,承檄纂修,敘次簡潔,每條加以考證,爲他志所無。碑碣多至十一卷,題詠六卷,而不立官師一志,使前人宦績無傳。而碩里貫亦未能詳,志中但紀其咸淳四年陳文龍榜甲科,及修學、修宣公書院二事而已。而郡幕單慶,路推翟汝弼,刊板之劉傑,亦無所考,未免遺憾。此書止有傳鈔,中多殘缺。荃孫先得上海徐紫珊舊鈔本,李升來年丈校以罟里瞿氏藏本,雖有佳字,殘缺正同。上海市中復過録海寧管芷湘庭芬校本,芷湘據桐鄉馮孟亭浩、嘉興沈雙湖叔埏、張叔未廷濟、戴松門光曾、秀水章益齋全、錢味根聚仁六家本彙校,并據《趙府志》、《松府志》、《崇德海鹽志》補綴,雖訛字甚多,而實有裨益,如嘉興路毛家橋下,本接烏盆橋,今據戴本,以環聚堂之五十六行移正。顯濟廟記脱一葉,據章本補之。朱行先志、劉深志,據《澉水續志》補之。《橋道記》缺一葉,從李昌齡《樂善録》補之。《州學大鼎考》,據戴本補之。均有來歷,可以據依。郡人乙盦沈君爰付之梓,以餉邑人。荃孫校訖,略述其指,宋《澉水志》八卷附刊於後。此志多收碑碣,昔賢所稱頌,然存於今,不過吕祖謙《宣公書院記》、黄夢高《觀頤堂記》、顧亭林《感夢伽藍記》,不及十種。金石之壽,不如楮堅,幸而搜輯閎富,後人得考見前人事迹焉。結一廬藏有宋張元成志五卷,未知存否,如能求得,更爲完善矣。乙盦其有意乎?

唐貞觀條舉氏族事件卷跋

右《唐貞觀八年條舉氏族事件》一卷,前半斷爛,後半奏云八十五郡,今止六十八郡,失去十七郡。奏云三百八十八姓,是爲甲族,今止存并州晋陽郡起至末共二百五十七姓，失去一百四十一姓，其中尚有缺遺者。如太原十一姓，止存閻、鮮于、令孤、尉遲四姓。濮州河內郡九姓，止存宋、司馬、苟、向、浩、淳于、東、尋八姓。潞州河南郡七姓，止存賀蘭、丘、士、穆、祝五姓。譙國郡八姓，止存戴、夏侯、桓、嵇、曹、婁、龐七姓。州郡字有訛缺者。“岱”，當作“代”。“太原郡州”上缺字當作“并州”。“路州”，“路”當作“潞”。“河澗郡”，“澗”，當作“間”。“錐鹿郡”，“錐”，當作“鉅”。“河南郡潞州”，“潞”當作“洛”。“南陽十姓”，“南陽”下落“郡”字，無州名，“南陽”當作“鄧州”，鄧州宜重，下有州、張、樂、趙、滕、井、何、同、鄧、姬十姓。鄧是州名，而鄧是姓，州亦是姓，司馬貞《三皇記》云：州子，姜姓之後，而鄧亦南陽著姓也。“弘農郡郛州”，唐無郛州，疑當爲“郭”，“郭”與“虢”通，即虢州也。榮陽郡四姓，“榮”當作“滎”。東來郡三姓，“來”當作“萊”。州上缺字，當是萊字。“誰國郡八姓”，當作“譙國郡”。“毫州”，“毫”當作“亳”。“齊陽郡三姓”，“齊”當作“濟”，“陽”當作“陰”。“汝南郡七姓”，州上缺字，當脱“豫”字。“濮陽郡六姓”，“濮州”，“濮”，當作“濮”。“濟比郡一姓”，“比”當作“北”。“洛州”，“洛”當作“淄”。淄在濟北。“平陽一姓”、“兖州平陽”，下落“郡”字。兖州不應有平陽郡，疑是“濟陽”之誤。“成陽郡二姓”，州上缺字，當作“沂州”。“下逕郡四姓泗州”，“逕”，當作“邳”。“東菀四姓”，“菀”，當作“莞”。“廣陽郡三姓揚州”，“陽”，當作“陵”。“長城郡一姓胡州”，“胡”，當作“湖”。“吴郡四姓，豫州”，“豫”，當作“蘇”。“吴興郡七姓胡州”，“胡”，當作“湖”。“餘唐郡三姓杭州”，“唐”，當作“杭”。“舟陽郡三姓”，“舟”，當作“丹”。“武陵郡”下州上字脱，當作“朗州”。“長沙郡四姓譚州”，“譚”，當作“潭”。有姓氏缺訛者，“并州令抓氏”，“抓”，當作“狐”。潞州樊氏，當作“樊”。冀州歐陽氏，當作“歐陽”。邢州魏氏，當作“魏”。虢州晉氏，或作“晋”。《廣韻》云：唐叔虞之後，以晋爲氏。鄧州，滕氏，當作“滕”。“姫”當作“姬”。亳州，袒氏，“袒”當作“桓”。豫州表氏，“表”當作“袁”。濮州表氏，表見《姓苑》。濟州桑氏，當作“桑”。兖州功氏，《博古圖》“周有功仲之盤”，是周有功氏。“郡”字，當作

"邵",《廣韻》云,邵公奭之後。"樂安高氏",當作"商"。《姓譜》考云,商容之後。徐州引氏,見《姓苑》。受氏,姓解,《魏書》有受酋氏。或單舉一字與。泗州,囶氏,當作"國"。齊有國氏,鄭亦有國氏,越州,"鍾雜",當作"鍾離"。杭州,戚氏,"戚",當作"戚"。婺州,"婺"當作"婺","茢氏",當作"列氏"。周有列氏。殀氏,當作"姚"。栝州,"瀨氏",當作"賴"。武陵,"供氏",當作"拱"。《辨證》:撫州、臨川多此姓。仵氏,《路史》"楚公族有仵氏",後云營門雜户,慕容商賈之屬。慕容,即豆盧,爲歸正人之通稱,亦可云雜户。近存《元和姓纂》,尚多相合,惜非完書。至《寰宇記》所舉姓氏,已大相徑庭矣。末紀大蕃歲次丙辰後三月庚午朔十六日乙酉曾國唐氏苾蒭悟真記。丙辰爲唐文宗開成元年,中國閏五月,蕃閏三月,曆法不同。河隴瓜沙,自肅代陷蕃,至此已六十七年,尚取大唐氏族,勘定書之,遺民不忘故國之思,匪易驟變。而字迹潦草,脱落、錯訛,觸處皆是,唐人禮教澌滅殊盡。土地爲人所奪,陵夷遂至如此,可不懼哉!

容齋隨筆續筆跋

右《容齋隨筆續筆》三十二卷,宋嘉定刊本,每半葉十行,行二十一字。高七寸二分,寬五寸五分。白口,口上有刻工姓名。每題下四格。卷後書名空兩行。印本極早,日本鞠山文庫所藏,荆州田監督伏侯載以歸,以馬刻校之,止十三卷中落一行,《續筆》目録落一目,及總目後"凡二百四十九則"一條。《續筆》卷十四"尹文子"條,"蓋晋宋時細人所作","細"不誤"衲"。卷十六"計然意林"條"如伊尹不以一衣與人,亦不取一衣於人",不誤。"介今",《意林》作"介今",以《孟子》改之,此爲至善,其餘好處,亦不甚多。此本向以沁水李瀚本、會通館活字本爲最善,馬本自序云"嚮得沁水李公不全本,又得友人殘本,彙而刻之",乃其校訂,並不甚謬,可知前輩讀書之博,用力之勤矣。學部圖書館止存二册,一《隨筆》四卷,一《四筆》五卷。行款同,而有大德乙亥補板,中貞元、貞觀、貞定、貞惠,并作“正”,“桓公”作“威公”,“魏徵”作“魏證”,“殷武”作“商武”,“顓頊”作“顓帝”,“慎戒”作“謹戒”,“完顔亮”作“元顔亮”。至匡、朗、勖、樹、玄、讓、殷、徵,則缺筆,慎、貞、桓,缺中二畫,又與他宋本不同。抬寫,如先朝諱號提行上字,有提行有不提行。《二筆》,銅雀瓦硯,先公亦提行,例均不一。《隨筆》、《續筆》,序後接文不空,《四筆》則空。後目録,後文,均另起。惜止存兩筆。圖書館有《四筆》五卷,瞿氏有《續筆》十六卷。存於天壤間者,如斯而已。

夷堅志再跋

宋洪文敏公《夷堅志》,甲至癸二百卷。每字二十卷。支甲至支癸,一百卷。三甲至三癸,一百卷。四甲,四乙,二十卷。每字十卷。共四百二十卷。《宋藝文志》收《夷堅志》六十卷,小注:用乙丙兩志。又《夷堅志》八十卷,小注:丁、戊、己、庚志。既不全載,四百二十卷,只收一百四十卷。丁、戊、己、庚四志,八十卷。與每字二十卷合,乙、丙兩志不能及六十卷,或四十之誤。今只存甲集至丁集八十卷。

《四庫》所收之五十卷,即坊本之二十卷。敝藏明鈔本之十卷,已具前跋。再考倪闇公燦《補宋史艺文志》,别署《夷堅支志》七十卷。小注:存甲乙丙丁戊庚癸七志。《三志》,三十卷。注:己辛壬三志。似即據此流傳之本。陸刻原書八十卷,約十二三葉爲一卷,巾箱本,約九十餘葉爲一册,以爲兩卷則太多,如以爲十卷則又太少,殊不可解。《國史經籍志》收王質《夷堅别志》二十四卷,金元好問之《續夷堅志》二卷,澄江思善堂所刊《湖海新聞夷堅續志》前後集,皆與洪書無涉也。

游宦紀聞跋

《游宦紀聞》十卷,藍格鈔本。前世南自序,後紹定李發先跋。與鮑刻盧抱經校本合。然有絶勝盧校處,如卷一“圖經本草”條“菱角曰芰”，此本作“菱角曰芡實”，似當作“菱角曰芰，烏頭曰芡實”，一脱其下，一脱其上。“翡翠屑”條“偶見一醫僧元達”，此本作“醫生”。卷三“犀出永昌”條“黔螺犉牯，黔謂無紋，螺謂螺旋，犉紋細，牯紋大而匀，或每一粒紋尖上更有一眼者佳也”，鈔本“犉”字下、“牯”字下、“或”字下均加一謂字，語氣較足。卷三“請紫姑仙”條“扣功名大略”，此本作“扣以功名大略”。卷四“福之永福山”條“西則晻藹，亦乏大觀”，此本“乏”作“云”。卷五“辨博書畫古器”條“以黄蠟塗匀，儼如枕角”，此本作“魫角”。左太沖《三都賦序》條“抑左氏考方志草木之未精耶”，此本作“未精審也”。卷六“秦會之當軸”“此招權之常態”，此本作“相權之常態”。“高麗國”條“所塵名品别且染濡”，此本作“别具染濡”。卷八“黄公銖”條“正雨後、梨花幽艷白，悔匆匆、過了寒食”，此本作“自悔”。卷九“望予戟决藩籬”，此本作“望矛戟”。餘如“胡虜”，改“强敵”，“狄”字，改“敵”。此是通例。盧校云各刻俱誤而此本不誤者，“宕昌”不作“巖昌”，“劉燾”不作“劉壽”，“越恭公鈞”不作“鈞”，可見此本之佳。至訛誤處甚多，是舊鈔通病。兩通字亦俱未拈出也。

冷齋夜話跋

《冷齋夜話》十卷，元刊本。半葉九行，行十七字。高四寸八分，廣三寸二分。白口，雙邊。目録後有跋，牌子兩行，“至正癸未，春暮新刊，三衢石林葉敦印”。黄蕘圃跋云：“所見本以此爲最古，惜是坊刻，故多訛舛。”荃孫先得舊鈔本，其中有空白字。此本破體、訛字觸目皆是，並以“襲”字分作“龍共”二字，然空白字均補足，亦一快事。又書目刻本與鈔本不合，前目又與書中目不合。然提要云“或冗沓過甚，或拙鄙不文”，並舉邾亭廟，及韋應物《寄全椒道人》詩，則與此本同。書中記淵材語，並無“劉”字，是此目爲後人所加。鈔本目較雅，亦爲後人所改無疑矣。“禁蛇”、“開井方”，僅存末一行，鈔本無之，並去其目。皕宋所收亦此本。今從《墨客揮犀》補足“禁蛇開井”一段，可謂完善矣。

續夷堅志跋

荃孫初得巾箱本二卷，繼得陽泉山莊本四卷。張月齋序云，原出余秋室手書本。余本刻於大梁，心竊慕之，後覓得余本，字畫之雅，刊印之精，頗寶愛之。壬子二月，沈君乙盦以舊鈔見視，分前後二集，不分四卷，則其書在前可知。目録後有呰窳叟跋，後集目録後有石民瞻跋，末有《金史·文藝傳》、王東起跋、宋無跋、吴道輔詩、孫道明跋，亦不似余本之雜次。後集宣靖越播之兆，不完。缺"女真黄"、"日本國"、"冠服"、"焦燧業報"、"孔孟之後"五條。鈔本亦缺，而"項王廟下"，有"廣寧寺鐘"、"石椿大火"、"永安錢"三條，則各本所無也。訛字，如"張童入冥"一條"撤館磚"，"撤"不誤"撤"。"鬼市"一條"閉目不敢視，開目又見"，"見"上無"不"字。"閻大憑婦語"一條"渠有布有絹"，不落弟二"有"字。"神人方"一條"斫青蒿一握"，"蒿"不作"松"。"内庫藏龍"一條"見舌作蒲背形"，"背"不作"秸"。"麻姑乞樹"一條"嘗於海濱得百丈魚"，"得"不作"浮"。"抱陽二龍"一條"宋崇儀使"，"宋"不誤"來"。"揩牙方"一條"得此方於麟府折守"，"府"不誤"撫"。"神救甄帥軍"一條"又到全人頭山呰"，"人"不誤"入"。"臨淄道院"一條"高緯"，"緯"不誤"偉"。"海島婦"一條"王内翰元仲，黄華之父也"，"之父"不誤"老人"。至可疑之字，則以朱摹識之，"京烺墓"一條"僕有指京烺墓窩楊者"，點"楊"字。"高監償債"一條"求相紹繼"，點"紹繼"二字。"陵川人祁仙"一條"劉元方卿"，點"方卿"二字，疑作"劉元卿方"。又如"巽齊之讖"一條"以門名色瑞"，似有誤字。"溺死鬼"一條"秘水焦符材説秘水"，疑作"泌水"，或作"沁"。"獵犬"一條"興州"下空二格，刻本作"群犬"，不如空格存疑。"王處存墓"一條"青龍蝸"，"蝸"，疑當作"窩"。北人山中環抱處，皆云窩。"碣"字誤。"一行墓石記"一條"自管湖州刺史遷濟州"，管州，金屬河東路，今静樂縣。"蚩尤城"條亦有管州，"湖"字衍。據余序，讀易樓藏本二卷，因宋、王二跋，强分四卷，殊嫌武斷矣。前集一百有三條，後集一百有六條，不全者一條，有目無文者四條，實存二百有五條，較他本多三條，亦可稱善本矣。江陰繆荃孫跋。

廣寧寺鐘

廣寧寺有巨鐘，一日撞之不鳴，其聲乃在城南橋下，行人聞之無不駭懼。有告寺僧，具鐃鈸就橋下迎，鐘復鳴。宗室仲章說。

石樁大火

泰和八年冬，京師大悲閣前幡竿石樁縫間，連夕火出，四十餘日乃止。明年大火延燒萬餘家，閣亦被焚。衛王有旨，救虞世南所書千手眼大悲閣題榜，火氣熾盛，人離百步外，不敢近云。

永安錢

海陵天德初，卜宅於燕，建號中都，易析津府爲大興。始營造時，得古錢地中，亦曰永安一千。朝議以爲瑞，乃取長安例，地名永安，改東平中都縣，曰汝陽■■永安，曰芝田，中都永安坊，曰長寧。然亦不知永安一千，何代所用錢也。

頤堂文集跋

《頤堂文集》，影宋寫本。每半葉十行，行十八字。高六寸，寬四寸五分。單邊白口。板心記"頤堂集幾"。後有"乾道壬辰六月王撫幹宅謹記"一行。書刻圓湛，爲宋本之上駟。頤字晦叔，一字頤堂，遂寧人，隱居不仕，著述今存《碧鷄漫志》及《糖霜譜》二種。柯維騏《宋史・藝文志》載《頤堂集》五十七卷。今存。一卷爲賦，卷二、三、四爲古詩，卷五爲近體。然《敏求記》亦止五卷。大約所存止此，文全佚。補録《近古堂記》、《碧鷄漫志序》二篇，"夷□□□惠宗師磐石修載，晦叔作碑記"七八百字，入《頤堂集》中，久佚矣。詞存廿一闋，半塘侍御欲刻未成。曾登天一閣見藍格明鈔本，亦與之合。

翠微南征録跋

昔年爲劉葱石參議校刻《翠微南征録》，所據文瀾閣傳鈔本。上皇帝書，卷首；五言古，卷一；七言古，卷二；五言律，卷三；七言律，卷四至卷七；七言絶，卷八、卷九；五排律，卷十；雜記，卷十一。又，池州近年活字本，兩本參校而刻之。去年見郎趙客黑口本，未收得。壬子正月，傅君沅叔以鮑渌飲鈔勞平甫校本見視，亦十一卷，卷一上皇帝書，二卷以下爲古今體詩，古詩先七古後五古，律詩亦然，終之以絶句。平甫跋甚推重。荃孫細爲校讎，勞跋所云："趙刻析上書爲首卷，而於皇帝上加'寧宗'二字，則似後人追述之辭矣。原本於當時宵小姓氏，頗有空缺，宋時刊行，尚有避忌，因而諱之。而郎以明嘉靖間王崇志本，改竄填補，又大加删削，竟至失其本真。編詩爲十卷，古律俱以五言冠七言，此似可也。然原本七古中《傷春》一首、《柴氏》一首，通體五字，末結以七字，前人多有此體，郎以入之五古，遂删去末句四字，以合其格，重失作者本意，是則不免截鶴之譏焉。且於題下注，往往删繁就簡，時又入攙他書以亂之，愛古者似不應爾也。"所論甚正。然劉刻以閣本爲主，編刻與勞本異，詩注與勞本多同，并非多從郎刻。至上書删節之故，郎在國初，世多忌諱，大約郎氏删改，《四庫》因之。勞從《後村千家詩》補八首，今亦補録於後。

《春暮》《後村千家詩》一。此詩見卷九五律中。此僅上半，當删。

《冬暖》《後村千家詩》二。補。

天不雨霜雪，朝曦與暮霞。江梅呈臘蕊，巖桂又冬花。

《傷春》《後村千家詩》一。補。

盡把春工付祝融，東皇歸去太華宫。棱棱山色聳蒼玉，湛湛波光浸碧銅。楊柳入天鳩要雨，海棠落地蝶嫌風。好將杖履西園看，萬紫千紅一夜空。

右載《傷春》之下，是否華作，未可知也，姑附於此。下又有二首，係華詩。

《春暮》《後村千家詩》一。補。

買春無計託花神，費盡榆錢不計緡。風絮飛成三徑雪，雨犁翻動一園春。

三月湖天春晝長，東風飄暖草浮光。櫻桃熟後游人倦，柳絮飛時燕子忙。

麥髯豆莢雨生肥，間緑園林粉蝶飛。賸置好花安四壁，不教人道是春歸。

《重九》《後村千家詩》四。此詩見卷六七律中。此只割其半，當删。

《鷗》《後村千家詩》十九。補。

隨潮鷗鳥往來頻，百十爲群立水濱。多怪朝來無一個，高飛想是避漁人。

徐公文集跋

宋《徐公文集》三十卷，徐鉉撰。宋刊本。每半葉十行，行十九字。高七寸二分，寬五寸八分。白口，單邊，口下有刻工姓名。字徑四分，宋刊宋印。藏經箋作面，宋羅紋紙作護葉。字畫清朗，古香醃醑，誠天壤間驚人秘笈也。首行"徐公文集卷第一"，次行"東海徐鉉"。每卷有目，連屬篇目，前有天禧元年十一月，三司户部判官、朝散大夫、行尚書、都官員外郎、上護軍胡克順進書表，及宋真宗答敕、淳化四年秘書郎陳彭年序。末有大中祥符九年太常丞、集賢校理晏殊後序，及紹興十九年右朝議大夫、知明州徐琛跋。附録一卷，則行狀及李昉所作墓志，李至等所作挽詞、祭文也。陸存齋所得鈔本原出於此，惟陸跋作"東海徐鉉撰"，衍一"撰"字。荃孫藏金亦陶鈔本亦出於此，跋云："徐騎省文集近世鮮有刻者，此本係虞山錢宗伯於崇禎間從史館印摹南宋本。字頗大，予縮以小字鈔存之。集中稱'今上御名'者，高宗名構也。太祖諱匡胤，太祖之父仁祖諱弘殷，真宗諱恒，仁宗諱貞，英宗諱曙，故其字皆闕一筆。太宗諱炅，神宗諱頊，欽宗諱桓，如敬、鏡、竟、貞、徵、勖、署、完諸字，亦闕一筆者，蓋諱嫌也，今悉仍之。但原鈔非出通人，故舛訛甚多，惜無善本校對，録竟爲之悵然。迂齋金侃識。"惟此書刊自紹興，而行狀一卷字體迥别，疑孝宗朝補刊。"締構"、"所構"均作"太上御名"。"戒慎"，"慎"字作"御名"。全書不如此。金跋尚未詳也。各家書目著録向無刻本，此本自元入明文淵閣。此書在閣時，只裝十册，每册首一方印，又首尾二長方印，今悉遭割棄，而分爲十二册裝潢，以小紙條襯於面上，最不適用。緊國初風氣，必是歸傳是樓時，以掩其盜閣書之迹。行狀後有"應奉危素讀一過"七字墨迹。再入定邸，庚子散出，歸寶希濂太守，今歸吾友董授經。手跋一通，以志眼福。

第一卷闕詩九首，當不止一葉，各本皆同。

藏春集跋

元劉文貞《藏春集》，明處州府馬廷彦得商文定公《類稿》校正，歲在天順辛巳，馬偉後序。首行"藏春集卷第一"。次行"中書參知政事魯國文定公左山商挺孟卿類稿"。三行"中順大夫浙江處州府知府瀛海馬偉廷彦校正"。四行"七言律詩"。是第一刻也。文中抬寫，空格，是依商稿之舊，非翻元板。予藏微波榭鈔本，出自後人重刻。首行"劉太傅藏春集"，已與此刻不侔。官銜兩行亦去之，僅留後序。字句亦間有不同，是重刻時，得模粘之字，從而誤填者。又止有七律、七絶兩體，詞一卷，而《鳳林書院詞選》兩首，未采入。《名臣事略》載野齋李公序，亦無之。是亦未全之本。此刻又缺七葉。

虞道園學古録跋

《虞道園學古録》五十卷。考後至元庚辰，道園年六十九，臨川李本伯宗、黄鍾仲律來訪先生於山中，編文二百餘篇。明年，李、黄乃與先生幼子翁歸，編成《學古録》。卷一至二十曰《在朝稿》，二十一至二十六曰《應制録》，二十七至四十四曰《歸田稿》，四十五至五十曰《方外稿》。至正元年,閩憲僉斡克莊刻於福建。每半葉十三行,行二十三字。黑口,版心或刊"道園學古録幾",或刊"學古幾"。"學"多作"斈","録"多作"录"。有至正元年門人李本跋。至正丙戌,道園年七十五,江西肅政廉訪使劉伯温編《道園類稿》亦五十卷,刊於江西撫州,建安劉氏覆刻。每半葉九行,行二十字。黑口,大字。與西湖書院本之《文類》相仿。歐陽玄序文,手書上版。并有牒撫州府文,撫州府總管詹天麟附識。明景泰七年,鄭達知崑山縣,過太倉之興福寺,得建本於寺僧暕公,與主簿南海黄仕達,捐資刻於東禪寺,四閲月而畢工。有鄭達序。成化初年,葉文莊公盛從道園四世孫吴江虞湜,就手書鈎摹序文并書札,附入鄭刻《學古録》之上葉。跋可憑,不知是《類稿》序,非《學古録》序。然則元至正刻無序,有李本跋。景泰本有鄭達序、歐陽玄序,重增目録,并詩文三十八首,分增各卷之後,在卷外,空三行,另葉,張金吾謂鄭達增入者類是。嘉靖本將各文附入卷中而目不增。序跋皆同。總之,《學古録》是小字,《類稿》是大字,截然兩書。陸存齋不知小字大字之别,有《學古録》、《類稿》之不同,而以劉伯温改爲大字而重刊之,混兩爲一,其誤顯然。然葉文莊已誤,是《類稿》在明初且不易得矣。惜缺卷廿一至廿四,廿八至三十六,四十四至四十六,共十六卷。《明文淵閣書目》十一册,今存八册,愛日精廬有鈔本,共五十卷。荃孫自藏舊鈔八册,序目雖全,文則專録《學古》所缺,非完書矣。《四庫》未收。錢辛楣《補元藝文志》無卷數,想亦未見書也。《道園遺稿》有題《劉伯温行卷詩》,又有《宿周氏東齋聞饒以和李本夜話》詩。

道園遺稿跋

元刊本。每半葉十行,行二十字。高五寸四分,寬四寸八分。小黑口,單邊。從孫堪輯於《學古録》、《翰林珠玉》外,得詩七百餘首,編爲五卷,樂府一卷,共六卷,吴江金伯祥刻之,其子鏐手書,至正十四年五月堪跋。本有楊椿、黄溍兩序,此脱。黄蕘圃手摹黄溍序,補卷三内二詩。後加一跋,原委甚晰。

石田集跋

元刊本。每半葉十行,行二十一字。高七寸二分,寬四寸五分。黑口,雙邊。字多行體,訛錯亦多,淮東路學刊本。首有至元五年淮東道肅政廉訪司事古揚州路總管府刊板牒,有王守誠、陳旅、蘇天爵序。後有附録虞集《桐鄉阡碑》,許有壬撰神道碑,作《石田山房記》,爲一卷。有"松下清齋"朱文長印,"芷齋圖籍"朱文方印,"海鹽張載華手書",所謂涉園張氏也。載華字佩兼,曾輯《初白庵詩評》。

剡源文鈔跋

《剡源文鈔》四卷,共六十八篇,梨洲先生之所選也。梨洲畀門人范石窗刻之,板久不存。道光甲午鄞芝山盧鎬重刻之。所得慈溪鄭耐生鈔本,耐生自跋、馮登府跋,均不知康熙時有刻本。今觀此書,刻自海昌花山馬寒中,所謂道古樓馬氏是也。寒中本姓朱,後改馬,朱竹垞謂之"家寒中",朱日觀謂之"從子"可證。葉鞠裳所謂"桑海之際,改易姓名,有難言者"。荃孫得朱竹垞手鈔《徐常侍集》,有"朱馬"朱白文印,并未諱言朱氏,非因易代而然。此書較盧本多《送鉛山王亦銑歸鄉序》、《送謝仲潛序》兩篇,共七十篇。而板刻精審,畫段圈點,頗顯精神,勝於盧刻多矣。耐生、柳東不知此刻,足見流傳之少。而何義門所見,分甲乙丙丁四卷者,只六十五篇,其目絶不相同,更屬難得。剡源之文,縈迂洄旋,有潦盡潭清之致,大約宗歐陽文,而得其清腴。如蘇之峭厲,韓之雄直,則無有也。爰補二文,及朱日觀、仲安兩序藏之,并過録圈點。時宣統庚戌二月。

圭齋集跋

《歐陽圭齋文集》十五卷,附録一卷。自公子佑持所編二十四卷之書散佚,五世孫俊質翁搜輯散亡,得成是編。而長子銘、季子鏞付梓。成化庚寅彭時跋,安成劉釪再跋。附録張起巖撰碑文、危素撰行狀二篇。有天順五年彭時、吴節兩跋。黄蕘圃跋云:"先得此本,後得陶五柳本,鈔補揭奚斯序、神道碑後彭吴兩跋、劉釪校刊跋。"并極爲推重。荃孫此本,與蕘圃本缺失同,漫漶亦同,即同時所印之書。惟沈西雍以揭序之《歐陽先生集》名出處與圭齋全不相合,并非圭齋,詆爲銘、鏞之誤收。王西莊先生云:"圭齋年八十五,據宋潛溪序言'公集百餘册,毁於兵,是集不過辛卯至丁酉七年中所作',則是七十九歲至八十五歲作也,年已荒耄,所作無一可觀。況開卷第一篇《天馬賦》,即係登進士試作,則知掇拾殘賸,隨其所入人之,不盡七年中作。"然圭齋久享大名,碑版序跋,掇拾集外,可得四十餘篇,居全集四分之一,彙而刊之,以存圭齋之真,庶以望之楚南學者。

滋溪文稿跋

《滋溪文稿》二十六卷至三十卷。元刊本。每半葉十一行,行二十字。高六寸五分,寬四寸五分。黑口,雙邊,雙魚尾。字大幾及五分,體在歐趙之間,乃元刊之至精者。各家書目,均傳鈔本。荃孫藏舊鈔本,盧抱經先生朱筆點校,已爲至善。取此校閲一過,訛脱尚多,并有誤疑之處,雖所存止五卷,亦可謂難得之本矣。

青陽集跋

《青陽集》九卷,附録二卷,正統十年刊本。黑口,雙邊。前有高穀行書。前八卷,淮西門人郭奎子章編。洪武初,吴陵張君彦剛付刊，沅陵縣丞高誠訂正印行。後張仲剛毅復輯續編一卷、忠節附録二卷刻之，即此本也。周香嚴跋："《青陽集》，黄蕘圃校過，以此正統本爲最善，别本皆不及。所有夾籤，系别本補録，聊備參考，不可據以補入。嘉慶己未九月三日，漱六居士周錫瓚記。"前有"崦西草堂"朱文方印、"汪士鐘藏"白文長印。後有"南陽叔子苞印"白文、"二泉"朱文兩方印，則葉奕苞、汪閬原也。荃孫向藏正德辛已刊本，作五卷。詩文續得者均散入各卷之内，附刻止存《元史》、《青陽書院記》兩篇劉瑞序矣。

姑蘇雜詠跋

明高啓撰，洪武四年刻本。分書自序。每半葉十行，行二十字。高四寸五分，寬四寸。黑口，雙邊。首行題"姑蘇雜詠"。次行"高啓季迪著，後學殷鏜校刊"，二行補刻。末一葉亦補刻，增入《憩龍山》二詩，小注：憩龍即鏜之新阡也。偶閲《大石志》，得此二首，故并録之。大石在陽山，涌出山腰如蓮花。《志》明中葉人所撰，撰人俟考。既見此《志》，似非明初人矣。然《大全集》以前單刻本，無不絶佳，况爲各名家遞藏，尤爲瓌寶無疑。藏印有"馬印思贊"白文小方印，"紅藥山房考藏私印"朱文長方印，"思贊"朱文小長方印，"振宜珍藏"、"滄葦"朱文兩方印，"滄葦"朱文大方印，"振宜"白文小印，"汪繹别字東山"朱文、"庚辰狀元"白文兩大方印，"稽瑞樓"白文小長印，"蓉鏡收藏"白文、"芙初女士姚畹真印"朱文兩方印，"畹芳女士"朱文長印，"清河"朱文小方印，"在處有神物護持"朱文方印，"蓉鏡"朱文小印，"芙初女史"朱文、"姚印畹真"白文兩方印，"佛桑仙館"白文方印，"香草山房藏本"朱文長印，"貽典"白文、"秋莽"朱文兩方印，"芑孫"朱文方印，"墨琴"朱文小長印，"飛雨樓"白文大長方印。前有孫子瀟，後有席佩蘭小款，蔣伯生題款，黄琴六跋。

元音跋

《元音》，明本。半葉十一行，行二十一字。高五寸六分，寬四寸二分。黑口，單邊。前有洪武甲子烏斯道序，稱寧波孫厚理彙輯。又有“曾用”藏印，稱爲定海張■達所刻。末題“辛巳九月下澣”，而空其年號兩字。辛巳爲建文三年，殆以靖難革除，刊削其板，蓋猶明初本也。各家著録皆鈔本。荃孫亦有舊鈔，刊本則初次寓目。每卷前空三行。有翰林院印，知爲翰林院散出。惜止存半部。後有禮部姚鼐跋。

有學集跋

牧齋尚書《初學集》一百十卷，瞿忠宣公爲刊於崇禎癸未。入國朝，所撰未刻稿手編五十卷，本《初學集》舊例，名曰《有學集》，在從孫遵王處，流傳於後。無錫鄒流綺漪刻於康熙甲辰，是第一刻也。鄒又刻吴梅村《綏寇紀略》，借名吴伯成興祚序。伯成控諸有司，至毁其版，此集遂同毁矣。趙刻《敏求記》，假傳王露序，亦經官毁版。康熙乙丑，梁溪金匱山房重刻此集，增入題跋、雜文，爲卷五十一，各卷亦有增入，是第二刻也。今得初刻原本，而目與文不合，文之篇葉又不合小號，有云一至五者，有云六至十四者，抽换改易，悉數難終，略可補綴，亦未能照目叙入，而以二刻之增入者，彙次於後。隨又得莫君楚生所藏舊鈔本，亦五十卷。而《投筆集》一百八首，編入第十二卷，刻時撤去，僅存《後秋興》八首，重刻又撤去。字句改者甚多，及次序大不相同。有“錢氏大昕”白文方印，而無跋。當時禁書，未敢著筆也。

陳皇士太僕啓禎兩朝遺詩録跋

《啓禎兩朝遺詩》八卷，長洲陳濟生撰。濟生，字皇士，號定叔，陳文莊公仁錫之子。以蔭歷官至太僕寺丞，娶顧賓璠官蔭生同應之女，寧人先生之姊婿也。以天啓乙丑、丙寅之際罹逆奄禍以死者爲一類，崇禎時殉國難者爲一類，乙丙以還起義死、肥遁終者爲一類。人各有詩，詩繫以傳，是《中州集》、《河汾諸老遺詩》一派，格式亦與《中州集》同。始於癸巳，爲順治十二年；成於乙未，爲順治十四年。皇士表章忠義，網羅遺佚，雖具苦心，實干法網。身故之後，尚以此書爲人所訐，致寧人先生投山東獄自辨，僅而得免。邇時，姜元衡出首之書一百二十餘葉①。沈天甫出首之書三百一十六葉。今武昌陳仕可參事所藏八卷，共四百三十二葉。有有詩無傳者，有有傳無詩者，又存留之傳，大半《明史》有傳之人，恐抽毁業已不少。惟是二百餘年，尚有最足之本流傳在世，固爲人所不料。諸先生詩無集甚多，片語隻字，得之不易，在天英爽，固亦式憑，然非仕可之勤於搜訪，亦不能及見耳。皇士有《再生紀略》。

康熙五年，萊州即墨縣故兵部黄公家僕，黄寬之孫黄瓚之子，本名黄元衡，順治己丑進士，授內翰林，揭告其主，原任錦衣衛都指揮使黄培、見任浦江縣黄坦、見任鳳陽府推官黄貞麟等二十四人逆詩一案，出首書二册，計一百二十餘葉。六月，奉旨發督撫親審。七年正月三十日，撫院審時有云《忠節録》即《啓禎集》一書，陳濟生所作，係崑山顧寧人到黄家搜輯發刻者。咨行原籍逮證。

康熙六年，沈天甫、夏麟奇、吕本、葉大合夥僞造此書，假已故陳濟生之名，而羅江南北之名士巨室於其中，以爲挾害之具，又僞造閣輔吴甡一序，以騙詐其子見任中書吴元萊銀二千兩，因未給，將此書出首，計三百一十六葉。

按：兩書即是一書。沈天甫出首三百餘人，今止一百一十六人，且多死於明朝。黄宗昌傳已無有，或沈天甫多所羼入。斥爲僞造，或督撫不欲興大獄株連多人，先自毁去，亦未可知。是時，去浙江明史案不過四年，沈天甫踵吴之榮之故智，督撫正法沈天甫四人，案遂消滅。小人害正，反以自害，而斯文之元氣，藉以存留，國

---

① 姜元衡，下文作"黄元衡"。

家陰受其福。今安得此有擔當之督撫哉!

校本六唐人集跋

《聯珠集》一卷,馮補之據乾道本校,半葉九行,行十六字。何義門覆核。《李賀歌詩》,陸敕先據陳解元刻本校。《長江集》,敕先據南宋本校。《臺閣集》,毛斧季據南宋本校。半葉九行,行十六字。《唐英集》,敕先據述古堂鈔本校。《唐風集》三卷,斧季據北宋本校,半葉十三行,行二十一字。敕先覆校。今乾道本《聯珠集》由虞山歸荃孫,與校本絲毫吻合,誤字亦同,足見前輩校讎之精,而他本之佳亦可知矣。毛刻《四唐人詩》,在毛刻爲最精,而改換行款,喜易古字。異本標"一作"於下,邇時参合各本,擇善而從。後來盧抱經、孫淵如墨守此派。敕先則據一宋本,筆筆描似,即訛字亦從之,縮宋本於今日,所謂下真迹一等者。後來黄蕘圃、汪閬源墨守此派。兩派一屬校讎,一屬賞鑒,均士林之導師也。各本均初印,荃孫亦取毛本照臨一過,印本稍後,《唐風》半已刓改,虎賁中郎,典型尚在,讀書者自能領會之。《唐風》署"玄黓攝提格",康熙元年。《唐英》署癸巳,順治十年。《李賀》、《長江》均署癸卯,康熙二年。《臺閣》署甲辰。康熙三年。皆在甲申之後。諸君祇書甲子,不書年號,蓋以遺民自命也。至義門覆校《聯珠》,則大書康熙辛卯矣。東海揚塵,滄桑又見,不自知涕之何從也。壬子正月九日。

蘆川詞跋

明鈔《蘆川詞》二卷,黄蕘圃舊藏。每半葉七行,行十三字。字大如錢。前有何義門跋。蕘圃先得鈔本,後得宋本,撤去補寫之葉而影宋本,以補加跋至八段,并識兩詩,亦可云愛之至矣。《宋藝文志》作二卷,《書録解題》作一卷。宋時本自兩行。此與宋本,由黄歸罟里瞿氏,由瞿氏歸豐順丁氏。今歸吾友張菊生,假我録副。校訖讀何跋,言心友得此册於錢遵王家,因檢《讀書敏求記》,舊鈔足本詞曲類末條云:"張元幹《蘆川詞》二卷,匏庵先生手書。詞中多呼'不'字爲'府'字,與'府'[1]同押。蓋閩音也。"趙脱本條。阮本,題存長半字,字■■■■[2]詞二卷。解存此■■■■[3]手書。詞中多味[4]否字爲府與舞[5]。下缺。然則此書爲吴文定公手書,其板心無功甫字者,爲後人所補,字迹迥不合。蕘圃未檢《敏求記》,一經拈出,愈爲是書增重。宋本仍在瞿氏,此書亦從瞿氏流出,書後有"恬裕齋印"朱文方印,即鐵琴銅劍樓舊名也。壬子九秋江陰繆荃孫跋。

首闋《賀新郎》"過苕溪。尚許垂綸否,風浩蕩,欲飛舉",上闋末三字"醉中舞",即《敏求記》所謂閩音也。宋人彙本,口上往往標其字,如江西詩派《饒節操集》署"倚松",《三公類稿》之署"南塘梅亭",皆口上特標兩字,又何疑乎功甫!

明本拜月亭記跋

《拜月亭記》,元施君美撰。何元朗謂勝於《琵琶》,王弇州不以爲然。然《琵琶》襲舊太多,與《西厢》同病,且其曲無一句可入弦索。《拜月》則字字穩帖,與彈搊膠粘,蓋南曲全本可上弦索者,惟此耳。至於《走雨》、《錯認》、《拜月》諸折,俱問答往來,不用賓白,固爲高手。即旦兒髻雲堆小曲,在"少不知愁"齣。摹擬閨秀,嬌憨情態,活脱逼真。《琵琶》,《咽糠》、《描真》,亦佳終不及也。沈德符云:"向曾與王房仲談此曲,渠亦謂乃翁持論未確。且云:'不特别調之佳,即如聶古,陀滿争遷,都俱是兩人胸臆見解,絶無奏疏套子,亦非今人所解。'予深服其言。若《西厢》,才華富贍,北詞大本,未有能繼之者,終是肉勝於骨,所以讓《月亭》一頭地。《月亭》後小

① 按:府,國家圖書館所藏本原跋作"舞"。

② 按:国家图书馆藏本原跋"字■■■■"作"之半空四格"。

③ 按:"解存此■■■■",國家圖書館藏本原跋作"解上空四格"。

④ 按:國家圖書館藏本原跋作"呼"。

⑤ 按:國家圖書館藏本原跋此下有"同押"二字。

半,已爲俗工删改,非復舊本矣。"今細閲《拜新月》以後,無一詞可入選者,便知此語非謬。至王静庵以"雙手擘開生死路"二語據小説,爲明太祖撰句,證其非元人。太祖自僧爲盜,目不知書,此等事相襲甚多,皆非事實,不足爲證。至《拜月》改爲《幽閨》,約在明末。萬曆癸巳,吴中諸公子習武,爲江南朱撫軍所訐,謂諸公子且反,其贈答詩云:"君實有心追季布,蓬門無計托朱家。"以實謀反確證。時三相皆吴越人,恐上遂信爲真,急疏請行撫按會勘虚實,朱已去任,代之者爲解曰:"《拜月亭》曲中,陀滿興福投蔣世隆,蔣因有此句答贈,非創作者。"因取坊間刻本證之,果然,諸公子獄始漸解。王房仲亦諸公子中一人也。今新舊刻本,俱無此一聯,豈大獄興時,憎其連累,削去此二句耶?或云《拜月》初無是詩,特解紛者詭爲此説,以代聊城矢耳。邇時尚未改《幽閨記》。荃孫所得李卓吾批評本,已作《幽閨記》,亦無季布、朱家二語,足證解紛之説。開場《沁園春》,是大字。第一折《緱山月》以下五闋未移,《喜遷鶯》、《杏花天》、《小桃紅》三闋亦無之。衹前圖尚存一葉半,前半葉是走雨,全葉是杵衣光景,書中無此情景。書口又明書"幽閨記卷上",又非他書雜訂。質之静庵,以爲何如?

翁覃溪行樂十二圖跋

大興翁覃溪先生《行樂十二圖》,作一册。一曰滕王閣,乾隆己卯典江西試,先生年廿五歲,有七律一詩,不載集中。一曰黄鶴樓,乾隆壬午典湖北試,先生年廿八,有"千古題詩到崔李,國朝制義重熊劉"一聯。一曰閲江樓望七星巖,有七古詩,見集中。以上小影無鬚。一曰藥洲,乾隆辛卯九月,先生典學廣東之八年,將交代,時年三十七,像始有鬚,有詩,不載集中。一曰棲霞叠浪崖,乾隆己亥典試江南事,先生年四十五。一曰澄海樓,乾隆癸卯出關,年四十九,有詩,見集中。一曰棲賢望五老峰,歲在丁未,先生典江西差之次年,年五十四,在棲賢寺,望五老峰,真廬山正面也。一曰蠡勺亭,歲在壬子,先生典山左學,年五十九,詩見集中。以上八圖,均出使在外登覽之作。一曰直閣曝書記，官文淵閣直閣事時秘閣曝書等事。一曰奎堂閱卷，記癸卯秋闈，典試順天事。一曰校勘諸録。一曰考訂金石。則先生常課也。先生處國家全盛之時，膺文學侍從之職，軺車頻出，勝友如雲。著作等身，年登大耋。目窮山水之勝，心結翰墨之緣。百年之下，尚有餘慕。今也文集三十五卷，刊於閩中。詩七十卷，分刊於京師、福建。又重刊於粤東。即片紙隻字，藝林奉爲瓌寶。昔曾得先生手稿四十餘册，詩文未刻甚多，鈔出詩二十四卷，文約百篇，録存一目。今易主，非解事者，大約沈薶矣。昔見藥洲卷子，以其圖近匠工，遂未購置。今觀此圖，與藥洲卷即一手所繪，或先生門客所爲，非畫家也。宣統庚戌江陰後學繆荃孫記。

癸甲稿

目　録

卷　一

詩

癸丑二月樊園探杏限東韻

江南二月披和風，樊園花事春融融。主人好花兼好客，樓臺虛敞閑庭空。花光炤眼紅不定，山杏絢爛疏籬東。消息早知新雨足，色香恰好斜陽烘。小正特書囿有見，道園細譜風入松。穿林蠟屐有餘興，百步芳草青蒙茸。座上名流皆舊雨，恍如身到長安中。論齒不才忝居首，飄蕭白髮真衰翁。黍離麥秀歌慷慨，畫禪書蠹談從容。張燈賭酒足豪放，興酣一往拈詩筒。新詩明日駱驛至，景文開府當同工。他時結實應餉我，異種或出蓬萊宫。《藝文類聚》有蓬萊杏。

題王文簡公與林吉人手札

書律詩聲晋與唐，苦吟一字費商量。天生愛好成標格，字字珍珠夜有光。

千古騷壇負盛名，虞山而下數新城。李何一派原私淑，清瘦于鱗是後身。用吴修齡語。

三月三日善化相國約同人樊園修禊今年距永和蘭亭是二十七癸丑用工部麗人行韻

上巳雨晴天宇新，元老開閣宴故人。永和勝事記憶真，分體分韻取次勻。廿七癸丑同陽春，名流角逐鳳與麟。海棠絢爛紅綻唇，官柳婀娜青摇身。游敖相習情轉親，桃源咫尺能避秦。緘詩天雁偕河鱗，即此籌畫皆經綸。會稽是時驚胡塵，東山高臥推國珍。屈指草聖兼經神，《隋志》:《周易繫辭》二卷，謝萬撰。後之談者尤津津。流觴左右能幾巡，狂醉或吐丞相茵。我欲歸采蓉湖蘋，有水可釣車可巾。曠達夙師劉伯倫，埽除得失消喜嗔。

同人又以莫春之月天朗氣清惠風和暢分韻得莫字

良辰逢上巳，春光已云莫。勝會數蘭亭，中外咸傾慕。今年又癸丑，屈指廿七度。雅集固盛傳，法書尤廣布。是時晋南遷，玉步已非故。西垂宣武驕，北伐深源誤。聊借觴詠娱，藉申曠達趣。吾儕方苦兵，佳日猶覓句。蠟屐惜無山，鶯花方滿樹。靖節記桃源，召平老瓜圃。烹飪五侯合，塵囊四美具。回憶咸豐初，江南墮妖霧。已失金陵城，復斷譙山戍。前癸丑二月十二，江寧陷。十八，鎮江陷。壤奪倒筐篋，殺戮及婦孺。忽忽六十年，兵革還再遇。傷哉歷窮途，何日得安堵。世事險弦絲，浮生高葉露。懷古情更深，訂盟景相附。風憶永和清，酒依金谷數。

六月十二日山谷生日會於泊園乙厂主之出觀宋刻編年詩注用詩中七古原韻爲題因次李之純少監惠研韻

江城六月凉如秋，主人提壺勸不休。瓣香雙井作雅集，軒宇静穆林塘幽。詩人中讒走瘴地，未能導養追安期服丘。零落斯文在天壤，萬古不廢真山丘。乙厂慕古如慕膻，百千神怪叢筆頭。出入天心穿月脅，瘦筋勁骨鑴窮愁。膚詞埽盡真理出，貫弗今古推時流。蘇齋自誇獲三注，綢刻草草非深求。散原得詩君得文，紹興乾道祖本供冥搜。乙厂先得宋刊《三注詩》本，又得《黄太史前集》。爲紹興鑴板，乾道補葉之本。年譜卅卷須復古，庶幾一洗西江羞。孫酱撰年譜三十卷。明嘉靖本，尚存其真。萬曆并爲十四卷。翁刻本亦從之。四庫本又并爲三卷。祠堂本，又以嘉定己巳，爲咸淳己巳。須重刻舊籍正之。

答謝同人壽詩

茫茫人海萃千愁，虚度年華七十秋。名姓祇能隨紙尾，行藏轉恐問刀頭。不久避海上，不得歸里。彦回高壽誠非福，席帽席帽山人，元王逢自號。山在江陰。吞聲不解憂。多謝諸君勞見愛，枉將樗櫟費雕鎪。

前詩已成復得五六十字
謂之自壽可謂之自挽亦可

七品歸田擬釣師，自知入世不相宜。可憐漏盡鐘鳴日，又值天荒地老時。學步隨園徒自悔，抗心蕘圃亦難追。一生草草無成就，空負霜眉與雪髭。

題高翰生金泉修書圖

揮麈譚經憶昔年，萬間廣厦兩名泉。泉聲如舊名流逝，話到齊州便惘然。光緒辛巳，東撫張勤果公，聘予主講濼源，兼修通志。時孫佩南主金泉精舍，與趙青衫、法小山時相過從。勤果薨逝，予亦因病回京。今諸君均歸道山矣。

轉瞬滄桑百變更，閉門點勘擁書楹。聊城楊精粹臨清徐富，赫赫東方三大名。

齊東金石冠垓埏，昔日儀徵勒鉅編。百二十年君繼作，可憐與我了無緣。昔修通志，金石一門擬辦續志，志所無者，體例一準前編，志所有者，僅存目録，并辨誤、補考、待訪目。

九日雲起樓登高

簾卷西風萬木凋，危樓百尺入層霄。側身天地空千古，放眼關河又一朝。老去詩篇多漫與，愁來樽酒總無聊。重陽舊事休尋索，三五吟朋伴寂寥。

浮雲西北是長安，塵世緣知插脚難。出入自由同狗竇，升沈不定誚猴冠。故園松菊秋心老，滿地干戈海色寒。麥秀黍離歌慷慨，南中風物盡憑闌。

送梁心海之西陵

昔年風範郅都鷹，閱歷名場擅九能。皋羽詩歌悲故國，亭林涕淚酒諸陵。窮邊驛堠朝飛雪，古道關河夜蹋冰。松柏歲寒褒直節，豐裁愈老愈崚嶒。

題邊袖石前輩詩詞手稿

少年幕府中詞館，我與先生蹤迹同。宰相薦賢天特簡，遂收保障汴南功。先生爲文文恪公薦舉，得召對。

一燈午夜雨如絲，細讀空青絶妙詞。白石玉田傳法乳，聞聲卌載慰相思。光緒乙亥編《書目答問》，南皮師屬以《空青詞》入詞家。今甫得讀全詞，相隔四十餘年矣。

手稿猶存一尺餘，吴興體雜率更書。清門零落休傷感，掇拾叢殘勝定廬。同治庚午，晤令子竹潭於都門，詩詞有家法。竹潭殁於浙，遺書遂盡出矣。錢衎石給諫《定廬集》殘稿，李菊農重次之，爲之刊行。不如公集之手定也。

題明葉天寥先生遺象

竺乾風範義熙民，骨相崚嶒面目真。紀歲特書監國歷，入林猶是宰官身。夢中兒女仍如舊，眼底河山忽斬新。一樣啼鵑桑海恨，可憐頻歲滯風塵。《甲行日注》用監國大統曆。

題劉葱石枕雷閣圖

龍頭鳳臆綴花綾，唐代流傳雅樂徵。摩詰崑崙俱闃寂，宫中還有鄭中丞。

孔東塘顧天石同時逞異才，人間樂府出新裁。一時搬演《桃花扇》，百載沈霾《小忽雷》。

舊曲新鐫萬衆知，居然寶器亦隨之。小雷躍出大雷繼，正是劉郎得意時。

入雲高閣滬江濱，斜枕桫欏拭蜀塵。紅袖添香勤愛護，賞音猶似舊宫人。

漁洋生日分韻得尚字

我朝詩人數宗匠，新城尚書孰與抗。今日恰逢揆攬期，二百八十年相望。公生崇禎歲甲戌，北敵南寇無佳貺。劫火一瞥值盛時，才名四播隨仙仗。潛參王李去浮夸，顯摩中晚徵宗尚。代興詩憶錢受之，愛好名儕朱錫鬯。横山獨往得真傳，確士别裁發高唱。後來作者矜性靈，欲埽前型墮語障。蘇齋集内亦有詩，苦辨蓮洋髓語妄。分來一瓣爇心香，飲不三蕉供越釀。公量最小。何時得見禪悦圖，是否全同坡老相。復初《題漁洋禪悦圖》云：像與坡公相似。

雜 詠

豫章外集探根源，難得乾淳舊槧存。朱敦儒李彤校勘名尚在，可憐零落舊清門。黄蕘圃跋《豫章先生外集》，出自江陰楊文定公家，有"楊敦厚圖書"。

馬蹄秋水誦蒙莊，佳帙傳來篤壽堂。有項氏印。不料熙豐新學盛，居然郭象换王雱。《何義門集》：江陰公車游廟市，以五錢銀購《莊子》一部，郭象序，改署王雱。真北宋本。

赤岸東頭西舜城，兩家藏弆最知名。不圖困學留殘卷，裨助閻何校勘精。潛丘《困學紀聞跋》：在江陰得舊家鈔本殘卷，以爲補其未備，喜甚。《義門尺牘》云：借與大德本，此老草草一閲即還。

一幅重屏合作圖，虎孫考證未模糊。《宣和畫譜》、《清河舫》，傳到江陰夏一駒。李後主、周文矩合作《重屏圖》，《論畫絶句》、《宣和畫譜》、《清河舫》均載之。江陰夏一駒所藏。

題無功道人釜麓歸耕圖

治譜今初卸，田家我夙諳。煙霞雙足健，禮教一肩擔。勁節陶元亮，清風鄭所南。半生攻著述，大可補農談。

憶昔壺觴聚，臨流共舉杯。異書猶未睹，警報忽頻來。辛亥八月廿二日，觴君十刹海之酒樓，仲飴、季樵同坐，擬赴圖書館看宋元板書，忽得警電，遂别去。桑海收殘淚，昆池話劫灰。西山猶舊態，展卷有餘哀。

魛 魚

河鯉河魴外，登盤美莫加。問名徵《爾雅》，《爾雅》：鮤鱴刀。注：今之鮆魚也，亦呼魛魚。産地證棲霞。《北江詩話》：刀魚以江寧棲霞港爲第一。解凍隨潮信，騰波愛日華。天晴則大上，冷則少。腮紅膏欲滴，鱗白玉無瑕。刈草真虚語,《御覽》:望如魚,側如刀,可以刈草。含漿亦浪誇。鄭注:鱴刀,含漿之屬。貫宜尋柳葉,清可配蘆芽。水次嬌難活,明前候不差。清明後則刺硬,味亦少差。上腴饞酒客,俊味羡漁家。魚鱗有油,非漁舟不能嘗。品與清流並,筵無俗士譁。飫心脂滑膩,棘口刺槎枒。形似慚湖鱭,太湖中相似者曰湖鱭。分肥只渚蝦。東坡詩句好,流水送桃花。

題吴絅齋學士九鐘精舍圖

八磚精舍嘉禾張,九鐘精舍吴錢塘。清簟疏簾消永晝,摩挲吉金餐古香。十鐘主人陳簠齋,九鐘主人吴絅齋。兩賢相距數十載,妮古意氣稱同儕。我朝金石學,未易屈指數。西清寧壽兩鉅編,豈慕宣和稱博古。翁阮徐葉諸城劉,寶持款識同琳璆。考訂名物釋文字,傳形識篆無時休。延陵一家最宏富,海南中丞稱領袖。侃叔精審子苾多,平齋恒軒相左右。絅齋淹雅真通儒,翰林同志袁鄭朱。編鐘半堵東魯出,考訂真爲經説郛。煙塵倏起日月蝕,鐘虡震驚天失色。宫廷法物半飄零,會見銅駝臥荆棘。墨寶流傳夜有光,鄭盦邵鐘同考藏。魯蓮訖今數十載,銅仙應感屢滄桑。

止庵相公招飲小桃源主人出家藏印心石屋圖繪全器款客即席以陶字爲韻

天寒木落風蕭颸,相公觴客浮春醪。盤盂奪目同球刀,重器出自安化陶。印心石室高岧嶢,宣皇宫禁揮霜毫。石湖鶴山慶所遭,臣也一例殊恩叨。廿年江左麾旌旄,吴民久沐郇伯膏。繪圖分詠群仙翱,荆關韓蔡新樣燒,每器記一地與詩,書以八分。官厨肅客常炰羔。益陽督部聲望高,冰清玉潤皆人豪,文孫保守猶堅牢。令人賞玩心目勞,郎家善仿宣成窑,郎廷極造,稱郎窑,阮家鋤月梅花描,阮文達公側室劉恭人自畫梅花全器。鋤月山莊四分書。何如此器褒夔皋,傳杯雅集儕宫僚。吁嗟乎!滄桑陵谷又一朝,名臣事業悲風飄。

天家法物街市抛，清門世澤珍璚瑶。妖星熠熠吴楚郊，瓦全相率山澤逃。避秦何處源尋桃，賓筵宴樂餔醨糟。長篇鉅制追風騷，我亦舐墨投詩瓢。

消寒第六集精忠柏斷片歌

潔如寒玉勁如鐵，何年老幹風吹折。拔地參天氣尚存，中藏烈士星星血。柏臺飭紀齊萬民，將軍手植柔條新。一木猶思支大厦，風波獄起冤難伸。此時此柏饒生意，吸露拏雲蔭垂地。秦頭太重日無光，喬木世臣先自棄。將軍已死柏樹枯，柏亦如人正氣扶。東洛松楸霜月冷，西湖花柳春風蘇。可憐樹倒猢孫散，慟哭冬青朝市换。莓苔皴剥疑篆書，留與文房作珍玩。棲霞嶺下王之祠，風吹不轉森南枝。一般草木分榮辱，游客猶譏分檜屍。

甲寅正月二十日朱念陶招同人祝唐白太傅生辰續舉九老會荃孫年七十有一預坐賦詩

樂天生自唐中葉，不是開天全盛時。壽到期頤思竹馬，心非朋黨羡泥龜。名流佳日多茶隱，阮文達同生日，年年有詩，題云"於某地茶隱"。末世狂徒託酒悲。甘露變生恩怨盡，消摇世外自吟詩。

滬濱好客朱公叔，良夜群星聚一筵。腰笛坐中吹李委，牙琴海上契成連。敢云觴詠追前哲，驟歷滄桑厭大年。别有傷心人不識，怕吟長慶舊詩篇。

題全謝山先生象

梨洲授四明，史學冠當代。先生尤卓犖，識見越流輩。微言兼大義，抗論必千載。事迹辨是非，人材擬進退。上可繼毛朱，下足開錢戴。走也私淑殷，遺書頗津逮。祠堂拜公像，静挹温和態。祠在四明西關，陸漁笙前輩約同游，瞻遺像。梁君再示我，又若聆謦欬。

句餘搜土音,端溪有遺愛。我願摹萬本,瞻仰同泰岱。

赴松江

閉關東海角,忽忽已三年。揮手出門去,風光隨處鮮。秋心來雁外,凉意到鷗邊。行止惟吾適,胸懷倍灑然。

西風吹木末,轉瞬得秋多。微雨消殘暑,流光付逝波。炎凉覘世變,酩酊發高歌。恒悟盈虚理,吾甘老薜蘿。

山色青於染,當門見一峰。石梁花外艇,野寺午前鐘。鶴唳文人恨,鱸香隱士蹤。雲閒原劇郡,地力盡三農。時秔稻將登場。

天水遺珍籍,來從士禮居。清門傳祖硯,樸學守楹書。錦贉留身後,牙籤出燼餘。郁徐零替久,世澤孰能如。韓淥卿先生遺書,幾埒罟里瞿氏,文孫子穀世守之,且編書目,佳子弟也。

到家

鍾山如識我,不改舊時青。城郭三年别,兵戈兩度經。壞墻留舊迹,對門高壁,有槍彈眼。戰血有餘腥。不意蚩蚩俗,都存桀驁形。

皕載昇平福,無端社稷夷。封疆歸債帥,家室撞纖兒。空抱中興志,都爲反噬資。孤忠天不諒,誤國恐難辭。

蓬蒿高過額,門巷認依稀。亂世居難卜,移家計已非。書囊拋糞壤,畫簏長苔衣。實事。家國無窮恨,臨風淚漫揮。

六代繁華域,傷心與昔殊。松芟定林寺。半山寺古松芟伐殆盡。水冷莫愁湖。發冢當塗令,流民鄭俠圖。江南稱勝地,何計慰窮愚。

到京示同人

視草西清舊迹空,浮漚身世嘆途窮。可憐鶴髮開元叟,蹤迹無端似牧翁。

雲龍角逐少年場，舊雨凋零史局荒。一代興衰萬行淚，後人能否擬元遺山楊鐵厓？

示甘遯

一别三秋久，重逢唤奈何。暮年來日短，新鬼故人多。謂蔣伯斧、王扞鄭、王孝禹諸君。難得鐵如意，休言金叵羅。重陽存舊約，十日又先過。

和吴甘遯韻

横流滄海已三年，依舊吟情到酒邊。慨我胸懷多悵觸，視君顔色倍鮮妍。窮途屢歷冰霜劫，亂世偏多翰墨緣。黄菊青樽猶昨日，酡顔相對更陶然。

吴甘遯原唱

滿城風雨來杯底，一夢滄桑過枕邊。用藝風舊句。三度重陽增寂寞，兩開叢菊尚鮮妍。亂離頓積無窮感，文字能容再見緣。紅頰白髭還失笑，詩情酒趣故依然。

題吴甘遯藏毛鈔石藥爾雅

世重隱湖鈔，蕘圃别成卷。隱湖有心人，侫宋能推衍。選書必佳帙，掄工皆上選。提行前後同，點畫幾微辨。中郎不可見，虎賁成冠冕。所以賞鑒家，寶之若瑚璉。石藥道家言，書自李唐顯。吴君得此本，愛玩加睇眄。文苑落傖荒，酒邊成禁臠。珠璣十二幅，寸心聊自遣。

九月九日次陶集閒居韻

重九古佳節,驅車訪友生。一醉苦無緣,强以登高名。冒雨同東坡,坡和陶詩。是日大雨。愛菊殊淵明。擊筑有餘哀,掩鼻難成聲。少壯曾幾時,倏忽罷頹齡。轉厭年命長,坐視河山傾。河山猶不固,何心計浮榮。得失徇天意,盛衰感物情。今年困水旱,翹首覘西成。

重游崇效寺觀紅杏青松卷

天花夜落誌公房,虹月歸來挹古香。卷子失去數年,楊蔭伯宗丞贖歸,仍畀寺僧,高義也。百戰河山餘老衲,智公,明故將。松杏之戰,脱而歸禪。故畫以見意。千秋翰墨托空王。宣南掌故花仍在,龔定庵詩"此是宣南掌故花"。日下新聞志久荒。荃孫昔年隨筆曰《日下新聞》,甲午出都遂止。往事不須悲御李,昔年常與越缦先生同游。市朝轉瞬又滄桑。

銷寒第七集題湯貞愍公夫婦子女畫册

驢背將軍度斷橋,吟詩作畫莫還朝。一門忠義兼風雅,點綴江山又六朝。公有小印云"六橋驢背故將軍",及返金陵,又鐫小印云"六朝煙月騷人長"。

緑窗花雨舊藏春,仙侣劉樊擬降真。寫得一枝先寄遠,梅花香裹憶詩人。雙湖夫人,止存詞兩首,一寫梅寄九江,一有句云"緑窗花雨,舊是藏春處"。

描真周昉擅風神,袁浦名喧湯美人。潑墨無端成幻戲,媚猪一一又横陳。樂民以畫美人得名,老年忽改而畫猪。

好山無恙隔窗青,祠宇依然薦醁醽。取義成仁何所恨,千秋相伴有銀瓶。嘉名,公第八女,同殉於池。

畫梅樓册歸何處，昔日七人今五人。廿載韶光容易過，調脂吮墨亦傷神。公在靈丘署中，與雙湖夫人，公子壽民、右民、樂民，右民婦金芷香，女緑春，人繪一幅，積成十四幅，並跋云："小女祇八齡，未能握管也。"此册作於辛丑，右民夫婦，緑春，均離膝下。而嘉名字碧春者，即前跋之八齡幼女也。

題顧亭林先生象

厄運遭陽九，雄才冠大千。天開新世界，人是古英賢。精衛思填海，離騷欲問天。鬚眉真栩栩，曳杖總凄然。

高風陶靖節，治術賈長沙。餘事攻經學，浮生感歲華。歌聲出金石，生計指桑麻。最愛關中勝，能安即是家。《北江詩話》云：先生詩有金石氣。

史局求遺老，鋒車旦夕徵。禮賢辭几杖，誓死辦刀繩。枉札貽規範，微言示勸懲。一朝文獻在，拒絶又何曾。先生雖不就徵，常與史館諸公函。見集中。

豈有徐東海，張天如陳眉公尚不如。東海請先生回故鄉，先生須每年五百金，又門生故舊，須位置者數十人，並言天如、眉公之故事，則無所難也。庾文最蕭瑟，梁竈謝吹噓。又致某人書有云：將歸尼父之轅，恐近伯鸞之竈。漢學開新派，吴鄉棄舊居。無兒何所恨，傳世有遺書。

題董香光墨迹

華亭尚書今鍾王，墨花零落霏古香。方册縱横高尺許，兩罍軒主曾收藏。尚書揮毫紹南派，圖開筆陣源流長。行間布分舞燕折，腕底變化神龍翔。上追殘宋松雪趙，下啓昭代天瓶張。三賢迭主敦盤會，扶持元氣規晋唐。忽焉小夫矜北學，靡崖造象搜琳琅。擺脱規矩入險仄，埽滌文采趨傖荒。遂致人心日囂薄，即觀書法能猜詳。我持此册三嘆息，方知至美皆尋常。奇珍在篋勤保護，夢坡室内騰英光。

詠　史

龍子作事非尋常，腸肥腦滿琅琊王。殺一漢耳天子弟，誰知此漢非傖荒。交手即亂軍自潰，王命懸於斛律光。家家作主尚不免，保母猖獗宰相盲。桃枝慣作如許事，光亦備染涼風堂。大家甘作龜兹國，此王此相同淪亡。

嗚呼亂世人道窮，以人爲糧口腹充。惜哉高陽七十翁，一死乃與醯雞同。沐猴而冠甫脱口，韓生命盡鼎鑊中。周苛紀信兩烈士，甘赴火焰成長虹。太公登俎幸而免，杯羹分我驚愚蒙。睢陽巡遠則曰忠，大業昂瓚則曰凶。盜跖脯肝猶不足，逆賊朱粲雙眼紅。吁嗟乎！世間怪事無不有，敲骨吸髓言之醜。可憐鳳翔三歲圍，城中人肉賤於狗。朱温圍鳳翔三年，城中人肉價百二十，狗肉價三百。

北齊小樂府

南齊廿四年，北齊廿八年。天語賀六渾，汝其王三川。王三川。

頭長齒如玉，獨識隊主高。如何見山陵，天子猶緋袍。九龍母。

露頭兼袒髆，奔走山谷中。高王猶未死，天子自英雄。英雄天子。

盡失大河南，猶作龜兹國。不怕陳師强，只怕周師逼。龜兹國。

腸肥兼腦滿，吾愛琅琊王。不殺陸令萱，龍子亦尋常。琅琊王。

高末復高末，漸漸周師盛。天子縱無愁，佳人難續命。高末歌。

仰天引雕弓，一箭落雙翼。我倚此二婦，便足擊劇賊。二婦勇。

勇哉蘭陵王，入陣何太深。不能取宇文，家事空關心。入陣曲。

造像欲求福，鋤奸思報國。悲哉雀離院，佛力救不得。雀離院。

不作衝天王，願使安於德。可憐兩目耳，終是周師得。衝天王。

朕朕狗脚朕，三拳朕受之。試看拳落處，可是元家兒。元家拳。

今年周打冰，明年齊打冰。河冰自年年，國勢不可憑。打河冰。

人生處亂世，禍福無所避。高乾賀拔允，死於嫌疑地。反覆死。

此人如尚在，何得至平陽。百升飛上天，血濺涼風堂。涼風堂。

韓陵破四胡，邙陰擲頭顱。天自生英傑，焉能作腐儒。臣叔粗。

中流十萬兵，居然温太真。朱瑒表已傳，懷血爾何人。王琳恨。

手持一壺酒，遠勸李光州。三百六十日，亦有醒時不。一壺酒。

産母夢風雷，氣概何雄哉。可憐竇行臺，一去不復回。竇行臺。

在上貴不驕，君子防未萌。慧童具卓識，豈以辯給名。師羅對。

魚鳥任留連，好官思爛熟。周公抱成王，勸進一何速。官爛熟。

清白貽子孫，吾慕鄭公鄉。石刻今猶在，回首白雲堂。白雲堂。

人生如寄耳，行樂何愁爲。崔張死直諫，狗漢太無知。生如寄。

河橋幕下歌，神武手中酒。鯁直亦何爲，被人譬作狗。畜犬吠。

侍書與侍讀,先後俱封王。可憐疥駱駝,終老讀書堂。孔昭嘆。

欲答霸朝書,須問崔嬭母。佞人偏好學,直諫遂獲咎。崔嬭母。

不願作長史,痴漢抗暴君。如何間數歲,又盼嶽興雲。雲興嶽。

三崔並二張,不如一元康。窮寇何弗追,貽患空悲傷。邙山恨。

我慕崔彥玄,不擇清華地。今若進兒曹,與身亦何異。崔彥玄。

粟飧并葵菜,垂老終餓死。名德何人知,悲哉盧叔武。盧叔武。

玉璽方頒詔,真珠竟造車。清觴滿杯酌,不久落黄花。黄花落。

明季小樂府

迎福王

京師亡,天下震。南都猶在人心奮。理合傳檄東南疆,諸鎮聯盟雁行進。不然半壁思偷安,可追宋高與晋元。奈何袖手咸坐視,北向未能發一矢。不迎潞佛子,轉迎福世子。擁戴功成拾青紫。迎者誰,馬士英。拒者誰,史本兵。天心已定福王一,諸公紛紛亦何益。

黔驢相

闖用牛,明用馬。兩畜生,亂天下。馬非馬,實黔驢。技止此耳忘崎嶇,驢弟能敵馬兄乎?主謀何人阮鬍子,聽其穿鼻受驅使。乞生畏死仍罹凶,何不蹈刃沙場終?慷慨獨有楊文驄。馬士英迎降，又通書唐藩，爲大軍所殺。楊龍友衢州戰歿。

四　鎮

左鎮敗，賀鎮死，健將只有黄闖子。翻天鷂乃賊中來，二劉庸庸何足數。不進恢復策，乃專擁戴功。峨峨五等封爵崇，淮南淮北長城同。降者降，死者死。戰血模粘板渚雲，逆骸狼籍都城市。帶礪流傳二百年，至今尚説歸命田。黄得功於板渚戰歿。　劉澤清迎降，死於都市。　散秩大臣錫光田雄，子孫仍襲侯爵。　馬蘭鎮總兵文瑞，劉良佐子孫。　兩廣總督德壽，耿仲明子孫。

石巢園

詠懷堂，懷寧鄉。石巢園，褲子襠。避囂遠遁牛首陽，獻花巖下青豆房。挑燈譜曲彈絲簧，餘技不亞臧晋叔與湯若士。一錯何妨認十錯，陡變熱惱爲清凉。奈何諸君不我赦，重題舊事終參商。一朝奮翮排天閶，誓師素蟒重登場。奈何國祚不久長，可憐伯嚭走錢塘。石巢園，在金陵。　祖堂乃懷寧填曲之所。懷寧起戎政侍郎，素蟒視師，人謂梨園變相。北兵逼金陵，人問懷寧何所趨避，懷寧曰："我必不學伯嚭走錢塘。"識者謂："古無是語，殆曲本上得來。"然懷寧後正自浙入閩。

作順案

魏奄誅，定逆案。闖賊亂，作順案。逆耶順耶今亦故，先殺周鑣雷演祚。兩人心迹未分明，公必殺之罪何據。仙霞關上鬼嘯風，聲聲饒我呼介公。石崖碎骨血濺紅，歌聲猶繞氈帳中。逆耶順耶將毋同。懷寧迎合。　大軍帥弁，思得福建巡撫，時在在行帳唱曲以侑酒。登仙霞關，忽身蹉跌，自語曰："介公饒我。"遂墮山下，糜焉。

復　社

手裏一香珠,口裏一天如,復社名士如是乎？留都防亂檄,國門廣業文。東林子弟張吾軍,猶惜楊家少一人。社事盛,傳奇毁板宗師令。社事寒,文聲陸呈告之夔周彈。幸而阮鬍再起明社終,紛紛譏刺由諸公。否則大起同文獄,五十三參吾道窮。山中不穩猿鶴夢,青衿一例皆沙蟲。手裏一串香珠,口裏一聲天如,便稱名士。　國門廣業會,在南都舉行。　阮鬍再起,告薛諧孟曰:寄語山中諸君,猿鶴夢穩,决不起同文之獄也。然大悲案内,五十三參之説,便思一網打盡。

悲童妃

病已求故劍,弘光棄結髪。伶仃九死兵間來,誰料君家到金闕。昔日猶存敵體恩,今朝只願老長門。縱令生活買顔子,敢望微軀偶至尊。不下册封詔,乃置掖庭獄。道途責貢稍恣睢,牢户免身重穢辱。廣選良家虚内主,驚婚徧擾蘇杭土。如花玉貌冠三宫,有人中夜淚如雨。童妃事,何敢僞認！所言途中供給稍簡,則推案大罵,在獄生子,皆有心誣蔑者。

太子來

九門開,九廟灰。傳語主兒易衣,躑躅行當街。食人猛虎兼雄虺,江南千里何能來。太子竟來,舉朝震驚。不敢到南都,先達杭州城。云西之楚南之閩,支離閃爍非人情。太子真與僞,先驗東宫官。端敬易文華,出語何顢頇。高成木虎無心肝,徒然紛擾喧朝端。近則黄得功,遠則左良玉。出疏固滋寰宇疑,露檄尤非國家福。國家不幸妖孽興,不笑仇讎生骨肉。太子何以能至江南？即使是真,亦不能讓位,况欲之楚之閩乎？

梅花嶺

欲保江南半壁，須防大河南北。區區保淮已無識，何況揚州近胸臆。閣部品望宜治國，倉卒治軍無羽翼。況乎群小萃君側，梁苑先聞高傑亡，皖江又聽寧南逼。倉皇四顧天無色，一死報君亦何益。梅花嶺上拜忠魂，冷香零落游燐碧。

九江哀良玉駐楚，楚已殘破。心艷江南富厚，借題東下，殺掠耳，豈爲太子哉！

獻賊不能平，闖賊不能拒。熊羆百萬武昌城，觀望徘徊兩無據。忽聞太子陷圜扉，借題東下真兵機。那念仇敵思北伐，但聞豪富羡南畿。君側誅奸晋陽甲，上流聲勢英風壓。吴頭楚尾江東西，千里盡遭龍漢劫。烽煙狼藉九江城，負國深於負友生。舊交只憶侯公子，諍友先無喻大兄。幕客空悲蘇與柳，忠言殊愧過天星。左後軍惠登相，即過天星也。良玉死，約束所部不殺掠，全軍歸北。且曰："視若輩所爲，我不如作賊矣。"

錦樹林

風枝婀娜吹幽香，畫蘭名筆留山塘。手寫法華先刺舌，血痕縷縷難磨滅。早遇吴駿公，晚依鄭保御。落花飛絮兩無緣，情悰不爲春風誤。龍山錦樹淡斜曛，泉水琤琮不忍聞。徐后祁妃皆北去，尚留三尺道人墳。弘光帝選后徐氏，錢虞山進之。豫邸妃祁氏，三綬諸生貞明女，歸敬謹親王。阮氏，諸生阮晋女，大鋮宗人，歸孔有德，弘光選定三宫也。

桃花扇

雲亭山人歌一曲，故臣遺老相向哭。黍離麥秀是耶非，半爲美人半朝局。美人名重媚香樓，夫婿梁園第一流。勝地空傳桃葉渡，艷歌常在木蘭舟。聘錢十萬揮閹黨，駔儈安能事田仰。拚將熱血濺冰紈，幻出桃花紅淡蕩。舊院新亭涕淚頻，甘從禪榻證前因。杏花薦卷成佳話，又作弘農夢里人。扇藏商丘宋氏。侯元標中鄉榜，同考楊潮觀夢一女子囑留心桂花香卷子。後得一表，又有"杏花時桂花香"句。蓋是年春鄉秋會也。侯乃壯悔之孫，一時喧傳李香君薦卷。

卷　二

碑　傳　序

光禄大夫雲貴總督吴公神道碑

自來國家純臣，當危難之時，力維大局，不懼衆口。初以弭定一方爲己任，繼以不竟其事爲隱憾。如雲貴總督錢塘吴公，於咸豐丁巳當漢回構釁之時，爲雲南全省計，並爲天下大局計，糾劾鉅紳黄琮、竇垿，撫剿兼施，以紓目前之急，雖省城大定，而徧地皆賊，兵驕餉竭，搘拄兩年，形神交困。上鑒其忠，許其引退。迨後十五年，天下敉寧，然後全滇肅清。蓋苦於時勢之難爲，非才智之不足，而公則引以爲咎，遺言詔子孫，弗爲碑志。純臣之心，後世當共諒之。歲在甲寅，清史開館，公之孫慶坻，奉行狀來，授簡荃孫，言曰："公有命不爲碑志，而事迹罕傳於世，迄今已四十年，亦子孫之咎也。敢乞文以上史館，子其無辭。"荃孫爰序而次之。

按狀，公諱振棫，字宜甫，號仲雲，晚號再翁，浙江錢塘人。曾祖■■，郡庠生。祖顥，乾隆己卯舉人，遂昌縣訓導。父昇，乾隆癸卯舉人，四川資州、直隸州候補知府。三代皆以公貴，贈光禄大夫。妣皆一品夫人。公幼慧勤讀，輒有神悟，癸酉順天鄉試舉人，甲戌進士，改庶吉士，授編修。戊寅大考二等，己卯充貴州鄉試副考官。宣宗御極，召見於乾清宫，奏對稱旨。先充實録館纂修，命充提調。壬午，京督記名，旋授雲南大理府知府。請訓日，上諭以南服遐荒，當以重農貴穀爲首務。公頓首受命。丁亥父憂。服闋，授山東登州府知府，改沂州。戊子調濟南。癸巳母憂。服闋，授安徽鳳陽府知府,擢山東登萊青道,以事降一級。己亥再授鳳陽府。庚子調安慶。辛丑擢貴州糧儲道。癸卯擢按察使。戊申擢山西布政使,調四川,旋擢雲南巡撫,兼署總督。乙卯調陜西巡撫。丙辰授四川總督。丁巳調雲貴,時道路梗塞,駐曲靖一年,兵事吏事,一手籌决,夜恒不寐。入省遂病,屢瀕於危,不得已而後去。公之服官,蓋終始於滇者也。歸途由蜀經鄖陽,聞杭州陷,改道入秦。同治壬戌,詔起耆臣,壽陽相國首薦之。命赴山西與巡撫籌辦河防,又奉命會同督師勝公保、巡撫瑛公棨辦理陜西軍務。旋引疾入晋就養。丁卯回里,遂不出。門庭蕭然,無異寒素。後二年庚午十一月薨於家,得年七十有九。遺疏入,奉旨照總督例賜恤,葬於邑東欽賢鄉將軍山。

公在秦撫時,山陜鹽課,攤歸地丁,課隨糧納,數倍於昔,秦民苦之。公疏言:課歸地丁,則駔儈得賣無課之鹽,窮民倍納無鹽之課,事大有病於民,請改行河東招販,先課後鹽之法,於國課民生,兩有裨益。奏入,允行。兩省編氓如釋重負,至今猶争尸祝焉。在大理,嚴鬻粟之禁。在黔,立義學,教孤寒子弟,設紡織局,興布帛之利。在蜀,續辦按糧津貼,以佐軍糧,停止牙帖,以安商賈。在滇,加增銅廠鑄爐,以振砂丁。止南掌貢使,以恤屬國。他人一節,足以得名,在公尚不能悉數也。公蚤歲即居清要,既壯膺外任,暮年督師邊徼,比致仕,猶馳傳車往來秦晋間。於齊,於皖,於蜀,於滇、黔,先後皆再至。民生之利害,僚吏之賢否,舉皆殫心竭力,以求一是,章疏所陳無片語虚僞,故能以忠誠結主知,雖言路交劾,不爲動摇,事後咸知所見者大,浮議自息。侯官林文忠公早以明敏果練、可當大任許公,至是方知林言之不謬。公工於詩,尤嫻習國朝掌故,所著《花宜館詩》十六卷,詞二卷,《養吉齋叢録》、《餘録》二十六卷,《黔語》二卷。均已刊行。配姚夫人,早卒。繼配王夫人,亦先公卒,袝公墓。子二:長春燕,從二品,山西道員;次春燧,殤。女子三。孫男七:長文塄,工部員外郎;次恩埰,候選知州;三榮塝;四即慶坻,丙戌科進士,改庶吉士,授編修,湖南提學使;五善埴;六道坦;七寶堅,舉人。曾孫士鑒,壬辰科進士及第,授編修,官侍講。

次士錢。荃孫素服公詩詞掌故之學，又納交於慶坻、士鑒，爰爲銘曰：

湖上看山，城東結社。公爲名士，吟秋消夏。鑾坡簪筆，上苑賞花。公爲詞臣，著作滿家。箐霧瘴煙，炮雲刀雨。公爲疆臣，奠安士宇。周旋戚黨，引導材俊。公爲耆碩，豐裁高峻。處事接物，一以純誠。諸葛謹慎，士行恢宏。數典杜鄭，程詩屈宋。息影鄉閭，告終家衖。林泉岡道，佳城穹窿。雲飛華表，日冷喬松。迨今卌年，孫曾繼起。勒銘無愧，敬告惇史。

陳夔卿觀察傳

君諱爔唐，字少和，號夔卿，又號翕青。同邑人。曾祖宏度，乾隆癸丑進士，候選知縣，妣張氏。祖沿，候選按經歷，妣華氏。父式金，浙江候補同知，三品封典，富收藏，工書畫，同時名流，咸稱寄舫先生，妣沙氏、周氏。君幼聰穎，遭亂出亡，未嘗廢學，寄舫先生極愛之。君家本以豪富名，報效軍糈，接濟窮乏。後經粵匪之亂，屋宇毀損，壤地污萊，幾有日下之勢。寄舫先生於同治丁卯暴卒，君時年止十六，入奉慈闈，出御外侮，經營補救，漸以就緒，又復下帷讀書，攻苦不輟。服闋，應試入邑庠。癸酉，南闈薦而未售。光緒乙亥，北闈中式。丁丑，以内閣中書到署，連得本衙門撰文，國史館詳校，誥敕房行走。丙戌，進士，簽分工部營繕司主事，派則例館纂修。丁亥，考取出洋游歷人員，派往英法兩國，及屬邑阿爾吉、五印度等處，著有游編數册。己丑，差回，值周太夫人年届七旬，又蹉跌傷足，先行乞假歸省，冒險遄征，身亦染恙，遂以養親爲心，無復進取之志，於是專人赴部，陳情銷差。光緒辛丑，張安圃督部撫山左，招往幕府，旋歷建德周玉山制軍、光州胡鼎臣中丞、泗州楊文敬公、涇縣吴贊臣中丞，先後八年，均委總辦文案，兼洋務局。改官以道員候選二品銜花翎。胡中丞擬密保，君辭之。楊文敬擬奏簡學使，君又辭之。蓋以母氏年高，雖承特達之知，然猶不忘奉養之志，乞歸旋里，遂終不出。宣統初元，覃恩君由二品銜候選道，加一級，請三代從一品封典，正值太夫人稱九十之觴，國恩家慶，萃於一時，世族之榮，通邑艷之。庚戌，太夫人棄養，君盡哀盡禮，既抱風木之悲，後值滄桑之變，憂愁摧折，目擊心傷，而病亦不可爲矣。以壬子十月二十一日卒於家，年六十有一。

君任事嚴整，主講禮延、西郊兩書院。時朝政維新，初改試時務策論，君論古證今，以不背聖經王道之宗旨，及門如吴增甲、祝廷華、沙亮功、繆炳組、陳錫琨、章錫奎諸人，均獲隽，即以西郊一隅，亦捷陳經、吴栻二人。至山東辦課吏館，分刑律、洋務、河工諸門。館課文字，親加改削，一如書院，頌聲日起。寄舫先生創適園，隱存家祠之意。君十餘年來，補廊培屋，移樹濬池，漸漸恢復舊觀。並自集句爲聯曰："處陰休影處静息迹，爲鳥植林爲魚鑿潭。"胸次曠達已可想見。壬子二月，安奉祖先神位於廳事，承先志也。自寄舫先生以畫名，君童即兼習繪事，師事吴冠英丈，所學日進。在家養痾十餘年，專以山水自遣，筆意遠師石谷，近仿鹿牀。同時如曲阜孔燕庭上公，合肥李新吾太史，常州惲次遠侍郎，丹徒丁叔衡太守，無錫秦岐臣，金匱華若溪兩明經，常熟潘卣南廣文，皆與君爲畫友。太傅翁相國，專緘乞君繪還碑圖，其爲名流推服如此。君配沙氏，繼配何氏。子名璋，保知州，遇缺選用；名發，庠生，花翎二品銜；湖北補用道；名琇，同知銜，分省補用知縣；名珂，五品銜，分省補用知縣。女三：長適張文鳳，次適王樹績，三未字。孫三：以浦，名璋出；以源，名琇出；以渭，名發出。女六。

繆荃孫曰：光緒丙戌會試，吾邑通籍者三人，則君與吴삩初侍御及吾弟柚岑户部也。覆試均一等，殿試均二甲前列。朝考，君與柚岑二等，遂以主事分部，志目中眉，不無怏怏。次年考游歷各國人員，君與柚岑同入選，君游英法，柚岑游俄。己丑前後回國。柚岑由陸道走恰克圖，君游印度至粤，往返十餘萬里，途分水陸，時歷冬夏，度密越阻，炎風朔雪。又復詳其要害，志其風俗，日則游探，夜則考證，與優游使館、雍容樽俎者，勞逸不可同日語。柚岑數年即死，君病亦未脱體，豈偶然哉！三人中，止侍御入居言路，出掌文衡，爲最得意，然而身後蕭條，有人所難言者。柚岑今遺一孤孫，煢

煢不能自活。惟君優游壽考，子孫熾昌，不亦得天獨厚歟！

贈光禄劉紫回水部家傳

君諱安瀾，字紫回，姓劉氏。先世由上虞遷烏程之南潯，遂爲烏程人。曾祖元吉，祖焕章，尚義好施與，鄉里稱善人。父諱鏞，候選員外郎，贈光禄大夫。四子，君其長也。幼時避亂海上，年十四旋里，奮志讀書，卓然思與古人抗衡。越二歲，赴童子試，受知於丁大宗師，補博士弟子員。自是益自刻厲，於書無所不讀，廢寢忘餐，一意著述。猶以兩親在堂，勉力於科舉文字，以期獲雋而娱親心。光緒己卯，例就郎中，簽分工部虞衡司行走。君意氣軒爽，負不可一世之概，而虚衷求益，樂與當代名士游，若嘉定徐相國及其侄季和侍郎、嘉興許文肅公、同鄉馮修盦閣學、會稽陶子珍、秀水朱詠裳兩太史、仁和許石卿太守，研榷問學，幾無虚日，所詣遂日進也。君嘗謂："國朝學術，遠邁前古，即詩家者流，有謂不及前明者。然國初至雍乾，風氣未漓，不乏成家之作，即三家詩出以後，亦有不隨流俗，卓然獨立，可抗古人，不有以最録之，抉擇之，時有文采磨滅之憂。而虞山之《吾炙》，漁洋之《感舊》，其年之《篋衍》，僅録師友著撰。沈歸愚之《別裁》，王德夫之《詩傳》，略爲博大，均止於乾嘉時，未爲完備。若《熙朝雅頌》、《江蘇詩徵》、《檇李詩繫》之類，更囿於一隅矣。"於是博徵群籍，託始順治，下訖同光，手輯《國朝詩萃》一書，於諸家略加芟擇，而尤於高人逸士，堙晦無聞者，以網羅爲職志，瞑鈔昕寫，歷有年載，期以成有清一代之詩史。其間考訂精審，小傳表章作者仕履，兼及逸事，與郭于宫之《全金詩》、顧俠君之《元詩選》，可與并論。已復應京兆秋試，又不售。乙酉，再試南闈，與弟澄如同廩杭垣，未及入闈，驟患白瘮，數日歿於旅廨，年甫二十有九。臨没，深以詩萃屬草盈篋，爲一生心力所聚，未及寫定，屬諸弟俾完厥志。同時學人無不惜之。君無子，以弟之長子承幹爲子，年甫四齡，君生時所最愛者。承幹既長，紹君書香，有聲庠序間，亦善交當世名流。歲庚戌，捐助湖北水灾振款，由護理鄂督楊制軍奏，建樂善好施坊，又值今上踐阼，薄海内外，俱蒙渥澤，承幹爲君請一品封典，誥贈榮禄大夫。君詩古文辭，又厄於火，僅存《詩萃》一書，手録清本，校補板行，庶完君未完之志。而名山不朽之業，亦在於斯，庶足慰君於九原已。荃孫耳熟君之懿行，觀承幹之勤學好客，可以見貽謀之善，而世澤之咸長矣。

論曰：立德、立功、立言，此之謂三不朽。君篤學尚志，既嗇其遇，又不永年，可謂窮矣。然而澤及灾黎，福貽後嗣，等身著作，有子完之，於三不朽之中，卓然有以自見。嗚呼！所以償君之素志。而知爲善者，不必徼後福，而令名要足以無窮也。庶有聞風興起者歟？

劉母邱太夫人傳

邱太夫人，烏程南潯人，劉君紫回之配也。父仙槎，擅計然之術，來往滬瀆。咸豐庚申，粵逆由廣德徑撲湖州，南潯無城無兵，鎮人四竄。母莊宜人以娩獨留，竈冷室空，一嫗侍側，而太夫人始生，母子無恙，寇亦未至。仙槎歸自外，索懷中呱呱者而諦視之，曰："是兒豐碩，殆有福人也。"鍾愛尤篤。齒漸長，舉止端静，不苟言笑，入塾讀書，聰慧勤敏，無異男子，故知大義，識大體，早基於此。是時同治初元，寇氛甫靖，海内清晏，各國商人，咸萃滬瀆，潯人貿易者，無不利市三倍，仙槎因此起家。紫回與太夫人年相若，兩家世好，遂締姻焉。同治辛未，紫回年十六，入烏程邑庠。光緒乙亥，太夫人來歸，晨夕侍奉，得堂上歡，族姻内外，無不接之以誠，故遐邇無間言。紫回勤於讀書，致功於經史百家，講傳世之學，太夫人抽簪勸學，黽勉同心。紫回入爲工部虞衡司郎中，南北鄉試均未售，抑鬱而没。太夫人搶地呼天，欲以身殉。堂上憫其少孀，又無子息，命以弟之子承幹爲嗣，且詔曰："而有子矣，撫育之，足繼吾兒未竟之志。如欲輕生，此負牀之童又誰爲之鞠育？"不得已，涕泣受命。自是撫承幹以恩，出入顧復，不恃乳媪，而時時悲悼紫回君績學不壽也。承幹就塾，歸則進而詰問曰："今日識字幾何？讀書幾何?"有進境則色喜。承幹漸長,則又詔之曰:"汝父績學砥行,未能顯達,吾望汝成人,紹汝父之家學,不盡求顯揚也。"迨承幹入泮,授室,始有喜色。戊申,生孫,太夫人始稍慰,命以湯餅資振粤東水灾,爲孫造福。又捐助湖北水災。詔以樂善好施旌之。太夫人性至仁慈,有求者罔勿應。飢者飽之食,寒者暖之衣,病者予之藥,死者給之槥,凡所濟施,不可殫述。其最注意者,則以振灾爲急務,嘗諭承幹曰:"吾家籍先人餘蔭,席豐履厚,苟遇善舉,當視爲分所應爲,若欲以之請奬,則是有求名之心,已失爲善之真,非予志也。"承幹以優行附貢生,分部郎中,四品卿銜,并爲太夫人請一品封典,誥封夫人。同鄉京官,具呈禮部,以節孝旌。蓋年已四十有九,守節之期亦二十有四年矣。是年十一月二十四日,以疾卒。知與不知,相與流涕,蓋德之入人深矣。子一,承幹。孫三人。惟太夫人禀性懿淑,言動有禮,既節且孝,用克以其潛德,升聞於朝,以光顯其門閭,而恩勤教育,覃及三世,其有功於劉氏者尤大。承幹述太夫人行事其備,荃孫撮舉其大者書之。

徐叔雅榮禄家傳

自來績學之士,達則兼善天下,窮則獨善其身。而規模之正,訓誡之切,遠則可以爲經世之大猷,近亦可以爲保家之良法。如徐君叔雅者,洵大過乎常人矣。君諱焕謨,字緑滄,又號叔雅。浙江桐鄉人。世居青鎮,先世善治生,富而好禮,有聲浙西。君幼隨伯兄茗香比部、次兄聽松司馬,從同里盧小菊先生讀。先生植躬訓士,具存先正典型,昆弟三人,均受先生之益,而君尤爲矯矯。所居素有竹石池亭之勝,蒔花草以悦心目,蓄禽魚以養天倪,而且設色寫生,朗吟成稿,志節敻然,超越流輩。愛藏書,插架數萬卷,多善本。坐書城中,日事校讎不他顧。家庭雍睦,鄉黨協和,常割鉅資助成善舉。坐言起行,無不足爲後人矜式,而家人均化之。君受知丹徒丁濂甫學使,拔列邑庠,兩應秋試未隽,抑鬱而卒,年僅二十有九。老母在堂,遺孤均幼,此其隱憾也。夫人鄭氏,湖州雙林人。

家本素封，讀書明理。來歸時，重慶在堂，恪勤婦職。及叔雅得疾，躬親湯藥，及卒，痛不欲生。特以一子四女，幼弱無依，乃勉爲其難。愉色婉容，以侍慈闈；嚴氣正性，以育諸幼。嘗訓其子鈞曰：“吾日夜冀汝長成，庶以慰汝父於地下也。”及鈞入塾，指遺書而訓之曰：“汝父以此留貽後人，丹黄所識，手澤存焉，其善讀之。”洎鈞受知■學使，亦拔列邑庠，又勖之曰：“汝父不及見汝之成立，今幸成立矣，親親睦族，仰承先志，他非所望也。”先後十二年，始畢婚嫁，而夫人精力亦交瘁矣。遇振濟，及恤嫠育嬰諸善舉，輒命助之，又諭之曰：“吾家襲先人餘蔭，家境尚裕，遇善事而不爲，烏乎可耶？且人之爲善，本義所當盡，稍有一毫求報之心，已失爲善之道，特天報施善人，理自可憑耳。即如先世創立留嬰善堂，已歷五十餘載，果能繼承弗替，亦足竟先主人爲善弗倦之一端。”鈞後整理堂規，增建堂舍五楹，即承夫人命也。凡叔雅未竟之志，夫人均仰承之，有擴充而無廢弛，刑于之感，始于家庭，亦可慰夙學而彌隱憾矣。歲己酉，夫人以微恙卒，年六十。子一，鈞，字曉霞，以工部郎中加級，爲君請從一品封典，封榮禄大夫，妻夫人。浙中官吏又以鄭夫人青年苦節，力行善舉，請旌於朝，奉旨俞允。四婿：長適朱辛冕，中書科中書；次適張鈞衡，甲午舉人，陸軍部郎中；次適邢塤，庠生，分部員外郎；次適高如沅，庠生，陸軍部主事。孫二人，例得附書。

舊史氏曰：自唐代以科舉取士，迄今一千六百餘年，沈薶於中，不但不能成專門之業，且因抑鬱而促其壽者，世多有之，叔雅亦其一也。鄭夫人能守其平日之言，曉霞能完其當爲之事，並爲搜羅吟稿，刊而傳世，俾績學之士，不至泯没無聞。嗚呼！賢明仁知如鄭夫人，足登中壘之傳而無愧色。然亦叔雅貽謀之善，而績學之報也。

軥録齋稿序

道光三年，武進李申耆先生主暨陽講席，琢磨煦育，群士莘莘。維時承君守丹、宋君冕之、徐君康甫、六君德只，莫不龍譬鳳翽，一舉千里。而表丈夏君永曦,尤以遒文麗藻,魁能冠倫。荷花樂神之詞,李先生紀之年譜,而買宅焚券一賦,膾炙士林。根柢既厚,華采益振,文之必傳,又可知矣。荃孫於同治甲戌,自蜀歸里,進謁表丈,適丈病瘧,未之能晤。光緒丁丑再至,於病榻前一面,不數日,丈捐館舍矣。歲癸丑,令子彦保明經,輯丈所著文三卷、詩一卷見視。蓋捃摭叢殘,所存止此。荃孫慕其名於數十年之前,讀其文於數十年之後,其氣勁以直,其辭樸而茂,平夷洞達,絶去町畦。學人之文,迥殊凡近。蓋吾邑僻居江介,人多純竺,自李先生主講於兹,而士始知求學,自表丈振譽於繼,而人始知作文。惜乎以丈之才,軥張不遇,無以興起後學,而所傳又止乎此也。集内《擬士衡文賦》,備述古今文字源流正變,説理具足,文亦遒煉,足以挽頽式靡,不僅以規橅爲工。至論江邑事宜,藉知潛心劬學之儒,必抱救世康民之略,欲補救其偏弊,非迂遠於事情。近時植桑養蠶,紡紗織布,通邑暢行,聚食之風稍稍衰止。惟荒山隙地,種植未聞,蓋江民稍逢荒歉,則曰搶山,宅柳墓松,亦歸剪伐,官不過問,里豪亦無敢禁止者。雖有褒獎之令,誰肯擲黄金於虚牝哉?社穀近已不聞,究是根本之計,倡而爲之,地方庶有豸乎?表丈存文不多,幸有賢子殷勤保守,今爲刊播,而康甫、德只諸君,隻字不存,尤可嘆也。癸丑七月,同邑後學繆荃孫謹序。

錢鐵江大令清風室文集序

同治甲戌,盱眙吴勤惠公師招荃孫司記室。一日師臨余齋,笑而言曰:“今晨得一快事。”因言:“薛鏡塘中丞,函稱舊友錢君鐵江,博雅士,來蜀候補,善視之。今日新到省者三人,余見一骨重神寒、書味可掬,臆度之其鐵江耶?詢之果然,差喜余眼之不謬也。汝宜交之,庶多受益。”余出署即往訪,和風雋語,能移我情,遂訂交焉。光緒乙亥,創尊經書院,延君與錢徐山丈及荃孫三人,閲官師課,三五日必一聚,不但學問多所觀摩,即性情無不接洽,蜀中益友,君其舉首。余官京師,見異書必告,獲佳士必告,雖隔八千里,猶咫尺也。後君赴大足任，余返江南，游魯粤，始稍稍契闊焉。今年[redacted]，仲枚以《清風室詩文》五册見視，其性情之敦厚，襟懷之灑落，問學之淹雅，考據之明析，無不流露其間。文似永叔，詩近中唐。不尚矜奇吊詭而議論自足動人，則根柢之深厚也。不必樹黨沽名而襟期亦足服衆，則德量之純粹也。君在蜀卅年，三次分校傳經，弟子不乏英俊，至今稱頌不置。使蜀士常奉君爲依歸，何至邪説暴行，流毒於天下耶？荃孫再三淵玩，如親謦欬，而卷中名字大半故人，策問數題，亦皆同擬。憶昔督署閲文，皆在東園，老樹芬葍，緑陰如幄，叢蘭龍竹，微風送馨，校閲餘閑，清談煮茗。此情此景，宛然心目。君與錢丈，均歸道山。荃孫獨存，年亦七十。悼芳塵之不再，慨世變之日非。猶得於亂離顛仆之餘，讀君全集，殊爲不幸中之幸也。

元郭退思椽史雲山日記序

自來一鄉一邑之中，先輩之嘉言懿行，足稱鄉先生者，代不數人。或以事業，或以著撰，或以翰墨，代愈遠見愈難，不過存十一於千百，而流風餘韻，猶使人景仰於丰采之間，觀感於意言之表，曠百世而如相接焉。然流傳既難，散佚尤易，豈不賴後賢掇拾之，補苴之，傳播之，得以閲千百載而永存哉！丹徒郭天錫先生手書日記一册，安邑宋芝山跋云："自至大元年戊申八月廿七日，訖二年己酉十月三日，并閏月，閲月十六，逐日詳書，天氣之陰晴寒暑，人事之往來酬答。所尤詳者，飲酒必書，求書畫必書，觀書畫必書，游寺觀必書，稱謂之間，褒譏寓焉。感嘆之際，義理昭焉。細觀一過，如見其人之性情心事，而與之周旋談笑，於十有六月之久也。"芝山此跋，真能傳日記之精神，而誌其勝概。鮑刻《客杭日記》，非全文也。陳君善餘，得之杭州，重以鄉先生之翰墨，付梓以永其傳。天錫美鬚髯，人稱郭髯。書仿趙松雪，畫師高房山，名大顯於元中葉。而其子啓所編之《快雪齋集》，包希魯所序者，業已久佚。即此日記一册，人重亦其墨迹，輾轉傳鈔，不如墨板得以廣布。先生生於前至元,歿於後至元,朝貴尊崇,文名洋溢。而睹西番之塔,時深易代之悲。讀玉殿之詩,不免故宫之恨。未經桑海,猶慨荆駝,何耶?善餘并爲考其年,略搜其詩文,以附益之,藉以示後之學者,深仰止之思焉。近時錢唐丁氏有《武林掌故》之編,常州盛氏有《先哲遺書》之輯。善餘搜尋鄉土紀載,業已刊行數種。使一鄉一邑均有人能爲賡續,俾見遺書大出,一掃前人錮蔽之習,真所謂守先以待後者,其在斯乎!癸丑正月試燈日,江陰繆荃孫序於海上之書連屋。

玉海堂叢書序

自五代雕板盛行,天水一朝,有監本,有公庫本,有坊本。元有各學本。明有經廠本,有南北監本。而家錢所造,則以毛氏汲古本爲最多。然所藏雖有宋元精本,未曾影摹流傳,且校勘不精,人尤以爲憾事。乾嘉盛時,黄氏《士禮居叢書》十八種出,經部有《周禮》、《儀禮》、《三經音義》,史部有《國語》、《國策》、《輿地廣記》,子部有《洪氏集驗方》、《傷寒總病論》等書。摹刻維肖,校勘尤精。縮宋元於今日,海内奉爲瓌寶,至今論價,已與真宋元相埒。同光朝,遵義黎氏奉使日本,就海東選匠,刻《古逸叢書》二十六種。經有《爾雅》、《穀梁》、《周易程氏傳》,子有《荀子》、《莊子》注疏,中國逸書有《玉燭寶典》、《雕玉集》、《姓解》、《韻鏡》等書,卷帙富於士禮居,以美濃紙、香墨印之,分外增色。顧經多宋學,史亦無正史,又以日本人所撰羼入,並有集字補之者,殊爲蕪累。貴池劉子葱石,生自蘭錡,長歷亨衢,性嗜古,富收臧,尤喜板行罕見書籍,而影宋元諸刻。經部,則有元元貞本《論語正義》十卷,元至正本《大戴禮記》十三卷。史部,則有宋小字本《五代史記》七十五卷,宋百衲本《史記》一百三十卷。子部,則有宋大字本《家語》十卷,金大定本《銅人針灸經》十卷,宋寶祐本《五燈會元》二十卷。集部則有元至正本《陶淵明集》十卷,宋乾道本《杜陵詩史》三十二卷,宋咸淳本《李翰林集》三十卷,宋紹熙本《坡門酬唱集》十二卷,元至正本《草堂雅集》十三卷。或篋内舊臧,或書肆新得,或友人投贈,或同志假鈔，均從原刻影摹，不用翻刻及影寫本，則選擇尤精也。一字之疑，必翻群書以證之，又不肯輕改原書，少則載入跋語，多則另編札記，則校讎尤慎也。以視蕘圃、蕘齋兩家，似駕而上之，不但可以鼎足。他刻，《聚學齋叢書》百卅餘種，元明國朝傳奇卅種，《貴池先哲遺書》■種，幾與汲古肩隨，而精則過之，均足爲一代之宗匠已。予館於金陵者二十年，君刻諸書，大半余所檢集，嘗預校讎。余與君同嗜好，同甘苦，以爲知之深者莫余苦也[①]，爰不辭而爲之序。癸丑十月，江陰繆荃孫識於海上寓廬之聯珠樓。

劉楚園影宋巾箱本叢書序

昔讀《南史》至齊衡陽王傳，云：王手自寫五經，部爲一卷，置於巾箱中。賀玠曰："家有墳索，何須蠅頭細書？"答曰："檢閱既易，且手寫不忘。"諸王聞而争效爲巾箱五經。巾箱蓋隨身小箱，非廣箱、方箱比也，是巾箱本之所自始。宋戴埴《鼠璞》曰："書坊刊印小册，謂巾箱本，起於南齊。今世盛行，無所不備。"是宋時巾箱本大行於世。《天禄琳琅》收《南華真經》十卷，云："版高不及半尺，而字畫加倍纖朗，紙質墨光，亦極瑩緻。"乾隆御題大内宋錢《南華經》，傳自永樂間人，蠅頭細書，紙香墨古，誠寶迹也。古人有巾箱五經，便於行役登臨觀覽，斯亦其類歟！此巾箱本之最佳者，然皆在南宋時。至彙刻叢書，《古香齋》十種最著名，然未有彙影宋元刻者。楚園五兄，於經，刻《周禮》、《左傳》。於史，刻《晋書詳節》、《隋書詳節》。於子，刻《淮南子》。於集，刻《西漢文鑒》、《東漢文鑒》、《清真詞》，附以《琵琶》、《荆釵》兩記，共十種。傳袖珍之秘笈，爲墨海之雅觀，誠今古所罕見者。楚園主人意思深長，荃孫謂其舉動有迴不猶人之慨，即此小板，亦可見其一斑矣。按《漢武内傳》，帝見王母巾箱中有一卷小書，盛以古錦囊。然《内傳》係六朝人僞造，仍在齊衡陽王之後，不能舉以爲證。

① 苦，據文意當作"若"。

適園叢書序

叢書之名所自，始韓昌黎詩云“門以兩版，叢書其間”，即叢積之義。而唐陸天隨自名其詩文曰《笠澤叢書》，猶是一家之言，而以不倫不次，亦即叢積之義也。至唐宋人始合各家書，而摘要刻之，曰馬總《意林》，曰曾慥《類説》，曰《紺珠集》，曰《説郛》，曰《説海》，皆任意删減也。後又取各家書，以類相從，而别署美名，曰《儒學警悟》，曰《百川學海》，曰《夷門廣牘》，曰《藏説小萃》，曰《津逮秘書》，曰《學津討原》，則首尾完整也。前明程榮刻漢魏六朝著作，始以叢書名之，由是諸家叠起，曰《唐宋叢書》，曰《格致叢書》，最後以齋堂名，直曰某氏叢書而已。單簡零帙，最易消磨，有大力者，彙聚而傳刻之。昔人曾以“拾叢冢之白骨，收路棄之嬰兒”爲比，則叢書之爲功大矣。適園主人，以名孝廉生長吴興山水之區，熟聞鄉先輩魚計亭、眠琴山館、芳椒堂之風，手聚舊刻名鈔，卷以數萬計。擇罕見而可傳者，付諸削氏，以永其傳，以嘉惠於斯世。又以荃孫粗知目録之學，命以監造，時及兩載，先成此十有六種，分爲四集，先以問世。嗟乎！自新學日行，舊學日落，焚坑之禍，寓於無形。而世之守舊學，讀古籍者，曾有幾人！况石印鉛字，群趨若鶩，剞劂之匠，往往改業。石銘負填海之心，抱障川之力，招金陵書局之舊人而與之更始，據本必善，選工必精，原書跋語，雖無關宏恉者，不敢輕削，其間流移授受之原委，與夫反覆訂證之苦心，皆爲表微綴之簡末。王船山行人所謂國統绝而道統不與之俱絶者，其在斯乎！其在斯乎！至盧抱經先生曾云真僞不分、雅俗莫辨、或删削而非完善、或脱誤而鮮校讎四者之弊。校讎最難精審，荃孫心力目力已遜少時，然有漏落而無臆改，則差可自信。若前三項之弊，則似不至此，當與石銘共勉之。歲在閼逢攝提格十二月立春前一日，江陰繆荃孫序於海上之聯珠樓。

吴石潛鐵書序

昔庖犧氏畫卦，實文字之權輿；倉頡造書契，又六書之權輿。逮周保氏教國子，而六書始彰；秦祖龍燔經書，而八體以著。若摹印，其一也。新莽居攝，大司空甄豐等更定六書，曰繆篆專以摹印。繆者何？綢繆之意，即徐鍇所謂摹印之屈曲縝密也。《爾雅》印謂之璽，尊卑同辭，昉於商、周、秦，盛於漢。始以璽屬之君，而印屬之臣。濫於六朝，而淪於唐宋。官印有鑄，有鑿，古氣渾淪，雖代有作者，其人姓名莫得而考。入元代，則趙松雪始得盛名，吾邱子行、吴孟思師弟，考訂篆文，研求刀法，於是以刻印名家者，代不乏人。明至正、嘉之間，吴郡文博士壽承崛起，樹幟壇坫，而許高陽、王玉唯諸君，先後周旋，遂爾名傾天下。何長卿俯首師之，蘇爾宣出力抗之，而各極其精能，遂爾聲名鼎足。乃若璩元璵、陳居一、李長蘅、徐仲和、歸文休暨三吴諸名士所習，三橋派也。吴午叔、吴孟貞、羅伯倫、劉衛卿、梁千秋、陳文叔、沈子雲、胡正言曰從、譚君常、邵潛夫及徽閩諸俊所習，雪漁派也。程遠彦明、何不違、姚叔儀、顧奇雲、程孝直與蘇松、嘉禾諸彦所習，泗水派也。又若詹淑正、楊漢卿、黄表聖、汪仲徽、江明初、甘甫，皆自别立營壘，稱霸稱雄。明代諸君不外於此。國朝有閩派，有徽派，有蘇派。閩派，許有介爲冠，有陶石公、楊叔夜、吴平子、林蒓諸人。徽派，程穆倩爲冠，有程孟長、汪尹子、宏度、程雲來諸人。蘇派，顧雲美爲冠，有顧元方、欽序三、邱令和、顧梁汾諸人。雍乾盛時，丁敬身出爲浙派，黄小松、奚鐵生、蔣山堂從之。鄧石如模漢碑額，爲鄧派，而吴山子、吴讓之、吴聖俞從之。趙撝叔從鄧入，又少變爲趙派，題款最精，而徐三庚、傅子式從之。自源及流，藉知派别，吾道於以不孤。

印譜，始著録於宋徽宗、王順伯、王子弁。洎乎元明，則有趙文敏、吾子行、楊宗道、葉景修、錢舜舉、吴孟思、顧汝修。諸譜録皆彙集古人之印章，或原印，或摹本，規矩猶存，典型不廢，此一派也。或集前人之名作，或萃交游之精神，此一派也。或舉生平之所鐫，編成譜録,倩名人序而行之,此一派也。

吴子石潛,收藏繁富,鑒别精審,集同人創西泠印社於裏湖之濱,闢地爲囿,築室藏書,坐飫古香,仰餐山渌,爲湖上增一名勝,并編此書,問序於余。首卷舉各朝之印式,次并論篆印人之書,二卷舉歷代印譜存佚,三卷刻印嘉話,四卷以煉印色終焉。搜羅廣而枝派明,爲印譜别開生面。吾佩其學優而心細也,是爲序。歲在閼逢攝提格建酉之月,江陰繆荃孫序於滬瀆寓廬之聯珠樓。

鹽法通志序

自古談鹽筴者,萌芽於周,擴充於漢。管仲誇山海之雄,桓寬著鹽鐵之論,莫不因天地之産,以充國家之需,藉商賈之贏,以補百姓之乏。法亦若是而已。厥初散斂之方,準乎盈縮。豐約之節,隨乎登耗。以法制利,不以利撓法。國紓其用,商操其奇。民資乎食,未始不善也。今天下廿二行省,出鹽之省十有一,而解州鹽,風水所結。寧夏鹽,刮地。淮浙鹽,熬波。川滇鹽,汲井。閩粤鹽,積鹵。淮南鹽,煎。淮北鹽,曬。浙東鹽,有煎,有曬。天時、地利、人和,各有不同。職官、場産、轉運、徵榷、器用,亦各有不同。而有專書者,以兩淮、兩浙爲最備。四川新修《鹽法志》爲最佳。從未有薈萃各省之書,勒爲一編,備人考索者。吴興周君夢坡,問學淹雅,著作宏通。以其餘力,於鹽務之中,探討多年,乃合各省志鹽法之書,抉擇薈萃,分爲十類,曰疆域,曰職官,曰法令,曰場産,曰引目,曰徵榷,曰轉運,曰緝私,曰藝文,曰雜記。有專書者取專書,無則取之通志。而直隸、安徽、江西、河南、山西、雲南、吉林,均有新通志,餘則取之鹽案及議略及近時報告書。可謂無一字無來歷。考較其盈絀之數,詳悉其利害之原。孰得孰失,燦若列眉矣。自漢唐以迄今日,始則通利,久之則梗塞見焉。始則羨餘,久之則逋欠生焉。大抵立法之初,必從簡易,簡則弊生於法之外。後人從而加密焉,弊又生於法之中,遂不得不易法以祛弊,極至因弊而變法。惟有去其太甚,而官與民與商相安。其大要,操於司計者之一心,用得其人,則立法之善遂舉行而無弊。用非其人,則立法雖善,豈能擴充而補救哉!不求之人而專求之法,則各省之制度議論,大致詳備,而必權夫天時、地利、人和,以折衷之。有行之此省則利,行之他省則不利者,有行之此時則利,行之異時則不利者。其參差不一律,有能勒之出一律者,有斷不能勒之出一律者。昔人百計籌畫,亦屬處於無可如何之勢。上之人能薈萃而貫通之,各就其土之所宜,習之所便,而不至偏於一己之見,矜其一時之效,則國與商與民,相安於無事,而利益亦蒸蒸日上,豈非著書者之大願歟!歲在閼逢攝提格寎月,江陰繆荃孫序。

陶廬續憶序

表兄金粟香先生,生同鄉里,幼不相識。至光緒己卯年,初晤於京師,各出著撰相視,遂成莫逆之交。雖道里睽隔,而音問無月不通也。君於壬午年刻《粟香隨筆初編》,囑余序於京師。庚子年君刻《陶廬雜憶》,余又序之。庚戌年君《陶廬五憶》成,余又序之。壬子年君《陶廬六憶》成,又命余爲序。自壬午序君書,迄今壬子,轉瞬三十一年矣。此三十年中,國家因兵敗而圖强,因圖强而變政,因變政而召亂,因召亂而亡國。雲翻雨覆,海竭桑枯,至於如此。君也始而領鹺蒼梧,繼而莅任赤溪,繼而歸耕梓里,繼而移室郡城。由壯入老,棄官歸隱,至於如此。余也始而供職玉堂,繼而奉祠金陵,繼而守史藏室,繼而避難海隅。去國離家,偷生逃死,至於如此。使在太平之世,事隔三十年,盛衰之感,死生之哀,已令人不能一日安。而况逢元二之年,處陽九之厄,在三十餘年之後,迴思三十餘年之前,有不淚如泉湧,腸若轂回也乎!然而君則詳陳風俗,搜羅文獻,誡後進之庳陋,緬前哲之貽型,無異前數編之所作。是則靖節之詩,碧山之詞,不必託諸悲憤。而陳古以刺今,外言而內意,能使人自得於中也。余於庚子刻文集八卷,庚戌刻文續八卷。今猶子九疇請兩年一刻,以免散佚,余又從之,刻《辛壬稿》三卷。文字結習,至老不衰,則與君同此情也。昔年王太守聘修郡志，君與余同局，而事阻不成。張制軍奏辦省志，余又延君同辦，而國變又不成。則風俗之盛衰，文獻之藷落，轉籍君詩以傳，而余不能紀載。其賢不肖爲何如也。遂書以爲《陶廬六憶》序。歲在甲寅正月上九，表弟繆荃孫序。

古學彙刊序

自秦變三代之學制，而力學與求名，遂判而爲二。唐、宋以考試搜羅人才，至今循之。經義也，詞賦也，策論也，懸之爲的，於學人心目之間，而聽人之自擇。有學焉而名以就，有學焉而名不就。無耄無幼，無寒無暑，悉出於一途，而惟名之是求。得之易而不自以爲徼幸，得之難而亦不自悔其乖違。名愈高而去學愈遠，不特在上位者。以是爲招納，即專師之函丈，亦未嘗不以是爲鼓吹也。而乃於同流合污之時，爲舉世不爲之學，銳銀旭歷，閉門造車，尊養沈冥，空山獨嘯。亦有軺傳出使，不廢搜討，刑名在案，重理弦歌，仕優則學，又其次也。國家無求學之實政，而草野有好學之鉅儒。或攻絕業，或擅多能。苟著述之常新，即流傳而不廢，而不問斯世之所趨向何如也。或一見而輒喜，或久讀而後知。即志趣之各殊，亦深耆而不厭，亦不問斯世之所好尚何如也。昔之科舉，今之學校，皆爲求名之具，驅天下才智之士入於其中，兩者相較，有以異乎？學無今古，亦無中西，必其天資與人力，良師益友，合數十年之精力，而後成專家之著述。今搜輯各本，以餉天下力學之儒，庶爲壤流之一助焉。

一曰經學。明季群奉王學，楊園起而宗朱，互相譏詆，均託空言。不若顔李折衷六藝，躬行實踐，爲名世之英，得用世之道。東吴惠氏，三代傳經，武進臧氏，閉户著撰。新安沈潛，廣陵高明。家學師承，日新月異。極盛於乾隆，益精於嘉慶。遺經端緒，皆有條貫。有清之學，跨越千載，兩漢以下，殆無倫比。後起求勝，專宗西漢。微言大義，持論愈高。避實蹈空，變端斯伏。公羊異説，潰敗天常。今取劭真傳屏邪説者著於篇。

一曰史學。《尚書》、《春秋》，孔子定之爲經，史遷取之爲史，即紀傳、編年兩家所由始也。唐劉知幾判六家之體裁，創三長之定論。古今史學，不出於此。會稽章氏之《通義》，獨揭夫大端。錢塘龔氏之《鈎沈》，藉窺夫微旨。《考異》、《商榷》，語語徵實。非同管見之僅託空言，亦異發明之專論書法。史學之昌，亦異往代。然而史官失職，載筆無人。遂至列傳僅存履歷，實録只鈔諭旨，言行不著，始末不完，昭示後人，何以傳信？今於考古取補校精詳、徵今取紀載翔實者，著於篇。

一曰輿地。古之地志，志方域，志山川，志風俗，志民數，志物産而已。其人物傳，固各自爲書也。自宋以降，兩體合并。沿及後來，志體日濫。列傳等於家譜，藝文溢於總集。如有志復古者，則群起而咻之。大抵明初尚守舊轍，嘉靖以後，自鄶無譏。至於邊防海島，昔也得於傳聞，今也均從目驗。交通日便，譯語日精，則勝於前人也。今取考訂詳而紀載簡者，著於篇。

一曰掌故。軍國大事，治亂攸關。祖宗家法，沿革備載。誠立國者之所資，亦秉筆者之盛業也。近百年來，考古則優於歷代，徵今則不如前明。推原其故，滿員知之而不能紀載，漢員則不使知之，即知之，而亦不敢紀載。文獻無徵，轉流爲郢書燕説，亦勢所必然也。年經月緯，吾取湘源之《陳編》。擇精語詳，吾慕養吉之《叢録》。今於官書之外，零篇逸典，徵實不浮者，著於篇。

一曰目録。自劉、班志藝文，而後人得考天府之儲存。自晁陳傳書目，而學者藉見私家之著述。海内流傳，或鈔或刻，不下百十種，然亦分爲兩派。一則宋刊明鈔，分别行款，記刻書之年月，考前賢之圖記，此賞鑒家也。一則包括四部，交通九流，蓄重本以備校讎，鈔新帙以備瀏覽，此收藏家也。今擇罕見者，新出者，有解題者，著於篇。

一曰金石。《四庫提要》以梁元帝集碑刻之文爲《碑英》一百二十卷，爲金石文字之祖。實則《漢志》春秋家載奏事二十篇，即刻石名山文也。曾南豐《金石録》未成，而文集録跋甚多，即録中零篇之流傳於今者。至歐趙遂工考訂，洪氏始録全文。今則尺寸、篆隸，無不詳備。昔賢高論,後出愈精。蜀碑前後《蜀石考》。漢記,《南漢貞石記》。一朝之制作幸存;龍脊,四川雲陽。石魚,四川涪州。兩地之菁華斯萃。今取精確不磨者,著於篇。

一曰雜記。夫不賢識小,文武之道猶存。雜書成編,儒墨之途合一。名人僅存碑傳,藉補史宬。小説出於《虞初》,不背正軌。凡此各類,傳世最多。或取其秘,非世間易見之書;或取其完,異坊間删節之品。大則爲金匱石室之取材,小則供尊前燈下之談柄。類此者,皆著於篇。

一曰詩文。别集、總集,浩如煙海。今兹采録,專以搜逸爲宗旨。《周書》發於古冢,《心史》鉤之井中。逢兹不韙之朝,急以廣播爲願。况復文淵舊閣,剔土出宋元之編;雷音古寺,爬沙顯魏周之卷。地不愛寶,文即在兹。他如文評則取其卓見,輯逸則喜其補亡。凡類此者,皆著於篇。

徐叔雅風月廬賸稿序

杉青堰北,夕陽橘柚之鄉;檇李城東,細雨菰蒲之澤。自來勝地,多育名流。則有靈蘭賣藥,蹋著珊瑚之枝;山秀讀書,熟記琉璃之説。金陀坊下,皈心鉏菜之翁;梅會里邊,仰止金風之長。雅音偶乎槃敦,華藻盛乎襟裾。固已景春眷夏,户户弦詩,抱璞握珠,人人編集矣。然而艷冶靡宕,不登於大晟;傖楚廣賁,有乖於小雅。厺此兩失,始可言詩。徐君晚滄,少席華膴,壯飲香名。目董綬以儒梟,稱大年爲文虎。嘔心自喜,考校下夫萬簽;焠掌亦甘,咿唔達於五夜。時與伯兄茗香比部、仲兄聽松司馬,同受業於盧小菊先生。承子幹之真傳,識偉節之最怒。遂乃飛走文翰,吐噏芳華。伯歌季舞,圭塘欸乃之編;前于後喁,聯珠倡和之集。匪惟才雄,實由學博。加以生自修飭,動無瑕疵。衛叔寶之神清,荀慈明之外朗。不攘六鑿,寡欲五綦。雅好藝花,遂嫻寫貌。步趨徐黄,精詣遠摹北宋;調治鉛黛,頓悟亦下南沙。尤嗜縑緗,廣爲蓄儲。《七略》四部,校讎遠紹乎揚劉;四當八求,目録不殊於陳晁。方謂汾湖之笥,七札能穿;渥洼之材,十駕不倦。而乃墜雨春零,飛蓬秋轉。蕢策終擯,趙賦徒工。寸腸轂迴,百憤雨集。秋蓬未死,先空卷旆之心;勁鐵將消,更熾洪爐之炭。才之不凡由此,年之不永亦由此矣。未幾,蘭韶芷秀,風雨倏其摧殘;夏緑春紅,霜雹於焉凋碎。君殁時年甫二十有九。潘安仁秋興之賦,尚少其三;李長吉作記之年,僅過其二。年未壯歲,人已千秋。説者謂君既嗇其遇,又厄其年,疑造物之不仁,悼斯人之終極。然而丘遲殘錦,不隨恒幹俱湮。延壽片詞,欲與靈光並峙。箕裘克紹,幸得佳兒。冰玉同清,更欣快婿。修短同盡,光采靡窮。以視飾金紫於走肉,頌樗櫟以長年。或不以彼易此。歲在癸丑七月,江陰繆荃孫序。

韞玉樓遺稿序

癸丑八月,荃孫爲平湖徐叔雅先生文集作序。張君石銘又出視德配《韞玉樓詩》,蓋即叔雅先生次女也。過庭詩禮,雅宜金屋之裝;湫藪縑湘,本是玉臺之裔。蓋其莊姝合度,嫛婗有容。前身明月,别具慧心。夙世璇星,早工織錦。迨乎笄總,於歸清河。鶼翼同行,蛩氍儷影。申紙和秦嘉之韻,翻書賭清照之茶。家有適園,共稱勝境。疏泉作沼,叠石爲山。跨溪閣之一巒,豁風亭之百尺。夕陽花塢,紅蒸绮麗之雲;曉露竹塘,翠刻琅玕之玉。每當春聲睍睆,四壁花濃;秋影玲瓏,半簾月墮。疏窗小雪,一枝先插江梅;虚館凉燈,四照最宜籬菊。羌巡檐而索句,亦擊鉢以朗吟。時作雅游,籍開胸臆。近則高卞蒼蒼,清霅瀰瀰。水雲鄉裏,還追趙管之蹤;煙霞塢前,人羡劉樊之侶。遠則香雪之海十里,明聖之湖兩重。闔閭城外,嘗水國之陰晴;蘇小墳前,矚湖天之蕩漾。虎丘禮塔,劍氣宵騰;龍井鬥茶,山眉曉拭。無不寫之彩筆,收入錦囊。至於羃酒承歡,鳴璜贊內。善薰姐姆,澤被輿儓。送上計而益離情,課佳兒以消永日。閫教嬪則,久而益彰。詎以清羸,恒慮佁曬。突來二豎,頓返三山。遥天之笙鶴如聞,樂府之妃豨孰和。張君子荆改服,奉倩傷神。飈輪閲夫三秋,桑海倏焉一度。於是檢雕奩之故物,搜蓋篋之殘篇。掇拾零星,付之梓匠。獨惜林風詠絮,豈能該謝女之才;春雪蘸兒,未足盡盧妻之學。然須彌納於一芥,拳石具夫九華。即兹吉光,亦堪永世。前明葉紹袁《天寥文集》,以小鸞詩詞附之。近時李虎觀《蓬萊山館集》,以生香諸作附之。間亦别行。今與《風月樓稿》同時並梓,亦可分可合者也。是爲叙。

劉語石無長物齋詞存序

同州劉語石先生,叔寶多愁,長卿善病,織天孫之餘錦,爲樂府之指迷,短調長謡,耳之熟矣。光緒乙未,内兄夏閏枝與君結鷗隱詞社,初識面於金閶。維時君賃廡皋,春余亦艤舟唐塢,聞名十載,結契三生。詞社第二集,屺懷、子馥、芷薌、禮堂同集於頤園,余以沈君塘臨黄小松《訪碑讀畫圖》乞題。擊鉢催成,攏弦和訖。齊雲魯雲之并集,今雨舊雨之聯歡。賭唱旗亭,聽黄河之遠上;分豪蘭畹,愧白雪之未諧。適有詞録之徵,大得他山之助。商量文獻,徵前輩之名篇;往復郵筒,傳近人之軼句。此一時也。洎予移家鍾阜,君亦安硯吴興。弁何叠翠,恰兩點以浮眉;苕霅流青,更雙流之漱齒。以爲久居仙境,庶可大暢吟情矣。忽焉赤熛降怒,朱鳥流光。象無齒而身焚,魚在池而殃及。卯金箸饌藜,不同太乙之然;酉穴叢殘書,已爲六丁所攝。莫存幸草,摧盡勞薪。非絳雲之厚藏,天胡此酷?竟青氈之不賸,人更何堪!空收柳子之賀書,難合齊侯之餘燼。此一時也。既而移家黄浦,真草草之勞人;對鏡青絲,漸星星之非我。白楊齋寂,未開稱意之花;黄葉村寒,詎長忘憂之草。又復遠游甬上,近訪曲阿。樹窮枝鳥之棲,途益磨驢之迹。寒江燈小,雙槳鳴潮,遠道裝輕,一鞭摇雨。名皋勝川以説志,吟朋快友以怡情。綺語未删,和瘦天之秦九;香心欲活,餐飲水之柳詞。此一時也。若乃壞雲自落,海水群飛,虎豹當關,狼貙徧野。蒼鵝出地,逢元二之灾年;白雁成謡,罹陽九之厄運。滬上一隅,衣冠萃焉。君雖久客,心實傷畫。相逢舊侣,擊筑銜悲。回首故鄉,棲塵莫問。慷慨月泉之社,弦是哀絲;淒凉麥秀之歌,聲成變徵。寄草窗之隱恨,淚灑滄桑;譜花外之閑情,韻流金石。此一時也。語石曾刻《留雲借月盦詞》八卷,續一卷。今删舊作,復益新篇。六卷編成,示余索序。嗟嗟!同客天涯,偕臻老境。夕陽江上,似燕無家;春雨樓頭,憎鴉攪夢。金縷衣之低唱,眉語難逢;鐵綽板之高歌,牙期罕覯。况乎屺懷、子馥,久歸道山;子蕤、小坡,遠離茂苑。聚散存亡之感,纏綿悱惻之情。靈心獨運,君猶尋炳燭之餘光。繼和未能,我殊愧操觚之率爾。甲寅人日,江陰繆荃孫序。

家衡甫紉蘭盦文集序

婁東爲文人淵藪,生平所最推重者,曰小謨觴館彭甘亭先生。集高一尺,才真八斗。服膺既久,私叔維殷。有爲之輯全集,并注釋而刊行者,則吾宗衡甫同年也。衡甫少飲香名,長竄文囿。清衷淵映,逸興飆發。五經異義,説摧揚子之郛;四海論交,客滿孔融之座。濬沖奕奕,士龍騤騤。我思古人,以衡大雅。荃孫自丁丑訂交,迄今將四十年。系同出於蘭陵,名復聯夫蕊譜。叩門則倒屣,歸里則傳書。不以遠而疏,不以老而諉。商榷文字,掎摭古今。斆學相長,非一日矣。頃寄《紉蘭盦全集》六册,昔止見夫一鱗,今幸窺夫全豹。揆其源流,探其指趣,根柢經籍,貫通體用。其爲文也,思深見卓,理密詞達,讀之可以分析同異,剖决是非。其爲詩也,立意深純,摛辭微眇,讀之可以扶持名教,感興性情。語必徵實,不襲桐城之窠臼;藻不妄摛,夙鄙隨園之鄭衛。乾嘉正宗,於今復見。然世人但見衡甫之才,亦知衡甫之遇乎?想其焠掌自勤,中眉無勇。棲家衖而自逸,乞冷官而未能。少罹元二之灾,晚遭陽九之刦。入宫不見,凄凄炊臼之占;主器何人,慘慘喪明之痛。文人之厄,一至於此!然而有田負郭,有孫傳書。祖遺之老屋可棲,大耋之年華已届。以視甘亭先生之"在家原是客,有髮亦如僧"者,大不侔矣。矧吾宗自晋以來,千數百年,仕宦既多不達,著作亦少流傳。君與荃孫,志趣既同,體格亦合,抱刻書之奢願,著奇零之小品。幸於暇日,陸續傳之。嗟乎!天兮蒼蒼,地兮荒荒。烏飛兔走,莫知其鄉。問大鈞兮莫應，空悵結而旁皇。吾爲子歌，以枨子之鬱。

歌曰：吉日兮辰良，蘭有秀兮菊有芳。俾提鷗兮挈鷺，聊相與兮翱翔。遺世人而獨立，是爲却老之良方。惜同志之二三，半歸真於北邙。謂屺懷、建霞諸君。嘆老壽亦何爲兮，乃獨覯夫滄桑。任大化之推移，庶一視夫彭殤。聊嘯歌以盡餘年兮，何爲顑頷而悲傷。君聆兹狂率之語兮，應微聽而晋一觴。

歌既畢，即書此以爲文集序。

繆氏蘭陵世譜序録

繆氏尋源，託根東魯。繆公之後，以謚爲氏。蘭陵之外，東武琅琊。三望同稱，不越魯境。曰秦曰宋，各有異詞。林寶、鄧名世，互相剿襲。武威指斥，義正詞嚴。漢代儒林，繆生傳詩。設醴去楚，見機而作。熙伯炳炳，名重曹魏。父孝孫忠，厄遭赤族。郡署東海，亦繫魯疆。扈蹕渡江，北微南盛。遷居江陰，六百餘年。墓存祠毁，譜牒散亂。中遭海寇，東南荼毒。嘉靖迄今，始有據依。清初拒命，鄉僻稍輕。粤逆之亂，死者大半。荃孫幼年，目擊淳樸。閭巷回互，書聲四起。子弟出見，執禮彬彬。不逢佳節，毋許入市。游蕩嬉戲，懸爲厲禁。布衣蔬食，祭則茹葷。歲計百千，全家温飽。夜績篝燈，晨紗蹋露。婦女之勤，罕畜婢僕。老輩面語，已遜乾嘉。江邑西郊，君推望族。上元恢復，歲又五十。房屋頽廢，遠不前若。弦誦之聲，殆將闃寂。搢紳之族，降而皂隸。叔向斯語，觸目生感。荃孫庚申出走，徧謁名流。雖少學術，粗知編纂。董而理之，時哉勿失。知我罪我，敬俟後賢。謹輯蘭陵繆氏申港支制誥、圖表、志傳、録凡十四篇。其辭曰：

蘭陵世家，地居鄉曲。亦有髦秀，連獲科目。騏驥顧視，雲龍角遂。覃恩贈官，教忠頒禄。天語煌煌，牙籤玉軸。輯制誥第一。

先世遺像，宛轉留形。雖無老成，尚有典型。子孫千億，沐浴餘馨。旁行斜上，自闢畦町。一目瞭然，傴僂遺銘。輯像圖第二。

裴李分房，韋平計世。昆弟連翩，子孫附綴。來昆雲仍，歷久不替。大書歲年,旁及伉儷。弗煩弗簡,以此舉例。輯世表第三。

昭代科名,文武并重。培植楨幹,以資國用。干城捍邊,蓬瀛獻頌。青青子衿,一燈吟誦。揚眉獲雋,志目命中。企盛慮衰,激發吾衆。輯選舉表第四。

鸞孤鵠寡,中夜銜哀。漆室未啓,霜燈已灰。九死莫贖,百折不回。崔巍崔巍,懷清之臺。輯節孝表第五。

宗族合祠,制殊古禮。宗法雖失,猶是一體。肅穆虚堂,時陳酒醴。高冢巍巍,零露泥泥。長松偃蓋,衰草如薺。謁祠展墓,子姓蹌濟。輯祠墓志第六。

定海一志,全謝山毁朱述之褒。效顰布廬,兩代詩豪。稽弦游俄,身歷不毛。經經緯史,譽法俊髦。書佚名存,猶屏濫叨。輯藝文志第七。

一邑賢豪,史傳幾人。首崇勛績,冠能魁倫。次及耆舊,學粹品醇。家傳别傳,璘璘彬彬。爰及内助,彤管敷陳。易戒説輹,詩詠采蘋。賢明貞順,刻竹書筠。輯人物傳第八。

謝草江花,沈詩任筆。我昔童丱,時睹寶帙。龍漢劫墮,蟫編風逸。斷簡殘編,百不存一。及兹搜羅,猶可傳述。輯舊德集第九。

從師受益,取友必端。家法漢儒,科目唐官。淵源可溯,紀載非難。洎遭兵燹,文獻凋殘。挂一漏萬,有缺有完。絶少攀附,自愧單寒。輯師友淵源録第十。

桐陰舊話,柳溪紀聞。沓録往事,保守清芬。孝弟忠信,餘力及文。鄰里鄉黨,人云亦云。本無紀載,又罹賊氛。聊當圭臬,毋等煙雲。輯鄉里紀聞第十一。

東海片壤,泥塗接天。公來活我,撫綏廿年。良氓須保,弊政須蠲。保甲弭盗,菁莪毓賢。託命惟公,天胡不延。春秋享祀,衣冠留阡。欲觀惠政,視此一編。輯定海遺愛録第十二。

漢表純儒,魏志茂族。父子兄弟,聲華相逐。播亂效忠,百口傾覆。以後散居,譜諜莫續。金石詩文,一見輒録。碎玉零珠,殘膏賸馥。法戒均存,匪矜書簏。輯考古録第十三。

詩書史漢,序録在後。昔賢名譜,家法斯守。著其宗旨,觀其可否。例分門類,文成奇耦。後世尚文,均取冠首。改法前人,西妍東醜。生今返古,敢任其咎。輯序録第十四。

卷　三

考　書　記　跋

漢經師家法考

漢人最重師法，經師授受，口耳相承。十四博士之設，各自成家，又稱家法。謂守其一家之法，即師法也。《續百官志》："博士十四人。《易》四，施、孟、梁丘、京氏。《尚書》三，歐陽，大、小夏侯氏。《詩》三，魯、齊、韓氏。《禮》二，大、小戴氏。《春秋》三，公羊、嚴、顔氏。掌教弟子，國有疑事，掌承問對。"此條最明析。《漢官儀》曰："博士，秦官也。武帝初置五經博士，後增至十四人，太常差選有聰明威重一人爲祭酒。"其舉狀曰："生事愛敬，喪没如禮。通《易》、《尚書》、《孝經》、《論語》，兼綜載籍，窮微闡奥。隱居樂道，不求聞達，身無金痍痼疾。世六屬，不與妖惡交通，王侯賞賜。行應四科，經任博士。"下言某官某甲保舉，其鄭重如此。《後漢・魯恭傳》：恭弟丕上疏曰："臣聞説經者，傳先師之言，非從己出。法異者，各令自説師法，博觀其義。"《儒林傳》：孟喜受《易》於田王孫，田王孫受《易》於丁將軍寬。喜之改師法，乃爲梁丘賀輩所誣耳，其實不改也。而漢人説經重師法，則於此可見。下文胡母生之弟之東平嬴公，則表其不失師法是也。《外戚傳》：定陶丁姬易祖師丁將軍之玄孫。師古曰：祖，始也。《儒林傳》：丁寬，易家之始師，自夫子傳至寬，寬爲大師，故以爲始師。又《張禹傳》：蕭望之奏，禹經學精習，有師法。又《李尋傳》：治《尚書》，與鄭寬中同師，寬中等守師法。《五行志》：朱博爲丞相，受策，有大聲如鐘鳴，上問李尋，尋對引師法。《後書·卓茂傳》:元帝時學於長安,事博士江生習詩禮,究極師法。又《吴良傳》:東平王蒼上疏薦良曰:齊國吴良治《尚書》學,通師法,經任博士。漢人重師法如此。《後書·儒林傳》:光武中興,愛好經術。未及下車而先訪儒雅,采求闕文,補綴漏逸,於是立五經博士,各以家法教授。光武好經,甚於前漢武帝,明、章尤加隆焉。故東京經術盛於西都,而其守家法益嚴。《質帝紀》:本初元年夏四月庚辰,令郡國舉明經,年五十以上七十以下,詣太學,自大將軍至六百石,皆遣子受業,歲滿課試,以高弟五人補郎中,次五人太子舍人。又千石,六百石,四府掾屬,三署郎,四姓小侯,先能通經者,各令隨家法。又《魯恭傳》:拜魯詩博士,由是家法學者日盛。又宦者《蔡倫傳》:元和四年,帝以經傳之文,多不正定,乃選通儒謁者劉珍,及博士良史詣東觀,各讎校家法。又《鄭康成傳》論曰:王父預章君,傳授生徒,專以鄭氏家法。此蔚宗謂其祖父豫章太守寧。李賢注云:言寧教授專崇鄭學。蓋前漢多言師法,而後漢多言家法,不改師法,則能修家法矣。然兩漢尊師法,而俗學即出乎其間。劉歆《移書讓太常博士》有云:綴學之士,苟因陋就寡,分文析字,煩言碎辭,信口説而背傳記,是末師而非往古,豈不哀哉!徐防永元十四年上疏亦云:伏見太學試博士弟子,皆以意説,不修家法,孔子稱"述而不作",又曰"吾猶及史之闕文",疾史有所不知而不肯闕也。今不依章句,妄生穿鑿,以遵師爲非義,意説爲得理,誠非詔書實選本意。觀此則知俗學之妄,古今同慨。自唐中葉以後,凡説經者,皆以意説,無師法。夫以意説而廢師法,此夫子所謂不知而作也。

嘉祐七史考

《郡齋讀書志》云:"嘉祐中,以宋、齊、梁、陳、魏、齊、周舛謬亡缺,始命館職校讎。曾鞏等以秘閣所藏多誤,不足憑以是正,請詔天下藏書之家,悉上異本,久之始集。治平中,鞏校定《南齊》、《梁》、《陳》三書上之,劉恕等上《後魏書》,王安國上《周書》。政和中始皆畢,頒之學官,民間傳者尚少。未幾遭靖康丙午之亂,中原淪陷,此書幾亡。紹興十四年,井憲孟爲四川漕,始檄諸州學官求當日所頒本。時四川五十餘州,皆不被兵,書頗有在者。然往往亡缺不全,收合補綴,獨少《後魏》十許卷,最後得宇文季蒙家本,偶有所少者,於是七史遂全。因命眉山刊行。”觀晁氏説,則知校《北齊書》,未有主名,而《南齊書》後元印有崇文院敕下杭州開板公文,時在治平二年,至政和始頒行,官工七史,至五十年方畢,亦云遲矣。政和至紹興十四年,止三十年,頒行學官之本,往往亡缺不全,合五十餘州學,尚少《魏書》十許卷,可見官書聽其散失,與今日無異。眉山所刊,即是杭州官板翻刻,至今猶可想見規模。西莊以爲頒行者尚是寫本,未見崇文院敕文故也。校史諸臣各題名於卷尾,曰綬,曰華,曰恂,曰寶臣,曰穆,曰藻,曰洙,曰覺,曰彦若,曰鞏,曰攽,曰恕,曰燾,曰祖禹,曰安國,曰希。綬者,宋綬,校《巢元方諸病源候論》之翰林學士、尚書左司郎中宋綬也。恂者,楊恂,四川人,入元祐黨籍,《宋史》附家愿傳。寶臣,丁寶臣也。穆者,鄭穆,《宋史》三百四十七卷有傳。藻者,秘閣校理錢明逸之從子,《宋史》三百十七卷附傳。洙者,知太常禮院兼史館檢討孫洙,《宋史》三百二十一卷有傳。覺者,秘書少監孫覺,《宋史》三百四十四卷有傳。彦若,趙彦若也。鞏者,集賢校理曾鞏,《宋史》三百十九卷有傳。攽者,館閣校勘,亦在《宋史》三百十九卷。恕者,秘書丞,在《宋史》四百四十四卷《文苑傳》。燾者,安燾,《宋史》三百二十八卷有傳。祖禹者,范鎮之從孫,著作郎兼侍講,《宋史》三百三十七卷有傳。安國,崇文院校書王安國,《宋史》三百二十七卷有傳。希者,秘書少監林希,《宋史》三百四十三卷有傳。

平水板本考

平水,《金·地理志》:平陽府有書籍。平水,鎮名。元太宗八年,用耶律楚材言,立經籍所於平陽。當是因金之舊。《研北雜志》云:“舊籍鏤板,多經毛麾收達校。”毛文見《金文最》。今傳世者:《論語注疏》十卷本，木記。“大元元貞丙申刊”。又云“平陽府梁宅刊”。巾箱本《爾雅》，大德己亥平水劉氏進德齋刊。《新刊禮部韻略》，大德丙午平水中和軒王宅印。《政和證類本草》，平陽張存惠刊，有“泰和甲子晦明軒記”，“大德丙午平水許宅印”。《銅人腧穴針炙圖經》序，“時大定丙午歲平水閑邪聵叟述”，有“書軒陳氏印行”六字。《圖解校正地理新書》十五卷，明昌壬子張謙刊。《增廣類林》十五卷，大定己酉李子文鏤板刊行。《道德寶章》一卷，金正大戊子平水中和軒王宅重刊。《李賀歌詩編》，碣石趙衍刊本。《丹淵集》四十卷，木記“金泰和丙辰晦明軒張宅記”。《滏水集》，元統甲戌平陽中和軒王宅刊行。《滏水集》，明人跋。《中州樂府》，末有“至大庚戌良月平水進德齋刊本”木記。《河汾諸老詩集》，後有“皇慶癸丑六月吉日尊賢堂高昂霄告白”。均見本書。《珞琭子三命消息賦》，《元本春秋集傳纂例》，《明堂炙經》，皆云平陽府刊，明翻本。是中和軒王氏三種，晦明軒張氏二種，進德齋劉氏二種，與麻沙余勤有堂、劉日新堂并駕齊驅，而流傳於世者絶少。元末北方兵禍特甚，南方則張士誠、陳友定尚能保護，而明太祖崛起，亦比北方早獲寧宇也。

與沈子培書

《黄山谷内集》，洪炎所編。外集十四卷，李彤所編。内、外集均彤所校刻。别集二十卷，詞一卷，簡尺二卷，年譜三十卷，黄文纂異一卷，均孫罃編。年譜專爲考證詩文集而作。趙氏《讀書附志》云：“别集二十卷，黄文纂異一卷，年譜三十卷，并罃所編。”明嘉靖丁亥南昌刻本猶依舊次，佚去纂異而加入《伐檀集》，共九十七卷。萬曆陳以志改編爲十四卷。《四庫》本則三卷，又不知何時所改。罃爲山谷諸孫，年譜末云“歲在屠維協洽”，無年號。今祠堂本忽加“咸淳五年”四字，蓋以咸淳五年正當己巳也。然序云“今太史歿已百年”，山谷歿於崇寧乙酉，至開禧正值百年，然則屠維協洽乃嘉定二年己巳，非咸淳之己巳。况《伐檀集》跋：“嘉定二年秋九月望，諸孫朝散郎、直顯謨閣、西浙路轉運判官舉謹書。”皆同時刻成也。萬曆陳以志改年譜爲十四卷,今翁刻即依陳本。聚珍本并無年譜。《百宋一廛賦》所載之六卷,有洛陽李彤校兩行,後集亦有之,後印翻刻則無之矣。山谷尺牘與遺文皆曾孫銖所編。尺牘與三注本,皆弘治張元禎所刻。遺文宋刻在瞿家,汪據舊鈔本,行款不合。而陳伯年所刻是日本覆刻本,非真宋,有詩無文,未盡愜人望。兄所藏爲紹熙刊本,能付之梓,嘉惠後學,乃盛舉也。

華亭韓氏藏書記

華亭韓對虞先生,道光甲辰鄉試,闈中得君文,試官舌撟而不能下。平湖徐稼生侍郎特賞之,置之前列,中批有云“作者難,識者亦復不易”等語。拆封見君名,一時以爲得人,侍郎亦自喜所賞之不謬。蓋君文得力於周秦諸子,又從姚春木先生游,由桐城以溯昌黎,古質簡奥,無一習見語,蓋聞見廣而藴蓄深也。當乾嘉盛時,蘇州黄蕘圃士禮居,藏書甲天下,晚年於玄妙觀前,開滂喜園書鋪,生前已分與友人,殁後書盡出。先生與常熟之瞿、金山之錢、上海之徐、郁同時收書,玉軸牙籤,名鈔舊刻,所積約十餘萬卷,校讎考訂,手不停披。又精於疇人家學,與南匯張嘯山、金山顧尚之傳刻《幾何原本》,西人亦以爲勝於歐洲舊刻。得書,即識緣起於書衣。咸豐丁巳、戊午之間,猶時至金閶收書。迨庚申粤逆陷松江,君之藏書、板片、古器、書畫,與所居俱毁,君遂鬱鬱以殁。令子伯陽亂後回里,編次君文二卷,屬嘯山爲序,嘯山稱其能讀父書,足以繼君之志。當年携以逃亡者,尚不下數萬卷,皆舊刻名鈔也。今伯陽之子子穀年甫弱冠,性復愛書,盡發所藏,屬其師吴縣曹君揆一爲編書目,世人方知韓氏多藏,可謂賢子孫矣。今守山閣、春暉堂散佚已久。宜稼堂之精者爲豐順丁中丞豪奪以去,今丁氏書,飄流市肆,蟲傷水濕,觸目傷心,次者全歸吴興皕宋樓,又爲海客捆載入東。只鐵琴銅劍樓巋然獨存,爲吴中第一大家。而瞿良士兢兢保守,不爲勢屈,幸而得存。韓氏之書今已名馳海内,恐覬覦者逐漸生心,子穀遠引良士爲法,再以餘力擴充之,與罟里東西并峙,是深有望於子穀矣。歲在閼逢攝提格中秋後一日,江陰繆荃孫記。

周湘舲造金剛經塔記

佛家以造塔爲功德,不僅鋪金徧地,寶鐸吟霄,侈談十三級、九級、七級之鉅麗也。元魏有須彌塔,唐有多寶塔,宋有辟支塔。閩有堅牢塔,南漢有千佛塔,吴越有千官塔。高只數丈,堅固不壞。種種功德,亦曰無量。《金剛經》者,後秦鳩摩羅什首譯之,共有六譯。而唐人勤石,均用北魏菩提留支譯本,爲佛家無上之書。石刻傳世,以泰山石經峪大字爲最,惜其文字不全。唐上元二年,龍門王知敬書,垂拱三年中山法果寺碑,較爲完善,書法亦工。房山雷音洞,三刻皆鉅碑。六和塔內,亦有宋人寫《金剛經》,刻石之最古者。吴興周君湘舲,博雅工詩,旁通內學。爲追薦母董夫人,手書《金剛經》全部。倩錢塘女士丁恒,繪佛像及感應圖、寫經圖,并識其緣起。石刻横方,共四十石。歲在閼逢攝提格,建塔於西湖理安寺前、山門之下、鶴澗亭之上。五面九級,高四丈三尺,周三丈八尺,累塼成之。正面題曰董夫人塔,識所本也。嗚呼!自窣堵波改而爲經幢,經幢改而爲七如來幢,日趨簡易,世風類然。湘舲獨能手書全經,力追古昔,以佑母太夫人生天成佛,在人意中。夫孝子事親無方,而存没總歸一致,存則思所以悦親之心,不惜多方鈎致。没則思所以資親之福,何妨三教等觀。況乎造塔寫經,歷代均有靈驗,非容容求媚者可比。其精誠所至,數十年不少懈,孜孜矻矻,以底於成。儒者所謂貞静專一,佛家所謂勇猛精進,如是而已。經之後綴以《多心經》。二經宗旨相同,前人往往附刻,不足異。歲在閼逢攝提格午月,江陰繆荃孫記。

蜀石經殘本跋

蜀石經《周禮》卷九、卷十兩卷,一缺首,一缺尾,缺均無多。

《左傳》卷十六"襄二"全卷,《穀梁》卷十六,十九行。光緒丙子在楊幼雲處見之,屬爲校異,因循未果。後歸張叔憲、李亦元,今歸吾友劉健之,海內孤本也。蜀石留於世者,有《毛詩·周南》、《召南》、《邶風》,《左傳·昭二十年》六百餘言,陳頌南藏《周禮考工記》六千餘言,《公羊》五千餘言。今之三册,字數最多。宣統辛亥,與健之同匿海濱,借歸以唐石經校經字,岳本校注字,疏其異同於右,兩通字及加減虛字之無關宏恉者,悉不著録,得《周禮》十九紙,《左傳》六紙,《穀梁》一紙,五十日方畢。去丙子三十六年,荃孫年亦六十有九矣,心眼俱退,未能多方疏證,抱愧良多,惟殘冬亂世,藉讀書爲消遣。昔錢辛楣先生得見《毛詩》、《左傳》,以爲衰年眼福,荃孫今亦云然。前人云,蜀刻出於大和,與唐石經同源,惟經注全刻,止廣政本有之。俾後人獲見雕版前舊式,豈非幸事?諸跋以邵武楊實臣爲最,考訂源流甚詳。石於宋末與文翁石室同燬,元明金石家無言之者。所傳合州賓館有《禮記》數石,曾訪碑於令州[1],得唐宋刻數十種,無此石。《錦里新編》云:貴州任大令,載歸數十片,訛以傳訛,不足據也。今陳氏《毛詩》摹本,流傳已少。夫長興開版本之學,貞明啓彙帖之風,朱友貞刻貞明帖,在保大前,是真帖祖。轉在大亂之時,以存先聖之道。重勒廣傳,嘉惠後學,是所望於健之。宣統辛亥十二月。

《左傳》,"淵"、"世"、"民"、"昏"、"愍"、"棄"、"朿",均缺筆,他廟諱則不避。"世之治也",一避一不避,可證《周禮》"世"字、"民"字均不避。"棄"仍作"弃","諜"仍作"諌",是習尚使然,不足爲避諱之證。

"知祥","祥"字作"䄗"。詳,翊同。不避"知"字。知祥祖諱察,"察"字缺筆,《左傳》作察,《周禮》作𥫗,《毛詩》作𡨦。父諱歐。史名道。《蜀檮杌》則云名巇。今本"道"字、"獻"字,皆不缺筆。

壬子正月,陳頌南臧《周禮考工記》、《公羊》桓公二册,亦爲健之收得。荃孫又假以續考,得《周禮》六紙,《公羊》二紙,次校記之

① 令,據上正文,當作"合"字。

後各跋,以青陽吴子肅履敬、子迪式訓兩跋爲最,略舉異同之字,不爲空言,是漢學家法。《周禮》避蜀諱,《公羊》避宋諱,力駁前人避唐諱之説,所見與荃孫同。經字與唐石經無甚出入。至各注,則異同甚多,有阮氏校勘記以爲當據某書改某字而此注本不誤者,有校勘記所未及者,獲益良多。至書字訛脱,《周禮》獨多於他經。其孫朋吉之疏歟。又如,鄭注引及陸機《草本疏》哲蔟氏。猶可附會,引及郭璞注,翦氏。則誤顯然矣。吴跋以爲仍其舊文,不敢損益,未免意存迴護。不如直指其過,俾知瑕不掩瑜。程克齋譏《春秋》以甲午爲申午,以癸卯爲葵卯,全謝山云:"其書既多,自不能無舛錯,要之有足資考證者。"斯爲持平之論。宋晁公武有《石經考異》。張㚞有《石經注文考異》五十卷,有目無書,無從考核矣。荃孫再跋。

易林注跋

《易林注》十六卷,宋刊本。每半葉八行,行十五字。高五寸二分,廣四寸五分。白口雙邊,中縫魚尾,卷數、葉數、人名,或白文,或陰文不一。書十六卷,與《隋志》卷數合。每卷四卦,注不著撰人名氏。而注並不及半,即有注者皆引常見之書,餘皆云無注,或云未詳。林辭多重複,注亦重複。坎之豫注,崑崙之墟,在西北方,去嵩高五萬里,地之中,其高萬一千里。出賦題,則仍是坊賈所爲。每卦之辭,顛倒錯亂,遠不如士禮居刻。避諱既不謹嚴,止匡、恒、貞缺筆。壯之睽缺,林辭亦同,惟足訂黄本之誤。黄本首行,"《焦氏易林》卷第幾",次行,"乾之第一"。此本首行,"《易林》卷第三",次行,畫卦於上乾下巽上。小畜。三行,小畜本卦林辭。四行,之乾以下,無"之"字,無小注。"一云某當作某",皆作大字,與黄本異。小畜之需,"故室舊廬,稍弊且除","除",黄作"徐"。之噬嗑,"方喙廣口,仁智聖厚,釋解倒懸,唐國大安","喙",黄作"啄"。"大",黄作"太"。之剥,"乘馬金車,駕游大都","乘",黄作"木"。之咸,"源出陵足,行於山趾,不爲暴害,民得安處","處",黄作"居"。之家人,"無有屯難","屯",黄作"重"。之夬,"福祚之家,喜至憂除,如風兼雨,出車入魚。又云:如魚逢水,長樂受喜”,黄脱“又云”以下十字。之艮,“祠祀曠開”,黄作“闊曠”。之既濟,“襄夷服除,以安王家”,黄作“夷狄”。之未濟,“三足孤烏,靈鳴督郵”,“郵”,黄作“卸”。履本卦,林辭“雖難得全,且驚不危”,黄作“雖得得全”。之損,“行不能前,足踒不便”,“踒”,黄作“矮”。泰之巽,“不爲家饒,心其函憂”,“憂”,黄作“逋”。否之咸,“花落實槁”,“落”,黄作“薄”。之解,“伊尹智士,去桀耕野”,“智士”,黄作“致仕”。之未濟,“道頓趺跱”,“趺”,黄作“跌”。卷四,同人之大過,“與樂爲倡”,“倡”,黄作“昌”。之明夷,“太王執政”,“太”,黄作“大”。之旅,“鳳凰在左,麒麟處右”,“處”,黄作“在”。大有之咸,“牝雞雄晨,主作亂根”,“雄”,黄作“司”。謙之頤,“厖降庭堅”,“厖”,黄作“龍”。之巽,“華入貴鄉,至老安榮”,“華”,黄作“莘”。之豐,“拜跪請免,不得鼂腐”,“得”,黄作“德”。豫之震,“吾有騂騮,畜之以時,東家翁孺,來請我駒”,“駒”,黄作“車”。卷七,无妄之頤,“傚於嘉國”,“傚”,黄作“邀”。之恒,“憂思約帶”下,一本云“牛驥同堂,郭氏以亡,國破爲墟,君走奔逃”,皆大字。大畜之益,“南箕無舌,飵多沙糖”,“糖”,當作“糠”,黄脱四字。頤之乾,“思初悼古”,“悼”,黄作“道”。之恒,“毛生豪背”,“豪”,黄作“毫”。之益,“懸狟素飧”,“飧”,黄作“飡”。卷八,坎之節,“水怒涌躍”,“涌”,黄作“踴”。離之蹇,“東山皋落,勇捍不服,金玦玩好,衣爲身賊”下有“一朝隕落”四字,黄脱之。姤,“宋子哭歌”,“宋”,黄作“宗”。咸之隨,“破我葦盧”,“盧”,黄作“蘆”。之臨,“祝施王孫”,“施”,當作“鮀”,黄作“駝”。之遁,“過時不歸,苦悲雄雌”,“雌”,黄作“惟”。之夬,“跛踦不行”,“踦”,黄作“倚”。恒之訟,“毋出房闥,乃無疾病”,“毋”,黄作“母”。之蠱,“狐不得南,豹無以北”,“狐”,黄作“孤”。之復,“阿衡服箱,太一載行”,“一”,黄作“乙”。之咸,“瘠蠡小瘦”,“蠡”,黄作“蠡”。之艮,“背憎爲仇”,“憎”,黄作“增”。卷九,遁之旅,“金城鐵郭”,“郭”,黄作“廓”。之巽,“江有陁汜”,“有”,黄作“水”。之小過,“逢駁猛虎,爲所吞殤”,一本作“又害不傷”,黄脱七字。大壯之无妄,“張氏揖酒”,“揖”,黄作“楫”。之困,“道温爲坑,輪陷躓强”,

“輪”，黄作“轉”。晋之坎，“飛兔腰褭”，“褭”，黄作“裊”。之解，“刻木象形”，“木”，黄作“水”。明夷之大壯，“高明大彤”，黄作“驕胡犬形”。之中孚，“虚與有得”，“得”，黄作“德”。卷十，家人，林辭“天命赤烏，與兵僥期”，“兵”，黄作“君”。之需，“生有聖德”，“生”，黄作“主”。之萃，“出入无妄”，“入”，黄作“門”。睽之恒，“孟已乙丑，哀呼尼父”，下云“乙當作已”，言孔聖卒於四月己丑。黄作“孟巳乙丑”，誤。亦脱“乙當作已”四字。之夬，“折若蔽日”，黄作“閉目”。蹇，林辭“喪我元夫”，“元”，黄作“无”。之大有，“生時不利，夭命灾至”，“夭”，黄作“天”。解之履，“翁云於南，嫗言還北”，“嫗”，黄作“姬”。之謙，“三光高明，雨减其光”，“减”，黄作“滅”。之損，“下擾上煩，蠹蟲爲患，歲饑无年”，“一云■既不一，况有饑年”。黄脱“一云”十字。之遘，“王鋭鐵頤，倉庫空虚，市賈無盈，與我爲仇”，“一云時不我與，我之利爲”，“一云倉庫滴空，人誰與同”。黄脱“一云”下二十字。之萃，竊“名盗位，居非其家，霜隕不實，爲陰所賊”，“一云三年室失，盗賊自生，霜隕非時，菽麥不成”，黄脱“一云”下十八字。之升，“賊仁傷德，天怒不福，斬刈宗社，失其本域”。“博要云，日中爲市，各抱所有，交易資貨，探珠懷寶，以悦歡喜”。黄脱“博要”以下二十三字。之革，“麟游鳳舞，歲樂民喜”，“又云鳳舞麟游，賢聖作儔，歲既豐稔，人何以憂”。黄脱“又云”以下十八字。之鼎，“行行窘步，次宿方舍，居安不懼，姬姜何憂”，“一云行幸■國，翫觀俗風，君安自勞，姬姜何憂”，黄脱“一云”以下十八字。《易林》卷十三，革之蒙，“殊類異路”，“殊”，黄作“疏”。之需，“太王爲父，季歷孝友”，黄作“王季”。之蠱，“鷹鸇欲食”，“鸇”，黄作“鷂”。之坎，“華言風語，亂相誑誤”，“誑”，黄作“狂”。之升，“杖鳩負裝”，“杖”，黄作“仗”。之巽，“兔聚東郭”，“郭”，黄作“廓”。鼎之大有，“高易我宇”，“易”，黄作“昜”。之觀，“雞釜夜鳴”，“釜”，黄作“峹”。之豐，“白馬騂駁”，“騂”，黄作“騮”。之兑，“成王多寵，商臣惶恐”，“商臣”，黄作“商人”。震之晋，“牙孽生齒”，“一作牙孽生達”，黄脱“一作”六字。之歸妹，“我右身安，居不危殆”，“居”，黄作“吉”。艮之小畜，“廣祐施惠”，“施”，黄作“德惠”。之晋，“陰生獐鹿，鼠舞鬼谷，靈龜陸處"，一云"靈鼠陸處，鬼哭鼠舞，雨甑草生，仁智敗國，桀亂無緒"，黃脱二十七字。之豐，"稍弊穿空，家莫爲宗"，移下"爲身作凶"一句，在此更作"一云奴婢逃走，子西父東"，與黃本異。卷第十四，漸之需，"追我濟西，敵人破陣，我當作戎"，黃脱下四字。之大有，"乘輿八白，尊我恒德"，"恒"，黃作"桓"。之中孚，"牝牛鳴呴"，"牛"，黃作"馬"。之未濟，"陰醜陽争"，"醜"，黃作"配"。歸妹之屯，"至德安樂"，"一云潛伏"，黃脱一云四字。之蒙，"獻豜大豵，以樂成功"，"豵"，黃作"豭"。之豫，"轘轉東西"，轘，黃作"轉"。之頤，"來復我城，傷我肌膚"，黃作"吾城"。豐之需，"二龍北行"，"二"，黃作"三"。之隨，"開廓緒業"，"廓"，黃作"郭"。之臨，"矰加我頭，繳挂羽翼"，"矰"，黃作"缯"。之咸，"腐臭所在，青蠅集聚"，"蠅"，黃作"繩"。之遁，"甘忍利瘧"，"瘧"，黃作"害"。旅之漸，"螏蛇四牡"，"牡"，黃作"壯"。按，"周道委遲，四牡騑騑"，"螏蛇"，即"委遲四牡"爲是。此書各家書目未見著録，止《敏求記》云在牧翁處見注本，絳雲一炬，已歸天上。及黃本跋所謂一旦再出全注並傳者，是遵王猶見注本，蕘圃不過想像。今得校其半，亦云幸事矣。

大戴禮記跋

《大戴禮記》十三卷，元刻本。每半葉十行，行二十字。高六寸八分，廣五寸。黑綫口，單邊，上有大小字數，下有某人刊，雙魚尾。紙墨均佳。首有元■■，挖去至正二字。甲午鄭元祐序。後有宋淳熙乙未韓元吉跋。據鄭序，知爲海岱劉庭幹刊置嘉興郡庠本。考《大戴禮記》十三卷，漢戴德撰。德爲信都王太傅，見《儒林傳》。書十三卷，八十五篇。亡四十七篇，存三十八篇。是書通行者，有雅雨堂本，有戴東原校《大典》本，有孔顨軒補注本，有王實齋聘珍解詁本，有汪翃青炤注本，有汪容甫正誤本。舊刻，宋有淳熙韓元吉本，元有至正劉庭幹本。宋本不得見，以元至正本爲最，即此本也。庭幹，名貞，爲嘉興路總管。政平訟理，刊刻多書，今流傳於世者，有《韓詩外傳》、《吕氏春秋》及《文則》，皆爲舉世所重。孔注序録云:至正十三年,海岱劉貞庭所刻,分上下卷,無注。按,貞是名,庭幹是字,孔君誤連。此本分四册,首册首作《大戴禮記》卷一之三,後有每卷篇目,下同。次册,《大戴禮記》第四之六。三册,《大戴禮記》卷七之九。四册,《大戴禮記》卷十之十三。不分上下卷,並有盧辨注。未知孱軒所見爲何本也。首有"晋府書畫之印",後有"敬德堂圖書記"兩朱文大方印。目録有"永瑆之印"白文、"皇十一子"朱文、"詒晋齋印"朱文三小方印。此書先藏晋府,後歸成王府也。原書由蝴蝶裝改册,故書口時有破損。

樂書跋

《樂書》二百卷,附正誤一卷,宋陳暘撰。宋刊本。每半葉十三行,行二十一字。高六寸六分,廣五寸二分。白口,上有字數。前有慶元庚申楊萬里序,後有慶元己未陳岐跋、林宇沖跋。正誤一卷,樓鑰撰。字尤方勁。嘉泰二年大防自跋。又有陳芾跋。不全,與錢警石《讀書雜記》同。按,《樂書》與《禮書》均刻於南宋,歸於南監。元明遞修,以修板之多寡,定書品之高下。有至治刊本、至正刊本,皆此一書。至治有虞集序。至正本改慶元爲至正,改陳岐爲林光大,尤爲可哂。此本字畫清爽,亦無一葉補刊,《皕宋樓志》以爲宋刊元印,而林宇沖跋缺字,此本全有之,則印在前矣。首葉有"建安楊氏傳家圖書"朱文長印、"五硯樓"朱文大方印。末葉有"五硯樓袁氏考藏金石圖書"朱文方印。蓋明正統中大學士楊榮藏書。五硯樓,則吴縣袁廷檮藏書處也。

平水巾箱本爾雅跋

巾箱本《爾雅》三卷,元平水刊本。每半葉八行,行十五字。高四寸半,寬三寸六分。黑綫單邊,中縫上魚尾上,大小字數。上魚尾下"爾雅上、中、下"三字。下魚尾,葉數。下有一畫。題郭璞注,首載郭序,後有音釋,與宋本同。序後又有牌子云:"一物不知,儒者所耻。聞患乎寡，而不患乎多也。《爾雅》之書，漢初嘗立博士矣。其所載精粗、鉅細畢備，是以博物君子有取焉。今得郭景純集注善本，精加訂正，殆無毫髮訛舛，用授諸梓，與四方學者共之。大德己亥平水曹氏進德齋謹志。”阮文達南昌本未見此書，取校一過，經字“釋詁”厎，“厎”不作“底”。雪窗天順本同。宜静書院作“底”。注疏所出。“從使也”，不作“使從也”。各本同，阮刻誤倒。“釋宫”，“廦”不作“廦”。“釋親”謂“女子”上有“男子”二字，各本同，阮刻誤脱。“釋天”，“太平”，“太蒙”不作“大”。“釋草”，傳“搷目”，不作“横”。“蘇”，不作“蘇”。阮刻誤。注字“釋詁”，“惄如調飢”阮誤“饑”。“天畏棐忱”，阮作“威”。“釋言”，“肅雍和鳴”，阮作“噰”。“謂燒燎”，阮脱“謂”字。“今荆楚人皆云還，音沓”，阮脱。“相千痦”，阮作“于”。“荄，亂也”，阮校云不應入“釋言”，此本已有之。“釋訓”，“瘍瘖”下，阮有“也”字。“口柔之人”，阮脱“人”字。“釋宫”，“今人稱家，義出於此”，阮本下有“扆倚”二字。“宧夷”，阮本下有“窔要”二字，按此二字與“宧夷”作對，當有。“大路謂之奔”下，“此皆人行步趨走之處，因以名云”，阮脱。“賈誼曰‘寶康瓠’”，阮脱“寶”字。“釋器”，“連底挏之”，阮作“桐”。“釋天”，“涷，音東西之東”，阮“涷”上有○，似不應有。“呼牽牛星爲擔鼓，擔者，荷也”，阮作“檐”。“釋邱”，“鐵頂者”，阮作“纖”。“釋水”，“瀸纔有貌”，阮本下脱，“○見現否，是”。“釋文”，“衣謂褌”，阮作“禈”。從“釋地”已下十三字，作大字，阮本是小字。“釋草”，“謂簫管之屬”，阮脱“謂”字。“江東呼爲堇，音靳”，阮脱“音靳”二字。“大莖小葉，華紫黄色”，阮“華”作“葉”。“茖華色異，名亦不同，音沛”。阮“芨音沛”，是。“釋文”，“周禮曰蒠菹”，阮作“篙”。“江東呼芐音怍”，阮脱“音怍”二字。“江東呼爲烏蓲，音邱”，阮脱“音邱”二字。“今江東呼華爲荂，音敷”，阮脱“音敷”二字。“釋蟲”，“齊人呼蟻蛾蛘”，阮作“蟻蟻蛘”。均誤。吴元恭本同，天順本作“齊人呼爲蛾蛘，是”，阮誤爲“蟻”。此本改“蟻”作“蛾”，然上“蟻”字仍爲字誤。釋魚，“小鋭而長齒”，阮作“鮵”。“丹甲青文”，阮作“青玄”。“釋鳥”，“雅烏也”，阮作“鴉”。“鷁屬人曰橋”，阮作“撟”。此與阮本不同者。其經文不同於唐石經者,如"釋宫","屋上薄","薄"不作"簿"。宋刻《廣韻》三十五,笑篼,屋上簿也,亦從艸。"釋天","何鼓",不作"河鼓"。與郭氏"擔荷"之訓合,蓋古"擔荷"之"荷"實作"何"也。"釋水","縣出",不作"懸出"。釋文"縣,音元",是古本作縣之證。又"釋畜","騋牝驪牡",不同雪窗本,作"騋牝驪牝"。武進臧氏謂鄭高密、孫叔然本作"驪牡",郭本作"驪牝"。"釋草","其萌蘿",注音"繾綣",不同雪窗本,訛作"邱阮"。"釋經",皆以元恭本、雪窗本爲單經之善,而此本更出其上。世所存元本,閩板居多,至平水本據各家目録不及十部,則北本重于南本,不得以墨色稍次譏之矣。首有"稽瑞樓"白文長印,"瞿氏鑒藏金石記"白文長方印,"恬裕齋藏"朱文方印,蓋常熟故家物,先陳,後瞿。庚申亂後,爲嶺南丁中丞所得,今又從嶺南仍回江南矣。

方言跋

《方言》十三卷,宋刊本。每半葉八行,行十七字。高六寸八分,廣四寸三分。板心上有字數,下有人名。白口,雙邊。後有慶元庚申李孟傳、朱質跋兩段。書中避諱至惇字,即慶元時刻本。季滄葦書目云:"揚子《方言》,六卷,四本。牧翁跋。"即此書,錢跋即在朱跋之後。書禁嚴時撤去一葉,影寫六字訂入首葉,有"顧仁效藏書"朱文長印,"横經閣考藏圖籍印"朱文大長方印,"季振宜藏書"小長印,序後有"揚州季氏"朱文長印,"滄葦"朱文小長印,"振宜之印"朱文小方印,均墨印。首葉有"仁效"二字朱文方印,後有"顧元慶覽賞印"朱文方印、"華亭朱氏"白文大方印。按顧仁效,長洲人,結廬陽山之下,王文恪爲撰《陽山草堂記》。顧元慶,字大有,亦家陽山大石下,學者稱之曰大石先生。華亭朱氏即朱大韶,字文石,華亭人,嘉靖二十六年進士,由庶吉士授檢討,遷南司業。横經閣即其藏書處。

桂氏説文義證原刻跋

乾嘉盛時,《説文》之學大行。南段、北桂,最稱弁冕。段氏自刊其書,久行於世。桂書止有稿本流傳,亦未校正,字幾及二百萬,刊板正復不易。諸城李方赤方伯得其稿,延許印林、許珊林、王菉友諸小學家校訂,苦其繁雜,欲删節之,菉友以爲不可。道光己酉,聊城楊至堂河帥駐清江,平定張石洲爲山右楊墨林刻連筠簃叢書,願以此書刻入。初浼汪孟慈校讎,後交印林獨校。即在清江集工開雕,印林爲立校例三:一曰補例,一曰删例,一曰改例。又撰《汪孟慈校語條辨》,復增校例七條。印林因父病不能遠離,再移局於贛榆之清口鎮,距印林家止百里,俾之照料。咸豐辛亥始蕆事,未印多書,而墨林、石洲前後殁,未能移板入都,板即庋印林家。辛酉八月,捻逆竄日照,印林家破,室廬書籍均毁於寇,桂板亦燼焉。逮南皮張文襄公刻於鄂局,海内始得見桂氏之書。文襄公序言,楊氏書板質於廠肆,不知桂書並不在内。臨清徐君梧生又言,板毁於拳匪之亂,皆傳聞之辭,不如印林《與高伯平書》爲可據。文襄公見此刻於何小宋制府許,内缺一葉,至求日照丁小山寫本足之。京師圖書館亦只藏有大字寫本,今幸得楊刻初印本,而鈔印林校例於《攀古小廬文》,《校語條辨》於滂喜齋,合訂於前。俾知此書刻不易,校亦不易,而原刻之爲難遇也。

史記集解跋

《史記集解》一百三十卷,宋刻本。每半葉十二行,行二十二字,大小字同,高四寸六分,廣三寸八分。白口,單邊。口上一魚尾,下署"史記幾",下號數。目録作大字。《史記》目録後有牌子三行:"邵武東鄉朱中奉宅/刊行校勘即無訛舛/紹興庚申八月朔日。"字瘦勁静穆,天水佳刻。各書目均未見。惟《集解》八十卷,原第已不可得見耳。

史記跋

《史記》殘本，宋刻三注本。每半葉十行，行二十一字，大小字同。高六寸，廣五寸。小耳白口，上有大小字數，亦有在下者，口作“史卷幾”。雙魚尾。集解、索隱三注俱全。各書目未見。書估止携一册，不知書後有年月牌子否也。有人謂似元本，爲彭寅翁刊者，此據《愛日精廬藏書志》，張月霄未記行數、字數。而《經籍訪古志》有之，云是十行，十六字至十七八字不等，後有“至元戊子安成彭寅翁新刊”，與此二十一字不同，則非彭本明矣。

此宋刻别本，三注似亦删簡。向疑南監刻《史記》，共有四種，而注均不全，大約就宋人單簡之本照刊，非明人自删也。

南齊書跋

《南齊書》，五十九卷，眉山重修七史，九行十八字本，摹印極早，字畫方整者宋刻，靈動者元刻，而無明修，爲七史中僅見之書。後有治平三年崇文院送杭州開板行文，是北宋刻於杭，南宋刻於蜀。杭蜀兩處，爲天水良工所萃，故板刻流傳最久。前有“禮部官書”朱文大印。儀顧堂跋云：“第三十九卷，缺第五葉，以十四葉改刻五字補之。”此本則無補葉。卷四十“王士隆”上空一格，“若夫九種之事”下空二格，則同也。陸本有嘉靖修板，不如此本遠矣。

崇文院嘉祐六年八月十一日敕：節文《宋書》、《齊書》、《梁書》、《陳書》、《後魏書》、《北齊書》、《後周書》，見今國子監并未有印本，宜令三館秘閣，見編校書籍官員，精加校勘，同與管句使臣，選擇楷書如法，書寫板樣，依唐書例，逐旋封送杭州開板。治平二年六月日①。

---

① 二，上文作“三”。

輿地紀勝跋

《輿地紀勝》二百卷，宋王象之儀父撰。儀父，東陽人，《宋史》無傳。《書録解題》載其爲慶元中考爲慶元丙辰。鄒應龍榜進士，曾知江寧縣，《張秋水集》詳其仕履，爲江西分寧，非建康府之江寧。其父名師亶。劉伯山因影宋本《紀勝》，袁州官吏下載王師亶二字皆缺筆，且注曰："郡志云，袁州月樁，歲額八萬八千餘，紹興末年，先君子爲宜春簿，嘗作文志月樁之苦，今減二萬五千餘貫，自先君子啓之。"則其父名師亶。中紹興二十四年進士，終廣東提點刑獄，殆即其人。今考吴師道《敬鄉録》，師亶子七人，爲謙之、恭之、益之、觀之、有之、涣之、節之，而無象之。七子皆以卦名，象之獨非，爲後改無疑。今據吕忠公祖儉《唐卿墓志》，有之後改爲"象之"。與《紀勝》所云仲兄行父，則益之也，叔兄中父，則觀之也。行數亦無不合。南海伍氏、江都岑氏前後刻之，岑氏並爲校勘，而儀父世系，訖不能明。今爲表之如右。

金華王氏					
師亶字唐卿，紹興二十四年進士，宜春簿，南劍州教授。刊《龜山遺書》。守九江，建養拙堂於濂溪祠側，終廣東提刑。有文集及《資治通鑒集義》八十卷。按各本皆作師古，惟景宋寫本作亶，缺筆作亣，後人誤作古字。歷引夏侯亶、舒亶，均作亶。澶、迴作澶，均缺筆，獨此處作亣，亦可見宋人避諱止作不成字，并不一律。	謙之字吉父。淳熙十一年進士。				
	恭之				

	益之字行父。淳熙進士。終大理司直。撰《西漢年紀》。				
	觀之字中父。德化宰。夔州轉運判官。撰《輿地圖》十六卷。				
	有之 改象之。				
	涣之				
	節之				
師心重和元年進士。終顯謨閣直學士。					
師德					
師愈紹興十八年進士。提刑。龜山門人。	瀚字伯海。東萊人。	柏魯齋先生。	侃字剛仲。號定齋。		
			佖		
			忒危素撰傳。		
		相	瑊	紹孫	閑
					閏
					閭
					閲
				雲龍	
	洽字伯禮。東萊弟子。				
師尹紹興二十一年，終迪功郎。					

道德經跋

《老子道德經古本集注》二卷，宋刊本。每半葉十行，行十七字。高六寸四分，廣五寸四分。白口，單邊。上有字數，下注人名一字。首行"老子道德經古本集注上"，次行"前玉隆萬壽宫掌教南岳壽寧觀長講，果山范應元集注直解"一行，湛然堂無隱齋谷神子范應元後序。書中引晦庵序《參同契》，是范在朱子之後。集各家注，並有音辨，均以陰文冠之。今道藏目不載是書。宋諱亦不甚避。然字畫、紙墨爲宋板、宋印無疑。

南華真經跋

《南華真經》十卷，郭象注，宋刊本。每半葉九行，行大十五字，小三十字。高七寸，廣四寸六分。白口，單邊。魚口下以莊一至莊十紀卷數。下紀葉數，刻工人名，一二字不等。此胡蝶裝改册，口上大半破損，無迹可尋。無序跋，末葉後有"安仁趙諫議宅刊行"一樣■字兩行。安仁，《宋史》有傳。國子監刻《五經正義》，以安仁善楷書，遂奏留之。性嗜書，所得禄賜，多出以購善本。《北堂書鈔》，三館所無，真宗命内侍取其家本以傳。喜其好古，手詔褒美。此本各書未見著録，而字畫方整，楮墨精潔，是北宋體格，疑即安仁手書所刻與？内弘字、玄字避，餘不避，而獨避慎字，或爲南宋翻刻歟。未見全帙，不足定準。郭注全音釋則直音，非陸氏釋文矣。歲在閼逢攝提格，江陰繆荃孫跋。

淮南子節本跋代

《淮南子》二十一卷，宋刊節本。每半葉十行，行十八字，小字同。高■■■■■■■■■■。黑口，單邊。板心標"淮一"二字。首行"新刊淮南鴻烈解卷第一"，次行"太尉祭酒臣許慎記"。上卷末有“茶陵後學譚叔端纂校”一行。目録後有兩方印，一模黏，一“粈■譚氏”，一鼎式“書鄉”二字。《淮南》止見小字影鈔宋本，此本字畫精雅，紙墨均舊，然各書目均未著録，似是道家所刊，而譚叔端亦無可考。節去本文約十之四，注每卷刻許慎名，然既不全采許注，亦不全采高注，略存數條而已。至其佳處，今以莊本校之，如《原道訓》“而大與宇宙之總”未脱“與”字。“欲肉之心亡於中”，“肉”，不作“害”。“俗上氣力”，“上”，不作“尚”。“不謀而成”，“謀”，不作“爲”。“結激楚之遺音”，“音”，不作“風”。《俶真訓》“藋蘆炷煌”，“藋”，不作“萑”，“炷”，不作“炫”。“秉皓白而不涅”，“涅”，不作“黑”。《墬形訓》“昭之以日月”，“昭”，不作“照”。《時則訓》“遠鄉皆至”，“鄉”，不作“方”。“以索奸人”，“索”，不作“塞”。《覽冥訓》“推蹶三王之法度”，“度”，不作“籍”。“仁人處位而不言”，“人”，不作“君”。“保其性命於天而不夭於人”，“性”，不作“修”。“天”上有“於”字。“皆枉生而無其本者也”，“枉”，不作“狂”。《精神訓》“精神者天之有也”，未脱“者”字。《主術訓》“鞅鞈鐵鎧”，“鞅”，不作“鞅”。“無功而妄賞”，“妄”，不作“厚”。“其計事可用”，“事”，不作“乃”。“雖遇煩難之事”，未脱“遇”字。《繆稱訓》“無蔽財”，“蔽”，不作“廢”。“夜行者，瞑目而前”，未脱“者”字。《齊俗訓》“令三月嬰兒”，“令”，不作“今”。“不中規”，“中”，不作“得”。“成不力者”，“力”，不作“强”。“而仁不能解也”，“仁”，不作“人”。《道應訓》“其度安至”，“至”，不作“在”。“奚適而無道也”，“而”，不作“其”。“明日又復往”，未脱“日”字。《兵略訓》“整鸞舉麟”，“整”，不作“整”。《説山川》“魂曰無有，魄曰何無有，何得而聞也”，未脱“魄曰何無有”五字。“善且不可爲”，“不可”，不作“由弗”。“六畜生多耳目者不祥”，“祥”，不作“詳”。《説林訓》“無餌之鈎”，“鈎”不作“釣”。“十牖畢開”，“畢”，不作“之”。《詮言訓》“便在已者得宜”，“宜”，不作“而”。“隨時三年，時去我走，先時三年，時在我後”，不作“時去我先，去時三年。自信其能。能不作情”。《人間訓》“病温而强之食”，“温”，不作“濕”。“推道理而不行”，“理”，不作“體”。“延露陽曲”,“曲”,不作“局”。《修務訓》“此教訓之所俞也”,“俞”,不作“諭”。“項槖年七歲”,未脱“年”字。“服劍者期於銛利”,“銛”,不作“恬”。“辯子之相似者”,“辯”,不作“攣”。《泰族訓》“雨露所潤”,“潤”,不作“濡”。《要略》“經山林之形”,“林”,不作“陵”。“乃始物物引類”,上“物”字不作“攬”。“則通其所以無爲”,“通”,不作“同”。與王懷祖先生《讀書雜志》所引大半相合,其佳可知。莊本固未足憑,譚君仲修、許益齋欲刊影宋本,爲校勘記,從無見過此本者。故雖節本,亦摹播之,取其罕見也。歲在閼逢攝提格小陽月,貴池劉世珩跋。

五代史平話跋

《新編五代史平話》,宋刻本。每半葉十五行,行二十五字。高五寸七分,廣三寸七分。黑口,單邊。首行“新編某史平話”,大字占雙行;次行“詩曰”。上魚尾下首葉作∵,次葉“某史幾”。下魚尾下字數。考,平話始於宋時,《夢華録》有講史李慥、楊中立、張十一、徐明、趙九亨、賈九諸人,小説有王顔喜、蓋中寶、劉名廣諸人。《夢粱録》有“小説講經史一條”云:“説話者謂之舌辯,雖有四家數,各有門庭,如煙粉、靈怪、傳奇、公案,有譚淡子、翁三郎、王保義、陳良甫、棗兒、余二郎等,談論古今,如水之流。講史書者謂講説《通鑒》、漢唐歷代書史、文傳、興廢、攻戰之事,有戴書生、周進士、張小娘子、宋小娘子、丘機山、余宣教等。又有王六大夫,元係御前供話,諸史俱通,於咸淳年間敷演《福華編》及《中興名將傳》,聽者紛紛,蓋講得字真不俗,記問源淵甚廣。”黄梨洲記澹生堂書已散之後,所存傳奇、平話尚百十種。前人記《大典》所載平話甚多,今世所傳宋人書止有《宣和遺事》一種,明人書止有《蘆城平話》一種,餘皆罕見。此《五代史平話》宋刊本,爲曹君揆一所藏,董授經比部刻之。俞理初《書蘆城平話後》言平話體蓋多臆造,此書於實事上十居其七八,書在《宣和遺事》前,而臆造較少,則固宜存此一體。

宋刻避諱，監本、官本最爲慎重，家刻、坊刻多不拘。近人專求避諱以辨宋刻，往往貽誤。曹跋所云"貞觀作正觀，魏徵作魏證"，皆撰書人爲之，非刻工所知也。

卷　四

跋　贊

陶淵明集跋

《箋注陶淵明集》十卷，題廬陵後學李公焕集録。元刊本。每半葉九行，行十六字。高五寸，寬三寸八分。前有昭明太子序及總論一卷，詩六卷，文二卷，《群輔録》二卷。詩文句下略有箋釋，間采東坡、山谷、趙泉山、韓子蒼、湯東澗、張縯、胡仔之論附於下。前人以湯注本爲最佳，此本爲最備，而以爲元翻紹興本。然避諱至“廓”字，又采及劉後村、胡漁隱之説，已在南宋之末，似非從紹興本翻雕。至字畫之雋潔，影寫之工整，自是佳書，又爲歷代藏書家所珍重，故並手跋、圖書摹印之。陶集刻本最多，止嘉靖戊申傅印臺刊於江州從此本出。首有華雲序，後有王庭幹跋。今本模糊字，以傅本補之，以孫承祖也。

東坡先生和陶淵明詩跋

《東坡先生和陶淵明詩》四卷，宋刻本。每半葉十行，行十六字。高六寸八分，寬五寸。白口，單邊。魚尾下標“和陶幾”，上字數，下刻工姓名，止標一字，有“庚子重刊”，“乙卯重刊”陰陽文不等。考東坡先生初集、後集、内制、外制、應詔、奏議及此和陶，皆有宋刻，亦謂之七集。至明程■■始輯逸詩逸文，并《和陶》編入，爲十二卷，謂之續集，合此六種，仍爲七集，而非其舊。此宋本宋印，行款與東坡、子由集均同,自是蜀中刻本。首陶,次和詩,子由和者亦載入,編次、題目均與明刻不同。校明嘉靖刻李光煥本陶詩,爲改正訛字十餘。成化七集本不載陶詩及子由和詩,所以不及一卷,《和庚戌歲九月中於西田穫早稻》失小引,《乙巳歲三月爲建威參軍使經錢溪》失題,訛字不止十餘。此本之誤,"東方一士"一篇,卷二、卷三複《雜詩》十一首,無第十二首。明嘉靖本云宋本《東坡和陶詩》無此篇,與此正合。明本有《集歸去來辭》詩十首,此無。訛字亦復不少。見下。

卷一:

《和飲酒詩》:"欣然",誤"頎"。"玉管開天庭","開",誤"聞"。

《和歸園雜居》:"江鷗漸馴集","集",誤"隻"。

陶《詠荆軻》:"提劍出燕京","提",誤"從"。"逶迤過千城","千",誤"子"。

《和怨詩楚調》:"憂愧自不"下空格,嘉靖本作"眠"。

卷二:

陶《讀山海經》:"化去不復悔","悔",誤"梅"。小注一作"鳴鴸"。"鴸",誤"鴟"。

陶《游斜川》:"魴鯉躍鱗於將夕","鱗",誤"鮮"。

陶《和郭主簿》:"清涼華秋節","涼",誤"湅"。

陶《和劉柴桑》:"未忍言索居","未",誤"米"。

《和劉柴桑》:"而有造請役","役",誤"後"。

卷三:

陶《時運》:"悠悠清沂"第二"悠"字,誤"想"。

《和時運》小序:"丁丑二月十四日","丑",誤"由"。"木固無脛,瓦豈有足","豈有",誤"固無"。

《和擬古》:"庭空鳥雀噪","鳥",誤"馬"。"盧生與若士","生",誤"坐"。"飛泉瀉萬仞","瀉",誤"寫"。"遺我吉貝布","貝",誤"具"。"翁媪國于兹","于",誤"子"。

陶《雜詩》:"丈夫志四海","丈",誤"文"。

《和雜詩》:"微風動衆竅","動",誤"渡"。"終老懷未央",

"未",誤"末"。"可與君平道","可",誤"何"。"物色恐相值","值",誤"僮"。

子由和:"垂老徙比景","比",誤"此"。

陶《還舊居》:誤"舊還居"。

《和還舊居》:"往來赴遺物","往",誤"行"。

陶《贈羊長史》:"無貰患貧賤","貰",誤"貫"。

陶《經錢溪》:"終懷在歸舟","舟",誤"州"。

《和游城北廢園》:"玄鶴舞長翮","玄",誤"女"。

《和郊行步月作》:"始覺"、"陵平",誤"生"。

陶《經曲阿》:"婉孌憩通衢","孌",誤"轡"。

陶《乞食》:"主人解予意","解",作"諧"。"意",誤"音"。"周餘幾崩壞","壞",誤"懷"。

卷四:

陶《懷古田舍》:"雖未量歲功","未",誤"末"。

《和懷古田舍》:"躬農圃之勞","勞",誤"榮"。

《和勸農》:"乃和淵明","淵",誤"潤"。"袒跣何媿","袒",誤"祖"。

《和再送張中》:"相從大塊中","塊",誤"愧"。

陶《答龐參軍》:"三復來貺","貺",誤"貺"。"數面成親舊",落"舊"字。"輒依周孔往復之義","孔",誤"禮"。

陶《西田穫稻》:"交無異患干","干",誤"千"。

《和西田穫稻》:"何適不間關","不",誤"下"。

陶《下潠田舍穫稻》,脱"稻"字。"寄聲與我諧","寄",誤"奇"。

《和戴主簿》:"飲酒腹尚沖","酒",誤"水"。"草去土自隮","草",誤"莫"。"自",誤"土"。

陶《桃花源記》:"問今是何世","今",誤"令"。

《和桃花源記》:"居民三十餘家","三",誤"一"。"溪中多枸杞","枸",誤"拘"。

《和歸去來兮》:"時爵躍而鯢桓","桓",誤"柏"。子由和下同。

鮑氏集跋

《鮑氏集》十卷，照宋寫本。原書明正德朱應登刻，毛斧季以宋本校。宋本，半葉十行，行十六字，間有十七字、十五字者。宋本往往有之。目空五字，題空四字。前有齊散騎侍郎虞炎奉叔撰序，序後卷一目，目後接本文。斧季鈎勒，行款筆畫，不拘正俗，無不改定，宋本面目，一望即見。序上有識語云：宋本每幅廿行，每行十六字，小字不等。卷一《舞鶴賦》"巾拂兩停，九劍雙止"上識語云："欽宗諱桓，故宋本書'丸'字，諱去一點，犯嫌名也，然字形狹長，仍作'丸'形，而去一點，與'九'字不同。"宋諱殷、朗、亘、貞、樹、恒、筐、讓，皆爲字不成，愍、世則襲唐諱也。宋本卷九缺末葉。按《隋志》：梁六卷，隋十卷，似後人增益，已非虞奉叔所序之本。惟開卷署"鮑氏集"，不曰"鮑參軍集"，詩賦亦間有自序、自注，與他集從類書采輯者不同，可稱善本。每卷有"虞山毛扆手校"朱文長印，"西河季子之印"朱文小方印，"席玉炤讀書記"白文長印，"愛日精廬張氏藏書記"朱文方印。已見張氏《藏書志》。書後有"丙辰七夕後三日，借吴趨友人宋本，比較一過。扆"一行。

李翰林集跋代

《李翰林集》三十卷，唐李白撰。宋刻本。每葉二十行，行二十字。高五寸七分，廣四寸四分。白口，單邊，每卷目録連屬正文。後附《新唐書》本傳。又有紹熙元年七月開封趙汝愚題云：右李太白《題司空山瀑布》詩，得之東里周子中，附於卷末。又咸淳己巳三月天台戴覺民希尹跋云：是集多趙同舍崇鑒養大所校正。又有江萬里序，係手書上板。晏知止本歌吟在六、七兩卷，此則在第十七卷，餘亦前後參差。丁陸兩家書目均有此本，而江序均佚去，亦可貴也。近時《李翰林集》止重繆刻蜀本，此則當塗本，予重摹之，以增皖南故事云。

杜陵詩史跋

《王狀元集百家注編年杜陵詩史》三十二卷，唐杜甫著，宋魯訔編年并注，王十朋集注。宋刻本。每半葉十三行，行二十四字。高六寸二分，廣四寸一分。白口，單邊。口上有字數，魚尾下作"杜詩"，亦作"寺一杜詩"，又作"六十家杜詩一"，種種不同。首行作"王狀元集百家注編年杜陵詩史一卷"，次行"前劍南節度參謀宣議郎檢校尚書工部員外郎賜緋魚袋杜甫子美撰"，三行"嘉興魯訔編年并注"，四行"永嘉王十朋龜齡集注"，與《天禄琳琅》所載黄氏《補千家注杜工部詩史》截然兩書。彼則黄希、黄鶴補注，此則魯訔、王十朋注；彼三十六卷，此則三十二卷也。其於詩之有關時事者，皆於題上注明，故謂之詩史。所引前人注，皆各標名，而作白文以别之。千家注，百家注，口上又云六十家注，皆坊本故態。書有"真賞"朱文胡盧印，"華夏"白文方印，"文石太史所藏圖書"朱文長方印，"季振宜藏書印"朱文小長方印，"緯蕭草堂藏書記"朱文長印，"商邱宋犖考藏善本"朱文長方印。按《季氏書目》，王龜齡注《杜詩》三十二卷即此書。無錫華氏、華亭朱氏、商邱宋氏、昆山徐氏遞藏也。

柳柳州外集跋

《柳柳州外集》一卷，唐柳宗元撰。宋刻本。每半葉九行，行十八字。高六寸，寬五寸。白口，單邊，兩魚尾。上魚尾下標"外集"二字；下魚尾下先葉數次字數，大字居中，下刻工人名一字。按唐宋志載《柳集》并三十卷；晁氏《讀書志》亦三十卷，外集一卷，趙希弁附志作四十五卷，外集二卷；陳氏《書録解題》所載凡三種，并四十五卷，外集二卷。分卷不同，要以三十卷者爲最古。陳氏《解題》謂：劉禹錫作序，言編次其文爲三十二通，退之之志若祭文附第一通之末，今世行皆四十五卷，又不附志文，非當時本也。是宋時所刊《柳集》,已非劉氏之舊。《四庫題要》謂:或後人追改劉序,以合見行之卷。按《劉集》載《柳文序》,實作三十二通,則四十五確爲後人追改無疑。各本《柳集》所載劉序,皆作四十五通。今獲此宋槧《外集》一卷,詩文凡四十三首,各本已闌入正集者三十二,入外集才八首,又溢出《送元皓師詩》、《上宰相啓》、《上裴桂州狀》三首,則諸本正外集皆不載。卷末有乾道改元吴興葉程刊書跋,蓋程官永州,刻之郡庠者。是刻爲曹楝亭氏舊藏,檢《千山曹氏藏書目》,此種注云三十二卷。乃合此《外集》暨附録計之,益足證永州本正集爲三十卷無疑。以是外集例之,其正集必有大異於諸本者。惜哉,不得見矣。

鉅鹿東觀集跋代

《鉅鹿東觀集》十卷,宋魏野撰。宋刻本。每半葉十行,行二十字。高六寸,廣四寸五分。白口,單邊。魚尾上記字數,下刻工姓名。中縫"鉅鹿東觀集卷第幾",在上魚尾下,字數在下魚尾上。野本隱士,歿,贈秘書著作郎。其子閑編其集,援《漢書》班固引著作局爲東觀故事,故名曰《鉅鹿東觀集》。有薛田序。此本闕四、五、六三卷,係鈔補本,爲朱子儋、曹潔躬物,後歸陸其清、顧抱沖家,今歸於余,爲溯其源流如此。黄蕘圃止藏影寫本。今新陽趙氏峭帆樓刻本,據十萬卷樓星鳳堂寫本付刊,均與此書一作本合。而卷七、八、九、十四卷分卷不同,訛字一葉内不下十餘處之多。卷五《送閏師之長安謁紫衣》一首有題無詩,而劉燁大著《忽惠雅章喜懼輒增二詠聊以贈酬》、《送薛階迎覲察院》、《又次前韻兼乞寉》三首則此鈔所無也。《提要》云:"據天聖元年薛田所作集序,野先有《草堂集》行在人間。《宋史》亦稱野《草堂集》十卷。則十卷者,野舊本也。序又稱其子閑以新舊詩三百篇混而編之,彙爲七卷,因取贈典,命之曰《鉅鹿東觀集》。則《東觀集》者,閑所重編七卷之本也。此本凡詩三百五十九首,題曰《東觀集》,而乃作十卷,未喻其故,豈序文誤十爲七歟?"今此本薛序則云:余與交三十年,天禧己未化去,今息閑綽有父風,出君所著新舊詩四百篇,除零落外,以其國風教化,諷刺歌頌,比興緣情者,混而編之,共成十卷,因取贈典,命之曰《鉅鹿東觀集》。"是明明新舊合編,連《草堂集》在內,則與《提要》大相抵牾,不見此本,不睹《東觀集》之真面目矣。《宋藝文志》及《書録解題》均云《草堂集》二卷,《鉅鹿東觀集》十卷,一舊稿,一後訂,而並無《草堂集》十卷之説。《宋史》傳不足據。讀知聖道齋跋尾云收得七卷本,似從此刻本鈔出,而以所闕之四、五、六卷爲補遺,仍是十卷,核據詳洽。至金兆芝跋趙刻云及見宋大字《草堂集》十卷本,則强不知以爲知,不值一哂矣。歲在旃蒙單閼,貴池劉世珩跋。

王臨川集跋

《臨川王先生文集》一百卷,宋刻本。每半葉十二行,行二十字。高六寸六分,廣五寸五分。白口,單邊,間有黑綫口,即補板。前有紹興辛未王珏謹題。書中"桓"字,作"淵聖御名","構"字作"御名"。慎、敦、廓不闕筆。雖有後來修板,而原書尚是紹興舊刻可知。《臨川集》,政和中開局編書,而門下侍郎薛昂肇明實主其事。與明翻詹大有本皆出於紹興時,卷第皆同,略有出入。日本內府殘本十行十七字,亦刻於紹興。據島田彦忱止見七十卷,而得佚文四十七篇,又不知何本也。島田跋云:"昔明華中父真賞齋有宋百六十卷《王臨川集》,見豐人翁《真賞齋賦》。而何義門既言其不可見,則其爲希覯之笈,又可知也。而説者謂《荆公之集》以紹興辛未其曾孫王珏所傳刻者爲最完,其作百六十卷者,徒分析其卷帙耳。"荃孫藏有明翻詹大有本,沈乙厂新購明翻元吴澄序之小字本,又有萬曆刊本,合校之,必有可觀。再附以日內府宋本之佚文與陸存齋之所輯此集,庶無遺憾矣。

魏鶴山大全集跋

《魏鶴山大全集》一百九卷,宋魏了翁撰,宋刻本。每半葉十一行,行二十一字。高七寸三分,廣五寸五分。白口,單邊。首行"重校《鶴山先生大全文集》卷幾",或云"卷之幾",或止數目,無"卷之"字。板口詩、箋、表、奏議、狀、札、督府奏陳等各類,作"詩幾","箋奏"幾。補刻作"大全集幾"。葉數每卷自爲起訖,只《周禮折衷》一百四、五兩卷通計。缺十八、十九、卅五、卅六、卅七、卅八、四十三、四十四、四十五、四十六、五十、五十一、五十二、五十三、七十五、七十六、七十七、一百零七、一百零八,共十九卷。爲海内孤本。黄蕘圃所藏,錢辛楣所跋,即此本也。有淳祐己酉吴淵序、吴潛後序、開慶改元游侶序。明嘉靖三年無錫安國活字印本,次行署"錫山安國重刊一",後行,後有安國跋、知無錫縣暢華後序。又有嘉靖三十年邛州高翀本,卷一有"邛州知州吴鳳、郡後學王棐校正,學正李一陽、訓導周南編次"四行。《四庫》據高本著録,而外間所流傳者,止有安國本,安國本即出於此本。如卷一缺首葉《游古白鶴山》、《和薛秘書紱聞鵶韻》、《和虞永興剛簡滄江鶴再誕雛》三題,安本即從二葉《雅州胥園》起。所脱十九卷,並目亦不存,後印入全書,想又從他本補足。此書二十八、二十九並卷,七十二卷《魏府君純甫墓志銘》不完。九十卷《策問》十二葉係一百二卷之脱葉。原本亦有空格,有印本模糊字,爲後人誤改宋本,即從其誤,是安本出於此本之的證。至一百零八卷止六題,今《書安忠定行狀後》、《跋李夢庚韶卿上梁綸漕使書》在安本六十五,《何友諒墓志銘》在八十七,只《張令君焕道夫墓銘》一文,《己未唱第後謝恩詩》、《己未擬進聞喜宴賜進士詩》二詩而已。"宵"作"霄","儻"作"黨","遷"作"迁","餘"作"余","萬"作"万","維"作"惟"。同治甲戌吴勤惠公督蜀,出傳鈔安本命刊,因訛誤太多,止録其清朗者,刊文鈔四十卷。嗣聞宋本歸吾友孫問青,欲校未得。今由劉君翰怡借到,與王息塵兄對校,而志其緣起。癸丑五月十一日。

《鶴山集》,舊有姑蘇、温溪兩刻,皆百卷。此本搜輯逸篇,並《周禮折衷》、《師友雅言》并刻之,故有大全集之名。《渠陽集》,得之教授張箄。《周禮折衷》,得之提幹何璟。校此刻者,清幕朱景行、漢嘉楊起寅及璟三人。見後跋。

黄文獻公文集跋

《黄文獻文集》四十三卷，元黄溍撰。溍，字晋卿，婺州義烏人。延祐二年進士，授寧海丞，入爲應奉翰林文字，出爲浙江儒學提舉。致仕後，起爲侍講學士，修國史。久之南還，凡七年而卒，年八十一，謚曰文獻。今考公集二十三卷，刻於先生歿後五年。此則刊於三山學宫，實成於先生未歿之前二年。前有至正十五年宣城貢師泰序，云：先生文集總四十三卷，其初稿三卷，則未第時作，危素所編。續稿四十卷，則皆登第後作，門人王生宋生所編次也。今年已七十有九，康强善飲啖，援筆馳騁如壯歲云云。首行題曰"金華黄先生文集第幾"，下題"初稿幾"、"續稿幾"。次行題"臨川危素編，鄱陽劉耳校正"，間有題"門人編次"者。次行有題"日損齋續稿"者。卷一至卷三爲初稿。卷四至四十三爲續稿。每葉二十四行，每行二十四字。版心有字數。語涉元帝皆提行。元刊元印本。初稿一、二詩，三賦、騷、答問、雜著、贊、碑記、序、題跋、書、祭文、傳、行述。續稿一至三詩，四詔制、表、箋、箴、銘、贊，五碑文、記，六至十二記，十三至十五序，十六序、説、啓、公文，十七策題、勸農文、上梁文，十八、十九題跋，二十祝文、詞、疏、祭文、行狀，二十一至二十四神道碑，二十六、二十七墓碑，二十八至三十六，墓志銘。三十七，墓碣、墓記。三十八、三十九塔銘、道行碑，四十世譜、傳。初稿、續稿總爲四十三卷。而先生歿後五年，家藏《日損齋稿》二十三卷，縣大夫胡君惟信恐其湮没，亟取鋟梓以傳，宋景濂序之，正統戊午補完板片印行，杜桓序於後。胡公刻板，未睹此足本，他書目亦罕及。元本藏皕宋樓，始表出之，今已歸東瀛。錢塘丁氏景鈔副本，在江南圖書館，假以鈔録。荃孫先得明嘉靖十卷本，又得張芙川鈔藏二十三卷本，已稱難得。今宗子岱觀察出新得殘本二十卷，元版元印，相校一過，補字不少。十九卷《覺隱文集序》補至四行，可見陸本尚不如此本，惜其未全耳。愛日精廬僅得二十三卷，今歸鐵琴銅劍樓，則卷一至十三、二十二至三十一，止存二十三卷，合之尚缺二十一一卷、三十二至四十三，共一十三卷。

伯生詩續編跋

《伯生詩續編》三卷，首行題“伯生詩續編”，其每卷端又題“伯生詩後卷幾”，至元後庚辰劉氏日新堂刻本。建安坊本也。每半葉十行，行二十五字。高五寸二分，寬三寸四分。黑口，單邊。行書超逸。板心“詩幾”，“詩”或作“寺”，元人常態。上卷爲四、五、七言古詩二十五首；中卷爲七言八句四十五首；下卷七言絶句五十三首，五言八句十三首，五言絶句十三首，共一百四十七首。大半《學古録類稿》所■載。後附葉氏四愛堂詩卷。與郘亭所見同。

> 是集，乃學士晚年所作，比常作尤爲得意，敬刻梓，與騷壇共之。旹至元後庚辰，劉氏日新堂謹識。

牌子在目録後。

東維子集跋

《東維子集》三十一卷，元楊維禎撰。明洪武刻本。每半葉十二行，行二十四字。高六寸七分，寬四寸五分。黑口，雙邊，兩魚尾。按元鐵崖著作，有《鐵崖文集》五卷，元刊本；《鐵崖漫稿》五卷，明洪武十四年謝九疇序本。至《東維子集》，各家書目著録皆鈔本，惟《愛日精廬藏書志》有刻本，無序跋。又有鈔本，跋不全，而無年月。荃孫藏舊鈔本，跋與《愛日志》同，末有“萬曆十七年乙丑既望”一行，又華亭孫承序云“洪武初元，石湖吴君欲廣其傳，問序於予”云云，亦無年月。此書刻工、紙墨的是明初，不得至萬曆也。疑此書與《愛日》本同出洪武吴刻，鈔本出於萬曆，所以行款不同歟？荃孫於甲寅元旦以刻本校鈔本，至元夜而畢。文二十八卷。詩二卷，附録一卷。記之外，又有志，與記無以辨。文中有頌元者，有頌明者，有頌淮張者，亦無以辨。《春水船記》兩收，一在卷十六，一在卷十七。《小桃源記》，一爲顧仲瑛作，一爲陳衡父作，起段不同，餘則全同，則編次者之疏也。句奇者注句字，字奇者注音釋，韻奇者注葉字，與他書不同。脱文、譌字，觸目皆是，甚至不可句讀。《毛隱集上人序》缺末一行，則坊本之最劣者。《東維子集》罕見刻本，今得刻本如此，令人氣短。至坊鈔本，譌脱更甚，然亦有改正者，非出一本可知。脱去三葉，據刻本補足。譌脱字句改正，稍稍可觀矣。

坡門酬唱集跋

《坡門酬唱》二十三卷，宋邵浩編。宋刊本。每半葉九行，行十六字。高六寸六分，廣四寸七分。白口，單邊，上有字數，下有人名。左有小耳，注坡公、子由等名。紙之堅緻，墨之朗潤，字畫之清挺，爲宋本甲觀。按，浩字叔義，金華人。隆興癸未得第，時蘇學最盛，因取兩蘇公兄唱弟和及門下六君子平日屬和兩公之詩，摭而録之。前十六卷爲坡詩，而子由及諸人和之詩者。次子由詩四卷，次黄山谷、秦少游、晁无咎、張文潛、陳無己等三卷，亦録坡公及諸人和作。惟李方叔闕焉，想搜訪不及也。其不在八人之數，而别有繼和者，亦皆附入，爲雙行小字以别之。前有浩自序，署紹熙庚戌四月一日；張叔椿序，署紹熙元年五月二十四日。《四庫》所收江蘇巡撫采進舊鈔本，譌紹熙爲紹興，致館臣費一百六十餘言，考爲紹熙。孰知宋本固不誤也。後有"濮陽李廷相雙檜堂書畫私印"朱文大長方印，李文敏公故物，有《李蒲汀家藏書目》二卷。《楹書隅録》，《元刊王狀元集注東坡詩》書後李印與此同文。他書所見止押"濮陽李廷相書畫記"、"濮陽李氏書畫之印"耳。

錢衎石定廬集跋

同治庚午，荃孫在成都，與嘉興錢圖山年丈同事官書局。年丈爲衎石給諫之次子①，聞見該洽，語言雋永。因荃孫粗知向學，悉心教導，獲益不淺，始得見衎石《記事稿》及《刻楮集》。荃孫喜讀《記事稿》，手鈔數十篇，而詩之佳，則未之知也。一日讀《崇百藥齋集》，丈見之，因語荃孫曰："祁生大令與給諫公庚申同年也，前侍行赴粤東，道貴溪，留五日，給諫公喜讀陸之文，陸亦喜讀公之詩，均自以爲不及云。"因再讀《刻楮集》，漸知其勝處。洎入都，即購得《記事稿》及《刻楮集》、《旅逸小稿》，藏之久矣。光緒甲辰，在金陵，錢氏後人持遺稿出售，得其三國及晋《會要》殘稿、《韞翫集》各種，而獨無詩。去冬橘農廉訪持《定廬集》四册，囑爲付梓。荃孫因得反復讀之，取境獨高，造意極深。而出之以清新，諧之以音節。絶無巉削深刻之狀，而自遠於流俗。他人之詩，初讀以爲新奇，再閲便覺其淺薄。定廬之詩，愈玩愈妙，能使人默會於字句之外。張詩舲《偶憶編》云：衎石之詩，不作習見語，意主淡遠。洵知言哉！歲在閼逢攝提格，江陰繆荃孫識。

明文文肅公手札跋

有明文文肅公，志行剛毅，學問淵雅。不附群小，推爲東林職志。其書法亦自成一家。此爲孝廉時，與同年劉練江父子書十六通，具見交誼殷拳，存殁一致，有古風焉。練江，名永澄，字静之。寶應人。萬曆辛丑進士，官國子監學正，乞歸省親。起兵部職方司主事，未上卒。《明史》有傳。練江早達早殁，不與閹禍，《東林列傳》、《點將録》無其名，止《東林尚論録》載其詩文。其集則蕺山諸公裒輯刻之，其人已可概見。文肅手書，論時事，論學術，論立品，深合切磋之旨。以清介二字相勖，至云清而不隘，勁而不偏，即清介二字之注脚。又言淡利、淡官、淡名，而淡名最難。又言竺塢山水之勝，令人神往。此老胸中，浩浩落落，無一毫滯相。《提要》動以門户譏東林，何可一概而論。《練江集》八卷載《答文肅三書》，内

① "諫"原刻誤作"練"，據文意改。

云"清介"二字,今人之究竟,實古人之發軔。又云:"春光百媚,天池虎丘之間,樂境正自無窮,莫放著進士二字,與眉額作苦。"一則推文肅之作用,一則箴文肅之胸懷,可謂同志之士矣。三復斯卷,令人景仰。歲在閼逢攝提格,江陰後學繆荃孫跋。

翁覃谿分撰提要稿本跋

乾隆三十七年奉旨搜采海內遺書以充内府,并采及《永樂大典》,編纂成書。派軍機大臣爲總裁,派詞臣爲提調、總纂、分纂、校閱等官,凡内府儲藏之書,臣民經進之書,《大典》輯出之書,分類校勘,各撰提要,候總裁鑒定。書有收有不收,跋有改有不改。諸人私稿,亦有載有不載焉。大興翁覃谿閣學於四十四年入館爲纂修,閱時久遠,幾及十載。所撰草稿,流傳粵東,今歸劉君翰怡,共計簿目都一千餘種。每條皆有提要,於一書之中,復羅列卷數,及卷中子目與夫何時刻本、收藏印記、前人題跋,並甄録無遺。閣學墨迹,世所珍重,今翰怡獲此巨編,其寶愛爲何如。邵二雲、余秋室在文集,姚惜抱另編書録,有收有不收,有全改,有略收,幾無有一篇不改者。閣學此稿亦然,不必疑也。昔年曾得閣學詩文手稿一百二十册,詩未刻者鈔編二十四卷,猶存篋中。文未刻者,録目而未能鈔出,遂爲人賺去,至今思之不無悵悵。其書猶在京師,翰怡或能謀作延津之合,更爲盛事矣。

書楊和甫遺墨後

嗚呼!此余亡友楊君和甫遺墨也。同治年間,同客成都,君居玉沙街,余居玉龍街,相距二三里。與友人章碩卿、吴幼農時相過從,辨板本,談考據,無十日不聚,聚則談竟日。余與碩卿嗜飲,飲則談愈旺。丙子余通籍,丁丑君與幼農同捷。碩卿官湖北,來引見,又相聚於都門。戊寅旋成都,君治《毛詩》,刻《訓纂堂叢書》,每與商榷。冬間,余入都供職,遂相闊疏。君不樂居水部,改知縣,選陝西山陽,調長安,卓有政聲。宣統辛亥,君令渭南,變起殉難。嗚呼! 盗起一隅,多方響應。如狂飆之亂卷,如野燎之四起。甫及四月,遂移國祚。稽諸史册,亡國未有如此之易者。而當時握兵守土諸大員,有望風而匿者,有開門而揖者,至與城存亡,誓死不去,如君之抗節致命,海內曾有幾人。蓋自戊戌變政,新黨首倡破壞三綱,十餘年來,邪説漸漬人心,忠臣義士之氣,因此少衰。迴憶髮捻之亂,闔門就義,視死如歸,每邑至千百人。何前後之不侔耶! 得君一死,而吾黨之氣節爲之一振。即此篆書數種,猶想見揮毫落紙,正氣凛然時也。今碩卿早歿於湖北,幼農近亦歿於江西,荃孫偷生海上,有餘愧焉。不特重君大節,而交游之淪替,亦不覺涕泗之横流也。歲在閼逢攝提格,江陰繆荃孫識。

自題像贊

少年遭難離鄉曲,中年服官縻廩禄,老年革命逃海角。裝無陸賈之金,懷抱卞和之玉。天禄讀未見之書,明夷無待訪之録。嘆世事兮茫茫,逐風塵兮碌碌。是耶非耶,有靦面目。

乙丁稿

目　録

卷　一

詩

逸社第一集呈止相

風塵滿目嘆時艱，小集平泉啓笑顏。舊友相逢均白首，天涯何處買青山。地當女几柴桑外，詩在敦交大雅間。寄語京華冠蓋客，可能蹤迹比鷗閒。

逸社第二集花朝分韻得白字

海東一隅地，措大多於鲫。金沙定遠翁，長筵招揖客。是日正花朝，春風吹廣陌。籬落間花枝，裁紅兼暈碧。對酒忽長嘯，四顧天地窄。歲時不我與，疾若駒過隙。垂釣希桐江，行吟同楚澤。聊寄田園興，粗存山野迹。金石鬥長箋，宮商敲短拍。紅友勸銜杯，滄洲時岸幘。走也虱其間，徜徉聊自適。戚戚亦何爲，幽懷光共白。

逸社第三集題舊藏惲楊合作鬘持老人巾箱圖

暫離閩海住秦淮，如畫山光淨似揩。携得梅妻兼鶴子，風流領袖圖中引首，陸聽松署此四字。玉琴齋。鬘持集名。

紅綴籬花碧井梧，定山詩句漫描摹。西亭肖象南田畫，名迹流傳三絕圖。定山詩，西亭肖象，南田布景，時人推爲三絕。

江南愁殺庾蘭成,鉛槧巾箱打叠輕。同作遺民君較勝,漸從離亂入升平。

旗亭畫舫總魂消,莫問東風舊板橋。我欲續修金粉史,瓣香前輩未云遥。荃孫近撰《秦淮廣紀》十二卷,紀數自明洪武至宣統兩朝事。

淞社廿三集愚園即事

海濱熱惱場,而少清凉境。幽人工結構,虚堂攝萬影。墻頭柳一桁,闌外竹千挺。危樓倚松杉,曲水浮藻荇。勝地劇蕭閑,佳客多酩酊。寰海擾風塵,一隅自清静。身無俗事囿,悟從澄觀領。我亦隨衆緣,故事憶香茗。

題花宜館輯詩圖

錢塘山水天下奇,清才自古鍾於兹。花宜主人紹祖德,拾遺補缺收新詩。公昔持節西南陲,豐功偉烈書之碑。賡續搜詩年尚壯,模山範水抽清思。羅浮山館飛蝶繭,閑雲小住之江湄。南屏八社壇坫重,西泠十子名舉馳。以詩存人金作礪,以人存詩石引磁。會稽攝英留舊式,甬上耆舊貽良規。清尊雅集曾徵題,前輩流傳絶妙辭。高山向往瓣香奉,風流儒雅誠吾師。我昔曾輯毗陵詞,其中甘苦能具知。大家百篇殊不盡,逸士一語猶難追。往往冥搜無所遇,忽於意外幸得之。蠹箋蟫紙字難辨,摩崖又欲煩氈椎。此圖兩次落胠篋,招亡建鼓臨莊逵。珠還合浦原非易,百年世澤歸孫枝。吟朋零落又易代,理宜再續誰云痴。聖清文學二百載,君家一手常護持。讀罷此圖三嘆息,猶是開天全盛時。

新　秋

天高木落又新秋,乞巧先登七夕樓。水國冷紅添蓼岸,煙汀飛白認蘆洲。稻粱已飽隨陽雁,窗户先驚喘月牛。差喜寒威猶未到,蟲聲四壁助人愁。

靈 鵲

靈鵲無端渡女牛,可憐怨耦遂成仇。玉簫佳話祈天許,錦瑟華年嘆水流。懺悔自宜憑佛力,痴聾猶幸隔神洲。阿瞞心事誰能達,試與臨邛道士謀。

擬李流芳白門七夕五律

世事多張角,佳期渡女牛。秋心生令節,旅思尚扁舟。客路幾時盡,凉宵無限愁。鍾山如舊識,積翠上簾鈎。

小石尚書拈兩當軒異鄉偏聚故人多一語作轆轤體五篇謹和

異鄉偏聚故人多,海角偷生五載過。握手舊游驚歲月,傷心避地改巖阿。聊從詩卷尋麟閣,莫學痴兒夢蟻窠。雀鼠雞蟲都不管,藥爐經卷伴維摩。

蓬户誰云雀可羅,異鄉偏聚故人多。穿林逸響蘇門嘯,擊筑餘音易水歌。豈是求名邀月旦,非關賡雅奏雲和。無榮無辱自消遣,何事傍觀苦詆訶。

百年事業總蹉跎,造物其如頑鈍何。老境漸傷來日少,異鄉偏聚故人多。偶逢令節尋歡伯,七夕一聚。聊借吟朋遣睡魔。七品歸田予年五十即去官。無所恨,平生心事注煙蓑。

風雨飄摇一刹那,牀牀屋漏亂痕拖。搜尋藎篋心先碎,檢點書囊鬢更皤。同輩時呼將伯助,異鄉偏聚故人多。莫嗟茅屋先傷損,蒿目蒼生嘆札瘥。

眼前不改舊山河,往事凄凉付逝波。軸覆樞翻騰鐵騎,天荒地老泣銅駝。還家深恐難全璧,閲世渾疑欲爛柯。龍漢劫中餘一樂,異鄉偏聚故人多。

蘋　花

路轉横塘蹙翠漪，紅紅白白半斜攲。微馨雨後清如沐，小朵風前瘦不支。蟹浦漁莊隨意畫，斜陽新月等閑詩。白蘋洲上秋深淺，只有吴興柳惲知。

初　冬

干戈滿地不知愁，轉瞬初冬接晚秋。螃蟹菊花三徑酒，蛤蜊菰葉五湖舟。不高厓岸仍容與，聊任天機少怨尤。伏處海隅餘歲月，梧溪北郭紹前修。

寄陳伯年

城東新訪太邱廬，廣厦連雲壓碧渠。刧火江山題詠少，暮年朋舊往還疏。但從護世求精膳，罕見航頭出異書。招致淮水濱小飲，庖人極良，其地即大航頭。我亦有家歸未得，頻年海角混樵漁。

五鳳塼歌

五鳳紀年古有三，漢宣皇帝侯官侯。竇氏草竊不足據，樂壽群鳥空啁啾。此塼篆勢古且樸，制度遺自長安劉。病已受命有天意，蟲嚙樹葉如雕鏤。是時改元已及五，符瑞沓至迎天庥。鶡雀來從丞相府，微信奇怪張敞糾。君臣竟日喜諛悦，曷不政事明堂修。泮池刻石德裔頌，林華燈識歐陽收。與此同歲得三品，吉金樂石真琳璆。五年塼煩伯元訂，三年塼羡剛主搜。漢家紀歲四寒暑，古物日出誰與儔。文房雅玩等球璧，不至輕棄瓦礫投。墨香馥鬱騰十丈，助爾添修五鳳樓。成語。

重建千墩顧亭林祠

少年避禍去鄉關，魂魄應隨旅櫬還。著作今爲昭代冠，祠堂仍在水雲間。關心農牧生涯足，隱恨君親涕淚潸。伍廟鴻山三鼎峙，清風千古振塵寰。

詠西湖靈峰四景

天上一月，水底一月。掬水月在，清鑒毛髮。煮之瀹茗，沁香解暍。中夜静聽，泠泠汩汩。掬月泉。

七十二級，其高刺天。鶴兮鶴兮，與我周旋。天風浩浩，有亭翼然。黄冠羽衣，結夢中緣。來鶴亭。

盎盎春陽，濛濛香霧。徑轉峰回，梅花萬樹。疏影暗香，驪然道故。山靈有知，吾行吾素。補梅盦。

清磬一聲，飄落雲端。閉門誦經，空山夜寒。貝葉西來，天花滿壇。賸之宋刻，唐梵叢殘。庋經室。

銷寒第四集觀適園主人所藏經進東坡文集事略

坡公詩集何人注，道是嘉泰施與顧。商邱鐫刻留典型，青門臆補偏遺誤。文集前後皆琳琅，作箋者誰鹽官郎。誰從書林得殘本，有滄葦季愛日張。我友田君曾奉使，身歷扶桑訪圖史。季張得半君得全，六十卷書完首尾。三年海外辦事難，獨餘此事快莫比。携歸中國歡士林，不惜剞劂千黄金。一朝劫火起江鄂，有如玉碎明珠沈。適園主人抱特識，秘笈偏從意外得。字畫清挺避諱嚴，天水槧印真古墨。晦之主簿官迪功，瓣香横浦遵宗風。清波别志存事迹，精研經學稱宏通。典核簡要有法則，任淵李壁將毋同。奏議舊注今三刻，《郎注宣公奏議》，揚局、十萬卷樓、思進齋三刻之。此書應亦存形式。但願搜求缺復完，豐城劍合增顔色。詩注孤本先歸翁，袁氏書毁,翁氏書真孤本。事略今又來潯中。插天萬仞兩秦華,不數陶齋七集常稱雄。

題朱古微校詞圖

汲古毛偕石研秦,半塘搜輯更翻新。誰知苕水彊村老,别出心裁傲古人。

元鈔宋刻古今殊,一字搜求比一珠。校史讎經功力等,詞家亦有戴錢盧。

校籤屢下度丹黄,同志仍須往復商。五夜一燈頻改削,不知斜月上西墻。

壽陳雨生八十

先生真是地行仙,高躅能追龔半千。建業山川諳掌故,全椒詩筆荷心傳。六朝人多以詩筆對舉。未膺簪紱猶名世,罕服參苓享大年。僧孺不來嚴武死,才人白髮有誰憐。

掞天才筆最縱横,七子詩壇舊有聲。大可年高誇特健,古愚目眚又重明。棣華競爽推同氣,葛帔無憂慰友生。伯虞同年殁後,時恤其遺孤。一語頌君應快意,著書盈尺早刊行。

昔日逢君角逐場,幽蘭先已識孤芳。酒龍詩虎偕秦顧,玉友金昆共蒯張。舊雨半成生死别,殘年只駭磬璘忙。吟朋觴詠歸來晚,猶憶紅橋舊草堂。

我亦平生類斷篷,亂離奔走總相同。傷心老病風塵裏,轉瞬滄桑涕淚中。逆數變端三轉轂,怕談舊事兩衰翁。舉杯遥祝期頤壽,但願年年酒不空。

題翰怡宋刻兩漢書

鷺洲書院一經堂,兩美聯翩降上方。天錫卯金存古福,青藜吹火照琳琅。《前漢》白鷺洲書院本,《後漢》一經堂本,其行款同也。

蕭該音義附三劉,殘帙曾經一再求。今日拜經應遜我,全書首尾快冥搜。蕭該音義,附入三劉校語内。瞿木夫止得殘本兩卷,補拜經輯本十餘條。

篤壽流傳到藝芸,大留樂土保斯文。西江别有之同本,自是湘南策異勳。粤逆之亂,幸歸郭芸仙中丞,始逃劫火。李木齋、劉之同本,亦得於袁漱六家。均湘人保護之功。是時書歸於袁,書畫歸於黄荷汀。皆湘人也。不但武功彪炳,即文學亦賴保存矣。

唐經字派尚端方,竇墨生楞黑漆光。南渡好刊開國本,絳雲何事太誇張。此兩本,皆嘉定時翻淳化本。據海源閣跋,錢虞山所藏《兩漢書》,亦南宋翻雕,如諸經單疏、《莊子》,昔人推爲北宋,無不南渡重刻。不害其爲佳也。

茶仙惡本漫譏評,儀顧書中考核精。一事未能相洗刷,誤將司馬當宣城。何義門詆爲惡本,儀顧竭力揚之,本書實佳。惟以司馬志署范曄,則不能掩其失。

三月三日同人修禊愚園用杜集麗人行韻是日交清明節

江南三月花市新,暈紅裁碧招游人。如社慎交會率真,舊雨今雨酬接匀。修禊巧值清明春,北荀南陸集鳳麟。張儀之舌君卿脣,談天炙轂七尺身。名流多與筆研親,鈎心角力齊楚秦。手擘紅脯批翠鱗,杯盤籌畫皆經綸。名園雨後無纖塵,婦隸孫篆推國珍。茶香清供陸羽神,恍逢梅子齒頰津。宴罷散步檐數巡,芳草織罽花成茵。得句愧無柳惲蘋,中酒思漉淵明巾。不能高唱偕伶倫,且自陶然消喜嗔。

贈洪鷺汀仍用杜集麗人行韻

石泉櫰火新復新,洪厓拍肩風風人。文采炳若情性真,名園花木雨露匀。江南天氣又暮春,詩名標閣同麒麟。鼓宮叶徵新調唇,黄堂曾現宰官身。我本同里情倍親,忽然睽隔越與秦。荃久厲城都,入華陽籍,後改歸。自慚跛浪猶常鱗,摩訶池上空垂綸。茫茫海内多風塵,何人識我席上珍。我將稽首蠶叢神,兵戈早息螟頤津。送君歸蜀方再巡,蜀山如屏草如茵。春江渺渺吹白蘋,芒鞋竹杖華陽巾。跌宕不亞劉伯倫,一切消盡貪痴嗔。

書敬業堂詩集後

少年鞍馬賦從軍,黔楚間關息戰氛。萬里江山供點筆,一家兄弟慨離群。傷心鳥盡弓先棄,太息岡炎玉亦焚。爲寫萊陽嬌女怨,累他考訂日紛紛。

華燭清尊夜宴闌,新聲争重董庭蘭。世多薏苡同珠謗,身似芭蕉耐竹彈。范蠡變名因避世,禰衡膺薦遂彈冠。天才庾鮑新詩卷,本與王漁洋朱竹垞一例看。

釣徒只合住煙波,簪筆西清振玉珂。從獵帝誇風度好,賡詩人説雅音多。馮狐假虎殊難測,打鴨驚鴛可奈何。急退中流了無迹,江湖還我舊漁蓑。

買春消夏笑言温,里巷扶鳩齒德尊。忽地文星罹貫索,可憐卦象兆游魂。餘年仕劫逢家難,免罪生還亦國恩。一樣鐘聲前後聽,孤臣回首淚潺湲。

夏五出京熱風黄塵無計可避漁洋有五月江深草閣寒鏡湖五月凉五月賣松風人間本無價三題各賦兩詩聊以釋悶

賦得五月江深草閣寒

柳陰如幄草如茵,蜷曲團焦江水濱。不是榴花紅照眼,令人猶認過殘春。

荻瘦蘆肥緑瀰漫,漁蓑雨濕不曾乾。紅塵道上人如織,誰省江南特地寒。

賦得鏡湖五月凉

滿眼嵇山翡翠堆,山陰道上漫徘徊。鏡湖湖水明如鏡,未許城中熱客來。

賀監歸來隱鏡湖,閑身不識汗如珠。可能月給千壺酒,秩比蓮花博士無。

賦得五月賣松風人間本無價

孟婆許我行方便,亦恐仙家譏價難。只索東坡萬錢直,書生眼孔太寒酸。

松風四面閣三層,真逸丹成白日昇。縱有黄金高北斗,可能注籍即飛騰。

答樊山用原韻附樊增祥原作

重到京華又一年,春人已過海棠顛。徜徉歲月憑吾輩,彈壓山川仗世賢。夜月啼鵑悲故國,聞蜀中大亂。樊山原籍四川,荃孫亦寄籍華陽。秋風鳴鹿憶賓筵。盛衰轉轂頻頻見,證果仍歸非想天。

相依蹤迹徧南東,回首前塵涕淚中。角逐名場虞曳白,飄零花圃泣殘紅。荃孫到京,花事已過。約詩鐘,亦未赴。世間文士均圖霸,往日交游盡作翁。貞下起元符隱願,幾時陽氣滿黄宫。

兵火餘生氣力微,登臨敢望謝元暉。時危但覺謀生拙,老去方知托業非。秋蟀春鵰容易度,酒龍詩虎惜分飛。白頭二老同飄泊,咫尺家山不得歸。

樊增祥原作

丁卯於今五十年,同年當世飛華顛。玉堂故事尊前輩,滄海横流仗後賢。老健再臨龍尾道,徘徊重赴鹿鳴筵。更五年,君重逢鄉舉矣。兩翁心迹如漚鳥,臨水觀魚且信天。

琴爲三年歇浦東,亂離中又别離中。江南玉樹歌猶艷,薊北金仙淚尚紅。黨禍劇於河北賊,詩名虚負渭南翁。邇來春旱傷禾黍,更不如前過故宫。

星象江東動少微,金臺下馬駐斜暉。橋鵑所至無南北,遼鶴何心忮是非。商嶺紫芝待唐秉,小山叢桂隱蘇飛。白頭未了青燈事,又帶前朝史稿歸。

賦得暮齒仍求食

烽火倉皇日,江湖老病身。人推垂暮齒,天靳賦閑人。恐蹈溝中瘠,難期席上珍。白頭空嘆息,終愧義熙民。

題小謨觴館文集

霜裘雪鐙度桑乾,意氣飛揚萬目看。共羨文詞儕庾信,誰知科第困方干。少時慷慨千金擲,暮齒凄凉一飯難。幸得著書盡傳播,靈山證果有餘歡。先生晚年喪妻,無子,孑然一身,終日誦經。陸祁生贈詩有"在家原似客,有髮亦如僧"之句,文士之極可憐者。

黄秋盦藏唐拓武梁祠畫象册子今歸李一山屬題

武氏祠象今嘉祥,圖畫人物同靈光。帝王,孝子,義姑,節女,與《靈光殿》所述同。洗刷風沙睹真迹,石室創始秋盦黄。流傳舊拓十有四,昔人奉之推自唐。井田制衣又假母,清晰真過洪鄱陽。朱馬吕查司贊嘆,秋盦得自江雪礓。貞石古拓先後出,覃溪聞之喜欲狂。

任城李氏君至戚,幸有嬌女爲收藏。迄今閲歲百有卅,秋盦得圖在丙午,一山得圖在丙辰。零落不識天一方。李氏有孫知好古,珍異書畫如琳琅。忽聞此圖有蹤迹,忘餐廢寢心彷徨。百方籌畫倖無失，如淵得珠渭得璜。秋盦有靈默呵護，至誠感格神所相。惜哉四幅帝王象，天遣六丁先取將。八幅雖存亦焦尾，點畫幸無毫髪傷。前人留題更完好，但少淮海兵馬章。昔人修治富春卷，宜興吴氏藏大痴富春山卷，亦經火毁。潢匠願付何彬裝。何彬，爲賈秋壑裝册。燕鼎居然返磨室，和璧無意歸趙瓣。壓盡金石千百軸，燭天寶氣常煇煌。訪碑得碑圖不一，秋盦何幸傳瓣香。此册從此長得所，任城虹月宵騰芒。

秋　聲

澎湃奔騰震四陲，西南醖釀有誰知。廣行肅殺天胡醉，一變炎凉世莫支。夜半歐陽空太息，座中宋玉有餘悲。開門莫漫添惆悵，仍是風清月白時。

題畫龍

東鱗西爪總尋常，霖雨蒼生願未償。今日直教螻蟻困，不須高臥托南陽。

讀史雜言

杜鵑啼血蜀山坳，生子仍留百鳥巢。愛護尚能如舊否，君臣禮數未應抛。

魏武子孫今作庶，高才猶是慕陳王。求田問舍皆經濟，鞍馬難爲髀肉償。

高臥商山茹紫芝，煙雲供養古鬚眉。預人家國緣何事，枉被晳晳衆口嗤。

金人十二鑄咸陽，秦政銷兵國自强。勇決我推周顯德，捨身濟世救錢荒。

竊國無能且竊鈎，聯翩喪旆庾公舟。西湖一片成叢冢，畢竟行人拜岳侯。

盗跖餔肝泰岱西，尚云蒿目救灾黎。惡兄柳下夷齊黨，合並章縫踐作泥。

七十三老人作

五十年前二十三，宋人諧語我深諳。唤回一枕黄粱夢，雙喜臨門在劍南。五十年前，四川丁卯科，九月十二日放牓，中式。十月初三日完姻。人皆以爲雙喜。

花甲周來又十三，豈徒濟世自懷慚。古今注未追崔豹，書義疏難究費甝。

平開七秩已過三，海角偷生太不堪。豈獨窮愁先著志，更防責備有餘談。

古稀已届又加三，老健原殊老學庵。有酒能賒難痛飲，放翁《七十三》詩有"酒難賒"之語。清歌何况去何戡。時梅伶已行。

有　感

天公無意輯群黎，毒霧妖風咫尺迷。篝火有心扶勝廣，塵寰無地著夷齊。豕蛇薦食誰能遏，鷸蚌相持亦自擕。幾處稱王幾稱帝，令人追憶漢征西。

豪富休誇石季倫，料應轉瞬便成塵。可知破斧慚周德，其奈彎弓等越人。培植枉多門内棘，譸張難犯腹中鱗。從前樂善皆虚譽，應悔持籌太苦辛。

誰説還書是一痴，荆州不借計安施。蒲津發憤刊新板，東里傷心賣伏雌。豪奪巧偷真乏味，鑿楹扃篋亦何爲。無須罰誓邀潛采，會見家弦户誦時。

挽劉語石

除夕銷寒笑語温,今春剪紙爲招魂。案頭尚有新詩卷,襟上猶留舊酒痕。月旦定評何日確,翰怡選近詩,生存人不録,君詩可彙入矣。風餘吟社幾人存。乙未,舉風餘詞社。叢殘筆墨均收拾,幸有侯芭哭寢門。

昔年海上訪汪倫,邂逅逢君意最親。世上漸無同志友,冥中偏用讀書人。吴山城隍,召之歸位。時因悲憤非關命,室有圖書不救貧。消息故鄉纔訪實,座中諸老共沾巾。昨粟香書來言之。

小石督部招飲未去以鹽韻長歌見視因作咸字全韻詩以答之

雲陰四匝團簷影,吟窗昏黑抛書函。沈黝四壁生梅黬,打門奴子投華椷。新詩盈尺珍瑶瑊,上言雅集少長咸。會中九老語諵詁,嘉餚方丈調酸鹹,大截羊豕孅蛤㰹。酒痕重疊風前衫,瓮香十里饞老饞。屏山言酒極佳。有客來自蘇靈巖,花光山色襟袖銜。屢話游迹摩檀欃,白梅碧岫兼緑杉。畫稿如逢泠起嵒,大石磊落名鑴劖。入座振筆風驚颿,角藝群賢法令嚴。有時拔地攀嶄碞,有時順水推雲帆。有時語燕聲呢喃,有時脱兔矜狡毚。憶昔樊園立史監,長篇巨製鏖槍攙,鯤鵬變化熊虎巉。近來詞客抛長鑱,零珠碎玉聯字嵌。勝會口學金人緘,觝生䑛筆慚鼓儳。寸心摇曳同風縿,自擬逃塾私蔽簾。樓攀花近高巉巉,沿門竹樹何櫼摻。游魚吹沫鳥啄鵮,陶潜高隱信不凡。閉户敲詩如避讒,句奇語重不可芟。無心屬和任意杴,深愧僻澀真如獑,高詠懷賢發至諴。

江陰志局呈同人

浙西道院最清幽,方志於今十二修。衰老敢肩新著作,扶持還仗舊交游。蟲沙劫火悲前度,指去年事。雲漢詩篇負隱憂。現患旱。我到江城時癸丑,難忘釣弋故林丘。

烏龍潭過深柳書堂

詩狂兼酒俠，何處覓斯人。桑海今朝恨，鶯花舊日春。十年交誼篤，一語性情真。故友傷零落，城南訪老陳。謂雨生。

有子傳家學，安貧自讀書。新詩馳滬瀆，游迹憶匡廬。潭水仍清泚，楊花漸發舒。門庭無恙在，腹痛淚盈裾。

售書同好媵之以詩即和題元詩選韻

棄書題句我先知，樊榭龍泓各和詩。自昔香閨留韻事，至今藝苑有餘悲。還瓻聚訟垂千古，佞宋閑情又一痴。枉自銘心誇絶品，不堪回首憶當時。

抛書往往畏人知，我獨慚顔且詠詩。好友分襟還小坐，宫娥揮淚亦同悲。煙雲過眼方爲達，扃鑰關心最是痴。斧季懷慚蕘圃恨，何如一笑朗吟時。

擬玉溪生有感二律

海内原無主，沖人敢自專。虞賓方斂抑，趙肉荷矜憐。倏忽風塵起，渾如夢囈然。鈎陳臨左輔，天策握中權。雲雨相翻覆，裳衣太倒顛。東都摧柱石，北闕集戈鋋。機括憑徐稚，縱横屬李全。桐宫終不返，流涕舊山川。

造意由壬丙，無成類耿紀金禕。蛟龍方失勢，豺虎更生心。衮衮群才合，觥觥大節臨。駢誅寬獨柳，雅望失中林。不解扶持苦，惟聞責備深。赤熛方肆怒，黄屋遂消沈。擢髮應難數，羞顔恐不禁。彼蒼無可問，畢世效聾喑。

再題唐拓武祠畫卷

畫工衛改字嚴祺，昔日覃溪尚未知。《枕經堂題跋》考爲衛改畫，嚴祺伯會書。前人所未及。字字珠璣廿餘段,江羅小影未差池。册前有翁題詞云:余爲此册作細楷,前後已二十餘段,字字皆羅兩峰、江秋史小影耳。翁詩云"滿懷此册十五秋,羅江日日談揚州"。

淡墨書名到石門,堂欹講習有誰論。於今地老天荒候,應與朱查一例存。吕氏藏書印,名"講習堂"。

玲瓏山館百緡强,八百空驚晋北張。月齋詩注:索價八百金。今日轉輪平等值,天教才士護縑緗。

任城山色接嘉祥,石室多年恐毁傷。保古承先新事業,莫教樵牧放牛羊。石室殘石有一段入東洋,有一段歸陶齋。一山有俠氣,畀之此寶,不啻以保護責之,諒能修理,完先志也。

甘遯招飲即用新字原韻

朝市萬變耳目新,友朋氣誼如飲醇。豺虎當道奪人食,遂令我輩同憂貧。吴君襟懷最磊落,閉門謝客怡心神。袁君淹通尤嗜墨,非人磨墨墨磨人。傅君嗜書勤者獲,省齋蕘圃斯卜鄰。董君園林更幽寂,奇礓磊落環草茵。共敦古歡避俗趣,珠聯璧合真前因。收藏賞鑒兼考證,笑談一室生陽春。人海自葆啓期樂,西風不污元規塵。鯫生孱入殊不倫,昌雨且墊林宗巾。是夕遇雨。

贈傅沅叔即原前韻

修期好古歲月新,摛辭賈茂兼董醇。家學淵源聚書册,圖書四壁殊不貧。冷攤僻巷搜求徧,愛書能得書精神。非惟能聚亦能校,戴錢盧顧畏後人。有時假借許同志,春明坊下求卜鄰。戎瀘回首不可問,落花難分溷與茵。周穆沙蟲真大劫,修羅刀戟參前因。君獨坐擁謨觴館,百城南面登如春。閉門挑燈校訛字,不殊埽葉兼撲塵。世間學統絶能續,一任當世嘲頭巾。

次吴甘遯韻

最多感慨是重陽，辛亥重陽，餞予南行。羞對黄花罷舉觴。佳節朗吟追杜牧，高風何處訪嚴光。搜尋良藥同珍册，絶好安心認睡鄉。莫向京華談舊事，回頭五十一星霜。丁卯十二月，初入都門。

題鄭龕藏書記時戒飲

紅友無端竟絶交，可憐冷落讀書巢。幸逢同志爲排遣，遠寄新編戒轉鈔。高價百朋原匪易，後生三變敢輕嘲。琅環福地雙龍守，那許流傳到草茅。

伯喈新獲枕中秘，竹垞仍傳誓後書。枉向藝林誇獨得，未妨同志賞新儲。風前漏語防鸚䳇，食後能仙聽蠹魚。玉匣蘭亭猶出土，陳編世守又何如。

寄顧玉溪

丙子掄才日，惟君最少年。首科甄後乂，同志盡騰騫。武略韜兼握，樞庭任最專。迄今四十載，亦復嘆華顛。

棄官如破甑，吾自返吾廬。北學長爲主，南華豈僻書。忌才誠骯髒，負氣亦迂疏。造化安排巧，何心計毀譽。

亂後重相見，滄桑一刹那。鶴歸語華表，蟻夢醒槐柯。杞國憂天淚，王郎斫地歌。獨醒觀世變，消息近如何。

題梧門司成小西涯圖

追逐前賢畏後賢，西涯風景尚依然。詩龕足與蘇齋并，此是開天全盛年。

我亦新游净業湖，秋心如對兩峰圖。蕭蕭楊柳菰蒲裏，中有詩人舊宅無。

卷　二

碑　傳　序

清故侍郎銜翰林院侍讀學士孫先生墓碑

先生諱鏘鳴，字韶甫，號蕖田，浙江瑞安人。祖■■，父希曾，邑諸生。先生甫弱冠，即中乙未鄉舉，與歸安錢嶔仙司業、鄞童徽研侍郎同榜，目爲三少年。辛丑進士，選庶吉士，授編修。丁未，分校禮闈。乙酉，典試廣西，留督學。任滿，乞假省親。咸豐癸丑，奉命會辦本籍團練，捐輸事宜，遞遷侍講、侍讀，左右庶子，侍講學士。同治壬戌，轉侍讀學士，以團練事畢，入都復命供職。癸亥，總裁武會試，是年以言本籍事休致。光緒乙未，重宴鹿鳴。賜三品卿銜。庚子，以辛丑例得重宴恩榮，賜侍郎銜。是年，因兩宮西幸，終日涕泣，病遂劇，十二月十三日終於里門，年八十有四，葬於■■縣之■■山。先生科第早達，而仕宦始終翰苑，在籍又將十年，年未五十而遽罷，故其所以不朽者，不在立功，而在立德、立言。初官編修，闇然與一二務實學者，互勉躬行，切求民瘼，期將有所設施補救。宋時，薛、鄭、陳、葉諸大師以爲性理牖於空談，經濟發於實事，貫而通之，舉而措之，世所推爲永嘉之學者。先生尋往哲之墜緒，質當代之通儒，以史學爲己任，而充之於事功，卓乎不可及已。其主試也，堅却守土官例贈。其督學也，并却所至守土官例宴。曾於道光庚戌應詔上疏，痛陳督撫之粉飾，守令之貪污，軍律之放縱，士習之空疏，風俗之日非，民生之日困。請獎節操，崇經術，起敢諫之廢臣，搜通儒之遺著，推轉移之本，極責難之恭。又嚴劾軍機大臣穆彰阿爲秦檜、嚴嵩，直聲震天下。時廣西吏治積壞，群盜横行，按臨各府，所受詞訟極多，均移咨巡撫，且馳手書數千言，爲民請命，巡撫鄭祖琛不怒亦不省，先生太息曰："大亂其將作乎！"俄而洪秀全等倡變，禍及各省矣。其會辦團練、捐輸也，於團練，則不失寓兵於農之本意，於捐輸，則持"百姓足君孰與不足"之要言，故鄉里氣甚固，民甚德也。咸豐辛酉，平陽亂民焚掠，先生力爲良民籌保衛，亂民恨，遂攻潘埭，焚先生廬，并大索之，幸得脱難，而家産罄盡。其罷官也，以劾周開錫。開錫者，湘人，攝温、處分巡，治厘捐鹽，細及毛髮，民不堪命。彈章下巡撫，而巡撫素嗛先生，盡反其言，并以阻籌餉，誤軍務劾之，遂奉休致之旨。其教人也，因質施術，不强一途。四十年間所掌書院，曰姑蘇之正誼，曰金陵之鍾山、惜陰，曰滬瀆之龍門、求志。先生仰承黄萬，旁及顔李，不襲理學之陳言，不蹈訓詁之剿説。至其爲教，并及西書，而種痘纏足之積習，徧喻閭閻，風俗爲之小變，仍是永嘉之學派，小用則小效也。先生家貧，而沈文肅、李文忠，皆丁未會房所得士，從不通干求之函，而自食館穀，尤人所難。自著有讀書隨筆若干卷，詩文若干卷，《吕氏春秋高注補正》，《東甌大事記》，周浮沚、陳止齋年譜等，題曰《止庵遺書》。配葉夫人，繼配林夫人。男詒鈞，優貢生。詒績，拔貢生。詒沅，詒澤，詒諶，詒揆，詒棫，皆諸生。德鴻幼。兄弟三人，兄衣言，道光庚戌翰林，官至太樸寺卿，會刻《永嘉叢書》。弟嘉言，諸生。猶子詒讓，同治丁卯舉人，著有《周禮正義》、《墨子閒詁》等書。荃孫與詒讓丁卯同譜，誼屬年家子，敢略次事略，而爲之銘。銘曰：

經義治事，安定良規。治事鑒史，俾識安危。永嘉學術，百世所師。先生繼起，惜不遇時。道光初政，新安主持。挫折鋒鋩，庇蔭痿疲。寒蟬仗馬，平步軒墀。睥睨才士，言高位卑。一疏不合，罷斥隨之。小惠鄉里，名論經帷。海日一樓，望若峨嵋。先生往矣，爲世道悲。

顧輔卿同年墓志銘

君諱家相,字輔卿,浙江山陰人。祖廷綸,博通經史,學者稱爲鄭香先生。父[redacted],陜西潼關廳同知。君年少時極聰穎,論史談經,爲王公履謙、袁文誠公所激賞。光緒乙亥、丙子,聯捷進士,即用知縣,簽分江西。己卯,攝東鄉縣篆,年才二十有七,折獄片言,無異老吏。循例補萍鄉縣。萍故巖邑,僻處邊陲,邑東大安里,地尤險要。壬辰秋,土匪萬人聚爲巢穴,君募勇辦團,城防始固。匪衆撲城,與吉字營統帶楊邀擊於邑南,大破之,擒匪首鄧海山,解省伏誅。當道欲窮治黨與,株連某某諸族,君具牘力争,保全者數千人,然竟以此忤當道,撤省。乙未,萍鄉大祲,饑民待振數十萬人,巡撫德馨以賄敗,繼者飭君回任,凡貸民籽種,散放、官振、義振、平糶等銀,約十餘萬兩,閭閻元氣賴以甦息。萍素産煤,陽湖盛宫保宣懷用西法機器開礦,并築由萍達醴陵鐵路,群情疑沮。君苦心籌度,於購地諸事,給價從優,廬墓所關,曲爲繞避,尤以保全水利,不令吏胥經手,舉極巨至賾之工程,閭閻樂利,無一怨咨。漢冶萍公司之成,實以萍礦爲樞紐。叠膺保薦,以知府發河南補用,補彰德府,民情悦服,一如萍鄉、彰德。豫劇省要郡,冠蓋絡繹。至京漢路告成,稽察巡防,百方肆應。廓爾喀貢使,向來馳驛騷擾,先與理藩部商,令其改乘京漢路車,爲河南北沿驛各縣,節省糜費萬金以外,復護送至洛陽,陽爲懷柔,陰實監察。君嘗曰:"吾尸位數載,惟此舉差可對河南北官民耳。"辛亥春日開缺,遂率眷屬西赴秦中,藉守先塋,爲避地之計。寓中略有園亭花木,君曰:"此吾之息壤也,因人成事,聊以自娱。"乃名之因園,而署其亭曰息亭。嘯歌之暇,視諸孫輩讀書,顧而樂之。未幾,武昌變作,秦亦繼亂。癸丑,東出潼關,北游燕薊,目擊時事,尤增感觸,匆匆南下,遨游於西子湖畔,適續修《浙江通志》,因任厘税、金石各門。丁巳十一月十六日卒,年六十五歲。君性喜研究絶學,於天算、音韻諸學,皆足以發闡精微,然爲吏治所掩。世罕知者,成《續越中金石記》、《兩浙金石知新録》

等書。荃孫丙子同榜，光緒甲辰晤於金陵，迭觀撰著，契結尤深，近年浙滬交通，年年相見。君今没矣，同榜無幾，又弱一個。悲哉！配羅夫人，先君卒。子三，迪光，燮光，遹光，皆能傳君之學，君可稍慰於九原矣。銘曰：

貫著浙東，身居關中。哲昆孟晋，師範毛公。少擅文詞，長諳吏治。江右中州，賢聲一致。經義治事，温故知新。循良萬口，安危一身。因園結構，息亭安隱。賦尋遂初，書成孤憤。洎經桑海，遄返聖湖。輿圖是訂，金石足娱。未臻古稀，旋歌虞殯。赤虬下版，黄楊厄閏。天蒼蒼兮塵埃，日暗暗兮泉臺。嗟墓門兮永閟，嘆斯人之不復來。

重慶鎮總兵章公鼎臣别傳

章公高元，字鼎臣，安徽合肥人。先世爲壽春鎮標武弁，父兄歿於寇。公未弱冠，自募一軍，張白徽幟，以報父兄之仇，隸銘軍麾下，屢戰屢捷，聲威突振。甲申中法之役，公從劉壯肅公渡臺灣，適基隆爲法兵襲據，公聞之，投戈躍起，袒臂一呼，得死士數百，乘夜往攻法兵。臨發，號於衆曰："吾必滅此敵而後朝食。"即率所部死士，蹈入敵壘，短兵肉薄，鋒厲無前，法兵當者，死傷山積，餘衆鳧水逃遁，法艦見不可乘，亦即引去，基隆遂復。旋簡澎湖副總兵官，奉令闢番界，篳路藍縷，頗奏膚功。後簡登、萊、青、鎮總兵。值甲午中東戰起，前軍屢敗，自朝鮮牙山、平壤，駸駸退守奉境，敵兵且大釆入。公奉命渡遼，扼守蓋平，與日本乃木希典全軍相遇。公所將爲偏師，少於乃木所部五六倍，以能得士心，交綏之頃，頗獲勝利。乃木窺公所將無多，陰用包圍之法，公與所部環起應敵，曾無退志，大戰五六日，日夜不得少休，臥雪不寒，撫創不血，彈罄糧竭，復以短兵相接，所部十死七八，乃始突圍而出。是時，宋慶擁重兵坐視不救，故公厎於敗，而平日厚養之精鋭，盡於此役矣。是役也，雖敗猶榮，日本人盛稱之。後駐守膠州，丁酉秋，兖州土匪戕德國二教士，德使方向總理衙門索償。遽於冬间，有德艦三艘，徑趨膠州海面。晨興,公方在操場簡練,德兵忽登岸,其主將先齎文來,略言:此事已在總署交涉,與貴軍無干,請相約兩軍,皆不侵犯。公以職守所在,不之許。顧其時,火藥彈子悉罄,蓋李秉衡時爲魯撫,秋季應領火藥子彈,必遲至冬盡始發,無論冬季已。公所部勤於操演,故子藥早空,且究案及德圖膠之謀,皆早發露,而事前京省未有文牘通知,故公當時覺德兵之突如其來,藐不知其用意所在,乃急通電詢問,且請發藥彈備戰。而電綫爲德兵割斷,遣卒走百里外,分電北洋、山東請命。北洋大臣王文韶覆電,力禁開戰。慈禧太后知公猛將,恐失公,特旨調離膠州百里,從此膠澳遂爲德所占踞矣。公一腔熱血,屢請一戰,卒未由達,振躍叱咤,無可發舒,兩耳由是失聰,浩然有歸志矣。時岑春煊督蜀,方事剿匪,起公爲重慶鎮總兵,川東一路,倚爲長城,聲威所在,絶無亂萌。未幾告歸。歸日抵漢口,資斧即竭,貸於旅舍,然後成行。蓋公生平絶不愛錢,所得官俸,皆以豢養戰士,不可億計。有餘,則在所轄地方,修治河渠道路。故治軍四五十年,他人往往擁資百萬,而公竟一錢莫名,廉潔寡慾,尤有古名將風。嗣是息影金陵,蟄居一室。卒年七十一。子二人。

論曰:銘軍駐江陰時,公三營駐江北岸沙洲。沙人種桃成林,彭剛直公巡江至沙洲,睹桃林,語居人曰:"兵勇在近,桃實甚繁,得無損失乎?"民對曰:"章大人令嚴,部下不敢作違法事,雖一桃不值一文,然不私取也。"彭公異之,傳見,面奬之。即此一端,可見公之大概矣。公長荃孫一歲,豪於飲,丁丑,在江陰曾與對壘,各二三十巨觥,而公愈温克。洎主講鍾山,公從山東還,再飲,不及半。彼此意興均消索,而時事亦日非矣。嗚呼!

晋封恭人瞿母莊太夫人家傳

乙卯十二月,瞿表侄世琥,奉其母莊恭人行略,踵門求作家傳。荃孫幼年失恃,常在舅家,爲妗氏董太夫人所鍾愛,莊恭人尤顧惜之,飲食寒燠,無不照拂。家事亦知之早悉,何敢以不文辭。按略,莊恭人,江蘇陽湖人。父士全,道光庚子舉人,直隸大名縣知縣。恭人秉性純竺,夙嫻德教,年十七,歸表兄瞿貞甫先生。先是,外曾王父,自蜀東還,卜居金陵。大舅氏申之先生,贅於京師董氏,卒年二十六,時貞甫兄二歲,次賡甫兄甫數月,妗氏常留母家,自京返,居常州郡城。咸豐癸丑恭人來歸,亦依董氏。時金陵已陷,董太夫人耑健僕冒險入城,探知外王父殉難,外王母馮太夫人出險,走溧水一帶,至甲寅始得迎回,時已遷居江陰之西貫村。丙辰,世泉生,貞甫兄遂赴蜀,賡甫兄亦赴汴,恭人侍奉兩代孀親,茹苦含辛,孝養備至,縫紉井臼,一身兼之。庚申,金陵大營潰,常州陷,恭人奉重堂走江北,赴淮安,覆舟於高郵,兩太夫人爲器物所壓,不能出聲,恭人竭力扶持出水,致右腕脱節,治久始瘳,而世泉溺斃,因衛兩太夫人而不能兼顧,然心蠹焉傷之。自淮再移汴梁,仍依董氏。五舅氏晋之先生,迎馮太夫人入蜀,貞甫兄襲雲騎尉,保鹽大使候選,恭人亦歸寧,又遭覆車之厄,左足受重傷,遂留大名官舍。嗣後馮太夫人歿於蜀,董太夫人歿於汴,均以道遠不克奔赴,恭人以生不能親奉養,死不能視含斂,終身以爲恨。貞甫兄選雲南白鹽井大使,留辦軍務,未赴任。捻逆平定,再保以知縣過班。丙子,分發江西,迎恭人挈四子一女赴南昌。得厘差一次,賦閑四年,恭人撍拄中饋,業已辛苦備嘗,不意貞甫兄又猝歿於壬午之春,身後蕭條,幾無以斂,恭人痛不欲生,而幼稚滿前,奉死視生,所處殆非人境。時賡甫兄署鄂鹽道,即迎恭人到署。年餘,恭人以官舍紛華,進修易惰,遂回常州賃屋居住,次第爲世琥兄弟授室,命世琥入都從師,以諸生應京兆試,屢試不售,因以知縣分發浙江。癸卯,署桐鄉縣事,擬迎養,恭人曰:"爾父困於宦途,偃蹇以逝,不願足履官廨,惟望爾等居官勿失初志,余心即慰耳。"再署山陰、長興,世琥復返常州省親,恭人謂之曰:"毋以我不肯就養爲疚心,有爾弟世瑋夫婦侍奉,孫兒女林立,并不寂寞,汝但盡心民事,弗以我爲念。"國變後,常郡當寧滬要衝,世琥心終不安,乃遷居杭。先於光緒丙午年,世琥循例請封,誥封恭人。恭人於丁酉得中風疾,丁未再中,遂成偏廢。蓋少年受傷,血氣既衰,一發而不可復治。臥牀褥者十餘年,世琥率其婦子事奉不懈，恭人得以少安。乙卯二月，恭人七十晉九初度，姻黨畢集，登堂奉觴，恭人顧而樂之，蓋自世琥服官至今日始團聚也。九月初二日，以微疾卒，葬於武進縣■■■祖塋。子世泉，幼殤。世琥，知縣事。世璜，早卒。世琨，湖南候補知縣。世瑋。孫九人，曾孫一人。

舊史氏曰：恭人性情之慈善，才識之明敏，在親黨中罕覯。生平處境，備極艱苦，迨至子嗣成名，可以安處奉養，而末疾嬰身，無以自適，亦可慨矣。常愛臨池，亦工吟詠，善言孅行，余固所飫聞而熟見者也。憶童稚之追陪，悵德言之俱渺。自恭人歿，舅氏遂無同輩行人，愴乎有餘悲已。

黃將軍傳

黃軍門標，南海蜑家人。少伉爽有大志，常謂丈夫不識一丁字，當乘萬斛船，爲國家宣力海上，安能終老鬛風蜑雨中，與漁兄弟爲伍耶？遂投水師營，充捕盜兵。火色鳶肩，騰上必速。由千把洊升參游，纔六七年耳。曾於零丁洋面，斬劇盜三十五名，縛其渠魁，由是黃虎之名大震，上自高雷，下自南澳，船艫所至，群盜潛蹤。聞其出洋捕盜時，盤頭跣足，與士卒同甘苦。相朝汛之長落，以躡其蹤；乘風勢之上下，以扼其吭。口講指畫，操縱自如。所獲匪艇資財，盡散於衆，由是士卒益用命，所向有功。旋蒙睿皇帝特簡，擢任碣石鎮總兵。訓練水師，嚴杜接濟。每月親歷各海口，以獲盜之有無，課兵弁之勤惰，政令肅然，東海倚爲長城，不能頃刻離，朝命圖其像以進，誠異數也。軍門刻以持己，寬以接衆，謙約持重，卓有古名將風。後因積勞身故，朝野無不惋惜。至今粵東人述軍門政績者，兵民猶感泣不置云。一代異人，可備他日史宬之采。

路先生別傳

君諱澤農，字吾徵，一字安卿。先世潞之長子人。明洪武中，有諱真者，徙居曲周，是爲曲周路之始祖。父振飛，天啓乙丑進士，仕至巡撫鳳陽，都察院右僉都御史。甲申，寇亂京師，復南窺，中丞開府淮上，防禦刼賊，君甫垂髫，遂贊畫幕府機宜，如老成人。會擒得僞將，縛之竿，令兵民叢射之，君三發三中，觀者籍籍，路公子神勇不絶口。居亡何，中丞丁母憂，會道梗，寄其家於蘇州之洞庭山中。時閩中立君，於中丞有舊恩，招之甚迫，中丞間關海隅，君從，中道忽相失，有强帥擁重兵者留之，欲字以女，日置酒屬參軍從事，款曲道意，君不爲動，至脅以兵。於是君按劍仰天太息曰："嗟乎，人生不得行胸懷，有伏劍死耳！某廣平血性男子，父方奔播，自有家室不遑恤，而乃闌入茂陵女家，如司馬相如之爲乎？"帥聞意少解，遂留書記室，謝絶之，乘間微服南去。已而，遇中丞公於廣州之海上逆旅，人曰孝感也。方是時，閩廣已内附，中丞積憂憤，祈死成疾，疾甚益憤，湯藥不入口。君夜焚香禱北辰，蘄以身代，長跪奉藥，藥進，中丞稍稍嘗之，然竟不起，遂卒。君一慟嘔血數升，時年十七耳。含殮竟，扶櫬行，且行且哭，瀕於毁。先是伯兄某侍母王夫人，洞庭僑居，訃聞奔喪，兄弟遇於路，相抱哭踊，哀感路人，櫬至洞庭山厝焉。蓋君之生而遭時坎壈若此。伯兄留殢洞庭，貧不能歸里，歲一南行省親，久之患痰疾，扶掖乃行，欲往省伯兄，迎以歸家，人難之，泣曰："恐歲月不我待也。"竟力疾行，既迎歸，爲置宅一區，井臼器用悉具，割膏腴田三百畝以養。仲兄某早殁，遺孤元度，十二歲，元石，六歲，拊教之皆成人。有王國翰者，從中丞行，病殁，倉卒中殯殮成禮，久之爲返櫬於其家。卜景陽者，負百金未償，疾亟，以爲言，則取券面焚之。卜没後，更周恤其妻子。客蘇時，與處士顧寧人友善，偶有緩急，假顧金，絶無一人知之者。及聞寧人逝，寄償其家，嗣子來，留之肄業，逾二載，厚裝遣之。由斯以觀，亦庶幾獨行君子矣。所著《有宜軒詩》一卷，《草堂雜著》數卷，《琴譜》一卷。子元升，康熙壬戌進士，官檢討。

明繆恭傳

繆恭字思敬,浙江太平人,通《春秋》,爲縣學生。《萬姓統譜》。天順中,嘗從學録張粹游,與謝昭爲同門友。昭因石亨得官,走其門者如市。恭貽書謂張曰:"石且旦夕人者,禍將及,昭先生雖門弟子,方遠之不暇,而顧親之乎?"未幾卒如其言。弘治初,詔求直言,恭走京師,以布衣上書,所請六事,一曰保神器,二曰崇正學,三曰紹絶屬,四曰懷舊勛,五曰廣言路,六曰革冗員。《罪惟録》。首尾歷歷數千言,指斥忌諱,皆人所不敢道者。其紹絶屬者,擇宗室賢者封之,以嗣懿文太子,世世祀之。《千頃堂書目》。通政使見之大驚,拘留兵馬司,劾恭非所宜言,敬皇帝不之罪也。敕有司遣歸。常絶食杜門不出,自稱小茅山餓夫,與同邑趙白雲爲方外交。《罪惟録》。有《茅山穢稿》。《千頃堂書目》。

論曰:讓王父子事,雖歷朝議及,皆不果,至弘光中禮始全。恭布衣處,何時有此大言哉? 嗟嗟! 太子不祀,何有餓夫?《罪惟録》。荃孫按,《萬姓統譜》、《罪惟録》、《千頃堂書目》、《南渡録》均載其事,籍貫以浙江太平爲是,非南直隸之太平也。天順中至弘治,不過二十許年,即其人無疑。

盛宫保奏議序

自來國家之盛,一二豪傑之士,雲龍風虎,鐘鼎河山,豈不臣主俱榮哉! 及其衰也,亦有豪傑之士,充其抱負,足以救敝而扶衰。而掣肘者有人,坐視者有人,下石者有人,必使其才不能展布一二。國家雖墮落,而不惜轉加之以敗壞之惡名,不特斯人之不幸,亦國家之不幸也。歷觀史册,於盛世則如彼,於末世則如此矣。武進盛杏蓀宫保尚書公,身席華膴,顧視不凡,事無鉅細,當機立斷。初爲湘陰左文襄公所識拔,而合肥李文忠公深知其才,凡大事無不引之參預,而公仰答知遇,獻可替否,始終如一。我清自咸豐髮捻擾亂之後,元氣大傷,各國通商,實逼處此。國家日漸弱,民生日漸貧,有心人遂議参各國之政,改中國之習,能鼎新而革故,庶轉弱而爲强。朝廷事事引文忠公爲腹心,文忠公即引公爲臂指,輪船、電報、鐵路、銀行,一身任之,勉爲其難。拳禍突起,兩宫西幸,東南諸省,維持大局,賴公彌縫轉輸,得以復辟。功愈偉而責愈重,遂爲不悦己者所擠,投閑數年。再起爲郵傳部侍郎,晋尚書,改國務大臣。而以鐵路一端,尤爲全國之關鍵,從前書生空論,難以實行。重言通國籌款造路之策,以赴事機,而欲正築室道謀之非,斥爾疆我界之誤,治漁利敗事之罪。因給事中石長信之疏,决計收爲國有。而倡亂者藉端鼓衆,傾覆國家,遂受重謗,鐫職去國,國事亦一敗而不振矣。易代以後,仍祖公之舊規,以冀統一。然後知昔之穰穰者,亦明知事非國有不辦,特借此爲兵端,而公之心乃大白於天下。公妙於言語,工於筆札,無不周之慮,無不達之情。此奏議二十卷,遇一事必推求其所自來,而窮極其所已。至盱衡中外,商榷古今,侃侃而談,無漏無誤,有先事能料其流弊,有當事而表其成功,新政諸大端,大半寓於此中。惜不逢盛世,使有才之人,轉不如無才者之安坐而致富貴,則天爲之也。荃孫夙有年誼,曾爲輯《皇朝經世文續編》,並刊行《先哲遺書》。每見必長談,一日酒酣,謂荃孫曰:"國家幹路,應以京師至廣東爲南北之大綱,汴梁至蘭州爲東西之大綱,而以全力付之,不宜零星散舉。至津浦須改浦信,仍歸南北幹路。何能岐出,自與蘆漢爲敵乎?"其識見,皆提挈綱領,惜當國者之不能用耳。讀奏議意並及此言,即以爲斯編序。歲在柔兆執徐立冬前一日,江陰繆荃孫序於海上寓居之聯珠樓。

重刻金石苑序代

東武劉燕庭方伯,海岱高門,收藏甲於海内。由蔭得户部郎中,出知福建汀州府,晋延榆綏兵備道,調四川龍綿道,簡四川按察使,再遷浙江布政使。所著金石之書,取薛氏款識、宣和博古、景伯隸圖、六一題跋爲法,而集其大成,鈎摹其形,箋釋其文,爲自來金石所未有，統名之曰《金石苑》。今所傳於世者，曰《長安獲古編》二册，則西安所得鐘鼎也。曰《三巴孴古志》五册，則四川所得之金石也。曰《蒼玉洞題名》一册，則汀州郭外之石刻也。曰《龍門造像記》二册，則洛陽伊闕造像也。曰《海東金石苑》八卷，則朝鮮之金石也。餘未成書。方伯身後，子孫不知愛惜，散如煙雲矣。今《長安獲古編》版存廠肆，無釋文，無考證，是未完之書。後人有據方伯此書，創不必釋文、不必考證之論，不知《三巴孴古志》、《海東金石苑》考證見存，未嘗輕視考證。《龍門造像》雙鈎本，在廠肆一見，不知爲何人所得。《海東金石苑》八卷，鮑子年止鈔跋語，張松坪僅刻前四卷。後全書爲一名流所藏，想借之補足松坪之後四卷，而錮蔽不肯出，並不以示人，近亦星散，不知歸無何有之鄉。此同光朝名流習氣，言之猶有餘恨。至《三巴孴古志》、《蒼玉洞題名》，爲方伯最完善之書，版片既毁，印本日稀，今覓得最足之本，爲重刊印行。原書無號數，傳本往往不足，今編次之以册計，藉以供諸天下讀書人之賞玩，余自謂庶免曠園深仇古人之誚矣夫。歲在丙辰三月上巳。

晉書校文序

昔人問何蝯叟讀經讀史之法，蝯叟以諧語答之曰："君不見門生之請座主乎？先請日期、地方、庖人，惟命是聽。届期先集，衣冠拱候，入座肅静，言語檢點，禮畢恭送登輿，其謹嚴如此，此讀經法也。又不見座主之答門生乎？地方、庖人，惟意所擇。門人先集，主緩緩而至，談笑任意。或有事，輒先行，其放縱如此，此讀史法也。"荃孫素聞此言，頗不以爲然，即曰："此明人之讀史法耳，國朝即不然。如嘉定錢氏、王氏、仁和盧氏、梁氏，於字句之異同，事實之乖謬，考訂詳實，必使毫髮無遺，而後登諸簡牘，何敢一毫放縱，而謂與讀經有别哉？"今觀《晋書校文》，而愈信吾言之有徵矣。夫《晋書》紀傳、編年，共十八家。唐貞觀中，敕房喬等薈萃各家，重爲編定，書非一手，訛訛不免，而大半以臧榮緒書爲主。國朝錢氏、王氏、盧氏、王氏、洪氏、勞氏，讀史考異，摘之盈卷，至周氏雲輯爲專書。然全書罅隙，有應指而未指出者，有所糾而非其事者。余友丁君秉衡，以研經餘暇，擬援裴松之例爲之注，稿凡數易。友人謂先録校語，遂先出五卷，以活字板印行，荃孫早得讀之。字句之異同，以各本參校之。事實之乖謬，以本書互證之，再引他書折衷之。有當補者如牽弘梁柳之應立傳。有當删者，如祖納好博弈，見納傳，又見王隱傳。杜預作《盟會圖》、《春秋長曆》，即《釋例》中篇名，不應别出。謝艾在張駿時，並未爲將。韓壽至賈後死，早没多年。“劉毅”是“劉準”之訛，不云有二。周處無章浦之爵，乃是其孫。張軌之河西，憑祖德而立國。杜嵩作春秋，是“壬子”而非“任”。可謂精核矣。秉衡受知長沙師，肄業南菁有年，而荃孫更欲推廣其意，現宋刻有半葉十行十九字本在豐潤張氏，有半葉十四行行二十五字本在金陵書樓，而校定其文字，再采《四庫考證》，錢氏、王氏、洪氏、勞氏、周氏均標“某氏曰”，辨其小訛，再取文集、筆記之偶及者而補其遺佚，自校出者則以“某謹案”以别之，學者得此書而各家之考證均在，是長沙師讀書之例，庶後學不必旁求也，秉衡以爲然否？荃孫有《北齊書校證》，其於此篇，如驂之靳，均不肯以粗心讀史，蹈明人之陋習也。歲在强圉大淵獻荷月，七十四老人江陰繆荃孫序。

明史例案序

歲在甲寅，開館修清史，聘趙次珊年前輩爲總裁，次珊轉聘荃孫爲總纂，又聘吴興劉君翰怡爲名譽纂修。荃孫將赴都，先采黄黎洲、顧亭林、朱竹垞、徐健庵《明史》辦法、議論爲一册，藉爲觀摩。一日翰怡出《明史例案》相質，則與荃孫意見相同，而收藏較富，搜采較多，視荃孫所鈔者過半不止。甚矣，其博而勤也。夫史，二體六家，均以班孟堅紀、傳、表、志爲正格，自漢至明皆因之。而門類則視其時之所重，如《明史》之閹黨、土司，前史所未有，而不妨獨創。道學，前史所有，而可以裁。諸家之議論，有相合者，有相反者，各就其言而推其理，自可增識見而定其是非。徐健庵之例，王横雲頗有依違。王横雲之例,張文和亦顯有出入。無一定之例,有一定之理,無非借古以鑒今,遂得由今而返古,是編一出,諸秉筆者可以得師矣。荃孫舊史官也,昔嘗研究史學,古人如劉知幾、鄭漁仲之書,時相瀏覽。今人如趙雲松、錢辛楣、王西莊、章實齋之著述,亦各探其旨趣。去年任史事以來,袁清容求書之牘,蘇滋溪、危太樸論文之書,無不懸之座右,奉爲先師。雖才謝三長,而循循然不失矩度,不逞意氣,不徇偏私,此則竊自許者。第《明史》館開,留翰林盧琦等十六人,鴻博翰林彭孫遹等五十人,隨時保入姜宸英等又若干人。其文集有得見者,有不得見者,儻續得而有論史之文,再當俟之續編矣。

孫佩南校經堂文集序

荃孫昔年供職京師,曾於意園座中晤榮城孫佩南先生,詢知爲丁卯同年。見其持躬端謹,出言爾雅,頗愛其人,城區内外,未能常晤。戊子己丑,荃孫在江南,傳聞有合肥孫大令者,治獄精督,不避權貴,亢立聲聞天下。問其人,則佩南先生也。時先生早以修纂回籍矣。不特愛之,而且敬之。迨辛卯東撫延荃孫主講泲南濼源,時先生主講尚志,始得朝夕相聚,握手談藝,並爲籌畫旅况,無微不至。則知先生以文人兼循吏,而勤撰著,重友朋,固性情中人也。尚志堂在城外宋李易安故宅,前有柳絮泉,後有金綫泉,清流活活,曲折成“之”字,水際細草蒙茸,方數十武,高阜造悠然亭,可望千佛山,荃孫最愛之。月夜嘗過先生,煮茗清談。素稔先生師武昌張廉卿,治桐城古文,荃孫亦尊桐城爲國朝正宗。先生曰:“世之誚桐城以爲空腔,此學聲調之弊,衹須運事實於文字之中,可免此誚。”今集内大臣名人傳志,實能身踐此言。又議同修通志,先生主章魯派,荃孫主洪孫派,先生曰:“汝師法鄉人耳。”荃孫答曰:“志以事實爲主,以文行之,略避記帳之誚。如實齋之志,首增徵實一門,仍不離乎事實。通甫則前志源流,古迹藝文,一概埽除,文字雖高於武功朝邑,已蹈劉知幾改史爲文之譏矣。”先生亦首肯。今集中與友人書，必載來書，亦此意也。文集未經手定，然友人能得先生之意，絶無空腔文字在内，此桐城派之高者。遺稿由劉翰怡刊行，操簡荃孫，命爲之序。荃孫讀終卷，聲容笑貌，宛如當日。今年三月到沛南，曾訪金泉舊舍，泉聲如故，柳影依然，空存仰止之思，無復弦歌之雅，愴然久之。因序舊迹，以冠斯編。先生之文，自有不朽者在，不藉鄙人之言矣。歲在柔兆執徐立冬前一日，江陰繆荃孫序於上海寓居之聯珠樓。

四榱寄廬類稿序

予友無錫孫叔盉徵君，由明經官内閣中書，供職十餘年。才雋學裕，爲閣長所倚重。戊子己丑，聯捷入詞林，散館以知縣用，選浙江新昌縣知縣。到省，權會稽、太平、臨海三劇邑，以禮去官，洊升觀察，徵入京師禮學館。庚戌年卒。荃孫於光緒初年官京師，與君始晤，見君事理明决，議論精當，樂與訂交。及君官浙江，荃孫亦回里主江寧講席，遂相疏闊。今君之子藩圻，抱君所爲文九十八篇，分爲七類。受而讀之，觀其文辭簡質，無所摹仿，若未嘗有意爲文者，然釋經考禮，伸古通今，不涉迂拘。記事立論，窮源盡委，不立間架。信其筆之所至，而理無不足，事無不具。先賢有曰："言之無文，行之不遠。"又曰："氣盛，則言之長短與聲之高下皆宜。"是古人之文，非今人之文也。昔年見君《四西齋决事》四卷，以爲士人治有用之學，將以澤及斯民，惟牧令爲較易。君之决事也，兩造隱情，歷歷如繪，雖極纏繞之事，寥寥數百言，而文之簡潔，理之暢達，不但折服奸滑，實足以感動善良。惟其文也，即自序一篇，其本領已可概見。惲子居决事不可得，近人中固與樊雲門、董覺軒之書判並傳無疑。藩圻編次君文，乃用姚惜抱、李申耆選文之例，亦可見家學淵源，流澤及遠。荃孫不足言文，而舊交中所欽佩者，惟君爲最。戊戌年，君在會稽任，本約山陰之游，時因米貴，碾穀平糶，多事之秋，荃孫在湖上句留半月，未能渡江踐約，集中一書，即是時也。今逝者已矣，讀其文字，仍然事理明决，議論精當，不異與君劇談時也。故不辭而爲之序。

鈍庵詩集序

嗚呼！此陽湖吴君景周之遺詩也。景周，爲吾姑母之孫，年少力學，蕉萃而卒，卒又無子。遺詩只一卷，族侄書屏，爲鈔撮之，録以示予。詩筆清真，略少色澤，所處又不順遂，多志微噍殺之音，殆亦不自知其然。吾姑母歸於吴，爲祖母所鍾愛，生表兄二人，育於吾家，迨兩表兄授室，始自立門户。越二年，即遭粵匪之亂，予同避於淮安，惟兩表兄是依。同治二年，予奉母之湖南，二表兄謣生送之漢口，嗚咽而别，遂不復見。至予甲戌歸里，方喜君文字雋永，可望上第，以慰先人，奈數奇不偶又如此，嗚呼悲已！二表兄之詩，清潤婉約，惜遭亂後不復作，未知其家尚有留遺者否。既讀君詩，而有餘悲也。歲在旃蒙赤奮若中秋之月，繆荃孫序。

梅孺人彰節録序

子程子曰“餓死事小，失節事大”，言其理也。曹子建詩“誰云捐軀易，殺身良獨難”，言其情也。天地間靈靈蠢蠢，其樂生之情則同，故當危難之時，如雷如霆，砰訇震懾，士大夫往往失其所守，非志氣寧静者，不能當前而不懼。聖清御宇二百餘年，詩書之教漸漬人心，雖鄉曲之間，婦人女子，咸知大義。如梅孺人之死難，佼佼錚錚，亦可以諷世矣。當粵逆潰大營，陷常州，席捲東南四十餘縣，焚燒殺掠，慘無人理，死者數百萬人。然如梅孺人，從容不迫，言之即踐之，死志素定於中，非倉卒遇害者可比。由其姆教久嫻，神明不亂，投身清流，致命遂志，深合程子之意，而亦子建之所爲難也。雖然，孺人有女有婿，能傳其事於五十年之後，徧徵名流詩文，俾屢見於各家文集，時愈久而名愈彰，以視荒江老屋，捐軀殉節，姓名不彰，草木同腐，孺人猶屬不幸中之幸事。近來三綱淪斁，逾閑蕩檢，名爲倡明女學，實則破壞家規，借異域之行爲，師桂寇之往迹，幾不知世間有節義事,試讀此録,或生其愧心乎? 荃孫忝同鄉里,偷生有愧,以書屏之請,不辭而爲之序。乙卯中秋。

積學齋藏書志序

南陵徐積餘觀察,德行純竺,問學淹雅,收藏富有,冠冕皖南。所刻有積學齋、鄦齋兩叢書,又刻《閨秀詞百家》。仿宋元刻,曰《隨庵叢書》,前後兩集。風行海内,儒者宗之。今編書目,高有尺許,謂余曰:"余之蓄書,初自弱冠,今年五十。無地無時,見即收穫。自媿力薄,止有此數。分類編纂,僅僅成編。子其爲我叙之。"余與積餘,戊子秋間晤於琉璃廠書肆。談及經籍目録,如瓶瀉水,余心佩焉,因以訂交。迄今卅年,何敢以不文辭? 夫目録之學,始於向、歆,以私家著録,屹立於天壤者,以昭德晁氏與安吉陳氏爲最。國朝以來,錢遵王《敏求記》爲人所重,然鈔刻不分,宋元無别,往往空論,猶沿明人習氣。若《也是園書目》,汲古、滄葦僅存一名,更無論已。積餘此目,其書必列某本舊新之優劣,鈔刻之異同,宋元本行數、字數,高廣若干,白口黑口,魚尾,旁耳,展卷具在,若指諸掌,其開聚書之門徑也。備載各家之序跋,原委粲然,復略叙校讎、考證、訓詁、簿録、彙萃之所得,各發解題,兼及收藏家圖書,其標讀書之脉絡也。世之欲藏書讀書者,循是而求,覽一書而精神形式,無不具在,不勝於《敏求記》倍蓰乎? 積餘爲書目時,浼余三子僧保助之讎校,余得以盡窺全豹,而知其非誇也,而所收國初及乾嘉時之善本尤多。以時近不入目,荃孫得國朝人文集千種,以比積餘收藏,猶小巫也。昔阮宫保耳順之年,龔定庵爲年譜第一序,即以稱祝。今積餘年方五十,余亦爲書目第一序稱祝如之。他日年愈尊,搜羅愈廣,自編二集,再爲序之。書此以當息壤。歲在强圉大淵獻長至日,江陰繆荃孫序。

休寧汪氏譜序

古者敬宗收族,見於禮經。宗法不行,而譜牒之風遂盛行於六代。《隋·經籍志》以譜系名篇收入者五十部。唐宋以來,夷夏無別,紳民不分,遷徙流離,得見唐譜者甚少矣。歙州汪氏以越國公起義受封,聚族居之,遂名汪村,歷宋迨明,名人輩出,今江浙之汪,問其前代,皆出越國公。國朝汪鈍翁先生《汪姓緣起考》云:魯成公之後,食采於汪,後有名錡者,以童子死齊難,爲聖人所褒,而辟傳聞汪罔氏之説。至汪地,見於秦而不見於魯,書缺有間矣。吾友汪莘如以其家成化舊譜一册出示,搜羅既博,雕印俱工,嘆爲罕見。又起而言曰:吾族世居横干上塢口,咸豐庚申郡城既陷於粤逆,一門死義,僅世父學俊、學庠經商於外,得存。本生父恒春府君方幼,賴母姨携出並明譜一册。學庠公轉徙江陰,娶虞門曹氏,就後梅鎮狄橋家焉。戊午春,江陰汪氏續修宗譜,余因出家藏舊帙,與江陰汪譜核對,同爲越國公後裔,譜牒既合,情亦可通,請立江陰後梅鎮狄橋支修入,將舊譜爲基,支祖當推九世祖正紀公爲始,群情洽焉。昔人有言曰:譜牒之廢也,廢於貧且賤者什之三,而廢於富且貴者什之七。富者或恥其家之寒陋,則扳援大族而强附之。貴者或傲焉忘其先世之遺澤,而過慮族人之貧者覬覦其錙銖,則惟恐遠之不速也。夫富者既强附人之宗,而貴者又思急遠其宗,於是譜牒雖存而實亡矣。今吾族與江陰族根本既同,而無富貴貧賤之别,故合譜最宜。詩有之:"豈無他人,不如我同姓。"以越國公爲始祖者,大宗之義也,以正紀公爲一世祖者,繼别爲宗之義也,故序以明其繇來焉。歲在著雍敦牂,江陰繆荃孫序。

穫堂舊話序

吾族聚居申港鎮之北,去鎮一里,距江二里,距邑十八里。村落三四百家,自明嘉靖居此。面山背江,小溪環之,造雙橋以渡人。

村有里門，余家居村西第一家，隔岸古木參差，微露山影，槐龍一株，根長溪南，過溪而踞當門，雙木承之，黛色參天，幹大四圍，數百年物也。東則蓉浦公名下長房所居，大門三間，十八扇，均以竹絲飾之。門前青石作場，再東則小園，爲五世祖心範公養病之所，久無人居。屋宇傾頽，柱石摧敗。花草叢雜，竹木縱橫。燕巢空梁，鼠踞壞砌。石大小而斜矗，池淺闊而無波。書穫堂一額尚存，鎮江笪重光書也。再東則叒謙九叔父居之。再東則宗祠矣。祠中樟柏松杉，蒼翠如幄，有鶱巢其巔，占者以爲文明之象焉。門前最曠，每當麥天晨潤，時雨初晴，新緑差差，溪聲活活。又或秋高落木，夕陽在門，遠雁驚寒，歸雅如雨。秦望、瞬柯諸山，作種種金碧色。畫意詩情，時時在目。荃孫生長於斯，自發蒙至應試，未他徙，出見長者，無不示之以禮法，幼者亦順受之。歲時間一至鎮，必有父兄帥之，一游即歸。家塾林立，婦女亦操作不懈，夜間書聲與機聲，互相酬答。文課分盟，字社競爽，而老輩猶以爲出人遜於乾嘉時。咸豐庚申，陡遭粤逆之變，荃孫奉母出走，棄家尋父。長違鄉邑，永作旅人。迄今甲子一周，房屋殘毁，樹木斬伐。筆墨荒廢，化爲吐霧吞雲；耰鋤倚閣，大半呼盧喝雉。長者不能正帥，幼者不能仰承。居雜雞豚，形同麋鹿。目睽睽而直視，口嗷嗷而妄訾。耕讀明訓，何期廢讀爲先；搢紳之家，無復拖紳之望。嘆桑海之重逢，嗟江河之莫挽。嗚呼傷已！猶子書屏茂才，專録先人事迹，搜羅極博，藉作觀摩，援尤君玉《萬柳溪邊舊話》例，名之曰《穫堂舊話》，示不忘本也。近時子賓二叔、晉初四弟，均七十以上人，身歷前境，試問之，有一字矯飾否？即以爲此書序。

醒醉石序

《漢・藝文志》，九流之外別立小説一家，其原出於稗官，就街談巷語之新，爲人情風俗之考。燭理則正變雜陳，立論則莊諧互見。隨意勸懲，百端鼓舞。使人向善悔過，而生於不自知，其力量轉甚於九流。今唐以前書止《燕丹子》存。至唐而岐小説、傳奇爲二類，或向壁虚造，或影射時政，唐人以爲行卷，以其可以見筆力，可以見胸襟，而所撰遂盛行於世。昔黄梨洲檢鈕氏世學樓目，見小説、平話數百種。錢遵王《也是園書目》，有詩話十數種。詩話二字，初以爲評話。而日本流傳平話，均作詩話。因悟各小説無不從詩而起，詩在前，話在後，謂之詩話，誰謂不然。俞理初《蘆城平話跋》亦云《永樂大典》收平話極多。此《醒醉石》十五卷，署名東魯百狂生補輯。其中李微化虎事，見唐人《李微傳》。又有云屠赤水作傳者。又以孕婦爲二命，上諭所駁，孕不作一命，是崇禎年事，此蓋崇禎年時作。大凡小説之作，可以見當時之制度焉，可以覘風氣之純薄焉，可以見物價之低昂焉，可以見人心之詭譎焉。於此演説果報，决斷是非，挽幾希之仁心，斷無聊之妄念，場前巷底，婦孺皆知，不較九流爲有益乎！况又筆墨之簡潔，言話之靈活，又出於尋常小説者。吾友今爲重刻，將以行世，庶不負班氏志小説之苦心矣。歲在强圉大淵獻盈月之朔，江東老蟫序。

常慊慊齋文集序

自來宏才碩學，必生於詩禮之家。錯節盤根，愈足顯才智之士。是以許國繼起，武功之聲望愈隆；劉晏理財，關輔之轉輸不匱。皋牢萬物，捭闔九能。今見之竹石朱君矣。君沛國之英，當湖之秀。道學夙推清獻，文藻孰過江村。鍾靈美哉，於斯爲盛。君之先德，淮揚觀察，撫綏同於召父，盡瘁比之武侯。士民頌其德焉，史策著其勳焉。蕉堂漕帥，吉金文字，考古逾薛尚功；天庾艅艎，運漕如韓鎮海，則君之伯祖也。建卿國博，詁通蒼雅，學者目爲通人；詩詠白蘇，騷壇推鉅手，則君之世父也。金張七葉，貂蟬盈堂。王謝一家，烏衣名巷。佩印垂組，長虞有治譜之傳；擁蓋飛輿，荀伯是貴門之首。此君之家世也。君秉承家學，筮仕江南，負八窗四達之才，處六緊十雄之地。以爲經妶者，國之紀；租庸者，民之天。紀綱立而財用足，不必弓張；井里富而藩育形，何須箕斂。大則鹽鐵，總推夫陳恕；小則竹木，亦表夫陶公。至於治獄以情，爲政尚猛。銀手如斷，通李悝之法經；金心在中，習君房之令典。總鼇務者三十年，攝臬篆者十餘次。既頻登夫剡牘，遂特簡夫淮揚，以牛斗之名區，作箕裘之佳話。此君之遭際也。雖然，世共知君之服官，亦知君之求學乎？在昔趨庭，即飫聞夫丁頤志、楊石卿之讜論。迨乎捧檄，又請益於高碧湄、劉泖生之至交。好古敏求，力學不倦。遂乃吐文萬牒，毛穎生華。淬鋒十年，干將出匣，不事摛辭飾句而意思深長，何須博引繁稱而事理通達。若夫傷離感逝，子山思舊之銘。考古證今，陳思辨通之論。即云文采，亦足名家。此君之學術也。君性至孝，先德貽致身圖，徧求當代名人題詠，以寄哀思。逮事偏親，尤極奉養。治獄平恕，雋母爲之加餐；戲綵斑斕，老萊依然孺慕。乃官舍不樂乎吴郡，而板輿遄返乎浙中。白雲在上，梁公望遠之心；落葉去枝，士衡思親之賦。上書當道，乞歸里閭，凄入肝脾，言從肺腑。固與李天生之疏、袁隨園之啓，鼎足而三。他如刻新安之家集，訂義莊之條規，尊祖即以敬宗，仁民然後愛物。此君之德行也。荃孫以孔李之通家，兼羊求之談友，猶憶小住金閶，爲炊玉饌。蘭肴山積，椒酒淵流。羹和鹽梅，漿調芍藥。沈南皮之李，燕飲彌歡；飛西海之鱗，盛筵難再。商搉古學，感嘅新猷。此境此情，宛然心目。今則宿草風偃，流涕黄公之壚；西鄰日斜，嗚咽山陽之笛。然未臻期頤之壽，而幸免桑海之悲。公子象甫，收拾遺著，並合蕉堂、漕帥詩文刻之。後賢繼起，君亦何憾於九原；寶墨猶存，集自足傳乎千古。歲在旃蒙單閼午月，江陰繆荃孫序。

李一山詩序

自來喬木世臣之家，必鍾蘭玉；縣圃閬風之境，多産琅玕。是以優龍劣虎，瑯琊之門大昌。臭義測筆，臨沂之澤不墜。源之長者流自遠，根之厚者葉必華。觀李君一山之詩，而益可證矣。濟南李氏，山左鉅族。[redacted]先生又錢唐黄小松司馬之婿也。喜冰清而玉潤，歎曙後之星孤。濟南弱女，口傳父書；陳留才媛，手寫遺集。懷兹墨寶，保守弗替。元孫一山，爇芸香而辟蠹，然柿葉而驅蟫，時已閲夫百年,家遞藏夫四世,乃以秋盦遺詩付印,與《小蓬萊閣集》並傳焉。一山觿辰玉照,慧質金相。塤篪迭唱,圭塘欸[1]乃之編;棣萼清吟,扶風聯珠之集。貢舉場廢,科學堂開。字遂改而蟹行,音更雜乎鴃舌。樂水樂山之悟,渡海情移;問詩問禮之心,求野志切。時歷三祀,名高一旦,海東勝迹,櫻花世界,艷陽二月,霏英萬樹。壺觴之俊接席,弦管之響流天。紅雲團蓋,恍登赤城之峰;頳雪敲簾,如入衆香之國。加以桃葉迎來,柳枝偕往。遥峰兩點,鬥此修眉;明月二分,照來并影。莫不羨其艷福,目爲勝流。習藝既成,聯袂偕返。守鄉郡而抒素抱,管太岳而作主人。又復廣搜書籍,溺志縹緗。萬簽錦贉,庋宛委之名山;百軸油拳,入瑯嬛之福地。濟北讀書之志,東萊題跋之録,無不守兹舊學,仰企鄉賢。至其爲詩也,劌鉥心神,疏瀹靈府。流響擊鉢,捷不亞於枚皋;佳句入囊,才已媲乎長吉。更有進者,賀黄裳之《載酒》,吴修齡之《圍爐》。乃詩家之微言,絶淫哇之雜出。一山春華之年,秋實之學,摛辭則兩漢,游藝則三唐。非惟秀絶山左,行將獨步海内,不受他人之稱譽,奚畏俗士之譏評。故不必自表其所能,亦何至自謙爲積習哉!荃孫學慚三篋,才謝九能。閑縱如逐浪之鷗,人望比識途之馬。讀是詩也,奬其所已能,勉其所未至。斯文爾雅,不愧孔李之通家;世澤綿長,毋背高曾之規矩。歲在旃蒙單閼,江陰繆荃孫序。

李審言儷體文集序

興化李審言明經,首識之蒯禮卿座中。荀陸覿面,不作常談。蘇李知心,託諸詩句。居鄰坊曲,驅蟫蠹而劬書;地隔關河,附鱗鴻而論學。羅濬修志,聘萬里爲同群;平恒講經,舉梁祚爲教授。緣深香火,契結芝蘭,已十數年於兹矣。荃孫自遭國變,竄迹海隅,心旌風摇,芳訊雨絶。不張羅而謝客,非種菜而閉門,適劉葱石參議聘君授讀,乃自射陽,間關而來。相逢天末,各訴流離。照影鐙前,

---

① 原做“款”。

咸悲老大。范張密契，離群已隔夫三年；嵇吕相思，命駕不辭夫千里。杜鵑聲苦，寄華年逝水之悲；蝴蝶夢寒，抱地老天荒之恨。賞音知己，早歸臥夫青山；謂益吾師。設醴舊游，半消沈於黄壤。謝子受、蒯禮卿諸人。雖銜杯揮麈，仍似曩時；而擊築吹簫，徒增隱恨已。日者君以駢文付諸削氏，授簡荃孫，命爲弁言。昔刊《媿生叢録》，宿諾未償，何敢再辭，以滋罪戾。君博覽群書，尤通蕭《選》。熟精逾夫詩聖，貫串過乎書簏。天孫餘錦，夢中乞自景陽；雪堂義樽，佳品貽諸和仲。固已輝增册府，名重士林。縱復錦囊投溷，命同長吉之窮；論語代薪，遇等陳奇之薄。然而廣搜近作，默憶陳言，傳不在多，古莫能及。五光十色，繪畫之采愈新；千辟萬灌，干莫之鋒誰遏。嗟乎！世道日薄，文教日衰，裸壤而誚龍文，聾俗而譏鳳翽。《玉台新詠》，近俗體而獨傳；《金箱璧言》，賦高才而不遇。君獨不然，我用我法。立意必深，無土龍之誚；隸事必切，無疥駝之嫌；出語必響，無鳴蠅之矜；抒藻必新，無腐鼠之詆。比青儷白，卿雲增黼黻之華；刻羽引宫，天籟遏笙簧之韻。昭代此體，名家尚多。以君之才，庶可爲殿。世有解人，當不河漢斯言也。歲在旃蒙單閼午月，江陰繆荃孫序。

卷　三

記　書　雜　文

天一閣始末記

自明中葉以來，海內藏書家，莫不以四明天一閣爲巨擘。黄梨洲表彰之，全謝山爲之記，阮文達公爲之編書目，學士文人心目中均有一天一閣矣。初范堯卿司馬素好購書，與豐道生善，先在萬卷樓鈔書，且求道生作藏書記。值道生得心疾，樓上之書爲門生輩竊去不少，又遭火患，以其幸存之餘歸於范氏。司馬又稍從弇州互鈔以增益之，遂雄視浙東焉。閣之初建也，鑿一池於其下，環植竹木，然尚未署名。及搜碑版，忽得吴道士龍虎山天一池石刻，元揭文安公所書，而有記於其陰。大喜，以爲適與是閣鑿池之意相合，因即移以名閣。司馬二子方析産時，以爲書不可分，乃别出萬金，欲書者受書，否則受金，其次子欣然受金而去。今金已盡而書尚存，其優劣爲何如。此閣構於月湖之西，宅之東，牆圃周回，林木蔭翳，閣前略有池石，與闤闠相遠。按《東齋脞語》言，其閣四面皆水。故《藏書紀事詩》有"煙波四面閣玲瓏"之語。其實閣之外有月臺，臺下即小池，月牙形，略有竹樹，并非四面皆水。寬閑静閟，不使持煙火者入其中，其能久一也。司馬殁後，封閉甚嚴。繼乃子孫相約爲例，凡閣厨鎖鑰，分房掌之。禁以書下閣梯。非各房子孫齊至，不開鎖。子孫無故開門入閣者，罰不與祭三次。私領親友入閣及擅開厨者，罰不與祭一年。擅將書借出者，罰不與祭三年。因而典鬻者，逐不與祭。其例嚴密如此，所以能久二也。黄梨洲後，萬季野徵君、馮南軒處士繼往。昆山徐健庵司寇，聞而來鈔之。海寧陳廣陵詹事纂《賦彙》，亦嘗求之閣中。全謝山爲小玲瓏館馬氏，亦往鈔之。迨四庫館開，范氏進呈書六百三十八部，爲藏書家之冠。詔建七閣，專人往浙繪閣圖，仿其式以造，亦至顯榮矣。乾隆癸丑，阮文達公督浙學，數至閣下，命范氏後人分厨編定數目碑目刊行。道光庚子，英人破寧波，登閣周視，僅取《一統志》及《輿地書》數種而去。咸豐辛酉，粵匪之亂，閣既殘毀，書亦星散。范氏後人、四川知縣邦綏避地山中，得訊大驚，即間關至江北岸搜訪，聞書爲洋人傳教者所得，或賣諸奉化唐嶴造紙者之家，急借資贖回。寇退，又偕宗老多方購求，書始稍稍復歸其有。散在他邑，不聽贖取者，則賴郡守任邱邊公葆誠移文提贖，還藏閣中。後寧波太守江寧宗湘文延慈溪何明經松重編書目，未就去任。光緒己丑，寧紹臺道、無錫薛觀察福成復屬歸安錢念劬明經編成四卷，己丑刊行，體例勝於前編，惜書止存十分之二。光緒三十四年，内兄夏閏枝守寧波，余欲登閣觀書。閏枝於八月間與范氏訂約，至次年始得復。司馬後人，一百有二家，須均允乃得登，舊例也。定期三月十八日，余於十三日自江寧赴之，十五日到鄞，十八日到閣，范氏派二庠生，衣冠迎太守。一字渭生，一字秋圃。茶畢登閣，約不攜星火。閣甚庳隘，然樸素堅固，明制宛然。閣上"寶書樓"，明嘉靖時題，閣下長聯云："承梅澗柳汀以後清節，衣冠世澤，永四明司馬；比南雷東硐之奇圖書，泉石高樓，仰百尺元龍。"阮文達撰。又有"天一閣書藏"，亦文達筆。梅叔跋云天一閣藏原有之書，另闢一藏，專收後來之書云云。惜范氏子孫不能體文達之意也。厨用散木，兩面開門，界而爲五，每厨門標每類，例須范氏子孫檢閱，觀者不能自抽。余携《現在書目》，細閱應抽閱者，付之范氏子。開厨但見書帙亂叠，水濕破爛，零篇散葉，鼠嚙蟲穿，迥非阮文達公所云。《定香亭筆談》：余兩登此閣，地甚卑濕，而列匱書，乾燥無蠹蝕，大可異。范氏子見書而不能檢，余告之乃抽出，再檢再閱，范氏子挽余自抽，蓋目不知書者。余笑應曰："肯破例耶？"相與一笑。列厨分類，每類止數十本，然皆嘉靖前書，刻本無方體字。鈔本藍格緜紙，令人不忍釋手。囑鈔《宋刑統》、《正德江陰志》而出，聊慰生平素願,然所見殊不逮所聞矣。閏枝歸謂余曰:“再閲百年,遺書盡入蟲腹,天一閣其泯滅乎!”閏枝赴湖州本任,只鈔得《刑統》,而《江陰志》未來。癸丑,余避難僑滬,忽聞閣書大批出售,予友石銘,得宋刻《書經注疏》、《歐陽集》六十四卷本。又見明刻明鈔書五六百本及明登科録百十本。意其子孫居然肯賣。後知滬上奸商,浼賊往偷,迨知覺,已去大半。鳴官究治,止定獲到二賊罪名,書仍不能還閣,近日有司之新律也。閣書止存三分,又去其二,並不能待入之蟲腹。近日浙西陸氏皕宋樓、丁氏八千卷樓、姚氏咫進齋、朱氏結一廬,均已四散,并天一閣亦不能保存,可謂文運之厄矣。

天一閣書目,焦氏《經籍志》云:《四明范氏書目》二卷,范欽撰。此一目也。范友仲引黄太沖登樓,太沖取其流通未廣者鈔爲書目,冀以暇日分别鈔録。凡坊間易得者,時人之集,三式之書,皆不在列。友仲允之。而有志未逮,所鈔書目,轉爲好事流傳,徐健庵使其門生謄寫去者,不知凡幾。友仲之子左垣,乃并前所未列者,重定一目,求太沖爲記,此一目也。韓城王文端公視浙學,鄞屬呈一書目,計書五千有零,不分門類,不加詮次,絶少秘册,見《頤綵堂文集》。此一目也。阮文達公視浙學,命范氏後人編之成目,録十卷。嘉慶十三年,升巡撫,復來寧波,屬寧紹臺道陳觀察廷杰刻之。阮爲作序,即今通行書目,有文選樓木記者。惟以類編次,類中毫無次序,且有重復,秘本亦未標出,與阮序不相應。此一目也。宗太守、薛觀察亂後重編遺書,先立六例,編次得宜,斟酌盡善,前目所未著者補之,本書所善在何處亦著之,自是最善之本,蓋潦盡潭清,又再歷寒暑,三易草稿而後成之。此一目也。自今以後,書亡目存,亦與遂初堂、菉竹堂徒增後人之感慨矣。

琉璃廠書肆後記

益都李南澗大令《書肆記》,成於乾隆己丑。時四庫館開,文士雲集,四方書籍聚於輦下,爲國朝極盛之時。余同治丁卯，始上公車，誑廠[1]，李氏所舉數十家，久已不存。至光緒丙子通籍，供職京師。十九年甲午，與掌院徐中堂不合，投劾出都。己亥，購方柳橋書，留一月，未銷假。宣統庚戌，復應圖書館監督之徵，留京一年，而國變矣。四十餘年，暇輒與書估爲緣。綜計前後，爲《琉璃廠書肆後記》。

廠東門外，路北一鋪，曰文光樓，石氏。丙子年，頗有舊書，余專搜其單本，得百餘册，皆不經見之書也，價亦極廉。入門路南，文寶堂曹氏。路北，寶文齋，主人徐氏蒼厓，年六十餘。目録之學甚熟，猶及見徐星伯、苗仙麓、張碩舟、何子貞、子愚諸先生，時説軼事。藏舊志書最多，六世祖《定海縣志》、江陰蔡志、陳志，均購於是肆。韓心源，其徒也。路南，有善成堂饒氏，大文堂劉氏，皆江西人。再西，二酉堂，聚星堂，皆舊記之書肆。聚星不久即收二酉，或云即前明之老二酉，或云非是，襲其名耳，均未可知，然皆無舊書。再西，則寶華堂，修文堂，均張姓，均能鑒别良楛。再西，則翰文齋，主人韓心源，受徐蒼厓之傳，先得益都李南澗藏書，再得内城李勤伯藏書，琳琅滿目，自擺攤至開鋪，自小鋪拓廣厦，不過數年，已與至大之書鋪鼎立。余之宋元本，大半韓爲搜得，即《宋會要》，亦得之此肆，不幸早世。其子子源繼起，亦有能名。再西爲正文齋，譚氏。翰文之徒，庚子亂後最有名，藏不全宋本數十種，種留一帙不售，云將留之以教生徒，有心哉！不幸早歿，其徒劉能繼起，旋亦化去。路北，有寶名齋，主人李衷山，山西人，才具開展，結交權貴，爲御史李璠所糾，發配天津。漢陽葉氏藏書歸之，裝潢最佳。穆宗重裝天禄琳琅書，由内務府發該肆，舊面，護葉，予檢得不少，饒有古香。又西而南，沙土園口，有書業公所，書賈租屋，鱗集櫛比。前有勤有堂，楊氏維舟，頗識舊書，爲予購書極多。再西，路北則書業堂崔氏，山西人，門面極小，明刻《宰輔編年録》、《桯史》，《司馬元興志》原石拓本，得於此肆。再西，則肄雅堂，肆主丁子固，得崇雨舲之書，先爲湖南方柳橋收購舊籍，柳橋歿，又捆載其書來京售之，善

---

① 誑，當作“逛”，原文如此。

裝潢，與寶名同裝天禄琳琅者，焰張甚，後因官事受責，意氣熸矣。再西，爲廠橋之西，路南，則萃文堂常氏，文琳堂馬氏，益文堂魏氏。昔年常走河南，予得其舊鈔《書畫史會要》、元板《禮記集説》，均極精。再西，酉山堂李氏，會經堂劉氏，文貴堂魏氏。再西，則寶森堂，主人李雨亭，與徐蒼厓在廠肆爲前輩，曾得姚文僖公、王文簡公、韓小亭、李芝齡各家之書，所謂宋槧、元槧見而即識，蜀板、閩板到眼不欺，是陶五柳、錢聽默一流。嘗一日手《國策》與予閲曰："此宋板否?"余愛其古雅，而微嫌紙不舊。渠笑曰："此所謂捺印士禮居本也，黄刻每葉有鐫工名字，捺去之，未印入以惑人。通志堂《經典釋文》、《三禮圖》亦有如此者，裝潢索善價，以備配禮送大老，慎弗爲所惑也。"路北，有舊書李，時有零星善本。有文華堂，曾得彭文勤公之書。再西，路南有寶珍齋吴氏、寶經堂魏氏、同雅堂喬氏、同好堂閻氏，皆有舊書。再西，則廠西門，書肆盡矣。其中有縉紳鋪、刻板鐫碑鋪、骨董鋪、法帖鋪、裝潢書畫鋪、南紙鋪，三里長街，他鋪甚少，亦爲日下之盛事。城内隆福寺街，昔年有三槐堂王氏，同立堂喬氏，曾得介休楊氏書。聚珍堂先名天繪閣，劉氏。寶書堂，■氏。至廟會書攤，慈仁寺久已無之。後護國寺、隆福寺東西兩廟會，雖無古書，尚有小攤，今則並攤俱無。廠東門火神廟，正月三日起至十六日廟會，從前四大家，一寶森堂，一同立堂，一三槐堂，一善成堂，後各家均敗，止有零星小攤，無復牙籤錦贉，留人尋玩矣。舊友日日來廠者，朱子清、孫銓伯、黄再同、沈子培、子封、徐梧生。若盛伯希、王廉生，間或一至，來則高車駟馬，未及門而已知。至潘、翁諸老，則耑候廠友之自送，罕見閲肆。伯希辭官以後，探得打磨廠興隆店，外來書賈貨車萃焉，五更開市，各書陳列於地，論堆估值，廠友悉趨之。伯希時時襆被往宿，遂得宋本七十卷之《禮記注疏》、《杜詩黄鶴注》、舊鈔《儒學警悟》。余因伯希而往，亦得舊鈔《武溪集類編》、《長安志》。同日，子培得《馬天禖造像》原石拓本。後余又得宋本《范文正集》、元本《柳道傳集》、正統本《蘇平仲集》，價廉於廠肆，近無此事，店亦無矣。

附　　録

余辛亥出都，遁迹海上。憶昔太平盛世，士大夫之樂趣，有與世人異者，因作《琉璃廠書肆後記》，爲李南澗大令之繼。甲寅秋日，重作京華之行，時時閲廠，舊肆存者，寥寥晨星，有没世者，有閉歇者，有易主者，而繼起者亦甚衆，則《後記》已可與李記同作宣南掌故矣。因全録書鋪名目，以志今昔之感。

廠東門外路北，有文光樓石氏，舊鋪。入門路南，有宏遠堂趙氏，主人名聘卿，得正文齋譚氏殘餘，據爲奇貨。再西，有修文堂黄氏，曾有宋本《徐節孝集》三十卷，絶精，傳是樓舊藏也。又文寶堂曹氏，舊鋪。路北有晋華書局孔氏，爲譚正文之親串，亦時時有譚氏書售出。再西，有文益書局張氏。路南有有益堂丁氏。榮禄堂丁氏，松筠閣劉氏，槐蔭山房馬氏，二酉齋傅氏，舊鋪，寳華堂張氏，亦舊鋪。文盛堂劉氏，翰文齋韓氏。韓子源書甚多，兼售字畫。再西，則孔群社張氏，文友堂魏氏，書最多，余之明板《二妙集》五卷本、《説文篆韻補》，均於此肆得之。肄雅堂丁氏，舊鋪。再西，有直隸書局，曾有宋本《范忠宣集》二十卷、元本《滹南遺老集》四十五卷。廠橋以東之書肆，盡於此矣。越橋而西，路南有文琳堂馬氏，萃文齋常氏，均舊鋪。又有宏道堂程氏，來薰閣陳氏。路北有維古山房崔氏，路南有善成堂孫氏，會經堂，劉氏，均舊肆；文雅堂郭氏，保古齋殷氏。袁抱存之北宋本《北山録》，得於此肆。再西有同古堂張氏，本爲墨盒鋪，兼售舊書，得曲阜孔氏、濰縣郭氏兩家之書，舊槧精鈔，燦然盈架，袁抱存之真宋本白文《八經》，得於此。路北有修本堂岳氏。路南有會文堂劉氏，九經堂劉氏，鴻寳閣崔氏。再西路北有文英閣丁氏。路南有鑑古堂郭氏。余之《陳拾遺集》得於此。又有述古堂于氏。路北有玉生堂胡氏。路南有文焕堂趙氏。路北有敬業堂丁氏。橋西之肆，至此而止。再西出廠西門，同好堂，閻氏舊肆仍在焉。石印本，鉛字本，天然墨，觸目皆是。世風之變，日趨日下，不知所止矣。

張石銘造金剛經塔記

自佛法入中國以來，造像構塔，大都爲親祈福，以延壽而化災，孝子之用心百方經營，所以安吾親而已。吴興張君石銘之母氏桂太夫人，桂琴甫先生之長女。幼承庭訓，言動必於禮法。及歸張哲甫封翁，處境豐腴，而崇儉戒奢，數十年如一日。石銘幼孤，以母兼父，毓成偉材。恒以拯溺救貧爲急務，居恒茹素，潔治一室，手牟尼，危坐其中誦《金剛經》，寒暑無間。年臻七十，不令稱觴，以筵資助育嬰堂經費。又於南潯鎮之■■造衆安、界河二橋，以濟行人。爲善不求報，天亦報之以福壽康寧焉。石銘爰於家之適園，相度基址，建長生磚塔一座，而以唐拓柳誠懸書《金剛經》鈎摹勒石，藉申孺祝，用博慈歡。昔大雄氏所説《大般若經》六百卷，凡四處一十六會。此《金剛經》實當第二處，第九會，第五百七十七卷。姚秦鳩摩羅什始用華言譯出，而梁昭明太子復分爲三十二章。潘次耕云：《金剛》一經，絶相離名，透宗該教，灼然爲經中之王，文人學士固宜竭筆墨之能，莊嚴供養。柳誠懸書此經，備盡楷則，爲米海嶽所賞。賈似道得拓本，亦藏以自豪。《宣和書譜》有唐張欽元、釋曇林，宋王荆公、蘇東坡、黄魯直，元趙松雪，皆書之。今得燉煌石室唐拓本，翻以入石。仗佛力之庇蔭，欣慈算之綿延。留法海之巨觀，作藝林之墨寶，豈不偉哉！歲在强圉大淵獻小陽月，江陰繆荃孫記。

與張石銘劉翰怡書

承以刻書下問，謹分别以對。凡刻叢書，亦須定一宗旨。采書須全，删節者不録。須雅，平常者不録。習見之書，或得後定本、校補本，亦可刻。又宜以類相從，如經學宋派，只宋元鄉先輩罕見者可刻，明及國朝不宜刻。漢派，在兩經解外，均可刻。未成者不刻。一經類，《周易單疏》、《尚書單疏》，本朝刻《儀禮》汪刻、《爾雅》陸刻二種，餘無刻者。一史類，《朝野雜記》、《東都事略校記》兩種，《朱子同登録》、《文謝同年録》、元《元統題名録》、《洪武題名録》、《建文題名録》，此是一類，年譜是一類。《唐宣室志》荃孫精校、《燈下閑談》、《分類夷堅志》宋洪邁、《夷堅續志》金元好問、《湖海新聞》、《夷堅志》元無名，是一類。已㲉一年餘刊。刻書，先校底本是最要事，然有佳本方可校，不宜空校臆改。校又須舊刻舊鈔，方可據依，如《司空表聖集》，明單刻本未見，只可以席氏爲主，以《唐音統籤》輔校之。如《全唐文》、《全唐詩》、《全唐詩選》，不必攙校。凡官本書，空白填足，"胡"、"虜"，均改他字，萬不可據。定州王氏《畿輔叢書》《劉賓客集》，據《全唐文》改字，此書便不足重。《四庫》、聚珍本均有此弊，不如舊刻舊鈔者在此。即不全，有一卷校一卷，有二卷校二卷。所以舊有不全書，亦可收，又可鈔配成全璧也。

辦　書

一，先設一總滙所，同人約定幾日一茶叙，商酌要事。

一，刻字，須覓向來能任事之殷實鋪户，多雇寫手分寫，校定，分致刻匠。

一，滬上刻手不多，二君同舉盛業，必不敷用。《常州先哲遺書》，寧鄂分辦。丁氏《武陵掌故》，杭甬同刊。今宜分送湖北、江寧、蘇州三處，以便速成。

一，校對須添數位，粤東書局分校以葉計，每葉二分，一次百葉，不過二元，校不速不送，校不精亦不送。有事之人可以帶閲，比延定按月授修，較爲活動。須總匯處有人收入，送敝處一核，再送他位復校。

一，校需六次，兩人初校，覆校，改錯，改完總校辦畫一，揭籤發刻。刻成校亦同之，改好印清樣。

一，先請二君，將所藏欲刻之書，檢出多種，分至佳、其次兩單。至佳者先刻。其次，在可刻可不刻之間，後有佳者即换去。

一，珂鄉先輩之著述，如張秋水、施北研、温鐵華、沈子惇之著作，廣布爲是。於宋元鄉輩文集，尤宜搜求。雖有刻本，刻亦不妨。

一，守山閣刻書，在文瀾閣鈔校，見《張嘯山日記》。此時江南圖書館書最多，荃孫按目搜求，有應刻者，托人鈔寫。

一,書有數本,須擇至精者,每書必序原委,異同多者,撰校勘記。

與周湘舲書

昨示石翁欲辦金石,志在續德甫《萃編》,甚盛舉也。自來歐趙開山,只有目録,洪氏《隸釋》,始載全文。《中州》、《關中》,仍尋歐趙之例。德甫録全文,加考據,前人所記,同人所考,始集大成。自周至金,成書百六十卷,爲談金石者一大家。原書二百卷,書未刻成德甫没,遂截去元四十卷。荃孫見零稿。而後出之碑至多,欲續之者數家,孫淵如、嚴鐵橋首續之,止成《平津館金石萃編》二十四卷。稿本存留荃孫處兩年,缺一册未收,後歸沈仲復,葉紉蘭擬續之,見顧澗薲《思適齋集》。瞿木夫續之,成《古泉山館金石文字》一百二十卷,未刻,稿本已散。陸劭聞續之,止成四十卷,刊行。內有目無文者太多。方彦聞續之,止成四卷。陸星農太夫子續之,成一百二十卷。業已成書。荃孫通體讀兩過,並手鈔其目,未刊。今清本在江西巡警道署,失去,稿本在家,孫曾未必能刊。陸存齋所輯更不足道。荃孫從前亦思續之,後揣才力難繼,中止,所收拓本萬餘種,編目録十八卷,後收者又及二卷,蓋亦千種。石翁續《萃編》,須以二百卷爲限,荃孫之所藏及所得書,幸未散失,及今爲之,事易功倍。然此事非書目可比,釋文校字必得明白而年輕者三四人助理,方能編成草稿,至於修飾考據,逐漸成之。金石釋文最難,即各書所采,亦須核對一遍,校字形,形須照碑,不管破體。分行数,舊書均不畫行。碑小者數寸,大者數丈,伏地而視,升桌而書,非老年人所宜。又寫官兩人,校對一人,荃孫只可指揮一切,總其成耳。德甫《萃編》,延仁和朱朗齋、嘉興張石匏、嘉定錢同人共爲之也。必需一二間閑房,爲攤開釋文。又廿二省通志須備,羅列兩旁,一面釋一面查較便。再《山左金石志》,畢秋帆、阮文達同編,《寰宇訪碑録》,孫淵如、邢雨民同編。可否許荃孫與石翁聯銜,則從前未成各稿,一并彙入,夙志能償,分外踴躍。荃孫所得各書,另單呈閲,均藏篋中,搜羅多年，爲此一舉，至於潤筆自不計較。統望與石翁籌之。亦須書目竣後，再行創稿。

與顧鼎梅燮光書

鼎梅道兄：前在《文藝雜志》得讀手筆，先已傾倒。以爲新學横流之際，海内尚有同志，步歐趙之後塵者乎！昨承郵示河朔訪古四則，尤爲心佩，内金石目與隨筆，至精至善，第一則似可編入隨筆，第三則現未搜得者，可附目後，昔人謂之待訪。至舊書誤收、誤考，宜另立訂誤一目，未知尊意以爲何如。荃孫自廿一歲，有志金石之學，身自搜訪，手自捶拓，所歷之境，見《藝風金石目》自序，亦時見諸《語石》。常訪褒城之石門玉盆，山深月黑，夜不能歸，蜷宿巖下，與丐爲伍，明日出險，與友朋言，無不大笑，爾時不以爲苦，反以爲樂。迨處境稍裕，必攜拓工自隨，否則翻書開目，令工往拓。在京師得李雲從，在金陵得聶明山，雲從以往拓《好大王碑》出名，明山亦在安徽得石牛洞、浮山、齊山諸石刻。《語石》推爲北李南聶。皆荃孫所蓄之工人也。現無其人，荃孫亦無此豪興矣。昔年同志，如潘文勤師、梁杭雪、盛伯希、葉鞠常、門人王文敏，今只存一鞠常，新得一從游者吴印臣，然均不能如閣下身歷奇境、目驗全碑之詳碻也。在蜀，曾有《訪碑十二圖並記》。是時精神湛足，遠望造像碑形，可斷爲何代物，十能得其八九。今年逾七十，只可讀閣下書，權當臥游，亦屬大幸矣。

復顧鼎梅

鼎梅世仁兄閣下：奉讀環雲，藉知世好。丙子年侄得詞林者不乏人，如閣下之閎通淹雅，著作等身，真不易得也。昔在西安，得見《孟晋齋集》，柯遜老又示以毛君著作，家學師承，淵原有自，勇猛精進，當成文學一大家，拭目望之。金石日出，聞之欣慰，結習難忘，老猶如此，前所云云，不過爲元迺賢志所囿，訂誤統編，尊論極是。

孟縣等六志，止無武陟，按圖不如目驗之塙。昔年編目，止據原籖，未能詳悉，誤處太多，與兩《訪碑録》同，訂不勝訂。惟不收磚瓦、題名、造像，彙聚於最初刻之下，似略勝之。印本已完，現在寧寓，糾工續印，成書即寄。先呈敝集十三册，石印碑志十七種，不改尺寸，似勝宜都。另一分轉呈范觀察，回杭務望過舍下一談，炯齋在此。又廬江劉慧之藏拓本極多，均可接洽。荃孫所得，劉燕亭拓本居多，劉慧之得孫淵如拓本，又舊於劉矣。海内金石，除貴州外，安徽、江西獨少。荃孫在江寧，因《有不爲齋隨筆》，拓到潛山題名；因《瞿木夫年譜》，拓到太平府金石；因《齊山巖洞志》，拓到貴池金石。江西只得通天巖題名。今見大著隨筆，江西亦復不少，可見搜訪之不力，著述者不留意耳。《江蘇志》惜未成，寧鎮兩府，亦搜訪數十種，甫到常州，而革命起，遂無復重理者，可歎可歎。

致洛陽令曾辛盦

辛盦仁兄：家鄉咫尺，未晤盛顔，頃顧鼎梅世兄函知閣下政事餘閑，篤嗜古學，抱金石之學，處金石之窟，搜羅保護，不遺餘力。下風引領，曷禁神馳。荃孫年少時，亦復沈迷於此，蹤迹具《金石目》自叙中。南聶北李，皆昔年所招致者，今聶、李均逝，家人田福，亦復奄忽。荃孫志氣頹唐，只能購致，不敢云搜訪矣。近今地不愛寶，所出愈多，黄、畢二公所著，已成椎輪，姚、楊兩編更無足論。閣下能重撰否？珂鄉風雅之藪，罟里瞿氏之書，墨緣邵氏之畫，閣下之金石，可鼎足矣。金石目一部，乞哂存。近又得二千餘種，續目尚未成也。

再致辛盦

昨奉環書，并承贈吹萬樓石墨多種，名品精拓，虚谷、小松不得擅美於前矣。既感謝，亦艷羡。各石均歸筐篋，免致流入外洋，將來携以南歸，駕靈巖五志之上，《新通志》立“僑石”一門，專爲此也。

存古閣古物,亦仗地方官保存。士紳有可談者否?中州士多樸陋可慮。魏闕是曹魏,蘇氏何人,有考據否?蘇闕與趙闕競爽,二元亦與元演、元飈作耦。大覺寺額,慕之多年。韓志見過,其夫人志,想近年出土也。君表兄京師熟人,《常昭金石》,亦曾賜讀,南中得一唐碑已屬不易。珂鄉三幢,敝處止一開元幢。建炎、紹興建軍兩牒,一宋志,皆荃孫搜得者。昔人著録,宋元八九種耳。弟在京,亦得兩唐記拓本,尋出即寄政。

郎晦之事蹟考

《注陸宣公奏議》、《經進東坡文集事略》,俱宋郎煜撰。阮文達公進呈《奏議》,云郎氏事迹無所考。《文集事略》見張金吾《藏書志》。按郎煜,字晦之,杭之鹽官人。早學於張氏九成,後學於于氏恕,以儒學知名。嘗編《横浦語録》十二卷。其間《論語奥義》,讀者疑焉。蓋横浦自有《論語解》,亦何假此發明奥義?人以問晦之,晦之曰:"此非公之文也,語録亦有附會者。"工部侍郎郎簡致仕,名德赫然,人問晦之曰:"杭無他郎,當與侍郎同一譜。"晦之曰:"我家白屋,豈可妄攀華胄。"識者韙之。淳熙十四年,特奏名得官,奏進《注三蘇文》及《陸宣公奏議》,未任而卒。今署銜迪功郎、紹興府嵊縣主簿,即其所終之官。而《剡録》無姓名,蓋得官而未任者。阮文達公撰提要,不知其事迹,故檢《臨安志》、《清波雜志》,别志記之。書名《注陸宣公奏議》,與《注東坡先生詩》同例。郎進書表末云紹興二年,而表中稱至尊壽皇聖皇帝,乃在光宗受禪之後,紹興當作紹熙。表文有發揮於元祐、淳熙之盛,則紹興信訛矣。初見半葉九行,行十八字本,歸安姚彦侍藏。又見半葉十二行本,歸安陸存齋藏。并有明翻刻本。《文集事略》,《季滄葦書目》止得二十八卷,後歸張月霄。後吴興張石銘得一本,自卷一至四十,不全同,而又非月霄本。沔陽田復侯,在日本得島田舊藏六十卷,完善無缺。復侯在鄂,交陶子麟影刻,革命驟起,分寫、分校諸友各自亂竄,書遂遺失不全,真天壤間恨事。

國史儒林文苑兩傳始末

乾隆三十年九月十五日，敕修國史。上諭內有曰："且如儒林，亦史傳之所必及，果其經明行修，雖韋布不遺，又豈可拘於品位，使近日如顧棟高輩，終於淹没無聞耶？諸臣其悉心參考，按次編纂，以備一代信史。"至嘉慶庚午，阮文達公由浙撫降編修，充國史館總纂，創儒林、文苑兩傳，總裁以官書無證尼之[①]，文達答以私家傳志、本書叙例即其證也，而以全謝山文內集句成篇爲法，總裁允之，奏明開辦。阮引高宗上諭，以顧棟高冠首，成《儒林傳》四十四篇，附傳五十餘人。未及進呈，壬申八月，署漕運總督，將稿本交館，《文苑傳》未撰。後顧南雅蒓爲提調，始進呈，當在嘉慶末年。按嘉慶十七年，簡雲南學政，二十一年回京。據稿立傳，改顧炎武傳居首。總裁戴文端公進呈時，出毛奇齡於文苑，去沈國模、談泰、桂馥、錢澄之、方中通、朱鶴齡、臧庸、閻循觀、汪紱、金榜、王鳴盛、丁杰、任大椿、孔廣森、張惠言、孔興燮等十七人。文達不以爲然，而載被删諸人入《揅經堂文續集》。各人均載表字，各書均注出處。跋言官書不入、私集不取之稿，不妨收之。《合肥學舍札記》云：雲臺先生左遷編修，充國史總纂，爲張皋文惠言作傳，入儒林。後出撫江西，有某尚書者，以皋文所著書，顯倍朱注，去之。一時士論大爲不平，争欲偕皋文弟宛鄰琦徧詣諸史官争之，宛鄰不肯，曰："先兄宜入儒林與否，將來自有定論，若如此求人，即與奔競何異？非先兄意也。"道光甲辰，方俊、蔡宗茂爲提調，另行删并，去表字、出處，復收朱鶴齡、閻循觀、汪紱三人，即坊間所刻四傳是也。光緒庚辰，總裁欲續修兩傳，廖穀似壽豐爲提調，特派李苾園端棻、汪柳門鳴鑾、陳伯潛寶琛、惲次遠彦彬四人主修，後穀似外簡，諸公均出差，荃孫甫到館，蒙總裁寶文靖公奏，與譚叔裕宗浚合辦四傳。儒林、文苑、孝友、隱逸。乙酉，叔裕外簡，荃孫獨任其事，首尾四年，以講學者爲上卷，注經者爲下卷，以嚴衍爲明人去之，薛鳳

---

① 尼，當作"戹"，原文如此。

祚諸人入疇人傳,各督撫奏請者,有可入有不可入者,分别注於下,總裁允進呈時,夾片更正。後徐中堂爲總裁,交紀大奎入《儒林傳》,荃孫分辨紀氏之易是《參同契》類,爲道家之易,非經學家之易,徐相國不學,不能分别是非,忌者又從而擠之,遂至積不相能,而荃孫亦奉諱回籍。瀕行,四傳稿均成交館,徐中堂不辦進呈,初稿留篋中,本欲刊入私集,費重而止。光緒癸卯,王文勤公爲總裁,惲孟禄毓嘉、余子厚堃爲提調,又據荃孫舊稿重辦,添入路德、劉沅、蔡壽祺諸人,雜糅更不可言狀。今史館仍交理董,即取舊稿增删,志在明一代學術之源流,而無所偏倚於其間也。

常州先哲遺書正續集緣起

光緒壬辰,荃孫供職詞垣,時同鄉屠敬三刻《常州駢體》,風行一時。汪子淵自天津來,云盛公欲刻《常州文存》,以敵駢體。時伯温、屺懷、寶箴、寶梁集議,均以爲與其選文,何如刻書,遂有《常州先哲遺書》之舉。屺懷、子淵函達盛公,公來函自任刻資,令荃孫任搜輯并校勘。時荃孫乞假赴鄂,選匠,徵書,先搜舊篋,無者借之友人,寫之浙中文瀾閣,至丁酉成書四十種、六十四册而止,此初編也。後十年丁未,盛公爲海豐吴侍郎仲懌慫恿再刻,仍延荃孫搜輯校訂,擬分爲三集,共九十五種。不意辛亥九月,革命變起,盛竄身東瀛,荃孫亦走避滬瀆,友人工匠,風流星散。壬子,盛公自東瀛致函,就已刻者收束,只成此數,共訂一百有四册,乙卯冬日,始行印行。嘗聞之曹倦圃云:"古人竭一生心力,辛苦成書,大不易事。"渺渺千百歲崎嶇,兵攘劫奪,久之僅而獲免,可稱至幸。如遇賞者,綉梓通行,前人之書獲傳,己之名不亦附之以傳哉!然欲傳古人之書,當自鄉先輩始。夫前輩著述,府州縣志,連篇累牘,語其實在,百不一存。求幸存者爲之刊播,尤當擇足本,校勘不苟。至若近人著述,泰斗共瞻,流風餘韻,未盡澌滅。蛛絲馬迹,搜獲遺編。見知聞知,八求四當。當傳其書,即傳其人。萃前輩之精神,爲後人之模範。使文學之鄉,處處能傳其先哲,豈不大快!亦有過於珍弆,錮篋鑿楹。人有求者,堅稱無有。寧飽於蟲鼠,或投諸水火,不使流傳。倦圃所謂"非與前人有深仇宿怨,不至於此",何其語之沈痛哉!然辛亥之難,所發各書,有全失者,有缺失一二册者,約三四種。有校勘已就者,有寫未及半者,約五六種。變出意外,保護無從,方知前人珍弆,不令人窺,不得謂之失策。如明蔣一葵之《堯山堂外紀》,夏樹芳之《消暍集》,國朝趙懷玉之《亦有生齋集》,卷帙既重,後嗣亦頗不振,恐難再付剞劂,是亦作者不幸。舊目尚存,爰記緣起。今盛公老病,予亦衰頽,然同鄉諸君,好古而有力者,尚不乏人,賡而續之,尤拭目而望焉。

常州先哲遺書第一集　梁至元

經類:

《詩傳旁通》十五卷。元梁益。江陰。文瀾閣傳鈔本。

《三續千文注》一卷。宋葛剛正。江陰。海源閣影宋刻本。

史類:

《吴中水利書》一卷。宋單鍔。宜興。《守山閣》本。

《遂初堂書目》一卷。宋尤袤。無錫。《説郛》本。

子類:

《五行大義》五卷。隋蕭吉。武進。《佚存叢書》本。

《宜齋野乘》一卷。宋吴枋。江陰。舊鈔本。

《梁溪漫志》十卷。宋費衮。無錫。影宋鈔本。

《萬柳溪邊舊話》一卷。元尤玘。無錫。舊鈔本。

《對牀夜語》一卷。宋范晞文。靖江。舊鈔本。

集類:

《昭明太子集》五卷。梁蕭統。武進。影宋鈔本。

《文選注考異》一卷。宋尤袤。無錫。影宋鈔本。

《蕭茂挺文集》一卷。唐蕭穎士。武進。舊鈔本。

《文恭集》四十卷。宋胡宿。武進。聚珍板擺印《大典》本。

《春卿遺稿》一卷。宋蔣堂。宜興。天啓刊本。

《摛文堂集》十五卷。宋慕容彦逢。宜興。文瀾閣傳鈔《大典》本。

《毗陵集》十六卷。宋張守。武進。聚珍板擺印《大典》本。

《鴻慶居士集》四十二卷，補遺二十卷。宋孫覿。武進。借書園校鈔影宋本。

《內簡尺牘編注》十卷。李祖堯注。蔡焕補注。無錫。乾隆刻本。

《丹陽集》二十四卷。宋葛勝仲。江陰。文瀾閣傳鈔《大典》本。

《梁溪遺集》二卷。宋尤袤。無錫。道光刻本。

《歸愚集》十卷。宋葛立方。江陰。丹鉛精舍校鈔影宋本。

附《信齋詞》一卷。宋葛郯。《名家詞》本。

《定齋集》二十卷。宋蔡戡。武進。文瀾閣傳鈔《大典》本。

《墻東類稿》二十卷。元陸文圭。江陰。世德堂校刻《大典》本。

《清閟閣集》十二卷。元倪瓚。無錫。城書室刻本。

《龜巢集》二十卷。元謝應芳。武進。鈔足本。

《韻語陽秋》二十卷。宋葛立方。江陰。正德刻本。

共二十七種。

第二集　明

經類：

《象像管見》五卷。明錢一本。武進。萬曆刻本。

史類：

《皇朝名臣琬琰集》二十二卷後集二十卷，續集八卷明徐紘。武進。嘉靖刻本。

《恩恤諸公志略》一本。明孫慎行。武進。《海甸野史》本。

《長安客話》八卷。明蔣一葵。武進。明刻本。

《荆溪外記》二十四卷。明沈津。宜興。嘉靖刻本。

《天山年譜》一卷。明鄭鄤。武進。崇禎刻本。

《得月樓書目》一卷。明李如一。江陰。士禮居鈔本。

子類：

《景仰撮書》一卷。明王達。無錫。影鈔本。

《困思鈔》三卷。明孫慎行。武進。傳鈔本。

《韻石齋筆談》二卷。明姜紹書。武進。活字本。

《陽羨茗壺系》一卷。明周高起。江陰。《粟香室》本。

《茶苑》二十卷。明黄履道。武進。精鈔本。

《戒庵漫筆》八卷。明李詡。江陰。《藏説小萃》本。
《堯山堂外紀》一百卷。明蔣堯臣。武進。明刻本。未刻。
《延州筆記》四卷。明唐覲。江陰。嘉靖刻本。未刻。
《灼薪劇談》二卷。明朱承爵。江陰。嘉靖刻本。未刻。
《公餘日録》一卷。明湯沐。江陰。《藏説小萃》本。未刻。
《宦游紀聞》一卷。明張誼。江陰。同上。未刻。
《暖姝由筆》三卷。明徐充。江陰。同上。未刻。

集類：

《容春堂》前集二十卷後集十四卷續集十八卷别集九卷。明邵寶。無錫。慎獨齋刻本。未刻。
《方山文録》二十二卷。明薛應旂。武進。嘉靖鈔本。
《吴文肅公摘稿》四卷。明吴儼。宜興。鈔文瀾閣本。未刻。
《荆川集》十八卷。明唐順之。武進。康熙刻本。
《水南集》十卷。明張衮。江陰。嘉靖刻本。
《賜餘堂集》十四卷。明吴中行。武進。萬曆刻本。
《小辨齋偶存》八卷。明顧允成。無錫。萬曆刻本。
《雙溪集》八卷。明杭淮。宜興。傳鈔文瀾閣本。未刻。
《消暍集》二十二卷。明夏樹芳。江陰。稿本。未刻。
《從野堂集》八卷。明繆昌期。江陰。崇禎刻本。
《落落齋集》十卷。明李應昇。江陰。崇禎刻本。
《金忠潔公文集》二卷。明金鉉。武進。傳鈔本。
《薛堆山先生前集鈔》一卷。明薛寀。武進。輩學齋校鈔本。
《存餘堂詩話》一本。明朱承爵。江陰。《藏説小萃》本。
共三十三種。

第三集　國朝

經類：

《左傳集解》三十卷。孫星衍。陽湖。稿本。未刻。
《毛詩日箋》十卷。秦松齡。無錫。康熙刻本。
《説文諧聲譜》二十卷。張惠言。武進。稿本。未刻。

史類：

《三朝野記》十卷。李遜之。江陰。舊鈔足本。

《東林列傳》二十四卷。陳鼎。江陰。康熙刻本。未刻

《留溪外傳》十八卷。陳鼎。江陰。康熙刻本。

《雜諍》五卷。楊名寧。江陰。舊鈔本。

《求是齋金石録》八卷。丁紹基。武進。稿本。

子類：

《陳定生遺書》三卷。陳貞慧。宜興。康熙刻本。

《暨陽答問》四卷。蔣彤。武進。活字本。

《炙硯瑣談》三卷。湯大奎。武進。亦有生齋刻本。

《午風堂叢談》四卷。鄒一桂。無錫。嘉慶刻本。

《飲渌軒隨筆》二卷。伍宇澄。武進。伍氏叢書本。

《初月樓論書隨筆》。吴仲倫。宜興。別下齋刻本。

《學古文緒論》。吴仲倫。

《教經堂談藪》六卷。徐書受。武進。嘉慶刻本。

集類：

《學文堂集》二十二卷。陳玉璂。宜興。康熙刻本。

《青門集》三十卷。邵長蘅。武進。增編本。

《正誼堂集》二十三卷。董以寧。武進。康熙刻本。

《微泉閣集》二十卷。董文驥。武進。康熙刻本。

《清芬樓文集》二卷。任啓運。宜興。乾隆刻本。

《亦有生齋文集》五十卷續集八卷。趙懷玉。武進。道光刻本。未刻。

《重編孫淵如文集》二十卷。荃孫。稿本。未刻。

《拜經文集》二卷。臧庸。武進。刻本。未刻。

《丹棱堂文集》四卷。蔣彤。武進。活字本。

《止庵遺集》四卷。周濟。荆溪。鈔本。

《宛鄰文》六卷。張琦。宜興。《宛鄰叢書》刻本。

《端虚勉一居集》二卷。張成孫。武進。輩學齋刻本。

《齊物論齋集》六卷。董士錫。武進。道光刻本。未刻。

《賴古堂文集》八卷。湯□□。武進。宛鄰叢書本。未刻。

《吴山子文鈔》一卷。吴育。武進。未刻。

《文翼》三卷。吴鋋。武進。未刻。

共三十二種。

卷　四

跋

春秋經傳集解跋

《春秋經傳集解》三十卷，每半葉八行，行十六字，小字二十六。高七寸九分，廣四寸四分。白口，雙邊，口上曰“秋幾”，在上魚尾之下葉數上有一■。每卷後有經傳若干字，注若干字，總若干字，三行。按，《春秋經傳集解》宋本最多，皕宋樓藏宋大字本行合，小字數不合，相臺本行合，字數亦不合。餘皆十行本。首有《春秋總要》，爲他書所無，字方若碑，墨黑如漆，尤爲宋本之至佳者。有“乾學”朱文小方印，“徐健庵”白文小方印。

宋板元印宋書跋

《宋書》一百卷，次行題“沈約新撰”。小題在上，大題在下，每葉十八行，每行十七字。高七寸二分，廣六寸二分。白口，單邊，版心有字數及刻工姓名。紹興眉山刻“七史”之一。有元補，無明補。宋刻方整，元刻流麗，紙墨俱古，卷三十四，三十三葉有“至元十年杭州不弼刊”。“不”即“錢”字，前人未舉出。有“元禮部官書”長印，“季滄葦”印，即季氏書目所著録者，爲明文淵閣舊物，陸存齋所見即此書，詆爲傖父者，即蔣香笙太守。由蔣入費，今歸吴興嘉業堂劉氏矣。頃借出詳校，方知是元代印本，缺紀卷六至十、志卷四、傳卷三十五至六十，共缺三分之一，以嘉靖補版配，亦係補版時印本,脱落尚少,字畫清朗,與後印不同。存齋以爲無一修板者,未睹全書也。陸考穆云是鄭穆,又云當有穆序,惟晁公武不能辨爲穆校,恐紹興重刻時序已缺矣。陸説爲確。至云約書例稱魏爲虜,列傳第六《張暢傳》多稱魏主,與《南史》例同,而文不同,鄭穆疑非約書。愚謂暢傳多與魏臣李孝伯問答之辭,非史臣之辭,故言必稱魏主,史從實書,不能改而稱虜,未必非約原書。穆説非是。按此書稱高祖,而此篇趙倫之、王仲德兩傳,每稱武帝,暢傳大書魏主拓拔燾南征,非問答之辭,恐非約書。鄭穆之言未可謂非。七史無宋印,所見止傅沅叔藏《南齊書》與此同,亦有禮部官書印,所出同也。今以紀傳志互校,及《晋書》、《南齊書》、《通鑒》定沈氏之誤,又取南監本、汲古本、殿本考證、錢氏考異定校刻之誤。宋本是者固多,誤者亦復不少,南監、汲古源出此本,殿本據北監本,與南監本不同。校竟,又得合州張石卿森楷校勘記六卷。苦心績學之士,剌取獨見者增入。獨所據書少,頗多辭費耳。

按《少帝紀》,各本俱無贊,辛楣先生遂疑非約本書。此本缺第四葉,然第五葉存"則創業之君,自天所啓,守文之主,其難矣哉"十七字,的是《少帝紀》贊語,前人均未見過。

唐書藝文志跋

《唐書藝文志》四卷,宋十行十九字本。從南宋閩中魏氏刻唐書抽出。高六寸五分,廣四寸三分。黑綫口,單邊。無大小字及刻工姓名。而字畫之勁,紙墨之精,並無補葉,在宋本中亦屬甲等。宋諱桓、郎、玄、殷、廓、貞、禎、徵、讓、慎、胤、勖、構、敬、惇、敦作字不成,是理宗時刻本。廬陵改《舊唐書》經籍爲藝文,經部增一百十七家三千三百六十卷,史部增三百五十八家,一萬二千三百二十七卷,子部增五百一家五千六百一十五卷,集部增四百八家五千八百二十五卷,然編次雜糅,不如《舊書》。自《漢·藝文志》,原本《七略》,最有條理,次《隋·經籍》,已不能如《漢書》之整齊,次《舊唐·經籍》,亦有可觀。廬陵搜羅尚廣,編次甚亂,後人無所適從,不能爲廬陵諱。且有舛錯，如易類"何安講疏"，疑是"何妥"。"《周易正義》，國子祭酒孔颖達、顔師古等奉詔撰"，"詔"當作"敕"。僞史類"蕭方等《三十國春秋》"，無"等"字。"《母丘儉記》"，"母"當作"毌"。"綦母邃《列女傳》"，"綦母"當作"毌"。法家類"高頻等《隋律》"，"頻"當作"熲"。"毌煚《古今書録》四十卷"，"毌"當作"母"。"《開元後格》十卷，吏部侍郎兼侍中朱琛"，"琛"當作"璟"。醫類，"楊氏《産乳集驗方》三卷，注揚歸厚"，"揚"當作"楊"。"《鄭汪藥方》一卷"，"汪"當作"注"。總集類"顔峻《婦人集》"，"峻"當作"竣"。又有重複，如小學類，蔡邕《今字石經論語》二卷，一類兩見。正史類，李喜《漢書辨惑》三十卷，《舊志》作李善，一類兩見。僞史類，劉昞《燉煌實録》十卷，又見雜傳記類。雜史類，虞溥《江表傳》五卷，又見雜傳記類。故事類，葛洪《西京雜記》二卷，又見地理類。雜傳記類，圈稱《陳留風俗傳》三卷，又見地理類。唐臨《冥搜記》二卷，又見小説類。此本亦略有訛字，序"給上谷三百三十六丸"，"丸"誤"九"，"兔千五百皮"，"兔"誤"免"。春秋類"高貴鄉公"誤"卿"。小學類，小注"二百四十卷"，"百"誤"千"。起居注類，《泰始起居注》，"泰"誤"秦"。職官類，《六典注》"余欽"，"欽"誤"叙"。傳記類，《三輔决録》，摯虞注，"摯"誤"埶"。張景宗注，冀州南宫人，"宫"誤"官"。姓氏類，《大唐皇室新譜》，"大"誤"太"。諸子類，《正書》，袁準撰，"袁"誤"表"。道家類，楊衒之《洛陽伽藍記》，"楊"誤"陽"。慧休《雜心玄章鈔疏》，注："瀛州人"，"瀛"誤"羸"。小説類，趙自勤《定命論》、《道書定命録》，注作"自勸"，殿本均作"自勤"。醫家類，《喻義纂療癰疽要訣》，"疽"誤"疸"，殿本作"疽"。江承宗注鳳翔節度要籍，"籍"誤"藉"。別集，庾肩吾，"肩"誤"扃"。《竇叔向集》，注："溧水令"，"溧"誤"漂"。道家類總一百三十四家，一百七十四部，下接《管子》，提行。法家類十五家，十五部，一百六十六部，下接鄧析，不提行。然佳處勝於南北監本、汲古本者甚多，讀者當自知之。

三國志補注跋

《三國志補注》六卷，國朝杭世駿撰。《四庫》著録。先生子賓仁舉《鴻詞所業》、《經進講義》、《經史質疑》、《史記考證》、《晋書補傳贊》、《諸史然疑》、《石經考異》、《榕城詩話合刻》，爲《道古堂外集》。印行甚少，購覓頗難。坊間所行外集七種，遺去《鴻詞所業》、《經進講義》、《經史質疑》、《史記考證》及補注，加以《兩漢蒙拾》、《文選課虚》、《續方言》三種。今《鴻詞所業》、《經進講義》散見文集。史證附刻武英殿本《史記》各卷之後。《質疑》刊入鮑氏叢書，惟此注少單行之本，爰付削氏，仍附《諸史然疑》一卷，以符《四庫》著録之舊，并恭載提要於卷首。然就提要摘出之條，略爲核對，如"王凌謝亭侯"一條，在《武帝紀》注，金陵本已改"陵樹"，而非文紀。"孔晏"又一條，金陵本無"晏"字。"陳泰"一條，金陵本改"州泰"。在三少帝紀，而非明紀。當云武紀之"王凌謝亭侯"一條，明紀之"年三十六"，三少帝紀之"孔晏"又一條，"陳泰"一條爲是。《華歆傳》，"嚴包交通"，"考證"改"嚴字文通"。《張遼傳》，"大呼是名"，汲古本作"自名"。《崔琰傳》，陳煒。此三條并無補注，或賓仁刊時有脱逸與。又引《魏氏春秋》、《魏略》等書，早已亡佚，所引不出《類聚》、《御覽》等書。注中不注出處，若親見是書者，亦是一病。故拈出以貽世之讀乙部書者。

唐史論斷跋

《唐史論斷》三卷，宋孫甫之翰編。之翰，陽翟人。《宋史》有傳。前自序，謂《唐舊書》煩冗遺略，多失體法，用編年之體，次序君臣之事，自康定元年修是書，至嘉祐元年勒成《唐紀》七十五卷，勸戒之切而意遠者，著論以明焉。論九十二首，觀者毋忽，不止唐之危安，當爲世鑒矣。《唐紀》不傳，僅存此論。蘇東坡《與李方叔》云："論褚遂良不譖劉洎，太子瑛之廢由張説，張巡之敗緣房琯，李光弼不當圖史思明，宣宗有小善而無人君大略，皆舊史所不及。”今讀其書，中宗廢居均州，當紀稱中宗，事述太后，開綱目之先聲。公言廢武氏以斥叛逆。景雲年譏不踰年而改元。李鄘辭平章事，耻因宦者而進，不能駕馭李德裕，以致不能保全。識均高於《通鑑》。温公之跋，亦深推之。紹興二十七年，南劍州州學教張敦頤刊於南劍州。端平乙未，東陽郡丞黄準刊於東陽。此本從東陽本影寫，論前摘書事甚詳，即之翰《唐紀》之文，頗與《唐書》相出入。《學津》、《粤雅》、《珠塵》，均刊論九十二首，不載書事，則此書爲最完。又黄準跋云見蜀本，《書録解題》亦云刻板劍州。按張敦頤跋後，有“校勘官，左奉議郎、充南劍州州學教張敦頤；詳定官，左朝奉郎、通判南劍州、主管學事王筠，左朝散郎、添差通判南劍州軍州、主管學事王以詠，右朝奉郎、知南劍州軍州、主管學事許興古”，是福建之南劍州，非四川之劍州，何得謂之蜀板？又考張敦頤，字養正，婺源人，紹興八年進士，由南劍州教授，歷官知舒、衡二州，著有《六朝事蹟編類》，收入《四庫全書》。養正一生未嘗至蜀，黄氏、陳氏何其不考之甚，殊不可解。此本卷上，末有“嘉靖癸卯十一月二十日，借毛武卿家大字宋刻本校正”一行。前有“毛晉私印”白文，“子晋”朱文、“希世之珍”兩朱文方印。後有“西河季子之印”朱文、“汲古閣”粗朱文兩方印。

諸葛武侯傳跋

《諸葛武侯傳》一卷，宋張栻撰。宋刊本。每半葉十行，行十七字。高六寸六分，廣五寸三分，白口，板心“武侯傳”三字。字畫精勁，裝潢古雅。蕘圃跋謂侍講初雕本，信然。此傳不載《南軒文集》，其闡發武侯生平，考證極確。述前後《出師表》，與今所傳，字句間有異同。其後跋云：“徵目文獻，不敢存疑。”則其所見，必有舊本足據矣。傳中玄、貞、匡、愼缺筆，而殷、敬、勖、桓、遘不避，避諱亦不畫一。前人圖書，有“京兆劉氏世家”朱文；“紹興旌忠哀節之家”朱文，分書碑式；“南坡”朱文，鼎式。此三方，皆宋元人印。“郁印頤培”白文、“誦芬”朱文兩連珠印;“停雲”朱文圓印;“文印徵明”白文,“徵仲”朱文兩連珠印;“文彭印”朱白文小方印;“三橋居士”朱文方印;“宋本”朱文腰圓印;“三十五峰園主人”朱文方印,“汪印文琛”白文方印,“民部尚書郎”朱文,“汪印士鍾”朱文兩方印。叠經名家收藏,真天壤間秘笈也。

注王荆公詩殘宋本跋

《注王荆公詩》,目録三卷,一、二、三、十五、十六、十七、十八、廿三、廿四、廿五、廿六、廿七、廿八、廿九、四十五、四十六、四十七,共十七卷,得全書三分之一。宋刊本。每半葉七行,每行十五字。大小字同。高六寸五分,廣四寸四分。白口,板心署“詩一”,魚尾上字數,魚尾下刻工姓名。據魏鶴山序,雁湖之門人李士美刻是書,在嘉定七年,則雁湖尚在。雁湖殁於嘉定十五年。又據《嚴悔庵文集》,見第五十卷,嘉定甲申胡衍跋,知是撫州補注在每卷末,又有庚寅增注,在每卷後另葉。修版亦有“庚寅换”三字。甲申,嘉定十七年,雁湖已殁。庚寅,則紹定之二年矣。卷後補注,有與庚寅補注犯複者。乾隆華山華氏得元刻,海鹽張宗松爲重開行世,失去魏文靖序並三十卷、五十卷之末葉。因《宋史·藝文志》失載,海内以爲奇書。近涉園後人,購得元刻五十卷,末葉尚在,欣喜之至。今與此本相校,方知宋元刻之不同。凡解詩意者均在,引書注釋詩者,或留或不留,如整篇文字即均無有。並有元有而宋無者,是元本另一本,非從宋本删節矣。昔嚴氏得卅四、卅五、卅六、卅七、卌八、卌九、五十,共七卷,又得廿七、廿八、卅五、卅六、卌五、卌七,共六卷,何夢華又索三卷去,合十一卷,爲全書五之一。内舊寫本三卷。卷端“晋府書畫之印”,後有“敬德堂圖書”,與此若合符節,是一部拆零。目録三卷,更爲元本所無,況元本有劉須溪評點,張注亦删去。翁覃谿、盧抱經、張芑堂所見、所藏,即此十七卷。嚴氏之十三卷,今不知在何所。

戴剡源集跋

元奉化戴帥初先生《剡源集》，明宋景濂爲司業時，定爲二十八卷，刻於洪武辛亥。嘉靖中，周儀求此本不可得，偶得全集之目，而搜求重輯，至隆慶壬申，勒成三十卷。萬曆辛巳，後裔戴洵刻之。道光庚子，郁氏重刻三十卷，并輯札記一卷，刻於宜稼堂。荃孫又得佚文十二篇，刻入《讀書記》，聞亦有逸詩，而求之未得。今春重刻《士禮居題跋》，王君息塵語我，洪幼琴藏鈔本一帙，後有蕘圃跋兩則。荃孫披題跋目，無有。幼琴已旋金陵，走取歸。逸文止十二篇，與予刻同，而逸詩七卷，可喜之至，惟訛字空白，無本對校。原書系何夢華鈔藏，而勞季言校過者，遂專鈔詩一本留之，而識其原本。婁季言舉易見字意易之，荃孫亦舉數字，俟再得佳本校之。

魏鶴山大全集跋

《魏鶴山大全集》一百九卷，宋魏了翁撰。宋刻本。每半葉十一行，行二十一字。高七寸三分，廣五寸五分。白口單邊。首行“重校鶴山先生大全文集卷幾”，或云“卷之幾”，或止數目，無卷之字。板口詩箋、表、議狀、札、督府奏陳等各類，作“詩幾”、“奏幾”。補刻作“大全集幾”。葉數每卷自爲起訖，只《周禮折衷》一百四、五兩卷。通計缺十八、十九、三十五、三十六、三十七、三十八、四十三、四十四、四十五、四十六、五十、五十一、五十二、五十三、七十五、七十六、七十七、一百零七、一百零八，共十九卷。爲海内孤本，黄蕘圃所藏、錢辛楣所跋，即此本也。有淳祐己酉吴淵序、吴潛後序，開慶改元游侶序。明嘉靖三年無錫安國活字印本，次行署“錫山安國重刊”一行，後有安國跋，知無錫縣暢華後序。又有嘉靖三十年邛州高翀本，卷一有“邛州知州吴鳳，郡後學王葵校正，學正李一陽、訓導周南編次”四行。《四庫》據高本著録，而外間所流傳者，止有安國本，安國本即出於此本。如卷一，缺首葉《游古白鶴山》、

《和薛秘書紱聞鵶韻》、《和虞永興剛簡滄江鶴再誕雛》三題，安本即從二葉《雅州胥園》起，所脱十九卷，并目亦不存。後印入全書，想又從他本補足。此書二十八、二十九并卷，七十二卷《魏府君純甫墓志銘》不完，九十卷策問十二葉系一百二卷之脱葉。原本亦有空格，有印本模糊字，爲後人誤改。安本即從其誤，是安本出於此本之的證。至一百另八卷，止六題，今書《安忠定行狀後跋》、《李夢庚韶卿》、《上梁綸漕使書》，在安本六十五。《何友諒墓志銘》，在八十七。只張令君焕《道夫墓銘》一文，《己未唱第後謝恩詩》、《己未擬進聞喜宴賜進士詩》二詩而已。"宵"作"霄"，"儻"作"黨"，"遷"作"遷"，"餘"作"余"，"萬"作"万"，"維"作"惟"，均别體。同治甲戌，吴勤惠公督蜀，出傳鈔安本命刊，因訛誤太多，止録其清朗者，刊文鈔四十卷。嗣聞宋本歸吾友孫問青，欲校未得，今由劉君翰怡借到，與王息塵兄對校，而志其緣起。癸丑五月十一日。

《鶴山集》舊有姑蘇、温溪兩刻，皆百卷。此本搜輯逸篇，并《周禮折衷》、《師友雅言》并刻之，故有《大全集》之名。《渠陽集》得之教授張鞏，《周禮折衷》得之提幹何璟，校此刻者，清幕朱景行、漢嘉楊起寅及璟三人，見後跋。

易林注再跋

宣統辛亥，荃孫在學部圖書館見宋本《易林注》半部，爲卷三、卷四、卷七、卷八、卷九、卷十、卷十三、卷十四，共八卷。校訛脱字句於仁和吴甘遯寫本上而跋之。是時，同事徐梧生言渠曾藏一十六卷鈔本，庚子之亂失去，殊爲可惜。歲在丁巳，忽見之友人蔣孟蘋所，毛鈔精絶，亟取甘遯鈔本，於京師補校之。首有易要序，後署"漢集小黄周易變卦筮"，次靈越五雲溪王俞序，後聖唐會昌景寅歲周正五日叙次焦林直日一篇，皆今本所無。王序見《經義考》。卷一乾之泰，"宜出驅馳，通利大道"，"利"，黄作"理"。之否，"戴日精光，驂駕六龍"，"戴"，黄作"載"，"精"，黄作"晶"。之蹇，"騎豨逐羊，不見所望。徑涉虎穴，亡羊失羔"，下有"一云亡羝失羊"，黄脱

六字。之解,"闇昧冥語,轉相註誤","轉相",黄作"相傳"。之中孚,"徵詣王庭,拜治水土","拜",黄作"并"。之既濟,"飢餓�稿,莫人震憐","震",黄作"莫"。坤之泰,"雷行相逐,無有攸息,戰於平陸,爲夷所覆,又云敝笱在梁,■逸不榮,漁父■苦,連空■乾",黄脱"又云"十八字。之無妄,"延頸遠望,眯爲目疾","頸",黄作"頭"。之坎,"齊東郭盧,嫁我洛都","齊東",黄作"東齊";"我",黄作"於"。之咸,"芳澤肥壤,農人豐敵","芳",黄作"膏"。之遯,"轉禍爲福,負危復立","負",黄作"傾"。之晋,"樛挐累累,締結難解。嫫母衙嫁,媒不得坐。自爲身禂,挐黄作潔",下有"衙當作衒",黄作"衒",無此四字。之姤,"孤獨特處,莫與爲旅。身日勞苦,使布五穀,陰陽順序。又云,伯虎仲熊,德又四布",黄脱"又云"以下十字。屯之訟,"泥涬汙辱,棄捐溝瀆。爲衆笑哭,然不顯録"。"涬",黄作"津";"爲衆",黄作"所共";"然",黄作"終"。之小畜,"摇心失望,不見所歡","摇",黄作"淫"。之豫,"重茵厚席,特皋探霍。雖躓不懼。反復其宅。猿墮高木,不踒手足。還歸其室,保我金玉",黄脱"猿墮"以下十六字。之明夷,"蠆室蜂户,螫我手足,不可進取,爲身害速","一云蠆螫我足,蜂螫我手",黄脱"一"字以下十字。之益,"水載舟船,無根以浮。往來濟濟,心勞且憂","舟船",黄作"船舟"。"濟濟",黄作"溶溶"。蒙之坤,"天之所有,禍不過家,一云,左輔右弼,金玉滿堂。常盈不亡,富如敖倉",黄無"一云"二字。之無妄,"織錦未成,緯畫無名","錦",黄作"金"。之旅,"重驛關牢,求解己憂","重驛",黄作"譯重"。之中孚,"草凋被霜,花葉不長。非時爲落,家受其殃","草",黄作"早","落",黄作"災"。卷二,需之剥,"東郭棠姜,崔氏破亡","棠",黄作"堂"。之大畜,"龙降庭堅,爲陶叔後","龙",黄作"龍"。之恒,"蝙蠼生子,深目墨醜","蠼",黄作"螺"。訟之比,"水流趨下,欲至東海。求我所有,買魴與鯉。足關路止",黄脱下四字。之謙,"蟠木折枝,與母别離","蟠",黄作"播"。之遯,"疾貧望幸,使伯行販,關牢擇言,多得大牂","一云,疾貧望幸,賈販市井",黄脱一云十字。之鼎,"虎聚摩牙,以待豚豬。往必傷亡,宜利止居","一云,虎厲其牙,以待犬

豬。往必傷殘，摧敗無餘。利以止居”，黄脱“一云”以下二十二字。師之謙，“穿胸狗邦，僵離旁美”，下有“一本作旁春”，黄脱“一本”五字。比之坤、屯，爻辭互易，屯，“殘類異路，心不相慕。牝牛牡猳，獨無室家”，“一本末句心不相下”，黄無“一本”八字。卷五，隨之乾，“鼻目易處，不知香臭。君迷於事，失於共居”，“一云，失其寵位”，黄脱“失於共居一云”六字。之夬，“青蛉如雲，城邑閉門”，黄“閉”作“閑”。卷六，賁之訟，“羊驚狼虎，悚耳群聚”，下有“一云，從風群聚”，黄脱“一云”六字。之復，“三年生狗，以戌爲母”，下有“一作，三馬生駒”，黄無“一作”六字。復之歸妹，“東行破車，遠反失家。天命訖終，無所禱凶”，黄失“作室”。之節，“簪短帶長，幽思窮苦。瘠蠡小瘦，以病疾降”，黄“短”作“跌”，“蠡”作“貌”。卷十一，損之姤，“重門擊柝，陵昧武守。雖驚不懼。一云，重門擊柝，介士守護。終有他道，雖驚不懼”，黄以“一云”爲爻辭，無“重門”至“一云”十四字。之歸妹，“牧羊逐兔，使魚捕鼠。任非其人，廢日無功。一云，卒歲無功，不免辛苦”，“捕鼠”，黄作“相捕”，脱“廢日無功一云”六字。益之屯，“伯虎仲熊，德義淵閒，使敷五教，陰陽順序，行溢多悔，利無所得”，黄無後八字。之蒙，“飲酒醉酣，跳起争鬥，手足紛拏，伯傷仲僵。東家治喪，一云，伯仲俱損，因以治喪”，黄脱“一云”以下十字。卷十二，萃之晋，“安坐玉堂，聽東行觴。飲福萬歲。日受無疆。一云安坐北堂，終夕舉觴。福禄卒歲，日受無疆”，黄脱“一云”以下十八字。之井，“鳩杖扶老，衣食百口。增添壽考，凶惡不起。一云，鳩杖扶身，富及其鄰。子孫壽考，慶吊不親”，黄無“一云”以下十八字。之革，“霧露雪霜，日暗不明。陰孽爲疾，年穀大傷。一云，不見日月，霧臨霜雪。年穀不登，餱糧日絶”，黄無“一云”以下十八字。之渙，“祚加明德，與我周國。公劉文母，福流子孫。一云，祚周福魯”，黄無“一云”以下六字。困之未濟，“舉事不成，自取凶咎”，黄本小字。井之需，“大夫行父，無地不涉。爲吾相土，莫如韓樂。可以居止，長安富有。一云，游行諸國，莫若居韓。相土既沃，可以長安”，黄脱“一云”以下十八字。之師，“側弁醉客，重舌作凶，披髮夜行，迷亂相誤。亡失居止。一云，醉客酩酊，披髪夜行。迷亂失所，安識第邑”，黄脱“一云”以下十八字。之豫，“同氣異門，各别東西。南與凶遇，北傷其孫。一云，同氣異門，一東一西，兄弟受禍，子孫必凶”，黄脱“一云”以下十八字。之隨，“蜆見不祥，禍起我鄉。行人畏亡，使命不通。一云，行人畏懼，邑客逃藏”，黄脱“一云”以下十字。之賁，“神鳥五色，鳳凰爲主。集於五穀，使君得所。一云，國有禎祥，鳳凰來集。時稱太平，以後齊急”，黄脱“一云”以下十八字。之剥，“媒妁先明，雖期不得。齊女長子，亂其紀綱。一云，齊女長子，失其紀綱。雖有先媒，必竟不來”，黄脱“一云”以下十八字。之無妄，“少康興起，誅澆復祖。微滅復明，大禹享祀。一云，微滅却光，享祀大禹”，黄無“一云”以下十字。之離，“高飛不視，貪叨所在。臭腐爲患，自害躬身。一作竊位貪榮，内汙外清。時時暫過，日日禍生”，黄刻“一作”以下皆小字。卷十五，節之大過，“鳥飛無羽，雞鬬折距。徒自長嗟，誰肯爲侶。一云，不順其德，自爲凶咎”，黄脱“一云”以下十字。卷十六中孚之需，“折若蔽日，父旅相逐，失旅亡民，不見衛國”，黄刻弟二句作“不見稚叔”，弟四句作“遠去家室”。小過之剥，“車頓馬疲”，黄“頓”作“傾”。既濟之節，“應門内萌”，黄“萌”作“崩”。毛鈔極佳，蓋即徐藏本輾轉流至江南者。昔見其半已云大幸，何幸竟校其全耶！

罪惟録跋

海寧查東山曾著《明書》百二十卷，後改左尹，字非人，書亦改名《罪惟録》，爲全謝山、吴兔牀所未見。乙卯五月，忽有携全部來求售，訂百册。紀志傳三類，崇禎曰《毅宗烈皇帝紀》，弘光曰《安宗簡皇帝紀》。次以魯監國、唐王、桂王，均書曰附志。一天文，二五行，三冠服，四藝文，專録敕撰書及賜碑。五輿圖，六禮，七樂，八土田，九貢賦，十屯田，十一河渠，十二班爵，十三陵志，十四科舉，十五直閣，十六銓部，十七典牧，十八茶法，十九錦衣，二十學校，二十一職官，二十二外戚，缺。二十三將帥，二十四鹽法，二十五曆數，二十六封爵,二十七屬夷。據年譜,有志三十,此所無者,曆志、漕志、兵志、刑志、宗藩志、經筵志、錢法志、九邊志,此有譜無者,銓部志、外戚志。傳一皇祖禰列傳,二皇后傳,三太子傳,四諸王列傳,五翼運王國列傳,徐壽輝等。六逸運外臣傳,蔡伯顔等。七啓運諸臣傳,功臣。八抗運諸臣傳,靖難。九理學諸臣傳,十經濟諸臣傳,十一荒節諸臣傳,三楊諸臣,皆建文朝臣,降永樂者。十二致命諸臣傳,十三諫議諸臣傳,十四諷諭諸臣傳,十五清介諸臣傳,十六乘時諸臣傳,十七循謹諸臣傳,十八文史諸臣傳,十九武略諸臣傳,二十播匿諸臣傳,二十一隱逸傳,二十二俠烈傳,二十三獨行傳,二十四庸誤諸臣傳,二十五方外,二十六藝術,二十七回誤,兩傳三人,張沈論之曰悔,高明天淵李徵臣論之曰傲。二十八閨懿,分子目,二十九官寺,三十奸壬諸臣傳,三十一叛逆,三十二西蕃,三十三蠻苗,三十四勝國列傳,三十五外國,分三十五類。另有列朝帝紀逸篇、列朝逸傳,均紀傳删餘也。東山卒於康熙十四年,故於鄭氏未睹其終,東山身預莊氏史禍,復能自著此書,可謂有心人哉!戴名世止以書中書弘光、隆武、永曆年號,遂罹殺身之禍,此書爲弘光作紀,大書安宗簡皇帝,又附魯、唐、桂三王於紀後,論其罪當過於戴名世,而雍乾書禁嚴時,亦未投諸水火,發現於二百年之後,可謂大幸。每篇改錯,均屬親筆,或自寫半葉,論大半自書,首序及志序亦自書。然於本朝未入關前,稱之曰東師,入關後,稱之曰北師,未加以胡虜之名,亦無醜詆,想亦懲於莊氏之禍與。然列傳分門别類,蹈馬令《南唐書》之失,又喜説乩夢,談徵應,惟恐不奇,覺有俶詭之氣,似非史氏之正宗也。以齊黄屬庸誤,是已以張彩與楊一清并論,且有譽辭,阮大鋮亦不入奸壬,實所不解。至以東林爲有心傾新建,而慧不敵新建,致改理學爲門户。論云"以吾爲君子,以吾等爲君子,必以扶奉吾等爲君子,而外此皆小人"云云,則亦是亦不是已。

《拜經樓藏書題跋記》云,萬季野先生所撰史稿,方望溪侍郎以爲四百六十卷。諸志未成,全謝山庶常以爲五百卷。今此僅列列傳二百六十七卷,雖似未全,蓋華亭開雕時,亦尚有删并也。周松靄大令云,此即查東山之《罪惟録》,故有朱康流、張待軒傳,及海昌俞子久事。然余未見《罪惟録》,不敢懸斷,識之以俟知者。《海昌備志》即引此記,然則周松靄、吴兔牀、錢警石、管芷湘均未見此書者。

爝火録跋

《爝火録》三十二卷附録一卷,吾邑李天根撰。天根字大木,居鵝湖之浣香園,著有《雲墟小稿》一卷,《紫金環》、《白頭花燭》、《顛倒鴛鴦》三傳奇。其父介軒先生崧,有《介軒詩草》、《夕陽村詩草》、《浣香詞》。母薛素儀瓊,有《緑窗小草》、《絳雪詞》。一門風雅,高尚不仕。此書專紀弘光、隆武、紹武、永曆、魯監國五王事蹟,附臺灣鄭氏。用編年體,排日編纂,并冠例表於首,體例秩然。論略極爲公平,文亦暢達。惟以引用書目在前,而出處有注有不注,未知原撰如此耶,抑係鈔胥脱去耶?內有傳聞失實、得失参半者,亦有兩説并列、未能折衷者。然出於下邑儒生,亦足見其見聞之廣,編纂之勤矣。內李遜之撰《李忠毅年譜》,洪士銘撰《洪承疇行狀》,均不可見之書也。邑志,其人其書均未載入,大抵流傳不廣。今得見全書,亦云大幸。

慎子跋

《慎子》一卷,周慎到撰,一名滑釐,趙人。墨翟弟子,善用兵,與同門三百人,持墨器,守宋城,禦楚寇。齊宣王喜文學之士,與孟子、騶衍、淳于髡、田駢、接予、環淵之徒,皆賜列侯,爲上大夫。仕於楚,爲楚襄王傅,到用子良昭常景鯉策,東地復完。之魯,與孟子論用兵於齊,既而知其道之不行也,乃與其徒許犯、環淵、田繫之徒,退老於邯鄲之上,著書四十二篇。據《漢書》、《史記》,作十二論。《隋書》、《唐志》均十卷。子鈔《慎子》一卷。《崇文總目》二卷,三十七篇。《書録解題》則稱麻沙刻本五篇,愈傳愈少。《四庫》據明人刻本,只有五篇。嚴鐵橋據《群書治要》,有七篇,已多於明本。守山閣刻之，又輯零句四十二條附於後，亦以爲搜羅略備矣。今得明慎雲臺懋賞本，刻於萬曆戊寅，分內外二篇。內篇三十六條，外篇五十三條。嚴輯零句，有二十一條在內。雄深雅健，是法家言。與環淵、許犯、田鮤問答語。楚襄王、孟子、趙王、齊王問答語，均收之，至於字句，與他子書相似，則古書舊例，不足爲怪。惟無篇目耳。嚴鐵橋、張嘯山均未見此本，亦可謂驚人秘笈矣。

遜庵先生文録跋

武進惲仲昇先生，名日，初號遜庵，又號黍庵。崇禎癸酉副榜。與蘇州楊廷樞、錢禧等，共結文社，負盛名。游京師，謁山陰劉念臺總憲，執贄列門下，念臺告以慎獨，由是體驗一切。先生有用世才，邊事亟，應詔上守禦十三策，不報，浩然歸。兩京繼陷，避地閩廣，遁爲僧，名明曇。王師過閩，復起義師，圖恢復，兵敗，身僅免，一子死，二子虜。乃散衆歸里，杜門著書。論學重知仁，以格物爲先，而防檢精密，大旨不離慎獨。卒年七十八。著《見則堂語録》，完顏氏梓之。《不遺堂詩文集》，無傳本，族裔輯得五十六篇，編爲文録，梓之家塾。嗚呼！先生當末造，目擊滄桑，發爲文辭，慷慨激烈，有不期然而然者。然國雖亡，身雖隱，猶得與二三遺民，守證人之舊則，抱念臺之遺書，國亡而道不亡，以視今舉三綱五常而棄之，以效法外人，其痛哭又當何如也！壬子四月，江陰後學繆荃孫跋。

大學正蒙跋

武進惲皋聞先生，名鶴生，康熙戊子舉人，金壇學教諭。少師常熟錢湘靈，工詩古文詞。後晤謝野臣於秦中，道及博野顏氏爲學大旨，心善之。其後蠡令浦君聘，過蠡訪顏先生，則已殁矣。因交李氏恕谷，得徧觀顏先生遺書，自稱私淑弟子，因盡棄其學而學焉。力任豐道其言，省躬改過，修德習藝之功甚密，日以顏李之學告南方學人。晚歸常州，爲一鄉祭酒，故家子弟多從之游。其後常州問學之盛,爲天下首,溯其端緒,蓋自皋聞云。威縣劉調贊糾同志,立習齋學舍於博野,顔曰"道傳祠",而以皋聞像配之西堂,東堂則恕谷也。《大學》一篇,出於《戴記》,宋儒意爲移易增補,焉能盡如人意。先生各還其舊而疏通之,歷舉前人,復之古本而證明之。鄭君好改字,前儒夙有異議,况更易之甚乎?是編一出,足當論定。壬子四月江陰後學繆荃孫跋。

夢溪筆談跋代

《夢溪筆談》二十六卷,宋沈括存中撰,錢塘人。嘉祐八年進士,熙寧中,官至翰林學士,龍圖閣待制。坐議城永樂事,謫均州團練副使。後復光禄寺少卿,分司南京,卜居潤州以終。夢溪,即其晚歲所居地也。事迹附載《宋史·沈遘傳》中。是書分十七門,曰故事,曰辨證,曰樂律,曰象數,曰人事,曰官政,曰權智,曰藝文,曰書畫,曰技藝,曰器用,曰神奇,曰異事,曰謬誤,曰譏謔,曰雜志,曰藥議,共二十六卷。首有存中自序連二目録,後有乾道二年湯修年跋。宋刻本。每半葉十二行,行十八字。高六寸六分,廣四寸八分。黑口單邊,口上署"筆談幾"。每條首行頂格,次行低二格。語涉宋帝皆空格而不避宋諱。爲彭文勤公藏本。卷末有文勤公手書四行,定爲宋本。知聖道齋跋云:"此書的係宋本,避諱字皆合,上有朱書,乃近人校琴川毛氏刻本所注。墨書自署别號曰海岳。考閩福清人郭造卿,字建初,號海岳。爲戚繼光上客,著述極博。父萬程,户部主事。母盧氏。所載弘治九年,舉葬父母見冰花事極合。其人從事幕府,徧游九邊,故與定襄侯郭登相識,評者尚三百年以上,古香可挹也。"陸存齋收入書目者,與此行款同。亦以不避宋諱爲疑。孫淵如則以爲元本。《儀顧堂題跋》另收半葉十一行,而宋諱則謹避,然決是精本,高出馬、毛諸刻萬萬矣。歲在旃蒙單閼跋。

湘山野録跋

宋本《湘山野録》二卷，元人補鈔一卷，續録一卷，又補鈔首闕二葉。士禮居所藏，手跋之。今歸江寧宗子岱。烏程張君石銘影摹刊之，爲此書第一佳帙，《津逮》、《學津》兩本不足道矣。每半葉九行，行十九字至二十一字不等。高六寸，廣三寸五分。白口單邊。刻本止上中兩卷，上卷少首葉，中卷少末葉。餘俱元人鈔補。中卷補葉後，有"至正十九年六月十九日覽記"一行。刻本首行，"重雕改正湘山野録卷幾"，題吴僧文瑩。鈔本同。《續録》止作"續湘山野録"，不作大字。次行題"吴僧文瑩如晦編刻本"。仁宗以前御諱有闕筆，餘不闕。黄蕘圃以爲北宋本鈔本。卷下"殿中丞程東美條時陳"下注"英宗廟諱"。《續録》"李和文公"，下注"犯御名"。按和文名遵勖，勖爲神宗嫌名，知亦從北宋本出。刻本中縫，作"山上"、"山中"。鈔本三卷，仍作"山下"。《續》忽作"山四"，不作"山續"。疑所據本與晁氏志所言四卷合。署款吴僧，又與《通考》所引合。其書成於熙寧，多北宋雜事，以作於荆州之金鑾寺，故以湘山爲名。毛氏《津逮》，張氏《學津》，均刻之。而張若雲跋云，毛本缺誤實甚，邵朖仙從黄蕘圃鈔得宋槧補闕，蓋即此本。經明樊士寬、黄子羽、本朝席玉照遞藏。今以張本校之，張本尚有誤字。卷上，"真宗初詔種隱君至闕"條，"隱巾韋布"，不作"隱君"。卷中，"崔公誼"條，"河北地振振未已"，多一"振"字，亦不作"震"。《續録》，"眷待耆德"條，"必有祓桃之臨"，不作"祓祧"。"景德初，匈奴扣關"，不作"寇"。"鄭工部文寶銘"條，"篋中畜雷樸一琴"，不作"畜琴樸一琴"。"姚嗣宗"條，"可惜作窮鱗"，不作"窮麟"。"康定中"條，"今還衮綉，告老於家"，不作"衮紼"。"柳仲塗"條，"豈不偉歟"，不作"韙歟"。上卷缺二行，各本同。旁注之字，張本均直下，是宋本、鈔本之善也。而此本之訛字，卷上"張尚書詠"條，"絲絲和雨繫偏舟"，張本"偏"作"扁"。"乖崖公"條，"希夷以詩遣之"，"遣"當作"遺"。兩處。"後梁兩入蜀"，"梁"當作"果"。"六快活詩"條，"建"

當作"逮"。"宋鄭公庠"條,"而無刻畫之名","畫"當作"晝"。"僞吴故國"條,"皆肆業於其家","肆"當作"肄"。"咸平中翰林"條,"得自羊野","羊"當作"莘"。卷中"真宗居藩邸"條,"命侍講邢昺","昺",當作"昺"。"安鴻漸"條,"以拍拭乾","拍"當作"帕"。"潘佑事江南"條,"謫向人間卅六",當作"三十六",否則七言少一字矣。"劉孝叔吏部公"條,"已恬於進撰","進"當作"退"。"范文正公"一條,"世祖功臣卅六",當作"三十六",與上文同。"餘杭能萬卷"條,"信矯詩不誣","矯",當作"嶠"。"江南鍾輻"條,"妻妾云亡數月","妾"當作"樊"。卷下,"寇萊公"條,"無宅起樓臺","宅"當作"地"。"丁晉公"條,"赤洪厓打赤洪厓",前"赤"字當作"白"。"真宗國恤"條,"而事頗安帖","頗"當作"更"。"僧録贊寧"條,"此粦火也","粦"當作"燐"。"蘇子美"條,"自改爲猶子詬之曰",當作"自改爲猶字向子美詬之曰"。"都尉李文和公"條,"蕭國大長主乘帨之日","乘"字當作"垂"。"肅國召公入","肅"字當作"蕭"。"張晦之"條,"陳康肅堯咨"當連上文。卷四,"本朝眷待耆德"條,"入中書預參訣","訣"當作"决"。"慎無及姻戚","無"當作"毋"。"嘉祐中"條,"開封方鞠劾","鞠"當作"鞫"。"晏殊相年七歲,命所乘賜馬韉轡送還"下當有"旅邸"二字。"仁廟初"條,"傳實受遺","實"當作"寶"。"意擊崖",當作"竟竄崖州"。此宋本鈔本之訛也。至卷四,"太宗作九弦琴"條,"宫弦加二十絲,號爲大武,宫弦減二十絲,號爲小武,兩宫弦無分别",諸本皆同,疑有誤字。黄跋以卷中"時晏元獻爲翰林學士"行脱十八字,係裝潢穿綫過進,遂滅此一行。今倒摺向内,作蝴蝶裝,覽之醒目,乃黄氏所改,今仍舊裝也。"樊士寬印"上有"弦歌里氏"一印。仍是海虞人。黄子羽,名翼。嘉定人。席玉炤,名鑒,常熟人。此書見《百宋一廛賦》。

九月,景宋刻元鈔本既成,又得何義門校本手跋,曰:"康熙甲午,心友於汲古毛氏買得宋槧對校本,補鈔一葉,又得錢遵王述古堂舊鈔本。細寫兩本異同,自家寄入京師,因呵凍酌定之。十二月十八日鐙下。焯記。"所校與此本均合。卷一,"丁晋公貶崖州"條,"體風流於謝傳,惟詠蒼苔",眉上校語"謝傳當作謝朓。此用蒼苔依砌上也”。卷三,“夏英公鎮襄陽”條:“詔中有致仕高年,各賜束帛。時胡大監旦,瞽廢在襄,英公依詔旨,選精縑十匹贈之,胡得縑,以手捫之笑曰:‘寄語舍人,何寡聞至此?奉還五匹,請檢《韓詩外傳》,及服虔、賈逵諸儒所解“束帛戔戔,賁於丘園”之義。自可見證。’”校語:《容齋》云:《韓詩外傳》及《周易正義》,皆無其語,文瑩多妄誕,不足取信。按《春秋公羊傳》“乘馬束帛”注云:束帛謂玄三纁二。玄三法天,纁二法地。若文瑩以此爲證猶之可也。“申國長公主爲尼”條,“惟陳文僖公彭年詩,尚有記者云‘盡出花鈿散玉津,雲鬟初剪向殘春。因驚風燭難留世,遂作池蓮不染身。貝葉乍翻疑軸錦,梵聲纔學誤梁塵。從兹艷質歸空後,湘浦應無解佩人’”,校語:“此唐陽郇伯妓人出家詩也。”《能改齋漫録》云:“唐顧陶大中丙子編《唐詩類選》中載之,若公主入道,何敢用解佩事也?”録出藉見前輩點勘書籍,曲暢旁通,不盡在本書中討生活,可爲學者讀書矩範。

卷　五

跋　祭文

東觀餘論跋

《東觀餘論》二卷，宋黄伯思撰。伯思字長睿，有文集一百卷，見李忠定撰墓志。南渡後失傳，唯存《餘論》。此宋紹興丁卯，其子訒刊於建安漕司本。每半葉十行，前半卷行廿字，後半卷十八字。目録半葉九行，行十八字。高八寸四分，廣四寸八分。白口單邊。上魚尾"東觀"二字，下魚尾下葉數、刻工人名。長卷目録在外，一百四十五葉。目十三葉。五葉以下缺，計百四十六葉，内越七十三一號，不缺文。實一百四十五葉。爲無錫華氏故物，有"真賞"、"華夏"二印可據。亦見《真賞齋賦》中。後歸虞山，絳雲燼後頓毁其半，牧翁影寫補全，手自校之。《延令宋版書目》其一不著卷數者即此本也。世間流傳止有汲古本，爲嘉定間攻媿樓氏復以川本參校，已在後六十餘年。此雖間有訛字，自是第一刻，迥出樓刻之上。虞山以墨筆校删，仍照樓本校定。今舉其善於毛本者。

法帖刊誤卷上：按上下卷一行，黄伯思官銜，毛本俱脱。

左朝奉郎行秘書省秘書郎黄伯思撰

第一，帝王書："稱其爲篤學"，"爲"字，毛本脱。"自非通古，那甚至爾"，毛本脱"自"字。

第四，梁陳唐人書："褚河南"一條連上，毛本分。

第五，雜帖："宋儋"一條連上，毛本分。

法帖刊誤卷上。

法帖刊誤卷下:

左朝奉郎行秘書省秘書郎黄伯思撰

第六,王會稽書上:"諸酸感至比加",毛本脱"諸"字。 "足下尚停數日及失得失年長足下,小大佳也",毛本作"得失承平未佳,足下大小佳也"。

第八,王會稽書下:"干嘔淡悶",毛本作"淡悶干嘔"。

第九,大令書上:"異苑"一條,宋本無。 "元度"一條連上。

法帖刊誤卷下。

王玠跋、許翰跋連下。

米元章跋,"秘閣續法帖",毛脱"續"字。 "謝安陸雲之輩",毛脱"之"字。

第六,"宰相無恙時",毛本作"宰相安和"。

第九,"玄度時何哉",毛本作"時往來"。

先君學士,提行。

記與劉無言論書:前空一行。 "其中於帝更而八分書一碑",毛"中"作"終",無"有"字。 "奏朝散微雨",毛脱"散"字。

記石經與今文不同:"譬諸宫蘠",毛本"蘠"作"牆"。

銅戈辨:咸陽,空三格。 "無以鑄兵遂以鑄三鍾",毛脱"兵遂以鑄"四字。

鷂雀賦辨:"此近世人語",毛本無"世"字。

古器辨:"長保二親",宋本作小字。

論飛白法:"亦壯之非古也",毛本脱"亦壯之"三字。

論書八篇:而闕古人之□ 今不問正一字,毛作"正草"。

許掾書毛脱許字:"了自善思",毛脱"善"字。

論書六條:"不堪正羞澀",毛作"不堪位置,舉止羞澀"。 比來□□陽,毛空一字。疑"襄"字,或作"淮陽",後有跋云:逸少破羌帖,亦作淮陽,當考。

商山觚圜觚説:"勿曰相爲用",按"曶",古"笏"字,毛本誤分爲二。小注,自"與"至"用",川本去此七字,姑存以俟知者。

周方鼎説:"單子方鼎"下,毛本有"則謂之從彝王伯方鼎"

九字。

周疊周洗説："主上"上空二格。

以下影宋本：

跋逸少破羌帖後："世務嬰懷"，毛本"嬰"作"經"。

跋崇寧所書真誥册後："符又不工"，毛本"工"作"巧"。

跋世説第三卷後："迎奉三聖御容"，毛不空。

跋蜀道圖後模本："此之畫也"，毛本無"之也"二字。

跋秘閣第三卷法帖後：弓，毛本均作"卷"。　"因彙次御府圖"，毛本作"秘閣"。

跋黄庭經後："渡江飄淪"，毛作"始濟浙江，遇風飄淪"。

跋織錦回文圖後："於五行多類"，毛本"多"下有"弗"字。

後當有紹興丁卯黄訒跋，今失去。

北堂書鈔跋

唐虞永興撰《北堂書鈔》，猶在隋時。故《隋志》著録，作一百七十四卷。《唐志》作一百七十三卷。《中興書目》及《宋志》並百六十卷，與今本同。晁氏《讀書志》云一百七十三卷，與《唐志》合。又云家本百二十卷，則自相抵牾矣。又云八十部，八百一類。今本起帝王部帝王類總載，迄地部石類，凡十九部，八百五十二類。非殘闕，即並省，已非永興之舊。自《修文殿御覽》失傳後，以此書爲最古。王伯厚云："二館舊缺書鈔，惟趙安仁家有之，真宗命內侍取之，手詔褒美。"是北宋已極難得。至明萬曆間，常熟陳禹謨始以鈔本傳刻，臆改臆删臆補，並以他書易之者，指不勝屈。前人所謂刻書而書亡者，此也。大約所據本顛倒錯落，既不能校讎，又不能闕疑，致此潦草，宋商丘刻《施注蘇詩》，爲邵青門臆改臆補，亦是原闕。非真喪心病狂也。嘉慶中，嚴鐵橋客冶城山館，淵如先生屬以校刻，江西糧道胡念農稷助以資二百金，鐵橋竭八九月之力校定，卷百三十二起，百六十止。而荃孫所得嚴刻，止卷一百三十九起，一百四十二止。又卷一百四十九起，一百五十五止。共十一卷。短十八卷。

抑止刻此數耶,或此印本未全耶? 然求之三四十年,亦未見有二本也。一百三十九卷,車總篇後有嚴手跋三行,云:“嘉慶二十年十一月初六日校此卷起,至十七日校訖,每日黎明即起,至二鼓或三鼓就睡,窮十二日之力,始得清本一卷。嗚呼難矣! 烏程嚴可均記。”其難校亦可想見。鐵橋所云五本,蕘圃一、淵如一、月霄一、小米一、鐵橋自留一。今蕘圃本歸罟里瞿氏,淵如本歸祥符周氏,餘三本不知何往。惟淵如所藏,謂有雲章閣及紉佩齋收藏印,是元陶九成寫本,是王伯申、錢既勤、洪筠軒、王石華與鐵橋同校之本,是爲最佳。光緒初年,吾友姚彦侍、李橘農假得瞿氏本,悉心校讎,行款雅飭,惜印百卷而彦侍病歿,橘農亦供職離蘇矣。後粤東據陶本校出刊行,較之陳本自相天壤,然訛字間或有之,又未得見鐵橋刻本。吴興張君石銘購得孫藏副本,緜紙明鈔,首有淵如先生長跋,取粤本相校,孫本有而粤本無者,亦有數十條,此佳本,在五本之外者。爰取姚印本一百卷,嚴刻本十一卷,又舊鈔校《大唐類要》本數卷,不足從孫本鈔足之,訂爲一帙,亦可云百衲本《書鈔》矣。

幽怪録續録跋

唐牛僧孺撰《玄怪録》一卷,四十四事。李復言撰《續録》四卷,二十三事。《四庫》入之存目。荃孫收得明初松溪書林陳應翔本,則《幽怪録》分四卷,續一卷,迥然不同。按衢本《晁氏讀書志》、陳氏《書録解題》,俱載牛僧孺《玄怪録》十卷。今稱《幽怪録》,殆避宋諱。朱國禎《湧幢小品》指爲楊用修所改,然周密《癸辛雜識》已稱《幽怪録》,《湧幢》之説,殊不足據。罟里瞿氏收得臨安太廟尹家書鋪刊行本《續録》四卷,亦二十三事。胡心耘先得影鈔本,印入《琳琅秘室叢書》。跋云:“以《廣記》核之,於各題注明卷數。又得宋本所無者二十事,爲補遺。”二卷跋又云:“只辛公平、竇玉妻、梁革三條,《廣記》無之,證其非出於《廣記》。”荃孫復檢《廣記》,“竇玉妻”在三百四十三,“梁革”在二百十九。只“辛公平”一事無著。至《拾遺》上“杜子春”、“張老”、“裴諶”三事,《拾遺》下“柳歸舜”、“劉法師”、“韋氏子”、“尼好寂”、“刁俊朝”五事，陳應翔本均作牛録，不云續録。况劉法師末有昭應尉薛公幹爲僧孺叔父言也，足爲牛録之證。胡本失此一句。只李紳、琴臺子、唐儉、馬震四事，或者《續録》所遺。又於宋人《姬侍類偶》，得“龜奴侍坐”一條，爲胡氏所未見者。

陶隱居先生集跋

梁陶弘景撰。隱居事迹，見《梁書》、《南史》。據集中《尋山志》云，先生去世後，久無人編録文集，至陳武帝禎明二年，敕令侍中尚書令江總始撰文集。先生以梁大同二年解駕，至是五十二載矣，文章頗多散落云。考《隋·經籍志》，梁隱居先生《陶弘景集》三十卷，又內集十五卷。至《唐·藝文志》，僅載《陶弘景集》三十卷，內集已佚矣。晁、陳皆未著録，後人從明《道藏》本録出。卷首載“昭臺弟子傅霄編集，大洞弟子陳桷校勘”。從各種類書輯出短帙殘篇，百不存一。前有江總序，尚存其舊文。內有跋云：“禮部侍郎王公欽臣裒其遺文三十二篇以爲一卷。南豐曾恂復得《寒夜愁》、《胡笳》二詩於《古樂府集》中，《難沈鎮軍均聖論》於《弘明集》中，因考其製作先後，爲之次，以類相從，並殘文附於後。”考傅霄，字子昂，晉陵人。博古明經，善書，尤精隸古。由儒入道，隸居常州天慶觀。高宗召主太乙宫祠，乞還茅山，賜號明真通微先生，領山門都道正，住持玉晨觀，建雷平院，往來山中四十年，搜訪真秘，拯救窮乞，利益甚深。重編《隱居集》，修《茅山舊記》，著作惜多無傳。紹興二十九年己卯正月立春日化。見《茅山志》。陳桷亦宋道士。後跋署“紹興癸亥，汲古閣刻入道藏”，亦二卷本。荃孫得舊鈔二卷，前文後附録，然細繹之，首標云“貞白先生陶隱居文集上”，次卷載傳一篇有注。惜闕首葉，不知標題。傳末有內傳卷中。後附邵陵碑銘，昭明序，後標云“貞白先生陶隱居傳記卷下”。並有陳桷後序，似是宋編大洞原書。汲古無內傳。《指海》止文集，分二卷。均非原書。又借葉石君本校字，又補《續高僧傳》內一文，似較完美。

詩話總龜跋

《詩話總龜》,前集五十卷,後集五十卷,宋阮閱撰。閱字閎休。自號散翁,舒城人。嘗爲郴州守,著有《郴江百詠》。散翁因《古今詩話》,附以諸家小説,分門增輯。前集分四十七門,《提要》作四十五門。所集書一百種。後集六十四門,《提要》作六十一門。所采亦一百種。摭拾舊文,多資考證。北宋諸名家詩集、佚事,搜采無遺。先名《詩總》,後改此名。明宗室月窗道人刊本,止九十八卷。前集中缺寄贈中、下兩卷,即每卷各有脱逸,共數十條。月窗爲明太祖六世孫珖,楚郡弟子員。前有山東海陽副使郴陽李易序,又嘉靖甲辰江西饒州府同知海鹽張嘉秀序及珖後跋。提行空格,原出自宋。又得一明鈔本,前五十卷門類與月窗本同,後五十卷多御宴一門,少效法、節候、詠物三門,月窗本缺者全行補足,惟引及《輟耕録》,刻本無。决是後人羼入。門類之顛倒,編次之互異,亦互有得失。再考《漁隱叢話》序云,閱所編《詩總類》,頗爲詳備,獨元祐諸公詩話不載焉,遂謂此書成於宣和癸卯,是時禁元祐文字,因而未采。提要亦仍其語。細讀一過,内采二蘇、黄、秦詩話,卷卷有之,并録《玉局遺文》、《東坡詩話》,并采《百斛明珠》,亦東坡手筆,豈元任未見之耶?館臣亦未見之耶?又云閱書惟采摭舊文,無所考正,此則多附辨證之語,尤足以資參訂。然此書有辨證者,多與《叢話》同。又元任序云,《詩總》所載皆不録。是元任撰書在散翁之後,何以兩書相同者甚多,並直標《苕溪漁隱》云云,又似互相采摭,殊不可解。疑此集殘缺,後人取《漁隱叢話》補之。即月窗本不足據,鈔本亦如此,不知天壤間尚有善本以决吾疑否也?

陵陽集跋

宋韓駒子蒼撰。子蒼,蜀仙井監人。政和中召試,賜進士出身,累除中書舍人,權直學士院。南渡初,知江州,事蹟具《宋史·

文苑傳》。子蒼蚤以詩鳴，蘇黄門一見，比之儲光羲。暨與徐東湖游，遂受知於山谷。晚年或置之江西詩派中，乃曰我自學古人耳。《提要》言其不願寄王氏門下，亦猶陳師道之瓣香南豐，不忘所自，非必其宗旨之迥别也。今所傳止四卷，得三四鈔本，字句頗有不同。放翁所刻臨川石本，久已不傳，究未知誰爲定本也。

朱長文樂圃餘稿跋

《樂圃稿》百卷，毁於建炎之亂，其從孫思裒集於煨燼之餘，編成古律詩百六十有三，記五，序六，啓七，墓志五，世譜、題跋、祭文、賦、書、銘各一類，爲卷十，以銘、墓志、史傳、書題、表奏附於卷末。蘇州壬辰中秋二十二世孫岳壽刊本後有補遺二卷。徐君梧生以借書園舊鈔本，假我校核，訂誤甚多多。紹熙甲寅孟冬，侄孫思一序。無《琴史》序，有《華嚴經》讚序，又無補遺。是此本岳壽未見也。因互補足，以成完書。

僑吴集跋

《僑吴集》十二卷，元鄭元祐撰。元祐字明德，至正丁酉除平江路儒學教授。移疾去。後七年，復擢浙江儒學提舉，卒於官。家本遂昌，其父希遠，徙錢塘，元祐又流寓平江四十年。其集遂以僑吴名集，本明德所自訂。弘治丙辰，張習刻，跋云："元祐有《遂昌山人集》，與《僑吴集》通録之，得詩文之精純者，并爲十二卷，仍名《僑吴集》。"是集爲習所重編，非明德自訂之舊。而《遂昌山人集》，今亦不傳。中缺兩葉，蕘圃從鈔本補足。有蕘圃跋，顧千里跋。明德與夷白，均負盛名，而詩文似遜於夷白。鮑渌飲有佚文一册，尚是渌飲手稿。今附於後。

夷白集跋

元陳基撰。基字敬初，臨海人。至正中，以薦授經筵檢討。明興，召修元史，而仍放還，見《明史·文苑傳》。詩十一卷，文二十四卷，外集詩文各一卷。大抵皆元代所作。一鈔本，出自元刻，提行空格，悉依之。一弘治八年，張習刊十二卷本，習跋自云，未見原編。今兩本合校，刊本有而鈔本無者，詩九十六篇，文二十三篇，字句更多改易。今鈔録一册附後。《提要》據朱存理跋云拾遺即存理於海虞本録出。內有陳基傳、謝徽詩，此本無之。轉録刊本尤義所撰傳一篇，不知與存理所見本異同否。

唐搨武梁祠畫像跋

錢塘黄小松司馬《小蓬萊閣金石文字》八種，均摹宋搨漢碑。獨至《武梁祠畫像》十四幅，推爲唐搨，蓋因《隸續隸圖》缺失之處，此本獨存，必在洪氏所見之前。朱竹垞稱爲墨光可鑒，元氣渾淪。驗爲唐本，不虚也。明中葉藏武進唐氏，今存"唐印鶴徵"一印。後歸海寧馬氏道古樓，竹垞、查田跋之，吕無黨諸人觀款。又歸邗上馬氏玲瓏山館，佩兮、雪礓跋之。後歸小蓬萊閣，覃谿跋之，遂摹以傳。後又有何蝯叟、張石舟、何蓮舫諸跋。歲在丙辰，歸於沛寧李一山，不知何年爲火所燬，首三幅伏戲、祝誦、神農已佚。黄帝、帝顓頊、帝佶三幅，止存一角。尚存整幅八紙。竹垞諸人題字，大半完好。一山之高祖母，即小松先生女也，曾印行《秋盦遺稿》，淵源有自。慨慕手澤，輾轉訪求，夜以繼日，幸遂所願。并付良工裝潢，重徵題詠，雖屬不完之太璞，猶留爨下之焦桐。固以慰一山好古之盛心，亦小松先生所默祐也。荃孫前見漢石經於漢陽萬梅巖所，見成湯靈臺、魏元丕、朱龜、譙敏四碑於浭陽端忠敏所，見王稚子雙闕於同郡費屺懷所。今又見此實物，自詫暮年眼福，出屺瞻先生之上，所未見者范式碑耳，與小蓬萊閣有緣哉！丙辰五月朔，江陰繆荃孫跋於京邸。

夏禹長於地理，脉泉知陰，隨時設防退爲下缺。　案，新搨本有“肉刑”二字，“陰”與“刑”韻。

曾子質孝，以通神明，貫感神祇，有靈乘乃。後世凱式。下缺。　案，翁釋第四句爲著靈來方，第六句“□□無綱”，“無”是“橅”字，當從翁説明方綱是韻。

閔子騫與後母居，愛有偏移，子騫衣寒御□事　今案，石本“後”作“假”，當從《漢書》注，“御車失棰”，“御”下無缺字，“失棰”二字甚明。“棰”與“移”同韻。

宋搨郙閣頌跋

《郙閣頌》，原刻、重刻、宋刻、明刻，聚訟紛如，當以諸城王春林《石門碑醳》爲塙。以諸君子均見打本，而王君親至碑下故也。此碑原刻在白崖，有缺蝕而無椎鑿，宋田克仁重刻在靈巖，上有克仁紹定五年自紀。明申如塤就田碑磨治重刻，原石至今尚存。打碑人多愛搨申刻，以其較明析也。此宋搨本，與李道士藏《石門頌》，紙墨均同，大約同時所搨。前半較多四十二字，後半則同，沈釋甚細，止“全育孑遺”之“孑”，不應釋作“勿”耳。或有洪所未見之字，因《隸釋》，則轉輾傳摹，或有遺漏，未能以之斷搨本之在洪前也。

劉熊碑陰跋

昔年曾見舊搨《劉熊碑》，一翦褾，一整幅。翦褾，費西蠡所藏；整幅，劉鐵雲所藏。先後歸陶齋，曾跋其後。據王建、張祜兩詩，定爲蔡中郎書。今原碑尚在延津學宫，爲會稽顧君鼎梅訪得，止碑陰尚存五十四字，以《隸釋》證之吻合，豈非瓌寶！碑側宋人題記，亦見《隸釋》。跋云元祐中，蘇邁書胡戢之語，謂此與劉寛碑同，建詩爲不誣。建詩云：“蒼苔滿字土埋龜，風雨消磨絶妙辭。不向舊圖經中見，無人知是蔡邕碑。”洪氏舉此詩爲證。考張祜亦有《題酸棗驛前碑詩》云:"蒼苔古澀字雕疏,誰道中郎筆力餘。長愛當時遇王粲,每來碑下不關書。"唐中葉人詩如此,似可作證。洪氏止知其一耳,王評見《慈恩寺題名》,眉陽蘇字下,存工兩筆,緣督釋爲迨,不知《隸釋》明著蘇邁。是工字不但督緣未翻《隸釋》[1],荃孫與鼎梅作跋,知以《隸釋》證題名,未及此跋,均可謂失之目睫。又考阮閱《詩話總龜》,舉蘇邁嘗作酸棗尉,有詩云"葉隨流水歸何處,牛載寒鴉過别村",句亦可喜。邁曾爲酸棗尉,碑側此題,更無疑義。昔覃谿止見巴予藉雙鈎本,從皇帝之玄起,荃孫得見全幅,從君諱熊起,又見碑陰五十餘字,是福勝於覃谿矣。第七行真字,即尹真之真,《隸釋》以季寧一排互倒。

漢扶風丞李寓通閣記跋

漢李禹表,在褒城石門摩崖《楊孟文頌》之下。嘉慶甲戌,諸城王春林大令森文訪得之,録著於《石門碑醳》。此碑亦係紀述修路之事,故有"萬民歡喜,行人蒙福"之語。大臺,疑係閣道地名,李君以永壽元年始解大臺政,由其興此,殆言修路之功,行人得以去險就夷,故萬民歡喜也。後叙歷官所至,詞甚簡古。《漢書·百官公卿表》,右扶風治内史右地,與左馮翊、京兆尹爲三輔,皆有兩丞。右扶風二千石,丞六百石。《後漢·百官志》,中興都雒陽,河南郡爲尹,以三輔陵廟所在,不改其號,但減其秩。又少府屬,有尚符璽郎中四人。書作"璽",石刻作壐,與《張納功德叙》"壐書封都亭侯"同。《郡國志》,武陽屬犍爲郡。書作"犍",石刻作"楗",與《楊君石門頌》、《馮緄碑》並同。朐忍屬巴郡,成固屬漢中郡,宜禾都尉,屬敦煌郡。廣至縣,治昆侖障。《西域傳》,明帝永平十六年征匈奴,取伊吾盧地,置宜禾都尉以屯田,遂通西域。此記刻於桓帝永壽之後,置宜禾都尉已八十餘年。碑云换漢中成固令。《漢書·薛宣傳》,尹賞與薛恭换縣,師古曰,時令條有"材不稱職者得改之"。案

① 督緣,據上文及實際名號,當作"緣督"。

即今所謂對調,取其人地相宜也。荃孫同治甲戌,親訪石門,出褒城東門,循褒水南行,山石犖確,劣不容趾,約十里始至。石門大如三間屋,可通車馬。《南壁石門頌》頌下即是碑,右爲《楊淮表紀》。北壁後《石門銘》,空處悉宋人題名,門之西,爲《鄐君開道碑》,下即宋晏袤釋文,再東得宋晏袤、李苞閣道題名釋文,旁有斷石。導者云此即李苞、潘宗伯題字石下截。上截墮入褒水,不可縱迹[①]。門外又得李苞題字二行,字約寸許,爲前人未著録,吴清卿前輩始拓之。江有大石枕水,刻"衮雪"二字,分書無款,字勢似宋人筆。崖上亦摹此二字,款爲魏武帝書,則後人翻刻也。江口有石如臼,刻石盆二字,盆内外皆宋人題名,盡聚之得四十餘段。再回縣寓,已日昃矣。

齊樂陵王百年及妃斛律氏雙志跋

按《齊書》,皇建元年庚辰十一月立世子百年爲太子,時年五歲。河清三年甲申六月,殺樂陵王百年,止九歲耳,死時自知不免,留玦與其妃斛律氏,妃把玦哀號,不食月餘,亦卒。玦猶在手,拳不可開,其父光自擘之乃開。是妃死在樂陵王之後。志言死於樂陵王前一年,不合一也。河清二年,樂陵王止八歲,妃死傳言十四歲,志言十五歲,如二年十五,則三年年十六矣,不合二也。王志言葬在三月,《通鑑》言六月,白虹貫日,殺百年以厭之,月亦不合三也。後主時,掘地得小屍,内參竊言百年太子也。使當年葬於鄴城西北,刊石下泉,何人不知,不合四也。近來作僞甚多,此即僞品。

宋搨郎官石柱題名記跋

此宋搨《郎官石柱題名記》西安原刻,紙墨精緻,古香襲人,真海内孤本也。覃谿跋中不甚滿意,另石印都南濠所藏一本,則覃谿

---

① 縱,當作"蹤",原文如此。

三跋,六詩,並作校勘,意中以彼本爲真矣。而轉有僞帖一説橫梗於中。又懾於王元美、董香光之叠相寶重,不敢决以爲僞。吾友湘舲,據此拓爲陜本,舉屈集臣爲證,爲覃谿下一轉語。荃孫細閲兩本,一陜本,一蘇州重刻本,雖刻有前後,而宋搨則真而非僞也。此本之善,湘舲已標出,而唐宋人官署題名,無不自書,此本後之二十一人名,大小、行、楷、隸不一,皆本人手書,皆開元廿九年刻也。後此面爲人磨去重刻,今僅存“光被”二字,古碑如此者亦多。蘇州刻則專重張長史之書法而已,不列他人也。願請熟於碑版例者共證之。亦題四詩於後:

一碑吴郡一關中,宋搨駢羅寶墨同。瘦勁遺蹤追褚薛,淙詩龕頌本同工。

守溪二美氣縱横,震懾覃溪少定評。不特鐫碑人在陜,况兼二十一題名。

紀聞自古説中吴,何意人將僞本呼。大好浯溪元結頌,資江南北兩鈎摹。魯公《中興頌》,資江兩本皆唐人摹刻,現存殘字,轉出浯溪本之上。

附會常譏賞鑒家,漫將書法辨金沙。若從輿地兼官制,若輩何從置齒牙。彭文敬公云,從來賞鑒家多不學,即文董亦不免。然使一一考核精塙,焉得有如許真迹流傳。如此兩本,明白曉暢,何必作疑辭,以混後生之耳目乎。

姑孰帖殘本跋

《姑孰帖》止《潜研堂金石跋尾》著録,云今存太平府學者,惟卷第三、第八、第九數石而已。第三爲東坡先生書,洪容齋所刻,其跋云:東坡先生所書詩文十篇,邁得之刻於當塗郡齋。今合計詩、偈、表、詞止六篇,則已失其四矣。第八、第九皆放翁書,而第八卷首題云“放翁先生帖三”,第九卷首題云“放翁先生帖四”。可知放翁之帖散佚更多,即其存者,亦多不全,竟未審何人所刻。又有一石,乃蘇子美書,淳熙戊戌知州楊倓刻,前半亦闕,不知其卷第也。瞿木夫過此，尚見是石。荃孫於戊戌專人往搨太平學碑石，帖已不存，殆燬於洪楊之亂矣。今此搨，蘇子美書，楊倓跋，如錢所見。坡公止四篇，又失其二。放翁書止存帖四，又失去帖三，零落更甚。前另一帖，與鳳墅帖標題不合，然亦舊搨，零珠碎璧，均可寶矣。

《覃溪日記》：姑孰帖是十卷，蘇子美在乙，東坡在戊，放翁己庚辛壬。

宋李伯時五百羅漢圖跋

宋李伯時《五百羅漢圖》長卷，絹本。天人縹緲，龍象蹴蹋，洋洋鉅觀。雖細如一髮，亦勁如鐵畫，自非宋人不能。題跋自元虞伯生至國朝澹歸大師，亦流傳有序。下款曰"龍眠山人李伯時"。小印"伯時"二字朱文。第三子僧保侍側曰："前人云，宋人用筆各自成家，故往往不署款。又有有印無款，有款無印之説。況伯時以不署款著名，此何以有款、有印，並有别號歟?"予舉周草窗《志雅堂雜鈔》示之，《盧鴻十志》，伯時畫，龍眠山中人李伯時書，與此相同。相傳舊説，不可不知，不可過泥。凡事如斯，必須活看。陶齋《蜀川圖》，斷以爲南宋人作，因崇慶府景蘇樓，爲南宋之確證耳。至於此卷，無瑕可擊。陸存齋《十國朝貢圖》，筆力軟弱，望而知其非宋人矣。

萬上遴西谿漁隱圖跋

萬輞川《西谿漁隱圖》，爲曾賓谷作。翁覃谿隸首極精勁，並三詩。桂未谷跋。賓谷自爲記、題跋。自袁倉山而下，得三十六人，牛腰大軸，足爲鉅觀。宣統己酉三月游西溪，時春水方生，一望瀰漫，短蘆簇簇，嫩緑如針。交蘆庵、秋雪庵，聞皆八九月最勝處，今觀此卷，回憶前游滬杭，一日而近，深秋在邇，奉約息厂諸君，往游勝地，荃孫可作導師矣。卷中佳什最多，尤喜誦《蘭雪》五律云："屋後青楓樹，門前碧玉流。漁聲凉入夢，山骨瘦於秋。待月招漁弟，看雲臥醉侯。君心同浩蕩，三十六閑鷗。苦愛溪西住，蹉跎又幾年。卻來騎鶴地，同話釣魚船”。“泛宅花成海，披蓑雪滿天。詩盟期不負，遲我野梅邊。”注：“余欲卜居西溪，迄今未果。”而《題黄小松秋影庵圖》末章云：“頻年再唤總宜船，行過西溪一輞然。一版秋心應補畫，夕陽紅到亂鴉邊。”不禁益爲神往。

祭夏彦保文

嗚呼夏君，胡遽云亡。僅睽違夫旬日，乃迴隔乎幽明。縱年齡之已高，亦病體之未康。聞凶問而驚惋，拭老淚之淋浪。況結契如金石，同役志於縹緗。歎隻輪而單翼，譬推車而失航。遽左執乎殤中，孰下招於巫陽。嗚呼夏君，胡遽云亡。溯先德之音容，列輩學之門牆。溯心傳之遠耀，覘藻采之高翔。廣趨庭之異聞，學詩禮兮鏗鏘。摧經笥之五鹿，開秘籥之九羊。璠璵耀夫晶采，干莫拭夫鋒鋩。負渥洼之異質，未騰踔於天閶。屈杞梓於良材，莫甄采乎棟梁。書十上而不見收，終結轖於中腸。洎八州之都督，招籌筆於衡湘。移舟車於嶺嶠，入火維之南方。緑蔭桄榔之樹，紅嗆荔子之香。弔古朝漢之臺，尋詩抗風之廊。時幕府之聲名，曰餓虎與貪狼。君介然而獨立，乃潔身而永臧。得如願而不顧，酌貪泉兮何妨。君有君之嗜好，惟我知之獨詳。錯刀贈兮美人，寶墨製兮君房。香沈水兮真臘，耑上下兮端阬。羅几席之珍玩，乃窮困之如常。逮辛亥之三載，爰遄返於江鄉。門未改乎衡茅，世已閲夫滄桑。遘疢疾之纏綿，幸未中夫膏肓。今春三之閏月，因志事而就商。雖高談之如昨，尚偃臥乎匡牀。手群書而不釋，叠枕上而縱横。時匡予所不逮，乃頒布於四方。囑采訪之漸齊，再相見於秋凉。孰握别而歸來，忽訃書之在旁。嗟百身之莫贖，嘆一念之難償。慟虞淵兮不返，惜瑶草之徒芳。君手書夫卷軸，積珍秘於巾箱。乃一紙之不留，敕六丁兮取將。況似續之莫承，歎矜寡而徬徨。窘斯人兮至此，窺天道之渺茫。嗚呼哀哉，風蕭蕭兮永日，露慘慘爲霜。年應龍蛇之讖，星沈牛斗之芒。子山思舊之感，士衡歎逝之傷。庶昔哀於蕙帳，奠重泉兮椒漿。嗚呼哀哉，尚饗！

繆荃孫全集

繆荃孫 著
張廷銀 朱玉麒 主編

詩文 ②

四川鄉試朱卷
會試朱卷
藝風堂詩存
碧香詞
藝風堂賦稿
藝風堂集外詩文
藝風堂書札

鳳凰出版社

本册總目

四川鄉試朱卷

據清同治間刻本

目　録

子夏曰雖小道必有可觀者焉致遠恐泥是以君子不爲也

道不足以致遠，不可以觀而爲之也。夫小亦何莫非道，然而致遠則泥矣。雖有可觀，而謂君子爲之乎？且君子慨然以斯道爲己任，而不沾沾於小就者，非謂小之不足以見道，正恐小之不足以盡道也。道之中有宏謨，道之外無旁騖，所謂握可久可大之規，决不争一材一藝之末也。子夏有見於此而言曰：世之有志於道者，其將以遠大爲期而爲人所不能爲乎？抑將狹小自封而爲人所不必爲乎？夫君子亦有不爲以專所爲而已矣，其志節有抗懷三代之思，其經綸有立教百年之藴，故遠猷日裕，與聖賢争學問，必不與庸衆角材能。其才氣有驅策群力之概，其品詣有包括一世之懷，故遠略時勤以粹美宏，厥躬必不以瑣屑隘其量。夫君子亦有不爲以專所爲而已矣，如不審所爲而第取可觀也。吾知雖小道，亦必有可觀者在也。馮相保章，天文是習；宋斤魯削，地利是資。當創造之初，未始不可爲法於天下，然欲明天文者而通地利，欲嫺地利者而通天文，勢固有所不能也，而况乎其在遠也？輪輿梓匠，業擅專門，耒耜舟車，制傳皇古。苟服習既精，未始不可以垂教於後世，然欲以輪輿而兼梓匠，欲以耒耜而兼舟車，理又有所不能也，而何論乎其遠也？則泥之謂也，雖可觀而不可爲者也。致遠之君子且不勝皇然恐矣。其爲乎，其不爲乎？以是知君子之不爲有特識焉。將欲以吾身肩天下之任，將欲以吾知定天下之謀，何至計功程能僅僅以小道自足乎。其不爲者，其不暇爲者也。夫弓冶是貽，箕裘是紹，其不憚攻苦，亦是盗世用而濟民生而爲君子所驅使者也，不爲君子所躬親也。所以爾室謹操修小節，何嫌於出入名山，聽用舍小，如何足定權衡，以是知君子不爲有定守焉。以修齊治平端其本，以格致誠正勉其修，何至挈長較短，區區以可觀自喜乎？其不爲者，其不屑爲者也。夫農圃請學射御，謙言即黽勉是圖，究難裨身心而益性命，雖君子不必不知其事，君子究不必專擅其長也，所以處則以守道爲量而何待外求,出則以達道爲懷而何知細務。夫君子亦有不爲,以專所爲而已矣。

本房加批:法密機圓,詞醇局整。

湯秋史夫子評:密詠怡吟,息深達亹,瀠洄水抱,中和氣平遠山如蘊藉人,洵是學養兼優之作。

夫子之所不可及者其唯人之所不見乎

謹於人所不見者,君子洵難及矣。夫不見之所,正君子所獨見之所也。而不可及者唯是。君子爲己之功,所爲必先慎獨乎?且天下予人以可見之端,即予人以可及之端也。若致功於獨見之地,而欲見者無可見矣,斯立身於難及之途而未及者誠莫及矣,是豈故爲不測乎?其劼毖有獨深,其造詣遂若有獨秘者爾。不疚無惡,君子祇自盡其自省之功耳,何嘗表暴於人而以爲不可企及哉!然而誰見之而誰及之者,大抵聖賢之學問,不争於顯而争於微,一事之萌動,一生之操守繫焉。則當世仰儀型,夫豈僅蹈履有常,遂已迴乎其莫尚,而人品之純疵不至於所勉而於所忽。一念之虚浮,畢世之修能墮焉,則名山深德業所貴乎?衾影自慊,常覺皎然,其不欺不可及者之有其所也,其可見之所乎,抑不見之所乎?人情於共見之時,或猶自飾其迹至匿之於所不見,遂並其所飾者而忘之矣。浮情日熾,嗜欲孔多,夜氣雖生,梏亡已甚。獨知獨覺之地,且以爲疏之無害也。而抑知常人之所疏者,正君子之所密也乎!人情於易見之事,亦知自揜其私,至極之於所不見,遂並其所揜者而著之矣。稍不自嚴,意多出入,偶不及檢,志每游移,作聖作狂之分,且以爲易之無妨也,而抑知常人之所易者,正君子之所嚴也乎!唯君子戒慎乎其所不睹,恐懼乎其所不聞,刻勵在隱微,而有真念必無妄念,唯君子不以昭昭而伸節,不以冥冥而墮行,閑存在幽獨而有純品,乃有純修,夫然而所不及者則在不可見之中也。寸衷之糾虔在大廷,尤在夙夜。慎之在大廷者,人能見之,慎之在夙夜者,人不能見之也。潛滋暗長之中,除之未盡,斯人欲之,因端而竊發者,遂至於不可窮,迨防維既峻而瞬息無自憾之,由瞬息終於自寬之候也,而君子之品望以隆,而君子之功修以定。夫然而所不可見者祇此不可及之處也,藐躬之修省在迹象,尤在神明,慎之在迹象者人能見之,慎之在神明者人不能見之也。抵隙投閒之際,禁之偶寬,斯私意之紛至而遝來者,遂終於不可詰。迨持循既久,而一心無時而不密,即一心無時而或漓也。而君子有卓然獨立之概,而君子有矯然拔俗之操,其唯謹於夙夜乎,其唯存諸神明乎!其唯密人所不密,其唯嚴人所不嚴者乎,其唯人之所不見乎!

本房加批:深出顯入,理境游行。

湯秋史夫子評:木葉盡脱,山骨自青,有涣然冰釋、怡然理順之妙。

樂正子强乎曰否有知慮乎曰否多聞識乎曰否

門人歷以才問,未知所喜固不在才也。夫强也、知慮也、多聞識也,均非樂正子所長也。丑以此問,孟子亦何必深諱哉!今夫一堂受業,則凡同堂所能不能者,莫不瞭然於胸中,初無俟再三之瀆也。若乃乍聆欣喜之言,轉增疑惑之意,聊舉夫任政之力、謀政之才、達政之略,爲當世所重者,一一進質於函丈,幾疑其人之未盡者,而豈知其未盡能者,正有其不必能者哉!丑聞孟子喜而不寐之言,而不能不訝焉者,以爲斯人抱負固所素知,此日揄揚尤爲創見,意夫子不輕爲許也,意或别有所取,且取之者非止一端已也。此强與知慮、多聞識之問所由來與。夫人於心所竊訝之端,進問而不敢驟問,則必取事之相類者隱辨焉,而得所折衷,而按時勢以立談,所貴任大事、决大議、負大才者,乃以共襄乎國政,抑人於心所難明之處,欲言而未肯遽言,則必取事之相反者進叩焉而探其底藴。而本才猷以陳説,亦惟能任權、能决疑、能治劇者,始足大展其經綸。丑之意,豈不以强也、知慮也、多聞識也,固爲政者所急需哉!間嘗觀今天下之從政者矣，自善戰善陳之謀起而强者進，攻城攻地之策行，而知慮者進，雕龍非馬之辨興談天炙輠之風哉，而多聞識者亦進。蕞爾魯東，偪齊南鄰，楚私家侈、公室卑，以樂正子參伍其間，庶幾以强立政而狐裘息謗、魚門免辱也，以知慮柄政而兩社戢威、三都釋甲也，以多聞識參政而秉宗周之禮，可資典故備六代之樂，可正宫縣也。魯其庶有豸哉？而孟子曰否否。且夫國家之弱未易挽矣，使數長而萃於一人，則强足定社稷，知慮足安民人，多聞識足應對賓客，縱横捭闔之秋，或藉手以報一日之知乎？樂正子而猶未能也。膺致君澤民之責而大展鴻猷，當盤根錯節之交而顯敷駿德，果何以非强而勝於强，非知慮而勝於知慮，非多聞識而勝於多聞識也哉！且夫政令之繁未易理矣，即一人而僅擅一長，而强以駕馭才能，知慮以撫綏中外，多聞識以樽俎折衝，蒲轂元纁之聘，庶秉鈞以慰我后之望乎，樂正子乃均未能也。問兵刑而不答，吾黨原不争旦夕之功，計錢穀而不知，大儒固自有匡襄之業。夫豈無非强而自能樹立，非知慮而亦堪肆應，非多聞識而不至空疏也哉？則曰：好善而已。丑固未之知乎！

本房加批：氣勢灝瀚，筆力開張。

湯秋史夫子評：端莊雜流麗，剛健含婀娜，迤邐行折，離合動盪，字向紙上，皆軒昂。正如文洋州畫竹，非枝枝節節而爲之者。

賦得巫峽秋濤天地通得秋字五言八韻

江勢趨巫峽，寒濤日夜流。迴旋天地影，淘洗古今秋。魚復風雲冷，夔門澗壑幽。繞城巖樹合，蹴石浪花遒。日月雙丸轉，乾坤一氣浮。峰高棲白鶴，灘險接黄牛。觴濫探彭闕，舲揚下益州。丹楓和紫菊，詩思入扁舟。

本房加批：大含細入，渾融中復饒雅韻。

湯秋史夫子評：麝劑古香，鴛機新錦。

六爻發揮旁通情也

即六爻以著旁通之義，而乾之情見矣。蓋情不易通，惟旁通而後知也。觀乾之六爻，不可即發揮以致其通乎？且乾爲物爲生，有奮發之象；爲高爲揚，有指揮之象；爲野爲郊，有通達之象。聖人於此錯綜以承天之統，往來以占健之德，交易變易以握乾之機樞。夫是以内外之性，德行之途，奥如曠如也。今夫乾之大也，其義之肫然難名者，即有情之闇然獨閟者也。粤若情於何始，渾渾淪淪，情於何終，泯泯棼棼。提要鈎元，孰發苞苻之諦；探賾索隐，孰揮貞元之秘。然而以陽通陰，上下相交，以動通静，義理互包，其情何見，見諸六爻。爰稽乾爻，初通於姤，以柔遇剛，潛龍之情，匪時則藏。二通同人，得位得中，見龍之情，厥德永崇。三通於履，帝位光明，惕厲之情，積學日精。四通小畜，剛中健巽，躍淵之情，存身葆性。五通大有，厥孚交如，飛龍之情，闡真握符。上通於夬，揚於王庭。亢龍之情，反璞歸真，相參於至理，而宅中於乃心。所以溯乾元之義者，莫不綱張而目舉，縷析而條分。且夫升階坎牖，所由通幽明之户也；艮徑需郊，所由通出入之路也。間嘗考之爻辰，初爻在子，子應元枵，司禄二星，主爵禄，蒲輪徵隱，薖軸鳴幽潛之情於以休。二爻在寅，寅應析木，連珠五星，主君臣，鳳扆書名，鵷班效職見之情於以卜。三爻在辰，辰應壽星，進賢一星，主進德，舉足凛重申之誡，單心飭恭己之型，剔之情於以誠。四爻在午，午應鶉火，天相三星，主大臣，樹豐功者日贊承宣，沐謙光者風規中節，躍之情於以協。五爻在申，申應實沉；座旗九星，主國有禮，白屋下求賢之詔，吐哺者三；黄扉隆籲俊之文，達窻者四。在天之飛龍，所以言利也。上爻在戌，戌應降婁，閣道六星，主扞難滅咎。一德進風愆之誡，星拱中垣；三命勒傴僂之銘，風高薄海。在上之亢龍所以無悔也。有以發之，無微不顯；有以揮之，無隱不見。觀其旁以歸其正，會其通以定其順，此之謂乾道變化而各正性命。君子之玩易也，曲言其情，鼓舞盡神，推致其情，變通盡利，或左或右。似乎門之辟，能縱能操，異乎柅之繫，將見玩索六爻，而無所不通也，不其懿與。

本房加批：心游十翼，夢飲三爻，昭晰者無疑，優游者有餘，自是焦京門庭中語。

克寬克仁彰信兆民

寬仁著於臨民，信之者深矣。夫寬者所以振民性，仁者所以遂民生也。湯之彰於兆民如此，民尚有不信者哉！嘗思鳳扆慶星雲之瑞，風動者四方；龍庭肅玉帛之班，嵩呼者萬國。懿乎鑠哉！莫不抑寬以御衆，仁及群生之應矣。惟我王恭己承休，紹心傳於十六字，撫辰凝績，綿景運於一萬年。一人首出，而四海心歸，所由戴我明明後弼予丕丕基也。王之用人處己如此，民有不欣欣然望者乎？繄昔聖天子在上，運璿樞，握金鏡，紹洪慝之德，暢茂世之規，六合時雝，蕩蕩巍巍。元髫巷歌，黃髮擊壤，南箕之風不能暢其化，離畢之雲無以豐其澤。皇道炳煥，帝載緝熙，普天所覆，莫不沾濡。猗與寬德著於中寰，仁風翔乎海表，動容發音而觀者用能敷化一時、餘烈千古矣。此其道無他，不惟其刻惟其寬，不惟其忍惟其仁。今夫賢君之踐位也，亦何至委瑣齷齪、拘文牽俗云爾哉！所慮者鞠茂草於圜扉，而莠良無别；輟鳴桴於砥路，而教化無聞。則失之寬者無異失之未寬也。流春澤之膏渥，而俗尚嬉游；弛秋霜之嚴威，而民無畏懼。則失之仁者無異失之不仁者也。是豈不欲爲無爲、事無事，免群生於湯火、奠百姓於修和而卒難驟臻者？厥德勿彰而兆民不信也。惟王凝薰萬姓，陶化八紘，外綏百蠻，内撫諸夏，亦惟是朝乾夕惕，兢兢乎發號施令，同規乎黃農，業業乎奠民安居，齊德乎羲軒。敷教之典，本之烈祖；施濟之量，景之古皇。俾前聖之緒，布濩留衍而不韞韣胥是道也。且夫治天下者，未有不始於憂勤而終於逸樂者也，於是臨軒而策，負扆而觀，揖朝廷之嶽牧而進之，僉曰百姓永賴矣，進康衢之耆老而詢之，僉曰一人有慶矣。是以軌迹夷易，易尊也；湛恩龐鴻，易豐也；憲度著明，易則也；垂統理順，易繼也。卓哉煌煌,神明之式,然猶聖不自聖,賢益求賢,念負重於春冰,凛馭索於秋駕。所以東鶼西鰈,赤縣同歸,北側南蟆,彤廷紀績。金銀溢而檮杌鳴,天授鼎籙;黄魚踴而黑龜見,德協泰交。網開三面,調玉燭者治炳蘿圖;命式九圍,理瑶階者化昭桄被。雷霆與雨露交施,德禮贊乾坤之用。堂哉皇哉,皇哉堂哉,豈非寬仁之克當而兆民之永信哉!於是海内同説曰:吁,惟王之德,俟其褘而。

本房加批:甄綜孔壁,規范蕭樓,塗山之玉帛萬重,赤城之雲霞千丈。劉彦和所謂根柢盤深、枝葉俊茂者,斯文有焉。

皎皎白駒在彼空谷一束其人如玉毋金玉爾音而有遐心

惜賢人之去者,深望其不我遐棄焉。夫皎皎者猶是駒耶,已在谷而不在場矣。非是人耶,心未遐而身先遐矣。重念爾音,能無慮其遐棄我乎?詩人若謂望衡對宇,周旋素歡,跫然足音,譏謝伐檀。詠停雲而眷戀,集舊雨以盤桓。履蹈潔清,時懼白圭,貽玷廉隅,砥礪惟虞,太璞不完,志在高山。更何心兮贈策,情關朝右;聊相約兮彈冠,永夜開樽。差洽談心之誼,凉宵翦燭,方知悟語之難。當其容與不前,逍遥自得,願展丹忱,詎甘素食。德同玉潤,既必勤以切磋;材擬金相,時復加夫拂拭。藻火焕龍裳之采,我臣我鄰;星雲揚虎陛之休,爾心爾力。方冀螭坳奉職,風風人而雨雨人;何期鴻翼翀霄,南山南而北山北。渺渺雲山,停驂何處,别我東門,送君南浦。未詠呦呦之鹿,野草見思;空乘皎皎之駒,筍蒲出祖。身將隱矣,豈欲去而仍留。何以贈之,洵有懷而難抒。凝睇暮雲春樹,先試荷衣寄懷。落木秋風,遠尊菊渚。寤歌寤宿,客伴我兮煙霞,永夕永朝,天如晦兮風雨。況復潤身毓德,待價用沽。肯受三加之幣,易兹一束之芻。天琛儲梅鼎之材,發函鄭重寶器。致茅匭之藉,韞櫝躊躇,伊人在望,比玉何殊。美媲流黄,願爾早辭泉石;聲扉結緑,願爾毋辱泥途。夫何兩地睽違,一心眷注,起予寸衷,披君尺素。萍蹤漂泊，願傾蓋以言歡；絮語纏綿，願班荆而道故。爾毋心同玉潔，閟音問兮罕通。爾毋口似金緘，擲光陰兮虚度。爾毋效蒹葭回溯，尋源而放棹水湄。爾毋學唐棣偏反，臨别而贈言歧路。於焉度丹楓兮徑窄，隔烏桕兮門斜。白板詞人之宅，紅橋釣叟之家。星棧峰連，矗芙蓉兮十丈；月題轡踏，披薜荔兮三叉。付朝事於諸公，金心是守。附姓名於高士，玉汝是嘉。漫聽雞鳴，常懷風度。偶傳魚訊，遥寄芳華。人雖去而音猶在，室則遠而心未遐。爰爲招隱之歌曰：春草生兮萋萋，秋蝯鳴兮啾啾。黄琮蒼璧兮斯人與儔，元纁丹轂兮斯人是求。歸來兮，歸來兮，山中之人兮不可以久留。

本房加批：窈窕深谷，時見美人。淮南《桂樹》之篇，武陵《桃源》之記。

戊子晉人及秦人戰於令狐文公七年

書令狐之戰，所以深罪晉臣也。夫有君而納君，不忠；召鄰而敗鄰，不信。不忠不信，何以爲國？君子曰：晉之衰，盾爲之也。晉自文公錫拜、虎賁謀成、狐偃鹽腦，伏荆舒之罪，蒙皮潰陳蔡之師，其所以定王而勝楚者，得秦之力居多。迨其後佚狐計行，二國攜矣，左驂未謝，三帥返矣。誰能使疆埸之間，不嘆無鳩而興歌有豸乎？若乃交幾合而釁愈深，使未歸而兵旋起。失掎鹿之援，召吞鯨之患，有若是之甚者，則如令狐之戰。是令狐之戰，趙盾爲秦康公納公子雍而戰也。人之者何，説者謂盾召雍爲不臣，康納雍爲不正也。而以晉召秦則罪在晉，以晉戰秦則罪尤在晉。君子於是役也，一以見盾之不忠而内釁成焉，一以見盾之不信而外患起焉。先君遺幼子，何以正位於青宫？社稷有元臣，何以揚休於丹陛？度惟是宫闈消釁，懼有奪嫡之驪姬，匕鬯無驚勿懼，强鄰之蠶食已耳，乃盾也未能定鼎而偏若置棋，藐是諸孤徒因，未亡人之憐乞，幾何不弁髦視之也。夫秣馬以行，迫人於險，長蛇薦食，退敵以兵，亦足見料事之長矣。而窺其心,豈不以雍既長君,或鴻猷之親攬,秦真大敵,復虎視之堪虞以及子樂何辜、射姑何罪。盾之戰,非爲國謀,實爲身謀也。所以熊蟠入諫,貌著膚公,獒嗾方驚,私攜爪士。而秉筆有董狐,莫逃良吏誅心之論。此一役也,不可見履霜堅冰之漸哉!取郊而秦師報復,敵未厭夫豕心;滅江而楚子揚威,盟空長夫牛耳。度惟是東道,復通矢盟,願同於白水,南風不競,霸功早炳乎黄圖已耳,乃盾也狼心難測,而馬首是瞻。顧兹大國,竟墮晉大夫之狡謀幾何,不寇讎待之也。夫先人奪人,重申巽命,知己知彼,方戒師期。亦可見禦敵之知矣。而追其後軍辱奉麇,難繼韅靷七百,國稱多馬,莫支組練三千,以及聘魯之使,報崇之師。晉之失,非力不足,實援不足也。所以飲河歸馬,駕捷雞鳴,蹊田奪牛,威揚厖吠,而走險有鋌鹿,遂以失小邦懷德之心。此一役也,不可見左支右絀之漸哉!故曰晉之衰,盾爲之也。

本房加批:御二龍於長途,駕兩驂於衢路,杜當陽胸羅武庫,何任城疾起膏肓,譬萬鈞之洪鐘,絶錚錚之細響。韓子云:長袖善舞,多錢善賈。斯才足以當之矣。

大學之法禁於未發之謂豫,當其可之謂時,不陵節而施之謂孫,相觀而善之謂摩

法之著於大學者,以豫、時、孫、摩爲備矣。夫豫時孫摩盡善矣,此所以爲大學乎?今夫西雝隆視學之儀,聲聞鼉奏,東國志從公之盛,潔比鷺飛。匪謂標榜儒林,侈揚鉅典也。其謂圭璧束其躬躬,於以正春夏,分其序序,於以區禮樂,儆其事事,於以當切磋,淑其德德,於以新秩秩而儀斯章章爾服。王曰勉旃修罔愆蒸,曰休兹國有道矣。昔先王式鵠,求身大賚,爾造士,帝前則有斧,王左則有戈。發何以發哉,丹書勖爾型,赤玉表爾度,可,胡不可哉。予一人祗承南面,中規中矩,留十六物弓劍之銘。昔先王宗彝表德,錫敷厥庶民。象魏曷懸旃,騶虞曷應旃,爻其取諸節哉。赤松則問諸,

蒼葭則訪諸,象其占諸觀哉。我國家布化西京,如玉如英,攬七十朝圖簡之盛,所謂大學也,所謂大學之法也。剌泯青衿,城闕何以無佻達,榮邀赤芾豆籩,何以多賢良,共被春風而勿施夏楚。法何善乎?禁於未發耳。如去草然,務絶其蔓;如止沸然,務抽其薪。仰成均之雅化,立法維嚴,所以正心修身,應時而儲翽鳳之材也。夫是之謂豫也。振休風於兩序,揚詡英聲,霈化雨於三春,涵濡厚澤。事居其半而功得其倍。法何准乎?亦當其可耳。朝日夕月,惜我寸陰;春羽秋幹,實予寸晷。儕班行於元適,制法維公,所以順物得中,翹首而待司馬之升也。夫是之謂時也。而且黌序研經佩韘,則童心已化;詩書迪性披蒲,則捷耳可期。木云其易而鐘待大鳴。施何以施,法在不陵節耳。脱甲射侯,爾正爾鵠;上丁習舞,爾鳴爾鸞。日就月將,不躐等而進者,亦不半途而廢,所以或學知或困知,而勉至於完人也,其斯之謂孫乎!而且錯能攻玉,砥礪取諸他山,利十斷金,草木同其臭味,離琴鳴敬而坎鼓鳴和。善何以善,法在於相觀耳。伐木兮丁丁,吾與爾誦之;谷風兮習習,吾與爾誠之。事賢友仁,不以有所得而自足者,不以無所得而自棄。所以十年長五年長,而共至於大道也,其斯之謂乎!是故聖王在上,學校如林,俎豆莘莘。鵠音式改,聽諷詠於詩歌;鸞噦欣聞,詔功德以爵禄。先聖先師之澤遠,白屋求賢,興廉興能之效神,黄扉籲俊。所由甄陶多士,樂育賢才,而上聖主得賢臣之頌也與。

本房加批:鳥囀歌來,花濃雪聚,黄金作紙珠排字,多少工夫織得成,其寢饋於蘭雪堂稿者,匪伊朝夕矣。

會試朱卷

據《清代朱卷集成》三九，成文出版社一九九二年版

目　録

康誥曰克明德太甲曰顧諟天之明命

證明德於古人，先由周而溯商焉。夫德具於人，非克明無以盡人，命承乎天，非顧諟無以合天也。惟文與湯，不已足爲明德之證乎！傳者謂經言明明德。夫明明德，固儒者之事也，而王者之學亦不外是焉。學懋於緝熙，而靡悔之光聿徵丕顯；學躋於聖敬，而無形之惕常懔鑒觀。惟我周文王，亦越商先王，其學純而德著者，祓濯固已各嚴矣。今夫存諸己者曰德，受諸天者曰命。德本明而恐其或昧，宜以大力貞之。命至顯而恐忽於微，貴以小心承之也。試徵之《康誥》、《太甲》。古聖王誕登道岸，首頌於昭知德本至純功修不已，德期至密，聲色胥融，淬全體以常惺，固早探於穆之原而精神畢奮。古哲王若隕深淵，時殷戒懼，知命凝於性，敢懈靈承，命降於衷，勿忘降鑒，荷彼蒼之默眷，不啻仰維皇之極，而心目交嚴。

武之述文也，曰克明德。尹之述湯也，曰顧諟天之明命。夫以文與湯之聖，尚何明德之不明而天命之或違哉。而訓誥之言，則更有進謂懿美之良。聖愚同具，百慮而一，蒙之則力有未充矣。惟文也亦臨亦保，而宥密之地，獨擅修能，神明之鑒，迹象胥捐，始密而終疏之，則神不常聚矣。惟湯也制事制心，而昭假之時，彌嚴瞻視。然而文未嘗自以爲明也。光四方而顯西土，德昭怙冒而彌勤，即康田而戒盤游，德啓艱難而更勵五十年，雍宫肅廟，亦祇慮不明於德耳，而《康誥》乃直爲陳之艱。貞蒙難德以晦而能明義，問宣昭德以顯而益明。蓋明之事有全功斯克之名，有獨副其言德而不言命者，靈通帝謂言命而理麗於虛，不若則順予懷課德而力徵諸實也，而畔援歆羨之俱無猶其迹矣。然而湯祇冀不違夫天也。夏臺未釋之年，以知命者順天運，商土正域之日，以凝命者揚天休，六百祀啓後承先，敢遽忘維天之命乎！而大甲乃曲爲繪之，生商曰天命，天所畀者宜懔明威，黜夏曰天命，天所篤者當存明畏。蓋其命日鑒在兹，斯其顧無時或息，其言命而不言德者，德之靈明不昧，無所惕而氣禀或拘，不若命之昭明有融，得所警而衷懷彌肅也，而匪彝慆淫之悉泯，猶其後耳，試進徵之帝典。

施於有政是亦爲政

所施原於孝友，知爲政無他道也。夫政之言正，特患不能施耳，能施即能爲。政之爲政，豈外是乎？今使門庭之内豫順無聞而嘐嘐然欲藉手有爲焉，吾竊笑其不知量也。惟表正示規模，身教無殊，言教斯翕，從覘景象，化家不異化邦，其功雖約而其量至宏，其願非奢而其理至實。順而布之，夫固可會而通之已。《書》言孝友，《書》未嘗言爲政也。夫四國之政，綏其猷則道在爲，而一家之政，立其極則道在施，閨門何以覘起化，觀感焉已耳。假令陔蘭未譜，督以事二人，敦葦未庚，勖以聯同氣，吾恐嗤嗤者皇然疑，未必其帖然服也，烏能施宫廷，奚以肅觀型，真實焉已耳。假令菽水習虚文，遽懲蠱，耻壎篪，鮮至樂，遽責餱愆，吾慮芸芸者狎而玩，難必其率而從也，烏能施？乃君陳當日篤行，在親長人紀、肇修令德，播聲稱天言褒美，曰施於有政，非以孝友爲政之本哉！想其屏藩王室，則保釐之責難寬，罭魴興歌，徽何以紹蓱，蜂貽刺毒，何以除政之所周，度必有恢廓以爲之者，胡爲親頒棐訓，袛此飭典之庸言也。而《書》止如是，想其付畀東郊，則經畫之才宜裕，貽謀燕寢，洗腆風新，急難鴒原，孔懷誼篤，政之所繫，諒必有勤勞以爲之者，胡爲任重封疆，惟述承家之良法也。而《書》言竟如是，是知教國教家，理原一貫。王朝之官禮，悉本《雎》、《麟》，是知正己正物，道無兩歧，帝世之平章，端由親睦。然則從政者當知所爲矣，不必侈語謨猷，不必顯頒條教。日用倫常之地，一出於至情之浹洽，而嘻嗃胥平天下，惟情之至者感而遂通耳。嘗見桀驁之輩，氣質難馴，及與談喬梓訓恭、棣華興愛，且有愀然改計而行止頓化善良者，是亦政之自邇及遠也，不居，然令行禁止哉！然則觀政者宜審所爲矣，未嘗書懸月吉，未嘗績樹風聲鄉閭里巷之間，一動以真性之纏綿，而嚚凌悉泯，天下惟性之真者放而皆準耳。嘗見通德之門，彝型卓著，即使其姓名寥闃，里巷遷移，且有遺澤長存而風俗依然茂美者，是亦政之歷久不衰也，又何異草偃風從哉？施在是，即爲在是也，子猶疑我之不爲政耶？

惟義所在

義以爲準，當確審其所在焉。夫義爲言行之準，信果而義在，不必信果而義亦在也。確審其所，非大人孰能與於斯。且天下有定之事，即有有定之理以宰之，天下無定之事，又有無定之理以衡之，亦惟自審其所處而已。理處於有定，則貞固不摇，有確見，初無歧見，理處於無定，則變通盡利，無成心，自有精心，觀理明而應事當，夫豈拘言行之迹而近於硜硜之小人爲也。不然，豪傑任事慷慨直前，而若人也要盟若可背，小節若可寬，即舉世盡誚爲模棱，且不惜婉辭以謝之。夫謝之何意也，智士見幾，倉皇遠引，而若人也金石矢其誠，風雷勵其勇。即旁觀或疑爲固執，亦不憚策身以赴之。夫赴之又何心也，則且觀其謝之之决而審其是非，則且察其赴之之誠而權其輕重，則且於屋漏旦明之地，静而驗其坊表之所存，則且於大廷酬酢之場，動而觀其樞機之所發。有至言也，無擇言也，有懿行也，無過行也。夫亦曰義而已矣。其平日讀書養氣，早深喻義之功。凡言行之可否從違，一守以至正之規模，而範圍不過，其臨時度務揆幾，更精徙義之用，舉言行之經，權常變一，協以時中之準則，而措置咸宜。且夫慕義者虚也，襲義者僞也，而非審所在以爲之準則，仍析義之未精而處義之未當也。惟大人伏處草茅，則以由義爲居仁之用而意見不參焉。要約以言，何以負約非踐約，亦非貴權衡乎？一是立身以行，何以保身謬，殉身尤謬？宜擇執夫兩端，非迂也。義之所在，固有是行而宜之者以範我步趨，不敢以游移以害身心，亦不敢以拘墟累學問也。迨至集義配道而吐辭爲經矣，而舉足爲法矣。惟大人端居朝廟，則以行義爲達道之資而血氣弗逞焉。言爲四方之綱，重誓誥，尤重典謨，豈容膠固。行爲萬民所望，争是非，不争成敗，何事拘牽。非矯也，義之所在，實有是化而裁之者以妙吾因應，不忍以依違懷國是，尤不忍以堅僻誤蒼生也。迄乎精義入神而聲可爲律矣，而身可爲度矣。若是者其體立，其用宏，其觀理也明，其應事也當，夫豈拘言行之迹而近於硜硜之小人爲也。

賦得南山曉翠若浮來得來字五言八韻

萬疊山如畫，城南莽莽來。翠痕浮地起，曉色逼雲開。日麗天澄旭，嚴新雨洗埃。青皴峰合沓，緑縐浪縈迴。鏡展疑鋪藻，屏張半點苔。晨光摇草木，水氣浸樓臺。樹接藍田遠，煙消紫閣纔。載賡隆慶句，簪筆侍蓬萊。

藝風堂詩存

據燕京大學圖書館民國二十八年印本

目　録

卷一

卷二

卷三

卷四

卷　一

萍心集

余年十二三，讀書之暇，偶學吟詠。未及弱冠，即罹患難。脱命鋒刃，竄迹草莽。三年奔走，皮骨皆空。乞食淮陰，避地、湘水。杜陵《無家》之别，庾信去國之悲。木末荒亭，時時嗚咽。

小　步

隨徑三五折，疏林重復重。花幽消艷態，地僻斂寒容。流水竹間寺，夕陽江山峰。若逢真隱者，蠟屐許相從。

采蓮曲

采蓮女，晨起理新妝。一襟浣露珍珠香，風吹翠帶驚鴛鴦。鴛鴦驚，入花去。夢惺忪，悄回顧。

采蓮女，當門貼翠鈿。夕陽潋灔紅無邊，花意嬌如儂可憐。可憐儂，狎鷗鷺。百態生，凌波步。

庚申閏二月金陵大營潰三十九日丹陽陷江南提督張忠武公國梁死之四月朔兩江總督何桂清棄常州遁初六日常州陷余居在江干踞常州不五十里昕夕震驚族祖浙江臨

平司巡檢珊寶先生瑶廪生吴仲明先生銘率練勇拒戰數日勢不支十一日二鼓余奉母渡江寄寓靖江之正東圩十三日賊大至江陰亦陷珊寶仲明兩先生陣没焚燒殺掠而去族中男婦死者二百餘人十六日余聞賊退買舟渡江破屋僅存衣物罄盡前後陳尸三人不知誰何老僕胡五相與掩土埋之奉先人木主影像略檢書籍而還江北九月至山陽止焉迄今已及一載賊氛甚惡克復無期南望江雲不自知涕之何從也聊賦短歌即當慟哭

江南閏三月,雪花大如掌。陽和變肅殺,天意先垂象。是夕大營潰,壞雲時下上。十萬良家子,同聲呼放仗。灑血平清渠,暴骨雜榛莽。或云賊四合,無計禦粗獷。或云攘内缺,有心吝金帑。參肉豈足食,諉誅詎云枉。浩劫嘆茫茫,撫膺恨囔囊。

虎臣真矯矯,將軍嶺南張。只手撑乾坤,半壁堅金湯。一朝落陷阱,命盡鼓不揚。戰馬失主歸,悲鳴春草凉。雲車逐風馬,披發叩九閶。自願爲厲鬼,隨衆掃欃槍。天子亦震驚,覽表淚浪浪。申甫期復生,宣力爲疆場。

趙括真豎子,衛青亦人奴。樞府失勝算,嚴疆倚懦夫。赫赫建高牙,指揮保睢盱。閨房溺聲色,餘事工呼盧。一朝局勢急,籧篨竄海隅。三吴五百里,席卷歸萑蒲。鯨鯢吞艅艎,麋鹿游姑蘇。萬死不塞責,何日歐刀誅。

鄉閭治團練,白甲軍特起。利器袛櫌鋤,高壘惟棘枳。激發忠義忱,不自知生死。楚氛朝甚惡,相距僅尺咫。夜半覓小舟,盧碕先偷艤。奉母彳亍行,暫息滄江涘。苟能全性命,不復顧簪履。竄身豺虎間,草草偷活耳。回首望江南,烽火數千里。

池陽江口對月同吴二諤生飲酒作

一峰迤邐一峰立，峰峰横亘江南北。月影團團海上摇，大地江山總生色。烏篷小泊明如霜，袷衣消受涼風涼。回頭　片空明水，蘆花亂卷煙茫茫。對此清曠色先喜，一身濯魄冰壺裏。船頭細酌金庭春，墮地吟魂呼不起。吴郎吐氣如長虹，擲杯笑指波濤空。丈夫意氣自磊落，肯作兒女悲歡容。酒後發狂忽大叫，利語快如劍出鞘。我酌子勸神鬼驚，我歌子和魚龍笑。回憶往時二三子，踏歌爛醉城東市。往往尋山不稱意，赤脚長弄江頭水。只言行樂長如此，一朝鼙鼓滿江鄉。天南地北皆移徙，何日相逢再把杯。眼中惟我與君爾，吁嗟乎，離合悲歡在一瞬，有酒不飲亦如死。今日池陽口，明日皖江頭，不辭典盡鷫鸘裘。一杯重酹江中月，消盡青蓮萬古愁。

青山謁李白墓

謫仙人已還仙去，身騎長鯨不肯住。孤墳三尺青山巔，絶無詞客弔秋煙。青山主人總奇絶，前有謝朓後青蓮。我欲問天天不語，拜公合在西江渚。我欲下筆愧無才，招公合築糟邱臺。公之蹤迹如游龍，俗士齷齪誰能容。胸中奇氣海嶽小，醉後狂歌天地空。桃李家園宴春夜，天倫樂事追群謝。興酣直踏落雁峰，狂吟奇句驚天公。瀛洲仙草東風緑，沉香亭上呈新曲。猩猩嘯雨鬼啼煙，罡風吹落夜郎天。嗚呼，一生榮辱皆寄耳，生非生兮死非死。長星耿耿三千丈，光芒下燭萬餘子。滄江日夜東南流，詩魂高踞秋風秋。尋山飲酒興未畢，赤脚下追水中月。月兮月兮爾有情，公乎心迹同其清。世人欲殺不得殺，手抱蟾蜍歸玉京。風流歇絶一千載，後之來者猶涕零。蓬萊清淺雲車過，應向青山作高卧。水中明月山中雲，長伴千秋絶頂人。公乎馳逐且如此，我輩飢驅何足數。巫山十二翠色濃，洞庭波浪巴陵東。何地復與仙人逢，或者相逢樽酒中。

彭　澤

千萬峰圍斗大城，遺迹何處訪淵明。愁無白酒傾杯酌，尚有黄花繞徑生。山指雙姑摇黛影，江流九派走清聲。一家一縷炊痕白，襯出雲間夕照晴。

武昌縣

似聽雷雨急，此地惡風波。天到山頭斷，舟從石上過。危灘先作響，駭浪細漩渦。半日篷窗坐，愁多兩鬢皤。

夜　泊

秋山淡到翠痕無，近水人家入畫圖。遠渚破煙飛雁鶩，凉風吹緑戰菰蒲。半艙月色詩情冷，一枕江聲客夢孤。挑盡寒燈眠不得，篷窗自酌買春壺。

留别吴諤生表兄

余自幼與兄同居，近涉患難後，復相依淮陰，於今三載矣。今余省父赴黔，兄送至漢陽而别。感良友之多情，悵天涯之遠隔，撫今思昔，率成二首。

江天風急雁行分，一曲驪歌不忍聞。已是天涯同作客，那堪今夕又離群。帆開吴楚江頭月，淚灑瀟湘水上雲。惆悵臨歧珍重語，日初斜處酒初醺。

趨侍庭闈萬里行，愁風愁水一程程。未深閲歷常憐弟，怕以飢寒更累兄。風色滿江游子淚，夕陽半舫故人情。天涯有日催歸棹，紅藥花中酒共傾。

嘉魚道中

落葉飛如雨，柴門静閉關。人驅黄犢返，我羡白鷗閑。落日下高樹，寒煙沉遠山。蓬窗無一事，村酒破愁顔。

沔陽舟次

極浦與雲齊，輕舟怕路迷。風驅群木偃，天壓萬山低。遠渚聚飢雁，荒村鳴午雞。客中聽不得，况有鷓鴣啼。

岳陽道中

山光瀉碧水凝藍，收拾全湖一鏡涵。醉向岳陽樓上望，秋聲催夢下江南。

風葉如雲墜遠汀，蛟龍長帶水花腥。一聲月下關山笛，吹得秋心滿洞庭。

一番詩意夕陽催，渡口蒼茫暝色開。底事蓬窗寒影重，奇峰天外忽飛來。

鷓鴣穩住緑槎枒，目極山嶺更水涯。聽遍聲聲行不得，可知奔走已無家。

巴歈集

自夏徂冬，入蜀度隴，船唇馬背，艱苦備嘗。水陸五千，寒暑八月，平子西征之賦，王粲從軍之行。迨卜宅於蓉城，始重親夫竹册。雙親顧復，一室團圞。聞過庭之詩禮，足慰荒蕪；嘗新婦之羹湯，互相唱和。天倫樂事，未敢忘懷。

辰州弔秋帆制府

鎖鑰南疆倚老臣，外苗内教劇艱辛。詩吟箕尾身先逝，兵困壺頭志不伸。功罪但憑輿論定，交游均譽性情真。孤寒八百空垂淚，並世何從得此人。

鎮　筸

西南天盡處，高踞百蠻秋。風俗黔中近，江山楚上游。箐濃蛇屈曲，廳地多蛇。雲密鳥鈎輈。介子祠堂在，論功世寡儔。謂重庵觀察。

危堞真天半，崇碉尚水濱。禮儀雜夷夏，城外皆苗民。户口半兵民。銅鼓時驅鬼，金錢喜卜神。五溪今樂土，氣象總狉獉。

民居多繞郭，了了數炊煙。樹老根盤屋，山高頂鑿田。砌灘支急碓，刳木引流泉。山泉能引以過屋。但願龔黄治，逍遥樂歲年。時李司馬有政聲。

逋寇邊烽緊，時黔賊逼境。征人戰血殷。怪風占白賊，滿月嘯烏蠻。鼓角鳴秋壘，星河落曉山。古今名將相，遺恨不生還。漢新息侯、國朝福文襄郡王均没於境。

階州營次呈周渭臣軍門

營門人静大旗凉，隴右山河氣莽蒼。萬馬無聲秋月皎，催詩更補菊花觴。

移　居

鶯花海裏卜安居，自悔年來作計疏。身世已同鷗泛泛，羈棲敢望屋渠渠。□陰遥借鄰家樹，停轍偏多長者車。回首江南風景好，蔣家三徑近何如?

漂泊天涯近十年,棲遲錦里又三遷。一囊未獲侏儒粟,二頃空思陽羨田。喜學枯禪參白社,醉吟詩句問青天。飛花飛絮同漂泊,不受人憐亦自憐。

送硯農兄從軍越嶲三首

少小不相識,聞名心尚疑。兄游夜郎域,我生吴江湄。相去千萬里,眠食無由知。客歲棲錦城,識面嗟何遲。櫪馬嘶北風,烏鵲繞南枝。故里隔烽煙,執手重唏皭。遥羨岷江流,日夜東南馳。

邛崍插天半,金沙流渺緜。桄榔暗毒霧,鸚鵡啼荒煙。亭障迫烽燧,雨雪摩戈鋋。桓桓丁都護,幕府需高賢。依人王仲宣,遂賦從軍篇。飛書資虎僕,知己托龍泉。牧馬金絡頭,手執珊瑚鞭。意氣何慷慨,去去南荒天。

無家事遠游,半生長作客。塵霏燕市紅,雪蹋梁園白。攬轡黔山雲,挂帆楚江月。平生所游歷,一一感疇昔。三十不得志,僚佐亦恬適。勒銘摹荒崖,運籌倚前席。治縣翻舊譜,拭目飛喬舄。加飯弟兄心,何况遠行役。

寄費幼鶴表丈

劣虎優龍總異才,自甘溷迹逐塵埃。神君心有齊民術,廉吏今無避債台。官閣賓朋搜舊本,江村父老貰新醅。廟堂薦禰知何日,屈指誰爲濟世材。

寄張丈瑞之

憶過龐公下拜初,便垂青眼獨憐余。難銷奇氣澆醇酒,典盡春衣購異書。偶露性情交倍契,各謀甘旨會仍疏。渝江日夜東流水,時向江干覓鯉魚。

卷　二

北馬南船集

幸捷秋賦，遂偕計車。五度夔門，四經雲棧。金牛峽裏，虎窺月黑之藩；人酢甕前，猿賈楓青之淚。浮蹤柳雪，不免悲傷。大好江山，亦資閱歷。鎖闈點額，惜空度夫年華；蓮幕潛身，幸相逢夫知己。十年況味，盡在於斯。

眉　州

玻璃江上波猶緑，難覓玻璃酒一壺。欲起坡公重問訊，此間應不羡西湖。

望凌雲山

未作凌雲載酒浮，此生深恐負嘉州。江山奇麗空千古，身世飄零又幾秋。風静游魚吹墨浪，雲開斜日下烏尤。舍人注《雅》臺猶在，莫謂宏農舊迹留。

出都題壁五首

紅塵飛十丈，冠蓋滿華京。揮手出門去，西山一笑迎。萍蹤游子恨，絮語故人情。橋下桑乾水，都成嗚咽聲。

種辨逾淮橘，鋤先當户蘭。功名等雞肋，去住累豬肝。春水南唐恨，青山蜀道難。故園何日返，東望總漫漫。

孰決推枰策，誰成掃籜功。當關無卧虎，中澤遍哀鴻。南國音書梗，東山杼軸空。昨聞馳露布，又奏翠微宫。

建白無良策，蒼黄等弈棋。連營九節度，卜戰七稽疑。人事猶難盡，天心孰可知。中原諸將帥，憶否受恩時？

一覺揚州夢，茫茫何處尋。早知相别易，轉覺用情深。蘭芷三春色，江湖萬里心。新愁澆不得，彈劍作長吟。

韓侯嶺淮陰侯祠

功成不作赤松游，便合將身齒屬鏤。國士一言扶漢鼎，孤兒九死竄蠻陬。芝吟黄綺悲真主，瓜熟青門感故侯。末路英雄同一哭，蕭蕭泜水自東流。

霍州道中

一層雲間一層峰，峰影不如雲影濃。忽地風吹雲盡散，馬前了了翠芙蓉。

路半崎嶇壁半斜，竹籬茅舍野人家。紅紅白日扶疏處，開遍空山鶯粟花。

韓侯嶺上陣雲蒼，韓侯嶺下衰草黄。行人下馬拜祠宇，肅肅野風吹夕陽。

霍山萬疊翠鈎連，上有蒼松不計年。我欲結茅山下住，松花如雨打琴弦。

黄沙屑屑水蕭蕭，慘澹寒雲國士橋。畢竟士爲知己死，金臺何事笑燕昭。

水田種稻旱種麥，低嶺種蕎高種桑。一種土風淳且樸，臣居原是古平陽。

一曲横汾繼大風，漢家天子自英雄。年年汾水秋飛雁，只剩河山夕陽中。

土嶺層層穩結廬，流水活活暗通渠。田家風景清如此，笑問征人如不如。

留别成都友人

秋思茫茫海樣寬，慣衝風雪上長安。馬蹄歲月真虚擲，雞肋功名亦太難。豪氣未除猶跌宕，狂言偶發又闌珊。黄金易盡朱顔老，空嘆虞翻骨相寒。

天涯無地寄吟身，庾氏飄零阮氏貧。不分揶揄逢路鬼，最相契闊是錢神。清門零落無昆季，旅况艱難仗老親。除是清山知此意，幾曾艷踏六街塵。

擊碎琅琊處仲壺，十年蹤迹遍江湖。凌雲才筆慚鸚鵡，芳草年華怨鷓鴣。朋輩風流依白社，酒人星散感黄壚。鳳城煙月榕城柳，兩地相思無日無。

郎當驛

豬龍犯闕延秋開，三郎已是郎當來。射生五百迎龍馭，三郎又是郎當去。郎當郎當一聲聲，一風吹與三郎聽。三郎聽，淚如雨，不悲九廟成灰土，但悲南内春無主。月明一曲雨淋鈴，可似霓裳羽衣舞。

循潛水西行

山屏隱青緑，林木滃然秀。西風吹颯颯，落葉疑雨驟。泉隨雲共飛，石與人争瘦。樹根枯蔓纏，巖腹澀苔繡。流水漸歸壑，無復蛟螭鬥。垂虹卧飛梁，修蚓滴巖溜。景物足清幽，民居猶樸陋。茅屋數十椽，草草創旁構。默尋炊煙微，計時恰清晝。

牢固關

一峰十數盤，一盤十數丈。仄徑懸林杪，如綫穿雲上。青天來壓人，頫首不敢仰。大壑窅無底，空外忽聞響。幽疑藏蛟龍，怪或走夔罔。置身千仞危，容足二分廣。平生磊落懷，到此亦惘惘。豁然凌絶頂，群山敢争長。駐足倚雄關，悠悠結虚想。

留　壩

斗大孤城斧底懸，畫眉關倚夕陽邊。數重樹影翠欲滴，一綫青天光不圓。挽粟惜無流馬運，時西征糧臺以人運米。佩刀終遜買牛便。莫言氐道衣冠賤，鋒鏑餘生倍可憐。

潼　關

孤城天下春，門倚夕陽開。峻阪盤雲去，長河裂地來。乘時須守險，重鎮亦需才。前代興亡事，蒼茫付酒杯。

望太行

萬千雲氣郁青蒼，馬首西迴見太行。左界河山蟠晉趙，中原天地劃陰陽。雪花吟入冬心淡，風色吹餘鬢影凉。十載鹽車空歷碌，長鳴阪下太摧傷。

别姚觀察覲元用陸祁生别阮太傅韻三首

斯文久淪寂，大雅誰扶持。諸子並百家，異説猶紛馳。拘者困桎梏，健者矜權奇。方矩用勿錯，明鏡照勿疲。東南樹壇坫，異色生旌旗。我亦性嗜古，返躬心勿疑。敢希建輪狄，願從謀野裨。

聞聲久相契，遇合亦有時。沉思猶噤齒，高論先伸眉。桀桀泰山雲，鬱鬱濁水泥。雲分相隔契，遇合匪所思。拯病時饋藥，噓寒亦解衣。遂令拘曲儒，説公忘巍巍。青萍吐奇氣，拂拭增光輝。追維知己恩，益增别後悲。

浮生誤筆硯，安望萬里侯。但冀磨鐵穿，敢辭緣木求。朔風澹白日，長城亘幽州。談笑五千里，慣作金臺游。功名詎足重，文字誰千秋。

蕭寺養痾焚香枯坐懷人感舊得三十篇柬錦里同人兼寄都門舊友

憶昔李夫子，曾誇天馬駒。地輿經緯域，韻法直横圖。絶業傳青簡，遺文散緑蕪。髫年曾請益，珞珞愧今吾。世父芍芳先生通小學、地理，李申耆先生亟賞之。

劫火徹雲高，聲聲唱董逃。書生思報國，戰士勵同袍。枯骨烏鳶飽，空城豺虎號。靈胥如可作，把臂大江濤。吴仲銘茂才庚申夏粵逆陷常州，率練勇戰敗，投江以殉。

識我泥途裏，三薰三沐之。窮途知己感，過譽衆心疑。歲月銷詩卷，風霜换鬢絲。瓣香絳雲叟，如見劇談時。楊慧生守備。

袁淑文辭艷，虞翻骨相寒。依人歌劍鋏，誤我只儒冠。暫别芙蓉幕，仍餐苜蓿盤。惟雲鴻雁杳，不寄尺書看。丁次郇表兄。

門藏修竹裏，中有苦吟聲。掃石驚秋瘦，眠琴待月生。三乘歸島佛，五字鑄劉城。絶妙催詩法，連浮太白觥。淮安僧蔭可。

一别十年久，音書亦渺茫。從軍新樂府，行客古河梁。竹葉扶殘醉，梅花沁古香。舊游如夢裏，回首碧山堂。張鏡堂太守畫梅法金冬心。

龍性嵇中散，蛾眉屈左徒。一生憐宦拙，萬里感飢驅。天亦奇才妬，人多欲殺無。西州門外路，一慟徹泉途。湯秋史師。

刀光如潑水，凍月鬥吟卮。長揖容吾輩，狂談憶往時。詩吟宣武幕，歊怖順昌旗。金築烽煙靖，銘功好致辭。周渭臣提督。

第五才名著，心期書畫傳。風流陶令宅，虹月米家船。貝葉經參佛，蓮華果證仙。前身論慧業，應是蕊珠天。沈鶴子上舍。

啖我牛心炙，叨君驥尾名。夢天李長吉，亡命趙邠卿。慘澹黄壚哭，凄凉白社盟。更憐劉貢父，旅殯滯燕京。冉右之明經，劉小石主政。

狎主敦槃會，惟君律最嚴。忠言争藥石，俗耳仗針砭。家計殊難遣，粗官亦不嫌。春明風雪冷，應否鬥乂尖。吴柚岑大令同年。

雞鶩羞爲伍，摩天曳遠音。幽花無艷骨，古瑟寫秋心。説劍英姿在，談經道氣深。鴒原悲弱弟，風雨助哀吟。傅懋垣兵部。

長安五千里，春夢遠於天。恍入西窗坐，追隨幾席前。辛未寓君留月聽雨之軒。三生聯寧謫，百韻餞離筵。賦百韻詩送别。光采難終閟，摩挲寶劍篇。忱鶴農比部。

下第劉蕡策，鍾情荀令香。時新斷弦。雨懷宵磊落，花思曉蒼茫。慧舌調鸚䳇，閑情引鳳皇。蹋歌歸緩緩，呼出月如霜。吴月生孝廉。

同作天涯客，同吟棄婦辭。前生疑骨肉，今夕共歡悲。馬足太行月，猿聲巫峽詩。昔曾攜手處，爪印又多時。傅鵬秋刑部。

同人四五輩，跌宕最輸君。得意生花筆，傷心宿草墳。神仙三島月，金粉六朝文。滴盡西河淚，泉台詎忍聞。秦劍香同年。

手握步天尺，夜登觀象臺。欲呼陽利起，絶學問東來。星斗凌千丈，山川隘八垓。莫存揺落感，斯世正需才。屠梅君孝廉。

舊事從頭數，交情總角前。深杯鯨吸海，采筆鳳摩天。歸夢蓉湖棹，哀音蜀國弦。去留兩無計，滯迹又經年。董學周孝廉。

紫陌尋春夕，紅牙按拍時。桓生新涕淚，衛玠舊丰姿。才美翻成累，情多不厭癡。春來紅豆子，新種一枝枝。沈子宜比部。

舊曲翻金縷，新聲續玉臺。坐雲棲古峽，海水瀉深杯。月冷彈箏急，秋空倚劍來。石麐天上種，知爾不凡才。徐石甫户部。

紅塵飛十丈，中有子雲居。座設談經席，門多問字車。煙花春畹晚，水竹境蕭疏。胸次有真樂，何須問宿儲。周子謙比部。

士蔚帛冠舊，張融革帶長。遺經宗許鄭，俳體薄齊梁。花雨吟詩社，茶煙選佛場。苦吟當子夜，一字尚參商。黄曉損儀部。

耆舊江鄉盡，騷壇仗主盟。鶯花京國夢，鴻雪故人情。鄉味銀絲鱠，山厨玉糝羹。酒酣難自遣，入市訪荆卿。湯伯温比部。

天馬嘶風走，無煩金絡頭。放衙雲出岫，折獄月澄秋。舉手招黄鶴，盟心只白鷗。醉歸常夜半，憶否鳳城游。瞿賡甫中表。

昨歲長安道，秋風並轡還。漳流雲外渡，硤口雨中山。歷盡羊腸險，時虞馬力孱。近棲亞夫帳，草檄諭平蠻。黄授芙同年。

千愁思尚友，叔重與康成。金石縱横列，丹鉛點勘精。天教攻著述，心早薄科名。雙鯉何時達，迢迢盼去程。章碩卿明經。

李嶠真才子，高陽舊酒徒。談兵猶娓娓，擊缶尚烏烏。逸足羈騏驥，歸心托鷓鴣。宛鄰如不死，得見替人無。董子中州倖，詩名學宛堂。

沌中雜詩

迴帆西上快揚舲，沌口煙波接渺冥。入蜀重翻放翁記，雲山到眼似曾經。

山湖西去接長湖，湖外山痕澹欲無。古木兩三茅屋小，湖村小景付倪迂。

湖雲吹散遠天澄，打稻村前趁晚晴。一縷柳絲紅不定，夕陽猶傍遠山明。

眉山淺畫髻雲梳，生小魚娃慣水居。妾自持篙郎繫網，今朝準網鱖花魚。

渡白鷺湖

西風瑟瑟吹菰蒲，舟人唤渡白鷺湖。湖光玻璃一色鋪，湖波活翠明雙矑。翠波瀲灩新痕纈，波卷葦花白飛雪。布帆掠波作三折，波影疑是狂龍掣。沙灘驚起閑鷗眠，鷗飛亂點波心天。昔時蓮葉何田田，蓮花落盡流寒煙。寒煙一片碧無縫，風定夕陽紅不動。漁舟欸乃歌相送,客心恍入江南夢。

余自避亂遠游居城市者十餘年今返申浦舊居正值秋末冬初之際田家樂事殊足歆羨率成新詠

涼風起天末,吹來秔稻香。秋雲一萬頃,匝地鋪深黄。門内瓜壺酒,門前碌碡場。磨鐮吐新月,壓擔沉斜陽。篝火試新舂,粒粒珍珠光。昨歲苦亢旱,鄉里多流亡。差幸今年豐,及時謀蓋藏。側聞縣符下,伍伯催納糧。輸供必精鑿,飛挽達京倉。飽暖皆天恩,何敢雜秕糠。惟願晴雨匀,歲歲占金穰。穫稻。

燈光透林木,一粟摇青熒。軋軋復啞啞,中有紡車聲。一絲兼一縷,心苦爲分明。宛若相慰勞,長夜達五更。今年苦淫雨,吴綿薄收成。親老子亦幼,適體先經營。餘布販街頭,稍補穀價平。羅綺豈不羡,賦命甘苦辛。風雪免號寒,笑語皆天真。紡綫。

茅屋兩三椽,門對青山開。深恐秋風急,家室先摧頹。白雪理庚庚,晝夜手編排。昔日我舊居,輪奂高崔嵬。一朝覯豺虎,化爲塵與灰。亂定返鄉里,親自除草萊。蝸居低打頭,坐卧雞犬偕。吾儕本小人,蓬蓽分所該。昨聞聖明詔,亦罷建章台。上諭停圓明園工程。廣厦庇孤寒,空存杜陵懷。結茅。

歲晚謀旨蓄,斸地籬落前。嫩荄蘇宿雨,秀色凝荒煙。但足佐盤飧,婦子羅長筵。英雄老閉門,習勤智自全。處士甘灌園,逃名惟所便。何況山中人,長吟寒畦篇。秋雨蒓鱸飯,春風燕筍天。生小住江南,適口皆肥鮮。但願無菜色,長書大有年。蒔菜。

鹿頭關

陸海數百里,到此勢一束。連山亘坡陀,層景麗幽矚。側聞半英雄,於此飽敵鏃。卧龍失其侶,僕社遂終屋。斜陽銜祠宇,豐碑峙林麓。老樹號秋風,疑是炎精哭。

劍　　門

封關非丸泥，十萬横磨劍。清時道蕩平，行者色猶變。巴西老流民，慷慨日如電。劉禪信庸才，江山聽淪陷。如何君子孫，亦復繫白練。前王與後孟，紛紛事荒宴。但見開關降，不見當關戰。在德不在德，吾讀《吴起傳》。

天然橋

一峰忽東迴，一峰向西峙。一峰跨其間，如龍飲澗水。老柏鱗之而，森然拔地起。兩間窈且深，俯視疑無底。我懷喬文衣，翠雲榜已毁。文采曾幾時，零落已如此。

大木樹古小劍戍

朝踏大劍雲，暮飲小劍水。劍山割我腸，劍水漱我齒。天低時壓頭，石滑不受趾。其旁有雲頭，山名。造物弄奇詭。五步一褰裳，十步一趿履。形肖皺瘦透，色幻青紅紫。米顛如有知，下拜自兹始。

沔縣謁諸葛忠武侯祠

莘野聘阿衡，渭濱師尚父。三顧南陽廬，盛事追皇古。炎漢四百載，惟公一身拄。艱難得益州，定鼎符高祖。北伐先征南，蠻夷亦心膂。王業不偏安，臣志天應許。長才詡卧龍，强敵畏如虎。天若假公年，渭上規進取。曹馬一搆釁，欽誕皆外侮。長驅定中原，芳降權亦虜。凄凄五丈原，大星慘無語。遂令漢山河，拱手歸典午。林深啼杜鵑，月黑聞銅鼓。雲霄長嘆息，揮手謝伊吕。

天雄關

雄關橫巀嶪,上捫參與辰。千梯争樹杪,百轉仍山脣。西風吹落葉,颯颯恐行人。攀蘿苦登頓,大石何輪囷。層崖間冰雪,陰堧失昏晨。足底不敢窺,恐有蛟龍嗔。

畫眉關

五步一坡陀,十步一曲折。風雨剥蝕餘,石色沁積鐵。窈真繞羊腸,深疑入鼠穴。天光透覆釜,地影破圓玦。舉頭三尺壓,容足二分劣。匍匐升山巔,半晌猶哽咽。

衛輝道中

征車慣耐北風寒,檢點征衣總覺單。古道夕陽鴉背閃,太行殘雪馬頭看。地當河北民風健,天入中原眼界寬。醉把吴鈎一長嘯,壯懷畢竟誤儒冠。

武昌感懷

片帆又到武昌城,江上青山倍有情。游子重來黄鶴笑,故人無恙白鷗盟。梅花笛裏詩心淡,芳草洲邊客夢清。太息吴剛已仙去,臨歧涕泗憶縱橫。癸亥八月,侍母上楚南,吴二謂生送至漢陽别去,今二謂已殁矣。舊時同學半應官,瞿賡甫表兄,鍾鳳喈、洪桐雲、張月卿三大令,皆舊友也。愧我疏狂覓食難。劫火江山猶綺麗,少年意氣漸闌珊。半生落拓張儀舌,萬里棲遲閔叔肝。日暮鄉關渺何處,葦花蕭瑟北風寒。

荆　州

層城百雉尚巍峨，城外寒江走白波。豚犬兒郎天下笑，鯽魚措大古來多。解名共羡文泉筆，節鎮終揮無賴戈。霸業才人兩消歇，臨風都付竹枝歌。

松滋道中

萬頃煙波夕照遲，布帆安穩過松滋。漁歌獵響都蕭瑟，憶否松滋絶妙詞。

西陵峽

萬山相向生，陡束一江狹。陰風颯颯吹，送入西陵峽。前窺路若窮，仰視天欲壓。雲頭虚白封，石脚瘦青插。愁聞猿猱啼，喜與蛟龍狎。百丈曳江上，操縱頗如法。入蜀此初桄，已過心尚怯。

黄陵廟

導江鑿三峽，美哉神禹功。天地有缺陷，思以人力通。惟神實佐禹，效命庚辰同。雲旗驅黄牛，蹴蹋龍蛇宫。圭握百靈府，爐鑄萬物銅。遂令南條水，萬壑皆朝東。廟貌留空山，蘋藻走村翁。廟前盤老樹，山鬼啼西風。

腰站河

打篷雨聲歇，漸聞柔艣聲。披衣起窺天，寒色洗晶瑩。落月大如斗，光與朝曦争。四山濕翠飛，翹首媚新晴。其上最高處，殘雪横庚辰。白雲生山腰，一抹似水準。輕風忽倒吹，須臾滅復明。此境信幽絶，墨妙思關荆。

新　灘

去灘逾十里，早聞聲嘈嘈。灘扼水愈怒，水激灘愈高。一灘十數折，萬丈飛秋濤。響極反不聞，浩浩天風號。狠石盡骨立，八柱支斷鰲。老魚跳波舞，慣吸人脂膏。進寸退或尺，足迸目敢逃。一落焉可想，生死争秋豪。

亭子埡

萬山清入夢，拍手唤不醒。百折復千梯，勢與升天等。古藤牽我衣，怪石壓我頂。苔澀腥紅滑，竹瘦寒緑挺。風酸疑裂指，泥深或没脛。雲散一回首，蒼然城郭迥。野者荷鋤來，亦復闢畦町。

黄泥塥

十步五步石，千竿萬竿竹。石醜壓竹頂，竹鋭洞石腹。竹石互撑拄，並作一團緑。泉聲飛竹裏，繞石鳴琴筑。竹陰高接天，下有幽人屋。小屋有人讀書。幽人真石友，倚竹吟且讀。吾生太擾攘，羡君飽清福。

秋窗集

南宫釋褐，東觀紬書。乃卜宅於燕台，遂迎親於蜀道。禄薄未能蠲養，官閑大可著書。賴師友之匡維，藉圖書爲性命。遽罹風木，永廢蓼莪。返江左而種松楸，游粤東而依棨戟。閲文歷下，訪舊楚中。無計息肩，何方托足。雖膺上考，未捧除書。時空閲夫十霜，階莫晉夫一級。秋窗懷抱，寫悶居多。

游絲次劉子迎韻

願與東皇挽艷陽,爐煙共駐碧雲堂。金針似我同抛擲,玉尺憑人試短長。無復蜻蜓依釣渚,空遺絡緯警横塘。春三羨殺蠶娘錦,珍重朝朝伐遠揚。

海棠簾外御風來,也逐殘絨傍鏡臺。别啓大千輸藕孔,微穿九曲謝珠胎。升沉不定難輕許,聚散無端亦費猜。織女機聲聽夜月,自慚補衮本非才。

夕照樓臺廿四橋,春痕不共麯塵銷。柔情似水三分卷,客夢如雲一縷摇。無力任牽風嫋嫋,有心空阻路迢迢。陌頭楊柳原同調,甘向人前學折腰。

天遣飄零過一生,愁煙愁雨更愁晴。牽來傀儡渾無力,織到璿璣總未成。塵海幾人離繭縛,花天一例等蛛縈。負風倘作凌雲想,莫阻鵬摶九萬程。

題陶心雲同年稷山訪碑圖

稷山樓主海上來,貽我寶刻同瓊瑰。媵之長歌更奇絶,逸氣磊落浮雲開。昔年杜老探奇迹,刻畫琳琅出叢碧。避兵何處弔錢王,此是建初元載石。偏旁點畫考訂頻,廿字三韻通先真。大吉豈徒摹吉語,祓除不潔招靈神。大吉,神名。君今懷古嗜幽訪,翹企前修敢多讓。手攜氊墨蹋雲來,姓名題遍青蘿嶂。一千八百又五年,石花墨汁長新鮮。近時翁王昔歐趙,眼福輒欲誇前賢。從來古刻江南少,烽火經年幸長保。差與三老相肩隨,不獨校官誇瑰寶。嗜奇我亦與君同,曾訪殘碑走蜀東。破畫拭苔認丁魴,丁魴闕得畫像二段。駁文敲火辨盧豐。同調天涯人幾個,嗟君意氣遭頻挫。漫詠將離寄别情,石交更憶陳驚座。小蘭。神物顯晦終有時,蓄志媚古天應知。亂山青青雲盡處,祝君再遇鴻嘉碑。鴻嘉碑,見《會稽志》。

次韻答朱桂卿

取士較文字,得失常參半。秀才不知書,易起達士嘆。名榜推己未,遺文時擷玩。尺璧賣璆琳,珍木棄檮散。庚辰眞繼起,前後遥爲伴。學問各千秋,聲名競一旦。公叔曠代才,閉門坐吟案。字研《爾雅》詁,詩諷《楚辭》亂。理幹自卓犖,心苗久漱盥。纂組師盛覽,呻吟殊鄭緩。張茗柯許周生吴山尊郝蘭皋鮑覺生,學識本同貫。走也菰蘆人,興起慚頑懦。流派睽淵源,陳言噓盡炭。本非濟川楫,安望翹材館。貽詩感高意,冰雪成奇暖。出入懷袖間,時時挹英粲。

盧師山

停轍盧師山,躡屩尸陀林。絶壁呀然開,幽房閟重陰。白日飛不到,萬籟皆沉瘖。隨師去已久,遺迹留高岑。鞭驅二龍子,永閟寒潭深。好藉法王力,轉移造物心。農田龜背圻,蜿蜒施甘霖。

卧佛寺

隨山四五轉,中有一蘭若。拔地插松檜,參天起樓閣。花雨諸天散,風煙半林約。濃翠潑山眉,淡紅漏日脚。淙淙復琤琤,流水細歸壑。我佛疲津梁,欹枕尋至樂。精氣所發洩,柒邏花正足。

涿州

何粉芿香顧影憐,翰林年少望如仙。小馮若不投閹党,遲入黄扉只數年。以涿州之聲望,不爲義子,亦必入閹,遺臭流芳,只争一念耳。

上將新加槊水誅,講筵片語快私圖。不知繡像遼東傳,尚有流傳舊本無。

躬齋巨炮到神京，逆案難翻鐵鑄成。留與新朝嫻掌故，春官四典記殊榮。

實録宫中枉自焚，靈狸蜚語尚傳聞。只餘快雪堂中帖，玉匣縑囊護墨雲。

雄　　縣

瓦橋關下陣雲陰，鑿浸屯田計畫深。地險幾回榆葉塞，詩人偏賞蓼花吟。貔貅亭障殊非昔，唇蛤萑蒲利至今。若爲畿南籌水利，陂塘阡陌兩銷沉。

題江鄭堂募梓圖

破屋寒檠自諸書，書多金少計何如。畫師代覓求金術，手寫新圖仿募驢。仇石川爲朱性父繪《募驢圖》。

撒手千金事太痴，先生幸值太平時。儀徵不作笥河死，抱璞空山何所之。

遺書今已再三鐫，伍後居然媲阮前。瑣碎《雅》箋亦收拾，一燈偏向粤東傳。先生《周易述補》、《漢學師承記》皆阮文達刊於廣州；《隸經文》、《樂縣考》，伍崇曜刊於粤雅堂。客歲荃孫鈔得《爾雅小箋》副本，寄廣雅局匯刻。前後鏤板，皆在粤東，亦一奇也。

紅橋西畔謁饘堂，爲語傳經事較詳。太息令威已仙去，笛聲哀怨起山陽。先生曾主講淮安麗正書院，山陽丁儉卿師曾以經解受知。咸豐辛酉，荃孫流落淮上，亦在書院肄業，儉卿師時時爲學者言之。

銷寒第一集和宋芸子參贊韻

寒天無計償宿逋，宋侯招我飲市壚。吟朋三五不期集，著衣倒屣相追呼。玉缸萬杓傾凍碧，舉杯一吸長鯨如。入饌黄羊來朔漠，盈筐紫蟹推津沽。談碑上追歐曾趙，琢句高壓王楊盧。歌聲遏雲雜絲竹,繞樹驚起西飛烏。幕天席地無不可,劉伶阮籍皆吾徒。朔風撲檐白日黯,盎盎一室春魂蘇。有日吟篇積鉅軸,幾時社集摹新圖。宋侯英姿天下無,用世不辭官職粗。樓船東指四萬里,蓬萊弱水成康衢。掉尾恣睢狎海鰐,無情喜怒調田狙。揮手行矣休踟躕,瞬經安息通遮須。標格棱棱竦華岳,襟懷浩浩傾江湖。儒生報國文字耳,試看奉使西游書。只我偃蹇同瓠落,桑榆無術挽東隅。頹然一醉完事足,回頭凍月穿窗疏。

江亭雪後作

極天雪色壓城闉,吟社招邀互主賓。座上分曹談笑洽,酒邊角藝性情真。灌園抱甕容吾輩,破浪乘風大有人。搔首問天增感慨,胸中五嶽自嶙峋。

萬人海裏苦低眉,浪説鷦鷯寄一枝。薦士競傳楊得意,直言終讓魏無知。名場到處朱成碧,京洛頻年素化緇。柏酒松盆催改歲,春風還上鬢邊絲。

焦　　山

故人避暑焦山去,門外長江濁浪奔。山水窟中萃奇士,昔時蘇陸今洪孫。

阮公昔年置書藏,山僧掇拾猶殷勤。文宗萬帙歸劫火,大府充耳不欲問。

節庵少年負奇氣,抱冰不冷火不温。夜深嗚嗚發高唱,驚起老蛟來叩門。

我今重蹋邯鄲道,没踝黄塵甘躑躅。何時歸棹向江南,萬斛春波飲寒緑。

卷　三

息影集上

五考均上，詎類陽城；七品歸田，遠希竹垞。遂求祠禄，遄返鄉園。鍾阜晴雲，淮流明月。雞籠山下，建四學而同開；烏衣巷中，爲百姓而亦樂。援六朝之例，暫作寓公；逾五十之年，已甘邱首。友朋酬酢，身世悲歡，篇什較多，喁喁自得而已。

游赭山塔院答袁重黎同年

壞塔幽篁裏，精廬接亂山。秋隨黄葉盡，人共白雲閑。古道侵煙點，荒碑慎蘚斑。江天供一覽，絶頂快躋攀。議修復一覽亭。

山翠尚疑滴，分寧書已無。昔賢如可作，勝境又何殊。澗水流琴築，晴巒入畫圖。平生瓣香意，落紙强追摹。

同輩推袁虎，江東倚謝安。抗心千古易，挽劫一人難。偉略胸成竹，清言舌泛瀾。雲泥今已判，無計慰衰殘。

湖水榭賞秋第二集

講舍冠吴楚，枕湖仍面山。分朋詩壘固，角户酒兵慳。曲裏梅先落，門前柳未攀。鷓鴣聽不得，豪氣未全删。時伯年將之湘。

人集南川秀，嬉春復賞秋。唱酬新朋侶，陶寫古今愁。海國仍傳檄，衣冠且勝流。登臨殊未盡，翹首庾公樓。正對南樓。

顧石公招飲烏龍潭上水木明瑟軒作餞春之會即席賦贈

凌晨訪石公，言過盋山麓。凄煙間微雨，小徑蹋新緑。升堂接塵論，咳唾皆珠玉。悠然心目爽，潭水清於沐。孤亭蘿月肥，列岫松風謖。右丞華子岡，表聖王官谷。聲名傲管邴，標格追范陸。名流時過從，雲龍相角逐。勝地無所負，題詩等筍束。金陵昔全盛，園林互迴復。宫苑懷南唐，梵宇崇西竺。首數倉山叟，結構洞岩腹。驢背故將軍，詩窟留雲宿。何幸際昌時，相與誇清福。河山忽破碎，運會逢百六。大厦一時摧，斫伐及草木。深夜叫鵂鶹，荒台竄麋鹿。天宇再澄清，精舍重卜築。謂薛廬。名山盛壇坫，小隱吟薖軸。風流魏晉聞，勝績袁湯續。斯人久霄漢，傳經媵高足。石公如虹氣，胡爲長偃伏。昨從粟末回，新詩駴殊俗。壯志甘泥途，餘生付醽醁。東流一揚塵，四方同蹙蹙。火迫慨積薪，劫急感棋局。側聞建章宫，復造西湖曲。丹青淡兵氣，談笑清胡服。吾儕本小人，所見遂食肉。舊雨來兩三，提壺勸不速。紅紫雖爛漫，春光仍滿目。且賡山樞詩，莫效長沙哭。

十月十七日放翁生日同人集薛廬分韻得冬字

公歸七百載，又值丙申冬。初以放翁號，能談蜀郡蹤。淳熙二年丙申，先生五十二歲，任成都安撫使參議。三月以事去官，有“七千里外新閑客，十五年前舊史官”句。六月奉祠，有“罪大初聞收郡印，恩寬俄許領家山”句。是歲始號放翁，距今十二丙申，得七百二十年。荃孫昔游蜀，拜遺像於草堂寺，配享杜少陵也。枝官拌棄擲，祠禄愧優容。尚友心期古，何須唱懊儂。

立國推和議，輸金息戰烽。古今嗟一轍。涕淚灑無從。黄菊花猶盛，黄藤酒尚濃。瓣香祠下拜，遺像草堂逢。

贈金湝生

五嶺歸來客，三江亂定身。旅懷長磊落，詩骨久嶙峋。自詡血猶熱，空嗟眉不伸。溪塘作盟約，何事濯纓塵。

親在名猶戀，時艱志早灰。君與荃孫均因親没，無志進取。浮生甘澗壑，吾道委蒿萊。遣興憑書卷，澆愁付酒杯。莫言生意盡，窗外逗寒梅。

即事答石公

暫免江皋警烽燧，且尋勝地集尊罍。爐頭轟飲千愁散，誰識人間劇可哀。

美樹東來碧玉柯，臨風亭畔再摩挲。名臣才士俱消歇，棖觸尊前老淚多。薛廬植、曾惠敏自美國攜回嘉樹，昔盆玩，今已出檐三丈矣。

華燈高下漏聲遲，聽唱伊凉絶妙詞。同在水光山色裏，白門楊柳又新枝。

燕子磯邊江水流，江干剩有古時樓。風流仿佛王司李，蠟屐冲泥到上頭。

深柳書堂顧石公，狂歌痛飲有誰同。一篇視我蠻箋闊，酒氣瞢騰十指中。

出錢塘門至孤山

錢塘門外馬蹄驕，兩岸春山一鏡摇。絶好倪黄新畫稿，斜風細雨段家橋。

海南薏苡即明珠，不管旁人毁與譽。我向草廬尋舊迹，清風終古屬尚書。清風草廬，徐尚書潮别業，在聖因寺旁。花農編修，尚書裔孫也。

東南三閣剩文瀾，錦䕢瑶函蔚大觀。我友空存奢願在，未能復古已休官。

淮海中丞宗許鄭,特開精舍爲詁經。横流滄海公羊學,憶否先儒舊典型。

蘇小墓

蠟屐尋春春未闌,共傳埋玉此湖干。桃花隔院東風暖,柳色迎門夕照殘。劉白詩篇傳世易,秀杭争辨折衷難。行人欲問南朝事,江總徐陵一例看。

石屋洞

南出石屋嶺,言尋石屋洞。我佛千萬相,神采俱飛動。題記半剥蝕,蒼苔補其空。竹徑水潺潺,石樓雲滃滃。蘇陳字磊落,偉望德言總。霍韜爾何人,下視等蠛蠓。

煙霞洞

匼匝四山合,如絮雲氣蒸。東風何浩蕩,雨勢尤奔騰。春泥多滑澾,磴道尤凌兢。拾足真蟻附,聯臂同猱升。佛手與象鼻,形似世所稱。造像始吴越,千官塔幾層。

理安寺

西越楊梅嶺,淴淴聞水聲。九溪十八澗,繞徑横庚庚。路轉小橋接,岸危孤石撑。奔雷與飛霰,耳目皆震驚。寺門杳且幽,地迥凉意生。試嘗法雨泉,頓覺塵壒清。

雲棲寺

西過三聚亭，千竿萬竿竹。鳳尾長森森，貓頭短簇簇。際天只一青，匝地有餘緑。古木挺勁枝，壽藤散清馥。徑轉得寺門，佛塔在其麓。金經香光書，宸翰灑餘幅。長結翰墨緣，永資清净福。

定慧寺

亭亭復岧岧，巋然開運幢。覓徑趨寺門，竹樹聲琤瑽。岩挂萬年藤，半死餘空腔。孫枝亦成龍，夭矯蔭僧窗。壁罅泉迸流，下鑿池一雙。移從南岳巔，法力猛虎降。奔流下山去，石澗聲淙淙。

飛來峰

東過九里松，西入飛來峰。蟠地復際天，面面青芙蓉。千尋具皺瘦，百穴穿玲瓏。造像始何年，劖削皆神工。天低山翠活，雨洗春煙濃。來瀑及奔雷，二亭名。十步一支笻。倚闌聞泉聲，冷意蟠心胸。徑參情净理，默證南北宗。

韜光庵

雲林從左折，云是韜光徑。萬緑不見天，風泉滿清聽。盤旋竹石間，直上數百磴。一片江與海，虛白入空暝。小屋清且幽，啜茗闌試凴。法書劉文清書"韜光觀海"四字。及名畫，夢禪居士、伯昂尚書均作《韜光觀海圖》。擢落數前定。暮色四山生，禪房落情罄。

山中謡

偶作山中游，願向山中老。只愁山中人，不知山中好。達官愛入山,野僧愛入城。詢大寺方丈,多以城對。擾擾亦無心,毋近利名與。

山外女采桑,山内女采茶。不種桑與茶,偏種罌粟花。石磴數百級,神眩足亦胝。飛行不知苦,村婦與小奚。野花送微馨,楚楚好顏色。置之盆盎間,此亦數金值。

再題文瀾歸書圖

甲子值上元,妖氛掃欃槍。偃武乃修文,傑閣增輝煌。丁君抱書歸,鄭重陳緗細。豈徒復舊觀,補綴且不遑。迄今承學流,日夕飫謨觴。惜哉匯與淙,蔓草縈頹牆。中朝數人物,孰過曾湘鄉與張南皮。上書告天子,復有溥侍郎。任事少君儔,修復仍渺茫。南望只文瀾,奎壁騰光芒。

湖心寺

三疊玲瓏寺,雙文宛轉橋。幽香蓴菜艇,情境藕花寮。雨氣連雲暗,山光隔浦遥。偉人遺像在,祠宇鬱岧嶢。

讀史雜感四首

渤海迎西邸,清河紹大宗。稚齡膺玉璽,故事慕金墉。行險危瓊極,争權蹈劍鋒。傷心吴季重,曾泣鼎湖龍。

召禍同榮爾朱卓,神京幸瓦全。陰謀邀解瀆,孤注擲澶淵。集舍長沙鵩,招魂蜀道鵑。忠奸渾不辨,熱血灑寒煙。

夙抱縱横志,空言調護功。惟聞譙蕭傅,不見族江充。吠犬聲何急,傷麟道亦窮。脱鈎同畀北,挂席且徂東。

共擅昭陽寵,春風姊妹花。宫中歌赤鳳,殿上落青蛇。内使斜封敕,長街下澤車。長門應自艾,悔過敢咨嗟。

題龍樹寺名流高會圖會者廿九人，止吴仲飴、譚叔裕兩觀察，王蓮生一祭酒，餘俱未達。

名士多於鯽，長安望若仙。緬懷高會日，猶是中興年。翦燭談陳迹，零珠剩小箋。槐龍如舊識，婀娜晚風前。

卅載重洄溯，名流剩幾人。嘔心工著述，屈指半沉淪。壇坫誰推轂，山河感吐茵。龍門猶在望，翹首楚江濱。主人爲潘文勤公及張孝達師。

重至都門

五年重蹋軟紅塵，雙闕依然日月新。同輩相逢嗟白髮，舊游多半擁朱輪。久辭臺閣憎疏闊，甘向江湖學隱淪。太息阿連今宿草，池塘風雨倍傷神。過幼岑故居。

邱園何事學潛夫，謡詠無端似左徒。末世豈知經術貴，恃才深悔性情粗。浮漚身世慚今我，神武衣冠感故吾。廿載玉堂容易度，枉教飽死羨侏儒。

族弟一元性嗜飲日在醉鄉居近港河河畔有田賃與人陶歲取租若干爲酒貲一日大醉往陶家索錢至陶側而踣久不起人視之死矣其人無父母無昆弟無妻子族人議即死所而埋之陶側噫合劉伯倫鄭文淵爲一人殆隱於酒者歟作詩以弔之並邀石公同作

口惟宜飲謝意傑，死便埋我劉伯倫。師心何敢追二子，幕天席地稱酒人。酒人自耕江上田，酒人不負官租錢。三百六十日中無不醉，往往袒裼街頭眠。自古長春推酒國，豈知此樂有終極。一夢游仙唤不應,長眠恰在陶家側。人生百年亦瞬息,嘆老嗟卑究何益。何如一杯長在手,長星熠燿天無色。人生長壽只百年,名繮利鎖相鉤牽。奄然擺脱去人世,猶勝愁病長淹煎。但願骨肉速爲土,捖爲盆盎雜樽俎。長頸者瓶大腹瓠,飽貯醇醪萬萬古。吁嗟乎名士酒德頌,武將背嵬軍世間。飲者徒紛紛,有日化爲酒星上天去,口吐酒氣萬丈爲煙雲。

擬漢末小樂府十首

白蓋河間來,旁支纂大統。周旋張趙間,忘却君恩重。白蓋車。

自居師保尊,詎肯后黨附。幸哉伉鄉侯,不爲蕭太傅。伉鄉侯。

峨峨進賢冠,胡爲狗所辱。西園論價多,自然貂不足。狗著冠。

五銖牛白腹,新成四出文。姹女雖工數,人先散若雲。四出錢。

金錢滿堂室,賣官等商賈。今日積長秋,明日歸郿塢。金滿堂。

三十六方衆,黄天氣象新。不但收封諝,終須赦黨人。黄天部。

帝曰朕父母,今聽臣等死。臣死鴻毛輕,漢室亦已矣。臣等死。

青青千里草,西來屯畢圭。本初刀若利,何事待然臍。畢圭屯。

李樂與楊奉,左右屬車轂。可憐勤王師,乃出白波谷。白波谷。

黄屋何偃蹇,露宿曹陽田。回首望長安,宫闕成秋煙。曹陽田。

茅山雜詩

筭輿曉出城南門,林間小雨時瑽琤。瞥然蒼翠落我眼,三峰天半相支撑。近度平原遠高嶺,黄雲風卷十萬頃。珙花瑶草吹異香,其中清絶非人境。

山石犖确復犖确,入山徑投元符宿。宫名。仙都宋印已見收,圭符尚寶玲瓏玉。瓊都琳館今蒿萊,前朝經藏成飛灰。巧石亭荒銜夕照,濯龍池淺生蒼苔。

月華如水吹溶溶,開窗恰對大茅峰。陰森石壁數千仞,遐舉或與笙鶴逢。少時意氣洵無兩,瞿唐劍閣頻來往。今兹投老歸江鄉,咫尺玄都心怯上。

清磬一聲崇福宫，老柏骨立巔青葱。白雲崇福宫有古柏，大十圍，赤立無寸皮，其上數枝葱郁可愛。趙碑世延戴記溪不可見，俗口競説洪武龍。有槐作龍形，大約數百年物，懸牌子云明洪武朝封爲龍樹。山回路轉深林蔽，又到許公棲隱地。景昭大師猶有靈，莓苔濃護貞元字。唐貞元碑在王晨觀。

松風四面樓三層，木蘭合抱丹井澂。神仙高士兩不聞，斯堂轉以宰相稱。乾元觀，陶通明隱居處，有松風樓、宰相堂。壁間舊榜慈雲護，乾隆香會標名字。此是先皇全盛年，道人揮涕猶追訴。壁間有榜甚舊，拂塵讀之，則乾隆四十九年香會單。

傅子遠從溧水到，青鞋布襪真同調。誚我疏慵策我起，振衣自願作前導。千回百折登峰巔，金壇城郭在眼前。呼吸真疑帝座連，豪氣直壓孫與錢。竹汀、淵如兩先生同游，未登大毛峰頂。

華陽古洞世所無，毗連玉柱同蓬壺。束炬膝行親泥途，流水滴乳石剥膚。金庭玉署曾未到，導者三五忽驚叫。中坐一人疑證道，異哉古心非古貌。入洞甚低，行數十步漸高，半里許有積水縛略彴以渡，旁洞一人閉目趺坐，問之不語，道士聞之，次早率衆曳其人出，逐去，貌獰惡，始終不語，不知何許人也。

莊嚴功德唐崇明，浮圖七級風摇鈴。寶塔寺即唐崇明寺，唐碑宋碣矗立門外。中和石幢老兵碎，爲徐寶山鹽捕營打碎一角。四匝環刻元豐經。魯公大書字奇崛，井闌又説通明筆。豈惟山水足幽探，此是江南貞石窟。縣境有五梁碣、四唐碣、宋元至不能悉數，爲他縣所無。

吴　江

白蘋花簇簇，中有十分秋。野曠天容淡，城荒水氣浮。鱸鄉三泖近，蟹火一星幽。蕭瑟松陵路，凄然感舊游。

卷　四

息影集下

書　憤

强鄰虎視太侵凌，冒刃張弓脉奮興。神賜無憑奔虢丑，鬼兵難借誤王凝。竟將廟社爲孤注，枉比姎徒兆得朋。史册自來無此事，令人悲憤氣填膺。

竟有阿封即墨烹，政刑顛倒覆神京。那堪閫外玄黄門，更值朝中水火争。好友同歸吟白首，先皇在山鑒丹誠。疆臣可有劉從諫，表爲王涯請罪名。

連天烽火禁門開，碧眼胡兒動地來。不報客星侵帝座，但聞神女下陽臺。公卿慚愧等三事，士庶流離賦七哀。稍喜連和王與相，廟庭街市未成灰。

少日輕浮老謬迂，居然保傅握中樞。焚香帕首研邪教，趁曹空心斥舊圖。誤國京攸真父子，驕人洛閩舊門徒。中書堂内將軍坐，悔讀南華淚滿襦。

六　十

野鶴閑雲伴此身，驚心歲月去如塵。空懷抗手千秋想，已是平頭六十人。薄海難求安樂土，餘生自署葛天民。屠鯨射虎非吾事，只願紬書葆性真。

絶　　句

陋巷何妨飢與寒,相逢舊友勸加餐。虞山頽廢梨洲老,晚節深愁口立難。

滆　　湖

一碧到天際,西南望滆湖。夕陽下高樹,秋雪點殘蘆。水市魚蝦賤,秔田雁鶩呼。漸無王惲手,清景恐難摹。

再宿江樓

前月中秋登此樓,焦山白浪江中流。今朝重向江樓宿,月明千里天如沐。蒜嶺秋横木葉殘,瓜洲燈火朔風寒。回思夢雨横風夜,一樣江山兩樣看。

挽凌塵遺

鳩江談宴後,回首九年餘。慘慘三秋節,凄凄一紙書。梅花香未滅,君善畫梅。薤露痛何如。咫尺揚州路,離懷未盡攄。不到揚州十五年矣。金石稱三友,今存我一人。陸存齋久歸道山。家貧文字富,身賤性情真。《捃古編》難乞,貽書墨尚新。隻雞同斗酒,深愧未躬親。

郡城贈金湝生表兄一百韻

東南溝水流,西北浮雲翔。世事多變幻,耆舊言之詳。耆舊今爲誰,我友金粟香。粟香本詩人,生日同漁洋。問年十五六,負笈游衡湘。擷華儷瓊玖,造語協絲簧。頻年作客游,就婚來會昌。鬱孤何蒼蒼，贛水何湯湯。登高擅能賦，驚倒吴子章。江右六七郡，吟屐多徜徉。卯秋八九月，挾策趁天閶。我時得微官，蕭寺僑東廂。時寓永興寺。叩門一把臂，契洽勝尋常。肚懷露顔色，古誼洽肺腸。迄今三十年，白首毋相忘。君旋捧官檄，重溟赴五羊。東南海上山，一氣銜青蒼。天氣和海濤，長歌聲堬埌。粤東諸大史，能容狂士狂。異質寶干莫，空群矜驌驦。大長胡漢台，降王歌舞岡。畫佛菩提紗，得月風旛堂。紅柿暖織錦，丹荔甘填筐。夜雨啼鷓鴣，春雲連桄榔。新調徵藕絲，雋語諧周姜。祥符老都轉，周星譽。稱之百夫望。榷鹽來蒼梧，鴛湖泛春艎。君有《鴛江鴻雪圖》。無水不羅紋，有石皆奇礓。都嶠古洞天，豐碑生輝光。竹垞所未見，蘭修所未詳。吴著《南漢金石記》。好古幸君逢，收拾歸光囊。郭東酌冰泉，新銘鐫漫郎。題詞遍海内，東筍壓歸裝。大府第一流，人望南皮張。池館闢題襟，曲折沿城隍。賓客遠招致，接席皆班揚。我也虱其間，屠寄陶濬宣同雁行。君時參幕府，借箸資劻勷。久别幸重逢，喜極翻凄凉。名區聊笠屐，快飲羅酒漿。三君澄海樓，十子抗風廊。蒲間挹清流，花田儷陳芳。舊交南雪葉衍蘭，逸侶隨山汪泉。一一相周旋，有和君必倡。我歸主南菁，君領赤溪疆。新邑諸草創，甘雨蘇疲甿。考古小志成，上企武功康。春暉豈不戀，肅肅飛嚴霜。我北君自南，後先還江鄉。麻衣各被體，執手涕霑裳。相約同棄官，高隱城西莊。枌榆依里社，芋栗充資糧。矮柵驅雞豚，叢祠報蚆蚄。田種陶公秫，野植武侯桑。古寺訪天寧，煙雨何淋浪。禪門深以邃，創造由蕭梁。好友陸彦和與丁紹基，談宴青豆房。出郡趨縣城，水程百里强。鯉橋折楊柳，鴨蕩牽菰蔣。宋刹先訪碑，壽聖寺觀宋碑。沙壖議渠塘。冬月萬寶成，家家堆稻粱。邑宰折柬招，是日正開倉。邑令劉有光招飲。西秋大比年，復泛金陵航。湖波狎玄武，山色餐清凉。娱園一廛就，薛廬三徑荒。沙連白鷺洲，路斷朱雀桁。暢游足吟詠，懷古多慨慷。君家賢子孫，黌門報初桄。一家擅詩才，七葉傳書香。强國在變法，天語真煌煌。取士憑文藝，貽毒自李唐。荏苒千餘年，末流益蜩螗。自矜抱珠驪，殊類轉丸蜣。絶學窺專門，奇才徵上庠。武功必孫吴，治理必管商。

千尋推秀幹,百煉成金剛。古制法三代,何云效鑾偺。非惟異强弱,直可徵興亡。正僞推蘇綽,失言嗤王雱。詩書豈高束,斤斧肯自戕。變通貴一貫,執滯還兩妨。惟恐片言出,幾致兩目瞠。一生維大廈,未免不自量。君今謝塵牘,我猶守縑緗。刻書抱同志,仰紹張海鵬鮑廷博黄丕烈。校來真掃葉,照去或然糠。澄江名著作,傳世尚未央。天吝剞劂貲,此願終難償。讀君難憶詩,讀之多感傷。處士腹中言,葛仙肘後方。無聲意惻惻,有感心皇皇。理若機絲拙,才如雲錦颺。如馳訝西日,化異悲北邙。周、葉、丁、汪諸君。前修仍渺渺,後顧殊茫茫。晚景迫崦嵫,何敢希春陽。舊雨一朝聚,新詩百韻長。花塢夕陽明,試進婁尾觴。

虞陽雜感

鴿峰高處白雲寒,上相當年此挂冠。時局過艱騰謗易,君恩太重乞身難。忌多不意緣劬學,論定何曾到闔棺。華屋山丘增感慨,只留翰墨與人看。剛相認白字,師正之,遂切齒。

秋　色

清妙惟秋色,東南更渺然。樹聲常在水,山影不離船。村落皆如畫,居人是亦仙。偷閑能選勝,小結鷺鷗緣。

舟行太倉昆山之間即目

煙波深處蕩吴艭,兩岸秋山緑到窗。看過水葓花一片,翩然飛過鷺絲雙。

小小繁華嘉定城,先賢精詣似康成。瓣香今日都零落,猶賴遺書貺後生。懷竹汀先生。

名山眼底峙崚嶒,煙雨迷離玉氣蒸。寶燕才人終寂寞,臨風不見閣三層。龔定庵欲築寶燕閣於玉山以貯趙婕好印。

荻花如雪戰秋飆,蟹舍魚莊一望遥。看到峰回溪轉處,夕陽紅上最高橋。

木瀆贈葉鞠裳侍講時新從甘肅督學回里

隴阪持衡不憚勞,居然息影返江皋。移家我羡通明决,避世誰如用里高。稻蟹初登逢舊雨,蓴鱸有味薄東曹。故人相見應驚訝,一樣霜華壓鬢毛。

靈峰山下具區邊,水色山光几席連。難得卜居逢勝地,即今小住亦良緣。虚名料理傳身後,佳日從容慰目前。滄海横流無計挽,不如負耒且歸田。

上　墳

擕榼田間彳亍來,墓門荒徑没蒿萊。白頭孫子斜陽裏,料得今生到幾回。

大風雨泊湖口

盡日風兼雨,行舟尺寸艱。潮鳴湓浦驛,雲擁石鏡山。小泊心殊怯,清游願尚慳。匡君深拒我,未露碧孱顔。

自三峽橋至棲賢寺

斷峽虹橋跨,亂山雲錦張。深潭半清黑,古樹雜丹黄。久墮微塵劫,難開説法堂。諸天圖像在,百軸寶琳琅。寺藏許虎頭畫阿羅漢,存百餘軸。

高閣倚青壁,故人無相龕。山林歸未得,仕宦味深諳。何日乘軒過,他時翦燭談。小山招隱賦,深意問淮南。

棲賢谷

晚出匡廬門,徑指匡廬麓。萬緑不見天,云是棲賢谷。草深路蒙茸,往轉石犖確。忽然大聲起,震掉眩耳目。三通鼓戒鼜,萬乘車轉轂。直瀉决千丈,盤渦更一束。所以水力猛,勢欲洞山腹。險崖石燕飛,黝潭神虬伏。䆠䆤中金石,幽閟散琴築。吾讀黄門記,臨淵丏剩馥。

匡廬雜詩

癡雲不散漏微陽,估客帆開葉葉張。萬頃湖光平似鏡,大姑山接大姑塘。

四合蒼巒氣鬱蒸,側峰横嶺日層層。雲開衡岳昌黎事,只恐鯫生力未能。默禱放晴以畢游事。

果然誠意達匡君,掃盡朝陽歸嶺雲。欲現廬山真面出,不教天際著塵氛。次日大晴,意所不料。

修梅和尚大法力,歸宗巨刹仍巋然。奈何不識黄山谷,孤負枚如與芋仙。精舍縣謝枚如、李芋仙兩贈聯,今日雖不見修梅,然知客但領覩宗鑒堂新刻法帖,不知山谷"石鏡溪"三字所在,恐修梅亦未知也。棄燕石寶琳琅,能毋爲修梅責。

山色湖光照眼新,落星一石亦嶙峋。嵐漪軒内掄才客,此席覃谿得替人。時吴絅齋學使將按臨。

漱玉亭觀瀑布

晚登漱玉亭,朗誦坡公詩。峽破不復合,龍飛不復歸。但覺風雨沉,四山暝半空。灑落千珠璣,石色際天青。遍刻前人辭,後題壓前題。好名轉被通人嗤,不如煮瀑布,拾松枝。壁上宋方信孺刻。可以潤渴吻,滌饞頤。不則佳醸貯以雙鴟夷,看山時復一中之。醉眠石上,世事吾弗知。浮沫淅淅,濺我霜華鬆。

鹿洞書院

傳道宗洙泗,談經邁漢唐。名山留隱迹,洞本唐李渤所居。友會堂名挹餘芳。翠戰千林葉,紅頹百尺牆。杏壇留小影,風帶認吴裝。先聖象石刻道子筆也。

吾鄉李侍御,落落侍御齋名。古難追。獨得應官暇,甘爲俗士師。升車范孟博,置驛鄭當時。一樣皋比座,清風孰等夷。

月　湖

雉堞浸湖光,盈盈水一方。煙波狂客墅,衮繡相公堂。江柳作新態,野花吹古香。舊時觴詠地,觸目盡荒凉。

異　物

雄郡海東角,中宵聞市聲。春鮮菜花鮿,鄉味荔支蟶。棕筍緑掀土,風蘭香滿楹。何人工記述,異物不知名。

題吴清卿前輩手拓彝器卷

金石深交三十年,重披遺墨一潸然。簠齋不作退樓死,誰是孯經室再傳。

憶昔論文過窻齋,軟氈硬墨日摸揩。虎符龍節窗前列,甲乙牙籤手自排。

斷楮零縑敦古歡,傳形精拓世稱難。晁陳歐趙均同例,一樣煙雲過眼看。時窻齋所藏全散,皕宋樓書亦歸日本矣。

半山寺

松杉干雲高百尺，泉聲漻漻流春碧。路轉山迴見寺門，游人道是荆公宅。公昔罷相歸金陵，盈廷不合如淄澠。朝廷優禮許歸隱，公亦退院同枯僧。春蟄當年三顧起，歸來仍住煙霞裏。楊柳蕭蕭晝掩門，是何宰相村夫子。文靖經營事已空，一名一字偶然同。題詩聊示追隨意，肆口譏評恐未公。閻羅夏桀紛相擾，座中枕上皆煩惱。何若蘧然習氣除，一聲山烏忘昏曉。毁家造寺爲亡兒，懺悔前愆荷佛慈。三代以還才第一，可憐生亦不逢時。遺志至今猶愛慕，銀塘菡萏新承露。何年石磴草堂前，再種梅花三百樹。同治八年，魁時若將軍疏泉建屋，並種梅花三百樹以爲觴詠之地，今均樵爲薪矣。

再過西湖弔石公並柬苕生

依然雲抱水邊樓，舊雨曾偕十日留。縱酒生前空寄恨，修文地下亦埋憂。傷時不盡滄桑感，愧我仍爲汗漫游。天末故人猶薄宦，詩成先寄百花洲。

陶帥招飲掃葉樓

落葉下如雨，斯人不可攀。紅藏前代寺，翠擁隔江山。冠蓋同時集，秦尊盡日閑。未能登絶頂，足力自嫌孱。

和范伯子韻

青鬢蹉跎成白首，冷吟閑醉一年年。誰云蒲柳能禁老，聞道糠秕已在前。溟北鯤鵬難語海，淮南雞犬盡升天。朝衣典却勤農事，頗把犁鋤荷上肩。

題紫雲山探碑圖

文室西川武室東，卯金貞石著名同。如何賢聖兼山海，盡在靈光一賦中。武石室所刻《聖賢祥瑞》、《魯靈光殿賦》詳載地亦相近。

曾聞唐拓歸唐氏，依舊鈎摹付小松。何意石華連袂出，文光長護紫雲峰。小松摹入蓬萊閣即荆川藏本。

荷饋嗾獒雙斷石，近年方始出泥沙。零珪斷璧應珍護，莫任扶桑海客誇。日本東京博物院一石畫漢物也，標云清國山東出土，某人獻。

題載書圖

銜尾車輪鹿鹿催，讀書官又出金臺。三千寶册非凡品，海雨滇雲萬里來。

漁洋昔日繪成圖，名士題詩織錦如。今日秋盦重寫此，風流何減禹鴻臚。

我亦攜書作浪游，春明回首幾經秋。長恩不作勞薪嘆，萬卷先藏對雨樓。

和李審言用原韻

詩在開元大曆間，雍容養望住青山。沉酣卷軸懷同志，憔悴江湖改盛顔。一第未成鸞鎩翮，千秋可托豹窺斑。滿將車後譏劉勰，自抱雕龍獨閉關。

和陳伯年韻

數聲啼鴂不成春，撩亂風花最惱人。休説驥才全未騁，須知龍性最難馴。擁書花下空捫腹，憶友燈前辱損麟。佛證仙盟均謝絶，祇餘胡蝶許相親。

題焦山書藏曝書圖

無多善本在塵寰，好古方知保守艱。白傅東林成故事，武林闕藏又焦山。文達公先在靈隱闢書樓。

牙籤須掃舊黴痕，梅里詩人逸事存。文選樓空書藏在，詮公善守比長恩。

梁鴻高隱海西庵，檢點菁華止二三。飛札徵書編甲乙，人間從此重精藍。

金石僧歸忉利天，滄浪舊事有誰傳。滄浪亦有書藏歸達受領之。我今忽作陳農訪，重結龍威翰墨緣。時徵余入都辦圖書館。

九日和樊山韻兼示同人

佳節焚香禮斗壇，何如我輩盡餘歡。但求酩酊知誰主，自詡疏往不稱官。放眼關河添别緒，時古微將回蘇，子勵將回粤。驚心風雨助新寒。年華怕説茱萸近，滿徑黄花不忍看。

次陳伯年和樊山詩韻

詩壇高聳寒雲層，希仙希聖非吟僧。閉門高卧陳無己，得句若有神鬼憑。黄芽已悟無生訣，白足先證最上乘。神妙欲逐曹霸馬，搏鶩不數支公鷹。鷓鴣先生海上至，珠光的皪劍氣騰。叩關握手道氣凝，訪尋積玉朝羽陵。同車徑入故侯第，恍似北秀朝南能。是時天寒雨微濕，蕭蕭槭槭梧竹藤。曲徑三弓洗新甃，小池一勺涵清冰。主人哦詩如入定，大聲撼壁猶不應。兩雄相當不相下，欲别瑜亮誰克勝。珍弆不殊垂棘璧，鈔讀惜少宣州綾。掉臂仍回海東去，如鳥離繳魚脱罾。守我正音羞俶詭，何事抵玉兼裂繒。西江詩派足萬古，大千世界明元燈。

苦雨用前韻

朔風料峭雲層層,抉雲呼月無神僧。董生立法不得止,周穆吹笛殊難憑。今年東南叢大祲,恒暘恒雨相交乘。宵分大地澌震盪,後園樹杪驚睡鷹。坤輿宜静忽然動,頃刻雨勢如奔騰。飆輪凜冽寒氣凝,鍾山咫尺迷明陵。窗前檐瀑忽下注,畫斷銀竹苦未能。淙淙晝夜無間斷,洗濯松檜澆溪藤。連床屋漏無乾處,維摩丈室寒於冰。雲體塗足翹望晴,仰天呼吁高莫應。茅屋打頭疑欲壓,松濤灌耳如不勝。舊畫淋漓脱犀軸,古書黴暈涴鳳綾。前溪增漲一尺許,苦羨魚樂擬結罾。回斡陽和澆麯蘗,周旋槃敦添絮繒。檐宇沉沉晝疑夜,校書我欲挑寒燈。

隆裕皇太后挽詞

神馭三山杳,悲懷四海同。徽音殊未遠,火德已云終。名免僉降表,魂猶戀故宫。無窮家國恨,邢尹更交攻。聞瑜妃、瑾妃尚争管理。

揖讓開新室,威儀尚漢官。凄凉銜玉詔,鄭重奉金棺。地老鵑啼血,天悲鶴語寒。連日大雪。蒼梧修祔典,稍勝會稽攢。

碧香詞

目　録

柳梢青 梅

微雲嫩陰。疏香一片，遥度幽岑。入格繁枝，冲寒勁幹，畫理堪尋。　　何人解識春心。問竹外啁啾翠禽。新樣東風，舊時明月，若個情深。

高陽臺 題蕉窗倦繡圖

才送春歸，又送春去，柳花如雪江城。種得芭蕉，緑陰庭院初晴。彈紅偷拭瀟湘雨，有新愁、鈎上簾旌。最含情，盼過瓜期，參過蘭盟。　　行行劃徧回廊影，恰眉闌分碧，拳石皴青。袖裏齊紈，可堪重聽秋聲。舊時紅豆抛殘處，怕風吹、子又重生。算歸程，水復山重，歸夢零星。

金縷曲 汶水懷蔣伯生先生

冰雪玲心漱。擅詞場、青蓮宗派，紫衣門胄。春醸蟫紅乾不死，字字珍珠密扣。能博得、孫郎淵如先生。低首。一樣才人工綺語，數船山、跌宕頻伽瘦。儀征太傅謂伯生之才可與船山頻伽相伯仲。遣片羽，猶珍守。　　一官宦海浮沉久。最難知、含沙醜蜮，中人竟有。白首黄金歸賣賦，留取名傳不朽。只遺稿、今歸誰手。零落夕陽詞客墓，問何人、來奠空山酒。存殁恨，幾時剖。

醉太平 東平道中

疏林翠穠，斜陽碧烘，白雲無限玲瓏，露纖纖一峰。　　蘋蹤絮蹤，愁中夢中，有人永夜簾櫳，算迢迢去鴻。

高陽臺 次壁間韻

山擁寒青,波融淺碧,韶光彈指新年。回首家山,春情一例纏綿。浮生銷盡輪蹄鐵,算春歸、要在人先。有誰憐,結草無廬,負郭無田。　　酒酣觸我滄桑感。只心頭眼底,總是凄然。飛絮斜陽,殘紅第幾橋邊。迷離不識曾來路,舊樓臺,都付荒煙。帶愁眠,又恐今宵,枝上啼鵑。

瑞鶴仙 五月廿八日偕夔生純伯過慈仁寺踞古松下用梧月詞原韻

寒濤檐際貯,扇天半涼飆,襲人吟麈。然蒼古豐度,恍虬龍夭矯,吐吞煙雨。攫拏如許,拂蒼麟,陰陰吼怒。怕夜深、冷月空階,疑有精靈來去。　　何據?衍波詞客,訪友尋書,此句留處。苔新甃古,芳草密,亂蛩語。嘆僧如鹿豕,沉酣萬緑,不省齋魚粥鼓。問誰人,閱盡滄桑,有如此樹。

望江南

東風緊,一面酒旗閑,春夢如塵何處拾。夕陽紅上古金臺,陳迹總蒿萊。

西山遠,蒼翠一痕痕,驀地鐘敲前代寺。歸鴉如雨過前村,清景易黄昏。

南浦 題林若華西湖秋泛小影

遥山兩點,斂大千、秋色土眉痕。買得采菱艇子,低壓葦花根。仿佛微波流媚,瞰一湖、凉水蕩層雲。悵卅年鴻雪,畫師老去,猶認鏡中身。　　省識舞裙歌扇,把滄桑、前事試重論。爲問西泠鷗鷺,昨夢散如塵。耆舊一般零落,近弦詩、榼酒又何人。只段家橋外,夕陽紅濕,那處證蘭因。

黄花慢

天寒歲暮,百感交集。内子爲余吟雙卿《孤雁詞》:“凄凉,勸你無言,趁一沙半水,且過流年。”因和雙卿,並用原韻。

霜冷長天,瞰瀟湘,一碧空水澄鮮。月灘多警風,宵易霣,伶俜只影,暫落人邊。孤寒不入鶯凰侶,咽鶩飆,更有誰憐。起復眠,江湖滿地,何處良緣。　　輸他鸚鵡能言,但晨飛暮宿,憔悴年年。怪鴞當道,飢烏逐隊,翀霄無力,投老菰煙。稻粱那得三秋飽,更難堪、雨雪聯綿。神僅閒,度漠漠平田。

摸魚兒　題冰泉唱和集即用酬穀盦原韻

酌冰瓷、半規凉玉,依稀元叟襟度。井田山角斜陽晚,翠繞幾重煙樹。愁萬緒,試初汲,朝華好誦屯田句。泉新甃古,更緑鏟苔茸,黄鐫山骨,四字舊銘補。　　蒓鱸夢,依夢江南小住。萍蹤誰道無據,鴛江鴻雪留新畫,猶憶桂林風土。憑弔處,只得意文章,高揖遷和固。墨花飛舞。嘆逝水韶光,摶沙蹤迹,遠恨寄歸羽。芙生、仲安均世。

浪淘沙　江行

雲氣晝冥冥,風卷潮生,斷山窗納一螺青。忽地浪花高百尺,猶帶龍腥。　　欹枕聽江聲,歸夢零星,來鴻去燕總無情。江草江花如解語,低訴湘靈。

唐多令

落葉滿長干,北風淮水寒。勸提壺,情態闌珊。試上勞勞亭子望,病楊柳,莫輕攀。　驀地雜悲歡,静聽更漏殘。卷珠簾,怕倚危闌。一様景華宫裹月,渾不是,舊江山。

瑶　華

人日新晴,小梅破萼,曉寒猶勁,殘雪未消。忽憶成都草堂萬花成雪,摇曳東風,小橋通人,池水如鏡,臨流寫照,游魚唼馨,十六年抛如夢幻,回憶清境,未能一日忘也。

他鄉人日,吹上枝頭,有暖紅新拆。舊游曾記,花溪外、認是少陵遺宅。繁枝情昊,便醖釀、萬千春色。怎一般、羈旅天涯,不似而今蕭瑟。　東皇付與驕姿,但抛墮黄塵,誰共珍惜?孤芳自賞,渾未解、百五韶華消息。尊前夢裹,總孤負、錦城風月。寄相思、萬里橋邊,莫向隴頭人説。

南　浦

月湖十頃,煙水瀰漫,柳綫全垂,荷衣半卸,忽遇驟雨,鷗鷺驚飛,近水遠山,混茫一白,俄頃開霽,斜陽猶在高樹也。

菡萏狎晴波,倚畫闌、領略露香雲粉。亭角舊聽鶯,驪歌杳、猶憶故人芳讌。春仲偕梁心海游此。高山流水,何人爲譜思歸引。古臺荒徑,恁知己、難逢芳華易盡。　雨從何處飛來,恍珍珠萬斛,盤中散迸。花外隱輕雷,炎歊洗、預借新秋凉信。野雲松雪,古今同此登臨勝。遥天欲暝,恰老樹、殘紅夕陽微印。

水龍吟 桐綿

卷簾惆悵春深,何人繫得春魂住。沉沉庭院,濛濛池館,罷飛綠乳,生怕東風,和雲吹起,乍開還聚。縱飄茵無分,沾泥也好,總不化、萍流去。　回憶呼鸞道上,墮斜陽、萬紅如雨,無情一例,綠陰成幄,參天古樹,寂寞唐宫,未逢秋信,已添愁緒。盼棲香小鳳,生憐墜落,銜歸高處。

臺城路 皖江公所水榭賞秋第一集視同人兼寄都門屠静三屯田

滿湖荷葉高於我,秋來一般憔悴。壓堞叢山,支雲壞塔,補出林塘畫意。江山如此,嘆逝水韶華,摶沙身世,下隰高原,沉沉暮靄浩無際。　　酒人新舊同醉,怎傳碑賭韻,也含秋思,笳鼓餘威觚棱,昨夢都入,斷鴻聲裏。危闌獨倚,只疏柳無情,猶舒寒翠。寄語西風,問季鷹歸未?

買陂塘 自題耦耕圖

賦歸歟,萬山迎我,幸偕台笠新侶。水田漠漠平於掌,零落夕陽無主。春已暮,莫辜負、杏花菖葉歸耕句。青青如故,好卸却朝衫,抛開吟篋,問訊舊鷗鷺。　　浮生悟,好夢曾無憑據。廿年空逐,飛絮梁鴻,笑我歸來晚,飽啖帝京塵土。君莫顧,君不見、鷓鴣聲老鵑聲苦。忘形爾汝,趁大好浮山,柳陰花底,有約結鄰住。

金鞠對芙蓉 送春

柳眼微舒,蕉心盡吐,斷腸人在天涯。悵繡旛,難護羯鼓頻撾,遼陽信斷。東風緊,漸吹散,鬢霧衫霞。相思紅豆,嵌來入骨,是耶非耶?　　管甚春深春淺,把春光一半,分送鄰家。更買春開宴,重撥琵琶。鶯嗔燕吒,真多事,有誰能收拾芳華。可憐杜牧,緑陰如水,尚逐香車。

桂殿秋

悲往日,憶良宵,暮寒惻惻漏迢迢。桂華庭院玲瓏,月到揚州第幾橋?　　秋似海,夜如年,銀床冰簟不成眠。美人香草空惆悵,自撥離騷廿五弦。

水龍吟 題陳同叔緑梅花下填詞圖

羅浮昨夜春濃,箇人便解尋春去。萬花似海,濛濛院落,深深廊廡。試問東風,爲誰醞釀一天香雨?怎碧條攀柳,青袍妬草,都不管,傷心語。　　卌載江湖浪迹,點霜華鬢絲千縷。禪床病偈,歡場影事,消磨幾許。明月房櫳,枝頭酬答,啁啾翠羽。只金尊酒淺,珠簾燭炧,是銷魂處。

金縷曲 題閏枝山塘秋泛圖

生怕秋容老。潑西風,半天寒翠,山眉庯峭。知己兩三,攜斗酒,買得采菱新棹。撥濃緑,芳塘波曉。惝恍夕陽紅不定,只真娘墓上銜芳草。露塔影,透林表。　　天南戰鼓猶紛擾。尚留得、清涼世界,供吾詞料。葭菼一叢鷗外去,牽惹離愁多少。盡我輩銜杯吟嘯。放眼古今無限恨,嘆吴宫陳迹,先如掃。棄一醉,度昏曉。

柳梢青 題劉語石留雲借月龕填詞圖

垂老詞場,青衫白髮,容我疏狂。情不嫌癡,夢還是覺,恨亦須長。　　梧桐院落昏黄,擫羌笛、新秋夜涼。柳絮游蹤,桃花影事,盡彀思量。

月下笛 秦淮夜月

金粉秦淮,涼秋畫舫,管弦如故。垂楊夾路。認當年舊眉嫵。梁陳煙月南唐續,有多少興亡暗數。只一灣流水,三層水榭,銷魂爾許。　　終古傷心句,悵霸業、空談龍蟠虎踞。英雄兒女閑愁,又到尊俎。紅牙碧串,今猶昔,何處覓開天舊譜。尋往事,板橋邊,寒鐵遺編鮮據。

高陽臺

病葉辭柯，寒燈閃焰，銜杯特地傷秋。蟋蟀聲動，助人萬種新愁。西風不管人憔悴，颭空庭、梧竹颼颼。數更籌、一片金波，不上簾鈎。　　回腸九曲巴江轉，奈眠雲未暖，斷水重流。鏡約釵盟，可憐悟到浮漚。闌干十二空敲遍，奈凄凉、眼底心頭。且勾留，珍重良宵，月下西樓。

減字木蘭花

江湖痕迹，頭白無家仍作客。歲歲他鄉，煙雨天涯總斷腸。
不如歸去，杜宇聲聲啼不住。放棹江南，仕隱機關我盡諳。
翀霄無力，屈指人材薪樣積。滄海横流，埋骨何方剩一邱。
平生知己，南海李侯今已矣。華屋猶存，雪涕西州白板門。
松楸手植，掃墓歸來無幾日。大好溪山，自葺茅廬晝掩關。
朝耕暮讀，小隱無妨江海曲。北郭梧溪，前輩流風續舊題。

長亭怨慢　枯柳

畫堤外，凍枝殘葉。誰記濃春，那時眉嫵。一樣多情，晚風憔悴顫如雨。送人多矣，空惆悵、長亭路。青眼漸模糊，聽幾隊、玉驄嘶去。　　飛絮。憶斜陽巷陌，絮也早無尋處。章台夢冷，何忍説、杜秋金縷。盡瑟縮、點墨鴉棲。負睍睆、弄晴鶯語。縱未鏟靈根，那有韶光到汝。

金縷曲　和莊眉叔韻

不辨春深淺。悵芳時，朝朝暮暮，轉塵催電。洗盡暖紅凉翠影，十日雨絲風片。相對語，畫梁歸燕。暗度金針鴛繡麗，爲他人，空壓年年綫。高格調，玉臺選。　　銀荷閃焰更三點。畫簾前，笙囊笛帕，悶來排遣。一枕梨雲尋夢去，門掩暮寒悲故事，分釵捐扇。碧海青天空悵望，問嫦娥，可識春風面。紅淚灑，紫綃遍。

水龍吟 題譚仲修復堂填詞圖

夕陽無限紅鮮，柳絲難綰征輪駐。長亭短堠，杜鵑催去，流鶯留住。剗地東風，有誰能障，污人塵土。恁舊歡雲蒂。前蹤雨絮，都並入、蘋洲譜。　　休問劉郎才氣，攬青銅、鬢毛非故。卅年蹤迹，皖江花月，薊門煙樹。已近黄昏，未通碧落，鬱伊誰訴。指危樓一角，遠山萬點，是儂歸路。

虞美人 除夕渡漢江

萋萋芳草濃如織，透漏春消息。漢江江水碧於油，試問幾時回轉向西流。　　晴川依舊留高閣，無地棲黄鶴。平生蹤迹似楊花，不道今年今夕尚天涯。

齊天樂 錫山道中

九龍山色濃於染，亂煙織成新暝。湖雨抽絲，嶺雲擘絮，一白微茫千頃。天公做冷，把鄉夢催回，酒潮逼醒。隔岸漁家，菰蒲深處響筝箵。　　滄江驚又歲晚，冲寒同旅雁，飛鳴不定。一樣天涯，燈前酒底，换了舊時情性。凋年急景，恁轉瞬陰晴。也無憑準，夜半楓橋，聽鐘聲猛省。

金縷曲 題司馬晴江倦游歸卧圖

竟打回帆鼓。計歸途，桁探朱雀，洲談白鷺。廿載江湖傷摇落,領略荒汀風雨,趁春水,送儂歸去。紗帽印囊多棄却,只鄉心,飛挂津亭樹。晨夢醒,聽柔櫓。　　故鄉劫火,重關阻。最關情,兒時游釣,幾無尋處。夾岸好山容,依舊凉翠,撲人眉宇,似旅燕,重營門户。料理傳家真畫稿,更溪聲樹色,從頭補。支石磴,點琴譜。

八聲甘州　送鄧十三熙之赴徐州幕

正蕭蕭落葉作深秋,君又去彭城。悵船唇馬背,凉波野岸,殘照郵亭。幾許風饕雪虐,傲骨自崚嶒。回首青溪曲,吹冷鷗盟。　君是烏衣子弟,恁題襟壓綫,同我飄零。况頭顱老大,衰病與愁并。縱飽覽、雲龍山色,負江南鱸膾與蒓羹。凄凉夜、最難聽得、杜宇聲聲。

浣溪沙　題朱子涵竹西訪古圖用漁洋韻

城下邗溝水北流,見李習之《南來録》。累塘煙月幾經秋。殢人無奈是揚州。　　芳草有情牽舊恨,落花無語惹今愁。青山缺處夕陽樓。

百字令　又題槐陰精舍話舊圖

緑陰庭院,正湘簾似水,東風微扇。三兩素心人邂逅,宦趣韶光同賤。讀畫摹山,談碑數墨,槐陰空階轉。燈籠題鳳,名流幾許歆羨。　　而今憔悴江湖,歌離嘆逝。廿載星霜换。貰酒敲詩,猶昨日、回首鳳城天遠。蝴蝶夢醒,杜鵑聲老,不盡芳華怨。舊時王謝堂前,惟剩雙燕。

水龍吟

扁舟歸去江南，鱸魚蓴菜爲家事。青鞋布襪，何人識我，蘭臺舊史。京洛重游，軟紅塵裏，依然朝市。慨山邱華屋，西州門外，灑清淚，慟知己。順德師。　久矣挂冠神武，問長安、再來何意。堪譏少室，王侯著眼，名心猶繫。我本隨緣，衰顔凋雪，舊歡逝水。有青山招隱，樵歌相答，向蒼葭涘。宋人譏朱希真詩云：少室山人久挂冠，不知何事上長安。如今縱插梅花醉，未必王侯著眼看。

齊天樂　題王佑遐宣南感舊圖

斷簡零墨開三尺，如同故人絮語。雞酒今朝，鷗盟昨日，觸目更添悽楚。澀弦重撫，恍暗月寥天，哀鳴倦羽。竹樹亭臺，那邊記取舊游處。　我今休嘆離索。鳳城天樣遠，萍蹤吹聚。圖失青松，館荒紅豆，憔悴宣南塵土。吟魂來去，化點點游燐，窺人豪素。翦燭窗西，秋聲寒似雨。

八聲甘州　游後湖憩湖心寺

戰西風楊柳共菰蒲，蕭蕭作秋聲。正渚蓮碧卸，塹菱黄墮，野蓼紅明。三面青山如玦，一面補高城。不盡江湖意，小艇縱横。　慨自元戎仙去，剩荒寒浦溆，誰締鷗盟。況高樓低榭，柱石漸凋零。聞説道、連宵風雨，聳寒空、已失最高亭。尋芳甃、井華如故，且飲清泠。

南浦　大雪登陶然亭

樓臺重疊，是何人、彈粉寫生綃。一片冷雲墮地，飛白滿平皋。隔岸猜疑久立，訝蘆花、低壓酒旗高。奈輪蹄蹤迹，漸吹漸没，去路近偏遥。　　那更倚蘭望遠,問幾時、春信到梅梢。漫説臨風咳唾,珠玉九天抛。歷盡番番寒信,問熱中、滋味也應消。只寒猿冷雁,一般同度可憐宵。

金縷曲

花雨今蘁落。曾幾時,香消鏡檻,塵生弦索。水様韶華梭様擲,心事微波誰託?問何日,清眠方覺。罨畫樓臺尋舊夢,倚闌干,漫認蛛絲烙。紅紫遍,事猶昨。　　沈郎憔悴腰圍削。最傷心,崔徽畫裏,認來還錯。墮地詩魂呼不起,説甚釵盟鏡約。春只在,夕陽樓角。一片脱棉無覓處,惱東風,添助情懷惡。增百感,付絲竹。

憶舊游　垂虹煙雨

瞰長橋如帶,短堞如屏,來泊輕航。更具區如鏡,只蘆花荻絮,寒白茫茫。人道東南第一,詩意滿吴鄉。有幾縷魚雲,幾絲鷗雨,點綴秋光。　　鄱陽老仙杳,僅樂府流傳,素韈明璫。不盡升沉,感嘆水雲樓主,蹭蹬名場。今古才人,淪落詞境幻黄粱。問閲世誰深,一支荒塔欹道旁。

點絳唇　題顧石公松花江踏雪尋詩圖

淺瀨層冰,玉龍百萬長空鬥。天地如缶,一尺琳花厚。　　詩境迷離,助以冲寒酒。西風吼,腰刀帕首,匹馬空江走。

湘月　友人見視花乳石印文曰聽鸝深處邊款王百穀兄索篆贈湘蘭袖史何震秦淮舊物也

瑶肪一寸,向湘簾棐幾,相伴妝鏡。巧語如簧,楊柳外,道是催詩境。小字蠅頭,短書魚腹,紅押芝泥,净雪漁妙篆斯冰,聖迹堪並。　　乘興放棹，秦淮板橋，流水娉婷曾照影。孔雀庵邊，歸去也，睍睆新聲誰聽。眉硯生香，練裙顧曲，舊事心頭，省綢繆風月，王昌艷福同領。

點絳唇　題金夔伯如此溪山填詞圖

萬種閑愁，枇杷花下從頭數。才人末路，打疊金荃譜。　　大好溪山，天許郡長住。傷心語，年年作客，不共春歸去。

跋

藝風先生嘗刻所爲詩，毁於辛亥國變。後復手訂，詩凡四卷，曰《萍心集》、《巴歈集》、《北馬南船集》、《息影集》，附《碧香詞》一卷。未及授梓，於戊午冬下世。後十年，令子子受始再刻之，而未印行。前年，之誠爲作介，以畀燕京大學圖書館。屬中原板蕩，藝風堂書版庋存國學圖書館者，已不可問。此集巋然獨存，不可謂非厚幸也。先生負海内盛名，於學無所不窺，著書滿家。乾嘉經儒老壽猶存者，尚及親見而師之。同光之際，考據、詞章一時稱盛，遍交其魁碩。博蒐圖籍、碑志，以爲金石目録之學。多聞舊事，明習典故，以爲掌故之學。大要嫥長於史，晚更與修清史，發凡起例，成就獨多。一生與刻書爲緣，孤本秘笈，賴以流傳，尤有功文教，故先生不僅以詩文傳。即以詩論，吐屬醖藉，不失先民榘矱。視才氣陵厲，謬附名家者或若不逮。然正唯一世皆噍殺之音，而後覺和平中正者爲尤難得可貴。丁巳秋，之誠自滇出蜀，始謁先生於海上，書扇見贈云："花石傳詩狀，歸從滇海東。煙雲新事業，詩禮舊家風。博學真難及，高懷自不同。乾嘉成憲在，大抵貴宏通。""錦城真似錦，我亦十年居。頻歲兵戈迫，天涯涕淚餘。浮生真夢蝶，遺禍及池魚。西望增惆悵，親朋盡闊疏。"蓋先生與之誠同婚於莊氏，爲姑侄行，故以"夢蝶"爲言。今讀此集，回憶侍坐珠聯樓與先生對語時，不勝今昔之感。因記刻書緣起而並及之。時在戊寅冬十有一月二十有六日，鄧之誠謹識。

藝風堂賦稿

據南京圖書館藏光緒二十六年鈔本

目　録

上　卷

雞林賈人購白學士詩賦以百金一篇僞者能辨爲韻

蓬島詞臣，瀛洲海客，詩似探珠，價同握璧。繄篇什之流傳，動遐方之珍惜。載得木天清課，聲壓鮫宫；遥知蓉闕仙班，名高鸞掖。破波濤兮萬里，金欲盈千；唾珠玉於九天，語經煉百。昔白樂天之爲學士也，以宫中之才子，倡盛世之元音。劉夢得尊前酬唱，元微之省内聯吟。籌報雞人，入值文昌之殿；香含雞舌，分班翰墨之林。身證三十六天，詩裁花骨；胸羅二十八宿，詩雜仙心。亦同修福先之碑，鳳閣先遺素絹；設或賣長門之賦，蛾眉争擲黄金。然而四座傳觀，一篇跳出。縱寰中咸仰聲名，豈海外遂皆洋溢。一任解來老嫗，争傳織錦之詞。那能遍喻殊方，共賞凌雲之筆。况乎飆輪十丈，鼇背開煙；客路三千，鴻波浴日。龍門不到，孰知詩筆無雙；虎觀未登，誰識詩名第一。忽聞賈客，來自南天，翰墨爲寶，子母兼權。離雞林兮有日，逐蜃市兮無邊。謂學士才華，今人罕覯；謂天朝詞藻，海外皆傳。來經秋雨煙波，幾多歲月；吟到春風原草，望若神仙。宰相多才，解學元和之體；小人不敏，願搜長慶之篇。收絶妙辭，入居奇肆，價值殊昂，吟哦不置。恰似洛陽紙貴，十稔三都；幾同逸少書成，百錢一字。日中交易，光增鳳紙之輝；海上搜羅，笑逐蠅頭之利。比似前朝家令，共切瞻依；豈如古壁尚書，難分真僞。凡夫禁苑聯吟，香山結社，秋風溢浦之旁，暮雨蘇臺之下。三年杭守，留佳話於湖山；十首秦吟，追正聲於風雅。幾若馬遇孫陽，劍逢歐冶。展觀敢有譏彈，問價不論多寡。即便迎來贋鼎，一時難辨精微，豈同賺出蘭亭，有意淆其真假。懷燕石而稱玉，是奚可哉？指魚目而混珠，子胡爲者！於是束篇什，負擔簦，扁舟返，好風乘。墨汁一床，海底之蛟龍不起；筆花五色，仙人之樓閣高憑。將見詩心醖釀，詩教奮興。魚姑蜆妹之鄉，繡餘蜀錦；韓雁始鳩之域，書遍吴綾。羡白公詞翰翩翩，竟向螭坳獨步；笑爾輩錢刀衮衮，徒從龍斷稱能。是蓋詩格謹嚴，詩名尊顯。故以東土之臣僚，盡識南州之冠冕。癖殊痂嗜，購比書多。解此腰纏，詩隨棹轉。築仙龕於海上，人往千年；遺詩稿於鑾天，錢珍萬選。差擬子雲尺牘，外邦珍重而持還；豈同閻相畫圖，曠代混淆而莫辨。

擬唐李程衆星拱北賦以人歸政德如彼衆星爲韻

祥開青昊，政布紫宸。觀圜穹之列宿，定方位於君臣。仰照臨之有赫，深感格於無垠。日麗南門，帝無爲而治世；星環北極，天垂象以示人。觀夫三能炳耀，五緯騰輝，稽星名於甘石，考星位於璿璣。筦樞衡於帝座，儼藩衛夫王畿。如衆山之朝崑崙，居高臨下。如衆流之趨溟渤，殊途同歸。星有北辰，語傳至聖。光皎皎而中居，影離離而旁映。九野則各應所占，四時則默移其柄。疇端黻冕，凝庶績而撫五辰；孰執璣衡，賓四門以齊七政。恍綿合夫衆心，似帥領夫衆職。孚衆望以輸忱，聯衆情而勵翼。賓萬國於天門，御一人於中極。通三十年之國用，星早名倉。會五百里之賢人，星先聚德。近則天門閶闔，璧府圖書。上宰上丞之横列，天床天理之安居。筐戴六而首舉，階平三而翼舒。推錢令之新儀，法參宣夜。讀李播之大象，文似相如。遠則熠耀明堂，焜煌天市。閣道静而光紅，參旗張而氣紫。四輔之拱衛珠聯，三公之拱迎鼎峙。挂玉繩於五夜，人盡觀其；詠銀漢之七襄，詩賡睆彼。蓋以象人主之當陽，狀殊方之輸貢。握天錫之玉符，進山呈之銀甕。一尉候於南東，命羲和之叔仲。景星明而秋澄玉宇，福錫自天；歲星見而野慶金穰，惠綏有衆。是知治平有象，感格無形。驗機祥於星野，占休咎於星經。率遐邇之郡國，咸奔走於王庭。奉一統之車書，群欣就日；和四方之風雨，共慶從星。

袖中有東海賦以置之盆中日對山海爲韻

風月主人,江山勝事,雲抹衫痕,星羅胸次。挹煙霞於襟底,雙眼垂青;縮員嶠於座中,一拳分翠。驅山走海,勝似卧游。合璧聯珠,纍如棋置。昔蘇長公淩雲志大,畫日才奇,學海溯淵源之富,陸海探文字之奇。詩卷袖中,勃鬱山川之氣;孤蹤海上,逍遥泉石之思。爲海内之人師,才同白也。作名流之領袖,人擬羲之。爰有蓬萊閣者,文登濱海地也。怪石排列,飛濤怒翻。蚌沙糅雜,蜃氣紛緼。初日照三神山,靈鍾石骨;長風破萬里浪,細蕩雲根。指點海中樓閣,攜將袖裏乾坤。似訪自支機,徑入帝孫之室;似采從絶壁,高騫玉女之盆。白石鑿鑿,妙手空空。洓青縹緲,皴碧玲瓏。吞雲夢於心胸,飄飄仙袂;以江湖作襟帶,浪浪天風。豈羲妹之補天,五色鍊從海上。比長房之縮地,一時躍入壺中。如取如攜,亦疏亦密。斫自鼇峰,拾從鮫室。蓬萊咫尺,漫同畫手靈心;芥子須彌,恰似仙家幻術。輕衫兮霞舉軒軒,列岫兮珠穿一一。昂頭下視,齊州迷九點之煙;舉手能扶,孤嶂倚三霄之日。是知身寄煙波,情移海岱。振衣而魚龍分飛,投袂而風雲擁戴。濤痕瀉翠,助他嘯志歌懷;石影涵青,洗出雲容水態。看此日江湖寄迹,蝸室潛蹤;憶當年袍笏凝香,螭坳召對。彼夫松風清爽,雲母斕斑,九華虚窅,一品清閑。曷若此金盆采秀,玉色凝寒。依然臺峙金銀,排雲路迴;若箇源探星宿,貫月槎還。自今静對畫圖,怡悦於茶灶筆床之地;恍若迎來仙仗,敖游於十洲三島之山。客有海畔遐思,海濱搜采;撫片石兮幾堆,懷古人兮千載。奮長袖而善舞,勝地如常;竞觀海而匪遥,伊人宛在。石真可轉,差同精衛填波;情若能留,好擬天吴移海。

火城賦以朱衣導騎丞相來爲韻

芒寒玉兔,彩耀銀麑。雞聲萬樹,鶴焰千株。百雉排雲,劍佩戛鳴鸞之路；雙龍奪月，旌旗輝走馬之衢。丁冬箭響紅虬，數點而聲喧玉漏；午夜燈然紫鳳，千官而影集金鋪。道敞黄扉，雲鎖禁中之柳；光凌碧漢，星分天上之榆。平嵌四合銀花，映入宫槐而盡緑；直聳千尋鐵甕，烘餘庭燎以成朱。時則風清畫省，月朗彤闈。紅睡階前之藥，紫酣苑裏之薇。銀袍鵠立，玉帶鸞圍。報來絳幘雞人，槐廳入直；導入青綃羊史，蓮炬生輝。頻投石上之籤，寶鼎香消鳳篆；同警枕邊之漏，錦籠薰暖魚緋。鶴蓋芝承，春星曉落。虹竿柳拂，宿鳥驚飛。鑾坡而金雁沉浮，爐冷九微之火；鼇禁則銀烏繚繞，香沾一品之衣。於焉鼉鼓催，魚更報，鷺序排，龍軿到。扇五色而雉開，枝萬年而鴉噪。樺秉西清之燭，夜偕紅袖修書；杖吹東觀之光，夕降青藜授誥。形却天邊寶月，憑誰花種芙蓉；照餘殿上卿雲，宛爾簪斜玳瑁。開紫禁以芬菲，拜丹墀而舞蹈。紙醉金迷之際，望楓宸而玉筍排連；煙霏霧結之時，步槐階而金蓮引導。則見山駕鼇游，爐支鶴睡，芒吐朱英，焰垂紫穗。星門月户，鐘鳴長樂之聲；金鴨銀鵝，牌現太平之字。光自螭頭湧出，雀鏡齊明；影教鳳口銜來，蛇珠亂墮。燒赤舌而威張，燭紅心而煙熾。誰掌北門之管，頭銜合署炎官；孰司東閣之閽，身世原依香吏。青蓮學士，銀蠟朝天；紅杏尚書，金蛇掣地。影幻魚龍隊裏，紫微而月傍九霄；輝生鳩扈班中，青瑣則雲屯萬騎。第觀其擁晶毬之萬隊，簇珠樹以千層。山赤城而標建，火丹灶而光騰。金沙沙而屑木，玉穆穆而墜繩。十色五光之閣，千門萬户之燈。參横斗轉，雲蔚霞蒸。劍光衝斗，珠彩照乘。捧出紅雲，玉皇高拱。迎來紫氣，關吏同登。幾人合璧聯珠，銀海則光摇青豆；此夕蘇蘭薪桂，玉壺則烘暖紅冰。入廟未聞出出，臨淵致懍兢兢。輝連製草之庭，遲到八甎學士；暖遍哦松之署，傳來三絶詩丞。爾乃雲覆仙幢，花移御仗。天邊則鳳闕宏開，禁裏則雞籌曉唱。人過日月之旁，帝拱雲霞之上。迎羊車，排鶴帳，集鵷班，列螭障。銀荷灰冷，暖玉毫揮。錦艾炷殘，輕煙衮傍。試望麒麟殿上，鳳鳥銜書；回看鳷鵲觀前，魚龍跋浪。擊碎珊瑚之樹，九闉而碧爛紅稀；眩摇瑪瑙之盤，十里則青浮紫漲。環獸吻張，鑰魚睛亮。非是白榆賜出，分將列宿郎官；怪他紫芋煨來，領取太平宰相。于焉隨玉輦,上金臺。九龍日捧,五鳳雲開。濃青篆柳,暖翠梳槐。玉交枝而結蓋,蠟滴淚而成堆。四圍輝映,百尺崔嵬。嚼餘萬丈紅霞,口含天語;仗出九重絳節,身是仙才。投驍激電,繞殿殷雷,綫添紋乍,管撥灰纔。瑞氣凝旒,常連閶闔。榮光照海,已近蓬萊。燃寶炬以承恩,識自禁中擁出;籠香煙之滿袖,知從天上歸來。

不貪爲寶賦以不若人有其寶爲韻

鄭子罕手秉鈞衡,身榮黼黻。惟素節以無虧,信清操之不屈。客胡爲者,敢言清畏人知。援而止之,肯爾恩從汝乞。子寶何如我寶,櫝以藏諸;他心未必我心,價還沽不。有宋人者,東里徘徊,北門寄託。有異質以蟠螭,慮明珠之抵鵲。恐重鄙夫之罪,致被繡以如犧。幸親君子之光,顧銜珠而作雀。藉君靈寵,得光席上之奇珍。老我風塵,非市日邊之好爵。縱使償來馬券,什襲而藏;終嫌失此雞廉,一錢不若。而子罕則曰,何區區之是畀,遂瑣瑣以前陳。收君重器,數我家珍,貴全九德,值算千緡。度以瓊瑤之質,佩來圭璧之身。懷者爲奉璋之髦士,捐之則維石之相臣。不物於物,求仁得仁。分明種自心田,如在藍田之畔;宛爾産從德水,應尋赤水之濱。采來智水仁山,知卿法無殊我法;運以禮車樂御,豈鄭人無若宋人。使其紛志璠璵,縈情玉斗,黑白簡心,摩挲在手。五紽五緎,愧彼素絲;三讓三推,享同敝帚。若冀懸黎結緑,爲以孜孜;想來履潔懷清,終呼負負。毋溷乃公爲也,須知失己必至於失人。試問於女安乎,毋以所無易吾之所有。惟寶也,雞勺龍彝,器成不琢。惟貪也,蠅營狗苟,意在居奇。爾焉能浼,予不汝疵。儘多無價之珍,豈容爾玷。尚有不雕之璞,還以人治。勵來載石之清操,珍殊燕石;卓爾鞭絲之偉節,政異繭絲。不將白珩誇君,美矣蔑以加矣。深恐元珠失我,覲其而又察其。是蓋銀手能操,金心自保。指白水以盟心,扇清風而偃草。十五城霞標雲建,不易冰操;三千鎰玉止金亭,難酧素抱。方期小廉大法,酌天下以衢尊。得見左璧右璋,蔚人才爲國寶。

巴蜀好文雅賦以明經飭行文翁之化爲韻

芙蓉舊國,雅頌新聲。龍蟠虎踞,鳳噦鸞鳴。水碧山青,遥指錦江十里;珠聯璧合,群誇金粟三生。思裁玉壘之雲,煙霞氣概;筆縷花溪之月,冰雪聰明。則有芸窗繡虎,雪案囊螢,蘭臺仙史,蕊闕文星。賦出洞簫,翠鬟低誦;歌來寶瑟,紅袖微聽。吐氣而碧雞絢綵,揮毫而紫鳳梳翎。讀玉牒新書,應勝龍門作史;問蒲編奇字,何如虎觀談經。若夫兔管千毫,鸞箋十色。擊鉢花南,敲冰硯北。留題而五字能工,索句而八叉已得。青蓮居士,濯魄冰壺;錦里先生,游心煙墨。四傑之才華莫並,一時珠樹聲名;六朝之金粉全消,萬古騷壇整飭。又若萬斛泉流,一門爽競。雛鳳聲清,靈椿節勁。比何家大小之山,成穆氏醍醐之詠。一家詞賦,潁水風高。四海文章,眉山名盛。賜到玉堂冰署,蘇學士不愧才名;看來秋月晴雲,文太守尤稱儒行。其他搦翠管,寫紅裙,工翰墨,醉典墳。賦茗則珠飄一串,吟花而春到十分。白璧青松,進士何嘗不櫛;鳳毛鸚舌,校書本自超群。百篇花蕊新詞,雕紅刻翠;一曲玉簫舊詠,曳雪牽雲。書殘紅葉之秋,恨滿溝中流水。吟罷白頭之曲,愁生錦上迴文。至有宛轉青羊之市,酩酊白馬之宫。蹋麻鞋而嘯月,披破衲以吟風。賦著子虚之號,名稱亡是之公。白石清泉,醉髠集好。紫霞丹篆,明月圖工。攜來劍外詩篇,共羡醉花之客。問到蜀中易學,群推箍桶之翁。由是石經垂訓,禮殿學儀。張楷居雍,而公超之市顯;庚桑入楚,而碨磊之風移。五馬迎來,盡是春風化雨;雙鳧飛處,皆歸絳帳緇帷。似西河之化子夏,如南海之仰退之。方今澤盡如春,屋皆庇夏。比鄒魯以無慚,視淵雲而遠跨。字呈仁壽,鏡亦凝祥。頌上中和,人思待價。雅韻浣三峨之雪,無殊陸海潘江;文瀾富萬歲之波,不数曹倉鄴架。將見浮來寶磬,皆成金石之聲;從教貢入玉堂,共沐詩書之化。

蘇東坡游赤壁賦以題爲韻

漢家半壁,宋室三蘇。一門詞賦,半世江湖。賸水殘山,想當日英雄之氣;斜風細雨,摹今宵主客之圖。笑昔人虎鬥龍争,江山舊恨;看幾度蘭橈桂楫,風月新吾。時也白雲在樹,素月流空,水天一碧,星斗皆紅。於焉挂蒲席,具荷筒,攜鳳管,坐烏篷。不遇才人,湖山亦冷。尚餘霸氣,水石猶雄。鎮來楚尾吴頭,界分南北;招得美人名士,座列西東。放棹西山之麓,回帆北渚之波。涵鬟眉於鏡裏,寄身世於巖阿。持贈先生,荷花桂子;招來隱士,宫錦漁蓑。鷗館皆夢,漁梁亦歌。曲中引鳳,盤裏泫螺。何須錦纜牙檣,侈談吴會;那禁瓊樓玉宇,回憶鑾坡。爾乃擊壺慷慨,岸幘句留。舉杯在手,喝月當頭。星辰皆活,花草亦愁。或掬圓靈於中渚,或搴蘭芷於芳洲。或拂清談之玉麈,或群狎浪之沙鷗。吴雲半笠,楚水一樓。謬云鐵馬金戈,霸圖久歇。安得雲旗翠霎,帝子來游。回溯夫讀書射獵之才,割宅飲醇之客。文章則鸚鵡稱雄,流寓則蛟龍遯迹。逐鹿中原,鬥蛇大澤。漢鼎堪分,衛棋共弈。南軍則鐵鷂萬千,北朝則黄龍三百。鴉飛無三匝之枝,鰐徙少重溟之宅。風扇赤烏之火,楚人而一炬能焦;雲張白帝之盛,石壁則千年尚赤。今也黯黯風雲,蕭蕭蘆荻。秋水半船,落梅一笛。相與洞簫吹,唾壺擊,舞潛蛟,飛畫鷁。隨付金尊玉管,何如顧曲之才。儘饒彩筆鸞箋,不草討曹之檄。流不盡江聲月色,付他夕照寒煙。任無邊怪雨盲風,留得丹崖翠壁。是蓋别具風懷,湛深道趣。言以意忘,象由物寓。會心不遠,華林之魚鳥親人;舉目依然,建業之江山如故。半夕千秋,百年一度。回憶翰林風月,醒一場春夢之婆。衹今遷客煙波,阻萬里朝天之路。取不盡而用不竭,將重逢此樂以何年。目成色而耳成聲,後來應有感於斯賦。

風不鳴條賦以静以化之符於王者爲韻

芝閣春濃，蓬壺日永。天呈瑞應之圖，地闢清涼之境。矚風光之澹蕩，纔趁鴻飛；引風力之霏微，早消虎猛。宛宛漾柔條之影，依然萬縷雲垂；嚶嚶聽鳴鳥之聲，正值四圍人静。原夫風也者，蘋末生初，楝花信裹，涼送雨來，暗催雲起。鼓大鈞之噫氣，喻辨雄雌。遂萬物之生機，韻諧宫徵。惟君子申命行事，庶當之而快哉。惟聖人解愠阜財，歌薰兮而可以。有條焉，芽蘖於春，恢臺在夏，牽石磴兮紅欹，傍畫闌兮緑亞。句者出，萌者達，潤灑萬叢。蕡其實，灼其花，香垂盈架。三時長養，驗盛世之風猷；百卉蕃昌，彰聖人之風化。其或來從南陌，出自東籬。蕭蕭兮勢驟，颯颯兮聽遲。天籟吹來，驚醒棲枝之夢；吟聲相續，催成攲枕之詩。蓋氣盛則不撓，條其歗矣；而質輕則易舉，鳴亦假之。乃觀太平之世，朔徵蓂莢，涼招蓮蒲。轉春光於園蕙，報秋信於井梧。森夾道之棘檏，儀看頓肅。植成蹊之桃李，言亦胥無。養物成功，五日之期不忒；知時應節，三階之瑞同符。煙景沖融之候，陽和煦育之初。罨濃陰兮寂寂，占芳信兮徐徐。吹微颸而暗轉，抽嫩葉而輕舒。惟鶯語之可人，獨工睍睆。儻鴻毛之遇順，尚借吹噓。試凝神于殿陛之间，偃者無非草也；即矚目於衡閣之下，森然不動林於。彼夫星明含譽，月出重光。雲蒸寶甕，露浥瓊漿。德已格於造物，天自詔以禨祥。曷若此覘玉樹於上林，但看葱鬱。浥珠塵於廣陌，並少飛揚。條枚偕條肆同賡，頌二南之美化；祥風與景風並至，欽萬國之來王。是可知種辨條繇，音諧風雅。肫誠早洽於神人，感應無分乎上下。况聖朝道洽八垓，恩周九野。政事變乎風俗，俟其禕而；貢物極於條支，不遺遠者。

君以民爲體賦以被以仁慈躋於富庶爲韻

王者出身以臨民，天下翹首而望治。本培養以爲懷，庶措施之任意。仔肩甚重,推心腹而共窺;同氣相求,比支體而無異。故君德如天德,一人端拱夫蘿圖。而民心爲已心,四表咸欽夫枕被。夫君之在上也,愛民以仁,視民猶子。以武臣爲爪牙,以友邦爲唇齒。臨四門兮穆穆,明目達聰;萃萬國兮莘莘,員顱方趾。衆情説矣,鼙鼓之而軒舞之;元首起哉,簡臨以而寬御以。呼吸相應,厥惟下民。剛柔異性,嗜好殊倫。耕耘習於塗足,禁令格其吹唇。呼籲如聞,情殷援手。奔馳恐後,志切攀鱗。合萬家鑿井耕田,鼓腹而歌帝力;看幾輩犁雲鋤雨,引領而頌皇仁。不見夫體乎,互相調護,共與維持。記動記言,官骸無不從令;作謀作哲,耳目各有專司。若上下之交應,羌譬喻而攸宜。彼延頸而舉踵,恍浹髓而淪肌。泯祁寒暑雨之咨,則兼所養。徵保抱提攜之象,曰止於慈。尔其治猶反掌,患免噬臍。臂助者臣下,頂祝者蒸黎。俾四方惟乃之休,敢頤指而氣使;無一物不得其所,豈面命而耳提。必其勞逸兩忘,治平之域漸造。會見屈伸一致,仁壽之宇咸躋。稍存膜視,便覺情疏。詎披肝而諫諍,皆蹙頞而唏噓。何如休戚相關,同股肱之倚仗。憂樂與共,免手足之拮据。居然離裏屬毛,徵萬民之是若。果也睟面盎背,驗四體之施於。是蓋閭里心歸,宫廷德懋。恩無間於形骸,惠早淪於膚腠。萬邦作乂,孰宣雅化於音容;百姓昭明,試徵至理於聲臭。言教何如身教,文德以來;家肥豈若國肥,善人是富。皇上治洽九區,智周萬慮。統異域與偏隅,均長駕而遠馭。握心鏡而出治,民氣交孚。端身範以宣威,民情逸豫。體仁足長,昭盛軌於黄圖;體物無遺,扇休風於黎庶。

稼穡維寶賦以民食可貴國寶允臧爲韻

一人馭極,百穀懷新。卜金穰之在酉,登玉粒而占辛。重此田間之侣,同於席上之珍。躬稼師夏后之勤,爰啓青陽而布政。力穡懍商王之訓,遂乘黄屋而臨民。王者所資,是曰稼穡。事屢儆夫蒼黎,壤亦别夫青黑。穀也有九,辨其土宜;農則惟三,謹其作息。在盛世沈珠藏璧,勖下土以田功。惟小民炊玉饌金,告用成於粒食。

君子曰是國之寶也,爾其道在鞠人,詩歌貽我。霜辰貢其菁英,雲子美其璨瑳。比雙南之重,功在披沙;同百鍊之精,候司改火。漫説貢金貢錫,較菽粟兮何如;縱教雨玉雨珠,禦飢寒而不可。若乃連城之璧誇秦,照乘之珠入魏。得寶聽擲地之聲,懷寶焕燭天之氣。歌翻寶鼎,緑乳雲凝。天錫寶書,赤文霞蔚。方詡寶雲甕啓,殊方藉以炫奇;孰云寶相花開,異物由來不貴。夫惟聖人在上,魚夢占年,鳩民盡力,貢琛賚於八荒,頒鈞衡於九式。雲黄登隴,勞亦比於采山;穟白凝霜,珍詎誇夫垂棘。豈第黄鍪黑秬,進酒醴於明堂。何須翠琬蒼珩,示儀型於下國。是知寶非所寶者奢侈之萌,寶得其寶者治平之道。培植在於人工,鍾毓歸之大造。精誇八糳,本如琢而如磨;味美五粱,亦既堅而既好。在農人三時弗害,咸賡有飶其香;而聖朝六府孔修,本以不貪爲寶。彼夫九穗雲屯,雙歧風引。虎掌兮成畦,麞牙兮夾畛。縱祥瑞之遝臻,亦鋪張之可哂。曷若穲稏盈場,篝車接軫。是吾寶也,職屢誡夫農師。何以寶爲,官可廢夫玉尹。洪範紀作甘之瑞,咸慶豐穰;楚書誦惟善之言,同兹平允。我朝千倉盈溢,百物阜昌。布中和之協氣,臻收斂之嘉祥。穡事爲經國之猷,民歌樂歲;寶穀與貴賢同重,治炳當陽。紹捐金投璧之風,俾四國無思不服;慶瑞麥嘉禾之薦,合九有頌壽而臧。

工先利器賦以器苟未精將何爲巧爲韻

將欲業守顓門,名高列肆。摹匠石之精心,法王爾之巧思。則必擇善而從,無微不至。孰云遷地弗良,要在及鋒而試。利者不言所利,是謂天下之良工。先者無失其先,譬如君子之不器。夫以工之比户家傳,師承墨守,規矩從心,爐錘在手。然而審曲面勢,何以罕及夫高曾。庀事度功,何以見譏於儕偶。豈飭材之不當,用力未能。試作意而爲之,好善夫苟。惟器是求,以利爲貴。若能用夫準繩,斯可稱其廩餼。燕函粤鎛,堅緻順其土風;魯削宋斤,精鋭由於地氣。是在善學者,豈偭規而能爲。既竭目力,焉慮操刀之尚未。是必十年淬厲,一意經營。磨礪石兮霜净,鼓槖籥兮煙生。恍若成風,運郢斤之迅疾;似曾修月,持吴斧之晶瑩。授之梓匠輪輿,木十圍而立解;舉似段桃凫桌,金百鍊而益精。利矣哉,先機乾惕,先事豫防。如農事先辨其種植,如土功先相其陰陽。受矩矱於先民,督兹繩削。貽典型於先進,寶此鋒鋩。儼然天設地施,先合天時與地利;迨至日省月試,先期日就而月將。假令不知磨刮,不事切磋,而欲有餘於游刃,取則於伐柯,終恐徒嗤鑿枘,枉費摩挲。刻楮葉兮三年,愚蒙等誚;養棘端兮五乘,欺罔云多。誰則堅木能攻,空歆羨而未及。不免鈍鎚見鄙,貽姍笑兮奈何。若其名成曲藝,業守前規。劇此新硎之刃,卓兹脱穎之錐。智者神而明之,器非求舊。技也進乎道矣,工不矜奇。譬君子藏器於身,焉往而不可。稽周禮考工之職,夫人而能爲。我聖朝學戒奇衺,士羞温飽。希法制於般倕,衡功程於函鮑。猶復考核綦嚴,體用不撓。禮義以爲器,薄海共守夫彝型。財用足於工,官守敢逞其智巧。

雅頌同文賦以其言與雅頌同文爲韻

中興駿業,亘古鴻辭。銘功樂府,勒字山陲。播雅音之典麗,擷頌藻之葳蕤。想當時史籀揮毫,威宣露布;迨後日歐陽集古,義著風詩。證體裁於圖籍,辨點畫於鼎彝。二千年流轉文場,久已光垂炳若;四百字摩挲文石,豈徒質比温其。蓋在宣王當日,重新社稷,底定乾坤。會諸侯於洛邑,習武事於岐原。洗盡琱戈,依舊同倫同軌;鐫成石鼓,試傳文子文孫。與球圖而並重,偕日月而長存。斯字軼佉盧沮誦之儔,抗心希古;從臣或吉甫召公之輩,拜手颺言。惟永叔之深思,探前人之墜緒。石古填金,墨香流楮。意在尊周,書同詛楚。物傳三代,形模之典重誰如;句叶四言,音節之鏗鏘尔許。雅歌析以陰陽,頌義諧夫律吕。恍讀盤銘於散氏,借在爲才;似摹碑字於衡山,釋輿作與。則見其同於雅也,常棣情長,蓼蕭心寫。聆其奏則舞之蹈之,挦其華則炳也蔚也。雅材紛鬱,共看體大思深;雅什流傳,幾見曲高和寡。試誦行舟之句,爰及其魚;豈賡吉日之篇,亦云我馬。文情麟炳,辨等於左驂右驂;文筆鳳鳴,取法於小雅大雅。且見其同於頌也，理密辭嚴，句奇語重。觀文字之裔皇，繹文心而諷誦。頌河山之大定，玉帛萬方；頌田獵之雄威，共球一統。肆夏訂夫遏渠，餘音推之魯宋。天施靈雨，似聽豐年稌黍之歌；字認維揚，儼陳泮水藻芹之頌。顧或謂地鄰豐鎬，篇廢瞽矇。將仿古疑宇文之製，將持論裒定國之通。不知義兼四始，節應三終。銜華佩實，肆外閎中。元后聰明，兢業萬幾之日；詞臣才藻，揄揚肆好之風。擬諸清廟辟雍，真源分而流合。叶以黃鐘大吕，洵曲異而工同。聖朝景從太學，甄拔多聞。詠菁莪以造士，書竹帛以銘勳。宸翰編排，十鼓長留天地；奎章焜耀，千秋共仰星雲。士也潛心則古，遜志樂群。沐雅化之涵濡，誦四詩而自求篤學；聽頌聲之洋溢，合六幕而咸慶同文。

闢四門賦以遠方知歸群才不匱爲韻

聖天子政協璣衡，道操筦楗。欽帝治之孜孜，邁王臣之蹇蹇。猶且徵士蒲輪，鐫賢苕琬。雲興四岳，大廷自握夫樞機。風動四方，碩彥早高其車棞。賓門之典法夫舜，意重明揚；闢户之象取諸乾，德綏廣遠。則嘗緬有虞之化治，稽詢岳之周詳。撫辰凝績，恭己垂裳。師師者百僚，豈僅龍言夔拊；濟濟者多士，都隨禹拜皋颺。廿二人輔相裁成，郅治早登上理；十六族後先疏附，立賢共詡無方。猶以爲山中逸侶，林下幽姿。縱鶴書之廣逮，恐鴻志之難移。雲出無心，身自安於蓬蓽；春來有脚，徑弗翦夫茅茨。窺甕牖而讀書，豈爲世用；結桑樞而習禮，不求人知。而欲搜彼幽隱，供吾指揮。則必甄拔者至廣，感格者至微。設四教而俊乂率從，化先禁闥；張四維而賢才畢至，任重綸扉。不少高人，處山中而望繫。豈無大老，先天下而身歸。門也有四，闢之維殷。閶闔開而近日，殿閣敞而瞻雲。宛同職命羲和，分南朔東西而宅景。亦似猷宣伊仲，偕虛疵蠕側以書勳。出衡門而彈冠，振采翥鴛鴻之路；會橋門而講藝，呈材空騏驥之群。四郊徵辟，四學追陪。入四座則瓊華充牣，照四垠則珊綱宏開。百年之計樹人，君門之楩楠悉集。天下之文在是，公門之桃李親栽。五百年名世挺生,分水火工虞之任;十二牧分疆而治,皆霖雨舟楫之才。由是大啓閈閎,廣徵輔弼。開闢罕覯夫昌期,闔闢亦占夫貞吉。日思贊贊,四海咸慶會同;頌美安安,四序共臻平秩。覘鴻儀於天路,其樂何如;憶豹隱於窮閻,尔思豈不。方今松棟凝庥,蘿圖席瑞。仕路廣開,英才畢至。啓禮門而籲俊,罔有棄遺;侍金門而摛華,盡登清秘。共慶家承通德,肄舊業於銀函;還期館接談經,習陳編於金匱。

冰床賦以往來絡繹其捷如飛爲韻

爾其黄葉村寒,緑楊湖廣。床似舟平,冰同月朗。人恰受夫兩三,地不占夫尋丈。聊代褰裳,争先掉鞅。去矣絶塵,琤然觸響。羌履薄而臨深,亦迎來而送往。其爲製也,方似異書之架,安如明鏡之臺。船兩頭而坐可,輪四角而生纔。或篙刺而直走,或繂曳而紆迴。少憩則卬須以俟,衝寒則乘興而來。昔之洲傍白鷗,舫搴青雀,風細波融,山温雲閣。水枕低昂,露帷隱約。琴三叠而徐彈,酒一壺而細酌。展簟兮素滑瑶紋,張燈兮紅摇珠絡。無何水咽無聲,霜明有迹。昔軟於茵,今平似席。有妙製之自然,洵靈機之獨闢。穩同旅店之繩,眠異仙人之石。代步則喜動寒儒,枕流則難邀熱客。緊朝夕之競趨,擬會同之有繹。若夫朔風吹後,小雪晴時。曉煙碧斂,夕照紅攲。一繩徐引,片木横支。樂等於魚之負,得勝於馬之馳。居者得者,視其觀其。則有客子風裳,才人露裓。暫當卧游,且占利涉。盤桓兮膝可容,蹲踞兮踵相接。應天則象異六星,行地則輕真一葉。踐同遼海之征,報等邯鄲之捷。第觀夫銀床秋老,晶床月初。引芻之床滴酒,連屋之床庋書。曷若此速争小艇,便擬安車。躍少王祥之鯉,跨疑鄭棨之驢。欲施帷而曷以,比貼席而真如。否則銀封百尺,玉界四圍。已收桂楫,空望苔磯。幸而製同几榻,巧勝樞機。庶因時而利達,能濟衆而弗違。况梯航於萬里,瞻咫尺之天威。願乘槎兮破浪,希鯤化而鵬飛。

盤古氏生日賦以十月既望盤古氏生爲韻

客有載酒湘皋，艤舟楚隰，夢澤波瀲，君山雲溼。溯天地開闢之奇徵，爲童叟游敖之雅集。沅蘭澧芷，民謠補考古之書；畫鼓神旗，勝會入采風之什。似老子貞元之節，建醮籙者大千；似釋迦入度之辰，禮旃檀而合十。有告之者曰：此即盤古氏誕降之初，而載籍多闕者也。原夫理始萌芽，源探溟渤。花當春而吐苞，果在樹而藴核。立紀更遠於攝提，命名亦同於儵忽。古書闕逸，誰是賦形造質之期。故老流傳，即玆冰結虹藏之月。尔其大造彌綸，真源潰沸。煦育群生，庶昌萬卉。由無形漸至有形，含生氣以凝精氣。至人首出，啓朕兆於鴻濛。大化神游，闡機緘於象緯。共説膏流仙液，遂漲丁沽；有時髓結珠華，遽誇亥既。則有澤古蟫編，傳經馬帳。托興於兩儀四象之初，細推夫闢乾闔坤之狀。瑶斝進新篘之酒，籙紀長春；銅琶翻樂府之辭，道參無上。日官未置，已定爲春夏秋冬；月令無書，先分夫晦朔弦望。亦有柴門雪積，蔬徑風寒。父老創夫佳節，兒童敦夫古歡。談一畫之開天，恍覩赤文緑字。溯三才之上世，共推草服黄冠。試看緒衍天皇，幾多甲籙。也似報隆田祖，共薦辛盤。或謂事渺何稽，言奇無取。誰鎔鑄物之爐，誰造闢天之斧。仰托根之綿遠，盤亦通磐。考建號之尊崇，古原訓祖。年已閲夫萬千，記敢信夫三五。諧聲則旁薄通叶，逸文試遠鏡太元。寓言則渾沌同稱，後世莫高談皇古。然而氣育中和，易宗太始。升清降濁之文，亭陰噓陽之理。或出自《淮南》，或附從《列子》。異徵神聖，克生夫萬八千年；紀冠皇王，竟弁夫一十七史。慨歲時之祭報，難訂支干；更簡册之叢殘，罕聞姓氏。聖天子光風普被，湑露長清。欽仁山而第頌，開壽宇而難名。朱草摛華，采從壺嶠；紫芝奏曲，韻叶韶英。亦同節紀天和，泰階日麗；豈第圖呈王會，海宇春生。

舜歌南風賦以德冠百王致成萬物爲韻

有虞氏藻火垂裳，松雲建極。臣效贊襄，民忘作息。偶契絲桐之韻，一曲賡歌；如聆韶舞之音，千秋法式。恭己以正南面，穆然王者之容；撫辰而樹風聲，遜矣聖人之德。當夫運啓中天，祥徵復旦。帝敕幾康，人欽巍焕。風行草野，地平天成。風動蒿宫，星輝雲爛。匪特龍言夔拊，成功垂一代之型；即看獸舞鳳儀，大樂作百王之冠。時則日麗南門，春歸南陌。南畝趣耕，南交卜宅。五弦製就，絲調雁柱之朱；七尺裁成，桐采龍門之碧。紹君明臣良之詠，拓來藩服五千；抒阜財解愠之懷，壓倒詩篇三百。有風出谷，來自南方。飄飄兮舉袂，習習兮吹裳。當之快哉，臨南榮而納爽；泠然善也，開南牖以招凉。詎同泗水龍興，歌大風而豪推漢帝；豈比卷阿鳳翽，歌飄風而頌美周王。舜也操縵成音，披襟詠志。民胞物與之天，蓮秀蓂生之地。引商刻徵，奏一片之承平；激濁揚清，作六經之鼓吹。帝乃誕敷文德，無可爲而爲；天其申命用休，莫之致而致。一歌兮三階豫順，再歌兮六幕豐盈。淑氣潛應，嘉祥備呈。静卽蘭襟，調五音而協律。凉生蘋末，合衆籟以飛聲。天工人其代之，萬幾無曠。民事不可緩也，百穀用成。是蓋位正明離，吉占順巽。民無寒暑之咨，家遂倉箱之願。無一物不得其所，幸際和甘。俾四方惟乃之休，允昭董勸。《九歌》作而平章頌，景運罕覯登三；八風通而閶闔開，後世猶誇舞萬。聖天子斡運璣衡，光輝黼黻。民俗昇平，官聯密勿。歌希擊壤，不識不知。歌美吹豳，無侮無拂。風行草偃，先備致夫百祥；東作南訛，永資生乎萬物。

茗戰賦以詩清都爲飲茶多爲韻

蕉窗翠合，桐館青垂。花紅半畝，波緑一池。乃召詞壇之健將，延文陣之雄師。共茗飲以永夕，如戰争於此時。突出奇兵，鋭比衝愁之酒；不持寸鐵，嚴同詠雪之詩。原夫茗也者，雨餘細碾，火活微烹。可以消渴疾,可以解朝酲。氣颸銅瓶,幻五花之景色;潮生石鼎,喧十萬之軍聲。展初試之旗槍,一甌雲熟;揮從容之巾扇,四座風清。於是飲分升合,量校錙銖。似瓜戰而無其煩瑣,似拇戰而笑彼喧呼。問水厄之幾多,竟成白戰;試火攻之下策,合喚青奴。看縱横於几席,决勝負於須臾。漫誇桑社之翁,出奇南國;未許玉川之子,制勝東都。意必取盈,敵無庸避。水可以嬉,賓何妨戲。鬥雌雄於酒國,雪夜方鏖。出號令於詩王,春風小試。功推博士,群驚七碗之奇;腹負將軍,願拜三年之賜。入座而言霏玉屑,苦口曾何;迎人而手泛金甌,源頭有爲。時若屏護春寒,簾低午寢。落月半床,凉風一枕。餘甘著族,也應州住六安;不夜名侯,豈止官尊七品。絶似稱雄詩霸,輸意匠而四十雁行;亦同争勝糟邱,聞鼓聲而三千牛飲。彼夫手談精切,局戲紛譁。射鵠者身瘁,喝雉者心奢。曷若陶鎔情性,不事繁華。倘舞蔗竿,更供一笑。合將羯鼓,聊助三撾。似同太白樓頭,縱歌縱飲;豈若坡公試院,煎水煎茶。迨夫既分優劣,相繼吟哦。至原爾力,進必盈科。譜得經成,足當軍法。幻將詩出,合補鐃歌。腹倘能容,此夕休呼負負;骨如可换,詰朝益善多多。

飲馬投錢賦以題爲韻

昔項仲山耿介自持,潔清已任。雖小節而勿虧,知放利之必禁。第見飲兹匹馬,汲河水兮無多;胡爲投以三錢,似天星之深浸。蓋其取物不苟,豈曰能賢。傾囊以酬,不爲已甚。取比於陵慕蚓,處槁壤以自高;差同巢父牽牛,匪清流而不飲。當夫蹀躞乎關中,馳驅乎日下。素衣增京洛之塵,青騎走杜鄠之野。中南山紫,佳氣西來;渭水波青,長流東瀉。攬轡寓澄清之志,我思古人;濯纓深潔己之思,公真賢者。而兹馬也,毛拳黄,汗流赭。奔蹄小憩,驅來濆涘之間。果腹殊佳,不藉罂瓶之假。止此斗升之水,誰索吾錢;况當憔悴長途,既瘏我馬。則見其停鞭而立,探囊而酬。乍解纏腰,不求善價。霎時舉手,遂付東流。赤仄擲來,比遺珍於赤水;青蚨飛處,似墜葉於青油。藻蘋破後,魴鯉驚不。豈馮夷之可拾,豈河伯之能收。似荷錢而風吹不起,似苔錢而水長難浮。鵝眼匀圓,錯認水衡之積;鯨文滉瀁,恍疑金璧之投。五銖點點,萬頃漣漣。沈浮水底,拋擲馬前。碧瀨虚明,看藕心之欲動;青銅隱現,豈荇帶之能穿。從此解槖躊躇,春少杖頭之釀;據鞍顧盼,香吹榆莢之煙。於以見介節,於以企前賢。利雖小而愈嚴,所見不同於俗;事雖微而必謹,庶幾無愧於天。任他金埒銅山,有如此水。衹有清風明月,不用一錢。彼夫吝於錢者持籌,癖於錢者榜庫。固不足見真修,瞻大度。若此不害於廣隅,不窮於挹注。比河中之飲鼠,滿腹無多;匪魯俗之飲羊,競心未悟。何爲指白水以尋盟,何爲棄青錢而不顧。然而修身之本,勿以小過爲無妨;潔己之情,豈曰沽名爲先務。郝子廣具有同志,願間世而爲朋。王損之企此高風,故揮毫而作賦。

賞以春夏賦以賞出於國時行在天爲韻

湛露三霄,仁風九壤。贊溫煦於春和,助發生於夏長。繹聲子之嘉謨,狀盛時之治象。普陽和於大地,帝澤均霑;鼓化育於洪鈞,仁粥丕廣。蓋惟天爲大,日掌賞而月掌刑;而惟聖法天,德懋官亦功懋賞。原夫賞之制也,由朝廷以達四方,自要荒以及十室。隆之則大名,養之則高秩。大之則蒲穀躬桓,小之則笙鏞琴瑟。惟行賞而非私,斯拜賞而終吉。受兹介福,龍墀沐雨露之施;大哉王言,鵷陛捧絲綸而出。然必以春夏者,豈不以重事則命以始,官人則慎厥初。時豈效夫峻肅,象惟取乎發舒。東作更新,轉機緘於蒼昊;南訛啓秩,拜寵命於丹除。惟誼美而恩明,土田錫以;亦諫行而言聽,膏澤下於。其賞以春也,氣釋嚴凝,功催藝植。樂煦煦之風光,轉遲遲之日色。布德得惠,月令著爲典型;省耕巡方,王道垂之令則。錫龍旂與彤矢,考典禮兮一時;乘鸞輅於青陽,肅觀瞻者萬國。其賞以夏也,蕤賓既協,卉木方滋。和風揚其炎鬱,暑雨消夫怨咨。星明朱鳥之躔,羽儀皇國;輅駕赤騮而出,馳騁康逵。彈冠而來,正儋爵析圭之日；鳴琴而理，恰阜財解愠之時。門開閶闔，樂奏承平。位當震出，象炳離明。霖雨舟楫之命，河山帶礪之盟。春以生言，助生機之暢達。夏者大也，降大命之恢宏。聖人貴德尚功，左則左而右則右；王者代天布化，止則止亦行則行。彼夫秋養老而垂文，冬講武而飲愷。非不可激勸林蒸，褒揚寮寀。孰若匪頒垂式，覽闓澤之旁流；大酺應期，若珠施之有待。群生孰莞其樞機，元氣長調乎鼎鼐。布大惠於春城夏甸，幸慶典之先逢；誦美政則夏雨春風，盼恩光之永在。皇上庸酬旌筏，德徧垓埏。勵官常以不怠，法大造之無偏。賞錫沛於閭閻，進句芒而運矩。賞賚頒夫金紫，希太皡而司權。所以人樂春臺，安作息而長依舜日；士歌夏屋，咸鼓舞而永戴堯天。

天行健賦以大哉乾元神不可測爲韻

客有談天者，造疇人家而叩曰：竊觀煙煙熅熅，晻晻靄靄。張之如弓，圓兮若蓋。上測乎三百六十五度之間，横求乎九萬一千餘里之外。洪濛之開闢，孰握樞機。元氣之往來，誰能刻繪。蓋戴盆而望，固不知天之何以尊；即握管以窺，又豈知天之所以大。疇人子弟起而應之曰：推測天體者，象緯之術也；訢合天心者，鴻博之才也。尔其大圜默運，奥宇中恢。體上質兮不飾，總下宙而咸該。帶羲璘兮出入，麗雲漢兮昭回。握上德不德之原，神游廣莫；會無極太極之旨，理悟初哉。徒觀夫巍巍在上，浩浩無邊。繄何終兮何始，亦不倚而不偏。覆東西南北之無垠，笠圓亘古；看啓閉至分之遞運，杵倚何年。試尋剏㪉之期，數未紀於章蔀；若叩鈞衡之理，書已佚夫坤乾。然而無分寒暑，無間晨昏。去如星激，逝若雲奔。藉大鈞之廣運，乃生理之常存。瞰二十八宿之宫，誰符天眷；布五十三家之術，孰探天根。時乘六龍，數占夫剥窮則復；道包萬象，理通乎貞下起元。其行也誰能企及，其健也莫可比倫。筦機緘於大化，轉世界於微塵。道黄赤兮縱横，真如委矢；環單雙兮交錯，恍若飛輪。候以律推，動於初生之子；時隨柄指，共兹不動之辰。故樂天者名之爲道，而占天者謂之曰神。且夫日月麗天，其行之迅疾者，濛汜之光常拂也；星辰繫天，其行之回旋者，分野之次遠迄也。天怒則雷霆發焉，砰磕震盪，行之有伸而無屈也；天喜則雨露下焉，汪濊涵濡，行之有舒而無鬱也。生生者乃罔不生，物物者視如無物。鼓陰陽於橐籥，信大造之私無；聽開闔於神區，知化工之言不。客乃昭若發蒙，洞若觀火。不但知天道之無爲，並可悟聖功之不惰。事無取乎戲渝，志益重夫剛果。力行不倦，詎敢從人。積健爲雄，是誠在我。儻若求歲差之法，必算久而始知；若其定日至之程，雖坐致而亦可。考卦爻之精言，定儒修之極則。道必進於有成，功在純而不息。皇上泰運緝熙，乾綱整飭。植規矩以儀民，察璣衡而抱式。夫豈若虞喜安天之論，私議鴻鈞。元嘉渾天之儀，終嫌蠡測也哉。

春月勝秋賦以梅花大開月色鮮霽爲韻

賞春庭院，得月樓臺。蘇潁州乃集賓客，具尊罍。招遥天之素影，印滿地之蒼苔。光何分乎今古，時有感於去來。芳情孰勝，試問疏梅。疏梅幾樹，枝格槎枒。暗香淺逗，薄暝微遮。争道春光似海，不知秋思誰家。今夕何夕，是耶非耶。擊銅鉢以覓句，開瓊筵而坐花。尔其律召青陽，天澂素靄。遠散采於山楸，近流輝於江瀨。清氣貫乎乾坤，凉飆襲乎襟帶。眄河山兮愈明，捫星斗兮獨大。我思秋夜，庭際徘徊。露凝異彩，雲掃纖埃。喚凉蟾而共語，驚旅雁之新回。羌申旦而不寐，觸離思於銜杯。何今昔之頓異，覺襟抱之初開。夫近秋者多慘悽，近春者多發越。緊天道之有斂舒，猶政事之有治忽。代謝兮燠寒，無私兮盈闕。莫不欣勝日之方長，感芳華之易歇。欲示諸人，有如此月。階冷鶴眠，樹低鶯息。豈比秋聲，牆陰啾唧。紅醉藥闌，白浮酒國。豈比秋心，騷情悱惻。扶柳風輕，照棠燭刻。勝秋興之萬端，羌鬱鬱其何極。水鏡青揩，草茵翠織。勝秋影之一庭，長凄凄其無色。夜色如水，詩心欲仙。惟郡君之慧語，狀勝景於天然。月何春而不朗，春何月而不妍。何謝莊之一賦，矜秋色於觴前。憶舊游而相較，知真賞之無偏。月如有知兮，亦當印春水而倍潔，展春雲而愈鮮。有客殷然，含情凝睇。攬清輝兮在襟，抒長歌兮揚袂。看一樣之光華，增十分之綺麗。但願雲斂峰巔，煙銷水際。五夜長圓，三春永霽。

禮義爲器賦以禮義交舉聖賢是崇爲韻

稽小戴之名言，紀治功之大體。道寓綱維，學探根柢。禮門出入，行飭膠庠。義路遵循，誠輸堂陛。故必爲兼體用，師元聖之六官；豈徒器别方員，繪阮諶之三禮。而不見夫器乎？工則勒名，事則居肆。合妙手與匠心，萃天時與地利。非筐篋之物，彝鼎同珍。是廊廟之材，棟梁所寄。惟聖王有作，符制器尚象之占。由君子觀之，悟藏器待時之義。惟禮也以樂爲御，惟義也並仁爲巢。布之朝廟，用等陶匏。守禮有常，量同鼎鼐。以義爲利，識詢斗筲。試看經緯秩如，皆先哲精神所聚；但見日星炳若，驗吾儒動静之交。其以禮爲器也，節應和鸞，譏防相鼠。内朝外朝，東序西序。等威秩秩，蒲璧桓圭。夙夜祁祁，藻筐蘋筥。式如金，式如玉，既表正而形端；旋中矩，旋中規，亦目張而綱舉。其以義爲器也，喻義析其微，比義守其正。執其兩端，操夫八柄。協機宜於百事，治炳金繩；妙裁度以一心，化光玉鏡。權真可與，功貫乎生知學知；矩自不踰，道符乎後聖先聖。徒觀挈瓶有智，膠柱無愆。咸依模範，動中經權。見之玉帛冠裳，光華有赫；登之明堂清廟，位置無偏。器局渾涵，行素戒輪轅之飾；器量純粹，輪丹懷舟楫之賢。是必正其紀綱，尊其瞻視。治美垂裳，風徵同軌。禮通乎履，履正而握樞機；義釋爲宜，宜民而飭簠簋。觀攲器而戒滿，令德孔昭；卜大器之晚成，我聞如是。聖朝萬方向化，九有從風。材儲杞梓，德洽帡幪。禮文習於士民，豈曰小補；義聲昭於遐邇，是謂大同。所由器使於前，既言揚而事舉；器形於下，亦業廣而功崇也。

良玉比君子賦以進退鏘鳴抑揚磬折爲韻

精采内含,温姿外潤。甕早貢蒸,璧先寶晉。呈玆地産之菁英,類彼天開之才儁。共覩山川鍾毓,藏諸不若沽諸。亦同禮樂修明,後進上希先進。有良玉焉,爲廊廟之華,爲冠裳之佩。供玉府之儲藏,付玉人之雕繪。飾來青紫,振采一時。繫以朱絲,知音幾輩。作圭璧而應稱無愧,早詡坤珍;豈碔砆而猶謂不如,自甘謙退。因思君子,丰裁日上,標格霞張,望隆組綬,品協珩璜。儲之爲圭璋之選,用之爲邦國之光。天許玉成,善琢磨則德輝鴻度;聖推玉振,中宫徵則詩詠鸞鏘。規模相應,衡鑒愈明。惟君子之盛德,爲良玉之定評。玷慮蠅青,世誇尺璧。氣如虹白,價重連城。列敦槃尊俎之間,群羨瑶華雲捧;居蒲穀躬桓之次,堪嗤瓦釜雷鳴。其或種類懸黎,品齊垂棘。閟巖壑而生輝,辱泥塗而無色。奇材空藴夫光華,知己罕加夫拂拭。待席珍兮有日,豈嘆沈淪;縱抱璞以多年,自安屈抑。其或譽流結緑,理協通黄。薦之者張旃啓匱,陳之者東序西房。獻瓌寶於廟堂,文成有斐;争光輝於日月,質美其相。稱庾亮以豐年,早已華銜實佩;逢卞和於空谷,應同事舉言揚。是知禮可借觀,事當互證。其雕鏤之巧也,比君子學業日新。其色澤之純也,比君子才猷天定。惟實至而名歸,斯聲求而氣應。炳晶瑩之異采,混淆豈慮夫燕瑙。負特達之殊姿,寶貴亦儕夫齊磬。方今聖天子斡運璣衡,登崇俊傑。良弼則進列班聯,良材則先嚴鑒别。士也心映玉臺,談霏玉屑。孰不詩歌樂只,表正形端,質美温其,規周矩折也哉。

麥秋賦以若農力穡乃亦有秋爲韻

尔其榆社煙新,柳堤風薄。浪卷緑兮連畦,雲翻黄兮繞郭。剛逢麥熟之期,預借秋收之樂。詩吟穟穟,宛然時授西成;年慶穰穰,不負功成東作。纔遇賣餳天氣,覩歲月之如流;又逢説餅光陰,占雨暘之時若。當夫隴頭露冷，土脉雲鬆。稽樹麥於小正，時光莫誤；勸種麥於月令，告誡相從。雪方冬而漸積，雨經春而倍濃。風已吹夫黄雀，星又見夫蒼龍。連番亞旅相呼，促程功於十畝；何日篝車共滿，慰奢望於三農。俄焉綺陌東西，芳塍南北。葉簇簇而常肥，穗垂垂而半側。節無改乎清和，律恍中夫夷則。風來板急，吹來四野秋聲；月樣鐮新，散作一天秋色。嘗麥而彘應配薦，馨香共答神庥；割麥而鳥亦催呼，耕鑿敢忘帝力。猶憶種别蓮紅，香分秬黑。商叶其音，金爲其德。一萬頃雲翻穲稏，史書有年；三百囷露積郊原，國誇足食。幸此日之豐穰，補從前之種植。何意時剛雉雊，歌貽我之來牟；竟同歲兆魚豐，穫作甘之稼穡。其或日麗平疇，風翻淺蕾。人欣成熟如期，天覺韶光頓改。輕花晝落，晴靄扇芬。瑞氣郊浮，餘霞絢彩。玉粒之占豐稔，莫此爲先；金風之報順成，玆焉宛在。始則乘雨露而耰之，終則計糗糧而峙乃。抑或薄霧籠朝，新霖灑夕。畝穫幾鍾，澤深三尺。正火德之延長，疑霜辰之代易。麥天氣潤，招凉同秋水之軒；麥隴煙深，覓句寄秋風之客。飽村中之餅餌，香送味回；寫畫裏之陂塘，雨佳晴亦。於是攘攘丁男，嬉嬉子婦。斗未指申，歲先占酉。恍落實而取材，亦乞漿而得酒。剛報樓臺春老，開徧荼蘼；豈同門巷秋深，吹殘陽柳。一樣《豳歌•七月》，咸鼓之而舞之。更誇瑞獻雙歧，自少有而富有。聖天子五辰是撫，六府孔修。春耕徧野，夏澤盈疇。百室迓豐亨之慶，四時承謨慮之周。士有記誦曲臺，農功備考。書披氾氏，歲序咸搜。降康徵擊壤之歌，趣斂早登二麥；作賦擬歸禾之頌，祈年更卜三秋。

鳳巢阿閣賦以天下清泰神物來萃爲韻

神禽五色，靈囿千年。黄流瑞日，青靄非煙。頌嘉祥於萬古，敷至德於九乾。飲甘露兮涵濡，惠澤徧洪濛之世；鳴朝陽兮映麗，休徵開混沌之天。昔軒轅氏統紹庖犧，運追神馬。合符釜山之巔，訪道襄城之野。有熊開國，變舊俗於無懷；涿鹿興師，振餘威於諸夏。豈特彤魚佐命，吹律吕而定寰中；不徒青鳥紀言，垂衣裳而治天下。忽焉祥風軒翥，彩翮鮮明。於止知止，一鳴再鳴。有鳳鳥兮翔集，覗阿閣兮峥嶸。豈臺上吹簫，月映翩翩之影；豈雲中扶輦，風來足足之聲。史臣皆倉頡沮誦之儔，圖呈瑞應；嘉瑞軼景星慶雲而上，運卜澄清。有閣焉，琳宇日邊，瓊窗天外。露建赤標，星臨紫軑。周阿而生碧樹，瑞靄騰華；結阿而洞綺疏，輕雲承蓋。天人交應之期，神物蕃昌之會。種得四圍竹實，凡鳥遥臨；奏來九陛簫韶，中區咸泰。其巢也，居同丹穴，飛逼紫宸。樓臺圖畫，草木陽春。非巢鶴而衣尤拂拭，非巢鶯而語亦清新。偕孫子兮棲遲，飲和食德；振文章兮絢爛，戴聖嬰仁。瞥然自千仞來翔，聆歸嬉兮賀世；亦似沐百年之化，咸服教而畏神。是蓋文德一時，聲教四訖。命力牧兮經營，問廣成兮齋祓。親蠶宫而教織，制創冕旒；覩鳥篆以成書，言宣綸綍。所以德輝欲下，緊至誠上格乎員穹。即令風翼頻來，豈盛世猶貴夫異物。後之人紀元刻石，鑄像成臺。稱賀譏次公之諂，吐文表揚子之才。抑知古聖王四靈咸若，九德兼賅。銜圖星炳，授璽雲開。但看郊藪嬉游，同麒麟兮莅止。若有梧桐萋萫，隨鴻雁兮偕來。爰溯鳴鳥之奇徵，爰紀古皇之盛事。閣之建也，擇地以居。巢之成也，應時而至。况聖朝政肅百僚，恩覃庶類。播聲教於九垓，貫人物而一致。賡雅樂而招儀鳳，藉以聆盛世風聲。思吉人而歌卷阿，於以卜群賢雲萃也。

大禹惜寸陰賦以君子法乾自强不息爲韻

昔大禹山川既奠，貢賦攸分。雨金表瑞，刻玉銘勳。猶復德成而上，業精於勤。撫駒光之易擲，勖蛾術而彌殷。四百年繼繼繩繩，大寶上承夫虞帝；一二日兢兢業業，懋修自葆其天君。晉陶士行讀書得之，投袂而起。爰大集夫賓僚，俾共珍夫刻晷。謂大聖尚且皇然，况吾人何敢率爾？不觀禹之功播隨刊，治諧燮理。合八年之櫛風沐雨，佐命厥有庚辰；臨萬國而夕惕朝乾，踐阼遂於壬子。然而視爲有餘者，常人懈怠之心也。常若不足者，至聖精進之業也。禹乃顧景階蓂，占時厨萐。宣勞於南朔東西，趨事於辛壬癸甲。恍若溺民由己,俾下土漸獲安居。豈徒建正在寅,有王者必來取法。其陰之以寸計也,以圭測日,匪管窺天。驗烏輪之迅疾,警素業之遷延。詎容掉以輕心,箭催宫漏。恰好驗從布指,影度花甎。去盈尺兮何難,匪躬蹇蹇;積十分而入算,終日乾乾。賓堣鐵兮何遲,迫崦嵫兮何易。何别乎高舂下舂,何分乎長至短至。寸雲膚合,遮曦景以無多;寸草心長,報春暉而益摯。受心傳而寸心密課,精一交箴;拜善言而寸善兼收,滿假不自。於以臨宙合,於以坐明堂。師事者墨如陶子,晉接者童律狂章。功豈成於一朝,戈揮莫挽;晷不踰乎百刻,竿倚堪量。珍重斷葱之度,流連過隙之光。平成則克順天心,聰明天授;胼胝則不遑日昃,莊敬日强。鑒此聖神,警兹簪紱。惟昕夕之自修,斯聲教之永訖。從此珍陰而寶晷,孰敢戲渝。况乎進寸而論分,益精濯祓。此大禹錫圭受禪,遂能荒怠俱無。而陶公運甓忘勞,亦至慾忘並不也。皇上政察璣衡,法昭規矩。紀上瑞於重輪,洽休風於同軌。小臣芸館紬書,蘭臺繹史。獻微忱於葵藿,欲罷不能。策後效於桑榆,猶賢乎已。

魚在藻賦以潛泳水府形諸雅什爲韻

繹詩歌之諷詠,紀侯國之觀瞻。鴻儀慶集,燕喜恩覃。佩錫金魚,列分殿陛。旒垂玉藻,望重堂廉。躋公槐卿棘之班,咸奉末光而翼附。叶風虎雲龍之兆,更徵樂意於鱗潛。不觀夫溪澗風清,江湖月映。魚小躍兮青融,魚群游兮緑净。潛雖伏矣,自適其天。於胥樂兮,不違其性。春江水暖,偕鷺序以往來;秋浦煙澄,避雁臣而游泳。有藻焉,秀等菁莪,緐同葛藟。流水池塘,夕陽沼沚。眠鷗渚外,蹙細浪兮翻紅;鬥鴨闌邊,度東風兮漾紫。偕蘋蘩而享祀,本是同根;逐荇菜以參差,有如此水。則見樂也何如,清兮可数。陰非樾而咸依,影非橋而常聚。波間潑剌,葉葉牽風。櫓外迴旋,絲絲罥雨。恰值桃花開落,添新景於畫圖;亦同蓮葉東西,訂雅音於樂府。假令晴依江渚,暖傍沙汀。未集藻池之蔭,未覩藻澗之馨。燒尾何年,遠逐浴波之日;揚鬐此處,頻窺在罶之星。儻其緣木而求,猶可悠然自得。若遇臨淵而羨,更從何處藏形。惟其銀鱗躍處,玉尺跳初。覩後先之麕至,擬朝會而真如。得所依歸,瞻順流而咸若;常承庇蔭,卜靈沼而安居。擷泮水之芳馨,賢者樂此;悟濠梁之至理,君子求諸。是知感格有憑,趨承非假。似采藿於駒場,似食蒿於鹿野。風定日斜之候,得其所哉;水流花放之時,大有慶也。湘行潦而歌采藻,徵吉禮於召南;詠樛木而誦嘉魚,訂同聲於周雅。聖天子螭陛風清,鵷班雲集。美棫樸於周原,貢榛苓於山隰。擒藻翰於璧府,東階西階;觀藻飾於瑶墀,天揖土揖。所以魚懸勵節,奉君子之清風;魚麗求賢,賡詩人之雅什也。

從諫如流賦以聞言必信擇善以從爲韻

古盛時契徵水石,運際風雲。早覩謨猷之遠,尤欽采納之殷。有進諫而必行,君明臣直。比順流之就下,派别支分。共推膏澤徧敷,頌仁政兮罕覯。誰識江河莫禦,幸善言之及聞。夫以政成師濟,位炳乾元。九有砥平,沐涵濡之盛德;八荒星共,荷汪濊之深恩。亦何至風徵折檻,譽美攀轅。然而虚懷自下,直道猶存。啓心沃心,懔彼傅巖之命;水監民監,繹兹酒誥之言。其顯諫也激厲以犯顔,其譎諫也浸潤而造膝。其初諫也無行險之心,其繼諫也占洊至之吉。就其深,就其淺,匡主德於隱微;决諸東,决諸西,格君心於宥密。惟是資言拜獻,咸潤物而私無。若其予智自雄,恐溺人而笑必。則見其從之也,惕於寸心,捷於轉瞬。處事則涇渭先分,澤物則河海同潤。善不遺夫一得,順軌争趨;用必執夫兩端,盈科後進。歆然自視,豈等滄之易盈;善者必從,恍若潮之有信。而不觀水之流乎,湧神瀵於陽侯,納歸墟於河伯。行所無事則大矣,灌百川於崇朝;若因其勢而導之,瀉千里兮咫尺。以視夫君念忠忱,臣抒言責。深仁漸漬,似經流之有常;大度汪洋,本細流之不擇。仰贊高深,早懲沈湎。不同測海之談,不尚懸河之辨。探原立論,如泉之探。轉輨納規,如浪之轉。民懷聖澤,如大澤之渟涵。世沐恩波,如長波之舒卷。故諫之者意在激濁而揚清,而從之者不憚改過而遷善。假令畏夫譏彈，尊其瞻視。薄濟濟之儔，昧涓涓之旨。毋曰予聖，恐行舟而覆舟。不善責難，亦以水而濟水。曷若朝野同風，君臣一軌。以籲咈而易都俞，遇明良而賡喜起。用汝有作楫之命，占利涉而有功。挹彼賡行潦之詩，供濯溉而可以。是知政成勸誡，職在靖共。繹班氏之言，心儀耿直；讀仲淹之賦，度重涵容。我聖朝九重申儆，百爾寅恭。事無闕而諫書不聞，藉見功宣日贊。德積厚而流光愈遠，所以世慶風從也。

雲從龍賦以聖主得賢臣爲韻

繹乾爻從類之辭，狀聖主得人之盛。一道同風，萬流仰鏡。合小大以從公，統臣民而從令。則當遠取諸物，惟龍具變化之姿；仰觀於天，惟雲負飛揚之性。命屏翳董父而供職，運際康時；溯軒轅太昊之紀官，我思古聖。當夫雲氣乍騫，雲痕初吐。鬱鬱蔥蔥，絲絲縷縷。金枝玉葉之葳蕤，車蓋絳衣之旋舞。觸石而出，化成天上奇峰；劈絮而飛，灑徧人間甘雨。況乎光華糺縵，歌自軒墀。紛鬱輪囷，圖於册府。蓋四圍靉靆，似乎舒卷無心；而一氣混茫，須識吹噓有主。有龍焉，名列四靈，采分五色。戲海無聲，負風有力。偕水伯而趨功，並雨師而奉職。光燦燦而爛爛，變幻無窮；狀矯矯而騤騤，屈伸莫測。熠爚銜幽都之燭，燗奪龍睛；蜿蜒負渤海之舟，怒同鵬翼。須臾雲影垂輪，雲容潑墨。豈追逐於一時，直飛騰於八極。超躍而天地迴，呼吸而風雷逼。居水族三百六之長，神化無方；應聖瑞萬八千之期，優游自得。則見氤氲大地，滃翳長天。濃牽雲脚，香歕龍涎。臺湧金銀，探驪此日。門迎風雨，躍鯉何年。鱗作之而，護祥霙兮閃鑠；角生岐嶷，蔭華蓋兮鮮妍。相爲附麗，奉以周旋。乃相求而相應，每不後而不先。雲如龍而訂兵書之逸句，龍爲雲而參韓子之遺篇。如景從形，莫之致而致；如心從矩，不期然而然。儻教起自封中，第頌企西京之帝；若有門從洧水，正言懷東里之賢。惟雲也因龍而盛；惟龍也得雲而神。以例夫名流搢笏，碩輔垂紳。上壽者虞廷之伯，呈材者潁水之荀。繄聲氣而相洽，悟感召之有因。我聖朝恩覃函夏,澤溥如春。迓祥暉於雲牖,襃嘉德以龍綸。法繩從之至言,於時爲盛;沐風從之雅化,率土皆臣。

人主之尊如堂賦以題爲韻

今將叩丹扆,瞻紫宸。辨等威於天澤,定儀制於君臣。固已頌其功者如雲如日,懷其德者如聖如神矣。則且觀法宫之肅穆,峙隆棟之嶙峋。閶闔九重,屋先開夏;觚棱百尺,臺亦登春。莫謂隔越堂廣,望同千里;庶幾從容望陛,弼予一人。昔賈生之上書,譏漢制之非古。謂主極之克端,本尊崇而共覩。縱謂土階三尺,儉德同堯;須知玉帛萬重,朝儀法禹。况以蕩蕩之皇居,視彼莘莘之編户。御門聽政,下有執柄之元臣;負扆修容,上有當陽之聖主。不見夫堂之尊乎,星明華蓋,日麗芝楣。輝煌卿裔,捎帶璘羲。突兀鴻題,雲蔭三垣之座;崢嶸象闕,風飀十丈之旗。琱玉嵌夫階礣,明珠結以罘罳。宜若登天,誰則階而升也;譬如平地,莫不仰而觀之。以視人主功敷坤軸,德協乾元。修鴻儀而御宇,揚駿業而臨軒。之綱之紀,維翰維藩。宅中握圖大之規,會歸皇極;馭下乘居高之勢,詄蕩天門。遂使甌脱邊臣,共企九重之貴;繩樞下士,俾知萬乘之尊。其德之播也,如植基之始;其政之成也,如肯構之初。其恩所圖維也,如依夫午位;其衆所歸往也,如共夫辰居。其淵乎莫測也,如鳴琴而堂遠;其廓然有容也,如懸鏡而堂虚。其儀衛列外也,如堂之有欄楯;其輔弼居中也,如堂之有階除。德車樂御擴其規,高矣美矣;義路禮門崇其制,苞如茂如。夫以堂之規模宏遠,制度裔皇。羌去地兮數尺,有納陛兮兩行。左墄右平,不獨殿名景福;珍臺磴道,豈徒宫號長楊。苟等級稍夷夫廨宇,斯聲名遂損夫巖廓。惟御黼扆而定一尊,共仰垂旒黈纊。亦出蓬茅而占遇主,斯能入室升堂。我皇上黼座凝禧,講帷式度。屏藩設而天下風從,丕冒宏而方隅景附。松扉雲牖,德輝拱夫辰垣;航海梯山,恩澤周夫亥步。士也鑽仰儒林,翺翔皇路。啓講堂而尊嚴罕比,謹拜手而賡歌;頌明堂而尊貴莫名,願抽毫而獻賦。

攲器賦以君子用之誡盈爲韻

有器焉，虚而能受，質而無文。視同彝訓，挹此清芬。非寶器之飾玉，非禮器之雕雲。異圭之直躬，䠶𨀴而虚懷益顯。如鼎之折足，嶔奇而懿誡尤殷。蓋侑神助祭之時，必首覘夫法物；而保泰持盈之意，將隱喻夫人君。昔孔子度著章縫，儀襄端委。乃入廟而肅雍，乃升階而瞻視。有遺器兮在兹，胡傾攲之若是。駕薛鼓魯壺而上，有本有文；在殷瑚周簋之間，不華不靡。誰歟作者，試參微意於元公；進而問焉，猶若習儀於老子。有典之者曰，此攲器也，爲先代之家珍，爲明堂之法供。其象則傾陊，其意則鄭重。遇滿則損，敢争翠爵之輝；得中則平，遂叶黄流之頌。名傳宥坐而昭垂，事考禮官而博綜。千秋鉅製，亦等山罍蒲勺之貽；一代典章，詎同木豆竹籩之用。於是揚清激濁，挹彼注兹。低昂有定，輕重自持。得其平則方圓就範，中其度則斟酌咸宜。儻欲取盈，象必占夫覆盌；如能知足，用豈類夫污卮。惟無爲而妙於爲，孰謂識其小者。亦不正而歸於正，尔尚酌言醻之。然則盈虧悟日月之輪，敬怠判天人之界。缺陷未補夫乾坤，消長互通於姤夬。惟規矩之長垂，斯姱修之克勱。水可爲鑑，濯罍詠夫風詩；準取其平，用缶占夫坎卦。詎比物傳碗崴，僅薦馨香。亦同銘守槃杅，藉昭法誡。自逸事傳於家語，名論著於荀卿。比虚車之致飾，嗤撲滿之垂名。清似玉壺，潔而有守。繫同金柅，安而能貞。我聖朝珠囊瑞集，璣鏡祥呈。斟醲化於衢尊，四維咸理；調大鈞於台鼎，九有豐盈。

叔孫通定朝儀賦以題爲韻

漢高祖定天下之五年，大業龍興，群雄蛾伏。柴燎以祀神祇，玉幣而封岳瀆。應獲麟之圖讖，風靖八荒；轄逐鹿之河山，塵銷五服。乃正青陽，乃乘黄屋。酌古準今，提綱挈目。束武夫以規矩，萬衆趨蹌；被王者之冠裳，一人祗肅。舉似書陳周禮，參制度於夏殷。從兹儀守漢官，辨等威於伯叔。當夫起兵故里，争霸中原，奉蕭曹之舊友，狎絳灌如諸昆。瞻王氣於關中，先營宫室；罷兵符於垓下，共脱櫜鞬。固已重新日月，永靖乾坤矣。然而朝廷初立，儀制無存。置酒傳杯，猶叙布衣之好；拔劍擊柱，幾忘皇帝之尊。即云苦秦法之繁苛，寬其禮數；應亦創漢家之製作，貽我子孫。叔孫通乃起而言曰，今者一區宇，靖兵戎，潤河海，奠衡嵩，庶禮明而樂備，卜仁治而道豐。以武功始，以文德終。昔年斬將搴旗，賴兹壯士；今日投戈講藝，葆我儒風。户習弦歌，召諸生於稷下；聲聞絲竹，發古禮於淹中。孰則衍三代之傳，昌明博大；孰則守一家之學，淹雅閎通。於是芝詔朝宣，蒲輪夕應。峨岌岌之冠，招翹翹之乘。乃立鍾鏞，乃陳管磬。旌旆雲飛，冕旒玉瑩。臚句既設，分九陛以傳呼；緜蕞初除，張四維而横亘。内朝外朝之别，統經曲以参稽；威儀禮儀之殊，雜周秦而考證。但大體之略存，無繁文之偏勝。由是上意欣然，而朝儀從兹大定矣。冬十月，長樂宫成，皇帝乃駕象輅，肅鸞鑣，設萬重之玉帛，奏一片之咸韶。文臣武臣之駢羅，衣冠抑首；東階西階之夾侍，劍佩垂腰。謁者則誠通款曲，御史則語禁譁嚻。搢笏拖紳，誚豈沈沈之涉；奉觴上壽，頌如蕩蕩之堯。迴瞻芒碭之巖阿，尚存雲氣；願進枌榆之父老，共話天朝。高祖方且樂其氣象，喜其委蛇。慶風雲之遇合，辨天澤之等差。有志者事竟成，固所願也；大丈夫當如是，余亦能之。通也稱稷嗣君而隆其號，進太常卿而專所司。五百斤金賚上方，同霑賜予；三十人官登郎署，不負追隨。前無古人，頓改禮家之綱紀；後有學者，猶談漢代之威儀。然而變化因時，詭隨希遇。惜以嬴氏之典章，遂改孔門之法度。身蒙矢石，先以緘默而獲全；廟薦櫻桃，又以飾非而貽誤。笑周旋於十主，落落依人；羡拘執之兩生，殷殷守故。孰若我聖朝禮習瑶墀，儀修玉輅，士盡升庸，才堪展布。瞰航海梯山而入貢，殊方繪王會之圖。合公槐卿棘以呼嵩，大樂奏明堂之賦。

擲地金聲賦以文含逸韻金有英聲爲韻

緬奇才之夐絶，有逸韻之流聞。瓊箋鏤月，銀管書雲。古音獨契，大雅不群。戛玉敲金，宛聽鏗鏘於凫氏；涵天蓋地，共推組織夫龍文。昔孫興公芝標嶽峙，蕙思淵涵。寄幽情於山水，訪道侶於彭聃。灑金壺而屬賦，振金策於窮探。訪瓊臺朱闕之蹤，豪情外發；鑄瀑布赤城之句，名理中含。以示滎期，矜其才筆。謂斯賦之是傳，匪他人之能匹。陳金筴而紬書，按金絲而協律。精采内融，寶光外溢。聲流簡分，孰不賞其鏗鍧；聲振寰中，豈第誇夫俊逸。而不聞夫金聲乎？毓自山川，揀從塵坋。作貢揚荆，程材鍾韗。蜀山則寶獻朱提，麗水則祥騰紫暈。儻令金匏互奏，傳千秋雅頌之音；如其金石同懸，叶一片宫商之韻。而兹則鍾爐日久，鍛煉功深。一朝名作，萬古元音。既比擲丸而脱手，亦同擲米而賞心。方學投籤，瞥尔而輕抛一紙；渾疑奏樂，鏘然而重比兼金。蓋其鑄等洪爐，享猶敝帚。簸漫比夫秕糠，響詎同於瓦缶。非泗水而猶鳴，非豐山而亦吼。莫謂純鈎巨闕，寂寞千年；居然大吕黄鍾，皋牢萬有。迄今讀斯賦者，猶覺文成鳳噦，調振鯨鏗。恍鏜鏞之競響，匪絲竹之移情。天風吹其鞺鞳，仙樂奏夫承平。豈彙雙南百鍊之菁華，均歸陶冶；遂覺八桂五芝之才藻，盡叶咸英。士有捶琴筆敏，擊鉢詩成。儲材貢夫金箭，植品薄夫金籯。幸逢我聖朝中和樂備，喜起歌賡。典册高文，敢任光陰之虚擲；瓊琚玉佩，均爲風雅之中聲。

山公啓事賦以懸鏡之照主衡之平爲韻

今夫慮事不精者，不足搜草澤之賢也；任事不勇者，不足攬簡拔之權也。上之則勿疑勿貳，無黨無偏。慕苹蒿之雅化，賡棫樸之詩篇。次焉則珠履集於楚，金臺築於燕。縱彈鋏自高夫名譽，而濫竽終愧夫班聯。疇則職領三銓，合妍媸而鑑别；疇則官先六太，較輕重而衡懸。則有山巨源者，當晉武泰始之時，拜吏部尚書之命。

貴簡擇夫時流,俾贊襄夫國政。本是渾金璞玉,名冠百僚;豈徒搢笏垂紳,手摻八柄。何以盱衡人物,遺無滄海之珠。庶幾鑒别仕途,朗若虚望之鏡。況復萬流翕集,九品參差。既防欺面,又慮相皮。儻啓沃之無聞,先虞白簡;若事機之未集,終玷丹墀。世有長才,賡菁莪兮樂只;我懷高隱,歌桂樹以招之。兹乃較短絜長,治繁總要。薈蕞群英,頡頏衆妙。風生臺閣,同執簡之傅元。算及錢刀,嗤持籌之和嶠。但慕鴻名,即登鳳詔。甄拔無遺,品題惟肖。恍若風雲之合,幸際昌期;本來日月之明,自無私照。其以啓事傳也,章等公車,典隨計簿。玉筴同珍,琅函並古。聲蜚鵷牘,區流品於同寅;望重龍門,萃名賢於典午。遂令百辟冠彈,一人袞補。共列簪纓,不虞門户。賢能書獻,下有執柄之元臣;喜起歌賡,上有轉圜之聖主。然而斯時也,新收蜀土,未下吴城。樹機能西涼蠢動,劉元海北土縱横。太子則質成椎魯,后家則勢已句萌。曷不進唐彬而嘉其謙退,曷不進郭默而許以忠貞。曷不進江統而采徙戒之論,曷不進魏舒而揚直諫之聲。縱推轂有羊公,本爲勳舊;而薦章及嵇紹,殊負友生。一德一心,究遜漢家之諸葛;懋官懋賞,終殊商代之阿衡。獨是才分榛楛,味别澠淄。共推月旦,咸仰風規。雖私占稻田,難解李熹之奏;而不營竿牘,先懸袁毅之絲。一字拔人,猶傳家學;七賢接席,早著當時。方諸裴楷清通,庶乎近矣;擬以王戎簡要,似爲過之。迨後世禮羅下逮,夾袋搜呈。附李相之荀班,已高儕輩;登梁公之藥籠,便詡時名。均慕巨源之風采,共誇當日之題評。猶未若我聖朝材儲金箭,典重弓旌。已肇會歸之極,彌章識拔之精。珊網評量,多士咸歸陶冶;玉衡洞鑒,四海共際昇平。

進賢冠賦以製冠有象惟賢表名爲韻

客有考輿服者,造汲古主人而問曰:漢家旒藻雍容,裳衣典麗,招並干旌,頒先金幣。俾在野之遺賢,咸驅車而上計。弁冕群英,簪纓盛世。司服定夫法冠,等威辨以次第。以進賢而名之,兆君臣之結契。爰考其時,盍詳其製。主人曰:竊嘗讀紹統之志,掇拾於叢殘；翻劉昭之注，考訂於繁難。詳儀容於官制，綜法度於朝端。其於賢也，不啻搜巖采幹，掣綱求珊。聳高山之岌岌，峙武士之桓桓。羌後先而奔走，咸佩玉而鳴鸞。凡此朝廷之雅意，而一寓於斯冠。則見梁準以三，三端先具也。寸計以七，七德是守也。上自我后，求志弼輔也。下及庶僚，力搜林藪也。莫不緇布章身，彯纓在首。立釦礣兮銅墀，佩金章與紫綬。暾揖讓於一堂，足招徠乎九有。若夫溯毋追於古初，緬章甫於鄉黨。縱能考其遺形，亦空存夫嚮往。惟兹冠之峨峨，洵威儀之無兩。冠以賢而暉光，賢以冠而景仰。苴履貽倒置之愆，李下有别嫌之想。陋聚鷸之不衷，膺珥貂之懋賞。子曷不考蔡邕董巴之佚文，而訂張鎰阮諶之罔象。且子睹夫冠，亦思夫求賢之聖主，登進之良時乎？蓋補衮無闕，賢則宜之。端冕昭文，賢則持之。美包四善，賢則知之。制定一尊，賢則維之。均摳衣而翊衛，咸搢笏而驅馳。非侍中之蟬翅，非隱士之鹿皮。遠游而侍黄屋，交讓而立丹墀。儻一夫之不獲，更百計之謀惟。所以賢才鵲起，賢哲蟬聯。羽儀得路，簪紱朝天。貢禹之彈來不愧，疏受之挂也争傳。張武之惠文，名馳王國；樊噲之却敵，氣慴賓筵。緊招賢之有術，斯引進之無偏。然則斯冠也，處黼黻文章之世，稱霖雨舟楫之賢。然而聖天子陶育英才，激揚億兆。進德則雲奉彤綸，進善則風抱丹旒。離席帽而書陳，滌塵纓而德紹。蟬比潔而立志原同，豸觸邪而清時亦少。彼製冠而僅美其稱，雖旌賢而適形其小。又烏足致至治於千秋，羅奇才於八表。客乃愀然傾聽，曶焉以明。爰作頌曰：

盍簪景運，維聖清兮。鹿鳴呦呦，吹華笙兮。螭坳濟濟，戛蔥珩兮。冠冕有序，登群英兮。褒譽優隆，華衮榮兮。陋彼漢代，徒錫嘉名兮。

胥臣蒙馬虎皮賦以題爲韻

軍威振虓，霸業開初。韜非變豹，麗豈參魚。馬首是瞻，星馳電激。虎賁夾輔，箕張翼舒。取形神而肖似，摹意態而真如。兵不厭詐，謀未嘗疏。創百二十年之盟主，壯七百餘乘之兵車。比似火牛，詐滅齊之騎劫；亦同燧象，破復楚之申胥。當晉楚之戰城濮也，馬頭耀日，馬足飛塵。皋藻之卒雷動，貔貅之士雲陳。豹皮冠雄增棨戟，熊皮幃軟曳雕輪。佩鮫皮之函，堅疑琢玉；帶兕皮之甲，光似磨銀。方將救曹衛，結齊秦。懲長蛇之薦食，誅國狗之噬人。無如雌雄未決，勢力維均。鯨鯢指京觀之封，前車已覆宋兹父；蛇鳥合風雲之陣，勁敵群驚楚得臣。胥臣慷慨前曰：君獨不見夫虎乎，作一山長，爲百獸雄。肆鋸牙而鉤爪，敵利刃與强弓。洵足以驚紫燕，懾青驄。今日難驅獸族，奇謀可錯天工。兩驂如舞，我馬既同。世誤相皮，翔㫋雲輣之下；誰能畫骨，煙飛塵起之中。抖虎毛兮組織，竦虎脊兮交攻。亦同秉籥伶人，牛尾旌竿之舞。好比逐儺方相，熊皮金目之蒙；鼛鼓震天，旌旗蔽野。蹲踞行間，咆哮林下。笑執鞭之御者，莫敢攖之。占變卦於大人，其文炳也。作來虎勢，不數澤麋之蒙；竊得虎威，莫笑城狐之假。超光躡影，衹疑出柙之斑奴；雨嘯風從，誰識籋雲之天馬。虎戟翹枝，虎旌飛羽。虎韔鏤膺，虎盾分部。掉虎尾兮雷奔，卓虎頭兮煙聚。即逢伯樂，難鑒精神。豈是蚩尤，驅來隊伍。笑尔皮毛之傅，竟敢横得；驚他面目之非，猶能禦侮。封豕戢其威，貪狼震其武。氣吞尨吠，繼霸業於召陵；寵錫龍光，覲天顔於踐土。笑敵人之鼠竄，駒本稱龍；喜我將之鷹揚，臣原號虎。後世東師驅獸，西京舞羆。驚水底之蛟涎，層圖彩鷁；破海南之象陣，巧鬥金獅。其謀善矣，此役開之。設旆原同狐偃，曳柴好比欒枝。楚令尹才不懲驕，鼓旗盡偃；晉下軍智能料敵，羽扇初麾。使非矯矯虎臣，能苦心而戮力；竊恐耽耽虎視，難食肉而寢皮。方今聖天子威德兼彰，德刑並布。顧鼠子而未平，覲龍顔其有怒。虎符四出，秉成訓而始得；虎將紛馳，出奇兵而無誤。羊皮紙表，争獻大廷。犀皮甲衣，悉輸武庫。遠人蛾伏，貢天馬西極之歌；多士皋趨，獻司馬上林之賦。

如皋射雉賦以才之不可以已也如此夫爲韻

賈大夫迎春文囿，較獵雲堆。姻聯怨耦，身負良材。覘介禽之下集，佩鳴鏑而前來。技本驚人，看弩牙之立中；卿能知我，喜笑口之常開。方知婉孌閨房，亦須妙手；豈第折衝尊俎，合仗雄才。當夫羔裘逸豫，駟馬驅馳。雉贄陳庭，列鵷班而懷壯志；雉飛有曲，念燕婉而趁良時。方詔初徵好合，詎比戚施。聽枕上之鳴雞，蔦蘿托矣；弋天邊之飛雁，琴瑟友之。無如質本窈窕，情多怫鬱。豈窗下呢呢，帳中吃吃。豈銜來石闕，四座無聲；豈緘學金人，一言難乞。碧樹之鳳凰棲老，似占卦而未諧；紅窗之鸚鵡能言，可以人而如不。時則山遠青長，花深紅彈。鳩拂羽而差池，鶯引聲而婀娜。儻今日猶吝奇才，即斯人何以諒我。遂尔驅車薄薄，傍麥隴而徐得。攜將佳耦盈盈，勝空閨之閑坐。好似弋鳧昧旦，警戒相將。還同祀燕高禖，游遨亦可，五色翩然，飛來文雉。齊歌之而思美人，衛詠之而懷君子。十步啄而百步飲，鳥尚多情；志中目而誇中眉，人争染指。寒塲百堵，火静原頭；春草五茸，膏占鼎耳。或懸媒爲餌，雖招之而使前。或持翳隱形，欲共之而曷以。大夫乃倚雕衡，抽蓬矢。車若雷奔，身如山峙。同樂伯之射麋，陋齊襄之射豕。天邊錦羽，鼓高足而奮飛；車上璧人，迴清矑兮共視。庶幾天作之合，私懷略盡區區；若教尺有所差，此恨烏能已已。拂羽低鯨，彎弓盤馬，箭筈通天，機聲震野。衝人决起，紅翎白鏃傾斜；著地盤旋，雨血風毛交瀉。聲方振於雲中，影忽墮於林下。發難得巧，目不容逃。命中挽强，才高能假。眼舒青而釋終身之憤，彼美人兮；目中左而貽一眚之羞，非丈夫也。於是弓收抑抑，輪轉徐徐。婉言而屑霏玉冷，巧笑而齒粲花舒。雉尾扇開，宜言飲酒，雉頭裘擁，攜手同車。知我一生，本無心而得此；從君三歲，竟何事而藏諸。遂教鳩鳥怨消，福我壽我；自此關睢樂詠，兄如弟如。嚮使不出户庭，不游城市，不矜射雀之奇，不擅射雕之技。恨同息女，難聞金玉之音；笑彼碩人，頻見瓠犀之齒。不圖面目可憎，才華實美，以寫我憂，能令公喜。好比穿楊養叔，神豈助而能之；亦同得寶陳倉，福何修而得此。客有穿雲擕屐，冒雨提壺。讀史書而生慕，尋陳迹而模糊。林間之雉子斑斑，聲求其牡；隴底之雉鳴戛戛，喝豈同盧。可知欲諧玉琯，無負桑弧。夫子多能，洵可扈從羽獵；庸人無福，未免貽笑妻孥。迄今過如皋者，能不追尋往事而流連想像矣夫。

信及豚魚賦以咸安其生各遂其性爲韻

繹中孚之爻象，昭盛德之機緘。道彌宇宙，澤被林巖。由仁民而愛物，體大化以至誠。豚入笠以誰招，自安塗負；魚上冰而出聽，宛似鈎銜。靈蠢同馴，譬麒麟之在郊藪；天人交應，似鳳鳥之舞韶咸。夫豚之爲物也，賦形肥腯，行步蹩蹣。《尔雅》則豬豶並著，《説文》則豰豨同看。春風瓜蔓之畦，來經雞栅；秋雨豆花之架，居傍牛欄。弭耳長鳴，時顧彭亨而嘆息；抽豪自衛，慣尋卑溼以求安。若夫魚則銀鱗潑刺，玉尺紛披。縱壑順其志，飛霧著其奇。點額暴腮，風定日斜之候；揚鬐鼓鬣，水流花放之時。逐荇菜之參差，細者巨者；依藻蒲而游泳，頒其莘其。然而毛群躑躅，水族縱横。即欲囿之嘉德，格以肫誠。終恐冥頑者不順，愚昧者難明。豈同天馬梢雲，獻瑞而馳驅皇道。詎若神龍跋浪，負圖而黼黻昇平。縱兩間之色色形形，胥歸大造；而一時之渾渾噩噩，莫喻群生。夫惟聖主當陽，大信昭灼。丹墀則馴象來朝，滄海則長鯨受縛。德昭幬覆，共欣萬類包涵；治普紘綖，不僅一時然諾。試觀秋圃豚肥，春流魚躍，似周室之繁多，同夏王之咸若。何必稱奇入貢，異名先志夫夷堅。豈徒慕化來歸，部族且降夫屠各。其及也，白蹢往還，丹鱗游戲，操蹄而祝篝車，入夢而占佩璲。斗掩七而炫奇，網開三而易避。廣生大生，有意無意。輿猳立誓，淋漓一紙分盟；江鯉傳書，鄭重千金之寄。方欲築圈以畜，恐物理之失時。何煩竭澤而漁，使生機之不遂。是必驅先虎豹，育並鯤鮞，雖馬每牛，梯航入貢，靈鼉丹蜃，禮樂攸資。即此豚游豐草，魚戲清池。本來散自星精，圖呈瑞應；遂尔躍從海若，運際昌熙。使受命者無不聽命，而無知者亦若有知。

飫穅覈而肥乎，道徵狨不；依藻蘋而逝矣，所亦得其。况乎我聖朝治炳金繩，光昭玉鏡。備南鶼東鰈之珍，躋鱗趾騶牙之盛。圈豚表其矩步，萬國會同；淵魚鑒及民情，四方歌詠。信道篤而翔潛洽，觀我生以觀民生。信符握而上下孚，盡人性以盡物性。

王道正則百川理賦以庶政修明衆流協應爲韻

古盛時治水功成，安瀾效著，海若迴翔，天吴軒翥。本一氣所彌綸，統五行而調御。化光玉鏡，事業恢閎，防重金堤，神人翊助。如川方至，頌嘉福於宫廷。其道大光，沛恩膏於臣庶。夫以川之有百也，昏墊紀於虞書，沸騰見於雅詠。偕風雨兮聲飛，挾泥沙兮勢盛。固足以操國之歉豐，筦民之利病。而欲其迴紫瀾平，融青波净。遏其旁溢之流，順其就下之性。則必曰會曰入，鴻圖尋禹貢之文；或决或排，鯷壑聽司空之政。然而理之難也，威揚河伯，怒激陽侯。霽雪消而寒濤卷，新水灌而晚煙收。汛過桃花，年年漲夏；歌聽瓠子，歲歲防秋。果何以善導群流，朝宗宛若。夫豈僅乞靈冥漠，禋祀交修。夫惟聖王端拱，大道肫誠，風宣令甲，日麗由庚。恩波醲而民氣洽，闓澤沐而衆心平。東西南北應乎中，身調玉律；春夏秋冬順其序，手握珠衡。蓋正己以正人，而百官同其修省。亦正家以正國，而百姓共際昭明。於時聲息喧豗，勢消澒洞。卷瓜蔓而安行，張蒲帆而利送。淵泉溥博，感以至誠。脉絡灌輸，理非鑿空。波濤息而歸巨壑，事無躍馬之奇。旱潦除而慶豐年，夢叶維魚之衆。則將理其本也，恍探源於神瀵。則將理其末也，試竟委於瀛洲。則以疏瀹爲理也，而田廬不妨割棄。則以防堤爲理也，而茭楗豈慮沈浮。况乎百度昭虔，道彌高厚。百神拱衛，道在懷柔。幾同檄召庚辰，宣威稜於淮甸。宛似圖披甲子，呈瑞應於河流。豈不以至道覃敷，大川利涉。寒暑泯其怨咨，陰陽時其調燮。既朝野之乂安，自天人之應接。豈待分江擘漢，宣力寰區。漸觀温洛滎河，争輝簡牒。平九州之水土，禹功奏而四海同；大一統之河山，堯德昌而萬邦協。是知事有同原，理無偏勝。縱感格之莫名，若報施之有定。我聖朝薄海鏡澂,長河玉瑩。道則無偏無頗,川則爲緯爲經。夫豈待陳漢代之事,始測高深,讀李尋之言,方知肸應也哉。

吹竹學鳳鳴賦以音韻既生宫商間起爲韻

客有考樂律者,造翰林主人而問曰:盛矣哉,五聲既叶,萬竅皆喑,中宫中徵,飾玉飾金。既昭蘇夫植物,亦鼓舞夫仙禽。凡疾徐之有節,皆呼吸於無心。試推其原,以觀先王之雅樂;昌言其故,以調盛世之元音。主人曰:昔軒轅氏地闢麟圖,德承鴻運,變循蚩疏仡之天,守服教畏神之訓。乃警宫廷,乃宣鐘韗。何以昭德而象功,何以阜財而解愠。朝野歡娱之象,何以格夫神人。陰陽燮理之功,何以被之聲韻。爰有鳳皇,鳴聲騰沸,音節和諧,文章氤費。晨鳴夜鳴之别,常在梧桐;飛鳴止鳴之殊,不逢矰罻。而欲借之以定中聲,聆之以調元氣。六象九苞之炳焕,毛羽飾焉;五音六律之參差,耳力竭既。伶倫受命,思斆其鳴。善事必先利器,知音尤貴審聲。豈竹箭貢自會稽,能供雅製。豈竹林采於鄠杜,遂集大成。則有昆侖盤鬱,嶰谷深閎,上有靈竹,薈蔚敷榮。吹天風兮鬖發,承寶露兮晶瑩。琪花瑶草之間,不資人力;金闕銀臺之畔,本自天生。乃斷其節,遂製爲筩。材分長短,位列西東。比吹琯而嘘春,靈通地力;似吹笛而止雨,巧奪天功。八十分析及毫釐,周旋應月;十二管均其厚薄,激盪回風。爲萬事之根本,貫一氣於初終。春夏秋冬無不合,量衡律度歸於同。是曰黄帝之樂,而中黄鍾之宫。其吹也先分夫高下,其學也不減夫清揚。風過簫兮翽翽,雲扶輦兮鏘鏘。上三下三之相生,曲翻玉琯;雄六雌六之迭應,巧奏銀簧。豈從阿閣飛來,遂引吭而刷羽;正值雲門舞後,爰嚼徵而含商。於是彤魚奏功,青鳥司諫。左力牧以後先,右臾區而顧盼。桐君製藥而方傳,天老調兵而甲擐。種竹實兮陰濃,製鳳書兮字幻。奏一片之承平,慶九州之清晏。舞大卷於東阼,運際垂裳;嘉承雲於南郊,學殊操縵。此所以迨邁無爲,而德臻無間也。客乃悟製治之原,明作樂之旨。苟不瓠而不佻,斯盡善而盡美。降及後世,白麟之歌喈喈,朱鷺之曲靡靡。譜琴而雁落沙，弄笛而龍吟水。縱自賞其聲新，究難言夫觀止。孰若我聖朝樂紹咸英，德高姚姒。製鳳笙以被律，咸樂和雍；操竹簡以書勛，先賡喜起。

行不由徑賦以處心行道有如此焉爲韻

古君子味飫詩書，聲蜚庠序。心早化夫町畦，目未營乎險阻。周行示我，匪效法於冥鴻；捷徑窺人，恐貽譏於相鼠。所志在禮門義路，亦步亦趨；此中有聖域賢關，爰居爰處。昔子羽身標模楷，品重璆琳，襟期落落，志節森森。生自武城，近沐弦歌之化；言瞻闕里，幸依桃李之陰。偶聞賢宰，許訂知音。既聞聲而傾蓋，應把臂而入林。然而空谷獨居，指青松而表節；公堂罕至，酌白水以盟心。若夫徑也者，柳陰路曲，李下蹊成。未删枳棘，大有榛荆。草深露滑，山仄雲生。春郊驛路之旁，斷塍荒翳；秋水官橋而外，古道縱横。儘奔馳之狡捷，多坑坎之不平。或者播種農夫，披雨蓑而躑躅；否則趁墟樵子，荷煙笠而游行。乃有捷足争先，躁心喜早。不憚嶮巇，甘逢泥潦。入世皇皇，登程草草。覓小徑而自得，偏少遲疑；捨正路而弗由，是何懷抱。方且謂馳驅王事，幸逢寂寂之墟；幾不知詄蕩天閶，尚有平平之道。而子羽獨抱黄中，甘爲墨守。徐行疾行之咸宜，端行弁行之不苟。即之則折矩周規，望之則紆紳拖綬。四達五達六達之外，絶少周旋；五軌七軌九軌之間，時看奔走。惟恐稍形脱略，其爲士者笑之。若教貽誚迂拘，於答是也何有。顧或者謂徑塞茅而雲雜，徑繞石而煙疏。即掉臂以游者，終失足之異於。而乃拙同守府，見等拘墟。芳草如茵，幾曾蠟屐；斜陽曠野，竟尔迴車。蓋慎重於立身之際，必謹嚴於跬步之初。不徑不游，樂正子聞風興起；不徑不竇，高子羔媲美何如。是蓋道岸思登，聖門仰企，山斗峨冠，星辰聽履。入顔回之巷，不廢嘯歌；循夫子之牆，莫名富美。宜乎取以貌者嘆夫先人，契以心者引爲知己。他日斬蛟毁璧，縱枉尺直尋而弗爲；斯時履虎涉冰，其特立獨行有如此。聖天子日宣三德，風動八埏。統翹材而陶冶，頒矩矱而誠虔。士也行己必端，有爲有守，由庚沐化，無黨無偏。聞子游得人之言，何莫由斯道也;慕澹臺信道之篤,應知行必著焉。

無逸圖賦以出入起居莫不觀省爲韻

昔唐宗致治之年,正宋璟立朝之日。時則湛露涵濡,仁風洋溢。君曰沃心,臣謀造膝。論元輔則治數開元,戒逸游則書陳無逸。金甌鞏固,賴兹捧日之才;玉詔憂勤,付與凌雲之筆。無煩口舌,宫廷皆憑几而歡;用作股肱,豪傑本應時而出。當夫授受既成,兵戎永戢。掃韋武之塵氛,任源盧爲宰執。詔焚珠玉,息侈靡之心;飾夫金銀,滌紛華之習。然而温泉屢肆敖游,花萼頻聞宴集。色荒禽荒之示誡,深虞急則難堪。法語巽語之兼權,竊願量而後入。璟乃陳周王開國之謨,述家相誥君之旨。戒其逸則何敢慆淫,勖以無則益深顧諟。蒼姬之籙緜緜,赤舄之容几几。述殷宗之延世,下國共球;緬后稷之開基,躬耕耒耜。固已懸之象魏,六經与皎日同懸。寶此鴻編,百世亦聞風興起。其爲圖也,彩毫露滴,素楮霞舒。水墨雜陳之候,丹黄點染之初。豈摹將相於凌煙,神儔褒鄂。豈繪田家之忙月,詩采王儲。端冕垂裳,儼對越夫蒼昊;宵衣旰食,示作肅於丹除。體元公憂國之深情,在大聖尚深兢惕。寫嗣王勤民之令典,雖天子何敢安居。於焉進之廟堂,張之齋閣。惠播龍墀,威揚虎落。訓告教誨,則任姚韓之賢;變亂譸張,則屏李楊之惡。思艱者祖業,晉陽之締造猶新;祗懼者皇情,大寶之箴規如昨。莫不披圖而念鴻猷,負圖而懲燕樂。開延英而進講,上格天心;御勤政以輸誠,廣求民莫。奈何君蹈倦勤,臣驕簪紱。南蠻靖於邊陲,西竺貢其方物。華清夜月,人影迷藏。太液秋風,香塵飄拂。花銜野鹿,劫非佛力能銷;星拜牽牛,巧向天孫而乞。未免逸志隳其憂勞,逸事懈其齋祓。催花而試羯鼓,天公之語云何;入月而聽霓裳,春夢之婆醒不。迨夫臨風貰醉,盡日尋歡。茘子貢海南之驛,花王吟亭北之闌。良相不登於天府,諫書罕達於朝端。遂至遠道三千,向蜀江而駐蹕。射生五百,旋龍馭而迎鑾。而回憶斯圖也,闡聖功於不息,恢帝治於久安。时已判夫今昔,事屢閱夫艱難。

不同賦獻梅花，寫玉堂之新詠；安得書之蕉葉，偕金鑑以同歡。是知君戒逸而作恭，臣繪圖而致警。彼鄭冲之陳言，亦廣平之是景。豈若丹青成引，吟杜老之新詩；山水有神，試吴生之霜穎。我皇上德著懷柔，政諧寬猛。猶復舜箴逸欲，日贊黽皇。禹鼎圖形，雲章焕炳。固已物陳王會，莫不尊視。奚俟篇考周書，方知修省也哉！

披沙揀金賦以求寶之道同乎選才爲韻

陸士衡名高西晉，文冠南州。菁英儷乎王阮，鍛鍊駕乎曹劉。纔别沙場，下筆而風雲舒嘯；乍拈金管，開緘而月露雕搜。擬士龍盛德之篇，同聲相應；陋司馬長門之賦，善價能求。後有鍾嶸，品夫才藻。謂振采於詞壇，譬儲精於礦島。未經洗濯於良工，空負陶鎔於大造。縱美質之迥殊，非致功而孰考。去之務盡，搜意幾等於搜山；美在其中，得句遂同於得寶。不觀夫金乎，色則丹黄並著，官則桃棗攸司。曰銑曰鏐，則文詳於雅；爲從爲革，則範演乎箕。晶瑩四照，文采陸離。莫使捐山，遷地弗能爲良也。幾曾躍冶，成章知所以裁之。然當其在沙中也，淘洗猶遲，刮磨尚早。映明月兮皚皚，吹長風之浩浩。縱毓兹瑰寶，自然不磷而不緇；然辱在泥塗，誰識既堅而既好。故履沙者每嗟所願難償，而治金者要在求之有道。當其披之也，走犖確，履蒙茸，聚以雨，揚以風。比披榛以采蘭，不殊臭味；似披雲而見日，倍警愚蒙。珠颺塵兮細細，玉飛屑兮濛濛。雖識雙南之價，敢虧一簣之功。與沙礫而雜居，方驚雪積；挾沙泥而俱下，詎誚雷同。及其揀之也，鑿及千尺，得於一隅。積之纍纍，算此銖銖。沈自何年，亦等未銷之鐵；鍊從此日，終歸在範之爐。取不盡而用不竭，得其精而遺其粗。人具苦心，豈區區者不予畀；天生神物，能鬱鬱久居此乎！是知鍊格宜堅，蕪詞須翦。惟抉擇之綦精，庶菁華之易顯。意嚴沙汰，别具爐錘。字鑄金湯，恪遵訓典。在今日披尋而得，品重百陶；卜他年揀閱維精，錢珍萬選。聖朝文同萬國，治炳九垓。揚武功於沙漠，萃髦士於金臺。然猶度昭圭璧，材拔蒿萊。金殿臚傳，皆懷瑾握瑜之輩；沙堤望重，多鎔經鑄史之才。

下　卷

作樂崇德賦以王者順動殷薦趨時爲韻

至矣哉，韻諧宫徵，律辨陰陽。磬管在室，笙鏞在房。睹尊崇之典麗，考製作之精詳。德以得言，播元音兮風始；樂由中出，表盛治兮日長。方期在位簫韶，上追虞帝；豈特奏公鐘鼓，遠邁周王。夫豫之爲卦也，外取震龍，内爲坤馬。聲容之盛，先洽於人神；和順之形，遂昭於華夏。乃取象於發皇，爰抒情於陶寫。然優優布政，固宜正南面哉；而泱泱大風，孰是表東海者。若夫盛德之世，六幕承流，群生灑潤。如日之升，與天同峻。圓壇方墠，肅大寶以承乾；航海梯山，仰餘威之遠震。何以紀其功烈，庶奏靈鼗雷鼓以陳辭；寫其形容，將合東昧南任而效順。其樂之作也，考樂記而參稽，命樂師而戒董。誠意格乎神明，歡聲騰乎林總。律則辨六分七分，器則訂一孔三孔。靈鼉欲吼，泮水漣漪。有鳳來儀，梧岡萋菶。通天地人以爲治，廣大清明；合風雅頌以諧聲，順成和動。於是世德觀感，嘉德升聞。文德昭而弦歌不輟，武德炳而羽籥攸分。軼朱干苓落之音，六成復綴；企葛天扶犁之奏，五色宣文。業廣功崇，象夫天兼象夫地；明述聖作，壑有夏亦壑有殷。乃擇良辰，乃開嘉宴。奏合玉階，聲攙銀箭。格祖考以椒芬，祀天神於蘭殿。周旋風雨，音辨鑫鐘。糺縵星雲，祥開雉扇。故大樂答夫神庥，而盛德符乎天眷。青旗翠幕，鍾簴備六代之懸；蒼璧黄琮，器幣享四時之薦。是知樂者德之象，德者樂之樞。苟鋪張之得體，洵先後之同符。故不必效職者夔后，審音者艑俞。删詩而正樂章，亦等離琴坎鼓。紀事而翻樂府，何嫌楚舞吴歈。但教福禄來崇，如聞如見；即令聖神有作，亦步亦趨。迨後世樂官已改，德意先漓。杜夔之審音，每多荒渺；王樸之立論，空尚新奇。聽柯竹於亭中，蔡邕特識；辨宫懸於車下，荀勖先知。孰若我聖朝運臻保泰，治炳明離。至德常昭，恰萬國來同之日；大樂必易，正八風應律之時。

得地千里不如一賢賦以題字爲韻

古盛時包括九州，縱横八極。靖鯷壑之舊疆，通狼牨之絶域。固已黄支儋耳，永沐皇仁，黑齒飛頭，咸懷聖德矣。然而保境息民，樹人經國。瞰荒服之歸心，賴僃臣之勵翼。蓋闢地於東西南朔，亦云我武維揚。而招賢於學校黨庠，本爲天下而得。當夫戰國之時，日有争地之事。昧遠大之謨，競尺寸之利。凡夫門穴之趙奢，佩印之蘇季。商君之廢井田，主父之改彍騎。彼也廓其版章，此也重其疆寄。孰則脱穎而出，吾將與子共功名。孰則彈冠而來，我能爲君闢土地。吕不韋乃起而笑曰：是殆以得賢不如得地乎？以彼挾弓矢，逞戈鋋，張旌旆，駕輜軿。劍客召荆楚，騎士集幽燕。固足以并吞强國，撻伐窮邊。雖千里至難得者，亦一朝獲所願焉。然後經營原隰，籌度山川。郵遞馳書，千里控追風之騎；江河轉漕，千里行逆水之船。甲兵據沃野之雄，豈第秦關百二；區宇媲王畿之廣，何殊虞服五千。若夫不尚地而尚賢者，志切旁求，心儀樂只。彼則褰裳，此焉倒屣。日月旂常，風雲杞梓。永共腹心，願供臂指。夾袋先荐，括囊之量何窮；舉燭誤書，爝火之光莫比。定負一時之雅望，光我邦家；豈徒一善之足稱，輝兹閭里。兹二者，一則日啓版圖，一則光昭黼黻。一則英英碩輔，弼我謀猷；一則蕩蕩方輿，貢其土物。若等量而齊觀，恐相形而見絀。况賢而止於一也，絶無僅有，身任台衡；寡二少雙，口宣綸綍。尤慮大厦之獨支，未必休聲之四訖。縱云指揮若定，終見會其而歸其；究虞荒遠難圖，或至享不而庭不。然而舜得禹而苗格，湯得尹而夏墟。楚得蔿敖而服陳鄭，桓得管仲而撻荆舒。即至近世，魏得無忌而蒙鶩走，齊得田單而樂毅疏。趙括入軍，空争上黨。屈原已放，焉望商於。果尔運徵風虎，契洽水魚。與其提千里之封，力難盡恃；曷若重一賢之寄，德則有餘。以之相較，如乎不如。然則任地者勞,不如任賢者逸也;求地於鄰,不如求賢於室也。若其才氣無雙,智謀罕匹。不矜儀衍之談,不尚孫吴之術。一夔已足,亦等樂章。一鶚誰同,早膺荐帙。然後席卷空桐,檄傳祝栗。國抵無雷,隅賓出日。但使招徠白屋,合門左門右而見以千;自能開闢黄圖,統廣輪廣輿而定於一。汔於今人薄嬴秦之教,家傳吕覽之篇。好士之風已渺,開疆之議終偏。市駿風高,荒臺尚在;雕龍書軼,稷下猶傳。孰若我聖朝藩封日拓,劍佩星聯。良才進夫棫樸,闓澤徧夫垓埏。無遠弗賓,葆帶礪河山之誓;相助爲理,頌霖雨舟楫之賢。

工部草堂賦以萬里橋西一草堂爲韻

杜少陵之寓蜀也,衡宇栖遲,天涯困頓。江山銷故國之魂,烽火蹙窮途之恨。錦石清江之外,幾載幽棲;白沙翠竹之村,萬言排悶。許身稷契,惜無用我之期;極目關山,莫遂匡時之願。絶好風亭月榭,招知己之二三;豈同玉砌金鋪,買芳鄰而千萬。當其胸有千秋,賦成三禮。玉堂未到,氣奪公侯。小艸不爲,芥拾青紫。值胡騎之長驅,遂煙塵之四起。怨復怨兮涉關河,悲莫悲兮罹賊壘。麻鞋出走,謁行在之君臣;梓舍云遥,敢繫情於妻子。無所用之,忽焉老矣。兩鬢新絲,一肩行李。青陽峽口,崖雪積冰;桔柏渡頭,笮橋垂水。西游蜀國,新登大劍之關;北望長安,回憶鳴珂之里。在至德之初載,寵裴冕以星軺。爰卜宅於江滸,爰加禮於賓僚。萍根乍托,蓮幕相招。椽少分竹,窗虚補蕉。澤沛宰官,恰似解衣推食;顔開寒士,不憂雨晦風瀟。河山兮渺渺,故國兮迢迢。望天邊兮日遠,祝兵氣兮塵消。觀其俯仰自得,侘傺無聊。匪湓城之低溼,匪晏宅之喧囂。南則諸葛祠堂,漢丞相之德洽黍苗也。西則忠佑壇墠,秦太守之氣吞江潮也。東則訪子雲之亭,諫大夫點易崇朝也。北則過相如之里,中郎將題柱名橋也。闕依金馬,坊近碧雞。十里五里,長堤短堤。山開翡翠,水拭玻璃。夫容徑淺,芍藥闌低。語燕飛烏,營巢不定。榿林籠竹,仄徑全迷。花間之旌旆飛揚,元戎小隊;壁上之龍蛇旋舞,上將新題。虎口幸脱,龍鱗逆批。吾盧偃息,异地羈栖。白日放歌,迴憶天涯之弟妹;青春作伴,愁聽邊塞之鼓鼙。眄玉壘之雲浮,路連雪嶺;愛錦江之風景,舟泛煙溪。花徑蓬門,客舍難分南北;藤梢橘刺,居人不解東西。且夫宫闕蒙塵,邊城駐蹕。走萬陣之貔貅,吹一軍之篳篥。樊重甲第,王根綺室。金穴富饒,銅山殷實。莫不荆棘縱横,郊原蕭瑟。而況天台山下,頭白鄭虔;凝碧池頭,身羈摩詰。學士長流南徼,肯爲驕主低頭;尚書抗節北庭,豈爲穹廬屈膝。而公也猶得錦水浮家,蓉城計日。百尺枯枏,千頭病橘,池冒荷蕖,園收芋栗。潛鱗之所泳游,飛鳥之所翔逸。盤飧遠市,惜無載酒之人;水竹幽居,共賞凌雲之筆。駐江干之車馬,知遇無雙;驚海内之文章,才名第一。然而勝地不常,盛時難保。外逼吐蕃,内叛知道。烽火接乎池臺,膏血漉乎城堡。轉梓州兮悤悤,渡涪江兮浩浩。遂令客舍荒蕪,客心懆恅。屋瘦椽疏,松新瓦老。雨過緑生,風來紅掃。三載遲徊,半生潦倒。無何重起故人,韋昭天討。馳尺素而先貽,轉車輪而尚早。檢點書籤藥裹,牽蛛網而偏多;往來野店山橋,送馬蹏而恰好。則登斯堂也,領目前之情景,最宜朗月清風;憐去後之相思,都付荒煙蔓草。今日者數間老屋,一片斜陽,飛花萬點,垂柳千行。蕉緑圍砌,苔青繞廊。翠竹風含,娟娟瀉影;紅蕖雨裛,冉冉生香。萬樹古梅,冷儲詩料。一龕寒火,清供詩王。共看錦里先生,幨帷暫駐;恰好玉霄散吏,蘋藻同尝。仰止高山,想當年之風采;諷尋篇什,吐萬丈之光芒。客有過浣花溪者,能不焚香釃酒而瞻拜於斯堂也哉!

臨風舒錦賦以風響清韻錦明色絲爲韻

尔其才誇繡虎,技擅雕蟲。儷黄妃白,暈碧裁紅。羌舒卷兮無心,心機宛轉;儘登臨兮寫意,意匠玲瓏。共推纂組七襄,新織天孫之錦;須識扢揚六義,永懷君子之風。觀夫質鑒精粗,材分銖兩。覩錦段之輝生,召錦官而樣仿。方識貢來蜀國,密縷雲縫;豈其獻自鮫人,明光月朗。艷逾魯縞,絲絲盤鳳鑷之文;巧奪吴綾,軋軋聽鴛機之響。無何璇宫風過,瑣闥風生。蕭蕭兮透牖,颯颯兮敲楹。宛同濯向春江,萬絲滉瀁;豈是曬來秋日,千段縱横。輕如疊雪之羅,映晶簾而月麗;曳若垂天之練,挂珠幌而雲清。兹乃經緯篇章,錯綜詁訓。妙腕欲飛,靈心默運。重花密葉,思乙乙其若抽;相質披文,理庚庚而不紊。孰語文如潘岳,始有光芒;幾疑割自邱遲,别饒神韻。則見采自中含,墨無旁瀋。舒紙則鋪玉重茵,舒毫則抱珠接衽。徵予懷於杼柚,獨抱宏裁;誇新樣於文章,自成逸品。是誰裁出,百家合無縫之衣;幾許織成,萬字寄迴文之錦。而且彰施五色,燦爛三英。花團巧合,藻繪紛呈。曳十丈之雲霞,盪抱有影;吹九天之珠玉,咳唾無聲。風骨棱棱,新裁而即形熨帖;錦心簇簇,經用而倍覺鮮明。彼夫敲金喻其鏗鏘,琢玉比其雕刻。孰若綺繡之工,恰稱才華之式。散雲章之幅幅,衣被儒林;壓金綫之年年,輝煌翰墨。碧紗籠句,障塵何至於污人;黄絹馳名,造語不嫌夫著色。是蓋翦裁稱體,擘積抽思。拾錦囊之綺麗,爲風雅之總持。士有旨合風人,儲才青瑣;文成錦字,珥管彤墀。蘭臺之纂緝流輝,猷襄黼黻;芸案之縹緗焕彩,調協金絲。

史有三長賦以史有三長世罕兼之爲韻

傳千古之心法者曰經,通千古之治法者曰史。爰記事而立言,乃殊途而同軌。自秦漢至宋元,合表志與傳紀。遠追虞夏之書,微闡春秋之旨。莫不炳炳麟麟,班班雉雉。然而沿流溯源,由表測裏。何一手之總持,遂萬端之咸理。曷不考舊事於唐書,而繹雅言於劉子。昔劉知幾意氣無雙,遭逢不偶。著《史通》五十篇之多,領史官三十年之久。辨職覈材,守先待後。次牛李于许之儔,與徐薛元吴爲友。學早通乎天人,才難計以升斗。况卓識之不凡,尤文人所罕有。因滎陽之咨詢,標史法之樞紐。兼三長而綜之,若六轡之在手。苟稍失夫故方,曾何足言不朽。三長並列,首貴才堪。風發泉湧,海負天涵。稱作家而鼎鼎,飫書味兮醰醰。先權衡其大體,繼删削夫游談。實録長編之駢列,代經國緯之旁參。辭無微而不顯,事無細而不譜。洵足任國史兮不忝,稱良史兮何慚。合年月日而參伍,並天地人而通三。其次曰學,擇精語詳,書探宛委,洞啓謨觴。考中秘之記注,發名山之寶藏。搜虞初之小説,集學士之詞章。靡不分流劈派,較短挈長。點竄典謨之字,發揮經籍之光。彼謷肏空譏王起,撑犁亦窘歐陽。苟未充夫邊笥,終難語以班香。雖才華之蓋世,詎史職之敢望。才學兼充,非識曷濟。貫其初終,表其興替。挈其綱維,衡其鉅細。參大義與微言,乃發凡而起例。爲萬古之鑑衡,爲一朝之關繫。志必考其典章,表必明其世系,傳必稱其爲人,論必著其大勢。述公言之大端,祛私家之流弊。欲進退而不能,乃著述之至詣。緯以碩學宏才,始可知人論世。乃自左氏浮誇,子長疏散。孟堅則人表爲贅旒,蔚宗則方技爲迂誕。若陳壽之遺編,尤通人所不滿。十八家史廢而賴貞觀之修明,十六國書亡而重伯起之編纂。或輕信夫單文,或徇私而左袒。或私哂於學疏,或貽譏於才短。更見識之卑卑,少擇言之侃侃。雅著一尺之編,空操三寸之管。此知幾所以嘆文士日多,而史才日罕也。降及後世,宋短劉之繁而有摹擬之失,歐矯薛之陋而有訛舛之嫌。稽天水之簿録,疑列肆之米鹽。王宋之成書太易,遼金之執筆較嚴。或學深而識盩,或識遠而才纖。笑公等之碌碌,抒小言之詹詹。惟紫陽之椽筆,及涑水之芸籤。萃一生之精力,爲百世之針砭。繄三綱之統克正,而三傳之善能兼。然知幾之論史也甚確,其著書也甚奇。古何煩惑,經何由疑。讀《墨子》而誚天乙,信竹書而薄伊耆。縱才學之不愧,恐識議之多歧。儻唐書之尚在,決不足以當識者之一嗤。惟堯圖之燦備,昭軒鏡之無私。蓬島蘭臺之職,石渠金匱之司。候三餘而力學,友三益而抽思。匪特一朝之掌故,將萬世而宗之。

小院迴廊春寂寂賦以題爲韻

爾其佛國春晴,洞天春曉。徑曲修蛇,門閑了鳥。花入夢兮沈沈,簾潑寒兮悄悄。草痕織罽,斜繞石邊。塔勢疑山,高撑雲表。

一院緑天有影,路比峰迴;滿廊紅雨無聲,屋如舟小。是院也,境拓散弓,天窺一綫;砌溼黏蝸,窗虚待燕。清留詞客之壇,麗傍梵王之殿。以外别無隙地,細裹茶煙;此間大可敲詩,輕抛花片。恰好東風淡淡,春歸楊柳之臺;那堪夜月溶溶,人在梨花之院。有廊焉,門圍叢竹,石點新苔;桁疏出柳,梯滑扶梅。水複山重,恍疑路斷;花明柳暗,忽遇人來。境深深兮繚繞,路曲曲兮徘徊。斜支簾幕幾重,陰遮目斷;拍徧闌干十二,影似腸迴。曲徑閒房,春情轉長。養花天氣,潑火時光。芍藥和煙而著色,荼蘼滴露以搓香。留碧篆之三分,春風不度;補緑紗兮四面,晴旭先凉。幾疑金谷園中,客到藏春之隖。豈若靈巖山下,人歸響屧之廊。時乃莎平似席,草細於茵。瑶階有迹,文甃無塵。燕子低飛,不驚過客。鸜哥睡熟,怕唤行人。盼月輪而待晚,敞雲牖而嚮晨。龍唄闃其無聲,消磨白晝;鶯花笑而不語,惆悵青春。其或曉露一庭,朝陽四壁。叢翠方薰,嫩紅欲滴。尋竹裹兮樓登,度花間兮路覓。風來别館,微颺翡翠之簾;月轉空庭,未擫梅花之笛。曳蝶魂而半醒,一塵不驚;緘鶯舌而誰喧,萬籟俱寂。其或天宇凄清,雲陰羃歴;柳帶短垣,苔生古甓。風嘯竹兮悠揚,雨滴桐兮淅瀝。居容十笏,凉枕琴床;字亞雙文,冷支羅羃。爐煙繡幔,四序樂其清幽;佛火空龕,諸天任其岑寂。則有旅客清游,詞人小廌。寄雅興於湖山,寫閑情於雲樹。日朗風和之院,叉手微吟;帶山襟水之廊,支頤散步。方擬萬緣半偈,試參君胄之詩;詎同狹室斂區,新續蘭成之賦。

木從繩賦以聖君順諫如木從繩爲韻

稽治體於商書,繹名言於説命。君則主善爲師,臣則閉邪爲敬。理同攻木,精益求精;道悟懸繩,正其不正。秉鈞衡以從衆,小則桷而大則宲。執規矩以從心,述者明而作者聖。以彼木也者,濃陰欝欝,生意欣欣。翠十圍而漏雨,青百尺而捎雲。苟般石之一顧,遂梁棟之攸分。修月何年,斲以吴剛之斧;成風此日,運兹郢客之斤。然而輪囷自喜,砢礧不群。毋負良材,譬治器而召繳父;能勝其任，比選藥而命桐君。若夫大者中室之九楹，高者合堂之數仞。細者或作門之楣，堅者或爲車之軔。莫不布銖算而咸宜，勤斧削而祗慎。而特恐鈎未中規，解難迎刃。命爲桂石，何以能不越範圍；屈作杯棬，何以能若斯柔順。有繩焉，裁度攸資，短長相間。乙乙思抽，庚庚手綰。偏頗之見胥無，刓刌之程習慣。懸之爲準，治豈慮其棼然；直本如弦，學不同乎操縵。玉繩則照臨有赫，摩天流丙夜之輝；金繩則感格無形，執藝企辰階之諫。假令法先僣古，智每私予。自謂取則於不遠，恐難游刃而有餘。可以爲師，不外方員平直；欲善其事，授之梓匠輪輿。苟謀於衆而從人，斯能有獲；若捨所學而從我，畢竟何如。則界畫縱横，觚棱单複。不尚師心，先求節目。操纆徽以從事，乃凝於神；布經緯以成文，亦在於熟。合古法於權衡，秉予懷於杼柚。技也進於道矣，不憚引繩。智者神而明之，何嫌堅木。是雖以工倕之材藝，王尔之心胸。若使改乎此度，終難試以及鋒。厥木維喬，非神工孰諳樸斲；其繩則直，即拳曲亦賴弥縫。以準良臣進諫之衷，若鑿枘則難入；藉擬聖主求言之意，舍矩矱而奚從。我聖朝英才濟濟，治化蒸蒸。飭紀綱而率履，獎棫樸而同升。猶且冬衡夏權，不違其則。善旌諫鼓，各奏尔能。頌帝德於九垓，早卜瑞呈文木；欽宸猷於百度，豈徒風邁結繩。

德車結旌賦以君有至德時乘大車爲韻

鸞旂卷日，龍轂馳雲。覘德心於王度，考車制於舊聞。張旃存興衛之儀，用殊奏凱；攬轡抱澄清之志，道貴修文。詎同孑孑之干，紀招賢於衛國；絶勝轔轔之詠，美新制於秦君。原夫車之有旌也，赤幟建標，翠旓拂柳。星旄則辰映夫三，雲罕則葩分夫九。影翻翠鳳，舒卷隨霞。縲引紅蜺，招摇象斗。在盛世風徵同軌，偏陂反側胥無；看今朝令肅揚麾，奔走後先曰有。若德車者，朝祭所陳，威儀咸備。飾金飾玉之殊，尚質尚文之異。典隆宫廟，雲擁九斿；班肅臣鄰，塵清六轡。試看擊轅合雅，符蓋天軫地之形；若教憑軾觀風，皆航海梯山而至。假令張並魚須，舒同鳧翼。捎日月兮有聲，盪風雲兮變色。指揮若定,尾摇雉而葳蕤;進退有容,采引虹而翕艴。亦既旌旄並設,襄我皇儀;何妨旌旆飛揚,耀兹武德。然而垂綏碟堞,振策瑶墀。儻驅馳之是遑,恐局量之非宜。蘭宫桂殿之間,摩挲畫轂;卿棘公槐之次,掩映金支。德範雝雝,日麗觚棱之候;德音穆穆,風清蹕路之時。則見高擎絳幟,穩束朱繒。露重而不聞飄拂,飆回而罕見飛騰。卷而懷之,結原類綱。昭其度也,結亦如繩。願符旟旐之占,歲功克應;惟恐輪轅之飾,怠氣交乘。是知德教撝謙,德容舒泰。無慮贅旒,何嫌傾蓋。奉安輿以貞度,雲斂青陽。展法駕以修儀,星明紫軑。共企兩階鵷鷺,風和而策輦安行。詎同萬帳貔貅,日落而照旗獨大。我聖朝宣威丙馭,望重辰居。齊四方之德禮,大一統之車書。並軌連鑣,昭武功於羽獵;設旄建旐,圖王會於爻閭。共欽運啓龐鴻,頌兹上德。豈第政成有象,誠彼虚車也哉。

懸法象魏賦以正月之吉懸法象魏爲韻

丹綸雲捧,紫禁風清。頒六官之政令,通九有之性情。布兵刑禮樂於四民,授之月吉;合格致治平爲一事,樹以風聲。故政聽南門,善教聿修夫人紀;而杓回北斗,良時首擇夫天正。夫法之掌於太宰也,以振紀綱,以鈞賞罰,以理莠良,以觀治忽。然而森森宫禁,疇則體其措施;蠢蠢閭閻,更難諭諸倉卒。庶幾爲民更始,大書策而小書方。斯能與時偕行,會以歲而要以月。有象魏焉,拱三垣而迤邐,峙雙闕兮參差。觚棱麗夫卿霱,閶闔帶以璘瓗。拜萬國之衣冠,風抱魚鑰;列九重之玉帛,雲擁鸞旗。象以像言,斯可取而譬矣。魏有高義,莫不仰而觀之。若乃歲轉初春,瑞凝元日。北陸消寒,東風入律。青陽啓籥,神報句芒。赤道回輪,日臨營室。在今日發號施令,方宣宗伯以襄儀。與天下除舊更新,豈待卜人之涓吉。其懸懸也,輝煌寶笈,炳焕陳編。望金門而取則,振木鐸而致虔。詎同樹以雞竿,四方瞻仰;恍若銜來鳳詔,五色傳宣。推而放之,本與乾坤爲一德;昭其明也,遂同日月之雙懸。由是道無偏陂,地無廣狹。士無智愚,民無勇怯。莫不懔雲笈之昭回,企天閶之巀嶪。明明在上,道暢由庚;井井有條,政頒令甲。布於邦國都鄙,咸稽六典而叙功;下及族黨比閭,亦會萬民而讀法。是知聖治所弥綸,遂轉民風於影響。威布科條,政隆教養。示丹忱而善喻,地近雉門;合黄耇以聚觀,階扶鳩杖。法言而垂制度,遂覘景運於泰鴻。法服以佐威儀,獨繫健得於乾象。我聖朝瑞紀瑶階,祥凝珠緯。亭毒八垓,甄陶萬彙。法宫高拱,政慶昇平。法令新裁,詞成炳蔚。共仰感孚遐邇,媲上治於羲軒。豈徒燮理陰陽,頌成功於丙魏。

垂衣治天下賦以題爲韻

黼黻承平之日,冠裳交際之時。粲上儀於黄屋,錫法服於彤墀。炳千秋之製作,措一世之雍熙。布帛教民,溯前型於炎帝;文章啓運,參逸象於包羲。搴裳仰治化之隆,川輸嶽貢;端冕頌治功之盛,纊黈旒垂。在昔有熊授籙,涿鹿宣威。歌聽衢壤,政察衡璣。民則熙熙皞皞,君則蕩蕩巍巍。然而堂上襜帷,未改榛狉之舊俗;田間襏襫,猶仍樸陋之前徽。何以辨天澤之差,俾咸遵夫章服;何以啓文明之化,常致警於宵衣。古聖人之致治也,則爲之仰窺乾絡,俯察坤維。占黄裳於土德,頒赤芾於雲師。企蓂階之黻冕,覘蒲阪之繡絺。松雲揚丹扆之華,衮龍獻頌;藻火繪彤裳之采,威鳳來儀。執玉垂纓,十二章制分上下;升階垂佩,五千服績懋平治。乃觀夫天下,莫不等分冠履,教式紘綖。筐篚陳於遐邇,袷袂應以方圓。天下之本在身,衣求五夜;天下可運於掌,衣被八埏。而且蚕桑化啓,翟茀儀宣。韎韐以作六師,戎車暨暨;章縫而遵四教,儒服翩翩。被袗鼓琴,日月光華之世;凝旒式玉,星雲糺縵之天。時也星測四時,晝分九野。舞干羽而格頑,定律同而吹雅。况乃改爲改造,衣早賡緇;適重適輕,衣無留赭。襟以虚而能承,衮有闕而蓋寡。恍若振裘挈領,徧喻寰中;更看挾纊興歌,共依宇下。懿矣哉!尚絅存真,從繩守故。詩人美夫三英,輿誦傳夫五絝。猶未若我皇上黼座延釐,講帷飭度。治猷景鑠,猶思衣帶之銘;治理光昌,仍切衣袽之懼。士有品勵圭璋,業傳縑素。所願經文緯武,趨丹陛以宣猷;豈徒繪句絺章,侍彤廷而獻賦。

明月照高樓賦以題爲韻

一天凉影,滿地秋聲。陳思王乃辭賓耽寂,援簡抒情。月出雲兮皎潔,樓拔地兮峥嶸。光收華燭,寒透疏楹。百尺凌空,寫影而倍增綺麗;一珠圓揭,當頭而分外光明。緊廣厦之連翩,有高樓之突兀。俯瞰青松,旁搴翠樾。洞達八窗,縱横十笏。嵽嵲駕以虹梁,觚棱齊乎鳳闕。消息儼通夫璧府,畫棟飛雲;崚嶒恍儷夫瑶臺,華笙吹月。於時屏翳弭旌,結璘吐曜。未麗天閶,乍離海嶠。波灔灔而舒華,竹輝輝而生嘯。桂露濕兮鴉棲,葭霜冷兮雁叫。何人秉燭,擬快意於清游;有客停琴,恰全收夫斜照。則見净揩玉鏡,遠瀉銀濤。屏風不障,燈焰全韜。案户則鑒於奥窔,開帷則察及纖毫。朗抱同潔,詩心自豪。繪中庭之竹柏,映綺席之蒲萄。有時畫檻初憑,風清露冷;到處晶簾半卷,地迥天高。似兹勝境,更值新秋。空山未冷,宿雨初收。月銜樓而朗澈,樓納月而清幽。况復結想自遠,名篇罕酬。望遥峰兮渺渺,坐永夕兮悠悠。萬古長存,夜夜青天碧海;一塵不染,年年玉宇瓊樓。則有吐氣凌雲,摛詞浥露。高軒鬱兮峨峨,文甃度兮故故。棟宇接乎瓊霄,天香發乎桂樹。洵足斟玉醑而增豪,搜錦囊而得句。况夫蟾月宵澄,龍樓雲護。素暉清氣,重賡何劭之詩;複牖重檐,試誦孟堅之賦。

凌煙閣圖功臣賦以題爲韻

維大唐貞觀十有七年春二月,群英鵲起,大業龍興。威揚玉塞,治炳金繩。帝乃念齊宋之懿戚,憶賈寇之舊朋。諸將則樊酈絳灌,群宗則魯衛曹滕。慨龍虎之景從,定大勳而故人星散;仿麒麟之襃許,寫遺象而健筆雲凌。昔也彎弧起義,拔劍臨邊。烽銷亭堠,水下樓船。推轂命被廬之帥,釣璜招渭水之賢。既而靈臺偃伯,德水銷綖。君哉美矣,興也勃焉。瞰東西南北之砥平,塵清藩服;執蒲穀躬桓而環列,瑞輯班聯。功業千秋,允荷深恩於雨露;君臣一德,豈同舊事於雲煙。乃度周原,乃命工作。門入瀛洲,樓連花萼。玉砌金鋪之地,日麗軒楹;琪花瑶島之間,天開洞壑。而是閣也,藻井風迴,瑣窗雲落。以凌雲而名之,重奎章之炳若。太極宫裏,高軒鬱其巍峨;凝陰殿前,新構形夫峉崿。昔日開疆闢土,賴兹矯矯之臣;此時飲至策勳,寵以巍巍之閣。其地則近,其人則殊。詔畫師兮點染,寫良佐之形模。於是臨風吮墨,滴露研朱。相傳燕頷,异説虬鬚。音容各肖,生氣同符。似絲繡平原,伊人宛在;似金模范蠡,與古爲徒。章服攸分,似武氏祠堂之像;儀容肅穆,似文翁石室之圖。則有永興執筆,衛國彎弓。無忌負元舅之望,趙郡懷家相之衷。元武門前,人誇决策;黎陽城下,帝鑒孤忠。笙磬同音,思房杜之夾輔;弓刀自動,想褒鄂之英風。其餘晉陽舊侣,天策諸公。莫不爲鵰爲鸛,如虎如熊。廿四人師濟同登,任兼内外;億萬禩英靈如在,恩貫初終。試看下筆淋漓,劍佩盡從龍之衆;更有豐碑突兀,河山銘汗馬之功。是圖也,巧施粉本。是閣也,高倚蒼宸。儘縱横之任意,恰阿堵而傳神。鳥革翬飛,逼三霄而永峙;鳶肩火色,歷萬古而常新。迴憶雁門壁壘,馬邑荆榛。慶此日治平之象,重當年開闢之人。采焕三毫,看此輩得心應手;功成一統,喜諸公附翼攀鱗。任他東觀南宫,繪名賢而誰如偉績。迨後大中廣德,仿故事而重貌勞臣。然而玉石無分,莠良異趣。聚謀徵君集之驕,佞佛斥蕭公之誤。恩卜鐵山之兆,終見踣碑;書摹虞鹽之戈,毫無建樹。雖盛事之流傳,亦名人之依附。孰若我聖朝文治日隆,武功露布。烽銷赤縣,勒銘邁漢代之文;象繪紫光,珥筆擬唐賢之賦。

竹箭有筠賦以喻人守禮如竹有筠爲韻

繹禮器之精言,示儒生之常度。鎔動作以金心,斂神明於矩步。有美内含,其儀外附。偶覘植物於山林,同荷生機於雨露。直節仰干霄之竹,相觀謂摩;貞心葆空谷之筠,罕譬而喻。以彼竹也者,淇園蔆逮,嶰谷輪囷。月梢梢而吹夕,露葉葉而流晨。歷冰霜而不屈,處巖壑而常伸。心静能虚,宛似有儀之君子;節堅若鑄,渾如履道之幽人。有箭之稱,與竹爲耦。蒼筤符震卦之爻,緑篠産揚州之藪。日行北陸而取材,貢並南金而作偶。歌以衛風之簣,幹采榛披。形同董澤之蒲,矢抽輪扣。雖婕娟而實勁,終不改夫青容。即婀娜而猶高,詎肯易夫素守。然使負此清標,存兹大體。既不易夫柯條,空自誇其根柢。斯即瘦碧同梧,叢青若薺。何以禁彼霜欺,何以禦夫雨洗。何以品儕松柏,矯矯凌寒。何以拜有菖蒲,彬彬中禮。蓋有筠焉,護同花蒂,連比茅茹。解籜聞雷之始,坼苞點露之初。似抽繭而絲絲旋裹,似剥蕉而葉葉横舒。引落日兮玲瓏,金衣炳若;扇秋風兮馥郁,玉版森如。則有槎枒箘簬之林,披拂篔簹之谷。行行當户之簾,矗矗摩天之簇。莫不緗箬包脂,繡皮裹馥。被文采以章身,聚精神之滿腹。幾多圓緻,仙蹤常憶夫浮筠。加以切磋,有斐興懷夫菉竹。苟其永葆幽姿,不逢塵垢。竹粉褪兮意新,筠霜凝兮歲久。鞟非似虎,何須擇地而生;籜亦成龍,應訝得天獨厚。藴胸中之奇氣,此意誰知;負皮裹之陽秋,會心别有。可知竹得筠而固本,人習禮而修身。外觀儒雅,内養天真。深恐見譏於相鼠,否則殆笑於懸鶉。士有簪毫丹禁,獻賦紫宸。閲寒燠而荷滋培,藉以開函捃竹;遇風霜而堅節概,豈徒就簡書筠。

賢不家食賦以廣闢四門惟賢可尊爲韻

古盛時政叶離明,恩覃并養。遂令負笈之儔,均作彈冠之想。先事後食,英雋雲興。報國忘家,風猷日上。故求賢若渴,豈容谷飲而巖棲。而立賢無方,自見功崇而業廣。繹大易之爻辭,記賢人之蹤迹。以彼龍隰躬耕,鴻都射策。英英潤以詩書,毣毣貞其圭璧。啜菽飲水,何妨君子之食貧;結駟連鑣,詎作諸侯之食客。出則經綸雷雨,寰海乂安;處則嘯傲煙霞,書城洞闢。夫以賢之食於家也,居近薜蘿,衣搴荷芰。詠四篇而神傾,飫六經而心醉。耕山飲澗,詎以利禄爲懷;吸露餐霞,不受功名之餌。何至神馳丹陛,聘希莘野之三；久甘終老白雲，叟伴商山之四。然而尚賢之世，棲之廣厦，乘以高軒。以禮義爲贄幣，以道德爲籠樊。賜拜匪頒，永儀周制。仕者世禄，長荷天恩。食德飲和，俾免二心於王室；食毛踐土，詎同萬里之君門。且夫春風折筍，晨露烹葵。何如八珍溢盎，九穀流匙也。盛飯瓦缶，取水軍持，何如嘉賓籩豆，錫命鼎彝也。刀砧膾鯉，㡛㡚烹雌，何如肴烝瑶席，醽醁瓊卮也。霞峰餐术，月岫茹芝，何如太學執醬，大哺含飴也。禮賢何敢慢，荐賢舉所知。飧先戒素，衣未改緇。粉米藻火之文，虞陛則重言予欲。麯蘖鹽梅之喻，商書則再命爾惟。不殷殷於解組，不汲汲於歸田。不鰓鰓於宗族交游而情爲之動，不戀戀於土風鄉味而意爲之遷。於時裳垂九陛，衣被八埏。豈同歌誚無魚，效孟嘗之養士。何至命傳饋肉，類魯穆之尊賢。是則禮備顯揚，運殊坎坷。腹豈嫌皤，頤無妨朵。置身廊廟，賜天庾之粮糧；回首鄉园，謝老農之果蓏。在此日饌金炊玉，有爲而爲；憶當年畫粥斷齑，無可不可。聖朝惠占鼎養，德叶乾元。尊賢則屋吟夏大，招賢則詔比春温。恩誼切於解推，共襄盛治。臣志不求温飽，倍仰名言。從兹士守家規，翹企皇猷而共赴；休羡相誇食肉，應知天爵之常尊。

瀛洲賦以瀛洲之山遠在東海爲韻

繽紛玉雨，縹緲瑶京。嶺同飛鷲，波正翻鯨。望之共推爲异境，至者可卜其長生。大瀛無際，有洲得名。曾聞縣圃閬風，峙神山於西極；好並方壺員嶠，聚仙侣於東瀛。夫其長波浮岸，有地如舟。晴光摇夫鮫室，水氣結爲蜃樓。大壑混茫，列禦寇遺書具在；名山崱屴，王子年舊記重搜。在水中而可居，曾説戴憑鰲極。非人迹所能至，自然地等麟洲。其居室則金巒突兀，玉殿參差，吹窗香沁，卷幔雲披。覆以青瑶，被齊紈兮越素；飾之碧玉，刻桂棟與芝楣。十二重上界樓臺，何人莅止；四萬户廣寒宫闕，不日成之。其植物則芸苗翠茁，影木青攀。實似瓜瓤而藩衍，狀如菖葉而斕斑。醉醒雲露，挹香塵於巖畔；笑談風雨，張華蓋於山間。餐之而骨本如仙,何煩丹鼎;食之而方傳不老,久住青山。其動物則麟德雍容,鳳身婉娩。似躑躅於春田,似翺翔於秋畹。獸名嗅石,吹石則寶燭紅梁;烏號藏珠,吐珠則光摇碧巘。想見三山氣合,烏踆若木而光生;更看五色雲開,魚噴長波而勢遠。此乃紫府清虚,青峰崔嵬。矗穹宇兮無塵,烘喬雲而蕩彩。碧斟玉醴,萬古流甘。翠聳珠巒,四時不改。是宙合之奥區,亦仙源之爽塏。容有羨門元尚,海客常談。迴思漢武秦皇,英靈宛在。然而語多俶詭,境托虚空。孰登峰而造極,孰破浪而乘風。幾多金闕銀臺,高高在上;安得松舟檜楫,路路皆通。徒震八瀛之名,何處蹤尋河上;縱讀十洲之記,依然語等齊東。方今地闢蓬壺,班儕元愷。璧府論文,玉堂亮采。瀛槎想像,躋佳境兮高寒;洲渚縈迴,沐恩波兮交匯。隔弱水之三千里,問誰身到神山;圖學士兮十八人,共企名馳玉海。

三箭定天山賦以題爲韻

唐高宗龍朔二年,詔鄭仁泰帥師北討,以左武衛將軍薛仁貴副之。時則星旄綷縩,羽騎驂驔。雲屯虎帳,日麗鮫函。山奪焉支,揚先聲於磧北;海平蒲類,彰偉烈於漠南。億萬里望重金城,挽天弧而雲韜演六;數十騎鋒摧鐵勒,負鞴矢而月捷歌三。當夫九姓稱雄,群羌善戰。榆塞烽明,花門焰煽。王方翼鏖兵熱海,詎盡歸心;郭孝恪築壘銀山,猶遲革面。鏃影流星,刀光閃電。高嶺建牙,叢碉張卷。竭兵力於貞觀永徽之世,未克弢弓;揚軍聲於焉耆鄯善之間,時聞傳箭。仁貴乃志鋭搴旗,勇矜超乘。媲閫外之鄂褒,邁中興之賈鄧。殿中錫宴,徹五甲兮馳名;海上陳兵,鞬兩弓而決勝。但聽聲如霹靂,堋月圓張;何虞戰若風霆,陣雲横亘。固已邊笳聲冷,威攝撑犁,毳帳風酸,氣吞朝定矣。則見動銘玉靶,技熟錦鞴。臨風鳴鏑,滿月開弦。得猿臂之真傳,挽强命中;負虎頭之偉相,破的摧堅。一箭兮酋豪星墜,兩箭兮蕃長雲顛。迨三箭而三人並命,斯百戰而百勝無前。貔虎揚休,種平葉護。鯨鯢授首,碑勒祁連。從兹烽燧不驚,夜月桃花之塞;甲兵盡洗,秋風簞簟之天。於時天山内外,種人解辮,婦孺歡顏。壁壘空而青皴月岫,欃槍埽而翠滴煙鬟。警三節之軍聲,不忘鼙鼓;偕三科之壯士,並唱刀鐶。虓將誰如,早授三邊之旌節;長歌而返,幾同三疊之陽關。萬人佩弭腰鞬,争羡功名横草;一旦犁廷埽穴,共推號令如山。迄今過玉門之邊,赴金微之路。拾遺鏃於沙場,尋舊城於古戍。摩棱棱之苔碣,猶仰英風;吹獵獵之松飆,如含餘怒。孰若我聖朝文治日章,武功露布。青莖赤羽,衛北闕而威宣;烏戈黄支,驗東風而景附。度陰山而彰薄伐,共欽剖竹之勳;繪羽箭而貌英姿,競獻穿楊之賦。

跬步千里賦以彼道雖遠惟人可行爲韻

繹荀子之微言,識學人之大旨。功弗限於半途,風遂徵夫同軌。苟學步而自甘,雖記里而可俟。惜陰者由寸而分,慕道者行遠自邇。故殷殷素履,皆殊途而同歸;而蕩蕩黄輿,終由此而達彼。夫以千里之大也,土宇茫茫,版圖浩浩。昆侖渤澥,東西之疆域難稽;汃國濮鉛,南北之邊隅莫考。而欲廣肆游遨,遠加探討。與其進也,頗思徧歷夫塵寰;不亦遠乎,竊恐白晝於中道。若夫跬步之細也,以尺言則跬三步六,以功計則跬舉步隨。跬叶圭聲,從圭,潔而詁義。步者,赴也。取奔赴而詮辭。負升堂入室之才,有能人各;抱守轍循途之舊,不敏我雖。之二者,理則相成,事則相反。一則廣輿浩蕩,莫測津涯。一則爾室周旋,尚形偃蹇。縱使奮其精神,竭其忱悃,未能振轡而馳,猶恐自崖而返。乾乾終日,顧赤野而難窮;渺渺余懷,睇白雲而彌遠。然而其止者吾自止,有爲者吾亦爲。始則勤勞夫半體,繼則鼓厲夫四支。初則黽皇於一室,漸則追逐於九馗。休云千里曰圻,歷百跰而至矣;不假千里之乘,願十駕而及之。恒心自竭其孜孜,予德懋乃;履道吉占夫坦坦,不怠汝惟。且夫泰岱雖高,不讓夫微塵也;滄瀛雖廣,不拒夫支津也。事積小以成大,學由聖而入神。百折不回,舉步則目無餘子;一往莫禦,旋跬則神注八垠。日斯邁而月斯征,事誠在我;周中規而折中矩,道不遠人。是知精進者學成,怠荒者業墮。苟望遠徒羡夫鴻飛,欲致功徒懶夫縶跛。抱一日千里之概，豈在奔馳；免十步九顧之譏，何嫌坎坷。不息悟乾行之義，貞奮往於百年；循序有漸進之功，戒游移於兩可。聖朝型垂恭己，道暢由庚。地廣袤而莫限，功巍蕩而難名。士也業無旁貸，功益求精。知水仁山，漸入高明之域；禮門義路，自臻遠大之程。懲故步以自封，好古愧無心得。歌下里而莫和，潛修尤在躬行。

孔子彈文王操賦以審音知人前後一揆爲韻，謹序

世傳孔子學琴，以爲出於《家語》。今《家語》乃王肅僞造，何足爲據。《韓詩外傳》五所述孔子彈文王操，語句較《家語》爲詳，乃王肅之所自出。《初學記》十六引"師襄子"作"師堂子"。其他略同。然他書皆作"師襄"，無作"師堂"者。此徐堅之訛字。蔡邕《操琴》有《拘幽》、《文王受命》、《文王思士》三篇。《文王思士》下有校語云：孔子學文王操於師襄，文王所製操非一。後人不能盡得其傳。當時所傳，其《文王思士》曲與？《御覽》"皇王部"引桓子《新論》曰："文王操者，文王之時紂無道，爛金爲格，溢酒爲池。璇室瑶臺，藹雲翳風。鐘聲雷起，疾動天地。文王躬被法度，陰行仁義，援琴作操。故其聲紛以擾，駭角震商。"孫氏星衍以文義與《文王受命》相近，非《文王思士》。然孔子慨慕盛時，志在行道，則持文王之聲，知文王之爲人。聖聖心傳，異代同軌。應弦赴節，鼓舞天和。其精神貫注，有得於聲音之外者。必指一操以實之，則鑿矣。敬繹斯意，而作賦云。

考《韓詩》之外篇，紀宣尼之異禀。慕盛世兮目瞀瞀，撫清琴兮心懔懔。雖政布方策，文亦在茲。而俎嗜昌蒲，言非已甚。證淵源於前聖後聖，與天地而相參；辨清濁於大弦小弦，合聲音而並審。昔文王鬱尼演卦，感慨鳴琴。其神穆穆，其德愔愔。進貝馬以贖愆，幸回主聽；振鸞凰而呈瑞，上格天心。奏一曲兮渭濱，幸獲大賢同調；企五弦兮蒲阪，居然盛世元音。後有孔子，爲萬世師。教宏

木鐸,儀習金絲。周禮猶存,吐麟書於東魯;聖王不作,慨鳳德於西岐。援十六字之傳,後覺不忘先覺;紹五百年之統,聞知何異見知。乃訪宗邦之彦,乃師典樂之臣。求知意切,好學情真。襄者其名,偕繚缺摯干同列;師乃其職,與巫史卜祝爲鄰。撫絲桐而入妙,志山水而通神。悟前廣後狹之分,音諧律吕;識上圓下方之製,學貫天人。一彈兮清音鏗尔,再彈兮餘情邈然。猶矜古調,盡授真傳。豈同别鶴之歌,感通於夢;恍若望羊之狀,對越在天。得其教,得其人,學如不及;可以遠,可以久,瞻之在前。假令孔子時際治平,德弥高厚。運已登三,疇先界九。雲門大武,非至神孰與斯;玉振金聲,謂生民所未有。本壹志而凝神,遂得心而应手。五德符受命之瑞,誠格幽明;四科協思士之辭,予有先後。惜乎渡狄水而歸,饋女樂而出。感不遇於今兹,念拘幽於往日。一則據蒺藜而作歌,一則瞻猗蘭而自述。一則星沈貫索,依然移羽换宫。一則曲譜將歸,空慨歌雍舞佾。别具應聲叶節之誠,豈矜操縵安弦之術。樂釐雅頌,契司化而兼三;道冠古今,播德音而如一。是知同氣同聲,盡善盡美。尼山上企岐山,羑里下通闕里。聞韶舞而忘味,樂至於斯;夢周公而未能,衰其甚矣。洵足以統古樂之真詮,彰至人之盛軌。士也習樂府而唱喁于,躋聖朝而賡喜起。守據德游藝之教,心契千秋;揚和聲依永之庥,道彰百揆。

五色筆賦以徵諸嘉夢藻思日新爲韻

緊文人之盛事,若神物之所憑。睹一枝之璀璨,訝五色之飛騰。擅翦紅刻翠之長,輝增鳳紙;具儷白妃青之妙,彩奪魚綾。人譽色絲,洵屬管城之異境。天開筆陣,遂爲藝苑之休徵。昔江文通雕龍學富,倚馬才攄。書裝玳瑁,詞門瓊琚。白雲絳氣之詩,游情未減;碧草緑波之賦,别緒何如。共推筆妙如斯,向中書君而乞取;誰謂筆鋒獨鋭,從華胥國而求諸。胡乃靈通冥漠,境入幽遐。柔毫滴露,文管凝霞。影森森兮錯彩,芒作作兮霏花。大矣成椽,誰干氣象。使之如劍,别具光華。豈上通璧府之靈,自他有耀;如下拜鈞天之賜，降幅孔嘉。是筆也，非麟角兮呈珍，非鼠鬚兮作貢。非青鏤兮縱横，非緑沈兮伯仲。頒自嫏嬛之境，輝映九天；捧來翰墨之林，指揮萬衆。傳爲佳話，想研朱起草之時；後有嗣音，推太白生花之夢。則見研碧秋初，吟紅春早。凭青玉以疾書，點烏金而横埽。丹毫鄭重，芸案生香。素枲纏綿，蘭臺削藁。飾之翡翠兮相宜，架以珊瑚兮恰好。不識是空是色，佩實銜華；居然有筆有書，揚葩振藻。石五色兮同誇，霞五色兮並記。賦五色藹而喬皇，書五色箋而鮮媚。濯五色之春雨，揮灑墨池；捧五色之天書，翱翔禁地。考封禪而五色土麗，點竄學士之詞章；志符瑞而五色瓜呈，修飾文人之才思。於焉詞苑流傳，稗官稱述。占祥豈屬諸大人，勝事遂傳之不律。景純未索，游仙共詡爲奇才；希範新逢，殘錦遂殊乎完匹。固知語必求新，事非紀實。則何如手和心細，書成韋陟之雲；德動祥開，賦獻李程之日也。方今皇風静謐，聖教璘彬。士也槭銀鈎之妙畫，握斑管而如神。簪筆螭坳，儘策勳於虎僕；潤[①]色鴻業，庶收效於龍賓。夫豈僅五典書陳，希倚相之博洽；五言望重，邁開府之清新也哉！

畋獲非熊賦以有開必先是膺明盛爲韻

昔周王惠播垓埏，恩覃林藪。樂靈囿之熙熙，策干城之赳赳。本游畋之是誠，偶然夢叶禨祥；遂弋獲於無心，早已德稱耆耇。應威鳳祥麟之瑞，卜天命兮靡常；慶雲龍風虎之占，謂神助兮若有。爾其官居后稷，國啓有邰。五人分職，四友呈材。受南國之書，名賢莅止；養西岐之老，清聖先來。固已詩詠騶牙，三十世雄圖兆啓；謀貽燕翼，八百年大業宏開。當夫日諏良辰，門開太乙。地闢鎬豐，水循沮漆。將張七萃之威，將叶三驅之吉。命卜誠虔，啓書專壹。田於藪澤，亦云我武之維揚；質諸鬼神，猶恐取盈之難必。卜人乃稽首言曰：今所獲者，大有异焉。用非矜夫羅畢，麾非倚夫旌

① 潤，原藁作"瀾"，誤。

旃。非茹毛於大野,非飲羽於平川。非攀檻兮熊驚,咆哮磵壑。非夾輈兮熊逸,騰踔風煙。非畫熊正,射的則自矜其中;非逢熊館,著鞭則願處乎先。文王乃擁貔貅,駕騄駬,鶴列之陣風馳,魚須之旃雲靡。鳥駭星流,獸奔煙起。涉吾地也,西山鳴玉之谿;彼何人哉,東海釣璜之子。後日韜陳豹變,聖人之經濟何奇。此時爻應龍飛,王者之規模在是。於時散圍日麗,罷獵天澂。爰拖紳而搢笏,遂折矢而投矰。命後車以載之,莫謂闞如哮虎。此吾國之寶也,居然績奏揚鷹。繼鬻熊而任疑丞,赤縣之宏規大啓;紹有熊而興裔胄,蒼姬之寶籙重膺。是蓋乾坤效命,嶽瀆鍾英。拜丹書而治道盛,秉黄鉞而武功成。用兹網罟,代彼弓旌。遂看疆拓熊盈,克殷書在;遥憶師陳熊虎,坶誓篇呈。殊方來赤豹黄羆,土物昭其巽順;黑域進黑麐白鹿,嘉祥上翊離明。聖朝典重禮羅,道隆幣聘。鹿苹歌其嘉賓,駉野美夫善政。猷宣熊軾,群推華國之才;學勵熊丸,用表至人之行。夫豈僅騏驥長才之望,夙夜在公;鳳凰吉士之詩,和聲鳴盛也哉!

義路賦以言有君子得行斯路爲韻

浩浩乎攀躋聖域,出入禮門。枕葄詩書之囿,涉獵道德之藩。卜履吉兮坦坦,葆成性之存存。正路是由,常懔七篇之誡;以義爲比,庶幾三復斯言。豈不以義也者,理裕黄通,才宏素守。惟不爽其權衡,庶無慚於高厚。因物而付,敏比蒲盧。率性而行,喻非杞柳。故抱義而處,早矜標榜於千秋;而精義入神,亦足臯牢夫萬有。不見夫路乎,戒期茀草,置驛連雲。如砥如矢,同軌同文。令肅庚郵,拓輿圖之浩蕩;算窮亥步,防轍迹之紛紜。多岐致慨於亡羊,誡申末學;占吉莫逢夫履虎,爻應大君。則且淑其性情,尊其瞻視,奮其功修,時其行止。自臻遠大之程,深合會歸之旨。旋中規,旋中矩,遵道而行。式如玉,式如金,非禮弗履。中逵干城之望,招賢我羡夫風人;跬步千里之機,勸學我懷夫荀子。惟義也廣大精微,惟路也蕩平正直。義不愆而不忘,路何通而何塞。循途守轍,履盛世之康莊;入室升堂,踐前賢之闔閾。進吾進而止吾止,貴能行其所安;步亦步而趨亦趨,豈待慮而後得。苟背正義而矜酬酢,猶舍大路而事紛營。則必混淆其智府,憧擾其意城。涉足成蹊,笑無言之桃李;靦顔由徑,甘溷迹於榛荆。願他日返自迷途,斯已而已;問何人偕之大道,可行則行。曷若堯衢鼓舞,顔巷棲遲。非三門之崱屴,非九折之嶮巇。欲追過隙之駒,無遠不届。安用識途之馬,攸往咸宜。後先奔走以偕來,慕義之徒惟恐晚。反側偏陂而悉泯,遵路之盛有如斯。聖天子智洽堯襟,道周禹步。好義而四海歸懷,集義而萬方悉赴。士也德叶安貞,進羞詭遇。驊騮開道,願振策於康衢;鵷鷺成行,盡彈冠於雲路。

偃伯靈臺賦以時成泰和伯義悠久爲韻

考遺文於司馬,紀奏愷之上儀。黄圖效順,赤縣含嬉。吹律同以七德,謝智略之六奇。禮習明堂,飾欄楯以鴟尾;烽銷絶塞,包干戈以虎皮。卷大赤而威韜,正馬放牛歸之日;選中黄而續奏,恰鷹揚豹變之時。維彼師節,曰伯是名。白言其色,帛諧以聲。曳長虹兮綷縩,建彩鳳兮鮮明。與壯士共腹心,招摇在上;爲全師之耳目,進退有程。勵我虎臣,誓不愆六步七步;揚兹駟伐,樂則奏三成再成。爰有靈臺,峙乎都會。倚穹宇而爲屏,鑿環流而作帶。測日土中,書雲郊外。於時天策成軍,戎車張蓋,舒卷虹旃,飛揚霜旝。浮浮大纛,軍容盛則令肅風雷;獵獵高牙,禡禮成則望同嵩泰。當夫雲排金甲,日耀琱戈。圖翻八陣,士募三科。而是伯也,曳如匹練,展若流波。天半星斿,睹三辰之交錯;行間雲罕,樹百尺兮嵯峨。非建旐而禮重於苗,卒舒蒐藻;非結旌而車名曰德,音叶鸞和。迨至却敵邊陲,銘功金石,魚服之韔弓韜,熊耳之山甲積。而是伯也,亦復映日崇朝,戰風永夕。素綃雲擁,閃晴影之央央;翠帶霞拕,懔餘威之赫赫。拔幟上首功之奏,績紀太常;張旃稽掌故之文,禮隆宗伯。爰乃具威儀,召將帥。樂奏縣間,幕張野次。造乎靈臺,除我戎備。洗甲兵於天河,化劍戟爲農器。功成偃武,不怒而威。運際偃兵,無爲而治。解丹旝而罷懸,仆朱竿而不試。昭其明也,藉張推轂之勳;卷而懷之,竊守止戈之義。由是靈臺之上,協氣旁流。歡騰甲帳,政肅庚郵。奏正聲於天保,溯盛事於成周。雲麾雷鼓之威,揚茲武德;井鉞參旗之象,壯我皇猷。從茲求士浚郊,睹干旄之孑孑;或者於田甫草,詠旌旆之悠悠。聖朝典習韜鈐,德周巘藪。春臺登則民樂皞熙,雲臺畫則士供奔走。泮水鸞旂之盛,詩詠在公;牧人魚旐之占,年登大有。風乍行而草先偃,下舞上歌;川貢珍而嶽效靈,治長安久。

三法求民情賦以王用三法斷民得中爲韻

稽周官之古制,訂司寇之刑章。立法則無枉無縱,行法則用柔用剛。念祁寒暑雨之咨,得情勿喜;平愆陽伏陰之政,視民如傷。命三就而憲典垂,明允上儀虞帝;平三階而治道盛,忠厚咸頌周王。夫以民之不一其情也,五方殊其安居,兩造速其獄訟。歸心則捷於風從,防口則甚於川壅。夏可畏而冬可愛,允協謳歌;火益熱而水益深,孰孚輿誦。何以一張一弛,與造化而同功。何以世重世輕,必恩威之互用。而欲普天功洽,薄海恩覃。造法者百年不敝,執法者五夜無慚。秋肅春温,堂廉交洽。露濡霜降,化育相參。在聖朝無幸免之條,裔終投四;而君子抱可矜之隱,網必開三。三刺居先,光我皇業。詢於上則宰平其衡,咨於衆則輔稱爲夾。集府史胥徒之屬,誥每重申;進東西南朔之人,令傳先甲。同其好惡,盛世本無莠民;定其典章,天下奉爲成法。宥者亦三,思深宵旰。以彼律有明條,事歸定案。或者輕談三尺,蹈重典而輒忘;或者誤在一朝,非舞文而狎玩。入無束矢,蒲鞭亦誦離明;贖少祥金,棘木免伸乾斷。三曰三宥,折獄適均。法無可逭,情得其真。質兩劑而共證,恃五聽之如神。詩戒魚罾,舍椼楊而貸網;出非虎柙,去桎梏而加巾。白頭黄口之無依,何堪盡法;黑索丹書之重典,豈爲愚民。之三法者,彈壓九州,皋牢八極。毋煦煦而過於寬,毋督督而鄰於刻。豈若應鸇之逐,大者征誅;本來雀鼠之争,無庸羅織。故官名曰刺,欲加之罪其無辭；而刑亦稱祥，每求其生而不得。是則情無僞飾，法秉大公。法準情而比附，情視法爲變通。聖朝德隆邁駿，治湛麗鴻。詔三事以平均，皇道並馳乎域外；定三章之條約，仁心久著於寰中。

百工由聖人作賦以題爲韻

間嘗窺周禮之遺編，訂考工之故籍。惟椎輪啓自哲人，斯機括傳爲成迹。至聖不遺夫小物，魁能冠倫；良工别具夫苦心，集思廣益。淵源若接，必先舉一而反三；法度是程，所以功什而利百。原夫工之有百也，群相講解，習自童蒙。本徽纆以爲教，攻金木而成風。苟有長而必録，庶觸類而旁通。粤鏄燕函，資陶成於地利；郢斤吴斧，極變幻於人功。稽職業於官司，恪守古人成法。用高曾之規矩，是爲天下良工。然而作之者誰也，或謂既工藝事，必有深謀。况群聚而州處，更聲應而氣求。王尒呈能，不如身貽律度；公輸督藝，不如業紹箕裘。特恐智微而力薄，轉難遠紹而旁搜。則試進覘遺範，勉企前修。三八政陳厥疇，道無不備；十二材得其任，民可使由。昔者聖人綏四民，齊七政，運神樞，握心鏡。貞萬事而爲模，貫四時而作柄。人官物曲，良窳各中其程；殷梓周輿，造作不違其性。形上形下殊其用，神而明之在人；成德成藝同其功，大而化之謂聖。試觀漁網作於太昊，鳧鐘作自高辛。作舟楫而涣垂其象，作耒耜而農亦稱神。垂矢和弓，表揚武德。離琴坎鼓，宣導陽春。莫不善之又善，新益求新。負經天緯地之才，推爲哲匠；抱酌古準今之概，貽我後人。今之百工，觀其大略。心欲其靈，智防其鑿。法不偕夫準繩，名自成夫斤削。授受備百家之説，豈殊演易贊書。營造摹百卷之圖，豈讓鈎河摘洛。居肆以成其事，民無能名。小道必有可觀，述而不作。聖朝製器因材，開物成務。璣衡應夫百祥，金玉貞夫百度。取則不遠，財用足於有司；執藝以規，賢才集於當路。考功程於末藝，物勤工名；握體用之大綱，聖由天賦。

乾爲金賦以大哉乾陽稟乎至剛爲韻

陽德以剛而不鎔，天功以健而罔外。測至道於張弓，宣上儀於圓蓋。駕連山歸藏而上，理悟鈞陶；居保章馮相之間，神參蓍蔡。故精推百鍊，於物則惟金最堅；而爻演三連，於卦則惟乾爲大。夫乾之爲德也，象遺碩果，卦衍玆荄。位亦同於水火，變較異於風雷。道不越元亨利貞，琢磨四德；理不外剛健中正，化育三才。一元運橐籥之工，配資生而亭毒。萬物扇陰陽之炭，溯太始於初哉。而金之爲物也，毓從沙礫，貢等錫鉛。工隸梟桃而各異，名分銑鋈而均傳。騰赤氣於太空，煎煩六劑；覆黄雲於大冶，汞毓千年。誰云寶且鳴山，證舊聞於少昊。誰云富能布地，采新説於竺乾。惟金也堅强不屈，惟乾也動静有常。覩金心之堅確，知乾體之端方。比在田於在鎔，金曰從革。占躍淵爲躍冶，金亦稱祥。豈其象懔三緘，函三而大人利濟；豈其貢呈九牧，用九而天子當陽。言其體則健著六爻，産珍三品。取麗水而詳參，演洛圖而精審。轉渾淪之元氣，英光屢荷甄陶。問消息於大鈞，美質何虞雕鋟。燭九閶兮象日，金氣日輝；溯一畫兮開天，金精天稟。言其用，則以造化爲哲匠，以天地爲洪爐，以風雲爲鼓鞴，以人物爲範模。熠耀騰芒，運神功於璣緯；方圓成器，闡理窟於苞符。當五材並用之時，是之取耳；看百陶不輕之質，仰以觀乎。徒觀火鑠金而離位彰，水生金而坎德備。敦艮體而金藏於山，藴坤珍而金産於地。孰若甄乾度而呈禧，握乾符而出治。重剛不變，五山六合儲其精；六畫能純，千辟萬灌矜其利。此所以道呈金鑑，聖無不通，位協乾元，德極其至也。聖朝治光玉鏡，瑞紀珠囊。四時位育，五緯喬皇。運萬象而含元，功參乾絡；御六龍而出政，法馭乾綱。所以士謁金門，談道心探夫樞紐；編陳金匱，讀書日用夫柔剛。

餘霞散成綺賦以題爲韻

絲絲縷縷，密密疏疏。輕綃掩映，匹練卷舒。當萬里放晴之候，正三山迴望之初。飛來一片明霞，痕拖雨後；吟到千層結綺，彩絢春餘。昔謝宣城烏衣世胄，麈柄名家。縱徜徉於林壑，亦繫戀夫京華。碧雲紅葉之村，壤真錯繡；緑水青山之地，霧未籠紗。放眼天邊，指如薺數行之樹；回頭江上，瞰建標百尺之霞。始焉麗簇鮫裾，艷張鴛幔。綷縩日邊，縵糺天半。升兮皎皎，真曳組而舒華；舉也軒軒，亦分章而抉漢。正是彩虹共燦，夕照烘餘；何期孤鶩齊飛，長風吹散。縱横文綺，點綴瑶京。絲抽乙乙，緒理庚庚。寫空際之餘痕，錦裁白地；指無邊之散影，賦誦赤城。安排星杼風梭，推文章之富有。收拾煙絲雨綫，羨組織之天成。則見縟彩騰紅，纈紋簇紫。七襄之纂組誰如，一段之光明若此。試連番之刀翦，巧借春風；皺萬疊之香羅，軟同秋水。縱使成文五色，輝光孰儷夫朱霞。有誰贈我一端，衣被莫先於黄綺。乃有望遠移情，清游向暮。過綺陌而尋春，捧霞觴而覓句。管試緗紅，興移縑素。仿佛重花密葉，體物於微；描摹遠岫遥汀，登高能賦。

風管雲歌賦以風管晨凝雲歌曉轉爲韻

粤惟孟夏之月，舉雩祭，報昊穹，諏吉日，啓合宫。羌禮明而樂備，祝時和兮歲豐。管音調則節候正，歌辭洽則變化通。擊土鼓以迎龍，詩吟靈雨；吹龢笙而招鳳，天降神風。考唐代之樂章，念民生之水旱。馨香升其卣卣，誠敬將其圭瓚。則且音辨濁清，律分長短。冀饕乎而軒乎，遂坑滿而谷滿。乃進司樂，先賡赤帝之章；乃命太常，詳定黄鐘之管。爾其朱干苓落，白雪陽春。淑氣催而應節，元音播而入神。介嬀簴農瑟之間，聲殊擊壤；列和磬垂鐘之隊，俗豈吹豳。八風宣兮棣通，如訪律元於嶰谷；五雲開兮閶闔，恍聆仙樂於玉晨。一聲清管，風答如響。制則考孤孫陰之用，名則别篇篞篍之稱。訂十二律之篇，音諧宫徵；數廿四番之信，韻繞觚棱。奏營道於南方，本天蟠而地際。獻昭華於西域，亦纘鞋而旒凝。歌辭曼衍，雲氣氤氲。繹以雅以南之什，誦如抗如墜之文。天馬至而貢蒲桃，祠懷太乙；秋雁飛而摇草木，詩憶横汾。滙楚艷兮吴歈，志在高山流水。漾金支兮玉葉，調皆裂石穿雲。於時動摇河嶽，激蕩羲娥。雜胡琴兮羌笛，辨渌水與陽阿。春曰惠而秋曰凉，疏通人籟；五色卿而三色矞，呼吸天和。風自空生，豈咸黑展笭製管；雲凝響遏，若秦青按拍而歌。蓋禮至開元而始成，樂自貞觀而初肇。通德意於人神，慶豐綏於億兆。薰延解阜，吹律紛紛。象布輪囷，繞梁嫋嫋。金管與玉簫相間，福地長春；雅歌偕曼舞兼施，洞天清曉。是知正樂集夫大成，報功垂爲令典。惟吕才之十部同傳，而劉昫之三長克展。我聖朝惠播星旒，恩宣露冕。風入律而調篘管，迓日馭之北行；雲干吕以奏清歌，驗斗杓之南轉。

天下爲一家賦以題爲韻

古聖王鴻圖出震，龍德乘乾。消除畛域，怙冒垓埏。化則無遠無邇，道則不倚不偏。梯山航海之臣，腹心共托；日峭月窟之境，指臂相聯。道一風同，千百國咸依舜陛；家喻户曉，億萬里共戴堯天。夫以天下之不一也，土别五方，區分九野。鑄且同金，合原似瓦。臺何以慶登春，澤何以周函夏。知仁信武，何以咸就範圍；燥溼剛柔，何以悉歸陶冶。同軌同文之治，何以皥皥寰中；太平太蒙之人，何以熙熙宇下。若夫家之遠於天下也，箕裘隆替，堂構昭垂，樂爾宜爾，恩斯勤斯。慶家道之隆，父父子子；占家人之吉，嗃嗃嘻嘻。而欲情孚萬國，德被四陲。有夏清冬温之樂，無祁寒暑雨之咨。竊恐地隔分殊，未必化成有象。焉得情投意合，居然治仰無爲。昔者聖人敕幾康，嚴宥密，采輶軒，命平秩。寤寐通於大圜，刑政基於爾室。教孝教弟，地不限槃木流沙；興讓興仁，人不問空桐祝栗。似同氣連枝之誼，恩意纏綿；似屬毛離裏之誠，頌聲洋溢。與天下共，昇平慶聖道之昌；爲天下先，遐邇仰王心之一。且夫食我食，衣我衣，保抱之德莫加也。飢己飢，溺己溺，噢咻之惠咸誇也。老吾老，幼吾幼，愚氓共沐休嘉也。長其長，親其親，聖政何間幽遐也。借雕題被髮以輸忱，圖呈益地。合方趾圓顱而上壽，觴奉流霞。得一而天下貞，故民之歸如水；抱一爲天下式，則國之本在家。迄今稽禮運之名言，考治民之本務。四海慶其會歸，群生樂其景附。皇上璣鏡揚庥，玉金式度。一儀理物，政濟猛而濟寬；一視同仁，民遵道而遵路。合東寄西鞮之遠，咸望闕以歸懷；彙箕風畢雨之殊，願簪毫而獻賦。

越裳獻白雉賦以題爲韻

昔周成王風靖八埏，威申九伐。政令播乎狼朚，謳歌歸乎象闕。開雉扇而駐龍旂，麾白旄而秉黄鉞。雖絶域而罕通，亦叩關而請謁。奇琛入貢，歷遠道兮河山；重譯來賓，依末光於日月。在昔赤烏流火，瑞應於西岐；自今朱鳥垂芒，振輿圖於南越。則有越裳氏者，依山爲阻，在海之旁。花開吉貝，樹暗桄榔。林邑東迴，山高似戟；牂牁南下，水沸於湯。驛堠迢迢，三萬里蜃煙蜑雨；山川莽莽，二千年虎落蛇鄉。假令憑其險遠，恃其富强。風溯趁墟，詎效中華之貢篚；俗安短褐，焉知上國之垂裳。乃何以向日心傾，朝天首頓。自效輸將，不煩激勸。風輶露冕，日且盈千。航海梯山，程先逾萬。而且長奉天威，永遵國憲。執雉者同乎士贄，雲翼輝煌；色白者表其國珍，霜翎矯健。東鰈南鶼而外，處靈囿而飛鳴；紈牛露犬之間，向金階而拜獻。則見矯矯仙姿，亭亭逸翮。與夜月兮争輝，立曉霜兮無迹。駕山采海黝而上，骨相獨清。處春翬夏翟之中，羽毛自惜。時也敞璇圖，理瑶席。命彼舌人，薦兹羽客。迴憶舊巢伴侣，躑躅蠻天；幸瞻上國光儀，棲遲鸞掖。故裳之義取乎障，作保障則國號夫裳。而白之訓取乎明，躋光明則色尚夫白。且夫聖天子驅策奇肱，指揮鑿齒。萬國貢琛，八方同軌。但以遠人之向化爲奇，不以異物之崇觀爲美。若此德被文身，祥呈疏趾。青雲干吕，意中國有大聖乎？赤縣同歸，知南人不復反矣。比孔鳥於方人，儷文翰於蜀水。此日職方考備，共聽庭燎之和鸞。他年瑞應圖呈，不數陳倉之寶雉。是知感化者遐邇忱輸，遵道者後先景附。雖遠物不寶，太保曾作旅獒；而庭實是陳，有客亦歌振鷺。洵足以彰越嶠之心歸，而備周家之掌故。聖朝宙合維新，恩光普護。焚雉裘而示儉，淡泊皇躬。升雉鼎而占祥，馳驅賢路。逖聽白民納貢，翻書考王會之篇；更看白澤成圖，珥筆續明堂之賦。

漣漪濯明月賦以水上風起天邊月圓爲韻

寶氣燭天，春痕散綺。一顆瑩瑩，萬川瀰瀰。何圓折兮如斯，擊空明兮若此。夜光的皪，鎔萬頃之飛濤；璧彩澄鮮，捧一輪而出水。其爲物也，孕自方諸，呈來寶相。與晦朔爲盈虧，逐波瀾而盪漾。纍纍揚璀璨之華，皎皎拭圓靈之狀。探驪此日，毓素影於江湄；剖蚌何年，吐清暉於海上。宛然明月，墮入江中。漣深秋卷，漪淺春融。桃花瀉碧，竹箭騰紅。山湧銀兮噴薄，紋織錦兮玲瓏。萬疊靴痕，不夜印玻璃之水；一江笏滑，招涼噓菡萏之風。則見湧出重輪，照來十里。不閟光華，孰污泥滓。芒寒甓社之湖，氣壓波斯之市。晃熒熒之寶鏡，蟾魄初呈；吹蒻蒻之輕颸，魚鱗漸起。其濯也生於巨壑，印自前川。詎泥沙兮點綴，與波浪兮周旋。摘星欲活，鍛雪同堅。經幾許之琢磨，倍增皎潔；添一番之淘洗，分外鮮妍。初不知其生之自水也，而以爲降之自天。假令玉盤乍落，彩綫能穿。空矜合浦，未滌清泉。招涼則爽生廣座，記事則神往陳編。縱教價重千金，名馳遠近；未必華開四照，光徹中邊。惟其雪斂鱗堂，波澄鮫窟。似濯錦兮鮮明，似濯纓兮出没。彩掩星躔，寒生貝闕。一奩共掬，瓊臺上擬夫梯雲；百寶齊生，碕岸朗吟夫浴月。客有讀吴都之賦，隨海客之船。挹金波而穆若，映玉水而瑩然。鍾毓付之大造，描寫寄以名篇。監亦有光，透痕痕兮雲破；莫名其寶，吟字字兮珠圓。

德至者色澤洽賦以德輝發形顔色斯洽爲韻

君子之度温温,學人之容默默。咸流露於中藏,豈彌縫而外飾。其文炳也,示百辟以觀瞻。其氣浩然,合兩間而充塞。色少忸怩之狀,矩早從心。澤流温潤之華,玉真比德。則嘗繹荀卿之議論,表色澤於幾微。謂陶鎔其氣質,戒漸染於脂韋。敗度實多,空誚慶封之瘁;食言已甚,誰矜郭重之肥。悟積中發外之機,英華和順。躋入聖通神之境,充實光輝。然而洽之難也,理不完者貌虚,性不定者神竭。縱周旋於平常,難掩覆於倉卒。趨蹌鳴佩,行易誚夫弛筋。端肅垂紳,秀罕推其在骨。試看明廷位列,孰諳君子之九容;豈同大宅陽盈,專恃文人之七發。有至人者,明德惟馨,舉足爲法,吐辭爲經。中矩中規,遵先王之典則;式金式玉,示天下以彝型。緝熙傳穆穆之神,和氣愉色;夙夜表安安之度,盡性踐形。然後塵襟盡滌,俗念全删。威可畏而儀可象,握大矩而剖大圜。矜懿範之温恭,光風霽月;鼓天倪之洋溢,知水仁山。達則腒臘傳聞,徵偉觀於堯舜。窮則行藏相契,尋樂處於孔顔。由是淡洽者神明,周洽者法式。輿歌頌宋國之黔,肉食誚吴王之墨。色以和爲貴,和氣則涵育薰陶;澤主潤而言,潤身則安詳謹飭。果爾德輿素具,何妨曾子之修容。如其德業未彰,無取孔壬之令色。否則不修志業,空尚威儀。但知皮相,終慮面欺。何如守肅雝之經訓,作模楷於人師。誠意正心,早聲色之不大;睟面盎背,知華澤之易滋。徵其詣於思温思恭,其進德有如此者。充其量於不愧不怍,非至神孰與於斯。皇上品勵圭璋,瑞呈蓂莢。播陳範之大猷,企垂裳之古法。燕居篤學,申申夭夭;駿烈臨民,兢兢業業。泯形色而治衷於道,慶雅範之肅觀;施膏澤而德冠乎時,狀太和之翔洽。

鳥求友聲賦以人自得求友聲之道爲韻

道貴同方而同術,誼以相洽而相親。苟性情之不悖,徵交際之常新。故幽鳥共鳴夫天籟，比良朋自重夫人倫。取友必端，且鑒觀夫羽族；同聲相應，遂托興於詩人。試賡伐木之詩，試詠得朋之事。款洽舊因，周旋同志。纏綿悱惻，天家忠厚之風；切磋琢磨，吾黨往來之誼。上瑞紀岐山鳴鳳，得氣之先；徽音嗣周室關雎，其來有自。有鳥高飛，敖游八極。碧粘新水之毛，紅閃夕陽之翼。前溪飲啄，詎知麗澤之占；喬木棲遲，豈慕同岑之德。竹畝花田之畔，行止誰偕；柳煙杏雨之間，翱翔自得。然而離群寡和，顧影罕儔。或臨風而躑躅，或飲露而啁啾。故聞聲者無分遐邇，而尋聲者不憚鈎輈。對語花叢，迴若笙簧之叶；相呼藪澤，共爲粱稻之謀。抱吟風嘯月之懷，一倡一和；具喚雨呼晴之智，予取予求。於時花暖如茵，春濃似酒。鼓翅捎煙，引吭坐柳。四山皆應，竟滿谷而滿坑；群喙争先，不以心而以口。有日飛鴞聲變，懷我好音；聽來雛鳳聲清，應呼小友。由是呢喃紫乙，睍睆倉庚。書傳雁使，詩訂鷗盟。膠膠角角之呼，國風如睹；節節足足之應，瑞籙先呈。莫不深情共印，雅韻同賡。相思風雨，訢合晦明。寫大塊之文章，千紅萬紫；鼓太和之元氣，六律五聲。然則不類而類，無知有知。彼求友者，盍鑒於詩。假令襟懷契合，形影追隨。處則鸞鷖同棲，歌如金石；出則鴛鴻共翥，韻叶壎篪。此何聲乎，有志者亦若是；相彼鳥矣，匪作意而爲之。方今鳳籥吹豳，鴻鈞在抱。鷺序勖夫臣工，鶴書薦夫瓌寶。士也勵志姱修，冥心搜討。摹鳥書之點畫，諧聲自訂夫同文。效鳥數之功程，會友相期於古道。

歌風臺賦以大風起兮雲飛揚爲韻

泗水秋晴，碭山朝靄。臺屹屹兮凌霄，風蕭蕭兮卷旆。此日勝游蠟屐，苔滿荒基；當年上壽捧觴，星臨華蓋。千秋萬歲，炎劉之陳迹長存；六合一家，王者之成功獨大。昔漢高帝迴鑾淮右，定鼎關中。挈從龍之輔佐，藐逐鹿之英雄。遂先如沛，乃並復豐。十二年鄉夢纏綿，懷兹父老；百廿人謳聲追逐，樂極兒童。城郭依然，游子未忘乎故土；河山無恙，大王獨擅夫雄風。帝乃俯仰乾坤，抑揚宫徵。我念故鄉,我思猛士。顧清風其徐來,遂長歌而不已。憑闌四顧,沛中猶是昔時;擊筑一聲,亭長未捐故技。匝月開筵,遐方同軌。所以辭餘英氣,三言則誦而心欽;天眷真王,百世亦聞而興起。有臺巀嶪,高與雲齊。千層碧甃,百尺丹梯。岧嶤通於霄漢,嵽嵲繞以虹霓。縱橫歌舞之場,豪情如覩;感慨風雲之會,詞客留題。休誇臺有釣魚,人傑空推信也;一樣臺名戲馬,憤王終愧虞兮。臺之上則披襟挹爽,解慍延薰。鴻鵠翻戚姬之調,麒麟摹曹喜之文。斬蛇之寶劍不還,空餘樽酒;屠狗之故人安在,尚話鄉枌。唏嘘雍齒之嫌,遺恨付諸流水;談笑重瞳之勇,幾時幻等浮雲。臺之下則山環徐宿,路入淮淝。古堠疑漢家之壘,斜陽閃火德之旂。草連義帝之城,秋飇獵獵;雲接田横之島,夕靄霏霏。迴思鳳蓋鸞芩,法駕來如岳峙。賸有錫簫粥鼓,餘聲上逐雲飛。彼夫秋風瓠子,寶鼎芝房。被樂章於金石,覘炎運之機祥。而未若斯臺也,摩空千仞,作鎮一方。非新音之靡靡,紹表海之泱泱。慨往事於藏弓,宿將不忘乎信布;孰當筵而擊節,雄文猶壓夫班揚。

醴泉無源賦以無源自涌有德呈祥爲韻

古盛時坤靈效順,坎德交孚。承流者沈浸醲郁,望澤者滲漉昭蘇。故大造弗私其地寶,而至誠畢協於天符。莫浚匪泉,自清泠而不竭。其甘如醴,並聲臭而俱無。原夫泉也者,蘚階沫濺,苔磵聲喧。挂緑屏兮傾瀉,漱碧沼兮潺湲。《爾雅》記其常,出則或正或側;地志書其異,名則曰酒曰温。非惟氾濫於一渠,本無别派;縱使奔騰於千里,總有靈源。况乎泉之以醴名者,考諸孫氏之圖,參以劉珍之記。似佳釀兮澂清,似膠餳兮滑膩。味同醽醁,何妨酌以天瓢;灌比醍醐,可以注兹禮觶。鎔天上之瓊膏玉液,厥用不窮;揚人間之惠澤恩波,其來有自。然而其源何如也?則試遠躡青巖,低探翠隴。導以杖挑,塞將土捧。何處尋兹坤絡,藉分氾濫之名。是誰鑿此靈根,試剔泥沙之壅。有松石間意,五音之琴筑齊鳴;作濠濮上觀,萬斛之珠璣陡湧。而乃淺碧一塘,溶青十畝。水以清而能靈,谷以虚而善受。涓涓不絶,無庸探以仙槎;汩汩其來,未必導從澤藪。亦且盈而後進,尋泉脉兮綦難;試看出必以時,問源頭兮奚有。是蓋治鞏黄圖,祥呈紫極。躋榮河温洛之昌期,以讓水廉泉爲典則。瑩心神於玉瀣,無待决排;滌瑕穢於璇流,無關通塞。在左在右,於以激濁而揚清;就淺就深,莫不飲和而食德。彼夫天河爽朗,德水清瑩。測景星於玉闕,承甘露以金莖。曷若此詩歌一曲,銘勒九成。斟酌天漿,庶隨流而浥潤;導揚神瀵,可散鬱而解酲。偕和風甘雨以知時,百靈呵護;並銀甕金船而示應,萬寶紛呈。方今聖天子道隆玉鏡,瑞啓珠囊。治無爲而垂拱,圖無逸而遐昌。播盛德於淵泉,恢張駿業;錫群臣以酒醴,渥荷寵光。四海會同,兑澤早覘夫汪濊;萬流從服,乾符自闡其禨祥。

端午獻尚書爲壽賦以題爲韻

節逢五日,義取七觀。君言同樂,臣曰責難。但較衆人而自異,已垂惇史而不刊。休言斷簡參編,千秋作鑑;正值浴蘭采艾,萬衆臚歡。古誼殷殷,上壽共趨於闕下;風裁嶽嶽,陳書獨表於朝端。昔隋帝時際治平,才兼文武。任牛李以牧民,命王楊而禦侮。敖倉轉粟,儲六府之貨財;突厥銷烽,格兩階之干羽。固已瑞靄珠旒,祥凝繡黼。何處方尋芝术,星朗長庚;此時酒進菖蒲,日臨重午。則見納篚心傾,輸琛首頓。或辟暑之玉一雙,或招凉之珠半寸。或海人冰繭之紈,或仙客松花之飯。依槐棘而立,官且盈千;奉玉帛而來,國真逾萬。東鰈南鶼之貢,共切葵傾;燭龍火鼠之鄉,不忘芹獻。有蘇威者,居納言之官,負匡時之望。謂緘默何以自安,而諫諍殊嫌顯抗。我所師者,禹皋伊傅之儔;子盍求諸,虞夏商周之上。斟酌於法言巽言之際,略示襟期;紛陳於土貢錫貢之間,微矜高尚。其以尚書獻也,油素自襲,懷丹欲攄。非辨三家之凌雜,非懲百兩之空疏。一堂喜起之賡,人所仰也;千古興衰之迹,君請擇於。則符寶辟兵,何如孔壁重搜之簡;而縷成續命,豈若秦灰未燼之書。使帝也知其譎諫,慕天良規。居今監古,處安慮危。百篇周誥殷盤,披來玉几；一樣越羅楚糉，侑此瑶卮。何至建芳華之苑，興遼水之師。龍舟雲湧，螢火風吹。金河之帳賦詩，謂莫己若；上苑之花翦綵，何以文爲？然而陳善閉邪，獻可替否？以視封德彝之諂諛，虞世基之奔走。固已名滿寰中，風生朝右。況夫諫城工於塞下，深惜蒼生；言兵事於山東，甘抛紫綬。本屬同朝僅見，猶存蘇綽之風規；何期晚節未終，竟類譙周之老壽。是知直諫易疏，微言罕悟。縱勝依違，終嫌瞻顧。孰若我聖朝恩播乾坤，德諧韶濩。以疏通知遠爲良規，以利用厚生爲先務。躋良辰而賜葛，感激輸丹；慕太乙而然藜，殷勤竹素。書陳北闕，繪無逸而爲圖；壽頌南山，效呼嵩而獻賦。

聖人以四時爲柄賦以題爲韻

古盛時管鍵八方，鈞陶萬姓。炳泰階以呈符，察玉衡而齊政。化毗陰毗陽之迹，執柄調元；泯咨寒咨暑之清，順時布令。以人道格去天道，建其極者維皇；以歲功通於治功，大而化之謂聖。夫以時之有四也，斟酌元化，調和大鈞。宣節氣者七十二候，劑盈虚者三百六旬。開闢鴻濛，轉魁杓而運斗；測量象緯，馭日月以爲輪。盡鳩民扈民之方，官稽少昊；立黄道赤道之準，職重疇人。然使失推步之宜，違授時之旨。則保章何以考其成，田畯何以謀其始。分至啓閉，何以驗合朔之經；析隩因夷，何以通順行之軌。惟青陽布化，定其極於里差歲差；而赤縣從風，收其效於侯疆侯以。昔者聖人立官司，造儀器，察禨祥，定躔次，則必上觀乎天文，下盡夫地利；近達乎群情，遠通乎古義。因時出治，握大造之樞機；與時偕行，效化工之鼓吹。抱旋乾轉坤之概，才可兼三；當置閏成歲之朝，門先闢四。其爲柄也，以五行爲橐籥，以二氣爲綱維。以八風爲鼓盪，以九疇爲措施。覘天座之帝車，柄無專指；禮讖圖之威斗，柄有獨持。執兩用中，以言教尤以身教；抱一爲式，不先時亦不後時。且夫柄主乎申，則蓐收提矩也。柄回乎寅，則句芒持規也。柄行乎丙丁，則衡爲祝融所執也。柄操乎壬癸，則權乃顓頊所司也。惟天秉四序之宜,驗君聲於玉琯;惟聖布四方之政,合正朔以銅儀。民所望者,舉而措之。蓋元氣流行,大造不言所造;亦至誠昭格,有爲本於無爲。由是斡運神樞,操持心鏡。賴兹調燮之功,遂致雍熙之盛。機緘在手,民不離火烈水柔;轄鍵從心,道豈外刑威賞慶。備春夏秋冬之氣,司大化者一人;異雷霆雨露之施,馭群臣以八柄。孰若我聖朝德沛昌期,慶延寶祚。際樂歲之永亨,荷皇猷之普濩。猶且和風甘雨,秉德柄而宥群生;知水仁山,修義柄而貞百度。所以時行物溥,試賡糺縵之歌;時和年豐,願上昇平之賦。

漢文帝幸細柳營賦以題爲韻

緬漢帝之膚功,賴條侯之翼贊。威著韜鈐,功高屏翰。論智略儷淮楚之韓,論軍鋒比潁川之灌。當聖主籌邊之日,典禮攸隆;正武臣效命之秋,勳名獨冠。耀騰驤之萬馬,威聲早震北方;降炳焕之六龍,皇德夙推西漢。當文帝之後六年,匈奴扣蕭關而入。諸將禦胡騎之氛,摐金萬隊,浴鐵千群。吹笳動地,卷旆捎雲。問誰挺劍彎弓,助吾一戰;問誰援旌擐甲,張我三軍。方期越棘吴鈎,扞封疆之外侮;豈若夏苗秋獮,循田獵之虚文。緊細柳之新營,作長安之外衛。命名將以立屯,效勇夫之重閉。水流清渭,先成環帶之形;山控終南,大有負嵎之勢。排出鱗鱗金甲,耀武德於黄圖;吹來獵獵朱旗,播神威於赤帝。有亞夫之激昂,紹絳侯之剛猛。秉德堅貞,治兵嚴整。鼓兩甄而執四伐,壁壘雲横;練萬衆而共一心,麾幢風静。自此張箕舒翼,善將何患兵多;詎同儋爵析圭,不敗祗憑天幸。當夫萬乘雷驅,九斿日麗。警滄蹕嶠之時,灑道清塵之際。冀下矚於旌麾,庶銘功於帶礪。何以罕車彍騎,未迓六飛;較之灞上棘門,詎能一例。儻尔日長驅直入,祗自損其威儀。而軍中出令必行,原不關夫鉅細。天子爰頒詔以宣,將軍則憑軾而受。乃開壁門,乃賜勞酒。行櫜戈矛,聲停刁斗。禮成虎帳,七萃凝眸;塵息鸞輿,六轡在手。考軍儀於司馬,深喻子心;卧當道之老羆,毋驚甲首。作保障於一時,震才名於九有。此日烽銷大漠,依然春釀風花;他時宴錫未央,好聽詩吟雪柳。此則將宣勞而好以整,君秉禮而孚以誠。洎諸軍之皆罷,果一塵之不驚。迨夫吴楚並起,麾鉞專征。堅壁不動,强藩遂平。星旄雷鼓之間,勤參石畫;翔膾雲弸之下,望若金城。所以讀史者神往漢文之世,懷古者心傾細柳之營也。聖朝德沛辰居,威揚亥步。柳邊則水遠山遥,營制則星羅棋布。閱武香山之苑,黄幄祥凝;銘功郊勞之臺,翠華雲駐。樂陳大愷,希采薇天保之詩;史紀成功,邁羽獵長楊之賦。

吕望釣玉璜賦以功鄰造化理契先天爲韻

符命章而君臣契,貞元會而地天通。西伯千乘,東海一翁。明良運啓,遇合道隆。臣不殊夫皋羽,地漸拓夫鎬豐。隱豈釣名,釐圭瓚而賚良弼;運希改王,麾旄鉞而慶成功。昔周文王世官郤邑,立國渭濱。五臣拜衮,四友垂紳。固已瑞兆岐山,聲流鳴鳳;春生靈囿,仁育振麟矣。然而人歸天與,邦舊命新。拓土開疆,每興懷於豪傑;改朔易服,尤所望於臣鄰。有炎帝之裔苗,爲商家之逸老。吕爲氏兮溯舊封,尚爲名兮希古道。避地顔蒼,食貧首皓。縱使束身圭璧,誰識家珍。結想瓊瑶,誰欽國寶。誰仰胄遺四岳,溯舜典而能知;誰慕書著六韜,紹軒圖而改造。乃臨凡谷以聽泉,乃詣磻谿而築舍。人居緑水之中,地即藍田之亞。雨笠風蓑,煙晨雪夜。一竿混迹,名不出於里閭;兩膝耐勞,影尚留於石罅。縱説垂綸投餌,曾遇異人;敢云握符闡珍,能參大化。忽焉黿采騰紅,祥光耀紫。睹錦水兮洄旋,得玉璜兮粹美。形成初月,幾疑破浪而飛;影擘半環,宛若銜鈎而起。自入君王之夢,非虎非羆;豈同漁父之求,得鮒得鯉。十三字自天受命,運叶熾昌;八百年定鼎開基,功高燮理。當吕尚得寶之時,正周王命卜之際。切若望雲,殷如望歲。載以後車,報之上幣。遂乃變名曰望,弓旌聊慰夫七年;贈我以璜,帶礪試期諸百世。一樣書銜赤爵,兆齊疆表海之風;他年舟躍白魚,證姬籙承天之契。且夫吹垢應風后之佐,負弩得力牧之賢。鼎俎下識阿衡,畀之大柄;版築中求傅説,若濟巨川。莫不風雲契合,霄漢聯翩。蓋皇極需宰衡之器,而天心操黜陟之權。從此祚延火德,國鎮海壖。帝命錫以玉符,景運叶璣鈐之應;聖功銘於玉簡,嘉祥開讖緯之先。是知國因人治,名以事傳。讀齊太公之世家,武功彪炳;摹盧无忌之詞表,文采鮮妍。又何必徵《宋書》符瑞之志,而引《尚書》"中候"之篇。我聖朝禮隆拔萃,道叶乘乾。所以聘重琥璜,棫樸早賡夫周雅;儀陳玉帛,梯航永戴夫堯天。

至人用心若鏡賦以題爲韻

稽莊子之立言,狀聖人之出治。抱岳瀆之靈襟,藴風雲之瑋智。從心所欲,何殊鑑不辭形;與人無争,詎讓珠能記事。闢靈臺於方寸,聖無不通;啓虚室兮光明,德極其至。誠以心也者,馳思函夏,調養陽春。必藏修之有素,斯展布之相因。惟天君之泰然,不滯於迹。惟自誠而明者,乃凝於神。舉而措之,於以参天而兩地。性之德也,庶幾盡己而及人。不觀夫鏡乎,鑄鳳奇珍,盤龍清供。陳綈几兮從容,襲錦囊兮鄭重。吐菱花而瀲灧,寶匣光寒;分桂樹而晶熒,仙人手種。妍媸畢肖,寫形同漢殿之奇;表裏胥融,照膽异秦庭之用。有至人者,盱衡宇宙,遐矚古今。收八荒於四牖,鑒千秋於寸襟。皎兮非嗜欲所障,焕乎同日月之臨。燭照無遺,豈讓軒轅之制;範圍不過,常懷范浚之箴。雖千里而灼知,何至役於物物;無一毫之私蔽,何妨印以心心。且夫人心之靈,詎分美惡。自嗜好之念日深,斯清明之氣日薄。如磨治之弗善,影已掩夫空空;如塵翳之交侵,光漸韜夫灼灼。則何以不役耳目,宰群動而聲色俱無。如見肺肝,歷萬古而光華自若。是必常葆天真,能盡物性。用於暫而先覺先知,用於常而不俅不競。公則生明,睿曰作聖。化真握玉,恍仁壽之初呈;鑒匪磨銅,自衣冠之必正。無象者何殊有象,百鍊同珍;見形者絶無遁形,萬流仰鏡。我皇上學術淵源,治功建樹。法恭己以垂裳,勵惟寅而敷布。猶且金玉儀型,璣衡貞度。八垓心服,共聽擊壤以臚歡;四海鏡清,竊願趨朝而獻賦。

百川學海賦以百川學海而至於海爲韻

考揚子之《法言》,示通儒以成迹。誡廢學而輒休,貴勤學而求益。廣谷大川之氣象,洞澈淵源;金瀾玉海之菁英,貫通絡脉。止防畫地,求道則勿貳勿叁;進擬盈科,致功則已千已百。不觀夫海乎?浮天有力,浴日無邊。固馮夷之所宅,豈精衛之能填!三千年陰火陽冰,奇光涌現;億萬里天輪地軸,大氣迴旋。清淺幾時,巨浪吐吞夫四極;波瀾終古,細流輸灌夫萬川。若夫百川縈迴,沖瀜瀿汋。或分派於長渠,或鍾靈於喬嶽。或洋洋巨瀆,神槎上接夫天河;或渺渺寒泉,幽壑細聆夫仙樂。無不竟委窮源,揚清激濁。故道今道,孰通善長之《水經》;正流支流,孰擅孟堅之地學。以云學也,一則巨壑之委輸,一則支津之交匯。一則龍堂鱗屋,萬古混茫;一則鷺溆鷗汀,四時遷改。如較量焉相與並論,此懸隔者何止百倍。縱使來貢汩汩,詎可防川;無如流德涓涓,焉能語海。然而百源順軌,百派分支。海則有兼容並包之量,川則有旁通曲赴之奇。大水小水之決排,瞰朝宗於溟渤;南條北條之疏瀹,指歸宿於天池。則因勢而道之行,美哉遠矣!苟無本而虞其涸,待也立而。此無論江則分三,瀆則有四。激之在山,流亦成字。莫不順其自然,行所無事。無半途而廢之功,蓄萬折必東之意。飛澇激勢,各因就下之忱;長波峻湍,大有會歸之義。故觀有容於海若,亞聖嘆其難爲。而驗不息於川流,詩人頌其方至。學者鑒此,可以愈愚。毋求通於斷港,毋自畫於歧途。乞沾溉於百家,推爲華士;極涵濡於百卷,終作名儒。自慚放浪形骸,庶晝夜之不捨。欲作中流砥柱,念終始之典于。是導川者之功程,即向學者之主宰。苟日就而月將,戒先勤而後怠。士也經肅拜庚,史訛刊亥。沐聖教而舒華,浥文江而漱彩。説通百子,窃希高密之經神;富擁百城,敢擬何休之學海。

鄉老獻賢能書賦以題爲韻

風雲際會，日月光昌。吉人藹藹，鉅典煌煌。授權衡於閭里，慶簡畀於畯良。幾輩谷飲巖棲，受天之祜；一旦弓招幣聘，觀國之光。修於家而獻於廷，用備公卿之選；賢在位而能在職，來從禮義之鄉。考周禮之激揚，命鄉閭以搜討。孰則目爲家珍，孰則推爲國寶。多士斯皇，其風肆好。飲射讀法之類，獎其才華；父母昆弟之言，供其品藻。頡頏譽望，何以顯於士林；臧否人倫，是所望於父老。有賢有能，精明謹愿。立言在三，讀書破萬。天地民物，激昂濟世之才；禮樂兵農，慷慨救時之論。然而秉躬足爲人師，立志尤甘肥遯。尔日詩吟邁軸，望重蒼生；幾時禮備蒲輪，詔徵黎獻。鄉老乃風徽近挹，月旦無偏。珍同白璧，選比青錢。桑柘陰中，克盡網羅之禮；枌榆社下，微操黜陟之權。而其爲書也，較量萬衆，珍重一編，采言紀事，緯月經年。惟嫌地乏名流，題目則大中至正；所願人皆國士，敷心則揚歷優賢。獻之闕下，交慶同升。群材濟濟，上治蒸蒸。於時龍旂日麗，螭陛雲澂。劍佩章其肅穆，宮闕聳兮崚嶒。鸞書沛而銜恩，共羨垂紳搢笏。鶴書招而遵路，敢忘履蹻擔簦。此時黄耇先容，愚者願效其一得；後日青雲直上，大夫毋負其九能。盛矣哉！來從緑野，薦自丹除。釋耒談經之候，彈冠委贄之初。上既儀型於簪組，下亦觀感於閭閻。賢以德名，德量則彌綸乾寓；能以才著，才氣則磅礴坤輿。登三咸五之朝，譽早流於萬井；推十合一爲士，象亦取夫六書。是蓋化導多方，感孚有素。詩書啓迪，非托空言。靖獻恪恭，豈矜異數。方今聖治常昭，群英畢赴。集夔龍之佐，仰贊綸猷；聯鵷鷺之班，澄清仕路。夫豈僅鄉舉里選，馳譽黨庠，老安少懷，正供田賦已哉！

右族父筱珊太史律賦八十四篇。不署齋名，不分卷數。九疇假鈔。以其篇帙重大，分爲上下兩卷，並顔之曰“藝風堂賦稿”，沿其文集標題也。鈔始於己亥，至去秋完上卷。嗣是遂痁，未克竣事。今年六月,兒子慶禧由陸師學堂來此銷暑,爲鈔廿餘葉,仍未完。余又接鈔畢之。適長沙李君仲陵鐫石章二方見贈,即以鈐是跋之後。光緒辛丑中元節前三日,時客江寧鍾山講舍。十一月二十四日圈點畢,時幸痁疾已瘳。

藝風堂集外詩文

輯録説明

一、此處所收爲繆荃孫各詩文集之外的詩(詞)文作品,不包括書信。

二、按詩詞、碑傳、序、跋排列。

三、各作品之後括注其輯録來源。

四、若某著作已收入全集中,則該著作前後之序、跋此處不再重復收載。

五、跋文排序大致按經、史、子、集,每一类又依大體年代而排。

目　録

逸社第一集作[①]

小集平泉興不孤，重開壇坫補東隅。漸知春到三三徑，已是寒消九九圖。入坐狂談陪劍舄，頻年滯迹悔江湖。風塵澒洞無從計，且趁風花訪酒壚。

亂離兵火值時艱，野鶴行雲共往還。舊雨相逢多白首，天涯何處買青山。地居女几柴桑外，詩在敦交大雅間。爲問京華冠蓋客，可能蹤迹似鷗閑。（見於陳夔龍《花近樓詩存》卷二，《民國詩集叢刊》第一編，台中文聽閣圖書有限公司 2009 年版，第 360—361 頁）

碧雲寺魏閹葬衣冠處

西山蜿蜒叢蒼翠，驅車十里探幽邃。梵王宮殿倚斜陽，云是前朝中貴寺。委鬼當年城社憑，東林而外群趨承。時來夾道呼千歲，運去空房了一繩。獨留紺寺西山裏，拔地豐碑夾階圮。乾兒義子散如煙，姓名猶在千人指。大碑皆黄立極、施鳳來撰，張瑞圖書。傳聞餘孽爲招魂，築壟焚香表墓門。懷宗溷葬田妃冢，那及閹奴氣象尊。矯矯吴江張御史，疏請朝端全剗毁。椒園立僕王拯碑，一樣人心快莫比。

聖朝綏遠靖邊疆，五頂浮屠式四方。梵字經傳唐古忒，琉璃突兀樹名坊。乾隆造五頂方塔，白石刻梵字經，門外琉璃磚造坊，西人嘖嘖稱羨。離宮相距不尺咫，樓臺倒影昆明水。東連卧佛西靈光，寶蓋香幢同鼎峙。兩朝如夢感滄桑，水色山光淡若忘。留與游人談古迹，一龕佛火禮空王。（同上，第 440—441 頁）

---

① 詩題爲整理者所擬。陳夔龍《花近樓詩存》列入“附同社諸作”，陳夔龍之詩題爲“五月二十五日止庵寓齋作逸社第一集不拘體韻”。

答鮑紫來

平生不識鮑參軍，寄我新詩迥出群。北海才華燒燭誦，西昆標格浣薇薰。鄉心繾綣蘇堤柳，旅況淒涼梅嶺雲。何日秦淮風雨夜，燈前酒底細論文。（中國社會科學院近代史研究所圖書館藏《時人詩詞親手稿——藝風存稿》）

喜雨秋帆制府集中喜雨詩韻呈陶帥政

朝野方憂旱象深，竭誠牲玉禱桑林。輿情翹望豐年穀，天意難逢夏日陰。一自馨香通帝座，頃教膏澤慰民心。江東今日真痌瘝，活我先覘傅説霖。

三更夢醒雨聲深，滿院蕭疏梧竹林。大地關河收燥氣，四郊禾麥喜新陰。澤民久錫蒼生福，變國微窺造物心。寄語乖龍須努力，從今次第播甘霖。（同上）

書敬業堂詩集後

少年鞍馬賦從軍，黔楚間關息戰氛。萬里江山供點筆，一家兄弟慨離群。傷心鳥盡弓先棄，太息岡炎玉亦焚。爲寫萊陽嬌女怨，累他考訂日紛紛。華燭清尊夜宴闌，新聲争重董庭蘭。世多薏苡同珠謗，身似芭蕉耐竹彈。范蠡變名因避世，禰衡膺薦遂彈冠。天才庾鮑新詩卷，本與王漁洋朱竹垞一例看。釣徒只合住煙波，簪筆西清振玉珂。從獵帝誇風度好，賡詩人説雅音多。馮狐假虎殊難測，打鴨驚鴛可奈何。急退中流了無迹，江湖還我舊漁蓑。

買春消夏笑言温，里巷扶鳩齒德尊。忽地文星罹貫索，可憐卦象兆游魂。餘年仕劫逢家難，免罪生還亦國恩。一樣鐘聲前後聽，孤臣回首淚潺湲。

物望中朝務本盧，河東記同中書門下平章事盧相鈞宅在務本坊。如何折節齒樵夫。香山詩派誰能及,師德謙衷似此無。北望規模猶未定,南中凋敝更難蘇。男兒七十匆匆度,抱愧懸門矢與弧。朋儕契洽比連枝,雅集前期續後期。揖讓禮成推長長,尖叉韻疊自師師。蟲沙歲月難言壽,麟閣功名只賞詩。世事不聞聊適意,且研食譜捧吟巵。(同上)

印臣先生見辛巳閏月申報有感而作次韻呈政

偶逢諍友兼清友,舉似紅兒並雪兒。狎興生疏情落寞,風懷可似少年時。

日日村居憶大姚,軟紅無計話蕭憀。名場選昭皆成夢,只恐失魂特地消。

雜焚蘭艾降真香,花館襜褕雲想裳。金輦玉環依樣選,誰知西國本昏荒。

絶群才學號殊優,辛苦紬書且少留。君意雅得我金石,導師第一總推歐。

莫誚愚公山可移,謹防謡諑妒蛾眉。風塵蟻門聲酣後,風雨雞鳴夢醒時。

壯志久爲衰世減,豪情恐受宦途羈。讀書空抱千秋想,何不當年習握奇。(同上)

題書庫抱殘圖

聖清重文德,求書命陳農。七閣庋四庫,東南瀾匯宗。借讀許士子,嘉惠垂無窮。蟻賊潰金堤,城市血流紅。焚坑等秦灰,藏壁少魯共。丁君武林彦,手障狂瀾東。索諸煨燼後,援之塗泥中。瑶函及錦贉,風雨藏烏篷。間道出險阻,長恩敢言功。即此抱殘圖,斯世誰與同?(《文瀾閣志附録》,收於《西湖文獻集成》第20册,杭州出版社2004年版,第104頁)

蝶戀花　次梁公約韻

尋春轉被春長誤。百廿韶光，轉瞬愁中度。百計養花天不許，驊人又值廉纖雨。　回首瓊樓兼玉宇。我欲乘風，未必能歸去。盡日勝游須記取，緑蕪一道臺城路。（中國社會科學院近代史研究所圖書館藏《時人詩詞親手稿——藝風存稿》）

沈爕源及夫人刘氏合祔墓志铭

君諱爕源，字子焌，浙江歸安人。歸安沈氏均梁侍中、領尚書令建昌侯裔，世居湖州。

祖銓，廣東候補知府。父桂榮，廣東候補通判，生子二，君其次也。沈潛好學，爲文簡潔，自喜如其人。早入邑庠，與兄樹鏞有二難之目。未幾，兄病廢。君目擊而心傷之，遂亦成疾。時發時愈，纏綿二十年，卒於光緒己亥五月二十五日，年甫四十。庚戌，葬於吴縣之堯峰山。

夫人劉氏，烏程人，嫻書算，知大義，警旦勸學，有古媛風。君病多年，婦代子職，侍衰翁，事病夫，内外家政一身督理。生二子二女，一子一女殤。夫人卒於宣統己酉七月十六日，年五十歲。女采芝殉焉。

子耀勳，邑庠生，以三品銜郎中分部學習，加三級，請封贈君榮禄大夫，夫人封一品太夫人。而耀勳又傷於毁，後夫人一月亦殁。

君繼先業，相時接物，廉取厚蓄，益大厥家。夫人踵行其志，睦姻任恤，施予不貳。長姒徐夫人早殁，子女尚幼，夫人撫之如己出。逮婚嫁畢，析産授之，曰："吾爲沈氏婦，雖處境豐裕，而二十年來無一日不在憂危恐懼中，爾等勿忘吾之用心苦也。吾族繁衍，吾於長者恭順之；貧者，賙恤之。即偶有非禮相加，亦情恕理遣，弗與較。今恃祖宗蔭，稍有餘積，爾等其善守之。"故卒之日，無不哭失聲。嗣孫福佑、文潮、嗣昌將改葬君於歸安馬池潭，劉夫人祔焉。銘曰：

深山幽澤，芝蘭獨芳。君處豐腴，不改其常。善守能施，善用能節。芣苢無靈，杞梓遽折。仁者必勇，莫如夫人。揮斥萬溢，沐浴九姻。潤身不侈，守約不嗇。君子難之，矧在婦德。寂寥黄壤，蕭蕭白楊。幽竁久安，斯名不忘。（原拓片藏於浙江圖書館，録自宮雲維《繆荃孫逸文四則》，《文獻》2011 年第 1 期）

张寶慶家傳

六月徂暑，大雨時行，荃孫杜門養疴，讀書自適。張君石銘闖門來見，手其尊人質甫封公行略，流涕而言曰：鈞衡生十六年而孤，先府君之嘉言懿行，童年弗及知。稍有所知者，亦不能詳。長侍桂太夫人，爲述曩事，僾愾追慕，愴然以悲。今窀穸久安，亟求傳之簡册，以志不朽。荃孫聆其言辭，鑒其誠篤，與石銘交誼最洽，亦不敢以不文辭。

謹按事略，君諱寶慶，字質甫，吴興人，先世自休寧遷湖之南潯已及七世。祖諱維嶽，字如嵩，國學生。妣沈氏、蔣氏。父諱頌賢，字竹齋，妣吴氏。均封榮禄大夫，妣皆夫人。如嵩先生賈於江西，勤儉起家。竹齋先生攢承遺緒，擴而充之，經營湖絲，兼辦浙西岸鹽務。

君生而聰穎，好讀書，經史過目即能背誦如流，獨不屑治舉子業，視科第蔑如也。性至孝，以養志稱。能逆揣父母之意所在，而視無聲，聽無形，維持之，補益之。與弟定甫尤友愛，出入必偕，藹然見於顔面，而衣食之厚薄，居處之豐儉，事事相同。尤其顯者，桂太夫人壬戌來歸，温凊堂上，唱隨闈中，琴瑟之和，塤篪之樂，父母其順，夫子言之，莫非孝思之所灌注乎？

竹齋先生辦事既多，君左右其間，機宜悉協。竹齋先生自奉儉約，而好施與。君秉庭訓，振貧乏邑，有義舉。雖捐鉅金不吝。佐理家政，心力交瘁，但使吾心能稍分親之心於毫末而後始安。年未三十，因得怔忡疾。汪容甫所謂虐用其心，所致者顧以身。甫及壯，不使親知，猶復以力行善事不倦，遂致沉綿而不能治，加以腹疾，遂卒，年正四十三。而竹齋先生猶在堂也，傷慟過甚。是時，鈞衡年甫十六，泣聞遺言，事祖養母，謹領家教，無敢隕越，迄今三十餘年矣。女二人，適同邑沈克明、丁乃源。

鈞衡，甲午舉人，二品頂戴，江蘇補用道，以己職封贈三代。初娶桐鄉主事徐君女，生子乃熊，附貢生，花翎、四品銜、郵傳部主事。乃驊，花翎、四品銜，候選主事。乃驥，花翎、候選道。乃駿，殤。繼娶震澤同知徐君女，生乃騤、乃騏、乃駉，均幼。女四，一字邢，次字邵，三適邱，四適徐。桂太夫人年踰七秩，康健如常，孫曾衆多，家道亦盛，均質甫君孝思所感而成也。嗚呼摯矣！

舊史氏曰：吾觀史册，孝子多出身貧賤，茂族則少，不知家貧則奔走服勞，顯而易見。至於富家，衣食無所用心，然賓客司會記之煩，廛市多贏縮之慮，早一時則見長，遲一時則見短，事事逆料，吾親之所向，而預有以處之，内外職事，托付有人，皆得展其才力，用以趨時變，攸往咸宜，使吾親之心不勞，而己心不屑多費。一飯可以十起，一函可以百下，以視貧家之孝，恐亦不甚上下。又天之生人，不鈞豐約，至於顛連困苦、無術自存活，豈果造物者意耶？朝廷恩德，煦育於平日，自非丁大災祲，發帑振綱，其他條例雖嚴，有司或視爲具文。其惠固有所不能遍者。語曰："富者貧人之母。"謂其能有以活之也。是故贏餘而斥之、衆力而舉之，以各爲於一方，豈不足以彌幬載之憾，而濟政理之窮哉！况君體老父之心爲心，而惟恐其不遍，亦致孝之一端也。《詩》曰："孝子不匱，永錫爾類。"其是之謂矣！（同前）

遼文存序

昔年讀黄琴六文集，知昭文張氏月霄曾輯金文，心儀久之。癸未之夏，南海譚叔裕前輩以伍刻《金文最》百二十卷見貽，即張氏所輯者。翻閲累日，如獲瑰寶，第見近時新出碑記，尚多出於《文最》之外者，爲補録百數十篇。叔裕前輩允寄伍氏附刻《文最》之後，余因思契丹開國久於完顔，文教之彰，使命之美，亦與金源仿佛。因采金文,見有遼文,亦並甄録。惟遼時書禁甚嚴,不准傳於鄰境。五京兵燹,縑素掃地,迨元人修三史,以文獻無徵,致蹈簡略之誚。今遼人遺書止存《龍龕手鑒》、《焚椒録》、《星命總括》三種,而《焚椒録》尚有因與《契丹國志》不合言其僞者,即記載遼事之書,正史外亦止《國志》一種。降而搜采金石文字,又僅僅得順天府屬易州、宣化一帶,山西、奉天力所未及,及晨鈔暝寫,單詞片語,靡不搜采,共得詩文二百餘篇,不及金文十分之一,然其難十倍矣。遼時文學之士,如蕭罕嘉努、李瀚、王鼎、馬得臣、耶律孟簡、張儉、沙門了洙,均得其一二,吉光片羽,彌可寶愛。至於塔記有古雅者,有村俗者,凡可釋文,均與編次,不得以文律繩之。金詩有欽定本,所以未收,遼詩止數十首,悉以匯入此編。周松靄《遼詩話》録及西夏、高麗之作,兩國雖常臣服於遼,然止能采其紀遼年號及可考者,餘悉從删,不能以卷軸之隘而濫收也。並編《遼文志》一、《遼金石目》一附刻於後,藉可考見梗概云。光緒二十二年歲次丙申七夕,江陰繆荃孫序於金陵鍾山書院之飽看山簃。(録自來青閣影印《遼文存》)

常州詞録序

國朝詞家,推吾州爲極盛。在昔先路之導,鄒董並稱,以及王虬、舜民、青門、椒峰狎主。敦盤同音,笙磬顧矜。語性靈頗流率易,溺情閨闥,亦落猥瑣。沿明季之餘習,猶大雅所弗尚。其年鬱青霞之奇氣,譜烏絲之新制,實大聲宏,激昂善變。梁汾抱范張之友誼,蹈秦柳之茂矩,興往情來,庶幾並騖。他若緯雲、半雪,皆迦陵之連枝;藕漁、漢石,亦彈指之同調。麐彬風雅,輝映一時。紅友詞律,取法唐宋。考名調之新舊,證傳寫之舛訛,辨元人詞律之分,斥明人自度腔之謬。詞析句讀,不立三等之名;譜塡平仄,謹辨四聲之異。句敲字煉,宮鳴商應。倚聲之士,奉爲圭臬。雍乾以降,詞學少衰。拾陽羨之餘瀋,儲史同盟;續梁溪之逸響,鄒華競秀。當浙派横流之時,而有振衣獨立之慨。皋聞晚出,探源李唐。止庵和之,遂臻正軌。極意内言外之旨,推文微事著之原,比傅景物,張惺幽渺。約千篇爲一簡,蹙萬里於徑寸。上之則小雅之怨誹,離騷之俶詭。次之亦觸類修鬯,感物流連。予懷信芳,結想斯遠,真樂府之揭櫫,詞林之津逮也。子居、季重同學,識其苦心;晉卿、申受及門,演其墜緒。讀江都之續選,具有典型;聆山陽之異議,何損毫末。海内正宗,於斯爲盛。淵源授受,師承可表。劉子芙初,微自矜異。清詞麗句,雅近竹屋。蒹塘蘭厓,别有宗尚。錫山諸子,生面獨開。寇氛洊棘,水雲特起。旨深而詞婉,神清而色艷。詞人之詞,成項鼎足。篋中偉論,詎同瞽言。芬陀秋雅,工力相稱。享年不永,挹骨未堅。但論意味,一時瑜亮。大抵國初宜興、無錫最擅長勝場,嘉道迄今,武、陽尤萃,江陰作者寥寥,靖江只徐時浚一闋而已。(録自光緒丙申[1896]雲自在龕刊本《常州詞録》)

續碑傳集序

昔宋杜大珪撰《名臣碑傳集》一百七卷,收宋代名臣碑志、遺事,編次入書,以核其人之事功,以備國史之采擇,意至遠也。明徐紘撰《明名臣琬琰前後録》五十四卷,王元撰續録八卷。國朝錢衎石給諫亦成《碑傳集》百六十卷,一本大珪之例。錢書成於道光間,至嘉慶朝爲止,迄今又九十年。中興偉績,賢才薈萃,長編短牘,記載較多。荃孫不揣檮昧,起而續之,起自光緒辛巳,迄今三十年,僅成書八十六卷,可謂陋矣。搜訪固未廣及,然有向其子孫求其先人碑志,竟以吾鄉不宜立碑回復者,有允而不寄者,則亦無可如何。荃孫初自刻之,卷帙稍重,經費較多,刻至三十餘卷,幾欲中輟。陶齋制府歸入書局,刊行兩年,方始成編,而書局亦撤矣。

此書體例一準前編,分卷除瀋陽功臣、開國宰輔、國初功臣、明臣、宰輔外,如宰輔、部院大臣、内閣九卿、翰詹科道、曹屬、督撫、監司、受令、教官、雜職、武臣、忠節、外藩、文苑、列女各目,今悉仍之,此所同也。今外藩後添客將一目,列女中又添辨通一目,分經學、理學而二,仍是道學、儒林之習,今悉改爲儒學、列女,所收較嚴。

又用《明琬琰集》、《言行録》例收集文句，前編悉收入他人之作。是編荃孫所撰間亦闌入，重其人，不敢避嫌而不登載，此所異也。要皆借名人之文字，即以存名人之事迹，亦或删節而無改易，事有誤者，間作夾注而已。昔曾文正公序李次青《先正事略》，頗爲推重。然《事略》不注所出，又加以圈點，至《耆獻類徵》抄撮不全，國史所見文集挂漏尤多，兹不具論。

至此編疵類，略舉數端。跳格空行體例不一，一也。劉松岩、李菊圃以護院列之督撫，吴竹莊署撫而仍列之監司，二也。周自盦師應入九卿，列之文學，原本先師之意，朱伯韓、孔宥函應入忠節，亦列之文學，湯貞湣應入文學而列之忠節，雖從其所重，亦不免自亂其例，三也。前編有附存八篇，均殁於道光朝，要録則全録，要去則全去，今只録盧、鄧而遺六人，未免進退失據。緣自京師攜至武昌，又還金陵，遷徙道途，不免遺失。别無友人襄助，付刊時未能覆閲，不敢自諱其過，惟後之閲者諒焉。又補乾嘉諸名人十四卷，現書局已撤，未便再請，或俟將來補刊。至其有益於學人，則曾文正公序《先正事略》已言之，亦與明焦氏《徵獻録》、明許氏《皇明碑傳》一例，兹不贅。宣統庚戌四月，四品卿銜翰林院編修江陰繆荃孫序。（録自宣統二年江楚編譯書局刻本《續碑傳集》）

舊德集序

光緒己丑冬季修家譜畢，以聚珍字印行舊存詩文二卷，頗患漏略，因廣爲搜輯，編校成十四卷，謹雕梨版，以垂永久，丙申春初。（見於《雲自在龕叢書》第五集）

丁子居剩草序

錢塘丁君善之，吾友修甫内翰之三子。君家富藏書，於目録板本抉擇甚精。端忠愍創設江南圖書館，余以君薦焉。典籍數十萬卷不勞而理，余益知其能。同客江寧者數年，過從甚密。余觀其志，不屑屑於當世之富若貴，顧闇然不自表露，抑塞磊落之氣，時時流露於詩。及遭國變，余僑寓滬瀆，著書自娱，不復知有人間世，既而聞有創製聚珍仿宋鉛字者，詢知爲君，君亦輒來商榷。相見於亂離後，哀樂之感彌甚。内翰歸道山已五年矣，君惓念先集未刊，意緒結轖，且君之詩亦已盡失於兵燹，蓋其興味稍稍減矣。明年六月，忽聞君耗，感懷夙誼，百念愈非，屬者君之子玨搜集剩稿，將以仿宋字印行之時，君兄輔之踵其故業，造作大佳，内翰遺著亦且脱手，君之遺志爲不没矣。至剩詩之多寡，初不必計也。己未孟秋江陰繆荃孫序。（録自民國十年錢塘丁氏鉛印本）

詩傳旁通跋

此書鈔自文瀾閣，刻入《常州先哲遺書》，書中訛誤，無别本可校，頗費考訂。朱簽皆同人商榷語也。光緒丙申授衣之月荃孫識。（山東大學圖書館藏）

儀禮識誤跋

光緒二十三年歲次丁酉，閱於鍾山書院。去盧先生校勘之時百二十年矣。江陰後學繆荃孫識。（上海圖書館藏）

東觀奏記跋

右《東觀奏記》三卷，唐裴庭裕撰。按，庭裕一作廷裕，並有作延裕者，字膺餘。聞喜人，官右補闕，其名見《新書宰相世系表》，所謂裴氏東眷者也。王定保《摭言》稱其乾寧中在内廷文書敏捷，號"下水船"，其事迹則無可考。其書專記宣宗一朝之政績，書中事實頗具首尾，《通鑒》爰采三十二條，考異一條在《唐朝雜史》中最稱翔實。世固有商維濬《稗海》本、《唐宋叢書》本、小石山房本均脱自序，小石山房本卷上末又脱二葉，未爲完善。昔年收得戈小蓮半樹齋舊鈔本，首有自序，字句亦較各刻本爲妥，並以《唐語林》校過，粗爲可讀，脱字三處，尚無訂正之本，謹空如右。唐人雜史寥落如晨星，全書如《創業起居注》、《安禄山事迹》，輯佚如《牛羊日曆》、《廣陵妖亂志》同此刊行，爲讀《唐書》者之一助。光緒戊申冬月長至日江陰繆荃孫識。（见於《藕香零拾》）

古史跋

蘇穎濱《古史考》，每半頁十一行，行廿二字，宋刻之精者。明有二刻，一十行十九字本，一十行二十字本，與此不同。自汲古後，他書目所未見，君直其寶之。壬寅歲莫藝風獲觀志幸。

芥航河帥收藏極富，前數年爲齊賈捆載入都，曾得其影元鈔《類編長安志》，極爲精整，係張芙川故物，此書出自菉竹堂，皆由吴入秦，仍由秦返吴矣。（國家圖書館藏）

宋中興百官題名跋

右《宋中興百官題名》三卷：曰《翰林學士》一卷，乾隆癸巳嘉定錢辛楣先生從《大典》鈔出；曰《中興行在雜買務雜賣場提轄官題名》一卷，在《大典》六千五百三十八；曰《中興東官官寮題名》一卷，在《大典》二百三十九。此二卷荃孫光緒乙酉從《大典》鈔出。辛楣先生跋據《書録解題》定爲何異同叔撰。又云存《大典》者翰林學士已外曰檢院，曰登聞檢院，曰登聞鼓院，曰進奏院，曰官告院，曰文思院，曰糧料院，曰樞密官署，皆始建炎，終嘉定。辛楣先生獨未見後二官題名，而翰林學士外他題名亦未録出。今《大典》已殘，無從再考，爰取而匯刻之，而資善堂官紹興十四年李若榮下徑接慶元六年蕭葵，恐有脱誤，亦無他本可考。另《中興三公年表》一卷亦起建炎，訖嘉定，在《大典》一百五十九，不知宋何人所撰，今附於後。光

緒丙申十月繆荃孫跋。（见於《藕香零拾》）

蘇潁濱年譜跋

《蘇潁濱年表》一卷，宋孫汝聽撰。陳振孫《書録解題》載《三蘇年表》三卷，右奉議郎孫汝聽編，《大典》止收老泉一卷、潁濱一卷，館臣著於“存目”。今不特原書失傳，即《大典》本亦不見。昔年在館，從《大典》蘇字韻録出，又失去老泉一卷。此書記載翔實，究勝於後代所編者。惟轉輾鈔訛，再取《潁濱遺老傳》及詩文集，較之十得八九矣。宣統己酉江陰繆荃孫跋。（见於《藕香零拾》）

玉牒初草跋

《玉牒初草》二卷，瞿氏書目有之，題莆陽劉克莊録，宋寧宗嘉定十一、十二兩年實録也。案，此二卷在《後村先生大全集》中八十二、八十三兩卷，後人止見劉集五十卷本，而此二卷本可單行，令人可見《宋實録》之式，按年月日排比，記言記動猶是左右史之遺意。近日實録編輯上諭，事無起訖，語無斷制，止記言，不記動，起居注亦然，不如是則謂之不稱職。有史與無史同，有史官與無史官同。即如長沙師輯《東華續録》，不過就實録摘寫，未敢删改，當時尚有議其不應傳播者，如能加以修飾，卷帙初無取如此之繁而傳播亦易矣。宋明人於國朝掌故勝於今人十倍，上之人多所忌諱，下之人囿於空疏，自停科舉、開學堂，文學日就湮没，將來求文理粗通者尚不可得，更無足與論此事矣。可慨也矣！光緒戊申八月朔江陰繆荃孫跋。（见於《藕香零拾》）

國朝名臣事略跋[①]

光緒辛卯,以齊魯金石拓本三十種與陸存齋易此書,鈔手甚舊,出自元勤有堂刻,歷經李滄葦、張芙初、郁泰峰收藏,李中耆先生有跋,又經沈曉滄校讎三次,可謂善本矣。今秋借吾友沈子培元刻細覆,方知減筆俗體,沈所舉正乃元刻真面目,坊本固非官本可比。元板略有脱誤,有在沈校之外者,均識眉端。蒼葦書目載元刻亦載此書,並未輕視,余雖未得元刻而存此舊鈔,並以元刻一一手勘之,前賢所謂下真迹一等者,後人其寶之。藝風。

此鈔與元刻分寸吻合,是影寫者不知宋元刻筆意,未能奪目。

元刻亦泰峰所藏,大約先得此本,泰峰用《文類》校,粘簽在内而未校元刻,是晚得之證。(北京師範大學圖書館藏)

新刊真楷大字全號縉紳便覽跋

丙辰十二月十九日消寒第三集,同人集余雲自在堪,兼祝蘇文忠公生日。余懸公像,以宋刻《東坡後集》、新刊明弘治《七集》、《徑山石屋洞題名》陳列左右。積餘攜明萬曆十二年春季《搢紳》三册見視,是阮文達公孔夫人之物,《瀛洲筆談》、《冬青館集》詳考之。時劉君翰怡重刻《京師坊巷志》,原仿《東西京城坊考》爲之。此書刊於西城鐵匠胡同葉鋪,亟亟補入,與《崇禎癸未登科録》在正陽門裹東城牆下張家,《順治十七年縉紳》在西河沿洪家一例。自中葉迄今,此等刻字書鋪均在琉璃廠矣。

爾時萬曆十二年,遼東二州屬之山東,舊例也。開原設安樂州,遼陽設自在州,均以處邊外之人。迨我朝舉兵西向,安樂不安

① 《藝風藏書記》著録有此書兩條,但與此條跋語不同。北京師範大學所藏鈐有"荃孫"、"雲輪閣"等印,證明此書爲繆荃孫原藏,也説明繆荃孫曾收藏過不同的本子。

樂，自在不自在。此猶太平之制也。江陰繆荃孫。（國家圖書館藏）

順治十五年戊戌變法科進士履歷便覽跋

梅厓精廬藏順治壬辰乙未戊戌三科題名齒録，敬賦長句，仍次覃溪先生詠石經韻。新城二王登第日，是我大清開國之初年。三録千有二百人，范忠貞湯文正偉望人争傳。文詞經濟無不備，姓名重若山斗然。池北書庫散佚出，王延詩老珍遺編。乾嘉名流手題識，銀鉤玉箸序後先。登科小録尋常耳，不啻炳耀臨義躔。辛丑搢紳同珍弆鄭庵藏順治辛丑搢紳，漁洋任推官，殊令儉腹饞生涎。歸安作歌更排奡，中唐藐視郎與錢。景仰無殊宋兩録，紹興寶佑希重鐫。自從邊疆競笳鼓，群誚几席研丹鉛。西荒不修酋耳貢，東海那得精衛填。萬方狎主敦盤會，九有空慨車書聯。膠庠宜擬虞夏紹，科舉無復唐宋沿。江浙鼎元何足羡，才兼文武方爲全。但求富强存聖學，詎矜文字嗤言詮。其中興廢非人事，枉用寸管測大員。我觀此録三嘆息，恍若元老東京篇。梅厓寶之慎弗失，漁洋存素同墨緣。江陰繆荃孫。（國家圖書館藏）

安禄山事迹跋

《安禄山事迹》三卷，署華陰尉姚汝能撰。汝能始末，陳振孫《書録解題》云："里居未詳。"則在宋時已無可考矣。是書上卷序禄山始生，至玄宗寵遇。起長安三年，盡天寶十二載。中卷序天寶十三四載禄山構亂事，下卷序禄山僭號被殺並安慶緒、史思明、史朝義事，下盡寶應元年。分綱列目，兼有論議，較正史紀述頗詳。據《通鑒考異》，與《幸蜀記》、《天寶亂離記》、《河洛春秋》、《薊門紀亂》等書相出入，今諸書不存，獨此書尚爲完帙，洵屬可寶。此本出於《知不足齋》，鮑氏謬誤滿紙，從友人章碩卿處假得秦敦夫石研齋鈔本校正大字，秦本無小字，分卷亦不合。惜小字僅據新舊《唐書》、《通

鑒》采者校過,未能一一復舊也。光緒甲辰十月江陰繆荃孫跋。(见於《藕香零拾》)

奉天録跋

《奉天録》四卷,唐趙元一撰。自建中四年十月至興元元年七月,紀德宗如奉天,再奔梁州,收復京師,還長安事甚悉,載於《新唐書·藝文志》,與徐岱《奉天紀》、崔光庭《德宗幸奉天録》等並列。書已久亡。乾隆間館臣從《大典》"唐"字韻鈔出,未及進呈。大興徐星伯先生得其稿,付四川龍燮堂觀察以活字板印行,原鈔不分卷數,江都秦伯敦編修因其截然四段,似即原書四卷次第,遂據唐宋藝文志分爲四卷,刊之石研齋,顧千里爲之校訂撰序,並考《新唐書》之誤二條。荃孫因石研齋本亦流傳日少,因重刻之。刻既成,又得一本,亦秦刻,而字句多異,其中多字如序"至軒轅征蚩尤","轅"下有"氏"字。"漢高夷凶静難","高"下有"祖"字。卷一"大梁節度"下有"使"字,"用仇進忠爲華等州節度使"下有"使"字。"及與諸將同語","及"上有"不"字。"僧昭悟應召而中之","悟"下有"夜"字。"左三統軍","三"下有"軍"字。"朕之願足","足"下有"矣"字。卷二"自魏博練精兵","博"下有"團"字。"争功效死","死"下有"者"字。"詔加工部尚書","加"下有"公"字。卷三"魚躍沸渭","躍"下有"而"字。兩通字如卷一"巨海之澆螢光","熒"作"螢"。"傳食而過","食"作"餐"。"上從之","從"作"許"。"君臣悲淚","淚"作"涕"。"鄂公取之若指掌","若"作"如"。"臣若不行","行"作"達"。"自古臨危貴道存",作"道貴飛"。"書不遂","遂"作"通"。"中使翟文秀","文"作"進"。"志誠感神","志"作"至"。卷二"寒不備裘","備"作"御"。"奉天士衆聞之","衆"作"卒"。卷三"流血爲池","爲"作"成"。"白玉不雕","雕"作"琱"。卷四"凡在生人","人"作"成"。誤字如序"普六茹","茹"誤作"氏"。卷一"梁洋節度使",誤作"洋梁"。按,梁洋節度駐興元,不宜倒。"都統李希烈"一段不提行。按文另一事,應提行。"河陽節度李芃”,“芃”誤作“宄”。按李芃,《書》有傳。“並賜賚金帛”,“賚”誤作“齎”。“賊已列陣通化門”,“賊”誤作“則”。“右領軍使”,“領軍”誤作“羽林”。“嗣郇王寓”,“郇”誤作“鄒”。“應定見神策六軍”,“應”誤作“夜泚”,“顧望錯愕”,“錯”誤作“惜”。“草亂之間”,“草”誤作“革”。“鐘雅咄嗟”,“雅”誤作“牙”。按,鐘雅見《晉書》。“落日胡笳吟上苑”,“胡”誤作“朝”。“終有火拔控轡之難”,“拔”誤作“折”。按,哥舒翰爲拔歸仁所劫,見《唐書》。“設伏於漠谷”,“漠”誤作“莫”。“召善走砌者”,“走”誤作“定”。“散布城牆之上”,“城牆”誤作“雲梯”。“陸伯言有白帝之功”,“言”誤作“年”。“吾豈困哉”,“豈”誤作“其”。卷二“九子澤”,“九”誤作“孔”。“三札之將”,“札”誤作“禮”。按三札見《韓詩外傳》。“即棄城而遁”,“即”誤作“節”。“劍南西山節度使兵馬使”,“西山”誤作“山西”。“户部侍郎趙贊貶播州司馬”,“贊”誤作“鄭”。“有司條流移牒諸道”,“流”誤作“疏”。“號令三軍曰”,“令”誤作“謂”。卷三“公私單乘”,“乘”誤作“軍”。“天地先聲”,“先”誤作“義”。“決戰於汴水之陽”,“汴”誤作“沛”。按,汴水不誤。“公等御之”,“等”誤作“皆”。“今見令所由”,“由”誤作“令”。按,所由,唐人稱在官人役,如今之番役是也。“選驍雄之士”,“驍”誤作“勇”。“自守維揚”,“揚”誤作“陽”。卷二“攬英雄之士”,“士”誤作“志”。“知其可用因元凶東下”,“因”誤作“也”。“錫賚繼至”,“賚”誤作“賫”。卷四“梁洋節度嚴震”,“震”誤作“振”。按,嚴震《唐書》有傳。“素豐金革”,“革”誤作“帛”。“迎賀於梁洋”,“梁洋”誤作“洋梁”。“帝幸梁洋”,“梁洋”誤作“洋梁”。“郇王寓”,“郇”誤作“鄒”。“叛徒凌丹墀”,“叛徒”誤作“拔途”。是秦氏初刻如此,而後又校正重刻,非修改也。元一仕履無所考,各書作元一,《宋·藝文志》作源一,稍異。南海伍氏跋謂其於渾公極力鋪張,不無溢美。案,唐世私史皆幕僚爲之,疑元一爲渾公幕僚,同在圍城之中,故紀載推重詳於他人。秦氏跋謂全文備載《永樂大典》中,不審當時何以不收入《四庫》。意其與正史抵牾,文義錯謬,無從考證耳。此亦測度之言。《大典》輯出之書,未收入《四庫》者如《九國志》、宋元兩《鎮江志》,後由阮文達公進呈者如嘉泰《吴興志》、《中興禮書》之類,亦復不少。荃孫備員史館,曾假閱《大典》六百餘册,原書一萬零數十册,今只存九百餘册。見館臣簽出發鈔,原單尚黏册首。地志、宋元人集失傳者甚多,大約限期過促,考訂未詳者遂未及著録,並無深意也。《通鑑考異》引《奉天紀》、《幸奉天録》數條,亦附刻以備參考。光緒乙未二月江陰繆荃孫跋。(自《雲自在龕叢書》)

廣陵妖亂志跋

《廣陵妖亂志》,《新唐·藝文志》作郭廷誨撰,《直齋書録解題》作鄭延晦,《經籍考》引陳氏又作鄭廷誨,《説郛》又以爲羅隱,諸書各異。所記高駢、吕用之畢師鐸事,《通鑒》頗取之,《説郛》只存四篇,《羅昭諫集》同,又輯《廣記》中四條,《通鑒注》六條增入,略存梗概。光緒甲辰四月江陰繆荃孫跋。(见於《藕香零拾》)

僞齊録跋

右《僞齊録》二卷,無撰人,《北盟會編》以爲楊堯弼,今從之。書的係南宋高宗時人撰,中有趙構注"指斥御名"四字可證。此徐星伯先生治樸學齋鈔本,訛錯尚多,别無他本可校,先以付梓。江陰荃孫跋。(见於《藕香零拾》)

遼東行部志跋

壬寅夏日劍舟居士屬館上供事從《永樂大典》中録出《遼東行部志》一卷,金王寂撰。寂字元老,薊州玉田人,海陵天德二年進士,世宗大定二年爲太原祁縣令,十五年嘗奉使往白霫治獄,十七年以父艱歸。明年起復真定少尹,兼河北西路兵馬副都總管,遷通州刺史兼知軍事,又遷中都副留守。二十六年冬,由户部郎出守蔡州。二十九年被命提點遼東路刑獄。章宗明昌初召還,終於轉運使。《中州集》稱其著有《拙軒集》、《北遷録》諸書。《拙軒集》館臣在《大典》中輯成六卷,付聚珍版印行,又有《畿輔叢書》本、《金源叢書》本,而此録亦在《大典》中録出。《四庫》並未著録,僅載明昌元年二月十二日在提點遼東路刑獄任,於二月十二日出。按,至四月七日止一月零二十五日,所經之地、所辦之事、所作之詩文三首,均《拙軒集》所不載,可補一卷。金源著述,傳世日稀,梓而存之,亦考古者所欲快睹也。志中年月屢經傳寫,不無訛舛,今取辛楣先生《四朝朔閏表》核之。表云金章宗明昌元年歲次庚戌二月朔爲乙酉十二日丙申,與志合,三月朔宋丙辰金乙卯四月朔甲申,則金與宋同,與首一條干支恰合,餘皆據表訂定,庶不貽誤讀者。詩別鈔出,轉貽吴仲怡中丞附刻《拙軒集》之後。宣統紀元閏花朝日,江陰繆荃孫跋於對雨樓下之南窗。(见於《藕香零拾》)

舊聞證誤跋

宋李伯微《舊聞證誤》,《宋·藝文志》作十五卷,因所見私家小説竊言朝廷制度,而歲月參差、名姓錯誤,爰詳稱博引以折衷其是非,至爲詳悉。惜明代已無傳本,館臣集諸《永樂大典》,得一百四十餘條,編爲四卷,然有正文脱心傳按語者九條,有按語而無正文者二條,至書名闕者甚多,館臣因取原書在者及可考見者附注一二,已不能全。今從錢塘丁氏影寫宋本止存首二卷,第一卷二十七事,今本闕十四事,第二卷二十七事,今本闕十五事,"天聖中"一條按語未完,"鹽鐵"一條只存按語,係中闕一葉,因輯《大典》所遺者爲一卷,以附於後。而"乾德"一條本按語,今誤以爲正文,"崇政殿"一條"仁宗用孫宣公之請以賈文元等四人爲崇政殿説書,崇政殿説書自此始",今脱下"崇政殿説書"五字,"東封西祀"一條"王文正、李文定俱秉政"上脱"北虜講和"四字,皆當從宋本。惟正文書名宋本亦有注有不注矣。《大典》本館臣補引書名皆作某人某書,宋本無出字,或書字,或書官,不盡書名,今仍之,因付梓以供同好。光緒庚子閏月江陰繆荃孫識。(见於《藕香零拾》)

東林事略跋

《東林本末》六卷,久無傳本,夏嗛甫大令得高安朱氏鈔本三卷,刻入《樓山堂全集》,校訛訂誤,不爲無功,檢《荆駝逸史》所收《東林事略》即此書,《逸史》又收《江陵紀事》,亦即此書之中卷。互相考證,尚有大令未校出者,卷上"或借釁於湯韓而浙宣合",夏本脱"而浙宣合"四字。卷中"計且藉以抗申也,一旦反面,與申合諸人申所欲斥申不自發,輒授意王使訟言排之",《紀事》作"計且藉以抗申王,一旦反面,與申合諸所欲斥申不自發,輒授意王使訟言排之";又"馬故在國之前",《紀事》作"資故在國前";又"諸人皆骨鯁無罪,獨失申相公意耳",《紀事》作"諸人皆骨鯁無罪獨失相公意耳";又"允登遂走王國逐之",《紀事》無"王"字;又"王東倉爲政",《紀事》無"東倉"二字,"會王相國稱病",《紀事》無"相國"二字;又"此吕爲尤",《紀事》作"此吕尤與思孝善",無"爲"字;又"四明自度不能留内外計,與己爲部院所持",《紀事》作"四明自度不能留,遂計挈歸德同去而政柄綬之朱山陰矣,當四明在位時,内外計典已輒爲部院所持",增二十二字;又"夢語寐語",《紀事》作"夢語寤語";又"國此時方巡撫畿輔",《紀事》作"國然之此時巡撫畿輔";又"攻淮撫者攻吾兄弟者也",《紀事》作"功吾兄弟漸也";又"宛若兩敵國者",《紀事》無"者"字;又"棄官以數十",《紀事》作"棄官者以數十";又"東林由是與浙爲怨府",《紀事》作"東林由是漸爲怨府"。卷下"幸當時諸部臣以死争之",紀事作"部科"。今以此本付刊,所異均勝於夏本,至夏本改"乙亥"爲"癸巳",改"吴中行遂仇用賢當"作"中行用賢遂仇思孝",則以夏校爲是。逸史後附吴孟堅一札,亦夏先生所未見也。光緒壬寅清明日江陰繆荃孫跋。(國家圖書館藏)

敬鄉録跋

此書我友章小雅手鈔閣本，甚爲寶愛。去歲張君石銘刻入叢書，方知閣本之誤百出，又無别本可校，遂翻别書參之。最後得《金華文略》改補百拾字，惜不得見《金華文統》。陸存齋《宋詩紀事續編》所采訛誤正同，非鈔手之過也。甲寅四月校畢因識。江陰繆荃孫跋。（國家圖書館藏）

運使復齋郭公言行録跋

《復齋郭公言行録》、《敏行録》，昭文張芙川影元寫本。此書自阮文達公進呈後，間有傳本，芙川選工精寫，尚有邑先輩絳雲、汲古之遺風，而略改徐東所編書例，似乎不合。藏印累累，内有"芷湄借觀"、"叔芷女士"、"若蘅"三印，皆閨閣中物。若蘅，方勤襄公弟五女也。宣統辛亥閏六月，江陰繆荃孫識。（國家圖書館藏）

東軒筆録跋

此天一閣寫本《東軒筆録》十五卷，綿紙藍格，字迹古樸，明鈔也。"敦"字缺筆，源出於宋。適篋衍有《稗海》本，又一舊鈔本，對校無甚出入，止舊鈔本編次極正，天一本九條雜出，蓋《筆録》先太祖，後太宗、真宗、仁宗、英宗，各朝事迹略有次第，不混雜也。是書與《稗海》本合，特《稗海》有落行耳。是《稗海》脱序，各書如此。鈔本訛字輒與更正。宋人著述往往與同時人同記一事，或同或異，本書前後記亦不同，須與正史折衷。魏雖與曾布姻戚，《提要》以爲回護荆公，略有巧詆，然大致尚屬公平也。（南京圖書館藏）

却掃編跋

穴硯本十二行，行二十字；尹家書籍鋪本九行十八字，名字旁注，抬寫空格則同。（《傅斯年圖書館善本古籍題跋輯録》，"中央研究院"歷史語言研究所，2008年，第154頁）

文宗閣雜記跋

揚子江頭話月明，秋深常自獨高吟；生平愛説前朝事，西子湖旁著古今。先生暮年曾寄寓西湖僧舍。金石文章有別區，遺編珍重勝遺珠；最憐楊柳年年碧，腸斷西山夢有無。所撰《黄鶴樓記》，争誦者甚夥。己亥冬仲，筠盦大兄出視大儒手著，讀之，所爲名無虚有耳，後世慧眼者定應珍重視之。江陰繆荃孫拜題於鍾山講舍。（臺灣"中央圖書館"《標點善本題跋集録》）

敬齋古今黈跋

元儒李仁卿治《敬齋古今黈》一書，館臣從《永樂大典》輯成八卷，編入《四庫》，又交武英殿以聚珍版印行，久已風行海内。後見《愛日精廬藏書志》有此書，十一卷足本，心焉慕之。戊子冬日在滬肆收得仁和勞季言手鈔黄琴六本，爲明萬曆庚子武陵書室蔣德盛梓行者，前後無序跋，核其目，計四百五十八則。乙未在武昌刻入叢書，而輯聚珍所存、原書所缺爲補遺二卷。己亥又獲愛日精廬所藏明鈔本，即黄本所自出，細心讎校聚珍版之誤，施北研跋詳言之，黄本之誤卷一無爽之一字一則。已見卷五。卷四張祜《詠薔薇花》下，脱"《家語·觀周篇》太祖後稷之廟，廟堂右階之前有金人焉，三緘其口，而銘其背曰：'古之慎言人也，三緘其口謂緘其口者凡三處，斷句則指三人也，亦通'"一則。今聚珍本脱"家語"至"慎言人也"。卷六"約輕齎絶大幕"下脱"師古曰輕齎者公以輜重自隨而所齎糧食少也。一曰䶒字與資同謂資裝也”三十字。卷八《兩都賦》一則“夷言陵夷也”下脱“又賦云‘乘茵步輦,惟所息宴’,善曰:應劭《漢官儀》曰‘皇后婕好乘輦,餘皆以茵,四人輿以行’。劉良以爲後宫或行於茵,或載於輦。如良所説,則乘茵謂行茵褥之上,如應劭之説,於‘餘皆以茵’之下始云‘四人輿以行’,則茵亦輦轎之屬,詩文茵暢轂前漢周陽由傳同車未嘗敢均茵凴茵,蓋車中之物,或因之以取名也,吐茵亦同”一百二十字。卷九阮嗣宗下脱“阮籍詠懷云‘李公悲東門,蘇子狹三河’,張銑曰蘇秦本洛陽人,洛陽三川之地則三河也,沈約曰河南、河東、河北,秦之三川郡,古人呼水皆爲河耳,故黄魯直《送顧子敦爲河北轉運》詩云:‘西連魏三河,東盡齊四履。’謂河南、河東通爲三河也。阮又云:‘平生少年時,輕薄好弦歌。西游咸陽市,趙李相經過。娱樂未終極,白日忽蹉跎。驅馬復來歸,反顧望三河。’向曰:‘晉文王河内人,故托稱三河。’又魯直劉明仲《墨竹賦》云:‘三河少年禀生勁剛,春服楚楚,游俠專場。’亦用阮語也。是則河南洛陽、河東、河南、河北皆得稱之爲三河也,然沈約注云:河南、河東、河北,秦之三川郡,古人呼水皆爲河耳。而張銑亦承沈説,謂三川爲三河,則謬矣,凡近河者皆呼水爲河,猶近江者皆呼水爲江固也。今取三川以釋三河,毋乃疏乎!”按,《史記》秦惠王時司馬錯欲伐蜀,張儀曰:不如伐韓。王問其説,儀曰:親魏善楚,兵下三川以臨二周之郊,據九鼎,按圖籍,挾天子以令於天下,天下莫敢不聽,此王業也。又曰:臣聞争名者於朝,争利者於市,今三川,周室天下之朝市也。迨至莊襄王之元年,卒使蒙驁伐韓,韓獻成皋、鞏秦界,至大梁初置三川郡。韋昭曰:有河洛伊,故曰三川,如史遷所記,韋昭所解,三川之與三河,大不相類者,謂伊水、洛水並河爲三耳。一則。卷十宋明帝下應劭《風俗通義》載霸陵薄葬,亦被發掘,而其陵中物乃與前書本紀絶不同。《晉書·索綝傳》:“劉曜入長安時,三秦人伊桓解武等數千家盜發漢霸杜二陵,多獲珍寶,帝問綝曰:漢天子即位一年而爲陵,天下三分之一供宗廟,一供賓客,一供山陵,漢武帝享年久長,比崩而茂陵不復容物,其樹皆已可拱,赤眉取陵中物,不能減半,於今猶朽帛委積,珠玉未盡,此二陵是儉者耳。"據劭、綝之言,知霸陵所謂薄葬者乃特比餘陵差少耳。劭説與前書不同者,前書蓋從史筆,劭説蓋從所聞見,容有一誤。然質諸《晉書》,劭説爲得其實。一則。卷十詩曰"人涉卬否"下脱"日者李君顯道號稱鹿山人,瞽而慧,論人間事極有理致,因嘆風俗之偷,乃曰:吾欲使天下無目之人有靈,識略依在古皆習爲樂師伶人,其少壯有力而不屑爲伶倫者,可官給碓磑,使自食其力,不必如我輩以口舌爲衣食,此豈正風俗之一端也。李覃懷人"一則。卷十一後漢光武紀下衍"葛稚川"一則。業已刻成,識誤於此,此書蘇天爵《名臣事略》作四十卷,《元史》因之,黄琴六以十二卷爲足本,以《大典》所收在此本外者,疑爲十一卷之尾、十二卷之首脱文之中,然此書每卷止十四五葉,十一、十二並卷,亦十四葉補遺兩卷共二十八葉,似非兩半葉所能容。荃孫疑"四十"爲"十四"之誤,則多寡相稱。明刻缺後兩卷,又無序跋,似非完本,傳鈔時又誤合十一、十二卷爲一耳。施北研跋以爲李治非李冶,荃孫考元王惲《中堂紀事》卷三,徵君李治授翰林學士,知制誥,同修國史。注:李仁卿欒城人,前進士。金少中大夫程震碑:"欒城李治題額。"石本作"治",爲北研得兩佳證,可訂諸書傳寫之失。光緒壬寅上元後一日江陰繆荃孫跋。

又案《元遺山集·寄庵碑》,先生子男三人,長曰澈,方山抽分窑冶官;次曰治,正大中收世科徵仕郎,高陵主簿;次曰滋。兄澈弟滋,偏旁皆從水,則仁卿名治更無可疑者。癸卯春三,荃孫再跋。(见於《藕香零拾》)

元和郡縣志圖志逸文跋

唐李吉甫《元和郡縣圖志》四十卷,宋時其圖已佚,今又缺第十九、第二十、第二十三、第二十四、第二十六、第三十六共六卷,其第十八卷闕其半,第二十五卷缺二葉,海内無完帙矣。今刊本流傳於世者,有武英殿本、岱南閣本。山左周夢棠輯逸文一卷,上元嚴觀補六卷,均附孫本刊行,而嚴補自出己意補輟,周輯頗多漏落。今

刺取各書所引，厘爲三卷，雖未能復吉甫之舊觀，而守殘抱缺，不無小補云爾。（録自《雲自在龕叢書》）

吴興記跋

《隋志》:《吴興記》三卷，山謙之撰。按，謙之本末出處可考者，宋元嘉中爲史學生，見《通考》。孝建初官奉朝請，被詔撰述，尋值病，亡。見《宋書》自序。太祖詔學士謙之草封禪儀，見《宋•禮志》。秣陽令山謙之集十二卷，是《隋書•經籍志》。此記新、舊《唐書》均未著録，則佚已在唐前。明烏程董斯張輯逸文一卷，見《湖録》。國朝金溪王謨亦輯一卷，見《地理書鈔》。嚴可均輯四十四事，見《四録堂類集》。董輯不載所出之書，王、嚴亦有漏複處，今鈔《續漢書郡國志注》、《世説注》、《編珠》、《類聚》、《書鈔》、《初學記》、《白帖》、《顔魯公集》、《御覽》、《寰宇記》、《事類賦注》、《輿地紀勝》、談鑰《吴興志》、《湖録》、《湖州府志》六十六事，都爲一卷，冠以《宋書•州郡志》，可考當時疆理。（録自《雲自在龕叢書》）

吴興山墟名跋

《吴興山墟名》卷亡，《隋經籍志》、新舊《唐書》未著録。宋王象之《輿地紀勝》云張元之作，又云晉吴興太守王韶之撰。按談鑰《吴興志》云:《吴興山墟名》張元之作，見《統記》。宋左文質傳撰。援引不一。《吴興郡疏》一卷，宋吴興太守王韶之撰。是元之、韶之所撰截然兩書，象之合爲一，誤甚。《晉書•謝安傳》:張元之字祖希，吴郡人，少以學顯。武帝時吴興太守。與會稽内史謝元之同年之郡，論者以爲南北之望，時稱“二元”。《寰宇記》引作“亢之”。章氏宗源考證誤作“充之”，嚴氏可均以爲作《前溪曲》之沈充，亦誤。章氏又引金山等二十二事，今按章氏脱飛雲山、九龍山、目峴三事，實二十五事，爰輯《輿地紀勝》、《吴興志》、明勞鉞《湖州府志》、鄭餘慶《湖録》、《石柱記箋釋》，都爲一卷。光緒庚辰，江陰繆荃孫叙於都

門日南坊之永興寺。(録自《雲自在龕叢書》)

棲霞小志跋

右《棲霞小志》一册,明盛時泰撰。按,時泰字仲交,南直隸上元人。嘉靖中貢生。天才敏捷,好讀書,不事家人生産,王弇州見其《兩都賦》,贈之詩云:"遂令陸平原,不敢賦三都。"其推重如此。金陵大好山水,仲交落拓不偶,頽然自放岩壑,以筆墨寫其無聊不平之氣。棲霞擅名於齊梁間,距城止四十里,尤屐齒所常到,磨岩題字,氈錐殆遍。此志於前人古迹、名流題詠,未盡甄録。特訪寺尋碑,縋幽鑿險,所記宋人題記約三十餘種,其叙述簡潔,文體亦游記之佳者。同時焦弱侯爲刊之,傳本罕見。國朝嘉慶己卯,津逮樓甘氏重刊,序云山中興廢非,昔題識亦多晦,嚴子進《金石記》僅載九種。咸豐兵燹,大地陸沉,梵俞琳宫,摧燒殆盡,然近年翁鐵梅宿山中十餘日,所得四十餘段,此志所載,未得者止治平陳良肱、王仲基,宣和錢伯奇、韓晞方楷五段,志所未及者約二十餘段,前賢不且畏後生哉。光緒丙申冬初,江陰繆荃孫跋。

焦刻未見,甘刻頗多訛字,如二徐書有古人螺篆之法,案吾子行三十五舉云篆法,匾者最好謂之蝶匾,徐鼎臣云非老手不能到,石鼓文字也,螺篆其蝶匾之誤與? 又云螭勦已墮。按碑額上盤者爲螭,下負者爲贔屭,不云螭勦,勦字,字書無。又云"張陵蘇税",後又作"江陵蘇松",今拓本作"温陵蘇棁"二段,"張"、"江"、"税"、"松"皆誤,《王雱題名》今拓本作"王旁",並非王元澤。均訂於此。荃孫再跋。(见於《藕香零拾》)

江陰近事録跋

江蘇各縣同修邑志,昆山、上海業已刊成,均以宣統三年爲限斷,因以後曆日不同、官職不同、政令不同,勢難合并,且由圖經而爲方志,均屬古法,將來新學昌明,或不復仍襲志之舊號,然民國以來歷年事實,不能不記。章實齋先生嘗言每邑當設一志科掌其事實,爲修志之藍本,今輯此數卷,權作志科掌録可也。繆荃孫謹識。(見於《江陰近事録》)

刑統賦跋

按《刑統賦》,《四庫》因其不全未曾收入,今假録鐵琴銅劍樓所藏《刑統賦注》二卷、《粗解刑統賦》一卷、《刑統賦疏》一卷,合而校之。《刑統賦注》題元左宣都郎律學博士傅霖撰,東原郄□韻釋,益都王亮增注,有趙孟頫序。案,是書已見晁氏《讀書志》,題爲元人者非。"郄"下原闕一字,其中"解曰"云云,出傅氏自注;"歌曰"云云,是郄氏韻釋;"增注曰"云云,出自王氏。提要云霖所自注,亮削去之,亦非也。賦凡八韻,惟四韻"則親等他人"下脱"囚走而殺,則仗等空手。妄認或依於錯認,公取,豈殊於竊取。失器物者,方辨於官;私貸市易者,始分於監守,使之迷謬"九句,第七韻中"雖戲雖失,而不從戲失"下脱"非毆非傷,而有同毆傷。渡關三等,自首而獲免者冒渡;贓累六色,共犯而合並者盗贓。他捕或同於自捕,囚亡有異於徒亡,文無失減者,必依三等之法;罪有强加者,不准加二等之强。誤殺私牛馬者,法止無罪,故傷親畜産者價亦不償。見役在官,脱户止從於漏口;持敕免死,殺人須至於移鄉"十九句,第八韻"大哉罪有累加不累加,贓有並計不並計。公坐爲私者,當同公坐之法;謀殺從故者,首從依謀殺之制。小功大功,尊又加等;聽贖收贖,語無别例。傷重加凡鬥者,非止内損;出降依本服者,兼明外繼。士庶饋與,猶坐於去官"十六句,當補在"親故乞索不論於挾勢"句前,本文全矣。《粗解刑統賦》題鄒人奎解,前人所解皆淺顯易明,令人便於誦讀。四韻中"則不舉輕乎不糾"句下脱"故屏服食,論以鬥毆;貿易官婢,同於和誘。並贓累並法也,而法兼乎贓;本部如本屬也,而屬尊於部。詐傳制書,情類詐僞"十句。《賦疏》一卷,題沈仲緯氏撰,有俞淖、楊維禎序。案,仲緯未詳其名,據序爲郡府掾。其書取傅氏賦文而爲之疏,引據詳析,後有直解,檃栝易曉。解後有通例，則取當時罪案斷以例以爲左驗，意主戒儆，非泛作刑書也。而《粗解刑統賦》廿二葉第八韻末脱最後四句，廿三葉又從第三韻起至末，《疏解》又不同於前半，荃孫互相考核，實是兩書，鄒解簡要，無名氏解較詳。案以證之，非鄒解例，是兩書一失其尾，一失其首，後人合並爲一書，《瞿目》亦未曾分析，然本賦合此四種，方成全璧，惜《解》、《疏》、《歌》、《注》均不能完，《敏求記》載《刑統賦解》即此書，至楊叔淵《續賦》則無可蹤迹矣。光緒戊申七月天孫渡河之夕，江陰繆荃孫識。（見於《藕香零拾》）

雲臺金石記跋

《雲臺金石記》，不著撰人。從《雲臺山志》"金石門"鈔出而稍加整理，所采石本均據目睹，惟秦東門、漢東海廟碑兩條，似據古書采入。然楊大瓢《鐵函齋書》跋言其弟楚萍客海州時，親見李斯"秦東門"三字，唐陶山《海州志》載海州有秦刻，在海濱潮落時乃可見。吴平齋有《東海廟碑》及碑陰殘字雙鈎本，陽面存十二字，與《隸釋》同。陰面十七字止闕一字，亦爲徵實。餘如《鬱林觀記》、《祖無擇詩》，爲《金石存訪碑録》所收，至隋開皇摩崖始見此記，予所藏拓本亦止此三種，則撰集出自名家，可知江蘇屬邑之石刻上元、句容、宜興三邑之外無與比矣。江陰繆荃孫。（附於《古學匯刊》之《清學部圖書館善本書目》之後，在《雲臺金石記》之末。）

台州金石記跋

光緒壬午，予供職京師，從弟柚岑自浙江來言，臨海黄子珍撰《台州金石記》已有成書，曾托楊定甫同年往訪，未能得。前年聞歸安凌麈遺有此書，允録副見餉。今秋由蕪湖寄到，凡六册，共十三卷，闕訪兩卷，字畫工整，校核精詳，篆隸均麈遺手摹，尤爲可寶，良友雅意，錫比百朋，又惜柚岑之不及見也。戊戌年甲子月壬申日繆荃孫跋。（見於天津圖書館藏）

集古録目跋

宋歐陽文忠公藏金石千卷，爲《集古録》，有跋尾者二百九十六篇。其子棐撮其大要，别爲目録十卷。自序云取其書撰之人事迹之始終，所立之時世，而著之爲一十卷以附於跋尾之後。陳振孫《書録解題》作二十卷，孫謙益、丁朝佐等《重編集古録叙》亦言今録目自爲一書，乃二十卷。又後叙言《集古録》既刻成，方得公子叔弼目録二十卷，則南宋改編，非棐之舊。《宋·藝文志》未著於録，似元時已佚矣。湖南黄本驥輯出六卷，刻入叢書，余取而讀之，蓋僅取材於《寶刻叢編》，即《隸釋》、《輿地紀勝》均未甄録。爰重加搜輯，得六百十二首，合文忠跋者一百二十七首，共得七百三十九首。千卷之藏，已得三分之二。惜碑石留於今者十不存一矣。嚴鐵橋《四録堂類集》有此目，書未見。光緒甲申十月，江陰繆荃孫識於宣武城南繩匠胡同寓廬之雲自在龕。（见於《雲自在龕叢書》）

趙學轍所見古器録跋

此爲武進趙學轍先生所見古器，即摹寫成，將鐫刊行世，不久即歸道山，未成此志也。其後家道中落，此册即爲帖賈所得，余以十五金購之，展觀之餘，不勝慨嘆。光緒二十二年七月繆荃孫記於武進寓次。（上海圖書館藏）

仁民愛物齋手藏碑目並考證跋

甲辰之春，武進丁孟輿孝廉出視其尊甫汀鷺表丈所撰手藏碑目並跋，分歷代編八卷，共□百□十種，有跋者□□種。體例一仿東武趙氏。表丈淵雅閎通，家傳金石之學，以知縣需次直隸，常捧檄至京師。荃孫供職詞垣，丁丑初夏，與丈初晤，暢談金石，頗蒙嘉許。以後郵筒往復，商榷考訂，歲三四至。迨荃孫南返，丈亦棄官歸里。丁酉冬日,偕金溎生謁丈於局前街故宅,猶未煮酒摘蔬,清談竟日。後又相聚於天寧寺。别無幾時,而丈歸道山矣。此書條例秩如,辨證明析,先[1]遺型,於茲未墜。如魏暉福寺碑之宕昌公爲鉗耳慶,豆盧通造像之世子僧奴爲豆盧寬,元氏乾符經幢之楚國夫人爲王景崇之母張氏,光啓經幢之國太夫人爲王鎔之母何氏,以《金石録》漢司空殘碑爲王基碑之下截,以棲岩舍利塔碑陳公寶慶爲先封永寧公,後封陳公,均未經前人道及。魏楊宣、邸珍兩碑,唐段公祈雨頌,均爲之釋文。歷任雞澤、元氏、邢臺,於元氏得乾符幢、建隆幢、大定寶峰院牒、至順堅吉祥銘,於邢臺得慶曆尊言幢、慶曆定光佛塔記,《常山貞石志》、《畿輔通志》亦未箸録者。其搜采之廣,考訂之精,與葉九苞《金石録補》相埒,非劉青藜等所及也。方今士崇新學,舉古賢賞心悦目之事,幾欲一掃而空。如金石之學,自漢《藝文志》奏事二十篇,即秦金石文。迄今已一千餘年,將遂棄置不講,等諸煙銷灰滅歟?抑繼起有人紹明絶學,從而昌大之歟?未可知也。盱衡時事,感慨繫之。夏五月,繆荃孫跋。(上海圖書館藏)

劉太傅藏春集跋

壬子八月,借天順辛巳本校一過,訂訛不少。時病新愈,恐易滑過。藝風。(上海圖書館藏)

重編紅雨樓題跋

明閩縣徐興公夙負才名,所著有《筆精》、《榕陰新檢》,又有《紅雨樓書目》。讀自序云:予少也賤,性喜博覽,嘗取父書讀之,覺津津有味,既長,稍知訪輯,然室如懸罄,力不能舉群有也。會壬辰、乙未、辛丑,三爲吴越之游,庚子又有書林之役,乃撮其要者購之,因其未備者補之,更有罕睹難得之書,或即類以求,或因人而乞,或

① "先"前疑脱一字。

有朋舊見遺，或藉故家鈔録，積之十二年，合先君子先伯兄所儲，可盈五萬三千餘卷，存小小樓，堆床充棟，頗有甲乙次第鉛槧。暇日遂仿鄭氏《藝文略》、馬氏《經籍考》之例，爲書目四卷，可見儲藏之富。惟文集未曾付梓。順治己亥，林吉人手鈔題跋一百四十餘條，並識緣起，裝成四大册，藏莫丈文冶庵所，荃孫録副，藏篋中三十年矣，時時檢閲，奉爲導師。光緒丙午十二月，吾友况君夔生於金陵市中，得注韓居刻《紅雨樓題跋》一册，荃孫借校，所刻僅八十七條，鄭君昌英輯而序之，不但與林輯不同，並不知吉人曾鈔行之者。荃孫因取兩册分類合編，共成上下二卷二百二十二條。雖非全集，然所藏美富，略見一斑。荃孫前得《筆精》，後得《紅雨樓書目》，今得題跋一卷，合之林鈔，彙編成帙，與興公洵有宿緣矣。吉人名佶，號鹿原，康熙三十八年舉於鄉，五十年欽賜進士，授内閣中書，多藏書。徐乾學槧《通志堂經解》、朱彝尊選《明詩綜》，皆就傳鈔。有《樸學齋集》，集中上御史某公書：某海陬賤士荒學無狀，年來過，不自量，購求儒先集録無慮數千卷，幾及鼇峰徐氏之舊，而家亦緣是愈貧，荔水莊池，半屬他姓。又有青兒得鼇峰徐氏遺書五十種，録其目與跋，至京邸，喜而有作詩。昌英名傑，侯官人，乾隆貢士，其藏書之所曰注韓居，藏書數萬卷，分二十厨貯之，以東壁圖書府西園翰墨林誦詩，聞國政講易，見天心爲志，並刻《注韓居叢書》，此跋即編入叢書二集，蠟鼓聲中校刻同異，編目既畢，晨雞早唱，亦守歲一佳話也。光緒丁未元日繆荃孫跋於叢鈔堂。（见於甲寅孟春趙詒琛刻本《重编红雨楼题跋》，收入《叢書集成三編》，臺灣新文豐出版公司）

蕘圃藏書題識跋

江南藏書之風，創自虞山絳雲樓，汲古閣爲最，後皆萃於泰興季氏。乾嘉以來，推長洲黄蕘圃爲大宗，搜弆不下錢、毛、季三家。先生意欲輯《所見古書録》，將所藏爲正編，所見而未藏者爲附録，一宋槧，二元槧，三毛鈔，四舊鈔，五雜舊刻。並未編定。身後瞿木夫分爲二十卷稿本,亦不知歸何所。顧千里爲《百宋一廛賦》,而蕘圃注之。名爲百宋,實則一百二十六種。百宋之外,又得多種,曰《求古居書目》,擬再得百種,倩澗蕢作後賦,掩皕之願,見之前篇。其題識,於版本之後先,篇第之多寡,音訓之異同,字畫之增損,授受之源流,翻摹之本末,下至行幅之疏密廣狹,裝綴之精粗敝好,莫不心營目識,條分縷析。跋一書,而書之形狀如在目前,非《敏求記》空發議論可比。荃孫同治戊辰在四川書局讀《北江詩話》,知藏書有五等,同事錢徐山年丈更津津樂道蕘圃不置,隨即購得《士禮居叢書》,寶之如拱璧。丙子通籍,潘文勤師以黄氏題跋八十篇,云鈔自聊城楊氏,屬爲排比前後,將刻入《滂喜齋叢書》。荃孫少之時乞假入川,因懷其稿。游之浙,鈔之於罟里瞿氏、錢塘丁氏、歸安陸氏、仁和朱氏。時於坊間得一二種,即手鈔之。回京刊行,即初刻三百五十二篇。後又鈔之歸安姚氏、德化李氏、湘潭袁氏、巴陵方氏、揭陽丁氏,荃孫亦收得十餘種,録成二册。江建緅借一册去,刻於湘南。尚有一册,建緅不知也。而跋及封面,均云繆氏輯本,並不掠美。近人云鈔於新陽趙氏。趙氏書,荃孫亦鈔得一二種,至少之數。後一册鄧秋湄印行。吾友長州章式之、仁和吴印臣擬匯萃爲一編,據所見書輯得若干。荃孫又鈔之烏程張氏、劉氏,松江韓氏,海鹽張氏,式之重編十卷,共六百二十二篇,而重刻之金陵,始丙辰,迄己未始成,另輯刻書跋一卷附後。荃孫寢饋其中,蓋四十年矣。明知此事亦無盡期,如有所得,當再續之。刻畢而識先生之精語,曰即一目録之學,涉筆愈知其難,遑論其他。又曰昔人不輕借書與人,恐其秘本流傳之廣,此鄙陋之見,何足語藏書之道。又曰識書之道在廣見博聞,所以多留重本。又曰古書源委,必藉他書以證明之。又曰凡舊板模糊處,最忌以新板填補。又曰舉宋刻之殘鱗片甲,盡登簿録。此百宋一廛收殘本四十二種,在在爲後學開示門徑。至先生目録收藏之外,於跋中偶有遺漏訛錯,一時檢點不到,不足爲先生病也。歲次屠維協洽,江陰繆荃孫序。(録自《蕘圃藏書題識》,上海遠東出版社,1999 年版)

澹生堂藏書約跋

右《澹生堂藏書約》一卷，明祁承㸁撰。按，承㸁字爾光，浙江山陰人，萬曆甲辰進士，歷官江西右參政，晚號曠翁。有《澹生堂集》。喜聚書，澹生堂其藏書之庫也。子忠敏公彪佳亦喜聚書，嘗以朱紅小榻數十張，頓放縹碧諸函，牙籤如玉，風過有聲鏗然，今流傳書目八卷，其藏書章曰"子孫永珍"，曰"曠翁手識"。又有藏書銘一印，其文曰："澹生堂中儲經籍，主人手校無朝夕。讀之欣然忘飲食，典衣市書恒不給。後人但念阿翁癖，子孫益之永弗失。"其好書可謂至矣。此約刻入長興鮑氏《知不足齋叢書》，分子目四，曰讀書訓，曰聚書訓，曰購書訓，曰鑒書訓。約簡而明，足爲藏書者法。後遭喪亂，其家悉載至雲門山化鹿寺，因之遂散。黄太冲先生入山檢點三晝夜，載十捆而出，其精華悉歸之，其奇零者歸於石門吕莊生。莊生有詩云："阿翁銘識墨猶新，大瞻論斤换直銀。説與癡兒休笑倒，難尋幾世好書人。宣綾包角藏經箋，不抵當年裝釘錢。豈是父書渠不惜，只緣參透達磨禪。"祖父積累有年，一入子孫之手，無不煙銷灰滅。凡收藏家類然，不但澹生堂也。光緒丙申十月江陰繆荃孫跋。

原跋本於《史通雜述篇》所引各書，均見《隋·經籍志》，"晉安陸紀"當作"晉隆安記"。"姚梁之後略"當作"姚最梁昭卷"。梁元帝撰《金樓子》著書篇曰：《忠臣傳》三帙，金樓自爲序，《藝文類聚》引傳總序曰：孝子烈女逸民咸有别傳，至於忠臣曾無述制，今將發篋《陳書》，備加討論，則元帝以前别無録忠臣者，當云蕭繹之録忠臣與自序烈女、逸民、孝子並列亦合。荃孫再跋。（见於《藕香零拾》）

藏書紀要跋

右《藏書紀要》一卷，孫慶增撰。慶增字從添，一字石芝，常熟人,性嗜書,兼收藏、賞鑒兩家。所記皆甘苦之言,益人識見不少。原書係黄蕘圃刻入《士禮居叢書》,癸未從長沙袁漱六前輩所藏得一鈔本,頗勝黄刻,爰即校定付梓。按,明屠赤水《考槃遺事》有論宋版一則云:"論藏書以爲資博洽,爲丈夫子生平第一要事,宋元刻書雕鏤不苟,校閲不訛,書寫肥細有則,印刷清朗,况多奇書,未經後人重刻,惜不多見。佛氏、醫家二類更富,然醫方一字差訛,其害匪輕,故以宋刻爲善。宋人之書,紙堅刻軟,字畫如寫,格用單邊,間多諱字,用墨稀薄,雖著水經燥無湮迹,開卷一種書香自生異味。元刻仿宋單邊,字畫不分粗細,較宋邊條闊多一綫,紙松刻硬,用墨穢濁,中無諱字,開卷了無臭味,有種官券殘紙背印更惡。宋板書以活襯紙爲佳,而蠶繭紙、鵠白紙、藤紙固美,而存遺不廣,若糊背《宋書》則不佳矣。余見宋刻大板《漢書》不惟内紙堅白,每本用澄心瑩紙數幅爲副,今歸吴中,真不可得。又若宋板遺在元印,或元補欠缺,時人執爲宋刻;元板遺在國初補欠,人亦執爲元刻。然而以元補宋,其去猶未易辨,以國初補元,内有單邊、雙邊之異,且字刻迥然别矣。若國初慎獨齋刻書似亦精美,近日作假宋板書,特鈔微黄厚實竹紙,或用川中繭紙,或用糊扇方簾綿紙,或用孩兒白鹿紙,筒卷用槌細敲過,名之曰刮以墨浸,去臭味。印成,或將新刻板中殘缺一二要處,或濕黴三五張破碎重補,或改刻開卷一二序文年號,或貼過今人注刻名氏,留空小印,將宋人姓氏扣填兩頭角處,或用砂石磨去一角,或作一二缺痕以燈火燎去紙毛,仍用草煙薰黄,儼狀古人傷殘舊迹。或置蛀米櫃中,令蟲蝕作透漏蛀孔,或以鐵綫燒紅,錐書本子委曲成眼,一二轉折,種種與新不同,用紙裝襯綾錦套殼,入手重實,光膩可觀,初非今書仿佛以惑售者。或札夥囤,令人先聲指爲故家,其姓所遺,百計蠱人,莫可窺測,多混名家,收藏者當具真眼辯證。"案,高深甫《燕閑清賞箋》一則與此大略相同,謹附於後以備好書家之采擇云。光緒丙申重陽江陰繆荃孫識。

按,宋王禹偁《小畜集》影宋鈔本有紹興十七年校刊開列紙墨工價云:今得舊本計一十六萬三千八百四十八字一部,共八册,計五百三十二板書紙,並副板五百四十八張,表背碧青紙共一十一張，大紙八張，共錢二百六文足，賃板棧墨錢五百文足，裝印工食錢四百三十文足，除印書紙外，共計錢一貫一百三十六文足，見成出賣每部錢五貫文省。按此知南宋錢法行用有足與省之分，但未詳省之視足，相去幾何耳。又馮時行《縉雲集》附重慶府所屬璧山縣，宋有馮縉雲先生名時行，字當可，經明行修，嘉熙閒登狀元第，初宰丹稜，有政績，名入忤權奸，坐貶，復出守，竟持節以死，嘗居璧邑北縉雲山中，因别號縉雲。著書立言，授徒講學，而書院至今尚存。又有《縉雲文集》行於世，迨後胤嗣落寞，世代兵燹，而此集竟失其傳。又訪鄉少，參劉培庵抄録舊本五十五卷，其計四百餘板，但其原未删正，多散佚不全。又復呈蒙兵備張僉事李命官校選，凡得詩文之有關係而精且粹者一十八卷，計一百四十板，估計買板刊匠工食共該白銀九兩八錢，將原發該縣貯庫無礙贓罰官錢動支翻刻。

又唐《李長吉詩》，明弘治壬戌寧國刻本，開卷有製書雅意四則：一紙用清水京文古幹或太史連方稱；一印用方氏徽墨、孫氏京墨，凡墨弗用；一殼用月白雲綾紙厚青絹椒表乾陰；一裁用利刀，光用細石，俱付良工。右三則宋人印書紙工墨價，與今仿佛，但流傳於世者無不精妙，不似今之粗率，明人刻工最輕製書，雅意在有明中葉尚屬講求，末造則不及矣。荃孫再識。（见於《藕香零拾》）

流通古書約跋

右《流通古書約》一卷，曹溶撰。按，溶字潔躬，又字秋岳，號倦圃，浙江秀水人，明崇禎丁丑進士，仕至御史，入國朝，歷户部侍郎，出爲廣東布政使，左遷陽和道。《池北偶談》云，秋岳好收藏宋元人文集，有《静惕堂書目》，所載宋集自柳開《河東集》以下凡一百八十家，元集自耶律楚材《湛然集》以下凡一百十有五家，可謂富矣。此約刻於《知不足齋叢書》，爲流通古書創一良法。藏書家能守此法，則單刻爲千百化身，可以不至湮滅，尤爲善計。荃孫官京師，一鉅公藏父執手稿，珍重而篋藏之，有叩之者，則曰："書固存也，欲刻久矣。"有借録者則曰："刻必貽君，何不省此一鈔乎。"有欲爲之刻者，則曰:“我之責,不能諉諸人也。”迨鉅公殁而書卒不傳,其心非不知寶愛而無計流通,終致湮滅,不且如倦圃所誚哉? 爲之一嘆。光緒丙申九秋江陰繆荃孫識。(见於《藕香零拾》)

古歡社約跋

右《古歡社約》一卷,丁雄飛撰。雄飛字菡生,江浦人,居烏龍潭上,山水最佳處,取陸放翁語名之曰“心太平庵”,積書數萬卷,尤多秘本,有《古今書目》七卷。黄虞稷字俞邰,晉江人,居江寧,諸生,薦修《明史》、《一統志》,官翰林院檢討,有《千頃堂書目》三十二卷,此約最爲簡便,同志共讀書者可取以爲法,黄目傳,丁目不傳,亦有幸有不幸。丁有《烏龍潭竹枝詞》云:“一匝潭邊三里多,儂家亭館緑陰窩。三更燈火寂如許,猶有書聲出薜羅”。“主人世事盡情删,慣在黄鸝白鷺間。日出呼童理香茗,殘燈猶戀杏花灣”。“遍地藤蘿罩短牆,行行徑徑可徜徉。閑從有叟堂庵中堂名中過,飽飫清芬道味長。”“釣竿收起倚書床,春草灘邊小閣凉。驚去鷺絲波萬疊,浣衣帶有芰荷香。”讀數詩,猶可想見此老之豪情勝概矣。辛丑重九江陰繆荃孫識。

《曝書雜記》云:“梅會里李敬堂先生示學徒讀書法,欲舉讀《困學紀聞》會課,謂十人爲朋,人出朱提十銖,各置一部,丹黄手糅,墨守如心,編爲卷二十,日覽卷之半,約十五葉,四十日而畢功,每五日一會,持錢治餐具如文課,人出五條,對問似射覆,似帖經,疾書格紙,俟甲乙既畢,互勘詰難以徵得失,一會得五十條,十會得五百條,不洋洋乎大觀也哉! 其書簡而愈精,其功約而愈博,不出數寸,不逾百日,而得學問之總龜,古今之元鑒,夫亦何憚而不爲也? 荃孫附録於此以志前輩讀書之能事,願與勤學者共勉之。(见於《藕香零拾》)

古泉山館題跋

右《古泉山館題跋》殘稿一卷，嘉定瞿中溶撰。中溶字萇生，另字木夫，錢星楣少詹之女夫。閎通淹雅，著書宏富，由庠生官湖南布政司理問時，翁鳳西元圻、吴荷屋榮光、左念宛輔先後爲湘南大吏，均敬禮之。承修《湖南通志》金石一門，最爲賅備，則先生所長也。晚景迍邅，撰述甚多，刊行甚少，此册共四十二跋，皆考證明及國朝人翻雕宋板之書、近來藏書家刊行書目，臚陳宋刊、元槧，間及舊鈔。歸安陸氏始收明初人文集，錢塘丁氏所收尤多，至收及國朝刻本，陳仲魚《經籍跋文》載殿板"四書"尚作疑辭，而木夫此册則國朝刻本居其大半，是在書目中又開一例。其實國朝影宋本雕鏤工細，考訂精審，顧千里所謂縮宋本於今日也。近日傳鈔新書、東瀛刊本，大半入録，兩者相較，不有新舊之别耶？况國初及乾嘉以前，近者百年，遠者至二百餘年，如明中葉仰企天水，洊經兵燹，不易流傳，而價值之貴，亦與毛、季諸公購宋元無異，安得以新刻薄之乎？宣統庚戌六月大暑日，江陰繆荃孫跋。（见於《藕香零拾》）

攄鞍録跋

右《攄鞍録》一卷，國朝楊應琚撰。按，應琚字松門，正白旗漢軍人，祖楊宗仁，官湖廣總督，謚清端。父文乾，官廣東巡撫。松門由西寧道官至大學士，管理雲貴總督、辦緬甸兵事，得罪，賜自盡。此録乃爲西寧道時述職入都所紀，歷叙道路風景，考證古迹，搜訪金石，令人想見昇平氣象。松門累代封疆，未由科目出身，文章雅潔可愛，紈綺自安之輩，相對亦應愧死。録云清端公初升臨洮知府，松門故由西路入洮秦、出寶雞，述祖德、訪土風也，惟記華嶽廟中古碑云"漢郭香察華山"，碑側有顔魯公題名，此記舛誤，魯公大曆九年謁金天王祠題名在周天和碑側，華山碑郭香察書者早毁於嘉靖時矣。光緒丙申長至前一日，江陰繆荃孫跋。（见於《藕香

零拾》)

纂圖互注荀子跋

《荀子纂圖互注》,宋刻有四子本,有六子本,有元翻本,有明翻本。每頁廿二行,行廿一字。此本行款面目頗似四子本,而尺寸較長,字數有廿字,小字二十五字,不盡二十一字。孫氏《平津館目》有所謂宋刻本也,惜首册失去,無可考證。壬子冬月繆荃孫識。(自《天津圖書館古籍善本圖録》定級圖録,圖版195,天津古籍出版社2009年版)

方言跋

《方言》十三卷,宋刊宋印本。後有慶元庚申跋兩段,書中避諱至"惇"字,即寧宗時刊本,季滄葦、顧仁效、顧元慶、朱大韶遞藏。仁效、元慶均長洲人,居陽山下。朱大韶,華亭人,横經閣即其藏書處。國初歸滄葦。季氏書目云楊《方言》六卷四本、牧齋跋即此書。錢跋疑在慶元跋之後,書禁嚴時撤去一葉,影寫六字補之。書十三卷,季目云六卷,誤。壬子十月繆荃孫。(國家圖書館藏)

續千字文跋

《四庫》附存目云里貫未詳。按趙希弁《讀書後志》:《續千字文》一卷,宋侍其瑗字良器撰。黄山谷嘗抵以書曰:"引辭連類,使不相觝觸,甚有功,當與《凡將》、《急就》並行也。"再按江陰葛文康《丹陽集》有《續千字文序》作"瑋",不作"瑗"。葛剛正《再續千字文》云:梁韻昔叙暐編,今録注侍其公名瑋,避諱孝宗賜名,從日,猶《晉書》"韋昭"作"韋曜",可證《讀書後志》作"瑗"之誤。此書後有乾道乙酉謝褒跋云:"邑大夫侍其公以其曾大父光禄所續《千文》示褒作真隸二書,刻諸浯溪崖石,以彰不泯。"今考王象之《輿地碑目》、《浯溪後集》，侍其光祖編，《宋・藝文志》有侍其光祖《浯溪石刻後集》續集一卷，浯溪隆興甲申河間劉芮題名内，有祁陽令侍其光祖，褒所云邑大夫即光祖也。《丹陽集》又有《侍其公墓志》，云公諱瑋，字良器，蘇州長洲人，習儒學。皇祐二年登進士第，調杭州、富陽、開封、陽武二縣主簿，掌書記閬州。改著作佐郎，知池州建德縣。遭憂。服除，知光州固始縣，監鄂州酒，又知吉州之永豐，簽書桂陽監判官，稍遷通判全州，移剌化州，又剌池州，表請致仕。積官至朝散大夫勳柱國。賜服佩，視三品。子六人，長曰釗，釗子升卿，孫光祖。里貫世系，一一可考。惟浯溪宋人石刻，荃孫拓得一百五十五段，獨無此文，未能窺見筆法，並葛剛正之注均已久佚，爲可惜耳。書人篙居亦無可考。光緒辛丑繆荃孫識。（自光緒間刻本《常州先哲遺書》）

南岳總勝集跋

光緒癸巳十月，借臨清徐梧生户部宋本校一過，並勾勒行款。藝風。（上海圖書館藏）

老子道德經古本集注直解跋

書中引晦庵序《參同契》，是范應元在朱之後，今《道藏》不載是書，宋諱亦不全避，然字書紙墨爲宋刊宋印無疑。藝風。（國家圖書館藏）

鬼谷子跋

《鬼谷子》世以嘉慶乙丑石研齋刻本爲最佳，秦本出於盧抱經所，據鮑淥飲藏述古堂本，秦氏又自輯古今論《鬼谷子》者爲附録，較乾隆己酉刻《道藏》本高出不啻倍蓰。壬子二月，傅君沅叔以明鈔藍格本見視，正文頂格，注文低一格，原出《道藏》，末有“嘉靖乙巳三月九日校畢”一行，又有小字。此本乃蘇州所藏，乾隆甲寅嚴九能以錢述古堂本校過，又經抱經先生覆校，九能有跋，明年徐北溟再校。咸豐丁巳藏勞平甫所，亦跋之，可謂善本矣。徐北溟於嘉慶元年手寫一本，今在况夔生處，曾録其跋，亦按其次寫入。此書之注，錢氏本次行則云“東晉貞白先生丹陽陶宏景注”，宏景梁人，非東晉，其誤不足辨。注中多避唐諱，如以“民”爲“人”，“世”爲“代”，“治”爲“理”，“縲紲”爲“縲絏”之類。昔人又以爲尹知章注，因其爲唐人也，然尹注《管子》今具存，此書〈符言篇〉與《管子·九守篇》大略相同，以彼校此，訛脱甚多，注皆望文生義，果出尹知章手，豈有自注《管子》而略不省勘乎？然則今本題陶注，固難信，而非尹注則無疑義。異同以朱筆志於眉間，佳字尚不少也。清明後三日，繆荃孫校訖因識。（國家圖書館藏）

丹溪先生醫書纂要跋

右《丹溪先生醫書纂要》上下兩卷，每葉二十行，行二十二字，有成化甲辰東陽盧和纂注序。紙墨古雅，不啻宋元面目，誠可寶貴。予珍而藏之數十年，姚江邵子桐見而愛之，以爲此本古香古色，殊爲難得，在南菁書院借閱累年，竟攜之入都，屢索不還，乃屬武林友人往取之，酬以三十金始得歸趙。昔人以借書還書等爲一癡，殆是之謂歟？光緒二十五年己亥夏六月八日，江陰繆荃孫識於雲輪閣。（上海圖書館藏）

活幼心書題跋

此書不經見，遜庵侍郎刻於醫館，又可流傳數百年，曾先生救世苦心，亦稍慰矣！宣統庚戌，繆荃孫識。（臺灣“中央圖書館”《標點善本題跋集録》）

閑漁閑閑録跋

此書不矜才，不使氣，閲之使人矜平躁釋。節其引書未加論斷、瑣事不足觀者以尊其書。姓名不見，不知《松江志》中考得否。序尤佳。（國家圖書館藏）

瘞鶴銘跋

此四十二字精神湧現，真水拓舊本也。龔定庵詩云"欲與此銘分浩逸，北朝差許鄭文公"，"浩逸"二字亦可爲鶴銘定評。觀此佳拓益信。壬子三月繆荃孫。（《故宫文物》〈二〉，福建人民出版社、浙江教育出版社、江西教育出版社、紫禁城出版社 1994 年版）

陶靖節先生詩跋

光緒甲申孟秋從友人處假得陶文毅公（澍）集注本，因擇其足相發明者，過録一半，俾讀者易於尋繹焉。荃孫識於紫陽六十字軒。（《山東大學圖書館古籍善本書目》，齊魯書社 2007 年版，第 311 頁）

鮑氏集跋

此書見《愛日精廬志》，斧季校宋本於明刻上，鈎勒行款，不拘正俗，一筆一畫無不改從宋本面目，一望即見，可爲校宋良法。"殷"、"朗"、"讓"、"貞"、"筐"、"樹"、"亘"皆爲字不成，"滑"、"世"則襲唐諱也。按《隋志》，梁六卷，隋十卷，似後人增益，已非虞奉叔所序之本，惟開卷署《鮑氏集》，不曰《鮑參軍集》，詩賦間有自序自注，與他集從類書中輯出者不同，加以斧季精心校讎，可謂至善之本。臨校一過，書此以志欣幸。癸丑三月，荃孫。（國家圖書館藏）

唐翰林李太白詩集跋

李集宋刻有三十卷本,有二十五卷本。此二十六卷罕見流傳,止《天禄琳琅》收之,以爲坊間所刻。口上或作"白詩",或作"白寺",即坊刻之塙證。然字畫精勁,疑原出天水,與通行元本不同。沅叔其寶諸。藝風。(清華大學圖書館藏)

李翰林詩范德機批選跋

元范德機批選李杜詩,高密鄭鼐編,元刊本,杜六卷、李四卷,杜詩編年,李詩分類。范批杜詩,圖書館有原刻本,即黄鶴千家注本,加批點,此則單行無注,有虞集序。李詩見天一閣書目,有李陽冰序,此脱,然天一閣所收有李無杜,可見明中葉流傳已少,沅叔得此全册,其珍愛當何如? 荃孫。(臺灣"中央圖書館"《標點善本題跋集録》)

臺閣集跋

甲辰中秋後宋本校于汲古閣,宋本九行行十六字,共計三十二葉。

嘉祐别名從一或又曰從一字也,是編亦謂之《臺閣集》,今所題本之唐志。(國家圖書館藏)

篋中集跋

丙午中秋前三日,據臨安府太廟前大街尹家書籍鋪刊行本校一過。荃孫。(國家圖書館藏)

二妙集逸文跋

段氏《二妙集》以明成化辛丑賈定所刊本傳鈔，前有吴澂序、虞集《段氏世德碑》，後有孫段輔跋。長曰遯庵先生，在金以進士貢。次曰菊軒先生，金正大第進士，宜陽主簿。金亡，二先生隱於家，終不起。二先生幼時見賞於趙閑，閑公目之曰二妙，遂以名其集。海豐吴仲詒侍郎搜金人遺集，以二先生始終不仕於元，與阮遺山、李莊靖同，因以是帙畀荃孫刻之。遂取《河汾諸老集》相校，間有可參考處，而《冬夜無寐》、《中秋之夕》、《雲中暮雨》龍門八題中三首詩均屬之遯庵，本集屬之菊軒，互相歧異。《游青陽峽》七古"半百之年猶掣電，惟有愛山緣未斷"、"夢寐孱顔添健羨"二語，此本脱去，遂覺全段不甚明晰。又鈔出遯庵逸詩二首、菊軒逸詩九首，再録《金文最》、《山右石刻文編》、《皕宋樓藏書志》得菊軒遺文七篇附刻之，並次段氏世表於後，爲考古者之一助云。光緒丙午立夏後一日，江陰繆荃孫跋。（光緒三十二年吴重熹《石蓮庵匯刻九金人集》本）

陵陽先生詩跋

陵陽詩未見宋刻，收藏家所儲皆鈔本。荃孫初得天蓋樓本，鈔極舊，破碎可厭，讓與舊友梧生監丞，因將兩本互校，各標佳處。後又得曹倦圃本，半葉八行，行二十字，首二兩卷相聯屬，空格抬寫，亦極謹嚴，知原出於宋，此本不如也。訛字謹改正。藝風。

戊子十月，用天蓋樓鈔本校。藝風。

辛亥午月，沈乙盦方伯囑刊陵陽、倚松兩集，爰爲校正付梓，距戊子二十三年，荃孫年亦六十八矣。老眼昏花，所訂未知是否。乙盦正之。荃孫再識。（臺灣"中央圖書館"《標點善本題跋集録》）

范文正公集跋[①]

宋《范文正公文集》，宋刻二十卷，元天曆本同，另編奏議二卷，遺事、義莊規矩、陝西五路圖、西夏地形圖、西夏寨堡，各自另編。明嘉靖祠堂本仍依原次。此陝西本，刻於萬曆，將奏議及附録各種羼入，拓爲二十四卷。康熙、乾隆各本因之。是此本初改宋元舊第，而爲近刻之所祖。亦可留以備閲。歲在癸丑十有二日，江陰繆荃孫識。（上海圖書館藏）

新注朱淑真斷腸詩集跋

此書元刊本前歸道古樓馬氏，後歸硤石蔣氏，陳仲魚、黄蕘圃皆經眼，蕘圃並爲之跋，推許甚至，卷五題下標陰文“前集”二字，他卷所無。卷六止二葉，“彈指西風壓衆芳”首句下，即以“前集之六”煞尾，不知詩未全也。此則蕘圃所謂謬妄者。第一卷詩第一葉以序接首篇詩之後，則裝手之誤，當改正。書不易見，毖威世講其寶之。丙午九月繆荃孫識。此書後集七卷，亦生平所未見。（國家圖書館藏）

倚松老人詩集跋

宣統庚戌照十萬卷樓鈔本寫一册，十二月以知不足齋影寫宋慶元刊本校過，前校用墨筆，今用朱筆。荃孫。（國家圖書館藏）

鄮峰真隱漫録跋

此書係《四庫》底本，即范氏所進呈者，失前四卷，書估並撤前

① 此跋《藝風藏書記》已收，但文字有异。

四卷目録，並後六卷目録，以充完帙。頃假得全書，付鈔胥補鈔前四卷，書前後目録囑内子鏡涵足之。光緒甲辰裝畢志，藝風。（北京大學圖書館藏）

金華黄先生文集跋

《金華黄先生文集》，刊於三山學宫。每葉二十四行，行二十四字，高六寸六分，廣四寸二分。黑綫口，雙邊，版心有字數。語涉元帝提行，元刊元印本。首行題云"金華黄先生文集第幾"，下題"初稿幾"、"續稿幾"，次行題"臨川危素編，鄱陽劉耳校正"，間有題"門人編次"者，次行有題"日損齋續稿"者。卷一至卷三爲初稿，卷四至四十三爲續稿。宣城貢師泰序實成於先生未殁之前二年。至先生殁後，家藏《日損齋稿》二十三卷，縣大夫胡君惟信恐其湮没，亟取刻梓以傳，宋景濂序之。正統戊午補完印行，杜桓序於後。胡公刻板未睹，此足本也，書目亦罕及。元本藏皕宋樓，始表出之，今已歸東瀛。錢塘丁氏景鈔副本，假以鈔録。荃孫先得明本十卷，張大輪刻別集二卷，又得張芙川録藏二十三卷，已稱難得。今宗子岱觀察出新得殘本二十卷，元板元印。相校一過，補字不少。十九卷《覺隱文集序》，補至四行。可見陸本尚不如此本，惜不全耳。愛日精廬僅得二十三卷，今歸罟里瞿氏。則卷一至十三、二十三至三十一，止存二十三卷，合之尚缺卷二十一卷、三十二至四十三共一十三卷。錢竹汀跋所見黄集云，貢序中廿八卷字乃書估作僞者，洗改痕迹宛然，因疑廿八二字爲三十之訛。而不知元刻貢序原文實係四十三卷，初稿三卷、續稿四十卷也。生古人後，見所未見，疑竇盡釋，豈非快事哉！歲在乙卯冬至前一日，江陰繆荃孫跋。

此集公手定，以齋名集。以黄先生名集，門人尊之也。至明人重刻，則曰黄文獻公集矣。《四庫》不搜足本，僅以十卷本著録，未免因陋就簡。（上海圖書館藏）

吴郡樂圃朱先生餘稿跋

此康熙壬辰朱嶽壽刻本，荃孫借到周永年寫本對校，首短宋紹熙壬辰侄孫思自序，又脱《華嚴經》贊序。均爲補入，並校訂訛字數十處，可謂善本。比舊寫本多琴史序。補遺則嶽壽輯。丁巳端陽，繆荃孫識。（上海圖書館藏）

寓庵集跋

右《寓庵集》八卷，元李庭撰。庭字顯卿，華州奉先人，生於金承安四年己未，殁於元至元十四年壬午，壽八十有四。年十六，應詞賦，舉進士，遭亂竄商鄧山中。年二十七，金亡，北渡居平陽，後陝右辟爲議事官廉相國商參政，爲陝西宣撫，又署爲講義。至元庚午敕授京兆教授，有《寓庵大全集》若干卷，均見王博文撰墓碣銘。明《文淵閣書目》有李庭《寓庵集》十卷，今《四庫》未收，各書目亦未載。荃孫在京收得孔葒谷微波榭鈔本，甚舊，詩文止八卷，與《文淵閣目》不合，中又雜出元末人詩，不知何集合並。今細爲抉擇，文四卷止有《代劉仁本送福建省平章事燕公序》，在至正二十一年，時代太不相值，詩留二百餘首，分爲六卷，雖不能見《寓庵》全豹，較輯逸者已爲多矣。《山西金石》有二篇，均見集中。宣統庚戌九月重陽日，江陰繆荃孫跋。（见於《藕香零拾》）

菊潭集跋

右《菊潭集》，元孛术魯翀撰。魯翀字子翬，鄧之順陽人，官至翰林侍講學士，卒贈通奉大夫、陝西行省參知政事護軍，追封南陽郡公，謚文靖，事迹具《元史》本傳。翀狀貌魁梧，不妄言笑，其爲學受蕭貞敏𣂏、姚文公燧之傳，一本於性命道德而記問宏博，異言僻語無不淹貫，文章簡奥典雅，深合古法，天下學者仰爲表儀。所著

《菊潭集》六十卷，《文淵閣書目》已不著録，足見明初已佚。明劉昌《中州名賢文表》内有翀文二卷，亦剌取《文類》及金石碑版而成，未見全集也。今又采得文四詩七以益之。《訪碑録》載有《襄城學記》、《大興尹題名記》、《重修香城院記》，均未見録。《元史》列傳、蘇天爵撰神道碑、虞集撰畫像贊附焉。光緒乙未七月，繆荃孫跋。（见於《藕香零拾》）

静軒集跋

右《静軒集》，元閻復撰。復字子靖，高唐人，官至翰林學士，承旨遥授平章政事，乞骸骨，卒謚文康，事迹具《元史》本傳。復美風儀，操筆綴詞賦，音節諧鬯融洽，事理嚴實。在東平招諸生，肄進士業，迎元好問校試其文，預選者四人，復爲首，徐琬、李謙、孟祺次之，時號四傑。元貞元年，復上疏言京師宜首建宣聖廟學，又言曲阜守冢户昨有司併入民籍，宜復之，其後詔賜孔林灑掃二十八户，祀田五千畝。大德元年加至聖封號，皆復之請也。復在翰林最久，以文學自任，不肯爲執政官，上亦嘉其謙退，宜其文氣春和融粹，絶去町畦，卓然爲元一代大宗。列傳云著有《静軒集》五十卷，袁桷撰，神道碑云又有内外制集若干卷，《文淵閣書目》均未著録，明初已佚，今從《文類》及金石碑版，共得四十三篇，不過十分之一。《訪碑録》尚有高唐州重建廟學碑、重修東方朔廟碑二通，均未見。光緒乙未七月，江陰繆荃孫識。（见於《藕香零拾》）

清河文集跋

右《清河集》七卷，元元明善撰。明善字復初，大名清河人，官至翰林學士，事迹具《元史》本傳。復初早以文章自豪，晚益精詣，吴伯清稱其文脱去時流畦徑，而進古作者之道。虞伯生謂其發揚蹈厲，藐視秦漢。馬伯庸亦謂公文刻而不見其迹，新而必自己出，蔚乎其華敷，鏗乎其古聲，倡古學於當世，爲一代之文宗者，柳城姚燧及公而已。其爲名流所推重如此。文集五十卷,明文淵閣、絳雲樓兩書目尚有其書。《南雷文定》例言云:余多叙事之文,嘗讀姚牧庵、元復初集,宋元之興廢有史書所未詳旨。是南雷尚見全集,不知佚於何時。馬伯庸撰神道碑,云其文賦五篇,詩一百六十三篇,銘、贊、傳、記五十九,序三十,雜著十五,碑志一百二十,分五十卷。今掇拾叢殘,存詩十四篇,詔制六篇,碑、志、銘、表十六篇,序三篇,記六篇,傳三篇,雜著五篇,分七卷。詩存十分之一,文存十分之二,並録吴文正公序。《元史》列傳張雲莊、馬伯庸兩神道碑以益之,明宋廷佐輯《還山遺稿》,收入《四庫》。今雖吉光片羽,而先生華實並茂之風尚可見其大概。《山左金石志》有堂邑縣尹張君去思碑、焦氏先塋碑二通,未得拓本,以俟異日。光緒乙未三月江陰繆荃孫跋。時寓江夏高觀山麓之蛄巢。(见於《藕香零拾》)

剡源逸稿跋

《剡源集逸稿》,詩文各一卷,文止十二篇,與荃孫所得同,已刻入《讀書記》矣。今春輯士禮居題跋,王君息塵語余:"曾見《剡源集》逸詩乎? 有蕘圃題跋二段。"詢之則漢陽洪君幼琴所藏也。時洪已由滬還金陵,適荃孫三月回舊居,因假歸此本,得何夢華手寫本録出,並録蕘圃兩跋。其中朱筆細字,是勞季言手迹,王洪均未之知。則爲名人藏校之書,尤爲可寶。録副訖,識其緣起。丁巳荷花生日,藝風。(上海圖書館藏)

姑蘇雜詠跋①

此書罕見,琴川黄先生跋語至詳至確,殷鏜補二詩云出大石志,按大石陽山文峰湧出,山腰如蓮花,志明中葉人所撰,俟考人名。既見此志,則非明初人矣,然大全集以前單刻本無不絶佳,况遞爲

① 《辛壬稿》卷三有,原跋與此稍異。

名家收藏，望而知爲瑰寶。藝風。（國家圖書館藏）

湛然居士文集跋

《湛然居士集》無刻本，景鈔本亦罕見。此朱卧庵手鈔，字迹古雅，跋語六段，極可寶愛。荃孫。（國家圖書館藏）

周此山先生詩集跋

乙庵新得明黑口本，校閲一過，正此鈔所自出，因訛字悉相同也。而又改易行款，誤聯數處，均與畫開。有李鹿山印，仍明鈔也。藝風。（上海圖書館藏）

危太樸雲林集跋

此集鈔自新陽趙氏，從何屺瞻藏本出。壬子正月借乙庵藏海寧計西峰鈔本校訖。計本出於查氏玉雨堂，有他山小識。補録《橆州志》一七言律。壬子二月，藝風。（上海圖書館藏）

犂眉公集跋

此明劉文成公《犂眉公集》五卷，刻於永樂初年，字形紙墨與元刻無異，至精之品也。所著有《翊運録》二卷，《覆瓿集》十四卷，《郁離子》四卷，《寫情集》二卷，《犂眉公集》二卷，《春秋明注》二卷，翰林學士王景叙之，各自爲書。正德己卯，處州府知府林富刻二十卷本，卷一《翊運録》，卷二、三《郁離子》二卷，卷四至卷十四《覆瓿集》十一卷，卷十五、六《寫情集》二卷，卷十七、八《春秋明注》二卷，卷十九、二十《犂眉公集》二卷，雖並而體仍分。後有嘉靖戊子一跋。己卯去戊子止八年，蓋刻完加跋。丁氏稱"嘉靖丙辰縉雲樊獻科合諸集重編爲十八卷"，刊於真定，不知若何並省。又記云"不可得

見"，只有隆慶六年陳烈重刻樊本，以爲最古，如見此編又當如何讚嘆也？己未七月，繆荃孫借讀並跋於藝風堂。（國家圖書館藏）

丹崖集跋[①]

此明天順八年平湖沈琮刻本，有後跋未見。錢塘丁氏八千卷樓藏是書，當假鈔補之。（國家圖書館藏）

四溟山人全集跋

《四溟集》二十四卷，明謝榛撰。榛字茂秦，山東臨清人，布衣，自號四溟山人。目眇才高，事迹具《明史·文苑傳》。山人折節讀書，刻意爲詩。山人嘉靖間挾詩卷出游，脱黎陽盧柟於獄，諸公皆多其行誼，争與交歡。是時于鱗、元美結社燕市，山人以布衣執牛耳。於時子與、公寔、子相、元美撰《五子詩》，咸首山人而次以元美。既而，布衣高論，不爲同社所安，歷下乃遺書絶交，而豈其使一眇君子肆於二三兄弟之上，必不然矣。迹其隙末，乃因明卿入社，山人喻以糞土，由是布惡於衆。然山人游道日廣，秦、晉諸藩，争延致之，河南、北交稱謝榛先生，諸人雖惡之，不能窮其所往也。當"七子"結社之始，尚論有唐諸家，茫無適從。山人主選十四家，熟讀之以奪神氣，申詠之以求聲調，玩味之以裒精華，得此三要，造乎渾淪，不必塑謫仙而畫少陵。諸人心師其言，厥後雖争擯山人，其稱詩之指要，實自山人發之。山人今體工力深厚，句響而字穩，"七子"、"五子"之流皆不及也。山人雖終於布衣，而聲價重一代，趙康王至輟侍姬以贈之，如姜白石小紅故事。康王爲之刻《四溟旅人集》，後嗣睿王復匯《游燕》、《適晉》、《江南》等稿，梓其遺詩成此二

① 按，《丹崖集》刻本罕見，多以鈔本流傳。荃孫所藏有二本，一澹生堂緑格鈔本，見於《藝風堂藏書續記》卷七，爲其晚年所收；一傳鈔明天順刊本，見《藝風堂藏書記》卷七，即此本。

十卷,《詩家直説》四卷附之,蘇潢、陳養才校之,程兆相又校之,署趙府冰玉堂刻於萬曆丙申。謝詩以此本爲最精。《四庫》止收萬曆壬子臨清州知州刻十卷本,而去其《直説》。錢塘汪氏亦止得十卷本,《詩説》一卷,亦云刊本。丁氏《善本》不載。荃孫前得初印本,爲友人易去,後得此本,爲王漁洋池北書庫舊藏,欠首册並末册,借陶君蘭泉補録。陶本爲山東高翰生本,從手迹補遺二十二首,亦鈔附於後。梧生欲刻而未能,好事者真少矣。《四庫》詆《直説》,然評論古人,實有心得,如煉"燈"字、"天"字,又以古人二句縮一句,一句化數句,於學詩者開示門徑,實具良工苦心,不可没也。江陰繆荃孫跋。(清華大學圖書館藏)

徐星伯先生小集跋

嘉道間,大興徐星伯先生以博雅名重一時,生前仕宦極其蹭蹬,身後並無傳銘以傳其人。子延祖先殁,家亦中落,藏書萬卷大半斥賣,所著《新疆賦》、《漢書西域傳補注》、《西域水道記》皆自刻,《唐東西京城坊考》平遥楊氏刻入《連筠簃叢書》。猶先生生前所知遺著未刻者四散,荃孫搜羅所得,貽友人刊行者,《漢地理志集釋》刻於會稽章氏,《唐登科及考》刻於江陰南菁書院,《明氏實録注》刻於會稽趙氏,《宋元馬政考》刻於上虞羅氏,《宋會要輯本》五百卷刻於吴興劉氏,《元河南志》荃孫自刻之。獨詩文未有成書,荃孫求之十餘載,所得無多。沈方伯子培笑之曰:"如覃溪所刻《義門小集》可也。"今鈔出二十一篇,一薄帙耳,烏足以睹先生之文學哉!巴里坤關帝廟有先生一聯云:"赫濯震天山通萬里車書何處是張營嶽壘,陰靈森秘殿飽千秋風雪此中有漢石唐碑。"又《賦得麥天晨氣潤試帖》一首:"槐蔭曾移午梅霖,正應旬風和宜宿。"《麥氣潤喜侵晨》:"黛色連畦暗,雷聲入夜頻。緑翻微有浪,青洗浄無塵。野雉朝飛慣,林鸜曉囀新。撫來琴乍緩,拭罷硯生津。波影涵初動,霞光照轉勾。幾餘吟夏景,句陋趙師民。"餘則一字亦罕見矣。不便入集,附著於此。(上海圖書館藏)

戇叟詩鈔跋

此書未見刻本。據石椿跋，就其遺草而編爲四卷者，鈔極精雅，君兄能梓行之，至爲盛事。江陰繆荃孫校訖識。（中國科學院圖書館藏）

落帆樓文遺稿跋

《落帆樓稿》逸篇，《蓮漪文鈔》内尚有《與張淵甫書》、《答許海樵書》兩篇，《松文清事略》、《鄂爾順額遺事述》兩篇。此帙首篇刻本有之，宜删去。小珊。（上海圖書館藏）

强萼圃三書跋

右《强萼圃太守當事三書》一卷。太守韓城人，滑縣令，强忠烈公之次子。恩賜舉人，丁丑會試，未中式，復賜進士，改庶吉士。散館，授中書，截取四川同知，遷忠州、直隸州，有循吏稱。告病開缺，寓成都未歸，駱文忠公秉章總督四川，采訪川省賢員，起前寧遠府知府牛雪樵樹梅爲按察使。因雪樵與太守同鄉里，勒令起病，太守上書三大憲固辭。先師湯秋史中翰亦勸先生不必應官。而文忠公已出奏，特簡重慶府。太守終不出，窮餓以歿。清芬亮節，不愧忠烈公家風。此三書之稿流傳篋中，刻而行之，具見太守盱衡時事，侃侃而談，並非石隱者流。第爾時國步中興，賢才濟濟，太守尚以爲難與共事，不易其節，若睹今日之封疆大吏，又不知若何痛哭流涕也已！光緒辛丑重九後二日，江陰繆荃孫識。（见於《藕香零拾》）

河賦跋

江先生《炳燭室遺文》，刊入《滂喜齋叢書》，此賦即第一篇，早取而讀之矣。辛丑，門人曹揆一中翰行篋攜有先生手書《河賦》，而錢君坤爲之注，並有王述庵跋。賦則醇厚斑駁，注亦淹雅閎通，諒爲海内所未見，敬謹付梓以廣其傳。乙巳十月江陰繆荃孫識。（见於《藕香零拾》）

安希範游記跋

歌詠太平，流連山水，君子之風，令人景仰不置。後學繆荃孫識。（上海圖書館藏）

聖宋文選跋

光緒乙未，余在武昌修《湖北通志》，獲見《聖宋文選》於薛次升所，首尾完善，字畫精潔，即《百宋一廛賦》所載，實爲驚人秘笈。趙味辛所藏，歸於蕘圃者，石門吕留良圖書已挖去，此最足本也，今歸武進盛氏。繼在錢塘丁氏善本書室又見一部，與趙本同出一源，而鈔者十九，刻者十一，此最不足本也，今歸江南圖書館。此本亦出於蕘圃，跋云鈔配過半，刻本存一至六、十二至十五、二十四至三十二，止十九卷，此半足本也。董授經大理以易余張習刻《僑吴》、《夷白》兩集，因假盛氏所藏，倩黄岡饒心舫影補一、二兩卷，此二卷，蕘圃時有之，失於粵匪之亂者，再影補七至十一，此五卷，蕘圃時即無之，重爲裝治，並志緣起，而録盛本蕘圃跋於後，亦可入宋本乙編矣。每半葉十六行，行二十八字，高五寸三分，廣四寸六分，白口單邊，字數、刻工姓名均在下，亦與他刻不同。《元豐類稿》逸文六篇最爲著名，而陳了齋集不傳，此卷尤爲可寶，前人無言之者，餘文亦與專集字句亦有異同，蕘圃四跋言志可慨。選不及三蘇，應成書在政和間，魯直、文潛名列黨人，然亦入選，豈禁令專重眉山歟？歲在旃蒙單閼餞春日，繆荃孫識。

宋人選宋文，南宋尚多，北宋惟此集存耳。張邦基《墨莊漫録》有"編入《聖宋文選》後集"語，是此書尚有後集，然當是别一人，非禁三蘇文時。（臺灣"中央圖書館"《標點善本題跋集録》）

三水小牘逸文跋

壬午春三，荃孫供職京師，遘時疾劇甚，卧床蓐者四旬。迨稍稍愈，抽小説家就枕閲之，藉以銷日，藉以養心，不敢云考訂也。《三水小牘》二卷，爲抱經盧氏校刊本，字畫精潔，尤便觀覽，而讀之覺不可通處，且憶《廣記》中有此編未收者，俟能起立，即檢《廣記》、《續談助》、《説郛》、《説海》，校得誤處數十，逸文十數，爰命寫官録出之。此書《宋志》、《書録解題》均云三卷，今本止二卷，蓋佚其一。如晁伯宇跋云李龜壽事不見於此篇，猶賴《廣記》存之，藉知梗概，否則晁跋爲贅語矣。抱經序云天祐庚午唐亡四年，晉稱天祐而枚亦稱之，其不臣二姓可見。案，枚旅食汾晉，爲晉之臣民，端無越境稱梁年號之理。惟枚土著之汝墳温泉，復有别業，見本書。棄之如遺，終老汾晉，蓋身居亂世，心繫本朝，寧投草莽而不忍爲梁之臣僕，其清風介節與羅昭諫、韓致堯相似，真唐之遺民也。爰付削氏以廣其傳，雖未能盡復三卷之舊觀，而大致略具。惟枚自序仍闕如，不無遺憾耳。（見於《雲自在龕叢書》）

北夢瑣言跋

是書初校於同治甲戌，以商本校；再校於光緒壬午，用《廣記》校，並輯逸文；三校於乙酉，用吴枚庵、劉燕庭兩鈔本校。乙未三月並過録於此本，廿日而畢，距初校之時已二十有三載矣。炎之。（臺灣"中央圖書館"《標點善本題跋集録》）

京本通俗小説跋

宋人平話即章回小説,《夢粱録》云:説話有四家,以小説家爲最。此事盛行於南北宋,特藏書家不甚重之,坊賈又改頭换面,輕易名目,遂致傳本寥寥,天壤前只士禮居重刻《宣和遺事》,近則曹君直重刻《五代史平話》,爲天壤不易見之書。余避難滬上,索居無俚,聞親串妝奩中有舊鈔本書類乎平話,假而得之,雜皮於《天雨花》、《鳳雙飛》之中,搜得四册,破爛磨滅,的是影元人寫本。首行"京本通俗小説第幾卷",通體皆减筆小寫,閲之令人失笑。三册尚有"錢遵王圖書",蓋即也是園中物。《錯斬崔寧》、《馮玉梅團圓》二回見於書目,而《宋人詞話》標題"詞"字乃"評"字之訛耳,所引詩詞皆出宋人雅韻欲流,並有可考者,如《碾玉觀音》一段,三鎮節度延安郡王指韓蘄王,秦州雄武軍劉兩府是劉錡,楊和王是楊沂中,官銜均不錯。尚有"定州三怪"一回,破碎太甚。"金主亮荒淫"兩卷,過於穢褻,未敢傳摹。與也是園有合,有不合,亦不知其故。歲在旃蒙單閼,江東老蟫跋。(自民國九年刻本《煙畫東堂小品》)

日本學務考察報告跋

聖清撫定區宇二百餘年,闓澤深仁,史册罕見,特以地大則易生隔閡,人衆則難於防範,積弊所叢,遂形貧弱,補救之法,亦惟作人於學而已。近數十年取法於泰西,觀型於瀛東。而日本以同文接壤,變法自强,革故鼎新之迹尚可追尋,帆影輪聲,往游日衆,記載亦日出。上虞羅叔藴振玉有《扶桑兩月記》,安徽李蔭柏宗棠有《考察日本學校記》,南海關穎人賡麟等有《參觀學校圖記》,寧鄉陶榘林森甲有《日本學校章程彙編》,桐城吴汝綸有《東游叢録》,各學規模無不詳矣。然荃孫東游時,南皮師囑之曰:"考學校者,固當考其規制之所存,尤當觀其精神之所寄,精神有不貫,規制亦徒存耳。然則求學於他國,固當先取吾國所當效法者,尤當先取吾國近今所能效法者，毋好奇，毋躐等，循循善誘以底於成，庶有益乎。”日本學校中學以下，功課皆疏，講解皆淺。淺則人能普及，疏則不爲畏途良法也。中學以上，人習一門，日只一時，全憑自修以徵心得，無課本以限之，無歧途以誘之，亦良法也。惟中學及高等學二校，學生年十四至廿歲，精力湛足，奮發有爲，各門學問由淺以及深，由難以至易，其科目與小學相仿，其程度比小學自深。六年之中，一則以受普通教育之全，一則以趨專門學校之漸，爲學校中所最注意者。我國開學四十年，創始於福建，人才亦惟福建爲最。左文襄、沈文肅二公識裕才優，心精力果，其精神所注，專以實學爲主，使之各擅其長。惜乎用之不當，摧折者半溺於所嗜，自棄者半。而矯矯傑出之士，猶足與西人相頡頏。若京師同文館，若北洋，若廣東，互有得失，至南洋公學而流弊不可勝言矣。此後辦學堂者，當注意實學爲宗旨，一切自由平權之邪説，不禁自絶。無論何人，不可有虚縻之歲月；無論何事，不可無嚴整之規條。盡吾一心而毋畏難，博采衆説以期盡善，成敗聽之天，毁譽聽之人，無他術也。彼詆之者曰：此奴隸學堂也，此野蠻學堂也。然而不奴隸於中國轉奴隸於外人，野蠻其性情並野蠻其裝束，狂噬同於國狗，善駡等夫山膏，何足以阻興學之志哉？謹編次講義一卷、游記一卷、表二卷，以代口述，至所述之規制，仍無異於他人也。光緒廿九年，歲在癸卯六月，江陰繆荃孫識。（録自光緒二十九年刻本《日游彙編》）

藝風堂書札

説　明

上世紀八十年代，上海古籍出版社曾出版《藝風堂友朋書札》，收録一百五十七位學人致繆荃孫之書札數千通，光宣名流畢萃焉。晚清民初數十年間學術之升降、文人之交游，乃至版本、碑版之流轉，皆可於此觀其大略，而藝風之見重於時流，亦可據以知之。此《藝風堂書札》可謂其姐妹篇，凡收録繆氏致六十餘位友人尺牘千餘通，雖不及《友朋書札》之富贍，而文獻價值相侔。不惟藝風之交游行迹、學術活動多見於此，即清季時政播遷、文人心態變化起伏亦時有展現，至於遺聞軼事、學林掌故，在在皆是，頗可資談助。

此千餘通書札乃繆荃孫手札目前僅可見者。其中有九百餘通藏於上海圖書館，由山東大學劉心明先生複印并釋文提供，餘者多采諸他書及各拍賣會，也有友人提供者。文中恕不一一注明，亦不能一一致謝。本次整理，以收信人爲組，按其生年先後順序編排，生年不可考者參考卒年以及交游事迹等。每組書札略按繆氏作札時間先後排列，其失考者附於各組之末。由于首尾不全而不知收札人者，均以“致佚名”分列於最後。古人作札，極講究抬頭敬避，格式多變，此次整理，仿《藝風堂友朋書札》例，各札凡敬避抬頭换行者一律改回。

目　録

致彭祖賢

芍亭世叔大人鈞座：

蘇台春暮，奉到環雲。溯黄度之違顔，又朱明之改序。恭惟師干奏績，鼎座凝祺。遥知六纛塵清，吟嘯極南樓之興；定卜兼圻秩晋，綵綸膺北闕之恩。柳棨遐瞻，蕪箋裁頌。侄四月起程，由運河入都，行至泲寧，家君命侄陸行，先抵京部署一切。昨卜居大川淀，一椽雖賃，三徑猶荒，惟涵秋一閣，葦湖十頃，猶是軟紅塵中清境耳。兹懇者，前任漢川縣揚令壽昌，現以丁憂開缺，任中官累積至數千。竭日張羅，冀圖彌補，惟官項定例綦嚴，尚祈俯念微員，略垂庇蔭，該員亦極知自愛，萬不敢以帲幪幸托，致生延玩公款之心。侄與該員廿載舊交，確知其窘鄉苦况，不得不代申吁懇之忱。若蒙逾格成全，則感激亦同身受也。專肅，敬請鈞安。伏維垂鑒不一。世小侄繆荃孫頓首。七夕。

致俞樾

蔭甫年伯大人鈞座：

客歲吴門繫棹，馬帳摳衣，仰承訓迪，殷殷不以尋常後輩見待，談經講義，茅塞頓開，舉十餘年來讀古人書而未得其徑，並讀《春在叢書》而未窺其涘者，心領神會，目擊道存，幾幾乎如王粲之遇中郎，和仲之見六一也。奉辭後倏忽半載，料皋比早返聖湖，道體康娱，凡百增勝。邇來詁經諸弟子諒又蒸蒸日上，六橋花柳，盡在春風，遠望經帷，曷勝忻羡。侄於歲除夕方抵成都，西抹東塗，坐荒樸學，幸游子言旋，庭闈健飯，晨羞夕膳，且賦閑居，約計開到梅花，重蹈宣南鴻雪，彼時道經江浙，或可再謁講堂。此間尊經師席尚復虚懸，將來所主非人，誠恐漢學源流，淄澠淆雜，萬仞門牆，未能東受，犍爲文學，吴會英才，相去真不可以道里計矣。專此敬候起居，諸維垂察不宣。年愚侄繆荃孫謹啓。

致易佩紳

健齋老前輩同年大人閣下：

詩方交卷。侍久不作詩，爲社友牽帥，勉强學吟。詩不成詩，字不成字，不足供大雅一噱。幸弗闌入卷中貽笑將來也。此上，敬請吟安。年侍繆荃孫頓首。

致張鳴珂

一

公束仁兄大人閣下：

拜讀大著，清麗無匹，務懇賜録兩首爲幸。正擬奉復，又承函詢，歉仄之至。另件交建霞，並促其速藻矣。此上，敬請禮安。弟繆荃孫頓首。

二

公束先生孝履：

客歲奉大訃，未知台從税駕何方，遲遲未復，歉仄殊甚。昨承惠顧，又未倒迎，死罪，死罪。弟考差後，疲乏已極，前日引見，大雨如注，薄寒中，人未敢出外。稍間即詣聆雅教，先呈帳乙軸，自刻書兩集，祈察存是幸。餘面罄。此上，即請著安。弟繆荃孫頓首。

三

玉珊先生著席：

前在瀛壖，幸聆雅教，昨回寧省，又奉惠書，藉諗珂里言旋，起居佳勝，慰如所頌。荃孫承乏學堂，不勝繁聒，達官交替，送往迎來。以非仕非隱之身,談不舊不新之學,殊覺可哂。承校譌字,費神之至,一應照改。家諱半改半不改,因前擬自刊,後制軍交局作爲官刊,並前二卷亦須改補。漢陽誤國,胡觀察於論中見意,現後補譚叔裕前輩筆記一則,題亦加字矣。同事徐積餘觀察,索閱大著,現刊《國朝閨秀詞》八十家,擬寄全部呈政,托先達意。此上,敬請著安。弟繆荃孫頓首。十二日。

懷人詩,陳、張、李、游均送别。九雲並索自序去。莫、黎不在省。

致潘祖蔭

一

永平一帶金石從無人訪,不知《畿輔新通志》有訪得否?受業在川訪得碑甚多,大半皆有依傍,或志書,或舊目,從往搜拓,十得七八,若無意遇見,不過數種耳。川中章君刻書書未來。單呈覽。此復夫子大人函丈。荃孫上言。

二

夫子大人鈞鑒:

連日酬應,未能即答,惶悚莫名。蜀中新書本少,説部尤稀,《花箋録》亦歸昆山矣。受業亦未攜來,友人處均罕見。此請著安。受業繆荃孫啓。賜齊刀拓本收到,敬謝。

三

《拾遺記》未見,受業近得一《華陽國志》,係錢叔寶鈔本,呈上。是否真迹,乞鑒定爲禱。此上夫子大人函丈。荃孫謹啓。

四

夫子大人函丈：

蜀中尚未有信來,《説文古本考》校亦未畢。此復,敬請鈞安,荃孫上。

五

夫子大人函丈：

廉生晤談,蜀中尚無信至,《古本考》鈔竣,尚未校畢,遲數日即呈。鈔直百十四千並聞。此復,敬請鈞安。受業荃孫謹上。

六

夫子大人函丈：

《古本考》二册呈上,合之前四册共六册均繳,原書六册已爲黄再同同年取回,如需再校,懇函詢再同索取,尊客處亦知會矣。此啓,敬請鈞安。受業繆荃孫謹啓。

七

夫子大人函丈：

今日書肆出一袖珍方,爲黄再同購去,余未聞也。劉平國摩崖字迹漫漶,夫子有釋文否?此請鈞安。受業繆荃孫敬上。白折即呈。

八

書十九册收到,受業校一本,呈一本,以便付改,决不向人言及,受業亦畏求代索者。《楚辭》如見佳刻,當留意。夫子大人函丈。荃孫上。

九

承賜朱定,敬謝。《茗柯文》全録子居點定,頗便觀覽。此請夫子大人鈞安。

十

《南江札記》從邵集中抽出重刻,章君函來,欲寄售。迄未寄到也。此復夫子大人函丈。荃孫上言。

十一

《北盟彙編》四十二册呈上,志局書也。俟肄雅書到再發還,此上夫子大人函丈。荃孫謹啓。

十二

南卿先生著作未見,並不知何名。芷汀處有稿本,不識付梓與否?金陵局書目覓得即呈上。聞近刻輿地書尚未畢也。夫子大人函丈。荃孫上言。

十三

夫子大人函丈:

土墳拓本乞賜一份並乞加印章爲盼。蜀中僅寄叢書來,又與前目不甚對。未交受業,□□寶森知情也。在寶華堂每部四金,如需即望取上。此請鈞安。荃孫。

十四

夫子大人函丈：

受業病及匝月，幸而獲痊。考試竟不獲與，殊負栽培雅意。賦命窮薄，亦可想見。友人寄來正定石墨十餘種，呈閲。蜀中則無信也。此請鈞安。受業繆荃孫上言。

十五

夫子大人函丈：

頃奉手諭，渥荷關垂，感激無似。受業素不能書，近日加以著急，愈行拙陋無比，再寫數日即行呈鑒。外間金石舊畫皆寂然無聞也。此請鈞安。受業繆荃孫謹啓。

十六

夫子大人函丈：

彦侍在粤，罷於公事，金石書籍之興均索然矣。友朋中無一解事者，緣合肥新政，節禮、乾脯均裁，而彦侍之脩金亦減。昔年舊雨散若晨星，孰能搜訪？今年新學使庶可望乎？此請鈞安，荃孫啓。

十七

杭雪自正定來，搜得《唐建永橋記》，爲西雍所未見。近專人入房山，尚未回也。磁州造像亦有出趙撝叔録外者，尚未拓全。餘皆金元刻耳。此復夫子大人。荃孫啓。

十八

頃奉手諭並密行箋二百番，敬謝。杭雪日内患暑疾，前作札招之出,尚未能來也。此請夫子大人鈞安。荃孫上言。

致張之洞

夫子大人函丈:

前肅蕪緘,諒登籤室,辰維崇勳式焕,楙祉增綏。沛嘉澍於荆南,序臻夏長;迓綸雲於闕北,澤被春恒。鈐閣翹瞻,饔軒曷既。受業時乖運蹇,計無復之,只有歸耕一途,猶可苟全性命。第自遭寇難,生計毫無,奔走卅年,一廛未卜,不得不圖館穀,以爲饘粥之需。仰懇夫子大人憫其窮途,賜以末席,效趨承於左右,藉報答於涓埃。而衰病之餘,性靈日退,枯腸難索,彩筆已還,不敢希席上之珍,但免作溝中之瘠而已。受業之開罪徐掌院也,因儒林等五傳,奏派受業與譚叔裕總辦。徐太無學術,又堅愎自是,硬交紀大奎、方東樹入儒林,受業等兩人恐爲清議所鄙,力持不肯。屬有讒人交搆其間,遂固結而不可解。此次入都撰文,舊缺不派,慶典不派。會典館潘文勤索之於前,翁尚書索之於後,允而不派。京察不能不列一等,考語平常,以致不能記名。掌院例不閲大考卷,忽特旨命之覆閲,業已拆封,恩怨易辨。受業卷初列二等,因一訛字改置三等之首,亦可以已矣。徐一見大喜,謂非置四等不可。翁尚書再四挽救,置三等倒數第四名,奪俸兩年。徐尚以爲未快也。深仇宿怨,爲之下者不亦難乎!現擬收拾圖書,提攜細弱,午節前後,航海而南,趨敂崇階,面聆訓誨。雜事數則附呈。手箋祗肅,敬請鈞安。伏維垂鑒。受業繆荃孫謹啓。

致吴重憙

仲飴大公祖年姻大人閣下:

《山左詞》擬序乞削政付刊,此次刻《柳集》所拆本壞,然亦不敢臆改,將來得佳本,再行校訂。前人亦以《柳集》爲最難讀也。此上敬請升安。治年姻愚弟繆荃孫頓。

致金武祥

一

淮生仁表兄大人閣下：

春初小敘，藉領教言，握别以來，寔深渴想。辰維侍祺萬福，文祉雙綏，定符私頌。弟於月朔旋申港，初五接家君函諭，令即返蘇寓。遂以初六踏雪到焦店賃船，初八轉蘇，家君即於初九旋江陰矣。方立遺□□景蘇來函附閲，索得後當寄上。吾兄何時起程，過蘇務祈枉過敝寓，同行更妙。如不能，尚有書籍數種，均彦侍托購者，擬附吉使帶去。弟在江陰，遇便談及閘工，竟觸葉君之怒，弟豈長在家中謀充董紳。即無凌人之意，並無自利之心。不過因此通縣公事，不能不辨，愈遲則所費愈多。西鄉人之公禀，亦非西鄉人之意，弟亦西鄉人，思調停其間，俾公事早成，而西鄉人亦不至爲怨府。何葉君不察，返移怒於弟，寔所不解。至收義學四畝，另增經古書院，亦因近來風氣日趨寔學，鄉會而試，後場獲雋者多。江陰人，八股之外，不知天地，豈乏雋才，實囿於坐井耳。吾兄出游已久，與弟志向亦同，諒不鄙薄弟，言葉君並□□以爲不然，弟更不知其何意也。貴本家筱林少逸，均乞代達鄙忱。弟不日即出門，再不多管閑事。善圖其後，是所望於諸君子。一邑之人，和衷爲貴，否則，互相攻訐，終怒無益耳。瑣瑣奉瀆，仍是忿懥心未忘，自覺其可哂。徵詩啓已致汪柳門、費屺懷、葉鞠裳，將來由弟收寄。手箋布臆。敬請升安不一。弟繆荃孫頓首。

叔大人尊前叱名請安。

二

淮生仁表兄大人閣下：

去冬兩奉手函,俗務匆匆,未能速復,實深惶恐。辰維春祺懋介,政祉咸宜,定符遠頌。弟侍親入都,托庇平順,八月朔日,始移入大川院伯温舊居,整理傢俱,庋置書籍,中秋節後,漸漸清理,方得搦管作字。試期已近,自問無可勝人之具,復不得已取嚮鄙夷不屑之物而吟誦之,揣摩之,急來抱佛脚,終恐佛笑人。吾兄何以教我?《貞孝事略》,在京送出多本,收回頗少,俟考差後,當爲請客面催,或可多得佳製。囑購孫、樂二先生詩集,廠肆遍覓不得,搜到即呈。近來廠書佳者絶種,徐徐俟之。弟此次入都,順天志局事,接辦香濤師總纂一席,頗爲忙冗,私家著述,權且倚閣。江陰宋志,一圖從明趙志繪出,一圖從《咸淳毗陵志》繪出,並自撰沿革一表,録出即呈覽。江陰人著作搜得無多,《席帽山人集》、《牆東類稿》、《霞客游記》、《楊氏全書》、家文貞公集、《法喜志》、《東林列傳》、《試畯堂集》之類,不及十種。吾兄取得幾許,先請示知,將來複者互換,短者寫藏,此等冷事,西鄉人尚肯爲之,東鄉城内,發者屢屢,恐見不及此矣。大著何日付梓?弟愧無以稗益,甚愧愧。乾隆十年《寶坻志》,蔡寅斗猶爲善者。江陰藝文甚難成,弟擬雜考數十條,編入大著中,複者去之,未知可否?闇事聞要興修。挹泉歿矣,執庵憂去,季士周得京察而屢列彈章,似非佳事,燮卿亦回里,方山、聘臣時時晤面。秋暉失館,甚是無聊,昨爲曹竹銘同年請去閲卷,弟薦之也。柚岑舍弟頃來郡門,預備應試。子占能署缺否?全仗大力提攜。方伯處頃爲提及,能代其覓一餉差入都否?筱塘京兆來都,來函面交矣。手箋肅復,敬請新禧不莊。表弟繆荃孫頓首。新正上元。

三

湝生表兄大人閣下:

兩奉手書,並承賜賻,不遺在遠,惠及存亡,拜領之餘,實深銘感。辰惟升祉日新,旅祺春懋爲頌。芸閣同年來函,言即長才卓越,倚仗頻仍,具徵器重,上游超遷可卜,多事之秋即立功之日也。

預賀,預賀！弟自八月移居繩匠胡同後,尚稱順適。京察倖列一等,記名恐猶未能,聊勝於無而已。續室新定同邑夏氏,完姻須在明春。津貼全裁,生路日迫,空空妙手,不識作何打算。刻書清興久已不作。如明歲得差,先刻《北郭集》及鳳先生《經説》兩本,均校好矣。委撰序言,尚無暇晷,容即屬稿。《順天志書》一百卅卷,現付削氏。筱棠轡轡不得志,伯温亦然,士周、次遠俱屬順利,伯紳又將得鴻卿,吾鄉闊人也。子占事總不得諧,須勸其耐心守候。報中祝嘏賞頂戴者,爲宗叔鴻初,家嚴並未前往。廢員略有好處,餘則加級,尚須部費,可笑。《落落齋集》擬鈔未果,正月一定爲之。吾兄又得江鄉老輩書籍否？此復,即請升安。諸希朗鑒不一。

前後來銀廿一兩貳五,均收入,費神,謝謝。

四

湉生仁表兄大人閣下：

十月九日奉到手書,雒誦回環,如聆雅論,藉稔表伯大人安抵羊城,精神矍鑠,吾兄特奉萬福,器重上游,遥企蘭暉,倍勝葭溯。弟冷官羈棲,如恒珞珞,差事既漂,百憂煎人,冷蠹乾螢,仍復埋頭故紙,然居亦不易,去亦何之,長此勞勞,能無悵悵耳。吾鄉南北兩榜,僅得兩人,吾兄此時想已早悉。黄漱蘭學使交卸折子,江陰竟在三等。吾邑文風衰壞至此,固由提倡者乏人,然今年下北闈諸君子,弟晤面時,無不諄囑,近來風氣頗重後場,從未有進而叩其所以然者。迨至進場三兩日,方問後場應帶何書,以爲後場之佳不佳,惟在帶書之善不善,何太輕視後場乎！南菁書院開已兩年,院長張嘯山、黄元同,皆海内夙學,邑人視之疑信參半。如與談八股,則無不眉飛色舞,以爲身心性命之學矣。王一梧師督學蘇省,弟以爲上接臨川,瀕行,詢江蘇在庠知名之士,略舉數十人以應,吾邑僅得顧保疇一人,係李升蘭年丈所推許者,尚不知其爲羊公鶴、葉公龍也。陳小蘭竟獲解雀首,可見天不負人。孀母請旌,殷同年厚培,於五月出奏,奉旨允准,京報誤"繆"爲"張",申報居然不誤,雖非專折,然奏中弟一人，又序事較詳，似無須復奏矣。《北郭集》無力付梓。弟又購得《定峰樂府》刻本、《歸愚集》鈔本，又托人在文淵閣鈔《滄螺集》，尚未能成。《江上詩鈔》，弟未見過。小傳必不可少。吾輩兩人，如早得意，稍有仰事俯畜之資，便當結鄰青山，矢志白水，收拾鄉先輩著述，校而刻之，庶幾可以蕆事乎！《青芝山館》，弟覓之數年不能得，當再細覓。香濤師處，容作書徑達，不識能有用否？弟明年擬作粵游，屆期定可把晤。香師處亦可面求。子占、心香眷屬聞俱至粵，澆裹亦復不易。幕中楊鋭叔嶠同年，亦中北闈。近又還粵，兄曾晤否？手箋布復，敬請道安。弟繆荃孫頓首。

表伯大人尊前叱名請安。

再，舍弟芰孫，隨先叔至粵西兩年，先叔殁後，流落梧郡，昨始接信，方知蹤迹，還川無行李之資，留粵乏衣食之費，閲其文理，亦似生疏，惟略通醫道，尚是三代家傳。仰懇吾兄推愛，能否於局中位置一席？感同身受。叨在至好，用敢直陳，伏惟亮察。弟又啓。

贈詩奉到，感謝無似，愧無以報也。

五

淮生仁表兄大人閣下：

昨奉復寸緘，想即察入。舍弟芰孫，令其持函入謁，望鑒其才具何如，隨便位置一席，免致淪落天涯，不特舍弟銜感終身，弟亦銘謝無既矣。芰孫與柚岑同祖弟兄，近方知其下落，渠等以川爲家，亦飛布川中，芸孫舍弟矣。此啓，即請升安。弟繆荃孫頓首。

又，厚培折稿呈覽，昨日封函遺却。

六

淮生表兄大人閣下：

正月奉到手書，維侍祺萬福爲頌。弟雖不得會房，而柚岑因之中式，甚愜敝懷，今日覆試，但望其館選耳。江陰黄連閘修起，會榜一中三人，爲癸丑乾隆。至今未有之盛事，可見弟在家倡議興修，不爲無功也。芰孫至今來見否？弟亦不知其住處，聞在大東門，與百川通號中相熟。其籍貫則大興，其口音則四川，以爲江陰則無人知之，一笑。子占署英德典史，缺分何如？一典史耳，也要制台問口，外間官場尚可問乎？囑購各書，先呈上《韻語陽秋》、《青芝山館》，短七卷。乞哂收。他書，弟只有《得月樓書目》，明李如一著；《北郭集》，元許恕著。近夏彥保又寄來《大雅集》、孫作。《張宣集》，俱未見過，兄如録付，當付鈔也。彥保收同鄉人甚鋭。弟又假得《歸愚》、《丹陽》二集，即録出矣。《史姓韻編》，新書，不過二兩餘，在上海出售，到京則貴。草草奉復，餘以信局寄。此請升安。表弟繆荃孫頓首。四月十六日。

表伯大人尊前叱名請安。

七

湝生老表兄大人閣下：

前復寸緘，想呈籤室，維侍祺萬福，道履百益爲頌。弟居憂以來，倏又半載，諸事留滯，尚難首途，天氣鬱蒸，心亦怯甚。現定於七月半後，由輪船回南，中秋可達里門矣。柚岑時有書來，辦理尚爲順手，歸期約在明秋，不過轉瞬可到。其副金鵬廣西人，户部。流落上海，樂而忘游，總署已兩次申飭，然黄金已盡，不能成行，恐于參處。人有不自愛者一至於此。燮卿亦有信來，亦順手也。《質園詩全集》，又《法梧門詩全集》，均托楊肖巖帶上，乞哂存爲幸。弟到家再行布達。手此，先請升安。伏希朗照不一。表弟制繆荃孫頓首。六月十七日。

老表伯大人尊前叱名請安。

八

湝生仁表兄大人閣下：

前托楊嘯崖兄寄上一函並《質園詩集》等,未知何時察入。弟現於初八日起程回里,明春當至粵東。新得《拜經樓叢書》內有《陽羨名陶録》。及張、孫二家集,先托王雪澄弟湘澂帶上,收到後示復爲幸。弟仍在申港居住,兄函由府報來,當可得也。此請升安。表弟制繆荃孫頓首。初七日亥刻。

九

湝生仁表兄大人閣下:

相晤幾次,迄未暢談。弟清早必在局,兄如得暇,乞過我一談爲幸,有要事相商也。此請升安。弟制繆荃孫頓首。

表伯大人尊前叱名請安。

十

湝生仁表兄大人閣下:

送呈啓、張、劉楹帖三分,乞代送。啓、張二位,送去之人云無尋處。劉太守門上不收。弟于溥泉侍御,順天志局同事。交情甚深,蔗泉未必不知,但應酬不應酬均可隨便,雙款不收,恐貽笑于臧獲耳。弟自入京以後,不肯出外張羅,深知世道之難,不願自尋氣惱。此來粵一行,仰體香師之意而已,其寔於書局無益,於切己事亦無益也。費神再謝。此請升安。弟制繆荃孫頓首。

十一

湝生仁表兄大人閣下:

送呈外府縣通信者一單,均送過扇對。乞轉交展社、竹君兩兄一閲。廣府向不見客,今日亦往請安,以早爲妙。歸思切矣。家君昨有諭言,命弟道謝。去冬信件均收到。外送周積甫一聯,雪澄藏《成都文類》十册,云交竹君收儲。均乞轉送是荷。此請升安。表弟制繆荃孫頓首。

十二

湝生老表兄大人閣下：

頃奉手示並承賜九子盒，謝謝，屢荷嘉惠，愈抱不安矣。扇對挑好，當求心賢兄代書。拜年，弟須過初五方能登堂，容再面陳壹切，此請年安。弟制荃孫頓首。

表伯大人尊前叱名請安。書六册收入。

十三

湝生仁表兄大人閣下：

闊别八年，追隨三月。溯眷逮之周委，會情文之疊稠。慚謝之私，寢興交結。辰維侍祉康綏，政祺宣鬯，定膺簡擢，罔罄棻鋪。弟首途後，於初三登香港輪船，初九達滬瀆。聞江表縣試未畢，即派古升送伯豫昆仲先行，十一到，十二補試。弟俟古升回來再行，於十九日到講院，即晤筱林，知伯豫已到常州矣。二月課卷堆積，爲逐漸閱看，近日始漸安閑。地去冬購成，在峭岐五保，地止七分，價二百餘元，可謂貴極，今冬方能卜葬。京寓資訊常通，家嚴精神如舊，差可告慰。惟家鄉節交立夏，寒若隆冬，非特蠶麥交病，人亦病者屢屢。兼之護院懦弱，盜風四起，西鄉連出搶案，夏港一帶復有打悶棍者，爲鄉人捆送，一訊即放去，尚憂成何事體。一念及此，可爲寒心。弟此次來粤，惟兄與竹兄是仗，尚屬不負此行。摯誼忠謀，感佩何既。弟不能久候，實有不能不歸之勢。騎兩頭馬者，必致兩頭吃虧。弟如不就南菁講席，本擬在粤再留一月，上溯桂林，游衡岳，浮湖湘而至鄂渚，較之坐守寒氈，不有上下床之别哉！南海廟，海珠寺，迄未能往，尤恐山水笑人。歸裝惟兄贈南漢金石六種，爲足潤色耳。《歸愚集》、《苔石公詩》一定付刊。校勘未竟，脱手須夏秋之間。西郊試卷，承筱林已委代閲，黄茅白葦，毫無佳卷。伯豫昆仲，途中見其文字,英偉典麗,具徵家學,幸勿以冬烘先生擾之。非面諛也。草此鳴謝,敬請侍安。表弟制繆荃孫頓首。

十四

湝生仁表兄大人閣下:

客冬在縣城十日,西郊十日,申港十日,爲原配卜葬。十一始回金陵。接兄手書,隨附一片,想察入。初一、二,頗思坐車至尊處,而道路不能走,殊悵悵。徐刻《閨秀詞》,前年送上卅一家,此次補廿九家,想已訂好,現又刻十三家,以後補送亦無全書。止七十三家,欲成百家。乞兄搜訪爲禱。西郊董事,晉初已退,邑尊諭世兄接辦,可以出來籌畫否?翰如太霸道,晉初不敢抗,且本鎮事繁,力難兼管,而丁、戊、己、庚四年徵信册必刻印也。王家枚詞章極好,兄所知也,去年又見家念仙楷亦極博雅,住在城内,問燮卿必知。聞武進鹽梟横行,府縣紳士何以禦之?手此,敬請升安,並賀新禧百益。弟繆荃孫頓首。

外書四册並呈。

十五

湝生仁表兄大人閣下:

前日由百川通寄到手書並局脩捌拾柒兩。翌日,丁枚卿同年又遞閲來翰及新刻書兩種,並諗上游器重,榮署赤溪,侍奉安康,極人生之樂事,欣羡奚如。八日函件均照收。荃孫回京以後,應酬繁雜,七月以來,先君即患胃疾,飲食鋭減,精神步履,日衰一日,延醫評藥,刻無暇晷。記名之後,深恐外簡,增先君之顧慮,照例具呈内用。老親迎養在京,不願外用。孰意立冬以來,不能飲食,服藥無效,至十月二十,棄荃孫等而長逝矣。痛哉!荃孫三載之中,雙親並逝,侍奉無狀,何以爲人!惟是旅殯未歸,遺書未刻,不得不苟延殘喘,以襄大事。而立錐無地,乞食無門,吾兄聞之亦代爲傷悼也。

八月接信，本擬即復，因代鈔《藏説小萃》全部未畢，擬同寄覽。又，表伯大人壽詩，初擬寫成條幅匯寄，現均不便，只可寄稿代呈誨政。柚岑聞有函及壽詩，交沈樹人寄上，想亦收到。柚岑以員外郎過班本衙門，得北檔房闊差，會典館得纂修，總理衙門記名章京第二，隆隆日上，勝荃孫百倍。江陰部署勝於翰林，殆風水耶？肅泐，敬請升安不戩。孤子繆荃孫稽顙。十二月十四日。

外寄心香、潤之、稼生訃，乞轉寄爲感。

十六

湝生仁表兄大人閣下：

今春，弟因病勢已成怔忡，急赴蘇州就醫，遂未能進城一晤。乃赴蘇未久，又移滬瀆，愈治愈壞，大有不起之意，不得已辭館入都，安心調理，尚稱順手。迄今三月之久，病甫十去六七，現稍能翻閲書籍，步履一切照常，尚不能多用心。醫家云，須秋冬方能復原，權且耐心静守。惟今年失館，旅況艱難。香帥因弟不去，頗不滿意，不知弟病實在危殆也。李經宜到滬，奉讀手書，謹悉一切，邇時一字不能寫，一紙閲不完，心已怦怦欲動，日夜偃卧，又不成寐，皆經宜所親見，久不作復，諒不爲怪。經宜爲作函懇香帥招致，亦未能成。吾兄何時奉安？何時出游？繫念殊甚。江陰金石存者，自唐迄元共有十二種，均有拓本，弟意欲輯《常州金石記》，已不過四卷書，擬收至明止，可得十卷書，佚者爲待訪目附於後。武陽止有十餘種，無錫有二十餘種，秦君萃峰知之特詳，宜、荆最多，須兄親自往訪。舟車、紙墨、工架亦須數百千文，吾兩人力量恐不能到，府志局能幫貼否？問竹坡。尚有何法想？全郡金石目，遲數日即開來。而明碑無目，明碑如衙署、學宫、橋梁、廟宇、神道，均與志事有關。講金石收至元即可，《萃編》止金。爲志書起見，應收至明，均乞兄酌之。如就江陰一縣，亦宜收至明朝，方站得住，候示。弟各碑均有跋，可録呈政。書院調停，先生之力，地方受益不少。夏港人太可惡，如九鎮現遞公呈，與夏港人算帳，弟願作函致劉公，渠靠吴逖光,逖光靠許家嚇人,今年大得罪許公,靠不住矣。兄函仍寄繩匠胡同爲要。此布,敬請禮安。愚表弟制繆荃孫頓首。六月十五日。

十七

湝生仁表兄大人閣下:

前奉手函並《江陰藝文志》一帙,藉稔興居受福,適苻遠頌。弟跧伏京,瞬將服闋,舊病十去八九,校勘考訂不厭其繁,惟握管作文時,心氣尚不寧帖。現已止藥,惟慎起居、節飲食而已。委撰兩文,須明春報命。禮之、子占得子否?子占赴廣否?久不接其信。心香目疾愈否?静三到廣,本領絶大,抽豐必勝,將來留館一路順風,不似我輩,局促轅下也。盛杏生欲刻《常州文徵》,弟勸其刻叢書而杏公不願,將來不過與《駢體文鈔》並駕齊驅而已。以六朝至明爲前編,國朝爲後編。有專集者,集盛行則精采,集少見則多留。無專集爲閏編。吾邑人,宋元稍多,國朝則遠不逮矣,八股累之也。《水雲樓詞》佳甚,弟即翻刻。兄常言蓮舫文,不題此人,其人勝蓮舫文十倍。我輩二人外通邑人無知此人者,可笑之甚。兄知其事實,望鈔寄,爲撰傳地步。此上,即請禮安不一。弟禫繆荃孫頓首。十二月二十日。

得金石拓本否?

十八

湝生仁表兄大人閣下:

昨呈寸緘並《文類》,想已察入。駕航前輩晤面長談,出信一節業已面允,並索名單。且云可與吾兄及祉展酌定幾處,交來便可繕發,行期如亟,回信亦酌交於何處云云。務懇吾兄開示爲荷。又,交上對聯廿二份,乞轉送。費神種種,實抱不安。大著《江陰藝文志》亦敬繳,管見所及,均著書眉,尚希教正。此布,敬請升安。弟制繆荃孫頓首。

表伯大人尊前叱名請安。

十九

淮生老表兄大人閣下：

久不接手書，實深思憶，維文祺𢟪茂潭福綿長爲頌。弟重陽登程，蕪湖小住四日，金陵半月，上海八日，蘇州十日，江陰城里鄉間又半月矣。明日附輪仍至江寧，緣香帥電催面商重修文宗閣事宜。適梁心海辭館，又命弟主講鍾山，不能不往，旋鄂之期當在月半邊矣。《常州詞》已刻二十卷，後十卷呈劉光珊勘定，亦即付梓，明年三月必出新書也。粵東集貲，吾兄能爲之倡否？次遠前輩曾議及否？昨過無錫，有人言丁先生《詞綜補》尚有未刻十餘卷，可以借出。弟擬倩光珊删定，明年刻之，亦一快事。蔣鹿潭不得其死，其柩在蘇州破廟中，蔣氏已無人過問，同仁擬葬之虎丘，吾兄諒以爲然。少舲言兄即歸，光珊言兄有候任中丞之信。任中丞到粵，在人意中，然英續村、王梧垣仍在粵東，吾兄未必能有好處。莼鱸稻蟹，得無有鄉思乎？弟廣雅一席減而未裁，正月至五月，有百五十金，想歸孟蜚經手，鈔書購書，乞今未寄。閏月至年有百六十金，乞兄代領，仍由百川通寄湖北可也。弟自選常州詞，三年以來填詞二三十闋，夔生、仲修以爲可存。老去填詞，亦屬可哂。然每日閱數十首詞，操筆即來，近日欲求深處，反覺思澀，能於澀中再入自然，當有進境。聞子占令佳，其性情一想情願，恐於世路不甚相宜，弟亦無如之何。吾兄將來卜居常州，或仍居舊宅。弟萍漂梗泛，更無憑準，明年又將移家金陵矣。此上，敬請升安百益。愚表弟繆荃孫頓首。初三日。

二十

淮生仁表兄大人閣下：

子許回，寄上繆、李二公集。《雲川閣集》，想已察入，惟未奉復爲盼。兹又寄上《常州詞録》紅本廿一至廿六，此書已全。另題跋一册呈政。子許現在三河口。《容春堂集》務望全部帶來，便可發刻，遲則刻不入。刻成四十種便歇手，盛太常不願故也。此請升安。弟荃孫頓首。

兄入城，見新邑尊，可將西郊積弊、夏港人可惡悉與邑尊説明，省得夏港人想法。至要，至要。五月十九。

二十一

湝生老表兄大人閣下：

前日寄上一緘，想察入。歲云暮矣，維吟興日高，福躬日健爲頌。弟今年用度甚大，不甚敷用，内人日阻不令出游，又加河干冰凍，到處不通，所以困守在家，編成《文集》八卷，《續碑傳集》六十卷，專候刻貲。先將文集付梓，兩跋呈覽，或可添入《陶廬雜憶》中。孫、葛兩集呈上，墨印全書則未聞也。兄出山之意决否？渦陽土匪，志不在小，已竄河南。裕長單會看戲賣缺，其餘一事不知。司道大半滿洲，所以賊不竄皖腹而入豫，恐難即時收拾，養成氣候，江皖亦不安枕。宿州現任瞿蘧庵，洋小子一個，試問能辦軍務乎？匪起在宿渦交界而渦陽陷没，雪齋逃回來否？《容春堂》一時補寫未畢，明年帶回。手柬，敬請升安。並賀新禧百益。愚表弟繆荃孫頓首。十六日。

二十二

湝生仁表兄大人閣下：

弟冬月到滬即病，二十日而返江寧，養廿日而愈。復上湖北交志書，又與杏公結《遺書》賬，望日返講舍矣。明春正月回里拜年，又可與兄暢聚，能偕至蘇常尤佳。《常州詞》末卷亦付雕，壹百部共售出五十餘千，連送人亦差不多完矣。漢口無毛太紙，須運板至常州再印。申港殷先生詩在靈芬館，板刻與于辛伯書一樣，遂致誤記，今録呈。又，《存餘堂詩話跋》，均可添入詩料。友人毛翥雲詩，能添入《隨筆》否？五筆大約可以成否？膠州爲德所占，朝廷便欲奉送，不知天下能幾送乎？無故辦慶典，用以百萬，保舉九百人，天下解體。峴帥鎮静，香帥焦勞，其爲無益則一也。家鄉中稔，百物昂貴，寇盜横行，如之何是好？兄在鄉能實行保甲，保障一方，亦士大夫居鄉之責也。手箋，敬請

升安百益。弟繆荃孫頓首。廿一日。

二十三

湝生仁表兄大人閣下：

話別之次日出城，方舟雲集，河道向懸索，河快巡勇十餘人，僅移至西倉橋而止。次日未刻，始到西大王廟，方得暢行，是日住呂城。十一次新豐，十二到鎮江附輪，十三旋書院矣。賤恙日愈。龍城詞章卷已看出，經史尚須七八日，月内定寄還常州。今日奉手書，幼舲事即致函公路，然而必不能成，中江局面不到此也。惠題佳甚，如寶箴處收回，即留兄處，弟當來取。閏月拜壽，届期再約。薛齋想已入都。小詩三首呈政。此復，敬請吟安百益。弟繆荃孫頓首。

春寒雪甚，於春花大有礙，奈何！

二十四

補杏公所遺，十五回寧。勝之學使論議，亦與蔚若仿佛，屺懷亦然。墨守蘭泉派，止兄及杭叔與弟數人。後學貴池劉聚卿公子，首屈一指，重分碑即歸之，想撰《安徽金石記》，兄分校，如得此士，亦佳話也。賣石亦多而無膺品，入都必來謁，兄可見之。太平府學得廿二大碑，止寄一份，江蘇寄三份否？速示知。俟聚卿帶京，然弟得沈藏本，尚有四五種，近時又佚矣。桐城各碑共四十二元三角。兩

份八十四元。一種李玄靖四套共八元。鐘銘二套共二元。蔚老如在京,仍懇代取歸合銀交閏枝。弟現爲舍侄辦蔭襲,正需款用,不必寄南。鄐伸碑、遼州石經,弟願得之。今年徑回南京者張季直、褚伯約、聚卿,均可帶也。江寧省城各碑湮没最多,左所巷曾經訪過,無從問訊,即文廟各碑,亦落落如晨星,僅加封號、詔書兩石尚在,可以不拓。京師舊碑亦易湮没,郭休、曹真,亦不過作他人柱下石耳,不如荒山破廟可久存也。禮卿即日來都,積餘引見江蘇補用知府,現當積谷委員,不下場矣。芸閣得龍門書院,陳杏生得南菁。古學王老前輩亦曾仍回徐州教授任。在南菁一年,出題常爲人訾矣,殊屬不值。季直三月到京,散館後即回。手箋布臆,敬請升安百益。弟繆荃孫頓首。

二十五

湺生仁表兄大人閣下:

弟抱恙回寧,至三月小愈。顧石公、傅苕生慫恿赴杭,借山水以滌愁悶,遂於閏月九日起程,十五到杭,十七移居湖上西泠礄湖樓。暢游十日,廿七入城,寓松雲署中,初四回滬,九日到書院。以靈隱、韜光、孤山爲最勝。雲棲以竹勝,虎跑以泉勝。九溪十八澗,昔人最以爲佳,弟以爲蜀南北棧處處皆是,不足一覽也。共得詩四十餘首,先録數首呈政。歸讀手教並新詩。閏上巳,弟等亦集於薜廬也。《詞録補》,共得廿余人,容録目先呈。恭邸無恙,南皮仍舊回任。如再北上,定當走送。幼丈生日,弟以一聯一幛寄祝,不能往矣。天雨過多,豆麥均壞,歲事奈何！長夏未敢出門,秋凉再圖把晤。此上,敬請吟安百益。表弟繆荃孫頓首。

出錢塘門至孤山

錢塘門外馬蹄遥,兩岸青山一鏡摇。絶好倪黄新畫稿,斜風細雨段家橋。

海南薏苡即明珠,不管旁人毁與譽。我過草廬尋舊迹,清風終古屬尚書。清風草廬,徐尚書潮别業,後裔花農太史重修。

東南三閣媵文瀾,錦贉牙籤信大觀。我友空存奢欲在,未能復古已休官。謂莫仲武繩孫。

淮海中丞宗許鄭，特開精舍爲詁經。橫流滄海公羊學，知否先儒舊典型。

水龍吟　閏三月到西湖

頻年夢想西湖，者番真到西湖上。水光山色，雨奇晴好，天然屏幛。加意春工，韶華百廿，萬花催放。向六橋深處，提鷗挈鷺，菰蒲裏，尋幽賞。　　舊日繁華休説，喜湖山，眼中無恙。定香小築，清尊雅集，俊游難兩。回首煙蕪，數聲啼鳴，感今傷往。借登臨景物，旗亭落日，付澆愁釀。

西湖蒓羹歌

鯉魚風起楊花飛，西子湖頭蒓正肥。采蒓供客易一醉，小舟千數穿漁磯。蒓兮蒓兮自柔軟，無根易逐流波轉。荷小圓擎蓋未張，茶香細擘旗初展。筠籃小摘佐賓筵，白豉紅鹽共一鮮。汲得清泉雙榼滿，烹來活火十分圓。厨娘巧試調羹手，我腹捫來真不負。一箸柔藍冷沁胸，半匙寒翠香生口。幽姿那復與人争，此味終非浪得名。大嚼完時邀俊賞，醉鄉深處析餘酲。水中蔬菜嘆觀止，莫擬采薇與采芑。近時名種推三潭，湖中以三潭印月所出爲佳。往日才人譽千里。避禍懷鄉是與非，天涯雖好不如歸。鱸香自古推張翰，鶴唳他年悔陸機。香初茶半頤頻朵，且喜回甘儕諫果。信口譏評大有人，誚石公。苦心領略無如我。食譜重修列上腴，違心枉自譽湘湖。水光山色濃於染，試讀流芳采蒓圖。李流芳長蘅《西湖采蒓圖》長卷在荃孫處。

録奉湝生老表兄吟壇雅正。弟繆荃孫呈稿。

二十六

湝生老表兄大人閣下：

月内自浙還，寄上緘並小詩，想察入，維節祺納福爲頌。弟專人歸接舍侄到寧，友人貽書多重份，望哂存。紅豆卷如取歸，可付還。新以重價得舊鈔《龜巢集》二十卷，十五元。將來攜至常州，與彼藏一校，不過十日畢，無須鈔。賢子孫太錮蔽，否則刻入《先哲遺書》矣。此上，敬請文安。弟荃孫頓首。

二十七

湝生仁表兄大人閣下：

十三日奉手書並惲府女八字，費神之至。三日後赴占所敬占，三知堂既合，諒必合也。定須十四歲下定，想係近年有何衝犯，占後便知。八字不放人家過年，弟亦聞此説，然既兩願，過年何妨？如還八字，則一言爲定乎？希酌示。弟因老年得子，想將姻事料理，免得再求人耳。此上，敬請台安。弟繆荃孫頓首。

再者，《元秘史注》，弟有重出，即以奉貽。于湖已調寧藩，得之較易。積餘主通州花布捐，去已兩月。劉、謝兩詞録出，尚不盈一卷。兩誤定改，惟板片尚在鄂，未取回。去年百部書只存數部。《元史譯文》書需貳元，叔畬刻瞿氏書目，竹紙十小本，價亦三元二，並不便宜。詞印竹紙，須俟板片運回再印，湖北無竹紙也。朝政紛紜，常熟在内，必不至此。仍是母子争權。蹈汪長之轍。恭邸在，尚保全，歿則發作，轉謂恭邸毁之者，誤也。時文之害，中於人心。策論雖空，勝於時文多矣。《西郊徵信册》何以不刻？亦須改策論、算學，殷亦平可勝任。聞今年主之者係老學客，恐棘手矣。金陵搶米，制軍尚不嚴辦，何况外府。天下之亂，均此無用之督撫釀成也。制軍急於求子，十四妾而無子，不忍殺人，恐干造物之和。鍾山改策論，要改學堂，俟于湖到再看光景，如不能，只可告辭。惜常州無屋可租，仍須住金陵。然想弟一生，下場時不會作時文，當翰林不會寫白折，以爲掌教可以勝任，忽又鑽出西學。讀書萬卷，於世路永遠不合，亦可笑也。月内，《繆氏考古録》、《東鄉叛迹記略》、《藝風堂所存金石目》、《孔北海年譜》均寫成。“篤信漢學，至死不變”，我自下考語，兄以爲何如？廖澤群、黄元同、譚仲修、葉鞠裳、費屺懷，海内同志雖所得各有深淺，而學派則一。弟門人中，丹徒陳慶年最佳，金陵人則無一可談。

家鄉半月不雨,何至人心皇皇。豆、棉花須削兩次,老農以爲須連晴二十日方好。稻田廿日亦不能受乾。有水可車之田方種稻,無水之田不宜種稻,弟少時便習知之。總之,人心思亂而已。士周可惜。江陰連一個候補道謝方山。多該不佳,縣運之壞如此。江陰去冬不必賑濟,至小覷西鄉。今年收回積穀須屯,穀仍入積穀倉。西郊共幾何?示知。兄何不與城董争之?弟與名寫一公信與董事,何如?[1]

二十八

湝生仁表兄大人閣下:

昨奉手書並紅豆卷子,藉諗興會自適,吟諷如常。積穀備荒,爲鄉里造福,甚善事也。書院仍留弟,借此養拙,時局日壞,歸諸氣運而已。康逆潛蹤外洋,必有陰謀,弟甚爲廣東危也。西郊徵信册,弟催至再三。現二董來函,均云沙田及出款,易造漕田,根底不清,須通融辦理,請兄就近督之。小誤盡可隨後更正,每年一册,大衆可觀,自然逐漸清澈。先計經費,再可改課。聞捐辦積穀,城紳向不肯出,有是事否?吴唱初毫無知識,即爲御史何益乎!江陰闒執庵及唱初所以紛紛,不讀書,吃大煙爲事,邑運也。仲芷署運使,聾公將告退乎?《陶廬雜憶》兄付梓否?弟讀詩再作序何如?日内渾身濕瘡,足不履地,未必回里。弟想同兄在鄉間周歷一次,或俟明春。此上,敬請著安百益。弟繆荃孫頓首。九月廿三日。

二十九

湝生老表兄大人閣下:

昨奉手書,聆悉壹是。弟因德豐於初七日起程,初八到江陰,晤李紫璈與夏滌初,將典事辦妥。鍾山正在改課程之際,不敢多耽閣,即日即由江輪回寧矣。紅豆圖早收到。積穀事弟亦轉告。晉

---

① 按,此札下原缺。

初舉辦西郊徵信册,同催,兄可就近催筱舲。積餘現在通州花布局,兄函詢何如?去年只成十家,弟得其一部,明年出差,未聞續刻。夔生非人類,北京棄一婦,南京又棄一婦,現往浙江尋唐春卿,弟已與絶交,徐劉玄亦然。丁陳各詞附還。仲梓署運使,兄宜速往,非弟可比。况弟所著書,殺青無力,尚盼分潤二三年後再賦歸田,何如?弟如有省分,亦不肯賦閑也。《詞話紀事》續刻一卷、《杜雲川集》、《舊言集》,乞付還。邵集明正定交陸和翁,决不有誤。此請著安百益。愚表弟繆荃孫頓首。

三十

湝生老表兄大人閣下:

弟在江陰曾布一緘,想已察入,吾兄行止已定見否?弟本欲赴常,因河道難行,而書院正改課程,課程連補七八兩月,課卷山積,不得不先回料理。常州有太尊内用,繼之者,未必能如其明白公事,分外難辦。積谷聞已辦妥,弟切囑晉初照辦,並先捐廿石以爲之倡。薄田不多,在利城,如舉辦,弟亦照出。但未知業主與佃户分出,抑獨出,必有舊例,望兄示知,亦不敢壞舊例。如西五鎮通行舉辦,東邊亦舉辦矣。《詞録》第三十一卷已付刊,刊成另印呈鑒。《續録》未必能成。積餘之書只刻成十二家,屢催不來,現在通州花布局,兄可就近函索。南京書院又奏復,弟可仍舊藉免移居。今年米珠薪桂,又加閏月,兩處束脩尚不敷用,刻書之興索然矣。手箋布臆,敬請台安百益。弟荃孫頓首。

三十一

湝生老表兄大人閣下:

日昨奉到十一日手書,藉悉新春萬福,慰如遠頌。弟正月初八爲蒯禮卿牽率赴滬。原擬由邑而郡,孰意元宵兩日陡覺和煦。所帶儘是大毛,萬穿不住,新買灰鼠袍又是窄袖細腰,不適愈甚,衹好仍舊回書院。廿日到家,又清凉如故,大有作弄旅人之意。既回家便不能就走,已請惲仲山兄探知,有太尊交卸,打一電報,隨即遄歸。送舊迎新,與兄可作十日談,亦須到西礄一行也。《陶廬續憶》轉有逸趣,但弟意以專詠古迹及風俗爲主,游歷詩應另編,兄以爲何如?兄所慮者典故不够,弟當爲搜輯材料,聊供吟詠,到常並原本面交。拙稿考據多,駢文在内,詩不成家數,擬不留稿。詞另編一卷,將來或附以行。《碑傳集》亦録一目,然不便先刻。李方伯不懂體例,雜亂無次,書雖多而適形其陋。蕭敬甫所録,互勘只有三四十篇爲弟所無,又大半康雍間人,又不合式,無所用其並。此書將成,須自往京師一游方能粹美,滿洲人少也。前編亦然。《先哲遺書》板到留園,俟杏蓀出京,必須印出。如有搭印,望先招呼。陸、薛兩集已無紅書,將來以墨本分致。邵集亦帶歸。此請台安。弟荃孫頓首。廿七日。

《遺書》約五千號,不過五元之譜。

《江陰志》,弟只有趙志八卷、蔡志、陳志而已。陸士雲《澄江集》未見。金陵無藏書家,無假處。兄能於初六七到滬,同看蔣香生書出售何如?光珊亦在滬。

三十二

泩生仁表兄大人閣下:

弟自六月迄今,病有月餘,寒熱來往,精神頽敝,終日欲睡,又睡不寧帖,服藥無效。蒯禮卿觀察來看,曰此閑病也,囑弟强打精神用功,倦則出游,病自能退。弟以此言有理,昨晚睡即安枕,今早起來,先將未復之信作答。兄函來已許久,因病閣下,幸弗爲怪。金時經幢,皆弟藏石,從北邊購回者。弁言及詩料,當力爲搜索。《詞録》第卅一卷刻起,而刻得甚壞,配不進去,奈何!《舊德集》、《留溪外傳》,遇便再呈。此後他種停止,專刻拙稿文十卷,詩不成家,不刻矣。刻而未印者,《北夢瑣言》、《牡丹譜》、《牡丹記》、《據鞍録》、《宋中興百官考》、《敬齋古今黈》。各種名家詞亦截止,有六本書矣。張琦、周青、金式玉、董士錫、周應琦、承齡、楊傳弟、方履籛、王敬哉、蔣春霖、陸志淵、宋翔鳳。積餘太守仍在通州花布捐,共刻成六十家。《浣青詞》能寄來否?未有餘,均刻入矣。愎相籌款,止朱竹石查漏税,契税是正辦。弟即須補繳近二百千之譜,亦須親來理料,家鄉除墳屋,大半白契也。吾兄想所出更多。嶺南之行,在於何日?必須約弟見面一談。時已入秋,病如稍退,必回家矣。此上,敬請升安。弟繆荃孫頓首。初八日。

兩葉以後字不成字,錯訛亦多,此即病徵。

《牆東類稿》早完,弟處只有紅本。《常州先哲遺書》静候汪子遠補寫七個封面,便可印書,而半年不來,不知何處去了。其人作事如此。汀鷺作古,常州又失一老輩,詞乞鈔。汀丈考校金石甚有條理,能托其世兄録出否?可刻入叢書中。

三十三

湘生仁表兄大人閣下:

前復一緘,想已察入。有太尊入都,弟本擬回府,因婦病甚重,小孩亦有病者,其勢不便捨之而去,因專人送詩兩首以當面别。《北郭集》,新得趙敬夫手鈔本,方知此集非原書,而《四庫》所收即是此本。刻本外得詩□首,序三首,校出訛字數處,並校本呈上,可補刻。《容春堂集》十二册還陸彦翁。《香翁奏疏》、費幼丈銘呈上,另一份呈陸彦翁。兄到江陰,飽吃河豚、刀魚、新韭、燕笋,何幸如!按察公傳想尚佳,弟集開卷,即按察公神道碑也。家鄉闊人如曹恭慤,亦無碑志,季布政未知何如,按察公傳亦非兄不能得也。翰如不足責,有身居顯官,問其祖父之碑傳,瞠目不知所謂朱文端之子觀察公,潘文慎之孫觀察公。者矣,可嘆!《元天曆碑》,可拓得一紙否?此請台安。弟繆荃孫頓首。

三十四

湘生仁表兄大人閣下:

昨由書院寄到手書並書兩種，謝謝。《北郭集》可以遺憾，惜原書連趙敬夫均不及見耳。天多雨，恐敗禾稼，奈何？亦愎相戾氣致之也。弟今年爲志名籌引見兼襲職，需千餘金，頗爲吃力，明知時事艱難，志名又不老實，然亦不能不做。初間動身，弟送至滬，初六、七。兄能來滬一叙否？家鄉事多，非冬間不能來也。振聲行否？幼時同課，在京亦甚熟，作事尚可敬。《舊德集》訛字太多，補好再呈。《留溪外傳》板片亦歸杏蓀，《先哲遺書》開印矣。弟亦刻《冰蠶詞》，印本在《名家詞》内，即日印。《常州詞録》决計爲續編，署兄及弟兩人同輯，能有四卷書便付梓。《甌北詞》能覓到否？江鄉故實，在志外者實在不少，然寫未成款，所謂紀事詩、櫂歌，均補志乘所不及，亦有不當入志乘者。志乘史體，爲近人弄壞耳。《江陰志》，明只有趙志，尚短一帙，宋志更未見。汲古閣書目有之。外，浙中友人送來詩二種，乞哂存。此上，敬請升安。弟繆荃孫頓首。八月朔。

三十五

湗生老表兄大人閣下：

弟薄游京師一月而回，然距金陵起程業已兩月，課卷堆積，回里總在歲杪矣。《先哲遺書》，兄分得乙部甚好，以後難得。原訂八十本，子遠並爲六十四本。原簽窄而長，宋簽式，今改寬而短，俗簽式。跋語云章氏文徵，不知文徵係選文非叢書，何不云明《鹽邑志林》乎？子遠自以爲是，大都類此，並所見太少而不肯問人也。《牆東類稿》轉贈陸子翁。薛氏書未印，無以報命矣。此上，即請文安。餘再罄。弟荃孫頓首。

華若翁均此不另。

再，《藏説小萃》十種，八種是江陰人著述，出於廠肆，爲李芍農所得。荃孫借鈔一份，代兄鈔一份，交丁枚卿代呈。彦保鈔一份，從此吾鄉有三份矣。其中只《延州筆記》一種，尚合雜考家體例，學亦淹雅。弟擬刻入叢書。其餘村野鄙俗，若《汴游録》，暖姝由筆，直不堪寓目矣。《孤忠録》可以不刻,似不如《江上遺聞》之潔,兄酌定爲禱。静三處,因代局中訪書,常通音問,亦不過寥寥一紙耳。静三將届服闋,游粤亦近兩年,思歸否?其選常府駢文甚佳,作者惟武、陽最夥,錫、金、宜、荆次之,江陰爲下。如何蓮舫槃槃大集,其賦與駢文,無一語入格者,何况其他?永曦先生文,荃孫只見一篇,亦不入格,未知家中所藏又何如。現在江陰文,終日讀八股,揣摩陳聘臣,陳氏昆仲科第弟均遲鈍,何足揣摩。雖有南菁書院,不知文爲何物,更不知書爲何物。《經解續編》共售出三四百部,而江陰人未購一部,不耕胡穫耶?兩表侄讀書仍以從武陽先生,即我們兩人所住之處究與武陽近,所以略得緒餘。城中,東鄉風氣更壞矣。自以爲好,奈何。再請文安。

三十六

淞生仁表兄大人閣下:

接十七日手書,臘月十四到。備詳近况。《隨筆》續刊甚善,江陰金石乞先示一目。弟甲戌初到江陰。邇時宋四碑止紹興四年《羅漢名號碑》已碎,餘二碑無恙。今一已碎,宣和。移至書院,一砌入小房内。政和。《淵禪師記》大觀。在其陰,兩面刻也。後尋得羅漢碑四碑,石在荃處。真可惜,邑人不知好古,使其零落若是。弟拓本須尋出,再釋文無副本。去年碑目編成十八卷,共做木箱貳拾只,依次收藏,尚易取也。副本亦三千餘,已售與聚卿。再副五百,余售與安徽丁姓。共得乙千五百餘元。所以無副本。兄尋得元統碑,妙極。搜舊碑,不論文理字迹,且托人往拓。伍相廟碑,尚有宋人殘字,當一并尋寄。弟得過且過,决無營菟裘之意,大局尚不可問,何心懷土乎?今冬天乾,明正未必回家,擬縣考後,約石公游陽羡,再回里門,兄能偕往否?此上,敬請升安。弟荃孫頓首。

三十七

湝生老表兄大人閣下：

頃接手書，藉慰飢渴。弟因北事如沸，又加天熱如火，百事不能理料。生平心血，盡在二百四十箱書，一萬種碑，搬移亦不容易，又無桃源可避耶。子許夫婦偕三小孩避至通州，弟及内人、大二兩兒仍留省。兩面用度，力不能支，滿望和局成，往接歸耳。夏間一字俱無，揮汗驅蚊，成《藝風藏書記》十卷一百六十五葉，與《平津館》、《拜經樓》相仿，擬書去而記存。雖不敢與大家抗，然比一無所留者稍勝耳，即付梓人。亦可憐矣。兄久住鄉間最善，辦團練否？只要彈壓土匪，不想抗拒外人也。銀元局照常鼓鑄。任葆堂開缺回家，鹿劾之也。鹿調兩廣，江蘇人如釋重負。潘振聲赴行在，特旨回任。《詞話》已印，即日寄廿本回常。序文略遲再撰。此請文安。弟荃孫頓首。

三十八

湝生仁表兄大人閣下：

前讀自壽詩，方知大慶在邇，未能趨賀，甚歉，甚歉。漁洋山人生於閏八月，今年與同人稱祝，即爲吾兄稱祝亦無不可矣。《隨筆》收入，序言即日呈政。弟今年考證文字，常作空文，積有六七篇，須於冬夜撰成，每年如此。本月初四到縣城，十七仍回書院。邑尊辦捐輸，弟捐百金。委員辦沙田捐，弟應派出千餘串，不知如何設法。鹿傳霖之新政，更刻於剛毅，我輩吃虧尚可，沙民恐有尋死者，又恐激變。和局不成，鹿入軍機，仍墨守剛、趙衣鉢，國亡定矣。閏枝學差不得，欒城亦爲洋兵所逼，不得安身，不知乘間回南否？常州京官盡數出京否？今年南漕不能辦，米價僅不至過貴，旗人亦爲洋兵屠戮將及三十萬，吃米者亦少矣。手箋，敬請升安。弟繆荃孫頓首。

三十九

《詞録》第卅一卷新印出,乞留閲,乞寄一本與光珊,即復信由郵政去。填詞不能交卷。並分致有《詞録》之人。裝訂寬窄不可知,緣舊印乙百部乙部亦無矣。今年本欲印壹百部,趕考事機不遂,奈何!乘輿遷陜,和局不定,又奈何!兄鄉居固安如泰山也。此上,敬請升安。湝生仁表兄大人閣下。弟荃孫頓首。

十二本。

四十

金大老爺:

繆荃孫頓首。初五到江陰,兄無事能一談否?爲沙田及勸捐兩事,約有十日耽閣。《詞録》末卷收到否?湝生老表兄大人。

四十一

扁舟昨自秣陵來,舊雨聯翩數舉杯。佳日過逢人不速,新聲潜譜上之回。龍頭雅望推先輩,麈尾清談盡儁才。消夏迎秋彈指過,又看叢桂粟香開。

軍聲忽地唱檀來,易視窮兵等覆杯。推轂將軍無白起,横刀壯士失黄回。連天空灑萇宏血,經國誰爲管仲才。鑾御西巡海東注,愁看直北陣雲開。

名賢次第遠方來,突兀詞壇瀲灩杯。集號聯珠占月旦,齋名積古辨雷回。同人多擅千秋業,愧我殊慚八斗才。花嶼雲溪幽絶處,紗窗面面水邊開。

和韻三首,敬塵湝生老表兄一笑。荃孫呈稿。

四十二

淮生仁表兄大人閣下:

昨日奉到新正廿四日手書,欣悉壹是。維杖履迎禧,饌著受福爲頌。弟入新春,爲病魔所困,時好時病,以至惲宅開弔未能回常,殊覺抱歉,專家人送幛及席。挽聯以大作雄偉,弟斷然想不到,欲作祭文亦無精神。聞尚未出殯,不知已定日期否?和局又有變動,新政並少端倪,大地滔滔,無立脚之所,吴門未必勝於金陵。兄處鄉間,弟所甚羡,特無人可談爲鬱悶耳。積餘住馬府街,與弟甚近,酷好金石,所缺决可補全,惟盼再搜閨秀詞已有七十二家。湊足百種。弟元宵爲撰一序,未半而血突來,遂擱下,至今未補足,其實所撰並不至嘔血也,一笑。西郊公函狗屁不通,並無誣衊之語,弟回信囑禄田原信亦交禄田。貼在書院大堂,兄何不往看便知。如禄田不肯貼,膽小之至。亦在當内,兄到城可面詢邑尊。照會何以未行到,邑尊亦必問及也。翰如凶横,非保家之道也。縣考在即,恐尚有文章。弟去年在邑中,兩次幾兩月,與幼懷、翰如結成冤家,金、陳並稱,銖兩悉稱,弟不懼也。作事總要問心,心信得過,理直氣壯,單靠凶亦何益。現劉宫保請沈子培、湯蟄仙、張季直、蒯禮卿及弟預議新政,俟交卷再布,先此及復,敬請升安。弟荃孫頓首。初七。

來函派我不是,閲之可發一笑。如此手筆,配做訟師乎?説到伯豫,不過説年少氣盛,答以翰如亦非年高德劭。必至變動舊案,答以尚未接手,何以逆料其變動?去年重定章程,荃亦與議,似乎不能徑變。家世富饒而紳、官捐不肯多出,肯爲書院墊賠乎?答以紳、官捐出卅金係專款,翰如家貲十分,伯豫諒必有數百金之報效,乞示知,弟頗願聞。至轉爲書院墊賠,荃不看帳,無憑恭維。

四十三

淮生仁表兄大人閣下:

前奉手書,聆悉壹切,惟著述宏富,餐衛謦宜,慰如所頌。弟入春即病,病已,宫保囑改書院課程,本月二日方開首課。後,潘侍御病没,將采訪忠義局歸弟,兼領清查册籍,至十五日方完。昨日又補三月本月課,忙極矣。月内又與傅君茗生游茅山,六日而回常州。三月課未閲畢,亦未復兄,職此故也。西郊董事,吴迪光、梅濟和,另有一夏港吴、虞門曹,與弟五人共舉首,王次金只想於中擇一人。雙諭之意出於邑尊,慰留之意出於房科。江陰固吏胥爲政也。第西郊公事業已澈底澄清,經董實無好處,悠悠之口不必聽信。將來須改小學堂,尚須格外益之,吾輩必須幫忙,年得二千金有著之款則可辦矣。吴祖裕肄業武備學堂,俞恪士總辦考覈認真,絶無情弊。書屏之子亦在内,明年畢業。得有好處,或有聞風興起者。王嫂事略,裝入議單,正合古法,無須改動。府考畢否?石公回荆溪否?弟與茗生登茅山絶頂時,憶石公,惜不同游。石公知之得無神往?院考何日?乞先示知。念匪時有謡言,宫保處之以鎮静,較勝湖北。吴仲飴赴閩臬任,所刻《山左詞》十二册,索得兩份,一以貽兄,一貽光珊。以《樂章集》校最精,成校勘記一卷,佚詞十二首。宋詞不易校。又,王佑遐刻《樵歌》於京寓,春間寄到,均以副本奉貽。弟回里之期,意不敢定,容再函達。此請著安。弟荃孫頓首。廿一日。

信由書院,諒無人拆閲。

四十四

湝生仁表兄大人閣下:

前奉手書並續刻詩,謝謝。天旱生疫,處處不寧,維起居珍攝是頌。弟在省垣,如恒落落。學堂動工,落成須在秋間,場後定可開學。李湘遠方伯十二接印,又是一番局面矣。吕、盛兩星使議税事,裁厘加税,商民同望,第阻撓者太多耳。常州學堂如何辦理,江陰亦杳無消息。月生又留一年,大約無所推諉。《北史》配好,請轉交。書價留兄處候弟來用,不必寄寧。今年鄉試來游否?龍城課藝中有《蘭陵繆望考》一篇,吕景柟。前辨繆生、穆生爲二人,此考課之作不必談。末言繆氏譜，以蘭陵誤爲南蘭陵，則寒宗譜並無此誤。寒宗因魯繆得姓，東武、瑯邪、蘭陵三望不出魯地。自晉繆播夷族後，式微之至，由北遷南，江南遍處皆有，常府亦無多聞人，無所用其假借。弟撰有《繆氏得姓考》一篇，此篇先鈔呈。及《繆氏考古録》一册，已付梓。容後呈政。此篇須去末段，乞與華先生商之。否則，他人見此文者，以爲弟閲卷，而門人相譏，並選入，又有佩服之意。相譏固不是，佩服亦不甘。誰知此題非弟所出，入選亦未見，如見，早説明，可將此篇删去矣。聞惲中丞病頗重，晤次翁可勸其府上請陳聯舫，盛老太爺又治好矣。近作詞數首，須月内有人回再呈，今日來不及也。此請升安。弟荃孫頓首。月朔。

拙集五十部一搶而空，下月又印出，擬送十部到常州呈政。名下戊戌到今，又積二三十篇，續刻添詩一卷，即去歲呈政者删廿首。詞一卷單行。

四十五

溎生仁表兄大人閣下：

前奉手書，藉悉起居受福爲頌。南京設一省學堂，六書院全裁。額二百四十人，蘇皖各半，常府派十四人。一府學堂，額六十。鍾山改。一上江縣學堂，每縣卅，文正改。月内定須移居，尚未看定房子。常州設府學堂，龍城亦須停課。弟已告辭，學堂不能遥領。明年只有一館，乾脩已裁完，反要出房錢，出轎錢，日趨於窘而已。尊論住居常州，所見甚大，無如房屋太昂，小房子寔居不慣，隨遇而安，絶無遠慮。光珊詞筆漸頹。念修亦刻集，可哂。常州文風，詩賦尚佳，經史庸庸，無卓然自立之士，吾意中之苗不爾也，不如南菁遠矣。次遠之女公子八字遵交，乞送去，下文暫且不問。此次有結寔函與筱舲，晉初催辦信册，須見徵信册，丁戊二年。追辦亦可。須改學堂，方能有出路，科舉必停，非此不可，請促之。社倉章程見視，敝鎮一定照辦。《先哲遺書》板全交杏公，無開印日期。《牆東類稿》，弟處一部俱無。《容春堂集》，下月可趙。决不遺失。《秘史注》乞哂存。《舊言集》、《雙紅豆圖》,乞即交德豐典,月底有人回金陵也。弟前月廿七送耕莆到上海,五日即回。蒯禮卿觀察爲總辦,弟與季直以紳士預議,終日忙碌,然開辦不知何時。造房屋甚難。行文調考,文書已出,不能挂名,不准吸煙,年紀不拘。到江陰否?于湖舊友陳吟鉢已回,並無請人之説。分教需十五六人,至多者不過六百,尚不及兩湖,難容驥足。金陵米價已平,至高卅四,起馬廿二。家鄉何如?此請升安。弟荃孫頓首。

四十六

溎生老表兄大人閣下:

奉手書,知文旌出游蘇滬,甚羡,甚羡。弟爲公事所累,不甚走得開,甚爲悶損。新刻《藏書記》呈政。近來蹤迹,問石公自知。委購書,一配《北史》,一購地理書,忘其名,找原信亦尋不見,乞速示,以便購奉,决不是怕墊錢,想可鑒諒。新定學堂課程,乞交季申爲禱。峴帥要辦,中小學堂先動工。大家推宕,然終難抗旨也,情形如是。此請升安。弟繆荃孫頓首。

四十七

溎生仁表兄大人閣下:

弟自正初出洋,前後七十日,魏制府電招回省開辦學堂。四月初開學,正值風潮大起,抵禦之外,仍須誘掖而加以指示,桀驁者漸漸馴静,大約可以相安。吾兄居此席,亦何必辭,弟以守舊爲主,而日啓新機。蘇報痛駡宗旨不變。現在諸生作文,連目的、起點字様,均爲掃除净盡,亦可謂頑固矣。惜科場又開,須耽誤三個月,可惜時光也。科舉不停,學校不興,强者叛亂,弱者餓死,一定之道也。學校興則人思自擢,何必叛亂,何至餓死,亦可返對而知也。妙在弟是頑固党不是新黨,第洞矚其機括如此耳。講學則本廣訓,日本亦出於天皇敕語。日朔望二次,不明演説,吾兄以爲何如?天熱怕上路，尚要管理住堂，不去了。學生爲了看策論，以盡教習本分，回京一次，受氣花錢，不如其已。孟輿甚得力，張先生則少遜。有回任消息，世兄以出山爲是，現求一至小之事，亦非我輩所能。電局一概不動。現有非學生不得委員之例，想是確音。大小兒攜住學堂習化學、西文，日有進境，附課。中文自課之，粗通而已。弟另創一學堂，盡十四歲以下者，同人十餘爲教員，均不受脩金者，進境更快，三兒入此學讀書，一月抵向來讀書兩月功夫不止。明年四兒亦進去。二兒自願習水師。家中不延師，讀死書真無益，下場亦無謂，不如各習一藝，無論亡國存國，總可混飯吃爲要。武陽學生趙、湯、張、宗、留，均極佳，江陰保特科。弟與閏枝不考。秋輦頭場，被落陳、祝，復試被落，亦與丙辰相彷彿。袁勵源是否常州人？錢少雲，能員耳，非經濟也。復試大半無名之士，閱之憤憤，條子作怪，尚不如看字也。瞿方伯歸道山，弟之同輩至戚少矣。常州人在鄂得意約卅年，惲、瞿均逝，盛道能繼起否？手復，敬請升安。弟繆荃孫頓首。

四十八

淮生仁表兄大人閣下：

昨奉手書，敬諗興居矍鑠，逍遥於黄山蠡河之間，觴詠自得，仰覘清福，歆羡奚如。弟新正初八到滬，原擬節邊到家，孰知陰雨連綿，天氣驟暖，小毛棉衣均未曾帶，遂折回書院，又值婦病逾旬，課期又至，不便出門矣。初五專人回家，送上《北郭集逸詩》、《容春堂集》，想已察入。金陵學章程甚好，專門業就，即派管事。如礦學即派礦廠，農學即派農務，有成效即保官階。專門，農工商三門。何謂無出身？如南菁亦無出身，有志者自爲之，不能爲庸俗人道也。如云作爲舉人、進士，不知鄉、會試中出來人尚無飯吃，如派管事，薪水較優，弟看之比翰林還算得來也。西郊添課，弟不以爲然，思而不學，有何益處？一二百分錢，不如捐賑。總宜延一師住院教十數人，每值一人。住院方能得實濟，經費須看徵信册方能合計也。淵禪師愫像現在觀音寺牆上。宣和碑陰,弟曾拓過拓本,尋出釋文寄閲。《泛海觀音記》爲老沙藏之家,弟出五元購歸,嵌於南菁壁間,額篆額。有半塊在觀音寺内土墙脚,曾囑董事嵌於一處,董事應而未果,現在不知尚可蹤迹否。江陰除我們兩人,誰能知何朝之碑,何人之集乎?丁叔衡,翰林才料,稍勝王亦曾,聞十三題目一出,轟而散廿餘人。傅苕生茂才已到金陵矣。兄出門有日,乞告知。此上,敬請升安百益。弟荃孫頓首。

四十九

湝生仁表兄大人閣下:

別後兩日到省寓,家中人幸平安。昨日入外闈,見研蓀,將兩書面交,求題亦允,俟送來並長安宫辭同呈。積餘病已愈,望《閨秀詞》乞兄得一帙,先寄一帙何如?特科第一,袁嘉穀在此,丰采論議,超越流輩,而守禮純謹,無飛揚跋扈之概,可敬也。持論與鄙意温故知新,最爲要著。縣學不可不開,兄亦不宜辭,與九遥製,須與次遠説明,有權則辦,無權則不辦,明白曉暢,不必托詞也。寄上書七册,常州詞數家,乞察入。此上,敬請台安。弟繆荃孫頓首。

石公一信,乞轉寄。

五十

湝生老表兄大人閣下:

頃奉手書藉知即日有金陵之行,欣喜之至。維福躬萬福爲頌。敝寓窄隘,又擇本月廿二日改造上房爲樓房,一切什物位置䕫事,殊不足以款高賢。店房以照佛樓、聯升棧均好,均花牌樓。學堂相近,亦通馬路。次則狀元境各棧,如評事街,太遠矣。李督拜而未見,徐觀察亦未晤。敝堂有總辦,諸事不便越俎,弟合則留,不合則止,不能走。無所繫戀,亦不能巴給。夔生在此,一到即病,迄今未晤。金陵舊事,劣迹甚多,以云圖事,恐不甚易。弟俟總辦回省,即乞假歸里,能不錯過方可。此上,敬請升安。愚表弟繆荃孫頓首。九月朔。

五十一

湱生老表兄大人閣下:

年況如駛,又到重陽,話別以來,忽忽一載。弟早欲歸里,先因總辦到蘇,旋暴病而逝,新總辦甫接手,尚無頭緒,今李制軍又殁,弟須經理一切,以告新任,大約不能即歸。聞兄來金陵,何以久不至?或以天氣凉,或以事耽閣也。《陶庐雜憶》,删無可删,擬爲一序,俟後再呈。積餘仍在洋務局坐辦,要差也。鐵良不去,人心惶惶,朝廷舉動乖張,種種亡國之象。簡蒯禮爲運使,裁去漕台,每年可包解三百萬,何必費事。淮關每年解不足三萬,現歸淮安府,可得三十萬金,府亦成好缺。弟繆荃孫敬請升安。

並附呈後湖蓮一包。

五十二

湱生仁表兄大人閣下:

與兄别後,熱至萬分,幸本月退凉。方擬函訊而手書已至。籍悉起居安善,至以爲慰。南洋受北洋卵翼,斷乎不動,手下閩人作祟,婪財賣事,彼昏不知將來必出大亂子。固卿紅人,决不一面許,太尊已函謝。子許之窮,月給廿元已如甘露,但求早調耳。如晤,請達此意。科舉即停,常人修塔,舊想太滯。静三得淳安令,可做海剛峰矣。磚不甚古,爲燮生持去。王忠藎公墓詩,擬爲詩社題,可多得數篇也。弟身子尚好,讀書亦如故。此上,敬請台安。弟荃孫頓首。

明文淵閣、菉竹堂書以册計,然册有厚薄,不如以卷計爲妥。

五十三

湘兄賜鑒：

前日一緘諒已察入。張次山詞、金夔伯詩，均呈上。次山詞爲近今所少，佑遐、研生，均趕不上，無論光珊矣。同鄉中如江建霞、費屺懷之没，吴梅村詩所謂“十年同調兩三人，沙董朱顏盡黄土”，意境似之。東畬太守一函，望交去。弟俟午帥到滬往送歸，到蘇弔屺懷，順道到常送眉卿，還與次翁商量公事，制台托也。此上，敬請台安。弟荃孫頓首。

五十四

湘生老表兄大人閣下：

奉手書，知清游滬瀆，道途平安，消閑可羡。弟終日作猢猻王，言語舉動總須留心，不如山長之自由。月朔放假，亦須到滬。八九月間，挈次子到家上墳，必來城盤桓十日。惲宅喜事，一切費神，如何辦理，届時面商。題詞即送子虞太守，胡糧儲處，均可代催。端中丞到蘇，學務、捕務均極整頓。常州、江陰不肯舉辦學堂，豈坐待八股之復耶？恕無此日矣。夔生文極佳，行可議，作何位置，有定議否？小書三册，太倉宗人所贈，呈閲。石公想須回寧矣。此上，敬請升安。諸希朗鑒百益。弟繆荃孫頓首。

六月初六，孟輿孝廉帶來。

五十五

湘生仁表兄大人閣下：

信到，來函稱謂不敢當，不敢當。盼早臨，房内可住，略有油漆氣耳。聯語不稱，弟下句不敢當。孟輿世兄好否？已向兩江請假，楊文鈞不能上班，乞告孟輿轉告之，未班亦讀二書。何必到南京，不如在家鄉讀。學堂事太費心，弟亦將辭去矣。自病不用心，連詩均未做，南皮壽詞請况夔生爲之。學部學會宗旨甚正，學生連議員不准當，只有武陽鬧得不堪，可見人品壞也。劉老先生何苦在内，知之乎？不知乎？此請升安。弟荃孫頓首。

五十六

新印《金石目》，奉上呈政。續得千餘品另編，此事亦無完期，然海内外金石家無能出吾上者，日本藤田君之語也。又，《東園尺牘》底本宋字本，懇兄轉交次遠，可否付梓？惲氏有《南田》、《子居》兩大集，均有板，近又刻遜庵、鶴生兩書，餘再搜羅，可成惲氏家集，詞中有款，何不爲之？尤是斯文未墜時，以後更少人談此道矣。嚴寒諸希珍攝是幸。今年租收想多如意，大家仗此爲生，然寒家不敷太甚。淮生仁表兄大人。荃孫頓首。

五十七

淮生仁表兄大人閣下：

春間惲心翁來，談及吾鄉修志，弟頗欣然。三月初十偕内人到四明，十五入署，十六拜童世兄、陸漁生、盛心泉諸人，十七日游月湖，十八登天一閣，十九游天童，詩僧寄禪八指頭陀。舊雨也，住寺中三日。再游阿育王山，廿二回署，廿三即行，廿四到滬，廿五到蘇州起程。本擬到常，忽知王太尊調凉州，頗爲悵悵。又家中無人，擬先爲一看，過常未下車，當日到寧，天未黑也。閏枝辦事有條理，缺太苦。閏枝之儉，不彀澆裹，若弟則糟矣。今奉手書，頗呼負負。内人昨日甫回，家中有人主持，擬節後到鎮小游約三日，爲况夔生戒煙，午帥要考驗其真不真，兩人同游，午帥出費。金、焦，即到郡聆教，如有爽約，公同議罰。體例須見舊志方能動筆，亦不過大概，書完例方完也。朱、屠皆未得碑傳，譚仲修、李蒓客，遍尋不得，自撰亦不得事略，奈何。昨胡幼階任譚傳，亦未交卷。督撫亦成。□公已刻起，謝、黄二公恐不能入矣，現只有武臣、忠節兩門未完，官局刻得甚快。楊氏全書弟即帶來，恐江陰刻手不易覓也。此請著安。弟荃孫頓首。

次遠前輩均此。

五十八

湝生老表兄大人閣下：

前奉環雲，未及即答，辰維起居百益，消暑咸宜是頌。弟典勘書畫已過百軸，真迹較多。舊籍對勘，足長聞見。天時過熱，汗手最忌，專撰考證，餘俟秋凉。夔生、審言專攻金石，將來亦歸弟畫一，頗足消遣。《碑傳續録》刻成四十卷，非官局不能完功。金陵刻工須十八文，一十。二文一字尤佳，祇朝天宫李姓一家，官書局。餘李光明一家，别鋪無本、無人，恐靠不住。令郎續弦在何時？令孫在陸軍，每月十六兩，七折關領，只够零用。弟清早在家，必可以見，祇知一次，適因出門，如到學堂門口，並不來回專次候總辦耳。小兒並未來往，其同事茅君談及始知之，並不荒唐也。午樓已回，即日歸葬。况夔生亦戒煙，究竟戒得掉否？惲履伯病及二月，昨始回里，次老頗受驚。履伯篤信洋醫，求效過速，反復不愈，須養好方能出門。次老七旬，常州同人有公份否？小兒必到，弟畏熱，便不定矣。此請台安。弟繆荃孫頓首。

五十九

湝生老表兄大人閣下：

弟赴滬而兄移居，俟弟回寧而兄旋里，歉仄之至。辰維新禧萬福是頌。弟去冬之窘，爲卅年所未有。二兒一病而逝，尤傷老懷。幸年内連得宋板書，脱内人金釧易之，吟賞自喜，賴以消遣耳。陶齋、左庵窘與我等。今年非大稔不能挽回，只可靠天而已。兄事不成，令孫可以到寧。固卿之事未動，參折之言盡屬子虚。大兒與令孫同考南菁，未曾出案，兄有消息否？弟右臂漸愈，精神尚好，堪以告慰。此請頤安,並賀新禧。弟期繆荃孫頓首。

六十

今年未與兄通函,因公事坌集,口舌滋多,而精神究屬頽敝,不自知其諸事廢弛矣。陶齋定要代其修《書畫録》,收藏真富,兩月來看過四十餘件,頗增眼界。蓮溪所藏亦見大半。友人擬獻納者,賈人擬出售者,紛至遝來,已成書畫窟,琉璃廠無此大觀也。文孫在督練公所,館況何如?兄出游否?弟欲回里一游而不能。一,學堂離不開。一,資斧無所出,須候今冬。弟自通籍至今,去年年關弟一難過,上半年去三竿造屋;下半年家鄉無收,各處捐項又去五六百元;二兒病及殁又去六百餘元;到十二月初日,四川舊賬主之子,持券來索千金,收本送利,其辭甚直,利須千六百金,忙了四日湊還,過年遂大困矣。季直股份已不妙,如再站不住,不堪設想。昔日視館爲可有可無,如依館爲生則膽更小。閏枝簡湖州,山水甚妙,不知何時到任,同兄往游何如?此上,敬請吟安,並叩節禧。弟期繆荃孫頓首上言。月朔對雨樓泐,正值大雨。

粟香先生著席。

六十一

湝生仁表兄大人閣下:

别來兩月餘矣。國事,子虞制軍懦而無識,諸事叢脞,尤爲可怕。弟亦肘病,學堂亦形棘手,明年已辭,未知允我否也。新刻小叢書呈政,又友人詩十册,乞分貽同志。名家詞,望寄蔣香谷。弟明春尚想入都,都門友人催之不已。資格已列編頭,升階可望。兄入粤否?黄粱未熟,何妨再夢!一笑。此請如安。弟荃孫頓首。

六十二

湝生老表兄大人閣下：

昨布一緘，想已察入。王公墓碑脱稿，呈政，乞方家指教。尚不枯寂否？六十老翁，尚要入文學侍從之隊，撰文猶可，寫字則萬萬不能矣。伯豫何時來？此上，敬請台安。弟繆荃孫頓首。

六十三

湝生仁表兄大人閣下：

到常屢擾佳餚，不安之至。比維春祺日茂，履祉云亨，定符遠頌。弟前月到杭，留連七日，閔枝署首郡，焦頭爛額如故。公費八千欲裁去。湖上游兩次，西溪一次，而西溪勝矣。初五回省，學部榮相調開，局面又换，可去可不去矣。通志明日開局，仍舊包卷，而編譯局乾脩一概遣散，若輩又不知如何造謡。既出任事，只可聽之。藩台及監理官，時時打聽各局所，不辦事者即行裁撤。圖書館去歲裁五人，二月又裁趙穆士。伯豫盼早來，書已全部陳列，同人忙極。舊屋亦動工矣。新與茅中丞通信及回信，均登官報，另印二十份，乞分貽郡中友人，以資談柄。《蘇集》未補起，《續碑傳》未刻完，催亦無益，各省匠人均少。兄在家作文消遣，何時來看勸業會？此上，敬請如安。弟繆荃孫頓首。

一梧師有書及信來。

六十四

湝生仁表兄大人著席：

相聚八日，談讌最樂，惟過於客待，殊抱不安耳，謝謝。常州舊志，敝藏無有己丑年。雋甫伯岳寄《武陽志餘》一夾板十八本，亦活字，初以爲舊志也。以後須覓一部，以便動筆。盛宫保並無信來，望轉告幼舲，想是定稿，尚須推敲耳。條例章程再寄。先此，敬請台安。弟荃孫頓首。十七日。

同人均代候。潮扇可付十五，即交伯豫。

六十五

湝生仁表兄大人閣下：

昨奉手書，並史、謝各傳。史傳本用此篇，特删去不止一半。方夢園文，拖沓不成文，惟别無他文，則删而用之。乞轉告朗存昆仲，並已刻好。謝歿於嘉慶朝。黄公此文甚佳，設法刊入也。此次又值繼方伯與制軍招損，將各種新政費一概不發，弟之薪水即無著。制軍批駁。制軍浪用亦多，方伯如分别請裁，未必辦不動，負氣謾駡，制軍不能堪。伯豫之事，提亦無益。盛宫保有親信來，囑弟擔任府志及續刻遺書，是府尊信去必以爲然。開辦何日？三項擬稿，同人以爲何如？如有應改處，不妨相商，一人之見不能如衆人之推敲也。天雨已足，頗嫌有餘，尚不暢晴，米價又漲，奈何？幼舲已回上海，弟亦有信致宫保，兩事均允，再候其信。前次目録，宫保居然寄來。事隔三年，尚尋得出。弟因近日所見書更多，必須重定，如薛《通鑒》、唐《稗編》之類須去，國朝罕見之籍須添，並辦文徵，取消志書中之藝文，改名文録，或即名《讀藝文志》，均無不可。以彙聚名家之單篇，諒必以爲然也。詞續原稿在兄處，尋得到否？此請頤安。弟繆荃孫頓首。

六十六

粟香仁表兄有道：

道出毗陵，諸承照拂，茆庵一叙，情意尤爲接洽。賃船精潔，到家亦未上岸。兩日諸事略理大概，廿六開回府城。十點到三河口，赴姚公遠購醬油，並留吃點心。東北風大，三點即到車棧，附快車回寧，亦弟所不料，未能入城面别，爲歉耳。大稿三册暨給貴管一元，均交伯虞。現新添總辦，諸事裁並，節下恐未能回。亦爲議員止准三百金,無法開拓。德豐弟要薦子齡充錢房,升鄧君管總最妥,乞與次遠言之。弟必須有一人在内,並管田畝。西鄉共四百卅畝,收租人兩位,止須核總,於典業並無拋荒。子齡不能回申港,較禄田轉可常在典中。次翁再達,心翁或可如願。隨即寫信與心翁也,兄采訪有可交卷。莊誦先所藏十册,可否由兄交弟?將來由弟交還,决不遺失。孟輿人物頗不順手,譊譊囑托,似乎可以改樣,方能長就,從前推無書,現不能推矣。此上,並謝,即請台安。弟繆荃孫頓首。四月十六。

六十七

湝生老表兄大人:

新春大喜。弟自去年十二月由蘇回常,新制軍時時出難題交辦,既不明白,又復下急,事事頗難商量。待弟尚算優禮,至委員更不成話。黄方伯亦屢碰,徐叔琥幸而脱逃,此等局面又豈能長久乎?久不通函,職此之故,乞兄原諒。惲宅送親,懇兄偕次遠同來,老年弟兄,暢叙數日。喜事之後亦可同游金、焦,亦一快也。徐固卿觀察,亦時相憶。石公回家,稟請開缺,家中一無所有,要問積餘要乾脩,現在省中一切乾脩均已裁完,積餘除非自送,而每月止三百薪水,恕未能分。聞其子孝廉洋煙癮大,駡人如老翁而甚不通,人人畏之。棄實官而求乾脩,此何説也!吾兄知其的乎?此上,敬請台安。弟荃孫頓首。

外呈書二册,還書二册。

六十八

湝生仁表兄大人閣下:

前月弟廿三到滬,觀金石書畫會,佳種過少,興致索然,廿七即行。聞兄亦即到滬,惜不少留。弟在江陰上墳,初七回寓,正值議員裁書局及圖書館,軒然大波。屠寬首唱,並要改南菁爲女學堂,善餘説，先改南菁爲男精。則王楚書主之。衆人不知其意所在，弟獨知之。倡言南菁經費，嚮歸琴若主持，無論何等學堂，琴若均可助理；如改女學，琴若必辭，而楚書可以得之。新黨之意不過金錢主意而已。文襄游仙，午橋落職，文學之士悵悵何之！屠寬説，頑固之國文，非剗斷其根不可，真應運而生者。鹿、榮兩相，殷殷見招，要弟到京，完張文襄未竟之志。弟隨上兩書，竭力恭維，請經文兩科不可並，各省催破存古學堂。如兩相允許公事實行，弟亦願犧牲一身，拼命北去，替兩相分擔事任，不過稍吃苦耳。新刻《王懷祖詩》呈政。又想刻《董子中寄詩》一册。常人曾刻過否？詩極佳，晉卿次子，舊友也。兄處有戴子立逸詩，乞假我，並《董文友集》刻起。刻本一校即趙。安帥要開通志局，改書局爲之。常志亦應修矣。惲八先生與弟大翻，所以不敢回常州，俟其氣平時再説。然常志必須辦理，現測繪館已測過，補測較易。款又減矣。此上，敬請台安。弟繆荃孫頓首。十九日。

柚岑只存一孫，近亦殤去，血胤絶矣，可傷。三太太新來滬，看女江蓉舫家，大病。好與不好，弟均須出貲，爲之致書四川，索雲孫之孫承嗣富官。此豈平日所能料及，預算表足據耶！

六十九

湛生仁表兄大人閣下：

久未通函，實深歉仄，近維興居納福，杖履生春爲頌。弟自九月以來，换三制府，午帥本係舊交，往往夜談，考订金石。玉帥到，又派查名學堂，又赴蘇送午帥。初二回省，接上本學大考，今日方畢，初十放學矣。次遠親家，允送親到寧，偕兄同來，又可聚首，何幸如之！武陽學堂事業已開辦，此事不能不辦，愈久則愈進，惟不准東洋留學生來著手耳。静三先生論議，弟亦不以爲然，兄看弟二次開辦，現象何如？小兒在堂殊肯用功，明年普通可望畢業，照章歸學政考試，一等拔貢，次優員，次歲員。如以不爲童生之人考得歲貢，亦奇事也。手箋，敬請著安。弟繆荃孫頓首。初九日。

固卿晤談,博雅可愛。夔生入官報館矣。

七十

湝生老表兄大人閣下:

金陵匆匆一叙便分手,辰維興居納祜爲頌。弟初四回京,十六到差,終日碌碌,不能伏案,殊爲苦耳。子東尚書,見時即問兄道途安否。夢陶問兄圖事遂否,並問何日旋里。圖書館在後門廣化寺内,與住處相距三里之遥,往還殊苦。至派員太多,辦事不劃一,中外如一轍。弟恐落落難合,早歸爲幸。廠肆書貴極,興味索然,歸去更速。弟無書看,如魚無水,不能過也。手箋,敬請升安百益。弟期繆荃孫頓首。

七十一

老兄重來,欣忭之至。明早準十點鐘,乞移玉至三馬路半齋一聚。兄如先到,乞占席面,弟約閏枝、學南同來,學南即發信去。家鄉光景何如?此上湝生老表兄大人,恭叩節禧。荃孫頓首。兩兒侍叩。

七十二

粟香仁表兄著席:

自君回常,無限思憶。弟寓居偏僻,早有來往,雪澄、心佳最近,可以劇談。然校勘書籍,樂趣尚多,孤陋可誚,群居亦無益也。惟奇窘,過年尚有不了之事。盛氏《遺書》初編,送弟三百金一年,四年刻畢,共報銷四千八百金,弟之乙千二百金亦在内。此次編刻,不要束脩,應許刻成助我裝璜費。書皆弟藏,刻寫後,非重裝不成書。現刻七十余册,支過六千元。現盛氏杳如黄鶴,刻匠除停止外,尚需開銷,從何處設法?現想兄與陶蘭泉商量,可否將書板全押彼處，以千元爲率。如盛氏不問訊，即改陶氏印書，盛氏如索還，加利還彼取板，則書板不至抛荒，而弟藉免目前受逼。乞兄宛轉達意爲禱，費神再謝。莊心嘉住同里，不日來常矣。此上，敬請頤安百益。弟荃孫頓首。十日。

惲氏兩種，約次遠助我，然亦未修出。

七十三

湻生老表兄大人閣下：

今日小孫聯城來函，云次翁與之作伐，新親孟家，敦請兄作男媒，女媒即次翁。務懇俯允爲禱。前寄一函，諒已閱悉。弟寄居海上，生計毫無，連回常一次，均難湊盤費，其窘可知。德豐不支，殆將閣淺，均心雲所用非人致此，又將何説！明年趨常叩謝。此請著安。弟荃孫頓首。

七十四

湻生老表兄大人閣下：

昨日暢談，回寓安隱否？弟飲啖均減，非吃不可，實膽怯也，奈何！廿七日星期，李審言約至舍下，乞兄于十一鐘至便飯，可與審言談也。審言博雅，住劉聚卿處，一月來談一次，以徐星伯待沈子惇之例待之。此訂，敬請吟安。弟繆荃孫頓首。

七十五

湻生仁表兄大人閣下：

兵警月餘，萬事廢弛，頃奉手書，如空谷之足音也。趙學南全家僅存一身，書籍、字畫、金石、書板、房屋、什物盡成劫灰，聞之淚下。現已移家石塘灣孫宅。兩世收藏，一朝捐棄，傷哉！究竟不知如何結局。金陵一屋，石橋一典，危乎其危，常州何如？弟身體甚好,匯兑不通,典質無地,更窘於去年。生日樊山贈序,友人贈詩亦多,炮火殷天,詩壇掃地。兄贈聯語極佳,莊方伯書亦願得也。届期小孫必來,交彼最妥。千萬不可賜步滬上,有人滿之患,店亦住滿,又有月餘,是何光景,亦難逆料矣。幼舲昨亦晤面,宫保爲岑三訛去三萬金,又受一炮彈,碎一多寶厨,亦頗不高興,恐亦不能熱鬧也。大作久欲送還,今交小孫,序言隨後交,又得一新義,惜未敷衍成篇也。此上,敬請吟安百益。弟荃孫頓首。

昨連城來,晚間作函,擬連詩本交彼,早起聞已附馬車去,只得將書留,信先寄。初八日辰刻。

七十六

淮生仁表兄大人閣下:

賤辰仰承賜聯賜詩,侑以醉觴,感謝,感謝。維興居受福,譚第凝禧爲頌。聞新居在府宜街,移居何時?距次翁所居遠近何如?弟當此時世,何敢言壽,是日閉門謝客,自約次遠前輩、心安方伯、子淵、潤枝、菊農在半齋吃面,往游花園,晚間同興樓一醉,亦甚樂也。次翁初十即回。大著先交聯城呈上,擬序即寄,《靈峰志》留閲。近日文境又變,不願入激昂一派,兄以爲何如?金陵剩物搶完,只書板無恙,稍勝學南,然亦須進出。雲洲、亦平最甚,劫到十餘次。書屏、谷瑛無一得免。人口走入洋人病院倖免,可嘆。此上,敬請吟安百益。弟繆荃孫頓首。

七十七

淮生老表兄大人閣下:

久不通函,懶慢特甚,亦以困窮無賴,無可告語,想春間回里掃墓,既無盤費又無家人,分外爲難,言之可慨。辰維興居受福,潭第凝釐爲頌。委撰序文,録塵改正。書名仍望示知,以便存稿。文不成文,語無泛設耳。光珊重刻詞,弟作駢文一序,殊嫌才盡。殷亦平到金陵謀事,未知成否。人無階級,人人可作達官,如何能太平?兄在常州尚優游自得,飲食步履健否?弟總算復原,日内傷風咳嗽不已,春寒真難伺候也。《夏永曦先生集》已刻起,兄想得初印本,刻樣尚佳。製造局刻手自被裁後,經弟招與劉氏刻叢書,並未遣散。金陵書局人亦未散,均以私家之力維持之,賊官斷不知此道。手箋,敬請文安。弟繆荃孫頓首。

七十八

湋生老表兄大人閣下:

久不通函,時時懷想。兄存款有眉目否?弟亦爲友人借去大生股票四千,輾轉轇轕,迄未取回,帳房雖允止利,而弟亦不能即用,爲難已極。《適園叢書》擺字,本石銘所棄,現在刻及二十種書甚好,《求恕堂》書亦二十種。開印紅書而不用洋紅,可以經久。李先生文未便刻入,體例不合故也。樊山、少樸同行入都,連日餞筵。詩社以後歸止相主政,子培亦不去。一切仍舊,並籌刻詩。閏月子淵生日,想同次遠前輩來,再圖良叙。莊方伯寄來《楓南池館文集》,乞代謝。弟並無此書,新從盛氏書館翻閲,極佩,正擬訪求而此書適至,尤爲忻慰。金陵蔣小驢子開局,收金陵人著述,請馮夢華經理,震載廷、李審言兩分校,雖用擺字,然所費亦不貲,皆好消息也。盛氏書目交卷,只找補零種,已不長矣。此請箸安。弟荃孫頓首。十六日。

《衡甫全集》在弟處,體例與弟集相類,序尚未成。

七十九

湋生老表兄大人閣下:

今年之熱,毒而且長,終日伏處樓下,静坐觀書以度永日。清早,有萬不能不應酬者,或答拜,或作函,至十點鐘便不能辦事矣。接兄信問積餘,久已收到,當即答復,想已察入。《辛壬稿》之刻,文止兩卷,將詩勉凑一卷,殊不足觀。少年、中年之作擬删改成四卷刻之。近作歸入《癸甲稿》,亦不盈一卷。如高至盈尺,一詩三四十首,弟不能也。史館來聘,超社徵至七人,樊山必行,楊、震、吴亦必去,子培景况甚好,斷乎不去。弟覆函先詢宗旨,再籌旅費,戰事定後再説,即使北行,亦在重陽後矣。報上所云,節庵與雲門絶交書、致趙次山書,絶無其事,皆報館造謡言也。今年知兄吃虧,而弟亦不了,年成歉收已定,租必不能如額。滬上百物昂貴,房金長至八十元,以致崇正書院兩《漢書》,張皋文手批《漢書》,内有周伯恬、陸祁生校語。正統本、汪文盛本《兩漢》,均以易米,極傷心也。愚庵《書目》,前五月交卷,而至今酬筆未來,幼舲於中爲難,不意老年受人輕賤若此。即使有事望兄,亦必不就,就亦不能救窮,兄詢光珊便知。即如次遠所談,常州還板酬書一層,重分書甚多,裝二十箱交次遠,亦不傷惠。出納之吝至於如此,言之憒憒。此上,敬請吟安百益。弟荃孫頓首。

伯虞有事否?紫東到滬,尚未見面,眷屬回蘇。

八十

湝生老表兄大人新年大喜:

去年自北京回,即將舊接劉聚卿、吴石潛、鄧秋枚瑣事一概辭去,而結束亦甚不易,昕夕忙録,遂致無暇通函,歉仄之至。今年專辦史事,劉、張刻書,延殷亦平助理,督僧保爲之。史事專主秘密,館長宗旨相同,决不漏洩於報館,以致報上論史事全不相合,聽其胡説,不與之辨,豈有正經辦事人邀譽於報館者乎?勞玉初亦爲報館所誤,雖不窮治,而皇室吃大虧矣。弟在京,只見舊雨及本館人,當道並未往來,只董授經、趙劍秋、莊思緘、周少補相聚數次。趙購書,莊收書畫,常州後來之繼起者,然尚不及陶蘭泉之勇决。兄在家作何消遣?老年有事了不了,無事亦吃苦,不到老不知。次遠、辛安想長晤,乞代候。館内約四月去,不免奔波,想游太山,重過大明湖,出居庸關,抵大同,殊廣眼界,當先到常一聚也。潘振聲入

《卓行傳》。將辦振流弊透徹言之。《貨殖傳》有胡雪崖、盛宫保諸人。宫保除錢財太看重外，居然一代人物，擷撲不破也。紫東安居蘇州。樊山全家入都，專管機密，不知於政策有裨否。手箋，敬請箸安百益。表弟繆荃孫頓首。僧保侍叩。

陸保仍回京師。紀歲封以都嶠最爲難得，故先奉閲。

八十一

湝生老表兄大人閣下：

前奉環雲，聆悉壹切，惟興居萬福爲頌。適園兩種寄到，集字甚雅，不但勝於鉛字，並勝於常州之活字，字長而邊寬故也。惜詩詞不佳，題詠亦鮮名人，可見江陰之陋。列傳江人最少，無可如何。潘傳，只重在放振不入，已借此將善棍之弊揭出，痛駡一頓，餘皆不載，史例如此。俞五先生有傳，將咸豐軍政之弊揭出，並及瑞澂。非殺何桂清，不能成中興之治，而本人甘於廢棄終身，爲不可及，略存史意。至盛，生存不能作傳，而《貨殖》、《郵傳》不能不叙其事。幸不爲他人道也。書兩種呈政。乞賜《粟香隨筆》一份呈史館。又《楓南山館集》二，惲先生集，亦懇代録爲荷。此上，即請文安。弟荃孫頓首。

今日專人送惲喜分，並接殷先生到館。

八十二

湝生老表兄大人閣下：

承贈書，代謝。《楓南山館》亦收到，隨即交便帶乙卯箋一匣，由次老轉交栩園，想已察入。次老處，實因元宵嘔吐，兩日未曾拈筆，未作賀函，諒不爲怪。向荆山，山陰人，江字乃訛字，其人亦平常，已删去。次山因表志均已分人，而列傳孰宜立傳，孰不宜立傳，附傳，囑到館翻閲定目，約兩月方能定局，再行分派。分纂誼不容辭，只能應之，但不知身體何如耳。《國初建州事迹》，全翻《明實録》,補出許多。太祖武皇帝,萬曆朝曾朝於明,封龍虎將軍之號,《東華録》諱之。《兩朝從信録》、《建州事迹》均查過,第屏絶新黨之揑造者,亦不得已之苦心也。雲門北行,止相重整詩社,夢華、小石、古微均添入,頗不寂寞,惜海上無園林耳。此復,敬請著安百益。弟荃孫頓首。

小説全目在《也是園書目》,只得二本殘册,跋及封面未刻了,此樣本。

八十三

淮生老表兄大人閣下:

族侄來,奉手書,聆悉一切,維興居暢適爲頌。拙稿只一册,已交書屏轉呈,三部亂填可笑,不成文也。藝文歸章式之,遵自來史志例。《重修四庫全書》斷非此時所能。趙館長清史之外一事不聞,云我作清朝官,仍辦清朝事,别樣事有民國官長在。族侄此來太無指望,弟自遭難後,政界、學界概不通問,彼以我爲舊,我亦不與往還,從無薦事之理。熙之在此四月,子香亦囑留意,均無法想。常州人現在得法,兄有熟識者能薦之否乎?况初次見面,嚮不知其深淺,作保更難矣。既承尊囑,贈以盤纏三元,回常再説,餘容瀆達。此請文安。弟荃孫頓首。

冒鶴亭在甌海關,亦能刻書,並修永嘉詩人祠,與杭州修通志,均僅見之事。附呈劉翰怡新刻書。

館中列傳,派弟與于晦若擔任,亦非易事。汪子淵没後,家計太難,聞有移回常州居住之議。宫保病亦危。光珊避債躲入裕源廠,會少離多。雪丞做生意受累,蝕去數萬,光景窘甚。壽聯必到,晤再提及。衡甫没於太倉,介軒没於杭州,舊雨凋零亦可嘆也。

友直,友諒,友多聞,五百里長途,函牘往還無曠月;同姓,同年,同嗜學,四十載交誼,文詞賞析嘆無人。挽繆衡甫。

哭星五幾時南北書家嗟並逝;楊星五没於京。紹茗柯篆學古今藝術又誰傳。挽汪淵若。

《續碑傳集》,魏制軍代籌乙千千,可刻五十卷。現刻廿三卷,寄兩卷爲式。魏制軍待弟甚優禮,不敢忘也。書凡一百卷。夔生到此病矣。能興至今未晤,借去四十元耳。現在裁人並局,如何進行,須候學使來時面托當道,然其人脾氣太大。金陵又有棄妻劣迹,恐難位置。濮氏在此,其舅文波新得用。

八十四

淮生老表兄大人閣下:

早間拜壽,復回寓中,此時天熱如火,不敢復出,衹可道謝。拙稿一份呈政,一部送次翁,一部轉致心安方伯,前集亦未遂也。弟身體極不好,秋凉能否歸里尚不敢必,一在無病,二在有貲,四年不到家矣。此上,敬請吟安。弟繆荃孫頓首。

八十五

淮生老表兄大人閣下:

前奉手書並承贈新印,謝謝。近况謹悉。弟亦自六月後時病時愈,京師業往告病,趙雖不放,今年可以不去。實在不能去,非托辞也。編纂則如故,列傳已交二百餘篇,奔走則不行,衰矣。文稿多訛,已改,只嘉善未改。再告匠人,《癸甲集》又成一卷,詩文四卷,須訂兩册。無聊已極。李審言向不佩服黄仲則,極訾《太白樓詩》。昨自序文集,又以稚存先生與王仲瞿並論,太不稱矣。弟駢文只服三家,二稚一甘亭。審言學芥子叔,局量微隘,然與升途途附者不同。仲瞿、梅伯、玉生均在不足與議之列,兄以爲然否。在家作何消遣,聞《雜詠》又續,宜專以古事與近事相比,案而不斷,似觚不觚,録而不加慨嘆,何如?此請頤安。荃孫頓首。僧保侍叩。

致王秉恩

一

五十六元收入,昨日取書目一帙回,先奉上。天晴擬奉書畫與兄覽鑒,此及,雪橙仁兄門長先生。荃孫頓。

二

天雨,暫緩登程到常州,緣下鄉而實不便。方氏叢書定本具佳,前借兩册奉還。此上息厂仁兄大人。荃孫頓。

三

雪橙仁兄大人閣下:

日前詣談未晤。近日知《史記》心吾爲甘翰臣購得,跋云元板。子封居然得《陳書》一册,極佳,然亦有補板,經書賈挖□補得好,比弟藏本在前多矣。《圭美堂集》在尊處,乞還。有《費錫璜文稿》要鈔者,又羅叔藴在東洋。託求《劉猛進志》拓本,或送拓資云云,有現成者否? 此上,敬請台安百益。弟荃孫頓。

四

校鈔本《鶴山集》十六册,實價六十四元。弟首尾一核,是照安國本鈔而以邛州本校,好書也,可留之。宋本弟二函亦借到。此上息塵仁兄,荃孫頓。

目録完全,想亦由邛本出。

五

息厂仁兄:

《方言》正文寫好,乞兄交校記,接寫另俟。密行中字,與黄蕘圃刻書一樣。弟跋亦附於後。子封之《鶴林玉露》、《避暑録話》乞借一閲。此請著安，荃孫頓。

六

息厂仁兄大人閣下：

魏集想留下，前函囑詢並索值，劉君之意未必肯刻，四川有人經劃之否？義門校一定本亦佳，老陶日内可到。再借《方言》何如？此上，敬請台安。荃孫頓。

七

沈書後日必有回信，○書籍便奉還。弟知仲武必不能如此慷慨也。愲吾書乞兄代借之。此復息厂仁兄。荃孫頓。

八

昨日樊園修禊失迓，歉仄之至。魏集尊校極佳，弟多疏漏，心眼俱退。原篋缺一小條，乞尋之，如尋得，可以黏合，否則須配矣。仲武多年至好。張君回南潯。劉君購書另有經手人，弟不便接。越○徐園之書暫留，明日奉復。此上息廛仁兄大人，荃孫頓。

九

小條找到，已黏上矣。張君四月底回，經手費景韓今日當與閲，此間購書人必再四覓人評定，議價亦良久不決，爽快以沅叔爲最。弟惜無貲，亦爽快也。劉處門口有一上拓，弟不便經手，張、劉無之。菊生、聚卿，兄能送呈否？弟處無人故也。息老覽。荃孫頓。

十

雪橙仁兄大人閣下：

《鶴山集》校完否？劉處須弟還前二篋，方能借後二篋，亦慎乎之意也。此上，敬請著安。弟繆荃孫頓。

十一

此書新鈔，然鈔亦不易。即去問張君，如留即不要，如不留則購，暫留於此何如？經部，友人求之急也。張君留借鈔易矣。雪臣學兄，貴上大人。荃孫頓。

十二

息厂道兄：

《圭美堂集》兄鈔成否？弟處寫官無書可寫，散去可惜，或《圭美》或《唐詔令》，乞交紙來並開卷數，可以代鈔。只○先生景宋忙耳 。久雨，蠶麥兩傷，江南人又受困矣。傷哉！此上，敬請文安。弟荃孫頓。

書繕繕，得回報即呈，全部取去。

十三

手字敬悉。初六定到。秋湄移住寧波路四百廿六號。報出至弟七期。弟一年期滿，七日即辭去，而六月之脩金至今尚未清也。此復，敬請息塵仁兄大人升安。弟荃孫頓。

十四

雪丞仁兄大人閣下：

天氣已凉，劉翰怡又詢《宋會要》及《儀禮》，乞拔冗一檢《儀禮》。五十元亦備好，費神再謝。子封想已入都，令弟入蜀否？此上，敬請台安。弟荃孫頓。

十五

息厂仁兄大人閣下：

前日暢飲，歸來即病。今日出，畏風，兄約竟不能赴，謝謝。見諸公代致聞。子培亦同病，今日不識能來否？前談及有人赴關中，其人已行否？乞示知。此上，敬請台安。荃孫頓。

十六

手字誦悉，弟有親戚擬結伴到西安，一人姓李。需要盤費幾何？能俟兩日否？一起偕往。忌風，不敢出户。謝謝。此請息塵仁兄大人文安。荃孫頓。

十七

《碧琳琅館叢書》所刊並不精，不能如潘繕兩集也。乞借《醉翁盈録》、《過庭紀餘》兩種一閲，即還。陶書未見全書，有一鈔本缺字，擬照補。下季三期二册奉閲。此上息厂先生。荃孫頓。

《筆精》、《識遺》尚佳，弟有之。

致戴啓文

子開仁兄大人閣下：

題圖詩勉强凑就呈政。年事匆促，詣談俟正月。彼此避難，乞弗拜年。弟五日内決不出門也。此請著安百益。弟繆荃孫頓首。

昔年五度蜀中行，巫峽波濤夢亦驚。仰止召棠思茇舍，重歸趙璧寶連城。名流遺迹殊難遇，圖，吕叔訥先生繪，覃溪引首。治譜傳家舊有聲。一事莫忘如畫裏，山青水碧片帆輕。

消寒第二集，子開先生出示上世羨門督部《春帆入蜀圖》，題句呈政。江陰繆荃孫。

致莫繩孫

仲武姊丈大人箸席：

前奉手書，未能即報，疏懶萬狀，咎無可辭。屢惠奇書，均屬精美無匹，貧兒暴富，眼界稍充，感念盛情，愧無以報。比維箸述宏富，動定綏和爲頌。弟詞垣供職，珞珞如恒，長安人海，謀生匪易，况值歉歲，倍覺艱據。廠肆偶有佳帙，價重兼金，即偶寓目，仍復置之，然亦無可如何也。黎蒓齋丈搜羅古籍,景刻精絜,可與蕘圃抗行,近百年來,殆無他人可以鼎足。日本之工匠亦復知古法,大約刻手之劣,無過京城,因朱卷入手故也。弟復黎丈一緘,懇轉寄,並乞代索叢書全分爲荷。此等以初印者尤佳,久之則鋒棱退矣,無厭之求,得無笑我。柚岑館蘇寔不得已,薵丈病歿,揚州一館能不摇動否?尚賴大力維持之。近人情浮薄,初非過慮,柚岑非此更難爲計,弟現校刻蕘圃題跋,年終可畢,再塵清玩。鄭子尹先生事寔懇即寄來館中尚無定稿,出奏須明年矣。此復,即請箸安不一。弟繆荃孫頓首。

致盛宣懷

一

再啓者,去秋幸聆雅教,甚愜。鄙懷承委協同子沅編輯《經世文續編》,因未與子沅晤面,無從臆度,惟偶見道光以來名人文集略擇可入選者,録目匯存而已。本月之朔先晤子沅,再晤敬孫,略述大概。現懇閣下先將選本交子沅,並録目見視即可。到處輯補《史館奏議》道光朝百廿五卷、咸豐朝百五十卷、同治朝二百卷,史館所存及弟處所藏文集亦不下二百種,及時匯而成書,尚屬不難,惟取去之間頗費審度耳。迪甫自去冬忽得痰症,時發時愈,尚未銷假當差,電報已到四川省城,十分便當,能直通西藏否?公暇尚懇時錫教言以匡不逮,幸甚幸甚。此請鈞安。弟荃孫頓首。

二

再者,自三月間奉到手書,即發篋别録,分類編纂,已得一千餘篇。《史館奏議》先搜正本,止得三百餘篇。近又翻到歷朝檔册,可取者亦復不少。子淵新約聘臣同年相助,更可速成。惟精當殊不易,此則弟等學識限之矣。榮成一案,已詳次遠函中。此事可已不已,由於領錢者無處開銷。首列謝太史,其人閉門讀書,絶不干預人事。同鄉單到，遂衆畫諾，若王季樵輩均不肯列名，翰林院止一人，遂首列矣。呈遞後，謝君方知之，無可更改主意，只王嘉禾、李莘吉二人是真告狀者，無甚大礙。只可聽之，次遠卧病月餘，昨方銷假。弟亦感寒疾，冷暖不定，雪澤未降故耳。此布勳安。弟荃孫再頓。

三

杏蓀仁兄世大人閣下：

前奉村緘，諒登簽室。辰維新猷焕發，華第綏和爲頌。弟跧伏京師，如恒珞珞，舊恙已愈，仍作蠹魚生活而已。淵若兄時時晤面，不日旋津。兹懇者，歸安陸純伯中翰爲存齋觀督之長子，給假回籍，道出津門，擬上崇階，伏乞賜見爲幸。津直振局聞交吾兄總辦，純伯願在嘉湖一帶募捐，宜不負委任也。肅箋布臆，敬請勳安，諸希朗照不莊。世小弟制繆荃孫頓首。

四

杏蓀仁兄世大人閣下：

前日寄上一緘並搜采文集目録，想已早登簽室。淵若兄來，欣諗年伯大人就養衙齋，精神純固。吾兄政聲洋溢，侍履綏和，詠雅什于南陔，表雄風於東海，長才碩福，欣羡良深。荃孫諸事留滯，迄未成行，淵兄送來選本，重出一百餘篇，實得二千篇，再加聘臣處百餘篇，共二千二百篇，稍加決擇，立可成書，然知其名而未見其書，與見其書而近未得者，尚可開出百餘種，尚有不在文集中者。淵兄云閣下之意再令博采一二年，具此卓識，自不難成就偉業。荃孫當隨時補綴，往交各處電報局轉寄，諒無遺失。鈔録全稿，日内全交淵兄，疏漏之咎，在所不免，尚望隨時指教爲幸。荃孫蒙王一梧師招就南菁講席，張孝達師又招往粵東，須到家方能定局。賜函仍交京寓，必能送到。前代舍弟求賜保舉，如蒙俞允，感荷無既。常府、湖北、廣東星軺兩見，次遠上道後身體較在京壯實，真所謂吉人天相。江南典試，李王二公實學真才，必能搜拔無遺。李專重後場，不拘常格，荃孫丁卯座主也。鄭工未合，水患方長，賑濟宏願，深恐難乎爲繼，不識里下河水勢如何耳。手箋布臆，敬請鈞安不一。世小弟制繆荃孫頓首。

再啓者，王季樵同年來言，同縣人前任通山令單君復梓，因其子婦張氏身死，事隔兩月，經黄縣胡大令訪聞，身死不明，傳押單令父子，並傳訊婦女，操切異常，曾經控府，仍批縣訊。現擬上控臺端，敬懇親提審訊，其中委曲情形，一切難逃秦鑒。季樵專函奉懇，囑荃孫代遞節略。季樵與張府有連，此案不但令受累，張府亦不願終訟也。節略四紙伏乞垂覽，千瀆不勝惶悚。

五

勖生仁兄大人閣下：

香帥自停辦鐵路以後，不但意興毫無，用款亦極周折，小輪船亦停購。兹將《小輪船圖》、《磁州鐵礦草議》前日方到。一並交上，乞詧收。弟月半後回南，先往揚州一行，再到江陰、上海也。所謀各事大半不遂，甚矣求人之難如此。草此肅復，敬請文安，諸希朗鑒不一。愚弟禫繆荃孫頓首。十一日。

六

杏蓀仁兄世大人閣下：

往還均未得晤，歉甚。弟現入都起復，擬趁商局船赴津。同行七人，書籍甚多，行李一百餘件，深恐洋人爲難，尚盼照拂。去歲承乏南菁，刻成叢書八集，並自刻輯校書四種呈政。再懇者，鍾君偉臣係仲山師之世兄，在川往還，最稔。近承派入漕務司事，敬懇飭知總局改爲長差，感荷云情，有同身受。汪子淵兄又復報罷，殊爲惋惜，現已返燕臺否？明早趨敏，尚有要事面述，此布，敬請勳安。

諸希督照。世小弟繆荃孫頓首。二十三日。

七

杏蓀先生大人閣下：

滬江歡聚，照拂頻仍，分袂以來，懷思倍切。前奉手箋，俗冗未復，歉甚，歉甚。辰維官閣迎秋，衙齋納福爲頌。弟由滬到津，探知家君小恙，星夜遄行，於十二日入都，家君業已全愈，稍覺放心，而甫拂征塵，即逢霪雨，水災之大與辛未年仿佛，房屋坍塌更爲過之。敝廬僥倖無恙，金石書籍一無損傷，萬幸，萬幸。城内盛伯熙、王蓮生，城外則黄仲弢與弟四家耳。潘、翁兩尚書，徐頌丈、李芍翁所藏均有毁損矣。其他可想。至七月十一日補行京察引見蒙恩記名，然弟但願長守京職，以養親著書爲事。謁見當道，頗陳素志，不識能如願否？廿四史票五十份收訖，楚生亦屢晤談，書止來一部，售去，聞有廿部到京，翹盼之至。同文保單書票上有之，保單未來，望速寄五十張缺葉缺卷，免致嘵舌。同文在琉璃廠開店，尚存許多跌價搶售，頗爲所擠。楚生目擊情形，想已上達，乞設法維持，非弟督銷不力。《經世文編》刻將告成，望鈔目見視。弟尚思小有補苴。書名、仕履已補撰否？弟自返衙門，無所事事，逐日編録藏書及金石目録，亦非三四月不能就緒也。舍親丁副貢祐申乞賞一電報局差。家嚴去歲托費屺懷，今歲托汪子淵，近又托張楚生代達，務懇位置一席，感同身受。手箋布臆，敬請勳安，並頌閨潭萬福。世小弟繆荃孫頓首。中秋日。

八

再啓者，吾兄九月一函，早經收到，舍親丁副車當囑其來轅聽差遣。如蒙噓植，感荷無既。史書在京竟無銷處。荃孫四月在徐園早言其難，京官中以百金購書者有幾人？後鮑叔衡在尊處或有飾説與否，亦未可知。來函言已銷至三百部，合之叔衡百部，業已過半，即使緩售，亦不至十分虧折，將來剩四五十部，定然昂貴，亦一定之理也。荃孫處銷去楚生帶來一部，後電局取來兩部，共三部，價京松三百兩呈上，乞詧收。另一部在荃孫處作樣本，局中尚存十七部。不知黄慎之處曾代售否？續編目望速寄，並撰人爵里，著作望開一底子，不知則闕。荃孫當爲補完。現擬三月出京，趁書未收入篋，易於考訂，千萬弗遲。荃孫孤露餘望，絶無生人之樂，此次回里，立錐無地，乞食無門，如絶少機緣，尚懇代謀一席，以資糊口，先祈留意爲禱。此布，再請勳安。孤子繆荃孫稽顙。

保單並未寄來乞查。

外江章兩處訃文乞轉寄爲禱。

九

杏蓀仁兄世大人閣下：

沛南四月曾布寸緘，諒已早邀青鑒，昨聞世兄新捷京兆，德門衍慶，家學流芳，引領喬云，忭賀奚似。荃孫七月由東入都，本月旋里，附新裕輪船回滬，道出煙臺，本擬詣轅叩謝，孰意是日爲外國禮拜之期，帳房以兩刻開行恫喝，只可中止，區區寸衷，抱歉無比。近接淵若信云，《續編》業已付刊。荃孫有無限商榷之處，忽忽一晤，亦未能暢所欲言。現定於十二月安葬先靈，明正即可出門，擬先至煙臺敬聆大教，再赴濼源講席，一知半解，或於是書略有裨益。委銷全史止售六部，去歲交王仲良三百金轉寄尊處，想已詧入。現尚存三百金，京師百金之件，銷路極窄，不比外任也。荃孫去夏入都，喘息未定，復遘大故，千瘡百孔，無計爲生，濼源脩金爲數無幾。前托姚彦鴻親家函商閣下商借千金，俟服闋籌還，先由驛遞致書，瀕行時再電詢淵若信，云閣下已允而未知其數，是驛遞已付洪喬之證。伏懇籌寄江陰，俾得速辦葬事，殁存均感。《常州文徵》或刻，《先哲遺書》想有定議，荃孫亦樂預采訪之役也。山東河流順軌，年穀順成，東民略有蘇息，而江蘇先傷於旱，繼傷於風，近傷於雨，論歲尚有七八成，恐民情狃於己丑之寬政，未必便能寧帖。剛中丞近於木訥，潘臬二公又非黄劉之比，辦事亦甚棘手，荃孫亦不能在家久居也。手箋，敬賀大喜，敬請台安不一。世愚弟制繆荃孫頓首。九月二十日。

年伯大人尊前叱名請安。

十

杏蓀仁兄世大人閣下：

前月奉到手書，未能即復，歉仄殊甚，維威宣遐邇，德洽閭閻，狄聽聲華，允符頌禱。委擬《常州先哲遺書章程》，竊以吾郡爲文人淵藪，又值吾兄舉辦，規模必須闊大，使數百年名賢事業、碩士精神自我而傳，功德亦未可限量，似未可拘拘文徵之例，與屠静三庶常《駢體文鈔》並駕齊驅已也。前則伍氏《嶺南遺書》，今則徐氏《紹興先正遺書》，古今並收，分集刊刻，有全集而擇要刻一二種者，有舊帙而加校勘者，其例甚善。《嶺南遺書》鄴架想有之，《紹興遺書目録》附覽，其書校刻均佳，板式亦大方，津肆想可購得，兄閲之便知弟言不謬。先定目録一册，國朝以上爲前編，國朝爲後編，乞照目尋書。尊藏所有，逐種付刊，如無其書，或廣購，或借鈔，弟與淵若可充是役。目外之書，先撰求書一啓，請淵公大筆。登之《申報》。常州須托一妥實之人或假或鈔，假則定期歸還，鈔則逐葉細校，送弟與淵若評閲，或刊或不刊，刊則列爲二集，不刊則還之，似無不可。集部有必須全刻者，有不必全刻者，似宜再選一部於宜刻全集之文，彦選以擷其華，於未刻全集之文，多選以存其概，孤文隻義，均可附入，名之曰《常州文録》。此種至多不過廿册。兩端並舉，無甚遺漏，吾兄以爲何如？酌復爲荷。弟身體已愈，約趙仲固同年同來津門，敬聆雅教，並讀尊藏名迹以廣眼界。一切面談。陸存齋捐助萬金，可邀上陸純伯，亦幹敏，亦博雅，子弟中能品也。手箋布臆，敬請勳安，諸希朗照不一。世小弟制繆荃孫頓首。

代購書籍四種容帶呈：

陳鼎《東林列傳》廿四卷，六兩；

劉逢禄《禮部集》十二卷，四兩；
陳玉堪《學文集》十六册，四兩；
徐書受《教經堂集》八册，二兩。

十一

杏蓀仁兄世大人閣下：

昨覆村緘，想邀旹及。辰維履祺延禧，茵馮襲慶爲頌。玆有懇者，友人謝君祖沅曾經出洋，洋務甚爲熟悉，客歲翁叔平師曾經函薦臺端懇派電局，現到津晉謁，務懇賜見，量才器使，不勝感禱。謝君令弟係辛卯孝廉，與逵臣同年，當執年家子禮。俯念世末，格外栽培爲荷。淵若兄日内回津，弟與面商事宜，當一切達到，條例撰成，亦交淵若帶上也。手箋布臆，敬請台安，諸希朗鑒不盡。世小弟繆荃孫頓首。

十二

杏蓀仁兄世大人閣下：

午節奉到惠書並承饋節，感謝，感謝。淵公回津，正值大雨，僅托轉致，未能函達，疏懶之咎，又何所辭！京城狂潦勝於庚寅，倒屋逐流，日有所聞。諭旨撫恤，官紳並舉。旱荒未已，又加水災，籌款之艱，閣下尤重。財力竭矣，何天以之不轉圜耶！黄慎之隔在晉北，此間熟手漸少其人，近樊介軒、濮子潜亦此事於此矣。次遠持衡，江西果如所願。弟自揣命薄，年年□□，只覺無顔對俗人耳。《常州文録》擬例言轉托淵若呈覽，如有不妥之處，尚祈指教。弟先輯《常州詞録》以爲嚆矢，今春始爲之，現已勒成廿卷，共得五百餘家，見全詞者百有二家，餘皆得之選本，友人書坊百計湊集，昕夕爲之，約九月間可以寫出草本。又函致湖北徐士庵、史仲平，常州吴孟蜚、廣東莊心階，俟各交回信，或有未刻之本，陸續增入。津門庭芷前輩、汀翳袁丈，亦擬函托吾兄晤面，乞先代詢爲禱。弟於輯録文字，尚不甚劣，勝於作時文、寫白折多矣。同鄉應試諸公來者寥寥，想到津門必有流連也。手箋布臆，敬請勳安並頌潭福不備。世小弟繆荃孫頓首。

再者，五月間謝君素未謀面，力求一信，有不寫不行之勢，衹可書一紙與彼，不得已也。兄得毋斥弟之妄否？

十三

杏翁仁兄世大人閣下：

客歲奉到手書並承饋歲廿金，敬謝，敬謝。辰維春祺增茂、履祉延釐爲頌。布局聞已興復，長才展布，攸往咸宜。劉士安之明敏，陳仲言之綜核，以今方古，似爲過之，忝在下風，欽佩奚似。《常州先哲遺書》，弟代搜得集部十種，已校好者八十種，即可先行付梓。湖北陶君經手，大約每千字不過一兩四錢之譜，寫刻板修四項全數在內。現與柯太史商酌，喚五人來京，陶君必派其弟或徒弟，未必自來。一管事，二寫手，二刻手，在弟寓左近租房住下，交彼寫成校妥，交管事寄往湖北該鋪發刻，刻樣寄京再校，仍發彼修理。湖北無須設局，由電局交陶君手，字數銀錢均在電局與彼面算，弟不過問。來京之五人，刻手可刻零種之精者。盤費要先給，京師房飯要貼補，人少，所費亦不多，板式照《唐文粹》樣。兄如以爲然，即行辦理。候復函，即飛告湖北，令其派人來，一盤費，或與其輪船票。二安家，每人數金，仍可扣回，並陶君寫一承攬便可動手。弟命途乖舛，京察又不記名，再候三年，資格較深，開坊亦近，大約外任無望。惟弟年將半百，精力日衰，薪桂米珠，日甚一日，當索我於枯魚之肆，奈何？淵若何時來都，屺懷爲李蒓客所糾，交掌院督看，甚不得已。姚彥鴻七兄來都引見，費用甚鉅，一緘乞即轉交，保舉有舊例，未知上次保案均核准否？印結須見文方能作準，所查不過大概而已。手箋布謝，敬請勳安。諸希朗照不一。世小弟繆荃孫頓首。

十四

杏蓀仁兄世大人閣下：

二月初謹肅一緘奉達左右，内附與姚彦鴻七兄一函，迨彦鴻來都詢此函並未收閲，洪喬誤我，歉仄倍增。辰維百福駢臻，四方歡洽，長才偉略，操縱裕如，引領下風，莫名頌禱。弟浮沉人海，意氣全消，京察既不記名，大考又復奪俸，年華老大，無所歸宿，現求南皮師爲覓湖北一書院，便移眷出都，返我初服，徜徉山水，著述自娱，免得奔走，軟紅受人輕賤，計亦良得。屺懷爲人中傷，與弟均未考差。弟出京之期速則五月，遲則七月，去志已决，萬無留戀。《常州先哲遺書》弟已定出十種，編爲初集，鄂館定後就近招集匠人，仿《唐文粹》式開雕，過津晉謁，當面達一切。薇孫開坊，惲氏正屬熱鬧。武陽新中三人，均在弱冠，必有得庶常者。屠静三考在江蘇第七，能散知縣爲佳。今年才士可謂摧折殆盡，令人不得不思潘文勤矣。手箋布臆，敬請勳安不一。世小弟繆荃孫頓首。四月廿一日。

十五

杏蓀仁兄世大人閣下：

前過津門，諸承照拂，感謝無似，到鄂後即聞中日開仗，想吾兄異常勞勩，刻書一事，未敢以電報相混。昨托子淵兄轉交承攬一紙唐集業已交彼寫刻，並墊款百千，俟今冬到鄂，理料妥協再行報銷領款也。軍務敗壞，至此伊於胡底。今弟爲國捐軀，實爲傷慘，然世家子弟只有國不知有身，視統帥尚書逍遥河上，不啻有天壤之别矣！吾兄鴒原誼篤，排解萬難，務祈帷幄運籌，滅此朝食，國耻家仇，庶一雪乎！弟鄂館定後，回京挈眷，適當風鶴交警之際，書篋百廿，實費躊躇，不得已先命舍侄志名護眷屬出都，乘輪回里，聞船拋錨陰沙外面，須用炮船懇賜小火輪拖帶，實爲妥協並給護照。如輪船不通，即轉船至德州登岸，亦望派勇護送爲禱。弟俟見香帥後即行到津面謝一切。草草布臆，敬請勳安，諸希朗鑒不一。世愚弟繆荃孫頓首。十月初三日。

舍親夏孫桐、閏枝同行,亦求照拂爲禱。

十六

杏蓀仁兄世大人閣下:

在滬怱怱西上,未能晤談,到金陵十日,即旋鄂省,又未能留迓旌麾,歉仄殊甚。辰維道履綏安,潭祺曼福如祝。今歲付刊各書,《荆川集》、《春卿遺稿》、《毗陵集》、《文恭集》清樣陸續寄呈,並得環翰滬上。來柬云清樣均已無存,兹補呈《荆川集》乙部,新刻《山陽録》、《清閟閣集》、《從野堂集》三種清樣呈覽。《春卿遺稿》、《毗陵集》、《文恭集》亦囑另印樣本,快則年底,緩則正初,决不有誤。領款用款亦遵命作一小結束。賬二紙一並呈上,望詧入爲禱。此間尚餘百金,而年節在邇,該譜非三百千不夠用,弟亦思領年脩百金,乞速寄名世之數,明年可支至午節再領。《落落齋集》二月可成。今年銀價之低,我們吃虧;米價之昂,該鋪亦無餘羡。幸事尚順手。至提板一層,明年正月即可提三種。該鋪亦因堆積無地,屢求提板矣。弟承香帥明年移主鍾山講席,約二月到金陵,刻書仍照舊辦理,略有布置,吾兄可不問也。淵若想在滬,弟至吴門亦未見,但與屺懷相聚幾日。薛次升欲將書畫售與吾兄,佳者約十之七,價甚昂。聞屺懷亦代提。兄意何如?鐵政局南皮有意交兄,聞我彭言此次未提,何故?弟意以爲包與洋商不若交兄爲妥,南皮頗以爲然,特惑於蔡道耳。南皮受累不淺而不自知也。峴帥衰病,南洋亦不能振作大局,殊不堪設想。手箋布臆,敬請勳安,並賀新禧,鵠俟福音百益。世小弟繆荃孫頓首。十二月十八日。

十七

杏蓀仁兄世大人閣下:

金陵一晤,又將兩月,遠聞力顧大局,接辦鐵政,凡在知交同聲欽佩,非常之事必待非常之人,彼瑣瑣者何足見及此!目下鈎稽款目,整齊程法,想已費盡經營,而謀食者源源而來,又多一番酬應,作事所以不易也。淵若同來,何時返滬?弟初意到滬送夏閏枝,即將《青門集》、《學文堂集》送至尊寓,以便蘇局刊行,孰意抱病輒復中止,兩書業已包好,静候有便帶去。淵若能至金陵,耽閣一日,諸事可以面商,較爲妥帖。至於款式,兄提《荆川》、《春卿》、《毗陵》三集,不難一望而知。今年由楚旋寧,四月之中尚未交卷,殊深惶愧,現趕將《文恭》、《從野》、《清閟》三集定本印行。今歲刊成三落二齋、《歸愚集》、《遂初堂書目》、《得月樓書目》,清樣呈覽,再行領款。又有字樣數紙,擬交淵若,兩局可望畫一。又《咸淳毗陵志》宋本在趙惠甫所,屺懷從前與弟言及,可托屺懷假出在蘇影刊,亦一盛事。如其可行,弟藏一錢竹汀鈔校本,可以互校也。《經世文編》已成,先讀爲快。弟已得四十册,至户政,止望賜配全。洋務一門緩刻亦可。現當危疑之際,不得不留以有待,免致貽人指摘。其實要言洋人,亦無不知之,特不能爲淺陋者言耳。手箋,敬請勳安,諸希朗照百益。世愚弟繆荃孫頓首。

淵兄均此。

十八

杏翁仁兄世大人閣下:

昨日盛擾,謝謝。弟今日三點鐘行,刻即出門,兄可不必惠臨。年終需款開銷,乞寄千金來寧,餘俟結局再行補領,不時時煩瀆。至《清閟閣》、《胡文恭》兩集板片架已做好,請飭我彭兄提回爲禱。三佛閣陶掌櫃。手箋布臆,敬請台安。弟繆荃孫頓首。

繆、李二公集板片年終可提。

十九

杏生仁兄大人閣下:

昨聞台旆自燕返申，又閲簡授常卿之信，大才磅礴，帝眷攸隆，引領下風，踞躍三百。鐵路先創蘆漢，想已勘道，實則吴淞至上海，可以先辦，獲利較易。津通雖形熱鬧，蘆漢道成，則津通差矣。兄以爲何如？屺懷、淵若悉萃京師，梅生隨兄南還，想在左右，又聞行旌即指楚北，金陵進城否？菘耘赴浙，畊莆署臬司而不甚願意。馬廉訪交卸後須陛見，輾轉遲延茶市，未能返任，暗中吃虧不小。委刻書籍現成《牆東類稿》、《戒庵漫筆》十餘本，書目内可成清樣，又有《清閟閣集》、《胡文恭集》板片已做好，架子候提請，諭我彭往取。今年領過五百金，規銀。無奈銀不值錢，墊用不少，乞兄再付千金，可至明年二三月用賬。去年報至十二月，今年年底當續報也。弟現將書院事清理，約月半後到滬，急思面陳一切，恐又有公務遠行，希先電復爲盼。手箋馳賀大喜，敬請升安百益。世小弟繆荃孫頓首。十一月九日。

二十

昨日幸聆雅教，今送上屺懷信一件，乞並洋五百元寄去爲禱，餘洋飭送敝寓，尚須在滬略購什物，明日即行，恕不叩辭。此上，敬請杏翁仁兄世大人閣下台安。弟繆荃孫頓首。十二月十六日。

年伯大人尊前叱名請安。

二十一

杏蓀仁兄世大人閣下：

昨由江陰來申，聞台旌莅止，即擬晉謁，又聞清恙未愈，未敢有勞起居。惟餐衛咸宜，即臻康復爲頌。鄂局已刻成者《荆川集》、《春卿遺稿》、《毗陵集》、《文恭集》，現聞《清閟閣集》、《從野堂集》亦成，弟旋鄂當即寄下。《鴻慶居士集》、《丹陽集》、《歸愚集》須明歲畢工矣。款須到年底，尚盼籌寄。清樣寄尊處外，各留副本交我彭先生以備就近查核。寄來板片或陸續提歸，或留鄂印書，悉候尊示。弟明日附江永上金陵即回鄂矣。此上，敬請勳安。弟荃孫頓首。

汪淵若兄在蘇在滬，想知蹤迹，其公館寓德安里幾衖？亦盼示知。

二十二

杏蓀仁兄世大人閣下：

去冬敬聆雅教，並擾華誕，感謝奚似。辰維公私順序，動定迎喜，諒荷私祝。弟索居講院，珞珞如恒。《先哲遺書》逐日經理，承公指示，專事收束。所擬之數，五竿。斷不能過，惟排場局面總須過百册，成者有七十三册。方足壯觀。至於校字薪資，均以葉計，亦無浪費，將來歸結總賬，便可知弟之用意矣。前後共領過三千乙百餘金。弟力薄，只能墊千餘金，尚望再發五百金，便可敷衍到完，餘俟結賬再算。然郵政局寄書甚不方便，再加科場，今年能否完工，實未可定，惟款項決不再增耳。聞兄即來金陵，盼之許久，何日惠臨，能否先示？此上，敬請升安百益。世愚弟繆荃孫頓首。

二十三

再者，舍弟延福現在京師求公培植一事，感同身受。舍弟久在張靄卿觀詧幕，與何梅生先生同事，一切性情才具，詢之梅生自知。又去年面求山西侯馬電報子局鄧嘉纘，望調一處，不敢望得善地，但與山西總局不接，電報處恐有隔閡，致獲咎戾，亦懇俯允。其兄嘉緝，考名士也，原係呈閱。鄧公與蒯禮卿檢討至親，公到鄂，禮卿亦必面懇種種，瑣瀆不安之至，再請台安。

二十四

杏蓀尊兄世大人閣下：

每過申江,均承照拂,揖别兩月,倍切懷思,辰維經猷式焕,餐衛咸宜爲頌。弟因趕辦學堂,忽忽回省,甫有頭緒,大局已更,兩月經營付之流水。現時文已復,書院仍留,藉可藏拙,自安計亦得也。積穀上言爲安。内地之要著,今年經此懲創,紳民均懼,敝邑亦有各鎮建社倉之議,所事須紳士主持,官不過督辦現成而已。南洋公學章程乞賜一帙先讀爲快。中學斷不可不認真,須中學根柢深,方知西政,若但通語言文字,不過通事材料,連譯書均不能。卅年學堂無人才,職是之故。再外國報例、日國學堂章程能先譯出否?中國報館爲諭旨所驅,均挂洋牌,然亦有鉗制之法,奈大老不動心何?武昌陶子霖擬將板片全書交割,昨弟函致我彭兄代收,再求兄電知我彭兄爲禱。汪子淵現在何處?尚想入都供職否?畊莆回常,大約不久耽閣,想由常赴鎮,未必再至滬上。寧鎮鐵路何日動工?乙百餘里,想易成也。手箋布臆,敬請勳安,諸希朗鑒百益。世小弟繆荃孫頓首。九月卅日。

二十五

杏蓀仁兄世大人閣下:

昨奉環雲,如聆麈教,辰維履祺受福升祉亨嘉爲頌。尹生來金陵,求爲學堂教習,禮卿無以位置,助以資斧,令弟作一函致兄,爲送回之計。其實爲學術尚好,教習則遜矣。季直紗廠工成而無活本。峴帥又爲湊六萬千錢,總須兄代籌五萬金方可開車,一面再湊新股歸還。尊項是暫挪非並股,俟出貨,招股較易,兄於此事知之最深。通州是有爲之地,季直是辦事之人,如其中道而廢,未免令任事人短氣。無論如何,總祈援手,以全大局,幸甚盼甚。鐵路今年北可至保定,南將至信陽否?手箋,敬請勳安,諸希朗鑒百益。世小弟繆荃孫頓首。

淵若兄均此。

再者,弟爲兄尋覓一輿地專家,近訪得一人,程佐衡,號幼伊,無爲州人,曾爲北洋大臣派查澳門、九龍形勢,輿地之學甚深。兄想亦知其人。近在蕪湖，中江書院學長，如可延訪，必能勝任。弟與之未晤面，睹其所著，知其所長。弟於輿地，亦略有門徑也。再浙江有象山灣，形勢鞏固，堂局闊大，可爲南洋兵輪駐扎之所，兄可否派人量水深淺，若水深，實爲有用之地。曾告知峴帥及谷帥，其如漠然不動何！

二十六

杏蓀尚書宫保大人鈞座：

孫莘如兩函呈覽，安氏《四游記》、孫氏《東維子》皆世所未見，鈔來先讀，如佳，即刻之，鈔貲由虞歸結而所索前之《先哲遺書》兩部，可否？即在滬上交彼爲妥，求款乞即交下，緣去年僅領千元，實不專用，現在南中銀根甚緊，荃孫亦不活動，而工匠萬不能暫緩故也。手箋，敬請勳安，諸希朗鑒百益。世晚繆荃孫謹上。

二十七

杏蓀宫保世大人閣下：

頃詣談，未晤爲歉。八月寄書八册，今又來書七册，全單交光珊轉呈，想已督入。惟光珊信言，曾由義善源兑四百元到寧，迄未收到，乞再查爲荷。前三千元開支殆盡，墊用已至六百元，銀根太緊，拉用實難，如四百元已兑，乞再兑乙千元方専用度，内扣鈔書百廿元，《先哲遺書》十部一百卅二元是荷。或在此間交弟均可。敝寓現移居太僕寺街西頭，要緊電話乞轉囑電局留一號並即來裝爲禱。唐尚書分付不可無此，方能便利，費神再謝。此上，敬請台安。弟期繆荃孫頓首。初十日。

二十八

杏蓀宫保世大人閣下：

書館之書,以姚氏一單爲最佳,千萬不可退去,八十餘種選六十種入善本矣。天一閣書已是脚貨,外間傳言王子展經手,公出一萬四千元之價,有是事否? 書不值三千元,范氏子孫現來贖取,正在議論。天一閣聲名雖大,不如姚氏遠矣。内十行本《周易》最佳,《經典釋文》則本朝刻也。此上,敬請台安。弟繆荃孫頓首。

二十九

杏蓀宫保閣下:

承委接辦書館,業已三月。其中詳悉情形,謹爲閣下詳告之。荃孫初到館,與舊人不相習,未敢冒昧指揮,專編方志一門,前人未曾辦過,尚屬順手。因寫官不見面,誤字極多,且擅自删改,以爲劃一,而不知增減均有宗旨,校時處處增添,稍費目力。今已告竣。現接辦後部前人所編,直是一篇流水賬簿,無從下手。其間有重複者。編目止應一見,下注各本,並分類、分朝代,用便檢查。此則一見再見,不分子目,不分朝代,不知其意何在,此應正者也。有錯亂者。如《易》類,《易緯》應照《四庫》入附録,《參同契》之類應入道家,《書》類,《尚書大傳》應入附録,《逸周書》應入古史。其中單種,各歸各類,輯書亦應另編附後,此則關係學問,館中無人知此。均不應混入本書。又如以作序之人爲撰書之人,此錯之在編書者;以此書之名注彼書之人,此錯之在寫官者,此應正者也。有脱漏者。各書注叢書名,然叢書均所深知,何以有此書又無彼書? 必是漏去,此應補者也。有名宜收者。坊間簡陋讀本、旁訓講章擬題均歸蒙塾,東洋刊本、西洋譯書擇其善者,餘則另編一目。至於章陳、條陳、報册、學堂課本均不能編入,此應去者也。善本選出一二百部,略加考證,亦不敢濫竽充數,爲天下學者所笑。成家則印出,不成則不印,專印閲覽室目,亦無不可。荃孫自同治甲戌爲張文襄《書目答問》一手經理,近南洋學部兩圖書館均有同志幫忙,荃孫止總大綱,專注善本。現在無一書不過目,無一字不自撰,直與辦《書目答問》一樣,先交家内寫官,舊用兩人,相隨多年。録清本,取其熟而能快,改補後再交館中人寫定本。種種爲難,但求閣下知之。clean臣原條不誤,合並者大謬,遂致一無所用。原册可按,並非有意苛求自顯己能,詢幼舲即知之。再辨三月,當得大概。費雲卿勤敏,新派寫官純謹,字亦可用。荃孫三日一到,帶回編目,粤寫官三日工課,不致延閣。

致王懿榮

一

廉生仁兄大人閣下:

《次山集》去臘取出,仍納上察存是幸。蕘圃所藏即此本也。名之曰舊刻本,跋中辨其與明正德本不同,今藏瞿氏。長沙館書購得幾許,弟亦得數種,未免太貴。廿二與蒓客、伯屏餞行,屈兄作陪,早臨是幸。此請箸安。弟荃孫頓首。

二

手字敬悉,並收《元次山集》值。弟現購袁氏舊鈔書約卅種,藉此可償。今午爲蒓客餞行,屈兄作陪,乞早臨爲荷。前日知單見否? 此復,即請廉生仁兄世大人開安。弟荃孫頓首。

年伯大人處肅復一緘,乞附寄。

三

昨晤談甚快。新刻三種,方文最劣,餘亦平平,乞察入。《易》、《書》、《詩》、《禮》與尊藏同,暇日可否攜來一校? 荃孫在蘇以番蚨二元得之,頗不貴也。鄭堪古本《説文考》,聞交吾兄續刻,越縵云云,有是事否? 鈔本尚在弟處,取校否? 此上廉生仁兄世大人。荃孫頓首。

王老爺。

四

正擬送書，適逢手翰，承詢感甚。南川昨偕貴本家診視，而内子定欲服長孺藥，三先生之見識、方藥均同。昨方與南川大同，服之似有小效。第視不惹閑氣，决不至再反復也。黄跋已得一半，今年定成。姚叢書一册送，另本即可寄去，免全鈔録。潘卿函仍附還，弟已有信去矣。此復廉生仁兄大人。荃孫頓首。

五

法書兩種收入。今日到館，蓮裳前輩處即可交還，中弢得《道命録》，亦聞之廖勖齋擬滙刻李氏書，不知能借校否？此復，即請廉生仁兄世大人開安。弟荃孫頓首。

貴老爺。

六

《磁州碑目》遍尋不得，似弟未交還也。莫仲武轉寄來《玉篇》印本，説好只此一種，《論語》、《漢·食貨志》尚未見。昨弟一函殊爲含混，却係初纂，再屬梅村前輩，後提謂創一人三傳，以便續纂參酌，黠者行賄，佐事將他人所撰者另録一份以爲功課。弟所作有剿移之言也。書此聊供一笑。又，隱逸傳頗似小説，宋學家描摹可笑，均無法想。何以教我？廉生仁兄大人。弟荃孫頓首。

七

廉生仁兄世大人閣下：

清恙想已全愈，能出門否？南皮師未見請安，而外間籍籍傳言,以爲已至,有是事否?日本刻書又寄來數種,核之總目,尚能全。又於目外添《太平寰宇記》闕卷,真寶書也。不識《元和志》、《輿地紀勝》尚有存者否?此布,即請刻安。弟荃孫頓首。

八

廉生仁兄世大人閣下:

奉懇代覓近人奏疏文集,已得數種。前開之單均係荃孫處所有,望於單外留意。再,前至尊齋見劉平國拓本,甚清楚,希假閱數日即趙。此上,即請道安。荃孫頓首。

九

廉生仁兄大人著席:

前托季樵達意,聞已應允,謝謝。荃孫不足言學,然志局編輯尚奈勞苦,現處水盡山窮之際,求糊口之方耳。南皮相待尚好,然豈能厚顔再往,故思改計。《海東金石》刻本二册附呈。此布,敬請升安。孤子繆荃孫稽顙。

十

前日領到《莊靖集》一函,謝謝。是日先君百日,在觀音院味經,未能即復,甚歉。荃孫困苦萬分,捨購書更無生趣,在外則浪游耳,然腰脚已不如昔年之健矣。近又見好書否?此上廉生仁兄大人閣下。制繆荃孫頓首。

十一

廉生仁兄世大人閣下:

承顧尚未走謝,歉甚。貴同年劉若臣索與福中垂函,荃交情不深,恐致書亦無益,閣下可以爲力否? 若臣淪落不偶,甚可憐也。所謀之事,若臣面述一切,俟酌定。此布,敬請撰安。制繆荃孫頓首。

十二

廉生仁兄世大人閣下:

荃病已漸愈,尚未入城詣談,歉友殊甚。舍親夏閏枝進士敬懇賜書大字名片,預備付刻,明晚專價走取。費神! 容再晤謝。蔣星甫昨始晤面,人甚儒雅。在濟南見著生世丈,未見星甫也。此布,即請撰安。制繆荃孫頓首。

附呈夏君名片。

十三

前承賜步,感感。差已考畢,館中即日來收史傳,望檢郝、王兩傳見付。許君傳已尋得矣。此上,即請著安。廉生仁兄世大人閣下。棘人繆荃孫稽顙。

十四

廉生仁兄大人閣下:

四月奉環雲,聆悉近況,辰維起居納福爲頌。荃講院蕭寥,瑟居無俚,焚香選夢,拄笏看山。在金陵爲無足輕重之人,在鄙人爲不可多得之境。每月課期約五六百卷,十日可畢。暇則温理舊書,間或出游,城南諸山,臘屐殆遍。蕭秀東西碑,均有數十百字,精拓之尚可讀。唐人題名,宋之各碑,於嚴子進《記》外,約得七八十種。打碑人聶姓,精細不亞李雲從,並由安徽太平,走池州齊山、安慶潛山、桐城,拓得百五十餘種,皆昔人未著録者。去年到蘇州,屺懷邀同購沈韻初所藏,屺懷得精拓五六種,帖片卅二包全歸荃手,皆劉燕亭拓本,極舊者有王弇州、顧亭林手跋本。至方彦闻、六舟和尚、方可中所拓均有百十種,燕亭自跋亦極多,出《訪碑補録》之外約六七百種。大約歸韻初後,原包未曾打開,原簽尚係燕庭題。唐前則無甚舊拓,大約提出。而撰《補録》時,僅據刻本《金石苑》,所以蜀中未載之碑,亦溢出百外,不可謂非幸事。小韻尚存漢石經兩本,一黄小松藏,一孫淵如藏,索值四千元,無售處,將來不知歸誰富兒矣。仲午回蘇,尚能保守。仲貽同年,在省時常晤談,七八月當到通州,不知入城否。梧生所得令人艷羡,南川簡曲靖,與竹銘作伴,惟病軀遠道,實屬乏味。出京否?當時何不求内用也?荃官情久淡,大約田間終老,心中亦無抑鬱,而兩年鬚髪全白,衰老如是之易!京中故舊,通候者無多,尚盼時錫音問,藉知京華景况,並望羅箋楷書,一切捐去,長箋行草,揮灑自如,將來可裝成册葉,尤所望也。近刻成《常州詞録》三十卷,家集十四卷,又爲盛太常刻《先哲遺書》四十種。災梨禍棗,聊以自娱而已。此上敬候禮安百益。繆荃孫頓首。

刻本書俟有便即帶呈。

十五

廉生仁兄世大人閣下:

新正往還未晤,惟道履綏和爲頌。客歲允假《高麗金石苑》録副,懇即檢交來,手奉歸,定囑寫官加意護惜,决不污損也。此上,即請著安。繆荃孫頓首。

致袁昶

手示及大作均誦悉。百度交集不廢吟詠,真今之古人也。雲門處,去歲聞南皮師爲再同世兄作函,已致鉅款,想有其事。薦牘得人,諒中丞必出。奏稿均交。此復,即請重黎大公祖同年台安。弟荃孫頓首。

致樊增祥

樊山仁兄同年大人閣下：

頃誦手書，遵命挪後一日，如晤同局詩友尚希轉告，即專人分去知會，猶恐不能周知也。此上，敬請臺安。弟荃孫頓首。

致劉炳照

一

頃奉書，知兄心境欠佳。弟亦一病月餘，濕熱往來。十日不能下樓矣。三軸交來人帶，不多及。光珊仁兄大人。荃孫頓首。

二

海風卷盡江頭葉，入冬無雨至後雪。座中笠屐皆卓然，檻外江山信奇絶。但覺中庭霜檜明，只愁後圃風篁折。天邊煙樹盡微茫，水次村蹊半明滅。酩酊成歡杯屢釂，尖叉門韻箋頻掣。畏寒不覺肩字聳，遠望尤虞眼波纈。天公曾誤吴元濟，蔡州舊事成談屑。兵戈四起坤軸翻，桑海一昔飆輪瞥。坡公吟興繼永叔，詩話餘情續世説。可憐卌萬防邊兵，朔方凍脱馬蹄鐵。

用坡公聚星堂雪韻並禁體呈政。荃孫。

三

雪後，堅匏庵消寒第二集，次東坡祈雪霧豬泉韻，用禁體：

億萬耕氓思果腹，連年苦荒食不足。入冬不雨至後雪，稍免明春無麥哭。在野徒知怨昊蒼，隱憂那不關當軸。空庭皛皛方成堆，瓦甍沙沙疑撒菽。北風圖成忽在眼，一望寥天無寸緑。焚香禱祀非媚神，甘爲蒼生再三瀆。淙淙檐溜同鳴泉，天公拯溺離重淵。満篝満車生計足，無知婦子喜欲顛。頻聞西北邊烽急，戍卒倉皇荷戈泣。鵝鴨聲中快洗兵，肯銷金甲剛春及。我今抱病卧高閣，遠逮震雷蘇百蟄。諸公袞袞登壇坫，王恭鶴氅坡公笠。翹盼新什起瘵疲，愈愚不啻金鑰匙。
江陰繆荃孫呈稿。

四

壬子除夕消寒第六集，和東坡饋歲、别歲、守歲三詩原韻呈政：

佳節憶弟昆，會食謝僚佐。分甘爲成禮，達意非好貨。紅皺味倍腴，黄團實獨大。城南聯句，紅皺、黄團謂甘棗、瓜蔞，皆禦冬旨蓄。杯挹玉蛆浮，盤飣金鯽卧。割鮮卬獵户，茹素参上座。小倦理藥爐，止渴尋茶磨。言愁始欲愁，得過姑且過。萬盤空妄想，只有詩唱和。饋歲。

一去嘆不返，何論速與遲。問歲歲欲行，焉如放豚追。飄飄蓬蓬然，北海南海涯。即此停頓際，猶是宴樂時。北厨盛燔炙，南食飫甘肥。相將披食禁，見《漢書藝文志》。愼弗罹酒悲。達變羅含序，更新裴秀辭。願與歲俱改，不知筋力衰。别歲。

風塵嗟澒洞，鬥若内外蛇。無計留漢王，誰是董公遮。去矣不復留，吾將奈歲何。傷心欲慟哭，群小轉笑嘩。杜門强支持，惟慮馬策撾。坐待更漏轉，不覺星河斜。一年復一年，無計慰磋跎。衰落何可謝，轉將老壽誇。守歲。
荃孫初稿。

致葉昌熾

鞠裳仁兄大人閣下：

五月四日奉到惠書，鄭君碑收到，謝謝。維新春萬福，餐衛咸宜，諒如遠頌。弟十一日到滬,因病仍回講舍。與屺懷、芸閣相聚三日,談讌極歡。十二月到鄂交志書,並與盛大臣交刻書帳,兩事均竣。而《道鄉集》、《龜巢》、《方山》、《容春堂》各集,瞿畊莆觀察接刻。

致吴慶坻

子修仁兄年大人閣下:

頃奉手書,並葵園師《五洲地理志略》,謝謝。《酌中志餘》舊鈔二册,藉使呈上。餘面罄。敬請著安。弟荃孙顿首。

致陶濬宣

一

新拓片曹恪碑弟未藏得,如在十千以内,弟願購其一也。嵩高靈廟碑五千可得。呈上張石州二種,價給票十三千可矣。心雲仁兄同年。弟荃孫頓首。

二

曹恪碑收入八千不爲貴。唐幢七葉,失年月一葉,不完物也。韓永義造像五千可得,並非新出者。心雲仁兄同年。弟荃孫頓首。

三

天氣鬱蒸日極,吾兄作何消遣?隸古杜君金石文字尚多,今其持函入謁,酌留是幸。心雲仁兄同年大人。繆荃孫頓首。

四

手示敬悉。查恂叔《石徑山游記》有單刻本呈院。與《銅鼓書堂集》同。此上，心雲仁兄同年。弟荃孫頓首。

柚岑早回。

五

失迓甚歉，近日疲乏已極，國學之游須再定日。誦凡收游資否？此及。心雲仁兄同年。弟荃孫頓首。

六

正擬走談而尊使適至。凝禪寺三級浮圖碑，價貳千。達牧碑書經在房山宋刻，價五百。蘇書道德經幢，價十千。均係尋常之物。誦凡用錢甚多，何以報之。房山石經俟碑估來再議。子封定入詞林，舍弟則分部而已。此及。張氏書兩種即以奉贈，祈哂收。心雲仁兄同年。弟繆荃孫頓首。

七

心雲仁兄同年有道：

春間奉手書，滿擬三月初暢聆雅教。兄需保安寺房，於二月初定到三月間，窗明几净，月價六金，另一間爲厨房，位置已妥，候至初八入闈，不見兄到，詢蕪客方知兄抱恙已回嵇山，不勝悵惘。初八退房，寺僧嘵舌之至，給與一月房錢，頗不願意。擬即致函問候，而考信忽降，搶攘廿日，考劣等罰俸。弟之不才，原無所怨尤，然以一字之訛，加以嚴譴，考起諸公有不止訛一字者，古所謂高下在心是也。從此萬念俱灰，何所繫憑，差亦未考，於五月廿一乞假出都，昨日到滬矣。眷屬尚留京師，俟弟定居，專价迎之。從此跌宕湖山，研究文字，猶勝軟紅塵中僕僕道途也。兄近來大愈否？何日赴廣？弟鈔《五禮新儀》，木齋書不能帶出京城，移交静三管照。静三散入水部，意興頓頹，然已派慶典，明年以知府分發候補，猶勝於弟也。季直大魁，常熟一人之力，字已退且生，並有訛字累句，有人照應，不妨也。嘉興沈衛書法冠場，無憑藉人，至第五而止。試問前四人力量，沈能及之乎？凡事如此，人巧奪天，類推可悟。此布，敬請著安不一。年小弟繆荃孫頓首，八月初六日滬江寓舍寄。

保安寺僧收房銀帖並呈。

致凌霞

一

塵遺先生著席：

昨由申甫交寄到惠書，快同晤語。承示金石各書，内有急欲觀者數種，即懇廣覓鈔胥付鈔爲禱。紙工照開，互抵不敷。再寄興平一卷，扶風二卷，眉縣二卷，均張瘦銅塤所撰，統名爲《張氏吉金貞石録》，即丁同所載之書。黄松石先生曾宰兩邑，屬筆則瘦銅先生。此書校畢交敝同鄉帶至滬，交醉六轉寄，現先將《石魚文字所見録》、《古墨齋跋》第六卷先鈔。河内、高要、趙州、益都、山右均可購求；高麗，劉燕庭《海東金石苑》有全文，稿本在王蓮生處，弟全從録副，非鮑刻之僅有跋尾者。弟鄂館亦辭，起復在明正，不出京矣，寓所仍在繩匠胡同，通信亦便。此請著安不一。弟制繆荃孫頓首。九月四日。

再者，此次代鈔《吉金貞石》，采用弟格紙，以後當用重毛太紙照行款鈔。姚文僖《説文考異》，不識底本在何處。伯賡自著書亦不知何名。姚彦公喬梓繼逝，伯賡之子不肖，所著無從問訊。静山已赴湖北矣。

二

塵遺先生大人新禧：

客歲寄呈金石兩種，均已督入，辰維著述日富，精力日强爲頌。弟於歲杪服闋，就近起復。年將半百，重又作剪紅刻翠句，當尚能與三五少年争一日之短長哉！擬恭觀慶典後，乞祠禄以歸。逢春秋佳日，游佳山水，與良朋相晤對，其樂亦何減於金印紫綬，奔走風塵者？先生應亦以爲然也。存齋以振捐萬金交軍機處記名，聞春間來候簡，此老興復不淺。武虚谷《寶豐金石志》、李南澗《歷城金石志》兩種寄呈，祈督收。申甫今年生意何如？先生亦作滬游否？手箋布臆，敬請著安，諸希朗照百益。弟繆荃孫頓首，元夕。

《古墨齋金石跋》一卷，鈔校畢亦附呈。

三

塵遺先生大人閣下：

客冬奉到手書並《溪南詞》一疊，未能即覆，歉仄之至，辰維履蹈百福，著述千秋爲頌。弟京師伏處，珞珞如恒。爲鈔得《金石補正》二册，《括蒼續志》四卷，購得《益都金石記》一部，乞督收。《天下金石志》乞代録爲感。舍親仰承嘘植，得一吉差，感謝無既。碩卿仍在上洋。申甫訟事尚未斷結，受累無窮，聞近時亦罕見秘笈。太平府學金石，春間能拓致否？公暇尚望時通消息爲幸。此上，敬請著安不一。愚弟繆荃孫頓首。

四

塵遺先生大人閣下：

奉到兩函並《天下金石志》鈔本，藉諗起居順適，著述宏富爲頌。弟跧伏鄂垣，如恒珞珞。廿日不雨，盾威可畏，久未作答，職是之故。此間初來，人情不熟，三月付鈔《古泉山館金石跋》，久而不來,詢之經手者,則云赴黄州小試,直至月底始將底本索回,並未録副,其可惡如此。現只得招兩人在寓鈔書,不日付彼,便易完矣。《海東金石苑》,弟所藏者爲張松坪所刻之前四卷,後六卷底本爲王廉生所得,本擬借鈔補足,廉生前借刻本去,兩年不還,均是全文影摹,與《三巴漢石志》相類。張刻係光緒三年,貴省尚可尋覓否?現只有叶東鄉《高麗碑録》,亦是全文無考據,無行款,與《江左石刻文編》仿佛,兄欲鈔否?前與劉書相校,互有出入。鈔資兄處有帳否?弟已不甚記憶,統俟面談。弟在此間日有排纂之事,寫官又不得力,故爾遲遲。長江帶水,寄銀、寄書均便,不似北方費事,决不爲此。重黎公事棘手,刻書之興何如?秋凉即下駛,把晤匪遥,諸可領教。由蕪到寧坐江船須幾日,順道一游采石何如?尚希告我。回江約兩月住,先蕪湖則游采石,後蕪湖則游九華,先後不能預定,看眷屬同行不同行,必先到家矣。手箋奉復,敬請著安,諸希朗鑒不一。小弟繆荃孫頓首,十九日。

五

麈遺先生大人閣下:

道出鳩江,幸聆雅教,又承招飲,感謝奚如。辰維道履綏和,撰著宏富爲頌。弟在里門,勾留月餘,金陵亦廿日以外,至前月杪始回鄂省。課卷、校件堆積如山,未知何時方能清理。香帥命明歲主講鍾山,約正月底東下,相距較近,得暇同作采石游也。新得彭子大文集並《高要金石略》,乞哂存。懇代鈔《泰岱金石》、《台州金石》,均望鈔成。弟又得馮晏海《崇川金石》,亦稿本也。沈約齋先生想已歸里。弟一函並一帙乞代寄。爽秋觀督一緘亦懇轉交,瑣瀆不安之至。此上,即請道安百益。弟繆荃孫頓首。十二月二日。

六

麈遺先生大人閣下:

昨奉環雲並寄東碑一包,謝謝。内有鴛鴦碑一套,孝堂山漢畫、肥城數石亦可收。弟與友人搜拓金陵舊刻,爲嚴子進所未收者,約有六七十通。臨桂況夔生爲《金陵石刻補記》,甚有致也。自到館後,閲卷一次,公事甚簡,私事甚忙,終日伏案,不甚見功。晚間睡魔纏繞,甫及三更,萬不能做事,甚矣衰也!内子回蘇州,弟亦不能脱身,惟盼閣下來寧,庶慰飢渴。約翁允拓松府金石,已得幾許,所藏北碑較多。此次一包,只肥城兩碑,不記有無,須查新目,餘則均有。南碑則少極,江蘇碑尤少,可見蘇人無好此事者,故拓本罕見如此。弟正月間腦後忽起一塊,色微紅,肉堅硬,不知痛癢,服小金丹、陽和湯均無效,漢口王濟人照濕痰凝治法治之,乞轉詢蓮翁治法是否。後遂稍松,漸小漸軟,皮亦起皺,然尚未消盡,忌發物,甚苦,亦須消盡開忌,方能出門。鈔件容覓寫官,又撰一處生地方,諸事不便,此則悶氣。肅泐,敬請升安。弟繆荃孫頓首。

七

塵遺先生著席:

兩奉手書並《山右金石記》,又領唐志四種,謝謝。敬維福躬康健,履祉咸宜爲頌。弟書院索居,應酬絶少,出游之説,已成虚願,大爲顧石公所笑。季直已旋通州,天熱水大,秋以爲期而已。劉氏《陝西得碑記》二册,《崇川金石記》一册,均托程舍親帶呈,詧入是幸。再者,程君仁安寶炎,婺源人,寄籍蘇州,家道殷實,其爲人也慷慨仗義,幹練有爲,現來蕪湖創辦打米機器局。在觀察處具禀,自集資本造廠開設,不須請領公款,如本地有願入股者,亦不阻止,惟求立案轉詳給示札,委允其專利若干年,以爲鼓舞商務地步。並求兼派一差,不拘薪水,只要稍有局面,庶於地方辦事可以順手。觀察處及顧石翁,弟均專函重托一切,敬求吹嘘推愛照拂,感同身受。至請設埠團局以清匪類,原爲地方有益起見。好在毋容上籌經費,第求賜一公事,飭縣出示,想可允行。惟應否在道署或縣署進禀,程君面商。尚希代爲酌奪,鼎力成全,不勝盼禱。專此布達,餘容續述。祇請籌安百益。小弟繆荃孫頓首。

八

麈遺先生大人閣下：

昨得兄書，並重黎書洋五十翼，藉諗氣體大愈，慰甚。《泰山石刻記》遲遲不妨，《台州金石記》尚懇續付寫官爲禱。弟所得江寧石刻，府志所存已拓，不全；攝山題名近卅種；新在句容塔上得《金剛經》、《千佛》、《名經》三種，另有造經記兩石。紹聖三年寫，極精，共六十一張，前人並未見，並目亦不存。即日親往茅峰一行。打碑人聶姓，甚可愛，南中之李雲從也。茅峰回，擬由銅井到太平府游采石，不知禮房先生准他人拓否？聞方堃吾太守連軫已到任，此京中舊游，或借官勢以行之。游山訪碑，均極雅事，然不借官勢，往往有不能暢者，殊屬可哂。如游采石，當函告兄，能扁舟東下一叙否？總在十日後矣。手箋布臆，敬候起居不戩。弟繆荃孫頓首，初六日。

九

麈遺仁兄大人閣下：

昨奉手書，藉悉重到鳩江，蟬聯舊館，駕輕就熟，舉措自如，甚慰遠念。弟七月廿八日到滬，兄已回揚。夔生京華舊雨，深於詞學，近有志金石，其進甚鋭，惟連棄兩妻，惑於嬖妾，同人均不願與之往來，自到揚州未通書札，職是之故。陸蔚庭龍門造像只卅餘葉，補其尊人《萃編補正》者所無者，不甚全，當即爲兄録副。仲飴糧儲之《攈古録》俟晤面即索之，《石刻目録》弟早補完，尚未授梓。糧儲因米價日昂，今年賠墊過多，不甚高興，諸事濡滯。手箋布臆，敬請著安百益。弟繆荃孫頓首。

鍾山題名尚有存者，尋出即寄。

十

麈遺先生大人著席：

昨奉手書，敬悉近况，比維佳想安善，至爲頌祝。《台州金山志》鈔成，心感之至。《陝西得碑記》、《崇川金石志》去歲收到，愧未奉復，疏忽之至。今夏始覓得鈔胥三人，字迹既佳，脾氣亦合，現在入場應試，場後即交《寶雞金石記》與之，餘陸續付與。拙著《常州金石記》實係亂稿排理，俟鄂志告成，擬以一月成之，當攜原稿呈政。弟俟同人場後赴浙一行，隨即到鄂。道出鳩江，再圖晤教。觀音畫象，即交殷亦平帶呈。手箋布覆，敬請台安百益。八月初十日，弟繆荃孫頓首。

十一

麈遺先生大人閣下：

别來匝月，彌切懷思，辰維順時納祜，消夏延釐爲頌。弟前月初九自浙省歸，課卷堆積，廿餘日方始清理。節關已屆，俗務又多矣。重黎升授陝臬，何日起程？先生想未必同去。世兄奮發有爲，可以頤養，無雜事分心，讀書更多所獲也。鈔成《畿輔碑目》四卷，乞查收爲禱。如重黎交卸，寄函何處，尚希示悉。《台州金石》如已校好，即望寄弟，鈔資太巨，可繳價也。此上，敬請著安。弟繆荃孫頓首。

十二

麈遺先生著席：

昨奉環雲，並承賜《台州金石志》一部，感謝感謝。篆隸精緻，尤爲可寶，百朋之賜，無以加兹。《龍門造象》釋文六十餘葉，約廿外可得。高麗金石全文字數較多，須明春再寄。此種爲葉東鄉稿本，有兩稿者，訂入數葉以志舊迹。弟亦跋尾。吴督糧因今冬米貴，例價止準每石壹兩玖錢,虧短甚鉅,無以理料金石,《金文》板片據云尚在河南,然其夫人因風攤在河南,住公館,留一子在彼侍奉,非躛言也。《分省金石》亦未刻,昨忽交刻《王西樵詞》,即李儒茂領刻也。手箋布臆,敬請朗鑒不一。弟繆荃孫頓首。

十三

麈遺先生大人文几:

前奉手書,未即奉復爲歉。辰維興居納祜,讎校益精是頌。弟初八赴滬,與蒯禮卿觀督延訂中西教習,至廿三始回。申甫常見,意興頗覺頹唐,生意亦無振興氣象,時爲之也。新刻《常山貞石志》極佳,敬承一部,兄必有原書,儲作副本亦可。《續志》亦刊,未印行。朝鮮碑全文鈔成,内夾入原稿重份者,黄蕘圃景寫舊刻書中有重葉,必撤制鈔本,亦此意也。鍾山放翁題名亦尋出,統祈哂存。手箋復賀新禧,敬請台安,諸希朗鑒百益。愚弟繆荃孫頓首。二月三日。

李富孫《金石學》,兄有此書否?

十四

麈遺先生大人閣下:

前月奉書及承賜《金石學》一册,感謝感謝。比維旅祺萬福,珍衛咸宜爲頌。弟自入伏受凉,寒熱往來,飲食減少,已將廿日。每一搦管,心煩意懣,别字聯篇,答書稽遲,執此之故。精神頹敝如八十九十者,其能久乎! 仲翔之歿,真出意外。純伯尚在滬否? 玉雨堂、平安館均係稿本,又多須覓稍通鈔手。嚴鐵橋《訪碑録》亦係稿本,然止廿一葉,弟當作日課,自鈔出呈覽,大約日寫一葉,加之作輟,月餘可畢也。手箋布臆,敬請升安,諸希朗鑒不一。愚弟繆荃孫頓首。

十五

塵遺先生著席：

《趙州石刻録》三册，乞哂存。吴𩞄儲金文云尚有秦漢三卷未摹刻。石目分省，缺江西，湖南、北，粤東、西，雲，貴九省，用弟之本補入待訪，亦與之輯好，惟湖南尚未就緒，分代止見唐以後，唐以前未見。不知有稿與否。現其眷屬均送回海豐，尚未必刻也。弟爲刻辛稼軒、周草窗、李姑溪、李清照、王西樵、王漁洋、宋荔裳、曹珂雪八家詞，皆東人，約七八月完工。剛相來查辦事件，闔省凛凛，豈人不靖，天亦不雨，均可憂也。手箋，敬請台安，諸希朗鑒百益。弟繆荃孫頓首。

石目一縱一横，而非一時所纂，分代博於分省，考訂亦精。

十六

塵遺先生大人閣下：

連奉手書，敬悉壹是。吴𩞄儲所刻金文，係招京中刻手赴汴梁刻成，校者日照丁艮善。因其夫人久病回東，既不能到寧，又不便留一子在汴伺候，書板亦留。今其夫人已殁，聞明年全眷到寧，想可同來，再慫慂印行可也。分省石目仍未付刻。陸心農太夫子《金石補正》一百卅卷，蔚庭前輩將調開封，或可刊行。《泉寶所見録》刻於南邊，京中罕見，廠肆易得衹《古泉匯》耳。夔生詞學甚深，金石學亦爲之甚鋭，可惜内行不飭，令人望而生畏。弟今年爲晉撫校勘《山右石刻叢編》叁拾貳卷，搜羅淹富，刻成時必可奉貽，小序先行呈政。《盋山文集》此書已交殷委員萃峰，信先寄。四册，紙樣一葉，希詧入。此及，敬請著安百益，愚弟繆荃孫頓首。

十七

塵遺先生大人閣下：

弟八月入都，十月返書院，兩次手書均已拜讀。仲飴甫歸，俟晤面當索之，聞尚有秦漢三卷未刊，亦擬付削氏，然仲飴作事遲鈍，不知何時方成。弟現爲胡岐生中丞刻《山右石刻叢編》四十卷，明年有科場，亦未必出書。自撰《江蘇金石記》，擬成一卷即就正，須並力爲之也。此上，敬請升安。弟荃孫頓首。

爽秋談兩次，所住即常熟故居。

十八

麐遺先生大人著席：

頃奉手書，藉悉履祺叶吉，新祉迎喜爲頌。弟入新年，忙碌異常，幾無伏案之暇。《山右石刻文編》在金陵付雕，已及十四卷，不及三分之一。《常山續志》稿本未成，尚在柯邵忞處，今年方能脱稿。弟之《江蘇志》連碑目未寫，再等一親戚來作鈔胥，方能動手。吴仲飴所在一部，並非誑言。去歲因糧受累，不想回任，去冬只帶一世兄來，現亦隨侍蘇州。此間無人在此，書板亦未聞來。山東詞已刻成，三月將板寄往也。滋帥莅任，查局甚認真，而峴帥聖眷尚好，恐須回任。手箋，敬請著安，諸希朗照百益。弟繆荃孫頓首，廿六日。

去年謝城先生詩收到，謝謝。

十九

麐遺先生大人閣下：

四月間弟旋里爲亡婦卜葬地，盤旋鄉間兩月有餘，六月始返書院。閲手書，聆悉壹是。遜安適有信來，遵囑將令郎名條交去，未知有用否也。隨接申甫歸道山，又聞重黎受害之信，悲憤交迫，激而成病，神采已陷，大局不可問，又不即亂。天氣轉凉，今日稍能握管矣。先答吾兄，覺有多少事要説，申紙又無一語，頭目涔涔然，俟事稍定神稍安再布。蕪湖局面何如？官紳壓得住土匪否？此上，敬請文安。弟繆荃孫頓首。

二十

塵遺先生著席：

頃奉手書,維興居安吉,著述宏富爲頌。仲飴署任蘇藩,倉猝成行,未曾把晤。函詢其四世兄,據云《攟古録》板仍未到南京,此間僅存一部,無以報命云云,弟亦不意新刻書如此之難也。今年爲其刻山左十二家詞已成,亦不印,宦事太忙,又不交與世兄經理。四世兄能寫篆書鐘鼎,《攟古録》即其所摹,甚可談也。大雪嚴寒,諸祈珍攝。手箋,敬請台安,並叩年禧百益。弟繆荃孫頓首,廿五日。

二十一

塵遺先生大人閣下：

兩奉手書,並承賜唐志五種,感謝感謝。比維道履安善爲祝。弟自三月間與蒯觀督開辦學堂,甚爲勞碌,本月朔已開學,諸事就緒,稍可蕭閑甄别。弟一歙縣汪生,學貫中西,可見中江講舍之受益,聞今年減脩改章,未免可惜。趙州石刻端節可奉上。《常山續志》未定稿。瑟庵攜歸,尚須交弟勘訂,方能付梓。《山右石刻叢編》須胡中丞回任再刻。《攟古録》無消息,糧儲因公事難辦,寢食俱廢,啓行在即,其世兄回里葬其夫人,此事尚爾倚閣。李氏《金石學録》承代鈔甚感。此上,敬請著安百益。弟繆荃孫頓首,初五日。

二十二

塵遺先生大人閣下：

日昨奉到正月十七日手書,藉諗福躬康復,諸事勝常,慰如所頌。去年爲紳富捐、沙田捐等事回敝縣兩月,臘底始還書院,入春即病。寓中人亦無不病者,而且反反復復,纏綿異常,雖是小病,亦覺討厭,現已逐漸清楚,如出門應酬,不知還要復感否。純伯救濟會真是好事,即募收字畫,亦是我輩所應爲者,而衆疑群議,殊不可解。弟爲經募千金,金陵止三千餘金,甚矣,好事者之不數見也。《山右石刻叢編》刻成廿三卷,待款。《常山貞石續志》稿本在京師柯鳳蓀處,不知帶出否?《江蘇志》亦閣下打碑人遠颺。弟又爲南皮編輯《國朝紀事本末》,刻無晷。《攈古録》之板載入都門,庋置金井胡同宅内,聞房屋爲德兵所踞,門窗間壁都供爨下材,此板大約付劫灰矣。廉訪止印出五十部,分貽同人,聞之頗爲難受。弟勸其覆刻,廉訪尚冀或有孑遺,俟回鑾後再查,方定主意。爽公昭雪,将來建祠賜謚,必在意中。其世兄已刻行述,乞代索一帙,並懇開示其三位世兄之號,擬通一信。爽公詩集已刻,尚有一二年近作、文集未刊,聞未散佚,弟願爲之編次,並可經理刊板,以報故友。俄約未定,人心皇皇,中江何如?手箋,敬請著安,諸希朗鑒百益。小弟繆荃孫頓首,二月十二日。

去冬到申江一行,少一申甫,滬市爲之減色。偕葛振卿搜訪一回,一書未得,可嘆。

致沈旭初

旭初大哥世大人閣下:

在蘇幸聆雅教,惜匆匆握别爲歉耳。《常州詞録》、《舊德集》,專人赴金陵取到,托屺弟代呈,誤致柳門處,懇兄自往取歸。緣在蘇已送過矣。行篋兩部,一呈柳門,一呈季文。此上,敬請升安。如弟繆荃孫頓首。

致沈增植

一

乙庵仁兄大人:

弟初九赴無錫,即回里掃墓,昨日方回。《雪橋詩話》奉還。前集一詩未能交卷,何日再集亦未知。樊園一時未必讓。芍藥開過否? 此上,即請箸安。荃孫頓首。

聞持静之《禮記集説》、《唐文粹》均來,見否?

二

乙庵仁兄大人閣下:

歸翻手記,《北山録》的是神清,是日與《沈遼集》舊鈔。同觀,因誤記。《唐書》未收,《宋志》有之:雲僧神清成都。《北山參元語録》十卷。《音義》亦中江僧所撰,另一人也。記性太壞,以後連談天均不能矣。《鏢灃集》一篇亦找閲,誚之曰:記誦之學,不足以爲人師,其佛學中漢學歟? 此上,即請箸安百益。弟荃孫頓首。

致瞿鴻機

子玖老前輩大人閣下:

自鄂回,展手書,謹悉壹是。南菁詞章一席另延名師,是老前輩諒晚苦心,非棄晚也,感荷,感荷。晚到鄂交《湖北通志》全稿於南皮師。兩湖一席,兩監督爲梁心誨、蒯禮卿,分校八人,晚自分淺陋,何敢當此重任。明年鄂志已畢,一鍾山、一龍城,校閲之暇,擬完自著書一二種,藉求指正,或有可以培植之處,當再函懇,不汲汲也。南菁分席之議,自晚發之,更以避嫌爲是。時事愈趨愈下,德事未了,必尚有繼德而起者,如何,如何? 明正何日起節? 晚擬初間歸里,當可暢聆雅教。珂鄉西學大行,忠勇奮發,又有咸豐年間氣象,第不知國家尚能稍待否? 香帥焦勞,峴帥鎮静,其無濟則一也。手復,敬請勳安,並叩年禧百益。晚繆荃孫頓首。十八日。

致黄紹箕

仲弢仁兄大人閣下：

陳氏《公羊疏》廿册呈繳，乞察入。提調云，如刻成，乞即將刻本送館，諒可行也。弟翻閲數日，見其中有未疏者，有空白者，或原書未成，或草稿模糊，鈔胥脱落，均未可知。刊行一層萬不可緩，字多款鉅，集貲實難，須乘老伯在蘇省任内交付書局刊成，以竟陳世兄奔走數年之志，亦儒林盛事也。提調又言香濤師在館日，分纂《韓中丞超列傳》，取有官書數册。香師出京，聞交幼樵前輩，并聞幼樵前輩轉交吾兄，未知確否？如已撰就，或無暇撰，乞示知。顧君《後漢藝文志》，希檢全部分鈔較捷。顧書前二卷亦平平，不知後數卷若何？手此布達，敬請著安。弟期荃孫頓首。

《公羊疏》采摭極博，然亦無甚心得。公羊家言較多，故門面尚好，廉生見之必又有譏評矣。

致趙鳳昌

一

竹君仁兄大人閣下：

一别七年，未通箋素，疏懶之咎，萬無可辭。迻聽好音，私相慶慰，辰維履祺納茀，詞藻蜚英。昔嘉定錢十蘭先生爲弇山制府典謁藝林，傳爲美談。南皮師之於吾兄，不啻弇山之於嘉定。名流際遇，先後同符已。弟薄官長安，浮沈人海，一差未得，無以爲生，小楷時文，本非素習，既不能趨時相之門，又不能説時人之目，終歸棄置，分所當然。南皮師閔其困窮，俾襄廣雅書局。一切未諳，全仗指示。如有刻本章程，乞先寄閲。南皮師論辦何事，已懇即囑吾兄函知。南皮師公務殷繁，恐未能握管也。舍侄繼輝仰承推愛，俾獲枝棲，感激無似。舍侄動想調優，弟論以安分做官，不宜躁進，惟英德非著名缺，可否於年滿時再求吹嘘，多聯一年，則成全不少矣。拜禱拜禱！賡甫鹽道，署及一年有半，賬已全消，真好運氣。猶憶昔年偕過彭鏡軒，相士於賡甫則竭力恭維，於弟則不置可否，骨相窮薄，一望而知。今賡甫已疊膺保薦，吾兄亦器重上游，而弟落寞猶昔。回憶前塵，不勝悵惘耳！手箋布臆，敬請升安，諸希朗鑒不一。愚弟繆荃孫頓首。

寄舍侄信壹件乞轉遞英德爲荷。同鄉趙雲九、謝爾澈、徐植之諸君乞代弟問候。

又寄梁星海、王雪橙秉恩從貴州調來者兩函均懇飭紀送交，種種瑣瀆，不安之至。

二

竹君仁兄姻大人閣下：

日昨泐布寸緘，大約月内可塵清覽。辰維侍奉萬福爲頌。今早得子占信，具諗嘘植逾恒，而南皮師似有不説之意，因之差委毫無。弟素稔子占過於高興，希冀大缺，或有形迹爲南皮師所知，如何是好？弟痛加教訓，命其速改前非，深自斂抑，惟微員一無差使，實難自立。弟前函亦爲求缺，如缺未易委，渠係沙田局熟手，可否先代乞一局差，以資糊口？不勝企禱。弟之前函亦近冒昧，此信如趕上，乞囑子占勿投亦可。一切轉圜，惟吾兄是伏矣。楊叔嶠來粤否？南皮師請陛見，已准定否？匆匆不及多叙，敬請升安，諸希愛照不一。姻小弟繆荃孫頓首。

聞即日封海口，趕此一幫，不知趕得上否？以後信即交折差，想不至誤。

書三部乞交廣雅書局。信未得，容後再寄。荃孫又頓。

三

竹君仁兄姻大人閣下：

客冬承惠多珍，拜領之餘，莫名銜戢，正欲肅函報謝，新正又奉手書，具紉心注，忭洽奚如。敬審茀禄丕延，箸猷聿建，至以爲頌。執事清標雅才，本殊庸俗，前者屈在驂佐，大似鶴立雞群。兹聞榮擢專城，仍襄幕府，此固南皮師契倚獨深，亦足微徵劍氣珠光之不能掩也。弟謬膺史職，索米長安，塵甑荃魚，不免自笑。廣雅一席，月縻餐錢，鮮所裨益，乃荷揄飾，例以長平，猶自恧矣。辰下書局章程定否？雪岑諸君，想俱勝常。舍侄諸叨關愛，感感切切。日内英德交卸否？亦久不接其信，聞吾兄入都在即，務望惠臨敝寓税駕，藉可暢聆雅教。蔣迪甫兄病瘋半歲，初則乍昧乍明，近則愈變愈重，甚可惜也。肅函鳴謝，敬請籌安，並頌升喜不具。姻愚弟繆荃孫頓首。

四

竹君仁兄姻大人閣下：

前日奉到手書，敬悉壹是。辰維春祺茂晉，升祉翔和，並諗老伯大人安居里門，伯母大人就養官舍，備天倫之樂事，爲鄉黨所艷稱，引領喬雲，懷思曷既。弟旅食京華，珞珞故我。察典雖得一等，然名次仍在後，未必即記。聚書一層，弟始終未知刻書之旨，與佛青親到局中者不同。今承示知已刻、未刻目，南皮師又分門授以尋書蹤迹，現即添募寫官，昕夕鈔校，開正先寄三四種，餘亦陸續籌寄。今開一單，托叔嶠轉呈函丈，如有去取，望懇叔嶠飛示，補領鈔資及冬季脩金，仍希轉告早寄。關愛深切，始終銘感耳。繼輝太不董事，弟前信著寔教訓。弟得渠書，因渠鑽營過急，如爲香師所惡，亦在情理之中。渠之信來，而弟代渠求缺之信已發，所以急求吾兄撤去前信，深恐過於冒昧。今函丈手書殷勤，並委優缺，師恩高厚，感激涕零。特慮繼輝不知甘苦，有負栽培耳。吾兄何時入覲？仍望惠臨敝寓爲禱。迪甫全家南返，未免可傷，同鄉中人亦無甚得意者。手箋布臆，敬請升安，並叩新禧不一。姻小弟繆荃孫頓首，十二月十六日。

再啓者:楊叔喬、金心香兩信,本擬交提塘,又恐帶不到,不如統懇吾兄轉致,因而加一總封,信面未曾重寫,諸荷鑒原是幸。再請竹君仁兄大人升安。弟荃孫頓首。

五

竹君仁兄姻大人閣下:

折差到京,奉讀手書,並承賜熊掌四枚,敬謝敬謝。近維侍奉康娱履蹈安善,慈闈燕喜,常膳載加,翹首清暉,曷勝忭頌。弟株守空嶄,薪勞如故。舊巢猶在,戀鷦鷯之一枝;今雨不來,穴鼪鼬於三徑。青氊半榻,緗帙百城,夜燭晨燈,聊以銷磨歲月耳。家君年近杖國,步履飲食不亞中年,早間作楷書三百字,時與次遠、伯温輩觀劇,終日無倦容。雖喜懼之交縈,或期頤之可冀。知關綺注,用敢附聞。承示官場情形,中外皆然,言之可慨。因宦途擁擠,遂致百弊叢生。弟委心任運,吾行吾素,既不能脅肩諂笑,昏夜乞憐,亦不爲立異矜奇,人前遁迹,飄茵墮溷,聽諸造物之安排而已。繼輝仰承噓植,大德莫忘。惟是閣筆即窮,斯言可信。南皮師處何敢再瀆,敬懇隨時照拂,能否位置一席,感同身受矣。遜夫病没,寔屬可傷。閲《申報》,知粤中新設廣雅書院,山長已訂定否?附呈鮑子年《錢譜滙刻》一部、蜀錦一端,哂存爲幸。手箋布臆,敬請升安,諸希惠照不宣。姻愚弟繆荃孫頓首。

外皮筒三件、衣料一件、阿膠一包並信乞交子占,費神,謝謝。

六

竹君仁兄姻大人閣下:

前得子占信,知七月間奉复寸緘,早登清鑒。韶光荏苒,又到初冬,維侍奉康娱,興居安懿,贊襄局務,轉瞬真除,引領喬雲,曷勝欣忭。弟浮沉人海,閉户自修,歲月如流,造詣罕進。上不能執畚荷戈,冀當途之一盼;退不能懷鉛握槧,紹絶業於千秋。非狷非狂,如是而已。舍侄仰承噓植,感何可言!弟之私意,總欲其捐足新班花樣,得補一缺,爲迎養之計,省得時時爲彼設法,不得已忝顔再求南皮夫子。吾兄度事可能行否?惟懇推愛,俾得善地,感激私懷,同弟身受矣。衰門零落,百計維持,總無生色,言之可嘆。黄流横决,直灌陳穎亳壽,即淮揚亦岌岌可危,而宫廷土木未停,游觀如故,司農仰屋,疆吏托鉢,人心涣散,終無益於事也。顧瞻時事,殊切杞憂耳。此布,敬請升安,諸維朗鑒不一。姻愚弟繆荃孫頓首。

伯母大人尊前叱名請安。

昨又承賜寄《金文最》,采取頗博。聞月霄先生昔年購金文一篇,酬以十金。弟所藏金石文字可補不下百篇,惜無售處。一笑。或録呈吾兄交伍君續刻於後,何如?此謝,再請文安。荃孫又及。

七

竹君四兄姻大人閣下:

前在粵東,諸承照拂,揖别以後,彈指月餘。溯眷逮之周摯,念情文之稠疊,感謝之切,匪筆能宣。辰維侍祉康綏,履祺茂邕爲頌。弟初三上輪船,初九抵滬瀆,霧多風帹,海波不驚,又復繞道蘇垣,至十九始返里門。講院重來,塵勞暫釋,逐日爲諸生補閲文卷,又復下鄉掃墓,出月始覺閑暇,作札稽遲,職是之故。委寄彦老信件,到蘇面交,黄柑只留一半,餘腐矣。彦老好古興致尚好,爲弟手鈔蕘圃跋十餘,惟步履甚艱,不如去歲。伯更書籍已將尊指達到,彦老亦甚感激,復言歲月如流,年齒衰謝,不知及身能見此書否。弟聞此語亦覺凄然,懇兄早爲之計。伯更所言,亦文人之結習。《宋會要》全交静三,行時復與静三商酌帶歸。首門帝系,次門后妃,窮十日之力,編成十四卷付鈔,鈔畢即寄。如行仄徑,如析亂絲,鑿崄蹈艱,心竊自喜,並願秘密,不告他人。以此推之,恐伯更亦類乎此。並非奇貨可居,但弟拙而速,伯更工而遲耳。弟歸裝除用費外,約及兩竿。飲水思源,敢忘大德,搜書業已四出探聽,以多爲貴,不敢負函丈培植之深心,吾兄吹嘘之雅意。心階居然揭陽,何時赴任？洪月舫丈缺事何如？《期功解組圖》一記尚未脱稿，抱愧已極。純兄何時入都？惜弟不能作東道主人。會榜即日揭曉，鄭盦入闈，叔嶠、屺懷入彀，十有九可望也。手箋鳴謝，敬請升安，諸希朗鑒不一。姻愚弟制繆荃孫頓首。

純兄均此。

《宋會要》本係長編，未曾撰次，荃孫今春翻閲並輯成十四卷，稍有端倪，願以一手編定，録出清本寄鄂。望於函丈前述知，將底稿帶至滬上，俟荃孫來見面交，以到京後一年爲期。所需各書，篋中均有，惟《太常因革禮》、《政和五禮新儀》二種須假方太守藏本。荃孫並非因廣雅局脩將撤，爲戀棧之計，實願此書之成，只求書成發給鈔資而已。荃孫又及。

岳本《周易》次，《禮記》廿九卷、《左傳》、宋公序本《國語》、撫州本《公羊》，佳。蜀大字本范書、佳。北宋本《魏志》、佳。《名臣琬琰集》，書八種，曾願千四百金出售，伯羲允之，后又中止。今在江蘇候補，得上海釐招局，光景裕如，未必肯售。

八

竹君仁兄姻大人閣下：

昨奉手書，並承賜香合一件轉呈家嚴，感謝無已。辰維起居迪吉爲頌。弟四月初四道出常州，聞兄下鄉卜葬，未能晤談，即日返江陰，於五月十六入都，寓中一切平安，堪行遠廑。香帥稟一件乞轉呈。委買書攸二事孫銓伯竟不肯出售，無可如何。近爲葉孝廉伯皋提姻事，聞已有成議矣。再懇者，舍侄鎔素諳機器局工作，現來鄂謀事，望轉懇蔡、徐兩觀察録用爲幸。折差望取回信，不及多寫。肅叩，敬請禮安。弟繆荃孫頓首，九月十三日。

九

竹君仁兄姻大人閣下：

昨日至織布局，適晤江君叔澥，言錢鐵江大令寓成都會府東街鍾觀察公館，全眷均回海寧，去志甚決。乞發電延訂鐵江，藉可脱身東下，其才學勝荃孫十倍，足勝經心之任，且係長局，如鐵江覆電未能即定去留，命荃孫先承乏年餘，斷不敢固辭，以重罪戾，望轉稟帥座酌定是禱。此布，敬請禮安。姻小弟制繆荃孫頓首。

十

竹君仁兄姻大人閣下：

去年在鄂，諸承照拂，私衷感篆，迄未申謝爲歉。辰維履候綏宜，庶務協洽，允符忭頌。蘇滬兩電，瞿觀察求香帥委人代館，回電仍以前命見督，固辭不獲，何敢再爲煩瀆。惟弟自春初攖疾以來，日與藥爐茗碗爲緣。到滬就醫，稍形瘥減。乃近因整理書籍，不過偶一勞動，而怔忡又復大作，夜不成寐，虛陽上升，精神十分困憊，奄忽固屬可委，殘廢亦復可慮。非不欲恪遵師命，勉力到館，一覘江漢人文，而揆之目下，精力實有難堪。經心爲楚才薈萃之所，何敢以病軀塞責，此弟不得不辭館回京之實情也。玆又另稟辭謝，尚祈吾兄代達苦衷，必使聽許，俾得回京，一意静養，是所至禱。委辦書籍，新書每種可以兩部，舊書甚難得，有一新一舊者，有兩部而板兩樣者，有止得一部者，價較廣雅購書時又昂。揚州新舊書共購七百七十七元，續購杭州舊書三百廿八元。百川通六百金業已收入，除付尚短若干元。抱芳閣已閉歇，存書無多，叔衡願意賤售，亦購百十種。三處均歸弟報銷，俟族弟保孫來鄂交書開單呈覽。至醉六堂吴申甫書單，前已寄呈，現從叔衡處鈔到廣雅所購書目，廣爲搜輯。聞叔衡先領三千金，然後分批送交，申甫可仿此例否？一切箱繩水脚均照叔衡舊例。書不合意，盡可退還，乞兄酌定，與醉六堂伙計面商，弟以後不與聞矣。肅此布達，敬請台安。伏希諒察。姻愚弟制繆荃孫頓首。

附呈《江蘇詩徵》一部，乞哂收。

十一

竹君仁兄姻大人閣下：

兩肅蕪箋，想蒙青及。辰維起居萬福爲頌。弟之不能來鄂，寔因病重，出於無法，並非别有他圖。回京以來，静養半年，舊恙幸而脱體，然毫無進款，窘態百出，貧病交迫，不堪遠告知己。書籍運至鄂省已及五個月，未蒙師座點收，實深惶悚。弟在病中，未能細細檢點，誠實不免疏虞，但舊書從揚州文運堂、杭州述古堂購來，價錢業已墊給，爲數不過千元有零，至醉六堂所辦新書，照抱芳閣廣雅采辦，舊賬諒來無大出入。師座面諭畊夫，云有需兩部只有一部者，有需一部反有兩部者，其實短者可續辦，多者、板片不合式者可退回，總望吾兄玉成此事，早早完結，免弟受抱芳、醉六之抱怨，則幸甚矣。醉六信多不寄，抱芳信呈覽，内有廿四史一部，價值乞代領出，即寄粤東可也。弟爲此事寔在難過，不遠千里，求兄轉圜，務望設法爲幸。又有言款項不足者，可收書先付若干，續付若干，諒無不可。手箋布臆。宫扇二柄，係乾隆時物，乞哂存是幸。此請文安不一。弟制繆荃孫頓首。

十二

竹君仁兄姻大人閣下：

前日晤教，幸甚。承惠珍品，客中藉以解饞，感謝奚似。兄之貴恙與弟前病仿佛，但兄前後數年，而歲數少及十餘歲，又觀氣色純正，不難得原，謹上刍言，伏乞采納。一不必顧慮寒暑飢飽，慎之又慎，如遇風日晴朗，不妨坐馬車出游，舒散筋骨，清新耳目，或尋友人長談，局促一室，非計也。一看新書，擇不必用心之書，或《通鑒》、《通考》之類，閲之可以消遣。一習起跪，我輩不能多走路，清晨拜佛，一起一跪，初亦不過十數，漸進至五十以爲常課，實爲有益，如覺身上微熱，將出汗即止，不可使乏。初學愈少愈好。一參釋典，此中自有至理，閲之但覺喜説，心氣融和，自易安睡。以上皆弟所閲歷而有效驗者。藥宜少服，尤爲至要。此布，謹請臺安，諸惟珍攝不盡。弟繆荃孫頓首。

十三

竹君仁兄姻世大人閣下：

頃奉手書，如聆面語，惟起居珍攝爲頌。弟承南皮師厚愛，在鄂在寧，無所不可，復電即懇交電局，電價隨後補之。明日午刻擬至尊寓便衣。一談。雖在卧室，亦可晤談也。此復，敬請升安。弟荃孫頓首。

十四

竹君仁兄大人閣下：

在滬諸承照拂，心感之至。弟本擬來滬，辦譯東書及石印字宜，香帥又命弟到鄂，即日起程，滬事托叔蘊更妥善。葆良兄索荆川文一部，希轉交。前假十六元亦璧入。盛禮公分，弟派若干，示知再繳。此請升安。弟荃孫頓首。

致夏孫桐

一

閏枝大哥親家大人閣下：

手字均悉。禄保明日入都，海口凍未釋也。弟可出門，身體甚好。然不出者，一因天冷須脱皮衣再説，一因《土司傳》日夜趕辦。還剩四川一省未寫完。正本以未鈔，寫官方來，先生尚未到也。印丞詞板已賣去，可惜。近來風行珂羅板，弟不以爲然，南邊不銷，不如刻者，大約上日本當也。此間書價未落，弟亦無覓處，袁二亦無錢，仍是劉翰怡買得多。又秦年丈請代送一呢幛。禄保靠不住，以後館中人不能不應酬，免得罪人。幼衡來否？孟勉、絅齋不知何日來？姚啓聖，施琅，子世驃、世綸，吴英，藍理，萬正色，朱天貴合一卷一論餘哀韓大任，姚儀附傳。内，世驃有幾戰將，可附見滿保、藍廷珍傳。近來見馬通伯、二姚否？總理稍明白否？無可如何，將來如何交卷？總理不自料也。蘇志何如。沈同芳没於常，劉光珊没於滬。壽平晤三面，頗爲大哥設法，説久不通信，望寫信與彼。此請文安。弟繆荃孫頓首。兒孫附叩。

二

閏枝仁兄觀察大人閣下：

昨草草答一緘，想已察入。今日令妹大愈，已能打牌，並到外間，惟大便尚不十分通利，而胸有積水，怕服藥，此稍難耳。陳鯉庭，弟西郊之門人，尚爲童生。弟在西郊已十年，己至戊。決四人可上進，陳、朱均服官，殷補稟，吴舉人，邇時尚小，未考過。韓入泮而已，如欲結親可儘可。江陰、常州，先出女八字，可以收回，不比外間説定再出八字。弟在家鄉早知之，小時即占過兩家八字，先出無妨也。總統府裁人，兄事何如？京張路查辦，印丞不牽涉否？長倩信亦到，鐵梅事摇兀，能保全否？絅齋回信來，言館中用人極可笑，館事太不懂，奈何！有些人先教其摘《實録》、摘公事文牘，並非無事可做，何必人人操觚耶！手箋，敬請箸安百益。弟繆荃孫頓首。兒媳、孫侍叩。

循吏托者必多，然斟酌其間，慎之又慎，相似者六七人十餘人。一傳，只可一卷。仿《明史》。

致梁鼎芬

一

節庵仁弟閣下：

昨得手書並《東塾集》，悉著作日增，起居時益，聊慰遠念。荃孫運蹇，匪夷所思，又漂京察，亦無慶典，大考劣等，改官罰俸，尚未能定，命也。現擬出京省墓，後來鄂相晤，匪遥矣。詩集，客歲在龍明經處見之，已付梓否？雜文成稿否？荃收拾各種稿本，得文四卷，駢文兩卷，詩尚未編輯。自愧希慕富貴，不能如廖澤群之決。十年京國，竟無一枝之借，猶幸謹守繩尺，負債不多。今塵夢已醒，返我初服，徜徉山水，以娱暮年。惟上無片瓦，下無立錐，不能不圖館以糊口耳。南菁一席，溥玉岑亦已定人，然實未妥，此中尚費斡旋。聞説林下亦擁擠，然去志已決，不再游移以取辱矣。此上，敬請道安。荃孫頓首。

曹、楊兩函均致。江、柯、費、葉，皆三等也。

二

心海仁弟、穰卿老兄大人閣下：

前日一函，尚未賜覆，連日看貴報，所采南京各事，無一真者。正擬再布，忽於今日見稟控山長一條，更爲駭異，無論並無稟控之事。弟性最急，下課、開課時，上課必出，惟五月課，俟改定策論，他書院仍出時文，弟不肯暫停，俟官課改策論後補課。至六月十二補課，業於十二發出，六月一課在手，十六方課七月課，日内亦必發出，焉有半年不發之事？横加污蔑，再加以任情延緩，未免尸位之考語。此兄所加，何所見而云？然如上年兩湖書院説兄閑話，百無一真，弟尚爲之不平，何今日自傷其類耶！兩兄爲弟臉面何？他報挂洋招牌，聽其狂吠。貴報總理、主筆非洋人，弟理直气壯，要來講理。御史參人尚要查辦，兄等聽一面之詞，即行發報，顛倒黑白，變亂是非，此等采訪，一處如此，處處可知。然則所謂《昌言》，昌謡言而已。弟即日來滬，奉請兩兄分一人到寧，逐件細查，事分列在下。如有一合，請罰弟；如一不合，兩兄受罰幾何？外國有例在也。張季真、褚□約、龍松岑各位同此致意。立候回玉。弟荃孫十一日申刻，閲報後即發，立賜回玉，請示采訪何人。七月十三到。

今年二月廿五課:三月十八日出案。

三月十六課:閏月初二日出案。

閏月十六課:四月赴杭州十六日出案。

四月十六課:五月十三日出案。

六月十二補五月課:七月初四日出案。

請執此單赴江寧府禮房查,如有虚言,照報例受罰。

初三:論辦民團。洲團田姓藉團斂費,怨讟載道,奉憲撤去,所收數千金團費,尚無著落,現城内甚安静,並無辦團告示,昨聞府縣毫無影響。

初五:捐助學堂經費。劉制軍捐在内廉俸六萬兩並無是事,如有,必交與藩司。昨聞方伯亦云毫無影響。

初八:疫癘甚行。街道臭惡,誠然,並無疫癘倒斃相屬於道,施送棺木處,昨亦往問,毫無影響。

初九:趕辦學堂。連日制軍約荃等六人亦書院山長。與首府特派蒯禮卿同議,制軍以籌款煩難,萬無端倪,焉有學堂兩處每堂一百六十人之事,亦是全無影響。

請示南京采訪何人。弟聞一劣生唐姓,上海各報爲其兜攬,到處换姓名,實則一人耳。弟前爲《新聞報》所誣,尚想貴報辨雪,今貴報亦附和,弟尚有何望?然兩兄相處年餘,尚不知弟性情耶?閲報後手戰,手不成手,恨不即刻到滬,與兄講理,亦不空講,請來南京查查,何如?

三

節庵仁弟大人閣下:

奉上《國朝事略》一部乞正。末卷官制、兵制、丁糧、漕運、鹽法、錢法、關榷、河工。未印好,如可用,當辦寄。蕭敬孚文四册,新刊也。今年刻《河南志》前三卷。《東觀奏記》未畢工。寧匠爲刻合肥全集,諸事倚閣矣。此上,敬請台安。譜兄期繆荃孫頓首。廿一日。

四

前日守候一天,想君游鐵廠,未能來也。昨甫出門,即錯過。今日荃不能上商船禮兄,定行否?洞庭春之約準否?移交名單及應辦各事能帶來否?乞示。荃本欲詣畊甫辭行即渡江矣。此上節庵仁弟大人。荃孫頓首。

印伯來否?

五

今日渡江,寓三佛閣,詣談,值公出,甚歉!明午擬謁南皮師,懇先代達。此來交志書,一見即回寧,明晚再談。肅此,即候節庵仁弟。荃孫頓首。

道希同候。

六

握别又四十日,繫念無似。聞台從暫不至遼東北地,亦以春煦爲宜。《時務報》甚銷,而穰卿之重民權,西書讀法之行,孔教均要受人指摘,廖季平之流毒如此,可歎!此真中學將絶之變亂也。前云撥與穰卿之五十元,現改撥就近交與少婿惲眉卿開湖北刻字帳,早晚隨便,並非要賬,乞諒之。穰卿處已另寄矣。瑞盗竟被擊去,大快人心。卯金大爲不平,設法爲彌補七萬官虧以餞其行,可謂貪劣無耻。艾瑲得正陽關,不下大通,亦是應酬闊信,並非公道。葉臨恭委邳州,不知何日來?《湘陰圖志》奉還,無甚高處,不如王壬秋三志四書,劉申受著。不刻即發還。况夔生搨碑、買古董而受窘,窘則遷怒朋友,朋友絶而愈窘。有函求救閣下,然所言劉、徐諸君之閒話,皆真所自取,非人之過也。手箋布臆,敬請著安。如小兄繆荃孫頓首。廿四日。

致李詳

一

手教誦悉。午帥來,學堂、書局必有可以位置,弟必留意。書局日内即有缺,亦未可知。信寄何處? 禮公教育,何以不合,改日面聆。弟之小兒,均改回讀書。從前與禮公見解合轍,而三年以來,知其不可行,又從改計矣。回府何日? 訂期一談。活絡丹可服,尚未服,俟時邪退盡耳。此上審言仁兄大人。荃孫頓首。

顧詩收到,謝謝。附呈小叢書,未刻完。

若輩所爲,深合時派做法,歸入氣運。弟決不惡彼,亦不敢以此等做法疑人。

二

審言仁兄大人閣下:

廿八日約兄至靈谷寺一游。八點鐘。詩人金湝生、詞人況夔生同行,無他客也。陳白石先生約同往,更妙。此上,敬請升安。弟荃孫頓首。

下雨即止。

三

頃奉手書,知台旆即日旋里,恕不走送。大稿遇便,仍代收回。書係毛訂,頗似册子,恐夾入文書中矣。此復審言仁兄大人。弟荃孫頓首。

四

書一卷收入，十八再交。即囑帳房預備無妨。廿日就道。住處必須留下，以備通信。至寄卷一層，兄必須往會沈方伯，屆時面議也。統計之，諭旨以少存爲上。

昨林君之官，師又駁回。王國將相，並非官知。如六朝及前明南京之大臣，能謂本地官可乎？此復審言仁兄。荃孫頓首。

付丙。林君不談，並不告人。

五

日盼君來，欣聞到館，忭甚。承惠謝謝。《正誼堂文》弟所未見也。嫂夫人壙志早成篇，即鈔出送上，弟不成文耳。審言仁兄大人，荃孫頓首。

禮卿由學部調回，未知接手何人。陳白石館已裁去。

六

審言仁兄大人閣下：

昨聞相國薨於位，廿一日亥刻。淒惋竟日。今報上尚未見諭旨，須明後日矣。弟之北行，專爲師意，不可屢違耳。今決意乞休，不作春明之夢。可與兄長聚亦佳。

大著正弟所欲讀者，讀竟即奉趙。作序再商，有暇即動筆。此覆，敬請台安。荃孫頓首。

七

審言仁兄大人閣下：

正月、本月兩接手書，均云即日來滬，所以未曾即覆。頃秋湄來，言及兄須九月間來，則今日已籌得鉅款耳。維華潭安善，潛心著述爲頌。弟自入都，約曹君直、章式之編輯叢書。舊書六百箱，成書目四大册。宋元舊本目八卷，經目八巨册，藏外經目一册，本擬進呈，後十月乞假回南，專辦通志。八月十九之事起，全家竄至上海，弟亦九月廿八到旅寓，十月省城失陷。李仁甫及舍侄運出書籍、金石、字畫三百餘箱，無人不以爲癡。不十日，即搶到書籍矣。均書估鈎串。然損失已不下萬元。善餘及三萬元。一家卅人，月需三百元，毫無生計，以斥售書畫、金石作用度，已可憐矣。叔藴、授經、静軒均盡室往東洋，弟尚不敢。

秋湄約爲編《國文滙刊》，將未刊僻書逐期印入。刻書之願，以後亦不能副。滬中謀事本難，老輩更用不着。菊生生意經太重。《明史》一説延一金姓，助以東洋留學生，一萬元之款，一年之期，專鈔報紙爲是。所謂實録、掌故書一概不搜。字亦愈少愈妙，以此爲獲利計。渠不問，我輩亦不談。《唐書》至後唐始派修，朱梁決不如此。

弟乘閑暇，將筆記理出，能印即印入《滙刊》，不能且留之。李詩校勘，能見寄否？三書尚在，隨後再寄不遲。圖書館南北。無恙。積餘及弟書算全取出。洪幼琴亦全。結一廬書，飄零市肆，猶其幸者。烤火拭穢皆書籍，文明極矣。李、袁、張、舒全出，狀元境之書估無不發財。何批《史記》止一元，其廉如此。亦有以十元購五十鉅册不全"三通"者。書遭劫至此！此請著安。弟荃孫頓首，廿九日。

蘧六已行亦傾家矣。心海、惺吾、子培、雪丞、次山均在此。古微由蘇往來。古書亦假閲，市上書亦可愛，苦無貲耳。

桂文燦《四書集解》二卷，《毛詩釋地》二卷；李清《三垣筆記》卷上；《士禮居續跋》卷二；《蒓客日記》卷一；顧子方詩全；蕭奭嶺《永憲録》；記雍正元年至六年事，全。《靈臺金石記》，全；《紀桐城方戴兩家書案》，全；《老父雲游始末》，全；《金粟逸人逸事》，全；《雲自在龕筆記》；書畫上。《國文滙刻》第一期。

八

手教誦悉。拙詩承誨,感甚。葉緣督吃煙,外觀稍欠,實則精神内斂。動筆即健。《簡齋集》只有無注者,《後村詩話》在《大全集》中。程樂庵在南昌西山中。亦閣伯熟人,只恐其不肯借出耳。《四靈集》未見單刻本。《水心集》已找到。校書一席,謀之不易,道又太遠,容徐圖之。先復審言仁兄大人。

荃孫頓首。

九

審言仁兄大人閣下:

夏初一别,久未通候。後聞已就劉聚公之館,以爲即至。後得秉衡信,方知有事耽閣。殘冬風冷,未便首途。明春務盼早臨,以期請益。尊况全知,雀鼠之構已平,蝴蝶之夢又起。務望擺脱一切,以養生爲宗旨爲禱。弟寄居海隅,諸事不便。季夏陡患時症,來勢甚凶,幸而轉機,養至如今,已逾四月。瘦削脱形,攬鏡幾不能認。動輒小病,終日在房烤火避風。衰頹至此,其能久乎!讀存後詩,恐存亦不久矣。惟伏案生活,十日後即使不出門,功夫逾長。校過《國朝名臣事略》、《史通》、《尹河南集》、《石徂徠集》、牧齋《有學集》,《初集》有初刻初印本、删補本、二刻改易本,幾乎本本不同,本朝尚難考訂。藉以爲活而已。下河大熟,秦南報上有搶奪事,確否?鄉間能住,勝於江陰,弟尚無歸期也。手布,敬請著安百益 。弟荃孫頓首。冬月一日。

秉衡常通信,亦未到滬。

再有一俗事奉煩,貴縣興化。監察廳張揆蘭秀蓀。一信致之。明年如入縣城,懇往會會,以信與之,求一回信。張君寧人,僑興化多年,有紬緞鋪,探店號是何名。費神面謝。

十

審言道兄閣下：

前奉手書，即函致聚卿，索得一書呈覽，望明正早早惠臨爲盼。弟先在京師書攤，得譚氏《鵠灣集》文一册，生雋疏冷，獨得真氣，以爲鍾、譚，無可厚非。不意吾兄竟亦賞之，可見享大名者，不盡虛也。明七子亦佳。藉此可見流派利弊，不可偏信耳。僧保近來不甚用功，無可與談，將來恐亦無成。總不肯潛心研究，焉能長進？弟怕煩，一暴十寒，説亦何益？今年好書見者極多。奇窘，止能看，不能購。兄來當同賞。然與尊館一南一北，十里之遥，只可日日發遞當面耳。兄來滬，如過興化，面晤張監察，一詢回信最好。拜托，拜托。此請著安。弟荃孫頓首。臘八。

今日消寒第三集"臘八粥"，題熟而難。

十一

審言仁兄大人著席：

前奉環雲，藉知近況。明春握手，似宜早臨。安硯有方，比逆旅爲佳也。

弟病後四月，方覺漸漸復原，惟瘦削不堪耳。同人無事，結伴校書。聞章式之校《北盟彙編》，王雪澄校《儀禮要義》，沈子培校《東觀餘論》，弟只校得零書數種，抱愧。現校《唐書·藝文志》，畢後擬校《毛詩單疏》，惜無大字詩疏耳。揚州局本。

拙齋二集付梓，不足言文，藉以傳事，故編次以最實者居先，空論居末。駢文詞浮於事，故不另編。章實齋言："古人編集，必有宗旨，不必盡學《文選》，以賦居首。"至夢華中丞以考貨居全集之上，實所不解。鄙制自序外無他序。《文集》並無自序。昔年與禮卿論文，大意吻合，求禮卿序，諾而未成。敢求賜序一篇，冠之集首，不再求他人序，以兄亦知弟意也。俯允爲幸，遲速不拘。集必自編，友人容有知己，兒子萬靠不住。鄙人二子僅存，一荒唐，一懶。相敬如賓，絶無天倫之樂。小女正月遣嫁。獨坐一室，如枯僧入定。又想自十七歲遭亂出書房以後，無終日坐書房之事，辦公會客，徵客游戲，無所不有。六十八歲又遭亂，今年一年，除生病外，終日在書房，屏去一切，直與十七歲以前無異矣。詩删存兩册，四卷。詞一卷亦勘定。現輯《古書經眼録》，大約以近三年所見最多。世愈亂，好書愈多，何也？手箋敬請著安，諸希朗鑒不一。弟荃孫頓首。

十二

審言仁兄大人閣下：

承顧，尚未走報，歉仄殊甚。昨奉手書，陶世兄最慎默，决不漏言。子方制府謚"勤肅"。丁卯同年得謚只袁、陶二公，皆浙榜也。

所假之書，只有《野獲編》兩函，希察入。近來諸書凌亂，不知在滬在寧。《類聚》大字、歸學堂。小字歸子培。均已售出。《水心》找不著。《璞齋》不知何人所著。從前造目，已屬無用。明以上别集二十箱，出來十一箱。國朝别集二十箱，一大橱，祇出來八箱，如是而已。《廣雅詩》隨後繳還。

西泠印社在老閘橋歸仁里第五衖，大招牌易尋也。近爲劉、張二公刻書，稍繁冗，略順序則得聚公一談，相去太遠，非約定不可。便聆雅教也。此覆，敬請著安。荃孫頓首，卅日。

葉鞠裳亦在此，擬往談，荃作介紹。

所囑留意，然無此事也。

十三

手校悉，只有《野獲編》在此，包好候派人來取，《廣雅詩》遲日送來。審言仁兄。荃孫頓首。

十四

審言仁兄大人閣下：

昨奉手簡，知初九早惠臨，甚善，甚善。决不出門也。

弟在此間，止是剩一堆亂書。忽而尋到，便有此書，尋不到，便以爲在南京。如《璞齋集》之類，更不注意，不定何時碰見再呈。如《齊東野語》兩種亦然。《廣雅詩》人名均寫出，知者大半，得暇即注。現寫信一人未來，苦極。宋元本均出，舊鈔亦出大半，餘未計。原箱均換，尋書極難，諒之。此候著安。荃孫頓首，五日。

乙庵人甚熱腸，並不刻核，惟懶散耳。

十五

昨示誦，日内想貴體大愈。廿七星期，約金淞生兄。盼早臨也。

奂彬好友，惟自亂後，從未通函。聞與一梧師力主新黨爲難。不知匿於何處，容徐圖之。吹角壩建安碑，現移至成都學署。拓本易得。子尹云云，殊不確。亦非廬豐碑。

《齊東野語》、《桂馨堂集》當尋得出。又弟四期《國學匯刊》乞還一册换一册回。二册參差。餘面罄。此請審言仁兄大人著安。荃孫頓首。

十六

審言仁兄大人閣下：

明日如大雨，千萬不必因踐約而來。後日午刻，蒽石約早飯。荃坐馬車來。《野獲編》、《語石》、《鸞嘯集》、《齊東野語》均帶來可也。蒯君擬爲作文一篇，事略兄知其大概即得。若要其子孫來求，便似索潤。刻入稿中，盡我之交情而已。不雨或小雨，仍望賜臨爲禱，並便飯，省急急，可多談。此復，敬請文安。弟荃孫頓首。

十七

審言仁兄大人閣下：

去秋一病，自以爲未必能愈。詩未做成，原稿五大本，强起手删成四卷。觸目皆疵，敬懇暇日一爲勘定。擬爲一册。少年浮，老年枯，均無法。想自定之，省得後人亂刻。詞一卷，比詩略勝。再呈費神。晤謝。此請道安。荃孫頓首。

十八

再啓者：弟詩最不足觀，惟恐身後亂刻，不知刻一二卷以饜之。疵累觸目類是，但求指示即改之，不能改，去之可也。幼年爲隨園所累，到老擺脱不完，無師傳之故。吾兄想以爲然。審言仁兄。荃孫頓首。

十九

審言道兄：

昨奉手書及拙稿兩册，《語石》四册。拙稿承法家鑒定，何幸如之！遵删遵改，决不護短，本不足也。《水心集》、《後山詩話》遲日專人送呈不誤。先此布復。敬謝，並請著安。弟荃孫頓首。

二十

相見初從建業城，同修方志記虧成。傳經自誚陽三老，避世無求魯兩生。東海滄桑留隱恨，南州風土倍關情。詩文餘事猶千古，選學流傳是正聲。

我亦紬書日計寅，如羅玉屑采珠塵。幸來詩酒縱横地，同是江湖傲岸人。淮海霏英真國寶，磻溪同降盡儒珍。壺觴雅集添餘興，介壽徵詩社例循。

審言仁兄大人壽,用湘舲社長韻,乞政。江陰弟繆荃孫。

致李盛鐸

一

左聆雅教,幸甚幸甚。王、黄兩集,《東湖叢記》呈覽。黄集與尊藏鈔本有異同否?乞賜復核。又前見蕘圃題跋,能全數録示否?弟又輯得數十則矣。《耶律文正公集》希假一讀即趙。初一奉約惠臨餘慶堂小飲,千萬勿却,藉可暢談也。此上,即請木齋仁兄大人元安。弟繆荃孫頓首。佛青兄均此。

二

木齋仁兄大人閣下:

久不詣談,歉甚。廣雅托鈔《政和五禮新儀》,弟處只有不全本止數十卷,内有《四庫》所缺之卷,澹生堂鈔本也。尊藏録副發刻,如蒙俯允,乞交下,約五個月歸還,决不污損。此布,敬請箸安。弟制繆荃孫頓首。十二日。

三

龍門全份一捆呈上,希詧收。拙刻呈政。《木樨軒叢書》乞賜一部爲禱。抛磚引玉,殊自愧耳。此請木齋仁兄大人開安。弟制繆荃孫頓首。

四

木齋仁兄大人閣下:

廿四日邀諸君聚談,並未敢請客,務懇便衣早臨爲禱。左笏卿、朱桂卿、黄仲弢兄,拘館禮不肯僭坐,亦可。沈氏昆仲係弟戚,茀卿、屺懷則勿却是幸。此訂，即請箸安。弟制繆荃孫頓首。

五

《大金集禮》一函收入，鈔手亦舊，俟校畢珍復。《書録解題》二册附上。即請木齋仁兄大人台安。弟禫繆荃孫頓首。

六

奉還《大金集禮》一函，乞詧入。尊藏《瑶華集》懇賜假一閲爲荷。此上木齋仁兄大人。弟荃孫頓首。

七

前日暢談幸甚，廿二到史館查知老伯大人列傳尚未派撰，係吏部未曾知照。昨與蔚亭前輩相商辦法，原條呈覽。此上，即請木齋仁兄大人台安。弟荃孫頓首。

致江標

一

建霞仁兄學使大人閣下：

都門握别，瞬息三月有餘。昨閲漢報，藉知提倡文風不遺餘力，大才藉此展布，真湘中之幸。下風行領，欣羡奚如。弟十月初間先送眷屬出都，十八日隻身就道，由寧而鄂，本月始移寓省城撫院西街，而倭信日逼，大局瓦解，未知明年又在何處，殊不能預料也。十年京寓還賬並盤纏，去貳千有零，新積累累，館谷僅有千金，糊口而已。香帥須軍務稍平，擬爲位置南中一席，不知有此清福否。湖北片紙隻字未見，大可省錢，惟刻書之興未闌，現先將士禮居跋、瞿氏書目付刊,再擬將葉兄《紀事詩》及弟所見古書標附之。《楹書隅録》絶無以得,不足重也。廉生推重其鄉人,然近年來陳介丈之金石、僞品極多。楊緦丈之書籍、書佳跋不佳。李仁明之書畫,皆不過爾爾,似尚不如南中也。《續經義考》錢氏書未見過否?謝氏《史籍考》道光中潘其閣得其殘稿,在清江開局補撰後亦未成,昔年問之潘氏子孫,據云毁於金陵矣。弟曾有志爲之,僅成金石、目録兩門初稿,方知竹垞先生精力不可及也。《小學考》、《經義考》稍易。

一梧師想常晤,弟竟不能作小楷,俟舍侄來,方能撰啓請安,耳目手足俱衰,如何如何!兄到永州拓金石否?亦非易事,非拓過者不知其難。屺懷一人尚留京師,御史尚未考過,鞠之住嗽家坑鄧宅,南中亦驚慌,香帥有出駐江陰之信,不知兵力能禦倭人否。手箋布臆,敬請台安,諸希朗鑒不一。年愚弟繆荃孫頓首。祀灶日。

二

建霞仁兄年大人閣下:

楊介庵回湘,帶上一械,奉瀆左右,想已察入。辰惟秋爽延釐,履道多情爲頌。弟滯留鄂渚,璐璐如恒,七十日不雨,井枯河竭,乾燥異常,而弟尚發濕氣,不能步履,以致不能回里,倘遇陰雨,兩脚尚爲我有耶?可慮之至。蒿隱得意而逝,鶴緣失意而亦逝,夢幻泡影,不堪設想。兄藏鶴緣詞,能見寄補入《詞録》否?蒿隱著書未成,屺懷、鞠裳已爲刻其遺文,不知有幾許,亦不知已成何書也。陳佑考撫湘,較老德爲優。長沙考畢否?明年何日在省,望早示知。新刻各書乞先示目,所寄刻本尤妙。紅印止有一份,乞呈王師,兄處隨後再寄。《荆川集》、七家詞呈覽,外一份代呈長沙師。詞甫明日即行,不及作書。介庵所求達否?此上,敬請文安不一。弟繆荃孫頓首。中秋。

致汪康年

一

穰卿仁兄大人閣下：

弟接兄書，不知貴寓何所？前月轉由丁脩甫兄寄上一緘，不識已達到否？昨艾倉觀察到寧，奉手書並鈔件，費神之至。承讓兩書即付梓。《壽昌乘》可見讓否？《句餘土音》乞代校，餘亦不必。《土音》亦止中册，上、下卷有刻本也。學會何如？京城章程已見，《萬國公報》滬上何時出報？仲弢過滬想到鄂省，復堂亦有函來，並托寄一函，而章大今回蘇州，此間無人收信，乞兄轉寄復堂爲禱。現寓滬上何街何巷？即去滬，何人可代收信，不至浮沈？務懇詳示，此上，敬請箸安。諸希朗鑒百益。年小弟繆荃孫頓首。

鈔件已經托脩甫矣，款恐不敷，乞開示即補寄上。

二

穰卿仁兄大人閣下：

今早專人送還江目，並鈔貲二十元，想已察入。曹委員名殊，固不知也。《探地記》，弟鈔日丙戌，並繪六圖，極精。順德師之本，即從弟本出也。餘六種均可刻。但《太宗實録》弟所最羨，能讓否？《讖言》、《曲目表》弟未見過，總之可刻。弟擬重編一叢書，壓過仰鶴，方爲吐氣。弟卑視益甫，而仲修每争之，殊齗齗耳。行期初一，與禮卿同輪舟，敝眷則隨江平拖帶到寧，亦初四日行矣。此上，敬請文安。弟荃孫頓首。

三

求鈔各件，已鈔、未鈔均開單呈覽。未來者尚乞代催，少訛爲上，如《宋元板校録》訛字太多矣，不能刻，奈何！鈔貲送上廿元，連前共六十元。碩卿與弟亦不來往，可笑！此上，即請文安。弟荃孫頓首。

四

穰卿仁兄年大人閣下：

連奉三書，聆悉一是，弟不知兄寓在上海何街何衖，無從發信。三月後，丁脩甫附與兄一書，不知到否？昨沈觀察來，接到鈔件，又發一信，並《句餘土音》仍交沈觀察，以爲此必能達，昨方知觀察上至湖北，又不知何時方到。順德師訃收到，當即代送。未能到滬一叩靈輀，實爲負負，托人不當，苦於不知，非不來也。弟月底定到滬，兄能候我否？曉村何時出京？今年兄之館事何如？學會何如？楊信即送去矣，丁三簡沂州府尚算下得去，想仍是泰山之力。《曲目表》已校，寄湖北刻之。雲南省説似從《通志》録出，尚未覆核。《壽昌乘》聞已刻好，能讓弟否？碩卿與我輩翻。我輩細想，去年亦可謂竭力，特力薄，無益於彼耳，何至絶交？真不可解！此上，敬請箸安。弟繆荃孫頓首。

五

穰卿仁兄年大人閣下：

弟到寧接手書，承擬代校鈔書，感謝之至。書箱至月底方全尋出，内祇《古泉山館宋元本題跋》訛字無可尋校，乞兄再鈔一份，紙略放大，使旁可注校字。餘如《三垣筆記》，有他書可校。《句餘土音》已校好矣。省得往返，何如？脩甫亦通書，雲吾兄長出門，渠願代弟承辦，可感。今又重托脩甫矣。兄今年究在何處爲長？學會可振興否？季清得西安縣缺分尚佳，不知何日出京？心海諸君杳無信來，禮卿、季直相距尚近，亦不甚謀面。應酬之簡，更甚於鄂，每月閲卷約五日，以五日應酬，走荒灘，游勝地，足可得廿日閑，亦中年不易得之境也。拙著可次第寫出付刊矣。兄杭城住處,申江寓所,均乞告知,並望長通音問。此請升安。諸希朗鑒不盡。弟繆荃孫頓首。

六

穰卿仁兄年大人閣下:

前奉寸緘,想已察入。閏枝日内到滬,弟又因病不能前來,殊爲悶損。今專家人來滬,兄有函及書交彼甚便。何時到鄂?吴曉邨到滬否?均示知。從前托鈔書籍,共價幾何?乞核算。弟共付六十元,不㪍,當再找寄。此上,敬請升安。弟繆荃孫頓首。

七

穰卿仁兄大人閣下:

今日家忌,有失迎迓,歉仄之至。江刻書目不過爾爾,大有《昭代叢書》光景,誠出仰鶴之下。内《士禮居題跋續編》荃孫所輯,建霞未告知而刻之,何其勇哉!書不知何時寄到?各家藏書目,不知有難得者否?明日即詣談一切。此上,敬請升安。荃孫頓首。

前日信無人送,昨走談,亦未晤。

八

穰卿仁兄年大人新喜:

年底得手書,知安抵滬上。新居納福,適符遠頌。静三之信件,與弟寄静三之件,舍親均交静三帶信之所候折差帶去。恐磨破耳,静三之衣箱交舍弟帶常,兄之"四史",渠不肯再帶,仍交公館。鈔書費廿元,亦交陶子麟手轉呈,鈔件閣書鈔手好,錯亦少。丁氏之書《句餘土音》之類,整行脱落,紙小字大,並校寫亦費事,乞兄代詢,能用大紙更好,少錯亦好,又托鈔二書,想已見信。如瞿木夫《宋元板本叙録》直不能看。兄回里否？仲脩辭館，留辦書局，現擬搬家。浩如回里，沅帆年底始回，候見南皮，仍返湘省。兄安硯何處？念甚。此上，敬頌履祺百益。弟繆荃孫頓首。初七日。

九

穰卿仁兄年大人閣下：

前日回來，積壓課卷並校刻書必須清理一番，方得出門拜客，又在途感冒，嗽疾纏綿，友人來此，尚以未到覆之。兄處代鈔之件，乞交來手。上海令弟處三書亦收到，南皮回任，學會當在鄂設矣。餘三四日後走談。此上，敬請箸安。弟荃孫頓首。

十

穰卿仁兄年大人閣下：

弟約十二三定返申江。擬十六日附商局輪船上金陵，然房艙最難搭，乞兄接信後代定一官艙房艙亦可。爲荷，俟弟到恐來不及也。費神，容再晤謝。此請升安。弟繆荃孫頓首。

十一

穰卿仁兄年大人閣下：

弟晤浩如，方知吾兄起程。陶先生來，得手書，謹備廿元交陶手，送公館矣。弟閲初交書，皆丁氏所藏鈔者，脱誤太多，有整行、三四行落者。次交書，皆閣書鈔手，較整齊，望轉托鈔好爲荷。兄何日到滬？明正當至鄂否？此上，謹請台安。弟荃孫頓首。

托鈔閣本：

《摛文堂集》十五卷，慕容彦逢。

《詩傳旁通》十五卷，梁益。

十二

滬上晤談甚暢，昨日到寧，閱四十六號報，倡狂無理一至於此！公主政上報，意欲何爲耶？試問有何益處？恐報之不行，於此可卜。荃窮老愁困，不願與諸公争，然閱者憤憤，必不止荃一人也。明年荃已面辭，千萬弗寄，寄來亦止有原封退還耳。存收存報，下月一並寄還，不敢與聞報事，尚不如看《戲報》，足令人笑，不令人憤也。此上，穰卿先生。荃頓首。

同治年《申報》有一則云，洋行中畜一犬，無故亂吠，人問其故，有知之者曰：無他，止是吃洋屎太多耳。書此，以博一笑。

十三

穰卿、頌谷兩兄大人同覽：

别來兩月，惟起居萬福是頌。近來新政迭頒，康先生志氣發紓，大有王介甫、張太嶽氣象，言無不聽，計無不從，可謂盛矣！報館官辦，貴報另改名目辦理，甚是。官報不敢談，即貴報大約亦須進呈，所載議論戒太偏，新聞戒太謬。前月代惲方伯剖白，理明詞正，名報如此者甚多。如官報、貴報均須謹嚴爲上。各處搶米，自浙而蘇而寧而徽，近且及於湖南，即因《申報》誤登徐州搶署而起，實則並無其事，民氣因之囂然不靖，豈不可怕？又如近日改策論、删律例，貴報先非矣之，云除去破承、起講，每兩比去一比云云，何嘗不是如此辦法？然卿里學究只可如此弄起來，可不必罵。至律例，能删總比不删强，每部司員亦有熟於例者，不可一概抹殺，更不當罵。金陵三事可以入莊諧否？弟更親見熟聞，另紙呈覽，不必登報。惟周壽彝太取巧，經費全數上腰，忽上條陳，又想騙錢，貴報如此恭維，入其彀中矣。南京訪事人爲誰？乞示姓名。如《新聞報》唐生諸生，最爲混賬，三月忽托人來求取前列，因其不通，斥之。五月忽上一段全無影響之事誣衊人，以後打聽，方知即托情而不得者。中國無是非、無賞罰之國，報愈多愈糟，幸看報者不肯出錢，流傳不甚廣,此等糟報亦不勸人看也。兄以後於買登之事,總祈留心報實,自然銷路廣。然官報出,於兄有礙否?此上,即請升安。弟荃孫頓首。七月十五到。

日報每張十文外,需帶費六十文一月,是否如此辦理?銷路何如?《時務報》銷路又何如?乞示悉。

十四

穰卿先生閣下:

連上兩書,未蒙賜覆,繫念之至。貴報采訪即南京一處,無不虛假,請速更正。弟已知訪事人陳忠倚,號鶴甫,住三元巷,與《新聞報》訪事人唐金波狼狽爲奸,到處訛人,不久必有大事。弟知之以兄主持其事,並未向彼鬧也。貴報請將情理不符之事慢登。如傳聞叔志之類,亦知其假,何不去之?少采無稽之言,則報自然增重。十二日報又説制軍乞休,焉有此事?制軍閲之,恐不能不查也。又如山長一事,今日已前實無此事,恐兄責彼,盡可捏寫數名字,故亂遞呈,然鍾山課已全閲畢,天下不能如此誣告。他如制軍自操作六萬修學堂,論辦團練,設兩學堂,額設一百六十名,及制軍乞休,疫癘流行,各項事又將何説?初十報上論逆倫巨案,細思之恐無是事,想必有謡言。貴館訪事人訛索不遂耳。上海縣有一辦法,請貴館訪事人來,遞一節略,一面傳尸新開棺檢驗。如實,照例辦逆女、差人、鄰里,不重賞訪事人;如虚,則將訪事人亦照例立決治罪。貴館亦照西例罰錢,有何難辦?因南京所登事如此,便知貴館訪事人無一靠得住。中國有報,亂政則有之,誠所謂有損無益也。卓如來函,詞氣决是,卓如並非僞爲閣下一辨,何畏?畏甚?邇時出錢是廣東人多,香帥等之幫忙,兄之面子居多。現在百計不遂,至假朝旨來奪,又奪不去,至於上報,甚使窮矣!惜兄之報不足看,如弟者亦會小有微勞。兄一秉大公,登報辱駡,又是並無此事,合群二字,兄亦未必講也。接信後,務乞覆我,不必含糊不理。至盼至盼。此上,敬請財安。弟繆荃孫頓首。十五日。七月十七到。

十五

穰兄足下：

昨見更正報章，今又奉到手書，前事冰釋。弟當時氣不可遏，因正欲爲貴報考訂實事，爲報增重，忽連鄙人誣説在内，兄竟未想及耶！陳忠倚請不必换，换不出好人來，須時時誡飭之。昨報登鹽道云云，恐有口舌，兄既看出，後二則如周壽彝甚混賬，同在書院必要鬧氣，明所定撤去矣。想可不上。頭一函與兄説事，事起訖如此，不盼兄登報也。另兩則望登報，皆實事。康、梁如此行爲，是亂天下人，豈是治天下人？國家將亡，必有妖孽，此妖孽也。兄事如定，望告我。《新聞報》今年上南京逆倫，連上三日。府縣拿人，拿地甲，拿鄰里，實無其事，不能辦，只未開棺耳，實爲訛錢而起。因思上海逆倫，恐亦如此，弟並無確見。《新聞報》上蔡芝齋聚麀得一百二十五元，屢上伍芝蓀正法，伍宅未給錢也。五月上書院山長一段，爲弟探知，訪事唐金波托人送去廿元，渠竟不收，並認錯，願意更正，隨又上七月初七日報，痛贊一番，而並不更正，情節甚可惡。然大家知其人，以後不敢造謡言矣。弟之留陳忠倚亦此意，一出名便不能亂説，南皮爲兄解圍否？弟日内爲學堂事，舌敝脣乾，今日方有名目，然去留尚未定，月内須到滬一談也。此請升安。荃孫頓首。七月廿四到。

仲虞兄敬候。外致裕成絲廠一片請即送。

今日更正書院出案，此弟今年出案如此，非一定日期。他書院未能也。又正五個月未出案，季直在京之故。尊經四月案亦未出，惟不應將弟一並説在内，然控告並無其事。

南京書院二月因委員閱卷得處分，貴報將制軍批語盡數詳載，四月課生，課卷十分荒唐。委員批語、首府牌示亦全鈔與貴報，何以不肯詳載？並牌示亦改名字，此事似乎忠厚，而不知南京士習，渠一人校數卷，有真名，有假名，凡寫人者鈔成文者，皆假名，連查辦均無從查，不必爲之遠慮。是何意？與南京士子靠《新聞報》館，是南京人主筆，頗爲可惡。弟擬將此批載入，與人看看，足見士習之壞。貴報尚不肯登,豈有人不願與?

又唐穆如、王桂祥索織造三百元不允,連登報説貢品燒毁,印亦燒壞。織造派差鎖去,要發縣懲辦,並與印示之,二人磕頭如搗蒜,自願更正。隨即見各報均更正,隨即托人説情放出,然詐人之錢,亦爲人詐去不少。

十六

穰卿仁兄大人閣下:

昨奉手書,欣悉一是。叔藴來述及尊況,近來所辦何事?殊深懸繫。貴報近爲報章之最,大約銷路必廣,再求地理用心考訂,不鬧笑話爲禱。傳聞始悉,今年無此條,即還院。弟自學堂被裁,争之不得,心灰意懶,病亦因之而生,久不與貴報争,職此之故。妄人不足論憤時事,正論亦嫌所據是報章,以各種謡言出在堂中,而不知索廿元規禮之唐穆如、王桂祥兩人之揑造,我不禁爲舉貢生員抱屈。禮卿此次高出,各學堂可望有大效,全是舉貢生員,究竟與雜流不同,如不從此入手,即使西學通貫,不過馬建忠、沈敦和、楊兆鋆之一流而已。貴報因此大被侮弄,弟尚不知,乞示知。何報被駁之説,絶無是事。新藩司有另籌款項改書院之議,未知辦法。國朝掌故書何名?乞速示。所需之件弟當帶來面呈,月底須來滬一行也。此復。敬請升安。令弟均此。弟荃孫頓首。

十七

穰卿仁兄年大人閣下:

昨奉手書,聆悉一切。常昭小學堂昔年潘毅遠等創辦,弟即預聞其事。修塔之説,大是笑話,已先轉致幕府,請其轉求官保,照撫院調停,可謂面面俱全。前事不論,近日朱侍郎修六和塔,塔未成而歸道山;徐分司修金山塔,塔甫成而戍西域。老佛可謂無靈矣。弟有懇者,江邑與常昭毗連,渠之米捐如何抽收?乞轉求貴同年,給一抽捐章程,並擴充學堂章程見寄。不知能照辦否? 常昭之闊,江陰之黴,真成天壤。現常昭先辦學堂,將來又是要出闊人,未免心羡而生妬,若單靠修塔,則弟不甚畏,嫌其荒渺無憑也。譯書局委弟,真是用其所短,現有此説,未必有此事。未開局,亦未接照會,本請張季直,季直薦蒯禮卿,藩台不願。方伯諉弟,辭之至再,能辭去更佳,斷不去催也。此復。敬請禮安。弟荃孫頓首。七月七日到。

回鑾定七月杪,恐豫晉横潦難行,北道之基弟深知之,雖千乘萬騎亦難與山水争道也。左相西征,七十大車裝糧米,後於函谷即遇水也。現百官散放,糧運已停,餉銀均不望陝西解,斷無久留之意矣。

十八

穰卿仁兄大人閣下:

在聚卿處得領教言,歸來即病,至今未愈。單内有三書在荃孫所。而《河南志》、《曾公遺録》、《太宗實録》八卷,昨日寫至瞌睡,即睡。止《太宗實録》未刻,聞海虞故家有十二卷,與八卷不同,擬措來一起刻。《折衝府考》,積餘刻矣。内閣書雖殘缺,究屬鉅觀。石室中得《唐律》一卷,《唐氏族考》一卷,《道德經》一段,《景教經》一卷,藏外之經九卷。今之叢書式樣如何? 乞示。此復。敬請台安。弟荃孫頓首。

此紙本擬换寫,因昨日晚間書不成書,與兄閲看,可見衰榮相同耳。

十九

穰卿仁兄大人閣下:

頃奉手書,並承賜影畫叢書,謝謝。弟怯於坐車,不大出外應酬,每日到圖書館,業已力盡筋疲。今冬書目編成,即行乞假,帝京塵土與老病決不相宜。小叢書未完，亦無印本，大叢書止存一不全本，缺末本，金陵尚留數部。先行呈覽，末本容補呈。《續碑傳》則江南書局本也。此復，敬請台安。荃孫頓首。

致汪詒年

頌谷仁兄大人閣下：

自湖北回，接手書與穰卿書，方知總理不能管主筆之事，然則不能外曰總理矣。此即名家所不取也。湖北從制台、心海、禮卿等，物議沸騰，果不出弟所料。制台請王淦鄭秉筆，開官報駁諸報之不純者矣。金陵報事全數交與陳安園，今日交割，弟無經手事。《知新報》單乞交報館，報亦交安園。《蒙學報》來三期，止送出一本，亦須换人經理，弟送不出去，奈何！報亦不好。《農學報》並與季直通身不管矣。此請升安。弟荃孫頓首。十二月廿五到。

致端方

一

陶齋先生著席：

新刻承教。前年屺懷自鄂歸，以盡得尊藏拓本相誇耀，荃孫但求石刻並金石目，石印本如承頒賜，銜感無既。此上敬請鈞安！晚繆荃孫謹啓。

二

頃奉手書並承賜魏永平碑三紙，真至寶也。感謝！感謝！擬付蘇匠裝潢之。善餘二世兄喜事是廿五，太夫人壽誕是廿七，謹聞。此復。陶齋先生著席。晚繆荃孫頓首。讀碑一過，爲凉王沮

渠安周修佛寺功德蒙遜之弟子也，嘗在新疆[1]

三

陶齋尚書鈞鑒：

學堂增款、書局改章兩公事均奉到，由穆、劉兩總辦申復公事已畢，再以私事奉求。戊戌新政開辦高等學堂，蒯禮卿爲總辦，專收江、皖學生，約荃孫及吴道學廉江皖各一人爲稽查，荃孫預聞學務之始。現三江分三省，可否援例，懇求賞派與方編修同查，感荷無既。又陳伯年吏部書局乾脩不能不裁，或以江西亦應派三江補之，公誼舊情無所礙，敬候酌奪。荃孫决不敢領乾脩，當與方編修每禮拜查覈一次，或與學事稍有裨益，千祈分外怵惕殊深。此請著安。諸希愛照百益。治年晚生繆荃孫頓首。

《鶴銘》兩幀敬繳。崇孝廉一函附呈。

四

大帥賜鑒：

昨日兩電未繳，今補呈。學使司已回吴，監督仍不到堂，而諸事預備無礙，初八考試，閱轅鈔岑道已稟辭，王師兄諒可交彼帶往，王師兄亦來問信，善餘日内可到陳都督，求交卸赴上海過年，自九月迄今，藩庫未發款，頗覺難支，朋友匠役不能欠也，囑轉達。耑肅，敬請鈞安。治年晚期繆荃孫謹上。

致徐坊

一

梧生仁兄世大人閣下：

---

① 按，此下原缺。

上方山石棧天梯，重經蜀道，勞乏不可言狀。今日始到館。藤田豐八由□□介紹，明日來館校宋本諸外國傳，弟亦早示奉陪館餐。稍整飭，不過費不□□也。費兄到否？此上，敬請台安。弟荃孫頓首。

二

梧生仁兄世大人閣下：

去歲一函，諒塵箋室，滄桑一度，兵火大半，□繼超後順適潭第平安爲頌。正月十三日之變，尊寓受驚否？涿州、濰縣均無恙否？聞館中無領款，並預備交卸，有人接手否？兄行止有定見否？南中舊雨雲集上海，倚外人保生命。金陵、江陰無一處安穩，雖生計毫無，而急切不能回去，奈何，奈何！

南圖書館大致無恙，管理之人業已四易，全憑運動，不問其認字不認字也。結一廬之書飄零滿平，傅沅叔所得最多，張菊生次之。沅叔以《古文集成》七十八卷爲最，菊生以《荆公詩注》五十卷爲最，弟幸得寓目而已。叔蘊、授經均去東洋。鳳生現寓何處？大約一時難聚也。手箋，敬請道安。便中賜福爲盼。弟荃孫頓首。

上海那脱路謙吉東里四百七十號。

三

梧生仁兄世大人閣下：

《文正公集》賨堂自還二百卅金，志在必得，今添廿金自以購之爲是，望於日内將便往交老譚爲禱。今日弟有事出城，明後日亦不得閒往，請兄于十四日同往署交卷，亦擬即日出京告辭矣。此上，即請箸安。弟荃孫頓首。

頃至館，科員述兄言十四日赴署，與弟言正合。

四

梧生六兄世大人閣下：

文正公集寶堂自還二百卅金，志在必得，今添十金，自以購之爲是，望於日内將使往交老譚爲禱。今日弟有事出城，明後日亦不得閒，徑請兄於十四日同往署交卷，亦擬即日出京告辭矣。此上即請著安。弟荃孫頓。

頃至館，科員述兄意十四日至署，與弟意正合。

五

手教誦悉，名柬收入，定行照辦，明日十二鐘先到吴宅略坐再出後門，到必在二三鐘之間。弟久已出京，紅白應酬可否仍是從十千八千，舊樣大約不過如是。明日面商何如？此復，敬請梧生仁兄世大人臺安。弟荃孫頓。

致徐乃昌

一

墓志新出，年月碑上可查。《平等寺碑》，武平二年八月，偃師。《盧正道碑》，《寶刻類編》云天寶元年，洛陽。

二

塔銘檢出即奉上，不誤。索資之急。乳娘之夫，其名曰元公，兄知之否？一笑。積餘先生。名恕呼。

三

期繆荃孫頓首。收到洋四十元，信一件。餘另布。即請積餘仁兄大人升安。《漢書校語》板尋不著，另刻已在望親補矣。

四

嚴《續録》一卷，手稿也，塗乙挪移，非手録不可寫副，容徐之。《吟窗雜録》收入，價乞定示。電報交。舍親夏孫桐已得房差，急急需閲，爲此耳。天又陰雨，奈何！此上積餘仁兄大人。弟荃孫頓首。

頃得仲武信，知書局薪水已裁，未得夔生裁否？主考房官，明白學問者甚少。

五

手箋誦悉，兩書十元願售。朱書恐覓不到。《積學》封面須弟自查，查出即送呈。前月養一月，眠食業已照常，只脚力少損，滿擬月朔出門，不意昨感受新寒，吐瀉交作，今日又須延醫。零星售書只轂脉金一次，命也。貧病相連，古來如是。聚卿晤否？手復積餘仁兄大人。荃孫頓首。

六

弟繆荃孫頓首。山東趙星伯兄攜有新舊拓本多種，乞兄賞鑒爲幸。此上，即請積餘仁兄大人台安。

七

積餘仁兄大人：

弟荃孫頓首，《名家詞》又來一家，請察入，訛字尚未補也。夔往揚州，挈眷而去，想有熟人耶。親事如何辦法，曾談及否？《名家詞》目，閣下尚有周稚圭、鄧海筠、蘇虚谷、王鹿門未刻，須俟《先哲遺書》刻畢矣。

八

積餘仁兄大人：

荃孫頓首。聚卿囑收劉中丞碑，有易改處，又有不易改處，頗費事也。廣雅書單呈閱，荃可奉讓。廣雅均散篇，不裝訂也。趙觀察言經書只售百元，然則老董亦賺錢矣。此上。

九

昨奉惠書，已入醉鄉，未能即復爲歉。粟香室定可要全份，弟紙太壞。石交謹如台命，然上洋需用銀款，還屺懷同買某氏書。乞以三百五十金交弟，何如？或盡付春和亦可。錙銖計較，亦楊惺吾舊例也。家人承薦亦感荷，前言之戲，切勿介懷。課卷徑復劉五。太山廿九字，整張一，翦裱一，翦裱者可讓押於屺懷處。此去即清理此帳，取押物回，宋本《五代史記》亦可取回矣。此復積餘公祖大人。弟荃孫頓首。

原函繳。

十

積餘仁兄大人閣下：

外間均傳言兄得大河口，家人求薦。去年曾薦張瑞，乞弗遺也。夔生事，中間人甚爲難，日日想著書、刻書成名，我輩供翻書當書僮，遲則呵叱，不知渠何福消受。渠動輒言云書多難尋，而今我輩翻書便不知其難，想娜嬛福地彼獨投之耶。重份書單呈覽，乞代送他處。價均實在，不能多讓。此請升安。荃孫頓首。

十一

漢碑四種均不確，四幅者以爲莒州出《定略碑》，花邊者以爲

《倉龍碑》,二種曾見,餘二種未見,實則東人僞造也。《菱湖三女史詩詞》似汪曰楨叢書有之,陸夫人詞無專書也。積餘仁兄大人。弟荃孫頓首。

十二

同州本《聖教》,拓約在國初,值可十元也。茗生《鐵象頌》則木版也,可笑。《唐大詔令》已上蕪湖矣。此復積餘仁兄大人。

十三

積餘公祖大人閣下:

賜顧尚未走報,歉甚。因課卷須閲,又將有滬上之行,擬出案方走,故昕夕無暇。新刻三種及友人贈《易學》,乞哂存。夔生前日來,爲言安徽詞,渠所説云,安徽詞三四百家,大言欺人,往往如是。工太貴,價太菲。弟想無是多人,即檢《詞綜》、《續詞綜》,只得九十人,有全稿者不及十人,縱夔生所藏多,不過倍之,焉有三四百人?録目呈覽。可否將來將此詞録出,交夔生令其補足,仍合舊年原議。既有此底子,應不甚作難。弟以其言太誇,思破之,並非想謀其事也。夔生如選定,尚須徵同鄉名人鈔所未備,斷非傾刻能成。凡事皆然,不獨選詞。《江寧金石續記》亦草率時爲之也,尊惠萬不敢收。允贈《崇川金石志》及拓本,甚盼,甚盼。舍侄能打碑,或令其來拓,可不至漏泄。明日恭聆雅教,祈早臨。此上,敬請升安。治愚弟繆荃孫頓首。

十四

《天下金石志序》、《崇川金石志》均交,乞察入。此書不全,第二行標"石"一則,知尚有金文矣。晏海將所得磚瓦均歸之石,又截止本朝道光間,以此例之,將《金石索》上真贋雜出之鏡、錢等件及各廟爐、鐘，不愁不成帙也。弟鈔至至正爲止，所以快還。又沈吟樵丈《無定云龕詞》一卷，此是池州人，乞代鈔送聚卿，弟止一帙，吟丈與先君四十年至好，擬留之，非小氣也。夔生選詞如嚴師一般，濃圈密點，長批横抹，不顧人願不願，只可鈔出供其選改，乞諒之。弟有借同鄉稿本與之一閲，到處圈抹，只可另鈔還本人，捏説原稿已失，種種對不住人。兄將來覓得《珂鄉詞稿》與之入選，不可不防此著。吟丈一門風雅，弟兄、妯娌均能書畫，當函致其猶子覓之，必可得數家。聚卿惠拓本收到。此上積餘道兄著席。荃孫頓首。午月望。

十五

安徽詞人目交上，可以照目選鈔，作爲底本。搜訪是至要，廬州可問履卿，省城可問壽平，桐城可問敬甫，因地以求，因人以求，不愁不裒然成鉅編也。《常州詞》四册昨遺下，今補呈。積餘道兄著席。荃孫頓首。

十六

《香草》、《洞簫詞》呈上，書目均尋不著，俟再呈。積餘道兄。荃孫頓首。

貴大人。

十七

來書收入。大雨不便將書，于奕正《志》明晚面呈。此復，積餘公祖大人。荃孫頓首。

季直回通，七月方來。

十八

積餘公祖大人：

荃孫頓首。常郡《閨秀》、《方外》四册，尚未改好，先閲，即擲下，修改頗費事也。安徽得一百六十九家，不能不謂之博，明日送呈總集。弟無者，《昭代詞選》、《詞雅》、《詞綜續》三種。

十九

兩書收到，承受甚感。弟並未向夔生索《香草詞》也。《閨秀詞》容再檢。積餘公祖大人升安。荃孫頓首。

二十

梁晉竹詩沿乾嘉派，清新可誦，梁節庵見之必痛詆，詞纖仄不可學。《彈指詞》，弟本短一序，已影鈔補上。修能勘訂，極在行，可寶也。二書先繳，希察入。《香草齋》須録副，乞從緩。壽平已回矣。日内晤聚卿否？此上積餘道兄著席。荃孫頓首。

聞《新聞報》又有一大文詆毁禮卿，見否？有望賜閲。

二十一

夔至今日尚未謝步，想不上門矣。茗生需購廣雅書，弟之全單在兄處，乞代送去。係原來舊值，比書鋪便宜也。茗生云書鋪黄紙需八十餘元。積餘仁兄大人。荃頓首。

徐大人。

二十二

弟荃孫頓首，顧石公函詢公局何如，定有日否？《全皖詞》有

《傅梧生詞鈔》否？泗州人，一卷。示悉爲荷　。此事須寫目與人，較易搜羅，刻起更妙。積餘公祖大人。

二十三

荃孫頓首。蒯壽即如此辦理，附札可云同人借題一聚耳，千萬弗辭，如云須附一份亦允之，事後不派其份可也。傅桐生詞呈覽，此借自部觀察之世兄者。積餘公祖大人。

二十四

三十四份收到。太平門定船，費神之至，未知明日能去否，天又有雨意也。積餘仁兄大人。荃孫頓首。

二十五

葉跋奉繳，黔紙奉上兩張，如可拓，再送呈也。敬甹、三寶昨日均見，《家語》字形不方整，爲用南宋刻無疑，字亦不過大，荃所見尚多也。鈔二卷，一舊鈔，一新鈔。東坡墨迹僅存魂魄，即真亦不足貴。《麓山碑》最精，惜無題跋，以此爲壓卷耳，題跋想爲人裝入贋本。此亦有翻刻。老翁甚可憐。荃此語幸弗告聚卿。此上積餘公祖大人。荃孫頓首。

大字墓志，即去年況所最愛者，弟拓本較精耳。郵政已興，南京書信館在何處？示知爲盼。

二十六

《江右石刻文編》四册送上。分韻詩成否？餘面談。此上積餘仁兄大人。荃孫頓首。

花　鄭七律。已交。

落　顧七古。已交。
家
童
未
掃　繆。

二十七

夔久不來，亦未通問。此片奇極，如此人來，擬請其寫封面，豈不大佳？昨詣談未晤。《香草齋詞》奉還，卷面已有油污，不安之至。松生委撰水榭聯語呈政，可以給人觀否？《江寧金石記》，希假一閲，可與張績志並還。積餘仁兄大人。荃孫頓首。

丙申九秋雨中，松生仁兄招飲水榭撰句録塵雅正：

搌篴舊樓臺縱六代云遥江山猶昨；
敲詩新縞紵恰重陽將近風雨頻催。

江陰繆荃孫。

二十八

《棲霞小志》、《遼張績志銘》，祈察入。小志刻來再假對也。敝館基地坐落地方呈覽，懇轉托張剌史。昨晤夔生否？此上積餘公祖大人。荃孫頓首。

《江寧金石記》四册同繳。

二十九

薛廬壽陸詩交卷，合公份乃一元八角一位。弟詩已交去。前向夔生借《謚法考》一查，竟不借，兄處如有，乞假我一閲即趙。此上積餘仁兄大人。荃孫頓首。

三十

積餘仁兄大人閣下：

陳、孫兩集奉交。《棲霞小志》刻成，兄能代校否？或再假原書一校亦可。候酌。夔處湝生往拜，在家不見，五六日亦不回拜，是亦妄人也，已矣！屺懷未來。此上，即請著安。弟繆荃孫頓首。

三十一

公祭劉中丞，乞轉致西園附分爲禱，年愚侄繆□□。幸兄示及，感荷，感荷。明日何時往祭，並在何處，再求示知。聚卿有事不便往促，只求定議，款交春和，畫在弟帳，無須兑滬，石件有舍侄志名料理，無論何時，專价來取，不敢刻期，蹈夔覆轍。書目定代購。此復積餘公祖大人。荃孫頓首。

章西園兄並致意。

三十二

洋五元，代數八部收入。江刻三集呈閲，無甚佳書也。明日是否三點鐘到？積餘太守。荃孫頓首。

三十三

《儀衛軒文集》四册奉還，乞察收。此布，敬請積餘公祖大人台安。繆荃孫頓首。

三十四

書收到。梁先生集向所未見，感甚。珂鄉詞人定爲留意。《紅香閣詞》在夏閏枝處，弟止録得二首也。積餘公祖大人。荃孫頓首。

三十五

弟荃孫頓首，蘇局書目交。夔生一字附閲，此字昨日來，豈非自畫斗方，石士之供招乎？一笑，乞付丙。此上積餘公祖大人。

腮腫及頤，甚似禮卿，連日病不能奉陪，甚歉，甚歉。又，從部世兄處借到方可箴詞，乞送還，惟萬不可加圈點耳。《慎伯集》鈔完否？積餘公祖大人。荃孫頓首。

三十六

手字敬悉。《尊前集》，無此種。家人高福已來，且試用之。費神，謝謝。此請積餘公祖大人升安。荃頓首。

三十七

積餘仁兄大人：

弟荃孫頓首。《紅蕉山館詞》，此次赴郡城，偕金泩生訪之。夫人兩子，一河南濟源縣甲子孝廉，一現任懷寧縣，己卯孝廉，四孫一癸巳，一甲午，兩丁酉。皆孝廉，所著萬不肯交人刻，自己又不刻，真無法想。行李民船今日到，細查無兄信，有致石公一件，又記錯矣。碩甫來暢談。弟病非旦夕能愈，除校書作文外，均照常也。今日已能寫字，似稍有起色。知念附及。此請。

三十八

弟荃孫頓首，今日之游甚暢。淞岑不來在意中，希瑗亦不來，何也？乞兄再約之。客又添，請顧五矣。積餘公祖大人。

三十九

馬觀察處先代請安。希瑗不來,敬請馬觀察作陪,惟不恭耳。弟十二鐘後去,兄亦早臨爲盼。此上積餘公祖大人。荃孫頓首。

四十

欲裱屏對,乞分付家人,在何處裱?中等裱件,何處最好?兄老主顧便可。此上積餘公祖大人。荃孫頓首。

四十一

積餘公祖大人:

弟荃孫頓首。手書誦悉。館事乞留意,不敢刻期也。張刺史,弟日内即往拜。敝邑試館地基,爲流人蓋草屋,有四十餘家,去年曾托江寧出示而不遵。聞局内可以驅逐,須官派人勒令遷移。弟另托本地鄰居,稍佽助之,方能有濟。如可轉達更妙。餘面談。

四十二

積餘仁兄大人閣下:

吴印臣爲柯鳳孫之妹有詞一卷,想代刻之而嫌太少,須覓閨秀十家陪之,新得屈婉仙詩,詢兄刻過否?刻百家後又有續得未刻者否?弟想惲珠《太清春詞》似在百家之後,乞示知。當代鈔寄印臣也。尹氏書無鈔胥,敝處兩人無暇晷矣。此上,敬請升安。荃孫頓首。

四十三

商眉生夫人《錦巢詩餘》一卷[①],兄輯得否?前朝命婦,然其歿已在康熙初年,似乎明詞、國朝詞均可收,其名須查之《明詩綜》,祁忠惠公夫人也。積餘仁兄大人。荃孫頓首。

明日飯後到堂。

如編入,應在徐夫人之上。

四十四

積餘仁兄大人:

弟荃孫頓首,《常州詞録》印來,止有散篇並《名家詞》四册呈政。夔竟不來,木齋亦不至。敝處想聽夔一面之詞。此次報到處送兄處幾份,示知爲荷。書鋪到已不少,弟尚未能一訪也。

四十五

禮、樂二書頃來閲過,南監本也。宋刻,元補,明印,各書所録皆此本。《平津目》云廿六字,字訛也,連金詩七十元,價便宜之至。第裝訂,須付高手,約非卅元不可。黄跋呈閲。《農學會報》恐更難銷矣。

明刻只有張溥,劣甚,粤東復刻不全。積餘道兄。荃頓首。

四十六

荃孫頓首。《涇川叢書》一函奉趙,乞付《江左石刻文編》兩册。四六鈔之,奇作也。積餘仁兄大人。

---

① 按,"錦巢詩餘"當係"錦囊詩餘"之訛。

四十七

壽文附繳。明日蒯處賀喜,擬午前去,能一談否? 此復積餘仁兄大人。荃孫頓首。

四十八

汪穰卿寄《代數通編》來,送兄一部,又廿部請代售,每部乙元,又地圖股票乙本,均察收爲荷。此上積餘仁兄大人。荃孫頓首。

徐大人。

四十九

丁刻兩書乞哂存。壽序、百花圖均繳,並乞斧削爲荷。撫台去否? 程道上皖南否? 積餘仁兄大人,荃孫頓首。

五十

《沈西雍集》兩種呈覽,沈集一册交,弟書四本。一與尊藏同是初刻也。嚴鐵橋手摹薛《款識》,此種須二百元可以讓人。餘再議。《涇川金石志》兄本略假一閲即趙,亦鈔蔣之奇兩跋也。積餘仁兄大人。荃孫頓首。

鐵橋手書一小條亦值十元,試折算之,實不爲貴。廿四字兩種,兄何不來一觀?

五十一

積餘仁兄大人閣下:

聞閣下即得好差,弟處有一老家人,忠實可靠,仰候録用,拜禱,拜禱。再,敝邑試館在東關頭,地基甚寬,現欲蓋房而流民草棚滿蓋，驅逐須托保甲局，委員何人，住何處，望示知。遜庵革禮房，秦伯虞數其舞弊多端，非弟先入。書院號房可惡已極，尚且不問，肯得罪禮房耶？此上，敬請升安。弟繆荃孫頓首。

再，弟所云得自傳聞，但願其確，弗訝也。弟尚有一親戚，想覓一蒙館，月得五六千即可，乞留意。幢七種呈覽，托售之語亦非假話。《投龍記》，仲武爲作録與揚州人。宋志不必售，當載歸置之公所。再讀。

五十二

乾嘉名人集，弟無《雕菰樓》及《抱經堂》兩集，如有售者，尚欲購之。積餘仁兄大人閣下。荃孫頓首。

五十三

廣雅書乞留意，讓與友人皆白紙，與尊藏不甚合，原單留閱可也。章蔓仙處擬往賀。雨多傷麥，奈何。此復積餘仁兄大人。荃頓首。

五十四

詞源閣有宣城湯賓尹集，明板，公同郡人，可購之，不常見也。積餘仁兄。

五十五

頃詣談未晤。昨文運忽送四五種書，均未裱，恐是安慶書到矣。價單送上，請與一講。朱圈者擬購之，對折尚貴，奈何！石鼓文定本只索一元可得也，願讓與兄，弟與《畿輔通志》一對，盡收入金石門矣。老曹如來尚可談。趙姓碑估聞是常州人，開在何處？雨阻不能遍訪,悶甚。今年科場所得如此,不禁大失所望。此上積餘仁兄大人台安。荃孫頓首。

五十六

荃孫頓首。季直數日未晤。《訪碑録》一片模糊,兄如欲閱,一帙換一帙亦可,因時時翻閲也。荄曙兩紙乞題,誤將致季直者致兄,弟處一紙,款則蝕,既不混也,能題就後寄,何如?

五十七

初三招商方能成行,兩《訪碑録》明晚送呈。前月初六,受之言於觀察點主事,弟允之而至今未下帖,以爲另請人矣。孰意伯熊今日方來,説知初三點主,早説可以移寓。何其濡滯若是!而弟行期已定,萬不能再改,因婉辭之,然實非弟不願也。碑箱三隻已交李儒懋。此上積餘仁兄大人。弟繆荃孫頓首。

五十八

敝藏金石書有一目,呈覽。止自撰數種,有可閲者,有未成者,餘皆在也。嚴氏《訪碑録》爲凌子與借去尚未還。積餘仁兄大人。弟荃孫頓首。

書幛收到,謝謝。

五十九

《定林訪碑圖》小卷、折扇一柄,乞察收。蕘圃生日一集,乙庵以未預頗怏怏,是日客太多,隔宿渠又病告。又有消夏觀書之議,又有每人兩種,藉可研究。雪橙亦有此議。而以去年觀書畫之會爲俗,指龐與李也。無論何如,弟晚局均不願。夏日菜蔬,亦早間生鮮。

兄以爲何如？此上積餘仁兄大人。荃孫頓首。

六十

弟荃孫頓首。《集古官印考》一册呈覽，夾板大而且翹，不合宜，仍奉繳。夔住揚州安定書院，匪夷所思也。此上積餘仁兄大人。

六十一

《振綺堂目》六册，然缺經部矣，乞察收。許目借鈔，甚感。《集古官印考證》再檢。此復積餘仁兄大人。荃孫頓首。

貴大人。

六十二

老聶自太平歸，所搜各碑倍蓰於舊目，真可與李云從並論矣。皖省金石若照此方訪搜，豈不可一大著作？乞與聚兄提倡爲盼。鞠生寄來碑貳張，價一金，乞察收。積餘道兄。荃孫頓首。

六十三

聚卿處六十份報洋已收。兄處何如？擬匯寄。頃張刺史來談，云其房東顧君及敝縣來人均遞禀，已派地方驅逐，並出示矣。遼幢敝藏有之，敬繳。幢在盤山，此舊拓也。昨又往看夔生，連服補劑，有生意矣。積餘公祖大人。荃孫頓首。

六十四

《知新報》一份，全。《農學報》信去補全。第四册二份，木齋所定已上帳。江南二星,一老荒,一無名小卒,乙亥乙酉,可以比例矣。積餘仁兄大人。荃頓首。

六十五

頃奉手書並四十六元五角收訖,惟《時務報》定收三元貳角一分,去年三元之例已廢,今年第一期即十八期。報即申明,兄閲報自知。望補八角爲要。此請積餘仁兄大人台安。荃孫頓首。

六十六

示悉,報四本,附上新章一,兄見即知之。去年報,須另備二元五交報館補寄,弟處無有矣。安徽圖讓卿不知有否,問讓卿。《西學書目》附呈四份,可代銷。《知新報》,俟來即送。梁卓如搬演康學,弟不願經理也。《北堂書鈔》,聞廣雅局已無,止卅部也。積兄。荃孫頓首。

六十七

收到《時務報》壹佰〇九元三角五分整。魏碑一金,易錢與弟即可,公分乞交石公。此上積餘公祖大人。荃孫頓首。

六十八

來示云百十九册,弟處只收九十九册,非弟親接。此廿册乞查爲禱。積餘公祖大人。

以後來信及報乞固封爲荷,弟處人靠不住也。

六十九

積餘仁兄大人：

荃孫頓首。汪信已去，下次必徑寄書院。報三份廿一本，希察入。敬甫、魯卿、仲武昨同往吃。間抑想糾一雞鳴寺之約，兄以爲可行否？此上。

七十

弟荃孫頓首。廣滂喜齋送來丹陽、宜興各碑，拓手尚精，乞賜賞鑒爲幸。此上積餘仁兄大人。

七十一

手字敬悉。知單已出，或當日覿面招呼亦可。弟信云翅席非麵席，十一元盡可，敬懇費神何如？船要在復成橋，左右恐不宜。大兄與禮卿言之何如？知單俟爽翁定局，恐明日方到兄處。此復積餘公祖大人。荃孫頓首。

貴大人。

七十二

明日有人去上海，出月回，兄要報館書，乞開單帶去爲荷。前單無回信。

七十三

盛擾謝謝。荃孫頓首。《農學報》收款，兄處三份，收條呈上，乞即付也。新來瞿氏書目，價四元，兄想必購，與地圖九十四葉同呈。楊氏書，果楊文定撰，可不購。此上，積餘仁兄大人升安。

七十四

《蛾術集》收到。吴園之集，理卿允來否？近日知其又有小病。如不來，是集亦不能中止，真與歐九作生日，公宴分韻賦詩，表明與理卿祝壽之意以贈之，吾兄以爲何如？我輩難得作竟日談，望分攜書畫碑板，以銷暇日何如？此上積餘公祖大人。荃孫頓首。

兩書俟檢出送上。

七十五

頃接《知新報》信云，首期送閲，無須往取矣。特挂號者只有四處耳。積餘仁兄大人。荃孫頓首。

七十六

《知新報》汪信云下次來，未知准否。鄭茗仙卷收入即題，若分析附分。□□稱謂治年愚弟，何人書撰，便中示悉。病未愈甚悶也。積餘仁兄大人。荃孫頓首。

七十七

《農學報》、《知新報》二至十七、《天禄琳琅》乞察入。瞿目隨後。此復節餘仁兄大人。荃孫頓首。

七十八

《時報》三元二收入。先交《知新報》收票四份，《時報》需收票幾張，示下，即送到。《農書》序即繳。積餘仁兄大人。荃頓首。

七十九

荃孫頓首。洋八元貳角收入。《知新報》共有四本,挂號矣,《時務報》四本扣去二成,去年三元一份。穰卿淳囑可一不可再云云。至《知新報》告白兩歧,望作柬詢。弟擬寄穰卿閲也。積餘仁兄。

《新報》收據未來。

八十

收入貳元五角,須致函上海補來,聚兄要十份也。積餘仁兄大人。荃頓首。禮卿已回,館事何如?

八十一

收單九十九張並原信均閲悉,收單留上,兄處卅一份即呈上,乞察收爲荷。積餘公祖大人。荃孫頓首。

八十二

《珂雪詞》鈔畢全繳,價希發下。《家語》刻來三卷,云蒲香時節一並刻完,尚不慢也。受之何時來?兄行時乞面談一次爲禱。此上積餘仁兄大人。弟繆荃孫頓首。

八十三

委撰劉中丞神道碑,敬呈雅政。日内心緒棼如,殊不足表章萬一也。此請積餘仁兄先生大人著安。荃孫頓首。

八十四

積餘仁兄大人：

荃孫頓首。汪信奉閱，乞將周報轉送江義和。弟處找不著公館也。又，墨香裱畫價有折扣否？再，茅子貞兩賢郎初次一超一特，弟暗中摸索也。此課三卷，一原名兩新名，已取一超一特一一矣，後對名字，知超等及一等，皆係從前雷同除名卷子，萬不能取，僅存一特，乞轉致。

八十五

積餘仁兄大人：

關書昨已接到，費神，謝謝。季公閲卷畢寫壽屏，初二回里。敝門人所著《易義》呈政。弟荃孫頓首。

今年亦爲首府辦武闈，季公又將歸里開辦紗廠否？則亦無汲汲。

八十六

《秦淮雪爪圖》奉交。柯庵即日返里，可否假一勝地餞行？乞酌之。積餘仁兄大人。荃孫頓首。

曼仙吉期何日，知之否？

八十七

弟到常州，初二日在龍城書院，開館後忽發怔忡舊恙，因此折回。聚卿圖書，兄致建霞函件，專人送往不誤，特未能取回信耳。聚兄想已行，留書望擲下，内有致念石書，當補寄。稍愈走談。此請積餘仁兄大人升安。荃孫頓首。

八十八

積餘仁兄大人：

信、洋俱收入。穰卿時時更改章程，經手人爲難。惟此條已發在十八期内，較他事猶可恕。今年七月，去年所閲諸公　例更换四元，歸敝處發，先交後送，不閲者聽。穰卿銷報已過八千，十分得意，所慮者言路奏封耳。弟賠錢亦不少，昨信後有一行，後裁去，即係説賠錢事。今年一概不賠，聽其閲不閲可也。《知新報》送上二、三共一册，如此本零賣即須貳角。又，與報章不甚合，可矣，函去三次不復。不引咎，不更正，真中國官場習氣，想穰卿未讀《時務報》耶！

八十九

積餘公祖大人：

荃孫頓首。爽秋來，與禮卿公請，在船上清局，屈兄作陪，亦請希瑗。懇轉借希瑗兄庖人，面席，約八九元之譜。擬十三日未刻，未知庖人空否？望示悉爲禱。廿後起程。金石目須重編矣。

九十

積餘仁兄大人閣下：

伻來，賜書並收到《閨秀詞》，謝謝。剛相來查辦事件，無漢員，不馳驛，不到上海。京信亦曰來做總督，闔城凛凛。弟久寓於此，知剛不足禦外侮而可以激内變，剥膚之患，生於蕭牆，奈何！近日天氣炎熱，茗生赴東台，聚卿已罕見，埌山之游無此清福耳。《休復居集》、《商報》二册呈覽，《外報》二册寄季直。季直事何如？亦念甚。隨員張荀鶴、楊芾、陶世鳳、景□四人，鹽務亦有事，江老站不住矣。老聶到否？如到通，可促其回省一行爲要。各書即送出。希蘐已北上。此復，敬請升安，並賀節禧百益。弟繆荃孫頓首。

吴吉甫故矣,朱子涵同,病亦危急。胡署藩、歐陽觀察着急欲死,畏剛也。制軍停道員分發三年。遜庵亦已北上。

九十一

積餘仁兄大人閣下:

次霄書佳種盡爲兄所得,艷羡之至。弟次日去,一本未購也。内《黄小松集》,如文集,考金石者必多,詩則無謂,希示告。王雪丞寄來《商報》,售與兄一册,如能代派二三處更妙。毛先生《休復居集》已還,俟鈔撮再寄呈。《通州商報》如可推廣,囑由漢徑寄通,不必由弟轉也。候信轉致雪丞。學堂已開,制軍派弟司稽查,下江六十人滿額,上江缺及廿額,尚有陸續來者。人才秀敏居多,以歙縣汪生爲首,中江書院人才也。高郵取五人,西園甚得意,然則勒停各界學堂,彼人直不知黑白者。聚卿云欲上鄂又云欲下通,大約無定局。手箋布臆,敬請升安。弟繆荃孫頓首。初九日。

老聶來否?夔住桂臨源,張信乞寄。初九日。

九十二

前日董兔言,有《千百年炤》一書,弟言是張燧之《千百年眼》耳。令其取來,則需價十元,弟還其一元不肯,加至二元仍不肯,蓋以爲奇貨矣。本連書名均不知道,俟弟還價則以爲好,奈之何哉?不如老曹多多矣。積餘仁兄大人著席。荃孫頓首。

九十三

積餘仁兄大人閣下:

握别十日,無限懷思,維興居納祜爲頌。《彈緑詞》板兄已帶歸,乞先印數份交青士爲禱。聚卿十五日歸省,昨又赴滬,僅在恩方伯坐上一遇。遜庵簡迤南道,云門力也。季直究在何處?有一函乞速寄。盼回信。此上,敬請升安。弟荃孫頓首。

歐陽在大通鬧事,亦可見鹽局積弊之甚。《商報》有幾期未寄,示知即寄,明年不管。

九十四

積餘仁兄大人閣下:

昨得手書,當將《彈緑詞》送秦伯翁,書衣送何詩孫,吴仲飴處書衣亦代催矣。承示《常州詞》二首,惲君未見,歸入《續録》。董思誠即董毅,弟處有《蜕學齋詩餘》,董晉卿之子也。季直來省,制軍交卸後大做生日,兄上來否。伯稚一函希交去。此上,敬請升安。弟繆荃孫頓首。

九十五

積餘仁兄大人閣下:

後日大約未必成行,務必賜臨一叙。受之竟不來矣。呈上《句餘土音》及《甬上族望表》,乞哂存。《黑龍江地圖》寄賣二元。又來報兩本,今年完矣。此請升安。弟荃孫頓首。徐大人。

九十六

承賜嫂夫人畫幅,敬謝,敬謝。《狼山訪碑圖》尚未能題,鄭君畫絶奇,因訪碑圖止畫大意,此幅獨畫石壁,較爲别致,遲日報命。李儒懋來否？此上積餘仁兄大人。弟荃孫頓首。

貴大人。

九十七

《藏書記》卷一清本、卷四稿本呈政,餘有發鈔者,有未修改者,鈔書太少,未易成書也。昨藩台下院甚晚,上燈。又有何事,兄知否?書一種湖北碑三種,乞留閱。餘面談。積餘仁兄大人。弟荃孫頓首。

徐大人。

九十八

積餘仁兄大人閣下:

經兄指陳,弟之疑慮盡釋,當可遵命。家中人亦不願弟行也。惟江陰沙田有事,瞿方伯靈柩回常,總須節前去。開堂不能回,須乞半月假耳。堂中事諸事安帖,收考亦是要事,弟親自理料亦稍安。初二考否?改課單呈覽。此請台安。弟繆荃孫頓首。

九十九

積餘仁兄大人:

弟荃孫頓首。早間詣談,適值公出爲歉。聞旭莊有百元在公處,乞面交李貽和是荷。餘面談。此上。

傅宅訂卅日題主,維揚之行只可從緩。

一百

積餘仁兄大人閣下:

舍侄屢荷栽培,心感之至。弟一二日當詣談。金湝生在府晤面,《浣青詞》稿云在鄉間,須秋間送考帶來。《閨秀詞》共成幾種?能及百否?此上,敬請升安。弟繆荃孫頓首。

一百一

積餘仁兄大人閣下:

聞前日詣夔生談。夔生將張綸英屏、明陳耀文《花草粹編》還之，渠欣然以原值畀我。近兄亦枉談，渠又托弟詢兄，擬贖其《古今詞匯》，未知可否。又兄刻《閨秀詞》不成家者，記曾送弟，遍尋不獲，乞借一閱爲禱。此請著安。荃孫頓首。

頃劉估持豐順丁氏書來售，極佳，惜值過昂。京師盛意園所藏亦全出矣。

一百二

手書誦悉。《六十家》即刻送去。弟翻閱一過，吾常左冰如《冷吟山館》尚未刻入，兄有之否？金湝生處《浣春詩餘》，沈子培處《補闌詞》，均代兄謀之。此上積餘仁兄大人。弟荃孫頓首。

徐大人。

一百三

丁得洲刻字價單呈覽，乞收支先付若干，表成再送若干何如？此上，敬請積餘仁兄大人台安。荃孫頓首。

一百四

積餘仁兄大人閣下：

頃回拜簡迪丞，失迓爲歉。上廣雅書何以不改削，未免直率。已由郵政局去，至快須除夕到矣。頃禮卿專人來問，想是不欲發，然已發不及再收回。電報局收費，兄處如何開發？希示知。想交送報人，抑送局。弟明年亦無須看。此上，敬請台安。弟繆荃孫頓首。

一百五

暑甚無地可逃，久未詣談謙甚。昨示云云，亦是望梅止渴，萬不能成之事。端、剛不去位，董軍不調開，萬無能和之理。况慘害袁、許，杜人建議，其心可想而知。彼人之心，一面議和緩師，一面派拳匪糾人以期再戰，恐洋人早已窺破其心矣。如天心悔禍，先退端、剛，此時去位尚可保身，二賊不悟也。調董軍赴前敵，李鑒堂督師，另派勤王之師衛宫城，徐驅團匪出之外，或尚有轉機也。峴帥病勢退否？饒州之事斷非李軍門部下，此必洋人之言。凡事，地方官稟報必在洋人之後，可惡。緣招軍來寧，决走不到饒州，無論水陸也。此請積餘仁兄大人台安。弟荃孫頓首。

一百六

積餘仁兄大人：

荃孫頓首。來單即寄廣東。弟處尚有從前托售之書，先檢二種奉上，乞察入。頃接鞠裳書奉候，已得史館提調並一等，指日出守矣。

一百七

弟荃孫頓首，《鄦齋叢書》收到，謝謝。眉生事昨日方知，盛大臣失一臂矣，可嘆。此復積餘仁兄大人。

貴大人。

一百八

定刻書目一單呈覽，有小點者可刻可不刻，乞酌定。另改中板，前後一律，不刻影宋，不刻自著書，不刻詩詞，訂卅二册，刻完再印，一年可畢否？積餘仁兄著席。荃孫頓首。

一百九

手柬誦悉,壹切照辦。明日先招呼禮卿,俟知單回來改换過。陪客龍淞岑、章希蘐、蘇堪、聚卿四人,恐龍不到,再請顧五何如?弟辨麵、翅同異並非論價,席以好爲上,省錢劣菜不如不請之爲愈也。積餘公祖大人。荃孫頓首。

一百十

積餘仁兄大人:

弟荃孫頓首。手字及書均悉,費神之至。將來售書,二千文可到否?印出墨本。即送呈。此部芸閣所要,將送去矣。

一百十一

兩部定轉送。仲修五月回浙,未赴鄭也。仍繳。積餘仁兄大人。荃孫頓首。

一百十二

積餘仁兄大人:

弟荃孫頓首。昨日送上《金石目》一本,□片一紙,想均察入。今日五點鐘偕季直赴下關附江裕到鄂,寵召恐不能到。敬謝,敬謝。此復。

一百十三

弟荃孫頓首。工部尺呈上。昨讀《西齋偶得》,國朝量地應用户部尺,不宜用工部尺也。《西齋偶得》,新自鄂得新書,季公亦獲其一。鄙人求之卅年矣。積餘仁兄大人。

一百十四

積餘仁兄大人閣下：

昨日勘水師學堂工程，南皮入城何日？如得確信，乞告我。心海無電來，靠不住也。麻民取去《惜陰圖》，擬重繪，備南皮取閱。文正圖在青耜處，可徑往取。中學堂帳核否？現又争附課，如准，則小學可以無人到，而中學必添齋舍、添教習，恐用度更多矣。本地人怕出三天飯食，以爲中學可以免帖，又不知學校等級，以爲中學可少習三年，有是便宜乎？派辦處云云，恐是假話也。如派辦處定以爲可收，須貼飯食三元，束脩二元，招足二十人，添兩教習，初習小學功課兩年。然講堂、齋舍均須添建矣。原書附閲，此請升安。荃孫頓首。

一百十五

夔回省否？江都轉無差否？揚捐前托代查，由候選從九品加知縣若干，通判若干，乞示。弟十五看戲一晚，兩眼紅腫，至今未痊。寠人入富貴場，不耐如此，可笑。此請升安。

一百十六

荃孫頓首。廿一元收入。碑五幀則贈兄者，仍留閲也。餘面談。積餘仁兄大人。

一百十七

荃孫頓首。文富、西山帳均算妥，衹文運須候曹先生也。昨檢唐碑得復書五種呈覽，尚難得，餘面談。此上積餘仁兄大人。

一百十八

手示敬悉。公編《揚州藝文》必佳,即請屬草。條例甫擺印,印成即送閱。文石畫題序須再録,拙稿已付刊矣。此復,即請台安。弟荃孫頓首。

即以文作底本,續近人著何如?

一百十九

積餘仁兄大人:

昨盛擾,謝謝。心海修閱葵霜閣,必其所居處。弟亦不往。此上,敬請台安。弟荃孫頓首。

一百二十

函悉。碩卿已赴鄂,遜庵電促也。各堂派若干,兄可代標水師、陸師,弟明日再定。積翁先生。名心叩。

一百二十一

《雪樓集》三册收到,换呈書目兩册,樓上尚有十八大橱未寫,寫成再訂一本方全。前聞兄往揚州,頗悵悵,既未定,仍以在省爲是。此上,敬請積餘仁兄大人文安。荃孫頓首。

一百二十二

明日衙參否?弟十一點鐘詣尊齋一談,乞少候爲禱。積餘仁兄大人。荃孫頓首。

一百二十三

昨件收到。《金陵新志》一匣廿四册，祈察收。兄書殘缺固多，弟帙亦非足本，無從刻起，令人悶悶。不知何處有足本。弟托丁修甫鈔，恐閣本亦同之耳。積餘仁兄大人。弟荃孫頓首。

一百二十四

《金陵新志》甚佳，業已完全，但中有缺葉。弟藏本托丁脩甫鈔本，連繪圖去卌元，兩圖相較尚有不及尊藏。交丁氏底本，爲開有益齋物，足見此本之佳。仍鈔配四卷。己亥在京見方氏碧琳琅館書，亦與此相等，缺字亦未能盡補也。今歸陳詒重，書局爲刻不過百千，惟缺字從何處，甘氏有之，不能假也。文正空梁，此事須達憲聽，否則將來轉説此次所换矣，乞兄與委員商之。積餘仁兄大人閣下。弟荃孫頓首。

一百二十五

手書敬悉，書一册收入。《太祖實録辨證》必可觀，受之集係禁書，無人論及，真不知也。文運堂當往尋之。程必係程又伊，望江縣校官所保，士林太少，其實尚有可取者，弟等固不望此也。此復積餘仁兄大人。弟荃孫頓首。

一百二十六

頃奉手書並《牧齋集》二本，真秘笈也，感謝之至！即日發與寫官，爲期當不甚遠。昨接胡糧儲書，言宫太保爲弟請銷假，囑派辦處上詳。憲恩高厚，敢不勉力。鍾山擬傢俱單請酌，無住之處仍待相商，文正惜陰未能綢開，只學生、教習、委員，事同一例可推也，三千金斷乎不够。懇將昨二人擬價單，希鈔一手折呈堂，而將原單發還。傢俱交三匠人分領,望付定銀,以便購木鋸板晾乾,斷不宜遲。全價略緩。書鋪舊書未嘗不可多欠,而新書不能。目下新書云集,轉比上海能備,再遲必有賣脱者。早間復謝研生,仍請先領五千金,餘從緩。弟舊書下定,新書先買,每樣三份,此事交與委員,又不如何糟糕。既欲玉成,不能不轉計爲季直所竊矣。添人於百廿人之外則斷斷不行。如學生三月甄别後,不合格及自行者滿二十人,則另咨各府照數補送,另立新班。少數人不必補亦舊例。此上,敬請升安。弟繆荃孫頓首。

將來開學時單住房再通融,此時萬不敢允。

一百二十七

積餘仁兄大人閣下:

今日陳雨翁言吾兄已辭學堂,交與西園,昨日一叙,作爲交接。弟聞之駭然。兄意以學堂難辦乎?中國事無一件不棘手,不但學堂。以兩差難兼乎?則洋務有總辦,似乎稍難,而學堂無總辦,兩者相較,學堂較重且係兩省之事,更宜自任,不使捨難就易。以弟爲多事乎?潘總辦辦事時,弟只檢課程,不辦雜務,自今年起潘總辦退,始招李挺翁估工測地,季直定局後不得不與諸公商量,後聞兄來,深資臂助,滿擬捨洋務專就學堂,如戛然中止,弟何所適從?或前日信中言之過激,使兄爲難乎?亦可商也。今日已約青耜諸君公函留兄,先致叔芾,請另派洋務提調。如尚未定,請不談最妙,否則再請峴帥派總辦,再不然請與張次山對調或入都供職。尤妙。西園請作監督真爲合式,與兄分際稍差,在上面更呼應不靈,大局涣散矣。明後入見方伯,請發薪水,不能避嫌疑,弟自己一份開學再領,否則人人不能鼓興任事,不得不歸咎仲貽矣。弟説話不能圓到,而意則肫摯爲公不爲私,請示悉爲荷。此上,敬請升安。弟荃孫頓首。

孫公來,未曾見。不願措詞,款發不發亦不問矣。

一百二十八

昨日方伯未到派辦處，在鍾山半刻而回，事機不順如此。擬作公函與之，可否，乞示。或俟廿八日，亦無多日也。南陵汪先生《讀史記十表》，兄插架未備，有一部可購，後缺廿餘葉，弟處有鈔本可補足。昨款已到，新書亦囑李如茂代辦。此上，敬請升安。弟荃孫頓首。

《四庫待訪目》丁氏印小本兄處有否？弟遍尋不得。嚮有兩書架係其所訪者。去年爲訪得《石鼓》、《論語》、《卜記》、《養吾齋集》。

一百二十九

兩詣談均未晤，亦無事也。趙秀才，華陽人，已位置在師範，函告總辦矣。行李、書籍、儀器今早始到。《周禮政要》、新茗，乞哂存。聚公回來否？此請積餘仁兄大人台安。弟荃孫頓首。

舍侄現無事。《漢書》校定未？可畀校否？

一百三十

積餘仁兄大人閣下：

弟廿七到上海，本擬過通州，爲禮卿促歸辦學堂。初二旋書院，禮卿已專人在書院候我。是日復稟遞進，初六大局又變，制軍遲疑不决，迄今尚未批出。早知此，何必阻我游興也！《農務報》已由通州轉送，諒不誤。聚卿日内赴滬。《續經世文》杏公送一部，欲爲兄購，須在留園寄出。弟新輯《孔北海年譜》約一萬余字，尚爲完善，兄能梓入叢書否？或托聚兄刻入《聚學叢書》。老聶已歸，《通州金石草》交彼矣。弟處金石目，囑舍侄代鈔，成一册即寄。此上，敬請台安。弟繆荃孫頓首。十三日。

一百三十一

兄今日全愈否？弟已霍然，惟不敢出門，懼覆感也。魏制軍抵鎮遠度歲，鎮遠十八站至江陵沙市，由輪舟東下，正月必到，方伯所云也。我們行期須早，在日本不過月餘即須返棹。教習似直歸，本人延代，鼎丞擬在本堂延代，丁、殷皆可，第須我們知其人。聘臣必舉其徒，束脩必分，如用須畫斷，回則不問何如。公分五元希察收。此請積餘仁兄大人升安。弟荃孫頓首。

一百三十二

積餘仁兄大人閣下：

昨聞令嬡已不救，甚爲惋惜，尚乞寬假，諉之於命。惟所患症，想是閉喉痧，本是險症，治之又不得法耳。前云移居，年晚尚能否？弟昨歸即不適，今日尤甚，延韻生服藥，南皮、天野兩處均不能去。又未知款已發否？承贈舍侄校貲，代謝。本人回里，正初即來。弟家中止小孩，以西席兼持門户，不得已也。明年教習有會試者，有試特科者，倩人不必言，其脩照發否？乞酌。此請升安。弟荃孫頓首。

一百三十三

積餘仁兄大人閣下：

前得手書並《隨庵叢書》四部，本擬即復，因天熱多病，因循至今，歉仄無地。貴體康復，繫念之至。京師雖奉行，知因係差使仍以編修管理，不妨暫緩，此間下月開館，尚須回里一行，冬月爲阿三娶婦。吴菊農留弟在家，菊農已代達。南皮師大約入都過年矣。弟看書是所願，決不與人競功名，則進退無不裕如。禮卿日内即回，聚卿常通信。聞帝國圖書館只有一窪臭水、一個土堆，片瓦寸椽尚無基礎，静候南皮出來布置。徐、姚兩書在學部空屋，内閣挖出九萬本，土里宋元殘帙甚多。文淵閣書尚未編目也。函索書目，弟未寫成。圖書館全目，新録一副本，諒屬非是。闐生將交卸矣。手復，敬請台安，諸希朗鑒百益。弟繆荃孫頓首。二十日。

《續碑傳集》寫完，共八十六卷，明春成書。

一百三十四

濮君得缺，於蕙風大有益，然亦不能滿其欲壑也。遜庵何以不接篆？書院今日李太守命停課以待新任，亦一奇也。積餘仁兄大人。荃孫頓首。

分韻五人共交，專候大作。是"家"字，非"未"字。"未"字茗生作五古矣。

一百三十五

積餘仁兄大人閣下：

弟昨日感寒，頗形困頓，今日尚未下樓。謙翁來未能晤，歉甚。良士、壽平昨日均來長談，大生亦將公函送至。弟小股仍附公司爲便，占得便宜亦屬有限，不知大股肯並否？席用十八元，外酒及車飯賞錢又有二元，各派十元。菜只前數色還佳，遠不如山景園，而價倍之矣。此上，敬請文安。弟荃孫頓首。

一百三十六

積餘仁兄大人閣下：

頃聞兄得通局，敬賀大喜。弟今年回里，適值堂兄去世，一家六七人要弟供應，實在無法。舍侄年已二十，應童子試，文理粗通，字迹勉强可以鈔書。敬懇賞派總局，或書啓，或學習文案並求管束，每月得數元，弟便感激不盡，並不敢望分卡重大之職。如蒙俞允，感同身受非同也，真身受耳。此上，敬請台安。弟荃孫頓首。

一百三十七

積餘仁兄大人新禧：

弟明日往拜年並至尊處有話面談，大約未必見，即托汪荃台一催諮文。初七日行，鎮江須住一日，約張、柳二公。滬上約十日耽閣，兄遲來亦無不可。初七頭船，希蘐所云也。《匯雅》先呈五份。此請升安。弟繆荃孫頓首。

一百三十八

聚卿前日行。學堂批折已回，一切照辦。荃不得不移居，而房屋尚未尋得，押租及移居費亦不易也。王木齋保特科，然考亦乏味。

今日函致方伯，請定日期並地方，仍同入見，面定一切。

一百三十九

《德風亭詞》一卷，乞察入。可疑之字甚多，無别本可校，奈何！原書已還翁大令矣。積餘仁兄大人。弟荃孫頓首。

徐大人。

一百四十

積餘仁兄大人閣下：

開學儀節，有外國人在内，簡之又簡，惟謁聖時，請制軍拈香。司道委員同行禮乎？抑分班乎？教習率學生似應另爲一起，在地方官之後，乞酌定。下門用長棕毯，學生在庭中行禮何如？朔望皆如此。舍侄孫今日有派往德國之信，乞兄即托，能妥最妙。總辦素所賞識，特嫌其中文少差。費神，再謝。此請升安。弟荃孫頓首。

一百四十一

《八瓊室碑目》收入。大著謝謝，容再拜讀。此復積餘仁兄大人。荃孫頓首。

一百四十二

恭喜，恭喜，碑十種名具得。近又有碑估來否？小寓容留意，小婿已賃貢院對門王公館矣。積餘仁兄大人。荃孫頓首。

一百四十三

董文敏《金剛經》塔乞哂存，以證嚮有此塔也。

一百四十四

此明翻宋本，極佳。健霞翻刻弟售與健霞四十九種，所謂唐人小集也。謹繳。積餘仁兄大人。

一百四十五

頃奉手書並鈔貲四元，子培書附閱。兄初九啓行，明日城外尚可晤談也。此復積餘仁兄大人。弟荃孫頓首。

一百四十六

嚴跋、魏録各一册，遵命呈覽。積餘仁兄大人。荃孫頓首。

一百四十七

積餘仁兄大人閣下：

開辦，房屋是一事，器具是一事，書籍是一事，儀器是一事，調考是一事。房屋，鍾山尚不敷，開估時只以爲中學，所以少估。員司住處少，須再添五間方够，略比齋房大，或住教習。可與化學房同回明。器具先開一單，此係製造局匠人所開，貨真價實，如定須折扣，尚從起三百廿份，即三千餘元，教習員司約六十份尚未開來。廳房所用轉可購現成者。書籍中學尚有，小學擬購數部，將來隨時添置。西學書每種各辦三份，惟調取各局書，須開單粘附文後即派人開送。二月六日前。儀器，候房屋造好，俟孫君蘐藹來再開單。化學器具在內。調考可以行文，亦各府指定人數，可加倍調考，惟能給回去盤纏與否，又不能附課，與高等開時不同矣。此上，即請升安。弟荃孫頓首。

一百四十八

昨談甚洽。荇香此去大約在蘇當差，此席調同人甚妙，公事輕也，乞兄留意。又書院所短乙竿有零，已籌得的款否？四萬不足，更不能辦矣。此上積餘仁兄大人台安。

一百四十九

積餘仁兄大人閣下：

俗冗未得走辭，務乞原諒。下月必發薪水，渴望極矣。共頭通身，照打算有四千八百元好處，此不議薪水之過，不知有與挺之家屬一二分否？兄既見胡總辦，可否招呼委員同見？爲要款項，代催尤感。孫君蘐藹本説同行，忽又云遲數日，弟購儀器全恃孫君，如遲來則上海亦倀倀何之，請兄代促之。往編書局，公份送呈十六元，望察收。此請升安。弟荃孫頓首。

一百五十

新稟到知縣潘令陛，丁酉亞元，前鍾山肄業門人，現住上元縣。兄可托陳小翁詢之，中學堂一席可以派否。其人似有才具，亦未來求，並不知其號也。此上積餘仁兄大人。荃孫頓首。

一百五十一

積餘仁兄大人閣下：

昨孝藹信想已閲悉，廿八之信即云廿九附船，應早到，何以不來？或又有變故。磷酸不裝，何不援洋油例交夾板船附運乎？聞野雉輪船亦裝，或官船裝。乞函告孝藹，並促回省開學。又王良英水師操法係英操，陸師係德操，金陵小、中學，毗盧寺三江師範均德操，我們獨用英操，怕將來不能吻合，乞酌核爲幸。此請升安。弟繆荃孫頓首。

弟想調陸師畢業兩學生交圖繪。渠等中文少差者，仍入中文堂受讀，每月不過貼數金，較爲畫一。王光宇辛苦一次何如？安頓或可請黎觀察調回乎？醫官廿金，嚮無明文。可否改十二金？則陸師學堂可以不另籌，而光宇留作圖繪亦可。此商不必爲他人言也。

一百五十二

荃孫頓首。客已請，回片奉上，帖子。船艤復成橋，席設金陵春。禮卿面約，云不上船，徑至金陵春矣。聚卿未到。此請積餘仁兄大人升安。

一百五十三

昨至子涵處觀書，頗有佳者，尚有五十箱未開也。要刻書，要托兄校，祈兄照應丁德洲爲禱。而校書須書，渠尚懵然，乞兄教之。引誘刻書亦是盛德事。夔生有信來，湝生亦有信去。信閲而未作答，因在滬甫歸家也。此請文安。弟荃孫頓首。

一百五十四

聚兄托撰《劉伯宗年譜》，初看甚覺爲難，因無傳、無志、無生卒年月故也。兹從全集内考出生於萬曆二十六年六月廿三日，卒於順治六年，年五十二。此譜居然可成，亦一快事。《全唐詩》三册收入，只鈔顧、費兩家耳，周繇詩廿三首《唐音戊籤》全收，又《唐文》乞代假之，舒觀察大約亦不多也。《詞林紀事》四册附呈。積餘仁兄大人台安。弟荃孫頓首。

夔生處雖竭力周旋，終不免於駡。如此酷暑抱病陪客，實不值得。聽其駡而已。欲絶交亦甚好，自任瞎眼認錯了人。

一百五十五

大公祖大人閣下：

前奉環雲，聆悉壹切。糧道已委穆少翁，學務學堂想另加札。敝堂應回之事甚多，專候總辦接事次第辦理，惟聞研生觀察虧累甚鉅。溯自壬寅八月開辦學堂，未議夫馬薪水，迄今共廿五月，現閤堂公議每月補送百金夫馬，稍盡微忱，可否之處，伏乞詳酌，如蒙允許，並懇回明督憲以便册報。此布，敬請台安，諸希朗鑒百益。治愚弟繆荃孫頓首。

一百五十六

敬啓者，二月底受索債者逼去八百元，以致多方籌墊，幸得過去。近日又爲壄牧所誤，受窘又如二月間。夔生來，自寧國，舉從前畀弟之書《花草粹編》、張綸英屏。還之，畀弟原值。因思昔年留下尊府所藏之王煙客山水立軸、馬湘蘭蘭竹兩件，仍奉兄藏。畀弟《毛詩》元鈔。一部，舊價兄知之，諒不貴也。無聊之想，亦盼援我。璺牧四月既不發，紗廠五月亦靠不住，奈何，奈何！此請台安。名心叩。

一百五十七

胡糧道已接總辦札，兄往見否？現在請下各委員札，教習候糧道場後再訂不遲。一面請孫、章、吴入内居住，可先請孫、吴。西邊三間可住，且近會客所，家具如無即添置，見單即往補上。書局可代辦飲食，另開一桌，庶乎工程可以趲緊。現在購取，府民不大到，可光因收支已浮，亦不起勁。弟三日一次，無益也，而且一面下札亦可杜朋友之薦人者，兄以爲何如？此上，敬請積餘仁兄大人升安。弟荃孫頓首。

一百五十八

積餘仁兄大人閣下：

今日本擬早來陪李方伯，奈昨晚不適，今將回寓服藥，心領盛情，容再晤謝。蘇常盜風與廣西相似。午帥莅蘇百日，正法壹佰〇六人，並獲頭目五人，民間方得安枕，年底此風又起矣。陸中丞慈祥，雖不至如恩壽之從盜，亦不能決斷，不久又如初矣。現富户均住城，連收租、上墳均有戒心，餘則隨同附和，民盜不分，辦理愈棘，上台知之乎？朱信乞交弟，彭營官來須示之，在防兩年，民心愛戴，弟力不能保護，非不保護也。高等無人問事，無總辦、監督，只一提調尚要出差。早晚必有笑話。弟言在先。此請台安。弟荃孫頓首。

一百五十九

積餘仁兄大人閣下：

行禮事議定否？屆期弟黎明即至，不知總辦來否？青士言同人病危，開學時須人料理，可否請代辦云云？又陳雨生、龔艾保均言，學使廿三取齊，中小兩學初一正當場，可否回明總辦，遲開十天？大約即來商議。弟之私意，如同人請代，張誦穆何如？如易人，洪晴川何如？皆私商也，秘之。此請升安。弟名心叩。

一百六十

手示敬悉。章程亦收到。張書精練，自因屬彼擬稿。調學生與高等學堂大異，如去來盤纏認否，此是大宗。毗盧寺學堂聞無此舉，弟於公事少見，仍請兄交彼屬稿爲荷。咨調各局書籍，仍須照例交價，弟即將書目匯呈。先復積餘仁兄大人，並請升安。弟荃孫頓首。

一百六十一

陸師鬧事之人，一人未來，想未得文書也。中學招呼五人，弟只記其三，原單送至學堂，帶回失去。未知殷教習記得否？乞將取卷交彼一閱，如取，出仍須扣也。將來三江師範學堂考教習，我們學生躍躍欲試，彼例舉貢、廪生爲止。不如將合格者全行咨送，與其禁不住，何如官送？乞酌。

李制軍來，擬明日往見，因思學堂總辦不在，此間所有執事人員名單，開辦始末，功課單，須兄呈遞，乞即飭監督匯寫爲要。功課單已寫好，在書辦處，今日由學堂回寓，方想起。明日如會面便上，與之説明也。此賀積餘仁兄大人節禧，弟荃孫頓首。

老况住桂旺園，來已半月，病不能興，我輩魔星至矣。

一百六十二

兄回示悉。明早定來常，出題前專人，至今未來也。面談要事，一時許吾兄到上關，弟惜擠不上。入城必往見。午帥優待至今猶感，近日則不堪矣。積餘仁兄。荃頓首。

一百六十三

弟荃孫頓首。昨日回寓三點鐘，今早睡到十點，爲從來未有之事。學務談未及妥，開明後再談即妥帖矣。申刻詣糧道談半刻，與今日接見話相符。此請積餘仁兄大人升安。

一百六十四

書收入。弟誤以本槽紙爲白紙，然則書目上云南扣紙乃白紙也。老聶來拓，望即來爲要。積餘仁兄大人。荃孫頓首。

一百六十五

積餘仁兄大人閣下：

伻來，閱手書並英洋柒拾柒元二角五分圖一軸，費神之至。《漢書》校訂能趕，割補不能趕。祇一人明白，晚間又不能補，在堂中寄食，割一葉須丁先生過目，往往重補。弟勸刻者，因兄於此書功力不少，以早成爲快。陶子霖全書帳呈覽。汪子淵封面不來，昨日專小楊往取，並購食物，當不至空函回覆。陳三怕荒謬糊塗，如泰州管理員以玉邦輔充之。徐課長每節五十元，徐、龐二位，徐查淮安，索規禮。先送五十元而得之。調查員之薦人亦有講究，新黨大半不是人，而程子亦過於麻木，省堂亦均不成事體，尚不如沈桐，江南該倒運也。課員只挂墳，尚董事尚肯匡正，亦去美國，而沈戟儀最壞。前日演説往聽之，學部函囑查學並弗告外人。所以往聽，要將省城公館民居私塾一律不准開，勒令進無益之小學，恐做不到。陶齋亦喜新，張、蒯一概不管，弟亦引去，幸哉！入都約二月初。此上，敬請台安並賀年喜。弟繆荃孫頓首。廿五日即刻。

一百六十六

新書稍污不妨也。屺懷又約弟去看古董，而無力，奈何！能代我設法否？此上積餘仁兄大人。荃孫頓首。

一百六十七

信到，洋收入，何速也！季公初三上怡和，弟在漢陽住兩日，輪船夜間不行，故多行一日。此復積餘仁兄大人。

地圖並説收到，在鄂爲招萬元之譜。

再，《歷代詩餘》乞再借改，不出門三四日可畢，全部送還。

一百六十八

積餘仁兄大人閣下：

飯後往見署督，談有三點鐘，點心後出來，公事詳細述知，頗以爲是，書局要傳聚卿面詢，即行照辦。明後日看操，出洋學生，一切預備否？似未曾有人回過。公示我節略，初五答拜，必又長談，如不來，弟可進去。渠野服相往，四狗隨從，雅極矣。以痰鬱，故銘囑題，並見三王、吴惲畫軸，趙文敏筆卷，要汪叔芾《魏黑女志》，乞借交帶觀，即帶出也。此上，敬請台安。弟荃孫頓首。

陳妻攔欽差輿告聚卿，大約已知矣。

一百六十九

積餘仁兄大人閣下：

昨盛擾，謝謝。制軍於學務甚有閲歷，於編譯書則茫然。第編譯書，乃學務之根，不從此著勁，學務亦只可謂半通也。弟初注意玉山，後聞受之言，其宗旨不若是，回寧在廿外，其意可知。江叔澥,舊交,心直口快,與兄定能沆瀣,惟薪水須定,能給以二百金否?並宜速定,以便早來。轉眼開堂,凡事須先預備,此與吴瀚濤一例,同事均所甚願也。崇質堂函修好否?《絶妙近詞》想察入。乞再假《歷代詩餘》,查元遺山逸詞,仲飴所托也。此上,敬請升安。荃孫頓首。

江叔澥著述一册附贈。又,敝處厨子,薦其子到尊處,明知不行,乞回信。

一百七十

積餘仁兄大人閣下:

今日張老師見俞總辦,方知不請張次山是俞之意。用東洋留學生並大改學務處章程,恐楊大人未必願意,則聚卿遲交書局兩個月,遂至全裁,發聚卿之脾氣也,然則俞能安乎?《歷代史略》三百部,如要趕完即示知,以便交待。弟止賸高等一百五十金,三江五十元尚可支持。夔生該死,弟不能顧矣。弟之局面亦不能久,俟上半年後,即行入都,並上半年不知能保否?謀者太多,眩昏公不識人也。此請升安。荃孫頓首。

卷子交還,乞核。

一百七十一

積餘仁兄大人閣下:

三學木器三鋪分包,以便從速。今日堂期,務懇請發萬金爲荷。明日定須交該鋪,不便誤期。初約即失信,以後亦難催其繳齊。書鋪新書更期買足,當務之急也。此上,敬請升安。弟荃孫頓首。

硯生之柩覆于水,深可駭怪。小學章程即令譯書局呈送。餘信寫好,候送卷來再呈。卷子何以不送?弟已濡筆而待矣。十一日。

一百七十二

同事得瀚濤,與兄無異。弟從未覬覦此席,實以曾氏混來,學規之放縱,財政之抛撒,想勉爲其難,實非本心。現季直與金陵大憲爲難,如弟得好處,更觸所忌。弟向來心直口快,絶無奥援,禮公不與我力争,是爲我也,弟早知其意矣。福建、浙江、江蘇均歸紳辦,嚮來本官紳聯合,此地紳士終日求干舘求年米,嚮爲官所不齒,本城又不以我爲紳,非蘇州推任費作城紳可比。非官非紳仍居賓師之位爲得,並以不得爲幸,惟兄知我非假話也。今晚約瀚濤小酌,商議學事,並無外客。此請積餘仁兄大人升安。弟名心叩。

一百七十三

丁校在行,當再商之。曾君爲山東、江南所重,此等人才如此當行,天下事可知矣。在上峰總以弟不知洋學,而不知曾亦不知也,可嘆。此請台安。

一百七十四

積餘仁兄大人閣下:

老陶來,兄處諸書止《述異記》、《云仙散録》未畢耳。王扞鄭太守仁俊送兄書,又索近刻各書,乞交老陶帶回去何如?《遼文補逸》其功非細,然有複出者,可見搜輯之難也。趙學古作古,致賻四元,乞匯交。又各堂學生今日大會於思益,議拒美。又是北極閣舊文,發傳單,爲首者在貴堂,乞查之。密密。此請升安。弟名心叩。

一百七十五

積餘仁兄大人閣下:

昨日知兄自蘇州歸,希蘐同回否?徐同人病甚重,求交卸差,弟以暑假後再説答之,聞兄到必又來求也。今日本擬即來談,因卷子未畢,須飯後矣。尚有要托相商。此請升安。弟繆荃孫頓首。

惠贈多珍,謝謝,謝謝。

一百七十六

承兄雅愛,何敢不留?外間均説回江陰矣,可否?但初十須弟作東,業已囑堂厨辦事,茶房亦預備,惟呈園奉祇。早揚州面,晚飯照昨日式,惟容須代約方妥。此請積餘仁兄大人升安。弟荃孫頓首。

早間弟至兄處少坐,再往吴園,單約碩卿一人足矣,四點鐘約伯虞、雨生、百年、聚卿何如?七八點即可散,弟宅後門在鳳皇井,出入自由也。

一百七十七

積餘仁兄大人閣下:

承惠多珍謝謝。影鈔《毛詩單疏》甚精,雖貴亦願意,以中土所無也。嘉納致曉樓,需二百五十元上下,弟前寄卅元,太少,擬寄日元一百去,有兑處否?學堂要擴充,聚卿勸擇地在工藝堂之右。提調估價,在後面修亦要六萬。何不先去度地?惟恐水大一淹,只更難辦故也。孝藕前後信先呈閲,明早詣談,上江札下否?此請升安。弟繆荃孫頓首。

一百七十八

積餘仁兄大人閣下:

弟前日歸,昨日晤禮卿,知兄業已先歸。季直既不來,所言又不中理,真是學界之魔。今明日又辦歡迎會,學生不願讀書,但求生事,官場督練處又從附和之,可謂長嘆。初印《金石録》呈覽。此請升安。弟荃孫頓首。

小詩呈閲，以博一笑也。此夕露□西湖，得詩十餘首，舟中並成周制軍神道碑、薛冰紅詞序。

一百七十九

積餘仁兄大人閣下：

昨日有要事，不得與會，歉甚。聞兄已得請，何日首涂？弟事亦隉杌不定，得過且過，有類寒號。聚卿不來，陶子霖候已半月，一無消息，奈何！兹有懇者，茅子貞想貴堂教務長，瞿司事想改委員，弟思兄日内暫復未必改動，然不敢不達到。子貞尚托子虞來説，報館今日裁十人，將來子貞恐亦站不住也。一色閑幫。前年撰《雙卿詞序》，乞飭鈔一稿爲荷，弟無草底矣。此請台安。荃孫頓首。

一百八十

積餘仁兄大人閣下：

鎮江一别，明日想安抵差次。弟與三哥三點鐘到下關，到弟一樓亦未睡，弟飲酒兩壺，三哥遺矢三次，天明即賃車到學堂。學堂已於廿二停課争額，廿九日方上堂。壞人聚在三三江[1]，盛主謀，金、許出面，錢倬、何恕左右之，季直頗不自安，兩電促上課。近日論議頗和平，學生已有後言，不出弟所料矣。丁寄《飲膳正要》一册，陶寄刻本一册，乞察存。此請升安。荃孫頓首。

一百八十一

昨示誦悉，傳習所章程送閲，與周帥之意不合，可見旁人亦係欺蒙。楊文鼎惡弟口直，又董聚卿之怒，弟如在局，不便安頓私人，

① 按，“三三江”，疑衍一“三”字。

非去弟不可，弟又不辭，借周帥爲驅除。陳季同謀書局、謀高等總辦，亦惡弟。兩人合謀，弟早知之，承兄照拂，現且緩圖，俟敝堂總辦定後。去年本談及加脩一事，弟只要每月二百金，如允，兄處照舊可也。如總辦再換陳季同，則不能一朝居，弟擬入都一行耳。周帥昨日飯後來拜，值往伯虞處，到彼處方知罷考事。又拜張次山，次山擋駕，疑又有人説壞話。不要疑罷考出我們主謀，則更冤矣。乞秘並代留神。名心叩。付丙。

一百八十二

卷子收到，工而且速，敬謝，敬謝。細味斯言，意似有感觸而然者。一笑。京電不通，閩廣主試知之否？此上，敬請積餘仁兄大人著安。弟荃孫頓首。

一百八十三

密啓者，弟辦學堂束脩事。卅乙兩庫平，殊屬可笑，後以書局百兩補之，藉可敷衍，後又添報局五十金，後又添三江五十元而辭報局。如□一概不動，弟决無他言，書局如撤，必須在本堂補足。乞兄與穆觀察一言。京師進士館支恒榮亦三百金薪水，又本一事不懂者。

一百八十四

許公碑壹套，外四册，另不全一册，均察入。提單已交希蘐，致總辦信亦起稿，交亦坪矣。此上，敬請積餘仁兄大人升安。弟荃孫頓首。

化學藥品保險行不保。體操不劃一，將來下不能收中小學堂之人，上與大學堂不合，不能不改進。皆是弟不學之故，引咎而已。

一百八十五

積餘仁兄大人閣下：

昨日上海又電促散學，不得謂季直不知。三江師範學生與沈觀察辨駁再四，意氣更甚，弟即遠引，不知終極。兄到上海否？弟有至親夏君孫楷，閏枝堂弟，現住弟處。無錫茂才，深治教育，俟實舊友，兄能薦往南陵否？否則托兄帶往儀棧位置一席尤感。此上，敬請升安。弟繆荃孫頓首。

一百八十六

積餘仁兄大人閣下：

前日由郵局寄兩紙，諒已察入。昨日書到，正值書屏在座，先分《魚詩》、《中朝故事》與之，一切具如尊恉。《陽春白雪》不易校，先寄兩本亦可。夔生新得高等幫教，更無暇晷。李審言未來。弟漸愈，《吴越春秋》可撰校記，自任之。《述異記》甚費事，須全翻《廣記》。餘可不作，撰一跋足矣。季直昨到，爲商議高等及開復西垣二事。禮公亦病，未出門也。令侄來，種種不妥，愈想愈難，作詳函與少餘，未知以爲然否。阿三在此專讀西文、算學，附入丁班，然不上堂之時命讀中文，弟出門，即游嬉不讀，奈何！不比常常上班，彼此擠住不能游嬉也。此復，即請台安。弟繆荃孫頓首。

一百八十七

昨日幸聆雅教。兄在旁觀，以聚卿此舉爲何如乎？學堂書籍、器具、儀器，原議二萬六千，硬定一萬四千。如器具實不敷，木匠原單呈如以爲可，速發款以便定造。覽再打。九折已須三千余元，弟從大門算起，一單非五千金不可。明後日可呈，大概不誤。我輩費心，誰人知之？不比開封太守，安坐而談閑話也。書既不放心，請另派人辦。争外籍，争盟主，争附課，如添人要添講堂，添教習，添經費，恐鍾山雖有錢亦難擴充也。弟江陰有事，月半准行，此間何愁無人辦事乎？我輩辦到此時，其勢不能中止，可告無罪於兩江士子矣。積餘仁兄。荃孫頓首。

一百八十八

積餘仁兄大人閣下：

此間學務、譯務以後不知拖至何日。如禮卿又不下札，禮卿不能問事，弟即不便自作主張，只可前了從前未完之事。四千款是一事，弟結帳餘款約三千交禮卿，府、縣兩堂須領月支。兄應辦之事，小學堂俟出案後開呈辦法、課程。教習、司員履歷，學生名氏呈總辦，請督示。必有改動，如改動發下準開學便是僥倖。弟又不知何日見，想回里一行，家中應辦事亦多也。此上，敬請升安。弟繆荃孫頓首。

一百八十九

積餘仁兄大人閣下：

同人等六人何日餞行？仍在金陵春同請何如？六人外加希瑗，蒓京。乞酌。合同底請閲，改好發下繕真何如？萬勿客氣，弟外行也。師範附屬小學校已鈔好，惟原書不在此，乞代校，以便付刻。單級原書在此。翼謀、孝藹均未到，盼甚。此上，敬請升安。弟荃孫頓首。

一百九十

手示敬悉。今日有事，又須十五日，所以兼差必不可行也。連日見各大憲，究竟以爲何如？殊悶悶。如傢具不定，九月連中小學不能開。今年不開，不但姚走，崔、孫諸人亦散矣。書鋪至廿日以後，西學書决賣脱，或弟先借貳千金墊辦可乎？此請積餘仁兄大人升安。

弟荃孫頓首。

一百九十一

積餘仁兄大人閣下：

承顧尚未走報，歉仄之至。丁修甫函送呈《中朝故事》，弟交寫官録副。《天籟集》樣本呈覽。此上，敬請升安。弟荃孫頓首。

一百九十二

積餘仁兄大人閣下：

《僑吴集》五卷鈔好呈上，後跋另摹，鈔費八元一角。弟藏《尹和靖集》，隆慶本與嘉靖本編次不同，所收亦異，無從對也。明日消寒與翰怡會，所囑須面達。此上，敬請文安。弟荃孫頓首。

一百九十三

積餘仁兄大人閣下：

陶帥重陽前後可到，兄亦即來省，各書面交，陶子麟回信附上。《吴越春秋》還早，顧校缺二卷，《云仙散録》已成矣。此上，餘面談。此請台安，弟繆荃孫頓首。

錢觀察事，其兄已來，未知的實與否。

季直所議，尊則安矣，能如學生之意乎？李楳庵爲學生所困，片紙隻字先拆閱方準送上，渠又無公館函牘留意，出門拜客，學生亦責問轎夫拜何人也。此席萬吃不住，奈何！

一百九十四

荃孫頓首。書收入即交孟輿。《前漢書》已完，似可發刻，鄂工較快。孟輿或皖或廣，恐不能在江寧，奈何！高等辦事人尚不定，真没法也。積餘仁兄大人。

一百九十五

正欲與兄作函，手書適至。又賜珍味，謝謝。《吴越春秋》校已畢，頗不惡。《群書拾補》，陸氏校刊均無。此書蔣氏别下齋校宋本匯札迻。俞丈校語，荃孫讀之有心得，均匯入逸文，亦增於顧本矣。葉鞠兄又有信附閲。官報歸學使，書局歸陳善餘，籌防更應籌款，均並爲一，道台差使愈少矣！此謝，敬請積餘仁兄大人台安。期繆荃孫再頓。十五日。

一百九十六

積餘仁兄大人閣下：

影元鈔《陽春白雪》極佳，金陵所能也，閲過希察入爲荷。致方伯書，草草擬就，措詞不甚宛轉，乞兄改正即繕。不必再送來，今日回寓。惟堂中無款，弟所深知，現洋文師範生不能不添，並須招考。此請升安。弟荃孫頓首。

一百九十七

曹揆一已赴松，王升亦去。明日弟不能不去也，兄有事疑處恐不能决。一亭即問揆一，或可知其名姓。此復積餘仁兄有道。荃孫頓首。

貴上大人。

一百九十八

《一亭雜記》，君直亦不知其名其書，奉趙。又良士處鈔書，兄可直接乞代鈔《宋大詔令》全部，並無需影寫，與《唐大詔令》同。看可否先寄數十元去。秉衡因孤孫病危，無心理料，而弟自鈔《播芳文粹》，亦未鈔出，恐其不信故也。此上積餘仁兄大人。荃孫頓首。

一百九十九

瞿信閲，此事弗亟亟，乞公隨便告知。書多，亦非半年不能畢，瀕行先送鈔資，石銘與《唐大詔令》同刻。此上積餘仁兄大人。荃孫頓首。

二百

積餘仁兄大人閣下：

別來又匝月矣，闐生署運使又與季直招北綫股於淮商，調開天水以便集事，季直力量可謂大矣。聚卿得直隸監理財政官，即度支使之先聲，得督撫亦不難。大先生事批定否？弟病不離體，意興索然，明日赴常議資議局事，約十餘日方能回省。幼丹住何處？一函乞標明地名交局爲禱。手箋，敬請升安。弟繆荃孫頓首。

聚卿刻"四夢"，《牡丹》外無佳刻，原書並有模糊不清處，不能上板。小本删節，非得大板一核不可。兄有原刻初印否？有則假來校訛補缺方好。

二百一

積餘仁兄大人閣下：

頃奉手書。前事甫有端倪。書籍須節後裝箱。蘭甫先到蘇州裝姚彦侍書矣。兄此時且緩來，俟書去，字畫收進，再來叩謝遞稟，批准方算結局。候信何如？兩淮風潮能聞之否？像及詞先奉上。大約數日内不遇雨。此復，敬請台安。弟荃孫頓首。

二百二

積餘仁兄大人閣下：

頃誦手字，並玖拾肆兩整，原單亦奉閱。蒯無數，陶齋無信，亦不免流俗之見矣，然書須三月方有，告諸君弗催也。此復，敬請台安。荃孫頓首。

二百三

積餘仁兄大人閣下：

頃誦手示及瀚濤信，瀚濤同事固弟所願，此席涎者甚多，訂定甚好，薪水恐不能如三江之優，仿實業何如。第穆觀察非實缺，有無妨礙，乞酌之。子光不能兼，可否調貴堂醫官張老師接充，取其不至奢望，時時想優差也。盧教習止求薪水如願相償，其欲調回一層，弟意政須速成科，公尚以爲有益耶？一笑。聞玉山改教務長，薪水酌加否？弟想高等援例耳。一百卅一金殊不成話，貴堂一席乞兄保護，報館已辭，書局岌岌，只望學堂矣。弟須三百金一月方可支持，諒蒙鑒察。此頌年禧萬福。弟荃孫頓首。除夕。

二百四

手教誦悉，潮濤有楊廉訪於彼，或有可濟，能歸穆辦最妥，歸瀚濤亦妥。玉帥方針若何，兄知之否？張老師甚願意，已函求穆總辦。玉山此席似不宜辭，吴先生兄與之談否？鄧必須去，須使人示意吴留無害，鄧留必起波瀾。課程一切弟願代籌，然非與玉山面商不可。前與之談，見理甚足。刻書章程早有之。此復積餘仁兄大人台安。荃孫頓首。除夕。

二百五

積餘仁兄大人再覽：

趙上達是否趙菊尊？兄晤面，如何考法？想談及也。弟念一面促化學堂桌椅，並安放器具，俟考後再改新章何如？考又非一日事也。聚卿聞方上鄂，大約與弟同時到省。金湝翁尚未晤面，弟初次到城，渠下鄉矣。此請升安。弟荃孫頓首。

二百六

積餘仁兄大人：

弟荃孫頓首。丁孟翁校好十一卷連底本乞察收。孟翁回常州矣。學堂又淹水，幸已放假。餘再布。

二百七

積餘仁兄大人：

弟荃孫頓首。手字敬悉。弟定於初七日起程，兄隨後來亦可。十七日附大阪行，不宜過遲。方伯意，二月即回來布置一切。此語秘之。此上。

今日已函告南皮，初四辭行，初六起程。

二百八

王集收到。傢具已持回，較弟近日所購者價稍昂，可折扣，並擬分兩處辦，有所比較。今日詣石公談，並到惜陰、鍾山勘工，詣齋房詢去年傢具價，當可得真實，惟慮開實價官中又要加折，則不能辦矣。此復積餘仁兄大人。弟荃孫頓首。

二百九

昨已將睡，將此信寫好，今晨送來，不意陡起風波，半夜不得眠。朱雀之字皆朱文，操者亦可認。兄再到，從人未招呼，略睡二時許，尚不見困。子涵之子亦招往王處，此是東文肇釁，有理變成無理，如是高等必不肯自己唱出，聽候查辦矣，如王大人不明白何？此須回院，東文能借此停歇否？《竇叔向》極佳，此舊拓也。此次所來經幢造像極多，最難審定。又四面刻《金剛經》，兩份皆唐刻，而地名、年代無可考，均北碑則可斷也。積餘仁兄大人。

二百十

積餘仁兄大人閣下：

自盛擾後，又數日不晤矣。石印碑志呈閱，大幅須割拓，終不如原本。又京師友人以一圖求蘇堪題並書，紙及圖底呈上，乞轉交。潤照例，乞兄持去，或能到手。唐拓《武祠畫像》，真奇品也。此托，敬請文安。荃孫頓首。

昨日寄來《讀書記》呈政。

二百十一

積餘仁兄大人閣下：

禮卿一份衹可收入並謝帖亦無矣，乞轉謝爲荷。張小樓之《樂書》將完，乞購兩書，可否托伯和作函並寄款爲要，月餘可至方接得上。此復，敬請台安。弟繆荃孫頓首。

叔芾均此。

二百十二

積餘仁兄大人閣下：

昨奉手書並書三册,首册鈔總序及目録,《文集》、《儀禮》頭本亦還。先還。乞再假《文集》卷廿九、卅一册,均短一葉,擬補足。兄書《群書拾補》,想附《遼金元藝文志》一册,亦少見,李木齋石印即無此册。江陰糜爛,敝典亦不可問。大生無恙,看兩張先生之能力。世事如此,奈何!此請文安。弟荃孫頓首。

二百十三

頃樂庵同年來言,與老師説明上辦四包禮,一屏、一對、一如意、一燈。人不宜多。《節略》已交子晴,乞兄即往取到處交下,以便夔生動筆。此上,即請積餘仁兄大人台安。期荃孫頓首。

二百十四

子受求兄作函與張太尊,圖一差。監學現署事,甘泉教官已年滿,可否派代理?新選鎮江人,其人早故,子受代理,可暫不報,並可貼費與其家云云。兄與子受亦熟,彼來見否?

二百十五

夔生來要金石書目,散片。望即交下。積餘仁兄大人。弟繆荃孫頓首。

二百十六

書誦悉,圖亦收到。奇觚室二書均無之。幼丹,丙子同年,絶不往來。書在廠肆見過,無可取,餘面談。積餘仁兄大人。荃孫頓首。

二百十七

手示兩悉,孫集容找,趙集從未見也。寫官一人忙甚,無暇代鈔,弟本有舊鈔本,一找即送呈也。積餘仁兄大人。荃孫頓首。

二百十八

積餘仁兄同年大人閣下:

前得手書並《雜諍》書後兩篇,未得即復,謙甚。後聞貴公館遷移,適制軍派人運書入都,日内即行,無須再搬。大兄之公事,又因許東畬來揚,尚無實信。《漢書》割補將完,盡此可將方匠開銷矣。劉巽甫事,蘧公囑函張次山,回信云與莫守均擬先參,現候上海道,確實再定。巽甫自往矣,有憑據否?季直轉與莫枚辦,奇極。印結用不著,與弟所刻《元河南志》等書,俟專人來取,恐寄丢也。《河南志》、《刑統賦》、《竹汀日記》均毛定,可配入《藕香零拾》。尚有三種亦將印矣。此上,敬請台安。弟荃孫頓首,二十日。

廿二日釋服矣。此書全仗李蘭甫玉成。因不收范氏書,其黨並此書亦太譏貶。蘭甫説,如不要,我運進京自賣,至多不過八折。早許以潤。姚宅亦萬金,可與子木巡捕一詢,大帥並知之,與蘭甫生發。數目相同最妙。

二百十九

兄四十華誕,謹奉金石拓本兩册,《紅雨樓題跋》荃孫新輯一部,務懇哂收,似勝於桃麵兩盤也。書包留公館,遇便取去。弟繆荃孫恭祝。

二百二十

汪孟慈非容甫之肖子,傳後附一名字猶屬勉强。今讀《從政録》,則户部之能司員也,立專傳,與吏部之白栢、刑部之余光倬、兵部之丰垣爲一卷。非先生之指示不知其詳也,然則荃所未知者亦多矣,乞時時教之。

二百二十一

積餘仁兄大人閣下:

小詩呈政。弟月内二十五日有急賬,乞代挪二百元,即以聚卿款作抵,想亦無多日也,如能俯允,銜感無既。弟自出京後,未遇此等事。書畫均出售,亦有售去者,第無大宗耳。此上,即請台安。荃孫頓首。

二百二十二

積餘仁兄大人閣下:

弟藏《初學集》,目是割補,因序上是一百卷,爲所蒙耳。《四庫》不收,他處亦無考證,以致貽笑方家。乞代假全書以核,無者鈔補,换黏者描朱,俾爲完璧,感甚感甚。《兩漢校勘》亦盼發交舍侄爲禱。此請升安。弟荃孫頓首。

二百二十三

積餘仁兄大人閣下:

弟於今日抵寓,奉讀手書,敬悉一切。書大小九百箱,價七萬三千元,包送到寧,殊不爲貴。弟同善餘共領盤纏四百元,每人須帖二百餘元,買物尚不在内,在官場看之,又以爲奪其美差也。學堂事交卸,幸甚幸甚。兩湖催到館,南菁來送聘,一概謝却。好容易擺脱,尚作馮婦耶!《漢書》明日往查再復。子淵新自往催,仍以未完回覆,原信附閲,大約不久即寄。况先生脩金月得一百四十,午仲另欲助刻《隨筆》百金志意。高、張、喻奉峰因借書口角,喻已辭去，可惜。高等之散，渠有力焉，而尚未得教務長，不免怏怏耳。孟輿之去，視明年派何人？如再派左全孝，季直頗不謂然，禮卿不知何如，不久許亦難辦。則辭決矣。此上，敬請台安。荃孫頓首。初十日。

二百二十四

頃得手書並各項收條，足爲吃花酒作證據矣。季公信留稿否？經此挫折，禮卿先不願意，弟已知難而退，昨日略提而未竟，鳳樓亦不以爲然，明早弟代柳君上堂，十一點。隨到兄處一談，能稍候否？積餘仁兄大人。荃孫頓首。

二百二十五

積餘仁兄大人閣下：

總辦信奉閲，青士先電促，如無回電，下月另請，惟人尚未定耳。陳鋭仍得壽金，恪士之力。丁脩甫來信轉候，云鈔付頗費，尚未畢也。此請台安。弟謬荃孫頓首。

書托何人送進？乞酌。

二百二十六

奉環雲悉一切。開學未幾日，忽派員考察，全是外行舉動。趙公何人，到過外國否？通品否？我們總辦未出來，何妨稍等？弟明日回常州，約初十前後必回，常熟、上海均不能去矣。貴恙似舊症，何不學體操？弟脚已全愈，又可步矣。積餘仁兄大人閣下。弟荃孫頓首。

《花草粹編》未用原本通體校過，兄可通校一遍，另用一色筆。

二百二十七

積餘仁兄大人：

弟繆荃孫頓首。書三部送上，洋六元收入。並未印紅様，以後尚乞代銷。另印金石目三元，小叢書八元。此請。

二百二十八

積餘仁兄大人閣下：

新年大喜。封面去冬催來，汪君之意以所酬不足，允送書兩部，乞志之。鮑先生囑題《讀書堂記》，仍以劣詩交卷，實無佐證，非不盡心。一扇兩圖，嘉惠未報，抱歉而已。丁書全到。厚餘書俟帥九，尚有餘地可容，然而僅矣。兄何日來？盼即玉成此事。吴、劉二公尚不肯休，可怕，可怕，樞紐仍在財政局也。此請台安。弟荃孫頓首。

二百二十九

積餘仁兄大人閣下：

昨奉手書，所需安儀周、成容若等像，如僅須繪像，即交舍弟莆孫鈎摹，尚有黄蕘圃像候示，一並另紙摹；如全幅臨，再將原畫送閲，亦候示。《叢書序》、《金石例札記》四十餘葉及跋，均乞改正。《札記》不能不刻，已寄鄂上。元板書候專人取歸，如此元板，上當不淺。此復，敬請台安。弟荃孫頓首。

二百三十

積餘仁兄大人閣下：

弟跋《金石例》並未留稿，乞將草底寄下即改。弟自恨粗疏，不足言之過甚耳。黄蕘圃、武虚谷兩像呈閲，還有安、成兩像，湯貞愍、柳敬亭各像均摹。病仍未愈。苕生已來，尚未晤面。喻春峰行後無人影寫宋本，脩甫薦一寫白雪陽春者，弟已招致矣。此請升安。弟荃孫頓首。

二百三十一

積餘仁兄大人閣下：

前奉示代辦一切，汪子淵封面寄去尚未寫來，喻春峰寫總目呈閱，並望即寄武昌省城蘭陵街圖書館對門陶子麟收下，以早爲妙。弟已將高等擺脱，明日到浙江游西湖，並詣甬江看天一閣再回。封面寄到，亦招呼家中寄湖北也。吴廣霈形同無賴，巴結陳子勵將五年，高等名譽、課程敗壞至極點，弟已於兩會長前申明不幹。弟事，張、蒯兩公亦允。弟退而亦逐吴廣霈，然紳士之與官場不是平權，此官司須打至學部矣。尊處學堂經費支絀，學生參差不齊，分外難辦，查學官又係吃東洋屎者，所言何足爲據！蔭庭因兄不高興，渠亦没趣異常，弟勸回館且度今冬再説。弟看十二圩學堂不能不辦，工藝廠難乎爲繼，可否停辦？以改良爲停頓，便可截止。否則愈走愈重，後來者不肯接，恐兄受累，以爲何如？孟輿校補《漢書》，補手急切不能完。弟去學堂，孟輿亦將尋子培去。此請著安。弟荃孫頓首。廿七日。

二百三十二

積餘仁兄大人閣下：

伻來奉手書，維興居納祜爲頌。弟受寒又病，牽發舊疾，現擬續假，恐煙霞成癖，未必再蹋東華塵土也。厚餘之字畫勝於書籍，除宋元劣外，明及國朝大半嘉品，愈近愈佳，拔其尤者與帥觀之，以惲册爲第一，並陳四百四十五件選二百件，以五十金一件亦得萬金，合之書籍二萬二千金有多無少。帥復以畫件且還前途，餘再商云云。弟因《金石例》失於檢點，自恨對不住兄，不敢爲飾詞。遵命即酌改成，黄安三像即摹，尊藏亦乞代摹，均以一尺爲准。丁氏像極多，如竹垞、西河均有之。畫成一律，亦有趣也。元刻《金石例》即儌祈察入。此上，敬請如安。弟繆荃孫頓首。初八日。

二百三十三

積餘仁兄大人閣下：

蕭君事狀奉閲，是弟粗心，即改一字，乞兄致函貴同年，申明寫官筆誤，然弟精神前後不能照應，尚能信今傳後耶？抱愧無地。亦病未脱體時所撰，近日服補藥，似乎又是稍好。孫秋帆不知何日來，書已全發。此上，敬請升安。弟繆荃孫頓首。

延祉舍弟差滿，又來告急，乞兄與都轉言之，能署缺否。

二百三十四

積餘仁兄大人閣下：

太后大行凶禮，毫無聞見，大約乾清門方如故，德宗未葬，可同兆域。心海似又須赴北也。鄧傅若來，弟處先生辭館改訂傅若。不克分身，兄約謹辭。聚卿半年不晤，亦擬一談。小《周禮》贖不回來，無可如何。此上，敬請著安。弟繆荃孫頓首。

屺懷好書半歸劉氏矣，《史記》、北宋。《宋書》、《通考》、《紀事本末》、《公羊》、《儀禮》，均見。

二百三十五

《郡齋讀書志》首册、《十二硯齋金石記》陶貞石碑已得。均奉趙，察入爲禱。天又熱，鄉間又盼雨。劉慧之金石目，劉聚卿金石目均成否？聚卿入都否？此上，敬請文安。荃孫頓首。積餘仁兄大人著席。

二百三十六

《劉後村分門纂類》、《唐宋時賢十家詩選》曹刊本前後無序跋。廿二卷,各書目不見此書。翻《後村大全集》第九十七卷内,《唐絶句續選》、《本朝絶句續選》、《中興絶句續選》三序,與此書同異不可知。然兄所藏分集,决爲佳品,非曹刻比也。明早已刻仍至堂中面談,並擬至中小學堂一行,兄稍候我否?九、十之間必到。此上,敬請積餘仁兄同學升安。荃孫頓首。

《唐絶句續選序》述及先有《唐絶句選》云,似有四集。宋刊書乞一閲。

二百三十七

《銷夏録》一册奉還,附諸王宗室十三紙呈政。奕繪《寶廷事迹》覓不得,似不可少。再添《銷夏録》獨刻兩卷,先編一目。約六十元一卷,以後摹之同志。不知樊山能助否?積餘仁兄大人。荃孫頓首。

二百三十八

積餘仁兄大人閣下:

弟回寧,如專差來,可取丁氏書目去。錢世兄得暇可來見也。議員裁書局,裁圖書館,似專與弟爲難,如果實行,明年無所事事,仍北去耳。裁初等師範學堂,四十區之小學之總辦,有人願將蘇州存古併入南菁,吾常屠寬、王楚書起而争之曰:江陰不願受此污點。二人要將教育會所辦上海女師範移入南菁,議長云大妙,弟與吾鄉紳士力拒,亦曰:江陰不願受此污點。用此名詞實比新學家切實。其實上海之女人欲至江陰,則無東洋車,無戲園,無館子,無臺基,恐無人肯來也。張季直至於今日,真是風魔矣。開國會愈亡得快,謬人作議員,奈何!運使已來,旭莊交卸不遠矣。禮卿留學部,陳伯陶去。能簡禮卿,則寧學界或有起色乎?貴體想已康復。禮卿乞假回，又可進省小叙。此上，敬請台安。弟繆荃孫頓首。

二百三十九

《書鈔》收入。早夔生專人來告病，未云甚危，午後當往視之。志文兩種，謝謝。積餘公祖大人。荃孫頓首。

貴大人。

二百四十

積餘仁兄大人閣下：

《墨莊書跋》不佳，蓋學究稍讀書者。天燥，於出門不宜，今日趙大人實親自速客。弟處房屋亦不够布置，兄爲之計算如何？辦法如可學，即弗出門，而家計有不能不回里之事，或節後行亦可。此上，敬請台安。弟繆荃孫頓首。

制軍處乞弗驚動，門小不足容高車，非謙也。

二百四十一

今日赴次山處小飲，失迓歉甚。惠詞收到，謝謝。淮生處即寄。此復積餘仁兄大人升安。弟荃孫頓首。

二百四十二

手示誦悉。此兩表弟處無底稿，請總辦照鈔各一份，有底。分付兩堂教習照辦，不必先商。如有相商處，找弟可也，兄以爲何如？此上，敬請升安。

小學堂廿八能開否？中擬初一日。

劍華人正派，才亦短，收支二位皆其甥，李、潘。頗靠不住，而偏重其話。堂内吃煙，换厨子，與厨子打帳爲扣錢太多之故。鬧笑話。

李又與兆豐交二大人。同拔雛伎,包房住外,日日花酒,劍華全然不知。人長病,公事至數百字便不耐煩,問之則不知,似未曾看過者。有制台之風。文案詹、司事姚皆其人。詹還好,姚招摇撞騙,業已逐去,又换一吴,未見其人。丁老師、寃。江鄂生均撤,江以陳杭接,丁以沈鴻儀接,陳雨生不受,大翻,另换周朝先方定。看來各堂均不熨貼,弟病軀不願時時嘔氣,借拜壽出去兩月再看時勢,亦不就他處館。

付丙。

二百四十三

體操鐵架公文准,前日移知兩件均察收爲幸。此復積餘仁兄大人。繆荃孫頓首。

二百四十四

天雨,明日亦不能赴恪士之約,可否打一德律風電話總匯所,在城守營前。與陸師學堂,何如? 稿甚妥,仍繳。此請積餘仁兄大人文安。荃孫頓首。

二百四十五

趙碑收入。盈餘已解,何其速也。孝藹所用,弟可於儀器項下撥用,孝藹回,弟亦可全數報銷。弟衹剩百餘元,亦易盡。單級學校、小學校,兩種各歸譯局亦無不可。我們刻書以百元爲度。即捐辦亦可。姬瑞之款恐非易撥,現禪衣即在爲難矣。弟領乙萬兩千兩,錢盡則止。能貼出乎? 可笑。此上積餘仁兄大人。荃孫頓首。

二百四十六

積翁仁兄大人閣下：

葛爲輔不肯交儀器書籍，以致出洋之人均不肯交，今日行文學務處，扣此人出洋，兄以爲何如？又陳于邦不肯出洋，廿六考試爲本地人，接飛卷去録取，學務處以不去爲規避，不知非本人，望與學務處説知爲禱。此請升安。弟荃孫頓首。

二百四十七

積餘仁兄大人閣下：

昨盛擾，謝謝。陳于邦本人未來考，冒名者即望扣去，如出案，乞寫本堂名字飛示爲禱。此請台安。荃孫頓首。

二百四十八

卷九十八本及三單均收入，惟不知四屬各取若干，淮皖額即少，弟定一名次，兄從何處截止，即截止耳。禮卿世兄似不至招師範，方囑弟充英文師，至大者止十六歲也。各種小學校學章及蘇屬，明日檢齊送呈。此復積餘仁兄大人。荃孫頓首。

二百四十九

早起頭暈不已，只可回寓將息，明早再來，卷子帶去閱。又今日外國文、算學，明日化學、輿地，後日史學，可以免考，本在中文中，不另案。單考繪圖可矣。廿九未知能出案否。初一行禮後散學。教習無盤纏，或先送六月束脩，張教官脩可以截止，其人尚不知也。前日與總辦信，不添人，薪水三十金，增丁殷二位各十金。事稍忙，餘十金添一管化學司事，廣東人識藥品、機器者，尚待示。積餘仁兄大人。荃孫頓首。

二百五十

阿多伊澤所贈之物，弟留山水鏡，已贈希蘐，鳥類應全套歸兄，弟不留矣。今日先到學堂，再到金陵春，有話面談也。請帖費神，即送爲荷。此上，敬請升安。弟荃孫頓首。

二百五十一

數日爲雨所阻，未能一談。頃來函並《楚辭》，《楚辭》是俞誤會，已更正。制軍札學務處，嚴厲而在行，必有一番更動。本堂必須添一西文領班，府學要添圖繪，亦一領班生。俟送三名出洋，亦須調考。焉有餘款，况非回明制軍不能報銷乎？乞酌之。此上，敬請積餘仁兄大人文安。荃孫頓首。

二百五十二

環示敬悉。弟因我們學堂事事落人之後，而此次總辦在蘇省，未知何日言旋，故思托吾兄遞手折，明日不見則已，如見，弟甚難措詞也。總辦又有月底方回之信，兄知之否？送考政治學生，來文並未指明寧屬，如旋鞠生、朱董均不願去勉送五人，學務處將蘇皖三人云是外籍駁回。不知江南學堂，皖蘇均非外籍，另有外籍十名，但非寧屬耳。官場諸事，不明至於如此，亦可嘆也。所取十名，徐庭麟亦我學中人，送時又不説要送，自揣無學問，怕我不送，私自告假往考，鮑經猷爲之作文，旋鞠生爲之布算，每許卅元，居然取矣。其人善於鑽營。

便字：老况前日來借錢，弟不應，專函詢之，尚發熱，延醫又不對，亦不敢薦，病重是真。學使給以三信，一胡保生，一劉篤烈，一羅長綺，乙未。未知有用否。每日洋煙七八錢，何事可爲耶？此上，敬請積餘仁兄大人秋祺。弟繆荃孫頓首。

性亦倔强,不守規矩,送出是大好事。革命黨定可羼入。名次三日前已知。院上送信,想尚走門路。鍾、李不去亦佳,均佳士,可望上進,何必應此無謂之科目乎?弟選五人均於東文極熟,現所取者並不重此。盧重慶東文尚好,何以外取?譯員傳譯,恐亦非李生所能勝任。文勝於言,堂中止談荔孫一人與小樓相彷,藤田學生也。黄玠夫去極好,考文筆必高列,避東洋甚得竅。

二百五十三

積餘仁兄大人閣下:

詣談未晤爲歉。代鈔碑目已得兩册,近日事忙未能校讎,謹將新舊兩册送呈,希察入爲荷。此上,敬請升安。弟荃孫頓首。

二百五十四

積餘仁兄大人閣下:

頃晤同人病狀猶昔,將兄之意述知,渠亦感激。只要化開,艾堂不必催渠,原可少安也。前日打架,爲藩台請學生,其實此款應該領融銷,實屬無謂。丁衡甫信奉閲。此上,敬請台安。弟荃孫頓首。

二百五十五

昨談甚洽。弟因江甘事人來,須寫回信,不能候黄、鄭二公也。胡觀察信來,言已派禮卿兄,又須多處走動。弟却稍鬆,亦甚願意。陳雨生言兩縣不出案,又諸事推却。可否請兄回總辦,添府縣匯辦,府經理府學,縣經理縣學。府縣學堂,如有夫子鬧事、竊案等件,應不至全然不管。兄以爲何如?此請升安。弟荃孫頓首。

二百五十六

積餘仁兄大人閣下：

光晟因兄認真，尚肯交儀器等項。敝堂七人，俟弟回堂均已免脱。潘受培不在家，張老師往要，竟不尊教。弟又出外，無人作惡。現作總辦口氣函致吴鑑泉，開示價值，每人十七元。向各生出洋經費下扣回。如已鑒泉代陳始末，遵定章也。諸生如此見小，豈是有用之才？不勝可嘆。夔生要改詞序附呈。此上，敬請台安。弟荃孫頓首。初十日。

二百五十七

頃談爲快，弟晤青耜，正在用功，爲講解多處，大約已不甚十分隔閡，並言明日再與兩生談，二君合後，至弟處一談，即可到派辦處，屆時先知會。孫姬瑞往拜不值，亦函囑領一萬，申明前説不符之故。稟貼想可即上，廿二三能發出否？示識即招來，有寫件也。此上積餘仁兄大人。弟荃孫頓首。

二百五十八

手示誦悉。明日當可領到，昨已告庥民先收拾大樓及樓下，以便委員住進，並商同辦事。書局亦告聚卿，然官房爲胡觀察所住，何時讓出尚未可定，餘面談。此上，敬請積餘仁兄大人升安。弟荃孫頓首。

想領《集成》回，定打大架庋之，餘可稍小，何如？此賜書也。

二百五十九

手書並講義收到。此間月考，由教習照分數定，每門若干元，一定。幾分以上爲及格，瓜分之或定，多者多獎，少者少獎，均指及格言。兄自有高見也。此復積餘仁兄大人升安。荃孫頓首。

二百六十

頃已囑崔朝慶電詢林晉霞矣，電文及費呈覽。回電須三日後，如允或與函。請積餘仁兄大人。荃孫頓首。

二百六十一

積餘仁兄大人閣下：

書坊云集，精本仍不可得，學堂書不少，乞上憲速發五千金，容就近購買，省運脚也。又書架須打，管書司事須招至，湖北喻春峰，嚮管理八書，即能影寫宋刻者，函去月半後到。每日拾金，比委員又省。將來必用委員。弟處亦堆不下。大廳尚可暫皮，亦須架。《王荆山集》不精，再俟之。自來未有爲荆公撰年譜者，弟勉爲之。兄藏本摘録後即還也。此上，敬請升安。弟荃孫頓首。

二百六十二

積餘仁兄大人閣下：

弟忽小病，未能到尊處，鬱悶已極。玉山不肯做總教，以爲不知如何爲難。其實，功課排好，又有總辦、提調，大家管理並不作難，亦有餘暇也。石公囑交詞一首，又乙巳箋奉塵清玩。丁孟輿已來，其子無消息，能不來更妙。此請道安。弟荃孫頓首。

兩篇文字試官取中否？

二百六十三

碩卿書可否令其全送頭本一閲，似懇多購方得成行。穆總辦即日函懇四事相要。大帥委定，或不下札亦可，各換不相干之人來辦，弟必告辭，不代人受過，亦不能終日詆諆，作難受罪也。此請升安。弟名心叩。

二百六十四

頃擾盛饌，謝謝。回堂即起稿，三鼓畢，俟受之酌定即發寫，或交受之帶來最妙。如兄須弟到，乞請玉山同到，兄可另請方、陳及弟，並堂中庶務、齋務聽議。庶幾合式，否則似弟來有心尋釁也。此請積餘仁兄大人。荃孫頓首。

二百六十五

頃又至白塔巷，看江陰試館地基，實已動手，不能再遲，懇轉致張刺史速行出示，並囑將送人收押，有基無基，可訊問。敝館以紙爲憑，房東顧姓，張刺史亦熟人也。再求局派差兩名，常以彈壓，口食敝館發給，可行否？費神，不安之至。

二百六十六

原單查悉，是廿本，非廿一本也。積餘仁兄大人。荃孫頓首。

二百六十七

積餘仁兄大人升安：

弟繆荃孫頓首。庫金二端墨四卷，看過甚好，連信送閱，乞包好往送同人處爲荷。弟信及書先送去矣。

二百六十八

喻春峰怕關上又怕洋人，不願帶銅元，作爲罷論。弟亦不寄錢,候老陶自來何如?積餘仁兄大人。荃孫頓首。

二百六十九

弟荃孫頓首。外書二十本,洋十二元收訖,即交該鋪。《經義模范》每部二角,希爲代銷爲荷。此上積餘仁兄大人。

二百七十

昨日甫歸,憊甚,須歇息數日方出也。囑購之書止得兩種,先呈覽。又,粟香農書,淮兄所贈,亦察收。瞿氏書,去而未成,僅得宋刻《渭南集》、元刻《静修集》,明刻舊鈔二三種,價極昂。聚兄石刻何不搬去?字畫裱價乞定折扣。惠風晤否?飴亭得鄂岸督銷。劉公補首府,能有益否?此上,敬請積餘太守公祖大人升安。荃孫頓首。

二百七十一

丁孟輿十一回常,十月十五日共兩個半月,乞致脩。明年從元旦起,月杪止,較易算也。帶回里校。

二百七十二

積餘仁兄大人閣下:

盛擾,謝謝。歸來即病,尚未全瘉,息公招,不得往,何吃運之差耶!菜自以醉漚爲佳,小同春太板,則遜之矣。尊藏愈看愈佳,恐尚有更佳者在。丁先生函來,言《老子》、《漢雋》亦將鈔成矣。此請文安。荃孫頓首。

二百七十三

手書敬悉。丁已裁毛九一百五十張小葉去,新月杭州購來,亦非佳者。此復積餘仁兄大人。荃孫頓首。

二百七十四

丁少裘補字已來,乞察收,餘俟明年交。言日本紙不受寫,仍換毛九去,但毛九須襯。兄如畫闌,丁亦能之,候示。端仲綱信未奉到。積餘仁兄大人。弟繆荃孫頓首。

二百七十五

弟荃孫頓首。香帥不實授,局面又變。學制折呈上,如能照辦,人才自蒸蒸日上矣。此折可擺印否?積餘仁兄大人。

二百七十六

積餘仁兄大人:

弟荃孫頓首。章程一本,弟所簽出者,乞酌爲禱,兄亦可加簽,將來由弟寫帖,不言出月,尊意何如?

二百七十七

邵書目四册先呈。弟有所得尚須時詢,乞兄代我翻示可也。積餘仁兄大人。弟荃孫頓首。

二百七十八

積餘仁兄大人閣下:

昨日公函已交去。一由科場期近，司道事忙，即便期會亦未必候；一由青士本不願去，勉强再約亦難，又恐其當場説坌話貽人笑柄，至事之成與不成，亦聽之而已。此堂無總辦、無關防，下札由派辦處，訂合同由提調，如堂中小示亦須兄函名，然無印。可否往詢可園，從前如何辦理，華洋教習是否提調訂合同，並合同式爲要。弟詢可園，未必肯説也。金湝老初間來。此請升安。弟荃孫頓首。

錢集貳册奉趙，謝謝。柳集二册轉貽舒太尊爲荷。

二百七十九

積餘仁兄大人閣下：

頃談和大事，弟回寓即招其股東康欣伯詢其原委，據云是揚州小商恨錢店盤剥太重，合力凑成十五萬元，物色滬上錢店辦事之人，得莊欣梓，又走盛宫保之路，來揚開銀行。資本是屬行中，執事皆股東，諸事省減，由淮揚道驗貲，覆稟到院矣，現仍由淮南局照舊章，由運商、揚商出保結，可略存否？總之，揚城無論錢店、銀行，司局不相通真不能做，務求兄與運司商妥，不在多少，須撑門面耳。《碧雲集》及保結出名人單子附呈。此請文安。弟荃孫頓首。

二百八十

積餘仁兄大人閣下：

昨求和大銀行，懇兄及都轉兩處往來以維持門面，仰蒙允許，銜感無既。都轉批局查局員，覆稟稿呈閲。一切照紙店例似無不准。再懇兄轉求都轉批語，略比錢莊好看些，方爲有益。又，兄可否作一函與揚城分局委員往來通融，交弟寄該行持往謁見爲禱。費神，謝謝。此上，敬請台安。弟繆荃孫頓首。

和大銀行股東雖小，尚殷寔，開張一日，運司尚未交通，生意不能做，現將資本轉存各家錢店，每處二三萬不等。現在名譽尚好，如司局再與往來，可望發達。許東笤亦入股貳千矣，總求兄維持爲荷。

二百八十一

積餘仁兄大人閣下：

頃誦還云並書兩種。三兒上街，俟明日作答。《子建集》即撰解題，惟朱注已歸翰怡，容借歸方能貫串。述之博雅，首列《曹集》多種。我們所得二十家《曹集》，朱則翻汪本，非真汪本，只計此一條矣。此復，敬請吟安。荃孫頓首。

抄書不可計日，計日則不寫。計字則時時前爲之地。借書亦是此意。頃見《續幽怪録札記》，已抄就。

二百八十二

罟里看書，豈特兄不能去，弟亦不願去。傳事甚忙。適秉衡又有信來，囑不必去，正中下懷。原函呈閲，第不對住。秉衡明日即復之。審言未出知單，聯爲一局，而李、朱、王數人外，擬宗子戴及家子惠叔，均公熟人也。菜以百渝軒爲佳，明日晤，蘧庵即約定。再布，此復積餘仁兄大人閣下。荃孫頓首。

黄、許兩先生書亦未見。

二百八十三

積餘仁兄大人閣下：

焦山兄行時本是狼狽，次早即與陶齋言之，亦深挂念。弟初四即往常熟，瞿氏鉅富，保守之志甚堅，再三磋商，挑出世罕有者五十八種，録副呈送，再足以旧鈔旧刻，共湊百種，只可如此銷差。此間派人往校，紙張鈔費供給均歸瞿氏報效。十四日回寧閉户不出，後見蘧翁方知兄清恙未愈，正擬函詢，頃奉手書，知已來寧，想即日回差調理尤要。内人生辰，敬荷厚禮，謝謝。曾觀察回函亦閲，小兒在此亦往見面矣,嘘植尤感。夔生得桐城分銷,還要聯書局一席,正與横山及弟起風潮。錢孰不愛,不顧身份,此君心術略見一斑矣。鮑紫翁代候,張督須遲日往見。此復,敬請台安。弟繆荃孫頓首。

二百八十四

積餘仁兄大人閣下:

章程收到,容細讀。喬比部已到,寓糧道署。尚須詣公談也,天雨不成,奈何! 此請升安。弟荃孫頓首。

齋房一層擬先收一百廿人。教習擬從師範。監生亦指定正途。如附監、廪員之類,不收俊秀。乞酌。

二百八十五

積餘仁兄有道:

兩書及叢刻兩包收入。弟廿二早即得陶齋急電,告師相薨逝,寢饋不安者數日,上爲天下慟,下以哭其私,情何能已! 隨於廿五日與樊山商榷決計告辭,電函交發,大約邀免坐守。南館薦式之、揆一自代矣。榮相蜀中舊交,歷陳衰病,梧生即可轉正,名流如綬經、叔蘊均有要差,章、曹尚可派,惟片瓦寸椽尚無基礎,南館止賸門面未修。兄可鈔書,弟當效力。節庵入都,禮卿未歸,弟並入都不能也。擬明春到津,可謁南皮墓,道尚便。勞識雲行二,即陶葆廉陸軍部郎之室,書當代呈。下月開館,□字不誤。手復,敬請台安。代維珍攝,冬令尤當注意。荃孫頓首廿九日。

二百八十六

積餘仁兄大人閣下:

前奉手書,未能即復爲歉。丁氏書目八巨册,因北行録副,兄如需閲，即專人來取。弟明日赴江陰，十日歸來，或俟下月初十邊尤善。家中莊房爲盗劫去六百餘元，莊夥受傷二名，幸不致命。省中議員議裁書局，聯名者皆求入局而不得之人。月損百金。運交劫財，無如之何！

此上，敬請台安。弟荃孫頓首。

紫來兄均此。

二百八十七

積餘仁兄大人閣下：

弟初七自江陰回，昨日始發一信寄十二圩，今日與枚庵晤面，方知兄已交卸回省，今專呈丁氏全目，乞察入。又《楊氏全書》新刻，乞留閲爲幸。禮公何日回來，又可一叙矣。此上，敬請台安。弟繆荃孫頓首。

二百八十八

昨聆雅談，又飫盛饌，此會久不逢矣，感謝，感謝。《蘇集舉訛》尚未付梓，封面籤子均無，大約春間再印，省得年底墊款也。柯刻《丹邱集》暨新陽趙氏零種呈政。此上積餘仁兄大人。荃孫頓首。

印書須寄四百金方敷用。

二百八十九

積餘仁兄大人閣下：

《聽雨録》一册送上，此書有正有副，此副本也，乞録出再還爲荷。陶子霖信云，印書紙年内買較輕。弟與之約重皮宣二十部，單宣二十部，已需款三百餘，能先墊二百兩否？此上，敬請台安。弟繆荃孫頓首。

二百九十

積餘仁兄大人閣下：

《聽雨録》無所取，弟早知之矣。兹送《蟹録》、《燕子春秋》、《蜂衙小記》，可入録否？又碩卿手影《僑吴集》，寫官不能續貂，將紙配起業已有年，兹將三册奉閱。可令寫官鈔全，加跋以成書何如？此上，敬請台安。荃孫頓首。

館書例不出借，與兄總可通融，乞秘之。即發鈔亦在公館中較妥，又及。

《元典章》公啓呈閲，可留下。老陶無復信，如有，交喻春峰帶來。

二百九十一

積餘仁兄大人：

荃孫頓首。曼仙病而狂，夔生不病而亦狂矣，奈何！詞目甚妥，無須改也，所收詞有稍差者。左錫璇、劉詠懷二家可收否？劉爲芸初先生之女，沈子培之外祖母也，子培曾以手稿爲弟選入《常州詞》而未録。全稿共一卷，托蘇堪函詢即寄出也。《左夫人集》，容向其子索之。鞠裳信呈閲。是日大風雨，書案無不沾濡如此。

二百九十二

積餘仁兄大人閣下：

頃三江師範學堂夏提調來商廿六日朝賀事，似乎應拜。師範學堂用龍牌，我們辦不及，只可照望闕例，以一長桌繫黄桌圍，在大廳上行禮何如？又，兄與希翁不便行禮，弟與張、吴兩位率學生亦可，乞酌之。此上，敬請台安。弟繆荃孫頓首。

二百九十三

積餘仁兄大人閣下：

前日得手書並蕭蒲村書，籍悉一切，辰維春祺萬福爲頌。弟日内感寒，又復小病。勘書甚樂，惟刻工太少，諸事不能趕辦，只好全送湖北。陶子麟信來，云生意尚好，今年挑足百人在省聚刻，妙在均陶姓也，聞陶姓學刻者有三百人。現刻宋元書爲大理院之《元典章》，劉聚卿之《宋五代史記》、《李翰林詩》，陶帥之《東坡七集》，弟之《入蜀記》。方字者洪幼琴之"四洪年譜"、聚卿之"四夢"，盛宫保之《名臣琬琰集》，弟之《曾公遺録》及《文續集》。南京瞠乎後矣！鮑紫來先生代請安。和詩呈上，亦見才情之短。此上，敬請台安。弟繆荃孫頓首。

致蒲村函乞代致。景況尚可支持否？拙文一篇呈政。

二百九十四

積餘仁兄大人閣下：

誦悉手書，當即如約三下鐘。在館恭候，闐生即往約之。惟已奉併入通志局管理，公事以後即屬之張子虞矣。子虞得志局總辦，弟爲總纂。弟亦何敢當此重任，堅辭而已。此請台安。弟荃孫頓首。

二百十九十五

積餘仁兄大人閣下：

敬啓者，和大銀行前在揚州，承兄推愛照拂，感同身受。和大莊欣梓兄及寧惟超績熙兄，諸事謹慎，今年如此風潮尚站得住。兄到金陵關，尚懇關垂，照舊往來爲禱。留此代面，敬請台安。弟繆荃孫頓首。

二百九十六

伻來,交到洋七十三元貳角,書一箱。《浙江書局目》一册呈上,祈察入。書目即留,不必還也。《元典章》十部業已售完,容再向湖北索之。法部定價四十金,宣紙墨印,此則紅印也。此復,敬請台安。積餘仁兄大人。荃孫頓首。

二百九十七

積餘仁兄大人閣下:

頃聞騶從回省並仍須到差,匆忙極矣。甘卿、小餘想已出省。季直議學忽改和平,務勸大府照此奏定,皖中諸君想無異議。議不定,事不辦,貽誤學生時日,殊爲可惜。高等客籍嚮止十名,現要廿四名,照二成算,收學費最好主客輕重,亦可辦以蕪湖學爲報施更近情理矣。鳳樓與弟早呈此説,皖蘇各守疆界。丁先生回籍,書先交八册,乞兄勘定。自十月十五日起,望送三個月脩即代寄常。前寄《飲膳正要》寫本、《云仙雜録》刻本,兹又奉《劉光珊詩續編》,從舊篋搜得者,板與稿均付劫灰,無力再刻。又舍親夏孫楷求位置一席,拜禱拜禱。此上,敬請台安。荃孫頓首。

二百九十八

積餘仁兄大人閣下:

蕭志勉爲之呈政。乞改定並請友人謄真。再寄。精神不及上半年,即文字可見。丁孟輿復僉將畢,尚有一册未補完,目録重訂。孟輿又言,前呈體例未留稿,乞找出改否?發下,亦可付寫,再將各底奉還。劉聚卿到鄂即回都,其侄爲源元莊事上海電告陶帥,未知受累否。書板是否即交其帶歸。李儒懋進圖書館矣。此上,敬請台安。弟繆荃孫頓首。

二百九十九

昨談甚洽。兄欲借鐘會宴樊山，仍在徐君之園亦可，寫官與之商量亦無不可，惟只有一人，兄再帶一人方敷用。樊山交用太大，一桌須三十元，賞錢，車飯在外。費矣，乞酌。此上積餘仁兄大人。荃孫頓首。

三百

取長編稿四，今早約友人會議，志事需閱也。徐大人。繆荃孫頓首。

三百一

積餘仁兄大人台安：

弟荃孫頓首。夔生囑陪客，而曹選甫乃弟門人，坐次必定固讓，互相謙遜，頂冠束帶，豈不賓主俱困？兄去代達此意，以後如稍讓即生，尚可奉陪一次，多亦不能，疏著怕衣冠也。此請。

三百二

積餘仁兄大人：

弟繆荃孫頓首。春間黄厨接湘厨手，有虧空八十元，帳房認半，黄厨認半，吾兄所知。弟雖未在場，亦知其事。今陳厨接黄厨手，黄厨意欲陳厨還彼，乞轉諭壽培及帳房。調處，或全還，或減折，似不宜黄厨獨認也。

三百三

葛姓堅説付我閱者，遂爾拆開，非私拆人要信也，乞恕。今日信紙亦無,可矣。積餘仁兄大人閣下。弟荃孫頓首。

三百四

《書目偶鈔》收入。赴蘇之期又稍緩,必由滬轉也。臧氏兩書呈覽。此復積餘仁兄大人。荃頓首。

三百五

苦雨可厭,俟晴方能詣談。丁善之來,送兄《杭州藝文志》四册,代呈乞察收。積餘仁兄大人。荃孫頓首。

三百六

今日上衙門否?頃聞李挺之病故,如失左右手,局事、學堂事交何人辦理?弟擬以吴子光抵充,子光精警,想可勝任。乞兄言之當道,不及候耶,豈怕上司派人也?學堂監工,書局聽差,李庭之身後又當何如?悶悶。此請積餘仁兄大人升安。

三百七

書收到,謝謝。印工不黑,如宋元板必黑,日本印亦黑也。信呈。書即影寫明初本,此種紙須配,而喻先生不知能影否。再復。此上積餘仁兄大人文安。弟繆荃孫頓首。

三百八

積餘仁兄大人閣下:

途遇忽忽,不及多聚,殊以爲歉。辰維接篆視事,措置裕如爲頌。《毛詩》一部家中收到,子霖又荷栽培,感謝感謝。弟初四到京，十一銷假，十五到學部，十六到圖書館，館中職事人員均由堂派，濟濟多士，均未見書者，續請羅、蔣、董、柯、嚴、陳、張君立。爲名譽經理員，再請曹君直、章式之、王扞鄭、震在亭、晤在亭，問其何時來。陳立夫爲纂修官。有薪水。堂官允准先開姚、徐兩家書，分類歸架，近又開敦煌石室經卷歸架，内閣之書俟下月去領，文津閣之書須明年四月運到。積水潭造屋工作罷論，以大學堂六科各歸新建，而以舊屋改書館，大約明年可望成立。江南儀員屠寬又以爲陳編無用，請裁經費歸學使科員管理。不知學使費絀，科員事繁，兩地寫遠，如何兼顧？不廢而廢，懇兄與樊山設法保全爲禱。蘇集去年所議，今已有丁秉衡交楚。陳劭吾之書均交尊處，想已分致。皮宣極貴，所擬僅敷成本，湖北銀價又低，板頭二金之説實未加上，兄可與蒯、劉諸君言之，並不求加。弟自負體强，到京以來爲車所困，時形勞乏，月給二百四十金，馬車萬坐不起，奈何！李貽和偷印《蘇集》，陶齋大怒，已專人來提板矣。聚兄聞已回來，尚未見到。聞有延外省顧問官之議，兄必預焉。孫佩南、沈子培、葉鞠裳、柯遜庵、葉奂彬、羅榘亭、丁秉衡。手箋，敬請台安，並賀任禧百益。弟繆荃孫頓首。

十一日西域太僕寺街泐。

三百九

積餘仁兄大人閣下：

心海傳言，端仲綱明春撥款刻《消夏録》，囑爲删定，乞檢付十册爲荷，删本同付。五卷以下未動手也。此上，敬請文安。荃孫頓首。

三百十

手書謹悉。小兒現辦小河漁分銷，隨時解款，未敢積壓，李總辦頗稱許之。如留能去會辦，則一年省下百金，可以接濟弟家内，各分銷俱無,以地方尚好,可以分利,現錢賤如此,非昔可比。否則求調樊城。緣弟入都,自顧已難,家中豈能分及?不比在此,薪水足敷也。諸費清神,容再晤謝。此請積餘仁兄大人升安。弟荃孫頓首。

三百十一

積餘仁兄大人閣下:

昨日見尊齋名花,頗爲欣慕。旋即移贈,感謝不可名言。所謂重皮宣紙、料半宣,此間之名與鄂省不同。送上《三國志》一册,封面一紙是重宣否?兄賜寬大之《隨軒叢書》,是重宣抑料半也?示悉爲幸。去冬定紙二百金,現須籌四百金去方能印。頭批書各位每人紅書一部,此不多印。亦甫補好,《頤堂集》呈覽。影寫甚佳。此上,敬請台安。弟繆荃孫頓首。

上海友人贈《隨庵叢書》。《積學齋叢書》須示價。《足徵録》乞假一閱。

三百十二

積餘仁兄大人閣下:

蘇詩擬宣重皮。紙十二兩,單宣拾兩,連泗六兩,賽連五兩,每部一兩五在内,乞酌之。兄欲刻何等書,乞示意再商。此上,敬請台安。弟荃孫頓首。

《元典章》,已問老陶匀得一部否?

三百十三

手示謹悉。弟接連兩日,頗覺甚累,不及四月間者,天熱故也。惠贈兩份竹紙者,爲小女攜去。今存白紙《七集》呈上,封面不一。《七集》無目,須重裝。餘面談。此請積餘仁兄大人台安。弟荃孫頓首。

三百十四

適書目收到，書猶止得半，未跋各書尚未來也。節庵不藏書，脱手讓人尚有之事，尤可笑者，七星岩全份拓本分送十餘人。《欣賞編》當挪動，不許我占便宜耶。此請積餘仁兄大人文安。荃孫頓首。

三百十五

《攬鏡圖》是香籨題，此册忽作古松怪石，一老在磐石上玩古鏡，怪奇之至。瞎書十九字，不足言詩，聊博一笑耳。徐先生筆記亦奉還。丁順林、夏炳泉尚不來，盼望之至。積餘仁兄大人。荃孫頓首。

三百十六

弟荃孫頓首。《碑集傳》兩部、書目一册均交來使帶歸，款收入。此復積餘仁兄大人。

三百十七

積餘仁兄大人閣下：

昨接雅談，回讀手簡，謹聆一切。曾信即繕呈。蒯世兄事，僧保昨面見爾常，爾常以往教不如來學，一日授書可兩三日讀，有疑札之紙，先生就紙析疑，加之口授，受益較易。此中國之舊式，似乎可行。老年人怕奔馳也。《七集》宣紙初印，止存一朱不是洋紅。三墨，自留其一，止存三耳。如訪渠要，願以九折售，乞轉致。又弟自過録姚、吴兩先生批《五代史》，頭二本恍惚是慧之借去，乞兄於閑中詢之。記不真不完，殊可惜。四川大本補亦不易。聚卿借我《頤志齋》，失去一本，至今不全。即石經跋。肯借人，弊亦甚多也。《傳集》極佳,補足奉還。此請文安大益。弟繆荃孫頓首。

三百十八

積餘仁兄大人:

弟荃頓首,今晚准五點鐘,乞移至金陵春一叙,請皖省大學堂提調韓季申太守。務望早臨爲盼。此上。

三百十九

積餘仁兄大人閣下:

前日盛擾,謝謝。《申報》尚未送來,不知何故。友人要捐一下場監生,該價幾何?示知。今年即要觀場,想可行也。聚卿八石可以攜去否?去歲得《元龜》鈔本,弟處尚有《御覽》、《英華》皆明鈔,可以配成三種大書,弟願奉讓,乞轉詢之。此上,敬請升安。荃孫頓首。

三百二十

隨園弟子劉樊眷,松陵夙推嘉耦。護命名經,仙壇作記,名迹摹從顔柳。升平時候。數林下風姿,閨中益友。寫韻樓空,猩紅小印認雙鈕。 酒闌重展佳構。停雲余故瑁,墨華沉黝。絳帳傳經,玉臺集詠,仙侣齊輝前後。珍逾瓊玖,願玉匣牙籤,清芬世守。積學軒開試,焚香永晝。齊天樂。

三百二十一

手字誦悉。朱觀察之言恰中今日情弊。論理營兵不能分防,惟江南群盗如毛,夜不安枕,借防營爲之聲勢,尚可以自顧恒業,否則閤境皆匪,豈防營能敵耶?恩八之罪不勝誅矣,可嘆!此上,敬請積餘仁兄大人台安。荃孫頓首。

信繳。

三百二十二

積餘仁兄大人閣下：

自明州回，尚未致書，荒唐已極。安徐、九青、成陽、貞慖四像摹好，現摹顧亭林，聞兄將來，可面致也。昨督轅派天津文友堂伙計李蘭甫覆估書價，聞要送京師，大有發動之意。《東海漁歌》止十數葉，許看不許借，伯希、廉生傳派如是。子麟復信言范書太糟。求是堂弟有之，脩養堂亦有之。已代鈔起。此復，敬請台安。弟荃孫頓首。

三百二十三

手字誦悉，並惠佳點，謝謝。陳觀察所定書可否先收款？或俟書來再詢之。陳必回南，似隨後收較妥。小叢書目已閱，仍是兄從前叢書派，皆本朝書也，似此類當代留意。未刻兩目繳，應借者已録出。此上，敬請積餘仁兄大人升安。

三百二十四

手字誦悉，據此看來，湖北未必有重皮宣紙。通印料半，俟板提到金陵，再印重皮宣何如？乞兄檢一重皮書一閱。兄前送《積學叢書》極寬大者，是非皮宣，想能記憶。《足徵録》是分類文，不見原書，定編入地理類。現在志局人尚不定，子虞亦無主見，謡言四起，弟拿定主意不動，看督藩兩處何如，將來上報，一罵而止，則黔驢之技窮矣。此復，積餘仁兄大人。荃孫頓首。

三百二十五

夏炳泉未回,景鈔尚未能發出。朱子函之《尺牘學》大約無人肯印,望兄取歸,仍交朱世兄,即日回南京住矣。此上積餘仁兄大人文安。弟荃孫頓首。

近日有所見否?董豁嘴又來矣。

三百二十六

手書誦悉,費神之至。莊燾是弟前内侄,人尚靠得住,故願幫忙。弟款承兄指教,求盛撥入煤鐵廠,不願在銀行何如?弟交盛非交莊也。十集已合尖,盛矣哉!弟尚有八集,再求二集轉送金湣老何如?此謝,敬請積餘仁兄大人升安。弟荃孫頓首。

三百二十七

積餘仁兄大人閣下:

弟明日不及行,須十七矣。聚兄處想已有回信,各石,十五六可來取。急思攜此款以行也。保甲望即出示,昨又有人因界址索詐,送之分局,分局不收,愈難收拾。江寧已出差,壽卿云咨局出示。專候保甲示分局。分局何以不收送人,殊不可解。夢楨前日往拜亦未見,弟亦俟此事有眉目方能走。家人已來,似尚可用。諸費清神,容再晤謝。此請升安。弟荃孫頓首。

三百二十八

積餘仁兄大人閣下:

報三册奉趙,攝影極佳。《許印林集》奉閱。弟專家人運出書籍已得十分之八,現將餘物均庋大樓上,下留兩家人看之,未知何日能歸故土也。此請朔安。弟荃孫頓首。

三百二十九

積餘仁兄大人閣下：

昨菊生之友孫莘如來言，六册《周禮》、八册《杜陵詩史》，菊生早還二百元，前途已售。菊生言宋板宋印《周禮》恐是明板，退去。自與我們談，聞説寄東洋，然不全，誰出重價？又去物色書，尚無回言。《坡門酬唱》四册全，惲毓鼎跋。聚卿説原書尚在，是新鈔，可以不要；亦有疑詞，再切實問之，緣董綬經追索。售者説是宋鈔，價不可問。去年聚卿借弟明高楚芳刻《杜詩》，亦在彼手，亦已爲宋板，索百元。《周禮》如回，是全部。《杜陵詩史》不知幾本，餘在何處。兄可問聚卿爲禱。再假《十二硯齋金石》一閲。此頌著福。荃孫頓首。

三百三十

曼仙病危，弟之《雙紅豆圖》亦危矣！此事止可用楊鳳柯索潘大空《莊子》法，行賄於其家人，檢出之爲妙。要請蘇堪題。弟處僕人與章僕均生，乞兄爲我謀之，送一二元均可，拜托，拜托。其弟不認得，亦昏人也。

三百三十一

往還均未得晤。蘇堪十一日即行。弟約明午，已辭矣，不便再約。新詞换頭尤佳。弟竟無一字，其難措詞也。積餘公祖大人。荃孫頓首。

後日曼仙處再談。

三百三十二

積餘仁兄大人閣下：

頃誦手示並顧信。金石日出固可喜，而翻刻僞造亦可慮，然翻刻究勝僞造者。忠敏亦兩收之。前月來單，十三志宋一紙，上。至宋爲止，並無元志在内。單爲公親筆，亦還，乞再查之。弟可索不可私留，實未見此種也。此請文安。弟荃孫頓首。

曾信奉。

三百三十三

積餘仁兄大人：

荃孫白，《傳真譜》一册尚尋不出，須俟客人行後方可開篋，此書刻於湖北，即老陶所刻也。日本書以翻宋板不加東洋字於旁者皆可購，一一開列，須暇日爲之。淞岑昨來，亦以夔事爲詫異，不日尚有異事，兄試聽之。

三百三十四

手字誦悉，費神之至。梓怡不往來，不知其處。陶齋至寶隨身兩箱。十二件，三華兩石經，兩劉熊，兩稚子，一西樓帖，麓山寺碑，均爲革黨攜至湖北，索萬金無應之者。大約不久到滬，否則入東洋矣。聚兄事並不催，總以找價爲主，可以救急。季直在此能付息否？念甚。此復積餘仁兄大人。荃孫頓首。

三百三十五

今早話談，王子展公館不知號數，乞代填送郵。約節庵人日小飲兼看書畫，屈兄作陪，止三人也。如節庵不來，即作罷論。此上積餘仁兄大人。荃孫頓首。

三百三十六

積餘仁兄大人閣下：

聞有清恙，想已大痛。《鈍吟雜録》三册奉趙，缺字如欲補完，弟《書尚》可奉上。健之又得頌南藏《公羊》、《考工》二册，真與蜀有緣也。心海亦病，得信否？《周禮》寫至二十葉尚未完。此上，敬請著安。荃孫頓首。

三百三十七

菊生今日晤面否？約十三四點鐘仍在寓候我們，看新收廣東書。屆期仍同車而往何如？昨甚狼狽，今日始愈，甚矣我衰。菊生興高采烈，我輩萬萬不如，惟有艷羡而已。夏炳泉回揚州即病，云日内可來。夔生前日竟不到。聚卿書尋著跟迹，年内想可到手。此上，敬請積餘仁兄大人著安。荃孫頓首。

三百三十八

積餘仁兄大人閣下：

汪刻十二家，連白集爲廿一名家匯刻，所紀與弟藏不同，弟缺董仲舒、司馬長卿、蔡中郎、曹子建、有音義者另一人刻。阮嗣宗、鮑明遠六種。又照匯刻無陶靖節、庾開府，而多昭明太子、顔延之。其實陶、庾集習見，不補亦可。兄所得何如？乞示目。能鈔配亦好。明人又有小字本，有圈點，曾見過。兄又見他書否？此頌著福。荃孫頓首。

張菊生所得意園，同往看否？子培云種種皆佳。

三百三十九

明日菊生約午後四鐘在家看書，原函呈閱。弟至兄處同往何如? 積餘仁兄大人。荃孫頓首,廿三日。

三百四十

承假《有學集》,乞全部交下一核,止闕二卷。《蜀石經校記》亦望同來。丁順翁來矣。此上積餘仁兄大人。荃孫頓首。

三百四十一

弟繆荃孫頓首。《幼學集》、《石經校記》乞交下爲禱。積餘仁兄大人。

三百四十二

積餘仁兄大人:

荃孫頓首。《銷夏録》五册、宋字書全份、《瑶華集》均收到。《阮集》大約不久即還。丁秉衡又有信來,云各書照鈔矣。

三百四十三

多日不晤,清恙想已全愈,念甚。袁受命逾月毫無高見,都門兵變延及津、保,各省紛紛效尤,愈滋疑懼,奈何! 此上積餘仁兄大人。荃孫頓首。

節庵不晤,亦不通信,聞亦病。《蜀石經校記》廿餘葉,因無人録稿,自寫則遲,日内可呈政。

三百四十四

昨日盛擾,謝謝。頃奉手書,復假《宋元行格表》。此等異書竟未寓目,陋甚。汪、朱兩目弟亦想起,總以無解題者爲次。記行字自何小山始；兼記尺寸則亦自繆小山始矣，《藏書續記》、京師圖書館目如此辦；記板心自島田始，總不如《留真譜》爲愈。拙稿無指正，轉怕新黨笑。《古學》目初出，王袛展指一誤，弟謝而改之，愛我也。近出新書，不寓目者太多，花甲以後，意興蕭疏矣。此復積餘仁兄大人。荃孫頓首。

三百四十五

積餘仁兄大人閣下：

今日病似大好，第起居格外加慎，非逢風日晴好不敢出門也。子培自禾中回。夏炳泉赴廣東管店，節下即行。《慶湖遺老集》奉還，即察入。此上，敬頌台安。弟荃孫頓首。

三百四十六

積餘仁兄大人閣下：

昨奉手書，承注謝謝。弟病已去，惟飲食未復原，足軟不能下樓耳。《有學集》奉還，另呈《藕香零拾》全部，均察入。《零拾》十六年方刻起，今人佩鮑渌飲能刻如此之多，然所采實不減於鮑。《古學匯刊》昨日甫閲，殊患草率，弟所編輯，胡亂移改，不知分卷先後古人均有深意，滬肆胡足知之！秋枚要借《蜀石經》，石印一二葉訂入，懇兄借之。健之以《穀梁》借彼，最好交弟，萬無遺失，費神再謝。弟處影宋好手丁君又來，懇借《吕氏鄉約》影寫，副本訂好，便知影寫之佳，務望允我，或即交炳泉代裝何如？手箋，敬請著安。弟荃孫頓首。

心海已復謝，交郵去。

《有學》初刻初印，世間罕見。弟此本初刻非初印，目與文不符。或吴伯成一控，即亂抽改板即毀去，尚存《後秋興八首》，已爲罕矣，稍事鈔補綴訂，然非面目也。

三百四十七

積餘仁兄大人閣下：

承顧業已半月，並未添病，而軟弱仍不能下樓。醫家開扶脾養胃方，囑耐心調理，不知何日方復原也。惟精神略好，可以看書消遣耳。《呂氏鄉約》奉趙，《天山年譜》附閲。丁君影本纖悉相似，特少古茂之氣，凡新鈔皆如是。此上，敬請著安。弟繆荃孫頓首。

送《天山年譜》一本，亦奇書也。

三百四十八

《賀集》呈上，《河岳英靈》檢出再呈。現書雜亂，無找處也。《千頃堂目》，敝藏、王宗炎藏止一半，前半鈔配，朱君有愛好之目，恐未必看得上。價不敢求高，五十元最好。略减亦可。書勝於方，裝樣不如方也。此上，敬請積餘仁兄大人文安。荃孫頓首。

金陵大雪。

三百四十九

端忠愍公周年祭必到。十一鐘去。心海勒令人撰挽聯，荃不能應，去年挽詩一首，書小箋與之。此事須一時興會方有佳者，非比書啓，瞎擬應酬也。兄囑不可不撰，然頗靠不住，亦斷不能佳。心海作事全是做作，令人討嫌在此。昨《清真詞》極佳，謝謝。此請刻安。名心叩。初五日。

三百五十

頃心海送紙來，立刻要付，荃微有怒意。飯後忽得一聯自用。與兄擬二聯，書啓不如，擇用並改可也。此上積餘仁兄大人。荃孫頓首。

便衣前去何如？聞心海翎頂，似又不必，素服亦應拔翎。

圖國事於陽九百六之秋，誓死如歸，孤忠直似堯君素；

酹卮酒在地老天荒而後，有言必信，古誼終慚范臣卿。

自擬。

三百五十一

昨日負風而立感受新寒，晚間大瀉，今日尚形狼狽。心海言仲綱要收回《消夏録》，弟留宋字本，將未寫本補寫，乞兄先檢前五卷底本宋字本，首册未寫。交下一校爲禱，餘陸續還。兄留副本極佳，須細校耳。又尊藏《瑶華集》在此否？弟短廿一、廿二兩卷，擬鈔全。此上積餘仁兄大人。荃孫頓首。

三百五十二

正欲奉書，藉便帶還。《瑶華集》弟所無，夔生有之，如欲借，能得否？蔣氏子孫欲傳刻此集久矣。積餘仁兄。名心叩。

三百五十三

積餘仁兄大人：

吴印臣刻《薰習録》書甚佳，乞哂存。《詠懷堂》約即日還來。弟病又發，後日看書之約恐不克踐，兄往看否？可借錢校本《鮑参軍集》，過於汪本。弟無汪本也。弟近年爲宗祠積餘四千餘元，專爲貼補子弟之費。上學堂、來南京者皆此費。族中匪類眼紅，設法簸弄，昨日接信乞至一夜不能安枕。如大清國，盡可逐出族，交官管押。民國做不到，所以若輩損行，可嘆！此上，敬請著安。弟荃孫頓首。

三百五十四

積餘仁兄大人閣下：

昨爽約，幸病未發，今照常矣。前兄云劉氏一館，弟已招舍甥鄧傅若來，乞兄即往訂定何日到館爲禱。傅若就聚卿校書館未完之書全行帶來。而聚卿所失之書，即在傅若案頭爲家人竊去者，所以云蹤迹可尋也。此上，敬請積餘仁兄大人升安。荃孫頓首。

兩款，足見恍惚。

張書佳者必多。

三百五十五

環雲誦悉，弟以尊囑必妥，故往催傅若來滬，並蹤迹所失書，今館既不成，他處有法想否。只好書上想法，給其數十元回里何如？小《周禮》另在一處，在書估手。九本《詩史》、《坡門酬唱》、明板《杜詩》另在，一處未到書估手。大約可陸續收回，乞兄斟酌。傅若今日往見聚兄矣。帶來傳奇多件，皆聚公書。積餘仁兄大人。荃孫頓首。

三百五十六

《隨庵圖》尚未交卷。因日内舍甥暴殁，是鏖糟事，出錢不必説，其子女無所歸，爲難之至。《天真閣集》一部呈閲。好書常見不能得也。此復積餘仁兄大人。荃孫頓首。

三百五十七

積餘仁兄大人閣下：

弟十二、十三應酬兩日。菊生鈔本書全數看遍，佳者極多，景祐《漢書》亦寓目。精神尚好，似乎可望復原，知念附陳。鄧傅若求薦館，或教讀，或書啓，乞兄留意。又聚兄之書，傅若以四十元贖歸,此項能還傅若作過年盤纏,幸甚。《周禮》議不妥,七十元尚不放。而張望屺之書,好者又爲彼物色去,可賺大錢矣。此上,敬請台安。弟荃孫頓首。

三百五十八

積餘仁兄大人閣下:

《續墨客揮犀》俟弟校出可隨後再鈔。鄧傅若往尋宋版書,尚未到手,求聚公可否仍留其校書,如無住處,並可帶回無錫校好送來。聚公交弟書多無暇校,不如交傅若,乞兄吹噓。脩隨送,不敢執前例。又傅若願鈔書,《消夏録》未畢者,均可交彼續寫。如可,交書與紙及前鈔者來看式樣。如荷候示。此請升安。荃孫頓首。

三百五十九

手字誦悉。瞿鈔尚佳,裝劣。《荀子》通行本也。舊鈔《于湖集》四十卷呈覽,瞿信即寄。積餘仁兄大人。荃孫頓首。

三百六十

秋湄轉托兄送書畫數種去,以增本社聲價,能於明日交國光社掣收條最妥。季直近日不上報發息,恐五月亦靠不住,奈何!兄能一探否?積餘仁兄大人。荃孫頓首。

三百六十一

積餘仁兄大人:

荃孫頓首。《瑶華集》,無此書。昔年選常州詞,假之李木齋也。報二册收入。題西園一律呈正,乞轉送章刺史。園中可懸一詩榜,明日一集,得詩應不少矣。此復。

三百六十二

弟繆荃孫頓首。葉住老閘橋順興里第三號。承惠董集,謝謝。書梯收上。緣督已移新居,並未出門。弟今午先至尊處,再往葉處,同至何如?晚間尚有飯局。近日已應酬,特不敢磨夜耳。積餘仁兄大人。

三百六十三

積餘仁兄著席:

前日見書多而佳,然元刻止《周易》一種,可見其難也。明板好者多,鈔本《元秘史》、《揮塵録》爲最。意園最心賞之物亦未見。蘭泉昨來約早飯,弟答以飯後必來看書。今日如此大風,弟不敢出門,乞兄道歉代達敝忱爲荷。得見佳書乞録示,於常府人著作尤留意,可借録副否?此上,敬請著安。弟荃孫頓首。

《賓退録》清樣來,先呈閲。刻得尚佳。

三百六十四

健之來談,未能走答,因病誤事,未晤,乞代致意。健之《蜀石經》能見視,擬以宋本校之。十行本,《校勘記》本,另宋本、明刻集本,均在此,無事藉作消遣。健之曾談及也。

《玉簡堂叢書》、叔蘊刻。《振綺堂叢書》、讓卿印。《趙汝愚事輯》皆新書,兄如未見,示悉即送閲。冒刻多種未尋得也。積餘仁兄大人。荃孫頓首。

徐大人。

三百六十五

新校《公羊》兩葉乞正。如此經頂格,注低格,眉目較清也。

《考工》亦廿二葉，煩難百倍，非十日不能完也。此上，敬請積餘仁兄著席。荃孫再拜。

補刻田侯善校訛，蜀唐廟諱漸消磨。廿篇北宋《公羊傳》，我比河間見較多。見《閱微草堂筆記》。

三百六十六

天驟冷，乞珍攝。《周禮校記》全數呈政。弟改校勘記式，小字又未全行雙行，眉目不清。似仍復經文頂格，注低一格，小字通體單行或雙行一律，較易看，兄以爲何如？此請文安。荃孫頓首。

三百六十七

積餘仁兄大人閣下：

今日傳若所校書與聚公，並申前説，未奉回音，云不在家也。弟出門必須馬車，後日一鐘至尊處，乞少候爲禱。鞠裳亦來，住天津路長鑫里，弟一家擬往候之，能同去否？昨日見景祐《漢書》，亦是雜配，錢天樹跋，亦稱爲百衲《漢書》，許以五百尚不售也。此請著安。弟荃孫頓首。

少日從容注禮書，鄭君從扶風游，已爲三禮學。暮年寫定在精廬。集思廣益人難及，采到烏程草木疏。鄭君没于建安五年，距孫吳建國二十六年。元恪之書或少年所撰，鄭君及見之歟？

襄二春秋一卷全，全編起訖想當年。不知毋氏家財刻，《文選》開雕孰後先。

補刻田侯善校訛，蜀唐諱字漸消磨。廿篇北宋《公羊傳》，我比河間見較多。

殘石猶存十九行，《穀梁》字體最飛揚。紙邊廿四分明認，石數由來記更詳。《穀梁》行外存廿四二字，大約是記石數，各紙均有之，翦裝時割棄耳。他跋均未言及。

題蜀石經四絶，江陰繆荃孫。

三百六十八

《石經校記》送還，希察收。弟悉從阮式，然亦難找。前式誤在單雙行夾用，如校語全單行，則眉目更清，勝於阮氏。改良一字談何容易，以此類推。積餘仁兄大人。荃孫頓首。

宣城初三兵變，夔生遍體鱗傷，逃至上海。尚無住屋，損失可知。

三百六十九

積餘仁兄大人賜鑒：

日昨誤將《古學匯刊》備稿投尊處，可見精神不繼也。今專使奉上，祈察收。風色甚惡，珍攝殊難，吹固不可，悶則嫌熱。息庵借我書畫藉作消遣，題跋殊不吃力，似心氣已復，脚力未能耳。知注附聞。敬請著安。荃孫頓首。

三百七十

丁紹裘影寫書二册連底呈覽。昨代付九元五角去矣。又董授經新印書四册，價三元，陶蘭泉帶回者，留否？此等又係縮小付之石印，一元已敷。弟不知珂羅版之好處，但知上日本人當而已。此上積餘仁兄大人。弟荃孫頓首。

三百七十一

趙刻《玉臺》、伯希所贈《于湖長短句》張孝祥。似鈔出，又似到滬亦見過，然兄需此，一時找不著。各書無不亂堆，走失即在此矣。黄裳亦不知其人。此復積餘仁兄大人。荃孫頓首。

貴上大人。

三百七十二

積餘仁兄大人閣下：

兩處陳列寶藏均極佳，兩幢一像尤精緻也。端陽已近，毫無佳况。夔生晤否？此請台安。弟荃孫頓首。

尊藏如有《青溪風雨録》、《水天閑話》、《石城詠花録》、《秦淮花略》、《青溪笑》、《青溪贅筆》，乞假一閲。

三百七十三

夏初在府城，晤淮生面索之，淮生以秋間送考面交爲言。觀亦久不通信，必跧伏於鄉間矣。弟自兵事起，不能握管作文，門人梁慕韓頗能爲駢文，何不令其捉刀乎？亦公之熟人也。此復，敬請積餘仁兄大人升安。弟荃孫頓首。

三百七十四

明日在寓拱候。九經七十元不昂，印本稍次，清者值過百矣。兩詳。

三百七十五

弟荃孫頓首。《岱南閣》第二種即《春秋釋例》三十卷，無此者不全也。如《華陽國志》、《鹽鐵論》皆單行，亦時印入其中。《古今姓氏書辨證》亦署"岱南閣"，然未見此種匯入。友人云是洪殿撰筌所刊。此復積餘仁兄大人。

三百七十六

弟繆荃孫頓首。昨示誦悉。健之頃來談,意思正合。心海另復。《消夏録》四十卷附呈。宋字本,能一校否?積餘仁兄大人。

三百七十七

手卷收入尚未題過,弟頗膽怯,何不先請樊山爲之?《銷夏録》五卷附呈。

積餘仁兄大人。荃孫頓首。

三百七十八

天氣寒暖太驟,不敢出門,終日校《鶴山集》,已四十卷矣。尊藏《鮑參軍集》,乞假録副,再校菊生本。弟有《中散集》校本、《子建集》注本,匯交石銘刻之。積餘仁兄大人。弟荃孫頓首。

三百七十九

賜示祗悉,十元收到,費神,謝謝。朱、潘兩公所著似有之。行有恒軒但有《古玉圖》也。張君即購書者否?弟檢出真宋元舊鈔、明板多種,令夏炳泉先去將目與價乞兄一核,價酌其平,不像老湯之想欺人也。弟並想購初印《明詩綜》、《禹貢錐指》等書,亦看不見。積餘仁兄大人。弟荃孫頓首。

三百八十

鐘鼎兩種,乞兄代售,價聽兄定,未花本也。承兄再顧,謝謝。出門擬下月。積餘仁兄大人。荃孫頓首。

三千卷可去,《守山閣》、《抱經》不可去。

徐大人。

三百八十一

仲則年譜奉還,厲譜、王右軍譜乞假一閲。此上積餘仁兄大人。弟荃孫頓首。

黄譜與本集全合,却是兩刻。

三百八十二

積餘仁兄大人閣下:

弟日内患嗽疾,不敢出門。兄事盡人力爲之。同鄉必有公道語,不宜過於氣悶。至售書一語不必出諸口。似健之之碑版亦不能至一萬五千之多,只王文敏所藏數册,五千金所得,餘《羅池廟》最出名,只此最可惜。帖則不知。聞古董客言不得價,恐未過手,大票難極矣。心海來函,似在曲阜。《分隸偶存》亦未藏,如不在家,可不必先復。即請著安。荃孫頓首。

三百八十三

兩字均悉。《消夏録》原本訛字極多,加簽不過褚德儀、余東屏之類,毫無識見之人也。塾師只有書屏無所事,能講解,改中學課本。西學未學過。函去即來,人亦穩妥。節庵今日覆去一字交新閘路仁和王寓,并問圖書何以酬,約初二午後樊山處茶叙,今來字似答似非答,莫明其故。復字乞轉致。兩日售書及僞畫與田中,遂得從容度歲,極可笑。積餘仁兄。荃孫頓首。

三百八十四

文集呈政，昨失迓，弟并不知。寫官在南市，改日專人並筆資送去家中。饒先生亦回鄂矣。此復積餘仁兄大人。弟荃孫頓首。

三百八十五

傅大爲楊心悟所動，《方言》、《武侯傳》、《東坡和陶詩》三種出過二百元，弟願出二百元留之，價不止此，未與陶算帳也。傅信已發，傅願在京師刻，説陶刻貴而壞，云心悟之意。積餘仁兄大人。荃孫頓首。

三百八十六

手諭及雪翁信均悉，劉信呈閲。昨日消寒又再三言之，兩書允千金，而洪君又托人赴劉處，言雪老千金何時交去云云，弟實難於啓齒，不如虚歇爲妙。《鄭堂讀書記》，無用之書。《宋會要》廣雅不刻，亦難刻矣。此復積餘仁兄大人，名心叩。

劉函附呈，可見千金已屬勉强，議價非弟所願，承兄雅囑，亦願雪老，既不能成即作罷論。

三百八十七

昨奉手書，聆悉壹是。劉氏内容兄所未知，今分剖言之。劉氏極愛書，而不能别好醜，扣帳房一成，家人五厘，掮客先與帳房説通，便説好話，否則總不能成。我們送書去，帳房不便索，我們亦不便送。終日談詩文，酬酢好友，啓齒必碰丁子，所以爲難。家人五厘照給不妨，去年雪老代子封售書三百五十元，家人送價來，明説與之二十元，此雪老所知。數百元事帳房尚可不問。而翰怡時來詢書好醜，我必實言相告，破壞亦不少。去年到下半年，知此情節，止薦書客不與議價，以避嫌也。雪老之事當鋭意，欲刻時頗可相商。劉似不便問價，所以求借，既一波折，其氣已餒。至唐前文，一説便不要，云蔣氏之底本在他處，止問《宋會要》及《鄭堂日記》清本，回信送閲。非不出力，奈須重事磋商。回信即帳房所寫，從未見親筆。昨函去，言前借書願以刻千元書報之，並及赫詩云云，並未得復。兩面湊成則可成。此上，並請文安。

兩洋。付丙。

三百八十八

積餘仁兄大人閣下：

息塵書正在磋商，翰怡志在《會要》及《周鄭堂日記》，或即《會要》一種而嫌價貴。或再請價。翰怡人極好説話，宜於由書估掮客，若我輩直接，未必能行，蓋中有主之者。《河南集》購程氏本即可。《五代春秋》，《讀畫齋》有之，十數葉。聘臣事弟意云然，然館長仍用閩人所薦，有交易焉。我輩斷薦不上，亦不必題。弟與式之、新梧共薦夏閏枝，僅得名譽纂修，從此不薦人。聘臣信奉交。手復，並請著安。荃孫頓首。

三百八十九

積餘仁兄：

不晤又廿日矣，兄事有眉目否？秉衡來信奉閲。良士運動民政長，與此便隔一塵，明春想自往訪之。弟眠食均復原，第不敢常出門耳。此請著安。荃孫頓首。

三百九十

積餘仁兄大人閣下：

書收入。鈔二卷須尋常熟人，已取書去，囑至尊處一行，不意其未來也。現無人來往，此處民局可寄，費亦不大。昨因不適，未敢出門。函約已辭，郵信想已到，謝謝。晤諸君，乞代致意。翰怡回里矣。可向蒿庵借，蔣氏有底本。此上，敬請文安。弟荃孫頓首。

三百九十一

《禮記》明板也，有五經，非南監。《吟窗雜録》，《提要》力詆之，又爲揚州估人裱壞，在可買可不買之間。如貴，可送還也。此復積餘仁兄大人。弟荃孫頓首。

三百九十二

弟荃孫頓首。《玉臺新詠》，今早從亂書中找出，呈覽。面上伯羲手迹。印本佳，惜四面裁完。兄見本何如？積餘仁兄大人。

三百九十三

積餘仁兄大人閣下：

子培因同人廱萃滬瀆，擬開一會，萃各家珍品品題入録，與草窗《云煙過眼》之例，分金石、書畫、舊刻、舊鈔校四類。乞兄與會，諒以爲然。又弟於月内急需還帳，不便再催聚卿，懇代挪百元，指聚款歸還何如？此上，敬請台安。弟荃孫頓首。

三百九十四

積餘仁兄大人閣下：

《千頃堂書目》卷十六一册送上，刻未齊，亦未印。換書總易，須候印書耳。弟日來咳嗽，不敢出門。閏枝即日挈眷北上。小女遠别，亦頗悵悵。叔蘊《石室遺書》，羅子敬有零本可以拆售，弟處已無，亦結賬。兄何不檢之？弟亦只購五種，不必全部也。此請台安。弟荃孫頓首。

三百九十五

積餘仁兄大人閣下：

審言明日二點鐘到尊齋，弟亦來同談。《越絶書》已交去，《十段錦》寄來，弟留一部，兄留一部，雪澄一部，賸兩部能送與方、朱否？五部銷完，不再銷矣。陶信附閲。此請升安。弟荃孫頓首。

三百九十六

積餘仁兄大人：

明日十一點鐘審言來談，乞兄移至敝寓便飯，後同往金陵刻書處一觀，再拜李伯蓀何如？此訂，敬請文安。弟荃孫頓首。

三百九十七

《博古圖》極佳，林注《左傳》雖改行卷，全書無删節，亦好書。原來單失去，補開一紙。君直、敏夫均回蘇，天一閣在食舊廛，至佳，宋本已歸石銘，值正廉也。僧保已回寓，説往錫車上之窘，可見總宜早去。洋收入。頃交去丁少裘。此復積餘仁兄大人。荃孫頓首。

三百九十八

積餘仁兄大人閣下：

昨書收到，今日約吴福丞表弟同詣尊處，再往大生一行，弟處亦懇轉圜一商。務請候我。如無暇，明日亦可，候示。此請台安。弟荃孫頓首。

三百九十九

蘭泉以《墨苑》印本一册呈政,《和陶詩跋》並閲。京師寫手不佳,如欲與陶子麟争勝,難矣! 票事無可如何,只可再候。此上積餘仁兄大人。荃孫頓首。

四百

積餘仁兄大人閣下:

審言一包書並信乞收入。昨晤蘭泉,言《墨苑》兩本是一部,非重份,乞將一本發回,陶當另致一部。酷暑無可逃,奈何! 此請台安。弟荃孫頓首。

四百一

各書收到,弟以爲貴極,羅君尚以爲只收本錢。原信附閲,來五部均售出,不敢再請教矣。何以如是之貴? 仍似上日本人之當。此書弟應酬一部。如《殷虚文字》、《瓦當文》則謝之。還有《劉夢得集》石印本縮尺寸。要四十元,更無人要也。積餘仁兄大人。荃孫頓首。

四百二

頃得手書並黄跋一篇,昔未見過,即寄式之,兄自往取。地翁亦自書感謝之至。《百宋一廛賦》中書,又見其一矣。夏秉泉前日在舍間一日,昨往蕪湖,須半月方歸。未能訂好,歉仄之至。式之頃有信來,云作爲題《四當齋校書圖》,原信並校書附閲。海内同志幾人亦借題發揮耳。叔蘊日内到滬,可成一局暢叙也。積餘仁兄大人。荃孫頓首。

四百三

積餘仁兄大人閣下：

改《隨庵勘書圖》極是，使人易於著筆也。弟另作《隨庵記》呈政而不書於卷，卷中或七絶或五古，當録稿先呈。羅叔藴寄來《殷墟書契》，成本太重，托售。先將此書送閲，並信。此上，敬請著安。弟荃孫頓首。

四百四

《鮑集》一册奉還，菊生書真精，朱刻原本已佳，斧季以宋本校過，鈎勒行款，改正筆劃，宋本面目宛然如見，方知古人校勘之精。叔藴托售《殷墟書契》，送上一部，實價廿八元，成本廿六元，加郵費並日幣折閲二元。乞兄代售爲荷。此上積餘仁兄大人。荃孫頓首。

四百五

前日詣談，未晤爲歉。近患咳嗽，不能出門。息塵兄壽誕，公份已送，似是二十九日。兄房子看定否？《皖中中興將帥事迹戰功》，乞代搜羅，周子昂、陳少梧並乞轉致。已定交桐城姚仲實、叔績、馬通伯三君擬傳，湘中將帥亦派定湘人矣。此上，敬請積餘仁兄大人文安。荃孫頓首。

四百六

積餘仁兄大人閣下：

清恙想已大愈，移寓庋置亦復不易，幸弗勞頓。方大在此否？想借其《毛詩》。過批《五代春秋》，字數無多，已發鈔矣。世德堂，明蘇州顧春，乞補入跋語。此上，敬請文安。弟荃孫頓首。

四百七

積餘仁兄大人閣下：

昨來《僑吴集拾遺》，仍乞丁少裘鈔，已成一律。《四門集》無宋刻，弘治本甚可寶，乞校一校。敝藏是徐興公本，祇八卷。又王氏刻本又翻徐本，更不足道，校過便知佳處。此上，敬請台安。荃孫頓首。

朱世兄已來，人頗漂亮。劉五好否？劉謝函未封口，即裝入内。爲書門牌號數。

四百八

手示悉。書暫留，飯後送還。鈔明本耳，然跋是真。餘面議。積餘仁兄大人。荃孫頓首。

貴上大人。

四百九

積餘仁兄大人閣下：

正欲函詢，尊函已到，費神，謝謝。今晚周湘舲局到否？夔生商務館又失去，奈何？可惡又可憐也。古微已來，今晚亦同局。此請文安。弟荃孫頓首。

四百十

適奉手書並十元。正值汪子淵在坐，即詢之，渠曰已送人矣。弟不止一部，一時找不到。而此次重病，頗甚狼狽，杜醫投藥亦不如前之立應，或命止此耶？舊鈔《文苑》内毛病甚多。以二百元售之真張星矣。此上，敬請積餘仁兄大人道安。荃孫頓首。

四百十一

手字誦悉，潘書在手邊，朱書找不著。大約在箱子里。吴《古玉圖》極精，均呈上。如小叢書，售七元，要否？又有陳壽卿《瓦當》，二册。葉蘭台精刻五種路數，皆刻，不知要否？兄售與假張星，炳泉以弟書送與真張星，説人極和氣，書亦在行，留十三種，有宋十行經書四種、明鈔《文苑》、元刻《韻府群玉》，不知能成否。書須明日送上。先復，敬頌積餘仁兄著安。荃孫頓首。

弟九行本上半欠末册，有借鈔處否？

四百十二

不睹本書，遥斷必靠不住，仍盼送閲爲禱。積餘仁兄。荃頓首。

四百十三

詞收入，謝謝。前所贈在李貽和處，即刻取回奉上。此請積餘仁兄大人升安。弟荃孫頓首。

四百十四

積餘仁兄大人：

書一本仍送閲。阮庵處兩詞，往索，連回信俱無，仍以十年前舊脾氣也。葛東與之接，恐亦不行。日日巴結子晴，以滿洲詞歆動之，子晴易爲所欺耳。終不免滿其欲壑，亦不得不保交情也。弟荃孫頓首。

四百十五

手教誦悉,書即交語石。吴信閲,弟是爲公,既不願亦不强,有錢人過於疑人,何必再問。尊藏《滄州金石》,弟擬録副,明午走取。公如有事交謙老可也。此請積餘仁兄大人文安。荃孫頓首。

四百十六

積餘仁兄大人閣下:

書均收到,《從政録》謝謝。當鈔配再繳沅叔,如來再付之。《方言》清樣亦寄到。今日弟不出門,乞弗候,因書上有事,尚須在家理料也。此復,敬請著安。荃孫頓首。

洋十二元收入。

四百十七

積餘仁兄大人閣下:

龐蘧翁來,帶上《棋譜》一册,信四件,乞察閲。似秉衡如此費心,必須一往,以償宿願。第蘧庵未知何日回去,能同去更妙。蘧翁須請,約在何日,請示知。弟於初五已約李審言,餘日無不可。或與龐作一局何如?此上,敬請刻安。弟荃孫頓首。

四百十八

積餘仁兄大人閣下:

昨至石潛處,方知夒生誤服瀉藥,十分繫念,到尊齋聞管家言無礙,爲之稍安。龐中丞已請初五午飯,乞兄早臨作主,審言亦往訂矣。犂牧分田如何辦法,兄知其詳否?丁秉衡信已覆,沅叔已通知矣。此上,敬請台安。荃孫頓首。

徐大人。

四百十九

積餘仁兄大人閣下：

昨交《從政録》一部，想察入。此部完全，裝訂互有顛倒耳。弟亦仿謙甫兄，先寫一目，然後互點。另部缺兩篇，照鈔矣，謝謝。吴印臣一字奉閲。夔生病何如？吃煙亦非易事。此上，敬請文安。荃孫頓首。

四百二十

積餘仁兄大人閣下：

初三日因子敬之約，扶病向往，不敢飲，不敢多啖，回寓腹已大痛，至次日延王屏珊布政治之，服温通之藥方略止，至今日尚未復原。孱弱如此。現丁先生書已鈔完，乞借元《云林集》貢奎。二册爲荷，供其暫寫，俟弟再借他書，以免他適。丁先生影鈔書似勝於瞿鈔，如有應鈔之件亦可發下。饒先生允鈔《尚書》及《史記》，亦不能他及。此請升安。弟荃孫頓首。

四百二十一

昨日天晴，至子培處一談，下半日似又受凉，身子亦單弱極矣。《樊山集》詩全份兄必有之在手邊，乞假閲，弟於此等新書尚在南京也。樊山七十，倩夔生填四首詞以報前年作序之惠，聊以資助夔生，而索此集一閲。此上，敬請積餘仁兄大人文安。荃孫頓首。

四百二十二

手書誦悉，嫂夫人何疾？内人病痢甚重，延曹南生治之，今日略轉頭。廿一之局因蔣夢平訢然，不便中止，座有劉翰怡，大約不能早也。大約四點鐘入席。懇兄撥冗一談爲荷。夢平、夏丙泉在蘇州告之。此復,敬請積餘仁兄大人文安。

四百二十三

積餘仁兄大人閣下:

頤志師《左傳集解補正》四册奉還,書經謙甫訂正矣。前交校本,擬如何清理,乞示知。牧地,昨翰怡言,聚卿每畝索四十元,每股應分廿三畝,連後計。一票百金零九千三百元似乎太多;又説葉揆初已並與彼一票加二十金,又似乎太少。兄知其詳否?此上,敬請台安。荃孫頓首。

四百二十四

午刻,常熟金玉書持丁秉衡函索弟刻書陳圖書館,檢有印本者悉與之。另致兄蘭雪堂《繁露》四册,乞察入,愛極。晦老遽逝,聞之神魂俱喪。弟病尚未愈平,一公所亦不能去,幸同人咸知弟病孱弱如此,亦可免也。積餘仁兄大人。荃孫頓首。

四百二十五

委勘各書略一翻閱。《補漢兵志》已交僧保編校記,《酒經》、《鬼遺方異同敘》入跋語,復勘誤字,須飭役改定。不復入。汪刻二十家,弟將配全,只缺庾子山后數卷,乞借庾集鈔配付裝,内嵇中散、鮑明遠、謝宣城、陶貞白、昭明太子集均以舊刻校過也。手箋,敬請積餘仁兄大人箸安。荃孫頓首。

四百二十六

積餘仁兄大人閣下:

奉還《庾集》二册，乞察收。弟書配全，雜湊帶鈔，可笑之至。惟謝、鮑、小謝、嵇、陶、昭明，借舊本校過，亦屬乙等佳書。此上，敬請台安。弟荃孫頓首。

四百二十七

積餘仁兄大人閣下：

《曹集》四册，楝亭刻一函，乞察入。鈔本即後集之一二卷，兄所有也，柯遜庵有前後集四十卷，聞已歸兄，確否？《子建集》，朱述之注，甚佳，弟有鈔本，聞蔣家要刻，便讓與翰怡，翰怡欲之。今須借歸重校。前臚列各本載有音釋本，與汪本爲二，我們以之補汪刻本，無人知也。馮中丞尊重理學，以此等書不足重，大約閣置。此復，敬請文安。荃孫頓首。

四百二十八

手字誦悉，贈書謝謝。弟尚畏風未下樓，嗽晚間較甚。弟不知子節在合肥，因在金陵談燕，知甚留心故也。尚有何人，兄必知之，如聶、馬諸名將，一字俱無，史館之傳，履歷而已，秉筆者將如何？此上，敬請積餘仁兄大人文安。荃孫頓首。

四百二十九

積餘仁兄大人閣下：

昨奉手書並雲史來信，知張君館地已妥，謝謝。亂事一動，金融頓阻，殊覺可危。報上造弟謡言，忽而“單獨上表”，忽而“電聘評議”，哪有此事！並畫王壬老扶周媽入新華門圖，龍鍾可笑，其實壬老步履如飛，决不扶杖。將來又不知畫我什麼圖。近鄉難居，頗想移津居住。南京亦難，似乎北邊氣象好些。楊信仍繳。此上，敬請文安。弟荃孫頓首。

報館來索詩文,援樊山例。弟不應之故。

四百三十

手書悉,八元一角收回。《河内集》廿七卷、《五代春秋》均有之。《玉井樵唱》,翰怡有之。《和靖公言行録》未聞。至《尹翁歸詩文集》,更所不知是何朝人矣。此復積餘仁兄大人。荃孫頓首。

四百三十一

石經閣文三册未見,閲後再呈。楊氏《中州金石記》已尋出,藉便呈覽。嚴魏兩書遲日送呈。積餘仁兄大人。名心叩。

貴上大人。

四百三十二

積餘仁兄大人閣下:

《雲林集》二册奉還。前見此本式樣尚舊,而丁少裘無書寫,即畀之。後舊書内,本有郁泰峰藏書一部,相校方知同出文瀾閣,錯訛不可勝數,不知何處有舊本,方可訂正舊誤。蔣孟平已來。墾牧事已委托公司否?此上,敬請升安百益。弟荃孫頓首。

四百三十三

積餘仁兄大人閣下:

連日不適,初三一局未能到。弟年年二月中照例要病,借此趕辦清史,三月擬赴館一行再回。初九酒叙,謝謝。《先哲遺書》代印一部,賽連十七元,白紙廿五元。俟天晴來取,價閲陶信便知。訂錯許多,無人照應之故,弟不任咎。端忠愍藏石八百余種,大洋七十五元。亦是巨觀。授經約股信亦呈閲。弟與石銘、湘舲得三分,擬先寄三百元去。慧之得碑再討亦不遲，第須准定耳。此上，敬請升安。荃孫頓首。

《千頃堂》單印五部，爲費景翁、李貽和手取去，未到弟手。何不購全書一份？

四百三十四

積餘仁兄大人閣下：

張先生因聘書不來，屢來問訊，惟恐明年失館。能費神派人專取？如效尤，弟亦對不住張先生也。此請升安。

名心叩。

四百三十五

積餘仁兄大人閣下：

奉手書則大驚。張以館爲命，而敝處九月定館，過則無從覓食。仍乞兄息怒，仍婉催雲史，言明不便回覆之意告之。想渠公事忙也，否則，須在滬覓館，大是難事。此上，敬請文安。荃孫頓首。

四百三十六

積餘仁兄大人閣下：

連日應酬，未能詣談，歉甚。張爾常館事承薦成，謝謝。惟張君現在惲處，今年必須終局，能明正到館最妥。其副席王君亦有小孩，張另延助理。與尊館恰合，惟亦須明年到館耳。乞再酌，餘面談。此請台安。荃孫頓首。

四百三十七

積餘仁兄大人閣下：

手卷奉到,惠題,敬謝敬謝。大筆書味盎然,勝江湖派萬萬。後日石銘約消寒,或可到再談。云史處無人可薦,殊對不住。惲處僅二百四十元,尚有小孩,特以三年,實主其辭也。因赴徐,既不赴徐,又堅留,只可仍之。審言亦留君直之館,確否,今日詢聚卿。此復,敬請文安。弟荃孫頓首。

四百三十八

昨借到陸奇晉之妾沈虹屏《春雨樓詞》兩卷,兄已刻否?乞示知。揚雲史以後應知請先生當早,下關書否?張先生如接關,惲氏亦不能留矣。積餘仁兄大人。荃孫頓首。

四百三十九

前日惠臨,又承贈新書,謝謝。傳集新刻尚未尋出,須開翰怡索矣。另一部是否寄秉衡?現瞿良士爲議員,家中書不能鈔。弟只望後三唐人刻起耳。積餘仁兄著席。荃孫頓首。

四百四十

積餘仁兄大人閣下:

前單書已略次稿呈政。此次書多,兄再送書來隨便帶歸可也。《國語》宋刻,元明修,明印,内宋本甚少,絶少考證。弟藏不合。《國策》較佳。此請升安。弟荃孫頓首。

四百四十一

積餘仁兄大人閣下:

書廿二種收入。《博古圖》,京師圖書館有至大年號者,與此刻正同,所以斷其元本。孫本有嘉靖序,異同不可知也。《趙氏春秋》

以洪武本爲最，無元本，元時刻，洪武時畢工，嘉靖又刻。弟尚未看，看過再訂。此請刻安。荃孫頓首。

貴大人。

四百四十二

書乙百十九本，乞收入，擬解題呈正。僧保回滬約在月底矣。叔藴廿日赴東。地山亦往來，所藏《百泉》出色，《輿地廣記》亦佳。此上積餘仁兄大人。弟荃孫頓首。

四百四十三

積餘仁兄大人閣下：

書三十二種呈上，擬跋同呈，務乞改削。内五七言詩批點極佳，借録再過。《酒經》先還。少裘爲浙運司約去，原示奉閲。夏炳泉、饒辛舫尚未來。此上敬請台安。弟荃孫頓首。

四百四十四

積餘仁兄大人閣下：

書十六種奉趙，解題呈政，餘面談。即請台安。弟荃孫頓首。

四百四十五

手書並兩卷一軸均收到，賜款謝謝。伯蓀在京極熟，二十年不晤矣。小兒承過奬，此道似尚可學，但懶耳。餘面談。積餘仁兄大人。荃孫頓首。

四百四十六

鞠裳兄來晤面否？書繳還，解題呈政。《岳陽風土記》借鈔，鈔畢再還。此上積餘仁兄大人。荃孫頓首。

四百四十七

手示誦悉。汪書頗願配全，惟十二種能示一目否？陸士衡無重份。又弟票事至今未妥，明早擬至尊處一商，十一鐘。乞少候爲荷。《風土記》一册奉還。此復積餘仁兄大人。荃孫頓首。

四百四十八

稟稿已閲，酌改數字，原稿奉還。一條乞查示。此復積餘仁兄大人。弟荃孫頓首。

四百四十九

積餘仁兄大人閣下：

書一百〇三册繳上，乞察收。擬記呈政。崔府君《神異録》是嘉慶翻刻明本，是否入録，候示。現尚未擬。此上，敬頌年禧並請著安百益。弟荃孫頓首。僧保隨叩。

四百五十

弟荃孫頓首。《玉臺新詠》，今早從亂書中找出，呈覽。面上伯羲手迹。印本佳，惜四面裁完。兄見本何如？積餘仁兄大人。

四百五十一

積餘仁兄大人閣下：

昨談爲快，今晨謙翁過我，論校書得同意。弟又檢得從前編詩時一紙，乞轉交謙翁一核，並無須還。此書付梓，弟心始慰，從前本欲自刻，今不能矣。朱祥甫專人送碑志來，尚是官話，少精神，奈何！桂氏未來，止幼琴尚知有益三人合傳。洪、桂、朱。禮卿歸鹽務，與俞、德淵。童石塘。合傳何如？此上，敬請文安。弟荃孫頓首。

四百五十二

積餘仁兄大人閣下：

書四種請擇送，《古玉圖》極佳，想十元。餘隨定。雨連綿而不止，於農事有損，奈何！弟病退已一月，方擬今日出門，昨晚又大吐大瀉，擾擾一夜，又須調理。甚矣病體之衰也！此上，敬請著安。荃孫頓首。

書賈不上門，又不能往看，悶甚。

四百五十三

正集廿八卷，外集五卷，有否？真元刻也，字形。《天禄琳琅》即謂之宋刻。如明刻，皆編成卅六卷。須趕緊趁潮時揭開，再乾則損紙矣。積餘仁兄大人。荃孫頓首。

荃有明刻，即卅六卷。

四百五十四

昨日受之在此，何不過我一談，看元版《象山集》證據乎？瞿目，董缺嘴以免字代之。

四百五十五

荃頓首。明日之局既大半相同，可以先至弟處。吳園必花局，張燈觀美人，更妙也。《大唐詔令》百元亦不能要。《唐書》附去一册，殘缺鈔配均有也。積餘仁兄大人。

四百五十六

向來校書皆書屏，非子林，子林不能校書。《壺中吟》乞檢收。書屏舍侄即回里，吾兄自理爲禱。弟事見不及顧矣。此請積餘仁兄大人升安。荃孫頓首。

四百五十七

石窟寺甚佳。弟近日爲碑所困，權且先還，俟清理後再購可也。《牡丹亭》索十六元，如何還價？積餘仁兄大人。荃孫頓首。

四百五十八

積餘仁兄大人閣下：

弟即日赴京，恕不走辭。劉君翰怡想延謙甫校書，月俸三十元住館，不兼館。是否可行，乞兄一探。弟與吳止脩同薦，因禮堂不專心亦不到館故也。弟約四五十日回，恐誤事，兄或自與止脩一談亦可，如嫌菲，酌加亦可。第延殷亦平代辦各書，不外送。僧保書目乞教，勿客氣爲荷。此請台安。荃孫頓首。十一日晚。

四百五十九

昨晤教甚快。江陰兵變，炮臺被占，城内紳士與之接洽，尚無大損。通州聞已入民軍之手,未知季直何如,大生何如,尚接洽否?兄有所聞,乞示知。弟《抱經堂》書短葉,乞借首册,《儀禮》詳校末册,《文集》末册補足。《歐陽集》一册奉還,希察爲荷。此上,敬請積餘仁兄大人文安。荃孫頓首。

四百六十

《抱經堂集》奉還,其實只缺一葉,文集卅第十二葉。外總序及目録三葉,餘完。每卷完必加一餘葉,否則以爲短尾。大局能定,恐未免不有齟齬處,新人何從位置,亦難題也。此復積餘仁兄大人。荃孫頓首。

四百六十一

積餘仁兄大人閣下:

涇縣一元碑乞察收。又吴印臣刻景元明詞極佳,樣本紅印。宣紙香墨印,卅元一部。托古微與弟在滬招股買紙,交陶蘭泉運京。兄留否?並盼代招數股,古微招得八股矣。此上,敬請升安。荃孫頓首。

四百六十二

昨示誦悉。温叟晤談後數日即取到閻譜清樣,寄兩份並函寄到漁溝小學轉呈,據温叟留字開地名,何以未到?劉氏未印書,今將弟存一册轉呈。温叟在京住何處?亦擬通信。十家年譜至今未成。此復積餘仁兄大人。荃孫頓首。

四百六十三

積餘仁兄大人閣下:

秋暑甚酷，弟又受病，頗累。閻譜取到，乞兄代寄京城爲荷。弟前已並信寄兩册，漁溝小學。何以未曾收到，囑温叟可以一查，另一册留閲。此上，敬請文安。荃孫頓首。

聞健之已移後圖南里，確否？

四百六十四

積餘仁兄大人閣下：

荷花大會兄未曾到，弟勉力一赴，歸即病困，至今未出門，夏日之不可亂走亂吃也如是。沈壽改九月，擬送一幛，款"沈母鈕太宜人"，下款"侍生"，未知可否。來書極佳。此上，敬請文安。弟荃孫頓首。

四百六十五

手示敬悉，醉愚回里未果，弟亦未送。擬送幛。《中和集》，恐印臣未必能刻，或交漚尹刻之。印臣自離鐵路，窘至不堪，中秋嫁女過節，畫册藏墨均押出去，一時難於理料，有錢即揮霍，下鐵路時尚有虧空也，即此可知。此復，積餘仁兄大人。弟荃孫頓首。十五日。

《中和集》拜經樓著録，似即此一書。温叟索《閻古古年譜》，如昨送《查東山》，又借，乞擲還。現在恍惚不堪，日内更甚，奈何？

四百六十六

積餘仁兄大人閣下：

《醜奴志跋》呈政。大生紗廠舉兄董事，懇爲股東維持，實因無官者、無館者，指此息過活者不少也。又清史館停修，六月以後。枵腹從公，無以爲繼。懇兄與聚卿合寫與季直信，請其創議重修通志，浙江、湖北、廣東、福建各省均已舉行，江蘇舊稿業已不少，並未散佚，每年得二萬金便可舉辦，錢糧附加税可撥，季公與軍省一言，事必可成。弟倘分一門，亦可少得資助，惟礙於自言，須季公之大力不可。浙江鈔黄跋，能否實行，均懇與聚兄商之。又聞物色蒙師，現有浙江人顧先生，品學兼優，嚮在吴福丞處坐館，吴全家入都，顧先生不能北去，因知之的確，故敢引薦，吴處每月廿元。乞酌。此上，敬請文安。弟繆荃孫頓首。

四百六十七

前日惠臨，又承贈新書，謝謝。傳集新刻尚未尋出，須開翰怡索矣。另一部是否寄秉衡？現瞿良士爲議員，家中書不能鈔。弟只望後三唐人刻起耳。積餘仁兄著席。荃孫頓首。

四百六十八

積餘仁兄大人閣下：

前接手書並少室拓本，弟所藏皆有之，不足重也。陳雨生年八十，住紅土橋，來詩不能賀，另送詩四首，祝敬二十元，光景不佳。又盧殿虎之父訃寄呈。傅沅叔回滬，即日回京。天又驟寒，請希珍攝。此上，敬請著安百益。弟繆荃孫頓首。

四百六十九

張爾常既留而君直無館，何不薦之？常熟好書友人甚多，亦有趣也。積餘仁兄大人。荃孫頓首。

徐大人。

四百七十

石銘書目、蕘圃書録二册奉閲。郁氏目爲印丞借去，宋元摘本在此亦無多也。楊、瞿兩家最結實,陸目靠不住,丁稍遜,總未得及皕存齋,以明刻《百川》爲百種,貽禍至石銘,邵亭盲説亦多,諸君有佳處亦有至不佳,不可泥也,閣下想以爲然。此上積餘仁兄大人。荃孫頓首。

四百七十一

繆荃孫頓首。書收到。連日應酬,尚不覺苦,似乎可望全愈。翌日再詣談。積餘仁兄大人。

菊生得景祐《漢書》,亦百衲本矣。

四百七十二

弟繆荃孫頓首。手字及宋刻《鄉約》奉到,目録中訛字再檢。積餘仁兄大人。初七。

四百七十三

積餘仁兄大人閣下:

昨托炳泉達意,兄以爲可,乞即出單,准廿四日。定座。番菜。添孟平極好,古微不來,可不必請。即日走,故乞將時刻、館名一示知,以便同來做主。偏勞,再謝。此請文安。弟荃孫頓首。

四百七十四

積餘仁兄大人閣下:

明日之集,兄所得佳畫出其一,作題最好且易,社體題似此者最多。沈虹屏事見《藏書紀事詩》,詩上無傳。此上,敬請升安。荃孫頓首。

四百七十五

又有私意，乞兄代達。聚兄托代校《宋書》，允饋百元，今已交卷，共分六卷。昔年向屺懷借校，不肯攜回南京，又不能留蘇兩月，遂中止。今如願相償矣，允饋敬謝。弟之《五代史記》，聚兄已刻，可否容我贖歸與《新唐書》作耦，仍奉還三百兩何如？能與不能，候回信。聚兄宋版書多，不在此一書也。付丙。

四百七十六

積餘仁兄大人閣下：

弟初四赴江陰議修志事，昨晚即歸。委辦序文，照辦不誤。忽奉楊氏訃文，領帖之期已過，可否將《天香雲文居詩鈔》四卷、《詞》一卷入之《清·藝文志》以爲報何如？此事辦極嚴，單有名無書者一概不録，不鈔各省志書，所采者並存一小履歷。至於莘伯，雖無專傳，亦屢見其行事矣。此上，敬請文安。弟荃孫頓首。

四百七十七

積餘仁兄大人閣下：

又接顧鼎梅信否？寄一"馬"字，中岳廟前石人頂上，分一呈閱。大約已有，弟亦有黄小松拓本也。黄再同交吴嚴李，有拓本否？則兩隋石最出名，現在賣石，兄可得否？或問慧之。加一唐記共索千外，可還價，俟事稍定再搬石，再付價。今日接小兒信，十八驚荒起。竟事報紙一例，張宣告辭職，斂兵候東海。秩序尚未亂，然十室九空矣。時當亂世，奈何！子培家抛兩炸彈，打倒樓梯及裁縫，可怕！弟處日日有人送信、送詩、要錢。復辟固不許，民國人纔又如此，連兩人皆苦求去。此請文安。荃孫頓首。

四百七十八

《抱經堂文集》，弟無是書，乞兄代找。楊名二，字簡在，《雜諍序》，或曰書後。抱經之婦翁。其書鈔得，刻入《常州先哲遺書》。憶有是序擬補入。蕭孝廉肯刻書，明末蕭士瑋《春浮園集》有之否？想必其同族，故用之。其人負大名，刻最精，弟處有其全稿也。錢牧齋與往來。

感君厚意爲我集貲，近編文二百餘篇，即以此貲刻之，亦訂四册，皆君賜也，謝謝，但文筆疲苶不稱耳。積學主人覽。荃孫頓首。

四百七十九

委僧保代編書目，茲已擬就呈正，未知有用否。書二十種、卅一册，懇收，示復爲荷。兄傳二人書，劉君有志古文，近之絶學。弟擬作一書充擴其識量。邵君太糊塗，不脱留學生習氣，先人書改去館閣樣，忘其令祖手書於《簡明目録》上耶？後刻再加入，可另編，不可加入。又仍是坊間所傳莫子偲本，何糊塗至此！大約刻不成，與劉君天壤矣。此上，敬請積餘道兄著安。

四百八十

適奉還雲，知書已收訖。僧保所編，均依傍舊目，少有心得，總望增改。乃蒙獎借並賜厚潤，敬謝，敬謝。新正無事，如續發，隨便交來可也。此敬積餘仁兄大人年禧。荃孫頓首。

四百八十一

積餘仁兄大人閣下：

頃奉手書並承贈佳品，再拜以謝。汪先生書有刻本甚佳，再以鄙制報答，此人想在家，如何寄去？書目序一篇呈政，可否改爲藏書記？因有解題，非盡書目也。十九日必早臨，墨表一册乞哂存爲荷。印臣石印，弟不願刻，黄詩亦不願刻，刻藏書跋、刻書跋耳。此請文安。荃孫頓首。

四百八十二

積餘仁兄大人閣下：

一會成立，既不吟詩，又不看古董，真是吃會，一笑。詩老之畫，尚不交卷，以致一山之款止交一半，禄保盼之甚急也。楊刻《杜牧之集》、楊心吾經手代刻。王叔和《脉經》、《文館詞林》三種，索千元賣板，有人要否？通州壑牧此月分息否？去年記似二月中間，乞代探並問紗息分否。此上，敬請文安。弟荃孫頓首。

四百八十三

積餘仁兄大人閣下：

即刻往傅沅叔處看書，兄能來否？能來同往悦賓樓小聚何如？沅叔住惠中旅館四十乙號。此上，即請文安。弟荃孫頓首。十八，辰刻。

徐大人。

四百八十四

積餘仁兄大人閣下：

弟昨自京回，丁秉衡信及書三册代送，乞察入。丁芝生住新重慶路咸益里七百一號。弟須歇乏數日方敢出門。清史暫停，弟又須另謀生計。新賦得黄莘田詩《暮齒仍求食》一律呈政，便知鄙意。此請文安。荃孫頓首。

惠之新得圖，似一滿人，能續《熙朝雅集》否？

四百八十五

積餘仁兄大人閣下：

弟日漸調理，略有起色，復原不知何時耳，承注附聞。所有分地金石目，擇完善者交丁先生寫，乞給格紙。又《滂喜齋藏書記》可否先鈔一份，衹數元耳。兄所必要，但不可流布，因式之諄囑《敏求記》之誓言也。此上，敬請文安。弟繆荃孫頓首。

聚卿回來否？審言到否？

四百八十六

積餘仁兄大人閣下：

明日之局，兄如作主，僅來五客，乞轉邀謙甫兄，如秉衡來亦衹九人，圓桌尚坐得下。費神代約爲荷。凌氏《傳經堂叢書》，內有《鄭氏始末注》。兄有否？擬借閱。此請台安百益。荃孫頓首。

謙翁均此。

四百八十七

積餘仁兄大人閣下：

審言爲人控告，奇甚。兄知其事否？續《江寧府志》一册繳。又翁師一册，式樣如此，兄印連泗十部，朱印一部，是否此數？此請文安。不宣。弟繆荃孫頓首。

四百八十八

積餘仁兄大人閣下：

病甚，幾於不起，承詢，感激之至。現醫治得手，尚須十日半月方能復原也。兄近得何佳帙，能見視一二種以當《七發》乎？此謝，敬頌著福。弟荃孫頓首。

致周慶雲

一

夢坡仁兄大人閣下：

三詩韻頗難穩，勉凑呈政。辨書三節，略陳大概。《適園叢書》條例頗佳，自是老斫輪。翰怡兄之叢書定名否？必爲調劑持平，絶無高下，多容幾部大書在内，可以頡頏《墨海金壺》。兄云分目極是，前單不爲憑，况隨覯隨增乎！餘俟面談。此布敬叩年禧。弟荃孫頓首。除夕。

二

夢坡仁兄大人閣下：

弟又不適，通消寒第九集遂不能到。二月間照例生病，可厭之至，詩尚欠分，均一首未交。初三何題，乞示知。端忠敏藏石八百餘種，授經董大理。經手核實十元。兄與石銘兄兩份望先交款，四月收碑，决不有誤。止十份，上海得其半。此又褚世兄托一事，原未呈覽，乞費神代報。介軒即日詣謝。德勤手箋，敬請文安百益。荃孫頓首。

三

夢坡先生大人新年大喜：

委撰《琴書》序，年内即成，因友人均回去，無人謄真，故爾耽閣。又，弟所欲言者，一序一例無所不包，而空論最難。勉凑三百餘字，不值方家一哂，實不如新學家，動輒一二千言也。消寒五、六兩集詩亦附呈。三女事擬撰記未就。餘面罄。此請吟安百益。弟荃孫頓首。

自廿四後未出門,廿七送信與語石,不收,云出遠門。不知事定與否?

四

夢坡仁兄大人閣下:

靈峰四景交卷,並讀壁間"家"字韻詩,亦和一首呈政,宋刻十誦律,乞送靈峰庋經室供養爲荷。敝同鄉鄭光裕學琴,改日請謁乞教,亦門人也。此上敬請吟安。荃孫頓首。

五

夢坡仁兄大人執事:

小詩兩首呈政。步驟相同,足見才短,沁韻亦爲韻縛耳。暇日再詣談,並觀諸友之作。此上敬請吟安。弟荃孫頓首。

六

湘舲仁兄大人閣下:

承顧尚未走報歉甚。各書均已取出,尚未來取,如嫁女,事事預備,專候花轎,既不能留,不如早去,在心目中轉難爲情也。乞代促之。醉愚亦有信,云先付六千,弟無不可,亦盼早付。因八日有一款須歸結,省得多説。小詩呈政。敬請吟安。弟繆荃孫頓首。

《尚書》、監本。《聯珠集》、見《百宋一廛賦》。《帝學》、宋活字本。《讀書記》、首尾兩册有官銜。《自警編》、五卷本。兩,一刻,一影寫。還有八本。鈔《説文補義》、首尾兩册張金吾跋。《華陽國志》,錢叔寶手鈔。餘陸續送閲。

題上旁注可去。集中附他人文詩,古人多有之。而方公墓志附行略後尤爲正當,可不動否?古人均平行不低格,舊刻至以他人之文列於前。

七

夢坡仁兄大人閣下：

蕺山先生像奉交，祈收入。又題蘇詩一七古，亦未留稿，尚冀檢示。日來静養，因天氣不正，尚未敢出門。聞姚君《上海志》已刊行，能代求一部否？敝邑志約八月間出書，當即呈上互换。聞姚君不紀民國，事然否？其太夫人壽誕。何時？乞示知。此請文安百益。弟繆荃孫頓首。

八

湘舲仁兄大人閣下：

《甲秀堂帖》奉還，希察入，擬跋乞正。禮堂跋太混，魏道武止排嶧山，並非盡排秦石。此拓的是孤本。劉斯立零星湊合《甲秀》，輾轉鈎摹，仍以拓本爲是。金石詩魄力太大，無所不包，亦無盡期。弟據所知者，酌録十餘篇，亦難盡翻古今集也。天寒，病又作怪，未能詣談。此請文安。弟繆荃孫頓首。

今年消寒不能預矣。乞每次賜一題。

致曹元忠

一

昨談甚洽。公車即發，未能躬送，甚歉。元卷哂存。此上君直仁弟著席。荃孫頓首。

附托購書，書價隨後附還。

李元陽板《書》、《左傳》、《公羊》、《禮記》、《論語》、《孟子》。《十三經》短六，九行閩板，亦難得全，況十行乎！

殿本聚珍，《意林》、《太平經國之書》、《河朔訪古志》。照《匯刻書目》單僅短三種,在單外又有八種。

二

《越縵集》奉還。《浩然齋雅談》無柳曹詞並故事,可弗閲。《詞律拾遺》無此書。梅禹金本尋不獲,因在案頭,並入詞類,不知夾入何所矣。此上,君直仁弟著席。兄繆荃孫頓首。曹老爺。

三

《方輿勝覽》、《錦繡萬花谷》、《草堂詩餘》、《柳詞》均收到。《遼志》、《西使記》、《桂洲詞》、《聶氏三禮圖》呈上。禮書無有餘,不便取。此次移居,尚未要妥帖,《言行録》須觀全書,四集全否? 有後跋否? 似明刊。如全,百元至多。如是明翻,五十元可矣。此及,君直仁弟著席。《言行録》奉還。荃孫頓首。

四

柳集逸詞已發寫,宋本所有遵指補入校記矣。《朝鮮史》次册畢否? 聚公囑删潤《警察學》兩卷呈上,祈察入。餘面談。此上,揆一仁弟著席。先新訂本,再閲。兄荃孫頓首。

五

《廣輿圖》二册,陳完古字條廿元,趙三種六元,察收。聚公今日到院,錢即付。《澄懷録》不見,連《煙雲過眼録》亦不見,尋出即摘鈔寄上。汪信並書乞帶交爲荷。吾弟蘇垣住何街? 以便發信。此上,揆一仁弟著席。荃孫頓首。跋即刻。

六

君直仁弟大人著席：

昨奉手書。維侍奉康娱，起居安樂，慰如所頌。聚卿莅蘇，不及附信，随後作函，由屺懷轉達，想已察入。《丹邱集》能得四卷，先告知瞾庵。渠處亦有搜輯之本，删除重複，必有可觀。《海虞妖亂志》乞代鈔一帙。《澄懷録》尋出，録白石四段，取裁不出本集，石湖二段呈覽，柳詞校勘付刻。吴布政不日即行。金陵旱、疫、蝗三災並至，汲汲不可終日。京師大學堂編譯章程張冢宰寄來，與局所辦尚不牴牾。喬比部亦到，住胡糧儲處。屺懷不日赴都，能同往否？李橘農之公館移寓何巷，迅速示知。盼甚。此上，敬候著福。兄荃孫頓首。□□□尚已取回。

七

《越縵集》甚雜，不如王刻《三殊贊》，無謂總目又落去一題，可謂草草。近拙作刊成，編次與他人不同，前實績後空論，如是而已。實齋先生言編集可以别裁，竊取其意。均乞教正。《樂章集》校勘記刻成，陸純伯據家藏宋本校過，又未影鈔，未標行数，行數祇可添改。校勘記重刻，原來校本取出再核。君直仁弟著席。荃孫頓首。

以後以柬來往作行書最好。

八

《樂章集》校勘記及逸詞刻起，附呈四部，察收。《海虞妖亂志》、《丹丘》輯本均盼甚。《元詩選》早已鈔校，可弗重鈔。遯庵開府西江，任大責重，其才想勝於吴門大中丞也。昭德，鉅野人。振孫，安吉人。代字而已。行期何日，俟秋凉否？此上，揆一仁弟著席。荃孫頓首。

九

日内多事，兩次失迓，歉甚。荃即日有東洋之行，殊非所願。弟來，且住下，再派辦功課。方作督課甚急，每日列表。南皮創三江學堂，多大言，少成事，與則季同癖。畫扇謝謝，即求書舊作爲禱。晴窗日暖，方命筆弗畫畫也。此上，即請君直仁弟著安。荃孫頓首。

古書極佳，宋刻也。並還。

十

君直仁弟大人閣下：

廿一早奉手書，擬送叢書至局，聞已起程，衹可帶滬再交。行期總在初七八，滬上仍寓晉升棧。書鈔如可，謀；如謀之難，即止。徐鴻春想是蘇州掮客。《春秋諸傳會通》批本、《剡源集》能送滬否？如有他書及字畫均可購，惜已過年關，又奇貨可居矣。手箋，敬叩起居，並頌新禧元福。荃孫頓首。

十一

揆一仁弟足下：

新正在滬交一册、《黄河賦》。一書，《荀子考異》已付刻。並送叢書，均交徐鴻春，不知其未到也。惟《南史精語》尚在荃篋中。來書言困厄之狀，惜荃未能援手。張帥去年到省，議論不合，近來只能用讒諂面諛之人。鄙人自甘退舍，即信亦無益。柯中丞亦無信來，惟祝特科得雋，爲余省光耳。學堂甫開，刻不能離，不能與考矣。此誦中福。荃孫頓首。

十二

揆一仁弟著席：

十一月到蘇探問尊處，方知遠赴皖學之招，年終想回里門，未能把晤，殊增惆悵。兄辛丑借汪柳門前輩《南有堂》手稿兩册，有新夾板。壬寅五月交吾弟帶蘇，兼有函及新刻書。此次見柳翁，據云並未收到，十分詫異，吾弟諒未交錯，務懇切實查核，將此書還之柳翁爲禱。兄在金陵，諸事照舊，惟一年换四督，當差者實難伺候。李督、端督，惜其不久任，蘇垣亦惜端之去也。皖中書籍、金石有所得否？兄《藏書記》將刻續編，不成書，記帳而已。柯中丞在鄂，《丹丘集》已付梓。吾弟處有函來否？此上，敬頌侍福，並盼福我。愚兄繆荃孫頓首。

十三

元人集已刻者元《清河》，未刻者閻《静軒》、孛朮《菊潭》，合李庭《寓庵集》，爲元人四種。李仁卿、盧疏齋零篇，均以奉貽。荃年愈六十，精力日衰，現爲《國朝紀事》及《國朝文匯》仿《明文海》例。兩書，爲徵文考獻之用，未知能成與否，其他概不旁及。

十四

各種書均未取出，陸校有改於紅字上者已剜改，校勘記不著後跋，未校好所以未寫。此上，君直仁弟著席。荃孫頓首。

兩册書中改文集一部，乞送受於曹老爺。

十五

暫留黄卷五册，餘均還，可送聚卿，必可多留也。集册容後繳。君直仁弟著席。荃孫頓首。

眉庵册佳，錢鈔甚雜，非影寫書不甚足重，集册，馬絭顛倒一葉。

十六

《江村銷夏記》奉還，《澄懷録》遍尋不獲，俟再來當可得書。新鈔本不知夾入何所，如精本則庋置得地，轉易覓矣。君直仁弟，曹老爺。荃孫頓首。

十七

君直仁弟著席：

奉還二册，一立軸、六卷，祈察入。胡觀察原信亦附閲。陳元素直幅兄留矣，聚公處留幾件否？聞節後欲回蘇，聚公挽留，如嫌書院工程煩雜，書局不久亦將移矣。此上，敬請升安。荃孫頓首。

十八

册子跋訖，呈政局中。功課乞選定。此二百四十篇學一年課否？篇亦分二、四日一段。《歷代史論》先事實，史書一二段，再輯稗史亦可，論中事實須全備，不厭其詳。後名家論。加批作注。禮卿觀察言及可從經史百家雜録入手，弟以爲何如？《曾文正全集》可囑局購。此上，君直老弟著席。荃孫頓首。

十九

揆一仁弟：

在松諸承照拂，謝謝。韓世兄亦乞代致謝忱，並示名號。荃回家十日，勞碌愈甚，入都之事稍緩，頗想辭去，有爲難之事也。

饒心舫到，仍懇一切理料，九種再乞開示，如有《竹屋》、《石屏》

兩詞,可弗鈔,李君祺詞弗鈔。交家人帶回,一記一詩並致,深望韓世兄保守擴充,與罟里瞿氏並論也。敝集外編有保守説,請閱。手箋,即請著安百一。少坪兄均此並謝。荃孫頓首。

二十

君直仁弟著席:

頃奉手書。藉諗侍奉萬福爲慰。圖書館幸未歸並,經費只存五百金矣。同人裁去一半,惟司事酌添二人,方足敷用。月止十二元,已由善餘派定。馬君俟有機會再商位置。手及,敬請著安。荃孫頓首。

二十一

石印《萃編》乞借一閲,即交。去年攜歸爲荷。昨見《姑蘇志》,印本尚好,索價百二十金,未免過昂耳。揆一仁弟著席。荃孫頓首。

二十二

示悉。世兄回南無所不可,乞帶一家人行李,以少爲貴。荃止一家人在此,期尚不定,書目未交也。汪堃翁書收到,謝謝。現在大權已入民黨,總之,三綱不可廢,聖學不可泯,方能持久。否則,今張明李,東甲西乙,未必久安長治也。堃翁既能讀儒書,當可與言,挽回萬一。此及,敬候全福。荃孫頓首。敝寓虹口謙吉東里。

二十三

君直仁弟孝履:

前日回緘,想已察入。近日貴體已大愈否?至以爲念。尊公之喪,未盡私誼,寄上四元,聊以代楮,遲遲弗怪。荃亦一病七十日未能復原,瘦怯不堪,負風則伏,不敢以老健自命,幸讀書静坐尚如昔日,猶可消遣耳。董授經在日本,住西京東山净土寺町真如堂北里支那董寓,囑荃轉詢,代校《五代平話》,校好即寄荃處,徑交陶子麟改補較捷。荃本意秋凉來蘇、杭訪友,經此一病,今冬只可以蟄伏。現在止酒百日,更無興致。楚生通人,收藏大半可愛,現亦爲季直出查川鹽,早已動身。蘧六得法部差使,月薪百二十元。蕙石在此。去年損失過鉅,夏日亦病。善餘仍領江南圖書館。未散逸。張聞遠住松江何處,能示知否?式之亦久無信,不知回京否?豐順、意園,南北而藏家均大出,傅沅叔、張菊生均大收,價昂,惟有歆羡而已。此上,敬候禮祉。荃孫再拜。八月廿六日。

二十四

君直仁弟大人閣下:

前日寄四元並函,想已早閲。未奉復書,深以貴體爲念。頃秉衡來信,言吾弟在常熟有訟事,近聞已結,想回省矣。董授經因譚正文人故店閉,清理四竿舊帳,竟至不名一錢,亦至涉訟。囑校《五代史平話》就近交荃爲之寄鄂修改,俾學者先讀爲快。蘧六在京有事。張文遠寓淞江何處?示悉。荃身子尚虚,遂至怕寒,可慮。此請禮安。荃孫頓首。

二十五

君直仁弟閣下:

前奉手書,未得即復爲歉。現葬事已妥,福體安否,至以爲念。淞江一行,文園病體何如?明春到淞,由滬轉否?書目未印,續目尚有,亦須續印矣。今年所得亦不少,小種極佳。賣者賣,買者買,兩不相謀,只買者有利,又變而爲賣矣!一笑。鄭盦《藏書記》訖未付刻。鞠裳住址是否花橋巷？如誤,乞改正再送。又不知何橋,懇轉致爲荷。此上,敬頌著福。兄繆荃孫頓首。

二十六

揆一仁弟大人閣下：

《五代史平話》、《政和五禮新儀》均收入。因聚公未晤面,南北寫遠,又久病不出門之故,遲遲作答,歉疚已甚。維起居日佳爲頌。尊況之窘,彼此相同。荃之書畫均已四散,書碑兩事,平生所好,略知一二,未盡知也。與聚公信即刻專價送去。聚公住戈登路廿四號,往寄決不誤。上海無事,旅費貴極,無事盡可不來,郵政極便,筆談可也。民賊固無與彼辦事之理,彼亦不用我輩。現與《國粹學報》館辦《古學匯刊》。荃之書未刻稿尚多,然與近來學人均不合式。小叫天到上海銃了,並非唱戲人退化,實看戲人不能知叫天好處,所謂程度不彀,但見派頭與上海不合耳。荃止藉此將應刻者擺印出來,總比錮蔽者不同,將來書必散,而流轉已偏,則所願也。有一事奉記,能代配全最好,乞墊即還,大約不貴。荃書亦全爲江南志作樣,友人借去未還,然已從無索矣。此及,敬請台安。兄荃孫頓首。《五代史記》寄補周上卷,尚未來。

二十七

揆一仁弟著席：

前接手書,即送聚公處,想已徑及。吾弟到,住戈登路廿三號,洋房四無鄰居,決不誤送。《五代史·周》上卷呈校,目爲子培持去,無訛字。校好仍寄荃處。菊裳忽來滬覓屋,云將久住,尚未晤面。荃動必馬車,太貴,往往徑月不出門。與聚公相去尤遠,久不晤矣。此上,敬請禮安。荃孫頓首。

二十八

君直仁弟閣下：

奉書後即致函蕙石，昨方得回音，云已專人送款至弟交，亮已收入。重讀詩箋，感傷萬狀。荃近日消寒，消寒亦有小詩，不足以呈大雅。印臣長有唱和。紹岑現寓何處？其詩必更有進。凡遇不堪之事，詩必進步，古今人皆然。如隆隆口上詩，必退矣。《五代周平話》校過，未寄到，可否向郵局一查？此及，敬候日佳。荃孫頓首。

二十九

《周平話》收到，即寄湖北津發丈。丈圈出者因是宋人方言，佳字説部常見之，并非以爲誤。"廳"、"斂"初以爲誤，後見兩三處，即行改回。新見元刻《名臣事略》全是破體，改正即不合元刻。余勤有堂尚如此，何況不出在之坊本。江翰又得四川運史，圖書館不知歸何人矣。此請年安。荃孫頓首。

三十

揆一仁弟大人孝履：

頃奉手書，猥以賤辰，承贈厚禮，謹領敬謝。寄蘇一信曾收閲否？印臣、式之搜蕘圃題跋，韓府所藏，鈔交荃處，轉寄甚便。又，友人要刻《越絶》，舊本有宋汪綱本否？饒心舫住荃寓，影寫甚易。九十月間，戴帽之時，乞吾弟來滬一談。滬上垂辮者甚多，不駭怪也。荃當此亂世，何敢言壽！樊山作序二千言，只上《大公報》，轉從報上録出，友人詩約百餘篇，均以箋紙。是日閉門謝客，次遠前輩、閏枝、桔農約游哈同花園，晚同興樓便酌，如是而已。金陵又遭匪亂，無一家不搶掠，敝寓亦搶盡，只書板未毁，現想設法運出，尚未能也。鈕鐵生如此行爲，實所不料。閏枝門下有胡漢民，心海門下有黄興,荃門下出一鐵生,綳綳場面,然而小矣。一笑。手箋布謝,敬請箸安。餘再布。荃孫頓首。十二日。

《藏書記》即寄。

三十一

君直仁弟著席:

聞騶從即日來滬,翹盼特甚。式之函云,吾弟許代鈔黄跋,望速就。印臣又欲派人來鈔毛鈔書九種,乞先視一目,約計幾月能完,再專人來不誤。愚刻新、舊《藏書記》,將來面呈。江陰兵又變,北門一掠,波及焦塾、玉橋各鎮,天下無干净土,奈何! 手箋,敬頌禮安;荃孫頓首。廿七日。

頃又得印臣信,云是詞九種,如半山詞只七闋也。亦先示目,並老鏡須一榻一□,飯食均須言明。此間鈔件亦不少也。

三十二

君直仁弟著席:

昨得手書,欣慰之至。荃感冒已愈,惟勞碌。校勘無人分勞,苦堆積耳。鶴逸之書乞先視一目,開准價值,可與友人商議。現在購書眼界至高,如三朝板,如李杜韓柳,纂圖互注六子印本,次者即不收,非新色者不得高價。明初黑口、宋元人書亦貴矣。鞠裳信一再通,已知其住處。沅叔一日千里,既得善本,又求低價,收書遂不如前日之勇。《蜀賢叢書》刻成《方言》、《武侯傳》兩種,兩種均歸我。堅説鄂上不如京上,在京另刻。改在京裏,恐刻手未能如鄂也。或沅叔就近格外指點亦未可知。何時返淞? 能作半日句留否? 並須先發一明片,當在寓拱候。張聞遠好否? 去歲所云《喪服鄭氏學釋服》有清稿否? 朱虞卿《春秋禮徵》十卷能見視否? 劉氏經學刊《周易》、《尚書》、《毛詩單疏》,陽城張氏《儀禮注疏》足爲冠冕。張氏無經學,此時刻書不便從宋學入手,吾弟以爲何如? 蘇州安穩可羡。

韓氏書校何時完？黄跋或先拟一目。此上，敬候全福。蔭臣寄來，代式之徵詩，並乞分致。荃孫頓首。

三十三

君直仁弟：

昨談甚暢。上樓受累，回寓氣平否？《續文》、《續書記》、《賓退録》、《藕香》零本乞哂存。文遠書、黎洲書必刻，將來樣本仍寄二位校。顧書難售，仍是昨日所言。具目决不遺失。《鄭灼義疏》希文遠一跋，即刻之。劉氏專刻單疏，已足冠冕。專爲張氏收經部，如李鄦齋、朱虞卿之未刻稿最好。韓氏書願送《文正集》，至招請其目，顧人影而假其毛鈔書帶歸，如甘遯影寫，彼此交易，何如九種之中，一是明人，祇八種耳。甘遯摹好即刻，將來刻本再送韓氏。乞閣下善爲辭較便，省得饒先跋涉。私願如此。鈔一書跋，前跋名人。同時友人議論，往復須全收。舊黄氏跋，有成例在。費疑。此請，旅安百益。荃孫頓首。

三十四

君直仁弟足下：

前得環雲，知各書收到，即日旋蘇，甚慰。《鶴逸書目》劉、張二君各有回信，同呈。仍如荃言非拆售不可。莫仲武須整售，三年一動，楚生另售已得二千餘元，可證也。張君以經學太少，乞代囑文遠覓朱虞卿《春秋》，又鄭灼《疏義》有校定本否？鄭注《論語》，《述而》至《鄉黨》兩種冠首何如？丁儉卿師亦有《左傳補義》，亦可假，能得一函便可。何日返淞？《范文正集》可如此商量否？此上，敬頌著福。小兄荃孫頓首。

三十五

君直仁弟：

握别三日，時時思念。昨晤古薇，言閣下即日到滬，别有所就，更深盼望。館在何處？淞江之館聞交與錢君，現所編過半否？黄跋鈔出幾何？范集影補否？原書乞取歸，可以代補，説君空閑矣。所借毛鈔又何如？今年旱荒，荒地甚廣，兵災旱災，民不聊生。炎暑三月，欲逃無地，幸無病耳。文遠常晤否？鄦齋先生書送來否？此上，敬請文安百益。荃孫白。十四日。

三十六

君直仁弟大人閣下：

相去太遠，礙難長晤。殊悵！《左傳禮徵》刻起，原書及清樣至上，希察入。近爲居停校何書？能示知否？掃葉之《文藝雜志》今年不出書，何故？君雅常來否。此上，敬請著安百益。兄荃孫頓首。

三十七

君直仁弟大人閣下：

正擬詣談，又值嚴寒，不敢出户。且候數日。《集韻》是校正曹本，並無札記，禮卿一本每卷後注每字據宋本改，每字據某校本正，每字據某人説，未敢輕信存其説於此，未知禮卿本所在矣。又，此書只可交饒先生印寫，湖北刻不能改方字，已與翰怡言之矣。傳刻二書呈闕。只一書，《方言》尋不著。蔭臣書卅元。蔭窘甚，不能送友人，諒之。此頌著福。荃孫頓首。

三十八

揆一仁弟大人：

大喜。昨奉大柬，惜不能臨蘇，謹具菲意，伏乞哂納。去歲辦喜事，今年又辦婚嫁，殊復不易。近來醫道大行，光景想略勝前。又得好書否？目録、考略文字見雜志外，想尚有多篇，乞代荃鈔一份，鈔貲示知即寄。荃多病不出門，藉新作以消永日。傳沅叔一日千里，又强有力，南北好書歸之甚多，據説已及百宋。寒雲之書盡出，而圖書累累，不盡在行行跋語，拍馬之觀款題辭，實好書之厄也。現又大半歸粤東富翁，將來何可問？沅叔得之尚可，荃處書賈不到門。蕘圃老年亦有此嘆，何况我輩印臣與荃等！陶蘭泉又續《常州先哲遺書》，蘇府何以無人，緣督收蘇府遺文不少，今尚存否？書單在翰明處，其家何如。手箋，奉賀並請文安。暇時答我。八月十一日，繆荃孫頓首。僧保隨叩。

致章鈺

式之仁兄大人閣下：

弟初七到常，十九旋寧，廿一詣談，知未回，悵然而返。頃奉手書並承惠朱氏兩種款識，謝謝。弟去年刻《竹汀日記》、《河南志》、《玉牒紀事》、《牛羊日曆》、《真賞齋賦》、《刑統賦》、《孫淵如年譜》，先將印成者呈政，餘再致。此請升安。弟荃孫頓首。

匯索小叢書前月使人帶往。

致吉城

奉讀大著，語語精透，高郵學派自有真傳，欽佩奚似，佳楮塗就一並奉趙，此上鳳墀仁兄著席。荃孫頓首。

遠交來兩紙，款已應却，乞轉詢示知爲荷。

《荀子考異》留閲。

致张元濟

一

菊生仁兄大人閣下：

前奉手書並承匯到二百元，費神，謝謝。沅叔信亦到。代裝明初刻兩書，代鈔補遺，又活字板《孟集》，乞附寄爲感。金陵未下。天熱如火，不病而病，排解爲難，一嘆。奂彬亦有長居滬瀆之意。餘再面談。此請著安。弟繆荃孫頓首。廿一日。

二

菊生仁兄大人閣下：

弟由京回滬。《宋詩》弟定一部。借書開示，有者即檢送。沅叔擬交兄百元，而帶來《大典》一册，杭字韻收《武林舊事》後二卷；《西湖老人繁游録》，全；《都城紀勝》，全。甚佳，價百元。可收則送書，不可收則送價來，候示。而弟亦須留《大典》校《都城紀勝》也。此上，敬請升安。弟荃孫頓首。廿二日。

孫先生均此。

三

昨度一緘，想已察入。晚間奉到《齊東野語》並手書，尊命先揀《梁溪漫志》呈閲。錢叔寶鈔《華陽國志》，錢功甫鈔《老學叢談》，父子名筆，均讓之劉翰翁矣。此請菊生仁兄大人文安。弟荃孫頓首。

四

菊生仁兄大人閣下：

騶從新自京回，沅叔、授經諸舊雨興會何如？各有所得否？《存復齋集》即留鄴架，除複印行更好，昔人只《南宋雜事詩》引用書目有之，然非僞品。此復，敬請文安百益。弟荃孫頓首。

八可兄想已全愈，乞代候。

五

菊生仁兄大人閣下：

昨日詣貴公司，未晤，入迎賓室，將《宋名臣言行》八册交與管書人，並留一字，想已察入。乞代録後集兩跋見視，他本所無。無須借書矣。又，夏鑒翁言，貴公司欲印《分類夷堅志》五十一卷，又《夷堅支志》七十卷，《三志》三十卷。先印何項？或兩部同印？示知爲荷。此請文安百益。弟繆荃孫頓首。

六

手示敬悉。《梁溪漫志》二册跋語不誤，謝謝。《捫蝨新語》須找。《夷堅志》新校本、《分類夷堅志》貳拾册均奉上，乞察存爲荷。此復，菊生仁兄大人。弟荃孫頓首。

七

鞠生仁兄大人閣下：

昨奉手書，並《存復齋集》一册，葉信一稿，書目一册，又前次《秘笈》七集均已收入。惟弟於正月廿三嘔血盈盆，幸醫治未誤，偷活至今，已過百日，藥仍未斷，亦未下樓，即使能存，而精神亦非昔比矣。葉奂彬吏部談過一次，知貴館《四部叢刊》決計速辦。所進要言，尤以不拘《書目答問》本子爲最要。當同治十三年弟爲張文襄辦此書時，以通行本子爲目的，使人易得。現新出好本多於往時，尤以精本爲主矣。葉言，經書采注，不必帶疏。莘如又言，《孟子》得宋大字本。弟見過《論語》大字本，但不計古注、朱注。瞿良士即以尊意致函。葉稿即還七集，謝謝。弟病後萬念俱滅。《蕘圃題跋》、《小品叢書》刻完後不再刻，財力、精力均來不及。所藏亦有可裨叢刊者，查出開單送閱，或倩莘翁無事來閲可也。先此作復，敬請文安。同學弟繆荃孫頓首。初九日。

莘翁上南京，李八可兄、夏鑒丞兄代候。

致王大炘

昔年我識安東令，刻玉鐫銅衆法該。今日開緘如舊識，今人争羡冠山才。其一

下黄陳孔盡名流，風格於今豈易求。方正吾丘文叔重，千秋法乳澄前修。其二

小詩題奉冠山仁兄雅正。江陰繆荃孫頓。

致金鉽

手示誦悉。雜人列女，即附入各府人物，歸分纂，撰成另編。江海兩防，不能成書，裁去此兩門，而長江水師尚須修整完密。目下長江水師附江防，海軍附海防，離之則兩傷也。江海兩防，韓君已交一卷，全不能用，再四參考，只可删除。問韓君便知。此復蘅浥仁弟。荃孫頓首。

致丁孔章

昨譚甚洽，見視各種，無一不佳。多寶塔宋拓，固佳不待言，即乙本亦不數見。宋拓勉作一跋，乙本書一觀款。名人手札内，翟文泉以濟寧藏郭有道碑爲不真，與鄙見合。王菉友以《湖南金石詩》爲不佳，今楊氏叢書内有《湖北金石詩》，亦印林先生署簽，大約即是此種，而誤北爲南。馬君詩誠不入格，菉友强分南北學，亦可怪。

手札,何子貞、張石洲二丈家肫誠,汪慈最迂謬,不如容甫先生多矣。明歲晉省貴邑金元碑能拓到否?莒州唐省堂寺碑聞尚存,迄未見其拓本,尊藏有是碑否?攀古小廬吴氏《攟古録》,則望代索一份。荃孫在京曾刻《云自在龕叢書》初集,在南又刻二集,明歲當持贈也。足下英年,又承家學,乞努力精進,勿妄,勿助長,以期大成爲盼。此致孔章仁弟著席。制繆荃孫頓首。

致孫毓修

一

星如仁兄大人閣下:

久仰盛名,未聆雅教爲歉。惟起居百福,著述千秋是頌。弟與菊生多年至好,嗜書尤有同志。囑鈔補《經解》,因圖書館忽云獨立,忽云裁並,恐圖籍遺失,立與封鎖。現司道議决,仍歸獨立,月發千金爲常款矣。丁善之,錢塘人,修甫之世兄,在局中管書。昨已借《周禮》,交寫官在館趕寫。弟告白,仍懇代登,報費請墊,歸鈔資矣。改四字,尤爲周到,費神,下月到滬面謝。菊兄已行,弟本擬今日走送,亦無及矣。手箋,敬請升安。諸希朗鑒百益。弟繆荃孫頓首。

二

心如仁兄大人閣下:

前函發後即語善餘,善餘已言其誤,正擬檢舉而尊函已來,弟心粗誤會,何敢自諱!學部審定,亦屬不敢附和,蓋當道者皆東洋留學生。汪先生之講義,不過新名詞稍多而已。《通志》體例及擬目呈政。此局係張制軍與議員嘔氣而設,報上日日譏誚,而總辦諸人不知撙節,亦復授人口實,將來未必能成。弟既經手,必成一二門以塞責,緣藝文、金石兩門本有草稿,不過借官力能速成耳。《松雪集》六至十共五卷,已得全書之半,影寫頗不易易。先請示,如鈔用何紙,影寫用何紙。序首半葉原有影寫者,補目則缺一葉。《論古間侔》,昔所未聞,屬鈔甚感,鈔成當即付梓。《續經解》又成一種,本只十卷,未全,乞察入是幸。盛宫保病漸愈,新招羅千秋入幕。此復,敬請台安百益。弟繆荃孫頓首。

三

莘如仁兄執事:

前日奉手書並大作,因有皖中之行,未能即復。嗣又奉續函並《論古間侔》,藉諗撰著益多,無任艷羨。杏公嗜好不專,所收全憑左右指揮。近托汪子淵索弟書,弟願照《藏書記》點本,照時價奉讓,小有基礎,勝彼所收多矣。《江南圖書館書目》、《存箱目》均已寫好,七月朔開館,懇兄賜光。《論古間侔》定刻傳,古人書即有訛,亦勝湮没。近得《天山年譜》,均天壤未有之書也。《周禮總義》將鈔畢。張洽《春秋集傳》想已收到。推論中國文字,發前人所未發,至當不易。阮文達言,文字從交互成,得偶義。君言象形結構得偶形,又深一層矣。雨大稍凉,雨止即熱,少應酬,多翻閱,亦足適也。手復,敬請著安。諸希朗照百益。弟繆荃孫頓首,荷朔。

四

莘如仁兄大人閣下:

前奉手書,未及即復爲歉。六月徂暑,君子攸宜,諒符私頌。弟在金陵,正在籌辦圖書館,擇吉開幕,忽度支部電囑並入通志局。弟等電學部,請主持,迄無定見,而七月朔之期,不能不展緩,公事如此,仍可嘆也。經此挫折,意懶心灰,急思售書爲求田計。照目畫價,已寄宫保,整售則打折,零拆則不折。菊兄回來亦可相商,並送信琉璃廠舊友矣。垂老途窮,不得不尚出計,亦屬可嘆。手箋,敬請著安。弟繆荃孫頓首。

《經解》又一種將成矣。菊兄何時回?

五

莘如仁兄大人閣下:

《尚書精義》一卷乞察入。現只存《周官精義》一書,爲卷稍多,已交妥人在館續鈔矣。近又得佳帙否? 此上,敬請台安。弟期繆荃孫頓首。

六

莘如仁兄大人閣下:

弟匆匆來京,未及告兄爲歉。家信來言,《周禮易氏總義》已鈔成,如收到乞示及。去歲見宋刻《草堂詩箋遺》,年譜、詩話爲一册,在廠肆,想配全否? 開單所索之種,均已交齊,鈔費算得再布。菊兄何日回來? 弟在京城寓,西單牌樓太僕寺街。日與書爲緣,尚屬不惡,惟嫌鞍馬勞頓耳。變法首議剪髮易服,江浙必定大亂。弟移家到滬,能避此難否? 此上,敬請台安百益。弟繆荃孫頓首。

七

莘如仁兄大人閣下:

前月奉手書,即以原函呈盛宫保,遲至今日始有回信,又明諭劉祥爲兄函。弟想退回去,又不知何年方發,不如將原函原諭寄上,在滬交接可也。宫保日理公事,又受謗怨,並無一人幫忙,固亦難怪,求兄諒之。菊兄回滬否? 石印事已與印書館接頭。此上,敬請台安。弟繆荃孫頓首。

八

莘如仁兄大人閣下：

兩奉手書，聆悉壹切。惟琴書餐衛，與時咸宜爲頌。弟在京師，日與書籍爲緣，固平生之上願，而讀書好友多聚京師，賞奇析疑，增益見聞，尤南中所無也。《詩話》、《年譜》，行款與尊藏不合，决非一部，劉聚兄以一百八十金得之，亦云貴矣。影摹留傳，弟所正欲，惟款項難籌，尚須閣下設法耳。鞠生聞已回滬。羅叔藴月出《國學雜志》一帙，做得到否？京師圖書館，只能摹《留真譜》，擬一整葉，如有牒子、牌子、名人跋，必全録。每種自加一跋，表其好處，即日以十種交鄂匠，聊留真本面目，亦可愛也。手此，敬請台安。弟繆荃孫頓首。

《周易本義》；宋。

《通鑒紀事本末》；

《容齋隨筆》；宋。

《通鑒詳節》；宋。

《通鑒續編》；元。

《荆記》；元。

《琵琶記》；元。

小巾箱本；

《左傳大字白文》；北宋。

《詩集傳》；北宋。

九

莘如仁兄大人閣下：

昨奉尊嫂夫人安葬赴告。民國又未頒通禮，只可仍循舊式。挂帳乞收入，弗笑其頑固也。餘面談。敬請箸安。弟荃孫頓首。

十

莘如仁兄閣下：

兩奉手箋，並知《鹽通志》寄到，費神，謝謝！《安氏書目》有未見書否？讀《宋詩鈔》跋，吴氏續□有此志、無此事。莊生早歿，孟舉亦歿於康熙年間，雍正四年吕氏之獄方興，相去二三十年。此跋似須略改，知人論世似不能隨便，乞酌之。弟見如斯，未知當否？此請文安。弟荃孫頓首。

京師議論紛紜，弟又抱病，今年未必能去。趙组长亦遣炯坌來滬相商，炯堂並爲太夫人七十雙慶祝壽。

十一

莘如仁兄著席：

《巴西集》未見，康熙朝“宋”亦不知何人，疑是宋比玉昆弟。宋子儋藏書是何書，能蹤迹否？“子儋”白文是玉印，恐無人假。《玉海》引《續書目》未考。前詢《汪振綺書目》共三種，此種獨全，然無解題。近又得崇禎《江陰志》，刻手又鈔配，明人選《江陰詩選》亦不易得。王子展攝印《傳是樓書目》亦不全，又用最小字，殊不雅觀。爲羅叔蕴《國學彙刊》，何嘗不好看？可見非内行也。此及，敬請著安。弟繆荃孫頓首。

李八可是丁卯年孫。近人專詆本朝興書獄，而□□之不加考證，明太祖以文字殺人甚夥，獨以漢人怨之乎？實所不解，我意諸公不知明祖之事者。

十二

兩示均悉。黄蕘圃《藏書記跋》、《刻書記跋》分兩種，詩文均置之，因非所長也。即跋中亦多訛舛，是賞鑒、收藏兩家，決非考訂家。兩記未收百衲本，學部圖書館有殘本。好在官銜不同，在温公生前刻。南宋本便歸一致，孔本一律或從南宋本，固自不能同也。内府書籍四種，宋本出售要三千元，有《郭青山集》，兄知之否？此上，敬請莘如仁兄大人著安。荃孫頓首。

十三

莘如仁兄大人閣下：

頃奉環雲，價目嚇殺蔣君。前帶卅百元得全本，誰以七百元得殘本耶？可不必商。南圖書館亦不全，荃孫本新鈔，與王息塵兩校宋本，方知安本即出翰怡所藏宋本，缺卷從鈔本補一百八卷，重複可笑。跋刻入《癸甲稿》。安本可有可無之物。高翀刻本亦見過，卷首官銜四人行款變動，亦止見六十餘卷，一百八卷、後序均無之。此請台安。荃孫頓首。

十四

莘如仁兄大人閣下：

在京奉讀手書，未能即復爲歉。今於昨日回滬，托庇平安。京中書貴，然無買主。沅叔亦攜眷入都，住太平湖太學內。學已閉歇，沅叔借住，想已得信。拾得無錫人零本，乞莞存。餘再面談。此請文安！荃孫頓首。

四部舉要，略易一二部。尊公著述乞畀一稿交荃，徑寄章式之，即叙入類，所怕空名耳。書名人名。○○○○○幾卷，字△△，無錫人，庠生，官△△△△。如有兩書分兩類，如安詩《飛香圃文集》一卷。字○○，無錫人，道光癸未進士，官至户科給事中。不過如此，不多叙，唐宋志均如此，不必具呈。即從前上諭言付史館，并三品以上大員撤之不少，況現在之命令乎？龐文恪附"毛昶照"團練，曹恭慤附文“二忠傳”。

十五

莘如仁兄大人閣下：

兩奉手書，聆悉壹是。“禹貢錐指”下似宜加“辨正”二字，即寄章君式之，斷無貽誤。龍池草堂《張集》，止見鈔本，廿卷之外即聚珍本，更不足憑。代人刊板，萬事草率，佚文乞鈔示，版歸劉氏，可以補刻。《説文》至五百餘册，薈萃各書，無所折衷，疑是爲夾帶而設，著書無此體例。連桂書有以爲類書者，卓見以爲如何？手此，敬請文安！荃孫頓首。

《朱氏四種》版歸劉氏，均須重校。司空添詩、添校記已成，全不録正校。

十六

星如仁兄閣下：

前奉手簡並張集、蕘跋，心感謝之至。張集近鈔從汪遠孫校補，然朱刻均有之，可見朱寫。廿卷，是明鈔。本亦至精也。《四庫》從《大典》鈔出佚篇，惜複蘇君銘一首，"感峰樓"不知誰家刻本，更難得見，小米亦以爲訛脱。蕘跋已得其三，只《松漠紀聞》跋未見。聚珍本有《四庫提要》，曾見其本。先攝後刻。除三單外並無全目，亦自編耳。漏不少，曾得目外五種。即福建聚珍新補版，傅節子改正許多，未能一概抹煞。局内有一通人，即有好處，湖北、江西真至陋矣。前鈔《華氏傳》爲府志。呈閲，兄必見過，可留之。無錫修志否？此請文安！荃孫頓首。

十七

莘如仁兄大人閣下：

聚珍版之刻本如《帝範》、《算經十書》，亦不止一書。提要另刻，字較粗，紙亦劣，大半榜紙。不類。目外得《九家注杜》、《熊方漢補表》、《平苗紀略》三種，另一小種不記明。《持静書目》可笑無比，不足道也。七卷《趙子昂集》未見過，《華氏傳》接續刻，此數篇必有矣。此上，敬請文安。弟荃孫頓首。十二月四日。

丁氏聚珍全得之否？刻本別行。

十八

手示敬悉，無錫《張奕志》已有了，出已十年矣 。或又出一石，則不可知。方彦聞《金石萃編補正》，吴申甫石印，字頗大。《周易》

非看書不知。黄松石《扶風石刻記》,止見鈔本,即小松之父。孝子入《孝友傳》,小松入《文苑傳》。周孝侯像在周祠中,曾游宜興。前塑像不知其爲宋刻,已釋文,候編入《南宋金石》矣。又,惠山石松聽床,只知面上有趙字,枕上有題,側面似亦有字。因端剌台勒題名字,打本方知下有字也,未免失之目睫。莘如仁兄大人。荃孫頓首。

傳舊友胡,丙子同年,必送閲。因其無足輕重,棄之久矣。手中止顧、朱、羅三種,李亦送過,亦不知何處去?江西胡、李二君刻書甚多,亦可收之免鈔,不能算本子。

十九

周先生傳鈔奉借書園,亦未成,與顧先生等傳詳尚落一事。《四庫》進呈書發還時領出,某尚書借閲,不三日籍没之旨下,先生書亦去矣。現翰怡刻《實齋全集》亦大功德也。孫氏假乩壇嚇人,亦示保守之苦心耳。黄跋已取來,不足畏。刻六卷,書跋十卷,刻書跋一卷。此上莘如仁兄大人。荃孫頓首。

瑞安孫氏書佳者多,黄氏亦不少。漱蘭前輩不知書,仲弢則廣收矣。

孫銓伯,廠中呼爲"孫癟嘴"。廠中凡識美惡者及花錢者方有混名,如張三老爹、窮沈、窮姚、徐大傻之類。丁卯舉人,中書,日日廠肆。著名宋版八部,荃均見之,一《周易》,岳板。一《禮記注疏》二十九卷,一撫州本《公羊》,官銜。一《范書》,蜀板十六字本。一《魏志》,單行,與陸之《吴志》同。一宋公序本《國語》,蝴蝶裝。一《名臣琬琰集》,一巾箱本《左傳》,潘文勤公屢欲得之而不果。改官江南,曾在上海、蘇州當差,所得亦不少,殁後書籍交其妾,不忍棄去。殁已二十年,僅存一四歲曾孫,人去欲看其書,輒被辱駡。前歲存款爲廖氏倒帳,子培處新帳。慫恿之人益多,故假乩壇嚇人,然八書止存六書矣。甲戌沈韻初没,傳言收藏爲其母所焚,亦此意也。

二十

莘如仁兄大人閣下：

新刻《唐人文集》四册，繆氏《考古録》，同姓均收，惟祖芬尤敢録載於家譜，文貞公已分譜矣。又舍侄著《舊話》一册，均呈鑒。另一分乞轉呈菊兄爲荷。唐子西跋收到。孫印本已搜得，止收三刻，又雜入石銘刻《百宋一廛書録》（自刻不收，以其專書）。别無所增，而蕘圃已改姓王矣。《實齋全集》尚未見。此請文安。弟繆荃孫頓首。

二十一

莘如仁兄大人閣下：

承顧未奮，又荷手書並鈔各件，感謝無既。顧啓未見，事却知之，亦未果也。《吴图經跋》、《婦人集》均得之，丁仲祜允送我一部，當細細翻之。爲名爲利，宗旨各殊。涵通樓已得三集，止四集未見耳。傅目光緒二年。又胡義質一目光緒五年。均未收。此上，敬請文安。弟繆荃孫頓首。

二十二

手教誦悉，並贈周像，謝謝！宋人志乞求之，可入《江蘇金石志》。弟前次編至五代而止，此次修志從北宋起，約有十卷，至元止。未見拓本者列入《待訪目》，亦有四卷。得暇即詣尊處暢談也。莘如仁兄。荃孫頓首。

二十三

連奉兩信並賜書，謝謝！郭刻柳文，張石銘有之。《帝學》是活字本，閱後半自知。首葉刻本也。昔人均以爲宋刻而不言活字。國朝曾翻刻，稍整齊，口上有〇〇藏本，葉葉有。《道餘録跋》收到，菊兄回來否？心如仁兄大人。弟繆荃孫頓首。

回呈孫先生。

二十四

莘如仁兄大人閣下：

石銘書如易借，弟第一次即擔任，不待兄函。俟菊兄歸，當可借到。《朱存理集》，項彦璁即明宏治本，去年曾見刻本。朱，至正朝人，其曾孫能爲元人乎？進士，按察使，明官也，“元本”二字可議。菊兄非自藏書不印，即揀舊藏續集贈菊兄，可以印全，俟與印本一核即呈。此復，敬請文安。弟繆荃孫頓首。

二十五

莘如仁兄大人閣下：

承賜箋紙，謝謝！但紙厚重多葉，則郵政照多矣。初設郵局，劉聚卿曾做極薄紙與封送人，近亦無存，可笑。《邵氏聞見前後録》已刻，《讀書記》近又有校，《鶴林玉露》亦有佚文，可見兩本合校，必有一二處可愛字，第無暇耳。此請文安！弟荃孫頓首。

抱經七十九歲校《儀禮》，爲嚴悔庵所譏。弟亦七十五矣，校張刻《儀禮注疏》，注用嚴州本，　用草　，缺者用《要義》補，方知顧千里頗改本字，《考異》嗣出，大約不能出耳。略有札記，書成再政，原書亦錯落均有之。

二十六

莘如仁兄大人閣下：

天雨不止，未克走談爲歉。宋本《琬琰集》二册奉趙，潘君已有之。在袁二押款三萬元内，早已没收矣，過期半年。已到京接頭，又押五種。潘不願置第二部，容再與翰怡言之，菊兄能留否？此請文安。弟繆荃孫頓首。戊午夏曆十一月既望到。

二十七

江蘇亦刻前三單書，與浙江同，然未見全部。弟只有《書録解題》，若兄收到廿八種，已云多矣。天雨甚，翰怡亦未見也。此請莘如仁兄大人文安。荃孫頓首。

前日晤面之王息塵,華陽人,癸酉舉人,在四川時荃與之同在湯秋史先生陽湖人。門下受業,現亦校刊書籍不懈,時時晤談。

二十八

莘如仁兄大人閣下:

《琬琰集》翰怡不願收,可復孫康侯。翰怡收書無宗旨,聽旁人指揮耳。華刻元集無樂府。單刻本五卷,張本只四卷,亦不全。昔年代吴仲飴補録一卷,未知刻入否。蘇刻聚珍本實屬罕見,在京多年,亦未聞友人中藏此者。菊生得《金石苑》底本精極,六本正本,二本稿本。聞石印,弟即擬購。翰怡擬刻《海東金石苑》,亦稿本,可補足即刻,以儷平津館金石。燕庭則以褚千峰爲式,各有精彩。此請文安。弟荃孫頓首。

二十九

莘如仁兄大人閣下:

多日不晤,近又見佳帙否?新借得潘君押下元刻《片玉詞》影寫一帙,秘之。係孫籋航本。兄前鈔得一份何本?袁有雙玉。是否黄蕘圃本?可借一校否?稍遲亦可。《捫蝨新話》以《儒學警悟》本爲最,二百條。餘祗一百九十條,明鈔、毛刻均同。新校補完善,亦俟明年再呈。此請升安百益。弟繆荃孫頓首。

三十

莘如仁兄大人閣下:

今日觀瞿氏新印《李丞相集》,上卷有“臨安府洪桥子南河西岸陳宅書籍鋪印”一行,似非陳解元書鋪也。此等小典故隨處皆是,極有趣。馮大中丞辦《通志》,新例頗不佳,不知諸君何以著手,且看下文。此請文安百益。荃孫頓首。

三十一

莘如先生閣下：

昨奉手書，備承拂拭，何敢當兹。惟新春集社，古籍呈華爲頌。荃孫年愈高，衰亦愈甚，别無嗜好，只有劬書以消餘年耳。尊鈔黄本《片玉》可假讀否？去歲所影，孫駕航本也。圖書館尚未完備，業已停辦，但書能保全已屬幸事。北京圖書館宋版較多，能往觀乎？其實亦不過兩日程耳。手箋敬請文安百益。弟荃孫頓首。上九。

三十二

莘如仁兄大人閣下：

弟初不意尚能苟延，亦賴鐵樵治之如法，現一切似可復舊，惟未敢應酬耳。承注附聞近出宋本至多，惟《名臣言行録》、《周草窗詩》，弟之《注蘇詩》廿六卷，真海内未見之書。袁二"八經"真宋刻，非靖江本可比，王漁洋見倪闐公"九經"，弟見之靖江本，奏刻底本亦靖江本，刻在明初靖江路。餘不過古董耳。印行甚佳，可信。此書縮小無妨，薛鍾鼎隸圖皆縮小也。此復，並請文安。弟荃孫頓首。己未上九後一日。

三十三

莘如仁兄大人閣下：

弟病，延貴同事惲鐵樵治之，似乎稍有起色。《名臣言行録》影寫必損裝，恐菊翁不願，不如刻。照刻。一格板照寫，提行空格避諱均依之，亦下影寫一等耳。可否如此？乞酌。此請文安百益，弟荃孫頓首。

孫先生。

三十四

昨示誦悉。通行本均一百十卷，實有子卷在内、目録在外。至一百五十卷，目録十卷仍在外也。編次亦不同，祖本在瞿氏。此及，敬請著安！荃孫頓首。

三十五

手示敬悉，費神之至，已照蓋印矣。《秦淮廣記》昨已有信，仍照前議，不必再商。《逸周書》即日奉上，因今日未下樓也。此復莘如仁兄大人。荃孫頓首。

三十六

手字敬悉。沅叔在揚州又有信來，云得《稽古日鈔》零種，弟亦有零種十一書，不知照《彙刻目》收得全否？然弟有《史劇》一種，即《彙刻》所不載。《鴻慶居士集》荃孫曾校鈔周序，四十卷改"四十"爲"十四"，明人之慣枝，明人序又爲劣賈撤去耳。《徐騎省集》，刻書以授經所得爲佳，鈔本以積餘所得爲佳，大字影寫。蕘圃亦未見也。荃孫得金亦陶本改易行款。京師見授經本而不能校，至前藏盧抱經校本即存齋著録，後爲徐梧生换矣。亦然，非出於宋矣。來青閣以三千元收得木瀆馮氏書，不知有好書否？此及莘如仁兄大人。荃孫頓首。

三十七

莘如仁兄大人閣下：

書已清出，如有暇即過我一觀。單上所無、弟所愛者，亦順便攜出賞鑒。乞早臨，天氣將熱，鬱久必熾也。此請文安。弟荃孫頓首。

三十八

莘如仁兄大人閣下：

來示謹悉，禮拜日早來。現日日清書，過吴校《嵇中散》。吴元恭《爾雅》找不著，宋三裝已知之，虞山有毛、錢遵王。兩裝，錢景開所謂"一見紙面綫角，便知何家之書"。毛氏書已無。毛乃一鈔，錢罄室父子手鈔均歸翰怡。尚有《隸釋》一種見諸《敏求記》者。如今書估改舊裝,太不懂事也。如《聯珠集》,“宣綾包角藏經箋”者,惜歸翰怡。鮑鈔楊裝郁曰均在,尚可賞鑒。此請大安。荃孫頓首。

三十九

莘如仁兄大人閣下:

昨誦手示,今以《續復古編》、《濯纓亭筆記》《古樂府》一時尋不著。兩種呈閱,乞將新得書目交下,欲一查也。此請文安百益。弟繆荃孫頓首。

價似不便再讓,此時尚不急。前借款開拓實業,非爲發餉也,一笑。此紙決不能存入字簍,可乎?

四十

莘如仁兄大人閣下:

《孔叢子》刻印俱佳,七卷原弟,又多淳熙一跋。《滂喜齋藏書記》有元翻宋本,宋咸注,先後皆有咸序,有嘉祐八年吕逢序,半葉十二行,行大二十三四字,小二十八九字。延令季氏藏書附釋文,巾箱本,無後序。此本用著表序而無注,亦有删不盡處,與刻劉須溪評點本而無評點,同明人習氣也。包袱乞交來手,《孔叢子》四本繳。此請文安百益。荃孫頓首。己未閏七月十九日。

四十一

莘如仁兄大人閣下:

奉書承問,心感之至。弟無大病,早已照常。安刻《鶴山集》,乞代弟一談,願得之,定價不嫌矣。黄跋乞定價,便開印壹百,壹百印去決不他處寄賣,以歸劃一。蘭泉已歸,《儒学警悟》留下發刻,头本王攜歸。閣下常見佳書,弟處書賈不上門矣。此請文安。荃孫頓首。

四十二

莘如仁兄大人閣下:

單上均檢出,可一起將去,内重複一種須除,又,《白沙集》是嘉靖本。將醫書三種添上,何如?兩舊鈔《東軒》互校,譌字志於眉。天一本序次略有顛倒,不如江村本,而與《稗海》本同。江村本譌字藉以改正不少,不知尚有他善本否?宋人雜記,彼此互見者甚多,須與質證,亦一快也。手箋,敬請文安不宣。弟荃孫頓首。

四十一

拙著呈政,《乙丁》四卷亦付梓,久未訖功,亦不自知其醜矣。莘如仁兄大人閣下。荃孫頓首。

舊鈔《説郛》乞借一閲,想與翰怡、沅叔兩本,京師圖書館有之,能互相鈔呈否?

四十二

莘如仁兄大人閣下:

送上《説郛》廿八册、《鶡冠子》一册,祈詧收。楊《樂府》自去年與宗子岱元刻一對,一板渠本少明人序,書估撤去。即隨手一放,不知何箱,找出即呈。近杭州攜宋刻兩種,有《太平經國之書》八卷,宋刻宋印。弟有明本十卷,徧尋不獲,昨尋《樂府》忽得之,與宋全不合,無論《大典》本矣。此請文安!弟荃孫頓首。

四十三

莘如仁兄大人閣下:

奉手書,悉一切。九十多種恐需時日,古里瞿氏不甚願意,借印條件可笑。鞠兄回言緩商,因近日謀得議員,自與平日不同矣。蕘圃跋事承陶惺送來。館中鈔得具呈式子,何以如此不通?真是民國政體。頗難照辦。本無此書,四十年一篇一篇輯得三百餘篇,交潘吴縣刻之後,又輯得百餘篇。江建緥借去一册即刻之,還有一册與鄧秋湄,印入叢刻。後又排至一處,與章式之、吴印臣同輯得六百餘篇,現列三人名,呈列一人必駁,列三人無圖書。實是發自荃一人。因印臣想刻而無現資,荃又日薄崦嵫,想見其成,獨出千元刻之。而此書至多不過售百十部，新人物决不要。亦不能穀刻貲，何必强掠得無主著作。如蕘圃元孫爲他人慫恿出名，荃轉爲强掠之名矣。太不甘心。掃葉云只要書業公所高翰卿先生。呈一書，上一告白，亦可略止翻印。主者亦在館中，仍須托吾兄照應。荃書候回滬再閲。極容易，第須先知照。書非一處，須先取出也。此請文安。弟 荃孫頓首。

聞貴館新校十三種，乞示目。《周南集》想在内。弟現校《涑水紀聞》，王雪丞言在内，此書無善本，聚珍本亦不佳，舊鈔重複雜亂，無舊本只宜重定，聚珍已近重定。又不一律，如有湖北新刻亦望一校。現逐日校書長功夫，極有趣也。

舊校《宣德志》。輯佚一册。新校《黄文献公集》四十三卷。《續古怪録》。《查初白逸詩》一厚册。著作本少。《慶湖遺老集》。《胡稚威佚文》一册。《會稽掇英總集》二十卷。《吴師道詩話》一册。《詩話總龜》一百卷。新從《負半□集》鈔出"宋事"一卷，與《後村集》相配。

四十四

莘如仁兄大人閣下：

遵囑致書業公所一函，是否如此措詞？並送紅様一部存案，俟開印再呈。沅叔回京否？此請文安百益。弟繆荃孫頓首。

可否由本館出面，爲之請領著作權？

明日欲作致書業一函，下筆不成，乞代擬一稿，並會長號亦忘記，可笑。費神再謝。

四十五

莘如仁兄大人閣下：

手函敬悉。《續集》分体不分卷，似須并之。分卷隨意。至出處誤記，容再查之，确非僞作。此復，即請文安！弟繆荃孫頓首。

鄉愛搜元集，未見《四庫》者止《寓庵集》、《王剛□集》及此，而三輯逸者孛朮魯翀、閻復、二種已刻。盧琦未刻。三種。

致沈焜

一

醉翁仁兄大人閣下:

段《補訂》送上兩册,請收入。《南唐書》爲天下至寶,弟當細心讀之。張蘭渚侍郎是闊人,全刻斷無是理,或檢筆記文集一閱便知。先説活動,方好消寒,酌改人亦極難,須另設法。今日早間來客十餘位,上下二十次,疲乏已極,非酒不能支矣。不能多叙。此請文安。弟荃孫頓首。

翰翁均此。

二

醉愚仁兄大人閣下:

葉譜一卷,朱詩兩卷,即送朱處改好,再從閲,不錯即可上板。葉譜下卷,一二日畢,先發刻一二卷便從容矣。現《太樸集》發去否?穆子美大約亦快,又要預備書。朱詩應改《楓江草堂詩集》爲是,未刻稿歸之跋語内可也。此請著安。荃孫頓首。

《説文》底本未來。

三

醉愚仁兄大人閣下:

溽暑不敢出門,久疏候教,歉甚。《查譜》甚佳,乞檢《東山外紀》、《敬修堂弟子記》補之,弟當效勞。《七國考》,守山閣所刻,無出處,暫緩。淵如先生書,無刻本,前見過耳。《玉堂薈記》,早交朱文海,寫二卷,太大,退去,容促之。《薈記》太大,《歷代詩話》首册太小,朱文海疏於點檢之故,近已就緒。《湖録》則難刻。兩册先還。

盛藏《後甲集》只兩本，更少，又新鈔不足補。留《後甲集》在此備查。此上，敬請文安。荃孫頓首。

翰翁均此。

《南唐書》已補注，乞催穆子美快寫。

四

醉愚仁兄大人閣下：

穆子美求再發書價以度年關，已函致翰兄，並求吹噓。語石來函，乞閲，可以爲謀否？並酌。此上，敬請文安。名心叩。

前交去《吴興備志》，《冬青館集》在許子翁，能取回與之否？

五

覆校之李、瞿、葉諸年譜，乞付弟一閲，應改者必改，漏校無所諱，特怕改出兩歧，如前日所見，本改"淡"，作"談"則誤，此等處略斟酌耳，乞轉告翰翁爲荷。

六

醉愚仁兄大人閣下：

前日談猶未盡。明刻《畫苑》是好書，可收。價貴可商。是賈人本色，弟只恨其混充行家，亂題跋耳。書中似此者甚多，倩人過不全校本，假圖書以缺爲全。馮林一書，勝於薛桑根，然滿收地志，亦不可遺也。翰翁處，一收拾書人，一寫官，萬不可省。黄蕘圃有張泰、景宋。陸幹生補葉，宋元本、舊鈔本脱葉最多，黄必補全，見之題跋。弟藏《僑吴集》，以舊紙倩顧千里手補。《活幼心書》、《麈談》，則自補至十餘葉。即殿板《五代史》亦缺葉，鈔本《五代史》錯卷已改正。此書可發刻，俟弟、朱文海言明。可不誤，將來必高於殿本，不必再問人。如宋吴縝，本朝吴蘭庭，是糾歐史，非薛史。彭注亦是歐史，亦恨其無剪裁耳,不如周注《南唐書》。吴胥石文鈔起,弟須編,編定署《胥石先生詩文鈔》,序中叙明源委即得體。《東山外紀》閲過,只可重刻下卷以期一律。此上,敬請升安。弟荃孫頓首。

翰翁均此。

七

醉愚仁兄大人閣下:

昨談甚洽。《謝幼槃集》,小萬卷樓刻之,光緒八年刊,校極佳;《秘書監志》可刻,均奉趙。《鐵崖大全集》,元章琬刻,罕見。明馮允中刊文集五卷,亦罕見。《吴興志》已交穆子美,尊處前云友人有之,乞即借購,補足爲幸。圖書館只賸十五卷,下盡失。尚不如弟本。初二小集萬不可少,即少飲亦可,人不宜多,多則不能談正事矣。積餘、息塵擬約,不過八九人,人攜一二種佳品,互相賞榷,以消長夏。會不宜密,菜不宜定,地不宜窄,人不宜多,雅事也。擬子培、菊裳、菊生、息塵、積餘、石銘、陶蘭泉、常州人。葉奂彬、湖南人。兄及翰翁與弟。蘭泉、菊生忙,子培常病,奂彬過客,一桌最好。弟處分校二人,校書每次一葉二厘,寫刻共五次,留末次畫一與總校,一葉整一角。另單附察。又,昨日所見之書,弟均有之,願讓與翰翁,頭本送閲,如合意,留,不合意即還,或留一二種,均無不可。書已不能守,早去爲是。此請台安。弟荃孫頓首。翰翁均此。

八

醉愚仁兄大人閣下:

前日人多,未盡欲言。《藏書志》可否即檢交經部,交僧保辦底子?徐積餘《積學齋書目》固僧保一手辦,即《適園志》亦僧保辦草稿也。又,此係包局,並非爲僧保籌館地,因弟出門月餘,渠有事免得日日外跑。弟津貼之。現校書少矣,乞酌之,如候弟歸亦聽便,不敢勉强。此致,即請文安。弟名心叩。

九

醉愚仁兄大人閣下：

聞騶從回館，忭甚，維興居萬福是頌。弟閏月回江陰，又至南京修理房屋，廿日始歸。《列女傳》翰兄已留，宋刻無疑。《説文校議》，穆子美已刻者直不成字，篆文一概未補，更不成書，可否重刻？原書久耳其名，今讀其書，名稱其實，駕乎《校議》之上。原書未曾細看，如□應作□字，從何補起，篆字須占兩格方够分布，又須能刻篆字者。另刻，碰著穆子美，不成書矣。拙稿成，先呈政。潘蘭史囑交兄，便中致之。此請文安。弟繆荃孫頓首。

翰翁均此。

弟在外尚好，近又病六七日，上海天氣太差，又缺雨故也。

十

醉愚仁兄大人閣下：

毛鈔《松陵集》四册乞察收，阮叔寄還也。《隋詳節》在劉聚卿處，尚未取到。此請升安。弟荃孫頓首。

翰翁均此。

十一

醉翁仁兄大人閣下：

擬廿九日詣談，三點鐘。乞少候。翰翁囑看可刻之子部，看書。又擬將大叢書編一總目，望先録一草目要目。爲要。湖州先正目，小叢書想未截止，大叢書可截止，不宜過多。再刻可换名目，如《墨海金壺》、《金帚編》、《學津討源》，皆一人刻也。此請文安。荃孫頓首。

翰翁均此。

《國朝典故》不必刻，史類，入目。

《歷代制度詳説》，類書類。史類，可刻。

《竹垞道古録》，僞書，不必刻，亦不入目。竹垞著《瀛洲道古録》，專記歷代翰林院事，非此雜考。手稿在程樂庵所，無清本。

《云溪友議》可刻，子類小説家，《稗海》刻三卷本，入目。

十二

醉愚仁兄大人閣下：

《臺學統》已校四册，二册發出上板。是俞君北上之時。照舟瑶批補鈔兩文，送上一册並底本，原脱《靖江志序》一葉已補。乞告知十日内取還，弟閲後即寄去，匠人怕遲延，弟亦慮前後不一律也。又，書極博，頗願閲之。月半後擬赴常州與惲次遠祝壽，月底方能回滬，八日即來取書。鞠兄有信否？此上，敬請著安。弟荃孫頓首。

如刻本來，即送去。《校議議》尚未取去。

十三

醉翁仁兄大人閣下：

昨奉翰翁還雲並書三種。各書皆可刻，只臺人太多耳。《云溪友議》再得精鈔記明人有仿宋刻者。方好。《類林》大本真佳，不可不刻，自來無刻本，子類有此一種即撑住。又，乞借《咸同大臣表》一閲，出於史館而史館已短數册，囑鈔補。此上，敬請文安。荃孫頓首。

翰兄均此。

十四

醉愚仁兄大人閣下：

前奉環雲並書三種。《范太史文鈔》只十八卷，非完書。全書五十六卷。《國史唯疑》，史類，亦可不刻。王廣陵詩文均佳，刻出最妙。弟於此幾種，均用過功。《夷白集》鈔本、刻本互有出入，曾以小字刻本校鈔本，别鈔出逸文一册。王廣陵無刻本，曾以舊鈔三本校過。《國史唯疑》亦鈔藏，此本多序一篇，弟本有撰人，晉江相國所著。《云溪友議》亦三校，真見勞本，略比來鈔整齊。又，《刑統》六册可刻。初意此意[①]已亡，不意見之天一閣。阮目無，錢目以爲缺一册，並不缺，缺數行耳。原書在孟蘋處，可借也。弟藏傳鈔本耳。則叢書真站住矣。手箋，敬請文安。荃孫頓首。

《咸同表》，范、王集均録目，《國史唯疑》均交。

十五

《紅雨樓題跋》，原本林吉人書，小楷極佳，在文冶庵丈所，四册葉，後又得注韓居刻本，跋語詳之。合編一帙，趙學南刻之。刻本呈閲，仍懇發還。趙板毁於癸丑，弟只存一帙也。此王北堂書鈔本，十元以下可留。非吉人手書簽，書《紅雨樓集》則更謬矣。此復醉翁先生文安。荃孫頓首。

沈先生。

十六

醉愚仁兄大人閣下：

昨日姜文卿取歸《臺學》兩本，閲一山手批，不勝詫異。弟看此書，王子莊同年所輯，采取尚博，校過三册，爲增《中庸輯略》二跋，《靖江志》一葉，削去贅批一條，餘仍照叢書字樣改成一律。不意一山一批，令人難受。另紙呈覽，一似弟所校，均以不誤爲誤者，如况先生必定大怒，弟只懇與翰翁説聞，並非以不誤爲誤爲禱。以後，《臺學》固不敢閲，只校《説文校議》，校《王廣陵集》、《類林雜説》，兩

---

① 按，"意"當係"書"之訛。

種用過功,《類林》前未見也。適園現刻《藏書志》,大約明春必完,能與同完甚妙。弟老邁龍鍾,亦不能校書矣。此請文安。名正肅。

趙刻《紅雨樓題跋》祈發還,鈔本檢出可奉贈。

十七

醉愚仁兄大人閣下:

前日覺冷,未能多談,甚歉。來書廿種,今日已畢。只二范集毛一鷺本。凡下,不宜入志。祠堂本出於天曆,亦各種俱全。廿五送書來,取書回去,内借《神僧傳》二册前留《剡源校記》一册。補明本,尚少卷二一本,照録。再借錢念劬寄來《四庫缺書》此紹興之《四庫》缺書,非指本朝。弟有舊鈔,較此本多出不止一倍,葉奂彬刻之,此本從《大典》本鈔出。近校過,又溢出數十條。一册,乞察收。《金希正文集》九卷本,乞借一閱再還。此請文安。弟繆荃孫頓首。

翰兄均此。

十八

聞《宋會要》寫起,可即付刊,用《御覽》鮑刻。格式樣最好。吴胥石,弟最佩服之人,詩文均佳,然例不録詩,文係譜傳,擬鈔出廿四篇,與詩合刊,名《胥石先生詩文鈔》則善矣。又,《嚴元照集》,存齋已刻,勿堪雜鈔,可去。《侯文鈔》妙,仍交弟編好付刻。餘則吴府是好不容易。書,付人刊叢書,萬不能多取也。

十九

醉愚仁兄大人閣下:

前布一緘,諒登簽室。《子惇文集》跋呈閲。文集之佳,汪謝城編次之善,可爲收拾友人殘稿之式,與王晚聞編次《章實齋文集》一例,真好書也。《宋會要》附呈。此書本是《大典》輯佚,在弟買得時,尚有星伯手書拾葉,以爲編次之法,目録一本,粤蘇輾轉,失去强半。編次照《唐會要》,以《玉海》後之《小學紺珠》内目爲憑,只可如此。新編條理分明,依類序次,分大小字,復者删之,弟之愚見,以爲可刻。説壞話人,但顯己之能,不知人之苦心也。弟所校書大約説壞者更多,如一山之批語。然大段不錯,細密處未周到耳。即如子惇文,開卷三葉即漏兩字,豈是大病哉?不足爲話柄,宋板何嘗無誤字?望與翰翁言之。此請文安百益。名心叩。

《左傳校記》乞先一閲,只要與《易》、《書》、《詩》一例便合。《宋會要》鈔全即付梓,不再游移。

二十

《道德真經注疏》八卷、顧歡。《類林雜記》五十卷、金王朋壽。刻此兩種有十二册書。《珩璜新論》、宋孔平仲。《守山閣》本。《青箱雜記》、宋吴處厚。原本在積餘處,新鈔本。《密齋筆記》、宋謝彦伯,《琳瑯秘室叢書》。《雪罪云游記》、有石印。《藥爐集蕉》、國朝謝傑。此人即刻《注韓居叢書》,書太隨便。《藤花亭别録》國朝朱檀。筆墨不佳。均入目。

二十一

醉愚仁兄大人閣下:

前日面談,並各書均略翻閲。翁覃溪文,佚者甚多,先留下,俟多可補刻。張爵《五城坊巷衙衖集》只見《日下舊文》引,修《順天府志》時覓不得,佳在以坊領巷,志則坊不可考,與本朝地界亦不合,可刻大本入叢書。翰翁要刻用賜額,《〇古堂叢書》,有式樣否?常氏年譜校,一知半解,藉事推廣,拈出誤字即改,有一二處結實者另作一跋附跋後即可。又,引後來小説以穢其書,不如石舟自訂遠矣。然所刻必非一種,他書可觀否?又,弟一病,加以醫藥費數百元,近日窘迫,壄牧、大生不知何時方發息款,校貲乞轉懇翰翁即交下爲盼，去冬收得另加，未領校貲也。費神再謝。此請文安。弟繆荃孫頓首。

《嚴鐵橋文集》，四禄堂刻本，金石跋語乞假一核。弟無原板，薛刻無金石跋，昔鈔過，不知放在何處。

二十二

手書敬悉。《千金方》留下。《誠齋易傳》較宋，《事略》較元，是真黄跋過録。不假，從瞿氏鈔得此跋。李年丈芝綬，常熟通人，與瞿氏至好，宋元本皆假之瞿氏，此其手迹也。荃藏一種，積餘亦有一種。《玉篇》、《廣韻》，明刻之尋常者。月脩謹領。又，荃後日回江陰，初五日不必送書來，初八九回滬。此請，醉愚仁兄大人。荃孫頓首。

翰翁均此。

二十三

醉愚仁兄大人閣下：

前十四單不收書呈覽。致閏枝書單即交下，以便封發。《南唐書注》、《補注》是一書，不可分訂，訂一部作樣，可照式。格式須重刻，紙格只能三千紙，便須换板，否則成没字碑，綫亦不清矣。《刑統》首册交下，缺字擬補，不可補者缺之。大字全據《唐律》及疏義。後近案則不能補。此請文安。荃孫頓首。

翰翁均此。

二十四

醉愚仁兄大人：

今送上《儀禮》、《説文校》兩帳，乞察入。外加在外。餘如《刑統》、《廣陵集》，均非易校，仍照常。《京師坊巷》是弟書，承情付梓，不開校賬。《舊五代史》，弟所願校，亦不開。惟以抄本爲主，而殿本注及考異,鈔本無者添入,兩本異者擇定,惟鈔加之費略開,以成完書。先此上,即請文安。弟荃孫頓首。

翰翁均此。

二十五

醉愚仁兄大人閣下:

來書均閲訖。《史記》一種有小耳者,刻手、紙張與他本不同,避諱缺筆爲妄人填寫,是宋本也,餘均明本。朱文海《類林》明藍格鈔本,錯落與北堂書等,須將原書細校方能付梓。游明《史記》,弟缺三本,擬借鈔,兩函。暫留一月。藍格紙已盡。乞發三百張來。手箋,敬請文安。弟荃孫頓首。

翰翁均此。

沈先生。

二十六

手字敬悉。書均收訖,不誤。《史記》、《通志》,許多借月餘,送書一切遵示。再送兩次,候秋凉更好。一元會亦候秋凉矣。此復,即請醉愚仁兄大人文安。弟荃孫頓首。

翰翁均此。

《詩經説》可以不刻,奉還。《越縵日記》有成議否?

二十七

醉愚仁兄大人閣下:

昨談甚洽。《福建通志》五十册先奉還。明日銷寒再聆雅教。此請升安。弟繆荃孫頓首。

翰翁均此。

沈先生。

二十八

查東山各著,統名《敬修堂》,毫無疑義。趙刻《敬修堂釣業》,不署名,未知何人也。《外紀》明言《擬上封事》十二,知不得上,姑言之。前後著書目内,又有《釣業》一種,《海昌備志》有《釣業先甲集》、《釣業先免集》,外集有《云釣業》十二卷。先生自閩歸,手書其詩與文以名之,又有"東山釣史"一石章,則《釣業》是詩文集之總名,而《擬封事》其一種,詩則節本。去年見《後甲集》一種,似宜再招之。《東山外紀》、《東山雜著》、《同學諸子記》,均可先刻。張蒼水供招,是先生潤改之入自著,前人有此體例,不必疑也。東山著書,生前身後,均未發刻。身與明史之禍,幸而不死,同宗潤木,又興文字之獄。《敬業堂集》、《查浦詩集》,刻在潤木未禍之前,餘無刻者。玆書二百年後始顯,亦先生有靈佑之耳。

《洛陽遺珠録》一册、姚集六册同交。姚集庸陋,所以咫進齋不刻。改叢書行款,或改稍寬,半葉十四行。稍矮於原書,大於巾箱本。或如《平津館》,各書參差長短,黑白口任意,亦無不可。乞鑒定。

二十九

醉愚仁兄大人閣下:

書已編入,可以來取,《史記》略有管見,附閲。弟近日伏案已能照常,惟足力尚軟,不能下樓及出門耳,承顧,謝謝。先請文安。

翰翁均此。弟繆荃孫頓首。

《海東金石苑》及鐵橋補足本,均乞示,以釋疑團。

《史記校勘記》詳極。孫嗌翁所言是極。管見所及亦略布。蜀大字本,的是蜀中刻,並非托辭,查前人書目自見,皆十八行十六字,孫銓伯有《後漢書》亦十六字。"七史"十七字,均刻於北宋,原書蜀本無多。配入者,淮南局本,亦十六字,刻於宣和,至紹興斷手,官銜兩行即淮南官也。已見《容齋隨筆》,宜分作兩項。潘本净,淮南本，宋百衲本，錢遵王所集百衲本，並不止四。《讀書記》云："余昔藏有四，開元本亦其一。"此全書也。余集諸宋板一卷一册。鮑渌飲曾得十册，爲友人拆而分之。有獲數葉者，裝界爲册葉而藏之，有"昔爲百衲之琴，今又散爲千狐之腋，可勝浩嘆"之語。人仿而爲之，得三部，均在山東。一孔葒谷本，現無下落，亦不知幾本。一吴子苾本，六本，大小字不同，仲貽簡陳州府時，押六百金於永寶齋，同人共寓目焉。仲貽贖歸後，决不談此，恐毁於壬辰之一火。子苾所藏金石文字全在海豐故居一樓，無故自焚。一燕庭本，即此本也，非錢物，大約因《記》有宋刻《史記》有四一語暗合耳。

真中統本，宜補校。

莫偲老語不確居多，宜考核。

南監共有四本删節，注者可不校。

《史記考證》、錢氏《考異》、何義門，洪梁均有佳處。張氏《札記》，與大字本合者宜酌采，表大字本之善，否則，恐以有校無勘，爲識者所譏矣。

柯本升老子于伯夷傳前，宜舉出。

三十

醉愚仁兄大人閣下：

《説郛》廿四册、《鐵橋漫稿》八册呈還，察入是幸。褚補非僞。再乞發嚴氏《金石萃補》一核，順便撰跋，並《海東金石苑》跋。褚信能一閱更穩當。嚴文極佳，即時文十三篇，亦非今之時文也。蔣刻不全不足傳，亦以重刻爲是，此湖州第一等學人，與嚴章福、張鑒、沈垚先後競爽，非吴紀等可比，酌之。此請文安。弟繆荃孫頓首。

翰翁均此。廿七單書亦完，好極。明日令僧保赴一品香之局，詩和起，人尚不敢出門。

三十一

醉愚仁兄大人閣下：

褚君補三卷具見苦心，然目雖照平津館，跋語全出褚手，與《鐵橋漫稿》不合。謂之褚補則可，不可充嚴跋。請仍刻殘稿，另刻褚補三卷於後。如以司馬紹統補《後漢》，不得充范蔚宗書，嚴子進補《元和郡縣志》，不鑲入李吉甫書也。乞酌之。近羅叔蘊來，最明刻書例，試以此語問之，不必問他人也。若《海東金石苑》仍是燕庭原書，真可補矣。又，鎮江陳善餘來信，言翰翁欲刻吴興一百種，僅得其半，仍問諸弟，金陵圖書館吴興人著作不多，沈該《易小傳》，石銘有澹生堂鈔書。宋人。姚文僖公《説文引群經考》、《群經引説文考》，清本、稿本均在京師圖書館，未知能借否？餘俟鄉間再搜之。施北研《金源雜事詩》、張秋水《蠅鬚館詩話》則佳矣。鄭芷畦書有未刻者否？近日姜文卿亦無信，揚州又刻幾種？兩跋均呈閲，前呈《章實齋全集》目可發還否？此請文安。弟繆荃孫頓首。

翰翁均此。

三十二

醉愚仁兄大人閣下：

《月河所見録》、《友石山人集》跋呈覽。《云溪友議》底本太差。褚跋可哂，然可改補，亦不甚費事。至一部叢書，避諱、書口不能劃一，非小毛病，乞囑校者留心，缺筆字一望即知，宋板如此，近人必要改爲看不出。如“宁”必要改成“宀一”，“寧”必改成“寗”，不今不古，竊不謂然。月半邊可來换書，現尚遲數日。此請文安不一。弟荃孫頓首。

翰翁均此。

三十三

醉愚仁兄大人閣下：

書已閲畢，《兩山墨談》、《水南集》均跋好。凌氏叢書無一可取。《凌史介奏議》是光緒四年所刻，板子恐在，不必再刻。止鄭氏一册可用。鈔本《傳是樓書目》極佳，與王子展本對校再刻，勝之十倍。《曲洧遺聞》尚可。《絳云樓》、有陳景云批本。《山志》、《吴越備史》皆不完。高兆兩種亦不必入録，是劣賈雜鈔惑人者。校本書，須校完有用，手一二卷，即劣賈所爲。弟有何義門校書、王鏊校書、桂未谷校書、沈□校書，均恭校到底者。無事可來觀也。此請文安。荃孫頓首。

三十四

醉愚仁兄大人閣下：

翰翁書多，清理補綴，總須一人，炳泉尚能充任。舊刻每多缺多，亦須仿原書影寫，請饒先生寫，補入即成完書。炳泉亦善於查也。弟病後，萬念俱灰，斷不收書，舊鈔、舊刻即須出售。工錢十二元，已比弟處加二元。奂彬晤面，方知前款未交，又促之。明《滑縣志》一册，《劉後村集》一册，乞奉翰翁，乞哂存。此請文安。弟荃孫頓首。

三十五

醉愚仁兄大人閣下：

弟恭候三日，書亦辦好。何以不到？明早禮拜，有事出門，午後仍回家，或五六鐘時亦可以。許多要言，非面談不盡。前支四個月束脩係四月、五月、六月、七月，以完。閏月脩乞發下。今年奇窘，甚至押書於丁福保，押股票於鹽業銀行，爲癸丑後弟一厄運。清史館無款，即張孟劬亦然，京票不值錢，禄保須月月寄款故也。手箋，敬請文安。弟繆荃孫頓首。十一日。

三十六

正專人送書至尊處,又奉手書。閏枝信即發。來書一册與《蕉窗九録》無甚異,《提要》斥《九録》爲僞作,以子京之賞鑒,不能如是之淺。此書亦然,以宗伯之法眼,何至如是之淺哉!不但不必刻,並不必收也。新鈔。此復醉愚仁兄大人。荃孫頓首。

三十七

周譜既不能見,不能作懸揣之詞,以爲駕乎胡、徐之上。顧亭林是地名,林亭誤倒耳,不必作疑辭。象之入之海鹽,是《紀勝》之誤。尤可笑者,《儒林傳》雖阮文達公所定,阮文達署漕督者未進呈。由顧南雅編定進呈,見《南雅文集》。舉林亭"吾不如△△之言",入口氣。仍用字,"後來道光末年"不通之方俊、提調。蔡宗茂,一律改稱名,又不知楊雪臣、路安卿之名,遂致名字互見。今以一律用字矣,以爲雪臣因其字,安卿又何所因乎?

致費寅

景韓仁兄大人閣下:

昨日失迓,歉甚。弟一病再病三病,月餘不出門,憊甚矣。《五代史》、《孟子》均佳。夏炳泉尚未回,可恨。貽和來,有話面談之。此請台安。荃孫頓。

致冒廣生

一

鶴亭仁兄大人閣下:

往還未晤,歉仄已極。《洗桐圖》俟南皮回即題。小兒禄保分農工商部,今日衙門送信,云文書已到。明日令其來謁,乞賜見之。一切均祈照拂是幸。此上,敬請箸安。弟繆荃孫頓首。

二

鈍宧道兄賜鑑:

《洗桐圖》敬繳,詩字均劣,詒誚方家。奉到大集,欽佩無已。吴兔床《愚谷文集》,弟徧求不獲見,尊藏如有,乞假一閲。拙稿呈政。此上,敬請箸安。弟繆荃孫謹頓。

三

鶴庭仁兄世大人閣下:

畫幀求賜題。允假《遂初》、《離六》,《遂初詩文》乞撿交奴子捧回。費神,再謝。此上,敬請吟安。弟繆荃孫頓首。

四

頃奉手書,並承贈先集,謝謝。兩圖揮翰,費神之至。上幅儘有餘帋,此地未免偪仄,然已足爲兩圖增重矣。書二種,讀訖即趙。此復鶴庭道兄。荃孫頓首。

五

鶴亭仁兄世大人閣下:

頃由李審言遞到手書,並承賜新刻《林霽山集》,備見撫綏商民之外,尤能提倡風雅,啾啾百鳥中,得見青鳳皇矣,欽佩奚似!弟跧伏海上,窮困不堪。次珊同年以《清史》見招,去歲入都一行,爲之定門類、分功課,擔任"明遺臣"、"儒林"、"文苑"、"孝友"、"遺逸"、

"土司"五傳。乞回滬自辦,次珊允之,即於十月出都。而"儒林"及"明遺臣"兩傳,業已交卷。次珊又以列傳囑定,專傳、附傳,三品上無事迹者删,三品下有事迹者增。與晦若同定,前六朝已畢。人雖不在館,無一日不辦事也。年逾七十,行動需人,全家入都無此力,隻身入都又太苦,次珊亦諒我矣。《康樂集》不見佳,衢無好本,由局寄閲,仍盼擲還。作注亦非易事。兄前記國朝掌故,付刊否?弟亦記不少,然可采入史者無多,筆記與史傳體裁自别也。兄嘉惠士林,可否創一文社,不立名目,不延閲卷,不定章程,不定額數。月課子弟之秀者,少與獎資,惟恐新黨又要提出充學堂經費。必有益處。深恐此道遂致闃寂,兄以爲何如?手箋,敬請文安。弟荃孫頓首。

六

鶴庭仁兄世大人閣下:

兩奉手書,並寄還《謝康樂集》,仰承引諸書校證,竟成善本,謝謝。弟得者汪士賢刻《廿一家》本,因《康樂集》世罕傳,遂編入書目,以撑門面。今日竟如願矣。内鮑明遠、毛據宋校。嵇中散、謝宣城、《昭明集》,均以舊本校過。在京止得不全本,見即補之,尚短司馬長卿、阮嗣宗兩册。兄還書之日,友人適送十餘種求售,拆二册,酬以三元,居然全矣。即付裝訂,免碎紙之病,亦甚爲書幸也。雁蕩之游,實所欣羡,爲籌旅費,更屬可感。但病軀孱弱,未易踐諾。乞飭小胥先疏自關至山若干路,自入山至出山若干日,可游者若干地,先當卧游,可乎?《林霽山集》佳甚。《蒲江詞》等三種未到,乞查。乙盦多病,蒽石、積餘、審言常晤。舊雨中晦若又逝矣,可嘆。此請吟安百益。弟繆荃孫頓首。六月廿六日。

不必談雁蕩,聞永嘉山水亦復佳勝。

七

鶴庭仁兄大人執事:

連奉兩書，承寄《謝集》佚文、《永嘉語録》，至爲感謝。辰維節屆中秋，天高氣爽，晝了公事，夜接詞人，處山水之鄉，有唱酬之樂，下風引領，歆羡奚如！弟今年七十有二矣，客居滬上，氣候不宜，六月一病，至今未愈。雖日日讀書辨傳，並未稍息，而神氣蕭索，肌肉瘦損，迥殊昔時。京師之行暫緩，候炯垒到滬商議。弟之身體，編纂尚可，奔走則不可，亦年老人之通例。金陵久不能歸，歐戰未已，籌安不安，征斂重疊，盗賊四起，蒼蒼者天，亂未有艾。新刻兩種呈教，《文集》、《文續集》似已寄呈，内有與朱家寶。一書，兄抽閲之。弟生平立身，總在謹慎一邊，仕宦不達，不肯趨附之故。五十歸田，止乞祠禄。忽被江春霖誣參，氣不可遏，云以五千金代朱家寶行賄張人駿事。禀督撫請派員查辦，又以上諭不問，不必再生枝節沮之。迨弟入都，江又還里。兄推重江，可否代詢此底何從來，大約常州人，入革黨者。何不考實而遽毁人名譽？承詢事實，只此一事横梗胸中耳。審言回里一大作，並未傳讀，相距亦太遠。近刻又有幾何？《儒志編》、《克齋詞》、《蒲江集》並未到，乞補寄。手牋，敬請吟安，諸希朗照百一。弟荃孫頓首。

李蒓客列一傳於"文苑"，以陶子縝附之，似乎公道。其子力争要"儒林"，問經學有著作否？鈔來日記數十段，皆掇拾陳言，萬不能謂之經學。蒓客曾自言經學少功夫。只可不管。所上折子，全鈔來。亦不如朱蓉生、屠梅君，"文苑"尚不愧也。兄以爲何如？

八

鶴亭仁兄大人閣下：

久不通信，大局决裂至此，夫復奚言！甌江寄迹，尚安隱如舊否？弟入春稍健，三月之杪入都，到館交卷，並候舊雨。花事已過，崇效寺之黄牡丹、公園之千株芍藥，最爲可觀。印臣刻書而窘，抱存購書而窘，並至成訟，極風雅事而殺風景矣。留京月餘，朋友均行，弟亦遂回滬江。帶上友人刻書兩種，小本則弟刻也。手箋草草，敬請吟安百益。弟繆荃孫頓首。

致劉世珩

一

委撰《叢書》序呈政。《聚學叢書》似宜再添四五種，目録總要半葉加一二行方好看。書不少，目略少耳。老聶尚未回，有消息否？此上聚卿五兄年大人。荃孫頓首。

二

《汝帖》、《蘭亭》皆帖類，無從考訂。《感應碑》尚舊，然“空王”及“内侍”一行紙均接，不甚靠得住。《乙瑛碑》亦是麻子墨，不過在乾隆時不應多如許字，亦可疑。《石門頌》、佳。《臨淮》、已鍋。《王象碑》，皆精拓，亦不過舊。昨補十九期三本，想察入。此上，聚卿五兄年大人。荃孫頓首。

皆顧若波之物。若波較於去年頗有收藏，字畫最佳，想亦不翼而飛矣。劉五大人。

三

《散盤》拓本，贋鼎也，太肥。想子静爲人所蒙，又來蒙老兄耳。《金石契》收到，謝謝。將來乞一墨本，以墨本較有精神。《隱拙》是五十卷，弟有之，俟尋出再呈覽。此復，聚卿五兄著席。荃孫頓首。貴大人。

四

今早李梓雲無書寫，傳公旨索書。昨談《意林翼》五卷附録二卷先呈閲，如可刻，即交李先從四、五卷寫起。弟尚有一寫本，天熱不便遍尋,記首卷勝此册也。聚卿仁五兄大人。弟荃孫頓首。

劉五大人。書八册。

五

前日盛擾,謝謝!正續《輶軒録》七十二册,乞詧收。《時務報》亦送上,《知新報》仍未來,補去年報信雲。寄來十二分,包内仍無有,其辦事草率,兩不照應,與中國辦公事人無異,終日譏評人,自己毫無整飭之象,回二信不照應,今日寫信大教訓之。殊可歎也。聚卿五兄年大人。荃孫頓。

劉五大人。

六

稟帖略更數千,所商不在稟帖也。《崔敬邑志》决不敢信,只李少梅一本爲真者耳。沈韵初藏即王蘭泉之本,罕見其偶。蕙石仁兄大人。荃孫頓首。

七

頃有前事,兄銅姓容即蹤迹之,吴先生著述即重刻一篇,亦不能容,不如改之。劉譜第一頁尚未來,均改刻。著述之名互異甚多,略加考刻於後,何如?年譜訂正呈覽,若可即發下。此請升安。弟繆荃孫頓首。

八

蕙石仁兄大人閣下:

頃至書局,查寫官張清甫前月初八回鎮江,至今不來,乞與鄭一並開去，另招一人足矣。六元一月，有人願充，可否先與陸暮説知，否則人人效尤，不能辦矣。君直十五後行。又聞江南書局存錢須易銀，可計折息存賬，乞酌。此請升安。弟荃孫頓首。

九

今日所談，皆荃孫百思所不到者，如此反復無常之小人，令其充師範之師範，真師範哉！《東林事略》，即《本末》之别名。《荆駝逸史》有之，乞向茗生借《事略》，弟爲一校，因復校，訛太多也。蕙石仁兄大人。荃孫頓首。

十

派辦處公文送到，並《國史》、《韻略》，惟本局聞首即編韻語並注，至今未付刊，因無款也。兩本相較，似本局略勝。經、諸子、道學、史、掌故，即國史、輿地、理化共八門，刊此何如刊自撰者？蕙石仁兄大人。荃孫頓首。

十一

《括蒼金石志補遺》，其體例與正續志同，可刻之。至惟篆隸，須倩叔芾耳。俄界二種，行款須拔疏加｜地步。三折已交，前來人帶回。黄電交李挺之發。今日鐵梅處暢談，以早臨爲盼。蕙石仁兄大人。弟荃孫頓首。

十二

《讀書止觀録》，歸入《雙忠録》無疑，次於《聞見録》之後。《東林本末》歸入何處？老陶於中縫單寫一“妙”字，殊屬不妙，乞示知。《雙忠録》目及世系表寫出否？蕙石仁兄大人。弟荃孫頓首。

十三

前日送上字樣,後接來字及洪信。昨候回示未得,今專人送瞿木夫一跋,中溶,竹汀之婿。足可補入,但去幾字,皆賈人原去,所得札不全故也。木夫不甚親,然尚有其一跋。金正大印者一跋,可讓寫官但求洋紙,並可不損裝。此上,聚卿五兄大人。荃孫頓首。

十四

《説文述誼》四册底本奉趙,《湯貞湣畫佛》乞假一玩。明日回里。局務何敬夫、痛詆崔聘臣。徐書識一字不肯寫。二人均須裁,徐以張清甫易之,徐去而小蘇自肯動手矣。此上,敬請蕙石仁兄大人升安。弟荃孫頓首。

十五

志蓋本應書實官,恐寫不下,故前次單題贈官,唯一品夫人又係加級,不如去之。今日季直已行,兄行期何日?老陶四百千,如用,付條請即交下,以便附寄。此上,敬請聚卿仁兄大人升安。荃孫頓首。

十六

頃約叔蘊小酌,約公明日三點鐘院上下來。談,在寓静候。弟偕積餘同往何所,季直來即去,不知张公爽約否?此上,蕙石仁兄大人。荃孫頓首。

十七

學堂章程盼甚,不但弟處,大約三江亦尊此立本堂現行章程也。當發下時應先閱一遍，擇要印刻即可耳。大生利錢收到，而未得帳，略乞示。須放暑假方能到滬。弟查報上，查不到，不知又塞在何處。□一小方似宜首葉，大書朱白文，多花錢亦是門面所争者，皆公理非私情也。嘉珍如林，可羨！小唐幢是咸通吾鄉吴冠英物。不知尚有他幢否。各種價值約三百元。丁藏《孟子》亦三百元，如《周禮》、《禮記》即不值，乞酌。老陶有信來否？午橋來又須忙碌，餘言面罄。此上，即請蕙石仁兄大人升安。荃孫頓首。

前日失迎歉甚。書局已開辦否。

十八

蕙石仁兄大人閣下：

舍弟承派書局，感謝感謝！連日晤子貞、嘯崖等，知養正歸子貞辦，又借府學，惟飛霞閣爲刻書處，下一所爲印書處，等經閣爲儲板處，似不能讓。尊意想亦相同。又聞之慕翰，云希瑗具報商局開館，不狎妓，似與小學無礙云云。其語果真，權且敷衍。希瑗因倒屋傷人，以之罷官，轉似鄙人陷了者。明告衆人，箋致糧道，並非謡言。此事若再阻撓，其仇更甚，且俟其開張再議，真有窒礙，再請停學讓彼發財可也。鄙人命官磨蝎，慣道此等栽誣之事，只可聽之。陶子霖之押朱文正像卷成否？《五燈會元》刻起否？近爲朱二楞刻書，積餘所薦書極佳，亦願效勞。此上，敬請著安。荃孫頓首。曹君直函附覽。

十九

昨日兩信，想察入。高等急須《化學導原應用》，去年已刻。問李貽和何以不完，則以局中不發錢之故；問錢幾何，則數十元耳。今日已促其即日完工開印。如書局無錢，學堂尚可認也。頃書局厨子亦以不發錢難辦來言矣！《格致教育》可以譯否？與《東史》皆是急需之書，三學堂一律授讀，他學堂則不敢問矣！前詢《祭葬碑》

可以書者署名否？不署是正格，署名亦無不合。楊碑一紙乞留閲，弗還也。學堂開學大半定局，擬初九日赴鄂，晚出城，兄能同行尤妙。南皮到鄂，有確信否？此上，敬請蕙石仁兄大人升安。弟荃孫頓首。

二十

示悉。二事弟所未知也。兹將原文呈上。兄盡可删潤不拘。又《昭代叢書》是丙集非戊集，更正。此請蕙石仁兄大人升安。荃孫頓首。

今日上院未見家人，説本欲請談，因公事忙，改日再詣學堂報局，費大人以一切辦事均交張大人，煩就近商量云云。付丙。

昨日小兒病，今日弟亦似病。天氣太不好，奈何！

二十一

蕙石仁兄大人閣下：

昨談頗暢，然而要事亦有遺忘，甚矣，精神之恍惚也！東西報學堂可譯，數子授修較便於延訂入局，惟報須由報局送來，譯出即潤色送局，上分最要、次要兩項，以便排印。去年薦司事一位入三江。兄曾允我，三江開辦，兄不作主，弟亦出游，遂作罷。工藝將開，仍望踐諾，兩事希便示。此請台安。弟荃孫頓首。

二十二

蕙石仁兄大人閣下：

奉上曲本兩種。《西厢》、《琵琶》乞假新刻本，即通行本，一補字、一仿畫最要。既刻《弦索西厢》，須刻兩種，此事須向禮卿一商，他人未必洞悉源流。元曲作過渡，方可接《琵琶》及毛西河《連厢詞》，如唐臨晉帖。後《牡丹》、《桃花扇》可也。此上，敬請升安。荃孫頓首。

病已數日,不能出門,殊著急。積之先生病又反復,奈何!

二十三

名迹十疊,洪稚存歸之著述,姚梅伯、劉芙初、張南山歸之詩家,何貞老歸之書家。詩三束應以汪退穀等爲第一束。新收一本,顧歸書家,李同。吴、褚歸詩家,陳歸著作,汪歸雜家,甚妥。册宜多,爲將來添入地也。此及。聚卿五兄年大人,荃頓首。

《鐵象頌》口太光,竟似木刻,較禮卿以麓山爲木刻更靠得住。李文收到,謝謝!一册十疊同繳。

二十四

蕙石仁兄大人閣下:

昨奉惠書並各種畫書款收訖。惠贈謝謝。陳跋鈔葉未找出,陳集有之,即另鈔函寄。《東觀集》、《隋書詳節》務請續送,校異再作一跋。《周禮》、《淮南子》即撰。《鹽鐵論》須自校,略遲不誤。《傳燈録》跋亦然。至《琵琶》想爲巾箱本作跋,與《荆釵》一例。各節未知當否?惟《論語》、《孟子》是嘉慶年蘇州彭氏刻本,同治年出一部,同好堂售之王文敏,價二百四十金,後翰文又收以八十金。收一部《論語》後有跋,未知通廠譁然,笑翰文並笑文敏與盛伯熙,不知《全唐文》紙爲《宋會要》,是兩大笑柄。大約菊裳尚知之。此書似不必刻,弟亦不能撰跋。圖書五家一個印色,僞品無疑。如已寫完,畫欄襯裝加一跋,尚可出寫本也。夔生校書眼光尚緊,月信過甚,實則見書不多,須酌改,如虚字仍之可也。此及,敬請著安。荃孫頓首。

二十五

楚園仁兄大人閣下:

前覆一椷,想已詧收。江寧車上讀《漁洋詩話》有云稱戲曲曰“荆劉拜殺”,稱曲手曰“關鄭白馬”云云。又方諸生王驥德會稽人,明啓禎間與郁藍生同時,第郁藍生尚未考出耳。兄戲曲已成大部,可以截止矣。劉翰怡又刻《舊五代史》注出處本,出殿本之上。此啓,即請文安百益,弟繆荃孫頓。

京師又出好書否?積餘書以萬五數歸諸天津李鹽商。

二十六

蕙石五兄大人閣下:

草堂詩校出卷一、缺末葉。後一、缺首葉。又後一、全無。卷二、無缺。卷四,缺第六葉。先繳六卷,與來單全部相同,請向該鋪補,並未全來。俟酌定,當即印寫呈上。弟老病,不能任校事,明後仍須延稍讀書者方稱校字之責,人言弟校多滑過字,係衰老之故,倩一年輕者即可補過,而格式與本書分合,究無他弊。近來後生動輒詆人,其實胸無點墨,知一不知二也。此請文安。荃孫頓。

致王國維

静庵道兄:

《盛明雜劇》崇禎年刻,藉知黄嘉惠非嘉靖以上人,然二卷必勝四卷本,惜未得見。《續墨客揮麈》,《稗海》未刻,張氏所云出△書者指正編而言,館中有舊鈔《説郛》六本,極古雅,不知與老寇四所藏何如?《遁齋閑覽》有密行十五葉,已著人鈔,刻本有若干是書分類。武昌失守,不但大局可危,弟等書板全陷虎穴,必爲他人斯作薪矣,可歎。此請著安。荃孫九頓。

致繆禄保

一

禄保見字：

汝事不動甚好，曾托人致意院長否？現僉事四人，是舊人？是新人？耕梅改外是何名？耕梅爲人内外皆宜也。汝近來略知甘苦，汝婦尤好寅吃卯糧，便無寬舒之一日。我持家總是預算實在，進者算似一千，實到不過八百；出者算似一千，竟時至千二百不止。處世如此。今由郵局先寄伍十元外國票與汝，汝婦要生，子美又打攪。以送出爲是。胡世兄靠得住否？力説介可共處。叔海至交，不假。沅叔世兄平日不與人通一信，冒昧尋之，人不知是假是真。渠還有要緊事。不是圖事，家中日日蓋鍋，如何是好？然恐不能救徹。子美見他門，如何樣子，亦寫與我知。又褚稼軒亦做了介可第二，家中差不多蓋鍋，房錢欠四個月，老媽要走完，四小姐産後生病無乳，又要乳媽，惲姨太太來看，不過丢三個孩子與稼軒，母子四人回常州去，常州雇乳媽。今日動身恐亦不是事也。一山又添書畫二十元在内否？我信接到隨即回覆。我出京之後，只用過束脩二百五十元也，如靠他亦要做介可。老人字雲孫，第六子原周又從四川來，人甚能幹，與子美不同。爾日使行，不能回川，在漢口完事，又送其十元，藉知四川消息。

二

禄保見字：

我日日盼汝信，眼欲穿矣。汝婦生産，遲早不能自主，其咳嗽與腫好些否？近來人壯實否？子美動身否？我錢已寄，主意亦爲想到，何以不與我信？想尚未行耶？樊君已回京，李一山之扇須收好，俟一山回京面交，交去亦告我。字畫價得二十元，汝收用。一山已由武定回省,聞即回京矣。陳澧庭亦進京,旋即回來赴江西任。如晤,告知其父墓表已經撰好,寄無錫公館。本月款項有著否?沙亮功查辦之事不要緊否?趕緊一一覆我。介可又來告急,我實不能再顧。上海米長價,爲出洋之故,恐要鬧事。十七日字。

三

禄保知悉:

前月底信早到,請先生甚好。老虎五歲不爲遲,不宜早讀書。阿遂七歲,又是女孩,不打緊。每月多用十元不打緊,汝亦無甚浮費,媳婦坐月子,添一女僕要緊。媳婦不宜多費心,錢媽亦太忙,我再多貼十元,月玖六十,如票價再長,即專用矣。與一山等來往,一山早提及。一山説打小牌,究竟幾何?汝是輸不起的。一山處還有若干,二妞送完否?又有劃款矣。袁是世兄,顧是年伯,易是老伯。一山又約游泰山,積餘同去。總於四月,尚穿灰鼠。兵事略平,然靠不住。八月重舉,總統又搗亂矣。亞蘧何時來?接連四天吃局,菜是十分進步,只嫌吃下耳。思本何日回?李家云思本有事,究竟以早辦爲事。近來不丁憂,大壞三綱,真是賊世界。舅舅一信即送去,五姨母住南半截否?阿三得通志局分纂,還是將貨换錢舊例,不無小補。初四日老人字。

四

禄保見字:

盼至今日始得一信,雖未揭曉,略知情形,亦覺稍爲放心。汝須體諒二老,十天一信,不可少也。子美如此不懂事,又無本事。我在介可身上用去百元,想爲彼等吃飯地步,如此不懂事。可與車店講,連客房飯包與他,先付一半,到熱河付一半。嚮來上路如此。要車票或打包封。不如此,次早跑了,何處找他?不講明上路,房飯最難講的,我深知上路難處,汝等所不知道。最好寫信。我有信,汝可照四叔信寫,住處即發,汝亦加一信,要回信。翰波渠處有人同走更好,四十元是教汝替他顧車,並非送他,雖剩數元,與阿逢買果子吃,不必全數送他,切囑切囑。從前西安西路。進京,不過廿金,飯食各吃各。清江浦東路。十八站,不過十六金,包車夫飯食。起初不知道一大兩頓,歇在店門口講價,其貴非凡,後來包與車夫,一鞭趕進店門。況子美一人,擺什麼架子,與車夫一桌吃又好又便宜,我們從前必七八人結伴,老爺一桌,家人一桌,車夫七八人一桌,錢歸我出,菜却車夫最好。若兩個人,還不一桌吃?心蘭去世,同年又少一人。吴仲懌我送一對,汝送馮一幛,甚是。我們甚好。阿三亦愈用功,熱度五分鐘已過,又是天天在外吃晚飯不到家,嫌家中菜不好,但願永遠能有苦飯吃便好。稼軒昨日止有半升米,在家晚間其丫頭帶一五歲兒在我家吃晚飯,所説其大兒爲朱家領去,家中止有一小孩一老媽,大約吃粥,夫人帶三個回娘家,亦不回家,冬天衣服不知在何處。次遠光景亦不好,恐姨太太亦無法。志繩六侄亦通信,怪翰波不與家中帶錢,只顧自己一家。今冬介可不知如何過年,時勢越過越壞,不知如何過法。苦人甚多,無法照應。印臣甚高興,想可少病矣。澧庭想不日到江西,福建恐爲南軍並吞矣。劉聚卿久不見面,已有信去,天凉,當去看看。二十四日午刻。

汝還有衣服送子美,胡、李有没有,又供給兩月,亦云榖矣。沈耕梅仍舊否?刻書否?翰波信將子美名半邊填起。

五

禄保見字:

前次發信,次日即接汝信,以後想汝接李一山錢,必有信來。昨與舅舅一信,今日汝信果到,備悉一切。時事如此,汝自酌量。我已囑舅舅將二月脩金全數與汝,備緊急用,亦甚憐惜汝也。上海市面不驚慌,銀根稍緊。媳婦、老虎好否?此間亦不生火,我及汝母甚好。春姬咳嗽三四個月,不藥自愈。阿通、阿蘧、阿蓮均上學。阿遜就近有學堂否?學堂亦不識字也。老虎尚小,家中學舅舅幾字足矣。時事定定再説。三姨母、汝母自去，我送幛，汝送兩席可矣。橘農又生對口，危甚。京津有疫氣否？恐又是假話。魏志寄來，盼甚，小説可交思本。殷先生已來教，二朱乃根、小六。亦想讀書。殷先生教書之外，打牌又湊一角，甚高興也。兩卷《土司》，一補一改，昨已交去。現爲王一梧師王師已歿，我必完此書，月將必完。補唐志，辨《江陰志》，阿三辨劉氏藏書志，寫手又添一人，孫先生忙不過來。青菜一百廿文，肉三百六十文，將如之何！慶禧病未愈，一家信外國醫生，其嫁葛氏之女已故死在醫院，書屏亦在此，李一山因何畫未來，故不能催。過墨羅三十水盂均購好寄來。正月全日。通、蘧賭《升官圖》，二人擲壞就笑，宛然汝與阿二當年。聰明。

六

禄保見字：

前日朱君來，送到茶葉、水盂、墨羅書。昨日接信，一山大癮，我竟不知。前款無多，只近日又加數元，吴篆六元，何畫約八元，篆來再送何。均自購書畫也，以後單報近賬何如？小牌原可玩，不要輸個大窟籠，就吃苦矣。本約泰山之游，俟一山信，現泰安失守，鐵路又搶，無事不上道，一山亦不敢請，只作罷論。二日回江陰，十日回。懷初去世，汝母云送一綢幛。姻愚弟率子。總理回京，口口説和，即是上當，前敵諸君何不趁劉龍得手之時剁之。汝母説媳婦身重，不便做壽，俟明年四月在京做壽，六月回京做壽，旅館寬綽。但不知時勢何如耳。我自止酒後小病，還有飯量長些，稍有效驗，惟席上厭吃菜，太可笑。阿三用功總不上緊，朱乃賡真用功，自己要宋元書影，寄四本，爲小楊誤上夾板放入舊書箱，昨日忽找到，今日即寄。舅舅高興否？汝母三兩天上大世界，我未去過，不知又什麽好處。京城大可飽看西山及天壇，真妙也。印臣久不通信，往看之否？初印詞已原價卅元。購回一部矣。老人字，廿二日。

七

禄保見字：

思本回來葬三姨母，到滬謝孝，汝並未帶東西，顧亞蘧亦未來，前言何等兒戲耶！昨發舅舅一信，爲象賓太公入藝術傳，信各傳寄去。忘却，今補寄，即送去。總統出京，不驚慌否？廿六發款，如領到即求舅舅换洋與汝七十元，領到快與我信。西石橋强盗又上，搶五家。梅家在内。當鋪未攻開，然而總怕保不住。現在官不管也。趙館長在館否？先生姓，何處人，均告我。老虎不怕書房否？阿逢能説話否？阿遜病如故，阿蓮會説怕千字矣。十三日父字。

八

禄保見字：

前信已收到否？日日盼信。一媳婦分娩，一汝之位置，何不托舅舅想法。昨舅舅信來，未提汝事，但言我錢已完，還有墊用，須候七日發款再還。聞汝窘迫，李一山在武定，其款已還完否？可實在告我，不必含糊。媳婦當家甚好，如真不彀，我再寄汝可也。現在汝不浪用，我心甚喜。又有難事，介可在揚，其婦來訴苦，言及常常蓋鍋，我甚憐之，與之五十元。適碩逸來信，言不能接濟，不如接至陝西同住。我亦以爲然，盤纏我任，再與碩逸算賬。其回信來，揚州還有二百元賬須還清，方放走，房錢一千八百，欠了卅千百餘元，賬主倒有八十餘，一元每月二角息錢，聽聽可笑，只好仍遵前意，送其第二。子美到熱河、到京，盤纏是我的，孑然一身並無補益，到熱河恐要棉被，到京再説，我不能管輪船，洋毯足矣。代置棉襖、臉盆、毯子、網籃，與汝帶鍋巴、洋胰一隻、網籃，到京之後留住一二夜便走，可先與胡世兄訂定。到熱河盤纏。我未預備幾站路從何走，聞亦搶火車，何處下站，再顧車幾站到熱河。聞翰伯任税務廳長，未知確否。今日六侄信來。耕梅何如？續刻書否？子美今日上船，約廿外到京。南中已熱，家中人好，三媳亦未分娩，阿三日日不在家吃晚飯。汝母兩世界中長客，大世界、新世界。我看十三日四格鐘頭已討嫌，不如山東大鼓書也。常常給信爲要。廿日老人字。

老媽顧好否？

九

禄保見字：

五十元想收到，汝婦尚未免身。今得子美信，云胡越民一文不出，然則去年何必對我説得十分關切乎？今已到京，不能回來，可否托馮潤田代顧一雙套車，言明到彼付錢，從前有此辦法，比尋常略貴。或付一半。總以送去爲是。至傅、江二處去否？可想而知。要快，遲則冷矣。汝且用錢送出去，我再寄汝，汝是出不起的。三媳初四添一女，大小平安。朱伯房亦添一女，一家生氣。我門兒女均好。潘叔良已故，仍是無錢。沈吟樵二伯之少子了身在滬，我一面寫信與談丹崖，渠之祖與吟樵丈同事。一面留住。丹崖只見一面，並不代薦，年餘仍由我薦出去。亦用我百餘元。與越民均是一流，太不講交情，近於禽獸矣。我今年賣文，得千餘元，意外之財，就有意外用，介可已用我百餘元。新世界不如大世界，新世界又開拓一新新世界，又花十萬。人要三角，大世界縮去一角，仍搶不過大世界。樓外樓、天外天、緑雲天一齊開門，戲園亦剩不多矣，可笑。天氣六月半前患雨，近廿日不雨，又患旱，熱祇到八十八度，晚間八十四度。稼軒家留大、二、四三小在家，日日吃粥，夫人帶三小孩回娘家，次翁又要頭疼矣。人早不理料，至於如此，可怕。舅舅信來，反替我墊十元，候八月束脩來還，可笑。招生一事亦爲難，學堂人人看穿，不願就，文會到處有，没古法，比學堂見功些，第文不成文，想從前之學生，多趕不上。初五父字。

十

禄保見字：

添丁甚喜,孫男女十人,男多女少,怍甚。少奶奶腫咳俱止尤慰,好好保養。總統亦産出,大小平安否?産後尤要好好保養。老媽顧定否?汝之老媽即總統之内閣也。秋節將來,天熱與夏天一樣,往日我生日與汝母生日同,並無一年少減者。史館束脩亦發,只得一百零,還墊款十元,汝四十元,二妞廿元,剩下與汝過節何如?子美已行,我信方到,汝於旱道水道均不在行,能平安到熱溪才好。我寄翰波信仍發去。六侄又要來,二姑尚未能走,很覺費事。雲孫亦到重慶,省城不能住矣。接汝信後,大家高興,去吃半齋,菜又不好,天又大雨,出門時半點。水滿小院,不能上車,又顧東洋車擺渡上馬車,其難如此。我與汝母均好,家中人多好,只阿三不用功,天天吃館子。褚稼軒還跟著吃,其夫人又不回來,家中有頓無頓,一日給四角二角不定,蔣媽之女幫他,天天逃至我處吃。如何是好!阿三不趁我在學些本事,將來如何吃飯?兒女又多,褚稼軒日子又得過哩。我三件事:史館一年應酬數十篇,翰怡編書目校書,阿三略幫忙,省金石,北宋完。阿三尚未能幫忙,《江陰志》即日完。趁空做文吟詩,亦不覺苦,只搬書搬不動矣,爬高亦不行,衰矣。八月二日父字。

十一

禄保見字:

今接汝信,知汝婦及兩小孩有疾,阿迦無奶,我亦十分焦急,我即送小丫頭到常交慶禧家帶與汝,我今冬另買丫頭,再與汝換回也。家中人尚好,惟阿三又是日日出門,五分鐘用功熱度早度過矣。汝信勸勸或者能改,我忙不可言,亦不甚幫我,説説亦不聽,奈何!《江陰志》將完。京中資訊如何?南邊不肯歇手,上海岌岌可危,北派太不行,無人也。薪水束脩均發否?舅舅處尚好否?我與汝月款收到否?信知我。翰博、子美均有信,二叔尚不能動身,並不與我信。不要信不發信,要到信有又不發信,所以窮到如此。褚介軒一日一角錢過日,夫人不回來。兩大孩一天兩粥一飯,天冷,衣服鞋襪均無而不生病，我們人多是嬌壞的。阿迦無奶，可顧貼奶之人，喂糕太可憐，或顧奶媽，汝酌之，不必商量，小孩要緊。兩個介，介可還有人幫，介軒無指望，奈何！子美得事太容易，全是翰博面子，文不成文，字不成字，不要以爲我有本事也。以後十日一信，不可少，此番舉動，傅沅叔能不動否？董壽京能得法部否？老人字，初八日。

李一山到京常見否？

十二

禄保見字：

前接汝信，知汝婦病亦愈，乳亦足吃，阿迦已胖，甚爲舒暢。可見汝婦知禮，竭力幫汝，真堪嘉尚。然冬間必須滋補，並菜蔬亦須好些，惟鈔票終無起色，尚按月發否？我每月不過百元，汝取七十元，到年底能剩幾元？汝過年，五姨、四十元。二妞均要幫補，汝揣彀否？還有汝婦租錢可寄京否？我身體，酒已斷，夜亦少睡，茶飯日減，尚能活幾時乎！又阿三，午刻起來，一飯之後，飄然遠引，三更始歸，日日如此，不知何事迷惑至此，詩亦不能做，不如十六七時。校書亦無心，汝問問旁人，能知其事否？可寫信勸勸，氣死了我有何好處？以買賣書畫爲名，亦未見賣出去。熙之寄來兩瓶，要賣數千，一小瓶人説假的，一大瓶可值二千，然亦未見實在。我更一切看開，將字畫好者全出賣，書籍好者又賣二批，只顧目前手頭寬轉，不爲他日計矣。萬保不住。歐戰已結，日本將亂，天下仍未能太平。介可日日寫信追我，汝可寫信與子美，寄數元亦好，我一人如何供得起！家中人多好小丫頭。要做棉衣，南邊人不禁凍。老人字。

十三

禄保見字：

昨接汝信，而綏經調動亦見命，令又見法律館，亦有隨員，何不求綬經帶過館中？我看大理原人未必能留。耕梅又圖何事？汝與耕梅能如慶禧之隨振皋則善矣。我亦不能設法，何不托舅舅想方？汝母言今年京中恐不安穩，待汝婦滿月回上海罷。三媳亦未分娩，今日熱鬧之至，天氣亦不極熱，現在内邊客散，外間三桌尚未散也，説書者亦未走，我已鬧得頭目發昏，又不能睡。書屏夫人、婉順、阿八、七嫂、小聯、阿龍，後日汝母再請一頓即行矣。票價又跌，此是亂象，不知何日能定也。我以爲法律一門是專門，所以令汝入習，此種仍是隨人，何不謀别差？劉蘧六眷屬住南京，我書收不回來，可恨。耕梅尚是正派人，不愧文定家風。信看用得的，家中老媽如此難用，實在想不到，上海還好些。李一山何處去了？議員得否？吴篆何畫一扇已來，幾幾二十元。從前我得一面戴文節畫，一面何子貞字，止八兩；一面黄小松載書圖，一面張船山字，亦止十二兩也，徑帶京。回京即告我。明年未知在何處。先生再議，王先生亦不久長，連對亦不會説。汝即無事，亦不必着急，我寄錢與汝用，候汝婦分娩滿月。再議。老人字。

十四

禄保知悉：

昨信並四十元不日可到。刻打發子美動身，又想起一件事，翰波既在熱河，有好差使，熱河人必知道姜都統，必有機關校文、領餉、領軍火號件。在京城，即從前之提塘，或向陸軍部打聽，可問慶禧。或即托潤田老伯，可即同子美去看看，如駐京之人認得翰波，能搭伴，或能搭車，更好。先寫快信給翰波，汝自寫我轉子美如此，子美自寫苦況。前信已有住處，如要到棉被、棉襖，要棉，不可怕醜。稍遲不妨，一個三套。轎車足裝四百斤，子美一人，一肩行李，半兩已足，又可省錢，又有好伴，行路更便。飛速示知。李一山之扇縫在二妞包内，已交樊君，即日動身。前日發熱，今日已好。汝母亦好，阿三較重。老人字，八日。

致伯希和

伯先生經席：

盼君數月，行何忽遽，不獲多聆雅教，悵悵！囑鈔《島夷志略》並新印《小叢書》呈上，乞正。《沙州志》務望鈔示，即以板行。此請著安。弟繆荃孫頓首。

致柳詒徵

一

秋風方勁，翹企清才；明月在霄，雅思良睹。邇維翼謀仁兄大人席經胙史，采古涵今，永愛日於萱闈，味新凉於芸幾，溯洄芳軌，勞貫葭湄。弟等講坐徒縻，商籌未展，猥以譯書之役，謬攀命駕之殷。復此招攜，亮予飢渴。專肅敬頌文綏，並叩仕祺，統惟藹照不備。愚弟繆荃孫、劉世珩頓首。

二

翼謀仁弟著席：

奉手書，藉知堂上准與遠游，欣慰之至。行期定於初六、初七，在上海住後馬路觀音閣頭晉升棧。局發正月脩，前八十元作二三月脩均可，宮保給盤纏似尚敷用。善餘想回里，又想偕積餘上岸作一日談，並約同行何如？惟恐麵館未開，掃老饕興也。東洋應購史學書，乞善餘開單，此上敬頌新禧。兄荃孫頓首。廿二日。

致袁思亮

伯遠仁兄有道：

久仰英暉，未聆馨欬，甚歉。弟即日入都，擬入古書展覽會。君執牛耳，弟附驥尾，藉窺美富以擴見聞，致足樂也。《卧雪廬叢書》聞已購歸，甚幸得所。弟於癸未年分其數十種，校近所見爲佳。徐梧生、董受經皆舊雨，亦多年不晤，想常與君相見，惜弟不盡攜回四百箧全至京寓相質證耳。拙集及《藏書記》呈政，續校多未付刻。手牘，敬請著安。弟繆荃孫頓首。

致劉承幹

一

翰怡、醉愚仁兄大人閣下：

前奉手書，謹題《漢宫春曉圖》一詞呈教。社詩，因聚星堂詩太熟，改用"霧"、"豬"、"泉"韻，未知可否。餘再面罄。此請吟安。弟繆荃孫頓首。

同人均此。

二

翰怡仁兄大人有道：

前日晤教，以刻書事下問，謹述所知以對。刻叢書，自以守山閣爲準則，宋談鑰《吴興志》二十卷，董斯張《吴興備志》可先付刻。談志出於《大典》，弟有傳鈔本。董志可以前後志校之。《結一廬叢書》板如購定，即可以之爲式。《津逮》之書原於《秘册》，《守山》之刻收自《金壺》。古有是例。其中司空《一鳴》有文無詩，須先補足，以後陸續收佳種接刊。弟藏書均可借刻、借校，盛氏《先哲遺書》、劉氏《聚學軒》協濟不少，最喜傳布。至影宋則又另行，《諸葛武侯傳》、《魏鶴山集》均善本。《魏集》缺卷，可以安國本補之。江南圖書館有安本，亦非易覯。昔年在蜀，欲刻未能。曾撰年譜一册，呈政。另，新刻《賓退録》四册同奉瀏覽。不盡之言容再面達。此上，敬請箸安百益。弟繆荃孫頓首。

三

舊友吴吾村,搜輯吴氏著作,鈔刻本如此之多,可謂有心人,佩服之至。理應吴氏刻家集。吴景旭詩,可附詩話後。《吴文光集》、《使交集》,《前溪》、《寶溪》二志,《五代史纂誤補》,知不足齋本,吴氏原刻常見,尊處必有之。《詩筏》,五種可刻。

四

翰怡仁兄大人閣下：

古微函來,薦穆子美,其人老手,昔年與姚彦詩刻書者,價與南京一律,每字三文,可以即寫承攬,大約古微作保。南京李匠即弟保也。昨云刻書一層,叢書中摻入一二種印過小板者,固屬不妨,如多即惹人言,不可不防。刻叢書要以類相從。兄刻《葉天寥年譜》,弟藏瞿木夫、徐籀莊,二書未尋出。李申耆、查初白二譜,均可刻,即囑穆君,呈閲後交彼。惟新刻格子,交兩張與彼,令重刻,亦寄樣張來。並將朱刻書,印幾張作樣,以期一律。朱古微信附呈,所薦沈君乞酌。就近校頭道亦佳。仍須寄來一核。此請文安。弟荃孫頓首。

醉翁同候。

五

昨日各書,以《三國》爲最,元板初印,如全部一律,足值六百元,非廣東一部之雜拼可比。《韓集》明板。《北山小集》鈔不舊。《徐侍郎集》,染紙新鈔。《謝東墅集》亦無謂。《遼金元宫詞》可刻。《周易單疏》六册,《尚書單疏》八册附呈,可請楊子翁以阮刻校訛,異同字仍之可也。《北山小集》有道古樓舊鈔一部呈閲,索百元耳。此請翰怡先生道安。

醉翁均此。弟繆荃孫頓首。

六

翰怡仁兄大人閣下：

連日大雨，未能詣談。穆子美索《查他山年譜》，望即寄彼爲要。又，前祗發四年譜，尚有何書？《聞過齋集》、《弁山小隱》均可刻否？如發大書，可支一二個月。《周易單疏》校起否？子晴亦未晤談。子美函附閲。醉翁回滬否？此上，敬請箸安百益。弟繆荃孫頓首。

七

多日不晤，想至尊處一談，而實在無暇，歉仄之至。三書均是第二等之好書，似不值出重價，至《春秋林注》、《韻府群玉》兩種，弟均有之，不過值四百元下，極貴價。元刻《六子》又不如矣。《宋會要》本非完書，各門不全。無從補綴，然實是孤本，不可因弟一言置之《玉海》後。《玉海》亦有之。《小學紺珠》有全目，可鈔出，徐星伯亦據所存爲之目，非全目也。影片極佳，謝謝。此請翰怡仁兄大人台安。荃孫頓首。

八

翰怡仁兄大人閣下：

前日偕積餘公請鐵琴銅劍樓主人，出來感寒回寓，兩日不適，惠臨失迓，歉甚。《厲徵君譜》又覆輯另寫，可交朱文海，與《查譜》同刻，祈察收。穆子美明片言，前月寄尊處各書，乞仍交下，以便核對應補之件，實爲至要。匠人大半胡塗，穆子美尤甚。此上，敬請文安。荃孫頓首。

醉翁均此。

九

翰怡仁兄大人閣下：

昨日承顧，不能送迎，甚歉。今已稍愈，尚未能出門也。謙甫可以《宋會要》畀之，可先校編定本便知定例，渠自能理料，有疑即來問，可無須囑。《爝火録》，《江陰藝文志》所無，書甚佳。《詩律武庫》，只見汲古目，可見難得。汪書，一萬七八千元可收之。夏炳泉開來細目，是生意經，如六宋本，只打二千元。如士禮居初印本，只打一百二十元。諸如此類。只打萬二千元，預備售出二萬四千元，還有售不去者不算錢，如收書家又當别論。可與孟平説之，决不吃虧，早定爲是。宋元本不多，炳泉言有木匣精美刻宋本，名如《梅花喜神譜》，則嘉慶朝沈刻也，樊山亦署宋本，聚卿更刻曰北宋本，忘却宋伯仁爲南宋人矣。《具次集》則道光朝劉刻也。盛宫保、陸純伯亦珍爲宋本。如明本改充，猶其上者，如此有一二十部，炳泉業已注明，非汪自買，闊人收受禮貨耳。汪本精鑒賞，决不以爲重，元本，明本，鈔本，校本，本朝本，難得本，炳泉之帳最細，住汪處半月，本本過目，非徐敏夫等之舊帳可比。似宜即唤之來，令其查點歸箱，如分開兩份，令其秉公畫價，配搭匀稱。如能爲之，酬勞可插入中費一份，或以重份書給之，容易商量。如得此信，即飛奔而來矣。補舊書最佳，已薦與石銘。弟不能買書，小裝訂即與石潛工人矣。如不决，必爲書估購去，又費事。弟無他求，柳門是從前最相好者，想其書得所歸耳。來紅書四册，是未校本。《聞過齋集跋》即補録。《吴興志》跋並未閲過。冒昧訂入，可恨。穆子美不知清樣爲何物也。又大錯，必不改，亦不問，與翰寶一樣脾氣，萬不能刻正經書者。昨日寄來《掌故集》，還是前年交與彼，至今改不好，實在無法。此上，敬請文安。弟荃孫頓首。

《聞過齋》舊校寄到。所校改處及重刻之葉，未送校，亦訂入清樣矣。補壞處尚須重補。另有鈔本何家鈔本。即示知補入跋語。

十

翰怡仁兄大人閣下：

連日盛擾，醉酒飽德，謝謝。昨送上葉譜上卷，朱詩兩卷，想已交朱文海。今又送葉續譜，亦即交去爲要。莫書先還。工雪翁再面商。此請箸安。弟荃孫頓首。

醉翁均此。

十一

翰怡仁兄大人閣下：

楊氏書，除卷子外佳本尚多，只價高耳。查譜校過即寄蘇州，改後務送沈君一覆，即上板也。餘面談。此請箸安。弟繆荃孫頓首。

尊藏《聞過齋集》，吴海，元人。可刻。外間無傳本。

十二

翰怡仁兄大人閣下：

《魏鶴山集》後二函，敬懇交下校讎，以竟全功爲禱。莫氏書，囑其將書鈔全部寄來，再與議價何如？手箋，敬請著安百益。

醉翁均此。弟繆荃孫頓首。

十三

翰怡仁兄大人閣下：

頃奉環雲，並《鶴山集》兩箧十六册，《通鑒綱目》二册。考《通鑒》，二百九十四卷，宋板，有無注者，有有注而少者。元板，胡三省注，則注多而有釋文，辨誤十二卷，嘉慶中，胡克家翻刻。此《通鑒綱目》五十九卷，宋板，無集覽、發明、考異。元板，集覽、發明、考異、各目單行。内閣均有之，亦有元板，有明板。毗陵陳濟明，永樂時人；劉寬裕，成化時人。是建安劉氏本，價五十元足值。明朝人撰，斷非元朝人刻，不問可知也。先復，敬請箸安。弟荃孫頓首。即日。

書候來取。百元領到，謝謝。

十四

翰怡仁兄大人閣下：

前月所見《三國志》，全部送來，後路補版較多，然尚勝丁氏藏書。乞觀書後，面與議價爲荷。餘容面達。此請著安。弟荃孫頓首。

十五

翰怡仁兄大人閣下：

昨日奉聆雅教，頃又奉到手書。《春雪亭詩話》刊樣在外，係編定未得，只留《楓江草堂》未刻，文在此。此復，順請文安。荃孫頓首。

十六

朱先生文，可刻之。至原刻詩，能覓得同刻另跋較妥。揚州刻書，邊欄太瘦，與全書不合。又，須叮囑寫好送校，校畢付改，改好再核，核過方能上板。至刻好之校，轉易訂正，須重在寫樣也。穆子美有回信否？王息塵之《宋會要》的是海内孤本，校勘業已過半，失此不治，恐成絶種。《大典》又散，此書更可貴矣。劉先生謙甫。事，兄可告知子修何如？翰怡仁兄大人。荃孫頓首。

十七

手字敬悉。明日超社四集，不便徑行。尊約必到，第入座必遲，乞弗候也。昨有事，不克赴石銘兄約，今午當往談。《三國志》究是佳書，留之爲是。《徐譜》已改，近人著作不比古書，改移無妨。《司空集》即明統籤，荃自校改之，當移入行篋，民船内可校書也。鄉内掃墓全是民船。此復，敬請翰怡仁兄大人吟安。荃孫頓首。

醉翁均此。

十八

翰怡仁兄大人閣下：

昨視各書，《張皋文稿》佳而價太昂。經佳，《易義》不如文稿。《本草》仍是明翻。餘不成書，雖舊鈔無用也。此上，敬請著安。弟繆荃孫頓首。

醉翁均此。

十九

《魏鶴山集》兩函十六册校完，恭繳乞點收，謝謝。弟與王息庵各校一過，鈔本可傳矣。現借元《黄溍集》點校，校畢再假尊藏。現王息庵藏《宋會要》五百卷，只可單行。又，張古餘刻《儀禮注疏》可以覆刻，有兩部，一上板，一校。均難得之書也，望酌之。此上，敬請翰怡仁兄大人台安。荃孫頓首。

二十

承示各書，可收者多價貴。又，一時風尚儘可還價，只以明板充宋元，以無用之書混稱好本爲可笑耳。此復，翰怡仁兄大人。荃孫頓首。

外書三十五册點收。以後幾本,乞開一條,以便繳還。友人中以失去一二本成交涉者,不可不慮。

二十一

翰怡仁兄大人閣下:

穆子美寄來查、徐兩譜,刻得好,校訖仍寄修補矣。王雪澄兄借來張刻《儀禮注疏》,與尊刻書尺寸恰合,唤穆子美來面告之,略有對付,非細談不可。近日見好書否?《易》、《書》單疏,已交朱文海再刻《儀禮注疏》。經部之富,非《守山閣》、《學津》可比,均正經,非宋學也。此上,敬請台安。弟荃孫頓首。

醉翁仁兄均此。

二十二

翰怡仁兄大人閣下:

昨日晤談幸甚。各書另單並一包,二十七册。乞點收。叢書之刻,集宜少,詩集尤宜少。如曹子建、嵇中散、鮑明遠、陶貞白,弟均有詳校本,詩文全。比刻近人集爲高,然亦不宜多。《歷代詩話》、《南唐書注》、各經單疏,均屬至佳之本。叢書已站得住,能將《吴興遺書》畫出尤佳,如張侍郎之筆記、漏霜和尚之詩文,均可入矣,乞酌。此請著安。弟繆荃孫頓首。

二十三

翰怡仁兄大人閣下:

《查居士集》爲洪武五年刻本,其品與元本同,可收也。今日雅集,即以觀覃溪分撰《四庫提要》手稿爲題,帶數本一觀。各人另紙書,不必真題册上,將來擇詩佳者書之亦無不可。朱文海處《易正義》一本,可交彼。穆子美《瞿木夫年譜》修好者,聞寄尊處,即交下爲荷。餘面罄。此上,敬請文安。弟荃孫頓首。

醉翁均此。

《薛考功集》來否?

二十四

昨日盛擾,謝謝。回寓大雨,幸附馬車,否則狼狽不堪矣。《查譜》補遺,可增者增,餘編《補遺》,甚合刻書之例。鮑以文刻書,亦皆一跋再跋。續集人名考,考可不列入,因前集人名無考也。《言舊録》極佳,至四十二歲,明年即卒。黄琴六作傳,將來附於後,即年譜也。《清頌堂叢書》止八種,並無《尚書》,其書刻在道光末年,早有印本,並無此書。僞古文,此案已定,争者固謬。僞《焦里堂》可惡,僞《清頌堂》尤可惡,似宜屏去此種,不必印入。跋另撰何如?蓄書不厭重本,此見甚佳,並不論有刻本無刻本,見鈔刻佳者即收,可成收藏一大家。浙中自丁、陸兩家失敗,即姚彦侍、朱子清書均散佚,甚望兄與石翁繼起成兩大家。一邑兩大家,虞山、隱湖即同時也。叢書衹可二百册,再刻易式易名。《學津》、《墨海》、《借月》、《金帚》、《平津》、《岱南》、《小岱南》,皆一人所刻。此上,敬請翰怡仁兄大人。荃孫頓首。

醉翁均此。

二十五

翰怡仁兄大人閣下:

昨擾盛饌,謝謝。書十册另單乞酌。見視各書,只五經尚好,《隋書》、《史記》亦佳,《張皋文稿》殘破可惜,餘皆不佳。《禮》、《樂》、《書》易見,當更擇印本好者。《全謝山詩注》似繁,並詩集與《句餘土音》不分,乞先將二體分開校刻本。再抉擇,其注可請子晴爲之,必欲點定,另派人鈔何如?此上,敬請著安。弟荃孫頓首。

二十六

翰怡仁兄大人閣下：

昨日盛擾，謝謝！《毛詩要義》果堂先生手節注疏本，與魏鶴山同名，然與魏異趣，特插入朱子《集傳》，可怪耳。弟處書籍自金陵移滬，損出不少，且另裝□箱全無□處。舊鈔《秘監志》尋不到，即《果堂集》、《舊鷗山房》均尋不著，可悶耳。此及，敬請台安。弟荃孫頓。

《玉堂薈記》亦未見刊本，乞見示。各書不能整購即析購亦可，好書甚多也。《乾象通鑒》荃亦有傳鈔本。

二十七

手書祗悉。書照單閱過，無甚新奇之本，並不必翻，考在單上注明，乞酌。子美要書，望將《周易》、《尚書》兩單疏與之，足支四個月刻。子美所言皆實情。須早與之，如鄭重，並可令其自來領取。此復，敬請翰怡仁兄大人著安。荃孫頓首。

明日乞早臨。

二十八

頃見視各書，旬卿來單，除錢南園手書不塙外，價尚可留。《茗柯文編》及《周易》價再議。書均有刻本，如以手書收之，亦無不可。愓甫批亦真迹。此復，翰怡仁兄大人。名心叩。

貴上大人。

二十九

翰怡仁兄大人閣下：

《甲行日注》，又以異本校，當照改，以墨筆識於紅樣付改，並重刻式葉。惟弟前校刻,亦以葉奂彬舊鈔本改正許多,墨筆。今以異本添注,朱筆。便可見是本書之不同,原書並呈。非校者之疏漏。諸君動加訾議,是未知此中甘苦者。若云訛字,宋元本觸目皆是,只期吾盡吾心耳。《年譜别記》已刻。《汪文摘謬》可刻,至云國文作法盡在其中,何其陋!《己畦詩文》亦可刻,望借來一閲。《摘謬》有之,鈔批本耳。餘不問,皆見過也。抱經書目宋本甚少,《全明實録》可寶, 餘非看書不能定高下,不比汪柳門書,佳者均經眼也。穆子美刻來《南唐書注》兩册,原本已交,乞發下以便校對。此上,敬請文安。諸希朗鑒百益。弟繆荃孫頓首。

醉翁均此。

三十

《吴興志》,四百〇二葉。《言舊録》,四十四葉。《司空表聖詩》,五十六葉。《傅文》,一百〇五。《傅詩》,一百六十八葉。《危太樸集》,一百四十六。《李譜》,一百十葉。《聞過文集》,一百四十六。八書共乙千乙百七十七葉,合洋乙百十七元七角。小珊手報,冬月廿二日。翰怡兄照。

《朱立人詩詞》一册;《雲林集》一册;舊鈔《龜溪集》六册,底本八册,又一册。八月十二日交還。又,《天寥道人自撰年譜》一册,《李相國論事集》,《弢園雜録》,《吴下尋山記》,《書岑猛》,《閑閑録》五册,擬節刻四卷,未還。《鄧文原集》,《玉山樵唱》,《挂隱集》,《歷代詩話》,《南唐書注》,《台州金石志》。

三十一

翰怡仁兄大人閣下:

數日不晤,俗事甚也。《報春詩》呈教。又聞淞社舉行,鄙意以爲消寒局人少,較易應酬,改爲一月兩叙,以消岑寂,淞社即置之何如? 遲數日弟即奉約,有卷子求題也。此上,敬請著安。弟荃孫頓首。

醉翁均此。

舊藏《曹子建集注》稿本。並鈔《覃溪集》外傳，稿本，手輯出。又覃溪零星殘稿，均可付刊，可否留之，價乙百元。石銘處分去《淳熙三山志》、舊鈔。《宰輔編年録正讀》，明刻。亦備刻也。

三十二

頃布寸緘，想已察入。又從盛氏圖書館借到《海昌備志》，方知敬修堂在杭之鐵冶嶺，東山先生别業也。擬封事遠道編《敬修堂詩鈔》六種，皆宜收而傳之。去年曾見《敬修堂同學出處偶記》，兄如收得，亦可匯入。趙撝叔之誤，不待言矣。且查詩《釣業先甲集》、《釣業先免集》，"釣業"二字並非書名。去歲，陸存齋以明板《百川學海》爲宋版，貽誤石銘，趙撝叔又以查東山爲張蒼水，又幾乎貽誤吾兄矣！弟自檢舉，並告石銘，不敢護前。原録仍付一閲。此上，敬請翰怡仁兄大人文安。弟荃孫頓首。

三十三

昨日攜視之書，乞全數發來一觀爲幸。又看出一處，可發趙撝叔之覆。可以訂正也。《海昌備志》至佳至少之書，乞留之。兄如不要，可爲弟購，曾讀一次，未能得也。承顧再面謝。今日可以下樓矣。此請翰怡仁兄大人台安。荃孫頓首。

孫先生均此。

三十四

翰怡仁兄大人閣下：

頃奉手書及查集四册，收入，當爲略考再奉訂正。前尚見《後甲集》二册，皆詩也，兄得此種，應亦聞風而至矣。《備志》一册當回繳。此上,敬請文安。弟荃孫頓首。

益、醉翁均此。

三十五

翰怡仁兄大人閣下:

《潛齋》刻本一時未尋著,記是道光年間,此等理學書均可不刻,如本府人則不在此例。《松鄉》出自永樂本,舊鈔而不佳,"愛日精廬",僞印也。弟藏一元刻元印本,高出皕宋樓弟有跋在《辛壬稿》。本,可以陸氏書目。證之,二百元。一鈔明泰昌本,四十元。均奉閲,留亦可不留亦可,聽酌。《歐陽圭齋集》自是佳品,弟去年亦借補舊本,亦有跋。《周易正義》,弟細勘一過,補子晴所校咸卦爻詞,多出二百餘字。自十行本已脱,此書經此校刻,出阮刻上不止倍蓰。阮刻《易經》最下,前人已言之。如《尚書》,未知校出否?便可接寫。弟尚有《毛詩單疏》四十卷,《左傳》五卷,《禮記》一卷,一並歸兄。《毛詩》托日本嘉納五郎自宫内省鈔出,費至二百五十元,徐積餘同差知其詳。餘則十餘元而已。叢書内,經學一門足以壓倒一切。《儀禮》亦須刻入。石銘兄以史學勝,惟經學連敷衍均難,一種尚未擇定也。去年兄購《太倉稊米集》,乞假閲,弟有殘本擬補足。銷寒補行,仍懇在貴宅或在館較便,花酒究非雅集也。此上,敬請文安。弟繆荃孫頓首。

醉翁均此。

三十六

翰怡仁兄大人閣下:

前日奉環雲並《太倉稊米集》,今日又奉手書,洋四十元,《松鄉集》元刻四册收訖。《宋元事鑒》鈔本甚舊,邵氏印恰不真。秋帆先生得徐氏稿本,重訂《續鑒》本,經二雲、實齋諸公分撰,加以錢辛楣之考異,大約即其初稿。又,近來書估如《百川學海》不出門而石銘上當。此書又欲速，惟恐我們詳考，皆其狡獪伎倆，亦愈顯其不妥。如真好書，儘閱儘考亦無妨也。兄以爲何如？此上，敬請文安。弟荃孫頓首。

醉翁、益翁均此。

三十七

翰怡仁兄大人閣下：

前奉寸緘並書，想已察入。頃曹君直送來蘇州顧鶴逸書單，欲全售，不零拆，然耑看目無益，須專人往看之。又，君直交來《授時曆故》二册，送兄刊入叢書。惟弟不習算，不能校，或寫好仍請君直校之，近時西算者亦不能通也。此上，敬請文安。弟荃孫頓首。

天一閣書散出，見多種否？

三十八

翰怡仁兄大人閣下：

前日盛擾，謝謝。鶴逸書目，乞覆一書，以便轉致鶴逸。石銘處意見相同。天一閣書仍在食舊廛金仲清家内，不與人見，亦不零售，其意何居，兄仍探之。來青閣書有可取，非挑出不可，聞寧波人甚憒憒，想贖回，未知做得到否。書已是脚貨，招牌大耳。此請升安。弟荃孫頓首。

三十九

翰怡仁兄大人閣下：

前日交閲三書，周先生《摭筆》不甚精；吴詩畫，淞社中之最下者；張詩單二可傳，入《湖州叢書》，又係錢塘籍。第均不宜刻耳。兄處可刻之書已多，再慢慢搜羅。《宋會要》與前途再議。翁詩紀年，與刻本對校甚易，本年如無，即係逸詩。筆記景二石印者，是手稿數十葉,非清本,重在手稿也。天一閣書,來青閣、食舊齋均有之矣。兄可著人問之,淞社定期否? 此請道安。弟荃孫頓首。

四十

翰怡仁兄大人閣下:

原底五種奉還。《龜溪集》修改本不誤,前所見者未修本耳。以後未修者,乞於面上蓋一大印,只可計數,不便示人,須清樣乃能與人看。名譽所在,務祈留意。清樣雖有小錯,大錯決無矣。又,來青閣售與食舊廛是一單,尚有未售者,可再令其送閱,雖不全好,然亦有好者,須零售方活動,整買恐無是事。此上,敬請升安。弟繆荃孫頓首。

四十一

《宋會要》稿本,出於徐星伯本家,乙酉秋,弟以一百五十得,内有星伯先生手稿十葉,編定目録一册。乙亥,張文襄專人索去,另送二百金。戊子,弟到廣雅,文襄仍屬編纂,弟編寫“帝系”及“宗室”二十五卷,屠静三編“官制”二百五十卷,已寫好。書局裁撤,弟遂寄原稿與雪丞,雪丞即留之。原委如此。弟借得後,俟將盛氏書目交卷,約五月節前後。朱文海《石橋詩話》刻完之後,陸續付之,已有一半可發刻者,再編寫總趕不上。至助理之人,隨後再定何如?

四十二

昨,顧君來書價三萬金。來信貼在目後。凡書須整售,零售不去,汪氏書即其證。君直來托送與兄閱,再送石銘閱,閱後即寄還可也。天一閣書九單,亦托弟與石銘兄閱,石兄自往看之,不知諧否? 叔蘊許以三千二百元,弟知之。内有《江陰志》,乞代弟謀之,明正德志也。此上,敬請翰怡仁兄大人文安。弟荃孫頓首。

醉翁均此。

四十三

三書可收而不必刻。《柳如是文》尤不宜與經學並收，别刻則不拘。兄購成，弟擬借録，可酌入《秦淮話舊録》也，弟著八卷游戲筆墨，然雅於《香艷叢書》多矣。翰怡仁兄大人。荃孫頓首。

四十四

翰怡仁兄大人閣下：

《資暇集》、《南窗紀談》已核定，乞付改。《資暇集》冠各本矣。《危文》再覓。《秋聲集》、弟有之，尋不著。《金臺集》、汲古十元人集。《俟庵集》，提庵止一提，無文字，仍須俟本集也。張月霄輯《詒經堂續經解》，以補《通志堂》，稿本爲菊生所得，曾爲補鈔缺卷缺書。顧氏之書，大半鈔自閣本，藝海本，鈔自道光朝，亦不古。《大典》本居多，均宋學書。《結一廬目》並無"續經解"之名，此二葉近人補寫，紙緑色，行格均不同。不必爲邪説所惑，書可留，散入各部。至刻入叢書，更與宗旨不合。兄刻《五經單疏》及張刻《儀禮》，壓倒從前。叢書經部，亦無他書可羼入，再搜《穀梁單疏》，或重刻《尔雅疏》，則寰宇《單疏》盡於此。石銘爲之百計搜羅，只得兩三種，漢學尚不成軍，宋學書不便刻也。此書恰可收藏，不必求高價，銷路甚窄，乞酌之。東山各書仍盼交下一核，《先甲》、《後甲》可無須矣。此上，敬請台安。荃孫頓首。

醉翁均此。

四十五

翰怡仁兄大人閣下：

《我聞室賸稿》奉趙即察入。穆子美寄來瞿、徐、張、查、李年譜,並《甲行日注》清樣,要求印書,價與朱文海同。然《甲行日注》,即葉譜之尾,合一跋不能分,並紙及朱均須一色。弟深知刻匠必求印書,乞酌諭。胡瘦篁侍御囑爲太夫人志銘,擬就而不知其住處,故呈上乞點定並代寄爲荷。淞社送章君一小詩附閱,不能和韻,愧甚。亦以"涸轍魚銜枯索易,覆巢鳥得穩枝難"警句,珠玉在前,倍難成篇也。手上,敬請吟安百益。弟繆荃孫頓首。

醉翁均此。立夏日。

四十六

翰怡仁兄大人閣下:

瞿、李、徐三譜,《甲行日注》原書奉上。瞿譜即改與封面合,第二行略放一字,占一格即可。書多校一遍好一遍,惟須將極錯笑話收拾乾净,不必部部有,《易正義》最多數。方可見人。如此數種,可以請人閱看矣,内亦有通融處,不妨簽出再商。避諱字前已申明,宋本一書内,一字缺筆,前後不同,總以作字不成括之。前年動工時,革命氣焰尚大,恐惹閑話,故變一體耳。《易正義》修改畢,連增補校記送子晴。此請文安。弟繆荃孫頓首。

凡校書,初校只宜一本,各人校一遍,標其異於上,一人折衷之,付改,改定回簽,封面、後跋均完,交印清樣,清樣再請名手校一次,似可少疵類矣。初校若用兩本,宗旨慮有歧異,並極費工夫,而匠人亦無所適從矣。

四十七

翰怡仁兄大人閣下:

周勤補先生書皆佳,惟須取全書來,如完,似皆可購。《屈悔翁詩》,刻入十六家詩中,且實不佳,叢書中編詩,須慎之又慎也。五册均交。《宋會要》鈔出一册,校好再送閱。後日乞早臨。此上,敬請吟安。弟荃孫頓首。

醉翁均此。

四十八

翰怡仁兄大人閣下：

昨詣談未晤爲歉。《經正字》可刻入《湖州叢書》，宗旨正而未精采者，如《台州金石志》、《龍憑紀略》、《藤峽紀聞》、《春雪亭詩話》，均可先刻。李審言書送上，前後兩信同呈。兄能留，款仍交孫益翁；不留，書可交弟爲荷。手箋，敬請文安不一。弟荃孫頓首。

四十九

翰怡仁兄大人閣下：

頃奉手簡並李款百廿元，當即轉交。明本書頗佳，百元足值，略多亦爲《經眼録》誤之也。勞志糰所未藏，弟書所引，出《花笑廎筆記》轉録，前後書目未載。圖書館亦無刊書，以茶叙爲要。金陵刻書處逢禮拜一叙，我們月叙亦不可少。酒席轉談不暢矣。此復，敬請文安。荃孫頓首。

醉翁均此。

五十

翰怡仁兄大人閣下：

前日談及穆子美要書，乞兄先以《南唐書注》與之，弟當一手校定，再撰補注，非校刻細讀，不能首尾貫注也。《無美集》可藏而不必刻，亦非吴興人。漏霜和尚著作甚多，詩文極次，因鄉人而編入先哲書則稍寬。《咄咄吟》未修，仍是草様，須交清様後再校一遍更好，子晴能勝任，交彼可也。又，草様印二份，一計數，二備校，只可將校過者復校，愈多愈好。如兩岐，又費手再改，錯又得改回矣。《秘書監志》校完否？弟書可以擲下否？餘明日談。此請著安。弟荃孫頓首。

五十一

翰怡仁兄大人閣下：

《説文説注訂補》[1]，原書一册、樣本呈上，乞轉交裕禮翁爲禱。今日見胡芸楣前輩刻《管子·地員篇》，亦王丞注補，序中明言與《説文段注訂補》同刻，然未見其書，兄能覓得一校否？書當刻於光緒十七八年，張幼樵作序。此上，敬請著安。弟荃孫頓首。

醉翁均此。

五十二

翰怡仁兄大人閣下：

昨談雪澄事，兄意何如？而《武侯傳》板片及印書十部。全來，放在石潛處。仍乞轉交孫問青，取回刻資一百卅元，以償前諾。雪澄目上可删去此種，省得轇轕。穆子美已來印書否？《湖州府志》四十册，先還何如？補借之件，希仍交弟過目，免致兩歧，是爲至要。此上，敬請文安。諸維朗照百一。弟繆荃孫頓首。

醉翁均此。傳兩份，一送兄，一交問青。

五十三

王子莊著作，此種可刻，不必再求。問青出錢最難，同人共知之。北又急於算帳，乞兄與之一函，言傳沅叔所刻之書，均歸雪澄，可否？不必提出。兄先撥二百元，交雪澄還傳沅叔，將《方言》亦提歸，接刻各種何如？後日又值蕘圃生日，兄得蕘圃跋各書，可以供大賞鑒家一閲，並乞早臨。此請翰怡仁兄大人文安。弟荃孫頓首。

---

① 按，“説文説注訂補”疑係“説文段注訂補”之訛。

五十四

翰怡仁兄大人閣下：

前日叨擾郇厨，謝謝。次日又集，與樊山餞行，回寓即病，至今不能出門。《周易》校記改定，擬跋呈政，楊稿亦附呈，仍留備校。可即交朱文海。《尚書》校記，望先交，核定再寫何如？陸金石十册奉還，一無可取。孫問青事求解決，板來許久而款未付，如留與雪澄亦可。此上，敬請文安。弟荃孫頓首。

五十五

楊子甡校《正義》，單撰校勘記，而原書誤處行款不一律，未曾爲之點定，以致寫手淆亂，弟與友人校至三次，並補校勘記，首册改好。今將次册呈閱，即交文海，渠已明白。乞轉告子甡，將原書改正，以後不致誤方好。各分校支校貲，望照單付下爲盼。弟廿五走領，弗交新家人。此上，再請升安。

醉翁均此。

五十六

翰怡仁兄大人閣下：

《皇朝藝文志》四册呈閱。此國史館稿本，不全不備，館總屬補，因出京，即留篋中，如欲補成一書，非一二年不可。《千頃堂目》卅二卷，即《明·藝文志》，本朝尚須增加。《尚書》校勘記，據子晴云久已交卷，乞交來爲荷。此上，敬請文安。荃孫頓首。

五十七

手書誦悉。並收到《名臣奏議》二册，如係刻本即配入，鈔本即不配入何如？《武侯傳》歸雪臣最好，《方言》傳君已交來，不歸雪臣。

校記業已承認。雪老刻《武侯傳》、一册。《道園遺稿》、三册。《伯生詩續編》、一册。《頤堂稿》、一册。四種,乞先付二百元寄老陶,遺稿已發寫矣。《宋會要》已查出。此復,翰怡仁兄大人。荃孫頓首。

醉翁均此。

五十八

翰怡仁兄大人閣下:

《奏議》刻本配起,然又是兩色,仍不足觀,乞酌去留。《拜經堂叢刻》亦附還。此請台安。荃孫頓首。

五十九

翰怡仁兄大人閣下:

前日暢談甚歡,惜弟晚間不能多坐,不得已先行,未知後來又有客到否。避諱一事,嚮來均依《正字略》,後革黨不准乃避,印紙通發。去春,弟開辦之時,不避心不安,徑避又怕生事,因緣宋人各避之例,另改一式,仍作字不成,惟未先行商量,是弟粗率,不敢護前。各依前改回,所刻無多,亦還容易。

"玄"、"弘",止須改"乛"爲"一"。"禎"、"顒",去"八"字。"曄",去"丨"。"淳"字可不改。至"寧"字,功令作"寕","甯",無作"甯"者。姓,去聲字。"亡"、"恬"、"儀",一律缺筆。"歷",仍改"歴"。"琰",仍改"琰"。囑友人通校一遍,究屬易易,免致兩歧,於心不安也。此上,即候決定。《正字略》,商務印書館印紙呈閱,仍請發還。此上,敬叩文安。弟荃孫頓首。

危先生文集校訖,極佳,是前人未見之書。又補録五六篇。尊鈔亦擲下,以便編目。

六十

翰怡仁兄大人閣下：

穆子美來見過,《南唐書》刻完,《補注》可否交彼一手辦理?乞酌。餘再面談。此上,敬請升安。弟繆荃孫頓首。

醉翁均此。

六十一

翰怡仁兄大人閣下：

初十一聚又隔六日矣。避諱乞示,並將《正字略》發還。現《南唐書注》來五卷,荃自校並補注,分補、考異、音釋三類足可成二卷。原籤亦注明。此最出名之書,細心一校,可補者固多,可糾者亦不少,然總是罕見之書也。聞《明文海》不肯售,居奇耶?自留耶?日内見好書否?此上,敬請文安。荃孫頓首。

醉翁均此。

《禮記單疏》卷子亦尋出,須鈔清本。

六十二

翰怡仁兄大人閣下：

頃奉手書並八册,洋二百元。《後甲集》明日往對,盛只兩册,不知能全否?《湖録藝文志》極佳,未見之書。弟有《湖録》刻本二册,非《藝文志》。沈君文才力稍薄而氣韻恬静,可刻,非謙也。徐譜審定即交穆子美。應改,不應改,分别論定,他書亦乞賜閲。明日將《武侯傳》交雪翁,《宋會要》可取到。《周鄭堂日記》云,天熱容緩尋,决不誤。雙拍即寄陶子麟。此上,敬請文安。荃孫頓首。

《海昌備志》十四册亦繳還。

六十三

翰怡仁兄大人閣下：

昨日即讀《查譜》，輾轉傳鈔，脱字太多，須檢他處，如《外紀》、《敬修堂弟子記》補之。《湖録經籍考》惜只有集部，又有先後倒置之弊，亦未易刻。《武侯傳》，乞轉請禮翁摹圖書，以便重刻跋語，改刻圖書。書板今日送去。此上，敬請著安。弟荃孫頓首。

此册即送禮翁。

六十四

翰怡仁兄大人閣下：

穆子美書寄去，閏月來一信，云均寄尊處，此時先寄荃孫，兩面支吾，可恨。因荃孫責其不懂修補，至不願意。其實，刻書到老止知刻一二部書，不知辦大書也。朱文海、李貽和、姜文卿三家能之。至《炎徼紀聞》，並不難校。乞檢刻本《書岑猛》，鈔本《龍憑紀略》、《藤峽記聞》見視。弟三卷已校好，以《明史・土司傳》、舊鈔土官底簿校之，可據也。此請箸安。荃孫頓首。

六十五

連日酷暑，七日不出門，今日甫至盛氏圖書館一行，歸途又至乙庵方伯處，未及過兄。適奉手書並各書。《十三經文鈔》，書至乏味，翁印若書，亦太平常，儘可不購。《聞過齋集》照改，批好之後再行設法。位西先生必見佳本也。《彝齋文編》未在此間。《蛟川詩系》徐年譜。收到。餘再面談。此復，敬請翰怡仁兄大人升安。弟荃孫頓首。

六十六

翰怡仁兄大人閣下：

昨晚兄送書來，弟將睡，急切檢《拜經題跋》不得，草草作覆。今日翻閲，跋在卷一，極言其佳，兄閲之自悉。然宗旨趨宋學，可購而不可刻，若翁印若書真不足道矣。《聞過齋集》，原收鮑校鮑補，是佳書，弟方加一名印。而穆子美到今未補起。邵位西本即佳，恐亦未遠過兄所校本，恐仍是記字數，未修補之本，則近於徒勞。校好乞發下，一核方知。以後，懇專校清樣，省功而有益也。書多校一次好一次，然省功亦要緊。弟晚間不能飲食，早飯、中飯均好，晚飯非隆冬長夜不可。現畏熱，八九點睡，四五點起，趁早凉看書也。手箋，敬請台安。荃孫頓首。

盛宫保書目，訂卅五册，即三十五卷，共一萬一千五百六十五部，四十萬七千二百五十二卷，西書不在内。明日交卷。現補勘《查譜》。再，《補注南唐書》，惜穆子美寫得遲，先補六卷至十卷，共五卷。

六十七

翰怡仁兄大人閣下：

《查譜》，是新鈔未校過之書，《偶記》頗可以補，惜《偶記》上卷尚可，下卷雜湊非完書，遂未如意。《偶記》有刻本，二卷。别有《偶記》四卷本，囑書估再覓之。《後甲集》、《同學出處記》，均非全書也，各書皆書鋪輾轉傳鈔，不知正本在何處耳。《太樸集》逸文鈔出十餘篇，前紙已盡，乞付百葉爲禱。此上，敬請著安百益。弟荃孫頓首。

六十八

翰怡仁兄大人閣下：

前日交下各書無一不佳，只《繹旃文稿》少差，似非全稿。《臺獻疑年》亦極佳，見目即知此書之善，只寫手費事耳。東山僅來《年譜》、《外紀》、《同學録》三種，兄前云尚有他書，能全行發下一校爲荷。石銘自秦島歸，言頗恐懼，寓公均啓行，未知何日能定也。此上，敬請著安。荃孫頓首。

六十九

翰怡仁兄大人閣下：

昨見各書，校改互異，實抱不安。以後各書，諸君子校後，仍交下由弟閱過付修，庶可前後一律。《危集》補遺，能得兩卷最佳，固前人所未及也。此上，敬請台安。弟荃孫頓首。

各書明日送上。

七十

昨談甚愜，《資暇集》因此校定，可謂善本矣。《南窗紀談跋》須重刻，昨信同交。然實係僞書。舊所有者亦不妨刻，《危太樸集》新鈔本、舊本輯文，均呈政。可檢勞氏《讀書雜志》一核，再求之。跋在內。《吴興志》俟補好再送看。以後避諱字均復舊，寫刻手均照呼矣，前刻者須改。袛儀字最多，去“丿”尚易。《吴梅詩箋》極佳[1]，再留數日。此上，敬請台安。弟荃孫頓首上。翰怡仁兄大人。

如送東山書來，仍將《年譜》交下。

七十一

翰怡仁兄大人閣下：

東山著作又校好幾處，餘名字或在《海昌備志》、海寧舊志查

---

① 按，疑“吴梅詩箋”之“梅”後奪“村”字。

之。瘦篁托校董晉卿文已校，尚托兄轉寄，弟與之未直接也。雪澄字及積餘信均察入。前已托醉翁轉致，止雙拍略遲不誤。前云酬謝一層，赫詩。雪翁言叢書刻書印一次先索一次即是酬謝，亦達到。此請文安。弟荃孫頓首。

七十二

翰怡仁兄大人閣下：

昨承賜游覽票，謝謝。兹奉還《淩塵遺集》、《太倉稊米集》、《梅村詩箋》三種。又，朱文海刻封面甚糟，裁一條作式，籤子均須另刻也。穆子美兩月無信矣。此上，敬請台安。荃孫頓首。

醉翁均此。

惠中酒菜均極佳。近稿先刻成詩一卷呈政。

七十三

翰怡仁兄大人閣下：

炎暑又熾，仍然不敢出門。前二百元，察入示復爲荷。周先生書，雪老以天熱推，亦非假話。《禮記正義》祇一卷實兩個半卷。鈔本，可付刻。校記、原本均呈覽，亦海内之秘笈。桂先生碑，以《鐵崖集》校正，從明刻校過。可以付寫。此上，敬請侍安。弟荃孫頓首。

《危集》再跋呈政。

七十四

翰怡仁兄大人閣下：

頃奉手書並月脩百元、《龜溪集》一部，謝謝。前書奉還。月霄生日必到，當檢月霄藏書數種以供鑒賞，但求天早晴耳。此復，敬請著安。弟荃孫頓首。

醉翁兄均此。

七十五

翰怡仁兄大人閣下：

《紀易全書》宗漢學而不廢宋學，是道咸間學派，可以全刻，成一家，如擇配以《周易本義辨證補訂》、張氏《虞易補注》爲最，乞酌。弟病略有起色，尚未敢用心，衰頽至此，可嘆。醉翁、心舫來否？此請台安。弟繆荃孫頓首。

孫逸翁枉顧，代道謝。

七十六

巾箱本《聖政》，前途索十五元本索二十元。一卷，磋商再四，能給二百卅元則成交矣。穆子美已回蘇，書校好再呈復校。此叩節禧。弟荃孫頓首。翰怡仁兄大人閣下。

七十七

翰怡仁兄大人閣下：

《南唐書注》，昨與乙庵商議，仍宜刻雪客原書，補注、補音、釋與校勘記同。附於後。國朝名人刻書，决不如摻入原書也。弟擇善而從，不敢固執己見，仍將原書送上，乞轉交穆子美爲荷。子美刻年譜已完。《吴興志》猶未修，《掌故集》未全，《備志》並未寫完也。此上，敬請文安。弟荃孫頓首。

醉翁均此。

《彝齋文集》原書呈上，如刻本遺失，可另印重校。

七十八

翰怡仁兄大人閣下：

《周易正義》六册交還。前假《東山年譜》、《藏一話腴》、《温善臨傳》，望交下，即趙。《南唐書補注·后妃傳》呈閱，仍發還即往下寫。以此爲式，不用雙行可得二册。戚光音釋皆在周注之外者，宜全收之。餘面談。此請文安。

醉翁均此。荃孫頓首。

七十九

翰怡仁兄大人閣下：

前日盛擾，謝謝。葵園師信，又與止修函商酌助刻書資陸百元，兄以爲何如？同是門生，止修在湖南多年，較親密，故與妥商。《東山年譜》、《藏一話腴》先繳。又，《尚書單疏》，弟又得一佳本，祈發原書先校定何如？此上，敬請文安。弟荃孫頓首。

八十

翰怡仁兄大人閣下：

前與止修商量，聞兄止欲撰一篇，是金石家正格。兩志亦出唐、隋。而長沙師非俞蔭老可比，先叙兄好學，好客，久深仰慕，願乞大筆，以光前徽。如肯揮毫，有復信，再致敬意，方不唐突。六數最妥。弟信已去，惟恐其駁回耳，並請止修助我言之。兩書奉還，均是近時佳書，略有舛錯，不盡無徵。洋裝一册尤佳。此請文安。弟荃孫頓首。

醉翁均此。

八十一

正欲奉書，又閱手教。《莊子》，丁福保曾送來，弟告以南宋初年本，宋板宋印。渠出三百元，告以六百元收之不爲貴。兄須扣住書，索全書，十册，不缺裝訂。再與論價，不可放過，《史記》可鑒。再轉三兩處，必是千金矣。鈔本均見過，板壞。無一可取，石銘處送來，退去。《閑中今古》，天一閣書；至《東城雜記》，厲樊榭書，而有查伊璜圖書，連范氏圖書，均是僞品，不足信。《筆蘦》不全，弟借一日，明日送還，鈔文一篇。危太樸文重編改跋，正是應辦之事。曹君直亦見此書，勸我另編矣。此復，敬請著安。荃孫頓首。

楊氏海源閣《楹書隅録》有此書。

八十二

翰怡仁兄大人閣下：

昨日見視各書，除顧成章一册外，近人新書，書亦不佳。均可購可藏，可編入書目。第不必刻，亦不能出重貲。若在平時，只數角錢一册耳。葵園師信已去，止修來柬附呈。致敬一層，亦由止修與湖南諸公轉兑，弟函内只陳仰慕，不敢言致敬。彼此有益，弟熟人少也。弟請四十日假，消寒舉行定必回滬。刻書由小兒僧保。代辦，决不有誤。委撰家傳當於途中成之。此上，敬請箸安。弟荃孫頓首。

醉翁均此。

八十三

翰怡仁兄大人閣下：

昨閲手定應刻諸書，業已不少。如《吴興先哲遺著》收之，可酌量刻，餘則可藏，不必刻也。如查東山所著，只《罪惟録》可刻，餘則置之。不必出重貲以購，以此等書無人搶也，雖暫時取去，終久自來。如宋元舊鈔，必須放價，搶買人多，動輒北去、出洋，均不可知，與鈔稿迥别。鄙見如斯，乞細酌之。此上，敬請文安。荃孫頓首。

十三日南京發，明日上車。醉翁均此。暫别，恕不走辭。

八十四

頃承下顧,感甚。李苟香,上海人。顧跋似真書,教訓。一無可取,尚不如周先生書,還之可也。翰怡仁兄大人。荃孫頓首。

八十五

翰怡仁兄大人閣下:

別來廿日,懷想何如?近維校讎日益,吟詠時佳爲頌。弟來京師,館長虚衷相待,可以攜書出都,即日束裝,而三兩友朋略留談,二十邊必到滬,不誤消寒之約。日來陡起大案,因勞玉初文字而起,新黨基之,先捕入獄。宋育仁,捕劉廷琛,玉初亦可危。並禁宫門鈔,請謚。宫門增五十憲兵,嚴查腰牌等事。書生結習,貽禍王室,此事豈能以口舌争哉!陳弢庵云,近日連小詩均不敢作,怕人加注誣陷。昨日請王壬秋、趙次珊開宴,總統府。囑嚴查兩館中人,而日人實有在内廷煽惑者,宋育仁能不爲饒智元則幸矣。廠内有《甘肅通志》,白紙印本,價一百四十元,可要否?弟行,可托傅沅叔。廠肆好書爲傅、董、李、木齋。鄧孝先搜索殆盡,價亦非凡之昂,只景樸孫之《于湖集》、二千元。《禮記正義》八千元。無人過問。吴印臣云,年終需錢之時,以五千現洋堆於此,二書或可得之。餘容面談。此請文安。弟繆荃孫頓首。初四日大同旅館。

醉翁均此。

八十六

翰怡仁兄大人閣下:

在京寓一緘,想已察入。十七日回滬,將息三日,擬明日詣尊齋談,先呈京中土物二事,乞哂存。吴印臣刻一書,並來示,奉閲。所刻年譜及《正義》,均爲學人推重。《吴興詩話》系錢彦劬送,刊極佳,乞留閲。如通函,可謝之。此上,敬請箸安。荃孫頓首。

醉翁均此。

八十七

此王一梧師《後漢書旁證》後改名《補注》。之稿,書已刻出。荃處止有《西域傳》一卷。聞止脩兄當知,稿本不完不備,即長編也。前一跋是僞作。一梧師壬午丁太師母憂,非父喪,喪父在未返籍前。亦作僞心勞日拙矣。兄不收必無人要,可置之。如朱竹垞《注五代史》稿本,萬季野《明史》稿本,不必刻,著之書目中,後人仰慕。此等長編,連書目均不能入。委撰家傳擬就呈政,弟反覆閲改,所學不過如此,如有不妥之處,請籤出酌改。兩傳,一有論,一無論,避復也。長沙師無回信,且俟之。此上翰怡仁兄大人。荃孫頓首。

八十八

翰怡仁兄大人閣下:

昨奉上各書,想已察入。《范書旁證》,的是長沙師之補注。剩稿而索巨價,亦太可惡。《書岑猛》、《龍憑紀略》與《紀聞》不同,須將《龍憑》、《藤峽》兩卷亦須重寫方妥,並與穆子美連紅樣交彼即改爲要。此上,敬請文安。弟荃孫頓首。

《岑猛》一册先還。

八十九

昨見《兩漢》,白鷺洲書院本,大十六字,小二十一字,與一經堂本同,然是兩書。《郘亭經眼録》載之,實善本也,望留之。所見董字,雖兩罍軒所藏,然真贋雜出,非至精者,書畫難於書百倍矣。此上,敬請翰怡仁兄大人文安。荃孫頓首。

醉翁均此。

甲寅消寒第一集，觀董文敏墨迹。

九十

手示誦悉。長沙師已允撰志，似宜專函奉謝，弟處無信，想尚以爲在京也。並寄酬，云助刻書之費，仍請子脩兑去，如交止相，兩有益也。《宋會要》五百卷，天壤孤本，雪澄欲與唐前文稿同售，索二千金，今止一種，總可少損。兄前許刻貲亦將千元，並及去秋讓詩舊誼，能許幾何？一言即定，雪老爲債所迫。積餘來函呈閱，亦必不多往返。此復翰怡仁兄大人。荃孫頓首。

尊藏如有《玉井樵唱》，乞假一鈔，其後裔想刻也。又，前日見新書《小腆紀傳》，亦想借鈔《鄭成功傳》一篇。平時覺書多，用時覺其少矣。

九十一

翰怡仁兄大人閣下：

送上《危太樸集》一册、《雲南水道考》一册、《竹素園詩》四册。危集再搜之《臨川志》，因其臨川人也。《水道考》惜不完。《竹素園詩》，批圈均佳，弟已鈔一部，照録。然此書亦是過本，朱批白字太多。近來揚州書估，僞刻僞印，到處騙人，須防止。此上，敬請文安。荃孫頓首。

醉翁均此。

九十二

長沙師志文兩篇寄來，囑轉呈，原信亦附上，望察閲。弟稿亦改呈，未知可用否？志蓋擬數式，請擇。餘面談。此上翰怡仁兄大人。荃孫頓首。

醉翁均此。

九十三

翰怡仁兄大人閣下：

昨奉手書並讀大作，古氣旁薄，未易跂及，佩甚。長沙師處即日發信，尊函附達，改二字不妨也。有三事候解決。一，與吴印臣函，囑代購《禮記正義》、《于湖集》，海内孤本，非五千元不可，成不成在年關，款如何兑？書留印臣處萬無錯誤。一，劉謙甫館候訂。一，老陳，揚州人，能裝訂，能歸類，誠實，敢與作保，月脩八元，與夏丙泉在弟處一律何如？乞酌示。題《兩漢書》詩，席間交卷。聞兄又得好書，乞檢閲以開眼界爲幸。此上，敬請吟安。弟荃孫頓首。

九十四

翰怡仁兄大人閣下：

聞兄欲修函致潤于葵園師，而瞿桐來緘，有此妥便，特未知何日行耳，乞酌之，或仍詢子脩。陳世兄亦必見彼也，陳未至，弟處不便直接。此上，敬請文安。弟繆荃孫頓首。

再者，校貲另單開陳，半年祇校此數，皆朱文海，穆子美書一部不成，連報賬均不能也，可哂。

九十五

伻來，奉示均悉。長沙師處一函，應用之義，謹繕成送上。《南唐書》、《吴興備志》、《雲南水道考》、《玉井樵唱》均收入。至《宋會要》再商，似乎不諧。校貲一千八百四十葉，合乙百八十四元。書名、葉數，有單在信内，乞查。餘面談，明日早臨。此請翰怡仁兄大人文安。荃孫頓首。

九十六

翰怡仁兄大人閣下：

《周易校記》已歸子勤，諸事商妥。《閩風》首册交上，望轉交許頌翁。史館聘兄爲名譽纂修，爲借閱書籍地，請弗却。答書仍由弟寄。此上，敬請文安百益。弟繆荃孫頓首。

又，前日所見《小腆紀傳》，王姓書單内，新書。内中須鈔《鄭成功傳》一篇，能鈔示否？現辦書先辦長編，鈔至數百葉，成傳只數葉耳，所謂材料要多也，連修志亦如此。

《賜姓始末》。《國姓爺傳》。

《實録》。《東台始末》。

《南疆繹史傳》。《聖武記》。計氏《南略》。

鄭成功事實已鈔得矣。

九十七

翰怡仁兄大人閣下：

《易疏校勘記》，已囑朱文海改好。謙甫事已告知洪幼琴，囑其轉達尊意。答史館書甚工，京中恐又須登報矣。此間所登，皆《京報》上鈔來者。原文敬繳。《甲行日注》板須提歸交朱文海，與《天寥年譜》同印，年譜一門可自爲一集矣。手箋，敬請箸安。弟荃孫頓首。

幼琴信已復，即知照謙甫明正來再報謁。

九十八

昨日盛擾，謝謝。吴印臣回信奉閲，二書似可從緩圖，太居奇矣。學南、讓之所示各書，只張煌言詩文尚屬可刻，如《寧波簡要志》亦可，然總以寧人刻爲是。《安隆逸史》入叢書，陸文入《湖州叢書》。劉謙甫未行，聞説明日回去，兄今日往拜，可先專人説明在家略候爲要。晤談便知其人之可愛。老陳已回揚州信，囑其正月早來矣。

此請翰怡仁兄大人台安。弟荃孫頓首。

醉翁均此。

九十九

翰怡仁兄大人閣下：

前日委查年譜，添足十家。弟處，《孫蘇門年譜》、鈔本。《尚可喜年譜》、刻本四本，見。《重訂顧亭林年譜》、張石舟刻好後自改。乞購新書一册，批增稿本難認。《阮文達年譜》，《雷塘庵主弟子記》。似乎必傳，乞酌之。孫尚本呈閲。顧、阮想有刻本，乞交下，顧須改粘，阮即可刻。此請台安。荃孫頓首。

一百

手字敬悉。《查譜》，一時忘記，理宜付梓。《張蒼水年譜》，趙益甫刻入叢書，再刻亦無不可。《顧譜》係石洲重訂增入者，荃手録成一册，本留自刻，決非翻張本也。《孫譜》聞亦刻過。乞查蘇門全書，荃處無有也。《琬琰録》，宋刻明補，董授經得白紙初印本，價止二百元。荃見此書時，現自京帶來。衹索二百元，破爛不堪，許以八折，不意漲至如此。《漢志水道考》，《問經堂叢書》有之。覃溪經學不深，漢宋兼。字迹可寶，不如刻其逸詩。孫葆田，古文家，似可刻，舊雨也。求恕齋鈔格，乞送二百葉來，《南唐書補注》未完，須接寫。餘面談。此上，敬請翰怡仁兄大人文安。荃孫頓首。

孫譜收入。

一百一

翰怡仁兄大人閣下：

弟查《吴興志》雖已刻好，補過，初次覆校漏補之字折角在内，即交子美速補。末卷重刻之三葉，亦未補來，並未印過清樣。凡刻書，寫者曰寫樣，刻出者曰毛樣，校補既畢，揭去小簽再印，方曰清樣。穆子美豈不知耶？自知延緩，隨口答應，可惡。俟再改好重刻者，看過印出清樣，再送貴友復校。此書鈔自《大典》，並未分卷，前人分十五卷，分十八卷，皆出臆斷。今照《書録解題》分二十卷，亦無所因，弗訝。又，舊寫《吴興志》一部同呈。至揚州刻字，邱三所薦，其人現在常州，刻經恐不能佳，一二葉不能作準。穆子美著名好手，尚且如此！祗朱文海，南京李、姜二人，湖北陶子林靠得住耳，翰寶尤精。石銘處已停刻矣。此上，敬請文安。弟荃孫頓首。

《南唐書》末册亦附呈。

沈子封得朱竹垞《注五代史》稿本，王旭莊有萬季野《明史》稿本，均是奇書。兄如願得，亦可議價。

一百二

翰怡仁兄大人閣下：

昨格紙收到，寫《南唐書補注》也。穆子美來言，自認今年濡滯，現正在添人，明年當可趕快，定人必須年内發款，再懇加發云云。謹爲達到。又，求再發一書，或以覃溪未刻詩與之，乞酌。此上，敬請台安。荃孫頓首。

一百三

翰怡仁兄大人閣下：

昨日劉謙甫兄想至尊處，今日陳先生亦來，請即賜面受教爲幸。此請午安。弟荃孫頓首。

醉翁均此。

一百四

翰怡仁兄大人閣下：

徑啓者,昨日錢聽甫兄來言,云歲有人以過警石先生批點《漢書》,售至兄處,留下否?如在尊處,可以原價讓彼否?親筆在壽甫處,聽甫殷殷想購回副本,亦屬可嘉。弟爲達到,如未留或不能讓,均希示悉,以便回復聽甫。此上,敬請箸安。荃孫頓首。

又,《尚書單疏》,去年因校記與書不符,仍請了晴校覈,子晴未曾校出,云須下目全交。而朱文海書少,請再發他書,或《東山年譜》。乞酌,省得寫手閑,又到他處去矣。又,《厲徵君年譜》乞教還,又有添補,不忙刻。荃孫再字。

一百五

翰怡仁兄大人閣下:

頃奉手書並厲徵君原譜乙册。謙甫仍在洪處安身,可先付《吴梅村詩箋》,合《吴詩集覽》、《梅村詩集》同校最好。至《東維子集》,弟有校定本,改日尋出呈上。沈過錢批《兩漢》,如可再過何妨?請其再過一册,錢出筆貲何如?月脩收到,謝謝。此上,敬請文安百益。弟荃孫頓首。

《厲譜》,又得兩條附入,再輯定方繳。

一百六

翰怡仁兄大人閣下:

前日匆匆作答,未盡欲言。《吴詩箋注》,大半與靳集覽吴氏注相同,可入書目而不必刻。乞以翁覃溪集外詩,以刻本請謙翁校之,去其重複,可即付梓,是海内學者所深盼也。今又接穆子美信,云《備志》卷十五至二十八寫樣四本,《經典通用考》寫樣一本,稿一本均寄尊處,望即交下,以便一手經理。弟每書記簿,收發必注,兩束分刻,大小五家領户,孰緩孰急,按簿即知。近來百物昂貴,人情險詐,刻工寥寥,領户無甚好處,全靠寫本早發,匠人不敢歇手待書,以便趕活。子晴復校《尚書正義》,章一翁校《閩風集》,均未送來,亦所深盼。穆子美未寫書甚多,未修書更多,今年總不能完。朱文海人手較齊,乞再發一二種。又,謙翁覆校,乞傳諭朱、穆兩家,未修紅書,不必切訂,修好清樣必切訂,可以一望而知。如《彝齋文集》,清樣。可以再校一次,得乙一字亦佳。語石住紗廠太遠,通函、送書甚不方便。書估有新到《自警編》、《三朝名臣言行録》,曾見過否?此上,敬請吟安百益。弟荃孫頓首。

醉翁均此。

《厲譜》,再添數則,可以付刻。

一百七

翰怡仁兄大人閣下:

昨日未能領教,歉甚。《三朝言行録》、《五朝言行録》是朝鮮翻宋本,約在元明之間。謂之明板,渠不甘;推之宋板,我不願也。如跌至百十元,可收之。錢聰甫可以回覆,此書亦不見佳,《經典通用字》書亦不精。老陶即函招前來。弟借兩書,爲考《樊榭年譜》,馮登府柳東。《石經閣文》弟有一册,記書名又非石經閣。乞查。此請文安,諸希珍攝百益。弟荃孫頓首。

一百八

手字謹悉。書收到,謝謝。《浯溪集跋》即寄印臣,陳君即找來交彼書寫。弟處亦無下榻處。貴體就痊甚慰。聞有十二日消寒之説,可否改十五日,亦謂之大花朝,因小花朝逸社二集作盡日歡故也,私商之。此復,敬請翰怡仁兄大人文安。荃孫頓首。

一百九

翰怡仁兄大人閣下:

弟於廿日偕沅叔、積餘赴常熟觀書,今早甫回,敬讀手柬,聆悉一是。汪書均佳，均百宋一廛所有。然弟自柳門殁後即未見此書，三千之許實無是事。近來書價日高，又有袁二公子重價收吸，恐北行也。重價收之，何如？《遜國傳》非秘本，與史案毫無關涉，忌諱在萬曆以後。亦不必刻。遲復爲歉。此請台安。荃孫頓首。

醉翁均此。

《宋會要》是弟之書，乙酉年以乙百四十金得自京師，邇時年輕，無不親自過目，前途以竹紙定成一本，分門編目，確非星伯手畢。另有十一葉，星伯先生手寫，署帝系第一，後署"以此作式，照目點明"。次年，南皮要刻，即解去。戊子年，南皮仍交弟編，甫寫定帝系清本十二卷，即起復供職，書均交屠静三。静三寫定職官八十二卷，而静三赴官，局亦漸撤，仍由弟交雪澄。原委如此。至此時輾轉搬移，云遺失則可，不得云無是事也。大人豈能本本過目？書本是《大典》輯出，《大典》之書，一條不止見一處，所以有重複。本至刑法實有三卷，如以爲有專書，故不重刊，武斷可笑。如今有《大清律例》，《會典》亦有"刑名"一門，編書例如此。總之，此書是孤本，兄得此甚善，又救兩家之急，弟亦唯願其成，不必强詞奪理。閲訖付丙。

子培常問借"刑法"，雪丞亦答應，不知借與不借，亦不可問，問亦徒然嘵舌。原函奉還。

一百十

前日盛擾，謝謝。《金石苑》交貴价持歸，想察入。汪伯春來約，俟渠因公到寧，由寧回蘇，即招夏炳泉帶伙計五人去。點書、裝箱、編號，再同回滬取書，全價，並先取宋刻書，再電蘇發書，現不須定錢，亦不肯先付，宋刻怕有舛錯。議到如此，有無翻悔尚不得而知。付價時在半月外，兄必回滬矣。陶子麟可付《史記》，並先給價備板，愈幹愈妙，此人不比伯春，弟可保不虧空。此上，敬請翰怡仁兄大人文安。荃孫頓首。

醉翁均此。

一百十一

翰怡仁兄大人閣下：

饒星舫現在專與兄寫《史記》，石銘兄之《尚書》差不多寫完。敝寓人已擠滿，可即令其移居尊處，以便專寫爲禱。此上，敬請文安。荃孫頓首。

醉翁均此。

《小腆記傳》奉還，希察入。去歲假鈔《太倉稊米集》，漏鈔一卷，發棠之請，藉以合尖。近日裝訂方知也，一笑。

一百十二

翰怡仁兄大人閣下：

《太倉稊米集》一部乞察入。弟擬借《明穆宗實録》補寫七卷，又擬借《八旗通志續編》。正編已有。一公事，一私事。無論公私，均不敢污損，因鈔手皆舊人，靠得住也。此上，敬請著安。荃孫頓首。四月仝日。

一百十三

頃赴李道士一元會，回寓讀大札並三書。《鴻慶尺牘》，宋元皆有之，此書實難定其爲宋爲元。《白陽》，覃溪跋的真，亦可寶也。價至貴，至四百元而極，口字刀法，與元人相近，覃溪雖云南宋坊本，實則天曆庚午翻宋耳。陸純伯曾有之。梁茝麟、伊墨卿、胡香海、劉子重印是真，錢罄室、文徵明、梁蕉林印則僞也。《毛詩疏義》，是明正德間刻，值數十元。《綱目集覽》，明初刻，值百元耳。《史記》，星舫云先校是不錯，第借潘本，並以金陵局刻張嘯山三注校本證之，亦撰校記，較妥。穆子美不能刻書，儘可截止，然尚有三書在彼處。冬青館原本在此，尚未校好。今年校出書代領校貲，另單呈覽。此上，敬請文安。荃孫頓首。三日。

醉翁均此。

翰怡仁兄大人閣下。

書太貴重，舍下人手又生，乞明午專人來取。

一百十四

翰怡仁兄大人閣下：

頃奉手書並《明實録》校貲一百九十三元零，費神，謝謝。書三種一匣四本。又四册奉還。昨日本擬專价送尊處，因邱三到寓苦求玉成，弟告以强元板爲宋板，於自己聲名有礙，萬萬不敢。然亦不敢自是，如《三朝名臣言行録》，弟以爲朝鮮本，子培以爲宋本，菊生遂以六百五十元收之。第弟守常經，不敢欺友人耳。因之膽小，遂請兄專人來取。潘君亦未謀面，如托書估，或可借出與劉三先生，可以十日云云，因上集解小字少也。聞淞社又將舉行，餞春詩已成，貝葉傳失去。夢坡來札尚未交卷。此復，敬請文安，並叩節禧。荃孫頓首。

一百十五

翰怡仁兄大人閣下：

《南唐書注》六册呈上。均已删定，非生眼不能指定也，弟翻閱多次，實未看出，將來寫樣，仍可再核，去年到今又成生眼矣。穆子美又接盛宫保《勸善書》，所以此間不起勁。生意多，刻手少，即南京書局，刻手亦不如前，奈何！此上，敬請文安。弟荃孫頓首。

醉翁均此。

另，金石拓本，乞轉交葉鞠翁，隨後寫信。

一百十六

翰怡仁兄大人閣下：

愚園一會，君未能到，近則炎熱異常，不敢出門。陶子麟兩函及字様呈覽。查東山之《罪惟録》九十卷，首尾具，序及論皆手書，有清一朝未敢出現，全謝山、吴兔床均未得見。此費景韓送來，云轉售吾兄，索千元。候品定還價，兄可與直達，何以石銘不收，再面談云云。書是孤本手稿，直《舊唐書》也。首尾二册先呈，共一百册。又，汪子淵殁後，同人集貲送其柩眷回常，乞兄佽助，此蘭泉、幼舲所托，亦希徑致蘭泉爲荷。又，新到《閻古古年譜》，國初大人物，徑付朱文海矣，二册，魯一同編。此上，敬請文安百益。

醉翁均此。荃孫九頓。

三種繳還。

一百十七

翰怡仁兄大人閣下：

承顧尚未走答，歉甚。《罪惟録》先後共一百本，乞察入。候費景翁來面談何如？惟懇檢《海昌備志》寫《罪惟録》一則，見視爲荷。又，周春《西夏國志》一則亦代鈔示。此上，敬請文安。荃孫頓首。

醉翁均此。

頃專家人送書來遺却此信，今補寄。

一百十八

翰怡仁兄大人閣下：

風雨成災，敝處岌岌可危，兼之床床屋漏，書籍濕損不少，結想如山廣厦，真作天上人矣。理堂疲玩，實屬性成，兄如急須，小兒僧保尚可效勞，依様胡蘆尚能畫也。《閬風集》仍交弟處校頭道再送何如？此上，敬請文安。弟荃孫手泐。

勤惠公書似大出,内有孫淵如《左傳集解》,清本、鈔本均在吴處。乞留意,此未刻之佳稿也。

《儀禮》是元刊本,盱眙吴勤惠公物。昔年在川督任,即弟代購物,重逢感慨繫焉。價約二百元上下,此時價,舊價只四十兩。《左傳》即十三經本,前年弟書歸兄,價一百六十元,印本紙張均比此本佳,前日在齋中尚見之,可一核。元刻書,尚有大半皆明補,《尚書》、《春秋》尚少補葉,《易經》則多,《孝經》皆正德刻,無一舊葉矣。景韓已來,書懇留之,不易見也。修《海昌備志》時亦未見。

一百十九

昨示誦悉。佩南同年文集通閲一過。略去數篇,以"·"作記。題目一例頂格,歷代廟號頂格,餘均空一格。來書、答書均附後,仍一格,仍舊大字。墓志、神道碑,題目照目録寫,甚有斟酌。不可照文前題目寫。致夏滌庵書,仍舊歸入書札内。文内有用者甚多,刻成先給紅様,拆備史料。弟病久悶甚,近日見新書否?翰怡仁兄大人。荃孫頓首。

一百二十

昨日彼此往還不晤,消寒一居,兄又未到,悵悵。莫氏書,以《曹集》、《辛詞》爲最,《史通》非元板,《琬琰》亦不全,然莫氏書中爲均可留也,乞專人取回爲荷。今日又似不適,將養數日,尊約必可到。前函欲借《載酒園詩話》,能賜閲否?此上,翰怡仁兄大人文安。荃孫頓首。

一百二十一

《明史例案》序,數日内呈政。囑朱文海,仍交弟處一校。再細細勘一遍,與史有益。《奏議》一册奉閲。此請翰怡仁兄大人文安。

荃孫頓首。

清史擬例,代趙總裁,已寄去,亦不亞横雲山人之多。

一百二十二

翰怡仁兄大人閣下:

弟去歲接聘,即采國初修《明史》議例。鈔讀兄所輯,與弟暗合。于晦若云,辦事與下棋,開首幾著是呆的,不如此便是外行也。彼此有未見,將二册送上,可鈔者留鈔;再補入弟有所見加簽於上。序文略易數字,諒兄必以爲然,仍須重鈔送館。《武梁祠畫像考》甚佳,可付刻。畫像描好,朱文海刻亦佳。《黄梨洲年譜》,弟有之。單行本甚少,兄似勝於陳乾初,況乾初已擺印耶!《南唐書補注》,先將稿本呈閲,乞交謙甫,取周雪客注一核,原本在此,乞即用新刻本一對。子美一本未修。早校好者核事迹,非校字。事迹,一事而詳略不同,亦采入。有重複者即去之,或簽商。本卷與本卷斷不複,或原書在他傳,補注在此傳,須削去一邊,訂過即可付刻。照式用陰文,紅印。不必雙行。又,《爝火録》能借閲否?此上,敬請著安。

醉翁均此。荃孫頓首。十九日。

日内回里,半月耽閣,月初即來。

一百二十三

翰怡仁兄大人閣下:

叔藴寄來一翁覃溪册葉,想察入。討回信,晤面日即忘記問矣。餘大約亦覆不要。此上,並謝銷寒厚擾。荃孫頓首。

一百二十四

翁册收到,各種均無深意,回覆最善。擬序已成,後日面繳,尚須録副。顧祠墓詩不易做,略遲,因有索文三四處不能回覆者。此上,敬請翰怡先生文安。荃孫頓首。

一百二十五

翰怡仁兄大人閣下:

弟今日回里。《三國志》兩册、《歐餘山房文》先還。《歐餘文》不必刻。《落帆樓》佳,須抉擇改名,外集、尺牘之外,與《讀書雜識》等,俟回滬再還。淞社二十六集詩乞閱,後轉交夢坡。二跋呈政。此上,敬請台安。荃孫頓首。

醉翁均此。

一百二十六

翰怡仁兄大人閣下:

昨盛擾並劇談,謝謝。羅叔藴交來翁書,取到呈閱,並酌示爲感。《全唐文》,先借南唐一國,有三四文可補。此上,敬請吟安。荃孫頓首。

醉翁均此。刻本附呈。

昨積餘言潘君事,果確實否?弟有一《吕東萊集》,兩大函,索價四百元,可出售。如《史記》交易成,弟願收賸下之史,作爲八百元,吕集外再交四百元。如此轉易可否合意?不成作罷,書亦歸還。《史記》作札記亦可,如何作法須商。張小山三注本,此一注移步换形,直鈔即可矣。又,如《史記》影寫完,而以甘本能補缺者接寫。潘書不能解決,即開寫《前漢》何如?

一百二十七

翰怡仁兄大人閣下:

昨日發信後,忽然悟到潘君所云一本,想尚留《史記》一本耳,仿康聖人。非他書也,昨誤會矣。但如成交,須由我們先擔任,與以重複者一本，不可由渠先扣。至弟欲得副本，仍以八百元爲價。《東萊集》望擲還。翁書何如？又，前借《爝火録》如在手頭，乞先借五册爲荷。此上，敬請文安。荃孫頓首。

醉翁均此。

一百二十八

翰怡仁兄大人閣下：

昨交來之件，何書淺陋，吴書當在行，是漢宋兼采之學。兄刻叢書，經學刻單疏，已占極高地位，不可以淺學之書溷之，如《湖州叢書》，如另刻叢書，略可通融矣。《全唐文》添注十條，增兩人，寫好再還。《内閣制度》照簽改。《晉溪奏議》缺六卷，可還之。叔藴候回音甚急，與日人止廿天之約，十五止。詳前信，决議即覆。書亦于公物，漏入日人手。此上，敬請文安。荃孫頓首。

一百二十九

手箋誦悉。書册均到，即交金誦清兄，餘俟回信再布。此致翰怡仁兄大人。荃孫頓首。

貴上大人。

一百三十

翰怡仁兄大人閣下：

頃交來翁集九册，册葉一本，加函交金誦清矣。惟鈔《孟鄰堂集》不在内，乞再檢爲荷。沈子惇學問弟所欽佩，此書殘稿，編次煞費苦心，揚刻一册，前集全。劉刻半册，後集不全。均可重刻，可交朱文海，弟願爲之校也。此請文安。荃孫頓首。

醉翁均此。

一百三十一

奉還《全唐文》三函，又《南唐書補注》一包，祈察收。金誦清面交翁書，並以尊意告之，渠云王雅宜年譜另一事，可留下，惟求照價，即付之。手稿亦可商量，然須與羅三面商。誦清十五登程矣。此請翰怡仁兄大人台安。荃孫頓首。

一百三十二

翰怡仁兄大人閣下：

頃奉環雲，王譜日幣二百元，合滬幣二百五十元。羅信尚在尊處，可覆閱，金誦清信在此，可以作證。陳善餘，敝門人，戊子優貢，住鎮江西門内磨刀巷。吴炯齋已來，十六日拜壽。此上，敬請升安。荃孫頓首。

一百三十三

翰怡仁兄大人閣下：

前日奉環雲，即由郵局寄一柬並金誦清原函。價合中幣二百五十元，想已察入。誦清連日來問，望即付下爲感。或還書亦可。此上，專請文安。弟荃孫頓首。

醉翁均此。

一百三十四

近日陰雨，未能詣談爲歉。《張揚園年譜》與《陳乾初年譜》，一例理學語較多。兄刻十譜，除印出外，添查、厲、閻譜，或以黄太冲譜湊入何如？否則，另編翁覃溪譜亦可。材料不少，亦大觀也。《圍爐詩話》四册，乞檢入歸架。此上，敬請翰怡仁兄大人文安。弟荃孫頓首。

醉翁均此。

一百三十五

翰怡仁兄大人閣下：

弟今早旋滬，遲日詣談。叔蘊又將翁稿寄到，並信呈覽。此信發在王譜成之前也。此上，敬請文安。弟繆荃孫頓首。廿七日。

《覃溪集外詩》，望即交朱文海。與覃溪有緣，速玉成之。

一百三十六

翰怡仁兄大人閣下：

昨日送翁稿來，忘却封入一字，今補呈。翁款、羅信收訖。再送上《歷代詩話》十册，《南唐書注》四册，希察入是幸。又，《閩風集》另擬跋未曾印入，望轉詢朱文海。杭州耽閣幾日，近時有好書來否？此上，敬請文安百益。弟繆荃孫頓首。廿八日。

醉翁均此。

一百三十七

翰怡仁兄大人閣下：

《司空圖詩》另撰跋，可單行。叔蘊又寄來壹單，皆元明人手稿，一本皆四五百元，貴極，先以兄游杭覆之，單子尋出再呈。朱文海又要樣子，《東山外紀》、《覃溪詩集》，均可發寫。《明史源流考》，荃可作序，隨後再呈。此請文安。荃孫頓首。

醉翁均此。

謙翁《宋會要》目，轉交。

一百三十八

羅叔言來單呈閲，即存尊處。《宰輔録》大有益，似京城印本。又，兄書目内有國朝丹陽賀黄裳《載酒園酒話》[①]，乞假一閲。此上翰怡仁兄大人。荃孫頓首。

一百三十九

翰怡仁兄大人閣下：

陳先生聞已交書目賬。如可行，乞暫留，明年再爲之覓事，如有安頓處，令炳泉來代館何如？炳泉在弟處亦一時離不開也。顧祠一律呈政。此上，敬請文安。荃孫頓首。

一百四十

翰怡仁兄大人閣下：

昨書想收入。今又奉還《續先正事略》，訂綫太進，不能全閲。而全目已定，受益良多。校貲一單，望即交下，餘再面談。此請台安百益。弟繆荃孫頓首。

醉翁均此。

前日因徐積翁不肯出題，弟擬請題顧亭林小像，願補作者聽。兄以爲何如？蘇文尚未交卷。

一百四十一

翰怡仁兄大人閣下：

昨日讀《鐵橋漫稿》，《全謝山傳》云身後書籍悉歸盧抱經樓，盧氏賻以二百金，是盧氏書必有佳本也。揚州刻成者，乞交下一閲。

---

① 按，此處有誤，賀裳，字黄公，著有《載酒園詩話》。

弟不去北京，小兒廿日附新銘去。此上，敬請文安百益。弟荃孫頓首。

醉翁均此。

一百四十二

翰怡仁兄大人閣下：

昨詢翁稿，已托硯芬先生轉達。書經凑全，餘無可取，不過覃溪親筆耳。另單所有天復本，聞所未聞，必須見識見識，各種首本均賜一觀。《周易九鼎》，似先文貞公著撰，然未見過，乞代留意。唐拓、蜀刻，聚於一處，愈見愈高矣。小兒明日首途，假期已滿故也。此上，敬請文安。荃孫頓首。

醉翁均此。

一百四十三

翰怡仁兄大人閣下：

《爝火録》廿四册，《詩境筆記》四册，《亭林譜校略》核定。一册均校，祈察收，謝謝。《筆記》五卷似乎已畢，昔年見者均在，前在小有天匆匆一閱，又無眼鏡，疑不能決也。王錫翁願編年譜，已托之，所記覃溪逸事，均交之矣。《明史例案》印起否？此上，敬請文安。弟荃孫頓首。

醉翁均此。

穆子美信來，言《聞過齋集》、《吴興志》、《秋水集》、《吴興掌故録》四書俱全。如欲印，可諭彼。

一百四十四

翰怡仁兄大人閣下：

《通用字考》、《天隱集》三册奉還。兩跋呈政。塵遺在吴興七子中,少一人,乞補入,諒兄必知之。又,《詩經單疏》子晴已校完否?四十卷書未完,亦可先寫《穀梁單疏》,張菊生有之,望借來先鈔出底本,即通校一過,撰好札記,再發梓人。除陸刻《爾雅》、汪刻《儀禮》外,世間再無出者矣。此上,敬請文安。荃孫頓首。

醉翁均此。

一百四十五

翰怡仁兄大人閣下:

承顧,未得走報,歉甚。今日朱文海來,即將《天寥年譜》、《甲行日注》兩種分别修改面告之。送來《雲南山水考》、《孫佩南集》已校。《汪文摘謬》兩跋均奉還。葉先生保守先著,可嘉。文理太淺,年譜有"檢"字改"簡"字,因崇禎諱"由檢",故"檢討"改"簡討",葉以爲誤,是不諳掌故者。文兩通者不改,餘照改。葉奂彬來信奉閱。蘇州無恙,静候大局。此上,敬請文安。弟荃孫頓首。

醉翁均此。

一百四十六

季貺題舊刻語。録示翰怡兄,藉稔書籍源流。是時流轉,總在中國,近則流入海外,亦愈形貴重矣。藝風。

一百四十七

翰怡、醉愚仁兄大人閣下:

《藐翁年譜》、《徐侍郎集》、《易論》均交。《易論》、《易解》、《問答》,分三門。《振綺堂書目》署曰"云溪易",亦不知撰人名字,是宋學,可不刻。現朱文海發葉譜、《甲行日注》、云林太樸詩文。穆處四年譜,可接上者,《段注説文訂補》、《楓江草堂詩》、兩《單疏》、《南窗紀談》、《資暇集》,半年功課已足。至各書無校本,不必空校。破體字，好寫官能改正，即校寫樣亦易改。如影宋元板，筆筆照元書。轉以破體爲古矣。此請箸安。荃孫頓首。

子培兄已達意，從不出門，亦不上樓。

一百四十八

翰怡仁兄大人閣下：

頃奉手書，又承厚惠，慚愧之至，敬謝，敬謝。《甲行日注》板片已來，即交朱文海改正，省與穆子美糾纏何如？葉氏賢子孫，何嘗不佩服。《汪文摘謬》、《横山詩文》，乞假之，佳書也。《年譜别録》已刻，亦可與彼一校，愈校愈精，第不宜誹笑我們耳。校貲照收，家人亦蒙賞賜，尤抱不安。明正消寒，聞即舉行，欠詩未交，亦形疲乏。其實過年並無事也。手復，敬請年安，並叩新春百益。弟繆荃孫頓首。

醉翁均此。

一百四十九

翰怡仁兄大人閣下：

奉上已刻書稿：《台州金石志》六册、《楓江草堂詩文》二册、《危太樸文集》三册，又前借《公車徵士録》一册、後缺。《載酒園詩話》四册，祈點收。《五音類聚》書可不刻否？無甚宏詣也。朱文海刻《校經堂文》，穆子美刻《權齋文》，均招呼每篇連寫，只八股有此式，方望溪初刻文如此，亦含八股意味，不必學，況叢書乎？江陰糜爛不堪，無法可想。此上，敬請文安。荃孫頓首。

醉翁均此。

一百五十

翰怡仁兄大人閣下：

頃奉手書並《載酒園詩話》、《奏議》收訖，另三百十一册，後日帶呈。况書極可笑，六十元准鈔出，並可多鈔，所見甚少。但萬不可説弟定奪，要拼命矣。《古今文史》假借，早經閲過，可藏，亦不必刻，價對折。書平平，猶勝於《金石鈔》也。莫氏書尚佳。手復，敬請文安。名心泐。

醉翁均此。

閲後付丙。

再，民國時代刻書只記干支，明年改元，以後似宜遵之。顧亭林、黄梨洲文集，均以康熙紀年也。此事須斟酌盡善。君是巨室，懼爲人指摘，不比心海輩。弟有所見，不敢不告。又，况詞家，餘非所長，校書眼光緊，只時鬧脾氣，人多望而生畏。昨書不值一笑。

密。付丙。

一百五十一

翰怡仁兄大人閣下：

弟昨自都門回，消停數日再詣談。近校《司空一鳴集》，作一札記及逸文八篇，可重刻《司空文集》之後。又，購得翁復初齋逸文百篇，係魏稼孫鈔本，即在稿本摘出，亦可刻集外詩之後。《鄧巴西集》發現足本，乞先交閲。《經典通用考》出“經通考”三字，《天隱堂文》出“隱文”二字，酌核爲荷。此請文安。荃孫頓首。

醉翁均此。

一百五十二

翰怡仁兄大人閣下：

前奉一緘，想已察入。昨見抱經樓書無一不佳，志在先售二三萬元，然後零拆，内《明實録》，國朝太祖、太宗、世祖三朝實録罕見之書。均可收。宋本《開慶續志》、《左傳》、小字。《媿郯録》，元本之《馬石田集》、《事文類聚》，及舊鈔本、明刻本，挑齊議價。内《修文殿御覽》是僞書，不必問。兄意以爲何如？孟平亦在想，恐無此力量，袁二已不能買書，歸兄無疑。翁文須考證題目，即付朱文海，刻詩後。醉翁回滬否？此上，敬請文安。弟繆荃孫頓首。

前減之《宋會要》邊防、蠻夷門，一並歸鄴架，乞哂存。吴印臣囑送《董後傳狀》一册。

一百五十三

昨晤湘舲，方知兄有恙，醉翁亦回里。頃奉手書，聆悉壹是。《王静學集》可刊而非最要。如專刻此路，近乎《乾坤正氣集》，閲者寥寥。《鄧巴西》非足本，可收而不必刊，均籍便奉還。《一鳴集》乞畀新印本一帙。文集訛字須改，不可改者入札記。覃溪文，魏稼孫鈔自草稿，與弟所録略有出入，然可刻。抱經樓書，頃往翻閲一日，書在汪萬宜樓之上。須挑其《明實録》、《國朝三朝實録》及宋元刻廿種，舊鈔者之罕見者，明本之雋異一二百種，不過二三萬元，不犯《修文殿御覽》，要一萬。《圖書集成》稿本，亦一萬。大願仍在也，袁二無貲，誰人出重價哉？兄可專人往挑，頭本送閲再與議價。弟但識書佳，上海書估，不諳與之議價也。《明文海》從前不過百金，近日須四五百元。鈔亦不菲，新與石銘鈔《宋大詔令》廿四本，與《唐大詔令》同刻單行。去一百六十元，鈔亦非易。此上，敬請文安。弟荃孫頓首。

葉先生並醉翁先代候。

一百五十四

書收到，謝謝。訛字即標於本上，令匠人改，有校語者編校勘記，與詩相配。兩詩話即核。陳立園現在明白整買無其人，大價亦不過望然。本大如此，縮小也難，惟書不能説壞也。天晴當至尊處面談，並候葉先生。此復翰怡仁兄大人。荃孫頓首。

醉翁均此。

一百五十五

翰怡仁兄大人閣下：

《覃溪集外文》以三十元購之。又,《南唐書注》已刻成,未修訖,樛子美尚不知磨到何時。《補注》文朱文海必快。弟於此書頗費功力,鈔校可否酌加二項?並望賜下爲盼。鈔《湖州府志》兩文,乞即鈔付。兩詩話已覆勘,係空看,訛字無多,俟跋成即交。此請文安。弟繆荃孫頓首。

醉翁均此。

一百五十六

翰怡仁兄大人閣下：

《吴興詩話》、《春雪亭詩話》奉趙。擬跋附内。《渚山堂詞話》須見原書再跋。昨見校宋《玉臺新詠》、宋刻《韓文》,均極佳。又,《吴興詩話》,弟甲寅入都,錢彦劬交帶回,後張君跋未提出究是一書是兩書,兄查核,跋須改正。彦劬並索新刻,書成即寄去。此上,敬請文安。荃孫頓首。

正欲專函,承送到《渚山堂詞話》、《畏堂稿》並書值卅元。因題多未定,所以未呈。再泐。

一百五十七

翰怡仁兄大人閣下：

《渚山堂詞話》跋連書均交。《畏堂集》俟選定,不過兩册。《慈壽堂文鈔》即選出三帙,以此爲本,酌加數篇即得。詩不必刻,非擅長。文真樸,應酬之作去,批語去,可仍名慈壽堂也。天雨悶極。此請箸安。弟荃孫頓首。

十譜。葉,查,李,張,徐,瞿,今添查東山,厲,閻,顧,已足。

醉翁代候。

一百五十八

翰怡仁兄大人閣下：

頃奉手書及鈔本抱經帳，均收入，閲後即復。《沈畏堂集》選出八卷，開單呈閲。詩不佳，文有意而不出色。江鄉前輩理宜傳之。厲集於樊榭事迹，尚不如我們之年譜可以弗改，略添一二葉。重複雜糅，未經改削之書，亦於數日内可還，不必刻也。此復，敬請文安。荃孫頓首。

醉翁均此。

徵詩已撰，乞郵寄原詩爲荷。弟一份失去。

一百五十九

翰怡仁兄大人閣下：

弟愛抱經書，所取極多。○最佳，○次之，無標識又次，○僞書，不必收。内有明板《宛陵集》、《南豐集》，鈔本《乾坤清氣集》元人選元詩。《梧溪集》，江陰人。願照價收之，俟成交再議。太倉書亦佳，《當恕軒偶筆》再留閲，先還二書。餘即還。葉開書單頗雜亂，何也？弟只有一二種，原正統、崇正書院、汪文盛《兩漢》均售去矣。單奉繳。此上，敬請文安。弟荃孫頓首。

醉翁均此。

一百六十

武英殿廿三史，刻於乾隆四年，至九年成書。遼、金、元三史人名未改，是最佳本。三十八年開《永樂大典》輯書館，四十八年重譯遼、金、元國語，四十九年添刻《舊五代史》，改遼、金、元三史。後印遠不如四年本矣，非再刻也。道光三年重行修補，外間略見一二種，更不成字矣，亦未見全書。彭跋附呈。弟書，宋刻十四種，名鈔四種，價二萬元，扣去一千元，議定候款到發書。内一種在磋商。兄如留，何妨留之。翰怡仁兄大人孝履。名心叩。

監本《尚書》二十卷。宋印。

《新唐書》二百五十卷。原印卅一卷，宋印。

《隋書詳節》二十卷。巾箱本，宋印。

《帝學》八卷。宋活字本。

《性理群句解》前集二十二卷後集二十三卷。宋印。《四庫》只收前集，陸存齋只收後集。

《范文正公文集》二十卷別集四卷，年譜一卷，年譜補遺一卷。宋嘉定本。

《東坡後集》五卷。宋印。

《聯珠集》。最著名。

《西山讀書記》甲集三十七卷乙集下二十二卷丁集八卷。後有福建省官銜。向無丙集，乙上是《文章正宗》，此是足本。

《自警編》。二三卷。精鈔。

《西漢詔令》十二卷，《東漢詔令》十一卷。

《吕東萊文集》十五卷別集十六卷外集五卷，《年譜》一卷。宋嘉定本，有官銜。

《聖宋文選》三十二卷。鈔配十七集，黄跋四段。

毛鈔《松陵集》。

錢叔寶《華陽國志》。

錢功甫鈔《庶齋老學叢考》。黄跋。

張月霄鈔《説文解字補義》。

弟索二萬元，渠又加入《聖宋文選》、元本《爾雅》，現只允《文選》。又，經手人索五厘費，尚在未定。兄如可得，即將頭本送呈，省得他以爲非我莫能爲也，庶不渺視南人！

一百六十一

翰怡仁兄大人閣下：

《司空一鳴集》，文集校勘記已發定。又，逸文八篇，惟與詩集補遺複一篇，新查出。擬重刻兩篇，詩文集各一跋，大約《司空集》必以此刻爲最完備也。《傅與礪詩》借到洪武本，乞檢賜一帙，新刻紅墨均可。以便校一過。前所贈皆爲人取去矣。又，古微爲吴印臣鳩貲，印景刻唐宋詞，聞允兩部，乞畀六十元交弟兑京，古微想亦函致。此上，敬請禮安。弟荃孫頓首。

一百六十二

翰怡仁兄大人孝履：

流通古書處書全來否？《四明續志》在内否？《翁覃溪文外編》，弟又鈔得十數篇，兄藏提要稿本，可擇其中完整者録出數卷，一並編入可得十卷。又，前假《通志》修《土司傳》，再假湖北兵事一門，貴州、廣西兵事一門一閱，以便完善。費神，再謝。此請禮安。弟繆荃孫頓首。

一百六十三

翰怡仁兄大人閣下：

昨談暢甚。今將《吕東萊集》、《大典會通》陳墫題跋，全部送閱。又，還施南府兩志，如尊藏有《宜昌府志》、《永順府志》，亦懇借閱爲幸，爲《土司傳》也。此上，敬請禮安。弟荃孫頓首。

醉翁均此。

一百六十四

翰怡仁兄大人閣下：

《南唐書》四册，《吴興備考》十二册，《尚書單疏》八册均交，乞察入。《孫佩南文集》代擬一序，弟一序呈政。黄曾源。號，乞填上。弟嗽疾仍未愈，尚不能出門也。此上，敬請文安。弟繆荃孫頓首。

一百六十五

翰怡仁兄大人閣下：

昨兩文漏未封入，今補呈。《雲南水道考》已畢工，稿本並還。《傅與礪詩》可作校勘記一卷，《司空圖文》添校記並逸文，《厲樊榭譜》添一跋，均算完整。此上，敬請文安百益。弟繆荃孫頓首。

醉翁均此。

一百六十六

翰怡仁兄大人閣下：

頃誦手書並示《漢書評林》及《文選》，均是目録不能遽定，批語只見兩條，斷定決非惠批，發空論也。又，《漢書評林》不比《史記》，是節本，惠豈無毛本、監本乎？《文選》是明校，元張伯顏本，首卷官銜兩行擠寫，邊上有"九華吳清床刀筆"七字，六十卷末有"監造路吏劉晉英郡人葉誠"一行。明板不止一本，汪諒本亦是兩行，又一本官銜改作四行矣，乞考。《金陀粹編》，石銘一部極佳，明亦有翻本。《雲南水道考》跋即撰。穆子美斷不可發書，太不成話矣。弟昨日亦病，乍寒乍熱，天氣亦有意病人，諸希珍攝。此復，敬請禮安。弟繆荃孫頓首。

醉翁均此。

《文選》湘潭袁氏藏本，弟在京見過，共三部，皆明本也。

一百六十七

翰怡仁兄大人閣下：

書三種，擬跋三篇呈政。《安龍紀事》書不佳，跋指出一大端，餘未言。明末此等書均不甚可靠，連王船山之《永曆實録》訛謬亦多，可藏不必可刻。收書亦雜，身份便減，如《藝海珠塵》不如《學津討源》，《海山仙館》不如《粵雅堂》，是明徵也。穆子美之清樣可笑，校已三年,全然忘却,除非重校爲妥。儘可送應刻書一閲,當代决定何如? 此上,敬請文安。弟荃孫頓首。

書敬交。

《説文校議議》三十篇訂三册,穆子美接去,弟未經手。書極佳,惜未補篆,又太多,須補足方能刻。可否請徐子頌。先生,照《説文補寫》篆文。此書本其先德商訂之書,再以《説文校議》核對方妥。《安龍紀事》乞交下,改易兩處,重撰跋語,亦可留。《左傳單疏》如來,乞先撰校勘記再發寫。《張石翁書目》已完,又有餘力也。《集韻》是訂曹本之誤,是更正原書,未著校勘記,昔年見校勘記已不存,即作札問君直。如刻,須交陶子麟景寫,宋字不能刻此等書。《曹勳集》好,《剛峰集》記從前二種皆抱經樓之新得。閣下早有欲刻之意,如有兩部,乞同發下先校一遍。

一百六十八

翰怡仁兄大人閣下:

昨談甚洽。《松隱》可付刻。《省齋》待核。《説文校議議》,原書乞補篆字及脱字,如不能補即空格。補好方能校入宋字本。又,穆子美刻此等好書恐更難矣。《集韻》照式刻極佳,不能改宋字體。此上,敬請文安。弟荃孫頓首。

醉翁均此。

《説文校議》嚴原刻,姚翻刻,兄處必有之,須與《校議議》對校。

一百六十九

翰怡仁兄大人閣下:

《安隆紀事》是弟粗心,業已改定,重刻二葉並跋乞正,即付梓人。《説文校議議》至精至密,交補篆書,重行校改,方臻妥善。穆子美刻,斷不能佳矣。朱文海寫《穀梁單疏》亦不佳,囑其選好手。此上,敬請文安。弟荃孫頓首。

醉翁均此。

一百七十

翰怡仁兄大人閣下：

葉奂彬信呈閲。大約明年自來，將杭書帶上，渠以石刻付印。不知模糊者不能印，印亦不能刻也。心舫、謙甫想先後解館。東坡生日略早叙，道遠天寒，散亦宜早。書畫、金石尚可，呈教。盼早臨爲幸。此上，敬請著安百益。荃孫頓首。

一百七十一

翰怡仁兄大人閣下：

《京師坊巷志》承代刊，感謝之至。乞交朱文海，弟可隨時添改。兄序須明春呈上，現寫官均散矣。校脩一單呈閲。諸君子亦歸里，須明年再來。日内又有書來否？黄家書再同。無出色者，聞歸丁福保。此上，敬請刻安。荃孫頓首。

一百七十二

翰怡仁兄大人閣下：

巾箱本兩序呈政。兩年譜已將畢。《説文校議議》已寫出篆文否？跋語須通看一過方得動筆，序文亦然。現《適園》已畢，如有揚州所刻之書，均可付校。《土司傳》亦完也。同鄉老先生文集附閲，另一部交醉翁，想已來矣。此上，即請禮安。弟繆荃孫頓首。

醉翁同此請安。

一百七十三

翰怡仁兄大人閣下：

前消寒日盛擾謝謝。《淞京志》,如不用請交還。夔信附閲,如要,即交十二元與之。《詩經》校一卷,甚繁也。司馬、王兩譜已交寫官,尚未寫成。嶢心舫來否?此請文安百益。荃孫頓首。

醉翁均此。

一百七十四

翰怡仁兄大人閣下:

承顧,尚遲走答,歉甚。問青書極佳,昨信亦到,心照不宣。不可錯過。郎亭書,因五百元而失之,至今抱歉,書猶賤於此時也。《台學統》是台人,應刻,編次極妥,詩文不可删。刻入叢書不便,或單行則可。子莊所撰如《台學源流》,一册。争同治、光緒繼嗣一事,忘其名,二册。首尾完善,可刻也。明人如此書甚多,本朝則罕見。李子冬書須擇。此請文安。荃孫頓首。

廿七日信寫好,因家人不閑未送,今日才送。昨信晚間到,紙亦收入。廿八日注。

例言何敢駁,可以兄意酌商,仍請改定。費書的是蜀大字本,間有掺補。潘書是淮南本,《容齋隨筆》已言之。同是北宋刻,同是集解,因此可補,亦易混。淮南本刻於政和,成於紹興,"慎"字避諱,亦係補板,並刻《兩漢》。今以兩本匯刻,名曰宋大字《史記》則可,辨中無蜀本則不可。蜀本大字多,並非毋氏一人。毋氏之書,大約一紙不存矣。"慎"字,孝宗名,名眘。慎,嫌名。非光宗。名惇。燕庭百衲本,菊生石印出,可置一部參校。嘯山所采錢警石校,今可采原書。餘均妥協,將來刻入校勘後,門面語不能無。

《詩正義》極難校,今尚校卷十四未畢。題《雲山入道圖》詩稿尋不獲,尊處想尚存,弟素不工書,可否轉倩善書友人書之?款〇〇〇稿,〇〇〇書。較雅,乞酌。國朝刻善本可以入録,找出兩證,惟須另編,以道光爲斷,在六十年前矣,再近則不宜。嶢心舫來否?陸氏《八瓊室金石補正》亦可單行,如有清本,則石銘《金石續編》可以不作,再成各家未收之書四五十卷耳。不能上百卷。

一百七十五

翰怡仁兄大人閣下：

昨日出門在石兄處看書，忽然腹痛而回，晚局遂不能到。書兩種擬面交者，今專人送上。《説文校議議》，能印篆方好，亦太久矣。穆子美因原書無篆字不空格，留墨丁而刻方格，可恨。如張公無暇，仍請同底本一同發還，此間有人能補也。此請文安。弟荃孫頓首。

醉翁均此。

一百七十六

翰怡仁兄大人閣下：

昨聞《鶴山集》續回，足佩閣下厚道，而書賈作祟，必有緣例繼起者，不可不慮。至宋板，孫之書，景韓言，亦是其戚想賺錢，本主尚未肯脱手，如頭本來即留下，不可放鬆，又入書賈手也。適園只存影宋書兩種未完。尊刻《注疏》及《説文》，校者望而生畏，《儀禮》又改易行款，難上加難，昨已與醉翁言之，略加校訾，俾完此事。覃溪文已交去，敝處殷先生辭館，須另托人校。適園書，宋刻三十二種，均精。不數通行宋板，然無《百宋一廛賦》内書。《玉鶴山集》、《武侯傳》，均賦内書，所以可惜。弟書止《聯珠集》、《宋文鑒》爲《賦》内書。《賦》所述一百二十六種，存於今者不及六十種，餘均付長毛之劫矣。即日回里，到滬再談。此請文安。弟繆荃孫頓首。

醉翁均此。

夢蘋之《吴郡圖經續記》、《新定續志》、《中興館閣録》，爲《賦》内書。

一百七十七

翰怡仁兄大人閣下：

前日惠臨，無任歡忭。羅叔藴已晤面，因養病住法界新宅，書估攜來余静庵《列女傳》，真宋刻，兄可留之，與阮刻細細核對，阮刻弗如也，惟補綴須高手耳。此上，敬請文安。弟繆荃孫頓首。

一百七十八

翰怡仁兄大人閣下：

聞清恙已痛，弟亦復原，日内擬赴尊齋一談。校字帳呈閲。《詩經》十册内五册轉倩人，前以説明。又，《穀梁疏》寫壞重寫，原鈔亦錯略多開也。外事有真消息否？此請升安。弟荃孫頓首。

醉愚兄來否？

一百七十九

翰怡、醉愚兩兄大人閣下：

頃誦手書並睹佳帙。《易經》誠佳，三百廿元不貴，可以爲書目冠冕，當留細校，又勝盛本，盛本勝阮本並勝瞿本。可出五百元，並是舊裝。"四子"是普通坊本。宋本，只值四數。至多五百。《周易》三百，此書只值二百矣。此間人于經書則貶之，於此等書則貴之，無定識也。《文通集》，明有翻本，值二三百元。《黄集》嘉靖本，弟有之，子培亦有之，决非元本。《沈畏堂集》八册，《沈織簾》稿本十七册同呈。另補注一册。息塵校妥，連清本送來，可刻。《水注》不佳，《文集》缺二十餘卷，無注，然亦可刻。弟已全好，前日到哈園，擬至尊齋，大雨不得不回去，翌日再談。此請文安。弟名心叩。

此信不與柳閲，然實話也。

一百八十

翰怡仁兄大人閣下：

書四種交還。應刻者，應入目者，均留底，乞察存是荷。《台學》校出否？此請文安。弟荃孫頓首。

醉翁均此。

一百八十一

翰怡仁兄大人閣下：

先德家傳奉上。丁氏書仍以《水經注正誤》爲優。《黑韃記略》，無所發明。《馬哥記》，取他人誤書，譯之正之，只好外人賞玩，於我國近於可笑矣。亦宜鉛板小字，等新黨觀之。書全奉上。他書求先帶數種一觀。此上，敬請文安。弟荃孫頓首。

醉翁兄均此。

一百八十二

翰怡仁兄大人閣下：

前日攜回書目，書已不少。子類添兩種大書，餘俟小種精者再加入，可以截止。再刻改式，《明史例案》可單行，《南唐補注》須隨本書次序點出，年譜十種爲一類。天熱，常州未去，節後須至京師，月餘回。各書乞依類清出，敝友炳泉可以效勞，擬薦至尊處，書目撰成仍回弟處何如？即新書亦能分部類，前至京師圖書館即同去也，乞酌定。此請文安。弟荃孫頓首。

醉翁均此。

十三册先呈，留《剡源集校勘續記》。

一百八十三

昨奉還云。承翰翁知弟，並未以不誤爲誤，業已解釋，並不必使一山皆知也，他人更秘之爲幸。彼人未窺深淺，輕易下筆，將來《通志》必啓争端，已有所聞。徐俟之。台人不刻《台學》，持以求人，卷帙亦過巨，弟以書可觀，又爲姜文卿地，寫樣如遲，經手人賠不起。

並非想校也。餞飲謝謝，不能多吃，回家再領何如？小叢書，以重賽墨印，呈上一部，冀收藏家儲之，前印紙太壞也。弟與閣下相敘數年，無一語之齟齬，此批損譽過甚，又煩調停，殊屬歉仄。各書多漏校，自任粗疏，行款羼雜則無有，可以自信。津浦路斷，約有十餘日耽誤，節後再談。此請節安。名心叩。付丙。

一百八十四

翰怡仁兄大人閣下：

《章氏遺書》高出《居稽録》百倍，然閣下刻《宋會要》單行，尤要於章氏書。求發《宋會典》校好者先刻，即以此事謝沈先生而假其書一閱，可刻一二種未刻。饜之，望酌定。《宋會要》已剩十之七，再遲不得矣，非大力不能傳此書也。《台學統》亦高於《居稽録》。此請文安。荃孫頓首。

醉翁均此。孫季芃一碑一文乞轉交。

一百八十五

翰怡仁兄大人閣下：

前日盛擾，謝謝。弟今年病後，初次預晚席，不飲酒，遂免病。回寓九點，遲至一點鐘方睡，大好。以後晚間可應酬矣。李審言序《坊巷志》極佳，可刻，已交朱文海。文收集中，囑辦《藏書志》，可檢經類送至敝寓，交僧保辦底子來，回由老夏交還，必不有誤。弟明日起程，十月必回，此上，敬請文安。荃孫頓首。

請前會詩小題。

一百八十六

翰怡仁兄大人閣下：

别逾月,奉手書,慰甚。錢君念劬近已把晤。徐輯《四庫刻書目》[①]已付鈔。《西域水道記》十八葉、《鐵橋詩悔》一册交來,帶歸面交。津浦已通,史事亦决,弟日内南還,不多耽閣。吴炯齋竟以親病不來。趙館長頑鈍如故,只可小作結束,不能大有效驗。弟年已高,雄心亦挫,與吴向之同認康熙一朝而已。錢信先呈。此請文安百益。弟荃孫頓首。

醉翁均此。

書更貴於南邊,收書人亦少。

一百八十七

翰怡仁兄大人閣下:

弟日昨由津浦歸,疲乏已極,約歇數日,再聆雅教。在京發一緘,想已呈閱,今先寄上錢念劬世兄兩書,乞察存。《四庫缺書目》候鈔,葉奂彬曾刻之,疑是兩本,俟鈔來一對,方定刻不刻。時事又亂,將如之何? 京師商人請日人保護,將來一變爲朝鮮局面,亦若輩驅之也。此請文安。弟荃孫頓首。

醉愚先生來否? 並請安。

馬哥博羅著作,念劬以魏君譯筆太壞,不足刻。外國以其語中國事以爲稀罕,亦不知其誤,若中國人刻,大笑話矣。如重譯潤方可刻,原譯者亦不知元代事也。

一百八十八

翰怡仁兄大人閣下:

來書二十種四十册交還,點收。現即趕辦各種目録,書均陳列在外,乞續發,並望一次發一書單。第幾起,何種書,書幾册。弟辦好交書還單,候兄點收,不至有誤。弟並注於簿上,如要何種,全

---

① 按,"刻"當係"闕"之誤。

部,另函,亦注於簿。適園辦書目即如此,自始至終,無一葉之誤也。前淞社題,仍望交下細目爲荷。鞠兄身後何人辦校記,須擇人,其實揚州二劉,於校勘甚近①,《宋會要》編完即可任之,有家法,勝於亂來者。此書須壓倒從前一切刻本,不可易視。此上,敬請文安百益。繆荃孫頓首。十八日。

醉翁回否。

一百八十九

寫官李姓鈔書甚勤,住揚林浦。《宋會要》可分一二本與之,靠得住,有保人也。價壹角乙千。翰怡仁兄大人。繆荃孫頓首。

劉少大人。廿八日。

一百九十

翰怡仁兄大人閣下:

手書並書二十種五十九册收訖。以後一切如命,明春元夕後亦照辦。日内嚴寒,弟亦不敢出門,念陶生日亦未能去。候稍陽和再行詣談,醉翁别久亦有話談。此請文安。弟荃孫頓首。

醉翁均此。

松江人索《閑閑録》一部,望擲下。

一百九十一

翰怡仁兄大人閣下:

手書誦悉。贈書謝謝。《東坡七集》,來處知之,賣已兩年,決非宋板,即專人去看,書如全來,乞看第七集。不過百元之譜,然非弘治大字本也。手此,即請文安。荃孫頓首。

---

① 按,"近"疑係訛字。

一百九十二

翰怡仁兄大人閣下：

敝門人，松江雷瑊君曜，仰慕光儀，欲求賜教，望撥冗一見之，極可談也。此上，敬請文安。弟荃孫頓首。

一百九十三

翰怡仁兄大人閣下：

前日詣談，未晤爲歉。醉翁亦未回。弟將宋元板書二十種第三批。親自庋置書房之炕上，諒無遺誤。因鄭重，故先交。第四批書十五再交。鈔本内，偶瞎牛《乾坤清氣集》最佳，然盡詩。《南山家傳集》是孤本，然太多，又是明人，未敢勸刻，乞酌。手箋，敬請文安。弟繆荃孫頓首。

一百九十四

翰怡仁兄大人閣下：

昨承賜顧並荷隆議，感謝之私，並言可喻。兄以應刊之書無多，囑爲留意。朱文海處，《毛詩單疏》將完，《儀禮注疏》不及半，或以《廣陵集》畀之。《訂訛類編》刻成，《道德經》寫成。穆子美太壞，可以不發。揚州不知其詳。如《宋會要》須單行，改鮑刻《御覽》式。《實齋集》可入叢書。《宋刑統》即函詢授經，回信再定。餘俟得應刻書再告。《武經總要》御題在宋板上，此是摹本，大約御題必最佳之本。此等鈔本，汗牛充棟，書估亂説不足憑，然舊僞非近日僞也。《新唐書》十九字十行見過，《後漢書》，廉生藏。《隋書》，荃孫舊藏在京，易去。《周書》，鄭盦藏。《五代史》，傅沅叔藏。建陽魏氏本，昨見之，本江西學本，後入南監，相差甚遠，元刻所補則更陋矣。各書蜀學第一，監本亦佳，名人刻亦佳。如施元之刻《蘇傳》，陸子遹刻《開天傳信録》。尹家書鋪、陳解元本，皆坊本，此間書估焉知之。如錢聽默、陶五柳，弟所見李老雨、徐蒼厓則庶幾矣。北宋本神似石經。一望即知。南宋亦無不翻刻，不害其爲佳。拉雜言之，博兄一笑。手箋，敬請文安，並頌春祺萬福。荃孫頓首。

胡炳益，人還安分。馬是否君實，桐城人，不知其詳。

再者，月致校脩，十二月未領。石銘處明正截止，本月尚可付。大約每年終歸石銘，今年閏月，則仍歸兄矣，乞查。

一百九十五

翰怡仁兄大人閣下：

謹將第五批書呈上，乞點收訖。再領書即交王升。帶回爲荷。此請文安百益。弟繆荃孫頓首。十七日。

各友有到館者否？

一百九十六

翰怡仁兄大人閣下：

頃來書三種，當細閱奉覆。《劉静修集》，前次所稱元刻是一刻，曾見元刻則小字也。弘治本亦難得，況綿紙尺寸大乎？此請文安。弟荃孫頓首。

月脩奉到，謝謝。

一百九十七

翰怡仁兄大人閣下：

昨來三書即行查訂。《蠶書》結實，如卷多，數見不鮮。有名人否？校謝誠所著何如？《同岑集》，新鈔。均明末國初人。李霜回序，非李霜回輯，序以空論，明人習也。人無詳履歷，考覈更難，然全是湖人，何不請古微决之？《静修集》仍是廿五卷，與弟所藏同，爲書簽寫卅卷所誤，故欲觀全集。三書一並送上，六批書少二册矣。此上，敬請升安百益。弟繆荃孫頓首。

一百九十八

翰怡仁兄大人閣下：

第六單書呈上，乞照點收。第七單能發下，即交來人，如無暇，或俟醉愚來。此請文安。荃孫頓首。

再，司馬及王兩年譜，忽然全部尋不見，此書刻成，係王文敏少子所藏，由吴仲老寄來，荃與漢輔説明，轉仲老送十部新書與彼，可以不問原書。如找出再送上不誤。又，新刻《南唐書》、《明史攟逸》兩書，弟未得清本，望轉諭朱文海。又，《味水軒日記》、《王翰友在山人稿》、一册，與吴海相連。《乾坤清氣集》偶桓。均可刻。《章氏遺書》全不全？各鈔本均不同也。各書好者甚多，《味水軒日記》最佳，擬刻。局刻《唐五代詞》、莫氏論詞不足道。陶文毅刻《靖節詞》。此三部，只莫先生讀時加〇耳，並無校語，不足存。施刻《元遺山詩》，後印。《真山民詩》、道光末年，自《留香室叢書》鈔出，不足存。《燕史》書不佳，又一百二十卷，不及半。《歲時雜詠》四十卷不及半。《徐霞客游記》、初稿極佳，惜不全。《范石湖注》，潘文勤公已刊。《東澗集》佚稿，不僞，惟均是棄餘、公事、壽文、時文序，收藏猶可，刻則斷斷不可，亦必不出大價。所舉刻書，《王翰集》可即付梓人，餘再查。

一百九十九

書佳，原裝尤爲可愛。價六折，七折，至八折爲極。黄集只一册，《類聚》止三集，《國策》最佳，《吴越》則名板，徐板《隨安叢書》。一對便知。另，《三國志》佳甚，元泰、蔣果皆名手，百元肯得否？弟録跋語明日再送上，餘均送還。翰怡仁兄大人。弟荃孫頓首。

醉翁均此。

二百

委閲諸書,《千金》兩方均佳,○者均可留,第無宋本耳。價何如? 此復翰怡仁兄大人。荃孫頓首。

醉翁均候。

《千金翼方》。

《千金方》。宋。

《吕氏春秋》。○明補元本。

《大戴禮》。○○明刻。

《毛詩》。○○明。

《古今識鑒》。○明鈔。

《四書》廠本。僞印,可恨。

《南宋小集》。雜糅,無謂。

二百一

翰怡仁兄大人閣下:

兩單書均完,明日專人來取,並《全唐詩》壹百二十本、《殷文》兩篋同交不誤,均在單外者。錢彦劬回京否? 羅叔藴回東否? 弟處太僻,信息均不感通靈也。書坊中僞跋、僞批、僞印太可惡,須留心。此請文安百益。弟繆荃孫頓首。

醉翁均此。

二百二

寵召,本擬趨陪,因早間衣單,略受微寒,小有不適,敬謝,敬謝。此復翰怡仁兄大人。荃孫頓首。申刻。

劉少大人。

二百三

乞借游本《史記》二、三兩函，《康熙江南通志》全部，乞送《邵子全書》中間兩函。小珊拾紙。

二百四

昨談甚暢。夏信已去，兄亦作函與之便，云弟以爲可。函仍交孟劬轉達可也，前信可不投於館長。弟借三書，乞交下。《史記》即寫到，已寫四卷矣。此上翰怡仁兄大人。荃孫頓首。

醉翁均此。

二百五

夏閏枝回信呈閲。醉愚回來否？弟處紙已罄，乞發格紙四百葉爲荷。此上翰怡仁兄大人。荃孫頓首。

二百六

頃誦手書。又承贈《訂訛雜録》五部，謝謝。《嘉業叢書》五十種，可以截止，甚善，甚善。後再刻可用"希古閣"爲名，行款稍變即可。《墨海金壺》之後，又有《學津討源》也。目到再定。擬序亦呈覽。《四庫全書分韻類編》亦有缺漏。朱筆添入，非匠人所能添。荃已鈔兩帙，鈔校畢再付刊。小本單行，或中板。免費事，與叢書不合。翰怡仁兄大人閣下。弟荃孫頓首。

淞社必到。昨言薛《五代史》，擬代校，須檢殿本，弟所藏則湖北本也。須分三次，書太多，無庋置處。校史尚高興，校經頗畏之。

醉翁代候。

二百七

翰怡仁兄大人閣下：

王漢輔之信呈閲。漢輔意欲在京交代，即在京兑款，然後設法取歸，請酌示。信致漢輔可也。住天津秋山街，王漢輔，不誤。渠不敢從郵政寄，意在言外。《五代史》止注出處，可愛，訛字不多，殿板亦有訛字。十五，弟出門，交書或十四、六均可。此上，敬請文安。弟繆荃孫頓首。

醉翁均此。

二百八

翰怡仁兄大人閣下：

《名臣録》尚非明翻，三集共一百七卷，全否？不全亦可收。此復，敬請文安百益。荃孫頓首。

月脩收訖。

二百九

翰怡仁兄大人閣下：

長晴，久雨，氣候殊不佳，維加意珍攝爲荷。今羅子敬兄得舊刻舊鈔多種，書品尚佳，乞閲，定價可面商也。《琬琰集》是三集否？醉愚何日歸？此上，即請著安百益。弟繆荃孫頓首。

二百十

翰怡仁兄大人閣下：

昨談甚洽。來遠宜電，如漢輔專人送書，即發款便好，否則又多轉折矣。《叢書》自序不可少，當即擬鄙人序呈閲，未知可用否。《通志》須先看，《九通》内之原書已收至何時？再想他法。馬氏全靠晁、陳二家，自述甚少也。此請著安百益。弟荃孫頓首。

書籍已辦妥,想待醉翁歸。

二百十一

翰怡仁兄大人閣下:

序略改呈政,未知用得否?《孟子》見《讀書敏求記》,退去可惜。近出一明刻《高常侍集》,十卷,原出於宋,極佳,染紙可恨,又缺四卷,詩八卷,文二卷。送來否?醉翁來否?弟即日回江陰,回滬恐到月底。此請文安百益。弟繆荃孫頓首。

二百十二

手書敬悉。《金石苑》正本六册,底稿二册先交。本意欲明日帶呈也。《海東金石苑》,現爲鈔跋訂入,亦是底稿,賴有張松評刻前四卷,可以爲完書。鈔好即呈,亦非正本。明晚再談。此請翰怡仁兄大人文安。荃孫頓首。

貴上大人。

二百十三

來書一百六十四本,繳。另,《五經同異》一本,《蘇州府志》六十四本,同繳。顧譜一本,乞點收。俟明正沈醉翁來再領書。正月專校《五代史》。翰怡仁兄大人。荃孫上言。

劉少大人。

《圍爐詩話》四册收到。擬序略遲,現文已積壓近十篇,擬從月朔清帳目。京師今年可以不去,病體實不相宜,並可省四百元。館中事無一日不辦,炯齋八月即回,可以就近商量,第須向兄借書耳。我們兩家書湊起,史館尚不如,可笑。專指辦史而言。淞社擬舉行,惲季生主持,弟附名耳。再及。

醉翁均此。信已收到。

二百十四

翰怡仁兄大人閣下：

承贈二百元收到,謝謝。《十五國人物傳》,國初龔撰,書甚陋,然可收,不過二三十元,如大價則不必矣。前日留其書,因其跋與《留溪外傳》作難,留溪,江陰人。駁其説也,今日復勘,真村學生見識,不如《外傳》遠矣。此復,即請文安。弟荃孫頓首。廿六日。

二百十五

翰怡仁兄大人閣下：

聞騶從回滬,甚忭。弟又大病,不能北行,亦不能詣談,可恨之至,身弱不堪,恐爲汪三之續矣。汪事翻復不出所料,幸未付定,再俟他日。陶子林已回,乞檢《史記》,及先付貲,可否先付五百元。交石潛。饒君俟喬遷後再命移入。鈔卷須饒重描,不減日本刻《道德經》矣。陶款,弟保不比汪伯春靠不住。近日又有書來否?莫仲武書爲張季直所購,已成交,亦一萬一千元,書不如汪,且又先售多種。孟平亦回。手箋,敬請文安。弟荃孫頓首。

二百十六

翰怡仁兄大人閣下：

適赴曹南生處換方,尊函未及即復。須招吴石潛來,以五百元與之。《史記》廿册,付饒心舫。二君翌日來交待。子麟承攬隨後補來,生意旺極。局中八十餘匠,下來半月,挂念之至,不得已而速回,好友有石潛,心腹有心舫,均不貽誤。孟平自得書,出之意外,如拼股總不能就。汪君前日説加價,弟拒之,不成話説也。揚估狡猾而無真帳，必從中抽書，未必不鬧笑話，候之。弟病未愈，北行候秋凉再議。館事辦得不少，長夏亦畏上路。鶯遷日趨賀。手箋，敬候著福。荃孫頓首。初九日。

醉翁均此。

二百十七

翰怡仁兄大人閣下：

承顧尚未走謝，歉甚。《權齋年譜》止宜家刻。《説文集筆記》業已刊行，何必再行求益。内與東甫謀幹保薦，亦不宜示人。如《水經注釋訂訛》文瀾不全。鈔到，《四庫》收。則勸刻矣。湖州先哲書，如《兩山墨談》、《湘煙録》，皆可刻之書也。此請升安。弟繆荃孫頓首。

陳洪謨《皋吾詩集》，武陵人，弘治丙辰進士，兵部左侍郎。《千頃堂書目》作《静芳堂摘稿》。詩劣甚，不足録。

二百十八

翰怡仁兄大人閣下：

前來單，書早已辦畢，候來换亦許久，醉翁或不暇，夏炳泉能檢致否？無事亦無聊已極。此上，敬請文安百益。弟繆荃孫頓首。

醉翁均此。

二百十九

翰怡仁兄大人閣下：

來函敬悉。《危集》、《炎徼紀聞》暫留。《閬風集》可無須校否？《吕氏讀記記》①，嘉靖本；《五代史》，汪文盛本佳，價亦合式。本單

① 按，“吕氏讀記記”疑係“吕氏讀書記”之訛。

平津館已刻,可留。不可留《藝林咀華》,僞本、僞跋、僞圖書,已賣了兩年,看過三四次矣。《閑閑録》,此人因此書斬決,全案查到。爲人陷害。人皆稱冤。然忌諱字句乾隆十二年。鈔本已無,易代之後更無妨也。此請台安。荃孫頓首。

醉翁均此。

二百二十

翰怡仁兄大人閣下:

《韋蘇州集》考定否?《萬寶詩山》,《絳雲樓書目》、《延令書目》、《宜稼堂書目》、《莫氏經眼録》均載之,何得云他書目罕見?刻於明宣德四年,莆田余性初序,書林葉景逵刻本,皆明人,何得云宋?《經眼録》載序,空白四字即"宣德四年"耳。書是可收之書,劣賈瞎説可恨耳。價大是其本色,轉不足怪。此請升安。弟繆荃孫頓首。

二百二十一

翰怡仁兄大人閣下:

聞《罪惟録》已歸鄴架,忭甚。與《宋會要》、《覃溪提要》手稿,均極有身份之書,不亞宋槧元鈔也。明《穆宗實録》十六册奉趙。又,《閑閑録》爲華亭蔡顯撰,並因此書獲咎,未知《華亭志》載其事否?又,前提《台州金石志》,要摹篆隸,如無人,可交下,飭小兒仿摹尚快,希示知。求借《海昌備志》、《華亭志》,一查即還。風雨屋漏,書箱淋濕,舊鈔一箱已成緑玉,可恨!收拾又須半年工夫,可恨!此上,敬請文安百益。弟荃孫頓首。

醉翁均此。

二百二十二

翰怡仁兄大人閣下:

昨奉環雲,聆悉壹是。《罪惟録》叙、拙跋,擬《閬風集跋》,並呈教。《閬風集》原書已還,如再校,乞交下爲荷。蔡顯事,《華亭志》一字不載,書奉還,《海昌備志》略緩。《太樸集》,因《薛紹彭臨蘭亭叙跋》即《書清閟閣臨蘭亭序跋》,題異文同,刻故去之,目先刻,尚未改過。至"一跋"字,原鈔如此,今改"再跋送李工部詩"便妥。又,續集附録無,底本似在,刻本乞交下核對。當與前十卷通本修好另印清樣方可示人。弟斤斤懼以未改本與人閱視,惟怕此等笑話也。《台州金石》已描好,甚慰。此請文安百益。荃孫頓首。

醉翁均此。

二百二十三

翰怡仁兄大人閣下:

《閑閑録》、《太樸集》,重擬兩跋乞正。《太樸集》續目須重刻,而前補之四卷應入續集,囑文海,補入首卷,天衣無縫。不必零補刻本。宋藏鈔本《閬風集》均還,希察入。宋鈔本極佳。天氣漸凉,俟夢坡回,擬重舉行淞社一次何如?《武梁祠像考》、《孫集》,能交下否? 此上,敬請文安。弟繆荃孫頓首。

醉翁均此。

二百二十四

手字誦悉。《閑閑録》五册奉上。孫佩翁,同年同事,文行俱高,當爲作序,但筆弱耳。《武梁祠像考》亦極佳,不署姓名者,有知有不知,當再考之。翰怡仁兄大人。荃孫頓首。

子開《旋浙詩》和否?

二百二十五

翰怡仁兄大人閣下:

《炎徵紀聞》一帙奉還。借目難得，兄有全部。乞借《圍爐詩話》一校，石銘付刻也，即還。弟病久不復原，未能詣談，歉仄之至。此上，敬請吟安。荃孫頓首。

醉翁均此。

子開回杭，欣羡之至。

二百二十六

翰怡仁兄大人閣下：

昨晚幸接塵談，然猶未盡。《韋蘇州集》，宋刻書棚本。明翻即從書棚本出，然神氣差矣。宋刻，紙色不勻即略染，字畫不清則略描，是舊人之病，國初即然。不比今一望而知。劣賈之亂來。尊藏似佳，近人有自藏則推之爲至寶，他人藏則詆之爲僞本，實則並無真賞鑒眼孔。昨翻《天禄琳琅》、《海源書目》，兩種均無拾遺。去冬，如皋攜來《韋集》則明翻，許以四十，後未來，似不如尊藏。昨日所談恐即此本，聞袁藏甚佳。劣賈則亂襯新補鈔假前人跋，僞圖書，假充内行跋，鈎結説假話，實屬可恨，閣下須防之。《萬寶詩山》，各書目載者甚多，均云宋本，獨島田以爲正德本。又，《四庫》未收耳。《左傳單疏跋》，非全見原書不能下筆，恐劉謙甫翁必有底稿，謙甫嚮不亂來也。此上，敬請文安不宣。弟繆荃孫頓首。

二百二十七

翰怡仁兄大人閣下：

昨日書款俱收訖，費神之至。弟亦以今年入少出多爲難也，極須再設法。格紙付三百張來，再檢前次《張曲江詩》二卷來。此次有《張燕公詩》四卷，即是二張先生詩全部，一題《張曲江集》，一題《張燕公集》。非《曲江集》十卷、《燕公集》三十卷也。二集兄均有之。又，《梧山集》王續。十二册，來二册。乞將全部交下，以查其人。此請文安不宣。弟荃孫頓首。

醉愚兄均此。

二百二十八

翰怡仁兄大人閣下：

前日爲鄉人點主，遂致失迓。來書皆寒雲之下駟，然亦可留，謹開單呈閲，價可另議。各跋靠不住。柳蓉村充内行，可惡，即以子之矛攻子之盾，諒亦無辭以對。王來一單，如拆賣，弟擬留《晁具茨詩》一册，黄如嘉校刊。昔年爲子培刻饒節，以五十金購廠肆一影寫黄如嘉本，此本祗二十元，可配上矣。《唐文粹》、《國語》均批壞，即焦弱侯亦何益於書？此復，敬請文安百益。弟荃孫頓首。

《朱子語類》，明板也。柳引《皕宋目》作據，目明言每卷計若干條。有此一條，此本無之，尚云宋刊元修乎？如宋板，決不止二百元。厲樊謝近人，詩又何必校，豈云以宋板校乎？批是批，校是校，不能混稱。正讀不過六册，豈以襯紙爲貴？亦藏有《錢擇石詩》，八家批本，甚精，不得云校。

錢念劬信閲訖。《潛丘札記》乞示下，擬删定刻之。館臣可笑至此。

明刻劉静修先生，來過貳次，此是叁次，能全送來凑全一部否？明亦非只一刻也。元刻小字本。

《皇朝事類》，新書。

《存梅齋集》。

《書府群珠》。

《具茨晁先生集》。

《宣極齋稿》。

《趙氏家藏集》。

《篆書鈎玄》。

《金溢無前編》，缺。

《字雅》，靠不住元本，明本染紙。

《横塘集》，價高。

《隸釋隸續》，不全亦無□。

《楚園集》。

《孫明復小集》，價太高。

《劉給事集》，價太高。

《賓退録》，一册改訂四册，從前開六十元，現一百廿元。

《言行録》，價太高。

《侯鯖録》，價太高，從前開六十元，現一百廿元。

《嚴州圖經》，新帙。

二百二十九

翰怡仁兄大人閣下：

昨呈刻書跋四篇，内《味水軒日記》一篇乞發還重撰爲荷。又得考據一條。醉愚行否？此請升安。荃孫頓首。

二百三十

翰怡仁兄大人閣下：

星舫、炳泉均來而醉翁不至，弟兩月無書可記，似宜先遣炳泉將書運回。經學書有二十部在此，能續發更好。朱文海刻書亦緩，並姜文卿亦須催也。近日又得好書否？此上，敬請文安百益。弟繆荃孫頓首。

二百三十一

翰怡仁兄大人閣下：

《味水軒日記》跋已改好，又添一紙呈覽。弟校書後所擬跋，均言書之得失原委，並非如明人之空跋。與兄交情重，他人校者亦擬一跋，然究不如自校之結實。《味水日記》弟閲一過，又檢嘯園删節本，似有五卷見過，止五、六、七三卷未見，此書足本必可出現，補足可也。北監《十三經》先交,至於歷數,苦未究心,不能擬矣。如《章氏遺書》,從前用過功,可以擬跋,《台學》則不能,未見過也。此請升安。諸希朗鑒百益。弟名心叩。

嘉業堂刻單疏及《儀禮》,别人經學摻不進。如《吴興先哲書》,則沈丞相該之《易》,陳友仁之《周禮》,姚舜牧之《四書疑問》,皆可刻,皆湖人。去年囑題尊翁像,弟怕寫多字,現還舊帳,謹題一贊報命,詩仍附上,可倩人書之,一撰一書可也。又及。

校書如歸一手經理,則前後字體劃一,如分衆手,一書前後總須劃一。《味水軒日記》,如寧、上諭准作此。甯、寕、寍並有不缺筆者。“閲歷”之“歷”,“曆數”之“曆”,忽全作“歷”,忽全作“厤”,均屬不合。丘諱亦有不避,作正字者。乞轉告須留心。兄避諱最謹嚴,故敢以告。

二百三十二

翰怡仁兄大人閣下:

邱三書一函附上,書全矣。價聞説定二百七十元,殊不爲貴,乞附價與彼,荃不問矣。嘉興兩書,宋板宋印,一高出八十卷萬倍,一孤本,《四庫》十六卷,出於《大典》。福建板有之,十卷,明本。此《季滄葦目》有之,似不宜放過。再懇借南監本《梁書》一閲,全部。新得一部有缺葉。又,南中刻匠不滿二百人,遠不如京師,貴亦有限,況金石非他書可比,不能外行人校,何妨專托章、王二公,潤筆以全部論,渠無可他推,必盡心校成一完善之書。荃爲兄計,亦爲書計。此請文安。荃孫頓首。

二百三十三

翰怡仁兄大人閣下:

邱三已回揚州,持弟明板《通典》、明板《花間集》、明板《雙槐歲鈔》,來片囑弟收回尊處書價,係二百六十元,非七十元,交家人捧歸爲荷，亦説再算可也。弟書尚未説明。此請文安。弟荃孫頓首。

《梁書》昨日收到。劉少大人。

二百三十四

翰怡仁兄大人閣下：

昨奉寸函，想已察入。今得董壽經信薦刻字匠，在琉璃廠。並有信又送書一包，亦望察入。刻工高於南邊，價亦高於南邊。意在《八瓊室金石補正》一書，如此好書，南邊萬刻不好，即陶子麟亦遜之。亦合式之之意，必校好無旁推處也。乞酌示復。此請文安。弟繆荃孫頓首。

又，呈樣本一包，閲後發還。《龔年譜》送，希留下。

二百三十五

翰怡仁兄大人閣下：

醉翁來否？前月來書尚未能交。薛史校畢，俟醉翁來，此書即可付刊。照殿本式，照殿本添入名條方爲完善，不必再問人也。考證不重者總刻於後，續考一卷此次校出。亦刻於後，此與《南唐書補注》，與周注不可分開。均弟極用心之作，因兩書仰慕已久。《五代十國》亦平日最用功之書也，撰有《五代史方鎮表》十六卷，未付梓。《藏書記》，俟炳泉訂好再呈。擬爲兄另撰一《國朝人著作書目》，另開一世界，名之曰《嘉業堂藏書記後編》。而刻前朝書則不列，以《千頃堂書目》爲法，略有解題，仍與前編無異，第不知精神能做得到否。亦不必再問人，近來人只説人閑話，不知大局也。鐵硯翁催書，即日可還。此上，，敬請文安百益。弟繆荃孫頓首。

聞管君已回去，此人識見何如？能作校勘記，更何能校書？書並非人人能校者，前後一律即不易，况能合各書校乎？張嘯山校《史記》、齊次風校《漢書》，可爲法。

二百三十六

翰怡仁兄大人閣下：

天寒不敢出門，未能詣談，歉甚。奉還《潛丘札記》一部，乞轉寄錢忩竹兄爲荷。醉愚兄來否？夏炳泉來否？書已月餘未發下矣。此上，敬請文安。弟繆荃孫頓首。

二百三十七

此書是土音及詩集兩種合並，並有詩集所未收，注亦詳明可喜。荃孫願意分校一遍。乞告朱文海轉送爲荷。翰怡仁兄大人閣下。繆荃孫頓首。

致于東屏

東屏世兄大人閣下：

去歲惠臨，值弟出門，失迓，不勝歉仄，辰維新禧萬福是頌。屬撰文集序，撰就呈政。大稿四册亦還，乞收到後即示復，以慰寸心。尊公選缺，是否即是太平，亦希示悉。餘再面達。晦若作古，可惜。墓志交卷否？此請文安百益。弟繆荃孫頓首。

致覺公先生

覺公先生：

弟因病未莅名園，實深歉仄。得暇當與舍弟盤桓水石之間，製聯數副以應尊命，不游亦不能懸擬也。杭州丁輔之、善之昆仲製古宋活字板甚精緻，聞尊處泥印叢書，可否招之集印？價必較他處稍廉。景昇先生與二丁亦甚熟，因八千卷樓舊主也。務望留意爲禱。此上，敬請文安百益。弟繆荃孫頓。

致蔣老爺

蔣老爺：

《東湖叢記》二帙呈上。乞檢陳仲魚文及對策一觀。此請，石□仁兄大人文安。弟荃孫頓首。

致午樓

午樓仁兄同年大人閣下：

別又半月，殊深懷思。比維福體康益爲頌。股票一事前途願出百十五兩，兄如願售，乞來滬面商，有五六千均可受領。弟在家十日，俗務未完，約初四五可回滬矣。此上，敬請文安。俗冗，不多及。年小弟繆荃孫頓。

致潤白

潤白仁兄大人閣下：

弟九月初曾託百川通寄上一緘並銀叁拾肆兩，想已早塵台覽。弟回蘇兩月，至前月廿七始行旋鄂。捧讀陽月手書，藉諗道履綏和，潭祺暢懋，藉紓鄙念。弟寄居楚北，硯石如恒，到江寧晉謁香帥，蒙延主南京鍾山講席，明春又須到南京，大有席不暇暖之勢，草草勞人，殊可哂也。艸翁調補關道，雖在意中，而龍頭不走，意不得行，不知二人何以如此不合。然龍頭不但精明不如，穩當亦不如矣。善後事聞已籌寄王公函，使松翁援署。藩翁、香帥又回本任，鄂事條條就理，惟鐵局爲蔡總辦一手把定，他人不便問訊，不知蔡公是何主意。有人言察擬引見即自辦，亦不的確，容徐探之。承惠，甚謝！乞存尊處先付拾兩伍錢京足。並函交南半截翰林院李橘農傳元宅内。又董信、沈信均乞代送爲感。費神，謝謝！同鄉中屠静三又出京，熟人更少矣。此上，敬請台安。諸希朗鑒百益。愚弟繆荃孫頓。

四川有信來，言莊福基百金即日可交川號云云。

致佚名

念附及吴吉甫同年聞分在□垣□差使否？吴月生得海運委員，未知海上能照行否？京城米市昂貴，因有南漕不通之信，人心頗揺揺也。此布，即請鈞安，並頌閤潭均吉。如弟繆荃孫頓。

致佚名

（前闕）亦可稱同志，惜劉葆良已故矣，尊大人今年七旬大慶，兄年下必出京，弟畏寒，滬上又有事，祇可以九月爲限，所以節後定行，不使遲。此請著安百益。荃孫頓。

子培已回上海。

致佚名

（前闕）連全文。弟《北齊書》舊稿應閱之。書未完，現在閱不到此。終日寫筆記，擇甚足者，月半後金不交卷，即理清史矣。日本志未見，《蒙古遊牧記》曾看過，何不留心者，此是佳证，不必作疑辭也，不收《十六國春秋》最有識。類書引則可取彭五代史引《十國春秋》，亦直溯其原也。弟在金陵鍾山時亦撰一聯云："飽暖自□稽古力，消閑天與著書年。"惜多零件，不能如兄之大著作耳。手箋敬請文安。弟荃孫頓。

前在陳制軍席上談及長沙師，制軍自云○○云。

致佚名

（前闕）南圖書館大致無恙，管理之人業已四易，全憑運動，不問其認字不認字也。結一廬之書飄零滿市，傅沅叔所得最多，張菊生次之。沅叔以《古文集成》七十八卷爲最，菊生以《荆公詩注》五十卷爲最，弟幸得寓目而已。叔緼、授經均去東洋。鳳生寓何處？大約一時難聚集也。手箋，敬請道安。便中賜福爲盼。弟荃孫頓。

上海鄧脱路謙吉東里四百七十七號。

致佚名

（前闕）去冬敏送台旌，望塵勿及，比吉甫糧儲兄入都，始知履新，下車以後，訪求利病所在，鋭意整頓設施，條教焕然一新，發鉶之初，酌劑經游。使君於此不凡欽遲下懷，昨言可喻。吉甫才行篤謹，胸襟磊落，將來望其盤根錯節、磨礲利器，爲時局有擔當艱拄，現將丙魏赴任，同心整飭吏治，關中墨吏當望風屏迹。言雲門昨召對，奉旨開缺，以道府記名交榮相國差委，雲門懷抱利器久矣，今乃得脱穎而出，自效於陳子公、杜子夏之餘〇跛鼇，亦歡忭無量也。時陳一言以志相思之殷。再叩台安。惟教督不既。

〇〇作曹郎，東華舊雨卒以作吏見待，謙稱東所，未聞汗徹於背，望勿再施。弟又叩。二月初九日。